主　编：郭　戈　刘立德
副主编：邓友超　韩华球

中国教育科学

（2015）

中国教育学会教育学分会　组编

人民教育出版社

·北京·

图书在版编目（CIP）数据

中国教育科学．2015 / 中国教育学会教育学分会组编．—北京:人民教育出版社，2017.7

ISBN 978-7-107-31655-5

Ⅰ．①中… Ⅱ．①中… Ⅲ．①教育科学—中国—文集 Ⅳ．① G40-03

中国版本图书馆CIP 数据核字（2017）第176002 号

中国教育科学 2015

出版发行 人民教育出版社
（北京市海淀区中关村南大街 17 号院 1 号楼 邮编：100081）
网 址 http://www.pep.com.cn
经 销 全国新华书店
印 刷 北京盛通印刷股份有限公司
版 次 2017 年 7 月第 1 版
印 次 2017 年 8 月第 1 次印刷
开 本 890 毫米 ×1 240 毫米 1/16
印 张 37
字 数 1 032 千字
印 数 0 001 ~ 1 000 册
定 价 107.80 元

前　言

《中国教育科学》年刊正式创刊于2002年，是由中国教育学会教育学分会组编、人民教育出版社出版发行的大型文选类教育学术年刊，旨在系统总结我国教育科学理论的发展状况，向海内外全面展示我国教育科学研究的成果，以促进中国特色、中国气派、中国风格的教育科学体系的建立和完善，推动教育事业的科学发展。

编辑《中国教育科学》年刊的指导思想是：高举中国特色社会主义伟大旗帜，以邓小平理论、“三个代表”重要思想和科学发展观为指导，深入学习贯彻习近平总书记系列重要讲话精神；坚持“百花齐放，百家争鸣”方针；强调精品意识，内容要有较高的科学性、学术性和代表性；倡导理论创新和实践创新。

希望本年刊的编辑出版，不仅有利于教育工作者对自己所从事的学科、专业和研究领域的深入了解，而且有利于了解相邻学科和其他学科的建设情况，有利于学科之间的借鉴、融合，有利于开阔学术眼界。

本年刊每卷都收录了上一年度公开发表的具有代表性的教育科学研究成果，原则上参照全国教育科学规划领导小组下属的学科组的设置分类，即教育基本理论与教育史、教育心理、比较教育、德育、教育管理、教育发展战略、基础教育、高等教育、职业技术教育、成人教育、体育卫生美育、民族教育、教育信息技术，共13类。年刊每卷分类可不同，本着宁缺毋滥的原则，视各卷具体内容而定。本着自圆其说、文责自负的原则，我们尽量保持文章原貌，只根据编辑出版工作要求，对一些文章做了必要的技术性处理；引文著录方式和作者的职称、职务以原文为依据。

我们热诚期盼教育学人关心这个园地、爱护这个园地，使她在存史、资政、育人方面真正成为激励广大教育工作者积极学习教育理论、热情创作教育学术精品、不断钻研教育科学和探索教育规律、推动教育理论创新的学术园地。

中国教育学会教育学分会

2017年6月

目　录

总　论

教育治理：以共治求善治 …………………………………………………… 褚宏启（ 3 ）
提高教育治理能力的若干思考 ………………………………………………… 杨银付（ 10 ）
建立现代教育治理体系亟须遏制权力扩张 ……………………………………… 张志勇（ 14 ）
关于教育治理体系和治理能力现代化建设的分析 ……………………………… 徐艳国（ 18 ）

教育基本理论与教育史

教育学的基本追求 ……………………………………………………………… 刘庆昌（ 25 ）
教学认识论研究：进展、问题与前瞻 …………………………………………… 潘洪建（ 35 ）
行动：教育理论创新的基点 …………………………………………………… 刘旭东（ 55 ）
何为教育实践? ………………………………………………………………… 金生鈜（ 61 ）
教育失败者究竟遭遇了什么? ………………………………………………… 刘云杉（ 69 ）
从“纯粹主义”到“实用主义”
——教育社会学研究方法论的新动向 ………………………………………… 程天君（ 79 ）
我国的乐学思想传统 …………………………………………………………… 郭　戈（ 89 ）
话语的竞争：进步主义教育协会史 …………………………………………… 张斌贤（ 97 ）
非典型的下延型发生路线
——中国现代各级学校系统形成中的三次反复 ……………………………… 杜成宪（113）
教育现代化动变中的传统元素及其开掘 ……………………………………… 黄书光（122）

教育心理

创造性人才的成长与培养 ………………………………………………… 林崇德　林　琳（129）

国际科学教学心理的研究进展与趋势 …………………………………… 胡卫平 等（135）
知识基础对大学生创新思维的影响 ………………………………… 庞维国 楼连娣（144）
中小学班级氛围、班主任情感素质对青少年学生情感素质的影响：
基于多层线性分析 ……………………………………………… 卢家楣 等（153）
基于学生核心素养的课程体系建构 ……………………………………… 辛 涛 等（159）
青少年学业情绪：基于家庭微系统视角的探索 ………………………… 俞国良 等（167）
小学 4—6 年级儿童数学应用题表征模型的使用研究 ……………………… 陈英和 等（175）
"解释法"样例对小学生学习新运算规则的促进 ………………………… 张 奇 等（181）
线索强度对测试效应的调节：时间间隔上的差异 ………………………… 罗 良 等（189）
青少年核心信念挑战对创伤后成长的影响：反刍与社会支持的作用 …… 伍新春 等（197）

德 育

伯恩斯坦的"表意性秩序"理论及启示
——一种关于学校德育管理的理论 ……………………………………… 谢维和（215）
思想政治教育本质的方法论探索 ……………………………………………… 骆郁廷（220）
国家认同视域下的公民道德建设 ……………………………………………… 李兰芬（226）
文化视域下我国德育课程改革反思 …………………………………………… 韩华球（239）

基础教育

多样化发展与规范化治理的统一
——基础教育良性发展的途径 ………………………………………… 陶西平（247）
新课程标准修订的基本精神与主要特点 ………………………………………… 田慧生（251）
中小学慕课与翻转课堂教学模式研究 …………………………………………… 陈玉琨（258）
大中小学合作研究中绕不过的真问题
——理论与实践多重关系的体验与再认识 ………………………………… 叶 澜（267）
带帷幕的黑板
——从阿莫纳什维利的三部曲看教学的科学性与艺术性的统一 ………… 丛立新（273）
建构学习中心课堂
——我国中小学课堂教学转型的取向探析 ………………………………… 陈佑清（285）
建构基于学生发展的学校自我诊断指数 ……………………………………… 李凌艳 等（294）
建设益童、惠民、利国的学前教育公共服务体系 …………………………… 虞永平（302）

城镇化背景下县域义务教育发展问题与策略
——基于4个省（自治区）部分县市的调研 …… 范先佐（305）
关于现阶段普通高中教育性质的再认识 …… 石中英（314）

高等教育

能力与出身：高等教育入学机会分配的机制分析 …… 刘精明（323）
高等教育现代化的理性思考 …… 眭依凡（338）
大学理念：知识论基础及价值选择 …… 周作宇（349）
大学课程建设的发展趋势 …… 刘献君（363）
试论大学的领导与管理：孰重孰轻 …… 王英杰（372）
现代大学制度建设需要“根”、“魂”及“骨架” …… 史静寰（378）
中国近代大学“教授治校”制度的演进及其评价 …… 周　川（386）
高等教育分权的悖论 …… 蒋　凯（395）

职业教育与成人教育

现代学徒制之“现代性”辨析 …… 关　晶　石伟平（405）
现代职业教育与国家资格框架构建 …… 姜大源（411）
“成人的PISA”：OECD成人技能调查研究 …… 徐　静　刘宝存（423）

教师教育

论我国教师教育的二次转型 …… 朱旭东　李　琼（431）
论教师的哲学 …… 戚万学（439）
教师教育是否会退出大学专业教育行列
——美国大学教育学院的“危机”及其警示 …… 洪　明（447）
师范生TPACK知识的实证研究 …… 董　艳　等（455）

教育发展战略

教育领域若干重大改革举措的宏观意义 …… 张　力（465）

发展与反贫：国家、市场与教育 …………………………………………… 刘民权（470）
世界广角：现代化与教育 ……………………………………………… 何传启 毕晓梅（479）

教育经济与管理

教育不平等的年代变化趋势（1940—2010）
——对城乡教育机会不平等的再考察 ……………………………………… 李春玲（489）
财政分权、地方政府行为扭曲与城乡中小学布局调整 ………………… 李祥云 魏 萍（505）
校长：问题解决者与欣赏型领导者 …………………………………………… 张新平（515）

比较教育

致力于更具国际竞争力
——美国高等教育改革发展的动向与启示 ………………………………… 刘建丰（523）
教育变革期的政策机遇与挑战
——欧盟“核心素养”的实施与评价 ……………………………… 刘新阳 裴新宁（529）
法国高中录取政策解析 …………………………………………………………… 王晓辉（537）
日本“学力”概念的演进 ………………………………………………………… 钟启泉（541）

教育信息技术

如何实现信息技术与教育的“深度融合” ………………………………… 何克抗（551）
信息技术推动教育创新发展 …………………………………………… 杨宗凯 吴 砥（556）

总　　论

教育治理：以共治求善治*

□ 褚宏启（北京教育科学研究院教授）

“治理”（governance）在我国已非新词，治理问题于20世纪末就已成为研究热点之一，不过其影响仅限于学界。自党的十八届三中全会正式提出“推进国家治理体系和治理能力现代化”后，治理和教育治理遂成为公共政策话语，并引发研究升温。

教育治理是指国家机关、社会组织、利益群体和公民个体通过一定的制度安排进行合作互动，共同管理教育公共事务的过程。治理的典型特征是多元主体参与的共同治理，即“共治”。共治是路径，善治（good governance，“好治理”）是目标。善治的要素包括治理的有效性、回应性、稳定性，以及参与、公正、廉洁、透明、问责等。[1]而善治本身也不是目的，善治最后的目标是公共利益的最大化，教育之善治的最后目标是办成“好教育”（good education），好教育或者“善教”意味着教育领域公共利益的最大化。共治并不必然带来善治，但没有共治必然没有善治，共治所具有的内在优势有助于达成善治。

在我国，治理和教育治理已经具有一定的政策基础、实践基础、研究基础，推进教育治理与过去教育改革思路一脉相承，与简政放权、教育行政职能转变、建设现代学校制度等是一致的，是对一直在进行的教育管理改革的深化。本文将对教育治理的特征、背景、价值目标、体系建构等予以探讨。

一、教育治理的特征与背景

相对于以政府为单一主体的教育行政管理，教育治理有其显著优势——能更好地应对社会发展和教育发展对教育管理变革提出的挑战。

（一）教育治理的优越性

教育治理的突出特征是多主体参与的合作管理、共同管理、共同治理。参与管理的主体已经不只是政府部门，而是包括各种非政府组织、各种社会团体、私人部门、公民个人在内的多元主体。治理不是作为单一主体的政府的统治和管理，而是多元主体参与的民主化管理。[2]

治理与单一主体的政府管理不同，二者虽非截然对立，但至少有如下显著区别。一是主体不同。政府管理的主体只是政府，而治理的主体还包括社会组织乃至个人。这一变化意味着，政府不再只是治理的主体，也是被治理的对象；社会不再只是被治理的对象，也是治理的主体。二是权源不同。政府的管理权来自权力机关的授权，尽管权力机关授权从根本上说是人民授权，但人民授权毕竟是间接的。而治理权当中的相当一部分由人民直接行使，这便是所谓的自治、共治。三是运作不同。单一主体的政府管理的运作模式是单向的、强制的、刚性的，因而管理行为的合法性常受质疑，其有效性常难保证。治理的运作模式是复合的、合作的、包容

* 原载《教育研究》2014年第10期。

的，治理行为的合理性受到更多重视，其有效性大大增加。[3]

教育治理是对传统教育管理方式的超越，是教育管理民主化的集中体现，是教育管理的现代形态。因此，教育治理与教育管理并不是对立关系，前者只是后者的一种高级形态。不能用“教育治理”的概念否定和取代“教育管理”的概念。

教育治理的优越性在于多元主体的民主参与。在教育治理的框架下，各种不同的教育利益诉求能得到充分表达，教育决策、教育政策与教育立法得到充分讨论与论证，并从政治生态上消除了人治显性或者隐性存在的可能性。因此，教育治理具有显著的民主化、法治化、理性化（科学化）特征，是教育管理现代化的重要表现。在教育治理体系中，国家机关、社会、公民不是对立对抗关系，而是致力于共赢善治的联动合作关系。

教育治理所具有的优越性，是教育治理兴起的逻辑前提。而社会发展、教育发展的新变化对于教育管理的挑战，则是教育治理兴起的现实基础。

（二）教育治理的国际背景

自世界银行1989年在讨论非洲发展问题时首次提出“治理危机”（crisis in governance）以来，“治理”这个概念在国际学术界很快就流行开来。20世纪90年代以来，有关治理的著述大量涌现，治理理论成为当代政治学、行政学、管理学中的显学。

治理的兴起主要有以下两个方面的原因。一是西方福利国家出现政府管理危机。第二次世界大战后，在民族国家内部，政府被视为“超级保姆”，职能扩张、机构臃肿、服务低劣、效率低下，财政危机遍布各国，社会分裂和文化分裂同时出现。在这样的背景下，治理作为一种既重视发挥政府的功能，又重视社会组织群体势力相互合作、共同管理的方式和理念登上了历史舞台。二是与市场和调节机制发生危机有关。市场机制在发展和提高资源配置效率方面显示出巨大的优越性的同时，也会产生分配不公、外部化、失业、市场垄断等失灵现象。因此，社会急需新的调节机制。这个新的调节机制就是治理机制。“单纯的市场手段和单纯的积极干预都不能实现对社会资源配置的高效率，治理就被认为是对付市场失灵和政府失灵的重要机制。”[4]社会组织的迅速发展也为多元治理的全面运作提供了动力基础和体制化支援。

单一依靠政府或者市场都不能带来善治。治理的兴起是为了缓和日益复杂的社会事务与相对集中的公共权力之间的矛盾，治理试图重新配置公共权力，通过向社会组织、私营部门等开放权力的方式提高国家管理的弹性与韧性。治理理论的魅力不仅在于其将民主、参与、协商、分权、责任、人权、平等、合作等诸多美好的价值融入其中，而且在实践过程中展现出其相对于垂直统治的巨大灵活性，在一定程度上降低了国家管理的成本与风险。因此，治理理论和实践不仅被西方发达国家所推崇，而且被世界银行、经济合作与发展组织、联合国教科文组织、联合国开发计划署等国际组织系统总结并向发展中国家推广。[5]

教育治理作为国家治理的有机组成部分，必然会受到国家治理变革浪潮的影响。但教育治理的兴起，并非只是跟在一般治理变革之后亦步亦趋的结果。教育治理有其自身特性与相对独立性。从国际上看，教育中的政府单一管理与市场化改革带来的问题，亦即教育管理中政府和市场“双重失灵”[6]，是促使教育治理勃兴的现实原因。

我国的教育管理和教育治理，也受到国际治理理论与实践的影响。在我国，倡导教育治理，主要基于我国社会发展和教育发展对于教育管理的挑战。

（三）教育治理的国内背景

西方发达社会的治理和教育治理，是建立在政府发育（现代科层制）和市场发育（市场经济）尽管都比较成熟但却“双重失灵”的基础上的。中国的治理土壤显然不同于发达国家，我国的现代科层制和市场经济都不成熟，因此，我国教育治理的制度基础、目标设定、路径选择等与发达国家有较大差异。因此，在扩大微观教育领域基层参与式民主的同时，还要致力于建设现代科层制政府、完善教育行政机构与职能，以及更好地规范市场并促进市场健康发育。

改革开放以来，我国教育取得了历史性成就，但我国教育的促进人的发展及促进社会发展的能力亟待提升，可持续发展能力不强。教育管理中也存在一些突出的问题：政府在教育管理中越位、缺位和错位严重，学校办学活力不足，利益相关者参与管理不够等。我国已有的教育管理体制机制不足以解决现存的教育问题，教育管理改革势在必行，政府教育行政职能亟待转变。

现存问题迫使我们对传统的政府理论进行反思，并对政府角色重新定位。应该认识到，政府并不是唯一的权力中心，政府不是全能者，不应该垄断对教育的管理权，应与社会、学校合理分权，只保留对教育事业发展起决定作用的重要事项的决策权和控制权，把原先由它独立承担的一些责任转移给社会和学校，变强势政府对学校的单边管理为政府、社区（家长）共同参与的多边管理和共同治理。[7]因此，教育治理需以转变政府职能为突破口，以构建政府、学校、社会新型关系为核心内容，旨在形成政府宏观管理、学校自主办学、社会广泛参与的格局，更好地调动中央政府和地方政府的积极性，激发每个学校的活力，发挥全社会的作用。

二、教育治理的价值目标

教育治理的价值目标能够为多元主体之共治提供方向和指针，化解在改革过程中一些主体所感到的迷茫、混乱和失落，使多元主体从中获得方向感、认同感和归属感。概言之，教育治理的价值目标是办成“好教育”，使教育领域公共利益最大化。亦即，使内在于又超越于多元主体利益之上的学生的根本利益和长远利益，以及社会的根本利益和长远利益，能得到最大化的实现。本质上是要求捍卫教育的公共性与公益性，解决教育中的公共利益被蚕食和侵蚀这一现实问题。例如，“应试教育”损害学生身心健康，不利于学生的全面发展，不利于国家发展和民族振兴，严重损害公共利益，需要大力治理。

教育治理的价值目标在于形成“高效、公平、自由、有序的新教育格局”，其中，“高效”包括高效能和高效率。教育治理的价值目标包括教育效能、教育自由、教育公平、教育效率、教育秩序五个方面。这五个方面是“好教育”的具体表征，是保证教育领域公共利益最大化的基本框架，也是衡量教育治理能力大小、教育善治与否的最终标准。

（一）教育治理的终极价值目标：提高教育效能，促进教育公平

教育效能（effectiveness）是指教育目的的达成度，达成度越高教育效能越高。教育效能高低取决于教育对个人发展和社会发展的贡献。现代教育要为人的全面发展和社会全面进步服务。教育通过促进学生个人的发展，如就业能力、民主素养的提高等，促进社会的发展。教育效能的实质是教育质量问题。教育治理以教育效能和教育公平为根本价值目标，旨在解决突出问题，促进人的全面发展和社会全面进步，促进教育的平等性公平、差异性公平和补偿性公平。

只有优质公平的教育，才能体现学生发展、社会发展的根本需求和长远需求，才能保障公共利益的最大化。分数挂帅的“应试教育”，导致学生片面发展，顶多只是代表着学生和家长的眼前利益；城乡间、区域间、学校间差距甚大的非公平教育，只是让部分人享受良好教育，显然没有代表全体人民的普遍利益。

教育治理的意义在于，通过广泛的社会参与，使治理主体提高认知能力，明确教育质量目标，达成共识。特别是，要使学生和家长认识到：只有素质教育才能提高家庭的预期教育收益，才符合自身的根本利益和长远利益，从而动员、协同多种因素，提高教育质量。同时，教育治理通过建构多方利益主体共同参与的利益表达平台和决策参与渠道，使各主体特别是弱势群体能充分表达其利益诉求，遏制因公共权力的异化与弱化、权力与资本的结盟对弱势群体受教育权益的侵害，使均等教育公共服务的提供成为可能，促进教育公平。

教育治理能有效增强对于教育质量和公平问题的回应性。在此基础上，通过完善质量保障和公平保障机制，建立问责制，以不断提升教育质量与公平的水平。

（二）教育治理的重点目标与现实切入点：促进教育自由，增强教育活力

现代教育应该是自由的教育。教育自由是指教育主体在教育活动中所享有的自由权利。教育自由主要包括：学生受教育的选择自由权、学习自由权、表达自由权，教师的教学自由、学术自由权，学校的办学自主权，地方教育行政机关必要的裁量自由权等。没有这些教育自由，教育中的各主体就很难发挥积极性、自主性、创造性，教育就没有生机与活力，教育质量与公平的目标就难以实现。教育治理应该积极维护教育自由。

教育治理本身体现了教育管理的民主性，体现出“管理的自由”，一些主体尤其是弱势主体可以在多元治理体系中自由表达其利益诉求并行使参与权、决策权和监督权，进而有助于制约行政权力的越位和错位，有助于保护各利益相关者尤其是学生、教师和学校的法定权利与自由。治理中一些主体所享有的参与权利，可以用来有效保护自身的实体性教育权利与教育自由，可以用来遏制行政权力的滥用。简言之，治理中的权利可以保护其他权利并制约行政权力，“教育治理中的自由”可以带来更多的“教育自由”。

教育治理的目的不是束缚人、压制人，不是废除或限制自由，而是体现自由、扩大自由、发展自由、保护自由。

（三）教育治理的底线目标：提高教育效率，形成教育新秩序

教育效率是指教育资源投入与教育产出的关系。教育资源总是稀缺和短缺的，资源的合理利用有赖于有效的管理，提高教育效率是教育管理或者教育治理的重要追求。

教育秩序是一定的教育行为方式的固定形式，是对教育行为的偶然性、任意性、情绪化的超越和否定。教育秩序包括教育教学秩序、教育从业者工作秩序、教育管理秩序等。没有这些秩序，教育工作无从开展。教育治理的初级价值或者说基础性目标就是定分止争，规范教育行为，为教育带来秩序。

教育效能（为了人的全面发展和社会全面进步）、公平、自由这几个价值目标，具有明确伦理导向，本身就具有正面价值，值得期许和追求。相对而言，教育效率和教育秩序两个目标呈价值中立性。教育效率和教育秩序，有正向的、也有负向的。例如，某些学校在培养学生的考试技能方面能做到多快好省、很有效率，而一些学校在培养学生的创造能力方面卓有成效；某些学校内部管理中的专制高压带来了死气沉沉的“秩序”，而另一些学校的民主参与带来了充满活力的秩序。教育治理所追求的无疑是正向的教育效率和教育秩序，而教育治理本身所具有的民主化、科学化特征，使得这种正向追求更易于实现。但教育治理本身由于多元主体的参与，容易导致“管理”本身的低效和无序。在教育治理体系建构的初级阶段尤其如此。相对于已有教育管理体制而言，会有一定的甚至较多的效率与秩序损耗。在本质上，这个问题涉及民主与效率和秩序的关系。在传统意义上，共同治理和民主管理需要更多的沟通、协商，决策过程更为漫长；从管理本身看，是缺乏管理效率的，远不如个人决断来得快。但民主是一种理性化、制度化的纠错机制，它有助于达成共识、形成科学决策，从而有利于决策的执行，并最终带来教育的“长期效率”，即反映个体发展需求与社会发展需求，反映公平诉求的效率，即与教育效能、教育公平相一致的教育效率。

教育治理所追求的秩序，不是高压形成的，或者说不求进取的“消极教育秩序”，而是自由公平、充满活力、促进发展的“积极教育秩序”。不能因为追求秩序而牺牲学生的发展和学校的自主，牺牲教育的公平和质量。当前，需要特别关注和处理好“秩序与发展”的关系。与传统的管理和统治相比，治理的目标将不再仅以防范和消弭矛盾、维护秩序为首要任务，而是要致力于实现“秩序”与“发

展”主题的对接。[8]

三、教育治理体系的建构

教育治理价值目标的实现，教育治理能力的提升，善治的达成，这些均有赖于教育治理体系的建构与完善。推进教育治理，关键是完善教育治理体系。[9]

教育治理体系要回答两个基本问题：教育治理主体是谁，教育治理主体之间是什么关系。该关系是指教育治理主体间的、在治理中的权利义务关系、权力责任关系。教育治理体系建构，既包括治理主体的结构变化，也包括主体间关系的制度安排。结构体系与规则体系共同构成了治理体系，结构驱动与规则驱动是建构教育治理体系的两条线路。

教育治理是共治主体依据规则开展的教育管理活动，涉及管理的多主体、多层级、多因素、多环节。多主体包括政府、学校、社会组织以及教师、学生、家长等公民个体；多层级包括中央政府、多级地方政府、学校、班级等多个管理层次；多因素包括教育规划、课程管理、教学管理、经费管理、人员管理、质量保障、督导评价等多项管理内容；多环节包括计划、决策、执行、控制等多个管理流程。可见，教育治理体系是一个非常复杂的管理体系，既涉及纵向与横向，也涉及宏观与微观。但其核心是哪些主体能参与治理，以及参与治理的多个主体在哪个管理层级上、在哪些管理内容上、在哪些管理环节上具有决策权。

建构教育治理体系的关键是参与权、决策权的结构性调整。除政府外，有更多的主体参与治理，这些主体在更多的管理事务上有更高程度的决策权。这意味着政府必须向其他主体分权。在教育治理体系的建构中，必需的分权与必要的集权并不冲突，分权与集权是同步互补的双重变奏，都有助于善治。

当前，我国教育管理中存在的突出问题是社会参与不够，学校办学自主权不够，政府宏观管理能力不足，学校内部治理结构不完善，等等。这些问题的解决，既需要政府分权，也需要集权；既需要学校自治，也需要学校内部的分权共治。

（一）教育治理中的政府分权

分权包括政府内部分权和政府向外部分权。前者主要指高层级政府向低层级政府的分权，特别是中央政府向地方政府的分权；后者主要指政府向学校、社会和市场的分权。我国教育治理变革中的分权，主要指后者。

共治必然导致分权，原来政府作为单一管理主体所拥有的教育管理权力，要分解和转移给参与共同治理的多元主体。这种分权主要包括政府向学校“下放”权力、向各类社会组织“转移”权力、向市场“转移”权力。这三者意味着教育行政职能的转变。

1. 政府向学校“下放”权力

学校成为自主办学的权力主体。给学校自主权，实质上，是要求进行校本管理，是“以基层为本的管理”这一大趋势的反映。以基层为本的管理，本质上，要求把决策权下放给基层，这样做的理由在于基层更了解实际情况，能更有效率地迅速做出反应。给学校自主权，就是让学校摆脱对政府的依附性，逐步形成“自主管理、自主发展、自我约束、社会监督”的机制，凸显学校的主体性，增进学校办学的专业性，更好地满足学生的教育需求，促进学生的发展。[10]

2. 政府向各类社会组织“转移”权力

由于政府失灵的存在，社会组织作为一种中间调节机制，在一定程度上可以很好地弥补政府的不足，充当宏观国家和微观社会之间的一个中观协调角色，在利益表达、利益分配、社会纠偏等方面发挥重要作用。《国家中长期教育改革和发展规划纲要（2010—2020年）》（以下简称《教育规划纲要》）明确要求：“完善教育中介组织的准入、资助、监管和行业自律制度。积极发挥行业协会、专业学会、基金会等各类社会组织在教育公共治理中的作用。”

3. 政府向市场“转移”权力

市场机制有时能够发挥政府不能发挥的作用。

例如教育券、择校等市场机制，在一些地区对于提高教育效率就具有明显效果，因为这些机制促进了学校之间的竞争，而竞争带来了办学质量的提升。另外，在土建、仪器设备购买、图书采购中，实行严格的监理制度、招投标制度，也是对市场机制的引入，成效显著。[11]

（二）教育治理体系中政府的主导作用与教育治理中的政府集权

共同治理是否意味着政府作用的削弱、衰退甚至退出呢？回答是否定的。

在多方共同治理的体制中，政府依然发挥主导作用，政府充当的是“元治理”的角色。在社会管理网络中，政府被视为“同辈中的长者”，它虽不具有最高绝对权威，却承担着确定教育发展方向、目标、标准的重任，为多方主体参与管理提供共同的行动目标和行为准则。[12]在中国这样一个发展中国家，由于长期计划体制导致的学校自主管理、自主发展能力较弱，由于市场、公民社会和中介组织发育相对不成熟，就更加需要发挥政府在多方治理中的主导作用，以有效解决多元主体的利益分歧和目标分化，以及治理活动的碎片化和不可持续等问题。“在所有权力主体中，任何其他权力主体均不足以与政府相提并论。政府对人类实现善治仍然有着决定性的作用。善政是通向善治的关键，欲达到善治，首先必须实现善政。”[13]

就像善治的前提是完善治理体系一样，教育善政的前提是完善教育行政体系，即优化配置教育行政权力。配置包括纵向配置和横向配置两种形式。纵向配置是指各层级的教育行政机关权力的划分，即权力的垂直性分割；横向配置是指与教育行政机关同一层级的行政机关，以及教育行政机关内部的各类机构的权力划分，即权力的水平性分割。

优化配置不只是分权，也包括集权。集权同分权一样，是完善治理结构的重要内容，其重要性甚至优先于分权。[14]集权是提升治理能力、达到善治的必然要求，在我国尤其如此。在中国语境下，教育治理不仅有充分释放社会活力、限制政府不当干预的意义，还有如何进一步改进和加强政府宏观调控的问题。当前，我国教育宏观调控体系仍未定型，调控实践面临诸多矛盾，需要政府适度集权以克服教育改革分散化、碎片化的问题。当教育改革进入深水区时，只要分权不要集权，只要分化不要整合，无疑是一剂“毒药”。

集权是指某些教育行政权力的集中和强化。集权包括纵向集权和横向集权两种。在纵向集权方面，主要是加大中央政府和省级政府统筹教育发展与改革的力度。当前，中央政府要站在国家发展、国际竞争的战略高度，前瞻性地统一领导和管理国家教育事业，制定发展规划、方针政策和基本标准，优化学科专业、类型、层次结构和区域布局。省级政府要进一步加大对区域内各级各类教育的统筹：统筹管理义务教育，促进普通高中和中等职业学校合理分布，促进省域内职业教育协调发展和资源共享，合理设置和调整高等学校及学科、专业布局；并积极统筹推进教育综合改革，促进教育区域协作，提高教育服务经济社会发展的水平。在横向集权方面，需要合理划分同一行政层级中教育行政部门与人事行政部门、党务组织部门、财政部门间的权责，加大各级教育行政机关统筹教育发展的权限，使事权、财权、人事权相对集中于教育行政机关，尤其是加大中央教育行政机关即国家教育部对于同一行政层级的相关部委的统筹能力。

经过上述分权和集权改革之后，政府宏观层面的教育治理体系将趋于完善。

（三）学校自治与学校内部分权共治

同相对宏观的政府教育治理一样，相对微观的学校内部治理也是教育治理的重要组成部分。完善学校内部治理体系，其实质是建设依法办学、自主管理、民主监督、社会参与的现代学校制度。其要点有两个：一是强调自治，二是强调共治。

学校自治是指构建新型政校关系，推进政校分开、管办分离，政府简政放权，改变直接管理学校的单一方式，减少不必要的行政干预，切实落实学校办学自主权，使学校真正成为独立办学主体，能够自主管理、自主办学。学校自治、学校办学自主权源自政府向学校的分权，但就教育善治而言，政府分权到学校层面还不够，某些学校可能会截留政府下放给学校的新增权力，学校管理甚至会更加专断。因此，在学校内部需要“二次分权”，把政府下放给学校的权力进一步下放给教师、学生、家长等主体，完善内部治理结构，实行分权共治。

学校分权共治是指多元主体对于学校内部事务的共同治理和民主管理。学校内部管理机构、教师、学生、家长、社会组织、专家学者都可以成为学校治理的主体。学校的分权共治要做好以下几方面工作。

1. 完善集体决策制度

健全校内集体决策规则，完善决策程序，推进决策的科学化、民主化、法治化，避免个人专断。凡是有关学校发展方向、基本建设、重大教育教学改革和师生切身利益的事项，要充分听取利益相关者和专业机构的意见，要进行可行性评估，要进行集体决策。

2. 健全师生参与学校治理的制度

健全教职工代表大会制度，充分发挥其民主监督和参与学校管理的作用。扩大教职工对学校领导和管理部门的评议权、考核权。学校，特别是高等学校，要积极拓展学生参与学校民主管理的渠道，改革完善学生代表大会制度，落实学生的民主选举权、自主决策权；制定学生管理或者涉及学生利益的管理规定，要充分征求学生意见。积极探索师生代表参与学校决策机构的机制。

3. 建立健全家长参与学校治理的制度

完善中小学家长委员会制度，通过班级和学校两级家长委员会，使家长参与学校管理、监督学校管理，促进家校合作。家长委员会成员由家长民主选举产生。学校实施采购校服、订购教辅材料、组织活动、代收费用等直接涉及学生个体利益的活动，一般应由学校或者教师提出建议和选择方案，并做出相应说明，提交家长委员会做出决定。

教育治理是多元主体参与的共同治理，民主化是其精髓。在教育治理中，民主既是目标，也是手段。我们坚信民主的力量，民主会带来好治理（善治），会带来好教育。

参考文献：

［1］俞可平. 治理和善治：一种新的政治分析框架［J］. 南京社会科学，2001，(9)；Ahrens，J.，Caspers，R. and Weingarth，J. Good Governance in the 21st Century［M］. Massachusetts：Edward Elgar Publishing，Inc. 2011. 158.

［2］滕世华. 公共治理理论及其引发的变革［J］. 国家行政学院学报，2003，(1).

［3］江必新. 推进国家治理体系和治理能力现代化［N］. 光明日报，2013-11-15.

［4］陈明明. 治理现代化的中国意蕴［J］. 新华文摘，2014，(13).

［5］郑言，李猛. 推进国家治理体系与国家治理能力现代化［J］. 吉林大学学报（社会科学版），2014，(2).

［6］褚宏启. 我们需要什么样的现代学校制度［J］. 教育研究，2004，(12).

［7］褚宏启. 政府与学校的关系重构［J］. 教育科学研究，2005，(1)

［8］韩冬雪. 衡量国家治理绩效的根本标准［J］. 新华文摘，2014，(13).

［9］Manna，P. & McGuinn，P. Education Governance for the Twenty-First Century［M］. Washington，D. C.：The Brookings Institution. 2013. 332-348.

［10］褚宏启. 中国教育管理评论——审视现代学校制度［M］. 北京：教育科学出版社，2004.

［11］褚宏启，刘旭东. “中英甘肃基础教育项目”管理独立评估报告［R］. 甘肃省教育厅、英国剑桥教育集团，2005. 28.

［12］魏海苓，孙远雷. 论治理视野下的教育行政管理体制改革［J］. 辽宁教育研究，2006，(6).

［13］俞可平. 推进国家治理体系和治理能力现代化［J］. 前线，2014，(1).

［14］Ahrens. J.，Caspers，R. and Weingarth，J. Good Governance in the 21st Century［M］. Massachusetts：Edward Elgar Publishing，Inc. 2011. 10-14.

提高教育治理能力的若干思考*

□ 杨银付（国家教育发展研究中心研究员）

党的十八届三中全会通过的《中共中央关于全面深化改革若干重大问题的决定》提出，全面深化改革的总目标是“完善和发展中国特色社会主义制度，推进国家治理体系和治理能力现代化”。把“国家治理体系和治理能力现代化”上升到总目标的高度，可见中央对此的重视。如何实现国家治理体系和治理能力现代化？首先要转变全能型政府的职能模式。这是因为治理与传统的行政管理不同，它是包括行政管理在内的多元社会主体参与的治理方式，强调建立新的治理结构、治理体系。其次，治理体系和治理能力现代化需锐意创新，从体制上创新、机制上创新、方式上创新。

就教育领域来说，也存在推进教育治理体系和教育治理能力现代化的问题，或者说，教育现代化首先有赖于教育治理体系和治理能力的现代化。袁贵仁在2014年全国教育工作会议上指出：“推进教育治理体系和治理能力现代化，就是要适应国家治理体系和治理能力建设，根据教育发展的自身规律和教育现代化的基本要求，以构建政府、学校、社会新型关系为核心，以推进管办评分离为基本要求，以转变政府职能为突破口，建立系统完备、科学规范、运行有效的制度体系，形成政府宏观管理、学校自主办学、社会广泛参与的格局，更好地调动中央和地方两个积极性，更好地激发每个学校的活力，更好地发挥全社会的作用。”这揭示了当前加快推进教育治理体系和治理能力现代化的重点任务。其中，管办评分离是基本要求。深化教育领域综合改革，可以在不同层面来理解，其中最具全局视野的就是管办评分离的改革，因为它涉及教育中的方方面面和各个主体。

第一，切实转变政府职能，提高“管”的水平。在“管办评分离”的改革中，管理的改革和创新是上游，是基础性的，是首先需要改革的方面。它之所以重要，是因为管理上的放权，将为办学和评价上的创新提供空间，牵一发而动全身。一是要理清“管”的内容。十八大和新一届政府成立以来，最强调的就是两件事，即改进作风和转变职能。减少行政审批是转变职能的突破口，迄今中央政府已取消下放334项行政审批等事项。教育方面也在努力减少行政审批和转变职能。十八届三中全会特别强调，“深入推进管办评分离，扩大省级政府教育统筹权和学校办学自主权”。讲扩大和加强省级政府教育统筹权、落实和扩大高等学校办学自主权，就是要进一步体现中央向地方放权、政府向学校放权。这一改革要求我们进一步解放思想，而这也必将解放和发展教育生产力，解放和增强教育活力。二是要改进“管”的方式。放权不是不管，而是要创新管理方式，更多运用法规、规划、标准、规则、财政、信息服务、事中和事后监管以及必要的行政手段等引导和支持学校发展。例如“标准”，今后要更多地走向标准管理。过去，我们多以项目促发展，这种做法行之有效，今后仍要坚

* 原载《人民教育》2014年第7期。

持。但今后更重要的是，要逐步走向标准化和以标准提升促发展。这才是具有制度意义的。有人可能认为，现在教育经费增加了花不完，但其实一旦标准提高了，如办学条件标准提高、生均公用经费标准提高、教师配置水平提高，可能经费马上不够用。例如“规则”，我们要制定学校之间公平竞争的规则，促进学校在各自不同的类型、层次上特色发展，我们要制定公办、民办学校之间的公平竞争规则，促进公办学校和民办学校共同发展的格局。例如“财政”，我们要运用财政杠杆，缩小义务教育学校间的差距。实际上，教育拨款的方式，体现着教育工作的领导方式；教育拨款的思路，反映着教育改革发展的思路。按照十八大所提出的“合理配置教育资源”的要求，就要优化财政性教育经费的支出结构，改进教育资源的配置规则与方式，进一步把教育资源配置的重点真正转向促进教育公平和提高教育质量这两个基本点上。三是以信息化带动“管”的现代化。教育管理信息化既是教育信息化的重要组成部分，又是教育管理现代化的技术支撑。这方面当前的一个重要任务就是建设教育管理公共服务平台。国家已建立国家教育考试招生与安全监管信息化平台，成为招生“阳光工程”的关键支撑；高校学籍管理与学历认证信息化平台，成为高校学生管理与学历鉴别的重要工具；高校学生就业信息服务平台，成为学生就业的支持平台。在中小学方面，已建立全国联网的校舍信息管理系统，每一栋建筑物都有了自己的身份证；全部安装中小学生学籍信息管理系统，一人一籍，籍随人走，动态监管，全程跟踪学籍异动。这些重要的基础性工作，通过现代信息技术，为民众提供了更准确、更及时、更便捷的信息服务，也由此提高了教育决策和教育管理的水平。而开展教育现代化发展水平监测和建立教育决策支持服务系统，也将是大数据时代教育管理现代化的重要方面。

在转变政府职能方面，要用好省级政府统筹权。扩大省级政府教育统筹权，是中央立足教育事业发展全局和我国教育发展阶段性特征做出的重要决策。它有两个针对性。一是中央要进一步向地方放权。“鞋合不合适，脚最知道。”这或许是分散决策、放权的依据。尤其是中国如此之大，各个地区的实际情况千差万别，在具体执行时，需要推动权力下放。二是针对一些领域管理重心太低的现状。例如，20世纪80年代我国提出普及九年义务教育时，实行“地方负责、分级管理”的义务教育管理体制，这的确同时调动了中央和地方的积极性、政府和人民群众的积极性，实现了我国义务教育的快速普及，是值得肯定的我国发展义务教育的重要经验。但由于我国各个地区经济社会发展的不平衡，在义务教育基本普及之后，地区间、城乡间的教育差距凸显出来。正是在这一背景下，2001年国家提出建立“以县为主”的农村义务教育管理体制，提高了管理重心。但现在看来还不够，因为有的省内县与县之间财力差距很大、教育发展水平差距很大，加强省级统筹就成为大家的呼声。与此同时，对于省级政府来说，也要理清“管”的内容，改进“管”的方式，该放给学校的坚决放给学校，该加强统筹的必须加强统筹。加强和改进省级政府教育统筹的主要要求，一是省级政府要根据本地人口、产业结构确定教育发展目标，提高教育与经济社会发展契合度；二要发挥省级政府财力统筹和资源平衡能力，切实加大对农村地区、薄弱学校、困难群体的倾斜支持力度，加快缩小教育发展差距，促进教育公平；三是省级政府要优化各部门职能分工，构建教育改革协同推进机制，深化教育领域综合改革。要继续加强北京、上海、安徽、广东、云南、新疆和深圳7个省级政府教育统筹综合改革试点工作，若是好的经验，只要看准了，就应该推广开来。

第二，着力建设现代学校制度，提高“办”的水平。在“管办评分离”的改革中，办学的改革和创新是核心，从办人民满意的教育而言，教育行政部门并不需要直接提供教育，教育行政部门提供的应该是教育政策，学校才直接提供教育。学校的办学质量直接决定着教育的质量，办学创新的重要性不言而喻。学校是教育的细胞，教育改革只有最终落实到学校层面，体现到教师和学生身上，才会真正见实效。提高办学水平，首先要把全面贯彻教育方针、全面实施素质教育作为根本要求。立德树人是教育工作的根本任务，其核心要求是全面贯彻党和国家教育方针，全面实施素质教育，培养具有社会责任感、创新精神和实践能力的德智体美全面发展的中国特色社会主义事业建设者和接班人。提高办学水平，当前要把建设现代学校制度作为重要着力点。以高等学校为例，建设现代学校制度的核心问题有两个：一是政校分开，依法落实和扩大高等学校办学自主权；二是完善高等学校治理结构。高等学校必须建立更加完善的自我约束、自我规范的内部管理体制和监督制约机制，才能为更好地行使办学自主权奠定基础，否则可能“一放就乱”。只有政府、学校、社会共同努力，构建起政府、学校、社会新型关系，才能真正落实好办学自主权。

就高等学校内部治理结构而言，要坚持和完善党委领导下的校长负责制，依法落实党委职责和校长职权，这是我国高等学校的基本治理结构；要尊重学术权利，充分发挥学术委员会作用，推动行政权力与学术权利的相对分离；要加强民主管理，建立监督制约机制。十八届三中全会还提出建立事业单位法人治理结构，高等学校也可开展这方面的探索，进一步加强高等学校治理的社会参与，一方面为高等学校提供更多支持，另一方面更重要的是可以密切高等学校与社会的联系，进一步构建起政府、学校、社会之间的良性互动关系。当前，要以高等学校章程建设为抓手，完善治理结构，并加强和扩大社会参与，建立现代学校制度。

第三，扎实推进多元主体评价，提高“评”的水平。在“管办评分离”的改革中，评价的改革和创新也十分重要。评价是指挥棒，下游的评价可以反过来带动上游的管理和中游的办学。在“评”教育方面，要推进专业评价，鼓励专门机构和社会中介机构进行评估，形成由政府、学校、家长及社会各方面参与的多元教育质量评价体系。例如，教育部 2014 年出台了《关于推进中小学教育质量综合评价改革的意见》，从品德发展水平、学业发展水平、身心发展水平、兴趣特长养成、学业负担状况 5 个方面设立 20 项指标，这可以看作教育部在管教育，设立了评价指标和评价规则；具体的评价则可交给专业机构按照规则去评，委托社会组织开展教育评估监测。而这一评价将反过来直接引导学校更好地办学，改变片面应试倾向，全面实施素质教育。对于职业教育和高等教育来说，要特别重视行业企业和用人单位的评价。职业学校和高等学校办得好不好，归根结底要看学生就业能力强不强、创业水平高不高。还要重视社会公众监督，开展教育满意度测评。

创新教育管理方式，需要我们建立健全教育决策、执行、监督之间既相互制约又相互协调的权力结构和运行机制。这就要“强化国家教育督导”，这是政府加强宏观管理的基本手段。越是在强调放权和减少事前审批的时候，就越是要加强过程监管和督导评估，这样才能“放而不乱”，“放而有效”。2012 年国务院颁布实施《教育督导条例》，未来我国将实现各级各类教育督导全覆盖，依法对各级各类教育进行督导。根据以上“大督导”的要求，需要相应充实和加强督导机构与督导力量。英国、法国、俄罗斯、荷兰、西班牙、澳大利亚、新西兰等国家，都建立了有一定规模的相对独立的教育督导机构。未来教育督导工作的模式，将遵循教育督导规律，以监测评估为基础，以督政督学为重点，以整改问责为手段，突出专业性，体现科学性，增强实效性。同时，要根据建立督学责任区制度的要求，组建专兼职结合的片区督学队伍。

第四，深入开展教育政策研究，提高“研”的水平。“没有教育科学，就没有科学的教育。”教育科学研究，尤其是教育政策研究在服务科学决策中发挥着十分重要的作用，教育决策咨询就更是如此。对教育科学研究、教育政策研究的根本要求是实事求是，因为它要从现象中发现本质，从关系中发现规律，从矛盾运动中找到问题解决方案。这也需要我们解放思想。解放思想是一种态度，实事求是是根本要求。解放思想解放到什么程度？就是解放到实事求是的程度；实事求是则是在解放思想中开辟道路。

因此，要着力建设国家高水平教育政策研究智库。从能力建设而言，政策研究智库应时时聚焦重大问题，服务国家战略，抓大事、谋长远、出实招，研究分析每种政策选择的利与弊；从国家支持而言，要探索以政府购买公共服务等多种形式，支持政策性研究，有些还可以开展平行研究，政府择优或综合参考决策；从体制机制而言，要鼓励协同创新，注重实质性贡献。总之，中国特色的教育政策研究智库应充分发挥思想库、智囊团、参谋部、宣传队的作用，服务教育科学民主决策，破解重大改革发展难题。

建立现代教育治理体系亟须遏制权力扩张*

□ 张志勇（山东省教育厅副厅长）

从西方发达国家公共治理的演进过程看，在公共服务体系建立的过程中，都有一个公共权力从扩张走向限制的过程。当前，我国教育管理效能低下，教育生产力受到很大的制约，其重要症结在于国家教育职能部门因公共权力的不断扩张而导致教育行政权力配置失衡。这主要表现在五个方面。一是越权管理教育。有的国家行政部门并没有管理教育的职能，却因为行政审批，而间接延伸为对民办教育和社会教育行使管理权。二是扩权管理教育。如有的国家行政部门本应负责对专业技术人员的宏观管理，却在权力执行过程中，将宏观管理渗透到专业技术教育的微观领域，甚至直接从事专业技术人员职称评审和继续教育工作。三是交叉管理教育。如在职业技术教育宏观管理方面，我国长期存在教育部门分管职业教育、人力资源部门分管技工教育的局面，这种管理分工带来的弊端日益显现。四是集权管理教育。如教育部门长期集教育的管、办、评大权于一身，决策、执行与监督之间缺乏相应的制衡机制。五是代替地方和学校管理教育。如招生部门代替学校招生，人事部门代替学校招聘教师，等等。

建立现代教育治理体系，克服职能交叉、推诿扯皮、侵权越位、效能低下的教育行政痼疾，必须遏制政府教育职能部门公共权力的不断扩张，建立权力边界清晰、权责匹配、相互制约、执行有力、接受监督的国家公共教育行政权力配置机制。

我国公共教育事务的管理不仅涉及各级政府部门，而且涉及党的各级领导机关。要全面推进我国教育治理体系和治理能力现代化，必须采取“确权”、“限权”、“放权”和“让权”四个重大举措，科学配置教育行政权力，建立完整的公共教育权力制衡机制。

一、“确权”：确定教育行政权力归属

从目前国家教育职能划分看，我国存在因多头管理而互相扯皮、管理效能低下的情况。如在职业教育管理方面，存在教育部门和劳动人事部门多头管理的局面，教育部门主管中等和高等职业教育，劳动人事部门主管技工教育和技师教育，这样，即在地方上形成了两个并行的职业技术教育体系。其实，这两类教育都属于职业技术教育范畴。这种多头管理体制降低了教育行政管理的效能，导致地方教育资源配置的重复。

在民办教育机构准入方面，教育部门与民政部门多头管理。作为教育管理机构，教育部门自然对民办教育机构承担着相应的管理职能，但民办教育机构作为非企业法人，必须到民政部门登记注册才能获得办学资格。这就形成了教育行政部门和民政部门共同行使民办教育准入管理的局面，增加了教育行政部门的管理成本和民办教育举办者的办学成本。其实，民办教育应与公办教育一样，由教育行

* 原载《中小学管理》2014 年第 7 期。

政部门统一管理。

在校外教育机构准入管理方面，工商局是主管机关，导致教育部门对其业务范围和日常教育教学业务的监管无法理依据，以致对校外教育事务无法监管，而工商部门又无力监管。这种混乱局面对中小学教育的健康发展造成了严重的不良影响。

为了改变上述多头管理、互相扯皮、管理失范的局面，必须抓住全国人大推进教育法律一揽子修订的机遇，清理并规范国家教育职能部门的权力规定，从法律上彻底解决职能交叉问题。国家要就教育职能部门的权力边界做出统一规范，确定各教育职能部门的权力清单。建议将劳动人事部门管理的技工教育、技师教育交予教育行政部门管理，由教育部门统筹管理整个职业教育，劳动人事部门主要负责制定行业标准和严格实施职业资格制度；将民办教育机构和校外教育机构的资格准入管理交予教育行政部门统筹管理。

二、"分权"：划定教育行政权力边界

1. 教育人事权力配置：厘清教育、编制、组织、人事部门的权力边界

在教育人事权力配置方面，我国的教育、编制、人事部门管理权限相互交叉，极大地影响了教育行政效能。如在中小学教师招聘和职务（职称）评聘方面，《教育规划纲要》规定："省级教育行政部门统一组织中小学教师资格考试和资格认定，县级教育行政部门按规定履行中小学教师的招聘录用、职务（职称）评聘、培养培训和考核等管理职能。"但令人遗憾的是，一些地方的人事部门直接负责教师的招考工作和教师职务（职称）评聘工作，导致教育部门"人权"与"事权"的分离。在中小学教师继续教育方面，人事部门不仅进行宏观政策管理，而且直接从事教师培训，甚至将自己组织的培训直接与教师职称评审挂钩，代替了教育行政部门的管理职权。

在中小学校长队伍的建设与管理方面，《中华人民共和国义务教育法》第二十六条规定："学校实行校长负责制。校长应当符合国家规定的任职条件。校长由县级人民政府教育行政部门依法聘任。"《教育规划纲要》强调："完善中小学学校管理制度。完善普通中小学和中等职业学校校长负责制。完善校长任职条件和任用办法。""制定校长任职资格标准，促进校长专业化，提高校长管理水平。推行校长职级制。"但在实际工作中，关于中小学校长队伍的建设与管理，组织、人事、教育等部门之间的职能边界模糊，导致中小学校长队伍建设专业化的关键制度设计——中小学校长任职资格制度的实施在国家层面至今没有进展。同时，在中小学校长的任命方面，组织、人事与教育部门之间的权力边界也不清晰，导致一些不具备专业素养、不适合中小学校长岗位要求的人进入中小学校长队伍，这对推进教育家办学、提高教育质量极其不利。

在市、县（县级市、区）教育局长队伍建设与管理方面，上级教育行政部门没有任何发言权，导致一些地方的教育局长没有从事过教育工作，缺乏领导教育事业的专业素养，在教育事业的改革和发展中不尊重规律，严重影响地方教育事业的健康发展。

国家必须重新配置教育人事权力，厘清各自的权力边界，以形成相互配合、相互制约的教育人事权力配置格局。中小学教师招聘权应还给县级教育行政部门，编制、人事部门在其职权范围实行监督。教师继续教育的管理权应该归属教育行政部门，人事部门只负责对教师继续教育政策的宏观管理。在中小学校长和地方教育局长的管理方面，组织、人事与教育部门实行分权管理，中央组织部会同教育部出台地方教育局长任职资格专业标准，教育部出台中小学校长任职资格专业标准；省级教育行政部门负责地方教育局长和中小学校长任职资格制度的实施和管理；各地组织人事部门在其职权范围内，在具有任职资格的人选中负责教育局长的选拔与任命；中小学校长由县级教育行政部门进行聘任。

2. 教育财政权力配置：厘清财政、发展改革与教育部门的权力边界

在教育财政权力配置方面，我国的财政、发展改革与教育部门之间边界不清，管理效能不高。如教育经费多头管理，不仅财政部门负责管理教育经费，发展改革部门也负责管理部分教育项目和经费；中央部委不仅负责中央教育预算安排，而且直接审批和管理了大量教育项目，这些项目不仅直接到省、市、县，有的还到校，也就是说，中央部委管理了许多管不了、管不好的教育微观事务，导致无法直接监管和考核其资金使用效益；财政部门不仅负责教育预算安排，而且直接负责项目安排，这一方面导致了教育财政权力过分集中在财政部门手中，另一方面也导致了教育部门“事权”与“财权”的分离，从而导致教育财政效能低下。

按照中央和全国人大常委会关于公共财政预算管理的有关规定，建议与教育财政相关的政府职能部门建立权力清晰、权责明确、分权与制衡相统一的教育财政管理体制。教育经费统一归口财政部门管理，发展改革部门不再管理和安排教育经费；中央财政和教育部门负责平衡各省市之间的教育财力，但不直接安排具体项目，而是通过财政转移支付，由省级财政部门根据地方教育改革和发展的需要，统筹安排使用；各级财政部门负责筹措教育经费，协助教育行政部门编制教育预算，平衡各地教育财力，监管和考核教育经费的使用情况，教育部门则按照支出项目负责编制部门预算，并组织实施。

三、“放权”：归还地方政府和学校办学自主权

按照国务院机构改革和职能转变的要求，各级政府要加快教育管理职能转变和简政放权，这是激活地方政府和学校办学活力的关键。中央政府要向省级政府下放地方教育统筹权，包括教育管理职能的调整、教育事业的规划等；下放高等教育统筹权，包括高等学校的设立权、招生考试改革权、学科建设权等；下放统筹推进教育改革的自主权，包括符合国家法规和中央政策的各项教育改革试点。

各级政府要向学校放权，关键是要依法确保各级各类学校的办学自主权。学校应依法拥有下列自主权：人事管理自主权，包括副校级干部和中层干部任用权、教师职称评聘权、教师自主招聘权、不合格教师的解聘权；自主招生权；财政教育经费和合法募集的教育经费的自主使用权；教师绩效工资的自主分配权；课程改革自主权；对不符合法规要求的教育评估事项的拒绝权；等等。同时，必须明确作为法人的校长的权力的保障机制和约束机制。建议有关部门尽快起草《学校法》，明确政府与学校的权力边界。

当然，在归还学校办学自主权的同时，必须建立现代学校内部治理机制，如完善教职工代表大会、学生代表大会制度，建立家长委员会和社区教育委员会，等等。一要向教师放权。各级教育行政部门及其附属教研机构要把教学自主权还给教师，学校要明确并保障教师对学校事务的知情权、管理权、监督权、决策权等。二要向学生放权。建立和完善学生代表大会制度，尊重、支持并保障学生对学校事务的知情权和对涉及自身教育权益的各种学校事务的参与权、表达权、监督权等。三要向家长放权。学校要支持学校家长委员会依据章程自主开展活动，保障学校家长委员会对学校教育活动的知情权、参与权、监督权等。四要向社区放权。学校要支持学校社区理事会依据章程自主开展活动，保障学校社区理事会对学校教育活动的知情权、参与权、监督权等。

四、“让权”：向社会让渡教育行政权

建立现代教育治理体系，必须改变政府及其教育行政部门集权管理教育的局面，充分调动社会参与教育管理、学校管理的积极性。

一是向社会组织让权。《教育规划纲要》强调：“培育专业教育服务机构。完善教育中介组织的准入、资助、监管和行业自律制度。积极发挥行业协会、专业学会、基金会等各类社会组织在教育公共治理中的作用。”各级政府可以把各种决策、专业管理、质量管理、教育改革项目评审和评奖等委托

给具有资质的专业服务机构或者行业协会。建议出台向社会组织、企业购买服务的具体办法，明确广大社会组织和企业参与教育管理的权利和义务。二是向社会让权。各级政府和教育行政部门要通过教育信息公开，确保人民群众的教育知情权；让作为教育利益相关方的广大人民群众参与各级各类教育的决策、监督和管理；通过制定科学的指标体系和信息采集方法，广泛开展人民群众教育满意度调查，等等。建议出台广大人民群众参与教育决策、监督和管理的具体办法，建立人民群众参与教育管理的有效机制。

关于教育治理体系和治理能力现代化建设的分析*

□ 徐艳国（清华大学教授）

党的十八届三中全会明确提出，全面深化改革的总目标是完善和发展中国特色社会主义制度，推进国家治理体系和治理能力现代化。这是国家改革的总目标，也是各领域改革的总要求。教育改革作为全面深化改革的重要领域，也应该自觉围绕这一总目标、落实这一总要求，完善科学规范的教育治理体系，形成高水平的教育治理能力。目前，就教育系统而言，已经开启了重视教育治理体系和治理能力现代化建设的历程。

一、关于教育治理体系建设

教育治理体系，主要是指国家的教育制度。在教育现代化过程中，必然要求教育制度逐渐完善，进而形成能够促进和保障教育事业各方面科学发展的政策制度系统。

*首先，这一系统应该是全面完整的。*教育不是一项单一性、孤立性的事业，它本身是一个复杂的系统工程。解决教育的改革发展稳定等问题，不可能仅靠一个或几个政策文件就解决好。设计教育的政策制度系统，既要有管总管面的文件，管中期管长远的文件，也要针对教育事业发展的不同方面，制定专项的政策文件。前者如：2010 年颁发的《教育规划纲要》，提出了十年教育改革和发展的指导思想和工作方针、战略目标和战略主题，明确了学前教育、义务教育、高中阶段教育、职业教育、高等教育、继续教育、民族教育、特殊教育等方面的发展任务，设计了人才培养体制改革、考试招生制度改革、建立现代学校制度、办学体制改革、管理体制改革、扩大教育开放等方面的改革事项，围绕加强教师队伍建设、保障经费投入、加快教育信息化进程、推进依法治教、重大项目和改革试点、加强组织领导等方面制定了保障措施。自 1995 年 9 月 1 日施行的《中华人民共和国教育法》，对教育基本制度、学校及其他教育机构、教师和其他教育工作者、受教育者、教育与社会等事宜做出了详细的规定。此外，还有教育部制定的《2003—2007 年教育振兴行动计划》，国务院 1994 年 7 月 3 日发布的《关于〈中国教育改革和发展纲要〉的实施意见》，教育部 1998 年 12 月 24 日制定的《面向 21 世纪教育振兴行动计划》等文件，都是阶段性整体部署教育事业发展的文件。后者如：2004 年颁发的针对大学生思想政治教育的《中共中央国务院关于进一步加强和改进大学生思想政治教育的意见》，围绕大学生思想政治教育这一专项工作，详细提出了加强和改进工作的重要性、紧迫性，提出了加强和改进大学生思想政治教育的指导思想、基本原则、主要任务、有效途径、队伍建设、环境保障、组织领导等方面的具体措施。1993 年 10 月 31 日第八届全国人民代表大会常务委员会第四次会议通过的《中华人民共和国教师法》，专门规定了教师的权利和义务、资格和任用、培养和培训、考核、

* 原载《中国高等教育》2014 年第 17 期。

待遇、奖励、法律责任等内容。此外，还有《社会力量办学条例》、《学校体育工作条例》、《中华人民共和国高等教育法》、《中华人民共和国义务教育法》、《中华人民共和国职业教育法》等专项法规文件。

其次，这一系统应该是重点突出的。教育事业千头万绪，教育管理千丝万缕。抓住重点，突破难点，关注焦点，应是制定教育政策制度、推进教育现代化的基本逻辑。这里的重点突出要体现在政策文件的规格上。对于教育现代化要重点解决的问题，应力求制定印发更高规格的文件。目前的教育政策文件，在规格上区分，主要有中共中央国务院联合发文、中共中央发文、国务院发文、中办发文、国办发文、教育部等部委联合发文、教育部发文、教育部办公厅发文等形式。在合理的范围内，应优先推动重点工作以更高规格的形式发文，这样容易引起各有关方面更大的重视，容易调动和整合更多的相关资源推动工作、解决问题。重点突出还要体现在政策文件的效力上。一般来讲，法律法规性质的文件具有硬约束的作用，其效力强于普通的政策文件。对于特别重要的工作，要在推进依法治国的大背景下，积极寻求教育立法，不断强化依法治教。即便不能够正式立法，也要推动将相关工作要求形成部门法规，以条例、部长令等形式强化工作要求的效力。重点突出也要体现在政策文件的传承上。十年树木，百年树人，教育事业需要接续奋斗，重点问题的解决需要政策接力，相应的政策要能及时跟进，进而就解决某一问题形成政策群，发挥政策的合力作用，不断增大相应政策的压强，促进问题有效解决。比如，针对大学生思想政治教育工作，在 2004 年印发《中共中央国务院关于进一步加强和改进大学生思想政治教育的意见》的基础上，此后十年间，围绕大学生思想政治教育的方方面面，有关部门制定了数十个相关和配套文件，不断强化政策要求，不断深化政策规定。

再次，这一系统应该是具有鲜明方向和灵魂的。习近平强调，一个国家选择什么样的治理体系，是由这个国家的历史传承、文化传统、经济社会发展水平决定的，是由这个国家的人民决定的。我国今天的国家治理体系，是在我国历史传承、文化传统、经济社会发展的基础上长期发展、渐进改进、内生性演化的结果。所以，目前中国的教育制度系统即教育治理体系，虽然在教育现代化过程中不断学习借鉴国外的先进做法和经验，也必然具有中国的特色，反映中国的国情，体现中国的经济社会发展要求，带有中国历史传承、文化传统的基因。特别是从教育的根本使命出发，必然体现为中国特色社会主义教育制度，其方向就是社会主义的办学方向，培养德智体美全面发展的中国特色社会主义事业合格建设者和可靠接班人。其灵魂就是始终坚持、不断巩固马克思列宁主义、毛泽东思想和中国特色社会主义理论体系的指导地位。

最后，这一系统应该是开放创新的。推动教育不断深化改革，必须形成教育制度优化机制。任何政策制度，无论在制定印发时多么完美，随着时间的推移和形势的变化，一些政策规定必然表现出一定的不适应，这时，就要及时启动政策修订完善机制，按照中国教育现代化建设的总目标要求，按照中国特色社会主义教育制度的总设计，对相应的政策文件做出调整。

二、关于教育治理能力建设

教育治理能力，是国家教育制度执行能力的集中体现。治理能力直接决定治理效果，教育治理能力的现代化直接决定教育现代化的进程。习近平在省部级主要领导干部学习贯彻十八届三中全会精神全面深化改革专题研讨班开班式上发表重要讲话强调，制定出一个好文件，只是万里长征走完了第一步，关键还在于落实文件。可见，抓好政策的贯彻落实也不是简单的事。

提升教育治理能力，才能把良好的教育政策设计转化为推动教育现代化的切实行动。做好政策设计之后，关键在于执行。要通过广泛深入的学习宣传活动，使政策文件的精神被深刻理解，进而夯实全面落实政策文件的思想认识基础。提升教育治理能力，一要提升教育政策文件宣讲能力，正如习近平所强调的，要防止一知半解、断章取义、生搬硬套，要弄清楚整体政策安排与某一具体政策的关系、系统政策链条与某一政策环节的关系、政策顶层设计与政策分层对接的关系、政策统一性与政策差异性的关系、长期性政策与阶段性政策的关系。既不能以局部代替整体，又不能以整体代替局部；既不能以灵活性损害原则性，又不能以原则性束缚灵活性。二要在推动政策文件具体贯彻落实上下功夫，要防止基层单位简单地以文件落实文件，以会议落实会议，对于那些等待观望、急功近利的现象，要及时做出有力的督导，以时不我待的紧迫意识和夙夜在公的责任意识狠抓落实。

*提升教育治理能力，才能把全社会更多的资源转化为推动教育现代化的正能量。*治理教育，推进中国教育治理体系和治理能力现代化，要有宽广的视野和思路。教育，非教育一系统之事业。这个涉及千家万户利益的工作，必须让千家万户都参与到治理工作中来。推进教育治理体系和治理能力现代化，就是要适应国家治理体系和治理能力建设，根据教育发展的自身规律和教育现代化的基本要求，以构建政府、学校、社会新型关系为核心，以推进管办评分离为基本要求，以转变政府职能为突破口，建立系统完备、科学规范、运行有效的制度体系，形成政府宏观管理、学校自主办学、社会广泛参与的格局，更好地调动中央和地方两个积极性，更好地激发每个学校的活力，更好地发挥全社会的作用。作为各级政府，当前重要的是转变职能、简政放权、创新方式，把该放的放掉，把该管的管好，做到不缺位、不越位、不错位，真正实现宏观管理。作为学校，要从办学主体地位出发，明确权利责任，加强自我管理、自我约束、自我发展，实现更高水平的自主办学。作为社会层面，要广泛参与评价教育质量，检验教育成果，监督教育决策。最终，政府、学校、社会充分落实管、办、评的教育权责。

*提升教育治理能力，才能形成治理能力与治理体系良性互动的格局，为实现教育现代化提供高水平的政策环境。*实现教育现代化，离不开教育治理体系和治理能力的现代化，而二者的现代化又是相辅相成的。治理能力提高了，就会助推治理体系发挥更大的作用，更大程度上彰显教育政策的价值。提升教育治理能力的过程，也是对教育治理体系的实践检验。治理体系中有利于教育现代化建设的政策因素，将在新一轮的治理体系建设中得到强化。治理体系中对教育现代化缺少正向作用的因素将被弱化，甚至被彻底移除，以此不断优化教育治理体系，最大程度聚焦教育现代化。在这个意义上，不断完善教育治理体系也是提升教育治理能力的重要内容。

三、关于教育现代化的政策制度特质分析

教育治理体系和治理能力建设，集中体现为教育政策制度建设。推进中国教育治理体系和治理能力现代化，必然要求设立与中国教育发展特点相适应的政策制度，形成富有特色的政策制度特质。教育现代化的政策制度特质，也是教育现代化路径的基本反映。笔者总结近年来中国教育发展采取的一系列重大措施，梳理了相应的政策制度特质。

*一是以综合政策统揽发展全局。*党的十八届三中全会明确提出要深化教育领域综合改革。其实，近年来教育的政策实践一直是重视综合设计的。以2013年教育部印发的政策文件情况为例，除了专门印发《教育部关于2013年深化教育领域综合改革的意见》以外，文件标题含综合的文件还有9个，其内容涉及中小学教育质量综合评价、农林教育综合改革、示范性综合实践基地建设、综合工程训练中心建设等方面，可见，综合改革的意识已经融入对各方面工作的具体推动之中。政策的综合设计不仅针对教育整体，也针对教育的方方面面。

*二是以专项政策实现重点突破。*抓住教育现代化中的某一项难题，系统深入地做出政策设计，以期求得重大突破和进展，已成为目前中国制定教育政策的重要路径。以2013年为例，从全年印发的教育政策文件来看，共有40个文件是专门部署专

项教育计划的，这一数量已达全年发文总量的8.55%。在教育部确定的2013年教育大事记中，46项大事里面有5项是教育的专项计划，分别为：三部门联合部署中西部高等教育振兴计划；扩大实施农村贫困地区定向招生专项计划；教育部会同有关部门实施卓越人才教育培养计划；启动实施“孔子新汉学计划”；圆满完成第一期学前教育三年行动计划。这些专项政策在解决教育发展瓶颈问题方面效果显著。

三是以完善规则定型政策设计。2013年11月29日，《中国教育报》发布一则消息：首批六所高校章程正式获准颁布，中国大学步入“宪章”时代。早在2006年修订的《中华人民共和国高等教育法》（简称《高等教育法》）中，就将章程作为设立大学需提交的基本材料之一。《教育规划纲要》颁布后，教育部出台《高等学校章程制定暂行办法》，大学章程制定开始提速。同时，教育部门也注重教育立法工作，推进依法治教。教育部主要领导提出，要推动教育法、高等教育法、教师法和民办教育促进法四部法律一揽子修订工作，抓紧职业教育法和残疾人教育条例修订工作，不断健全教育法律制度体系。要普遍建立法律顾问制度，完善规范性文件、重大决策合法性审查机制，健全规范性文件备案审查制度。没有规矩不成方圆，教育现代化首先要实现教育改革发展规范化，形成科学规范的制度体系，使教育制度逐步成熟和定型。

四是以主动发布促进政策执行。加大教育政策文件宣传力度，准确充分地阐释相关政策的制定背景、关键举措、主要意图、落实路径，是推动政策文件有效执行的必要环节。中国的教育情况十分复杂，涉及面广。教育政策的执行，既要依靠各级党委政府、各级教育部门，也要依靠广大的受教育者。近年来，教育部门加大政策宣传力度。教育部专门设立新闻办公室，在此基础上，挂靠中国教育报刊社成立教育部教育新闻宣传中心。教育部新闻办根据教育政策推进情况，及时组织召开新闻发布会，2013年共召开了22次新闻发布会，分专题邀请有关司局单位负责同志详细解读政策。

五是以分化职能推进有效治理。随着教育现代化的深入推进，目前，中国教育的治理模式在发生着深刻的变化，其中重要的方面是推动管办评分离。这也就意味着，教育治理模式将由传统的一元治理转向三元治理，原来政府部门既管教育也办教育还评价教育，现在要逐渐过渡到政府管教育、学校办教育、社会评教育，三者相对独立。

六是以党的方针指引政策方向。中国教育的一切政策，都应该紧紧围绕一个方向的指引，那就是建设中国特色社会主义教育制度，推动实现社会主义的教育现代化。在制定教育政策文件的过程中，要始终高举中国特色社会主义伟大旗帜。教育部在推动教育治理体系和治理能力现代化的过程中，把政策方向放在首位，旗帜鲜明地提出落实好立德树人根本任务。查阅近年来下发的重要教育政策文件，一个普遍的共同特点是写有“指导思想”，一般都独立成段，或者是写一个具有指导思想性质的帽段。贯彻什么精神，就是一种方向的体现。在目前所有关于教育的文件中，贯彻的精神最后都可以归结到党的教育方针上。

综上，中国的教育政策制度体现出鲜明的特质，这种特质是在教育现代化的实践中形成的，是对中国教育发展规律的总结和运用的结果，是解决中国教育问题的现实路径选择。正因如此，才会形成具有中国特色的社会主义教育现代化道路。

参考文献：

[1] 习近平. 坚定制度自信不是要固步自封. http://news.xinhuanet.com/politics/2014-02/17/c_119373758.html.

[2] 袁贵仁. 深化教育领域综合改革 加快推进教育治理体系和治理能力现代化. http://www.moe.gov.cn/publicfiles/business/htmlfiles/moe/moe_176/201402/163736.html.

教育基本理论与教育史

教育学的基本追求*

□ 刘庆昌（山西大学教授）

教育学在追求什么？当我们提出这一问题的时候，切莫以为是一种修辞性的设问。教育学虽然有相当悠久的过去，但在一些学科基本问题上并未形成共识。比如教育学是什么性质的学科，教育学的理论体系是怎样的，等等。这就使得教育学工作者和学习者常常难以自信地向他人述说自己的学科。有趣的是，教育学研究者似乎越来越不关心这些学科的基本问题，而是心无杂念地直面具体的对象，他们无疑是有收获的，但因缺乏对教育学的整体认知，要么走不远，要么陷于思维的狭隘，个人难有建树，之于学科则是一种盲目，如果他们关注的是教育现实中的问题，其研究与教育学基本上没有什么关系。总体上看，教育学参与者缺乏学科的自觉，甚至非理性地放弃学科意识，既不利于教育认识，也不利于教育实践。回到我们的问题——教育学在追求什么，这个问题由教育学研究者提出来属于一种反思，若由学科之外的人们提出则是一种质询。其实这种质询始终存在，只是教育学参与者要么不予重视，要么不能令质询者满足，从而教育学在其参与者那里是朦胧的，而学科外人员则会武断地认为教育学是没用的。作为教育学人，我们自然在乎教育学科的外在形象，但更重视的是教育学学科内在的自觉。从教育学的基本追求开始思考，无疑可以通向教育学学科的自觉之路。那教育学究竟在追求什么呢？对于这样的问题，我们只能先做经验的描述，再做理性的阐释。具体而言，我们需要回顾迄今为止的教育学里都有什么，其所有的，即是其所做的结果；进而带着逻辑学的眼光，把其所做的加以划分，也就获得了教育学的基本追求。在这里，不妨采用哲学的立场，超越具体的现象和个别做理性的反思。在意识中，教育学研究者的兴趣自然分为理论的和实践的两种。理论的兴趣主要表现为对教育本体的追寻和对教育理想的建构；实践的兴趣主要表现为对教育方法的探索和教育者形象的设计。稍进行语言转换，教育学的基本追求即发现教育的本质、构造理想的教育、创造教育的方法、设计教育者的形象。

一、发现教育的本质

透过现象看本质的认识路线至今仍然具有生命力。尽管以寻找教育本质为追求的研究者越来越少，同时，关注实践的研究者越来越多，但在学科界定中，本质主义的理想仍然得以保留。之所以如此，当然有本质主义认识传统的惯性影响，但更深刻的原因是人们欲摆脱教育现象变化的纷扰获得教育本体。一旦获得了教育的本质，现实的教育存在在我们的头脑中就会变得条理清晰，进而我们的认识和实践也会变得简捷明快，少把精力花费在次要的枝节问题上，少做很多的无用功，自然是意义重大。因而，自教育学学科化以来，对教育本质的追寻，就成为一部分教育学家尤其是教育哲学家的兴

* 原载《山西大学学报（哲学社会科学版）》2014 年第 2 期。

趣。在我国，关于教育本质的大讨论有两次，第一次从20世纪50年代初开始，因受苏联的影响，简单地认为教育即上层建筑。第二次从1978年开始，主要围绕着教育是不是上层建筑而展开，虽然没有获得统一的认识，但推动了人们对教育的理性思考，并在一段时间里影响着研究者的研究旨趣，典型的现象是许多研究者尝试对教育的本质进行思辨。不过，这样的情形并没有持续很长的时间，随着教育学科学化的倾向日益明显，对于教育本质的思辨逐渐处于边缘，加之实践立场的普遍化，思辨性的教育思考不只是在地位上处于边缘，甚至在道义上都处于劣势，似乎追寻本质这样的行为纯属无用的空谈或是无病呻吟。

追寻教育的本质真的无用吗？当然不是。然而我们也不能简单地认为那些贬抑教育本质思辨的人们都是无知狂妄的。假如思辨者真的发现了教育的本质，那些重实践、崇技术的研究者和实践者也会如获至宝。问题是思辨者并没有发现教育的本质，至少很少有人承认思辨者找到了教育的本质。人们倒是从思辨者的思辨过程中误读出了艰涩和迂腐，这就让思辨者的处境十分尴尬了。我们应该相信对教育本质进行思辨的价值，除非我们怀疑教育本质存在的真实性，或者我们怀疑思辨者寻找本质的方法。可以设想，如果根本就不存在什么教育的本质，那追寻者岂不是无病呻吟？如果的确存在着教育的本质，但追寻者的方法不当，那追寻者的追寻岂不劳而无功？

本质就是本质主义的假设。当做出这种假设的时候，实际上就对本质概念进行了界定，所以，本质是一种人的思维设定，人做出这样的设定，就意味着认可了“本质”的认识论甚至实践论的价值。然而值得注意的是，人们对自身思维设定的本质之界定却是一个多元的和变化的事件。而在语用意义上，“本质”更是一个多义词，也就不难理解人们在找寻教育本质过程中的误打误撞了。人们通常是把本质作为属性或特征进行认识的，意指一类事物的一般特性，也就是西方哲学中的共相。对此，人们不该有什么争议，混乱出现在对“一般特性”的理解相互之间不大一致。以1978年开始的教育本质大讨论为例，在其中，人们讨论的焦点是教育是不是上层建筑。显而易见，从一开始，讨论者就偏离了“本质”的意义。说教育是上层建筑，或说教育是经济基础等，只是对教育进行了归属，结论可以表达为：教育∈或∉上层建筑、教育∈或∉经济基础，这并没有把教育自身说清楚。这样的讨论在当时的社会背景下会产生积极的外部效果，但就对本质的追寻来说无疑是幼稚的。不过，也是在这一次讨论中，一些更加理性的声音出现了，表现为追寻者不再做教育归属的文章，而是对教育自身加以说明，回答“教育是什么”这一问题。较具代表性的认识是：教育是有目的、有计划地培养人的社会活动。这一认识基本上是对教育存在状态的白描，形式上采取了“属加种差”的定义格式，但很显然没有走进教育的内部，不可能是对教育本质的表达。

发现教育的本质，就是要回答教育是什么这一问题，就是要说清楚被人们称作教育的那种存在物之所以是教育的根本依据。虽然当我们有兴趣追寻教育的本质时，被我们称为教育的事情每天在发生，而且是人为发生，但教育哲学家就是想超越日常的世界，寻找隐伏于纷繁现象中间的教育的本形、原型。如果他们真的发现了教育的本质，教育的纷乱现象在我们的意识中就会自然消退，在常人或在以往看来复杂的问题立刻变得简单明了。发现了教育的本质，才算把教育搞明白了，才算是回到了思维的原点，合理的创造才有了坚实的基础。找寻本质不是满足一部分人形而上学的兴趣，而是确立合理的可能发生的基础。

发现了教育的本质，至少有以下的效果。

第一，发现者可以把教育说清楚。把教育说清楚并不是一件容易的事情，否则，教育是什么这一问题就不会至今仍被人们面对。许多人自认为找到了答案，也有许多人继续寻找，这说明他们要么不认可已有的答案，要么认为这一问题不会只有一个答案。但是，如果我们把回答教育是什么看作是对教育本质的发现，那教育又怎么会有多个本质呢？

可见这一问题并不是简单的。每一个试图回答教育是什么的人都想要把教育说清楚，而要想说清楚教育，就必须说出教育的本质。反思以往人们对教育是什么的回答，之所以不能满足人们认识上的需求，当然是因为答案离教育本质尚有或短或长的距离。另外，教育是什么被普遍视为教育学的第一问题，如果发现了教育的本质，亦即对这一问题做出了通透的回答，教育学的内在建构和外在形象也会有所改观。

第二，学习者可以据此把非教育和伪教育与教育区别开来。对于学习者来说，他们通过学习领会了教育的本质，最大的意义是掌握了一个认知的标准。这个标准可以让他们把教育从非教育中分离出来，还可以让他们把真教育和伪教育区分开来。确定了教育，教育之外的即是非教育。对那些与教育差异很大的事件，人们运用感觉就可以辨识，对那些形式上比较接近教育的事件，仅靠感觉就难以辨识了。诸如教学、训练这样的事件，很像教育，但在理论上，纯粹的教学和训练并不是教育。仅当教学和训练具有了教育性，才转换成为教育，否则，它们可以是与教育并列的独立事件，可以为教育所用，但算不得教育。简单地说，教育是有价值负载的，是向善的，是成人的，而纯粹的教学和训练，既可以服务于向善和成人，也可以服务于向恶和毁人，若是后者，不仅不是教育，还是反教育的。

现实中还存在着伪教育现象，具体可划分为有意而为的和无意而为的两种。有意而为的伪教育，是在利用教育的崇高来掩饰不崇高的行为目的和行为自身。最具有典型性的是市场中普遍存在的以猎取经济利益为目的的一些培训行为。你会注意到那些培训行为都会以“教育”的名义存在，可你会认为服务于公务员考试、研究生考试、外语考试的培训者是在搞教育吗？如果他们不以教育的名义存在就是非教育，如果他们明知自己做的不是教育却借了教育的名义，那就是做着伪教育，且是有意的，如果他们是由于理性上的未加思考，误以为自己做的是教育，便属于无意而为了。现在我们把目光转移到学校这一制度化的教育机构，你是否会认为在其中进行的各种活动都是教育活动？客观的情况是，在学校，教师们接受某种观念的引导，很自然地进行着非教育的行为，他们通常默认自己的行为是教育，而作为局外人的我们，如果领会了教育的本质，就知道学校里存在着伪教育。以人们经常批评的应试教育为例，如果人们领会了教育的本质，懂得了真教育的意义，就会做出这样的判断：应试教育是虚妄的，应试教育非教育，若说是教育，也是伪教育。

第三，实践者可据此对自己或他人的教育行为进行监控。教育本质的发现还会惠及从事教育实践的人们，这也符合教育理论思考的价值追求。我们之所以要追寻教育的本质，直接的效果无疑是认识上的明朗，但最终的追求却是教育实践者的自觉。所谓实践者的自觉，指实践者因掌握了理论而具有了理性，因具有了理性而形成了反思与自控的习惯。这是一种状态，也是一种境界。在没有教育理论的教育历史阶段，教育实践者的作为顺应的是个人的习惯和行业的传统，一旦教育实践者个体被行业的传统同化，他们就开始日复一日地重复起自己；有了教育理论，尤其是发现了教育本质，教育实践者就可以据此来衡量自己的作为。这里的衡量，换言之就是教育实践者依据（真）教育的意义对自己的教育行为进行反思与监控。同理，教育实践者也可以以教育的真意为依据衡量其他人的教育行为，如此，教育实践者的教育评论意识和能力会自然得以提升。

以往的人们虽然少有对教育本质发现的价值进行阐释，但笔者相信凡是探寻教育本质的人，他内心里必然存在着一定的价值期望，否则对教育本质的探寻行为就失去了存在的依据。然而，本质的发现是艰难的，它既有赖于思想者形而上学的兴趣，还有赖于哲学理论的发展，相对来说，哲学理论的发展更为关键。要发现教育的本质，首先需要知道本质是什么，这个问题是要由哲学家来回答的；其次需要知道如何能够发现本质，这个问题仍然要由哲学家来回答。关于本质是什么，笔者以为这个问题早已经得到回答，历史的演进只是让回答更为纯粹和可操作。从柏拉图的共相，到马克思主义哲学所说的本质，即构成事物的各要素之间相对稳定的内在联系，再到现象学所说的本质，即“是者是起来的方式方法或过程经历”[1]。关于“是者是起来的方式方法或过程经历”，胡塞尔在《现象学的观念》中实际上做了说明。他说：“事物不是思维行为，但却在这思维行为中被构造，在它们之中成为被给予性；所以它们在本质上只是以被构造的方式表现他们自身为何物。”[2]在这个过程中，本质实际上越来越被人们认为是要素之间的联系、构造物，实质上就是一个结构，一个不可拆分的基本结构。我们发现教育的本质，就是要发现存在于一切时间、空间、类型的教育现象中的那个不可拆分的基本结构。在这个结构之上，人们可以涂抹各种颜色，却不能否定这个结构，不然教育就不存在了。我们如何发现本质呢？透过现象？显然不可操作；做本质直观？更为神秘。然而，本体论的追求原本就是对超验的追寻，怎能离得开强大的冥思？就目前来说，现象学的方法是可取的，虽然不是每个人都可以掌握和运用。

二、构造理想的教育

被发现的教育本质明示了教育的本形，做教育的人因此可以知道自己做的是不是教育，可以避免自己的行为偏离教育的轨道而成为伪教育，这对于自觉的实践者来说不应是可有可无的。教育学对教育本质的追求，无论结果如何，都为教育实践者的不断自觉做出了重要的贡献，即使教育本质的追寻者并未意识到这一点，效果却是如此。因而，那些对教育本质执着追寻的人们不必怀疑自己的价值，他们的看似个体化的追寻本质的过程，与人类教育不断自觉的过程是相互融通的。当然，教育学不仅仅要发现教育的本质，在探寻本质的同时，甚至在对本质毫无兴趣的情况下，教育学都在各种意义上构造理想的教育。除去对教育进行形而上学思辨的人和对教育进行实证研究的人，几乎所有的教育学家同时就是教育家。笔者的意思是他们所秉持的基本上是规范者的立场，在他们看来，如果教育者的教育行为符合了他们的规范，便是令人满意的。在语气上，教育学家的规范常常会以建议的形式出现，以“应该如何”的方式表达，究其实质则是他们真诚向往的理想的教育。

理想的教育是什么样的？这一问题的答案不是唯一的，因而，这一问题的提出是永无止境的。教育的本质在教育之中，理想的教育在教育者的头脑中。教育的本质只有一个，理想的教育有多少则完全取决于有理想的教育者的数量。虽然人与人的心性相近，理想的教育在不同人的头脑中会有共同要素，但不同的人对于理想的教育有权利也有可能有不同的构造这一事实却不能忽视。每个教育者甚至每个成熟的社会成员都可以构造理想的教育，教育学家也在做这样的事情。不同的是：一方面，教育学家会以理论的方式对理想的教育做系统的构造，一般教育者和社会成员头脑中的理想的教育要么是凌乱的，要么是不加理性考量的；另一方面，教育学家会自觉地构造理想的教育，多以此为己任，而一般教育者和社会成员构造理想的教育则可能多是一种情境行为或是批判行为的副产品。

如果打开教育学的书卷，倒不一定能见到人们对教育学有构造理想的教育的认识，但当走进那些教育学著作的时候，我们就能嗅到教育学中的理想主义气息。《学记》描画了善教者、善学者、理想的教学之道以及豫时孙摩的大学之法；夸美纽斯的《大教学论》明确追求高效、人文的教学方法；赫尔巴特的《普通教育学》看起来是“科学的”一般原理，但其中隐藏着一个巨大的理想，就是把教育建立在教育理论之上，无异于说理想的教育是基于教育理论的教育。他明确意识到“人类不断地通过其自身产生的思想范围来教育自己”[3]22，并意识到“只有在有思想的人相互一致的时候，理智才能胜利”[3]22。对于教育，赫尔巴特说，“但愿那些很想把教育基础仅仅建立于经验之上的人们，对其他的实验科学做一番审慎的考虑”[3]13，而“教育学是教育者自身所需要的一门科学”[3]10；杜威的《民主主义与教育》，用他自己的话说，体现了他

“探索和阐明民主社会所包含的思想，和把这些思想应用于教育事业的许多问题所做的努力”。[4]民主社会是杜威的理想国，《民主主义与教育》就是在构造理想的民主社会的教育。我们仅列举几位教育学家的著述，其实已经足以说明构造理想的教育是教育学的基本追求。

现在值得关心的是教育学家为什么会构造理想的教育。采用内因外因的分析思路，我们可以推测教育学家该种作为的动力，首先可能来自于自己内心纯粹的愿望，这种愿望可能有使命的成分，也可能有他们对教育学学科认知的成分，这两者实际上是内在一致的；其次可能来自于教育实践以至于整个社会的要求。

教育学家内心的使命感是十分重要的。这种使命感应是行业的传统，因为人类对教育的思考，最初并不是对教育本体的思辨，而是力图解决教者如何教和学者如何学的艺术问题。试想，自然界并不固有教学的艺术，教育思想者给予教者和学者的教学建议只能是他们自己认为合适的内容，根底上还不是他们自己观念中理想的教学吗？这种最初的近乎自然的倾向，逐渐地就成为教育思想者默认的传统，到了教育学学科化的阶段，自然就转换为学科的追求。教育的现实性使得以它为对象的教育学非常容易一头扎进教育实践之中，实践的利益水到渠成地成为教育学的起点和重点。教育学家因此而拥有实践的立场也不难理解，这样的立场在初级阶段表现为他们对实践利益的关注，深入下去就是生出改造实践的意图。而改造实践的意图则使得教育学家构造理想的教育成为必然。教育学家对教育实践者的改造通常是从批判教育现实开始的，理性的敏锐和对日常思维的超越让他们比一般人更容易感受到教育现实的问题甚至某些隐患，当然也让他们比一般人对教育现实更具有批判意识。单纯的批判是否定，是破，这不是教育学家的目的，寻求否定之否定的立才是他们的最终追求。

教育实践以及社会成为教育学家构造理想的教育之动力，只能是在教育学成为人们无法忽视的领域之后才能得以说明。其中的道理是，教育实践者对自己所从事的教育也很不满意，却不知道路在何方，他们无法仅仅依靠自己的经验和聪明从有问题的教育中走出来，转而寻求教育学家的帮助。对于教育学家来说，教育实践者的求助明证了他们自己和教育学的价值，其实也是一种挑战。教育学家无论是抱着解决问题的态度，还是要显示自己和教育学的力量，都会在内心生出改变教育现实面貌的驱动力。事实上，即使教育实践者面对有问题的教育持有漠然的态度，教育学家也会接受内心和学科使命感的驱动，寻求超越现实的理想的教育。整个社会也会以非正式的、舆论的方式，把社会中的一些问题归咎于教育，在这种情形下，教育学家会主动应战，以理论或思想建构的方式创造适应社会合理要求和顺应社会发展趋势的教育。教育学的实际地位始终是一个问题，问题的根由是多元的。在学科之林中，教育学的地位低微是因为学科内涵和规训不够成熟；在社会公众的印象中，教育学的地位低微则主要是因为它的难以派上用场。尽管教育改革之声此起彼伏，教育学要真正在社会场域甚至在学校场域中大显身手，在当前仍然是很困难的。学校与社会的关系，决定了社会利益的格局会投射到学校之中，来自纯粹理性的教育设想在学校实践中能获得部分实现已经可喜可贺，整体的设想只能是存在于思想世界的乌托邦。笔者相信教育学家面对现实之后，更多的是回归到自己的理性世界之中。如此，许多教育学家热衷于构造理想的教育，同时却并不感兴趣于自己理想的实现就不难理解了。

有多少构造理想的教育的人，理想的教育就有多少，所以，我们不必说明具体的理想的教育是什么。为了辨识已有的对于理想的教育的构造，也为了服务于那些同样想构造理想的教育的人们，我们倒是很有必要说明教育学家会以怎样的方式表达自己心中的理想教育。通过文献分析，我们能够看到教育学家的理想构造，自觉不自觉地基本采用了最具有实践品格的“目的—手段”结构。也就是说，在教育学家那里，理想的教育一般体现在理想的教育目的和理想的教育手段两个方面。至于教育的效果，属于实践工作的范畴，理论意义上的构造不会涉及。但是我们也注意到，在更多的情况下，人们所说的理想的教育聚焦在“应怎么做教育”而非“教育应达到什么目标”上，这是因为在日常的思维中，教育一词所指代的就是一个过程，同时默认这个过程是有目的的，但这个目的的状况并不影响这个过程是不是教育。这样的认识在日常世界中是具有合理性的，但在教育学中并不合理，教育学理论意义上的教育是目的和手段的整体。不与一定的教育目的相联系，任何手段都是中性的行为，只具有行为自身的意义，也就不能说是教育手段，而任何关于教育目的的设想，如果未与一定的教育手段相联系，就只是关于理想的人或理想的社会的空想。因而，在教育学理论意义上，理想的教育是理想的教育目的和理想的教育手段的统一体。

（1）关于理想的教育目的。教育的目的直接指向受教育者的品质，间接指向社会的发展。对于教育学来说，关于教育目的的思考一般集中在受教育者品质上，具体地表现为关于受教育者素质结构的设想，也就是一个理想的人的观念。具体的设想因思考者的内在追求和外在环境不同存在着差异，但从结构上看，一般为好的德性、好的心智和好的才学三种成分。其中，德性和心智属于人的内在素质，才学则属于指向有用的本领范畴。不同内涵的理想的教育，实际上是教育学家对德性、心智及才学的个性化阐释，一般是一定的社会历史文化背景和一定的教育学家个人认识相互作用的产物。

（2）关于理想的教育手段。手段是相对于目的而在的一个范畴，在教育中一般包含了服务于教育目的的教学、训诫、管理等方面的方式、方法和组织形式。事实上，教育只是一个概念，具体发生的是诸如教学、训诫、管理这样的具体活动，这些活动因服务于教育的目的而具有了教育性从而成为教育活动。教学、训诫、管理等很显然是具体教育手段，教育学家构造理想的教育，实质上是在构造服务于他们认定的教育目的的理想的教学、训诫和管理。那什么又是“理想的”？我们放下个性化的内涵，在“目的—手段”的框架下做抽象的思考，理想的教育手段是能最佳地服务于一定的教育目的实现的教育手段。这样的教育手段，首先是与教育目的相匹配的，意思是运用某种手段可以达到教育的目的，这是最低程度的适切；其次是在适切的基础上具有高效的特征；再次是在高效的同时能够体现教育的精神。适切的、高效的和富有教育精神的教育手段，是合理的，既是合于规律的，也是合于目的的，是科学的，也是人性的。

三、创造教育的方法

虽然我们使用了“目的—手段”框架说明了理想的教育之构造，但其中的教育手段这一概念在教育学中事实上很少使用。偶尔使用也具有强烈的技术意义，比如人们常用“现代化教育手段”指代用于教育的物理性技术。对于实践者来说，教育手段范畴更是一个陌生的概念，他们最为关心的是能够帮助他们高质量完成各种教育任务的方法，统称为教育方法。就教育方法而言，它无疑是与一定的教育目的相联系的，但当人们关注它的时候在意识中是把目的隐去的。如上的因素使得不同类型和不同层面的教育方法感觉上是一种独立的存在，因而也就存在着一个独立的教育方法研究领域。客观地说，教育是一件实际的事情，目的固然在教育过程的起始和作为实践者的教育者心中，但它更在教育过程的终端。对于处在教育过程中的教育者来说，教育方法才是他们直接关心的对象。这就不难理解对于教育方法的探索始终是教育研究和思考的中心问题。与此相应，教育实践者对教育学最大的期望也是关于教育方法的创见。

创造教育的方法无疑是教育学的重要追求，它也许并不关涉教育学的深刻与否，却决定着教育学的生命力。如果教育学不能为教育实践提供方法的产品和方法上的指导，那它与教育实践者基本上就没有关系了。

这里有一个基本的问题，即教育方法在什么意义上是被创造的呢？之所以提出这个问题，是因为人类教育活动的最基本的方法似乎是自然生成的。我们不能说那些做教育的人没有方法，但即使他们自己恐怕也说不清楚所使用的方法为何人所创造。我想也许是创造者完全在日常的实践中创造了方法，然后借助日常的交流和传播被更多的人共用，但有一种情况也值得重视，即在日常思维中，人们客观上把教育的方式等同于教育方法了。所谓方式，是人的行为的基本格式，这的确具有自然生成的性质，但并非我们所说的方法。比如《说文》释教为“上所施下所效也”，上施下效就是教的基本格式，在原初的意义上，不符合这一格式的行为就不是教，反过来，凡符合这一格式的行为都是教，因而我们就不能说上施下效是一种教的方法。应该说，方式是一种独立的和中性的存在，而方法一方面与一定的目的相联系，另一方面内含着个人的和主观的色彩。换一个角度，方式类似中性的单子，方法则或是染上个人主观色彩的方式，或是人为了一定目的的实现对作为中性单子的方式进行了创造性的组合。简而言之，方式是人与对象互动中自然生成的行为格式，方法则是作为实践者的人目的性的创造。

创造是旧材料的新组合。创造教育的方法首先意味着教育思考者把自己主观的意志与客观自在的人类一般行为方式组合起来。实际上，我们无法列举出来专门的教育方式，被视为教育方式的具体行为，如讲、示范、对话、讨论等，用于教育就是教育方式，用于其他就是非教育方式。显而易见，教育的意图驱使教育者选择了某些具体的行为，就出现了组合，那些具体的行为也因此成为教育的方法。其次，创造教育的方法还意味着教育思考者在教育目的的支配下把不同的行为方式进行了组合。孔子为了让学生学思结合，把启和发两种行为方式按照“不愤不启，不悱不发”的原则进行了组合；布鲁纳为了培养学生的发现能力，把指导和发现两种行为方式进行了组合。可以说，教育方法的创造在较粗放的意义上也无法偏离组合的基本路线。

不过具体到操作层面，创造教育的方法并不是组合的原理可以完全解释的，它必然牵涉到人类精神深处的意义。经验表明，超越的意向，教育爱的情怀，是创造教育方法的动力源泉；创造性思维，是创造教育方法的思维条件。

超越是一种冲出既有格局的意向，一旦冲出了既有的格局，超越者就进入新的境界。超越的意向是挑战性的而非应战性的，因而超越的意向不仅指向既有的外在的传统，也会指向超越者自己。教育学创造教育的方法，换一种等质的说法，教育学家创造教育的方法，其第一动力多是超越既有教育行为格局的意识。并非所有的人都能具有这种意识，具有这种意识的人常常具有批判的品格和理想主义的倾向。冲出既有的格局，意味着对既有的格局心有怀疑，进而会有一种否定的倾向。批判者必然是敏锐的，任何教育过程中的消极现象都可能引起他们强烈的认知反应；批判者也多是有使命感的，对于自己意识和发现的教育中的消极，他们无法听之任之，而是要有所作为。这样的品格是不可能被那些得过且过或心性迟钝的人所拥有的。还有理想主义的倾向，这几乎可以作为教育家和教育学家的试金石。理想与现实具有连续性的一面，使得教育的历史具有某种自然演进的特征，但理想更具有对现实革命性的一面，又使得教育的历史内含着人自身超越的性质。具有理想主义倾向的教育家和教育学家，他们的意识总在现实和理想之间游荡，他们会以理想主义的心态与现实互动，憧憬完美、否定缺失的创造行为随时可能发生。

教育爱的情怀是教育学创造教育方法的第二动力。所谓第二，不是指一种自然的次序，而是就其必要程度而言的。教育爱的情怀可以催生超越意向，进而导致教育方法的创造，但创造行为也可以不依赖教育爱的情怀而基本源于心智的秉性。具体讲，认知上强烈的好奇也可以引发教育方法的创造。然而，源自教育爱情怀的教育方法创造行为更具有人文精神的内涵。教育旨在成人，因而教育学自然重视作为教育结果的人的完善，但教育同时又是一种道德实践，它会内在地追求用善的过程使人完善。教育家和教育学家的普爱情怀集中体现在他们真爱学生，他们不仅不忍学生的平庸，期望学生从教育中最大程度地受益，而且不忍学生的苦累，力图让学生能够享受一种尽可能快乐、幸福的教育过程。在这种观念的驱动下，他们会对既有的教育方法进行修正，必要的时候会创造新的教育方法。

创造性思维则是教育学创造教育方法的思维条件。创造说到底是一种思维的运作，无论多么强大的动力甚至来自环境的压力，如果没有人的创造性思维作为前提，只能制造无数个体的有心无力。创造性思维是与常规性（再现性、复制性）思维相对应的心理学概念。有研究者总结出两个判别创造性思维和常规性思维的标准：一是思维过程标准，以是否有现成的规律、方法可以遵循为依据，没有的是创造性思维；二是思维结果标准，以结果是否前所未有为依据，是的属于创造性思维。[5]人的思维是具有创造性的潜质的，通过自然的磨炼或有意识的训练可以挖掘出来。由于对创造性思维的意识训练并无现实存在，自然的磨炼与个人的动力和天赋紧密相连，所以明显具有创造性思维的人是少数的。教育学的实践品格决定了它必须为教育实践的改进发挥作用，教育学家不能不调动自己的创造性思维，在教育的方法创造上做出贡献。

一个优秀的教育学家，应是兼备超越的意向、教育爱的情怀和创造性思维的，如是，他就做到了心力兼备，不仅有能力进行教育方法的创造，而且能够创造出高品位的教育方法。需要指出，教育学家不能只具有学科专家的本领，还需具有教育家的精神，只有这样，他们的创造才能够既是教育学的创造，又是教育的创造。

教育学创造教育方法是一个怎样的过程呢？可以肯定的是，当教育思考成熟到学科化阶段的时候，教育方法不再是“在长期的实践经验中总结出来的”。没有理论指导的教育实践是一个“尝试—错误”的过程，从中获得感觉意义上的因果联系，这无疑是教育学家创造教育方法不能省略的经验背景，但在此基础上的教育方法创造就不可能是一个漫长的经验过程，而是一个基于经验的理论创造过程。理论创造的性质，决定了教育学家创造的教育方法仍然带有相当程度的抽象性，是一种超越了教育情境和教育任务的教育方法。这样的教育方法，实际上是在规定教育行为的格局，属于思路层面的创造物，因而，我们可以借用教育思维理论来阐明教育学对教育方法的创造。“所谓教育思维是人类的教育实践理性，是教育理论认识在实践面前的凝结，也是教育实践经验在人们认识中的凝结，究其实质来说，是一定的教育观及其支配下的教育操作思路的统一体。”[6]依据这一认识，我们可以推导出如下几条教育方法的创造步骤。

第一步，确立教育观。这是因为教育方法的创造不是纯粹的技术事件，而是以实现一定的教育观为目的的创造。教育观表达的是人们意识中理想的教育，即理想的“教育目的—教育手段”联结。教育观的确立，形成了一种教育方法的基因，也就为教育方法的创造确立了基本的方向。

第二步，挖掘教育观中潜在的操作信息。由于教育观中已经存在潜在的教育操作信息，人们就完全可以借助推理、联想的认知过程把它挖掘出来。教育操作信息被挖掘出来的标志，是人们能够确定出教育操作的核心行为要素，具体讲就是能够知道教育操作中有哪些单个的、可以用动词表达的核心行为。

第三步，组合教育操作的核心行为要素，并提出教育操作运行的原则。这一环节的核心是对教育操作的核心行为要素本着一定的原则进行（空间）结构和（时间）过程上的安排。这种安排的直接结果就是教育方法的形式，但它还不是教育方法的全部。形式就像硬件，还需要有软件才能够正常运行，因而，需要提出教育操作运行的原则。原则可以保证教育操作的运行朝着目的的方向，并能保证教育操作不背离教育的精神。

四、设计教育者的形象

设计教育者的形象表面看来并不是教育学十分关心的事情，因为教育学是以教育为研究对象的。但人们又无法否认，任何关于教育的思考，如果不通过教育者的应用与发挥，都会毫无意义。除了这一浅显的道理外，我们还需要认识到，教育是教育者的教育，再好的教育方法也是教育者用的，再理想的教育也是教育者做的，研究教育者就是在研究教育。其实，在实践的意义上，教育者的形象设计一直受到重视，只是没能被教育学作为基本追求对待而已。所以，这里就存在着一个问题，即设计教育者的形象是否能够作为教育学的基本追求。我想这一问题的答案取决于两个因素：一是教育者的形象问题是不是教育的基本问题；二是教育者的形象问题能不能算作教育学问题。第一个因素不必讨论，教育者之于教育，相当于骑手之于骑马、厨师之于烹调的意义，其重要与基本并无悬念。值得思考的是这个问题能否作为教育学的基本问题。对此也没必要做烦琐的论证，因为这个问题自身就允许人的主观参与，并在一定程度上可以人为地约定，所以，如果我们想告别没有教育者理论的教育学，希望教育者从教育学中能看到理想的教育也能看到理想的自己，就完全可以自信地把设计教育者的形象视为教育学的基本追求之一。

由于教育学虽不拒绝但实际上并没有刻意设计教育者的形象，所以对这一问题自身仍是缺乏成熟认识的。目前广义的教育学研究领域对于教育者形象的认识，基本上是对常识世界认识的复制和简单的加工，并没有在深刻的意义上体现教育者和教育的关系，而且也缺乏对教育者的深入剖析。总的来说，既有的有关教育者的形象信息，基本上是从教育者的功能逆推出来的。比如教育者是育人的，那他自己就应成为人之楷模；因教育者要用知识来育人，因而他自己就需要先知。再演进，就是学高身正，其变化在教育者之学不只要在受教育者之前拥有，而且还要才学高深，至于身正，仍是与人之楷模一致的。今天教育者的形象更进一步，变化在于在学高身正之外，还需要具备教育本身的能力。从框架上看，教师的形象问题已经得到了解决，教育学也就不必枉费心机。如果真的是这样，教育学也会减轻一些负担，然而道理并非如此。

难道我们没有注意到已有的关于教育者形象的信息具有强烈的工具主义色彩吗？在工具主义的影响下，可以说几乎没有人是在对教育者进行形象设计，而是根据教育岗位工作的需要，向教育者提出素质上的要求。教育者的形象问题，基本上被人们看作是实践问题了，这也难怪教育学没有把它作为自己的基本追求。

我们说教育学要设计教育者的形象，不完全是甚至不首先是一个功能性设计问题，更是一个基于理想的教育思考的教育者理论建构问题。如同笔者主张教育哲学应是教育者的哲学一样，同样主张教育学应是教育者的教育学。这里有两层含义：一是教育学家最好同时是教育者；二是教育学的基本内容中应有关于教育者的本体性思考。

关于教育者的本体性思考，简单地说就是要回答教育者本质上是什么样的人。人们可以说，教育者是搞教育的人，问题是我们如何判断一个人搞的就是教育呢？我们当然可以根据教育的界定来衡量一个人的作为是否教育，问题是教育学难道会满足于教育者只是一个个行为符合教育格式的人吗？教育学之所以要在教育本质的发现之外构造理想的教育，根底上不就是要超越日常的教育格式吗？此外，类似教师必然是教育者吗？教育者只是教师吗？无论承担什么社会角色的人，在什么意义上他们就成为教育者等问题，教育学难道不应该做出明确的回答吗？本文意在指出教育学的基本追求，并不是要表达作者在每一个领域的识见，所以对于这些问题不做回答，但教育学的确应该正视之。在教育者的本体论说明之后，才有功能设计意义上的教育者形象问题，这就要与现实的教育工作岗位职能联系起来了。

教育者形象被设计出来后，在实践层面会成为学校教师以及一切有可能承担教育者角色的成人的努力标准，当然也成为一切教师教育机构开发教师（教育者）教育、培训方案的可靠依据。毋庸讳言，因教育学并没有提供教育者的理论形象，教育者的形象在教师教育实践中基本上是缺位的。实践者的实践理性使他们必定能够意识到教育者的形象极为必要，在没有可靠理论支撑的情况下，只好寻求类似孔子、陶行知这样的经典教育家形象，并以非正式的方式倡导类似“学而不厌，诲人不倦”、“学高为师，身正为范”的教师精神。而在教师教育机构的培养方案中却找不到一个完整、诱人的教育者形象。如果让笔者来设计教育者的形象，一句话，就是懂得教育、具有教育精神、具备教育能力的德才兼备者。至于教育是什么、教育精神是什么、教育能力指什么，要什么样的德和才，答案应在教育学中，或者在教育者形象设计者的头脑中。

回顾我们的思考，并没有为人们提供什么新的信息，但把这些人所共知的事情与教育学的追求联系起来却是很有意义的。教育学之外的人们需要一个清晰的教育学，教育学之内的人则需要和教育学一同自觉起来。笔者想教育学人和教育学的自觉恐怕更为重要，因为教育学之外的人看不到教育学的清晰至多厌弃教育学，教育学之内的人们则会因不能系统地把握教育学的基本追求而失去方向感和定位器。理性地反思教育学的现实，之所以发展缓慢，一个重要的原因就是许多人把勤奋和脑力都用在了非基本的、边缘的甚至与教育学没有什么本质联系的问题上，而且没有自知，这的确是一种人力浪费。我们说发现教育的本质、构造理想的教育、创造教育的方法以及设计教育者的形象，是教育学的基本追求，是要表明这四种追求虽非全部，却是基础的和核心的，我们可以以此为标准来判断具体研究的分量，更可以以此为目标来引导我们的教育学研究。

参考文献：

[1] 萧诗美. 是的哲学研究［M］. 武汉：武汉大学出版社，2003：268.

[2] 埃德蒙德·胡塞尔. 现象学的观念［M］. 倪梁康，译. 上海：上海译文出版社，1986：61.

[3] 赫尔巴特. 普通教育学·教育学讲授纲要［M］. 李其龙，译. 杭州：浙江教育出版社，2002.

[4] 约翰·杜威. 民主主义与教育［M］. 王承绪，译. 北京：人民教育出版社，2001：5.

[5] 赵光武. 思维科学研究［M］. 北京：中国人民大学出版社，1999：339.

[6] 刘庆昌. 教育思维论［M］. 广州：广东教育出版社，2008：3.

教学认识论研究：进展、问题与前瞻*

□ 潘洪建（扬州大学教授）

教学认识论肇始于20世纪70年代末80年代初关于教学本质问题的争论。这场争论大多是围绕着教学本质的“特殊认识说”展开的。其主要标志是由北京师范大学教育系撰写的《教学认识论》（北京燕山出版社1988年版）一书的出版及其相关讨论。该争论的实质是我国教育界学者对“文革”时期教育工作中一些过激做法的自觉反思与检讨，同时也显示“凯洛夫教育学”对我国教育理论的深刻影响。① 不可否认，教学认识论研究取得了一些引人注目的成就，但也存在不少问题。如何走出教学认识论的研究困境？我们认为，传统的“教学认识论”亟待批判，新的教学认识论有待重建。②

一、教学认识论研究的主要进展

（一）教学过程的认识论研究

1979年，在第一次全国教育科学规划会议上，于光远首次发表《教育认识现象中的“三体问题”》的演讲。他提出，既要把教育作为社会现象来研究，也要把教育作为认识现象来加以研究，提出了“教育认识现象学”这个新的术语，其语义已接近“教学认识论”。③ 1982年，邹有华发表题为《教学认识论》的文章，初步提出要研究“教学认识论”这个问题，并就相关问题进行了探讨。④ 他提出研究教学认识论的必要性，认为“我们现在应该研究一般认识规律，透过教学过程的特点去形成它的具体表现形式这个问题”，分别论述了“学习心理学和发生认识论所揭示的青少年儿童认识的特殊性”，“学生以学习间接经验为主，形成了认识过程的特殊表现形式”，“现代教学手段形成认识过程的特殊表现形式”，“学生是在教师的主导作用下进行学习形成认识过程的特殊表现形式”。⑤ 由此，揭开了教学认识论研究的序幕。1983年，曾成平等对教学认识论进行了概念界定并规定了它的研究任务，“教学认识论是产生和发展于教学实践过程中的能动地认识书本知识和书本知识所反映的客观事物及其发展的客观规律的特殊认识论，所以叫作教学认识论。它的中心是如何解决教师与学生、理论与实际、书本知识与直接经验、知识与认识能力、知识与认识手段的关系问题，以便有效地组织教学、改革教学，推进学生掌握知识和发展能力的过程，加速培养人才”⑥。1988年出版的《教学认识

---

* 原载《中国教育科学》2014年第3辑。

① 李泽林：《教学认识论研究现状与反思》，《当代教育与文化》2012年第6期。

② 为了行文的方便，本文中凡加引号的教学认识论（“教学认识论”）特指部分论文与《教学认识论》一书意义上的教学认识论，而未加引号的教学认识论指有待重建的教学认识论。

③ 于光远：《教育认识现象中的“三体问题”》，《中国社会科学》1980年第3期。

④ ⑤ 邹有华：《教学认识论》，《课程·教材·教法》1982年第1期。

⑥ 曾成平：《试论教学认识论及其特点》，见王策三著：《教育论集》，人民教育出版社2002年版。

论》可以说是关于教学认识论研究成果的集大成者，并形成了教学论的一个特定研究领域——教学认识论，由此引发了有关教学认识论的大量研究。

1. 关于教学活动本质的研究

教学本质“特殊认识说”的主要代表是北京师范大学的王策三先生。他认为：“教学过程是一种特殊的认识过程，这是马克思主义教学论关于教学过程的本质的回答。它包含两方面的意义：其一，教学过程本质上是一种认识过程；其二，这种认识又不同于一般认识或其他认识的形式，有其特殊性。”① 教学活动本质上是一种特殊的认识活动，它的特殊性在于它是学生个体的认识，是教育的认识。作为教育，它是认识性的教育；作为认识，它是教育性的认识。首先，教学是个体认识，不同于人类历史总认识。其次，学生这个个体认识又不同于其他个体的认识。它具有三个基本特点，即“有教师教、间接性、发展性”②。总之，教学活动是学生独特的个体认识活动，教学是人类认识的重要形式之一。“它是学生个体认识，是教师教学生认识，是学生个体在教师主导下，主要掌握人类历史经验，认识客观世界和发展自身。”③ 此后，我国学者逐步形成了教学本质上是学生的一种特殊的认识过程，教学要以传授系统知识为主的观点。该观点一度成为我国当时占主导地位的教学本质观。后来的相关讨论，大多数讨论者都自觉或不自觉地涉及这个问题，并表现出对“特殊认识说”的反思与批判。

“特殊认识说”诞生不久，就遭到来自学界的质疑。有论者指出，教学过程认识说“忽视了教学过程中其他成分，特别是心理方面的研究”，是“片面”的“唯一”本质论，“仅仅运用哲学认识论这根绳子把教学过程紧紧捆住……造成今天教学理论贫乏，与实际严重脱节，教育学教师越教越空，学生越听越厌……其根本原因皆出于此”。④ 一些论者还指出，“教学过程是一个包括认识和实践两个方面的活动过程，是一个认识与实践统一的过程”，认为“特殊认识说”把教学过程仅局限于认识过程中的“反映与被反映”关系，把实践关系这个马克思主义认识论的精髓排斥在外，提出教学本质的“实践说”。⑤ 20 世纪 80 年代，关于教学活动的本质，国内许多论者提出了一些新的观点，如“发展说”、“实践说”、“认识—发展说”、“认识—实践说”和“多本质说”等。⑥ 后来，有的研究者从价值论视角探讨教学本质问题，提出教学的本质是“教育价值增值的活动”。⑦

20 世纪 90 年代末，对“特殊认识说”的质疑不断。一些学者从新的角度审视教学本质问题，其中，“特殊交往说”、“生命活动说”浮出水面，并渐成态势。如有学者认为“特殊认识说”及其指导下的教学实践尚存在各种问题，提出了教学是旨在促进人的文化生成的特殊交往活动。⑧ 还有学者指出，教学认识论“把丰富复杂、变动不居的课堂教学过程简括为特殊的认识活动，把它从整体的生命活动中抽象、隔离出来，是传统课堂观的最根本缺陷”，它“忽视课堂教学过程中人的因素”，并导致诸多弊端，进而提出“从更高的层次——生命的层次，用动态生成的观念，重新全面地认识课堂教学，构建新的课堂教学观”。⑨

---

①② 王策三著：《教学论稿》，人民教育出版社 1984 年版，第 111、117—118 页。

③ 王策三主编：《教学认识论》（修订本），北京师范大学出版社 2002 年版，第 3 页。

④ 蒲心文：《教学过程本质新探》，《教育研究》1981 年第 1 期；蒲心文：《教学过程本质再探》，《教育研究》1982 年第 6 期。

⑤ 陈列：《国内教学认识论研究述评》，《哲学动态》1992 年第 11 期；李秉德主编：《教学论》，人民教育出版社 1991 年版，第 25 页。

⑥ 潘洪建：《教学过程本质研究之反思》，《四川师范大学学报》2001 年第 1 期。

⑦ 马兆掌：《也论教学过程的本质》，《社会科学战线》1991 年第 4 期。

⑧ 李定仁、张广君：《教学本质问题的比较研究》，《华东师范大学学报（教育科学版）》1997 年第 3 期。

⑨ 叶澜：《让课堂焕发出生命活力——论中小学教学改革的深化》，《教育研究》1997 年第 9 期。

进入21世纪以来，伴随着哲学界对马克思主义认识论的重新解读与对西方非理性思潮的深入研究，生活认识论作为一种新的认识论受到广泛关注，引发了关于教学本质的新一轮探讨。一些学者认为，教学过程不只是一个认知性的掌握知识、发展智慧的过程，更是一个完整的人的生成过程，是师生生命意义不断显现的生动活泼的生活过程。① 品德、人生观和价值观等在"认识过程"的视域中没有理论前提和根基，因此，应赋予教学在"意义"层面上以生活的含义，教学意味着生活。② 一些研究者指出，传统教学认识论是建立在"科学认识论"的基础之上的，自然科学认识论是一种工具性认识论，它以主客体的二元对立为理论前提，它把主体与客体之间的关系视为一种分裂的、对立的外在认识关系。科学认识论还把获取客观对象世界的相关知识作为认识的根本目的，把认识当作人生活的工具。科学认识论观照下的教育日益沦为科学世界的教育，成为一种技术化的教育。科学认识论最大的缺陷是它把认识看作"为了"生活却独立于生活之外的工具，它不是从生活的角度来理解认识的。这样的课堂教学只是成为获得客观知识的工具，它忽视和遗忘了完整的人的生成或生成的人，丧失了生活意义。因此，教学认识论需要转向。③ 还有论者指出，"科学认识论"主要表现为主客二分、泛科学主义、实体性思维，由此导致教学活动中教学与生活、教学与人以及人与人之间相互疏离的现象。而"生活认识论"的确立有助于推动人们思维方式的根本转变，使现代教学理论走上向生活世界回归之路，有助于树立现代教学观，推动现代教学研究范式的转换。④ 但生活认识论是关于生命、生活的理论，它实质上是一种"人论"或"存在论"，而不是关于知识的理论，它远离认识论研究的基本问题与研究旨趣，已不同于认识论原初的意义，实际上是对认识论问题的解构。

需要指出的是，在"教学交往论"、"生活认识论"风生水起之际，"教学认识论"并未沉默或销声匿迹，它吸收了一些新的研究成果与理论观点，从不同角度对"教学认识论"进行了辩护，不断丰富、完善自己，表现出较大的包容性。如有学者探讨了教学认识论的关键问题，诸如教学认识的概念，教学认识和教学交往的辩证关系，教学认识与实践活动、学生发展之间的区别和联系，指出教学认识是教师领导学生认识人类文明成果并获得身心发展的特殊认识活动；教学中的各项交往行动都是为学生发展服务的，是为学生认识人类文明经验服务的；教学是在实践基础上相对独立的特殊认识活动，学生发展是教学认识的基本目的，教学认识是教学活动中学生发展的具体过程和方法。⑤ 近年来，有论者指出，教学认识论揭示了现代课程教学以传递和掌握系统的科学文化知识为核心的本质特征，现代课程教学虽然有许多缺陷，但在现代社会和现代人的发展中起着无可替代的作用，提出"要以健全理性来改进、改善现代课程教学，而不是以非理性的态度颠覆它。课程教学论应开展多样化的研究，追求科学与人文的统一，理性与非理性的统一，提升课程教学在促进人的发展中的作用"。⑥

2. 关于教学过程中主客体关系的研究

有研究者考察了我国1979—1999年20年间有关主客体问题的研究，总结了教师唯一主体论、学生唯一主体论、双主体论、主导主体说、三体论、复合主客体论、过程主客体论、层次主客体说、主

① 周建平：《从"科学认识论"到"生活认识论"——论教学的认识论基础的转换》，《教育研究与实验》2002年第1期。

② 迟艳杰：《教学意味着"生活"》，《教育研究》2004年第11期。

③ 刘扬、程胜：《教学认识论的转向》，《当代教育论坛》2003年第12期。

④ 王攀峰：《生活认识论及其对现代教学论研究的启示》，《教育理论与实践》2005年第9期。

⑤ 王本陆：《教学认识论三题》，《教育研究》2001年第11期。

⑥ 郭华：《现代课程教学与教学认识论》，《北京大学教育评论》2012年第3期。

客体否定说等十种观点。① 近年来，有研究者认为，当代主体性哲学的进展，使人们的关注点从实体思维下的主客对立，跃迁到了关系思维下的“主体间性”，既关注外物，也关注自我与他人的“交互主体性”。② 教学过程中，教师是主体，学生也是主体，二者是交互主体的关系。③ 为了构建师生之间的一种和谐状态，就必须在师生之间保持一种“和而不同”的“君子”之间的关系。④ 我们期待的是既有认识外物的能力，又有反思自我的精神，同时兼备他者意识的、超越科学主义认识观的新的“认识”主体，在关系思维下实现教学认识论的理论旨归。⑤ 可见，关于教学过程主客体关系的讨论是在不同系统下展开的，表明人们对教学过程系统的认识不尽一致。同时，研究者们的关注点开始从实体思维下的主客对立转向“交互主体性”，提出了师生之间、生生之间的“主体间性”“我—你”的交往关系、对话关系，表现出对刚性的主客体关系的消解。

（二）教学认识系统的研究

1. 关于教学认识客体与主体的研究

教学认识的客体以客观世界为对象，它涉及教学实践中的课程、教材、教学媒体手段、教学活动情境等。教学认识的客体包括对象性客体（人类知识经验、社会客体和精神客体）和工具性客体（包括语言和非语言两种类型）。⑥ 但是，教学认识的客体具体以课程教材为基本形态，不是一般的“原始”形态。它经过教育者精心选择、加工改造，以人类社会历史经验凝聚的客体为其主要内容。它既是学生主体认识的对象，又是他们认识外界和发展自身的工具，具有中介性。在教学认识中，认识的主体是学生。学生作为认识主体，有着极大的能动性，他们根据自身的需要和能力，对外界信息进行选择和改造。教学认识主体的主要特点在于，它是教师主导下的主体，具有发展性和可塑性，从不成熟、半独立逐步走向成熟和独立。⑦ 简言之，教学认识主体即学生，教学认识客体即以教材为中介的客观世界。

2. 关于教学认识领导的研究

教师是教学认识的领导。一般的认识都是由“主体—客体”之间相互作用形成“二体结构”，而教学认识则是在主客体之间“嵌入”一个起主导作用的中介——教师，形成“学生（主体）—课程教材（客体）—教师（领导）”相互作用的“三体结构”。教师不仅是学生和教材之间的中介，而且是教学和社会联系的中介。教师教是为学生学服务的，但又起主导作用。他决定着教学认识的方向、内容、途径等，并对它的结果和质量负责。⑧

3. 关于教学认识方式的研究

“所谓教学认识方式，指的是教学过程中学生认识活动存在的形式、结构及发展阶段。”⑨ 教学认识的基本方式为“掌握”，并有多种模式。教学认识必须遵循一般认识的普遍途径，但具体表现为“掌握”。它不以探索和发现未知为主要目的，而是以继承人类长期社会历史经验、将知识转化为学生头脑里的精神财富为主要目的。这是一种简约的经过提炼了的认识过程，主要通过教师言语讲授和学生阅读教科书来进行；而实践、观察、探究、发现等活动虽然也是重要的，但是少量的，带有模仿性质，并也经过了加工改造、简化和典型化。⑩ 教学认识中，传授与接受、发现与探索，观察、实验、实践活动等方式是以交往为基础的，学生认识发展

① 李定仁、徐继存主编：《教学论研究二十年》，人民教育出版社 2001 年版，第 96—109 页。

② 余清臣：《交互主体性与教育：一种反思的视角》，《教育研究》2006 年第 8 期。

③ 张华：《试论教学认识的本质》，《全球教育展望》2005 年第 6 期。

④ 柳士彬：《教学认识论批判》，《青岛大学师范学院学报》2009 年第 9 期。

⑤ 李艳艳：《关于教学认识论若干问题的思考》，《天津师范大学学报（基础教育版）》2007 年第 3 期。

⑥⑦⑧⑨⑩ 王策三主编：《教学认识论》（修订版），北京师范大学出版社 2002 年版，第 77—78 页、“前言”第 3、3、143、4 页。

的层次与水平主要表现在感性与理性认识的整合、从具体到抽象再上升为思维的过程。总体来看，是“以教师传授书本知识和学生掌握为主。教学认识中的实践形式，探究与发现学习，以及学生思维过程，都是围绕这一基本特点组织和进行的”①。

教学认识方式系统受制于三个因素：从认识主体来看，主要反映在学生的认知结构上；从认识客体分析，主要反映在教材的结构上；而教学目标则极大地制约着学生认识方式的形成和发展。②

4. 关于教学认识检验的研究

教学认识检验标准主要是考试。所要检验的教学认识的结果，在客观上，基本是已知的真理，主要由教师根据教学大纲，拟定考题，通过笔试、口试、实验、实习操作等方式，由学生解答，然后由教师评定。它具有确定性、稳定性、间接性、有效性。但是，它只是在教学特定条件下才具有合理性，而且考试有着天然的局限性。③对于考试标准，需要正确认识，它既有确定性，又有不确定性；既有绝对性，又有相对性。④

教学认识系统的研究除了上述几个方面，还涉及教学认识活动的机制、教学认识中的科学和艺术、教学认识的社会性、教学认识中的人工智能等问题。⑤ 这些研究主要是“教学认识论”回应种种质疑与批判而进行的自我调整与完善，在《教学认识论》（修订版）中得到了充分的论证，拓展了原“教学认识论”的概念，丰富了“教学认识论”的研究内容。

应该说，有关教学认识系统的研究可谓精细、深入，但令人不解的是，该研究并未引发应有的讨论，教学认识系统的研究颇受冷遇。

（三）“教学认识论”理论基础的研究

1. 哲学基础

“教学认识论”坚持以马克思主义认识论为指导，从马克思主义认识论的基本观点来讨论教学过程中的认识论问题。为了丰富“教学认识论”，一些学者探讨了皮亚杰的发生认识论问题，指出发生认识论的认知图式、同化、顺应、平衡等思想对教学认识论具有重要启示。⑥ 但也有学者展开了对“教学认识论”理论基础的批判，指出教学认识主要属于个体认识中间接经验的认识，用从直接经验的概括去演绎间接经验的形成规律，显然是“找错了婆家”，因为，在现有认识论的总体框架中尚缺乏个体认识，尤其是个体通过语言的中介作用掌握人类历史经验这一个体认识，所以导致简单化倾向的产生，并提出活动哲学应作为其认识论基础，认为将活动观念引入教学理论，无疑是解决智力发展问题的一个重要侧面。⑦ 还有研究者认为，“如果我们还是停留在‘传授—掌握’的教学模式，停留在‘反映论’的教学认识论，不及时将‘实践论’和有关的科学哲学作为教学理论的基础的话，我们不仅难以创建适应时代需要的教学理论，也难以应对教学实践对教学理论的吁求。”⑧ 一些学者认为，随着教学实践的发展，仅在认识论基础上的教学论难以说明和解释一些新的问题，故而提出要把实践唯物主义与认识论结合起来，共同作为教学论的哲学基础。⑨ 对此，有学者提出商榷意见，认为教学论研究的理论基础应是教学认识论，即马克思主义认识论在教学论领域中的具体化。⑩ 有学者认为应以历史唯物主义思维方式为新教学认识论奠基，搭建历史唯物主义认识论与建构主义及后现代教育理

①②③④ 王策三主编：《教学认识论》（修订版），北京师范大学出版社 2002 年版，第 157、162、“前言”第 4 页、第 205 页。

⑤ 王本陆：《教学认识论：被取代还是发展》，《教育研究》1999 年第 1 期。

⑥ 裴娣娜：《皮亚杰理论对教学认识论研究的启示》，《教育研究》1986 年第 5 期。

⑦ 郝京华：《教学的认识论基础新探》，《教育研究与实验》1996 年第 3 期。

⑧ 宋宁娜：《教学认识论和教学理论》，《当代教育论坛》2004 年第 10 期。

⑨ 迟艳杰：《教学论的基础》，《教育研究》2000 年第 1 期。

⑩ 郭华：《当前教学论的焦点论题研究——与迟艳杰同志商榷》，《南京师范大学学报（社会科学版）》2001 年第 3 期。

论的对话平台。① 还有学者从现有的教学论与教学实践严重背离的形势出发，立足于教学实践的要素关系审视教学认识系统。②

2. 心理学基础

建构主义心理学也被作为教学认识论研究的理论基础之一。建构主义认为，知识不是独立于学习者而存在的，学习是学生在教师的指导和帮助下，在具体的学习情境中，以自己已有的经验为基础，以自己独特的方式进行意义的建构。有论者指出，从客观主义迈向建构主义，吸收建构主义认识论中的积极成果，变革客观主义认识论中的种种弊病，实现教学认识论的变革与超越，是我国新课程改革的必然选择。③ 可以说，建构主义重视学习活动中学生的主体性作用，重视学生面对具体情境进行意义建构，强调个体原有的知识经验、情感体验在新知识学习中的作用，强调社会和社会交互作用在个人知识建构中的作用，这对于客观主义是一种进步，建构主义丰富了教学认识论的心理学基础。

此外，有研究者从系统论的角度探讨了教学主体、客体和教学活动的整体性，以期建立具有整体性特征的教学认识论。④ 有论者检讨了杜威的教学认识论，分析了杜威的经验概念、反省思维的局限性与合理成分，指出其进步意义。⑤ 还有一些学者介绍了波兰尼的个体认识论，分析了默会认识的基本结构、理论特征及其对教学改革的指导价值。⑥

教学认识论基础的研究无疑拓展了教学认识论的研究视野，有助于深化人们对教学认识论的理解，推动教学认识论的发展。

需要提及的是，有学者在探讨元教育学问题时，对西方教育学认识论成果，如科学与实用之争、分析教育哲学、多种教育理论共存的假设、解释教育理论、批判教育理论等进行了系统介绍和评析，总结出教育学认识论的基本理论问题，并对此进行了分析。⑦ 这里的教育学认识论实际上就是教育知识的认识论，也包含着教学知识的认识论。教育学认识论对教学认识论研究具有启发与借鉴意义，但是，该研究缺乏后继研究，同时，应者甚少。

（四）课程教学改革的认识论研究

1. 课程改革的知识论基础研究

新课改以来，有关课程改革的认识论研究主要集中在知识观与课程改革方面，出现了许多理论争鸣。人们主要围绕知识观，多角度、多层面、多维度地探讨了课程改革的知识观基础问题。如有论者从知识的本质观、价值观、获得观的阐述入手，描述了新知识观的基本内涵，提出课程改革应高度重视知识观念与课程观念的变革，确立新的课程理念。⑧ 一些作者分析后现代知识观的基本内涵⑨：知识不再具有绝对的客观性，而是具有不确定性；知识不再具有普遍性，而是具有情境性；知识不再具有中立性，而是具有价值性；知识不再具有科学真理的唯一性，而是具有多样性；知识不再是线性的积累的过程，而是批判和创新的过程；知识不再是对现实的纯粹客观的反映，而是人与环境互动的结果。众多的研究者则聚焦后现代知识观特征的研究，分析了后现代知识的开放性、相对性、动态生

① 朱成科、柳海民：《教学认识论的审思与勾画——历史唯物主义思维向度的检视》，《高等教育研究》2009年第3期。

② 张华龙：《基于实践观的教学认识论——教学认识论核心概念与范畴体系的反思》，《教育研究》2010年第5期。

③ 王艳玲：《从“客观主义”到“建构主义”：教学认识论的变革与超越》，《全球教育展望》2006年第9期。

④ 刘黎明：《关于教学认识论的整体性思考》，《湖南教育学院学报》1996年第9期。

⑤ 涂荼：《杜威的教学认识论述评》，《教育研究与实验》1998年第1期。

⑥ 郁振华：《波兰尼的默会认识论》，《自然辩证法研究》2001年第8期；刘啸霆、张仲孚、吴卫东：《个体认识论视野中的教育和教改》，《高等师范教育研究》2000年第1期；刘徐湘：《波兰尼“个人知识”概念在教育学中的应用》，《教育评论》2007年第5期。

⑦ 唐莹：《元教育学——西方教育学认识论剪影（上）》，《教育研究》2001年第2期。

⑧ 潘洪建：《当代知识观及其对基础教育课程改革的启示》，《课程·教材·教法》2003年第8期。

⑨ 潘新民、张薇薇：《必须走出后现代知识观——试论科学知识教育的作用与价值》，《教育学报》2006年第4期。

成性、个体建构性等特点及其对课程改革的积极意义。但也有论者指出，传统的认识论意义上的知识观只能使人们不断地扩张追逐与占有知识，从而占有他人的欲望；只能使人们对知识的崇拜欲膨胀，造成社会不平等的合法化，致使人与人的关系变得紧张起来。因此，这种知识观要予以解构。① 有论者否认后现代知识观对课程改革的指导意义，指出，目前进行变革的条件还不成熟、社会生产力水平、科学知识的本质、教学的基本矛盾决定了课程知识观无法重建。②

关于课程知识与个体精神自由之间的矛盾及其解决路径，有论者指出，知识本身就具有压迫人的性质，有可能使人成为知识的奴隶，从而丧失个体的精神的自主性。因此，我们必须采取一种现实主义的态度，承认知识对于现代人的必要性，承认知识压迫人的某种不可避免性，通过改变知识在课程与教材中的存在方式，改变人们对待课程知识的态度以及课程知识的供应制度，从而实现个体的精神自由。③ 有论者从生存论的角度审视课程知识，思考知识之于人的“意义”，提出从知识本质论转向知识生存论是课程改革知识观研究的内在要求，主张把知识如何才能促进学习者的有意义生存作为逻辑起点，重构课程知识与学习者的关系特别是意义关系，实现课程知识的意义生成与生命境界的提升。④ 有学者在界说个体知识与公共知识的基础上，探讨其课程论意义，以个体知识与公共知识入手，从文本与实践两个层面对新课程改革的成绩与问题进行了反思和批判。⑤ 还有论者从知识的内容、形式和旨趣三个维度分析了科学知识、人文社会科学知识、地方知识、个人知识的特征及其对课程改革的种种诉求。⑥

针对“应试教育”的顽疾，有论者指出，“应试教育”的问题在于我们把书本知识与知识等同了起来。学生与生活世界高度隔离这一事实有力地说明了我们从来就顽固地坚持着“学校、课堂、书本等于知识，等于学生的一切”这一观念，正是这一观念导致了教育改革的种种奇特困境。书本知识的确很重要，但它只是知识形成的前提，生活经验才是知识现实化途径，虽然没有生活经验就没有现实的知识，但如果脱离开书本知识就必然导致相对主义。⑦

回顾既往的研究，可以看出，学者们大多滞留在理论思辨的层面上，而对教育实践中教师和学生实际秉持的知识观知之甚少，对教育过程中教师和学生如何习得知识、如何应对知识的变化等缺乏具体了解，对教育交往过程中师生的情感、个体经验等如何影响知识的掌握缺乏精细的研究，因而研究成果还不能对实践发生具体的影响。⑧

2. 教学改革的知识论基础研究

知识观是教育观念和教育实践变革的基础，对知识的不同理解影响教学观念与教学行为。教学改革的认识论研究主要聚焦知识观与教学改革。既有的研究关注“知识转型”的教学意义，倡导新的知识观视野下的教学变革与创新。有论者分析了当代知识转型：知识本质从外在、封闭、静态走向内在、开放、动态，知识价值从单维、对立走向多维、互补，知识获得从机械记忆、被动接受走向积

① 熊和平：《课程、知识与认识论》，《教育理论与实践》2005 年第 7 期。
② 赵婧：《课程知识观变革之检视》，《教育导刊》2009 年第 3 期。
③ 郭晓明著：《课程知识与个体精神自由——课程知识问题的哲学审视》，教育科学出版社 2005 年版，第 26 页。
④ 李家存著：《课程知识论》，华东师范大学出版社 2009 年版，第 26—28 页。
⑤ 余文森著：《个体知识与公共知识——课程变革的知识基础研究》，教育科学出版社 2010 年版，“前言”。
⑥ 潘洪建著：《致知与致思：课程改革的知识论透视》，山东教育出版社 2014 年版。
⑦ 黄首晶著：《教育改革的认识论基础反思》，华中师范大学出版社 2007 年版。
⑧ 张永祥、李炜：《10 年来我国基础教育课程改革之知识观研究述评》，《当代教育与文化》2012 年第 6 期。

极内化、主动生成，剖析了知识本质观、价值观、获得观及其对教学改革的影响。① 与传统的客观、绝对、永恒的知识观念不同，知识的生成性、建构性、个体性、网络性、非良性结构得到前所未有的强调。众多论者分析了科学主义知识观、工具主义（实用主义）知识观、建构主义知识观、后现代主义知识观、人本主义知识观、文化取向知识观、生存取向知识观等新的知识观念对教学改革的种种影响，其中，后现代知识观及其对教学改革的意义颇受关注。② 但也有学者指出，由于我们没有认识到后现代主义对认识问题与价值问题的混淆，忽视哲学界对后现代主义的批判，并且对马克思主义的能动反映论有极大误解，是不可取的。新知识观片面夸大了知识的主观性，我们应避免极端主义和知识的主观主义导致的矫枉过正，应充分注意到各种知识观的优点和适切性，厘清知识传授与知识建构之间的关系，完整和谐地看待知识观与教学，保证教学健康发展。③ 新知识观与教学改革之间的对应关系可梳理如表 1。

表 1　知识观与教学改革

知识观		教学改革
教学过程	旧：客观知识	注重知识传授与理解
	新：建构知识	强调主动建构与诠释反思
教学目标	旧：客观性、科学性	强调事实性知识的掌握
	新：体验性、个体性	关注方法与价值知识的获得
教学方法	旧：绝对性、逻辑性	传授、“灌输”
	新：可建构、与环境的互动	交往、互动、体验
教学内容	旧：绝对性、真理性	既定、权威、封闭、分科
	新：生成性、不确定性	生成、开放、综合
教学评价	旧：知识至上	重视结果、成绩
	新：创新性、建构性、主观性	重视过程、体验
师生角色	旧：权威性、永恒性、绝对性	教师中心、主宰，学生被动、服从
	新：生成性、主观性、相对性	教师引导、帮助，学生主体、主动

（五）学科教学认识论研究

1. 数学教学认识论研究

南京师范大学涂荣豹著《数学教学认识论》一书，首先探讨了数学教育理论的逻辑起点问题，指出“数学教育中除了可以运用教育学、心理学理论解决问题以外，还有更多的独特问题构成数学教育研究的对象，这些对象也就自然成为数学教育研究的逻辑起点”，因此，“数学教育理论探索，必须紧紧抓住‘数学’教育进行研究，力图使之区别于一般的教育理论，但是它毕竟又是数学‘教育’，因此，这种研究是以一种‘教育’的话语而不是数学的话语来阐述，否则它是数学而不是教育”。④ 基于上述数学与教育的“双向建构”和教与学对应的“二重原理”，展开了“数学教学认识论”体系。该

① 潘洪建著：《教学知识论》，甘肃教育出版社 2004 年版。

② 姜勇、郑富兴：《后现代知识状况与新教育观的呼唤》，《外国教育研究》2003 年第 12 期；闫守轩：《知识观的转向与教学改革的深化》，《湖南师范大学教育科学学报》2004 年第 1 期；宋彩琴、杜元宏：《后现代知识观视野下的课堂教学》，《甘肃高师学报》2009 年第 14 期。

③ 张磊：《新课程改革的知识观反思》，《教育发展研究》2009 年第 2 期。

④ 涂荣豹著：《数学教学认识论》，南京师范大学出版社 2003 年版，“前言”第 3 页。

书包括四大部分：数学教育的认识论（包括数学教育现代化、现代数学教育观、数学教育的文化价值观）、数学特征的认识论（包括数学抽象性、严谨性、广泛运用性、探索性）、数学学习的认识论（包括数学学习心理、建构主义数学学习观、数学学习中的智力参与）与数学教学的认识论（包括数学教学过程、教学原则、数学概念、数学元认知、数学解题、数学反思）。有学者认为，该书从认识论的高度，对有关数学教学的问题进行了深入的系统研究①，但综观全书内容与叙述，似乎它主要还是对数学教学基本问题的思考与探索，其中的许多探讨还是从一般的教育学、心理学角度进行的分析与阐述，而不是专门从认识论角度探讨数学教学问题。尽管如此，该书对数学教育的思考与探索不失系统、完整、深入，特色鲜明，尤其是该书对数学教学中的诸多认识论问题，特别是数学思维、数学方法、数学知识检验等进行了充分的认识论探讨。此外，还有论者对高中数学探究教学的条件与认识论进行了初步探讨。

2. 语文教学认识论研究

重视基础知识、基本技能的教学是我国中小学教学的一大特色。“双基”教学在我国基础教育的长期实践中形成并具有广泛影响，但对“双基论”存在争议，有人在对“双基”问题进行反思时指出，“双基论”像中外教育史上所有发挥过积极作用的理论一样，“过时”是必然的。② 也有人认为，从“人的发展”的内涵、凭借和途径来看，“双基”教学是学校教育干预和促进儿童发展的需要和有效途径，离开“双基”教学谈“人的发展”，不仅与学校教育的本质属性相左，而且在很大程度上将虚化“人的发展”。③ 新的《全日制义务教育语文课程标准（实验稿）》颁布后，有学者根据新的语文课程标准提出，语文教育要实现变系统知识为有用知识，变知识的掌握为知识的运用，变单维取向为三维取向。④ 该观点引发了激烈的争论。有学者指出，如果没有系统的知识，再多的知识也是支离破碎的孤立的点。如果真的“变系统知识为有用知识”，我们的语文教学面临的将会是一场灾难。新的知识观应该是在重视感性知识的同时更加重视理性知识的升华，在关注知识学习结果的基础上注意培养学生学会学习和形成正确的价值观。对新课标的知识观要有科学的阐释。重视有用知识、重视知识的运用、重视学会学习和形成正确的价值观，这些都不错，有意识地加以强化也并不错，可是一旦把这些正确的命题用来否定系统知识、否定知识掌握、否定关注知识本身就走上了不正确的路。⑤ 有学者指出，从语文课程的观点看，听、说、读、写能力的培养，首先是个知识的问题。合意的能力要靠适当的知识来建构。新大纲和新教材把增强文学——人文的分量作为重头戏之一。在倡导“观念”更新之余，人们却轻率地忘记了：维系“观念”的是“知识”。“知识”是观念的支撑物、观念的呈现者，至少是部分地决定着所倡导的“观念”能否在语文教学中转化为现实。无论是研究、设计我国的语文课程与教学目标，还是考察、借鉴国外经验，对知识状况的关注和审视，都应该紧急地提上议事日程。⑥ 重新审视一下语文课程的知识基础，尽量廓清语文基础知识的范围，尽可能分清它们的层次，这是十分必要的。用广义的知识观来审视当前的语文课程知识基础，我们就不难发现语文

① 乔健：《一部研究数学教学的创新力著——读涂荣豹教授新作〈数学教学认识论〉》，《数学教育学报》2005年第3页。

② 汪潮、吴奋奋：《“双基论”的回顾与反思》，《课程・教材・教法》1996年第12期。

③ 邝孔秀、张辉蓉：《双基教学：摒弃还是发展》，《教育学报》2013年第6期。

④ 傅炳熙：《语文新课程的知识观》，《语文建设》2002年第9期；傅炳熙：《再谈语文新课程的知识观——与苏培成先生商榷》，《安阳师范学院学报》2003年第6期。

⑤ 苏培成：《不能为了‘新’而否定正确的‘旧’》，《语文建设》2002年第11期。

⑥ 王荣生：《简论制约语文课程与教学目标的知识状况》，《学科教育》2002年第10期。

课程的基础知识多为陈述性知识，缺少程序性知识、方法和策略性知识。① 此外，一些论者对语文知识类型进行了分析。② 上述争论主要是围绕如何对待语文中的基础知识、系统知识问题，是关于语文基础知识、系统知识的地位、作用与价值的争论，严格地讲，还未达到哲学认识论的深度。

此外，有作者探讨了历史认识论及其教学问题。历史认识论是史学理论研究的重点内容，它“研究历史认识活动的形式、特点、规律等问题”。基于历史认识论研究的成果，教学实践中，可对历史认识论的内容进行言简意赅的概括、介绍，丰富学生对历史的认识，提高历史教学效果。③ 应该说，上述关于历史认识论的定位是准确的，对于历史教学不无启发意义。但作者仅仅提出初步设想，还未展开深入具体的实践研究。同时，历史教学认识论不同于历史认识论，历史认识论仅仅是历史教学认识论的基础，历史教学认识论应吸收历史认识论研究的成果，并结合历史教学的特点，进行更具体的、更深入的研究，历史教学认识论的研究还有待展开。此外，有论者比较了不同学科教学认识论的不同特点，指出传统教学认识论所秉持的立场、观点，在不同学科因而也是不同性质的知识那里，获得的正确性感觉也不同。比如数学、物理、化学等学科知识，尽管学生可以有不同的理解方式，要求教法创新，但其确定性较强，可传递性也强，对其予以多重理解的空间不大；而语文、政治、历史、艺术等学科知识的不确定性很强，一首交响乐，不同人有不同的理解，并不存在绝对正确的体验，类似的还有对具体史实的判断、人物品性的看法，均应尊重不同的理解与观点。④

二、教学认识论的主要问题

（一）教学认识论能等同于“学生认识论”吗

首先，何谓“教学认识”？教学认识是单一认识还是复合认识？如果是单一认识，是否可以简单归结为学生认识或教师认识？如果是复合认识，学生认识与教师认识的关系应如何处理？有学者指出：“教学认识是在马克思主义认识论指导下通过对教学活动本质的抽象概括和丰富具体而获得的一个基本范畴。”⑤“它是学生个体认识，是教师教学生认识，是学生个体在教师主导下，主要掌握人类历史经验，认识客观世界和发展自身。”⑥其实，教学认识包括三个部分：学的认识、教的认识、教—学的认识，而“教学认识论”仅仅将学生学的认识看作教学认识，忽视了教的认识、教—学的认识，的确失之偏颇。

其次，何谓教学认识论？如前所述，大多数学者将教学认识论理解为教学中的认识论，且归结为学生的认识论，认为教学认识论是研究教学过程中学生认识过程、特点、机制的理论，这一定位可用这样的表达式：教学认识论＝学生认识论，自“教学认识论”文章的发表和《教学认识论》一书的出版，“教学认识论”似乎便定格在学生认识论之上。后来，又有学者发现，教学过程是由教师的教与学生的学构成的活动（或双边活动），提出“交往活动说”；还有学者认为，除了研究学生认识论，还应研究教师认识论，提出“教师认识论”。这样，似乎更完整，能弥补“教学认识论”研究之不足。其实，这种理解仍存在问题，并不能摆脱教学认识论研究面临的困境。那么究竟什么是“教学认识

① 韩雪屏：《审视语文课程的知识基础》，《语文建设》2002年第2期。

② 韩雪屏：《语文课程知识的内容》，《语文建设》2002年第5期；李山林：《语文课程的人文知识基础及其教学》，《语文建设》2004年第1期。

③ 赵兴彬：《研究的重点，教学的难点——浅析历史认识论的教学内容》，《泰安师专学报》1997年第12期。

④ 马开剑：《新课程背景下对传统教学认识论的三点认识》，《天津教科院学报》2011年第12期。

⑤⑥ 王策三主编：《教学认识论》（修订本），北京师范大学出版社2002年版，第154、3页。

论”呢？怎样科学界定“教学认识论”，我们还得回到“认识论”本身，明确“认识论”研究的基本范围与主要问题。

对于什么是认识论？孙东荪早在1934年9月在上海世界书局出版《认识论》一书中，将认识论的基本问题概括为四种①：

知识之由来——这个问题所要讨论的是：知识是习得的呢，还是天生的呢？

知识之性质——这个问题所要讨论的是：知识的内容是感觉的呢，知觉的呢，概念的呢，判断的呢，还是其他的呢？

知识与实在之关系——这个问题所要讨论的是：知识的对象是外物呢，还是心影呢，抑或兼是呢？

知识的标准——这个问题所要讨论的是：知识上所有真伪是以何而分呢？

一些哲学教材对认识论也有明确的界定。认识论是“研究知识的性质和范围及其前提和基础，以及对知识所要求的一般可靠性”②。“认识论是对人类认识的反思。它以认识本身发展的一般过程及其规律包括知识的形成、发展和运用的一般途径、方法为研究对象。”③ “认识论是关于认识的哲学理论。认识论按其性质来说，是一门反思的科学。反思即对认识的认识，对思想的思考。认识论以不断发生、发展着的认识活动及其结果为对象，对其进行哲学研究和认识，具有明显的反思的性质。”④“认识论”原是哲学中的一个重要分支（又称“哲学认识论”），是关于认识的性质、产生、发展、检验的一门学问。教学认识论与教学本体论、教学价值论并列，共同构成了教学论学科体系中的基础理论部分，也是教学论学科体系中的方法论部分。“教学本体论主要回答教学‘是什么’的问题，教学价值论主要回答教学‘为什么’的问题，而教学认识论则主要回答‘如何认识和理解’教学以及‘如何研究’教学乃至‘如何从事’教学的问题。”⑤ 真正的教学认识论是以教学认识为研究客体的哲学认识论，认识论要解决的主要问题是：人是如何认识外部世界的，是怎样获得关于外部世界的知识的，这种知识是否可靠，如何检验认识的真理性问题。

如何界定教学认识论，有人指出，“教学认识论就是一般所说的教学论思想，它是指关于教学认识过程与教学研究过程的特点及其客观规律的理论体系。教学认识论是指导人们深入地认识与研究教学的基本思想原则。”⑥ 我们认为，教学认识论的概念可以通过与“社会认识论”的比较来加以说明与厘清。有学者剖析了“社会认识”的三种含义：“具有社会性的认识”（相当于人类认识）、“以社会为主体的认识”（相当于社会主体层面上展开的认识活动）、“以社会为对象的认识”（相当于对社会的认识）。⑦ 尽管三种理解均具有一定的合理性，三者之间角度、层次不同，可以相互补充和促进，但“社会认识”主要指“以社会为对象的认识”。“社会认识，就是以社会为对象的认识。社会认识论，就是关于人们如何认识社会的学问。在这里，社会是认识的宾语、对象或客体。‘社会认识’，就是‘认识社会’，或者‘对于社会的认识’。当然，‘认识’一词，不仅是动词，也可作名词。作为名词，‘认识’与‘知识’、‘观念’、‘思想’等概念具有等价的意义。这样，‘社会认识’，又可理解作‘关于社会的知识’，或‘以社会为对象的知识’，

① 孙东荪著：《认识论》，商务印书馆2011年版，第31页。
② ［英］海姆伦著，夏甄陶等译：《西方认识论简史》，中国人民大学出版社1987年版，第1页。
③ 齐振海著：《认识论探索》，北京师范大学出版社2008年版，第12页。
④ 欧阳康著：《马克思主义认识论研究》，北京师范大学出版社2012年版，第1页。
⑤ 李艳艳：《关于教学认识论若干问题的思考》，《天津师范大学学报（基础教育版）》2007年第3期。
⑥ 徐继存、安珑山：《教学论阐释与理解》，《宁夏大学学报（人文社会科学版）》2001年第1期。
⑦ 欧阳康著：《社会认识论——人类社会自我认识之谜的哲学探索》，云南人民出版社2002年版，第44页。

即人所认识的社会，主要揭示人们观念中的社会是什么。”①

参照社会认识论的研究对象与概念定位，结合教学研究的特点，可以认为，教学认识论应该主要是关于教学的认识过程及其结果的理论，即对教学现象、教学活动的认识理论。换言之，我们是如何认识教学的，怎样才能获得关于教学活动、教学世界的客观知识，如何检验教学知识的可靠性、真理性。正如社会认识论应该是对社会的认识理论，科学认识论应该是对科学活动的认识理论，而不是对社会中工人、农民、军人如何认识的认识理论，不是科学家、助手、实验员的认识的认识理论。尽管后者可能包含于前者之中，但它不是前者本身。部分不能代替整体，它仅仅是对整体的说明，整体大于部分之和。同理，无论是学生认识论还是教师认识论都不能代替教学认识论，不能将教学认识论等同于学生认识论，或等同于教师认识论，那种将学生认识论直接等同于教学认识论的做法有悖认识论常识。总之，将学生认识论简单地等同于教学认识论极为不当，应该予以矫正（学生认识论是教学认识论的重要组成部分，而不能等同于教学认识论）。这个提法尽管已“约定俗成”，几乎成为一种潜意识，但即便如此，概念的澄清亦十分必要。它是教学认识论研究的基础，也是教学认识论存在的合法性前提，正本需要清源，教学认识论才能沿着正确的轨道健康发展。

总之，认识论是一门反思的科学，具有明显的反思性质。黑格尔说：“反思以思想的本身为内容，力求思想自觉其为思想。”② 教学认识论即是对教学认识的认识，是对教学认识的反思。教学认识论以教学认识本身为研究客体，目的在于通过反思教学认识本身，分析各类教学认识现象，揭示教学认识的一般规律，以便更好地进行科学的教学认识，从而促进教学理论、教学实践及教学管理的长足发展。在思维方式上，教学认识论是对教学认识的认识，是反思性的；教学认识是对教学本身的认识，是对象性的。③ 认识论是对人类认识的认识。人类认识既指主体反映世界的活动过程，又指活动的结果。因此，认识论研究的范围相应地包括人类认识活动的一般过程及其结果。同样，教学认识既包括教学认识活动的过程，即对教学的认识，又包括教学认识的结果，即各种教学理论、理念，还可指涉教学过程中的认识活动。在此意义上讲，教学认识论应该是对学生认识、教师认识、教学知识的反思，即全面的教学认识论研究亦应包括学生认识论、教师认识论、教学知识认识论三个领域，学生认识论、学的认识论尽管是教学认识论的重要组成部分，但不能作为教学认识论的唯一内容，只有这样，教学认识论研究才能既具有认识论的色彩，促进教学知识的反思和教学论学科建设，又指导教学实践，促进学生的发展与教师的专业成长。

（二）教学的认识论基础属于教学认识论研究吗

面对“教学认识论”研究的局限与困境，一些学者关注教学认识论理论基础问题，试图为教学、教学理论夯实根基。如有论者主张，在吸收了我国哲学理论界最新的理论成果——生活认识论的基础上，提出应以此为基础作为教学的新的认识论基础。④ 也有论者指出，教学认识论有其自身难以克服的局限性，应站在教学认识论与教学生成论辩证统一的立场上，重新探讨教学本质问题。⑤ 综观已有研究，可以发现，对教学认识论基础的认识存在不同理解，相应的研究也比较混乱。有的叫作“教学的认识论基础”，也有人名曰“教学论的认识论基础”，还有人称为“教学认识论基础”或“教学认识论的基础”。不同提法与表述的确切含义不一

① 欧阳康著：《社会认识论——人类社会自我认识之谜的哲学探索》，云南人民出版社 2002 年版，第 46 页。
② ［德］黑格尔著，贺麟译：《小逻辑》，商务印书馆 1981 年版，第 39 页。
③ 张广君：《反思·定位·回归：论“教学认识论”》，《西北师大学报（社会科学版）》2002 年第9 期。
④ 王攀峰：《生活认识论及其对现代教学论研究的启示》，《教育理论与实践》2005 年第 9 期。
⑤ 柳士彬：《对教学论哲学基础的反思与重构》，《教育理论与实践》2004 年第 3 期。

样，需要认真辨析。

其一，“教学的认识论基础”问题。该提法主要指教学实践、教学活动的认识论基础，不是教学认识的理论基础。如众多研究者从知识观，特别是后现代知识观、建构主义知识观、当代知识转型等角度探讨课程改革、教学改革问题，讨论变革知识观对课程与教学改革的启示，这些研究深化了人们对课程理念、教学理念的理解与认识，有助于拓展课程与教学改革的视野，推动课程改革与教学革新，其积极意义不可否认。但这样的研究是否属于“教学认识论”研究范畴？如果我们继续回到哲学认识论的研究对象与任务，按照一般认识论的研究旨趣进行类推的话，有关课程改革、教学革新的认识论与知识论基础的研究，严格地讲，不属于教学认识论题中应有之义。因为无论是课程与教学改革的认识论基础研究，还是课程与教学改革的知识观基础的探讨，均没有回答诸如人们是如何认识教学的，我们对教学的认识与知识是否可靠，如何检验教学认识与知识的真理性等问题，而仅仅是教学实践活动的前提、根基。换言之，教学（改革）的认识论、知识论、知识观的相关研究并未真正关心、聚焦认识论的一般问题，对于教学认识论研究贡献不大，它们更多地关注对课程与教学改革、教学研究的指导意义与观念支持。

其二，“教学论的认识论基础”问题。该提法模糊，存在歧义。是教学理论的认识论基础，还是教学论学科的认识论基础？如果是前者，可以理解为教学认识、教学知识、教学理论的认识论基础，是对教学认识、教学知识、教学理论的认识与研究，显然，教学认识的认识论基础不能等同于教学认识论的基础，因为教学认识论的基础还可能包括教学认识论的本体论、价值论基础等。如果是后者，就是教学论学科的认识论基础，属于教学论学科建设的认识论问题，这要比教学认识论基础复杂得多，并已部分地超出了教学认识的认识之范围。“教学论的认识论基础”实际上属于教学论元研究，是对教学研究的研究。

其三，“教学认识论基础”或“教学认识论的基础”问题。“教学认识论基础”的提法亦比较模糊，读起来比较拗口。因为它可以理解为“教学”的认识论基础，也可理解为教学认识论的“基础”，侧重点不一样，理解就不一样。相对而言，“教学认识论的基础”的表述更为确切，即夯实教学认识论的理论基础，为教学认识论奠基。教学认识论的基础不仅包括认识论基础如马克思认识论基础、存在主义认识论基础，而且包括本体论、价值论、社会学、人类学基础等，内容比较广泛。

总之，教学与课程改革的认识论基础的研究不是教学认识论本身的研究，它不涉及或主要不是解决教学知识的发生、发展、检验等真正的认识论问题，其重点不是关于教学认识、教学知识有关问题的探讨，而是为教学改革（含课程改革）提供合法理由、必要前提和学理根据。教学论的认识论基础则主要属于教学论学科建设问题，严格地讲，并不属于教学认识论的基础。在此意义上讲，我们不赞同将教学的认识论基础与教学论的认识论基础的研究纳入教学认识论基础的研究范围，尽管二者与教学认识论关系密切，已或多或少地包含了教学认识论基础问题。当然，它们对教学认识论研究是有贡献的，并不否认相关研究的意义与价值。同时，有必要指出的是，教学认识论基础中的“基础”既有认识论基础，也有本体论基础、价值论基础，还有其他学科的基础，切不能将教学认识论的基础局限在认识论的范围之内，这是教学认识论基础研究必须注意的问题。教学认识论的基础的研究旨在为教学认识论奠基，为教学认识论提供依据。

（三）教学认识论的研究如何转向

回顾教学认识论的系列研究，可以看出，20世纪90年代末，众多论者从论证、阐释教学认识论转向对教学认识论的检讨、批判甚至否定，提出教学认识论转向的命题。对于如何转向，转到哪里，人们的认识并不统一，存在分歧。有的提出转向生命认识论，有的提出转向关系认识论，有的提出转向生活认识论，不一而足。更有甚者，有论者断然否定认识论本身，大胆提出转向本体论、存在论，出现解构教学认识论本身的倾向。一时间，

“教学认识论”成为众矢之的，群起而攻之。当然，原本意义上的教学认识论者亦不甘示弱，愤然而起，进行辩护，旗帜鲜明地捍卫自己的学说，维护自己的观点，可以说争论达到针锋相对、寸土必争、互不相让的地步，并由此引发了关于“知识”问题的学术大辩论（即著名的南北之间的“钟王之争”），这一争论持续数年之久，直到今天还未完全平息，常常余音不断，有时还硝烟四起。我们十分欣喜地看到，争论的结果尽管难分伯仲，没有绝对的赢家，但双方都在争论中、论辩中调整自己的观点，吸收对方的合理之处，完善自己的主张，共同成长、共同进步。十分有趣的是，本来观点各异、理论立场不同的活动认识论、生命认识论、生活认识论、建构主义认识论等几乎不约而同地构成同盟军，兵临城下，共同对付“教学认识论”。“教学认识论”虽然腹背受敌，孤军奋战，但它坚守自己的城池，寸土不让，并异常冷静、沉着，善于抓住机会，必要时给对方有力回击，以便“突围”。转向论者对“教学认识论”的质疑和批判，主要是吸收了当代认识论的研究成果，利用当代认识论的一些前沿观念、理念对“教学认识论”发起猛烈攻击。但是，我们也常常看到，由于种种新的理论本身不够完善与成熟，有的辩论底气不足，授人以柄，给对方提供反击机会。下面我们看看认识论的当代转向问题。

关于认识论的转向，在哲学领域，存在不同理解与看法。有论者指出，现代认识论的发展，总的来说呈现三大趋势：主体化趋势，即不再去追问认识内容的来源和对客体的依赖，强调认识的选择与建构特征；多元化趋势，更多地研究个体认识和群体认识，不再局限于自然客体的研究，出现了认识论的分支学科如社会认识论、文化认识论、语言认识论等；非理性化趋势，除了科学主义认识论，还有人文主义认识论。科学主义认识论着重对认识进行逻辑、语言的分析和探讨知识增长的模式，非理性主义认识论（人文主义认识论）把非理性因素如“意志”、“生命”、“情感”、“体验”当作认识的对象。① 还有作者探讨了认识论的现代转向：现代认识论超越了传统认识论的主客二分的思维框架，深入到主客体关系的中介、工具环节、主体和客体自身历史文化的丰富规定性以及主客体之间的多向度、多层次的关系；深入到以人的社会生活、交往、实践为内容与方式的存在领域、历史与价值领域来讨论认识论问题；放弃传统认识论在主客二分的认识框架中对认识的绝对基础、绝对本质、绝对来源、绝对可靠的标准的追求，转向寻求认识的相对性、或然性以及在主体性层面上认识的公共性、可共度性。② 当然，也有人提出“认识论死亡”的命题，认识论似乎消亡了、终结了。那么，认识论是否有存在的必要，认识论真的会终结吗？与那些哲学激进者相比，艾耶尔的观点似乎更为合理，他明确指出：“哲学的进步不在于任何古老问题的消失，也不在于那些有冲突的派别中一方或另一方的优势增长，而是在于提出各自问题的方式的变化，以及对解决问题的特点不断增长的一致性的程度。”③ 国内学者亦指出：“研究认识论，特别是近代西方各自认识论体系，从中吸取经验教训，有助于我们拓展认识论的视野，有利于启示我们品评经验主义与理性主义之优缺点。承认经验主义之基础作用以及理性主义之创造性的动力，这可以激励我们广开心扉，鼓舞思维立足现实，迈向多种可能的世界。”④ 看来，认识论不会消亡。可以说，现代认识论研究充分吸收了本体论、价值论、存在论、解释学、过程哲学、建构主义心理学等思想，林林总总，与传统认识论相比，更充满活力。

纵观西方哲学认识论的发展，我们似乎可以这

---

① 胡敏中著：《非理性：创造认识论解读》，北京师范大学出版社 1998 年版，第 26—27 页。

② 林默彪：《认识论问题域的现代转向》，《哲学研究》2005 年第 8 期。

③ ［英］A.J. 艾耶尔著，李步楼等译：《二十世纪哲学》，上海译文出版社 1987 年版，第 19 页。

④ 葛力：《维护认识论的尊严》，《哲学研究》1996 年第 1 期。

样说，传统认识论主要探讨认识的对象、认识活动的进程和对认识的结果加以检验等问题。当代西方哲学开始对传统认识论研究进行审视与拓展，关注传统认识论忽视的一些问题。认识论的现代转向主要体现在以下三个方面：语言学的转向、存在论的转向与社会学的转向（这些转向也可叫作分析哲学、科学哲学、生命哲学、存在主义、知识社会学等的转向）。语言学的转向主要表现为逻辑实证主义对语言意义问题的倾力关注，认为哲学就是语言分析与概念澄清活动，从而明确概念的具体意义，避免歧义，使我们的思维更加清晰。存在论的转向表现为对生命意义与价值的强烈关注，强调生命、亲在的独特性，试图更深入地把握、认识人的生命及其存在意义。社会学的转向关注社会因素对个体认识的种种影响，同时，试图超越认识论中的个体主义取向，关注社会群体的认识论问题。那么，应该如何看待教学认识论的现代转向呢？

哲学认识论背景的变化在教学论领域得到了一些回应。“教学认识论”由于其固守传统认识论的基本问题与研究疆域，遭到多方面的批评与指摘。如有论者基于对哲学流变的历史考察，提出随着传统认识论在哲学领域中的统治地位几近瓦解，“今天在教学领域中，认识论也不再足以包容现代教学的基本内涵。这种状况使得构建一个多元的、开放的、具有广泛包容精神的教学及教学论研究的新范式势在必行”①。也有论者认为，“由于受教学认识论的局限，包括道德在内的学生思想的形成和发展问题一直没有得到根本解决。”② 进而试图从宏观层面构建一种解释性的理论框架，提出以当代哲学生存论转向为理论基础的教学生成论，这是关于教学中学生思想形成和发展的理论，它在教学本质、教学艺术、师生关系等方面超越了教学认识论。教学生成论是一个与教学认识论相并列、共存的范畴，它并非要取代教学认识论，而是与教学认识论相辅相成，对立统一。③实际上，教学生成论属于教学本体论范畴，生成论可以为教学认识论提供理论基础，弥补教学认识论的不足，但它不能代替教学认识论研究。事实上，无论是生活认识论、实践认识论，还是交往认识论、建构主义认识论，都没有完全推翻认识论，它们均或多或少涉及传统认识论问题，或者说，传统认识论研究包含着现代认识论因素，现代认识论是对传统认识论问题的拓展与内容的深化，是对传统认识论的革新与超越。正如一些论者指出的那样，教学认识论不断遭遇批评与指责，但这些批评与指责并未从根本上否定、推翻教学认识论，只是对教学认识论所具有的内在张力——社会认识与个体认识、教师认识与学生认识、教学事实认识与教学价值认识之间提出了另一种化解策略。④

总之，教学认识论无法完全超越，因为所有教学研究都是对教学的研究，总会得出关于教学的认识、知识，教学认识论不是被取代，而是需要发展。真正的教学认识论是对原有“教学认识论”研究视域的拓展与内容的深化，有关教学本质的“教学认识论”窄化了教学认识论的研究范围，针对“特殊认识说”的其他学说仅仅是对教学认识论的反思与补充，其思维方式并没有突破本体论的框架，教学认识论研究必须回归认识论本身，同时，也必须从小写的“教学认识论”走向大写的教学认识论。

三、教学认识论研究前瞻

如前所述，教学认识论研究既指对教学认识过程及其结果的认识论研究，又指教学过程中认识主体的认识论研究，它包括两大方面、三个领域。两大方面为：“教学的认识论研究”（或称为“对教学认识的研究”）、“教学中的认识论研究”。“教学的

---

① 张胤：《教学认识论之批判与新教学范式的构建》，《教学研究》2003年第9期。

②③ 柳士彬：《教学生成论纲要——兼论对教学认识论局限性的超越》，《天津市教科院学报》2005年第6期。

④ 李润洲：《重新理解教学认识论》，《上海教育科研》2002年第5期。

认识论研究”（“对教学认识的研究”）应是教学认识论研究的本义，即从哲学认识论视角、方法、概念框架对教学的研究（与教学本体论、教学价值论研究平行），教学认识论研究主要探讨教学知识的本质、产生、发展及其真理性检验等问题。“教学中的认识论研究”是关于教学过程中认识论问题的考察，探讨教学过程中不同认识主体的认识论问题，可分为学生认识论、教师认识论两个领域（又各含个体认识论与群体认识论），分析学生或教师在教学过程中各自的认识特点、规律。在此意义上讲，未来的教学认识论研究可以在这三个领域上展开：“对教学认识的研究”、“学生认识论研究”与“教师认识论研究”。这样就形成了教学认识论研究三足鼎立的基本格局，从而深化、拓展了原有的教学认识论研究。那么，每一领域的研究路径又如何展开呢？

西方近代认识论将认识论的研究内容分为三个方面：认识论的本体论研究、认识的发生学研究、认识的检验（知识论）研究（这一划分在孙东荪的《认识论》一书中得到十分明确的表达）。认识的本体论研究回答知识的性质、类型、特点等问题。认识的发生学研究回答知识的产生、来源及其内在机制，认识的知识论研究回答知识的检验标准、原则问题。参照一般认识论研究的基本领域与问题，教学的认识论各个领域的研究也应包括三个维度：第一，教学认识的本体论研究，探讨教学知识的性质、类型，回答教学知识是什么，有何特点，它与其他知识包括教育知识有何区别、差异。这是对教学的认识论研究的起点、基础。第二，教学认识的发生学研究，探讨教学知识的发生、发展及其条件、过程、机制等问题，回答教学知识的来源、演化、传递等问题。这应是教学认识论研究的核心所在。第三，教学认识的知识论研究，探讨教学知识的检验标准与方法问题，对教学知识的真理性、有效性进行检验与说明，对教学知识的合理性、科学性展开辩护。综观已有的研究，上述三个部分的研究，有关教学知识的本体论研究较多（如西北师范大学博士生的系列研究①）。而教学知识的发生学与知识论探讨甚少。20 世纪 90 年代末我国教育理论界展开了“元教育学”热烈讨论，教育理论工作者以高度的理性自觉，对不成熟、不完善的教育理论进行了自觉反思和理性批判，以期解决教育理论自身存在的问题，提高教育理论的自觉性、科学性。该讨论已触及教学认识论问题，但由于该问题的艰深与晦涩，以及它与教学实践的关系较远，未能得以真正展开，不能不说是一大遗憾。

（一）加强教学知识的认识论研究

首先，要明确区分“教学知识的认识论”与原有的“教学认识论”两个概念。

有学者对原有的“教学认识论”的语言逻辑误区进行了缜密而严谨的分析，指出了“教学认识论”概念的偏差所在：“教学本质是特殊认识＝教学认识（此概念有歧义），论教学认识‘作为教学本质’＝‘教学认识论’（语词巧合下的‘认识论’，实际是某种意义上的本体理论），‘教学认识论’（某种教学本体理论作为教学认识论）＝教学认识论（一般意义上的教学认识论）＝教学理论与实践的主要理论基础。”② 在此基础上，作者提出“教学认识论，就是以教学认识本身为研究客体，目的在于通过反思教学认识本身，分析各类教学认识现象，揭示教学认识的一般规律，以便更好地进行科学的教学认识，从而促进教学认识并促进教学理论、教学实践及教学管理的长足发展，其内容大体应包括教学认识的基础、根据、可能性、必要性、对象、方法、动力、过程、形式、本质、规律和发展等，其哲学理论基础应是马克思主义辩证唯物主义的认识论。在思维方式上，教学认识论中对

① 参见徐继存著：《教学理论反思与建设》，甘肃教育出版社 2000 年版；蔡宝来著：《现代教学论的发展反思与构建》，甘肃教育出版社 2001 年版；王兆璟著：《教学理论问题的知识学研究》，甘肃教育出版社 2004 年版；潘洪建著：《教学知识论》，甘肃教育出版社 2004 年版；刘庆昌著：《教育知识论》，山西教育出版社 2008 年版。

② 张广君：《反思・定位・回归：论“教学认识论”》，《西北师大学报（社会科学版）》2002 年第 9 期。

教学认识的认识是反思性的，教学认识即对教学本身的认识主要是对象性的”。① 一句话，“教学知识的认识论”是指教学知识产生、发展、检验的理论，而不能等同于教学中的学生认识论。前者的对象是教学认识、教学知识，后者的对象是学生主体。

其次，要正确处理教学知识本体论研究与认识论研究的关系。

探讨教学是什么，揭示教学活动内在的法则、规律，回答教学如何展开更为有效，教学有哪些方法、手段、形式等问题，这些问题属于教学本体论研究的范畴。“特殊的认识活动”，实际上属于教学本体论研究，是一种有关教学过程本质的学说，本体论研究结论对于探讨解决教学实践问题、提高教学实践质量意义十分重大，教学认识论研究则关涉这样的问题：有关教学的认识（表现为实际知识）是怎么来的？我们有能力认识教学吗？（康德式的经典问题）我们关于教学的知识有效吗？如何证明这些知识的真理性与有效性呢？可以说，认识论产生于本体论研究之后，认识论是为了说明、论证本体论研究的结果，论证人们关于事物本体、性质的认识是否可靠，认识论是本体论研究的深化与发展，同时又促进本体论研究。“本体论与认识论密切相关。没有本体论，则认识论飘浮不定、空洞无物；没有认识论，则本体论暗淡无光、无从展现。然而，必须承认彼此之间有先后之别，即本体论有先在性，随后才有认识论的产生；认识论以本体论为先导，否则就会陷入唯心主义泥沼。与此同时，也必须重视认识论的发展，从而使本体论展现新的面貌、构成新的世界图景。”② 教学知识的认识论问题是教学论研究无法回避的基本问题。波普尔为了回避知识确证问题，放弃证实追求，提出知识证伪，但知识的证实问题仍摆在那儿，并未解决。没有教学知识的认识论研究与论证，教学本体论研究所取得的教学知识的合法性、真理性始终是一个问题，难以提升教学论学科的学术地位。教学论的学科独立与学术自信，需要认识论、知识论的分析、论证与支撑。从此意义上讲，认识论问题是教学论生存与发展的根本性、前提性问题。在教学理论、流派日益多样、纷呈，教学论学科体系日益复杂、多元的今天，如何规范、优化教学知识与理论，教学知识的认识论研究被赋予了特别的使命。

那么，教学知识的认识论究竟包括哪些内容呢？其范围有多大？教学知识的认识论研究对象是教学认识与知识，涉及教学认识对象、认识过程与结果，基于认识论研究的问题框架，我们认为，教学认识论研究主要包括下述四个方面。

教学认识对象的研究。教学认识论的对象是教学认识，而教学认识的对象则是教学。认识论与本体论密切关联，教学本体论研究为教学认识论研究提供基础和前提。对教学本质、特点、性质的研究，这是教学认识论研究的根基，是教学认识的本体论问题。教学究竟是什么？认识、发展、活动、实践、交往或多种本质的统一，不同定位与观点影响教学认识的问题选择与焦点，如将教学过程界说为认识，就会突出教学认识的知识维度。而将教学过程界说为交往，则会突出教学认识的关系维度，而将教学过程界说为生活，就会突出教学的精神与价值维度。不同的教学本质观，可能形成不同的教学认识论的研究范围与焦点。具体而言，教学认识对象包括教学观念、教学知识、教学理论、教学流派甚至教学论学科。

教学认识过程与机制的研究。教学是一项复杂、开放和不断生成的活动，那么我们如何认识教学，怎样获得有关教学的认识，从而形成教学知识、教学理论？教学知识获得的基本途径、方式、机制是什么？即我们是如何获得教学知识的？教学知识的认识论就是要研究教学认识的前提、起点、阶段、环节、途径，为人们认识教学提供相关路径

---

① 张广君：《反思 · 定位 · 回归：论“教学认识论”》，《西北师大学报（社会科学版）》2002 年第 9 期。

② 葛力：《维护认识论的尊严》，《哲学研究》1996 年第 1 期。

与知识，使人们更为科学、有效地认识教学，获得教学知识。它属于教学知识的发生学研究。

教学认识结果及其可靠性的研究。教学认识结果有哪些形态和样式？这些结果是否需要检验？并不是所有的教学认识都是科学、合理、有效的。那么，究竟什么样的教学知识才是科学的、有效的？检验教学认识真理性的标准是什么？教学认识除了真理性检验，是否还有有效性检验、价值性检验？又该如何检验教学知识的有效性与价值性？它属于教学知识的知识论研究（狭义的知识论）。

教学理论的认识论基础的研究，即教学论的认识论基础的研究。不同教学理论流派的认识论前提、知识观假设的检讨，从认识论独特的视角对已有的教学理论流派进行认识论审视、考察，揭示其认识论根据，开展认识论批判，从而为教学知识、教学理论夯实认识论根基。需要指出的是，教学理论的认识论基础不同于教学的认识论基础，前者是对有关教学知识、教学理论的认识论反思，而后者是对教学的认识论根据的说明，前者为教学理论服务，后者为教学实践服务。

有必要指出的是，真正意义上的教学认识论研究（即教学知识的认识论研究）是远离教学实践的，它不能为教学实践提供切实的、直接的指导，因而可能是晦涩的，缺乏实用价值的，但它可以有助于“清思”，即帮助人们澄清教学的基本概念与认识，使教学认识、教学知识得到辩护，教学知识生产更加合理、科学、有效，从而间接地服务于教学实践。这正是教学认识论研究独特的价值所在。

（二）拓展学生认识论的研究

学生是教学过程的重要主体，是知识建构与意义生成的主体。在教学过程中，学生是如何获得各种知识的，怎样才能提高学生认识与知识获得的有效性，并在这一过程中感受学习的快乐、幸福，获得精神、情感、人格的全面成长，这是学生认识论探究的主要问题。换言之，学生认识论主要研究教学过程中与学生认识有关的问题，即学生在教学境域中如何认识自然、社会与人生的，它涉及学生认识的条件、环境、过程、机制、方法、途径等，侧重探讨学生如何借助课程、教材、活动、交往、经验等中介，认识外部世界，发展个体身心。从此意义上讲，我们建议把原来的“教学认识论”改称为“学生认识论”。总之，学生认识论研究的核心是：学生如何在学龄期将人类历史文化成就转化为个体的知识、技能、能力、品德，在特定条件下如何实现从自然人向社会人的转变，达成人的全面生成。学生认识论的问题域主要包括以下三个方面。

有关学科知识学习的认识论研究。尽管现有的“教学认识论”较多且较深入地探讨了学生在学习过程中的知识获得问题，但是还有待深化与拓展。当然，我们不能将一般的认识论问题与方法简单地移植到学生认识论研究中，而要考虑在教学这一特殊境域中学生认识自身的特性。如，学生认识的基本任务是知识的转化与生成，认识的基本起点是间接经验，认识方式是认知、作业、练习、模拟实践，认识环境是教师领导、学生参与并以课程教材为中介，认识的检验是知识的掌握与建构水平，不是一般认识论意义上的知识的真理性检验，等等。

有关生活世界的认识论研究。学生认识论的研究除了关注学科知识，还应关注学生的生活世界，因为生活世界是科学世界的根基与源泉，而以往的“教学认识论”研究过于关注知识与认知的学习，忽视了学生生活世界的研究。事实上，在现实的教学过程中，知识获得、认知发展难以与精神成长、情感发展、个性完善、德性增进同步增长，致使知识与德性常常处于矛盾之中。如何破解这一难题，需要加强学生生活世界、生命成长的认识论研究。学生生活世界的认识论研究内容包括：生活世界的性质、范围，学生在生活世界中的认识与活动方式、途径，丰富、提升学生生活世界的手段、条件，学生生活世界的检验、评价等。许多复杂的问题有待探索与解答。

有关知识与生活之社会建构的认识论研究。个体认识论与社会认识论密切相关。学生的知识学习与生活世界的经历，不仅仅是个体行为，它常常是在社会活动中展开与完成的，因此，除了学生个体认识论的研究，还应关注学生社会群体认识论的研究。无论是学科知识的学习还是生活世界的回归，都包括个人认识与社会认识、个体建构与社会建构。换言之，教育境域中学生的学习不是纯粹的个体行为，不是“鲁滨孙式”的漂流与独行，而是共同生活、认识、经历、体验，学生在学习小组、学习共同体中感知、体验、认识、反思、建构，从而赋予学生的认识以特有的新质。知识与生活之社会建构的认识论研究包括学生的学科知识、生活世界之社会建构的性质、范围、条件、方式、机制、检验与评价等内容。

（三）开辟教师认识论的研究

教学认识论除了研究教学知识、学生认识，还应研究教师认识。因为，教师是教学过程的主导型主体，是构成教学活动的重要因素。教师的教育知识、专业素质是教学活动得以展开的基本前提。教师对知识（包括教学知识）的掌握、运用、创造直接制约教学过程的展开方式与学生的学习质量。教师的生活世界、专业精神亦影响学生生活世界的建构与学习态度、学习热情的形成。教师认识论研究诸如教师是如何认识教育教学的，是如何获得教育教学知识的（如经验总结、同事交流、教育理论的学习），教师如何检验与发展、完善自己的教育教学知识，教师又如何建构、丰富自己的生活世界，提升专业精神，等等。需要说明的是，教师认识论也是教师专业成长的重要研究领域。教师认识论研究与教师专业发展有一定的重叠与交叉，因为教师对教学知识的积累、掌握与运用，是教师教学专业成长的重要方面，但相对于教师专业发展的一般研究而言，教师认识论侧重教师的教育教学知识的来源、发展、转换、检验问题，它是教师专业发展的主要组成部分。教师认识论在教师教学专业知识积累、掌握与运用中具有支配性影响。教师认识论的研究主要形成了三种取向：哲学取向、教育心理学取向和教师教育取向。① 其中，哲学取向包括认识论视角。教师认识论研究的问题域主要包括以下三个方面。

有关教育知识的认识论研究。教师是如何获得自己的专业知识即教育教学知识的？有哪些途径、方式、手段？在这里，教育知识既包括教学法知识，也包括课程设计、教学内容、学生评价的知识，甚至还包括学生心理发展阶段与特点的知识。教师在特定的条件下是如何形成、获得、发展这些知识，不断完善自己的教育教学技能、技巧，提升专业水平的？目前，对这些问题的研究十分缺乏，有待展开。正是缺乏教师认识论的相关研究，人们对教师是如何认识教学的，如何处理专业生活中的种种矛盾的认识十分模糊，我们对教师教育教学认识过程的具体机制、条件的理解，几乎仍停留在日常经验的水平，缺乏系统、深入的探讨。可以预见，加强教师认识论的研究有助于丰富教师专业化的有关理论，为教师成长与教育提供重要的认识论依据，有助于优化教师培养与培训过程，提高教师教育的质量。

有关教育生活世界的认识论研究。教育知识与教育生活是教师专业成长的两个重要方面。教育生活世界包括教师职业道德、职业态度、专业生命、专业情感、专业精神等问题。综观已有研究，可以发现，人们对教师的教育知识获得与发展有较多的研究，而有关教师的教育生活的研究阙如，尽管教师职业倦怠研究已涉足这一问题，但还远远不够，有关教师生活世界的正面研究与探索甚少。教育生活世界的认识论研究涉及教师教育生活世界的具体内容、范围，教育生活的方式，教师教育生活的价值取向、目标建构，教师教育生活世界的质量评价问题，等等。需要指出的是，教师的教育生活世界不能等同于教师生活世界，后者涉及内容诸多、范围很宽，而教师认识论主要关注教师的教育生活与教育世界，从而为教师的专业成长奠基。

有关教育知识与教育生活之社会建构的认识论研究。即教师之间是如何学习的，如何通过相互学习、相互激励，获得教育知识的增长、专业精神的铸造和专业情感的发展。近年来，有关教师专业共

① 李学农：《教师认识论与教师的教学专业成长》，《课程·教材·教法》2011 年第 3 期。

同体构建的研究大量涌现，教师之间通过合作行动研究、共同研讨、读书沙龙、集体反思、团队磨课等方式进行专业交流、专业对话，这些研究与活动已涉及教师教学知识获得的认识论问题，但从认识论角度，运用认识论研究的视角与研究方法开展的研究并不多见，有待展开。教育知识与教育生活之社会建构的认识论研究主要包括教育知识与教育生活社会建构的范围、方式、途径、评价等问题。

总之，教学认识论内涵丰富，研究领域广阔，未来教学认识论的研究将主要涉及教学知识的认识论、学生认识论、教师认识论三大领域及其诸多问题，尽管我们已对一些问题进行了较多的探讨，取得了可喜的研究成就，但严格来说，系统的、全面的、真正意义上的教学认识论研究才刚刚起步。教学认识论对于教学论的发展举足轻重，教学论学科建设呼唤教学认识论研究。但也应看到，教学认识论自身问题的复杂与深邃，需要研究者付出不懈的努力与艰辛的劳动。真正、全面的教学认识论研究任重而道远，挑战与希望同在，艰辛与魅力并存。

行动：教育理论创新的基点*

□ 刘旭东（西北师范大学教授）

近年来，随着教育改革向纵深领域推进，教育活动逐渐摆脱长期以来的“授—受”模式而转向对人的身心全面发展的关注，这一符合教育本性的转向极大地影响了教育理论的发展路径和功能定位，教育理论的功能被重新认识，以往那种置教育理论的职能以规范、设定教育活动的路径和方式的说教式观点受到了来自方方面面的质疑。这一方面说明教育理论在教育实践中具有重要的地位和作用，另一方面也表明对它的认识还存在着争议，有必要加以探讨。

一、以行动为导向的教育理论

所谓行动，通常的界定是“为实现某种意图而进行活动”[1]，其中包含着两层含义：第一，它区别于本能行为，是有意识、有目的的活动。第二，它具有积极主动的探究特性。由于它与人的发展和自身本质力量的展现密切相关，在对其进行讨论的过程中，其内涵和价值不断被拓展。韦伯认为，行动就是互动或被称为社会行动。[2]而哈贝马斯用“合目的的理性行为”来指包括生产、劳动、科技活动在内的行动，认为它们具有工具性、目的性和策略性，交往活动是说明人类社会历史的不可还原的要素。[3]此外，帕森斯区分了行为和行动，认为一切行动都是行为，但行为未必是行动，行为成为行动要有一定的条件。无论个人的社会行动或社会的社会行动，都是有意识的、有目的的、有系统的。[4]作为人类特有的活动方式，行动是有目的的人与人之间的沟通和交流活动，行动的内容可以是多方面和多样化的，但其方式却是人与人的交流和相互影响。在对行动和沟通交流之间的内在关联的讨论上，阿伦特做了非常具有开拓性和启发性的工作。

能够对人的发展产生影响的事物不可尽数，从主观目的的角度，影响可以被分为两类：有明确目的性的影响和无目的性或目的性不强的影响，其中只有人自身才能产生有明确目的性的影响。而且这种影响对人的发展的作用是其他任何事物难以取代的，尤其是目的性明确、主观意愿强烈的影响，在人的发展中发挥着巨大的促进作用，非一般意义的影响所能比拟。在人的所有活动方式中，能够发挥这种影响的方式只能是行动。阿伦特提出：“行动是唯一无需事或物的中介而直接在人与人之间展开的活动”[5]，“行动的人能够揭示他们的自我，或者更具体地说，实际上在与他人的关系中揭示自我，是与他人一起，为了他人而进行活动和交谈（行动）”[6]。在阿伦特那里，行动被赋予了很高的人文价值，是唯一可以在无需其他中介帮助下人与人之间得以直面相对并能揭示自我的活动，其对人发展的影响是无以取代的。在其认识中，构成行动的要素主要有三个：一是需要有能够“聚集在一起分享言行的民众”[7]，这是传播思想、宣传自己的主张

* 原载《教育研究》2014 年第 5 期。

并达成目标的基本条件；二是有试图把民众聚集起来并对他们的言行产生影响的愿望；三是能够以自己的言行对民众产生影响，使他们的言行发生变化。在此，阿伦特给行动赋予了具有反映类本质的功能的内涵，并特别提出了人与人之间的相互影响是通过直面相对、以相互间的言行为媒介的认识。

生命的特性在于永远处于实现之中。依生命哲学的观点，能够促进人的发展的影响力量一定是与生命的特性相适应，能够触及人的内心深处，且随着生命历程历久弥香之物，具有可持续发展性。对此，古典教育理论有很到位的揭示，它们深刻挖掘了教育是人与人直面相对、用言行给人的身心发展以影响的活动的特质，其中最典型的就是孔子的“愤启悱发”思想和苏格拉底对话法。以往，在诠释“不愤不启，不悱不发”时，通常把重心放在当学习者进入“愤”、“悱”的状态后，教师如何对其进行及时到位的点拨、使之得以豁然开朗上。这里忽视了一个关键环节，即何以使学习者进入“愤”和“悱”的状态？这是运用启发式方法的重点和难点，也是逼近教育原点的追问。“愤”和“悱”是学习者在某种特定的氛围中为了应对外在刺激而做出的具有积极倾向的、主动的反应，它是教育活动得以卓有成效地展开的关键。在学习活动中，如果没有创设特定的情境使学习者融入其中，其内心就难以被激发到“愤”和“悱”的状态。“愤”和“悱”是人与人之间敞开心扉，积极的、充满探究性的交流和沟通状态，对教育活动来说，如果人的精神没有被激励到“愤”和“悱”的状态，何以去“启”和“发”？因此，“愤启悱发”思想的最有价值之处在于其包含着要通过积极的沟通和交流活动去创建能够激发人进入“愤”和“悱”状态的情境的深刻内涵，它所关注的不仅仅是知识的获得和对问题的推理与思考，更强调只有通过活动和交流才能生成的情意状态在这个过程中的独特作用。在此，该思想深刻地触及了教育的本质，揭示了教育是有目的的以行动的方式影响人的身心发展的活动的内涵，说明教育对人的发展的促进作用是在特定情境中实现的，如果没有积极的行动，就没有办法去创设情境，“愤启悱发”的状态也就无从谈起。苏格拉底对话法更是用人与人直面相对、通过相互砥砺产生影响的活动方式。苏格拉底以自身的言行诠释了行动的价值和内涵，核心是“鼓励普通人在对话性的环境中进行反思”，在参与合作式思考中得到积极体验。因此，“苏格拉底对话法是一种特别适合培养学习者推理和探究能力的方法”[8]，它能够帮助人“达到丰富和充实生活的目的”[9]。苏格拉底作为自己信念殉道的哲人，以自己的生命为代价来践行自己的主张，成为积极的行动者，以至于黑格尔说：“我们佩服他有一种道德上的独立性，他意识到自己的权利，坚持不屈，既不变其操守，也不承认自己认为公正的东西是不公正的。他因此冒着被处死的危险。”[10]总之，在古典教育理论中，教育是具有浓郁价值属性的社会活动，在这种活动中，为了达到影响人身心发展的目的，关键是要通过“我”言行的改变实现对他人的影响，以使其发生期待中的变化。

二、教育理论行动属性的殇变

教育理论是伴随着对教育活动认识的深化而形成的认识，它的功能和形态必然随着教育职能的变化而发生转换。近代以来的教育理论背离了古典教育理论的行动性，以二元对立的思维方式消解了教育理论的行动性，教育活动过程被模式化和预设化，在理论和实践上给教育带来了诸多的后遗症。

在班级授课制诞生以前，教育的职能主要是“成人”。在培养人的过程中，无论教育内容还是教育形式都以通过学习具有通识意义和永恒价值的文化为依归，旨在使人能够生存于社会之中，学校教育在人的发展中所发挥的作用还很有限，体制所赋予人的各种名号并没有成为全社会的普遍需求和行为，学校也还没有全然成为体制化的附庸，因此，此时的教育无须顾及过多的体制化的因素，它不需借助中介物就能与人直面相对，未被学科化的教育理论具有鲜明的活动性，深刻地反映着教育的本性。然而，自《大教学论》问世以后，教育逐渐成为广义的社会生产流水线上的一道工序，它依据特定社会历史时代、特别是特定体制所制定的“成才”标准培养人，从“成人”的活动转换为“成才”的活动，逐渐具有了工具属性。于是，为符合此时教育的时代特点，教育理论以舍弃各种异质因素去构建具有普适性的学科体系为旨趣，行动属性开始萎缩。

学科化的发展路径获得了丰富的教育知识，快速地推动了教育理论的构建。伴随着工业革命和自然科学的快速发展，效率和规模优先的思想盛行，对于纷繁的教育现象，尤其是学校教育现象的认识越来越聚焦，诸多的教育理论都是围绕着班级授课制建立起来的，学校教育一时间成为学科化教育理论的生长点，也成为教育理论关注的焦点，进而也开始左右教育理论的演进路径和理论呈现方式，由此形成了两种形态的教育理论：一是具有预设论色彩的哲学思辨的教育理论；二是具有实证色彩的逻辑实证的教育理论。尽管两者有差异，但在思想方法上却有本质主义的共同特征，给教育理论带来的影响就是行动属性的淡没，具有以下表现。

首先，以赫尔巴特的“三中心”理论为代表，看不到儿童在教育活动中的地位和作用。对教育来说，儿童活动是行动的源头，它使教育活动具有了发展变化性，这是教育理论具有行动性的现实基础和条件，但传统教育理论却看不到儿童的存在，因而也就无法辨识教育理论的行动性。由于对儿童本身的发展变化性及其生命活动能力的淡没，教育被描述为可以被精心预设、精密设计的活动，教育理论在这种情形下演变为如同某种设计和操作手册一类的知识，或成为某种说教，难以对丰富的教育实践做出全面深刻的解说，以致在各门学科不断趋于成熟的背景下顾影自怜。

其次，原子论的思想方法使教育与社会生活之间的内在关系被切断。教育理论被去时间化、去情境化，这种抽象化的教育理论失去了对人的关切，例如，它往往采用正态分布理论来描述人的发展。在其视野中，人的发展可以被细分为若干具体的指标，学习被诠释为似乎与周围环境无关的活动。

再次，在思辨中构建教育理论体系，历史和逻辑的统一性被割裂。在传统知识论的影响下，学科化的愿望使教育理论总是以本质主义的思想方法为指导，即在确定了某种先在的观念或理念后，以此为起点就如何培养出理想的个体展开推理和构架，这样的结果是教育理论在不断获得知识论意义上的成功的同时，失去了它的诗意、模糊性和韵味，看不到教育的生活存在，无以反映人与人直面相对的亲近感和充盈内心的丰富性。

任何科学的理论都具有派生性，即它必然要被其他某种更具有根本性的理论话语所决定。以往，在本质主义思想方法的影响下，宏伟叙事性的教育理论坚持以某种外在的目的论来理解教育，试图能够用规范化的方式把握教育活动，建构起试图解释一切教育现象的理论体系。在这个过程中，出于规范的需要，不得不把教育活动过程中的异质性要素排除在学科之外，以此呈现理论的规整性，但由此却逐渐使教育理论的行动性失却，失去了对教育活动的鲜活性和丰富多彩性的表达。教育是具有显著的行动属性的活动，行动则以探究为主旨，具有不可重复性和不可模拟性，对此，任何理论都难以预设和规范，其轨迹也非思辨所能预设，在这方面，怀特海曾做过这样的诠释：“教育是训练对于生活的探险；研究则是智力的探险。”[11]实现探究的基本条件是创设能够激发人产生自发动作的环境和氛围。今天，教育理论赖以存在的“元理论”发生了变化，行动之于展现教育的价值和功能的重要性被凸显，要求教育理论必须发生符合时代精神的转型，这也为教育理论的发展提供了历史机遇。

三、教育理论的行动属性回归的意蕴

教育是一种被理解的活动。教育理解是人与教育的不断对话、不断沟通的过程，人和教育的关系在这个过程中不断趋于和谐，如同伽达默尔所说的：“理解是将自己置于传统的一个过程中，在这个过程中过去和现在不断融合。”[12]这个过程具有创造性，使得建构教育意义的过程无限延伸，因此，对教育的理解比教育知识的获得在范围上更宽泛，在实用价值上更具适用性。它不拘泥于单纯的知识成果而更关注教育活动过程和活动过程中的人及其所构建的环境与氛围，其中不仅包含教育活动过程的基本要素，而且蕴含着与教育存在相关涉的情境和维持、推进这个情境不可或缺的基本力量，通过对教育的构造而实现的对关于教育的理解的整体推进。

作为通过沟通和协同进而得以展现自我的活动方式，行动具有多样性、复杂性、丰富性，能包容各种异质性因素。通过行动，能够保持实践性工作的专业性，使其品质不断提升。但它又不同于传统的学科活动，处于问题解决、推进活动的目的，它不会自我封闭地刻意去构建区别于其他学科的边界壁垒，而是能够在确保本实践领域的专业性的同时，积极提升边界的通透性，使各种有助于推进实践活动的要素不受人为的各种学科壁垒的限制，使其能够在边界内富有个性地生长。究其原因，在于出于解决问题的需要，行动的内容和形式等具有生成性，能够随着情境的变化及时调整自己解决问题的策略，不会机械地固守某个既定的程序。教育是直面人发展的实践活动，人发展的复杂性决定了不能人为地设定教育活动的边界，更不能阻碍各种有助于人发展的要素渗透到教育活动中。如果不顾人发展的丰富多彩性而采用其他学科的范式来界定它或者描述它，或者一味强调某种理论而机械地恪守预设和既定的逻辑规则实施教育活动，都必然将人的发展视为依照某种注脚展开的、程序既定的活动，人发展的多种可能性和教育活动的丰富性必将因桎梏于种种人为的边界而失去其行动性，蜕变为漠视人的社会性、单纯追求客观性和无涉性而与其他学科没有本质区别的理论。因此，所谓的科学方法并不具有万能性，教育活动中所充盈的丰富的人性要素是学科化的理论难以充分诠释的。

行动所寓含的通过人与人之间的直面相对能够产生对人的身心发展以巨大影响力的功能表明，教育既不能是单纯以既定的目标或方式维护既有体制的活动，也不能是以构建所谓完整的教育理论体系、试图制造出更多的教育知识为目的的活动；而是具有形而上学意义，需要高超的实践智慧，在家国天下的宏大视野中身体力行地去实践的“成人”、“成己”的活动。回溯教育思想史，古典教育理论与教育家个人的人生理想、人生经验和育人实践密切相关，它的表达方式具有强烈的个性化色彩，充盈于其中的是个人的体验性和感悟性。同时，他们是在自然、社会、人生相融通这样一个宏大的框架中去把握教育的，很少有人皓首穷经地在思辨中构建以知识为目的的教育理论，也没有从广阔的历史和文化背景中把教育拎出来做专门化的研究，更没有将人类的价值和精神表现以与人自身相对立或以外在于人的客体化之物的方式（如知识等）来置换人与世界、人与生活的关系的现象，他们以自己的努力诠释了教育理论的社会性和人性基础。在此，他们依靠的是“聚集在一起分享言行的民众”，采取的是以自身的言行感染他人的策略。我国学术思想史中每每被学者们所倡导的诸如身体力行、身教重于言教、虚心涵泳等认识本身就饱含积极行动的思想。对此，杜威指出：“教育实践不能忽略教育科学的最终的现实性，不在书本上，也不在实验室中，也不在讲授教育科学的教室中，而是在那些从事指导教育活动的人们的心中，在实际的教育生活中。”[13]这种通过自己卓越的品行、出众的才华、身体力行地去阐述自己的理想、践行自己主张的教育活动对于教育现象和教育问题的把握超越知识层面而深入到社会、心理层面，它在改造社会的同时，也大大深化了人们对人生、命运等问题的认识，直接逼近了教育的本源内核，提升了教育在促进人的发展中的价值和功能，这是教育活动的内在生命所在。

关涉信念、价值等问题的教育理论可以从两个层面来分析。一是以解决发生在生活中的问题为旨趣的学术研究，它以问题解决为导向，不拘泥于方法本身，卢梭所说的“用自然的方法教育自然的人”就属此类。二是以教育者自身的身体力行去实践教育、实现教育理想，如上文所说的苏格拉底即属此类。前者的特征是为了生存而主动地探究，在探究的过程中实现适应。后者不仅仅探究，而且通过自身的变化引发周围环境的变化以达到问题解决的目的，学术意味更加浓重。这种在社会生活中通过自己的言行展现自我并据此影响民众，以实现化民成俗的方式，就是教育的学术活动传统。

四、教育理论行动性的回归

教育理论创新是教育实践创新的先导。教育是以促进人的发展为内涵的实践活动，而人的发展具有不可逆性，不可虚构或推倒重来，这就赋予了教育理论在讨论相关问题时不能囿于某种外在的逻辑或学科力量的品格。“理论的价值在于启发、唤醒、提出问题进而帮助我们分析和解决问题，是转换思维，是寻求策略原则和基本方法。”[14] 回顾历史，任何有价值的、自觉的教育实践都必然有一定的教育理念的观照和教育理论的指导，它们直接决定着教育实践的水平和成功的程度。长期以来的学科化发展方向使教育理论中存在着诸多的固有思维方式和所谓的套路，人为地制约了其对教育实践所具有的能动作用的发挥。在社会发展更加关注人自身的过程中，教育所具有的促进人身心发展的功能日益显现，它需要更为卓有成效地服务于人对美好生活的向往，要求教育理论摆脱学科化的束缚，通过理论创新更好地指导、规范和推进教育实践。近年来，以课程与教学改革为先导，关乎国计民生的教育正在发生巨大变革，教育实践逐渐回归到它的原点，走到了教育理论的前面，迫切需要教育理论能够对其中出现的新问题和新情况做出回答和指导。在这种背景下，如果没有教育理论的创新，没有依据这种创新的理论去勾勒教育事业的预期目的、指导方针、方法、计划、方案等，就谈不上教育领域其他方面的创新。

教育理论要参与到教育活动的意义建构之中。教育是以使人生活得更加美好为旨归的活动，生活是教育的存在方式，也是教育问题意识与教育思维方式的来源。生活永无止境，教育的功能和价值的展现也并非一蹴而就，它随着教育实践的推进和深化不断外显，人们在这个过程中通过不间断的实践和摸索逐步实现对教育的价值和功能的认识与把握。与教育的本性相一致的教育理论是基于生活和对教育在生活中的地位和作用的理解与把握而获得的系统化的教育知识和教育思考，必然要充分反映教育活动的生活气息和丰富多彩性，它必然来自于生活且高于生活，如果缺失了坚实的生活基础和对生活丰富性的充分反映，与生活隔绝，就会失去对教育实践的指导意义。这种对教育现象和活动的实践的、自觉的、境遇式的知识和思考本身要具有哲学的气质、优雅的气度和智慧的品格，反映人的生活本质，拥有人文关怀，在论说作为完整生活有机组成部分的教育时，要回归到教育的原点讨论问题，通过与教育实践的交互作用，以生活式的“对话”来唤醒和引发蕴藏在教育活动中的生命力，不断发现和解决人发展中所遇到的重大理论问题。

教育与人的成长同构，是人的存在方式，蕴含着人们独特的精神追求与意义，同时，人也在这个过程中实践性地探究教育的真谛并改变教育，进而改变其自身。在这个意义上，教育理论的作用不仅仅是去思考和言说教育，而是要通过对生活价值的挖掘、对教育意义空间的开拓，深度“介入”和“实践”教育，将其视野指向人类精神得以生长和存在的生活世界。教育理论之于教育实践的重要价值在于能够引导人更好地去做，在做的过程中充分把握生活的丰富多彩性和对生活进行深刻的体验和感悟。要达到这样的效果，教育理论就必然要具有反思性，能帮助人抛弃遮蔽，以促进人的和谐发展为依归去勾勒、创造、实施新的教育活动方案，并能够不断概括教育实践的成败得失，以此提升生活的品质和精神的高度。

教育理论要能够说明现实。教育理论是对教育实践的反映，亦即对教育实践的一种说明，是给人们提供的认识教育的工具和手段，人们正是借助这些工具和手段才能了解和把握教育。教育理论在说明现实的同时本身就包含着对教育本性的探索，它试图寻找纷繁复杂的教育与其他社会现象之间的相互联系，使人们对教育现象既知其然又知其所以然，这样的教育理论不再是元叙事性的，而是能够对话和交流的。它一方面能够使人们更加深刻地理解教育的面貌、本质和特性，纠正因无知而对教育产生的偏见和过时的、错误的理论带来的误导；另一方面能够帮助人们澄清教育价值，进而改造社会、变革社会传统和社会习惯、移风易俗，为教育实践提供思想条件。为了能更加全面深刻地挖掘教育的本性，教育理论的言说者要调整自己的言说立场——从立法者变为阐释者，而阐释性的教育理论是通过教育这一独特视角来审视社会文化与人的发展状况并给出某种解释与评价，发挥着社会自我意识的职能。

真正有实践价值的教育理论不能成为操作化的，在适用面上它并非万能，不能放之四海，它生成于特定的场域，是个别化的，但是这种个别化的理论对于认识和把握教育活动而言却又具有不可多得的借鉴价值，是进行反思所不可或缺的资源和条件。有人在研究教育理论的中国化时就指出，本土经验是教育理论发展的关键，失去了这一点，它便难以获得大的发展。[15]本土经验的价值在于对现象的意义的阐释，而这与事实的揭示完全是两种不同的运思方式：一种是价值介入的，另一种是价值中立的，判然有别。缺乏本土经验，就不会有价值倾向性。教育发展有自身的法则，而法则在发挥作用的过程中总有人类意识掺杂其中，对教育发展法则的探索比对自然规律的探索难度要大得多。因此，阐释性的教育理论要以本土化的方式揭示情境之于人发展的价值，避免科学主义的倾向。传统的教育理论是去时间化、去情境化的，失去了它本有的人文价值。“理论对于实践来说，有它自己的形态。如果理论完全变成了操作，它就变成了技术，只能处理机械性问题，而不能处理教育这样复杂的、需要有极高的整体性思维，并随着情境过程的变化而做出灵活机动的、富有艺术和智慧性处理的事业的需要。”[16]教育理论是负载人类成长的期盼、追求可能世界的精神载体，它的价值在于帮助人在特定的情境中实现自我塑造的愿望，那种简单地遵从普遍的教育原则和方法去追求教育本质，抑或由某种外在力量所灌输的对教育的理解难以使人知行统一地实践教育，是与教育的行动性背道而驰的。有生命力的教育理论要具有鲜明的价值导向性，它生成于教育的实际生活中。

参考文献：

[1] 新华词典编纂组. 新华词典 [Z]. 北京：商务印书馆，1985. 943.

[2] 贾春增. 外国社会学史 [M]. 北京：中国人民大学出版社，2005. 8.

[3] 哈贝马斯. 交往与社会进化 [M]. 重庆：重庆出版社，1989. 122.

[4] 佟庆才. 帕森斯及其社会行动理论 [J]. 国外社会科学，1980. 10.

[5] 王寅丽. 在哲学与政治之间：汉娜·阿伦特政治哲学研究 [D]. 上海：复旦大学，2006. 59.

[6] [7] 伊丽莎白·扬—布鲁尔. 阿伦特为什么重要? [M]. 南京：译林出版社，2009. 60、62.

[8] [9] 勒内·萨兰，等. 求索的心灵·苏格拉底对话法教育法的理论与实践 [M]. 北京：教育科学出版社，2010. 3、3.

[10] 黑格尔. 哲学史讲演录（第二卷） [M]. 北京：商务印书馆，1981. 56.

[11] 怀特海. 教育的目的 [M]. 北京：生活·读书·新知三联书店，2002. 146.

[12] 伽达默尔. 真理和方法 [M]. 北京：商务印书馆，2007. 9.

[13] 杜威教育论著选 [M]. 北京：人民教育出版社，1990. 45—46.

[14] [16] 王建军，叶澜. “新基础教育”的内涵与追求——叶澜教授访谈录 [J]. 教育发展研究，2003，(3).

[15] 王兆璟. 改革开放以来教育科学研究的中国经验 [J]. 西北师大学报（社会科学版），2012，(3).

何为教育实践？*

□ 金生鈜（浙江师范大学教授）

教育是何种实践？为什么是实践？在何种意义上是实践？对于这个问题教育学界并没有认真追问，只是把“教育实践”作为“教育”现实或过程，并没有在实践哲学的规范性层面阐明实践的独特意义，这使得教育实践被降格、被扭曲，与技术、劳动生产等过程和行为混为一谈，从而湮没或消除了教育作为实践的独特品质。本文将从实践哲学的角度，分析教育实践的规范性本质，说明教育作为人类根本实践的本质内涵。

一

在当下的教育现实中，教育“实践”已经成为工厂式的生产工具式人才的过程，这一过程从制度政策、教育行政和学校管理，到课程设计与教师行为，都以一种程式化的运用某种技术知识的专业行动为标志，这一“实践”的工具化和生产化特征已经占据主流。教育实践是否应该是这样的呢？

我们中的许多人可能不加反思地认为，教育实践是实际的操作行动及其发生的实际现象状态，所以教育理论是对实际现象状态、操作过程和程序的把握或认知，是为了教育行动更有效率地实施，因此理论的适切性是看它是否能够被应用到“教育实践”之中去。这种理论与实践的二分，已经成为教育学理论的某种“定论”，但是，这种理论会导致两种非此即彼的观点：要么把实践看作是理论的附属，理论问题的回答或解释就是为了实际问题的解决，实践仅仅是理论运用到具体过程中的程序和操作，仅仅是一个实施理论或者应用理论的操作过程；要么是实践高于理论，实践是实际存在的状况、模式以及条件，理论的解释与回答要放置在实践过程之中，唯有符合了实践本身，才会被实践所接纳，才会应用到实践之中。其实，这两种意见都把实践看作是具体的操作行为，把理论看作是对教育存在或现实的镜式反映，是对控制教育运行的客观规律的把握，实践是对理论提供的操作方案的运用，理论是实践操作模式的发明，必须对具体的教育的实际运作过程有用才有价值。这是典型的教育技术主义、操作主义、技能主义的观点，是以生产过程来看待教育的具体表现。①事实上，教育实践不仅仅是一种运用技能的行为或过程，也是运用判断与反思的价值抉择的目的行动。

当教育被区分为理论和实践两个维度之后，教育理论就是形成纯粹认识教育现象的过程，而教育实践的过程无非是运用教育理论来达成教育操作的过程。这样，教育理论被看作是对教育现象进行认识的科学范畴，而教育实践是完成教育过程的操作范畴。这意味着教育理论认识可以彻底地反映教育现象，而教育实践活动就是通过运用理论知识控制教育过程从而有效地实现相关目标的“生产”活动。②这是以自然科学和技术劳动生产的方式，来理解教育理论与实践的关系。然而，这种认知主义

* 原载《华东师范大学学报（教育科学版）》2014 年第 2 期。

和行为主义的理论与实践模式，不但不能解释人类教育生活的价值和伦理特征，反而掩盖了人类教育实践本身的目的性与生成性，隐匿或湮没了人的生产劳动与教育实践的根本区别，从而扭曲了教育实践。③

除去这种技术主义的实践模式之外，意识形态模式的教育实践观也对教育理论和教育行动本身产生巨大的影响。这种模式把教育实践看作是服务于特殊的意识形态的社会工具，如阶级斗争的工具，或者经济增长的工具，或者是某种特殊的意识形态的传播或灌输的工具，等等。意识形态模式把教育看作是隶属于某种狭隘的意识形态目标的实践，从而对教育进行意识形态的控制。控制的方式之一，就是通过教育理论对某些意识形态的话语的解释，而对教育具体实践进行指导，在这种取向中，教育理论无非是意识形态的注脚，为意识形态控制教育而服务。在意识形态的实践模式中，既存在对教育理论的限制与贬抑，也存在对教育实践的误导与扭曲。

教育如果是隶属于特殊意识形态的事业或实践，那就意味着教育本身没有价值，只存在作为工具的价值，这同时也意味着人本身没有价值。因为教育只有隶属于意识形态，按照意识形态的需要，赋予受教育者为意识形态服务的素质，教育才有价值，那么这种教育本身的工具化和人的工具化并不符合我们关于人性的理解，不符合我们对于教育的理性判断，不符合教育与人性的本质关系。在这种意识形态的规定下，所谓好的实践不过是迎合了意识形态控制的需要而制造出工具人的教育行为。因为不允许教育追求其自身的价值和目的，教育实践的扭曲和贬低在所难免。

不论是技术主义的模式，还是意识形态的模式，都否定了教育作为实践的内在本质。④技术主义的认识理论忽略了教育实践的价值生成特征，因而不能完整地指导教育实践，运用理论的技术行动也难以使得教育实践成为一种好的、有效的、具有价值意义的行动，因为教育实践作为人类理性的、创造性的行动，整体上并不受制于固定的因果律，也不是技术生产的过程；而意识形态的模式为了片面、狭隘的利益立场而扭曲教育实践，教育实践被意识形态的目标所控制和决定，教育实践失去了其本身的目的和价值。这两种关于教育实践的意见不仅使得言说教育实践的方式发生了变化，使得教育作为实践的一些根本问题不再被提及和讨论，也使得教育失去了实践的目的和伦理品格。

二

为了说明教育实践之为实践的重要性，我们援引亚里士多德以来的实践哲学。康德、阿伦特、伽达默尔等哲学家都继承了实践哲学的理性传统，在人是实践的主体与目的意义上，突出地强调了实践独特的规范性特征。亚里士多德区分了理论、制作（poiesis，making）和实践（praxis）⑤，这三者都归属于行动，理论是知的行动，制作是生产特定产品的行动，实践是人追求美好生活的行动。理论是一种理性的观看⑥，制作（创制）是以技艺为本的生产，而实践是明智（或智慧）的、善的行动。

实践（energeia，praxis）一词，是指行动本身即善的目的性行动，这种行动本身具有内在目的，这个内在目的本身就是实在善（real good），因为行动本身具有内在目的，实践行动与目的是一致的，是在内在善的规范下的，实践本身以这种目的的价值标准和原则为取向。实践的目的就是实践本身所包含的，实践的方式就是目的的实现本身，实践的性质是受价值规范的。⑦而理论和制作都不是实践，因为这两项行动的目的都指向外在的善，是为了获得外在结果或产品。因此，制作或生产的实际过程，不是真正意义上的规范性实践，因为制作或生产的直接目标在于自身的行动之外。

实践哲学只把政治、伦理、教育等追求终极善的行动，看作是人的根本实践。因为有些行动虽然本身具有一定的内在价值，但行动本身服务于更高的行动，或者行动本身仅仅是工具性的，所以不属于实践的范畴。政治、教育和伦理之所以是终极的实践，在于它们是人类追求美好品质和美好生活的根本方式，是直接促进人性的优秀与公共福祉的内在善的行动，即行动的过程、方式与内在目的，直接与人的福祉和德性（人性的优秀与卓越）相关，这一类型的行动不具有从属于其他行动的工具职能，因此是终极的。在这个意义上说，实践是人类理性追求终极目的的行动，是以人为主体的行动，这一终极目的就是人的发展，通过社会的改造实现人的改造，在实践中，人性通过善的行动而得以美好，所以，那种构成了人整体上自我创造、自我提升的行动或生活方式，才是实践。⑧因此，不论是经济交易的，还是制作生产的，都看作是从属于政治、教育和伦理的活动。

实践本身是内在善的，是在行动理由上正当的、正确的行动。因此，不是所有政治上的行为或者道德上的行为都是实践。那种破坏道德的所谓的“道德”行为就不是道德实践；那种违背正义的政治行为就不是政治实践；那种违背儿童的人性健全发展的“教育”行为就不是教育实践。行动是否是实践，主要看这些行动或行为是否符合价值，是否能够符合应然标准，即是否是规范性的。称得上实践的行动是合价值、合道德的，是善的。在这个意义上，实践本身具有伦理标准，也就是说，实践本身必须符合道德价值。⑨实践本身是德艺的行动，本身牵涉正当性（right）和正义性（just）的问题，牵涉善恶的问题，牵涉行动上正确错误的问题。实践的正当、正确，不是说在方法上和手段上合适，而是意味着在目的、方式、动机上的价值合理性和正当性。⑩实践的这种道德性和价值性，是实践行动的本质所蕴含的规范性特征。

实践是人追求美善生活的价值行动，反映了人类行动的价值理念，反映了人对于正当的、理想的、符合价值的行动的渴望，反映了人对于自己行动的自我约束和自我规范，也就是说，因为实践的规范性理想，行动者给予自己的行动重要的道德选择，使其真正地实现行动的目的和道德指向，如果没有这种对于实践的自觉意识，那么行动就不可能成为一种实践。一种行动之所以能够被评判为实践，就在于它是否是为了人的福祉与人性完善的道德行动。⑪

实践哲学的规范性传统把政治和伦理看作是教育性的实践。政治不仅是组织和创造共同的美好生活的形式，更为重要的是德性教化的形式（即引导人性优秀的形式），从这点上看，政治与伦理的目的具有共通性，二者不仅仅是卫护公共生活的良好秩序和品质，更为重要的是通过对伦理生活的教化而实现人之为人的优秀品质。在人性的提升和灵魂的完善意义上，政治和伦理行动不过是教育的途径与方式，政治和伦理是为了教育而存在的。

从实践的规定性上看，教育是人类最重要的实践之一，因为，教育实践是培育优秀人性的活动，指向人的福祉。教育不能看作是生产人的某些特定素质的过程，也不是为经济、政治和文化服务的活动。或者说，在实践哲学意义上，教育不是技术操作式的生产，而是价值实践，因为，教育的目的与过程本身是向善的，是着眼于人的灵魂的完善与人性的优秀的，是为人的福祉奠基的。如果现实中教育是一种着力训练和发展人的工具性职能的方式，是柏拉图所谓的“服务于社会和个人赚钱意图的教育”，那么，这种教育仅仅生产着人的某些可以被使用的功能性素质，把人作为手段或工具加以生产，这种面向工具人生产的工具化教育根本不是教育实践。

教育培育人性，行动与目的是一致的。同时，教育不可能从属于任何其他的文化、经济、政治等活动，教育实践及其目的是终极的，不论是教育培养的人，还是教育自身，都无法成为实现其他目的的工具，不可能从属并服务于其他行动，因为人的发展是教育的根本目的。这一目的是终极性的，是自足、独立、完备的目的。

三

称得上实践的行动，至少具有三种根本的特性，那就是合目的，合理性，合道德。这三种特性是判断一种行动是否是实践的关键。教育是实践，意味着所有的教育行动应当符合这三种特性。

1. 教育是一种目的性实践，它以培育优秀人性为目的。教育的这种目的是终极目的（telos），不是某个政府或者某些人随自己的意志所选择或确定的外在目的或目标，而且，这个目的是普遍的和永恒的，是人类称之为教育的那种行动本身所指向的本真目的，由教育行动的本质所包含。一种行动之所以是实践，就在于行动本身蕴含了内在善的目的，行动主体做出这种行动就意味着去判断和追求这种目的，所以，离开了这个内在目的，行动就不是实践，或者离开了这种实践，内在目的也就无法追求。从这个意义上说，教育行动必须符合内在目的。这意味着教育的内在目的规定了教育行动作为实践的特性，也排除了那些不是教育实践的“行动”和“行为”。

教育实践的目的性意味着实践主体必须具有目的意识或目的感。教育实践要求教育者具有目的感，具有对“内在目的”、“行动原则”、“正确方式”的认识和反思。目的意识就是以终极目的为教育实践的指引，即以目的为原则来反思、规范或指导教育行动。任何一个国家、任何一个教育者的具体的教育选择，必须追寻教育的真正目的，也就是说，追寻教育的终极目的而使行动符合目的，没有终极目的意识，也就意味着没有实践意识。工具化的、技术化的教育是没有目的意识的，这种“教育”仅仅把实现某种任意的外在目标作为终极目的，但是，却造成教育实践向工具性行动的倒退。

教育实践者具有目的意识，才能选择符合教育本真目的的行动，由于教育的本真目的是善的，所以符合教育目的的行动是保持教育实践具有善性（goodness）的根本方式。[12]教育实践是培养人的美好品质的行动，其根本特性是向善，如果教育实践主体的行动不是为了人性的优秀，那所发出的行动根本就称不上是教育行动，就没有合目的性。一个真正的教育实践者就是认识到教育行动的成善属性并以此为理由而行动的人，他认识到教育本真的目的并以此目的作为自己行动的最高伦理准则，也就是说，他是由教育目的推动行动的人。

2. 教育实践依赖于理性或实践理性（practical reason）。教育事业以及教育行动存在着正当与非正当、善与恶、正确与错误的界限，所以，不论在国家的公共层面，还是在教育者个体层面，教育实践都需要运用实践理性进行判断与选择，需要实践者具有明智而健全的判断力。因此，教育实践是人的理性行动，其目的、价值、方式与结果，必须经由理性的慎思、判断、审定和选择。

教育实践是公开运用理性和德性的行动。[13]实践理性的运用意味着教育实践需要寻找正确行动的目的、理由和方式，意味着实践者对教育目的与方式的正当性的反思，也就是说，教育行动者依靠实践理性去追问和提出正确行动的目的与方式，提出和反思教育行动的普遍原则（maxim），反思教育实践本身及其后果的伦理责任，从而形成正确的价值判断，并且明智地按照原则行动。这是教育者负责的、慎思明辨的理性精神。[14]因此，真正的教育实践，意味着教育实践者依靠理性的力量和准则，去分辨正确和错误、善与恶、正当与非正当、美与丑，使教育行为符合美好、善良和正义等价值。可以说，只有通过实践理性的公开运用，教育行动才能避免盲目、教条、偏见、狭隘、封闭、愚蠢、轻率、麻木以及无责任心。

实践理性的卓越表现是实践智慧（phronesis），实践智慧不仅是理性智慧，也是伦理智慧，实践智慧既是实践者的判断力的表现，又是实践者的伦理慎思的表现。因为教育实践总是处于由习惯、信念、欲望、价值、利益、条件、环境等构成的活生生的关系之中，因此，需要教育者真正在教育的立场分析各种影响教育行动的因素，明智而正当地做出教育行动的选择。所以，具有教育实践智慧是选择好的行动的基础，没有实践智慧，就不可能发出正当、正确的教育行动，就不可能正确地判断教育行动的目的、价值与方式。[15]

3. 教育实践是道德性的。教育是一种伦理实践，是价值行动，教育和教学都是道德事业。教育实践行动一方面必须符合道德上善的目的，另一方面必须具有道德理由，反映教育实践的政策、措施、行动方式、方法手段必须是符合道德原则和具有道德价值的。教育实践培养具有道德品格和承担道德义务的人，是营造好社会的方式。因此，教育实践具有道德标准，根据这种标准，教育行动可以判断为好的或坏的、正确的或错误的。⑯任何缺乏道德价值的教育政策、违背道德原则的教育行为都僭越了教育的根本目的，都是教育的反面，即失去了教育价值，不是真正的教育实践。

教育实践的伦理特性意味着实践者必须具有伦理感和伦理承担。教育实践主体具有合乎价值地行动的义务，也就是说，实践主体的教育行动必须有教育终极目的的引导和约束，必须以实现教育的终极价值为己任，必须经得起道德价值的衡量，必须对自己的教育行动具有一种清醒和敏感的道德反思，使自己的教育工作与教育的伦理标准相符合。⑰教育实践者实现教育行动的道德价值的义务，是他的教育实践本身所包含的，因为，如果教育行动失去了道德价值，那就意味着他所发出的行动根本就不是教育实践。

四

亚里士多德在《尼各马可伦理学》中把人的终极实践看作是追求最高的善的行动，最高的善是人的福祉和人的德性完善，即灵魂的完善，这也是人的幸福（eudaimonia）的内涵，因此，最高的实践是完善人的德性、完善人的灵魂的行动，即是为了人的发展的。⑱这意味着人是实践的终极目的。马克思主义的实践观也强调，人的发展是社会发展的最终目的，历史以人的存在为前提，其目的是为了人。所以，实践的终极目的，也就是最高目的是人的发展。⑲

实现终极目的的行动就是最高的行动。⑳人类行动多种多样，在众多的行动及其方式中，促进人类的福祉和灵魂卓越的行动是终极的或最高的实践，因为，没有比人类福祉和灵魂完善更高的目的或行动。毫无疑问，人类众多的行为存在层级和秩序，在这些行动体系中，工具性行为归属于本身就是善的行动，技术性操作归属于目的性行动。因为实践实现的是终极目的，它因此统摄其他的过程性或手段性行动，也就是说，既然实践实现的是终极目的，既然工具性行动是为实现终极目的服务的，那么，工具性的目标和行动是从属于最高的善与最高的行动的。㉑

教育本身是为了人的灵魂的完善，其行动是灵魂完善的过程，即是人的发展的方式，人类其他活动如经济的、生产的、艺术文化的行动在目的次序上从属于人的发展的目的。人的发展是终极的，因此实现人的发展的活动不是工具性活动，从灵魂的完善、精神的变革、人性的提升来看，教育目的是非实质性的目的，不可能成为实现其他目的的条件价值和手段价值，再也没有比这更高的目的，因此是终极的目的，从这个意义上说，教育实践是实现终极目的的实践。㉒

教育的终极目的是构成性的，也就是说，追求终极目的是教育之为实践的标准。教育行动的正当性，依赖于教育的终极目的的实践，终极目的是实践应当追求的，因为人的发展作为教育的终极目的是正当的，是内在合理的。㉓不论是教育制度的选择，还是教育观念的运用，不论是学校的管理行动，还是教师的教育教学行动，只有符合了教育的终极目的，才能获得价值上的正当性，才能称得上是进行教育实践。㉔如果教育没有把人的发展作为终极目的，或者教育仅仅把某些工具性目标作为终极目的，那么，教育就放弃了它应当追求的根本目的，这种教育就不是真正意义上的实践。

终极目的是非实质性目的，而不是工具性的实质目的，这意味着教育的终极目的不是具体的实质性目标，学习成绩、升学率、服务于经济增长等，这些都不是教育的终极目的，因为它们都是工具性的实质目标。教育作为培育人性、完善灵魂的发展人的实践，不能把工具性的目的作为终极目的，也就是说，教育不能把人性作为工具来培养，因为人性不能作为手段。如果把实质性的工具目的当作教育的终极目的，那就意味着工具目的僭越或湮没了终极目的，意味着教育本身和人性都被工具化了。㉕

在教育中，人的精神受到启蒙、陶冶、培养和发展，从而使得人的精神在变革中更新、成长、完善，这是教育之为教育的根本。尽管人类期望教育实现其他的目的，如获得知识经验、职业能力等，但这从属于人的精神整体健全发展的目的。所以，人的精神的健全成长、灵魂的提升和德性的卓越发展是教育的终极目的，这个目的不可能成为实现其他目的的手段，因为这是自足终极的、本身就是善的，教育实践是内在地蕴含这一终极目的的行动，人类的教育再也没有比这一终极目的更高的目的，也没有比实现这一目的的教育实践形式更高的实践行动。㉖

尽管在教育外部，在教育事业之外，人类具有其他的非常重要的行动，但是，教育实践促进人格精神的发展，把人性引向崇高和完满，把精神引向健全与丰富，人类没有任何的其他行动高于这一行动。我们不能说促进精神健全发展、把人性引向崇高的目的是为了经济增长，或者说人的发展是为了增加社会或国家利益，或者是为了社会的和谐稳定，因为这样都把人性当成了手段。在教育内部，尽管存在着多种多样的有价值的教育行为或活动，但是，只有为实现教育的终极目的服务，具体的活动才具有价值，也就是说，教育的种种活动的价值合理性在于是否促进人的精神完满和人格健全发展。在教育的实践结构中，尽管我们有学习知识的活动，有课外活动，有体育，有艺术活动等，但这些层级的活动只有归属于最高目的即人的发展才是有意义的，是否归属于终极目的，就是评判这些具体活动的价值的方式。

如果教育仅仅培养获得知识的能力，或者训练某一种特定化的工作技能，那仅仅是在训练人的部分职能，很难说是在完善灵魂和提升德性，很难说是为了人的健全发展。灵魂的完善意味着人完整的精神成长，不是单纯的认知能力的形成。面向终极目的的教育实践，不是单纯的理智能力的训练和知识的堆积，更不是为了获得考试成绩和竞争某种社会地位，那样的教育放弃了教育的终极目的，即忽视了教育促进精神健全发展的使命。如果教育的目的背离了这点，教育就失去了正当性，或者说，那样的“教育”就根本没有做正确的事情，所以根本就不是教育实践。㉗

五

当教育实践衰退为生产工具人的操作行为时，探询教育实践之真义就显得特别困难，然而，这一困难也说明，教育本身亟须重新唤醒实践意识，并积极地使自身成为真正的实践，因为教育的工具化和技术化不仅扭曲了实践本身，而且扭曲了指陈实践的理论和思想，当然，提供技术方案的教育理论迎合了教育的工具化，从而变本加厉地扭曲了教育实践。

教育实践是规范性的，是我们集体主体和个人主体所发出的积极追求善的行动。回归教育实践，不是简单地适合或迎合实际，而是让教育行动成为一种伟大、高尚、美好的伦理行动。如果教育行动仅仅是技能化的操作行为和操作程序，仅仅是追求实质性目标的工具行为，不需要价值意识和伦理反思，没有必要进行实践理性的判断，不需要伦理智慧和道德追求，那么它们就不可能是教育实践，所以，对于教育现实来说，必须考虑如何把教育行动上升为规范性的教育实践。

唯有教育成为人类追求美善生活和优秀人性的行动，它才是实践。教育行动虽然是发生在具体的历史与社会境况中的，但是，如果面向终极目的，教育实践就会按照终极目的规定的“价值应然”观念，来改造教育的现实秩序，即把教育目的包含的终极价值赋予教育的结构和秩序，从而使得教育行动符合人的健全发展的目的。所以，教育实践是把美好、高贵、正当等价值给予现实的教育，使得现实的教育完善，并带来人性和精神的变革。这样的实践如果不是人类的根本行动，不具有价值重要性，那什么样活动和行为对人来说才是根本的和最高的呢？

“回到实践本身去！”也许这是本文对国家、社会、学校、家庭和教师提出的一种请求。对于现实中的教育制度选择、学校发展、课程设计、教育教学等种种行动来说，重要的是回归实践，即让教育行动成为真正以人的健全发展为行动原则的实践。我们现实教育的种种扭曲，正是违背了教育的终极目的，“学校”不成为学校，“教育”不成为教育。现实中的工具化和技术化的“教育”，迎合了生活的经济化和技术化，但是却把教育缩减或降格为失去价值意识和伦理反思的训练社会工具和经济工具的控制技术。让教育成为实践，也许是我们最为急迫的对真教育的希望和呼唤。

在这个意义上，教育理论是否回归“实践”，就不是看与所谓的教育实际是否紧密，而是看它能否真正想象美善、崇高、正当的伦理价值，能够言说或辩理教育的终极目的以及对教育实践的意义，辨析教育行动的理由与原则，探寻正当和正确的教育行动，并以此来引领和塑造教育行动主体的实践心灵，激发或启迪所有教育者的目的感、“实践”意识和“道德感”，引导他们形成慎思明辨的实践能力，引导他们真正地把教育行动提升为实践。这个意义上的教育理论，才真正回归了实践。

注释：

① Biesta，G. J. J. (2007a). Why ‘What Works’ Won't Work. Evidence-based Practice and the Democratic Deficit of Educational Research. Educational Theory，57 (1)，pp. 1-22. Biesta，G. J. J. (2007b). Bridging the Gap between Educational Research and Educational Practice：The Need for Critical Distance. Educational Research and Evaluation，13 (3)，pp. 295-301.

② Saito，N. (2005). The Gleam of Light：Moral Perfectionism and Education in Dewey and Emerson，Fordham University Press New York，p. 149.

③ 生产劳动直接的结果是产品，约束生产劳动的原则是技术性原则或技能型知识，生产劳动也可能应用知识或理论，也可能需要行动者具有一定的机智。但由于目的的外在性和工具性，行动与目的不统一。

④ Carr，D. (2003)，Rival Conceptions of Practice in Education and Teaching，Journal of Philosophy of Education，Vol. 37，No. 2.

⑤ 亚里士多德把人的认识或知识分为五种形式：(1) Nous (intuitive reason，直观智慧)，理智直观，是对存在理念 (ideas) 的认识，其获得的方式是默观静思 (contemplation)；(2) Sophia (philosophical wisdom，哲学智慧)，是对形式的认识，哲学智慧以 Nous 为前提，Sophia是以 meditation (沉思) 和 speculation (思辨) 为主的活动；(3) Episteme (scientific knowledge，科学知识)，这是对自然的具体存在物的认识；(4) Phronesis (practical wisdom，实践智慧)，这是在实现价值目的中的明智，是一种深思熟虑 (deliberation)；(5) Techne (技艺)，技艺有艺术 (art) 和技术 (craft) 两种，技艺导向制作或生产，制作是技艺的运用。

⑥ 尽管理论不是实践本身，但是理论与实践不是对立的，真正与实践对立的是生产或制作。理论是洞察美好事物的方式，与人的理性紧密相连，是人类表达实践理性的方式，在这个意义上，理论是实践不可缺少的，不是与实践分离的。理论展示了共同的目的与原则，因此理论是共同的见识。(参见伽达默尔：《科学时代的理性》，薛华译，北京：国际文化出版公司，1988 年，第 80 页。)

⑦ 唯物主义提出了三种实践形式——生产实践、科学实验以及社会实践，但是亚里士多德的实践是与改造世界的运用理论知识或技能知识而生产客观物的过程有别。自然物质的变化和改造，不直接涉及人通过积极的行动而实现灵魂完善的行动，因此不是实践。

⑧ 伽达默尔认为，实践意味着人类的自我设定的行动。(参见伽达默尔：《赞美理论》，夏镇平译，上海：上海三联书店，1988 年，第 69 页。) 伽达默尔发扬了实践哲学的传统，实践其实就是人作为主体的自我改造与发展的过程。这一点其实也是马克思主义主张的实践的主体属性和发展属性 (改造世界与改造自我的统一) 所包含的。实践哲学传统意义上的实践与马克思的实践观本质上不矛盾，因为实践哲学的实践，把人看作是政治、伦理、教育等人类重要实践的主体，而且这些实践形式不仅改造人的生活世界，如政治制度，社会风尚、教育体制等，也改造人自身，即为了人性的卓越发展 (德性的内涵)。

⑨ 实践本身的结构，只有在目的、方式、过程、结果、动机、手段等各个方面是善的，才是正当的，所以，实践本身的道德性是实践之为实践的根本特性。其他的行动本身都不具有这种道德性，只可能在行动的后果上具有道德性，如违反生态伦理的研究，它本身的行动结构是依据科学方法产生某种科学结果，这本身不存在道德与不道

德的伦理问题，它的伦理问题产生于结果的运用上，也产生于研究者对于问题选择的伦理上，又例如，生产毒气或生产伪劣食品的制作过程本身（输入原料—制造产品）是不涉及道德的，而恰恰是生产行动之前的获利意图（人的意图、动机）以及产品本身的社会利益牵涉伦理问题，这恰恰是实践行动的内容。所以，实践及其实践意识高于其他行动。

⑩ Gadamer，H. 1986). The Idea of Practical Philosophy，in The Idea of the Good in Platonic-Aristotalian Philosophy，Translated by P. Christopher Smith，Yale University Press，p. 166.

⑪ 实践的规范性不仅说明实践的价值性，也说明实践是自我确立原则的，也就是说，实践具有关于自身的理想，这种规范性引导主体对于自己的行动的反思，即行动是否是实践。重要的是反思我们的行动是否是实践，反思我们的心智和心灵是否能够引发实践。

⑫ 具有善性（goodness）的行动才是实践。实践是人的生活形式，其根本特性是向善，所以，实践是善业，是向善的行动，实践行动具有成善的属性。

⑬ 阿伦特继承了亚里士多德的思想，她把行动看作是发生在公共领域中的基于判断力而选择的行动。她区分了劳动、工作、消费、行动，把行动看作是人性之教化和展示人性之优秀的根本方式，行动具有伦理性和政治性。（参见阿伦特：《人的条件》，第三、四、五章，上海：上海人民出版社，1999 年。）

⑭ 参见张汝伦：《历史与实践》，上海：上海人民出版社，1995 年，第 96 页。

⑮ 亚里士多德认为明智是明察对于人类是有益和善的灵魂的能力，涉及一种与正当的尺度相联系的行动品质。参见亚里士多德：《尼各马可伦理学》（1140b5）。

⑯ Biesta，G. J. J.（2009）. Values and Ideals in Teachers Professional Judgement，in S. Gewirtz，P. Mahony，I. Hextall，& A. Cribb（Eds.），Changing Teacher Professionalism. London：Routledge，pp. 184-193.

⑰ Carr. W.（1995）. For Education：Towards Critical Educational Inquiry，Buckingham：Open University Press，p. 15.

⑱ “如果有一个行动的目标，我们是因它自身而欲求它，其余的目标也只是因它之故才欲求……那么显然，这样一个目标就是终极目的，是最高的善。”参见亚里士多德：《尼各马可伦理学》（1094a20）。

⑲ 人是实践的目的，教育实践是人的存在形式之一，是属人的，也是为了人的，教育实践是最高形式的实践，意味着教育以人的发展或完善为目的。因为人的发展是终极目的，所以致力于此目的的教育实践是最高形式的实践。

⑳ 奥克肖特提出，政治实践所追求的目的是非实质性目的，而不是实质性目的，非实质性目的都是不可工具化的目的，实质性目的都是工具目的。实践拥有的目的是非实质性的目的（telos）。（参见奥克肖特：《政治理性主义》，上海：上海译文出版社，2003 年，第 157—193 页。）我认为，非实质性的目的是终极目的，telos 一词的正确翻译应当是终极目的。

㉑ 亚里士多德：《尼各马可伦理学》（1097b）。

㉒ 实现终极价值，往往要借助于一定的手段善或工具善，或者说，借助于工具目的，但是如果把手段善或工具善作为终极善而追求，那么，终极目的就被僭越了。正当的价值秩序是工具价值服务于目的价值，即手段价值服务于目的价值，如果把手段当作目的，就是价值错位。

㉓ 就人类的实践而言，正当意味着应当，正当的行动就是应当的行动。

㉔ 正义以终极善或价值为目的，如果违背了道德善，就根本谈不上正义和正当，不善的事物或者恶的事物怎么是正义的呢？

㉕ 我认为，康德关于人及人性永远是目的而不是手段是正确的，因为，人如果可以是工具，那就意味着对人的尊严的贬低，对人的压迫和利用就是有理由的了。

㉖ 教育是人的精神共同成长的家园。人通过教育才能获得人之为人的精神本质。教育其实创造了人类共同的教化方式，人在其中受到启蒙、陶冶、培养和发展，从而使得人的精神本质得以实现。因此，离开了促进人的精神实现优秀的终极价值，教育就不是教育。教育只有把作为终极价值的价值作为自己的目的，才能创造合乎人性的形式。

㉗ 人的精神的完满发展，意味着人的行动不断地追求超越和完善，追求人格的优秀。人的精神的完整性体现在这一过程之中，人格发展不是仅仅以道德、知识或者能力为表征，发展某些特定素质是精神成长的途径，是为精神成长服务的。从这个意义上，教育面向人的完整精神的发展，而不是仅仅教授知识或者提升某些特定素质为全部内容。

教育失败者究竟遭遇了什么？*

□ 刘云杉（北京大学教授）

一、问题的提出：何为教育失败？

教育失败者是谁？既包括统计中可见的“毕业即失业”的未就业大学生个体或群体，尤其是那些“非不愿也，实不能也”者；也包括因不愿或不能找到工作而接受更多教育的学生。对后一类人来说，过度教育既是他们主动选择的策略，也构成对他们的心智品质与生存空间的进一步压迫。前一类人尚清晰可识，而后一类“过度教育者”，不仅政策统计数据中不可见，而且其自身也面目模糊，难于界定，他们徘徊于坚持与放弃之间，不断投入更多的努力、期待与时间，还用特殊的惯习塑造着自己，侵蚀着教育场域。

教育失败所指为何？教育失败体现为以下事实：从经济角度来看，教育的回报不足以支付教育的投资，即教育投资失败；从社会角度来看，教育无助于晋身一个心仪的群体或阶层，即在社会阶梯中实现向上流动，甚至不足以抵御向下滑落，即教育不足以充当防御性措施；从政治与文化的角度来看，教育不能使人接受与认同一套价值、一种文化，建立对价值规范与社会秩序的内在认同，即教育既不能让人安居乐业，又不能安身立命。承受此种结局与命运的人，便是教育失败者。更进一步，教育失败并不局限于少数个体与群体身上，它变成一种判断与宣称：读书不再有用，因为知识不再能改变命运。教育失败还成为一种行动与选择：有人用脚投票，离开学校；有人虽居学校，但心神已远离知识，忙碌于追逐各种奖励符号、资历证书；他们是留在教育场域内的教育失败者，甚至是“看似”成功的教育失败者，他们对教育的标准与功能、价值与意义产生了深刻且溃败性的影响——大众高等教育是精英高等教育的“自反性后果”——计划中的意外，系统内生的逆反与变异。如此，教育失败并不局限于个人或某些群体层面，而是一种制度性与结构性的自反性后果。

对此，我们既需要在学理与概念层面细致推导：教育筛选功能的内在逻辑究竟是什么？何为提升中的排斥？何为开放中的垄断？我们将置身于受教育者的真实境遇中，剖析教育筛选的隐秘运作逻辑，真诚体察教育失败者究竟遭遇了什么？最后指出教育公平的困境以及“知识改变命运”的诉求下现代教育的失败。

二、教育的功能：开放的封闭

教育之于人生与人性，古今存在着两种非常对立的观念。希腊戴尔菲神庙的入口处刻着一句话：认识你自己！这是古典教育的核心：我们的自然本性是以多种方式被规定与限制着的，人无法克服其自然本性的界限，善的生活便是按照自然本性去生活，这意味着安于特定的界限，德性在本质上就是

* 原载《清华大学教育研究》2014 年第 4 期。

适度（moderation）。① 因此，正如潘光旦先生所说，真正的教育，对于所教的青年，只有八个字的假定：顺其自然，因其固有，不顺自然是戕贼，不因固有则徒然。② 他说得很形象，普通的一条狗，你不能教它打猎；一只鸡，你不能教它学泅水——一切生物都有它的位育。③ 此处的“位者，安其所也；育者，遂其生也”。安所随生，是为位育。④《中庸》曰：“天命之谓性，率性之谓道，修道之谓教。”教育有限度，有敬畏，有所不为，故有所作为，教育最重要的功能一为品鉴人性，二为涵养人心，三为安顿人身。

改变命运是现代教育的命题。现代人拒绝服从所谓的“机运”，人的权柄大大增强，超出了前人所敬畏的边界，人并非安于自然的界限，而是为自然立法；人还能够把糟糕的质料改造成良好的，以此掌握机运。由此，人不仅是万物的主宰，更是自己的主宰，人彻底摆脱了自然的监护，当然更摆脱了自然的禁锢。理性取代了自然，知识不再被理解为关乎人或者宇宙秩序的追问，在“拷问自然”的立场下，知（knowing）是一种做（making）。⑤ 教育最为重要的功能是培育知识与技能，提升人的境况，改变命运。

在现代社会，人摆脱了自然监护，无视内在的差异，或者说将纵深丰富且有差异的内在世界夷平了；进而，被夷平了内在世界的人无须再品鉴，人被放逐于外在的、物的世界中，定义人的方式变了——人被简化为人手（hands）或人力资本。现代教育中的知识也发生了变化，先验与超验的知识完全让位于经验的知识，“没有虔敬之心的知识算不上知识，至多是内在或外在的逻辑或手艺的培养，却不是对一个人灵魂的教化”⑥。现代教育丢掉了人的内在与灵魂向度，“认识你自己”不再重要，“识人”与“择人”这些古典教育的重要内容被丢弃了。在现代教育中，人逊位于知识，人性变晦暗了；现代教育由内转为外，“人不尊，则转而尊器物。人之为学，则惟学于器物，而技能乃更尊于知识”⑦。“人力”取代了人心，定位个人价值的维度不再是宗教与家庭，而是经济生活，即人对物的生产与消费能力，以及人对人的支配与控制能力。教育从古典的养性与养心变成现代的养财⑧，教育不再是个人与私人领域即家庭的事情，而变成一个公共领域的要务。此可谓教育的古今之变。

在现代社会，“教育改变命运”有何制度基础？亚当·斯密⑨最早提出劳动分工制导致了教育的变化：在文明社会中，个人的职业，虽然大部分几乎没有变化，而社会全体的职业，则极其繁多又极其复杂，差异分殊的工作需要分工。工作能力既需要天分也需要后天的训练，尤其是后天的训练即教育赋予个人重要的能力。因此，教育首先变成一个公共生活中的经济命题。更进一步，不同的工作背后是不同的地位群体与身份团体，不同工作背后所获得与拥有的资源与机会是不同的，教育所培育的能力与素质是承担不同工作的前提，因此，教育同时还在社会生活与政治生活中扮演重要的角色：不仅培养人才，更重要的是对人才进行分类与编码，将其输送与配置到社会的不同层级中去。教育机构如同公共汽车总站，将目的地不同的人分到不同的线路中去，此即教育的筛选功能，这是现代教育的核心功能。需要强调的是，筛选为教育的功能之一，

---

①⑤ 贺照田. 西方现代性的曲折与展开［M］. 长春：吉林人民出版社，2011. 85—86、87.

② 潘光旦文集（第五卷）［M］. 北京：北京大学出版社，2000. 375.

③④ 潘光旦文集（第八卷）［M］. 北京：北京大学出版社，2000. 554、439.

⑥ 雷蒙·威廉斯. 文化与社会 1780—1950［M］. 高晓玲，译. 长春：吉林出版集团有限责任公司，2011. 91.

⑦ 钱穆. 现代中国学术论衡［M］. 北京：九州出版社，2012. 169.

⑧ 此处分类参见日本学者中内敏夫，引自贺晓星. 作为方法的家庭：教育研究的新视角［J］. 教育学术月刊，2014，(1).

⑨ 亚当·斯密. 国富论［M］. 王亚南，译. 上海：上海三联书店，2009. 283.

即教育作为一项制度，其客观的、实际所起的作用，而非一定是“教育提升地位”与“知识改变命运”——这是现代社会个体接受教育的主观动机与意图，即教育期待。我们不能将主观动机等同于客观的功能，教育期待不能等同于教育功能。

“教育提升地位”这一期待有其论述的正当性。在现代工商社会中，精英团体的统治基础发生了变化，因知识的专业性与技能的复杂性，成为精英必须具备熟练的技能，而不再是传统的家庭背景或政治关系，因此，新的知识技术精英即古德纳的新阶级①取代了以血缘或财产为基础的旧的统治阶级而占据统治地位。跻身为精英团体中的一员不再因先赋性的出身或财产，而是凭借自致性的教育成就。于是，教育与文凭如同新的专利证书——请注意，专利即有排他性——取代了出身名门，技术功绩主义取代了特权主义。

技术功绩主义的基石是贤能主义（meritocracy），在“智商＋努力＝成就”的逻辑下，选贤任能，教育可以打破既有的社会阶层区隔，促进阶层之间合理的流动，实现社会必要的民主。② 教育尤其是高等教育成为一种积极有效的投资，它关系到个人的生活机会；就经济而言，教育以增值人力资本的形式允诺高效的经济增长；就社会而言，教育机会的扩大促进不利群体的社会参与，以实现社会民主。在现代社会中，高等教育成为重要代理机制，它以事实层面的技术功能与筛选功能，价值层面的增长期待与公平承诺，允诺提升与改变个体的命运，即知识改变命运，教育提升地位——这是现代社会多数成功者的生活叙事。

然而，这只是故事的一面，是乐观的技术功绩主义逻辑，柯林斯指出，技术主义（technocracy）的故事不是论述真理，而是诉求于神话。③ 技术功绩主义的逻辑假设为：教育使学生具备工作所必需的技能，而技能是职业成功的主要决定因素；以技能为中介，教育所成就的阶层被假定为一个技能的阶层，技能的阶层又决定了职业的阶层，即教育的阶层决定了技能的阶层，进而决定了职业的阶层。现代经济变得越来越重视高技术职位，因此，教育决定了职业阶层的高低，决定了经济的成功与否，甚至决定了更多的东西。然而，技术功绩主义的每一个观点都在更详细的实证证据的检验中瓦解：教育并非真正技术技能的制造者，作为技术主义支柱的教育主义（educationcracy）多半是科层制所杜撰的修辞。无论我们从什么角度来认识教育主义——把受过较多和较少教育者的工作表现加以比较，找出职业技能实际上从哪学到的，学生在教室里学到什么并能记忆多少，检测教育程度与成功之间的关系等——教育的技术功绩主义的诠释，几乎都得不到任何支持。④

故事一定还有另一面，即教育除技术功绩主义之外，尚有隐微而复杂的政治逻辑。关于教育的民主化，贤能主义虚构了一个技术神话，洗白了一切身份的特殊性、利益的相关性、权力的渗透性，有且只有教育成就——知识、技术与技能，以及相应的文凭符号——作为文化货币，可以兑现一切资源与机会。这一叙事具有极强的动员能力：朝为田舍郎，暮登天子堂——机会是开放且公正的，这是社会留给每一个人体面且可视的成长通道。拥有优质的高等教育文凭被视为成功的标志，成为年轻一代的励志期待。

民主制度真的可以寄托于教育制度吗？马克斯·韦伯指出，民主制度面对专门考试的态度，就

---

① 艾尔文·古德纳. 知识分子的未来和新阶级的兴起［M］. 顾晓辉，等，译. 南京：江苏人民出版社，2002. 1.

② Pillip Brown，Cultural Capital and Social Conclusion：Some Observations on Recent Trends in Eduction，Employment，and the Labour market，in A. H. Halsey，*Education*：*Culture*，*Economy*，*Society*（Oxford University Press，1997）.

③ ④ 柯林斯. 文凭社会——教育与阶层化的历史社会学［M］. 刘慧珍，译. 台北：桂冠图书，1998. 3、9.

如它面对官僚制度的所有现象一样爱恨交加，尽管民主制度本身促进这些的发展。一方面，“专门考试”意味着或者似乎意味着从社会各个阶层“选拔”合格者，而不是由贵族所控制的一种统治。另一方面，民主制度害怕功绩和教育证书制会产生特权“等级制”。教育证书通过专门化的考试而获得，它的社会声誉极大地促进它的发展，当教育的专利化转化为经济利益时更是如此。随着大学及商业和工程学院颁发的证书日益增多，人们普遍呼吁颁发所有领域的证书，这皆有助于形成官僚和行政领域中的新的特权阶层。请注意这里是“特权”而非民主与大众，特权表现在：证书支持其获得者与贵族联姻的要求，也支持这些人要求允许进入坚持“荣誉准则”的人群中去，支持这些人获得“体面”的报酬，而不仅仅是工作的报酬，总之，支持这些人垄断在社会和经济方面的有利地位。即教育制度以及专门的考试制度在打破旧的特权垄断之后，又建立了新的特权垄断。因此，民主要和专门考试制度进行斗争。①

如此，与其说教育是一个民主且开放的场域，毋宁说教育的核心功能在于垄断与排斥。如伊利奇所指出的，教育工作者执意把套装式教学与文凭捆绑在一起，学校既不可能促进学习，也不可能维护正义，学习与社会角色分配已经融入学校教育过程中。伊利奇特别指出，履历（curriculum）一直被作为分配社会地位的依据，履历有时是出生时被分配的，譬如贵族的种姓或血统，有时是参与某种尊贵的仪式，或者战争中的功绩；普及教育的本来目的是要把角色分配与个人履历分离开来，亦即赋予每个人以谋求任何职业的平等机会。然而，接受教育又塑造了新的履历，学校系统并未使机会平等，而是垄断了这些机会的分配。② 教育不过是一种人为的设计，用以垄断进入优势地位群体的通道，即教育是地位竞争的手段。

这就构成了尖锐的悖论：在主观动机层面，个人期待的民主化——民主即身份平等，不再有禁区与特权；教育是实现民主的手段。在客观功能上，教育提升地位依靠的是对某些知识与技能的垄断，并以此为中介，对优质资源、精英地位构成封闭与垄断，垄断即意味着排斥与特权——这是教育的制度逻辑。教育之于民主，在个人的动机与制度的逻辑之间存有尖锐的冲突。放在时间的维度中稍好理解：在现代社会建立之初，教育帮助新的知识精英推翻了贵族统治，但占据优势地位后的知识精英同样要实行新的社会封闭与排斥。

在教育功能的论域中，与偏经济学取向的技术功绩主义论相对立，冲突论的阵营兵强马壮，阿图塞用“再制”描述教育的功能，教育不过是复制着既有的社会关系；布迪厄等以“文化资本”深入剖析教育制度如何“再生产”：尽管大学教育体制所提供的主导文化的符号统治向所有学生敞开大门，但只有那些家庭已为其提供了主导文化的操持机会的人才会获致符号的统治。因此，教育体制不仅仅是将主导文化的抽象支配性合法化了，而且还在日常实践中保证了那些把持这种文化的人对其他人的支配地位。③ 文化资本不过是左右符号统治的资产，而新的统治方式是符号支配。文凭主义、文化资本、专业统治、社会封闭等一系列不同概念所论述的主题皆是教育的垄断与排斥。

在真实的社会逻辑与教育实践中，更多显现出开放中的垄断，提升中的排斥，有“看似”与“实是”、“形式上”与“实质上”的差异。回到当下中国的问题情境，在教育提升命运的期待中，面对作为稀缺机会分配的代理机制的教育，受教育者将如何选择呢？教育失败者又遭遇了什么呢？

---

① 厉以贤. 西方教育社会学文选［M］. 台北：五南图书出版公司，1992. 88.

② 伊万·伊利奇. 非学校化社会［M］. 吴康宁，译. 台北：桂冠图书，1994. 18.

③ 苏国勋，等. 社会理论的政治分化［M］. 上海：上海三联书店，2005. 320.

三、投资教育：如何确保稀缺？

作为地位竞争以及稀缺机会分配代理机制的教育，尤其是它的文凭符号具有位置性商品（position goods）特征。1958年哈罗德首先提出“寡头财富”（oligarchic wealth）与“民主财富”（democratic wealth）之分，前者基于特权，若不打破，就难以被广泛分配；后者则能广泛享用。赫什针对个体与社会机会，进一步提出，有些商品，譬如健康关爱，是“非位置性商品”，享用者不因数量的多寡而受影响；有些商品，譬如汽车或文凭，却是位置性商品，拥有者越多，其价值越低。① 位置性商品的要害在于其社会稀缺性，它表现为尊贵性，或荣誉性，或神秘性。尊贵、荣誉与神秘共同维持着社会稀缺性，而因为拥有稀缺性的多少形成不同的区分，以及区分后的等级。

位置性商品的关键在于稀缺性，“物以稀为贵”能准确地揭示其价值。然而，大众高等教育背景下，昔日的“奢侈品”变成今天的生活“必需品”，“稀缺”受到了挑战：越来越多的人接受高等教育，拥有文凭，文凭作为能力识别标志、身份识别符号以及市场交易货币，却在不断膨胀中迅速贬值，即文凭的权威性与交易性日渐下降。教育的筛选功能面临困境：在精英高等教育时代，筛选的标准是“有”与“无”，文凭一直被视为“信号机制”，即将人群中最聪明、最优秀者挑选出来。如今，当类别上的“有”与“无”失效后，这一信号机制又以什么来标识呢？数量上的“多”与“少”？品质上的“高”与“低”？还是交易中的“强”与“弱”？我们来进一步剖析教育筛选运作的隐秘逻辑。

首先，要维持稀缺，需要制造结构性的匮乏。稀缺不是自然的，而是人为的，是精心设计出来的，即“过剩与匮乏”的奇妙结合。在大众高等教育时代，“过剩”意味着供给充足，门槛降低，方便人参与；“匮乏”决定价值尊贵，诱惑人追逐——过剩与匮乏互为表里，表层的民主开放，实质的封闭与排斥，让受教育者卷入其中，难以自拔。

“过剩”与“匮乏”这两种力量推动教育投资的“军备竞赛”，有限理性驱使人选择垫脚策略：在剧场看戏，四周都静坐时，站起来会看得更清楚；左邻右舍都站起来时，垫脚能看得更清楚；当所有的脚都垫起来时，谁又能看得更清楚？在精英高等教育时代，本科文凭就可以获得不错的工作机会；在大众高等教育的今天，研究生半信半疑地寄望“一纸硕士学位PK满操场本科学位”。然而，研究生院也在不断降低门槛，甚至取消门槛——研究生教育也正向高级职业培训所转型——各种职业博士、专业博士、论文博士方案正在酝酿出台，博士教育质量屡被问诘时。在这种情况下，通过增长教育年限以获取稀缺机会的策略，已价值不大。在这场游戏中，“过剩”与“丰裕”已经把“匮乏”与“稀缺”逼到了尽头，扩招驱使的中国高等教育大众化在将蛋糕迅速做大后，又迅速做“烂”——文凭的符号价值不再体现为“有”与“无”的差异，而是移位于“多”与“少”、“高”与“低”等数量上的区别，它要求优胜者付出更多的时间，投入更多的精力，当然，对投资教育者及其家庭亦有支持更长时间、更昂贵的教育投入的经济要求与心智要求。这才是第一步。

其次，稀缺的维持在于“尊贵性”或“荣誉性”。筛选的核心已不在数量的多，而在品质的高，即稀缺性体现于高等教育系统内部不同的院校层次：有吸引力的就业岗位不断提高对院校排名的要求，不仅要求“211”院校，更苛刻的要求“985”高校，甚至爆出非“三北”（本、硕、博均为北大）、“五清”（本、硕、博外加中学、小学均为清华）不考虑的传闻——既荒诞又合理——教育筛选的垄断性、排斥性已淋漓尽致。越来越多的家庭畏难于中国教育的高竞争，失望于中国教育的低回报，转向国际教育市场，“海龟”开始变成“海待”……奖励、证书、资历等各种混乱荒唐的荣誉法则不断

① Peter Scott, *The Meanings of Mass Higher Education* (SRHE and Open University Press, 1995).

出现。

“结构性的稀缺”的制造过程可被概括为：投资教育者发现，增长并没有使其远离匮乏，增长却在制造新的尊贵，尊贵又制造着新的匮乏，匮乏在不断地转移。譬如，在工作机会匮乏时，荣誉法则体现为忙于工作；当人人都忙碌时，荣誉法则体现为闲暇，“乐活”在今天成为一个新的荣誉符号。

其三，越多的教育就越好吗？越尊贵的教育就越好吗？更长的时间、更昂贵的投入，所习得的知识更有用吗？此种知识又是如何发生作用的？答案就是维持稀缺性的第三步，即“神秘性”。

如何理解“神秘性”？可以借助柯林斯的两个概念来解释：生产性劳动（productive labor）和政治性劳动（political labor），前者担负物质财富的生产，后者制定财富分配的条件。① 在对专业社会学的分析中，功能主义者强调生产性劳动，强调专业服务以及支持专业服务的技术权力，专业性越强，越有一套真正有实际功效且可传授的技术能力，只有拥有这样的技能，才能为服务对象所认同，而获得这种专精的技能需要严格的训练与教育。功能主义者强调专业权力的服务性，按其逻辑，越多的教育、越尊贵的教育，其专业权力越高，专业地位也越高。

然而，专业政治学提供了迥异的解释：它引入政治性劳动，虽同样强调专业权力，但专业权力的要害不在于服务性，而在于确保垄断性与排他性：它的基础是由一定程度的神秘、容易垄断的技能，和一些本质上确保秘密化的有效程序构成的。柯林斯进一步剖析：专业群体如何构成与维系？如何合理化与合法化？出售专业服务的经验和保护其秘密和理想形象的努力，组成了这一群体的共同基础；群体成员对于财富、权力和声望的兴趣激励他们形成有力的集体内部控制，以及寻求抗衡外部的垄断力量。而他们的资源——神秘的技能、技巧及外行人的信任与尊重，财富及人际关系上的机会——则可视为政治影响力，使他们能够组织一个具有强大控制力和防卫力的职业社团。② 专业所需要的政治性劳动既神秘又颇费周章，其中逻辑发生了逆转，因果关系有了离奇的颠倒：提供有效的服务并非专业具有崇高地位的前提，具有崇高地位——让专业人员既尊贵且神秘——是提供有效专业服务的前提。政治性劳动以其尊贵性和神秘性确保专业服务的有效性。

为了阐释其中的隐秘逻辑，柯林斯剖析了医学这一古老且经典的专业的形成与发展历程：在19世纪后期以前，医学的垄断地位以及医生的高地位，是建立在欺骗的基础上的，并不能像其宣称的那样可以治病与减轻痛苦。他考据史料指出，就技能性知识而言，外科医生与麻醉师解决病患的身体疼痛更为有效，而内科医生并不治病，多是提供心理安慰；然而，在医学专业内部，内科医生却有崇高的地位。首先，为什么技能性知识不高的内科医生却需要拥有更崇高的地位？因为医学的对象不仅是疾病，更是人的疾病，所以它并不是纯粹的科学。它有三重职能：治疗，有时；缓解，时常；宽慰，总是。③ 医生职业在起源时的作用接近牧师，内科医生更为重要的是安慰病人的心理，取得病人的信任与接受，因此内科医生需要崇高的专业权威。其次，内科医生又是如何建立其专业权威的？专业权威的建立在于一系列的政治性劳动：利他主义的专业伦理，文雅的而非唯利是图的生活形态，强调古典教育确保其不俗的出身，垄断组织以避免非文雅阶层进入——因此，更严格的训练、更专深的学习、更高的门第、更高的薪酬，以及体现荣誉法则的其他特征，是确保医学专业权威的前提。更深一步，柯林斯从根本上极其尖锐地指出：创造且相信希波克拉底誓言的并不是医生，而是公众，公众需要这样的专业

---

①② 柯林斯. 文凭社会——教育与阶层化的历史社会学［M］. 刘慧珍，译. 台北：桂冠图书，1998. 66、168—169.

③ To cure，sometimes. To alleviate，more often. To comfort，always.

伦理以及专业权威。① 在专业与公众之间，一定要有一道神秘性的屏障，此为专业权威的核心。

专业权力的服务性与垄断性之间，孰先孰后？孰主孰从？这涉及教育究竟传递与筛选何种知识的问题。理想的专业在技能上有何特征呢？借用“寡头财富”与“民主财富”的分类，可提出“寡头的知识与技能”与“民主的知识与技能”。我们可以画出一条线：一端是清晰且稳定的民主的知识与技能，譬如常见的技术与普通工人的技能，外行人也能判断其工作做得好坏——这就很难保证必要的专业权威；另一端则是一些模糊、不稳定的技能与知识，譬如管理人员的技能，这类技能难以垄断，也难以传递，技能具有个人性、不稳定性，以至于难以用来培训其他人。柯林斯指出，典型的专业应处于这一连续体的中间位置，其专业技能既有用，又不够稳定，具有一定的神秘性以确保排斥外行，获得资源，② 形成垄断，即“寡头的知识与技能”。

卢梭早有更清晰的揭示：一般情况下，技术获利的多寡和它用处的大小成反比，最有用的技术反而最不被人重视，譬如从农业的性质来说，它是所有技术中获利最少的一个，因而农业只生产最基本的生存用品，它的价格必然只适合于最贫穷的人的购买能力。③ 相应地，那些获利最多、最昂贵的技术，常是最没有用的技术，其昂贵仅在于体现荣誉性法则。

在结构性的匮乏、尊贵与荣誉性法则、神秘性的综合作用下，教育作为一种文化货币，将被推向符号资本的高级阶段。布西亚对消费社会中符号资本的特性有精辟的分析：符号可以变形、重组、虚拟，甚至可以替代实物。在符号的生产阶段，符号与实物尚有对应关系；但在符号的交易阶段，符号可以脱离实物而独立存在。人们对奢侈品的消费，其形式在商品，其实质在符号。就使用价值而言，一块劳力士手表真的比电子表的性能更好吗？一款LV的包会比一个布手袋更好吗？消费在此不是物品，而是符号——“LV”与“劳力士”。文化货币到了最后一个阶段，它的价值就在于是一个稀缺的、尊贵的且神秘的符号，而不在于其知识与功能的实用性。④

我们再回到受教育者的现实境遇中，筛选权力体现为由表及里、环环相扣的三高：高竞争、高排斥与高垄断，即教育机会上的高竞争，教育筛选中的高排斥，核心利益的高垄断。对个人及家庭来说，教育投资已成为一场成本高昂的豪赌。难道他们没有意识到风险吗？非也，问题是他们还有别的选择吗？如同一场激烈且漫长的马拉松竞赛，参赛者能看到的只是一个个具体的对手，稀缺的机会如同阳光下的影子，当你要抓住它时，它又跑了，在不远处顽皮地向你招手……你只有咬牙坚持跑下去，不放弃就意味着希望，或许也可能有机会；而放弃即彻底失败——这正是“过度教育”得以产生的心理动因。

教育在此已成为一种防御性策略，不参与即出局。在大众高等教育时代，作为生活必需品的高等教育已经成为一种强制性的资格要求，更多更高的教育成为一种柔性的强制。社会结构的诡异却在：一个静态的金字塔结构已变为一场动态的马拉松比赛，过去尚可待在底层，现在却要使出全身解数，投入奔跑。假如停下来，即意味着再也找不到位置，哪怕是最底层的位置。出局者只是待在社会中，但已经不属于社会——他们只有在虚构意义上

①② 柯林斯. 文凭社会——教育与阶层化的历史社会学［M］. 刘慧珍，译. 台北：桂冠图书，1998. 173—177、166—167.

③ 卢梭. 论人类不平等的起源［M］. 高修娟，译. 上海：上海三联书店，2011. 85.

④ 不少有条件的中学在人才招聘上乐意招博士，但受专业训练的博士在中学教学中，常不及学历低的师范学生更有优势。不难看到，适应不良、转型不成功的博士担任着中学实验员或教务人员。宽容一些可说，中学教育在提升，在存蓄人才，任何尝试要容许风险与代价；尖刻一点讲，或许借这些博士之手办学，更大的价值在于其符号价值，而非一线的教学与育人。因此，这是一笔办学的政治性投入，而非生产性投入。

勉强算是社会成员。这不仅是一种教育病，更是一种社会病症、一种时代病症！

四、结语：知识改变命运？

在当下中国，“知识改变命运，教育成就梦想”这一诉求更为急迫，原因有二：其一，改革开放30余年来迅速成长起来的中间阶层，多是教育的受益者。沿着教育所铺就的台阶拾级而上，进入一个相对优越的社会阶层，既是深入人心、难以动摇的教育期待，也是他们熟悉且习惯的路径依赖，还是这个社会为其彰显的光明且有限的通道。确切地说，知识改变命运已经成为我们这个社会、这个时代的意识形态。

中间阶层强烈的教育期待日渐焦躁，焦躁既来自于纵向的代际流动对比，这一代父母已经习惯了向上流动的速度与惯习，但到子女一代，改革所释放的机会空间已经逼仄，他们需要调整和降低志向：即使不再要求子女如同自己一代所实现的代际向上流动，但要竭力防止代际下滑，保障子女地位不会明显下降。焦躁还来自于横向的压力：当一个社会越不均衡时，教育投资的压力越大。“盖茨比曲线”可以做出一定的解释。这一曲线的横轴是收入的均衡度，纵轴是代际的流动性，它揭示出一个重要的现象：收入越不均衡的国家，个人的社会经济地位越受父辈地位的影响，子辈摆脱父辈地位向上流动的机会越低。中国在接受调查的20多个国家中，位居右上角，仅比拉美国家好一点。①

其二，独生子女政策不允许家庭的教育投资失败。一个有两三个孩子的家庭，子女之间有长有短，父母可以相对从容，静候花开果熟；而只有一个孩子的家庭，子女的教育绝不是教育本身，教育事关家族宏业的社会继替，父母不仅不能接受孩子失败，甚至不愿承认孩子平庸。

一方面社会机会空间更为逼仄，教育上升通道更为拥挤，另一方面超越别人、获取优势地位的教育期待日渐焦躁——这便是中国家庭投资教育的真实处境：在无可选择的焦虑中，教育被奉为万能，似乎公平的教育能点石成金，我们的家庭已经脆弱到无力承受且承认教育的失败。于是，民意一方面角逐稀缺、昂贵且交换价值高的教育符号——这必然是高筛选的产物；另一方面又力避被教育所排斥。在这样的背景下，教育公平就成为意涵复杂的诉求。

首先，教育公平成为“知识改变命运”的斗争旗帜：不管处于什么境地，借助教育都有提升自己境遇的可能；通向成功的路，如同一条收费的公路，对乞丐的后代和国王的子孙一视同仁，不管其生活机会和命运如何，每个人都有奋斗的权利，为成功而奋斗不是个人的贪婪，而是社会的期待。

这一堂皇的宣称存在着逻辑的断裂：其一，教育公平所允诺的是机会均等，即任何人，无论其出身、肤色、性别，都有获得教育的机会；而“知识改变命运”所要求的是实质公平；前者允诺程序机会，后者追求实质结果；其二，前者强调在办学条件、师资设备上的均衡，即趋同与相似；后者的期待在于教育成就的不同，即个体的特殊与优越。平等被处理成一个价值正当、动员有力的修辞，诉诸公平的教育期待的真实意涵却为：身处低位时，“我要和你一样”；没有明显差异时，“我要和你不同”——价值上的平等诉求，实质上的特殊需求。

其次，在社会结构中，我们还需要清醒地认识到：教育公平不过是诸多公平之一，即教育公平仅有在政治权利、经济权利与社会权利均较为均衡时，才能有效运行；若无后者的综合保障，希望以教育公平的薄弱之力来推动社会诸多层面的公平，无异于螳臂当车。

对教育公平的寄望导致一明一暗的两重治理逻辑：显白的逻辑是教育功能的异化——人们期待教

---

① 荣剑，等. 屌丝逆袭是黄粱梦，阶层固化已成必然［EB/OL］. http://www.21ccom.net/articles/sxwh/shsc/article_2013062786424.html，2013-06-27.

育成为夷平社会阶层的利器，实践中教育却充当了重新洗牌的核心机制。教育公平允诺社会团结与融合，实质却以成就等绩效为标准导致新的社会分裂。荒诞但合理的逻辑由此成立：促进整合与团结的教育却成为地位竞争的利器，稀缺机会分配的代理。隐微的逻辑则在于：在教育公平所主导的民主社会中，正在举办一场规模盛大的赛跑，政治层面平等参与的动员，经济层面投资收益的诱导，让越来越多人卷入竞争——不管是兔子，还是乌龟，都来比赛跑步。这场比赛要持续地玩下去，既不能让乌龟明显地失败，也不能让乌龟彻底绝望而退出，在过度的训练下，乌龟确实跑得与兔子相差无几。

常识告诉我们，若以跑步论短长，乌龟哪是兔子的对手？乌龟或为肥皂泡里的光亮所激励，或不断地体受失败、挣扎，徘徊于坚持与放弃之间，将对比赛规则——制度结构可能的质疑与批判转换为对自我的怀疑与贬低，或转变为对获胜者与获胜逻辑的尊重与服从——以兔子为参照，努力地往前爬，或者自我励志，或者自我埋怨；或者嫉恨兔子，或者摧毁自己……胜者兔子获益了吗？在无聊且无趣的比赛中，兔子的心智同样被消磨折损，他们或为虚荣所诱惑，或自得于获胜技法的高明——在我们所培养出的成功者中，有多少精致的利己主义者和精明的机会主义者！

在这一场诡异的赛跑中，孰赢孰输？谁是教育失败者？谁是教育成功者？不过是五十步笑一百步，暂时拔得一城一池，却难免满盘皆输的失败结局。因为教育已经背弃了教育的根本，既充当着冷酷且功利的稀缺机会分配的代理者，更用一套伪善的充满正能量的心理按摩术，化解种种怨言疑惑，维持着人们对规则的信任与服从。

教育还可以回到其边界之内吗？这一边界有两个维度：其一为知识的限度，什么样的知识最有价值？答案是具有神秘性与荣誉性的知识。“地小人众，故其民益玩巧而求事末也”①，奇巧淫技，或许能胜出众人，独占鳌头，但却与学习者的日常生活、职业要求相关甚微。卢梭在《爱弥儿》中指出：“在我们所获得的知识中，有些是假的，有些是没有用的，有些则将助长具有知识的人的骄傲。真正有益于我们幸福的知识，为数是很少的。”②知识不应成为异化与扭曲人的中介，教育中不应充斥着虚荣的知识、骄傲的知识，知识应回到使人幸福的限度中来。

其二为人性的限度，人的天资和秉性是有差异的，托克维尔指出：“一个民族不论如何努力，都不可能在内部建立完全平等的社会条件，假如有一天真的出现了这种绝对而完全的平等局面，智力的不平等仍然存在，因为这种不平等是上帝所赐，人间的任何法律对它总是无可奈何”③。拔苗助长正是因为人们无视人性的限度。卢梭指出，如今人们的兴趣是假装变成他原本不是的那种样子，“本来就是”和“看起来是”成为两种完全不同的东西，于是从这种区别中产生了傲慢的虚荣和欺骗的伎俩。④在“改变命运”与“提升人生”的教育实践中，现代人不再生活在自己的世界中，而是按照别人的意见来生活，他们的幸福和满足更多来源于别人的评价，而不是自己的感受，他们已经远离了“本来就是”的自足状态。

“为什么我们总是问别人自己是什么，而从来不敢拿这个问题来问自己。在众多的哲学道理、人性、文明和高尚的道德箴言中，我们什么也没有，我们剩下的就只是轻浮而虚假的表象，拥有荣誉却没有道德，会思考却没有智慧，耽于享受却没有幸福。我不想去探究那些问题，我只需证明，这些绝不是人类的自然本性，社会的精神以及社会产生的不平等改变和破坏了我们所有的自然品性。”⑤

① 司马迁. 史记［M］. 货殖列传第六十九，北京：中华书局.

② 卢梭. 爱弥儿［M］. 李平沤，译. 北京：商务印书馆，2013.236.

③ 托克维尔. 论美国民主［M］. 董果良，译. 北京：商务印书馆，1997.669—670.

④⑤ 卢梭. 论人类不平等的起源［M］. 高修娟，译. 上海：上海三联书店，2011.59、78.

1753 年，卢梭在《论人类不平等的起源》的结尾部分写下这段话。他深刻地预示了今天教育失败者的真实遭遇，同时，这一失败还是现代教育的失败，更是现代社会的失败。

回到教育与人、与社会地位的关系中，“应该使一个人的教育适应他这个人，而不要去适应他本身以外的东西。由于你培养他唯一无二地只适应于一种社会地位，所以就使得他对其余的一切地位无法适应了，如果命运同你开玩笑，则你除了使他变成一个很可怜的人以外，是得不到其他结果的”①。因为社会地位是不可靠的，“大人物要变成小人物，富人要变成穷人，贵族要变成平民；你以为你能避免命运的打击吗？……凡是人所制造的东西，人就能够把他毁掉；只有大自然刻画的特征才是不可磨灭的；然而大自然是从来不制造什么国王、富翁和贵族的。这位大官，你当初只教育他追逐富贵，将来落到卑贱的地位时怎么办呢？这个只知道靠黄金生活的税吏，将来贫困的时候怎么办呢？这个徒有其表的蠢人，无一技之长而全靠他人之力生活，到了一无所有的时候又怎么办呢？”②

再回到教育与人、与命运的关系中，教育是帮助人改变命运吗？非也，教育应使人不被命运所摆布，教育应使人战胜命运！“一个人要能够在自己的地位发生变化的时候毅然抛弃那种地位，不顾命运的摆布而立身做人，才说得上是幸福的。”③也只有在此基础上，教育方能帮助应重新建立干净、适度的、安全的人与物之间的关系，温暖、自由且正义的人与人之间的关系，以及信任、自足与自在的人与自我的关系。

（一个国王）“如果他失去王位而能够不靠王冠生活的话，那么他的品位倒是远远在国王之上了。他已经从国王的地位（懦夫、流氓或疯子都可以取得这个地位）升到了只有极少数的人才能取得的人的地位。这时候，他战胜了命运，敢于不把命运放在眼里，他的一切都依靠他自己；当他除了自身之外便别无他物可以炫耀于人的时候，他才能够说他不是废物，他才能够说他有几分用处。”④

---

①②③④ 卢梭. 爱弥儿［M］. 李平沤，译. 北京：商务印书馆，2013. 287、288、288、288.

从“纯粹主义”到“实用主义”*

——教育社会学研究方法论的新动向

□ 程天君（南京师范大学教授）

一、“实用主义”的所指与能指：兼谈问题意识

1913—1914年，实证主义社会学的巨擘涂尔干在法国索邦大学做了一个关于实用主义（被称为其时“唯一流行的真理理论”）的系列演讲，并集结成书《实用主义与社会学》。其中他讲道：“我们必须扪心自问：实用主义怎么能够把带有这么多缺陷的学说强加给众多心灵呢？”怀着这样的疑问与使命，他通过深入“敌后”（号召听众通过把“我们自己变成实用主义者，先把我们内心各种反驳意见放在一边……找到实用主义的威力所在时，我们才可以重新返回自己的立场”）而力图知己知彼，论证“社会学高出实用主义的地方”，那就是：“社会学视角的优势，就在于能够促使我们去分析那些令人敬畏的事物，即真理”。[1]P28,111—114 为此，涂尔干的演讲涉及社会学的问题很少，大部分讲实用主义的真理观，认为“实用主义的核心问题是真理问题”。涂尔干把实用主义归结为三个基本论题：真理是人的真理；真理是不同的可变的真理；真理不是既存实在的模本。对此，他基本上持批判态度，认为实用主义“有用即真理”的命题已经变成把我们带回功利主义的公式，实用主义理论就是逻辑功利主义。而近百年之后，新实用主义的旗手罗蒂则对此一一进行了反驳。[2]

在实用主义复兴并走强的今日，我们是接着涂尔干讲——论证社会学高于实用主义的地方，还是“对着讲”——冷静反思涂尔干当年的评论是否中肯？抑或持中陈述个中沧桑之变？无论如何，都需要认真对待实用主义对教育研究，特别是对教育社会学研究的影响。然触碰“实用主义”这个“模糊、含混和被用烂了的词”，[3]P243 无疑是自讨苦吃。但不无必要的是：一方面，在西方哲学史上像“实用主义”这般引起歧义的概念是不多见的[4]P209——无论是实用主义与传统哲学之间的争斗，还是古典实用主义与新实用主义之间的争执，抑或古典实用主义三杰皮尔士、詹姆斯、杜威之间的争奇，遑论新实用主义两翼罗蒂（左翼）、普特南（右翼）之间的争论。另一方面，实用主义大概是除马克思主义之外，中国人最熟悉的哲学名号了，尽管在相当长时期内，实用主义被作为“资产阶级反动哲学”[5]和“马克思主义最凶恶的敌人”[4]P3 而撂荒了学理探讨，乃至遭遇严重的“误读”。[6]

“实用主义”诞生于20世纪70年代，至今经逾百年历程，非但没有销声匿迹，且新人新作不断。20世纪头30年是其繁荣时期，被誉为美国的

* 原载《教育研究与实验》2014年第1期。

“国家哲学”，体现了“美利坚精神”。20世纪30—50年代，在欧陆分析哲学（主要是逻辑实证主义）的冲击下，伴随着杜威之死，实用主义之古典时期结束，退居萧条期。20世纪60年代以后，随着分析哲学的逐渐实用主义化和新实用主义的兴起，实用主义重新崛起，大有重振雄风之势。就此而论，“实用主义”似乎是美国的“专利”，这一概念似乎有特定的所指。但自诞生以来，围绕“实用主义”的争论本身就说明，这一概念有着不同的能指。两个典例可以佐证：一是实用主义的鼻祖皮尔士在发明了“实用主义”（pragmatism）这个词以后不久，曾鉴于其被滥用、推销和庸俗化而另创了“实效主义”（pragmaticism）一词。[7]P28二是实用主义的另一位奠基者詹姆斯（亦译作“詹姆士”）1907年汇集其近两年演讲稿为一书《实用主义》，而其副标题却是“一些旧思想方法的新名称”。这说明，即便在实用主义奠基者眼里，“实用主义”也无非是一个用来表达一些旧思想方法的“新名称”而已，并非什么“专利”；甚至不是个十分精到的名称，以至于不如改为“实效主义”这样孤陋的词，免得被滥用。

尽管“实用主义”充满歧义，但这里还是可以取其最大公约数以资利用。实用主义作为对传统哲学的反动与改造，它“原是美国本土哲学，是一种注重具体研究，注重实际效用，强调实践重于理论，强调认知中的社会、文化价值的哲学”。[8]实用主义的基本含义是：它是一种行动哲学，“有用即真理”是其根本原则，甚至可以说实用主义就是逻辑功利主义；它强调对理性的攻击，破除对理性的膜拜，宣告绝对真理的合法性危机，质疑从古希腊至今人们孜孜以求的世界的“本质”及“本质主义”真理观。承继上述古典实用主义的传统，新实用主义者如罗蒂和普特南更是表达了如下基本思想：[3]P243—251[9]P138—160[10]P7—28实用主义就是一种反本质主义；事实和价值之间没有任何形而上学的区别，在道德和科学之间没有任何方法论的区别；在哲学中实践是优先的，没有办法知道，什么时候一个人已经达到了真理，或什么时候一个人比以前更接近真理。

中国有无“实用主义”？舒斯特曼（Richard Shusterman）认为，中国哲学和实用主义最基本的共同点就是：哲学在根本上是实践的。[11]无独有偶，我国哲学家李泽厚基于对“经验合理性”的概括和提升，提出“实用理性”用以阐述我国传统思想特别是儒家思想之特点，他也认为人类经验来于“实践”。[12]P3—54倘若再取皮尔士“实效主义”、詹姆斯“有用、便利、令人满意、兑现价值”[13]P11之实用主义的精义，并虑及杜威来华讲学所产生的“巨大影响”，[6]在一定意义上甚至可以说，中国不失为一个实用主义的国度，“经世致用”、“学以致用”、“成王败寇”、“摸着石头过河”，“不管白猫黑猫，抓住老鼠就是好猫”，“团结一切可以团结的力量”，“发展才是硬道理”，诸如此类的表达都是再好不过的生动写照。撇开这些耳熟能详的俗语、常道或口号不论，实用主义的世界观（反本质主义）、真理观（无绝对真理）、价值观（事实和价值相互渗透）、认识论（反对镜式反映论）等思想，均可资借以描述和分析教育社会学学科论，特别是其方法论的某些突出特征乃至动向。而这，似从教育社会学的基础学科社会学的研究方法论说起为宜。

二、从“定量—定性”研究方法论之争说起

从社会学发端伊始，就存在着实证主义与诠释（或译作解释）主义两种主要取向或曰范式。[14]迄今，这两种主要范式业已发生过多次高下优劣之争，以至人们常说，超越了涂尔干（实证主义社会学）和韦伯（解释主义社会学），社会学可能会更好；但忽略了涂尔干和韦伯，社会学一定更差。所以，我们要不断或直接或间接地回到涂、韦二位奠基者所创始的社会学两大传统。

实证主义范式强调定量研究方法，多采用数学模型、统计表和图表等形式。建构或解释主义范式则主张定性研究方法，多采用民族志散文、历史陈述、第一人称描述，或采用照相、生活史、小说化的事实、传记等形式。因此，关于这两种范式的争

论有时亦被称为定性/定量之争。“社会科学领域没有哪个学科可以在这场‘范式’（即引导研究者的世界观或信仰体系）争论中袖手旁观而不必表明立场”。[15]P2—3在教育研究领域，争论的火药味一点也不亚于其他领域。其中，“定量纯化论者”（quantitative purists）主张，教育研究者应该剔除其偏见、奉行价值中立，认为去时间、去情景的通则化既是可能的也是可欲的；[16]他们秉持定性研究与定量研究“不相容论”，认为应该关上二者之间对话的大门。[17]在另一个极端，“定性纯化论者”（qualitative purists）则性质同种方向相反地坚称，去时间、去情景的通则化既不可欲亦不可能，[16]其旗手古巴（Guba）断言，实证主义及与之相关的定量方法论已经不再可信，它与诠释主义（亦即古巴所言的“自然主义”）在本体论、认识论和方法论上均存在根本性的不和，一方排斥另一方宛如“相信地球是圆的排斥相信地球是扁的”一样[18]，是一个“只能二选一”的命题。[19]P80纯粹论的双方均视各自的范式为研究的理想，他们或明或暗地拥护不相容论——认定量化与质性研究范式连同其方法，不能也不应混合。定量/定性之争是如此分裂地形成两种研究文化，以至于教育机构毕业的研究生们踌躇满志地寄望在学术或研究圈谋得职业时无助地发觉他们不得不效忠其中一个或另一个研究学派。[16]

这两种范式之争波及多个重要的概念性问题的“战场”，包括从本体论、认识论到价值论、通则化再到因果联系、推论逻辑等方方面面，其中主要的是“现实的本质”（nature of reality）和“因果联系的可能性”（possibility of casual linkages），[15]P3—9列表如下（见表1）：

表1　实证主义范式（定量研究）与诠释主义范式（定性研究）的龃龉

	实证主义范式	诠释主义范式
本体论（现实的本质）	存在唯一的现实	现实存在是多元的、建构的
认识论（主客体关系）	认识主体与认识客体相互独立	认识主体与认识客体不可分割
价值论	研究是价值中立的	研究是受价值制约的
通则化	超越时间和情景的通则化是可能的	超越时间和情景的通则化是不可能的
因果联系	在结果之前或同时，必有原因	区分结果和原因是不可能的
推论逻辑	强调从一般到特殊的推论（演绎逻辑）	强调从特殊到一般的推论（归纳逻辑）

当然，表1所列两种范式各自的公理或原则，也许只是范式“清教徒”（“范式斗士”）们基于“范式纯粹”（paradigm purity）[15]P10心理而刻意提纯的结果，其秉持的信念是，定性研究与定量研究在范式及建基其上的方法论上是格格不入的、不相容的。但也有研究者如谢立中从反面指出，这些范式和方法论之间并无那么大的分歧，他用“现代主义社会学”来指称实证主义社会学、诠释社会学（以及批判社会学），认为实证主义社会学、诠释社会学（以及批判社会学）作为现代主义社会学“内部的”不同派别和范式，它们之间也存在着一些基本的共同点，其共同点至少包括：给定实在论；表征主义；相符真理论；本质主义；基础主义。[20]P3—10其中，前三个构成了罗蒂等人所说的西方思想传统中的“镜喻”传统，后两个则构成了德鲁兹和瓜塔里等人所说的西方思想中的“树喻”传统；它们共同构成了谢立中所说的、包括“现代主义社会学”在内的“现代主义”哲学和科学思潮的基本信条。

三、从两极到折中：走向实用主义的混合方法论

凡事大抵物极必反。当定量、定性纯粹论者走

向极端之际，也就是拐点出现之时。面对“方法论纯粹主义者”双方的激烈争论，“和平主义者”提出了“混合方法论”（亦称“混合方法”或“方法论混合”），采取“范式相对主义”和“相容论”的态度，从单一方法论的执着走向混合方法的折中，从两极走向中庸，从对立走向融合，方法论上的纯粹主义在社会科学研究中日趋少见。这些范式之争的和平主义者也称为实用主义者。其中，许多有影响的研究者已经指出，这两种范式之间的分歧被强调过头了，二者之间的裂痕并不像“纯粹主义者”所描绘的那样巨大和深刻；[15]P10“不相容论”实乃一个僵而不死的教条，无论在实践层面还是认识论上，定性研究与定量研究均不存在不相容；[21]不同的研究范式可以共存于“混合方法研究”之一炉。[22]

应该看到，研究方法（论）之争、范式之争的根基是哲学观之争，均不脱其背后“铸就什么是知识、真实及其达成方法”的哲学假设。[23]一如有学者指出，正是在哲学领域（the philosophical domain），综合方法的问题（the issue of combining methods）才经常变得富有争议，导致了“范式战争”（paradigm wars）。[24]P3—13为此，在哲学层面上，实用主义者不得不与范式斗士的不相容理论筑垒对抗，这一理论所依据的是认识论与研究方法之间的关联性。为了对付这种范式—方法的关联论，豪（Howe）选择使用另一种不同的范式：即“实用主义”，其主要原则就是定量方法与定性方法的相容论。[21]而摩根（Morgan）更是阐发了一种“实用取向”这一社会科学研究的新主导范式，既作为综合定性与定量方法的支撑基础，也作为一种引导人们从形而上关注到方法论关注转移的方法。[25]

对研究者而言，一个重要的哲学追问与方法论考量就是关于范式、研究方法与研究问题的相对重要性。作为混合方法论之哲学与范式之根的实用主义主张，应该是“研究问题主宰，而非范式或方法为王”；“方法必从之于问题”。实用主义者更看重的不是所应采用的方法，也不是支持这些方法的世界观，而是他们所要研究的问题。他们坚信“通向目标彼岸（研究问题的解决）的方法论道路并不是既定的”，力主避免方法论纯粹主义之“方法的暴政”，采信“有用即可”的实用主义教义，断然拒绝在解释主义与实证主义范式之间做出“非此即彼”的被迫选择。甚至认为，最优异的学者总是对其所提出的问题切思在心，而对所用具体方法论或方法背后的范式则洒脱不羁。[15]P91—121宣称教育研究领域“混合方法研究”范式时代已经到来的约翰逊和奥韦格布兹在声言“我们拒绝不相容论和二选一取向的范式选择，我们推荐一种更多元、更兼容的取向”的同时，并身体力行，在吸取古典实用主义（皮尔士、詹姆斯、杜威）和新实用主义（罗蒂、普特南等）哲学思想的基础上，据实总结和开列了实用主义的一般特征，兹辑要（见表2）：[16]

表2　实用主义的一般特征

- 实摒弃传统哲学的二元论，采取中间和温和立场，找寻问题的切实解决之道。
- 既识别自然和物理世界存在及重要性，也高度关注人类社会与心世界的存在及影响。
- 用自然主义、过程取向的有机环境转换论取代历史上流行的主客体区分认识论。
- 认同可错论、折中主义、多元主义、价值定位取向及实践理论，普遍拒绝还原论。
- 视强烈而实际的经验主义为解决问题之道，喜欢行动远胜哲学思维。
- 视现行真理、意义和知识为会随着时间而改变的暂时性之物，当下永远是一个新的起点。
- 大写的真理也许只是历史尽头最后的“意见”，小写的真理（工具性、暂时性）则经由经历和实验而得来。
- 工具性真理的关键在其真的程度，而非停滞不前，因此詹姆斯说我们必须“准备明天称其为谎言”。

表 3　社会和行为科学领域方法论路径的演变[15]P13—14

时期Ⅰ：单一方法或“纯粹主义者”时代（大约从 19 世纪到 20 世纪 50 年代）
A. 纯粹定量取向
B. 纯粹定性取向
时期Ⅱ：混合方法的出现（大约从 20 世纪 60 年代到 20 世纪 80 年代）
A. 同等地位设计（两种范式/方法都使用）
B. 主次设计（两种范式/方法都使用）
C. 多层次路径设计（两种范式/方法都使用）
时期Ⅲ：混合模型研究的出现（大约在 20 世纪 90 年代）
A. 在研究阶段中单一使用（必须每种方法至少在研究的一个阶段中出现）
B. 在研究阶段中多元并用（必须两种方法至少在研究的一个阶段中同时出现）

进而，有学者描绘了（欧美）社会科学中研究方法论的演变路径图，兹摘其粗线条（见表 3）：

其中，“混合模型研究”是实用主义范式的产物，是在研究过程的不同阶段将定量路径和定性路径结合起来的学术努力。对此的一个重要佐证就是，以“场域”、“资本”、“惯习”等概念与命题为把手而成就“反思社会学”[26]的布迪厄，将其反思取向的社会学描述为“建构主义的结构主义”（constructivist structuralism），通过把定量与定性视为研究过程的“两个必要时刻”（two necessary moments）而致力解决“结构—行动”问题。[27]P123—127 在教育研究领域，致力于教育研究之第三种研究范式（即混合方法研究）的约翰逊和奥韦格布兹宣称，定量研究与定性研究二者均重要且“有用”，混合方法研究的目标与其说要取代其中的任何一种，而毋宁说是吸取两者的优长并最小化其弱点。如果把定性研究与定量研究视为一个连续统的两个极端，则混合方法研究覆盖了中间区域的大量点集（the largest of the points of the middle area）；如果进行分类性的思考，那么混合方法研究则坐在第三把新椅子上，而定性研究坐在其左边，定量研究坐在其右边。[16] 也正是在过去 30 多年里不同学者就定性取向和定量取向结合研究进行的持续探讨和争论、随之而来的大量文献的涌现和积累以及混合方法论诸多问题的有待澄清和达成这些背景之下，由美国塔沙克里和克瑞斯威尔任主编的《混合方法研究杂志》于 2007 年创刊，这标志着混合方法新纪元的开启。[28]

至此，可以对这三种不同的研究范式进行小结性的比较（见表 4）。

表 4　社会科学中三种主要研究范式的比较（引用时有节略）[15]P22

	实证主义	建构或解释主义	实用主义
研究方法	定量	定性	定量＋定性
推论逻辑	演绎	归纳	演绎＋归纳
认识论	客观论；认识主体与认识对象是二元关系	主观论；认识主体与认识对象是不可分割的	客观论和主观论并存；二者是一个连续谱而非对立的两极
价值观	研究是价值中立的	研究受到价值的限定	在展开研究操作及得出、阐释研究结论时，价值有很大影响
本体论	天真的现实主义（存在外在、客观的现实，研究可予确认）	相对主义（本体论现实主义，多元、主观建构的现实）	承认外在的现实；“真理”乃选择最能产生预期或想要结果的解释
因果联系	结果之前或同时，必有真实的原因	一切事物都会同时相互塑造，不可能区分原因和结果	可能存在因果联系，但我们永远无法将之确定下来

这里需顺带提及我国的情况。据笔者目力所及，进入21世纪以来，方见有对作为“第三次方法论运动”的“混合方法”的零星译介（论文、译著合计约二三十篇/本）。倒是一个奇怪而又多少有些令人匪夷所思（若从知识社会学角度考察批判者的情形便不觉奇怪了）的现象值得留意：在我国教育研究领域，鲜见值得称道的定量研究，而对定量研究的反思乃至批判却并不罕见，有时火力还比较集中。譬如，20世纪90年代初有研究者认为，教育研究的实证化趋向把教育现象类同于自然现象，从而忽略了教育现象作为社会人文现象所具有的社会性和历史性，忽视了教育研究的独特性和复杂性；为此提出了教育研究中价值研究、事实研究和应用研究的统一，解释性研究和实证性研究的统一，整体性研究与部分性研究的统一，参与性研究和控制性研究的统一的多元化的研究方法体系。[29]整个90年代，对教育研究中所谓“科学主义”和“实证主义”的批评不绝于耳。[30]有的研究者走得更远，认为人种学作为质性研究方法的源头，虽非教育的唯一方法，却是教育研究的一种根本方法。[31]这些批评虽不无道理，但总有“时空错置”甚或“无的放矢”之憾，至少显得有点像是别国的教育研究出了所谓“科学主义”的毛病而让我国学人吃药。不过也有学者冷静地指出，在我国教育研究领域，科学的训练和科学的范式还没有建立，谈不上“主义”；实证主义是科学主义的近亲，它虽受到挑战，但仍有其合理成分；教育研究需要多种方法、多条途径。[32]

四、教育社会学研究：走向实用主义？

若从实用主义之“综合”、“实效”、“折中”、“行动”、“问题中心”等含义来看，似乎不难看出教育研究社会学，特别是我国教育社会学研究及其发展呈现“实用主义”的系列端倪，列草表（见表5）如下。

表5 走向实用主义的教育社会学研究[33]

横向阅读	纯粹主义Ⅰ	纯粹主义Ⅱ	实用主义
学科性质	规范学科论 （中国、二战前后的美日）	事实学科论 （安吉尔、布鲁克弗、吴康宁）	事实与规范兼有学科论 （巴兰坦、柴野昌山、张人杰）
价值观	践行价值判断 （教育学的教育社会学，众多“教育社会学”从业者）	奉行事实判断 （社会学精神：新崛通也，“学术底线”：吴康宁）	事实—价值结合论（董泽芳[34]） 注重问题导向、实践传统及文化自觉（刘云杉[35]）
研究方法	定性研究	定量研究	定性—定量兼用（吴康宁[42]P20） 多元综合论（董泽芳[34]） 混合方法论（欧美）
推论逻辑	归纳	演绎	演绎＋归纳 （吴康宁[42]P18、董泽芳[34]、国外混合方法论者）
因果认识	通过质性研究，试图诠释“意义适当性”和“因果适当性”	通过量化研究，试图检验“理论观念”和“经验事实”的关联	因果认识永远处于有待验证（进一步证实）的假设状态[36]
研究层面	微观（“新”教育社会学、互动论、现象学、常人方法学）	宏观（20世纪60年代前，源自涂尔干、帕森斯的结构功能主义）	贯通论（董泽芳[34]、吴康宁[37]、张人杰[38]）

续表

横向阅读	纯粹主义Ⅰ	纯粹主义Ⅱ	实用主义
学科资源	长期“学习欧美”（钱民辉[39]） 套解西语或别学科（众研究者）	扎根“本土境脉”（吴康宁） “本土化论”（不少论者）	“三通论”[40]（董泽芳）、“好猫论”（吴康宁） 走向“教育社会理论”（吴康宁[41]）
研究取向	学科概论为主	分支学科为主	问题中心

限于篇幅，这里只对上表中除了一些一目了然之外的若干方面撮要说明如下。

1. 学科性质。自美国的沃德于1883年在《社会动力学》一书中提出了“教育社会学”概念伊始，以改进教育实践为直接目的的“规范性教育社会学”就占据了二战以前教育社会学的主流地位。[42]P23—28受此影响，日本教育社会学在其初创阶段（1945—1954年）的主导取向也是注重用社会学成果来解决教育实际问题的规范性教育社会学。[37]我国自教育社会学草创至改革开放后重建的相当时期，“规范学科论”亦占有主导地位，而且至今强劲势头不减。另外，教育社会学在诞生不久就存在着“事实学科论”对“规范学科论”的抗争，直至取而代之成为主流。美国的安吉尔1928年首次提出与“educational sociology”相对的“sociology of education”[43]概念，后经布鲁克弗1949年《教育社会学：一种定义》[44]一文进一步阐述，直到大势所趋之下，创刊于1927年的 *The Journal of Educational Sociology* 杂志最终在1963年易名为 *Sociology of Education* 之际，事实学科论这一研究范式“终于退缩一隅”。[42]P10—31在中国，吴康宁《教育社会学》一书提出“教育社会学是教育学的基础学科”的观点，确立了事实学科论的凸显地位。[42]P12与此同时也应该注意到，无论是美国（如巴兰坦）还是日本（如清水义弘、柴野昌山），均有学者持折中的“事实与规范兼有学科论”。[37]我国更是如此，诸如“边际学科论”[45]P2与“边缘学科论”[46][47]P1、“综合学科论”（教育社会学乃交叉、边缘学科）[48]P9、“（社会学的一门）具体学科＋（教育学的一门）子学科论”[49]及“边缘＋基础学科论”[50]P8等观点，均可视为“事实与规范兼有学科论”的变异体或改良式。而张人杰十年前就曾隐约表达[51]、新近更是明确提出，“我国教育社会学主流取向应当‘重新做出抉择’，如今看来，将‘事实与规范兼有论’列为应有的一种主流取向似更合适”。[52]

2. 价值观。作为“纯粹主义”之一的规范学科论及其研究范式践行价值判断；作为“纯粹主义”之二的事实学科论奉行价值中立，将事实判断视为教育社会学的“学术底线”。[37]而作为“实用主义”的事实与规范兼有学科论则认同事实与价值结合论，提倡行动干预和实践应用的教育社会学。有学者在对当前的一些文献检索和教育社会学主要会议的材料分析中发现，作为应用研究的文献几乎占到了80％以上，研究者们所关注的现象多以当前的教育政策、教育改革、教育焦点问题为主。[53]

3. 研究取向。无论中外，教育社会学研究取向和重心总体呈现出由学科论向问题论转移的特征。特别是在我国，重建以来的教育社会学研究，其总体性质已经并正在经历“三次转型”：从“学科概论性研究为主、分支领域性研究为辅”的阶段，到“学科概论性研究与分支领域性研究齐头并进”的阶段，再到“分支领域性研究为主、学科概论性研究为辅”的阶段；在分支领域研究中，又已经并正在经历从“概论性研究为主、具体问题为辅”到“具体问题研究为主、概论性研究为辅”的转向。[54]这第三次转型的显著特征就是：“从强分支领域到弱分支领域”、“从有分支领域到无分支领域”，注重对我国具体教育问题的“跨分支领域的”、“综合的”、“融通的”、“切实的”解释，[55]突出体现了“问题中心”、“取法多元”的实用主义色彩和动向。

五、困惑与讨论

（一）实用主义的魅力与困惑

实用主义被推崇为证明混合方法和混合模型的应用具有确当性的最佳范式。其魅力在于：提供了可以从哲学上将混合方法和混合模型设计的应用包容在一起的哲学范式；摆脱了应用那些曾引起无尽（也多为无用）的讨论和争辩的形而上学概念（如“真理”、“现实”）；提出了一种非常可行和实用的研究哲学：研究你所感兴趣和对你有意义的问题，应用你认为合适的不同方式去研究这些问题，并以能为你的价值观体系带来积极后果的方式使用这些研究的结果。

但实用主义在研究问题上的“取我所需”、在研究方法上的“法无定法”及研究结果上的“为我所用”等思想信条与行动准则，是无法回答究竟如何处理研究中诸如预设与结论、理论与事实、主观与客观等一系列问题的；也难怪涂尔干当年批评说，实用主义过度强调了个体的心理方面而忽略了社会方面。当然，衡诸实用主义的理路，诸如定性与定量、归纳与演绎、主观与客观、事实与价值、个体与社会等“二元关系”抑或“非此即彼”，原本就是应该加以拒绝和抛弃的！“方法从之于问题”、“方法皆备于我，尽为我所用”、“有用即真理”、“确立更灵活的真理”是实用主义响亮的口号。这类口号虽不无启发性与冲击力，但难免存在“留一半清醒留一半醉”式的无奈与自慰，也不脱“有了快感你就叫”式的痞子文化气息，更与“怎么搞都行”式的后学颓风半斤八两。

（二）“新动向”（事实判断）还是“新取向”（价值判断）？

所谓“从‘纯粹主义’到‘实用主义’”的研究方法论动向是实然还是应然？抑或基于实然的应然？如果基于实用主义的理脉来回答，那未必就能也不需要像小葱拌豆腐一样说得一清二楚。题目中“从……到……”句式，只是为了表达简洁而已，但简化意味着武断。故这里强调两点：第一，教育社会学方法论虽然在大体上不乏“从纯粹主义到实用主义”之历时性的端倪或趋势；但同时也有甚至更多的是二者共时性的交错、交织与交叉。第二，究竟是事实判断抑或价值判断，问题十分繁复，需由专文探讨。这里只需提示的是，本文开篇提及涂尔干在法国索邦大学发表演讲、论证“社会学高出实用主义的地方”，尽管他标举实证主义大旗和客观性原则，但当时他面对实用主义横扫法国知识界的局面，其内心的主要关切不是客观真理与知识本身，更主要的是由于他对其时法国由激烈的反对派对抗天主教会权力而引发的社会大动乱的忧心忡忡和对真理与知识的道德作用的欲求，寄望由此发展出一种客观的基础以建立新的和谐秩序[56]。原来，涂尔干举着实证主义和客观真理的大旗，伸张自己的价值和欲求罢了。

（三）教育社会学方法论还是社会（科）学方法论？是国外的还是我国的？

这两个不得已的行文困惑也是需要提请读者指教的：一是能否从社会（科）学推导教育社会学？二是能否从国外（教育）社会学推导中国（教育）社会学？对于第一个问题的勉强回答是，从社会学乃至社会科学推导教育社会学，这本是本文所论走向实用主义之教育社会学的题中之意。对于第二个问题，读者能否容忍笔者大言不惭地以“立足中国、放眼世界”作答而聊以自慰？

参考文献：

[1]［法］爱弥尔·涂尔干. 实用主义与社会学［M］. 渠东译. 上海：上海人民出版社，2000.

[2]［美］理查德·罗蒂. 哲学与自然之镜［M］. 李幼蒸译. 北京：生活·读书·新知三联书店，1987；后哲学文化［M］. 黄勇译. 上海：上海译文出版社，2009；后形而上学希望——新实用主义政治、社会和法律哲学［M］. 张国清译. 上海：上海译文出版社，2003；偶然、反讽和团结［M］. 徐文瑞译. 北京：商务印书馆，2003.

[3]［美］理查德·罗蒂. 后哲学文化［M］. 黄勇译. 上海：上海译文出版社，2009.

[4] 陈亚军. 哲学的改造 从实用主义到新实用主义 [M]. 北京：中国社会科学出版社，1998.

[5] [美] 威廉·詹姆士. 实用主义：一些旧思想方法的新名称 [M]. 北京：商务印书馆，1979，内容提要.

[6] 顾红亮. 实用主义的误读——杜威哲学对近现代中国哲学之影响 [M]. 上海：华东师范大学出版社，2000.

[7] Justus Buchler. *Philosophical Writings of Peirce* [C]. New York：Dover Publications，Inc.，1955.

[8] 陈亚军. 实用主义：美国哲学的新希望? [J]. 哲学动态，1995 (4).

[9] [美] 希拉里·普特南. 理性、真理与历史 [M]. 童世俊、李光程译. 上海：上海译文出版社，1997.

[10] Hilary Putnam. *The Collapse of the Fact-Value Distinction and Other Essays* [M]. Cambridge：Harvard University Press，2002.

[11] 彭锋. 舒斯特曼与实用主义美学 [J]. 哲学动态，2003 (4).

[12] 李泽厚. 实用理性与乐感文化 [M]. 北京：生活·读书·新知三联书店，2005.

[13] 陈亚军. 实用主义：从皮尔士到普特南 [M]. 长沙：湖南教育出版社，1999.

[14] Anthony Giddens. *New Rules of Sociological Method：A Positive Critique of Interpretative Sociologies* [M]. New York：Basic Books，Inc.，1976；Margaret M. Poloma. *Contemporary Sociological Theory* [M]. New York：Macmillan Publishing Co.，1979.

[15] [美] 阿巴斯·塔沙克里、查尔斯·特德莱. 混合方法论：定性方法和定量方法的结合 [M]. 唐海华译. 重庆：重庆大学出版社，2010.

[16] R. Burke Johnson & Anthony J. Onwuegbuzie. Mixed Methods Research：A Research Paradigm Whose Time Has Come [J]. *Educational Researcher*，2004，Vol. 33，No. 7.

[17] John K. Smith & Lous Heshusius. Closing down the Conversation：The End of the Quantitative-Qualitative Debate among Educational Inquirers [J]. *Educational Researcher*，1986，Vol. 15，No. 1.

[18] Egon G. Guba. What Have We Learned about Naturalistic Evaluation ? [J]. *Evaluation Practice*，1987，Vol. 8，No. 1.

[19] Egon G. Guba. The Context of Emergent Paradigm Research [A]. Yvonna S. Lincoln. Organizational Theory and Inquiry：The Paradigm Revolution [C]. London：Sage，1985.

[20] 谢立中. 走向多元话语分析：后现代思潮的社会学意涵 [M]. 北京：中国人民大学出版社，2009.

[21] Kenneth R. Howe. Against the Quantitative-Qualitative Incom patibility Thesis or Dogm as Die Hard [J]. *Educational Researcher*，1988，Vol. 17. No. 8.

[22] Gitte S. Harrits. More than Method?：A Discussion of Paradigm Differences with in Mixed Methods Research [J]. *Journal of Mixed Methods Research*，2011，Vol. 5，No. 2.

[23] Russel S. Hathaway. Assumptions Underlying Quantitative and Qualitative Research：Implications for Institutional Research [J]. *Research in Higher Education*，1995，Vol. 36，No. 5.

[24] Abbas Tashakkori & Charles Teddlie. *Mixed Methodology：Combining Qualitative and Quantitative Approaches* [M]. Thousand Oaks，CA：Sage，1998.

[25] David L. Morgan. Paradigms Lost and Pragmatism Regained：Methodological Implications Combining Qualitative and Quantitative Methods [J]. *Journal of Mixed Methods Research*. 2007，Vol. 1，No. 1.

[26] Pierre Bourdieu etc. *An Invitation to Reflexive Sociology* [M]. Cambridge，UK：Polity Press，1992；Pierre Bourdieu. Science of Science and Reflexivity [M]. Palo Alto，CA：Stanford University Press，2004.

[27] Pierre Bourdieu. *In Other Words：Essays towards a Reflexive Sociology* [M]. Palo Alto，CA：Stanford University Press 1990.

[28] Abbas Tashakkori & John W. Creswell. Editorial：The New Era of Mixed Methods [J]. *Journal of Mixed Methods Research*，2007. Vol. 1，No. 1.

[29] 金生鈜. 教育研究实证方法的分析与研究方法的多元化 [J]. 教育研究，1993 (7).

[30] 譬如，见杨东平、周谷平. 我国当代教育中的科学主义取向 [J]. 清华大学教育研究，1997 (1)；郭元祥. 关于教育学研究的科学性的若干问题思考——兼析对教育学研究现状的评价 [J]. 华中师范大学学报（人文社会科学版），1997 (1)；毛亚庆. 论教育学理论建构的科学主义倾向 [J]. 北京师范大学学报（社会科学版），1997 (3)；张斌贤.

试析当前教育研究中的“唯科学主义”[J]. 清华大学教育研究，1998 (1).

[31] 王洪才. 人种学：教育研究的一种根本方法 [J]. 厦门大学学报（哲学社会科学版），2008 (3).

[32] 周作宇. 没有科学，何来主义？——为教育研究中的“科学主义”辩护 [J]. 华东师范大学学报（教育科学版），2001 (4).

[33] 本表只是为了简便起见而绘制，主要采取横向阅读方法。除个别栏目（如学科性质和价值观）外，纵向内容未必一一对应，比如规范学科论的逻辑推理未必就是归纳，事实学科论的研究层面未必就是宏观研究。其他同理。

[34] 董泽芳、胡春光. 从二元对立到多元综合——教育社会学方法论的历史演变 [J]. 华中师范大学学报（人文社会科学版），2006 (6).

[35] 刘云杉. 告别巴别塔：走入世界的中国社会科学 [J]. 北京大学教育评论，2011 (2).

[36] 吴康宁. 在假设的世界中生存——关于人的一个假设 [J]. 高等教育研究，2005 (9).

[37] 吴康宁. 当前我国教育社会学发展的三个基本问题 [J]. 教育研究与实验，2008 (6).

[38] 张人杰. 教育社会学的宏观与微观研究：区别、关系及贯通 [J]. 教育研究与实验，2010 (4).

[39] 钱民辉. 对国外教育社会学知识体系的思考 [J]. 北京大学学报（哲学社会科学版），2003 (1).

[40] 即“中西融通”、“古今贯通”、“科际会通”，参见注 [34].

[41] 吴康宁从 2004 年反对“‘尊奉’西方话语、套解中国现实”而提倡扎根“本土境脉”，到 2008 年提出“‘建设适合于中国的教育社会学’的指导方针”，2009 年认同学科资源吸取方式上的“好猫论”，再到 2010 年提出“走向‘教育社会理论’”（强调教育社会学有必要因应人文社会学科之间日增的交叉、互涉、综合而兼容并蓄其他学科的滋养，以便为解释与“解决”当下中国教育现实问题做出更加“切实有效”的贡献），可视为“实用主义”（“问题中心”、“综合论”、“实效论”意义上）色彩渐浓的一个典例。分别参见吴康宁.“有意义的”教育思想从何而来——由教育学界“尊奉”西方话语的现象引发的思考 [J]. 教育研究，2004 (5)；注 [37]；我国教育社会学的三十年发展（1979—2008）[J]. 华东师范大学学报（教育科学版），2009 (2)；“社会理论”的兴起对教育社会学意味着什么 [J]. 教育研究与实验，2010 (4).

[42] 吴康宁. 教育社会学 [M]. 北京：人民教育出版社，1998.

[43] Robert C. Angell. Science, Sociology, and Education [J]. *Journal of Educational Sociology*, 1928, Vol. 1, No. 7.

[44] Wilbur B. Brookover. Sociology of Education: A Definition. American Sociological Review, 1949, Vol. 14, No. 3.

[45] 林生传. 教育社会学 [M]. 台北：复文图书出版社，1985.

[46] 厉以贤. 试谈教育社会学的学科性质和研究对象 [J]. 北京师范大学学报（哲学社会科学版），1985 (2).

[47] 裴时英. 教育社会学 [M]. 天津：南开大学出版社，1988.

[48] 钱民辉. 教育社会学——现代性的思考与建构 [M]. 北京：北京大学出版社，2004.

[49] 楚江亭. 教育社会学研究与发展的困境及应重视的问题 [J]. 当代教育论坛，2003 (1).

[50] 杨昌勇、郑淮. 教育社会学 [M]. 广州：广东人民出版社，2005 (8).

[51] 张人杰. 中国大陆教育社会学的二十年建设 [J]. 华东师范大学学报（教育科学版），2001 (6).

[52] 张人杰. 教育社会学研究对象探索中需要澄清的三个问题 [J]. 教育研究，2009 (9).

[53] 钱民辉. 中国教育社会学研究的最新动向及评述 [J]. 北京大学学报（哲学社会科学版），2009 (3).

[54] 参见吴康宁. 现代教育社会学丛书 [Z]. 北京：北京师范大学出版社，2003，总序；我国教育社会学的三十年发展（1979—2008）[J]. 华东师范大学学报（教育科学版），2009 (2).

[55]《社会学视野中的教育丛书》（吴康宁主编，南京师范大学出版社 2006 年至今出版发行）或可视为其代表。

[56] Steven Lukes. *Emile Durkheim: His Life and Work* [M]. New York: Harper & Row, 1972; Michael Young & Johan Muller. Truth and Truthfulness in the Sociology of Educational Knowledge [J]. *Theory and Research in Education*, 2007, Vol. 5, No. 2.

我国的乐学思想传统*

□ 郭　戈（人民教育出版社研究员）

怎样使学生生动活泼学习、健康快乐成长，切实减轻过重的学业负担，是落实《教育规划纲要》、推进素质教育的一个重要问题，也是一个古老而复杂的教育难题。我国历代教育家十分重视乐学，提出了一系列真知灼见，形成了较为系统、一脉相承的乐学观，值得我们学习继承和发扬光大。

一、中国乐学思想发展的简要历程

中国的乐学思想发轫于孔子。子曰：“学而时习之，不亦说乎?”（《论语·述而》）“知之者不如好之者，好之者不如乐之者。”（《论语·雍也》）孟子是我国乐教的先导者，他把“得天下英才而教育之”视为人生一大“乐”（《孟子·尽心上》），并且作为职业理想不懈地去追求，与乐学思想并行，也体现了一种崇高的精神境界。此后，儒家学者的乐学观以及乐教观，大都是以此为依据加以阐发的。

秦汉之时，我国第一篇教育专著《学记》首次提出“乐学”概念：“不兴其艺，不能乐学”。还提出了使学生乐学的“启发诱导”原则和“兴其艺”的方法。《吕氏春秋》则论述了“乐”与“情”的关系，揭示了乐学的情感心理机制：“人之情不能乐其所不安，不能得于其所不乐。”（《孟夏纪》）强调“劝学”在于动“人之情”，“为之而乐矣”。（《诬徒》）汉代刘安在《淮南子》中明确表述了乐学的重要意义：“同师而超群者，必其乐之者也。”（《缪称训》）并将“乐”分为“内乐”与“外乐”，要求“以内乐外”，强调“著于心”之乐。（《原道训》）

宋代学者在重视快乐学习的基础上，指明了兴趣与乐学的内在联系。张载说：“学至乐则自不已”，“学者不论天资美恶，亦不专在勤苦，但观其趣向著心处如何”。（《经学理窟·学大原下》）程颢、程颐认为，“学至于乐则成矣”，但“教人未见意趣，必不乐学”。（《二程集·遗书》）朱熹也有相同言论。

在明朝，乐学思想进一步发展，并出现了专谈乐学的文献。湛若水认为“乐学”乃“自得之学”，“学不至于乐则不安，终非己有”。（《圣学格物通·进德业》）王守仁大声疾呼：“今教童子，必使其趋向鼓舞，中心喜悦，则其进自不能已。”（《传习录》）其弟子王艮的《乐学歌》以及李贽的《读书乐》无疑是中国古代乐学思想的生动体现。尤其是《乐学歌》写道：“乐是学，学是乐。呜呼！天下之乐，何如此学！天下之学，何如此乐!”（《王心斋语录》）这令人耳目一新，刮目相看。

清代学者也很关注乐学问题。王夫之提出“乐”、“勉”结合、以“乐”促“勉”的教学原则，强调“本心之乐为”之重要（《张子正蒙注·诚明篇》），将乐学思想提升到一个新水平。颜元“夜读不能罢，每先息烛，始释卷就寝。汝等求之，但得意趣，必有手舞足蹈而不能已者”（《颜习斋先生言

* 原载《课程·教材·教法》2014年第5期。

行录》卷上），形象地描绘了“得意趣”的学习是多么的快活和享受！王筠本着“学生是人，不是猪狗”和“人皆寻乐，谁肯寻苦”的朴素的人本理念，认为学习书中自有“乐趣”，（《教童子法》）不但要求教师把书讲活，把学生教活，在学习中获得乐趣，又以学生学习有无兴趣、是否快乐作为评判良师和庸师的标准。

进入20世纪，中国社会发生深刻变化，新教育制度得以确立。虽然中国传统教育思想受到了一定遏制，但是中国古代的乐学思想却与西方有不谋而合之处，并因符合新教育理念而得到继续发展。当时不仅引进了夸美纽斯、赫尔巴特、斯宾塞、杜威等人的快乐教育理论和兴趣学说，而且生成了以梁启超、蔡元培、胡适、陈鹤琴、朱光潜等为代表的新乐学思想。其中，梁启超撰写的《趣味教育与教育趣味》、《学问之趣味》是这方面的代表作。他认定“乐业即是趣味”[1]，“趣味教育”就是使学生“好之乐之”，“教育趣味”则是“乐哉教育！乐哉教育！”[2]两者归结为一点，即为“学而不厌、诲人不倦”。[3]胡适则“大劝人发痴”，其“所谓的‘痴’，就是‘精神所至’，不但‘好之’，而且‘乐之’，能有这种‘发痴’的精神，虽排万难，若行所无事”。[4]他们的这一番话都道出了中国古代乐学思想在现代的传承和新解。

二、中国乐学思想的文化基础

任何一种思想观点的产生和形成，都有其特定的基础和缘由。在西方，崇尚快乐的教育理论与其信奉的快乐主义或幸福主义哲学息息相关；在中国，乐学思想与儒家哲学特别是“乐”的境界文化和人生哲学紧密相连。

儒家学派是中国哲学思想中最重要的学派，儒家文化是中华文明的主导思想，包括“乐”以及“乐学”、“乐教”、“乐业”等许多重要观点主张都源于此。如果说道家的境界是“虚”与“静”，佛禅的境界是“空”而“寂”的话，那么儒家的境界就是“诚”与“乐”。“乐”是儒家学者不懈追求的一种很高的精神境界或境界文化，也是其信奉的一种人生哲学或人生态度。在孔子的思想中，除了仁义礼智信等人伦规范之外，“乐”可算是一个最为重要的概念了。“乐”也是孟子人格修养的一个高度，“与民同乐”、“乐以天下”（《孟子·梁惠王下》），“君子有三乐”、“乐莫大焉”（《孟子·尽心上》）等均为其言。此后，“乐”就成为儒家学者不懈追求的一个十分重要的精神境界，并始终贯穿在历代儒家学者的思想体系之中。[5]这个“乐”不是日常用语的“乐”的情感，更不是“对酒当歌，人生几何”和“人生得意须尽欢”所代表的享乐主义，而主要是指使人能够抗拒物欲诱惑、保持内心平和愉悦，以及大志之人所具有的与社会责任感、历史使命感相联系的求“仁”、求“道”、求“诚”之“乐”。这是一种纯粹的精神快乐，是有修养之人才具备的一种自由自觉状态。这种“乐”的境界文化和人生哲学体现在学习和教育上，就是“乐学”和“乐教”。

近代思想家梁启超将“乐学”和“乐教”阐释为“趣味教育”和“教育趣味”，并道出它的思想根源或理论基础，给了我们一个形象的解答。梁启超说：“我确信‘敬业乐业’四个字，是人类生活的不二法门”；“敬业即是责任心，乐业即是趣味”，是“我生平最受用的两句话”。[1]“孔子屡屡说：‘学而不厌，诲人不倦。’……问他为什么能不厌不倦呢？只是领略得个中趣味，当然不能自已。……孔子又说：‘知之者不如好之者，好之者不如乐之者。’诸君都是在教育界立身的人，我希望更从教育的可好可乐之点，切实体验，那么，不唯诸君本身得无限受用。”[3]“孟子说：‘君子有三乐，而王天下不与存焉。’那第三种就是‘得天下英才而教育之’。他的意思是说教育家比皇帝要快乐。他这话绝不是替教育家吹空气，实际情形确是如此。”梁启超接着说：“假如有人问我：‘你信仰的什么主义？’我便答道：‘我信仰的是趣味主义。’有人问我：‘你的人生观拿什么做根柢’？我便答道：‘拿趣味做根柢。’”[3]“我是个主张趣味主义的人，倘若用化学化分‘梁启超’这件东西，把里头所含一种元素名叫‘趣味’的抽出来，只怕所剩下的仅有个零了。”[6]

三、中国乐学思想的基本观点

（一）乐学的基本含义

“乐学”的“乐”除了包含上述“乐”的一般意义之外，还具有其特定的教育含义。

首先，“乐学”的“乐”不是“外乐”，即一时一事的表面喜悦，更不是感官之乐，而是“著于心”的“内乐”或“本心之乐”。《淮南子》写道：“不以内乐外，而以外乐内，乐作而喜，曲终而悲，悲喜转而相生，精神乱营，不得须臾平。……夫内不开于中而强学问者，不入于耳而不著于心，此何以异于聋者之歌也，效人为之，而无以自乐也。”（《原道训》）意思是说人如果不能从内在心理上产生学习的爱好和乐趣，即便强迫他去学习或质疑问难，也只能是耳朵听见了，却不能牢固记在心里。这样的人如同聋子唱歌，仿效人是不会获得成功的。这表明了追求由外在事物或感官物质刺激得来的快乐（即“外乐”），是表面而暂时的，作用有限甚至有害；而“以内乐外”、“著于心”的精神愉悦（即“内乐”），则是内在而持久的，为学习所需要，也是真正有效的。清代的王夫之也很重视学习主体者的内心意愿，强调要“本心之乐为”。他说：“苟非其本心之乐为，强之而不能以终日，故学者在先定其情，而教者导之以顺。”在他看来，“和者于物不逆，乐者于心不厌”，只有发自内心把学习视为乐趣，才能不畏艰苦，“欣然有得”。（《张子正蒙注·诚明篇》）这种“乐学”的“内乐”观，反映了对学习者快乐情感和心理愉悦的深度和强度的特别关注。

其次，“乐学”的“学”是基于“知之”、“好之”上的“己有”之物、“自得之学”。这种解说则反映了学习者与所学内容的内在关系和紧密联系，体现了对学习者学习状态和结果的深刻和境界的特别关注。北宋的程颢、程颐说：“学至于乐则成矣。笃信好学，未知自得之为乐。好之者，如游他人园圃；乐之者，则己物尔。”（《二程集·遗书》）南宋的张栻进一步阐释说：“知之者，知有是道也；好之者，用工之笃也；至于乐之，则工夫至到而有以自得矣。譬之五谷，知者知其可食者也，好者食之者也，乐者食之而饱者也。知之而后能好之，好之而后能乐之，知而不能好，则是知之未至也；好之而未及于乐，则是好之未至也。此古之学者所以自强而不患者与?”（《论语解》卷三）意思是说“知之者”只懂得要学习的道理；“好之者”既知道其道理，又付诸行动；而“乐之者”不仅付诸实践，还能从学习实践中得到心理愉悦和享受。这就好比五谷，“知之者”知道它可以吃；“好之者”既知道它可以吃，又亲自去品尝了；而“乐之者”则不仅知道它能吃，而且还饱餐一顿，吃了个痛快。“知之”而不能“好之”，是因为知的深度不够；“好之”而不能达到“乐之”，是因为好的程度不够。明代的湛若水说：“乐者，乐此者也。学不至于乐则不安，终非己有，故作乐以安之，如田之入为己有也。此自得之学也。”（《圣学格物通·进德业》）在他看来，达到了乐学状态，就是“自得之学”，所学才能够真正同化内化而为己所有。朱光潜认为“培养趣味好比开疆辟土，须逐渐把本非我所有的变为我所有的”[7]，说的也是这个道理。

（二）学习可以成为一件快乐的事情

在思想理念上把学习视为快乐的事情，是对学习过程一般规律特点认识的深化和拓展，也是乐学思想和学习愉快原则的重要基础和依据。《论语》开篇即道：“学而时习之，不亦说乎？有朋自远方来，不亦乐乎?”（《论语·学而》）孔子认为学习是一件愉快的事情，求知过程本身就应该充满乐趣。在教书育人过程中，不但孔子本人能够“学而不厌，诲人不倦”且“发愤忘食，乐以忘忧”（《论语·述而》），堪称乐学的楷模和乐教的典范，而且其弟子也多像他一样“乐亦在其中矣”（《论语·述而》），特别是颜回“一箪食，一瓢饮，在陋巷，人不堪其忧，回也不改其乐”（《论语·雍也》）。

此后，不少教育家都把学习当成一件乐事，并提出了一些相关论据。如王守仁从儿童天性和心理出发，认为“大抵童子之情，乐嬉游而惮拘检，如草木之始萌芽，舒畅之则条达，摧挠之则衰痿。今教童子，必使其趋向鼓舞，中心喜悦，则其进自不能已；譬之时雨春风，沾被卉木，莫不萌动发越，自然日长月化”（《传习录·训蒙大意》）。王筠基于以人为本的理念和避苦趋乐的原则明确指出：“人皆寻乐，谁肯寻苦？读书虽不如嬉戏乐，然书中得有乐趣，亦相从矣。”（《教童子法》）王艮更进一步说：“乐是乐此学，学是学此乐；不乐不是学，不学不是乐；乐便然后学，学便然后乐。乐是学，学是乐。呜呼！天下之乐，何如此学？天下之学，何如此乐?”（《王心斋语录》）他认为，学习的实质就在于快乐，快乐的真正源泉在于学习，他还把学习看作天下最大的快乐和享受，从而使“学习本身是快乐的”这一观点达到了极致。

（三）乐学的重要作用

关于乐学的重要性，历代教育家论述颇多，仅举几例。汉代《吕氏春秋》最早从情感心理机制上对乐学进行了分析：“人之情不能乐其所不安，不能得于其所不乐。……反诸人情，则得所以劝学矣。”（《吕氏春秋·孟夏纪》）意思是说一个人若能从心理情感上把学习当成一件快乐的事，真正沉浸在学习的乐趣之中，就一定能学有所得。刘安讲得更为明白：“知人无务，不若愚而好学。”（《淮南子·修务训》）“从同味而嗜厚膊者，必其甘之者也。同师而超群者，必其乐之者也。弗甘弗乐而能为表者，未之闻也。”（《淮南子·缪称训》）意思是说一个人即使天资很聪颖，但若不好学自强，还不如愚笨的却积极投入学习的人。同样学习，只有那些热爱学习、以学为乐的人，才能出类拔萃。不甘之、不乐之却企图学习优秀、出类拔萃，只能是痴人说梦。

北宋张载在《张子全书》中认为，乐学的作用在于保持学习的持久性，可以永不停业，即所谓“乐则可久”（《经学理窟·义理》），“乐则自不已”，并且“人若志趣不远，心不在焉，虽学无成”。（《经学理窟·学大原下》）在他看来，乐学的泉源——“志趣”是学习的重要心理条件，是决定学习成效和学业成功的关键因素。明代王守仁认为，乐学的效果不但“常使精神力量有余，则无厌苦之患，而有自得之美”（《传习录·教约》），而且“使其乐习不倦，而无暇及于邪僻”（《传习录·训蒙大意》）。否则，学生厌学不乐，则会“视学舍如囹狱而不肯入，视师长如寇仇而不欲见，窥避掩覆以遂其嬉游，设诈饰诡以肆其顽鄙，偷薄庸劣，日趋下流”（《传习录·训蒙大意》）。

（四）以学为乐的教育目标

在西方，把兴趣和快乐视为教育教学的一个重要目的或目标，始于赫尔巴特和斯宾塞，发展于赫尔巴特学派和杜威学派（包括泰勒）。[8]在中国，持有这种观点者也不鲜见，且更为古老。子曰：“知之者不如好之者，好之者不如乐之者。”（《论语·雍也》）“学而知之者，次也；困而学之，又其次也；困而不学，民斯为下矣。”（《论语·季氏》）可见，孔子将学习状态和境界分成了若干等级，依次为“困而不学”、“困而学之”、“学而知之”、“好之”、“乐之”。其中，在“知之”或“学而知之”基础上的以学为好特别是以学为乐，是学习的最佳效果和学业的最高境界，也是教学的最高目标和教育的重要任务。孔子的这一观点及其好学乐学精神，深深影响和激励了后世的儒家学者。如宋代程颢、程颐说：“学至于乐则成矣。”（《二程集·遗书》）张栻说：“好之而未及于乐，则是好之未至也。”（《论语解》卷三）元代吴澄也说：“读书当知书之所以为书，知之必好，好之必乐。既乐，则专在我。苟至此，虽不读，可也。”（《宋元学案·草庐学案》）王守仁从教育者出发认为：“凡习礼歌诗之数，皆所以常存童子之心；使其乐习不倦，而无暇及于邪僻。教者如此，则知所施矣。”（《传习录》）这些都是对孔子这一重要观点主张的积极回应和共识。

中国古代以学为乐的教育目标将以学为乐视为学习最高境界和教育目标的观点，又为近代一些教育家所继承，并发展为培养学生学习“趣味”、“兴味”的教学目的观。如梁启超在研究了中国古代特别是孔子的好之乐之及其“学而不厌，诲人不倦”

的精神后，明确提出："'趣味教育'这个名词，并不是我所创造，近代欧美教育界早已通行了，但他们还是拿趣味当手段（其实这是误解——笔者注），我想进一步，拿趣味当目的。"蔡元培说："我们教书，并不是像注水入瓶一样，注满了就算完事，最重要的是引起学生读书的兴味。"[9]朱光潜也说："真正的文学教育不在读过多少书和知道一些文学上的理论和史实，而在培养出纯正的趣味。"[7]在他们看来，教授学问、掌握知识固然重要，但使学生学有兴趣、学得快乐则更为高明。这一观点不仅有着重要的历史价值，而且对现实也具有重要的指导意义。

（五）以乐为主的教学评价

在西方，把兴趣快乐作为选择知识和评价教学的重要指标的观点，始于斯宾塞，发展于泰勒。[8]在我国，北宋的张载就说过："学者不论天资美恶，亦不专在勤苦，但观其趣向著心处如何。"（《经学理窟·学大原下》）在他看来，学习的好坏、学业的评价，不在于其天资优劣，也不单单决定于是否勤苦，而要看他的志趣、心向。清朝的王筠说："观其弟子欢欣鼓舞，侈谈学问者，即知是良师也。若疾首蹙额，奄奄如死人者，则笨牛也，其师将无同。"（《教童子法》）他认为教师是良师还是庸师，观察学生是否乐学即可分辨：如果学生学习时欢欣鼓舞，敞开心扉，乐在其中，教师即为良师；倘若学生学习时疾首蹙额，呆若木鸡，形同笨牛，教师必是庸师。

四、乐学的教学原则和方法

我国历代教育家提出了不少关于快乐教学的规则和方法。归纳起来，主要有下列几点。

（一）启发诱导

在教学中能否运用启发式教学，是学生能否好学乐学的首要问题。我国古代教育家历来认为，死记硬背或强行灌输，学生必视学习为苦差事。梁启超也指出，现代教育阻碍乐学或"摧残趣味有几条路，头一件是注射式的教育：教师把课本里头的东西叫学生强记，好像嚼饭给小孩吃"。[3]因此，历代教育家一贯主张教学要启发诱导。所谓"不愤不启，不悱不发；举一隅，不以三隅反，则不复也"（《论语·述而》），"君子引而不发，跃如也"（《孟子·尽心上》），"君子之教，喻也。道而弗牵，强而弗抑，开而弗达"（《学记》），即是其中的精彩论述和核心内容。韩愈授课"讲评孜孜，以磨诸生，恐不完美，游以恢笑啃歌，使皆醉义忘归"（皇浦湜《韩文公墓志》），则是启发诱导教学实践的一个典型代表。启发诱导既是一种教学方法，又是一个教学原则。中国教育史中创造出来的在启发式教学原则之下的教学方法有很多，如举一反三、循序渐进、深入浅出、循循善诱、温故知新、长善救失、教学相长、质疑问难、触类旁通、寓教于乐等，限于篇幅，恕不一一赘述。

（二）"学"、"习"并重

子曰："学而时习之，不亦说乎？"（《论语·学而》）朱熹注解道："说，喜意也。既学而又时时习之，则所学者熟而中心喜说，其进自不能已矣。"（《四书章句集注·论语集注》）"学"是从书本或师授中获取知识技能，"习"是通过个体的实践活动对已学的知识技能进行熟练和巩固。在学习过程中，只要不断地将"学"与"习"有机结合起来，就能收到良好的学习效果，学习也就能成为一件愉快的事情。中国古代思想家一贯强调知行统一、言行一致的学习原则，主张学以致用，温故知新，学思结合，认为一味地脱离实践的学业和缺失行动的求知，根本不可能好学、乐学，也谈不上真正"知道"，甚至"与不知同"。（黄晞《聱隅子·生学篇》）

（三）"兴其艺"

《学记》提出："时教必有正业，退息必有居学。不学操缦，不能安弦；不学博依，不能安诗；不学杂服，不能安礼；不兴其艺，不能乐学。故君子之学也，藏焉，修焉，息焉，游焉。"这里的"操缦"、"博依"、"杂服"是围绕"弦"、"诗"、"礼"等"正业"服务的，"艺"指课外的活动、感性认识、对人接待等。这段话的意思是：如果不经过课外的技艺和实际训练，学生就学不好正课，也就谈不上愉快学习。善于学习的人，学时很努力，休息时就尽兴地搞课外活动。

（四）“见意趣”

中国古代对于“乐”与“趣”关系的论述有不少，如朱熹说：“教人未见意趣，必不乐学。”（《小学集注》）“若读之数过，略晓其义即厌之，欲别求书看，则是于此一卷书犹未得趣也。”（《学规类编》）清朝的颜元也说：“夜读不能罢，每先息烛，始释卷就寝，汝等求之，但得意趣，必有手舞足蹈而不能已者，非人之所能为也。”（《颜习斋先生言行录》卷上）梁启超也说，孔子等先贤之所以“不厌不倦”，“可好可乐”，正是因为他们“领略得个中趣味，当然不能自已”。[3] 不难看出，“趣”是“乐”的泉源，兴趣愈大，则所得的快乐亦愈大。要使学生“乐学”，须先引发“其趣”或“意趣”。换言之，教育者不能责怪学生不“乐学”，而应当检查自己教的内容是否引起了学生的兴趣。

（五）“知之”、“好之”

在古人看来，“乐之”是有基础的，不是凭空而乐，没有“知之”、“好之”，就不可能有真正的“乐之”。首先，要乐学，基础在于知学，即知道学习的内容，明白学习的重要，有学习的愿望。其次，要乐学，关键在于好学，即爱好学习，热爱学习，对学习有兴趣，还有学习的意志。子曰：“君子食无求饱，居无求安，敏于事而慎于言，就有道而正焉，可谓好学也已。”（《论语·学而》）孔子要求学者饮食不求饱足，居住不求舒适，学业勤劳敏捷，说话小心谨慎，把心思用到向德才兼备等有道的人那里去匡正自己。后来，西汉后期的扬雄也提出了一个“好学”标准：“学以治之，思以精之，朋友以磨之，名誉以崇之，不倦以终之。可谓好学也已矣。”（《法言·学行》）他认为，一个人只有坚持以学习获取知识，以思考精通学问，靠朋友相互研讨共同提高，用荣誉激励上进心，并通过持之以恒的专心追求来完成学业、取得成就，才可以称得上是一个真正“好学”的人。否则，“无好学之志，则虽圣人复出，亦无益矣”。（《二程集·粹言》）

（六）教材切合学童

我国古代教材特别是蒙学教材，如《三字经》、《百家姓》、《千字文》、《千家诗》、《杂字》等，多出自名人之手，注重人伦道德、生活知识、名物常识和历史故事，力求将知识性、教育性和趣味性融为一体，编写采用韵语和对偶句式，文字简练，通俗易懂，老幼皆宜，便于记诵，读起来朗朗上口，符合学童年龄心理。这既有利于学童乐学，也是蒙学书能够长久流行、为社会长期接受的一个重要原因。

（七）“乐教”感染

教育是教育者与受教育者心灵交融的工作，师生情感存在着共鸣效应。为了让学生好学乐学，孔子不但要求教师“学而不厌，诲人不倦”，而且他自己身体力行，率先垂范，“乐亦在其中矣”，甚至“发愤忘食，乐以忘忧，不知老之将于云尔”。（《论语·述而》）所以，他的学生受其教诲和感染，大多为好学者或乐学者。孟子更是明确将“得天下英才而教育之”作为人生三大乐事之一，把乐教当作一种崇高的职业理想去追求，并且也注重以乐教吸引学生乐学：“夫子之设科也，往者不追，来者不拒”。（《孟子·尽心下》）韩愈曾评论说：“乐得天下英才而育之。此皆圣人贤士之所极言至论，古今之所宜法者也。”（《韩愈集》卷十六《上宰相书》）梁启超受这一思想的影响和启发，提出了“教育趣味观”，并进一步阐明了“教育趣味”与“趣味教育”的内在联系。教师能够心甘情愿地乐教爱生，教学不厌，诲人不倦，饶有兴味，必然会传导和感染给学生，促进其乐学爱学。从乐教思想的传承和发展来看，其意义不仅在于让教师具备一种崇高的职业理想和精神境界，还在于如此可以有效地促进学生好学、乐学。

（八）“乐”、“勉”相济

我国教育家历来认为，乐学不是游戏，更不是放任自由；学习是一种艰苦的劳动，必须有严谨刻苦的学习态度，勉力顽强的学习精神，才能把学习搞好。但是，如果只有勉强而无“本心之乐为”，则学习“不能以终日”。王夫之的创新在于强调

“乐”“勉”统一，以“乐”促“勉”。他说：“勉强之功，亦非和乐则终不能勉；养蒙之道，通于圣功，苟非其本心之乐为，强之而不能以终日。故学者在先定其情，而教者导之以顺。”因为“和者于物不逆，乐者于心不厌”，只有把学习视为乐趣，才能不畏艰苦，“欣然有得”。(《张子正蒙注·诚明篇》)

五、简单的结语

无论在西方还是在中国，都长期客观存在着对快乐或愉快与教育和教学之间内在联系的普遍认同，这种认识在各自的时空中从小到大、由弱至强，逐步形成了一套完整的思想理论体系。在西方，快乐教育思想源于古希腊的柏拉图，初建于文艺复兴后的夸美纽斯，成熟于19世纪后期的斯宾塞，流行于20世纪欧美的“进步主义”和“新教育”者。中国是世界上公认的文明古国，而且具有文化传承不断、始终如一的突出特征。中国传统教育思想和学习理论源远流长，博大精深，乐学思想便是其中的一个典型代表和突出范例。综上所述可以看出，中国乐学思想源远流长、始终不断且一脉相承，经历了一个不断发展和完善的历史过程。其表达简洁精练，内涵丰富深刻，观点鲜明独到，体现了教与学、学与习、情与意的统一，涉及教育领域的诸多方面和教学结构的诸多因素，并演进成为中华民族一个优秀的传统教育思想，完全可以与西方的快乐教育思想理论相媲美。有人认为我国教育家只有关于乐学的真知灼见，没有形成完整的理论体系或思想传统，这种看法有失公允。

我国既有关于好学、乐学乃至乐教的思想传统，也有以“十年寒窗苦读”、“学海无涯苦作舟”和“头悬梁，锥刺骨”为代表的关于苦学苦练的一贯主张。两者相辅相成，并行不悖。乐与苦、乐学与苦学是辩证统一的关系，它们既有矛盾、相互对立，又互为因果、相互转化。如上所述，乐学思想基于中国儒家学者“乐”的境界文化和人生哲学，其“乐”是“著于心”的“内乐”或“本心之乐”，其“学”是基于“知之”、“好之”上的“已有”之物、“自得之学”。表明了快乐不是单纯的情感愉悦和表面之乐，更不是享乐主义；乐学不是少学不学和没有必要的学业负担，更不是游戏玩乐；快乐教育也不是轻松教育，更不是放任纵容。如果把乐学或快乐教学简单地理解为娱乐、游戏、轻松或没有学业负担的教育，把乐学与勤奋刻苦、艰苦奋斗对立起来，那是简单肤浅的认识。

改革开放以来，我国教育事业繁荣发展，快乐教育、愉快教学也得到学校和社会前所未有的关注，相关的理论研究、创新实践和试验成果也不断涌现。但在实际当中，快乐教育如同素质教育一样曲高和寡，学生学习不乐的问题仍很突出。为此，《教育规划纲要》强调指出，学前教育要“遵循幼儿身心发展规律，坚持科学的保教方法，保障幼儿快乐健康成长”，中小学特别是义务教育要注重“培养学生学习兴趣和爱好”，“减轻课业负担，保证学生生动活泼学习、健康快乐成长”。这些为乐学的实施和快乐教育的发展提出了新的更高要求，也提供了重要的政策依据和宽松的环境。我国的乐学思想传统为现代快乐教育或愉快教学的发展与理论建构，提供了重要的历史依据，奠定了坚实的理论基础。只要我们认真借鉴和继承发扬这一优秀的传统教育思想，就一定能够探寻一条使学生生动活泼学习、健康快乐成长之路。

参考文献：

[1] 梁启超. 敬业与乐业［M］//饮冰室合集：第5册. 北京：中华书局，1989.

[2] 梁启超. 教育家的自家田地［M］//童秉国. 梁启超作品精选. 武汉：长江文艺出版社，2005：346.

[3] 梁启超. 趣味教育与教育趣味［M］//童秉国. 梁启超作品精选. 武汉：长江文艺出版社，2005：336—341.

[4] 胡适. 胡适之先生劝人发痴［M］//白吉庵，刘燕云. 胡适教育论著选. 北京：人民教育出版社，1994.

[5] 李春青. 论儒学体系中的“乐”范畴［J］. 广东社会科学，1996 (3).

[6] 梁启超. 学问之趣味［M］//童秉国. 梁启超作品精选. 武汉：长江文艺出版社，2005：348.

［7］朱光潜. 谈趣味［M］//朱光潜全集：第三卷. 合肥：安徽教育出版社，1993：348.

［8］郭戈. 兴趣课程观述评［J］. 课程·教材·教法，2012（3）：3—11.

［9］高叔平. 蔡元培教育论著选［M］. 北京：人民教育出版社，1991：526.

话语的竞争：进步主义教育协会史*

□ 张斌贤（北京师范大学教授）

在美国，无论是在20世纪五六十年代进步主义教育运动研究的高潮时期，还是在20世纪90年代以来逐渐形成的进步主义教育研究的“复兴”时期，除了克雷明（Lawrence Cremin）的《学校的变革》、格拉汉姆（Patricia A. Graham）的《进步主义教育协会史》（1967年）等为数不多的论著外，关于进步主义教育协会历史的专门研究一直没有受到应有的关注。而在我国，这种研究更为缺乏，迄今为止，仅有一篇发表于20世纪80年代中期的概述性文字。[1]

事实上，不论协会创建者主观上期待协会扮演什么样的角色，也不论协会实际发挥了怎样的作用，在20世纪20—40年代风起云涌、波澜壮阔的美国教育变革过程中，进步主义教育协会都是难以忽略的存在。进步主义学校改革实验的推进、儿童中心观念的传播与实践、进步主义教育运动的变迁、“八年研究”（1933—1941年）的开展、生活适应运动的兴起等一系列在美国教育史上具有重要影响的现象、运动和改革，都与进步主义教育协会密不可分。正如克雷明所说：进步主义教育协会的解散和《进步主义教育》杂志的停刊，“标志着美国教育一个时代的结束”[2]。

进步主义教育协会虽然仅仅存在了36年时间（1919—1955年），但正是在这个短暂的生存期间，协会本身充满了变化、矛盾和冲突，从而呈现出显著的阶段性特征。格拉汉姆曾将进步主义教育协会的历史划分为七个阶段：探寻年代、从区域走向全国、思想观念的摇摆、成熟阶段、目标的困惑、最后的事业、终结。[3]这种分期的长处是细致、具体，其弊端则是过于琐碎，难免前后交叉重叠，从而不利于清晰地梳理协会变迁的历史。

通过对进步主义教育协会史的梳理，可以清晰地发现，在1919年协会创建后的第一个10年，是协会充满激情和生机、和睦无间的“蜜月期”，或者如曾任协会第四任会长的柯布（Stanwood Cobb）所说的，是一个“浪漫的开端”。在协会内部特别是其主要成员之间，并不存在明显的思想观念的分歧，对传统教育的不满、对改革美国教育的热情、对解放儿童的渴望，成为他们共同的价值取向，“七项原则”是他们共同信念的表达。正因如此，在短短的10年间，协会克服了经费、人员等方面的巨大困难，逐渐成为一个具有全国性影响的社团组织。从1930年起，进步主义教育协会进入第二个发展阶段。在这个阶段中，以柯布的卸任、协会领导层的逐渐全面更替，以及1932年康茨（George Counts）发表“进步主义教育敢于进步吗?”的讲演为标志，协会发生了一系列重大的转变。其中最为重要的转变就是协会指导思想的变化，由此引起了“儿童中心论”与“社会改造主义”的激烈争论，并最终导致协会在组织上的分裂。对进步主义教育协会而言，从20世纪40年代初开始的10余年，实际上是一段过于漫长的“垃

* 原载《高等教育研究》2014年第2期。

圾时间”。在这个阶段中，除了徒劳无功地不断修改原则声明、毫无意义地更改协会名称之外，协会的所有活动均先后中止，协会仅仅存在于一份会员名单上。

据此，可以将进步主义教育协会的历史划分为三个主要阶段：（1）从 1919 年协会成立至 1929 年，这是协会内部思想原则高度一致的“和谐期”。（2）从 20 世纪 30 年代初到 30 年代末，这是思想观念剧烈冲撞、协会组织盛极而衰的“冲突期”。（3）从 20 世纪 30 年代末到 1955 年的“沉寂期”，这个时期协会内部虽无观念的冲突，但也失去了继续自我发展的动力，解散是协会唯一可以预料的结局。

一、浪漫的开端：1919—1929 年

与其日后跌宕起伏的变化过程不同，进步主义教育协会最初的故事可谓平淡无奇。1919 年 4 月 4 日（一说 3 月 15 日①），一百多名教育界人士和关心教育改革的社会人士在华盛顿特区公共图书馆大厅举行集会。会议宣告进步主义教育协会成立，吸收了第一批 85 名会员，并得到了 86 美元会员费和几百美元捐赠。

最初设想建立一个教育协会的是约翰逊（Marietta Johnson），她是有机教育（Organic Education）实验的发起人。1918 年初，约翰逊邀请时任美国海军学院英语教师的柯布帮助她建立一个全国性的协会，以推广有机教育实验。柯布虽然接受了约翰逊的建议，但鉴于此前蒙台梭利协会失败的教训，他认为仅仅致力于推广某一种特定教育学说的组织很难成为全国性的组织。1918 年秋，柯布初步拟订了建立协会的计划。从 1918 年冬至 1919 年初，柯布、史密斯（Eugene Randolph Smith）、乔治（Anne E. George）以及约翰逊、弗罗利切（Francis M. Froelicher）等人在华盛顿定期举行会议，讨论协会的宗旨，并为协会命名。他们最初提出的名称是“实验学校促进会”（Association for the Advancement of Experimental Schools），后因担心公众不愿意其子女成为教育改革的“实验品”而反对教育实验，因此取名为“进步主义教育促进会”（the Association of the Advancement of Progressive Education）。在 1920 年的年会上，协会名称被简化为“进步主义教育协会”（the Progressive Education Association，PEA）。

协会成立后，协会的核心成员决定利用柯布祖父与哈佛大学前校长埃利奥特（Charles Eliot）的个人关系，邀请埃利奥特出任会长。[4] 埃利奥特以年龄和健康状况为由，只同意出任协会的名誉会长（1926 年埃利奥特去世，1928 年杜威应邀担任名誉会长，一直到其 1952 年去世）。在进步主义教育协会创建早期，具体负责协会工作的主要是其执行委员会（Executive Board），它与咨询委员会一起构成了协会的领导机构。从 1920 年起，协会开始设立会长一职。1926 年秋天，由于得到足够的资助，协会有能力聘请专职的执行秘书管理协会的日常活动。斯奈德（Morton Snyder）是第一个担任此职的人，他的继任者是多利（J. Milton Dorey）。

1924 年，在孔利（Avery Coonley）夫人的资助下，协会创办了会刊《进步主义教育——最新教育趋势评论》（以下简称《进步主义教育》），并成立了由孔利夫人、莫斯（Lucia Burton Morse）和柯布组成的出版委员会，负责会刊的筹划和出版等工作。在前后几任主编哈特曼（Gertrude Hartman）、弗罗利切、舒梅克（Ann Shumaker）、福斯特（Frances Foster）、克拉普（Elsie Clapp）和海姆斯（James L. Hymes，Jr.）的努力下，《进步主义教育》逐渐成为协会的舆论阵地，对扩大协会的全国性影响发挥了重要作用。进步主义教育协会之所以能在较短的时间内成为一个具有全国性影响的组织，《进步主义教育》杂志发挥了独特的作用。

协会成立后，先后开展了各种形式的活动，其中最重要的活动形式是年会。1920—1929 年，协会先后在华盛顿、戴顿、巴尔的摩、芝加哥、费城、波士顿、克里夫兰和纽约召开了八次年会（1924 年未举行）。在创建时期，年会是进步主义教育协会发挥交流平台作用最为有效的途径。正如

柯布所说，通过年会，“我们相聚在一起，带来了我们的兴趣和问题，相互了解，并形成一种友爱和热情，这对于新的教育运动是至关重要的”[5]。协会开展的另一项重要活动是从1929年开始举办“暑期学院”（Summer Institute）。第一期“暑期学院”在宾夕法尼亚州立学院开办，培训了145名学员。与年会不同，“暑期学院”的主要目的是在中小学教师中普及、传播进步主义教育原理和新的教育方法、手段。通过以上活动，进步主义教育协会的影响不断扩大。一个重要的标志是会员人数的剧增：从1919年到1929年，会员人数从最初的85人增加到6 469人。协会的年度预算达到3.5万美元。

在波澜不兴的10年间，凭借协会部分成员的巨大热情和少数慈善人士的鼎力相助，进步主义教育协会不仅形成了协会的组织框架，还创办了协会的会刊，得到了埃利奥特和杜威的道义支持，吸引了哥伦比亚大学师范学院等大学专业教育学者的参与，开展了一系列具有实际成效的活动，逐渐从一个名不见经传的小团体成为一个全国性的组织。正因如此，农伯格（Margaret Naumburg）在评论进步主义教育协会1928年年会时指出：“在今天的美国，任何有悖于‘进步主义教育’的东西都已经完全过时了。没有人再愿意被人说成是保守主义者。所以，在进步主义教育协会第八次年会上，你可以发现来自于公立和私立学校的形形色色的激进主义、进步主义和温和的保守主义的教育工作者……”[6]

1929年，柯布曾著文回顾进步主义教育协会在创建时期的经历，文章的标题为《浪漫的开端》（*the Romance of Beginning*，或译作《开端的故事》）。从诸多方面看，1919—1929年确实是协会的黄金时期，一切看起来似乎都是那么美好与和谐。但也正是这个浪漫的年代，潜藏着一系列日后引发冲突、动荡的因素。

柯布曾解释说，协会之所以用“进步主义”和“进步主义教育”命名，是因为这两个词汇已广泛流行于各种书籍、报刊和公众集会中，用它们来表示美国正在出现的“新教育”，将更易于为公众所接受。[7]柯布指出：“进步主义教育协会建立于这样一种认识的基础之上，全国成千上万的父母和教师对现行的教育模式不满，他们期待着某种更好的教育。”[8]他又说：“‘进步’这个词被用于一种专门的和特定的教育模式；两年前，它在华盛顿被一批人首先用于建立‘进步主义教育协会’——这是一个把运用某种新方法的教育工作者和对进步主义教育感兴趣的社会人士集合在一起的协会。”[9]从柯布的这些文字可以看到，那些发起成立协会的人士，其初衷或协会最初的组织目标是推动一切教育革新，而不是倡导某一种特定的教育实验。正因为如此，进步主义教育协会的组织目标不过是搭建一个供不同教育实验探索进行交流的平台，“为正在全国不同地区进行的分散的和不一致的教育改革尝试提供一个中心”[10]，并不承担更大的使命。② 在进步主义教育协会1920年制定的章程中，确定协会的目标是：(1) 宣传进步主义教育的原则；(2) 通过教育公众，引导公共教育走向进步主义；(3) 为外部人士和教师提供服务。[11]这种对组织定位和目标的构想，在协会1920年颁布的“七项原则”中得到了充分的体现。

“七项原则”是由史密斯领导的一个委员会负责起草的。与柯布、约翰逊等协会早期领导人相比，史密斯的思想主张更为开放和平衡。因此，由他负责起草协会的原则声明无疑是明智的选择。“七项原则”的主要内容包括如下几点。

1. 自然发展的自由。学生的行为应当由他自己根据社会的需要，而不是由专横的规则加以控制。应当为创造性和自我表现提供充分的机会，并伴随以充满为每个学生自由使用的有趣材料的环境。

2. 兴趣：一切作业的动机。兴趣应当通过以下途径加以满足和发展：(1) 与世界及其运动的直接和间接的接触，以及由此获得的经验的运用；(2) 已有知识的运用和不同科目的相互联系；(3) 成就感。

3. 教师是指导者，而不是监工。教师应当坚信进步主义教育的目的和一般原则，应当为主动性和独创性的发展提供条件，这是非常重要的。进步主义教师将鼓励所有感官的运用和学生观察力与判断力的训练，将把大部分时间用于教导学生如何运用各种来源（包括生活活动和书籍）的知识，而不只是聆听背诵；并教导学生如何获得有关知识的推论，如何有说服力和逻辑地表达已经得出的结论。理想的教学条件要求班级应当是小型的，尤其是在小学。

4. 学生发展的科学研究。学校档案不应仅限于教师给学生评定的、用以表明学生在科目学习所取得的成绩的分数，而应包括关于身体的、智力的、道德的和社会的特征的客观和主观的报告，这些特征既影响学生的学校生活和成年以后的生活，又受到学校和家庭的影响。这样的档案应当用作对待每一个学生的指南，并促使教师关注学生发展的一切重要方面，而不只是讲授教材。

5. 对影响儿童身体发展的一切因素给予更大的注意。进步主义教育首先需要考虑的一件事是学生的健康。活动的充分空间、良好的照明和通信条件、清洁和空气流通的校舍、户外场地的易于接近和大量利用，都是必要的；应当充分利用操场；教师应与家庭合作，密切注意每一个学生的身体条件；健康是童年时期的首要目标。

6. 学校与家庭合作，以满足儿童生活的需要。学校应与家庭一起，尽可能地提供儿童的自然兴趣和活动所需要的一切条件，特别是小学期间。这些条件只能产生于父母与教师的明智合作。

7. 进步主义学校是教育运动的领导。进步主义学校应当成为教育运动的领导，它应当是一个实验室。在那里，有价值的新思想受到鼓励；在那里，传统不再支配一切，而过去的精华与今日的发现相互影响，其结果是教育知识总量的大量增加。[12]

尽管诸多学者认为“七项原则”具有明显的儿童中心论倾向③，但就当时的情势而言，这些原则其实是高度开放和具有很大包容性的。其中既有帕克（Francis Parker）、霍尔（Stanley Hall）、杜威（至少是早期和中期的杜威）等人的思想因素，也有约翰逊、柯布等人的思想因素，甚至还包括了一些进步主义教育家所反对的具有科学主义倾向的主张（如强调对学生发展的科学研究）。“七项原则”的巨大开放性和包容性实际上反映了三个方面的问题。首先，因为协会的组织定位和目标是推进一切教育革新的努力，是各种新教育实验的交流平台，所以，协会的思想倾向注定不能是单一的，而是多元的；注定不能以某一种教育原理为主导，而是多种教育理论并存，因而是平衡的。其次，在早期，协会的领导人与核心成员其实既没有系统的教育理论，也不存在一致的教育思想，只有共同的追求。正如格拉汉姆所说，进步主义教育协会领导人的共识仅仅在于他们都反对传统教育。[13]最后，进步主义教育本身就不存在一种统一的教育原理或一致的思想主张。进步主义教育与其说是一种教育哲学，不如说是一种由诸多来源不同、基础各异的思想和实验所构成的教育改革的总体趋势或倾向。或如普拉特（Richard Pratte）所说，进步主义教育运动并不是一个运动，而是许多个运动的统称。[14]这同样决定了以“进步主义教育”命名的协会难以拥有一种一致的思想主张，而只能选择那些被当作进步主义教育的理论或主张并加以综合。“七项原则”实际上就是这种综合的产物。

在协会初创时期，这种思想原则的多元决定了协会的巨大开放性，从而保证了协会的吸引力与影响力。进步主义教育协会的会员人数之所以能在较短的时间内快速增加，除了各种活动所产生的影响以及第一任执行秘书斯奈德的出色工作等因素外，协会所倡导的原则应当是一个重要的因素。这是因为，在 20 世纪 20 年代，“进步主义教育”被美国公众赋以无限美好的想象，被当作一切理想教育的代名词。[15]

随着协会影响的扩大，无论是进步主义教育协会本身，还是外界的同情者和支持者，对协会的期望都在不断增大。仅仅作为一个信息交流的平台，并且主要关注那些具有进步主义教育倾向的小型私立学校，显然既不能满足公众的期望，也难以适应协会发展的要求。而要在进步主义教育运动中发挥更大的作用，协会本身必须发生相应的改变，至少首先要减少乃至消除内部的意见分歧，从不同观点中寻找共同点，以确立明确的进步主义教育的基本原则。早在1923年，哥伦比亚大学师范学院幼儿园与一年级教育系系主任希尔（Patty Smith Hill）就建议进步主义教育协会的领导层努力调和不同意见之间的分歧，从对方的观点中汲取教益。[16]1926年，协会第一任执行秘书斯奈德向执行委员会建议，协会在继续保留“七项原则”的同时，更为明确地接受教育中的科学运动，并将注意力转向公共教育。执行委员会接受了后一项建议，但未采纳前者。

1927年，斯奈德完成《什么是进步主义教育?》一文，并作为协会文件向公众散发。在这份文件中，斯奈德全面分析了进步主义教育兴起的原因、目标和性质，努力发掘进步主义教育作为一种总体趋势中存在的内在统一性。斯奈德指出，进步主义教育运动是“人类事务中伟大的自由趋势的一部分，它与公共福利、工业关系、社会状况、国际事务领域中的其他运动是密切相连的”[17]。他进一步指出，由于产生于相同的背景，进步主义教育家因而具有共同的精神。他们关注把学校的人为状态减小到最低限度，从而使儿童和青少年获得自然发展的机会；他们把学校看作是一种冒险而不单纯是一种训练；他们把理智的经验（intellectual experience）当作一种创造的思维，而不仅仅是学习他人已经思考过的东西；他们认为学校、家庭和世界是一种氛围和关系，而不是机构。斯奈德的结论是，进步主义教育“是科学理想主义的同盟，是一种关于儿童和青年新观念的表现。……它不是一个计划，而是一种精神，一种对年轻人的天性和他们更为充实与完美地发展的良好条件的正确评价”。[18]

这种对确定“同一性”的追求在1928年达到了高潮。在1928年的年会上，作为协会名誉会长，杜威发表了“进步主义教育与教育科学”的讲演。在讲演中，杜威概括了进步主义教育实验所具有的共同特征：对于个性和自由的尊重，对天性和经验的信任，重视活动，关注社会联系，等等。[19]他进一步指出，对于进步主义教育而言，仅仅这些贡献是远远不够的，这是因为这些共性“容易受到多种多样的含糊不清的解释”。杜威强调，进步主义学校应当发挥更具建设性的组织的作用。只有这样，才能产生一整套连贯的教育原理，才能真正对教育科学或教育哲学做出贡献。

在杜威的讲演发表后，进步主义教育协会选举产生了一个由莫斯担任主席的委员会，负责修订“七项原则”。该委员会虽然逐字逐句修改了“七项原则”，但其主要内容没有变化，它的主要工作是新增了三条原则，它们与经修改的“七项原则”一起，构成了进步主义教育协会的“十项原则”。至此，原有的“七项原则”被废止。新增的三项原则是：（1）社会发展与纪律。通过融入学校社区，发展儿童的群体意识（group consciousness）。纪律应当是自我控制而非外在强制，品格的发展应当是社会经验与对所有潜存于自然、生活、行为之中的精神力量和资源认知的结果。男女学生组成的团体和教师构成了品格与发展的正常的生活情境。（2）优美的环境。学校应当提供简朴、自然和优美的环境。（3）课程。课程应当基于儿童与青年的本性和需要，知识的获得应尽可能地通过运用科学的方法：直接的观察、调查、实验和独立的探索。学校应当不断扩大儿童的眼界，引导他们不仅了解国家的观念，而且认识人类的相互依存和国际的善意。[20]

与“七项原则”相比，“十项原则”有两个方面的明显变化。第一，大幅减少了“进步主义教育”一词的使用。在“七项原则”中，这个词汇出现了六次，而“十项原则”中仅使用了一次，而且只是出现在标题中。这个变化是意味深长的，既反映了“进步主义教育”这个概念在当时已不再像以前那样盛行，同时也预示着进步主义教育协会的某种转变。第二，“十项原则”特别是新增的三项原则，更多地反映了杜威的思想，同时也吸收了库克（Flora J. Cooke）关于社会群体和社会化的主张。[21]从20世纪30年代协会组织的变化看，这次原则修订是意味深长的。一方面，从这次修订中可以看到，或许因为杜威的影响，协会开始自觉地协调内部的立场，以使协会的基本原则更为明确和系统。另一方面，这个阶段，立场协调的重点，实际上是淡化激进的儿童中心倾向，并通过吸收杜威和库克的思想，使协会的原则变得更为平衡。从“七项原则”到“十项原则”，再到1930年“十项原则”的废止，既是儿童中心倾向逐渐被淡化的过程，同时也是不同观念冲突和竞争的开始，是日后儿童中心论与社会改造主义话语竞争的“预演”。

二、迷惘的进步：1930—1941年

在进步主义教育协会的历史上，20世纪30年代是一个充满矛盾的发展阶段。一方面是风和日丽的景象，协会所开展的活动日益丰富，社会影响不断扩大，作为全国性组织的地位进一步确立，并且开始成为美国教育界的“权势集团”。[22]另一方面则是暗潮汹涌，从1930年开始，协会内部就一直处于不同思想主张之间的争论与冲突之中，协会的基本原则和发展方向也因此摇摆不定。20世纪30年代，进步主义教育协会正是在这种迷惘中迎来了事业的鼎盛时期，并旋即陷入衰落的边缘。

这个时期进步主义教育协会所取得的成就之一是会员人数的不断增加，1930年会员人数为7 400人，1932年为7 617人，1936年为8 600人，1937年为8 500人，1938年达到会员人数的峰值10 440人。

除原有的年会和“暑期学院”等活动之外，进步主义教育协会在这个阶段所开展的工作主要有：第一，与美国国内其他组织和机构建立联系，开展合作。这其中主要包括1930—1931年与无线电公司“Wor”广播电台合作，开办关于进步主义教育的广播讲座（每周一次，共29周），主讲人包括克伯屈（William H. Kilpatrick）、普拉特（Caroling Pratte）等；1930年后，与纽约教育实验研究协会合作研究中学英语教学；1933年，在卡内基公司（Carnegie Corporation）和普通教育委员会（General Education Board）的资助下，开展了著名的“八年研究”。尤为重要的是，在20世纪30年代，进步主义教育协会与全国教育协会、洛克菲勒基金会、卡内基公司等具有重要影响的机构建立了较为密切的联系。这些联系的形成，一方面表明进步主义教育协会及其代表的教育革新运动已经逐步赢得了广泛的社会影响，逐渐确立了在美国教育界乃至美国社会中的地位，另一方面又为协会的发展创造了必要的条件。正是由于来自卡内基公司和普通教育委员会等机构的财政资助，才使20世纪30年代进步主义教育协会进行较大规模的实验成为可能。但是，换一个角度看，这种联系又包含着种种不利的因素。正如克雷明所分析的那样，外界的财政支持使进步主义教育协会逐渐职业化，并使协会在根本上依赖外界，而当这种支持削弱乃至终止时，协会也就难以生存。[23]事实也正是如此。

第二，与新教育联谊会的联系。进步主义教育协会与新教育联谊会的联系始于1924年。在这一年，哈特曼和约翰逊作为进步主义教育协会的代表，出席了在英国爱丁堡召开的新教育联谊会年会。但随后两个组织之间的正式联系暂时中断。1929年夏，包括部分进步主义教育协会会员在内的200多名美国教师参加了在丹麦埃尔西诺举行的新教育联谊会年会。回国后，这些会员感到西欧“新教育运动”与进步主义教育运动的理想、目的是一致的，进步主义教育协会应参与“新教育运动”，并与新教育联谊会保持更密切的合作。1930年，新教育联谊会会长恩索（Beatrice Ensor）访美，并与进步主义教育协会会长福勒（Burton Fowler）共同发表了公开信，宣布进步主义教育协会加入新教育联谊会。[24]

第三，开展多方面的研究工作。进入20世纪30年代，进步主义教育运动的一个突出变化或发展是，20年代分散的、小型的教育实验逐步为较大规模和相对统一的研究所代替。为了适应这种变化，从30年代初开始，进步主义教育协会先后成立了各种委员会，以规划和执行各项研究工作。这其中有教育资源委员会、教育自由协会、中学课程委员会、人际关系委员会、农村学校委员会、家庭

与学校关系委员会、实验学校委员会、成人教育委员会、师范教育委员会、学校与学院关系委员会、广播教育委员会等。

由于上述各个方面工作的积极进展，进入20世纪30年代，进步主义教育协会先后完成了三个重要的转变。第一，从对私立学校教育实验的关注转向对公立学校教育改革的重视。由于接受了斯奈德的建议，从20年代后期开始，进步主义教育协会逐渐开始关注公共教育领域，这既是进一步扩大进步主义教育运动影响的需要，也是因为接受外部财政资助的现实考虑。[25]这样的努力在30年代很快产生了成效。在1932年2月召开的第十二届年会上，时任会长福勒自豪地指出，作为现代教育的自由力量，进步主义教育已经进入其发展的第二阶段，即它不再局限于私立学校，而走向美国所有类型的学校（尤其是公立学校）。[26]1938年10月31日出版的《时代》周刊在封面上刊登了进步主义教育协会会长雷德弗（Frederick Redefer）的照片，并以“进步主义者的进步”等字样题图。在这本杂志的封面上，还刊印了雷德弗的一段话：“我们不再是一个造反集团。……20年前，进步主义教育主要是一种私立学校的事务。现在，在纽约、芝加哥、洛杉矶、克里夫兰、底特律、圣弗朗西斯科和其他地方，它基本上是公立学校事务的大本营。”

对于进步主义教育协会所代表的进步主义教育事业而言，一方面，这种转变显然是极为重要的，它标志着进步主义教育及其对美国教育改革的影响日益扩大。但在另一方面，伴随着这种转变的是1932年后协会权力结构发生了戏剧性的变化。1932年后，担任协会会长的主要是公立学校系统的督学或教育学者，创立协会的私立学校校长和教师基本上退出了协会的核心层。值得注意的是，由于协会权力结构的变化与康茨发表引起激烈争议的“进步主义教育敢于进步吗?”的讲演、进步主义教育协会内部的观念冲突公开化几乎发生在同一时期，因此，很容易使人联想到二者之间的关系。克雷明与格拉汉姆都曾明确地分析了这种关系。[27]但从进步主义教育协会本身的发展过程看，不宜过分夸大这种关系。因为随着协会本身的变化，这种权力结构的变化是早晚要发生的，观念冲突无非加快了这个变化进程。

第二个重要转变是，进步主义教育协会从创建之初的社会团体转变成为一个专业团体。从20世纪20年代后期开始，随着协会影响的不断扩大，柯布等人最初确定的“信息交流中心”的组织定位实际上已经失去了意义，协会事实上已经开始自觉不自觉地扮演进步主义教育的喉舌和进步主义教育运动中心的角色。另外，要使协会真正有效地扮演这样的角色，客观上又要求协会所开展的各项工作不能仅仅停留在宣传和鼓动上，而应更具专业性、科学性。只有这样，才能切实推动美国学校教育的革新，并取得实际成效。哥伦比亚大学师范学院等大学教育学者的加盟，既适应了事业发展对专业化的要求，同时又推进了协会工作的专门化，推动了协会向专业团体的转变。在整个20世纪30年代，真正反映进步主义教育协会工作的方向、业绩和社会影响的正是协会成立的各个专门委员会，例如中学课程委员会、人际关系委员会等，尤其是学校与学院关系委员会及其主导的“八年研究”。

从各个方面看，“八年研究”都是进步主义教育协会事业达到顶峰的标志。“八年研究”所取得的巨大成功，本来可能为进步主义教育协会带来更加广泛的支持，因而获得进一步发展的动力，但事实恰恰相反。正是在“八年研究”结束的1941年，协会迅速陷入衰落的边缘。从外部因素看，由于二战的爆发和美国的全面参战，美国社会关注的焦点从国内问题转向国际问题，“八年研究”所产生的结果难以得到应有的重视。从内部原因看，这项实验是以学校与学院关系委员会（the Committee of the Relation of School and College）为主导进行的，其主要成员如艾肯（Wilford M. Aikin，委员会主席）、艾加德（Walter Agard）、布利文（Bruce Bliven）、利思（Robert D. Leigh）、沃尔特（Raymond Walters）、拉格（Harold Rugg）、华生（Goodwin Watson）、吉尔斯（H. H. Giles）和钱伯林（Dean Chamberlin）大多来自哥伦比亚大学师范学院、俄亥俄州立大学、加州大学伯克利分校、伊利诺伊州立大学，显而易见的是，“八年研究”的成就是理性与专业化的产物，而非情感与群众性的结果。

第三个转变则是协会基本原则的转变。与前两个转变所采取的温和与渐进的方式不同，第三个转变是以异乎寻常的激烈方式实现的，因此，其结果也与前两个转变大相径庭。

在进步主义教育协会历史上，1930 年是一个具有特殊意义的年份。在这一年，新近颁布的“十项原则”被废止。同年，哈特曼在为《进步主义教育》杂志所写的“编者的话”中，明确提出应当修正杂志的办刊方针。他指出，社会形势的变化要求杂志本身做出相应的反应，“我们的杂志如果真是进步主义的，就应当不仅成为交流教育观点的场所，而且应当在激发社会改造的思想中发挥重要作用。因此，我们计划扩大杂志的范围，以便包括对教育趋势的社会思考和对当代文明急剧变化的深思熟虑的探索。对当代生活和文化的杰出评论，将提供有益于进步主义教育的解释”[28]。哈特曼的这些言论其实不仅涉及《进步主义教育》杂志的定位，而且关系到进步主义教育协会的定位。

也是在 1930 年，被誉为“进步主义教育协会之父”的柯布辞职。他在离任讲演中首先总结了协会过去一年的工作，分析了进步主义教育运动的现状和今后努力的方向。他指出，一方面，尽管取得了一系列重大成就，但是，“我看不到任何迹象表明我们作为一个协会的目的已经实现，我们的工作已经完成。恰恰相反，只有当这个伟大国家的所有儿童和青年都达到更高的境界，只有当我们所有学校和学院的所有学生都分享我们称之为进步主义的高标准的教育……我们才能说我们的工作完成了”[29]。但在另一方面，柯布却说：“目前，在理论上还没有差异，很幸运地，也不存在见解的冲突。”[30]接替柯布担任会长的福勒则在其就职讲演中进一步重申了进步主义教育的基本原则：“一切教育工作都应以儿童为中心，而不是以他们所学的课程为中心；对于新教育思想的科学态度，是我们取得进步的最好保证。”[31]他指出，进步主义教育协会应当继续努力开展工作，这是因为，迄今为止，只有很小一部分学校和学生已经实现进步主义的教育理想。在谈到协会今后的工作时，福勒主要列举了大力扩大《进步主义教育》杂志的影响、增加会员、承担新的研究和调查、建立新的师资培训途径、扩大与新教育联谊会的联系等。

令人惊奇的既不是前后两任会长的乐观与自信，也不是他们对事实上已经出现在协会内部的思想分歧视而不见，而是他们对“大萧条”及其对美国教育产生的全面和深刻的影响的漠视。这种漠视注定要付出高昂的代价。

1932 年，在巴尔的摩召开的进步主义教育协会第十二届年会上，康茨发表了“进步主义教育敢于进步吗?”的讲演，从而引发了其后 10 年进步主义教育协会思想观念的激烈争论。康茨指出，进步主义教育运动所取得的成就确实是值得夸耀的：它使人们把注意力集中到儿童，认识到兴趣的重要性和活动的教育价值，并且维护作为一个自由个体的儿童应有的权利等。但他认为，迄今为止，进步主义教育运动所做的一切还远远不够。康茨指出，进步主义教育运动的一个严重缺陷是，“它产生了一种关于教育意义的过于狭隘的概念”。即只看到教育对于促进个人发展的作用，而忽略了教育与社会的相关。用康茨的话说，它“没有形成一种社会福利的理论”，因而缺乏明确的方向和目标。康茨说，“进步主义”的“进步”这个概念，意味着向前运动，而如果缺乏明确规定的目的，这种向前运动是没有任何意义的。针对进步主义教育运动所确定的个性发展的教育目的，康茨指出，离开某种关于良好社会性质的概念，便不会有良好的个人；同样，缺乏这种概念，也不会有良好的概念。他进一步指出，由于进步主义教育运动缺乏明确的社会目标，因而支持了极端个人主义。而这种个人主义又只是有利于中上阶层的。“进步主义教育要真正是进步的，它就必须从这个阶层的影响中解放出来，勇敢和果断地面对一切社会问题，逐步应付严酷的生活现实，与社会建立一种有机的联系，发展一种现实的和可以理解的福利理论，形成一种关于人类命运的富于挑战和咄咄逼人的观点。……简言之，进步主义教育不能在儿童的兴趣中建立它的纲领，不能把它的希望寄托在一所儿童中心学校。”[32]

不论人们对康茨的演说持何种立场，但它引起的震动却是实实在在的。雷德弗日后回忆说：“康茨的演说结束后，整个会场一片寂静，这种寂静比鼓掌更有说服力。学校敢于建立一个新的社会秩序吗？很多人知道有些事是必须做的，很多人也愿意去尝试。在旅馆的房间和挤满了人的走廊里，教师们一直谈到第二天早晨。……与进步主义教育协会年会上的任何一次演说相比，这个演说更能触动教育工作者的思想。由于激动，人们忘记了原定第二天的讨论会。甚至理事会④也召开了一个专门会议来讨论这个挑战。”[33]

从各个方面看，康茨的演说都是对进步主义教育和进步主义教育协会的严峻挑战。首先，对大多数进步主义教育家来说，康茨的思想过于激进，它与进步主义教育家一贯坚持的思想原则之间的距离实在太大，以至于很难接受。在一些人的心目中，康茨的见解甚至被认为具有某种社会主义或马克思主义的倾向。其次，正当进步主义教育运动以及作为运动中心的进步主义教育协会的各项事业如日中天之际，却遭遇了意料不到的严厉指责。更让人意料不到的是，康茨的指责不仅直指进步主义教育协会的信条，而且竟然得到了一些同道的赞同和支持。

为了回应康茨所提出的挑战，从1932—1938年，进步主义教育协会先后成立了若干委员会，以重新制定协会的原则。最初成立的是社会和经济问题委员会，成员有柯蒂（Merle Curti）、盖布斯（John Gambs）、胡克（Sidney Hook）、纽伦（Jesse Newlon）、贝蒂、伊斯顿（Charles Easton）、华生、雷德弗，主席为康茨。委员会的任务是“为进步主义教育协会的成员提供改革教育的思想和行动方式”。委员会的报告因华虚朋（Carleton Washburne）等人的反对未获得通过，后以《告全国教师》为题发表。

在很大程度上，社会和经济问题委员会的报告反映了康茨的思想。报告重新制定了进步主义教育的原则，指出：“新教育的目标是培养儿童们献身公共福利事业，反对暴虐特权，热爱人类各种族间的平等友爱的精神，敏捷地适应充满险阻的社会生活。”[34]为了实现这些目标，进步主义教育必须彻底抛弃自由放任主义，“教师不能回避积极指导的责任，并应该坚定地为新的社会而工作”。进步主义教育协会则“必须拥有物质资源、法律人才以及训练有素的活跃于出版界、法院和国会的知识分子。以这种方式为全国的教育事业服务，应当是进步主义教育协会的重要目标之一”。[35]1938年，进步主义教育协会又成立了教育哲学委员会，其任务是对协会已经发表过的原则作进一步的阐释。委员会在布里姆（Orvolle Brim）和艾伯蒂（Harold Alberty）的先后领导下，于1940年完成了题为“进步主义教育的哲学与挑战”的报告。与其他委员会的报告不同的是，教育哲学委员会的报告在很大程度上反映了杜威的思想。报告的基本出发点是，既避免极端的儿童中心论，又避免激进的社会改造主义。报告指出，任何适合时宜的教育哲学既需要对人类本性有清晰的认识，又需要对经济萧条时期的工业危机有现实的理解。由此，报告强调“文化的基本价值”，主张“学校应当努力成为民主的范例”。报告的结论是：“对人类本性、自然力量和人类实验的深入研究使我们确信，生长是对个人的最高奖赏。它发展了人的智力，并使人对其所属的文化正在努力创造的有价值的事业，有一个承担责任的良好愿望。”[36]与社会和经济问题委员会的报告一样，教育哲学委员会的报告也未被进步主义教育协会所认可。

一系列委员会的设立和一系列报告的被否决，表明进步主义教育协会陷入了空前的矛盾之中。一方面，它必须坚持它曾公开发表的原则，正是这些原则使它不同于其他教育团体，也正是这些原则维系着会员之间的关系。另一方面，社会形势又促使它修改这些原则。因为只有这样，它和它所代表的运动才有可能在社会的动荡中继续生存。在理想和现实的巨大矛盾之间，进步主义教育协会始终未能找到妥善的解决方法。

在整个20世纪30年代，对进步主义教育协会其后命运产生致命影响的是社会改造主义的兴起。早在1927年，在哥伦比亚大学师范学院就形成了一个以克伯屈为召集人的讨论小组，主要成员包括康茨、蔡尔兹（John L. Childs）、劳普（Robert B. Raup）、纽伦、布鲁纳（Edmund S. Brunner）、克拉克（Harold F. Clark）、考特尔（Donald P. Cottrell）等人。他们自称为"社会改造主义者"（the Social Reconstructionists）。1927—1934年，这个讨论小组定期开会讨论美国文化、社会等方面的问题。到1932年，这个讨论小组"已经成为一个有凝聚力的团体"。[37]正是以这个团体为核心，1935年成立了约翰·杜威教育和文化研究学会（the John Dewey Society for the Study of Education and the Culture，以下简称杜威学会），成员共60人，分别来自12所大学，其中27人组成了学会的执行委员会。除上面提到的几个人外，还包括杜威、埃利奥特（Harrison Eliot）、汉纳（Paul R. Hanna）、哈珀（Heber Harper）、约翰逊（Alvin Johnson）、林德曼（E. C. Lindeman）、米克（Lois H. Meek）等人。

杜威学会最有影响的工作是创办《社会边疆》（*the Social Frontier*）杂志。在1934年10月的创刊号中，《社会边疆》刊登了一份声明，集中阐明了杂志的出版意图和宗旨。它指出，《社会边疆》的创办旨在为那些"相信教育在美国社会的改造中具有重要的甚至是关键作用"的教师，提供一个表达思想的场所。杂志的基本指导思想是，认为"经济中的个人主义时代行将终结，一个以社会生活的密切联系、集体计划和管理为标志的时代已经开始。不管是福是祸，本刊都把它当作不可逆转的历史过程的结果而加以接受。本刊力图积极地迎接新时代，并且尽量明智地致力于实现丰富和改进人类生活的一切可能性"[38]。声明还说："《社会边疆》承认，它反对狭隘的教育观念……相反，在教育的兴趣范围内，它包括所有那些对人的形成的影响和作用，以便把个人——无论老幼——引导到团体的生活和文化中去。人们认为，教育是文化进化过程的一个方面，因此，与其形成一种有限的、专门的职业主义，倒不如在促进绝大多数人……的幸福和利益的过程中，专心考虑教育的广泛作用。"[39]

社会改造主义者不仅精心创制了一套理论，而且致力于把这种理论运用到教育实践中。从20世纪30年代开始，进步主义教育协会乃至整个美国教育中所出现的一系列革新实验，都与社会改造主义者具有一定的联系。杜威学会参与了"八年研究"的大量工作，其成员如艾肯、拉格、华生等都是学校与学院关系委员会的重要成员。"八年研究"的指导思想也受到社会改造主义的影响（在某种意义上，"八年研究"可以说是社会改造主义的成功，而不是进步主义教育原理的胜利。这也就不难理解为什么"八年研究"非但没有改变进步主义教育协会的命运，反而加速了它的衰败）。此外，从30年代后期开始的"青年问题"研究以及"生活适应运动"也与社会改造主义相关。

社会改造主义的成型进一步激化了与进步主义教育家的矛盾，杜威学会的建立和《社会边疆》的创办则使这种矛盾进一步物化和固化，从而使得任何调和成为不可能，其结果是直接造成进步主义教育协会组织的分裂。到20世纪30年代末40年代初，进步主义教育协会实际上已是日薄西山。

正当进步主义教育者与社会改造主义者之间的论争日益加剧，以赫钦斯（Robert Hutchins）、阿德勒（Mortimer J. Adler）和巴格莱（William Bagley）为代表的保守主义者对进步主义教育的批评不断升级之际，杜威先后发表了《新学校有多少自由?》、《为什么有进步主义学校?》、《教育与社会变动》、《教育中的理性》、《民主对教育的挑战》、《教育和社会秩序》、《教育与当前的社会问题》、《需要一种教育哲学》等一系列文章，一方面有力回击保守主义对进步主义教育的指责，极力为进步主义教育辩护，并于1936—1937年与赫钦斯在

《社会边疆》杂志上展开了激烈的论战；另一方面，则对进步主义教育进行了全面的反思。

杜威指出，人们对进步主义学校的种种责难，主要缘于他们已经习惯于传统学校的一切。因此，当传统学校出了问题，人们便认为错在儿童或家庭；而当进步主义学校出了问题，则认为错在学校。杜威认为，这样的评判是非常不公平的。针对人们对进步主义学校缺少秩序和纪律的批评，杜威指出，进步主义教育所追求的本来就不是这样一种秩序，它所追求的是一种存在于教室里所有人（他们都致力于共同的作业）中的秩序。杜威进一步认为，判断秩序和纪律的标准不是教室如何安静、所用的工具和材料如何统一，而是个人和团体所从事作业的质量和数量。针对人们对进步主义学校具有一种“高度的个人主义哲学”的指责，杜威认为这是对进步主义教育的误解。他说：“正是现代学校（即进步主义学校——引者注）形成了一种严格的社会意义的目的。正是它们，正在试图制定某种使个性解放的民主信仰与个人对团体福利的责任达到和谐的方法。”[40]杜威进一步指出，进步主义学校所努力发现的是儿童的道德的、理智的力量，在这方面，即使它们有时失败了，即使它们有时犯了错误，但必须记住，它们的方法正在发展之中，它们是新的。此外，杜威还驳斥了那种认为进步主义教育的方法只适合儿童而不适合青少年的观点。

杜威指出，进步主义学校最初是由那些对现行学校或传统学校极为不满的父母们发起的，它们表达了一种使教育更为自由和丰富的强烈愿望。进步主义学校的起源条件孕育了一种潜在的局限，这就是热情的成分大于理性的成分。由于这个原因，进步主义学校虽然具有一些共同的信念（如坚信自由、审美欣赏和艺术表现，重视个人发展的机会，强调通过活动进行学习），但却缺乏一种可用以确定训练或教学的程序、选择教学的材料和决定教学重点的方法，缺乏一种明确和系统的教育哲学。由于这样的原因，在进步主义学校的实践中，往往表现出很大的片面性。儿童中心的观念便是其中之一。杜威认为，一方面，教育应以儿童为起点和归宿，这是毫无疑问的。但是，儿童并不是孤立的，他生活在自然和人的世界中，他的成长受到各种因素的制约。另一方面，儿童的经验虽然是宝贵的教育资源，但是，儿童的经验是不完全的，它们必须深入到客观和人的世界中。在经验尚未相对成熟之前，儿童的冲动是盲目的。不对这些冲动进行指导、引导，便意味着允许他们盲目地活动。而指导和引导则意味着，通过客观的材料使本能和冲动得以实现。这种材料必须按照一种使经验获得有序和建设性发展的方式加以提供，并且经过审慎的选择和组织。[41]

杜威进一步指出，真正的儿童中心或自我中心（self-centered）并不是以个人的情感和冲动为中心，也不意味着屈从个人自私自利的愿望和野心。这样的中心是一种放荡，并将最终导致一切“中心”的毁灭，而在一部分进步主义学校中，由于对成人灌输的近乎病态的恐惧，因而，所谓“儿童中心”往往导致了对儿童的放纵。杜威强调说，进步主义学校要想不断发展，实现自己的目标，就“必须通过对适用于能力和理解的有序发展的条件和方法的不断研究，形成更为庞大、广泛和适用的材料”[42]。

杜威的用心可谓良苦。但在20世纪30年代这样的激进时期，这种思想的折中并不能消弭进步主义者和社会改造主义者之间严重的思想裂痕，尤其是当这两种思想都具有极其强烈的否定性倾向，当思想的冲突与权力或利益掺杂在一起的时候。

三、伤感的结局：1942—1955年

自1919年成立以来，进步主义教育协会的活动经费主要有两个来源：会员的会费和个人及团体的资助。从20世纪40年代初开始，由于会员人数的锐减，协会的影响力逐渐萎缩。因为协会的影响仅限于少数会员，所以它也就难以获得外界的经费支持。这种局面所导致的直接结果是协会的财务状况日益恶化（1946年8月28日，进步主义教育协会被审计部门宣告破产）。而糟糕的财务状况又进

一步限制了协会所开展的活动。从20世纪40年代初开始，包括年会和“暑期学院”在内的进步主义教育协会原有的一些重要的经常性工作逐渐中断，各专门委员会也因完成了预定的任务而自然解散。除了《进步主义教育》杂志继续刊行和理事会不定期召开小型会议外，进步主义教育协会事实上已经只剩下一个空壳。

在这种状况下，一种悲观失望的情绪弥漫在协会内部，甚至它的领导机构——理事会，也对协会的前景产生了怀疑。克雷明指出，从20世纪40年代初开始，诸如“进步主义教育协会是否已经完成了它开始想要完成的任务”，“进步主义教育协会是否必须作为一个独立的组织继续存在”等令人沮丧的问题支配了理事会会议。[43]在1943年10月召开的理事会上，对协会的前途问题，形成了三种不同的意见：一种意见认为进步主义教育协会应当解散，由新的、更强有力的组织取而代之；另一种意见则主张继续保留协会，但改变协会的某些主张，并为它赋予新的活力；再一种意见强调，为了抵制对进步主义教育的批评，应当努力使协会继续存在下去，并且与一个更为强大的组织建立更为密切的关系。经会员通信投票表决，第三种意见被采纳，同时吸取了第二种意见。1944年春，进步主义教育协会正式更名为“美国教育联谊会”（American Education Fellowship），作为西欧新教育联谊会（New Education Fellowship）的美国分会。

协会更名后，在公开发表的原则声明中，阐明了美国教育联谊会的目的：“首先，对良好的教育做出界定；然后，激发家长、教师、学生和公民的兴趣，并引导他们为所有的儿童和青年受到这种良好的教育而斗争。”所谓“良好的教育”，“是一个学习和生活的过程，通过这个过程，使孩子们非常关心世界的发展，成为具有相当理解力的公民。在这个世界里，自由的人能够并且将一起生活和工作，如果需要的话，还将为共同的利益而斗争”。[44]声明指出，良好的教育只能在良好的社会中发展起来，因此，美国教育联谊会将不仅进行教育改革，还将促进更为广泛的社会改革，使“适当的健康服务、娱乐活动和良好的住房、有保证的就业机会和废除宗教与种族偏见的民主风尚”成为现实。

美国教育联谊会的目的，显然在一定程度上吸取了社会改造主义的主张，因而与进步主义教育协会的原则有明显不同。这表明，经过20世纪30年代初至40年代初长达10年的迷惘之后，进步主义教育协会终于重新确定了自己的方向。但这毕竟为时已晚。协会本身已经失去了昔日的巨大影响力，又怎么能企求它的声明发生实际的作用呢?

在进步主义教育协会36年的历史中，更名是一个具有明显象征意义的重要事件。正如当初它以“进步主义教育”为协会命名一样，它之所以更名为“美国教育联谊会”也不是偶然的。这事实上说明，到20世纪40年代初，进步主义教育协会自身已经无力再以自己的行动和言论来回击对它的各种批评，已经难以凭借自己的力量来发展自身。由于协会工作的专业化，它失去了公众的支持，接着由于内部的分裂，它又失去了专业人员的支持。现在，它只得依赖远在大西洋彼岸的新教育联谊会。而对于一个“土生土长”的群众性组织来说，当它的衰落已是大势所趋时，这种依赖是不会产生任何实际效果的。1953年美国教育联谊会又恢复原名也多少说明了这一点。

进步主义教育协会在其存在的最后10余年里，所从事的主要工作一是为协会更名，再一个就是不断修改它的原则声明。1944年的声明在1948年被修正。到1953年，又取消了1948年的声明，并重新制定了一个新的原则声明。除了上述两个方面的工作之外，1944—1955年，进步主义教育协会几乎没有留下任何实际行动的记录。正如克雷明所说：“进步主义教育协会从1944年开始到1955年解散的历史，最多是对过去所有事情的注解。这是一个关于声明和修改声明的悲哀故事，既没有什么措施，也没有多少成员，只有苦恼。”[45]1955年，当协会最后一任会长赫尔费希宣布解散进步主义教育协会时，协会事实上已经不存在了，或者说只存在于一份会员名单上。在协会解散后，由于俄亥俄大学的资助，《进步主义教育》杂志继续刊行。1957年，因资助取消，杂志停刊。

四、无尽的遐思：1938年以来

进步主义教育协会的解体之所以成为一个“谜”，并不在于协会解体本身，而在于它为什么是在进步主义教育运动进入全盛时期后如此迅速地解体的。

对于进步主义教育以及进步主义教育协会的衰落与解体之谜的破解，其实早在20世纪30年代后期就已经开始。杜威的《经验与教育》（1938年）、博德（Boyd Bode）的《进步主义教育在十字路口》（1938年）、拉格的《美国教育基础》（1947年）是早期具有代表性的工作。从20世纪50年代起，伍德林（Paul Woodring）、爱德华兹和里奇（Newton Edwards and Herman G. Richey）、路卡斯（Christopher J. Lucas）、克雷明和格拉汉姆等人都曾探讨过进步主义教育运动衰落的原因。在这些探讨中，自然也会涉及对协会解体原因的分析。例如，伍德林认为：“他们（进步主义者）固守自己的原则，直到它们成了陈词滥调；由于进步主义的追随者纵容自己的极端主义，因而，在公众的心目中，它逐渐被等同于恣意妄为。”[46]克雷明认为，进步主义教育运动衰落的原因是多方面的，其中包括：（1）进步主义教育运动内部的分裂、冲突。（2）进步主义教育运动内在的否定主义倾向。进步主义教育运动在反对什么上很清楚，而在赞成什么上却始终不那么明确。简言之，在破坏旧的教育体制和观念上，进步主义教育家有很多作为，而在建设新的学校制度和观念方面，他们却少有建树。（3）进步主义者所建议的做法在时间和能力上，对教师提出了过高的要求。（4）进步主义教育运动的成功反而使它自身受到损害。这就是说，进步主义教育家在取得了最初的成功之后，逐渐变得故步自封，未能不断发展他们的思想和计划。（5）保守主义者的攻击。（6）缺乏公众的支持。（7）进步主义教育运动不能与美国社会的不断变化保持同步。[47]这些分析中有的也适用于对进步主义教育协会解体原因的分析。

从全面的观点看，导致进步主义教育运动衰落和解体的原因是十分复杂的。这其中既有社会运动一般性运动规律的作用，又有进步主义教育所特有的问题；既有进步主义教育运动内在的原因，也有美国社会变迁所造成的外在作用因素。正是在一系列因素的交互作用下，才形成了一场轰轰烈烈的教育革新运动在达到全盛后却以令人惊奇的速度衰落、解体这样一种历史现象。

如果仅仅从进步主义教育协会自身的原因分析，那么，是什么造成了协会的迅速解体呢？20世纪50年代，柯布在接受克雷明的访问时，从当事人的角度谈到了进步主义教育协会内部所发生的不为人知的“内幕”。他说：“在第一个十年，协会是一个热情洋溢、协作良好的工作组织，但是接下来情况就不同了……‘他们’从我们手中夺走了它。”[48]柯布所说的“他们”，主要就是哥伦比亚大学师范学院的教育学者，而“我们”则是创建协会的私立学校校长和教师们。把协会的衰落和解体归结为不同群体之间的权力之争，不仅是柯布的见解，事实上也是克雷明和卡拉汉姆的观点。

从进步主义教育协会的发起人和早期领导人的背景可以看到，在创建时期，协会是一个由热心教育改革的教育实际工作者和社会人士组成的社团组织，而非专业团体。进步主义教育协会早期的核心成员多为私立学校的校长或教师，例如，协会的第一任会长摩根（Arthur E. Morgan，任期1920—1922年）是莫雷恩公园学校（Moraine Park School）校长，第二任会长史密斯（任期1923—1925年）为比弗日校（Beaver Country Day School）的教师，后任帕克学校（Park School）校长，第三任会长弗罗利切（任期1925—1927年）曾任费城栎木路日校校长（Oak Lane Country Day School），第四任会长柯布（任期1927—1929年）时任美国海军学院教授，后任切维·蔡斯日校（Chevy Chase Country Day School）校长。其他主要成员如乔治为华盛顿蒙台梭利学校（Washington Montessori School）

校长，约翰逊为有机学校（Organic School）创始人，斯奈德先后任教于纽瓦克中学（Newark Academy）、巴尔的摩公园学校（Park School）和斯卡巴勒学校（the Scarborough School），福勒时任塔山学校（the Tower Hill School）校长等。相同的背景既产生了共同的追求，也形成了协会早期核心成员思想倾向的一致性。在很大程度上，他们都是儿童中心论的坚定信奉者。之所以说 1919—1929 年是协会的观念"和谐期"，主要是因为这个时期，儿童中心论是协会的基本原则和价值追求。

从 1922 年巴尔的摩年会和 1923 年芝加哥年会开始，来自哥伦比亚大学师范学院等大学从事教育专业研究的教师逐渐参与进步主义教育协会的活动。从 1926 年前后开始，克伯屈、拉格、华虚朋、比第（W. W. Beatty）和赖恩（W. Carson Ryan）等先后成为进步主义教育协会执行委员会和咨询委员会的成员，发挥着日益重要的作用。尽管教育学者很少实际担任协会的领导人，但其在协会中地位的不断上升却是不争的事实。从 20 世纪 20 年代后期开始，为解决棘手的经费问题，协会大力谋求外界的支持。在这个过程中，拉格等人发挥了积极的作用。正是因为他们的努力，协会才陆续获得了卡内基公司和普通教育委员会的资助，"八年研究"等一系列重要的项目才得以实施。

客观地分析，教育学者的加盟，既是进步主义教育协会发展的结果，又是协会进一步发展的动因。一方面，正是因为协会的社会影响不断扩大，才吸引了教育学者的参与。与此同时，教育学者的加盟也适应了进步主义教育运动发展的内在要求，即从运动最初的社会动员阶段向合法化、制度化阶段的转变[49]，从一种对传统教育的反叛和改革美国教育的激情向一种建设和创造的自觉努力、一种实现新的教育信念的周密计划和行动方案的转变。作为一场社会运动，进步主义教育要想继续生存和不断发展，必须实现这样的转变。在这个转变过程中，发生变化的不仅是运动的运行方向和节奏，自然也包含了作为运动象征的组织本身。就此而言，进步主义教育协会的领导权被"夺走"是势所必然。但在事实上，协会领导权的转移并没有直接导致协会的衰落。20 世纪 30 年代无疑是进步主义教育协会的黄金时期，其会员人数、社会影响、与外部的联系等，都远胜于第一个十年。因此，协会内部权力结构的变化并非导致协会衰落和解体的主要或直接原因。

另一方面，要成功地实现上述转变，一个关键的因素是思想原则的变化。进步主义教育运动是由来自不同源头的溪流汇合而成的，多元化、差异性是它得以发展的原动力。事实上，进步主义教育协会早期的领导人除了职业特征相近之外，最大的共同点仅仅在于他们都反对传统教育。随着运动本身的进展，进步主义教育协会必须寻求一种一致性或统一性，或如杜威所说的"一种明确和系统的教育哲学"。教育学者的加盟至少为这种教育哲学的获得提供了可能性。随之而来的问题是，这是一种什么教育哲学？正是在这个问题上，进步主义教育协会内部发生了持续和激烈的冲突，并由话语的竞争引发了组织的竞争，从而直接导致协会的分裂和最终解体。借用柯布的表达方式，"他们"夺走的其实不是协会的领导权，而是话语权。

进一步的问题是，为什么话语和话语权的竞争和冲突最终会导致协会的衰落和解体呢？

早在 20 世纪 30 年代后期，杜威就已经发现在进步主义教育运动中存在的一个根本问题就是"非此即彼"（either-ors）的极端的思维方式。在《经验与教育》一文中，杜威试图"探讨现实种种矛盾的起因，然后，比较代表各个论争派别的实际和思想，不偏向于任何一方，提出一种更深刻的、更全面的实施计划"。[50]

杜威指出，进步主义教育运动在其发展过程中所表现出来的一个基本局限是，习惯于用"非此即彼"的思维方式认识问题，阐明自己的主张。因此，进步主义教育运动始终面临着一种危险，"即当它抛弃它将取而代之的一些目标和方法时，它可能只是消极地而不是积极地、建设性地提出它的原则。因此，在实践中，它是从被它抛弃的东西里获取解决问题的启示，而不是建设性发展自己的哲学，从而寻求解决问题的答案”。[51]也就是说，由于“非此即彼”的思想方式，进步主义教育运动至今仍未能从运动早期阶段所具有的“对抗的、偏离的和革新的”特征中摆脱出来，它仍是一个“破坏者”或传统的“反叛者”，而不是建设者。

杜威的分析虽然主要针对进步主义教育，但这又何尝不是社会改造主义自身存在的问题呢？早在20世纪40年代后期，拉格在回顾19世纪末20世纪初以来美国教育的发展趋势时，提到了美国教育界正式出现的四种运动：以学科为中心的公共教育运动，以学科为中心、以永恒主义和要素主义为代表的自由教育运动，以儿童为中心的进步主义教育运动，以社会为中心的社会教育运动。拉格指出，进步主义教育运动始于1896年“杜威学校”的创办，到20世纪20年代末基本结束，而以社会改造主义为代表的社会教育运动则盛行于三四十年代。[52]在这里，拉格实际上是把进步主义与社会改造主义完全对立起来，当作前后交替的两个运动。

奈勒（George Kneller）指出，社会改造主义本质上是进步主义的派生物或进步主义的一个派别。[53]这是因为，第一，包括拉格、康茨、克伯屈在内的社会改造主义者，原先大多是进步主义教育运动中很有影响的教育家，其思想倾向在20世纪30年代的变化，并不是全面和根本的，而是有一定界限的。也就是说，由于社会改造主义者与进步主义的种种联系，即使他们改变了称谓，也难以真正与进步主义彻底决裂。第二，社会改造主义与进步主义在思想渊源上具有一种“同源”关系，它们是同一棵树上结出来的两个“果子”。这棵“大树”不是别的，正是杜威的教育哲学。如果说在20年代，克伯屈、拉格等人积极发展了杜威思想中注重个人发展的一面，那么在30年代，他们则充分挖掘了杜威思想中强调社会发展的另一面。第三，从历史的观点看，进步主义与社会改造主义代表了进步主义教育运动的两个发展阶段，二者是相互联系的。易言之，以儿童中心为导向的进步主义反映了进步主义教育运动在30年代以前的发展趋势，以社会中心为特征的社会改造主义则代表了进步主义教育运动在30年代以后的演变趋势。换个角度，进步主义与社会改造主义分别是进步主义教育运动的两个重要侧面，是运动的“两翼”。第四，社会改造主义与进步主义联系的更为基本的方面在于，虽然二者的“中心”看似不同，但在本质上却是一致的。社会改造主义对社会改造、社会观念、社会目的等的强调，并不是一种目的，而是一种手段。那么，社会改造主义者则把目的与手段作了区分。从这个意义上讲，社会改造主义与进步主义在基本价值观上是一脉相承的。[54]

如果说进步主义教育是以激进的方式反对过去的一切教育，那么，社会改造主义则是以同样激进的方式反对进步主义教育。由于“非此即彼”的偏激的思维方式，无论是进步主义还是社会改造主义都忽略了从对立面汲取对己有利的因素，都不能对自己的思想原则进行批判性的检验，从而再一次陷入独断主义的泥沼。正如杜威所说的那样，“任何以一种‘主义’为思想和行动依据的运动，都会陷入被其他‘主义’所控制的运动的对立方面”[55]。进步主义与社会改造主义内在的否定性倾向和偏激的思维方式，是导致二者剧烈冲突的根本原因，而正是这种话语权的冲突和竞争导致了进步主义教育协会的分裂和解体。

注释：

① （The） Washington Herald （April 2，1919），（The） Washington Star （April 3，1919） 均刊登了会议的预告。而柯布在《关于我们：开端的故事》（*Concerning Ourselves：The Romance of Beginning*）（*Progressive Education*，January-February-March，1929：67）的回忆中，则认为会议是在1919年3月15日举行的。

② 这种情况与柯布后来所说的存在着很大矛盾。1929年，柯布曾明确指出：“从（协会创立）一开始，我们的目的就没有任何保留。我们的目的就是要改革美国的全部学校制度。”见 Progressive Education，1929，（6）。

③ 拉格曾指出，“七项原则”中的每一条都和儿童的生活相关，但没有一条与文化、社会、人的决定性社会环境和问题相关。参见 H. Rugg. *Foundations for American Education*. New York：World Book Company，1947：563。

④ 1931 年 3 月，进步主义教育协会的执行委员会改为理事会。

参考文献：

[1] 单中惠. 美国进步教育协会的始末 [J]. 外国教育资料，1986，(1).

[2] [6] [23] [34] [35] [43] [45] [47] [48] 克雷明. 学校的变革 [M]. 单中惠等，译. 上海：上海教育出版社，1994：前言，224，286—287，293，293，298，298—299，381—385，279.

[3] GRAHAM P A. *Progressive Education from Arcady to Academe*：*A History of the Progressive Education Association 1919-1955* [M]. New York：Teachers College Press，Teachers College，Columbia University，1967.

[4] [11] [13] [15] [20] [21] [22] [25] GRAHAM P A. *Progressive Education from Arcady to Academe*：*A History of the Progressive Education Association 1919-1955* [M]. New York：Teachers College Press，Teachers College，Columbia University，1967：22，27-28，26，145，51，51，58，52-56.

[5] [7] [8] [10] *Progressive Education*，1929，(6).

[9] *The Atlanic Monthly*，1921，(2).

[12] *Progressive Education*，1924，1 (1).

[14] PRATTE R. *The Public School Movement*：*A Critical Study* [M]. New York：McKay，1973：70-71.

[16] HILL P S. Liberalizing Movements in Elementary Education during the Last Generation [J]. *Progressive Education Association Bulletin*，1923，(16)：11-16.

[17] [18] SNYDER M. *What is the Progressive Education* [Z]. NEA. Proceedings and Addresses：Washington D C，1927：235.

[19] 杜威教育论著选 [M]. 赵祥麟，王承绪，编译. 上海：华东师范大学出版社，1981：262—263.

[24] [29] [30] [31] Progressive Education，1930，7 (4)：5.

[26] Progressive Education，1932，9 (1)：1.

[27] 克雷明. 学校的变革（第 7 章）[M]；GRAHAM P A. *Progressive Education from Arcady to Academe*：*A History of the Progressive Education Association*，*1919-1955*（第 6 章）[M].

[28] Progressive Education，1930，7 (7)：12.

[32] COUNTS G S. Dare the School Build a New Social Order? [J]. *Progressive Education*，1932，9 (4)：4.

[33] *Progressive Education*，1948-1949：26.

[36] *Progressive Education*，1941，18 (5)：5.

[37] [52] Rugg H. *Foundations for American Education* [M]. New York：World Book Company，1947：579，515.

[38] [39] *The Educational Frontier*，1934-1935：4-5.

[40] DEWEY J. *Education Today* [M]. 1940：277.

[41] [42] BOYDSTON J A. *The Collected Works of John Dewey*：*The Later Works 1925-1953* (5) [M]. Southern Illinois University Press，1984：321.

[44] *Progressive Education*，1944-1945：22.

[46] WOODRING P. *A Fourth of a Nation* [M]. New York：McGraw-Hill Co.，1957：16.

[49] 伊恩·罗伯逊. 社会学（下册）[M]. 黄育馥，译. 北京：商务印书馆，1991：788—789.

[50] [51] [55] 杜威. 经验与教育 [M] //我们怎样思维·经验与教育. 姜文闵，译. 北京：人民教育出版社，1991：246.

[53] 泰勒. 教育哲学导论 [M] //陈友松. 当代西方教育哲学. 北京：教育科学出版社，1982：92.

[54] 罗伯特·梅逊. 西方当代教育理论 [M]. 陆有铨，译. 北京：文化教育出版社，1984：106.

非典型的下延型发生路线*

——中国现代各级学校系统形成中的三次反复

□ 杜成宪（华东师范大学教授）

一

通常认为，各级学校系统一般循着两条不同的路线发生，即从较高等级的学校向较低等级的学校逐级向下延伸而形成的系统，称为“下延型学校系统”；从较低等级的学校向较高等级的学校逐级向上延伸而形成的系统，称为“上伸型学校系统”。先行的西欧发达国家属于下延型学校系统，而后起的美国则属于上伸型学校系统，起步更晚的日本则是参照别国体制而一举确立学校制度。① 中国作为后发的教育现代化国家，其各级学校系统的形成究竟经历了一条什么样的路线？本文认为其发生路线既非美国那样的上伸型，也非西欧国家那样典型的下延型，而是一种非典型的下延型。

杜威曾经说过：“从整体上看，学校制度（系统）是自上而下发展起来的。在中世纪，主要是一批专业学校——特别是法学和神学学校。我们现在的大学是从中世纪发展而来的。我不是说现在的大学是中世纪的制度，但发源于中世纪，而且中世纪关于学术的一切传统直到现在还没有消失。”② 按照杜威的看法，学校系统的形成“从整体上看”是一个下延过程，这个下延过程起始于欧洲中世纪的“大学”，即一批专业学校。杜威说的是人类学校系统形成的总体趋势，而具体到个别国家学校系统的发生，情况就会复杂得多。中国现代各级学校系统的形成过程是一种非典型的下延型路线，是指从近代社会起，中国建立学校系统是从建立较高等级的学校起，然后向下延伸。然而，这种向下的延伸未及顺序实现，国家又开始关注起教育基础阶段的小学的建设，于是学校系统中的最低一级继之以最高一级得以发展起来。这就造成中国从近代以来各级学校系统建立过程中的特有现象，即大学先行，小学继之，而中学相对滞后，这又导致中学教育发展的长期薄弱状况。有学者指出，“这是中国现代教育事业发展中的一个基本特点，也是中国现代教育开端以后直至20世纪末持续近百年的一个基本现象，曾被人形象地称为‘铜头铁脚豆腐腰’。这种情况，直到20世纪90年代中后期，随着逐步普及和巩固九年制义务教育以及开始普及高中阶段教育才得以改变。”③ 事实也大致如此！中国的各级学校系统的形成过程有两个问题需要引起注意，即

* 原载《南京师大学报（社会科学版）》2014年第3期。

① 参见陈桂生著：《学校教育原理》（增订版），上海：华东师范大学出版社，2012年，第33—34页。

② ［美］约翰·杜威著：《学校与社会》，赵祥麟、任钟印、吴志宏译，北京：人民教育出版社，2005年，第57页。

③ 李剑萍、杨旭著：《中国现代教育史——中国教育早期现代化研究》，北京：人民教育出版社，2011年，第80页。

一，非典型的下延型发生路线；尤其是二，这样的过程还三次反复重演，直至 20 世纪末期方告最终完成，历时一个多世纪。

二

中国现代各级学校系统的发生始于洋务学堂的兴办。从 1862 年京师同文馆创办到 19 世纪末维新教育改革的 30 多年里，兴办各类洋务学堂约 30 所。这些学堂多为专门学校，层级上比较模糊，大致相当于大专和中专。除此，洋务学堂并无普通中小学校。可以说由洋务学堂为起点的中国现代各级学校系统的发生，是从高等教育的建立开始的，然而在 30 多年里各级学校系统的构建乏有建树，只是到了维新运动时期情况才有所变化。1895 年和 1896 年，盛宣怀先后在天津和上海创办天津中西学堂和南洋公学，这是两所在一校之内包含各级学校系统的学校个案。前者，设头等学堂和二等学堂二级，表现出下延型设学路线；后者，先后设置师范院、外院、中院、上院，是整体形成各级学校系统的路线。但毕竟这只是在一所学校内的试验。接踵而至的 1898 年夏“百日维新”中有一项重要的教育制度设计，即在京师设大学堂，而将各省城大书院改为高等学堂，郡城书院改为中学堂，州县书院改为小学堂。① 这是一个完整的各级学校系统，却随着变法的失败而变成一纸空文，只有京师大学堂成为现实中的学校。可见，中国第一次现代各级学校系统的构建，最先建立起来的是大学，也就意味着现代各级学校系统的建立是从高等教育开始向下延伸的。

“癸卯学制”的颁行是中国现代各级学校系统形成的重要事件，这一单轨制的学制设计了小学、中学、大学三段七级的各级学校系统，呈现出一举建立现代各级各类学校系统的意图。然而，这一学制设计上的先天不足，造成中国现代各级学校系统形成的特殊方式，也即本文所谓非典型的下延型路线。其一，小学阶段过长，初小五年、高小四年，长达九年，固然使小学发展占据有利地位，但在整个学制中所占年份过多，造成对其他学段的挤压；其二，中学五年则嫌偏短；其三，中学堂之上又设高等学堂（大学预科）三年，也造成对中学的挤压，同时又使中学堂与高等学堂的职责不清。因此，“癸卯学制”中各级学校之间关系不清，衔接不顺，重重叠叠；在各级学校中，大学已率先建立起来，并已有了四五十年历史，小学的地位很明确，唯有中学的地位并不明晰。尤其是清朝末年议行立宪时期提出普及普通教育目标之后，小学教育尤其是初小教育更得重视，小学更趋于加强，中学的薄弱更显突出。这种学校层级结构上的问题也实际影响了各级学校和各级教育的发展。有学者做过统计，到 1909 年，不包括京师，全国普通教育大中小学校数和在校学生数分别为：小学堂 50 000 余所，学生近 1 500 000 人；中学堂 438 所，学生 38 881 人；高等学堂、大学堂和专门学堂共 104 所，学生 18 600 人，实在不相称。② 由此也反映了中国各级学校系统形成的特点：先建立起大学，继之以小学，中学则明显滞后。中学发展滞后的情形在民国建立后改观不大，学制结构设计上的问题恐怕是重要原因。1912—1913 年形成的“壬子癸丑学制”虽然初小、高小各缩短 1 年，但将本就嫌短的中学 5 年学制又缩减 1 年，所以清末学制中各级学校结构上的不合理情况并未解决，甚至更严重。

变化发生在 1922 年“新学制”颁行以后。“新学制”在中小学校的基本结构上采取了六三三分段，即小学六年，初中三年，高中三年。其中小学

① 见康有为：《请饬各省改书院淫祠为学堂折》、光绪帝：《清帝谕各省府厅州县改书院设学校》，朱有瓛主编：《中国近代学制史料》第一辑下册，上海：华东师范大学出版社，1983 年，第 440—442 页。

② 选自孙培青主编：《中国教育史》（第 3 版），上海：华东师范大学出版社，2009 年，第 351 页，表 11.1。本文引用时未选入原统计中有关师范学堂和农业、工业、商业等实业学堂以及女子学堂等的数据。

又分为初小四年和高小二年，初小规定为义务教育阶段。较之之前的各级学校结构，“新学制”的特点是：小学又缩短1年，变为6年；中学则延长了2年，达到6年；中学三三分段，初中定位在“普通教育”，而高中则采用综合中学制度，兼顾升学与就业；取消了中学和大学的预科。显而易见，在这个学制中得益最大的是中学，精华也是在中学。由于中学得到加强，使整个学制变得协调，各级学校结构臻于合理。加之1927年南京国民政府成立，对教育也有了更多重视和投入。自此，中学出现了显著发展。有学者统计，从1907年到1925年，中学生数由31 682人增加到129 978人，18年间增加约4倍，年均增长率为8.16%；从南京国民政府有第一次教育统计的1928年到最后统计的1946年，也是18年，中学生数由188 700人增加到1 485 147人，增加了近8倍，年均增长率为12.16%。① 由于在学制上的地位得到明确，在实践中取得显著发展，中学教育得到加强，可以说，中国现代各级学校系统大体形成。

三

中华人民共和国建立意味着历史翻开了新的一页。由于政权性质改变，新国家自然需要重新建设教育事业，何况国民政府留下的学校遗产不堪称优。于是，中国学校开始了再一次建设过程。

1951年10月颁布政务院《关于改革学制的决定》，这“一方面反映了我们政权的性质，另一方面适应了建设的需要”② 的共和国学制规定，小学修业年限5年，取消原学制四二分段，实行五年一贯制；中学修业年限6年，分初、高两级，各3年，单独设立。另设工农速成中学修业年限3—4年，以及业余中学与中等专业学校等；高等教育，大学和专门学院修业年限以3—4年为原则，专科学校修业年限2—3年，大学和专门学院可设研究部。这是一份整体建设各级学校系统的蓝图。然而，随着国家开展大规模经济建设和第一个五年计划的制订与实施，加快社会主义建设步伐成为十分迫切的要求。③ 建设需要人才，大学自然成为发展教育的抓手。于是又一次形成由大学开始的各级学校系统生成的非典型下延型路线。

1951年11月，教育部在苏联专家参与下召开全国工学院院长会议，议定全国工学院调整方案。调整的理由是：高校地区结构不合理，多数院校集中在大城市和沿海地区；规模小，师资设备分散，使用不经济，教学质量难以保证；类型结构不合理，系科庞杂，比例失调，文重工轻，缺门甚多，培养人才不够专精，数量也远不敷需要。这是由旧中国民族工业弱小、没有重工业的经济特点所决定的。这些问题如不解决，国家不可能有独立自主的发展。重建中国高等教育的高等学校院系调整由此揭开序幕。而小范围的院系调整前奏早在1949年底就已开演，如北京大学、南开大学的教育系并入北京师范大学；1951年10月，以大夏大学、光华大学为基础，调入圣约翰大学、复旦大学等校相关学科，成立华东师范大学。到1952年底，全国3/4院校完成调整工作，形成一批综合性大学，如北京大学、南开大学、复旦大学、南京大学、山东大学、中山大学等；一批多科性高等工业学校，如清华大学、天津大学、浙江大学、重庆大学、南京工学院等；成立一批专门学院，如北京地质学院、北京钢铁工业学院、北京航空工业学院、北京林学院、北京机械化农业学院、中央财经学院、北京政治学院、华东化工学院、华东水利学院、华东航空工业学院等；撤销一批私立大学和教会大学，如辅仁大学、燕京大学、金陵大学、齐鲁大学、圣约翰

① 王伦信著：《清末民国时期中学教育研究》，上海：华东师范大学出版社，2002年，第208页。

② 周恩来：《谈新学制》(1951年8月10日)，何东昌主编：《中华人民共和国重要教育文献(1949—1975)》，海口：海南出版社，1998年，第107页。

③ 1952年新伊始，1月3日教育部发布的第一个文件即是部署理工学院三年级学生提前毕业工作，以解决工业建设所需大批干部的问题(参见何东昌主编：《中华人民共和国重要教育文献(1949—1975)》，第136页)。

大学、沪江大学、震旦大学、岭南大学等。1953年，调整继续进行，以中南区为重点。① 高校院系调整使工科院校得到发展，综合性大学受到整顿，私立高校全部公办，加速了工业人才和师范类人才培养，为中国工业化建设和科学技术发展提供了一定的人才基础。然而，这一以工业化发展为导向的高等教育体制，也彻底改变了清末民国历经半个世纪的积累才形成的现代高等教育体制。因此，共和国教育最先建立起来的学校层级是大学。

中小学校改革也相继而行。《关于改革学制的决定》认为，我国原有学制最重要缺点是工人、农民的干部学校和各种补习学校在学制中没有地位；小学校修业6年并分为初、高两级，使劳动人民子女难以受到完全的初等教育；技术学校没有一定制度，不能适应培养建设人才的要求。因此提出：将小学改为五年一贯制；将中等教育分为两类，即中学、工农速成中学、业余中学与专业技术学校，前者是普通教育，后者为专业教育。② 实施结果却不理想。

尽管学制设计者意在通过“五年一贯制”来修正四二分段的小学旧学制缺陷，但在全国小学实施后遇到极大困难，即教学要求提高了，教材、师资和经费条件都难跟上。于是，1953年11月政务院发布《关于整顿和改进小学教育的指示》，停止推行五年一贯制，恢复四二分段的六年制。③ 改革又回到原点。之后，1958年“教育大革命”中又提出缩短中小学修业年限主张，开始“十年制”（含小学“五年一贯制”）试验，而在1963年的调整期间又恢复为“六三三制”。由此证明，“六三三制”是经历了考验适合中国国情的，小学六年学制是成熟的因而也是有效的。由此又说明，经过数次反复，小学阶段是共和国各级学校系统中第二块稳定下来的学校层级。

中学情况相对复杂。首先，《关于改革学制的决定》规定中学、工农速成中学、业余中学的培养目标都以升学为主，确定“工农速成中学由高等学校附设，作为高等学校的预备学校”，目的是“可以逐渐改变高等学校的学生成分，使高等学校确实面向工农开门”。④ 显然，工农速成中学这一创造更多是出于政治考虑，接轨的是老解放区教育和苏联教育经验，缺乏对可行性的深入研究，因此就十分短命。1955年7月教育部和高等教育部联合下发《关于工农速成中学停止招生的通知》，从当年秋季起工农速成中学停止招生，理由是：“实践证明，对工农干部文化科学知识的学习，不用循序渐进的方法而用短期速成的方法，使之升入高等学校，从根本上说来，并不能达到预期的目的。”⑤

其次，《关于改革学制的决定》采纳南京国民政府普通教育与职业教育分途、各自功能独立的中等教育制度模式，开设中学、工农速成中学、业余中学与中等专业学校两类学校，然而并未很好吸取民国时期已经形成的职业教育体系。因此，在学制设计上缺乏完整的职业教育思路，“有偏重学术训练和升学主义的倾向”⑥。确实，初级技术学校和技术学校两级中等专业学校，任务是“培养工业、

① 参见高等教育部：《关于1953年高等学校院系调整工作的总结报告》（1954年1月15日），何东昌主编：《中华人民共和国重要教育文献（1949—1975）》，第281—284页。

② 政务院：《关于改革学制的决定》（1950年10月1日），何东昌主编：《中华人民共和国重要教育文献（1949—1975）》，第106页。

③ 政务院：《关于整顿和改进小学教育的指示》（1953年11月26日），何东昌主编：《中华人民共和国重要教育文献（1949—1975）》，第263页。

④ 教育部：《关于工农速成中学附设于高等学校的决定》，何东昌主编：《中华人民共和国重要教育文献（1949—1975）》，第127页。

⑤ 何东昌主编：《中华人民共和国重要教育文献（1949—1975）》，第480页。

⑥ 王伦信、曹彦杰、陈绵杰著：《新中国中学教育改革研究》，上海教育出版社，2008年，第27页。

农业、交通、运输等方面的中级和初级人才”①。还规定两级技术学校毕业生应在生产部门服务满一定年限后，得经过考试，“分别升入技术学校、高级中学或各种高等学校”②。普通中学本就明确以升学为职志，专业学校也体现强烈的升学导向，如此设计的中学阶段显然缺陷很大。后来所遇到的严重问题可资证明——大量中学毕业生难以升入大学，而走向社会又缺乏一技之长，这也成为非议“十七年”教育脱离生产劳动的口实，20 世纪 60 年代开始的鼓励青年学生到农村去的政策也与之有关。1958 年 5 月刘少奇发表《我国应有两种教育制度、两种劳动制度》的讲话，提出实行全日制教育和半工半读教育“两种教育制度”的设想，③ 并成为国家的一项重要决策，在随之而起的“教育大革命”中得到相当发展，产生了大量厂办学校、农业中学和劳动大学、工业大学。有学者指出，“两种劳动制度”的实施符合当时中国社会发展水平，有利于基础教育普及和教育与生产劳动相结合，但也表现出“双轨制”特征，即全日制学校的英才教育与半工半读学校的大众教育。④

进入 60 年代后，党中央决定国民经济实行“调整、巩固、充实、提高”的方针，也成为文化教育工作的方针。对“教育大革命”中的冒进进行调整，调整的主题是全面提高教育质量。既要对“教育大跃进”纠偏，却又无法再回到苏联的那一套上去，所以迫切需要有个办学规范。1961 年 9 月中共中央发布和试行《教育部直属高等学校暂行工作条例（草案）》，1963 年 3 月又发布《全日制中学暂行工作条例（草稿）》和《全日制小学暂行工作条例（草稿）》，也即“高教六十条”、“中学五十条”和“小学四十条”。由此，各级各类学校以教学为中心的秩序建立起来了。然而，从 1964 年 2 月“春节谈话”起，到 1966 年 5 月“文革”爆发，毛泽东多次发表谈话，批评学校课程太多，讲授不得法，学生压力太大，提出学制可以缩短，课程可以砍去。于是，一场更大的教育动荡即将发生，中国学校建设的正常环境再一次丧失。

四

“文革”结束后，国家的建设百废待兴，教育事业经过拨乱反正也逐渐开始恢复与重建。教育的恢复和重振需要一个抓手，如同历史上曾经发生过的那样，这个抓手仍然落在了高等教育上。

1977 年 8 月 8 日，邓小平在科学和教育工作座谈会上表示，高校招生“今年就要下决心恢复从高中毕业生中直接招考学生，不要再搞群众推荐”，以早出人才，早出成果。⑤ 教育部遂下发《关于 1977 年高等学校招生工作的意见》，决定恢复高校招生统一考试制度。1977 年冬，全国 570 万考生走进被关闭了 11 年之久的高考考场，当年录取大学新生 27.3 万人，于 1978 年春季入学。随之，教育部决定 1978 年高等学校招生实行全国统一考试（统一命题），各省份组织考试。当年 7 月 20—22 日，全国 610 万考生参加了此次完全意义上的全国高校招生统一考试，又有 30.2 万名新生于秋季跨进大学校门。在紧张准备高校招生考试的 1977 年 11 月，教育部、中科院联合发出《1977 年招收研究生的通知》，中断了 10 多年的研究生教育得以恢复。包括 60 年代的大学生、70 年代的工农兵学

① 政务院：《关于整顿和发展中等技术教育的指示》（1952 年 3 月 31 日），何东昌主编：《中华人民共和国重要教育文献（1949—1975）》，第 146 页。

② 政务院：《关于改革学制的决定》（1950 年 10 月 1 日），何东昌主编：《中华人民共和国重要教育文献（1949—1975）》，第 106 页。

③ 刘少奇：《我国应有两种教育制度、两种劳动制度》，何东昌主编：《中华人民共和国重要教育文献（1949—1975）》，第 834 页。

④ 王伦信、曹彦杰、陈绵杰著：《新中国中学教育改革研究》，上海：上海教育出版社，2008 年，第 27 页。

⑤ 《邓小平文选》（第 2 卷），北京：人民出版社，1994 年，第 55 页。

员、少数1977级大学新生共十几届学生于1978年5月份参加考试。全国210所高校、162所研究机构共招收研究生10 708人，相当于“文革”前17年招收研究生总数的46.56%。[①] 之后，又于1980年2月第五届全国人大常委会第十三次会议审议通过了《中华人民共和国学位条例》，正式建立了学位制度。研究生教育的恢复意味着中国高等教育和科学研究的形势全面好转。从1977年起，全国陆续恢复、重组和新建了数百所高等学校，其中不乏名校，如西南政法学院、中央音乐学院、中央戏剧学院、中央美术学院、北京电影学院、北京政法学院、西北政法学院、中央财政金融学院、暨南大学、华侨大学、中国人民大学、北京农业大学等。到1981年，全国普通高校由1976年的392所，增加到704所；在校学生从1976年56.5万人，增加到127.9万人。[②] 1978年2月，为了集中力量办好一批重点高校，以期早出成果，国务院转发《教育部关于恢复和办好全国重点高等学校的报告》，确定全国第一批重点高等学校88所，其中恢复原重点高校60所，新增28所，占当时全国高校总数405所的22%。[③] 当年10月，国务院批转教育部《关于高等学校扩大招生问题的意见》，决定高校在完成国家下达的招生计划后，可采用设立分校的办法，扩大招收新生。当年，全国普通高校从1977年的404所增加到598所，在校学生从1977年的62.5万人增加到85.6万人。[④] 也是在当年，教育部根据6月份召开的全国高等学校文科教学工作座谈会精神，对高校专业设置进行了调整，人文、财经、政法类学科受到重视，理工科中的新兴、边缘学科取得发展。这样，在高、中、初各级学校中，高等学校率先步入正常化发展轨道，并在之后二三十年里始终起着教育改革风向标作用。由此又可以说，“文革”结束后中国教育的恢复和重建，最先建立起的一个学校层级依旧是大学。

大学之后得以建立的学校层级依旧是小学。1978年1月教育部颁发《十年制全日制中小学教学计划试行草案》，规定全日制中小学学制为十年，中小学各五年，中学则分初中三年高中二年两段。[⑤] “文革”结束后中小学校改革揭开帷幕。缩短学制是出于有利于普及教育的考虑。1978年4月全国教育工作会议召开，提交大会讨论的《1978—1985年全国教育事业规划纲要（草案）》提出，到1985年，在普及小学教育基础上，农村基本普及八年教育，城市基本普及十年教育。然而，到70年代结束时，五年制小学也尚未普及，而且各地又纷纷提出要将中小学学制恢复为12年。于是，1980年12月3日，中共中央、国务院发布《关于普及小学教育若干问题的决定》，将中小学学制调整为12年，并将普及教育目标进行了调整：在20世纪80年代，全国基本普及小学教育，有条件的地区还可以进而普及初中教育；经济较发达、基础较好的地区应在1985年前普及小学教育，其他地区一般在1990年前基本普及小学教育，极少数经济特别困难、山高林深、人口稀少的地区可适当延长普及期限。[⑥] 明确普及小学教育任务，这就意味着在各级学校系统中的基础层级——小学的建设继大学之后开始加速。

为适应深化改革的需要，1985年5月29日《中共中央关于教育体制改革的决定》（以下简称《决定》）发表。《决定》正式提出“有步骤地实行九年制义务教育”的目标，并将全国大致划为三类地区（城市、沿海经济发达地区、内地少数经济发达地区），要求在1990年左右普及初中教育，20世纪末普及高中教育；中等发达地区的镇和农村，要求在1995年普及初中教育或职业和技术教育；经济落后地区，要随着经济发展，采取各种形式，积极进行不同程度的普及基础教育工作；国家则尽力给予支援。与“普九”目标相关，《决定》还提

① 刘英杰主编：《中国教育大事典》（下），杭州：浙江教育出版社，1993年，第1579—1580页。

②④ 方晓东等著：《中华人民共和国教育史纲》，第309、333页。

③⑤⑥ 何东昌主编：《中华人民共和国重要教育文献（1976—1990）》，第1597、1593、1878页。

出“调整中等教育结构，大力发展职业教育”的目标。① 所有这一切，说明随着小学教育的不断发展，学校系统的建设渐次向中学延伸。

1993年2月，中共中央、国务院正式印发《中国教育改革和发展纲要》，规定：全国基本普及九年义务教育（包括初中阶段的职业技术教育）；大城市市区和沿海经济发达地区积极普及高中阶段教育；高中阶段职业技术学校在校学生人数有较大幅度增加，未升学的初中和高中毕业生普遍接受不同年限的职业技术培训；全国基本扫除青壮年文盲，使青壮年中的文盲率降到5%以下。② 在1994年6月召开的全国教育工作会议上确定“两基”为国家教育工作的“重中之重”；当年9月国家教委又下达《关于在90年代基本普及九年义务教育和基本扫除文盲的实施意见》，明确提出到2000年占全国总人口85%的地区普及九年义务教育，在10%人口的贫困地区普及和巩固5—6年级小学教育，在5%人口的特别贫困地区普及3—4年级小学教育；在90%人口地区扫除青壮年文盲，15—50周岁的青壮年文盲率降到5%以下。③ 在20世纪末被称作“两基”或“普九”“攻坚”的数年里，全国各地中小学校建设取得新发展，成为实现“两基”和“普九”的基础性条件。到1999年，全国实现“两基”的县（市、区）已达2 428个，人口覆盖率为80%。其中，全国适龄儿童入学率和初中阶段入学率分别达到99.1%和88.6%；全国总人口文盲率下降到14.5%以下，15—50周岁青壮年文盲率下降到5.5%以下。④ 与中小学校发展量的飞跃相得益彰的是，关注中小学校内涵发展的基础教育教育、教学改革也在蓬勃发展，素质教育的提倡，学校课程与教材改革的实施，特色学校的探索，减轻学生学习压力和课业负担的研究，从质的方面反映了中小学校的发展。1999年1月，国务院正式批准《面向21世纪教育振兴行动计划》，提出在全面实现“两基”目标基础上，到2010年，城市和经济发达地区普及高中阶段教育。同年6月，中共中央、国务院颁布《关于深化教育改革全面推进素质教育的决定》，提到加快非义务教育的发展，构建有利于实施素质教育的人才成长的“立交桥”，表明对义务教育阶段后学校教育的建设决心。尤其是中央政府承诺，从1998年起，中央级财政中教育经费支出连续5年每年增加1个百分点。各地也纷纷响应，也提出在未来3—5年，在省级财政支出中教育经费每年增加1—2个百分点不等。⑤ 这使得全国各地中小学校建设有了可靠的经费保障。只是到此时，中国各级学校系统中的中学才算真正完善，中国现代各级学校系统才算真正建立起来。

五

为什么中国现代各级学校系统的发生走的是一条非典型的下延型路线？

杜威说：“从整体上看，学校制度（系统）是自上而下发展起来的。”既是指西方国家现代学校系统的发生，也符合人类其他很多国家现代学校系统的发生。在欧洲，这一过程是个自然发生的过程，如果从中世纪大学算起，这一过程延续了七八百年之久。而在许多后发的教育现代化国家，这一过程则是人为建构的过程，既如此，也就表现出各自发生方式、发生路线、持续时间等方面的不同。就欧洲而言，学校系统“是自上而下发展起来的”有其必然性，那是由于古代教育多带有贵族教育或

①② 何东昌主编：《中华人民共和国重要教育文献（1976—1990）》，第2286—2287、3468页。

③ 李鹏：《动员起来，为实施〈中国教育改革和发展纲要〉而努力——在全国教育工作会议上的报告》，国务院《关于〈中国教育改革和发展纲要〉的实施意见》，何东昌主编：《中华人民共和国重要教育文献（1991—1997）》，第3651、3661页。

④⑤ 方晓东等著：《中华人民共和国教育史纲》，第495、524页。

精英教育的性质，古代传统学校体系中最为成熟、最为发达的学校层级是大学，基础阶段的学校并不发展。而任何教育新生事物的产生都离不开已有的教育传统资源，欧洲历史上学校系统的发生也就自然而然从较高的学校层级大学开始，自上而下地发展出来。杜威所言，也包含着这一层意思。就中国开始建立各级学校系统的近代社会而言，情况相似。19世纪中叶，走到近代社会门槛边上的中国传统教育最值得称道的是哪一个层级的学校？不言而喻，是大学，即京师的国子监，各地中心城市的府州县学和散布在全国城乡的书院。中国如欲建设一种全新的学校，最容易想到要借助也最易于借助的资源自然就是这些教育遗产。

但是，中国开始建立现代各级学校系统的过程还有着一个特殊的时代背景，即中国非常急迫地需要通过教育来摆脱自己受欺侮的地位或者落后的地位，需要大量新型人才来承担起这一重要使命。于是，自然就从能够早出人才、快出人才的学校层级做起，在学校系统中处于较高层级的学校，往往就成为建设的最先入手处。这也就是为什么清末政府会在最初的教育改革（洋务教育）中首先建起了一批专门学堂，新生的共和国会首先从高等学校院系调整开始它的教育建设，新时期中国教育会首先从恢复高等学校招生考试入手开始拨乱反正进而实现重建。

正因为三次中国现代各级学校系统的建设都具有十分的紧迫性，因此就都具有“干起来再筹划”、边干边完善的特点。于是我们又看到，当把学校系统中最高的学校层级建设起来后，人们才认识到学校系统中基础层级学校建设的重要性，或者人们才顾得上学校系统中基础层级学校建设的事业，于是，又回去从小学做起，继之以中学。这就出现了本文所谓非典型的下延型学校系统发生路线。

为什么中国现代各级学校系统的发生会经过重复三次建设才能最终形成？

从1862年洋务派按西方模式创办新式教育，建立起各种专门学堂，到1904年清政府颁布“癸卯学制”，实施建立各级各类学校系统，到20世纪末中国实现“普九”，中国现代各级学校系统的建立经历了140年时间，或许在已经建立各级学校系统的现代国家中是历时最长的了。在此过程中，中国的各级学校系统经历了三次重建，前两次虽然也都取得一定的成功，但就各级学校系统的最终建立而言，则都可说是前功尽弃，无功而返。唯有第三次即近30年来的建设才算初步告成功。相比较同样是教育现代化后发国家的日本费时30多年建成现代学校系统，中国的道路可称太过漫长，我们差不多晚了100年。从中国的各级学校系统的建立历程，我们看到中国教育的现代化过程是被大大延缓了这一事实！

中国现代各级学校系统的三次重建情况各不相同。第一次建设因清政府的认识原因，在1862年之后的整整40年里，并未形成各级学校系统，可以说错失了一次十分宝贵的现代学校建设机遇。而在1902年至1922年的20年时间里，清末政府尤其是民国政府抓住了一次历史机遇，次第构建出颇为合理的现代各级学校系统的架构，并在之后的15年里将这一蓝图相当程度上予以实现。遗憾的是日本帝国主义的侵略打断了中国现代各级学校系统的建设进程，而之后的国共内战更使这一进程难以为继。

第二次建设由于政治和意识形态的原因，放弃了前代经过80多年（尤其是20世纪前半叶）建立起来的学校基础，从1949年起开始按新的学校制度模式重新建设现代各级学校系统，在历经曲折后，于60年代初形成按教育规律探索符合本国本民族特点的教育、建设现代学校制度的宝贵认识，并也提出初步的学校系统构想。只是随之而来的十年“文革”又一次打断了中国建设现代学校制度的进程，而且以更为激进的思想和实践使中国教育背离了现代学校的发展道路。尤其可叹的是使中国又错失了一次更为宝贵的现代学校建设机遇。

第三次建设因为有着太多的前车之鉴，尤其是之前30年的经验与教训，虽然其建设任务之艰巨比较前两次建设不可同日而语，然而由于认识的正确，计划的合理，措施的得当，尤其是时代环境条件的具备，到20世纪末中国初步建成了现代各级学校系统，历时20余年。可以说中国抓住了20世纪最后的一次极其宝贵的现代学校建设机遇。当然，过去的两次现代各级学校系统的建设也给第三次建设留下了遗产——第一次建设留下的是一个适合中国国情的各级学校系统架构，第二次建设留下的是建设“自己的东西”的信念及其初步的学校基础，还有就是整体构建学校系统的宝贵经验。

因此，中国现代各级学校系统的发生的非典型下延型路线有其必然性，然而重复三次则具有偶然性。从中国现代各级学校系统的三次重建经历，我们也看到后发的教育现代化国家建设现代学校其任务的艰巨和过程的艰难。其中，教育历史的遗产、教育改革的理念、教育改革的设计、教育改革的时代环境，都会影响现代学校建设的开展、成败与效果。

教育现代化动变中的传统元素及其开掘*

□ 黄书光（华东师范大学教授）

一、教育现代化进程中的激烈反传统及其偏失

依据一般的社会现代化理论，现代化可分为早发内生型和后发外生型两种类型。与之相应，教育现代化也大致可以分为早发内生型教育现代化和后发外生型教育现代化。与英国典型的早发内生型教育现代化不同，中国教育现代化是典型的后发外生型。这种后发外生型的教育现代化“往往是从外部引入与本土完全异质的现代性因素时开始启动的。这时，在其本土社会结构中更多地充满了传统性的因素”[1]。这样一来，“传统性和现代性之间的对抗常常更加带有激烈性和戏剧性”[2]。针对这一客观现实，中国早期教育现代化的启动之所以选择“中体西用”为指导思想，显然有其良苦用心。虽然洋务派只是“把西学定位在器物层面，但是‘制器之器’的引入必然波及‘制器之人’的培养，而‘制器之人’的培养又必然导致对传统教育制度和科技制度的变革需求”，正是这一系列洋务活动的次第展开，在“客观上导致了传统教育向现代化教育的逐渐过渡”。[3]

然而，由于两千多年的封建专制统治和儒家教化渗透，即使在帝国统治被推翻之时，“传统性因素”仍然会伴随某种政治气候变化而死灰复燃，从而使传统性与现代性的冲突更趋白热化。有鉴于此，一些急于引进西方科学民主思想、个性独立观念的文化激进主义者自然要向传统决战，要对传统儒家思想进行全面清算和激烈批判，不仅喊出“礼教吃人”，甚至提出“打倒孔家店”的口号。其批判锋芒之锐利无疑超过前贤，但对于传统文化的评判本身显然失之偏颇，仅限于负面揭露和批判，未及正面分析与阐扬。诚如金耀基所言：“五四以来，中国文化思想界的主流是批判传统，只看到传统中坏的或极坏的因素，因此认为非打倒传统不足以开启现代化，五四新文化运动之批判精神是应该值得肯定的，在当时真有勇猛创新的气象。但它对中国文化的评估是片面的，以此并未能提供一条中国现代化的路向。”[4]

激烈反传统与全盘西化乃是孪生兄弟，这一点在胡适身上体现得特别充分。他在“五四”新文化运动时期曾公开称赞吴虞是“四川省只手打孔家店的老英雄”，到了 20 世纪 30 年代更撰文拥护陈序经的“全盘西化论”。虽然胡适很快又以“充分世界化”修正之，声称要“用理智来教人信仰我们认清的大方向，用全力来战胜一切守旧恋古的情感”[5]。他晚年更辩称：“打倒孔家店并不打倒孔子……如果不打倒一尊的孔家店，没法子使得思想解放，思想自由。”[6]但激烈反传统的结果必然在很大程度上淡化民族情感，消解民族自信心和凝聚力，甚至走向民族虚无主义。胡适说：“我们必须承认我们自己百事不如人，不但物质上不如人、不但机

* 原载《高等教育研究》2014 年第 12 期。

械上不如人，并且政治社会道德都不如人。”[7]事实上，过于否定自己的传统必然导致民族自信心和战斗力的整体涣散，反而不利于现代化事业的理性推进。这是因为“将传统一概否弃实质上是历史虚无主义的做法，这种做法使现代化赖以发展的资源减少，藐视进步实则倒退。……对传统的全面否定势必带来传统的反弹，反弹是对全盘否定这种错误的做法的一个反动。”[8]

激烈反传统的本意在于反省自家的弱点，激发知耻努力之心，但它确实引发了“与传统决裂”的极端情绪，这在其后“文化大革命”的“破四旧”中达到了顶点，从而使得教育现代化发展偏离了理性的轨道，其负面影响和后遗症至今难于肃清。郭齐勇曾痛斥“不分青红皂白地否定包括传统道德在内的一切文化遗产给我们所带来的巨大的民族性的损伤”，并指出“没有哪一个民族的现代化是脱离民族精神资源的陶冶的，一个多世纪以来，我们几代人对民族文化的伤害太严重了”。[9]

二、传统精髓在教育现代化动变中的深层价值

与激烈反传统的文化激进主义者不同，以文化保守主义者为主体的各类学者都不同程度地肯定传统文化教育在现代化动变中的独特价值，热衷传统与现代化的汇合融通。文化保守主义的集大成者梁漱溟就明确表示：西方的科学、民主固然值得东方人学习，但由于东西方文化路向不同，过于急迫而向前的西方文化已“走到了尽头处”。他认为，需要改变学习态度，“走孔家的路”，用儒家文化去弥补调和之。同时，强调要重构以“德业相劝、过失相规、礼俗相交、患难相恤”为准则的“吕氏乡约”，建立以“乡学村学”为基点的儒家民间教化组织系统，以期在奠定中国文化根基和树立儒家人生志向的前提下，“融取现代文明以求自身文化之长进”。[10]

事实上，不只是文化保守主义者独家褒奖传统文化教育的深层价值，自由主义教育家同样没有否定传统文化教育之精华。胡适曾一度扮演激烈反传统和提倡全盘西化的角色，但他更多的时候则是崇尚传统与现代的协调汇合。他不仅公开批评近代过于过激的废书院改革，赞许书院教育的自修传统和独立研究精神，而且特别注重“现代化”与“固有立化”的内在协调发展。他说：“如果对新文化的接受不是有组织地吸收的形式，而是采取突然替换的形式，因而引起旧文化的消亡，这确实是全人类的一个重要损失，因此，真正的问题可以这样说：我们应该怎样才能以最有效的方式吸收现代化，使它同我们的固有文化相一致、协调和继续发展?”[11]

至于像蔡元培、陶行知、陈鹤琴这样的大教育家，他们都拥有较长时间的留学经历，对西方学术思想文化和教育哲学理论更有切身的濡染感知；他们在博采西方先进文化的同时，对自己的民族文化教育精髓同样有着十分深刻的认识与体悟，因此能够提出独具特色的“中西融通”之文化教育新论。我们从蔡元培“思想自由，兼容并包”的北大办学方针、陶行知的南京晓庄和重庆育才的“生活教育”实践，以及陈鹤琴的鼓楼幼稚园与江西实验幼师的“活教育”探索中，都能够深切地感受到他们对传统精髓的敬重，以及立足国情、汇通中西的本土化教育改革路向。蔡元培曾把杜威与孔子作比较道：“孔子的理想与杜威博士的学说，很有相同的点”[12]，声称“择怎样是善，怎样是人类公认为善，没有中国与非中国的分别的”[13]，其“择善而从”的文化筛选原则仍然是我们在当代多元文化交融变革中所应该持有的理性态度。同理，陶行知和陈鹤琴在深刻批判传统教育弊病的同时，也努力汲取其精华；在借鉴杜威“生活教育”理论的同时，结合自己独特的本土办学实验进行理论再创造。陈鹤琴曾自信地说：我们和杜威一样，“在创造理论，也创造方法”[14]。

众所周知，日本现代化变革之所以能取得成功，与其重视传统的“和魂洋才”战略不无关联。金耀基说：“日本现代化之所以迅速而成功，实缘于传统因素的支撑与运用。譬如天皇制度就是一传统的遗物，但他却在日本现代化过程中扮演了一个极重要的角色，即他为‘国家的认同’提供了一个

稳定的对象。”[15]中国近代提出的“中体西用”教育哲学观，虽未能引领当时中国在短期内实现现代化，但“这一口号毕竟把尊圣、崇经、法古的中国文化中心观打开了一个大的缺口，缓解了顽固派对‘西学’的全面拒斥，使应变式的改革从被动向主动方向转化。这是最早形成的中国式现代化理论框架。……它对启动时期吸收西方近代文明起了积极作用。”[16]应该肯定的是，它在中国现代化启动时期承认了西方文明的合理性，冲破了“夷夏之辩”，客观上促进了“西学东渐”和近代中国社会的新陈代谢。

推而广之，深受儒家思想传统影响的日本、韩国、新加坡等国，其现代化推进模式无不深深地打上了儒家文化的烙印。“东亚新兴工业区的一个共同点是自然资源贫乏而人力资源丰富，因此重视教育、普及教育成为发展经济的一个重要手段。……在东亚社会，一贯重视子嗣的香火传承，望子成龙，父母亲自督促子女的学业。”[17]不可否认，20世纪的东亚经济奇迹与源远流长的儒家“尊师重教”传统密不可分，同时也与儒家所提倡的乐观向上的人生哲学和责任诚信的职业伦理有关。美国学者狄百瑞指出：“现代化起初被认为是和西方科学、技术、工业的进步及亚洲大规模采纳的专业技术教育平行。直到后来，一些旁观者因东亚某些地区惊人的经济奇迹，才意识到这个过程中本土文化起的作用，或通常社会经济术语中所谓的‘儒家职业伦理’。”[18]诚然，由于儒家文化的长期浸染，儒教文化圈中的社群很自然地养成了好学深思、敬业乐群、诚实守信、谦逊明礼、日新向上等观念品质，这些独特的观念品质是我们理解东亚现代化奇迹之所以产生的奥秘所在。正如郭齐勇所言：“中国大陆和中国台湾、中国香港，以及新加坡、韩国等国家与地区的现代化运动中，民间社会的儒家伦理教化的积淀起了积极的作用。在文化小传统中，勤俭、重教、敬业、乐群、和谐、互信、日新、进取的观念，无疑是经济起飞的文化资本。”[19]

在当代，我们正怀揣着美好的“中国梦”，朝着有中国特色的“富强民主文明和谐的社会主义现代化”目标迈进。为此，我们不能割断自己民族的文化血脉，更“不可抛弃中华民族的优秀文化传统，恰恰相反，我们要很好传承和弘扬，因为这是我们民族的‘根’和‘魂’，丢了这个‘根’和‘魂’，就没有根基了。”[20]

三、传统文化教育元素的当代开掘

当代中国和其他国家一样都被卷入知识经济和信息传播的全球化时代，如何在全球化背景下更好地融入业已推进百余年的中国教育现代化之未竟事业？如何系统地开掘具有五千年文明史的民族传统文化教育元素，使之与我们的现代化追求和谐共进，以达至“传统的再造”与“现代化的涅槃”之双重梦想？不能不促使我们作一些深层次的思考。

其一，倡行“有教无类”，追求公平、正义的社会理想。

作为伟大的教育家和思想家，孔子深信理想中的社会应由“贤才”治理，而“贤才”的获得不能靠世袭，只能最大限度地取之于民间。为此，孔子公平地招收学生，一概不看贫富、贵贱、庶鄙之别，只要有愿学之心，即收为入门弟子。声称：“自行束脩以上，吾未尝无诲焉。”[21]这一“有教无类”的办学方针，不仅最大限度地体现了其办学理念的公平性，保证了人才来源的广泛性，而且反映了其理想社会治理的教育基础设计。在孔子看来，“大道之行也，天下为公。”[22]以仁爱为核心的“大道”理想社会，必然要求和呼唤负责任的君子与之相应，而君子人格的养成必然离不开其“有教无类”的博大办学情怀。无论当代中国社会如何变革，都离不开人生而享有的受教育权，它是社会公平的教育基础。这一点，当代教育现代化变革的公平取向不能不从孔子的“有教无类”思想中寻觅智慧的源泉。

其二，回归人性本源，构筑终身学习、社会教化的理论根基。

从孔子“三人行，必有我师焉”的泛在学习，到后代儒家精心构建的上有太学、国子监，中有州、府、县学、书院，下有私塾、家塾、义学等蒙学机构，以至于包括家规、族法、乡约、宗庙等非学校形式在内的终身学习、社会教化的组织体系，保证了儒家教化精神的代代传扬及其对基层社会的全方位渗透。儒家的这一“大教育”建构之所以能够成功展开，进而形成中华民族的好学重教传统，与儒家学者向来注重人性的探讨有关。尽管历代儒家有关人性的具体理论众说纷纭，但恪守人的道德本性，回归人的道德本源，提倡后天学习修养，突出教育家的启发引领之功，无疑切近共识。《三字经》中的“人之初，性本善；性相近，习相远”，以最通俗易懂的语言生动地揭示了儒家一贯重视教育的人性依据。儒家这一“性学相通”的理论预设，揭示了人的主动向学、积极进取的人性依据，对当代中国学习型社会的建构和终身教育实践的开展具有重要的启发意义。

其三，彰显“义以为上”，突出“以义生利”、“义利统一”的儒家人本价值导向。

儒家为人处事向来以“道义”为重，孔子说：“朝闻道，夕死可矣。”[23]孟子更是倡言“求之有道，得之有命”[24]，主张“生”与“义”不可兼得的境遇下，要“舍生取义”，[25]充分彰显和肯定了“义”的崇高至上价值。孔子及其追随者反复告诫我们，要牢牢把握“重义轻利”的原则，旗帜鲜明地反对功利主义，强调“见利思义”、“以义生利”，要求将“义”和“利”辩证地统一起来。当代中国社会，见利忘义、以权谋私、损公利己，乃至极端功利主义和片面利己主义现象层出不穷，如何在转型期的当代中国社会主义市场变革中汲取传统儒家“义利之辩”之精华，剔除其过于严苛的“道义论”色彩，在肯定和保障个人基本利益的前提下，使个人利益、集体利益、社群利益和国家利益有机地融通起来，无疑需要我们结合全球化的时代精神，进行更加深入的理解、汇通与转化。

其四，注重“因材施教”，倡行“修身立己”、“由己及物”的文化扩充诉求与内在超越精神。

儒家特别关注具体个人的社会化成长，其教育重心往往奠基于对个体学生的全方位观察、感知和理解。在此基础上，方予以随机点拨、因材施教，重启发，善诱导，务使学生在反复的磨炼和体悟中豁然贯通，进而修身立己。在儒家看来，只有自己挺立了，做好自己了，才能理性地处理人与人，乃至人与世界万物的关系，即所谓“己欲立而立人，己欲达而达人”[26]；“己所不欲，勿施于人”[27]。这一通达的人己关系原则，已被认定为世界伦理之黄金定律。儒家教育精神之深意还在于：不能只满足于人际关系之和谐，更要祈求人与自然之密合以及人与周遭世界的生态平衡。儒家深信，“能尽人之性，则能尽物之性；能尽物之性，则可以赞天地之化育；可以赞天地之化育，则可以与天地参矣。”[28]很显然，儒家设定的由“因材施教”、“修身立己”，继之“由己及物”而与“天地参”的系统表达，充分体现了其教育哲学的深层文化扩充诉求及其潜藏的内在超越精神，值得过于功利的当代教育反复思考。

其五，崇尚“天人合一”，萃取传统思维方式的合理内核。

与西方哲学建立在“天人相分”基础上的分析思维不同，中国传统哲学热衷于“天人合一”的理论建构，甚而提出“天人本无二，不必言合”[29]，其偏好整体统整的思维特征表露无遗。分析思维易于做到对具体事物的深刻认识，进而求索、征服和改造自然；整体思维擅长全面、系统地把握问题实质，进而体察、参悟并适应自然。在现代化进程中，过于急迫地征服和改造自然，很可能导致自然的周期性报复，从而造成洪水泛滥、大气污染等种种生态失衡，人反而不得安宁。因此，如何一开始就从“天人合一”的高度来理性地设计和推进现代化事业，将整体思维与分析思维有机结合起来，显然有助于相互推动，实现优势互补。我们还可以从老子的“有无相生，难易相成，长短相形，高下相盈，音声相和，前后相随”[30]，孔子的“叩其两端而竭焉”[31]，《易经·大传》的“一阴一阳之谓道”，程颐的“物极必反，其理须如此”[32]，朱熹的“知行互发”等众多先贤的哲思卓见中，去体会中国传统辩证思维的深刻内涵。它提醒我们不要片面、机械地看待事物，而要辩证、动态地去思考问题，注意事物发展的两面性及其在一定条件下的合理转化，这对以信息知识经济为特征的剧烈变革之当代社会无疑具有更加重要的现实启迪意义。此外，中国传统的直觉思维也有其不容忽视的重要理论价值，从老子所说的“涤除”一切欲念干扰的“玄览”[33]，到庄子的“离形去知，同于大通”的“坐忘”[34]，以及张载所谓“大其心则能体天下之物”的“体物”[35]，都不同程度地突破了感性经验的狭隘与局限，注重个体自我体悟的豁然贯通与经验超越，这样的直觉思维虽然不同于现代意义的科学思维，很难有惯常的逻辑轨迹与规律可循，但它对当代教育现代化变革中创新精神和创造能力的培养同样不无启发，有待进行更加深入的意义挖掘。

毋庸置疑，传统文化教育的某些具体方面不可避免地要打上过往时代的社会烙印，也不适宜直接搬来套用，但其资源的深邃内涵正有待于有识之士的创造性开掘。开掘并转化得当，传统不但不是现代化发展的阻力，反而是教育现代化理性变革的有力酵素。

参考文献：

[1] 黄济，郭齐家．中国教育传统与教育现代化基本问题研究［M］．北京：北京师范大学出版社，2003：205.

[2] 吉尔伯特·罗兹曼．中国的现代化［M］．国家社科基金“比较现代化”课题组，译．南京：江苏人民出版社，1995：665.

[3] 黄书光．论中国早期教育现代化的艰难探索［J］．社会科学战线，2001，(6)：199.

[4]［15］金耀基．从传统到现代（补篇）［M］．北京：法律出版社，2010：190，149.

[5] 胡适全集（第22卷）［M］．合肥：安徽教育出版社，2003：323.

[6] 胡适全集（第20卷）［M］．合肥：安徽教育出版社，2003：303.

[7] 胡适全集（第3卷）［M］．合肥：安徽教育出版社，2003：32.

[8] 褚宏启．教育现代化的路径——现代教育导论（第二版）［M］．北京：教育科学出版社，2013：94.

[9]［19］郭齐勇．中国儒学精神［M］．上海：复旦大学出版社，2009：322—323，133.

[10] 梁漱溟全集（第五卷）［M］．济南：山东人民出版社，1990：401.

[11] 胡适学术文集·中国哲学史（下）［M］．北京：中华书局，1991：772.

[12] 蔡元培全集（第三卷）［M］．杭州：浙江教育出版社，1997：716.

[13] 蔡元培全集（第十四卷）［M］．杭州：浙江教育出版社，1998：14.

[14] 陈鹤琴全集（第四卷）［M］．南京：江苏教育出版社，1991：350.

[16] 罗荣渠．现代化新论续编［M］．北京：北京大学出版社，1997：144.

[17] 罗荣渠．现代化新论（修订本）［M］．北京：商务印书馆，2004：479.

[18] 狄百瑞．《大学》作为自由传统［M］//哈佛燕京学社，三联书店，主编．儒家与自由主义．北京：生活·读书·新知三联书店，2001：184.

[20] 习近平关于实现中华民族伟大复兴的中国梦论述摘编［M］．中共中央文献研究室，编．北京：中央文献出版社，2013：33.

[21]［23］［26］［27］［31］杨伯峻．论语译注［M］．北京：中华书局，2009：66，36，64，121，88.

[22] 礼记正义［M］．北京：北京大学出版社，1999：658.

[24]［25］杨伯峻．孟子译注（下）［M］．北京：中华书局，1963：302，265.

[28] 朱熹．四书章句集注［M］．北京：中华书局，1983：32.

[29]［32］二程集（上）［M］．北京：中华书局，2004：81，176.

[30]［33］陈鼓应．老子今注今译［M］．北京：商务印书馆，2003：80，108.

[34] 庄子［M］．北京：中华书局，2010：119.

[35] 张载集［M］．北京：中华书局，1978：24.

教育心理

创造性人才的成长与培养*

□ 林崇德（北京师范大学教授）
□ 林　琳（北京师范大学博士生）

提高自主创新能力，建设创新型国家，关键在于拥有大批创造性人才，创造性人才的培养靠教育。研究创造性人才的成长规律，探索创造性人才的培养模式，既是我国的现实需求，也是国际社会和学术界共同关心的重大课题。

创造性人才的培养需要内因和外因的共同作用。内因，即创造性人才的心理因素，包括创造性思维（智力因素）和创造性人格（非智力因素）；外因，即创造性人才所处的创造性环境，包括文化环境、教育环境、社会环境等。外因通过内因起作用，如果个体缺乏创造性思维和创造性人格，仅有创造性环境是不够的。

在2003—2007年，我们承担了教育部哲学社会科学研究重大课题攻关项目“创新人才与教育创新研究”课题，通过对34位自然科学拔尖创新人才与36位社会科学拔尖创新人才的深度访谈，研究了这些拔尖创新人才的思维特征、人格特征、成长历程和创造性成果的获得过程，结果发现：创造性人才的成长是一个连续发展的过程。创造性人才的成长有五个阶段：自我探索期、集中训练期、才华显露与领域定向期、创造期和创造后期。我们十分重视基础教育阶段的“自我探索期”，因为没有基础教育创新素质的奠基，创造性人才的成长就是一句空话。

当前中国教育改革面临的最大挑战就是如何培养出创造性的人才。青少年是中国未来的建设者，要把我国建设成创新型国家，首先要重视培养青少年的创新精神和创造能力。进行有针对性和富有成效的教育改革，是提高青少年的创造潜力、培养创造性人才的关键。教师在拔尖创新人才成长中起着独特的作用。与其他影响源相比，教师的影响居于第一位，这种影响不仅是综合性的，而且是长期的。一个人的成长要经历不同的阶段，其创造力的发展一般受到特定时期学校教师的影响。创造性的启蒙教育一般由中小学教师完成，课堂教学是培养学生创新素质的主渠道，教师的人格、品德、气质直接影响学生创新精神的成长。

一、青少年是创造性发展的奠基阶段

什么是创造性？目前国际心理学界的研究中，出现了三种倾向。一是认为创造性是一种或多种心理过程。二是认为创造性是一种产品。三是认为创造性是一种个性，不同人有不尽相同的创造性。经过理论研究和思考，我们认为创造性既是一种心理过程，又是一种复杂而新颖的产品，还具有个性的特征或品质。这样，我们才把创造性定义为：根据一定目的，运用一切已知信息，产生出某种新颖、独特、有社会或个人价值的产品的智力品质。[1]这个定义对于我们全面理解创造性的内涵和创新人才

* 原载《创新人才教育》2014年第3期。

的培养规律有如下两点启发。

首先，这里所讲的产品是指以某种形式存在的思维成果，它的范围很广，包括新概念、新思想、新理论、新技术、新工艺、新作品、新决策等。我们不能狭隘地理解创造性的成果，并不是只有科学家提出的新理论才可以用创造性来标志或衡量。创造性的产品是多样化的，所有行业和领域都可能有创造性成果。创造性人才是不拘一格的，创造性的产品也是不拘一格的。

其次，如果从人类进步和社会发展这一宏观水平上讲，产品的新颖性和独特性就必须是具有社会意义的。但是，我们也可以从个体发展水平上衡量创造性。如果一个人能以他从未使用过的方式和策略解决某个新问题，那么这对于他个人而言，就具有创造性的意义。由此，理解创造性或创新就具有了社会的和个体的两个标准。社会的标准，是判断创造性或创新程度的高端标准，甚至是终极标准。从这个意义上讲，并不是每个人都能产生创造性的产品。然而，我们不能因此就否认了每个人身上都可能具有的创造倾向和可能。认识到创造的个人标准，有利于鼓励每个人（无论是成人还是儿童）积极地、创造性地思考和解决问题。

按民间说法，创造性是难以理解和把握的。例如，新观念、新思路的产生往往是突发性的，常被称为“灵感”。于是，很多人误以为创造活动就是“灵光一现”这么简单。其实，灵感或真正有价值的创造大多是长期思考的结果，是建立在深厚的知识积累上的。通俗地讲，创造活动需要这两个条件：知识基础与深入思考。由此，我们认为创造性人才的培养应该以增强知识基础为前提，通过在实践中长期深入的思考，形成创造性的思维品质和成果。例如，教育实践中，中小学要强调把培养学生的创造性渗透到学科教学中，在课堂教学中开发学生的创造力。没有知识基础和深入思考，只搞肤浅的“创造比赛”、“脑筋急转弯”，是不可能培养出创新人才的。

我们的研究结果发现，创造性人才的成长是一个连续发展的过程。如前所述，拔尖创新人才的最终的创新成果就是以各个阶段的发展为最终体现。创造性人才的成长有五个阶段：自我探索期、集中训练期、才华显露与领域定向期、创造期和创造后期。[2]早期促进经验、研究指引和支持、关键发展阶段指引是这五个阶段的三种主要影响因素。所谓早期促进经验，包括父母和中小学教师的作用、成长环境氛围、青少年时期的广泛兴趣和爱好、具有挑战性的经历和多样性经历，这些对“自我探索期”的发展是十分重要的。中小学阶段，学生表面上似乎在探索外部世界，其实是一个探索自己的内心世界、自我发现的阶段。这一阶段的探索不一定与日后从事学术创造性工作有直接联系，但却为后来的创造提供重要的心理准备，是个体创新素质形成的决定性阶段。陕西师范大学胡卫平教授的研究发现，17 岁的青少年的科学创造能力趋于稳定。[3]

通过上面论述，可以看出，创造性教育要大众化，尤其在中小学阶段，人人都可以通过创造性教育获得创造性的发展。

中外青少年创新性跨文化对比研究发现，不同国家青少年创新力的显著差异不在水平的高低，而是在创造力不同类别上：中国学生在问题提出和科学想象能力上高于英、日学生，但是产品设计和产品改进的能力较低；中国学生的思维流畅性和灵活性水平显著高于英、日学生，但中、日学生在独特性水平不存在显著差异。此外，对中、日、德三国青少年的创造性人格研究发现，三个国家的学生既存在共同性，也存在差异性。具体地说，在创造性人格的九个维度上，中国学生在自信心、好奇心、内部动机、开放性、独立性和冒险性六个维度上得分均高于德、日学生；日本学生在怀疑性维度上显著高于中国学生；德国学生在坚持性维度上显著高于中国学生。[4]根据多年研究结果，尤其是对中、美、日、德、英五国青少年创造性研究，笔者认为，除重视智力、知识、发散思维技能等认知因素之外，更重要的是要强调培养学生的自信心、好奇心、探索、挑战欲望和意志力等创新人格品质。这表明，基础教育阶段不宜简单提“拔尖创新人才”

的概念和“英才教育”的概念，而应强调创新精神的培养。

在如何看待东西方的教育模式时，我们曾把西方教育模式比作大写的英文字母“T”中的一横，把东方教育模式比作“T”中的一竖，提出融东西方教育模式为一体培养“T”型的创造性人才的理念，这也是对一百多年以前张之洞老人所倡导“学贯中西”文化的思想的继承。在青少年的培养中，只有融东西方文化为一体，学贯中西，扬长避短，才能为创造性人才大量涌现真正起到奠基的作用。

二、创造性教育与创造性学习

随着国际竞争的日益白炽化，各国经济、军事和教育、科学技术的竞争，将集中在创造性人才的竞争上。因此，创造力的研究也格外受到各国的重视，其中创造力培养是有关创造力研究中的一个重要部分。教育的要旨是创新人才的培养，而人是知识创新与发展的生命之源。诚如德国文化教育学家斯普朗格所言，教育的最终目的不是传授已有的东西，而是要把人的创造力量诱导出来，将生命感和价值感唤醒，一直到精神生活运动的根。有鉴于此，创造性人才的培养和造就，就要靠创造性教育。创造性教育应该在日常教育之中开展，并不是另起炉灶的一种新的教育体制，而是教育改革的一项内容。所谓创造性教育，是指在创新型学校管理和学校环境中，由创造型教师通过创造型教学方法培养出创造型学生的过程。[5]这种教育不须设置专门的课程和形式，但必须依靠改革现有教育思想、教育内容和教育方法来实现。

首先，要提倡学校环境的创造性，主要包括校长的指导思想、学校管理、环境布置、教学评估体系及班级气氛等因素。创造型教师和学生在教育环境中的经历是极其复杂的。学校本是发现、培养创造性人才的场所，然而事实并非如此。大多数学校太注重学业而忽视其他方面，这就压制了教师和学生创造性才能的发挥。因此，优化学校环境的创造性是促进青少年创造力发展的必要条件。

与此同时，要培养创造型的教师，即那些善于吸收最新教育科学成果，将其积极应用于教学中，并且有独特见解，能够发现行之有效的教学方法的教师。教师的创造性主要体现在教师的创造性教育观、知识结构、个性特征、教学艺术和管理艺术等方面。特别是教学方法，这是能否培养和造就创造性人才的关键之一。这里，需要特别指出的是，高等学校只有以创造性教育作为基本手段和培养方向，才能满足社会对人才的需求，否则就会削弱自身的社会地位和特殊作用，甚至于有被社会淘汰的危险。托兰斯的研究发现，教师在创造性动机测验中的成绩与学生的创造性写作能力之间存在一定的正相关，这表明教师创造性水平的高低对学生创造力的培养是至关重要的。教师往往喜欢高智商的学生而不是高创造力的学生。因此，研究教师的创造力教育观、个性特征、知识结构、教学艺术及管理艺术对于培养和发挥教师的创造性具有现实指导意义。

创造性学习是创造性教育的必然结果，对学生来说，首先应该培养其创造性学习的习惯。笔者曾提出：“学习有两种，一种是重复性学习，另一种是创造性学习。”“创造性学习就是不拘泥，不守旧，打破框框，敢于创新……创造性应看作是学习中必不可少的一环。”根据实验研究的材料，在创造性学习过程中，我们坚持以下的观点。

其一，培养学生创造性的个性。任何创造性活动，都受个性的极大制约，都需要对已有观念、方法与理论的突破。所以应重视上面已提到的创造性个性，培养学生以一丝不苟、独立、自信的眼光审视周围环境的习惯，使其不是人云亦云，而是勤奋好学、孜孜不倦、锲而不舍地探索未知世界。

其二，培养学生创造性学习的行为特征。创造型学生除了在个性上有独特之处外，他们在行为表现上也与众不同。美国心理学家托兰斯对 87 名教育家进行了一次调查，要求每人列出五种创造型学生的行为特征，结果如下（百分数为该行为被提到次数的比例）。

（1）好奇心，不断地提问（38%）；

（2）思维和行动的独创性（38%）；

（3）思维和行动的独立性（38%）；

（4）想象力丰富，喜欢叙述（35%）；

（5）不随大流，不依赖群体的公认（28%）；

（6）探索各种关系（17%）；

（7）主意多，思维流畅性（14%）；

（8）喜欢进行试验（14%）；

（9）灵活性强（12%）；

（10）顽强、坚韧（12%）；

（11）喜欢虚构（12%）；

（12）对事物的错综复杂性感兴趣，喜欢用多种思维方式探讨复杂的事物（12%）；

（13）耽于幻想（10%）。

由此可见，创造型学生大多具有好奇、思维灵活、独立行事、喜欢提问、善于探索等行为特征，这与实际情况是吻合的。

*其三，培养学生创造性的学习特点。*创造型学生在学习中有许多不同于普通学生的表现。在学习内容上，创造型的学生不满足于对教学内容的记忆，而是喜欢自己探求未知世界；在学习态度上，创造型学生愿意花大量时间去探究感兴趣的事物，思考问题的范围与领域不为教师所左右；在时间安排上，创造型学生不按规定时间去学，除了完成课堂作业外，将更多的时间花在阅读课外书或从事其他活动上；在学习目标上，创造型学生不仅能获得书本或教师传授的知识，而且还对教师和书本上的知识进行批判地吸收；创造型学生对语词或符号特别敏感，能在与别人的交谈中发现问题；在学习动机上，创造型学生渴望找到疑难问题的答案，善于找出方案的不足并进行改进，并相信自己的直觉。

学习贵在创新。有人认为，学习只是接受前人的知识，学习书本上的知识，不是创造发明就根本谈不上创新。笔者认为，学习固然不同于科学家的研究，但也要求他们敢于除旧，敢于布新。学生在学校里固然是以再现性思维为主要方式，但发展他们的创造性思维也是教育教学中必不可缺的重要一环。

张扬人的创造性，将人的创造性普遍化，这是时代的要求。辩证唯物主义从实践的根本观点出发，确认了人的创造性是人的本质属性，也是人的一种生存状态，是人的本性的延伸。知识已成为经济和社会发展的重要资源，创新人才成为竞争合作的决定性因素，因此人们必然会如同农业时代追求土地，工业经济时代追求资本那样去追求知识。知识产权的价值将显著提高，创新人才将成为国家间、企业间争夺的最重要资源。人们将把对教育和科研的投资视为最重要的战略性投资，这是时代发展的必然趋势。创造性的培养应当成为教育的普遍目标，它要面向全体受教育者，各级各类教育都要以此为目的，并为此而做出努力。为顺应时代潮流，我们要培养和造就适应时代发展的高素质创造性人才，使更多的创造型学校、创造型教师涌现出来，从而培养更多创造型学生，由此赋予创造性教育以本体论的意义。

三、对创新能力培养的几点思考

根据创新选拔人才的研究结果，我们提出了创新性人才心理特征结构的初步理论构想，即创新性思维由发散思维和聚合思维构成，并编制了《创造性思维能力量表》和《创造性人格量表》。经初步施测后，在全国的六个省市进行了全面正式测试，通过量表测试发现，我国青少年的创造力整体呈阶段性发展，在同一阶段内其发展呈连续性。青少年中学阶段的创造力水平明显高于小学阶段，小学四年级和初三年级分别为其发展的低谷期和高峰期，小学六年级到初一年级为发展的关键期。创新性倾向的研究发现，青少年创造性倾向由自信心、好奇心、探索性、挑战性和意志力五个维度组成。青少年创造性倾向的发展趋势总体上呈现倒V型，初中一年级是创造性倾向发展的关键期。

综上分析，在加强青少年创新能力方面有以下七种途径。一是改善校园文化的精神状态。营造有创造性的校园文化氛围，包括认识和内化创造力，使创新意识深入人心；形成支持型校园气氛，营造创造性校园气氛；开展创造力教学活动，激发师生的创造热情。二是把培养学生创新能力渗透到各科教育中。针对具体学科的某种具体能力提出具体要求并使之系统化，以此培养学生的创新能力。三是在课堂教学中开发学生的创新能力。教师通过激发学生创造的动机，灵活性提问和布置作业，掌握和运用一些创造性教学方法（如发现教学法、问题教学法、讨论教学法、开放式教学法等），在课堂上创设创造性问题情境引导学生解决等方式培养学生的创新能力。四是构建新型的校园人际关系。促进创造性人际关系的形成，包括树立民主型领导方式，改善领导与教师关系；构建“我—你”型师生关系，改善师生关系；积极开展小组合作学习，培养良好的同伴关系。五是创新学校组织管理制度。营造创造性校园，包括在教学和学生管理中重视给学生足够的课时和空间保证；在学校经费管理中，重视给学生充分的经费保证；积极实行分层管理，消除人事管理中“一刀切”问题对学生创造力的不利影响；形成创新性评价制度，解除当前贯彻创新教育理念的束缚。六是教给学生创造力训练的特殊技巧。课题组曾向未成年人被试介绍，并让他们掌握美国托兰斯“创设适宜的条件”来进行创新能力训练的方法，教给他们如何有效地进行发散式提问。学生通过掌握这些有效的创新能力训练方法，进行自我训练，能提高自我创新能力。七是在科技活动中培养学生的科学创新能力。不管在校内还是校外，科技活动是学生课外活动中与创新能力发展关系最为密切的一项活动。科技活动可以开阔学生视野，激发其对新知识的探索欲望，增强学生自学能力、研究能力、操作能力、组织能力与创造能力。

近三十年来，在系统研究创造性人才成长规律的基础上，我们一直在探索创造性人才的培养途径，开发了儿童青少年创新素质培养的活动课程，提出了创造性课堂教学的理论，组织了部分中学与大学联合培养创造性人才，与胡卫平教授一起建立了三百多所实验学校，探索了创造性人才培养的活动课程模式、学科渗透模式和中学与大学联合培养模式等，取得了显著的效果。

课堂教育是学校教育的重要渠道，因此，创新课堂教学模式，培养学生创新素质，是创造性人才培养的重要途径。在总结已有教学理论和自身实验研究的基础上，基于聚焦思维结构的智力理论，我们提出了思维型课堂教学理论。[6]该理论突出了学思结合、知行统一和因材施教，体现了课堂教学中创新素质的培养，是一种创造性教学理论。思维型课堂教学强调如下五个方面。第一，动机激发。在整个教学活动中，要激发学生的学习动机，特别是内在学习动机，以保证学生积极主动地学习和思维。第二，认知冲突。在课堂教学中，教师要根据教学目标、联系生活经验和已有知识，设计一些能够使学生产生认知冲突的“两难情境”，启发学生积极思维。第三，社会建构。社会建构强调师生互动和生生互动。教学过程中，学生在探索实验、观察、讨论的时候，都需要教师的指导、点拨和鼓励。教师通过提问、指导的方式了解学生的看法，发现存在的问题，根据学生的反馈情况调整教学的进程、方式等。学生之间也需要相互关注，适时地进行讨论、辩论等活动，以促进自己的有效学习。第四，自我监控。教师要引导学生对学习内容、学习方法、经验教训等进行总结和反思，以培养学生的自我监控能力。第五，应用迁移。强调所学知识和方法的应用，并迁移到日常生活、生产实践、本学科及其他学科中去，提高学生分析问题和解决问题的能力。

为了在人才成长的关键时期，采取特殊措施，加快创造性人才的发现和培养，在系统研究创造性人才成长规律和总结国内外创造性人才培养模式的基础上，陕西省启动了高校与中学联合培养创造性人才的“春笋计划”。我们负责了方案的制订、学生的选拔、活动的组织和效果的评估等工作。“春笋计划”主要包括三方面内容。第一，选拔少数具有创造性潜质且学有余力的高中生利用综合实践活动课程时间和节假日进入高校实验室参加课题研究。第二，组建创造性人才培养专家报告团，为高中生举办讲座、报告，开设选修课，参与高中生研究性学习的指导。第三，高校重点实验室对中学生实行开放日制度，接待中学生有计划地参观和学习。这些活动可以培养高中生的创新素质。经过一年的实验，第一期“春笋计划”已经结束，经过评估，成绩显著。参与“春笋计划”的学生不仅产出了一批创造性的成果，更重要的是有了强烈的求知欲望，加深了对学科知识的理解，形成了创造性人格。调查表明：学生在怀疑性、独立性、好奇心、开放性和坚持性等人格特质方面有了很大的改变，学生的学习由被动变为主动。

类似于陕西省的“春笋计划”，北京市实施了“翱翔计划”，上海交通大学与上海中学等基础教育名校也开始联合培养创造性人才。高校也围绕专业学科，特别是基础专业学科，如数学、物理、化学、生物、信息技术、文学、历史、哲学、经济、法学等学科，针对创新人才的培养积极制订计划。基础教育和高等教育积极推进以创新精神为核心的素质教育，充分利用课堂教学的主渠道培养学生的创新思维与创新人格，所有这一切都是在探索符合中国实际的创造性人才培养模式。

参考文献：

[1] 林崇德. 教育与发展——创新人才的心理学整合研究 [M]. 北京：北京师范大学出版社，2002.

[2] 林崇德，等. 创新人才与教育创新研究 [M]. 北京：经济科学出版社，2009.

[3] 胡卫平. 青少年科学创造力的发展与培养 [M]. 北京：北京师范大学出版社，2003.

[4] 申继亮，师保国. 青少年创造性跨文化比较及其启示 [J]. 中国教育学刊，2010 (6)：11—14.

[5] 林崇德. 当代中国心理学文库（林崇德卷）[M]. 北京：北京师范大学出版社，2006.

[6] 林崇德，胡卫平. 思维型课堂教学的理论与实践 [J]. 北京师范大学学报，2010 (1)：29—36.

国际科学教学心理的研究进展与趋势*

□ 胡卫平（陕西师范大学教授）
□ 韩葵葵
□ 王碧梅

2007年，我们系统总结了20世纪50年代以来国际科学教育的研究趋势，提出了科学教育研究的未来展望，发表在《华东师范大学学报（教育科学版）》2007年第4期。随着科学技术的进步，学习理论、学习科学的进展，科学教育研究有了快速的发展。本研究系统分析了国际科学教育领域四种著名的期刊《科学教育》（美国）、《国际科学教育杂志》（英国）、《科学教育研究》（美国）和《科学教育研究杂志》（澳大利亚）2008—2013年发表的文章，结果表明：国际科学教学心理研究领域主要集中在概念学习、学习环境、探究教学、教师研究等方面，占到总论文的70%以上。下面就这些方面的研究进展做一综述，并分析研究趋势。

一、概念学习注重核心概念和学习进阶

科学教育研究者普遍认为，概念学习是科学教育的主要目标，以往的研究主要集中在概念发展、概念转变和概念图三个方面，研究主题几乎涉及科学的各个领域。进入21世纪以来，随着学习理论和学习科学研究的不断深入，核心概念和学习进阶的研究得到重视。

科学教育的目标不是去获得一大堆由事实和理论堆砌的知识，而应是实现一个趋向于核心概念的进展过程。核心概念是某个知识领域的中心，是一种教师希望学生理解并能得以应用的概念性知识，这些知识必须清楚地呈现给学生，以便学生理解与他们生活相关的事件和现象。2011年7月，美国颁布了《K-12年级科学教育框架：实践、跨领域概念和核心概念》（A Framework For K-12 Science Education-Practices, Crosscutting Concepts, and Core Ideas，以下简称《框架》）。《框架》的主要特色之一就是强调K-12的科学和工程教育应把重点放在跨学科的一些重要概念和各学科有限数量的核心概念。随着科学教育研究的不断深入，研究者也在不断赋予核心概念新的内涵，并开展对各领域中核心概念的研究和分析，如物质结构和性质的核心概念（Cooper, Corley, & Underwood, 2013）、纳米科学的核心概念（Stevens, Sutherland, Schank, & Krajcik, 2007; Stevens, Sutherland, & Krajcik, 2009）、天文学的核心概念（Lelliott & Rollnick, 2010）以及核心概念的呈现方式（Brooks, 2009）等。

科学教育领域第一次正式提出学习进阶（Learning Progressions）是在2004年。美国国家研究委员会（National Research Council, 2007）指出："学习进阶是对学生连贯且逐渐深入的思维方式的描述。在较大时间跨度内（6—8年），学生学习和

* 原载《华东师范大学学报（教育科学版）》2014年第4期。

研究某一概念或主题时，这些思维方式是依次进阶的。”《框架》指出：科学学习是一种将科学解释概念化（conceptualize）的过程，这一过程可以通过学习进阶的形式表现出来。学习进阶实质上就是对核心概念的理解的逐级深入和持续发展（Alonzo & Steedle，2009）。通过学习进阶，发展学生提升了对核心概念的理解水平，从而形成良好的知识结构，并提高深度理解科学概念、提高解决问题的能力。这已经成为当代基础教育科学课程改革的核心理念（Duncan & Rivet，2013）。

自提出学习进阶之后，其相关的研究主要有以下几个方面。第一，基于核心概念构建和呈现学习进阶。学习不仅仅是为了要知道一系列的科学事实，更重要的是要围绕核心概念构建知识体系和模型，并广泛运用科学概念解释自然现象。构建学习进阶的方法可以分为逐级进展法（escalated approach）和全景图法（landscape approach）两种类型。第二，考察学生理解核心概念的真实路径。学习进阶的起点（the lowest level）是“学生入学时的（前）概念和推理”，终点（the highest level）是“学习目标”，同时存在多个相互关联的中间水平（intermediate levels）。学习进阶描述学生对核心概念的认识是如何不断发展的，这些水平反映了学生的思维发展过程（Neumann，Viering，Boone，& Fischer，2013）。Mohan（2009）构建了小学4年级至高中“生态系统中碳循环”的学习进阶，给不同年级的学生呈现不同的学习主题，以帮助学生在原有理解的基础上不断深化对该知识的理解。Jin（2012；2013）又分别构建了小学4年级至高中“生态系统中能量传递”和“物质—能量”的学习进阶框架。第三，开发学习进阶的评价工具。学习进阶通常含有一套从开发、验证到使用的完整评估方法，研究者已经开发出各种评测工具，用以探查学生在一定时间跨度内的概念理解过程，并描绘出学生学习的多个成就水平。Neumann（2013）建构了“能量”的学习进阶，并用能量概念评价工具（The Energy Concept Assessment）评价学生对能量的理解水平。教师基于学习进阶的测评手段实现对于学生学习水平的充分了解，以此为依据选择合适的教学方式和策略。

二、学习环境重视技术支撑和模型建构

随着科学技术的进步，技术支持的学习环境得到了不断更新和发展，越来越多的此类产品用于支持学生的科学学习以及相关能力的培养，一般而言，根据学习者使用技术的方式可以将学习环境分为三种：一是以多种信息（如文本、图表、图形、声音、视频等）方式呈现的多媒体学习环境；二是允许学习者直接操作和使用的多媒体学习环境；三是允许学习者对这些表征直接操作的计算机仿真学习环境。

近几年来，各种技术支持的基于模型的教学环境（Technology-Enhanced Modeling-Based Instruction，TMBI）的开发和应用得到研究者的高度重视，通过模拟一系列科学现象（特别是那些肉眼无法观察到的、抽象的、难以理解的、特别危险的科学现象），帮助学生以合作学习的方式，达到对科学现象的感知和科学本质的理解（Shen，Lei，Chang，& Namdar，2014）。SMALLLab可以帮助高中学生在模拟环境中学习地质演变（Birchfield & Megowan-Romanowicz，2009）；Mr. Vetro模拟技术用于高中生学习人体生理学（Ioannidou et al.，2010）；ToonTalk视频游戏工具能够帮助学生学习动力学，学生们在一个小组中建构视频游戏、编程和模拟运动过程（Simpson，Hoyles，& Noss，2006）；WISE科学探究环境体系帮助学生科学探究，促进同伴互助合作，建立交互作用模型，学习核心科学概念，达到知识深度融合（Shen & Linn，2010）；大气污染模型环境（Air Pollution Modeling Environment，APoME）是一个技术支持的科学学习环境，利用新手—专家分析方法讨论在该环境下高中生建模活动的发展（Wu，2010）；欧洲五所大学联合设计开发了基于网络的合作式学习环境Co-Lab（Collaborative Laboratories for Europe）。模拟实验软件的可控性用于考察和培养

学生的分析、推理能力，聊天工具和过程监控工具的设计便利了为学生的合作探究和教师的评价以及指导，而建模工作区的设置又促进了学生的概念应用。它体现了通过多种要素设计，为学生合作、观察、操作以及理解和应用科学探究所学知识提供更为全面的支持观点。

大量研究显示，基于模型的科学学习环境有效促进了教学质量的提高。

第一，深化概念理解。随着学习科学和科学教育研究的不断深入，人们越来越认识到，需要围绕核心概念进行教学，加强对科学知识的深度理解。创设基于模型的科学学习环境，让学生在计算机支持的环境中开展科学实践活动，有利于学生学习科学概念，理解科学知识（Kang & Lundeberg，2010）。Yen，Tuan，& Liao（2011）研究了学生在基于网络和基于教室的学习环境中概念学习的成绩，结果表明，基于网络的双重情境教学模式更利于学生的认知发展、动机激发和概念转变。Sun 及 Looi（2013）开发了基于网络的科学学习环境，有效支持了学生基于建模的合作探究，为学生提供了知识建构的多种途径，帮助学生建立了系统的科学概念结构，促进了学生批判性思维能力的发展。Plass et al.（2012）研究了化学学习中计算机模拟的有效性，结果表明，计算机模拟的方法可以有效地帮助学生了解科学现象和理解科学概念。

第二，促进科学探究。科学探究是科学家探索和了解自然、获得科学知识的主要方法。科学教学倡导探究式学习，为学生提供充分的探究式学习机会，逐步培养学生收集和处理科学信息的能力、获取新知识的能力、分析问题和解决问题的能力，以及交流与合作的能力等，形成尊重事实、善于质疑的科学态度，突出学习能力、创新精神、实践能力，以及批判性思维和创造性思维能力的培养。基于模型的科学学习环境有利于促进学生进行科学探究，提高学生的探究能力。科罗拉多大学博尔德分校研制了交互式模拟软件 PhET，该软件涉及数学、物理、化学、生物和地理等学科，帮助学生建立可视化的科学模型，促进学生的科学探究（Wieman，Adams，Loeblein，& Perkins，2010）。Chris Dede 和哈佛大学的同事们共同开展了一项为期 10 年的基于多用户虚拟环境（Multi-User Virtual Environment，MUVE）的中学科学教育项目 River City，该项目是一个 17 个小时的基于团队协作的探究性课程，学生在 River City 中可以亲身体验科学家的探究过程，体验科学家群体通过观察、推理、协作及对问题进行识别的过程，体验科学家形成和验证假设的过程，以及基于证据导出结论的过程。研究表明，River City 项目与传统的课堂讲授式教学或其他类型的游戏化学习相比，学生在这种沉浸式的模拟情境中能深度参与，增强自信，提高发现和识别问题的能力，以及科学探究的能力（Dede，2009）。

第三，发展模型思维。理想模型是根据研究的问题和内容，在一定条件下对研究客体的抽象，是从多维的具体图像中，抓住最具有本质特征的图像，建立一个易于研究的、能从主要方面反映研究客体的新图像。为了描述客观事物的运动规律，科学家往往把研究对象抽象为理想模型，建模方法是科学研究的常用方法，模型思维是一种重要的科学思维，创设基于建模的科学学习环境，有利于学生建模思维的发展。Model-It 是一款用于小学科学教育的可视化建模和模拟仿真学习软件，它可以帮助教师和学生整合科学课程内容，整理学生的思考过程。学生可以利用 Model-It 对课堂上学习的科学现象建立模型，并通过模拟仿真来测试所建的模型。这个模型可以检测学生对所学知识的理解，反映学生的思考过程和理解程度，提高学生的建模能力（Zhang，Liu，& Krajcik，2006）。Molecular Workbench（MW）是一款交互式科学模拟软件，能为科学学习提供可视化的、交互式的分子和原子实验模型，帮助学生形成分子和原子的动态图景（Xie & Tinker，2006）。多主体建模软件 NetLogo 可以创设一个虚拟的学习环境，每个学习者既能独立思考，又能基于一定的法则实现多向互动，发展学生的模型思维（Levy & Wilensky，2009）。

三、探究教学强调合作学习与科学论证

杜威认为科学知识是探究的产物，要支持学生通过探究去解决真实问题。美国芝加哥大学教授施瓦布于1961年在哈佛大学所做的报告《作为探究的科学教学》（*Teaching of Science of Enquiry*）中首次提出探究教学的概念，自此以后，它成为科学教学的主导模式。皮亚杰指出了社会互动对认知冲突出现的重要性，维果茨基强调学生学习中的合作与互动。基于这些思想，斯莱文在20世纪70年代提出合作学习（cooperative learning）的概念，并在70年代中期至80年代中期取得实质性进展。由于它在改善课堂氛围、提高学生的认知水平、激发学生的学习动机等方面实效显著，很快引起了世界各国的关注。人们将探究教学和合作学习有机结合起来，形成了合作探究学习，这已成为最近几年科学教学的研究热点。合作探究学习是一个混合术语，它的意义来自科学教学实践对探究的要求，是一个具有挑战性的学习方式，可以激发学生学习科学的动机，并能学会类似于科学家的合作探究过程，理解科学的本质和科学内容。Rozenszayn & Assaraf（2011）在生态学项目中，让学生通过合作探究的方式进行学习，12年级的学生参加了户外和教室中的合作探究学习，结果表明：在户外学习中学生集中于讨论测量和观察的方法，以及知识的建构；当学生的学习能力相同或相似时知识建构会发生。为了使学习更有意义，教师的作用非常重要，他们必须排除错误概念，消除低能力和高能力学生的差距；在一个小组中开展合作探究学习，学生能够交流和分享他们的观点和方法，引起认知冲突，通过认知和社会过程更利于认知转变。很多研究表明，合作探究学习有效促进了学生对科学概念的理解和转变，提高了学生提出问题和解决问题的能力（Scherr & Hammer，2009）。

有关科学教学中合作学习的研究，主要有三种观点：第一种，采用社会认知学习理论的观点，强调个体、行为和环境之间的相互作用。这种学习持一种去情境化的观点，主要依靠元认知、信息加工深度，强调个体的学习和认知，不考虑法规、政治和文化等社会文化因素；第二，以社会文化理论为主要的理论框架，聚焦于合作学习过程中的社会加工，强调学习是任务、情境和文化的相互作用；第三，将社会认知和社会文化观点结合起来，理解合作学习（包括认知和社会加工）中知识的增长。Järvelä，S.，Volet，S.，& Järvenoja，H.（2010）检验了动机对合作学习的重要性，讨论了动机在概念化过程中社会因素发生作用的两大特点，即社会影响和社会建构，概括了研究案例，超越了认识—情境的分离，将个体加工和社会加工结合起来研究动机，强调了动机在合作探究学习中的重要作用。

随着科学教育研究的不断深入和科学教学改革的不断深化，科学论证得到科学界和教育界的高度重视，成为科学教育的研究热点和有效教学策略。Kuhn（1992）提出论证是指利用一些证据来支持自己或反对他人意见、主张或结论的过程。Toulmin（1958）提出了著名的Toulmin论证模型，这个模型描述了论证的基本组成部分，包括主张（表示经由推论而得出的个人立场）、数据和资料（表示从外在现象中所搜集到的证据）、证据（作为推论时的依据）、支持理论（通过回答对证据的质疑而提供附加的支持）、反驳（是通过削弱论证效果的证据和理由阻止从理由得出主张的因素）和限定词（有些情形则必须附加一定的条件或限制才能成立）。Osborne，Erduran，& Simon（2004）依据Toulmin的论证模式将论证的品质区分为五个层次（level）：第一层次，论证过程只包含简短的主张；第二层次，论证过程由带有数据、证据或支持的主张所组成，但不包含任何反驳；第三层次，论证过程呈现一系列带有数据、证据或支持的主张，有时也呈现较为薄弱的反证；第四层次，论证过程呈现一个主张及一个明确的反证，也可能同时具有一些主张或对立主张（但这并非是必要的）；第五层次，论证过程呈现超过一个反驳的延伸性论证。

21世纪以来，科学论证已经逐渐成为科学探

究最重要的特征。研究表明：科学论证可以帮助学生发展科学探究能力（Lawson，2003）、建构科学知识并促进科学概念的转变与理解（Kuhn，2010）、提升科学认识论水平（Khishfe，2013）、提升推理能力、批判思维能力和交流能力（Nussbaum & Edwards，2011）。

正如科学探究一般，科学论证既是一种学习方式，也是一个重要的科学能力。帮助学生提升科学论证能力是科学教育的重要目标。英国将“想法和证据”（ideas and evidence）设定为教育目标（The National Curriculum for England，2004）；西班牙将“论证能力”（skill of argumentation）拟定为学生必须具备的基本能力；学生能力国际评价项目（Programme for International Student Assessment，PISA，2015）对科学能力的评价包括认识科学问题、运用知识科学地解释现象、运用科学证据做决策并与他人交流。

科学论证也是教学策略，可以分为以下三种类型（Cavagnetto，2010）。第一，浸入式教学策略。该教学策略将论证活动整合到学生科学实践中促进学生学习和理解科学论证。如科学写作启发式方法（Science Writing Heuristic，SWH）提供给学生实验模板，分别利用七个问题来指导学生构建论证：我的问题是什么？我怎样才能回答我的问题？我观察到了什么？我的主张是什么？我的证据是什么？我的主张和别人的相比如何？我的主张是如何变化的？这些问题帮助学生对现象做出解释并决定怎样进行研究（Choi，Notebaert，Diaz，& Hand，2010）。论证探究模型（Argument-driven inquiry，ADI）将科学论证与探究过程结合，而且在教学过程中增加了撰写研究报告和学生互评阶段，让学生参与到真实的实践活动中，有效地促进学生学习和理解科学知识，培养学生的科学思维能力，提高学生的科学论证能力（Sampson & Walker，2012）。第二，结构式教学策略。该策略主要讲授论证的结构并要求学生将论证应用于各种科学实践活动。第三，社会科学式教学策略。该教学策略利用社会科学性的议题（socio-scientific issues），让学生理解社会和科学的相互作用来学习科学论证（Foong & Daniel，2013）。在科学教学中把学生分成小组，合作讨论能够有效地提高学生的论证能力（Sampson & Clark，2011）。传统的科学论证教学是在课堂教学中进行的，教师主要关注高学业成就的学生而忽视低学业成就的学生。鉴于近年来网络的发展，以计算机为媒介来辅助学生在网络情境下参与论证活动，学生将会有更多的机会支持、评价和批评对方学生的观点。Lin，Hong，& Lawrenz（2012）的研究发现：异步讨论的学生的论证水平明显高于参与纸笔测验的学生的论证水平，此外，网络同伴评价（online peer assessment）过程中学生的论证能力和概念理解有了很大提高。

四、教师心理侧重发展模型、专业知识和专业信念

21世纪以来，科学教师心理的研究强调专业发展模型的建构，主要有两种建构方式：一是理论模型的建构，包括基于文化分析的理论模型和基于课程分析的理论模型。文化理论研究者Johnson认为，在建构教师专业发展模型时需要将文化要素考虑在内，通过文化分析建构教师的专业发展模型（2011）。教师专业发展理论研究者Roth等人建构了“基于课程分析”（Science Teachers Learning from Lesson Analysis，STeLLA）的项目模型（Roth，Ritchie，Hudson，& Mergard，2011）。二是实践模型的建构。该模型主要是给教师建构一个专业发展“生态环境”——教师专业学习社区（Professional Learning Communities，PLC），并在实践中建构教师专业发展模型（Richmond & Manokore，2011）。PLC是教师专业发展的一种形式，便于教师之间的探究和互动，但在通过PLC建构教师的专业发展实践模型时，需要充分考虑教师的各方面因素，深入研究PLC是如何影响教师的专业发展的。

自Shulman（1986）提出PCK这一概念后，国外研究者便围绕科学教师的知识进阶以及各类知

识之间的转换进行研究。尤其是科学技术对教育领域的冲击，科技知识（TK）与学科教学法知识（PCK）之间的转换和整合，科学教师的知识便逐渐由 PCK 发展为 TPACK。信息技术的更新换代引起了教育领域的深刻变革，其中最突出的变革便是教师知识的变革。教师知识已经不能仅仅局限于学科内容知识（CK）、一般教学法知识（PK）、学科教学法知识（PCK），教师还应该拥有科技知识（TK）、科技学科知识（TCK）、科技教学法知识（TPK）和科技学科教学法知识（TPACK）（Saka，Southerland，& Brooks，2009）。TPACK 是教师的 CK、PK、PCK、TK、TCK、TPK 等知识的集合，是科学技术和学科教学相结合的完美呈现，也是科技教学中教师知识的走向。

教师的专业信念影响教师的教学行为，指导教师的教学实践，促进教师的专业发展。关于科学教师信念的研究主要集中在教师信念和实践关系的研究上，有两种范式：一种是在简单的线性模型的基础上讨论的信念和实践的关系，主要是基于行为主义的框架，其前提假设是信念会直接引发相应的实践；另一种是建立在复杂模型的基础上，综合考虑多种变量对实践的影响，其前提假设是教师的实践是受多种变量共同影响的，信念只是其中的一种变量。为了描述复杂情境中信念与实践的多变量之间的关系，在社会心理学理论模型的支撑下，“扎根信念系统的社会文化模型”（Social Cultural Model of Embedded Belief System）作为教师信念与实践关系的另一研究范式应运而生。该模式为科学教师的信念的发展提供了分析的框架，将教师的信念根植于社会文化情境之中，认为文化和社会也会影响教师的信念（Saka，Southerland，Kittleson，& Hutner，2013）。

综观近几年的科学教学心理的研究，研究思路的系统化、研究方法的综合化和研究内容的整合化得到体现。具体体现为：考虑概念之间的相互关系，探讨核心概念的进阶和理解；突出教学环境的创设，强调个体、行为、环境和文化的相互作用；重视合作与探究的有机联系，研究合作探究教学策略；注重定性与定量的结合，强调社会认知和社会文化的融合；整合学生研究和教师研究，加强基础研究和应用研究。

五、未来研究趋势

随着脑科学、学习科学等学科研究的不断深入和技术的不断进步，未来的科学教学心理研究除系统化、综合化和整合化的趋势外，将会重视如下几个方面的研究。

第一，科学学习和问题解决的认知神经机制将会得到重视。学习科学（Learning Science）是国际上近十几年发展起来的研究学与教的跨学科领域，以认知神经科学、教育技术学、学习心理学等为基础，以更深入地对学习做出科学的理解为目的，并策划和推动学习的创新。学习科学的研究对象是有效学习（effective learning）及其机制与原理，并运用该学科的知识重建课堂及其他学习环境，使人的学习更为深入，更为有效。学习科学的研究成果及研究方法将推动科学教育的研究，形成新的研究领域，其中科学学习与问题解决的认知神经机制将成为重要的研究课题。

第二，聚合科技的思想将会得到体现。2000 年，美国国家科学基金会（NSF）和美国商务部（DOC）共同资助 70 多位美国一流科学家参与聚合科技（Converging Technologies，NBIC）研究，研究的结果是一份“聚合四大科技，提高人类能力”的研究报告，研究报告断言，这四大科学技术的聚合，将会“加快技术进步速度，并可能会再一次改变我们的物种，其深远的意义可以媲美数十万代人以前人类首次学会口头语言”。NBIC 为科学教育及科学教育研究在内容、过程、工具等方面提供了有力的支撑，将导致科学教育以及科学教育研究的重大变化。

第三，围绕科学教育促进学生核心素养提高的研究将会得到加强。培养高素质的人才是学校教育的重要目标，围绕学生应该达到的核心素养设置课程、制定课标、开发教材、改进教学、实施评价等是国际教育改革的趋势，学会学习能力、问题解决能力、交流合作能力、批判性思维能力、创造性思维能力等是未来公民应有的重要素质，因此，围绕科学教育培养学生核心素养的课程开发、教学研究、评价研究等将是未来科学教育研究的重要方向。

参考文献：

Alonzo, A. C., & Steedle, J. T. (2009). Developing and Assessing a Force and Motion Learning Progression. *Science Education*, 93 (3), 389-421. doi: 10. 1002/sce. 20303

Birchfield, D., & Megowan-Romanowicz, C. (2009). Earth Science Learning in SMAL Lab: A Design Experiment for Mixed Reality. *International Journal of Computer-Supported Collaborative Learning*, 4 (4), 403-421. doi: 10. 1007/s11412-009-9074-8

Brooks, M. (2009). Drawing, Visualisation and Young Children's Exploration of "Big Ideas". *International Journal of Science Education*, 31 (3), 319-341.

Cavagnetto, A. R. (2010). Argument to Foster Scientific Literacy: A Review of Argument Interventions in K-12 Science Contexts. *Review of Educational Research*, 80 (3), 336-371.

Choi, A., Notebaert, A., Diaz, J., & Hand, B. (2010). Examining Arguments Generated by Year 5, 7, and 10 Students in Science Classrooms. *Research in Science Education*, 40 (2), 149-169.

Cooper, M. M., Corley, L. M., & Underwood, S. M. (2013). An Investigation of College Chemistry Students' Understanding of Structure-property Relationships. *Journal of Research in Science Teaching*, 50 (6), 699-721. doi: 10. 1002/tea. 21093

Dede, C. (2009). Immersive Interfaces for Engagement and Learning. *Science*, 323 (5910), 66-69.

Duncan, R. G., & Rivet, A. E. (2013). Science Learning Progressions. *Science*, 339 (6118), 396-397. doi: 10. 1126/science. 1228692 Foong, C. -C., & Daniel, E. G. (2013). Students' Argumentation Skills Across Two Socio-scientific Issues in a Confucian Classroom: Is Transfer Possible? *International Journal of Science Education*, 35 (14), 2331-2355.

Ioannidou, A., Repenning, A., Webb, D., Keyser, D., Luhn, L., & Daetwyler, C. (2010). Mr. Vetro: A Collective Simulation for Teaching Health Science. *International Journal of Computer-Supported Collaborative Learning*, 5 (2), 141-166. doi: 10. 1007/s11412-010-9082-8

Järvelä, S., Volet, S., & Järvenoja, H. (2010). Research on Motivation in Collaborative Learning: Moving Beyond the Cognitive-situative Divide and Combining Individual and Social Processes. *Educational Psychologist*, 45 (1), 15-27.

Jin, H., & Anderson, C. W. (2012). A Learning Progression for Energy in Socio-ecological Systems. *Journal of Research in Science Teaching*, 49 (9), 1149-1180. doi: 10. 1002/tea. 21051

Jin, H., Zhan, L., & Anderson, C. W. (2013). Developing a Fine-crained Learning Progression Framework for Carbon-transforming Processes. *International Journal of Science Education*, 35 (10), 1663-1697. doi: 10. 1080/09500693. 2013. 782453

Johnson, C. C. (2011). The Road to Culturally Relevant Science: Exploring How Teachers Navigate Change in Pedagogy. *Journal of Research in Science Teaching*, 48 (2), 170-198. doi: 10. 1002/tea. 20405

Kang, H., & Lundeberg, M. A. (2010). Participation in Science Practices While Working in a Multimedia Case-based Environment. *Journal of Research in Science Teaching*, 47 (9), 1116-1136. doi: 10. 1002/tea. 20371

Khishfe, R. (2013). Explicit nature of Science and Argumentation Instruction in the Context of Socioscientific Issues: An Effect on Student Learning and Transfer. *International Journal of Science Education*, 36 (6), 974-1016. doi: 10. 1080/09500693. 2013. 832004

Kuhn, D. (1992). Thinking as Argument. *Harvard Educational Review*, 62 (2), 155-179.

Kuhn, D. (2010). Teaching and Learning Science as Argument. *Science Education*, 94 (5), 810-824.

Lawson, A. (2003). The Nature and Development of Hypothetico-predictive Argumentation with Implications for Science Teaching. *International Journal of Science Education*, 25 (11), 1387-1408.

Lelliott, A., & Rollnick, M. (2010). Big Ideas: A Review of Astronomy Education Research 1974-2008. *International Journal of Science Education*, 32 (13), 1771-1799.

Levy, S., & Wilensky, U. (2009). Students' Learning with the Connected Chemistry (CC1) Curriculum: Navigating the Complexities of the Particulate World. *Journal of Science Education and Technology*, 18 (3), 243-254. doi: 10. 1007/s10956-009-9145-7

Lin, H. -S., Hong, Z. -R., & Lawrenz, F. (2012). Promoting and Scaffolding Argumentation Through Reflective Asynchronous Discussions. *Computers & Education*, 59 (2), 378-384.

Mohan, L., Chen, J., & Anderson, C. W. (2009). Developing a Multi-year Learning Progression for Carbon Cycling in Socio-ecological Systems. *Journal of Research in Science Teaching*, 46 (6), 675-698. doi: 10. 1002/tea. 20314

Neumann, K., Viering, T., Boone, W. J., & Fischer, H. E. (2013). Towards a Learning Progression of Energy. *Journal of Research in Science Teaching*, 50 (2), 162-188.

Nussbaum, E. M., & Fdwards, O. V. (2011). Critical Questions and Argument Stratagems: A Framework for Enhancing and Analyzing Students' Reasoning Practices. *Journal of the Learning Sciences*, 20 (3), 443-488.

Osborne, J., Erduran, S., & Simon, S. (2004). Enbancing the Quality of Argumentation in School Science. *Journal of Research in Science Teaching*, 41 (10), 994-1020.

Plass, J. L., Milne, C., Homer, B. D., Schwartz, R. N., Hayward, E. O., Jordan, T., & Barrientos, J. (2012). Investigating the Effectiveness of Computer Simulations for Chemistry Learning. *Journal of Research in Science Teaching*, 49 (3), 394-419.

Richmond, G., & Manokore, V. (2011). Identifying Elements Critical for Functional and Sustainable Professional Learning Communities. *Science Education*, 95 (3), 543-570. doi: 10. 1002/sce. 20430

Roth, W. M., Ritchie, S. M., Hudson, P., & Mergard, V. (2011). A Study of Laughter in Science Lessons. *Journal of Research in Science Teaching*, 48 (5), 437-458.

Rozenszayn, R., & Assaraf, O. B. -Z. (2011). When Collaborative Learning Meets Nature: Collaborative Learning as a Meaningful Learning Tool in the Ecology Inquiry Based Project. *Research in Science Education*, 41 (1), 123-146.

Saka, Y., Southerland, S., Kittleson, J., & Hutner, T. (2013). Understanding the Induction of a Science Teacher: The Interaction of Identity and Context. *Research in Science Education*, 43 (3), 1221-1244. doi: 10. 1007/s11165-012-9310-5

Saka, Y., Southerland, S. A., & Brooks, J. S. (2009). Becoming a Member of a School Community While Working Toward Science Education Reform: Teacher Education from a Cultural Historical Activity Theory (CHAT) Perspective. *Science Education*, 93 (6), 996-1025. doi: 10. 1002/sce. 20342

Sampson, V., & Clark, D. B. (2011). A Comparison of the Collaborative Scientific Argumentation Practices of Two High and Two Low Performing Groups. *Research in Science Education*, 41 (1), 63-97.

Sampson, V., & Walker, J. P. (2012). Argument-driven Inquiry as a way to Help Undergraduate Students Write to Learn by Learning to Write in Chemistry. *International Journal of Science Education*, 34 (10), 1443-1485.

Scherr, R. E., & Hammer, D. (2009). Student Behavior and Epistemological Framing: Examples from Collaborative Active-learning Activities in Physics. *Cognition and Instruction*, 27 (2), 147-174. doi: 10. 1080/07370000902797379

Shen, J., Lei, J., Chang, H. -Y., & Namdar, B. (2014). Technology-enhanced, Modeling-based Instruction (TMBI) in Science Education. In J. M. Spector, M. D. Merrill, J. Elen & M. J. Bishop (Eds.), *Handbook of Research on Educational Communications and Technology* (pp. 529-540): Springer New York.

Shen, J., & Linn, M. C. (2010). A Technology-enhanced Unit of Modeling Static Electricity: Integrating Scientific Explanations and Everyday Observations. *International Journal of Science Education*, 33 (12), 1597-1623.

doi：10. 1080/09500693. 2010. 514012

Simpson，G.，Hoyles，C.，& Noss，R.（2006）. Exploring the Mathematics of Motion Through Construction and collaboration. *Journal of Computer Assisted Learning*，22（2），114-136. doi：10. 1111/j. 1365-2729. 2006. 00164. x

Stevens，S.，Sutherland，L.，Schank，P.，& Krajcik，J.（2007）. The Big Ideas of Nanoscience. *Unpublished manuscript*.

Stevens，S. Y.，Sutherland，L. M.，& Krajcik，J. S.（2009）. *The Big Ideas of Nanoscale Science & Engineering：A Guidebook for Secondary Teachers*. NSTA Press.

Sun，D.，& Looi，C. -K.（2013）. Designing a Web-based Science Learning Environment for Model-based Collaborative inquiry. *Journal of Science Education and Technology*，22（1），73-89.

Toulmin，S.（2003）. *The Uses of Argument*. 1958. Cambridge：Cambridge UP.

Wieman，C. E.，Adams，W. K.，Loeblein，P.，& Perkins，K. K.（2010）. Teaching Physics Using PhET Simulations. *The Physics Teacher*，48（4），225-227. doi：doi：10. 1119/1. 3361987

Wu，H. K.（2010）. Modelling a Complex System：Using Novice-expert Analysis for Developing an Effective Technology-enhanced Learning Environment. *International Journal of Science Education*，32（2），195-219.

Xie，Q.，& Tinker，R.（2006）. Molecular Dynamics Simulations of Chemical Reactions for Use in Education. *Journal of chemical education*，83（1），77. doi：10. 1021/ed083p77

Yen，H. -C.，Tuan，H. -L.，& Liao，C. -H.（2011）. Investigating the Influence of Motivation on Students' Conceptual Learning Outcomes in Web-based vs. Classroom-based Science Teaching Contexts. *Research in Science Education*，41（2），211-224.

Zhang，B.，Liu，X.，& Krajcik，J. S.（2006）. Expert Models and Modeling Processes Associated with a Computer-modeling Tool. *Science Education*，90（4），579-604. doi：10. 1002/sce. 20129

知识基础对大学生创新思维的影响*

□ 庞维国（华东师范大学教授）
□ 楼连娣

一、引言

创新是指产生新颖而又适宜的产物的能力（Sternberg & Lubart，1996），它与个体所拥有的知识密切相关。创新研究领域的多数学者认为，创新思维是新旧知识进行重组进而产生新观念的过程（Ward，2008）。但是对于已有知识如何影响创新思维，研究者之间目前尚存在较大分歧。一种观点认为，已有知识与创新思维之间是一种正比关系，个体拥有的知识越多，其创新思维能力就越强（Vygotsky，2004）。另一种更为流行的观点则认为，即使个体的知识达到本领域专家的水平，也不能确保其创新能力会更高；知识与创新之间存在着倒U型关系，个体拥有的知识经验达到一定程度，会产生功能固着现象，从而阻碍创新观念的生成（Weisberg，1999；Sternberg，2006）。

我们认为，知识与创新思维之间的关系，在很大程度上受制于两个因素。一是知识的领域一般性/特殊性特征（Ericsson，2003）。这是因为，创新本身也具有领域一般性和特殊性之分（Plucker & Beghetto，2004）。已有研究显示，如果研究关注具体的创新思维产物，那么创新就显示出领域特殊性特征；如果研究关注创新者的能力特征，那么创新就显示出领域一般性特征（Silvia，Kaufman，& Pretz，2009）。显然，在知识基础与创新之间的关系上，如果不进行领域一般性和具体性之分，就难以探明二者之间可能存在的具体关系。二是创新评估的方式。一般认为，新颖性和适宜性是创新产物的两个核心特征。然而在创新评估时，研究者往往只关注创新产物的新颖性（Beghetto，2005；Sarkar & Chakrabarti，2011）。在考察知识与创新之间的关系时，由此可能带来的结果是：如果知识基础更多地影响创新思维的适宜性而较少影响其新颖性，研究结果就会掩盖知识基础对创新的实际作用。因此，要想更为准确地探查知识基础与创新思维之间的关系，对于知识的领域一般性/特殊性、创新产物的新颖性/适宜性这两个方面，必须予以同时考虑。

就知识与创新思维能力之间的关系来说，是否存在这样一些可能：知识基础对创新思维的新颖性和适宜性具有不同影响；领域一般性/具体性的知识对创新思维的两个维度分别具有不同影响。鉴于目前尚缺少直接检测知识在创新思维中的作用的实证研究（Wynder，2007），本研究旨在以大学生为被试，借助两个实验任务来探讨知识的领域一般性/特殊性与创新思维之间的关系。

* 原载《华东师范大学学报（教育科学版）》2014年第4期。

二、实验1

（一）研究目的

本实验旨在探讨领域一般知识对领域一般性创新思维的影响。在本实验中，将大学生的英语词汇量作为领域一般知识，将大学生的英语看图作文作为领域一般性创新任务。这是因为，英语词汇学习是大学生普遍具有的经验，英文写作也是大学生普遍拥有的能力。根据知识与创新之间关系的流行观点（Weisberg，1999；Sternberg，2006），本研究假设：大学生的英语词汇量与其英文写作的创新水平之间存在倒U型关系。具体说来：（1）当英语词汇量较小时，词汇量的增大将促进英语看图作文的创新性；（2）当词汇量达到一定水平后，英语词汇量的增大对英语看图作文创新性的影响将减弱，作文创新性将维持在一定水平；（3）英语词汇量对英语看图作文的新颖性和适宜性具有不同影响。

（二）研究方法

1. 被试

以华东师范大学数学系118名大三学生为被试，经过被试知情同意后集体施测。剔除不完整测试卷和无效测试卷，共收集有效样本100人，其中男生38人，女生62人，年龄为18—22周岁，平均年龄20.8周岁。

2. 研究工具与材料

（1）英语词汇量评估工具。“英语词汇量测试表”改编自《英汉大词典》（陆谷孙主编，上海译文出版社1993年版）附录的“英语词汇能力自测”。该测试共含有10个测试分量表，每个分量表各有60个英语单词。在本研究中，以被试能够准确识别的单词数为统计量。

（2）看图作文材料。来自互联网的一张图片（见图1）。该图片的特点是情境简单，意境模糊，没有限制，可以给学生充分的想象空间。

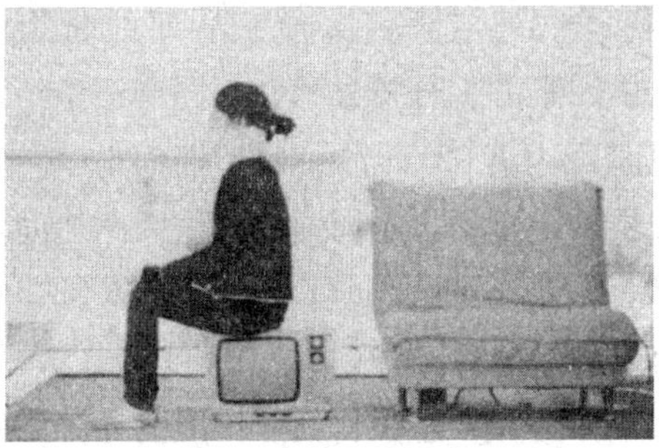

图1 英语看图作文图片

3. 实验设计

采用3×2被试间设计。自变量1为英语词汇量，分高、中、低三个水平；自变量2为性别，分男女两个类型。因变量为大学生英文写作的创新水平，各维度按1—5级评分。

4. 实验程序

分三个主要步骤：第一步是向被试介绍本研究的内容及要求；第二步是看图作文，要求被试在25分钟内，根据看图作文材料，充分发挥想象，用英语写一篇150字左右的作文，题目自拟；第三步是在被试完成看图作文后，施测“英语词汇量测试表”。

5. 评分和计分

对于英文作文的创新性，由创新研究领域的7位研究生采用一致性评估技术（Consensus Assessment Technique，CAT，Amabile，1982），从“想象新颖”、“主旨明确”、“词汇丰富”、“句法得当”、“结构合理”、“行文连贯”、“语法正确”、“用词准确”8个维度进行1—5级评分。对于被试的英文词汇量，按照《英汉大词典》的要求，被试答对1个单词计1分，将10个分量表的合计得分作为该被试词汇量的原始分。数据处理时将原始分转化为标准分进行分析。

（三）结果

1. 评分者一致性系数

将各个评分者对英语看图作文8个维度的原始评分转化成标准分，再对各维度的标准分进行评分者一致性系数检验。结果显示，在所有评分维度，7位评分者的一致性系数在0.816—0.860，达到了较好的信度要求。

2. 性别、词汇量与创新思维的关系

按照“英语词汇量测试表”得分的标准分，将被试分成三组：低词汇量组（$Z<-0.5$）、中等词

汇量组（$-0.5\leqslant Z\leqslant 0.5$）、高词汇量组（$Z>0.5$）。单因素方差分析显示，不同词汇量组之间差异极其显著［$F(2,\ 97)=228.056$，$p=0.000$］。事后分析结果显示，不同词汇量组两两之间均存在极其显著的差异（$p=0.000$），表明本研究中的分组是有效的。

将评分者在“想象新颖”维度的评分均值作为“新颖性”得分，其他7个维度的均值作为“适宜性”得分，最终得到的作文创新思维成绩如表1所示。

表1　各组新颖性和适宜性的均值比较

性别	词汇量组	人数	新颖性		适宜性	
			平均数	标准差	平均数	标准差
男生	低	15	2.66	0.67	2.42	0.56
	中	16	3.13	0.61	2.97	0.56
	高	8	3.75	0.72	3.55	0.40
	总	39	3.08	0.76	2.88	0.67
女生	低	17	2.89	0.67	2.6	0.71
	中	23	3.32	0.71	3.22	0.50
	高	21	3.43	0.46	3.41	0.32
	总	61	3.24	0.65	3.12	0.60
总体	低	32	2.78	0.67	2.53	0.64
	中	39	3.25	0.67	3.12	0.53
	高	29	3.52	0.55	3.45	0.34
	总	100	3.18	0.69	3.03	0.64

以性别、词汇量作为自变量，以创新思维的新颖性和适宜性作为因变量进行方差分析，结果显示，在新颖性上，性别主效应不显著［$F(1,\ 94)=0.063$，$p=0.802$］；词汇量主效应显著［$F(2,\ 94)=11.427$，$p=0.000$］，词汇量越多的被试，作品的新颖性水平越高；性别与词汇量分组的交互作用不显著［$F(2,\ 94)=1.533$，$p=0.221$］。LSD事后分析显示，低词汇量组与中等词汇量组新颖性得分存在极显著差异（$p=0.003$）；低词汇量组与高词汇量组在英语写作新颖性得分上存在极显著差异（$p=0.000$）；中等词汇量组与高词汇量组新颖性得分存在边缘显著差异（$p=0.084$）。在适宜性上，性别的主效应不显著［$F(1,\ 94)=0.895$，$p=0.346$］，词汇量主效应极其显著［$F(2,\ 94)=23.164$，$p=0.000$］，性别与词汇量的交互作用不显著［$F(2,\ 94)=1.071$，$p=0.347$］。LSD事后分析显示，低词汇量组与中等词汇量组，低词汇量组与高词汇量组，在英语写作适宜性得分上均存在极其显著差异（$p=0.000$）；中等词汇量组与高词汇量组的适宜性得分存在显著差异（$p=0.012$）。

（四）讨论

本实验结果显示，无论在大学生英文写作的新颖性和适宜性方面，英文词汇量都显示出显著的积极影响。大学生的英文词汇量越大，其英文作文的创新水平越高。该结果没有支持“大学生的英语词汇量与其英文写作的创新水平之间存在倒U型关系”这一假设，而在一定程度上支持了“知识基础越丰富，创新能力越强”的观点。

创新写作离不开写作者头脑中贮存的关于题目、读者、写作形式等方面的知识，特别是关于如何写作的话语知识。话语知识与学生写作的连贯性、语法的熟练性、围绕中心思想写作的能力等都密切相关，充足的话语知识能够使表达迅速而准确(Benton，1997)。在本实验中，被试所拥有的英文词汇量，属于话语知识的范畴。因而，拥有更多的英文词汇量的被试，作品的适宜性水平也高，这一点不难理解。拥有更多英文词汇量的被试，之所以作文的新颖性水平也高，可能与其英文表达中的发散性有关。Batey等（2009）采用回归分析方法探讨了大学生的一般知识与发散思维之间的关系，结果发现一般知识与发散思维能力显著正相关，一般知识对发散思维的影响，要大于流体智力。换言之，个体所具有的知识在观念生成的流畅性方面所产生的作用，要大于信息加工速度或抽象推理能力的作用。根据Mednick（1962）的创新过程的联想理论，创新思维需要把原本没有建立关联的概念建立起联系。显然，个体拥有的词汇量越多，句式、段落表达中出现的新颖性组合就可能越多，这无疑会促进整体写作的新颖性。

三、实验 2

（一）研究目的

本实验研究旨在以心理学专业知识作为特殊知识领域例证，以心理学专业的大学生和研究生为被试，探讨在不同任务难度下，领域特殊知识对领域特殊性创新思维的影响。在本实验中，反映领域特殊性知识基础的指标有两个：一是基于心理学学科知识测验得到的分数，二是被试修习心理学的年限。反映领域特殊性创新思维的是心理学实验设计任务。由于个体储备更多的领域具体性知识，更容易进行“选择性编码”、“选择性组合”和“选择性比较”，更可能生成新颖、适当的问题解决办法（Sternberg & Horvath，1995），本实验假定：领域特殊性知识对领域特殊性创新思维具有促进作用。具体说来：（1）随着年级升高，特殊领域知识的增长，特殊领域的创新思维能力会增强；（2）在不同难度任务条件下，领域特殊知识对领域特殊性创新思维存在不同影响；（3）领域特殊性知识对领域特殊性创新思维的新颖性和适宜性存在不同影响。

（二）研究方法

1. 被试

被试为华东师范大学心理与认知科学学院全日制学生 51 人，其中本科二年级 24 人（男 8 人，女 16 人），四年级 16 人（男 7 人，女 9 人），硕士二年级 11 人（男 4 人，女 7 人）。所有被试都是心理学专业学生，没有转过专业，没有接触过“全国硕士研究生入学统一考试心理学专业基础综合试题”。具体抽样方式是，本科二年级随机抽取，本科四年级从不参加硕士研究生考试的学生中随机抽取，硕士二年级抽取本科就读于本院心理学专业且通过免试直升进入研究生阶段学习的学生。

2. 实验材料

（1）自编“心理学测试卷”。该测试卷共有 50 道单选题，全部改编自“2009 年全国硕士研究生入学统一考试心理学专业基础综合试题”。测试时间为 25 分钟。

（2）“心理学研究设计方案”。研究设计任务 A 为低难度任务，主题为“中学生 IQ 分数与数学成绩的关系研究”；研究设计任务 B 为高难度任务，主题为“中国城市消费者的中外品牌偏好研究”。两个设计任务均要求被试在 15 分钟内完成。

3. 实验设计

实验类型：3×2 混合设计。自变量 1 为领域特殊性知识，分高、中、低三个水平。自变量 2 为任务难度，分高、低两个水平。因变量为心理学研究方案的创新水平，从新颖性、适宜性两个维度评分。

4. 实验程序

在实验室对被试进行个别施测。第一阶段要求被试进行心理学研究方案设计，时间为 30 分钟；第二阶段进行心理学专业知识测试，时间为 25 分钟。被试完成第一阶段测试后，随即进入第二阶段测试。

5. 计分方式

“心理学测试卷”的计分方式为每答对 1 题计 2 分，满分为 100 分。“心理学研究设计方案”的评分采用一致性评价技术，由 8 名本专业研究生从“设计新颖性”、“结构完整性”、“逻辑严密性”、“数据处理适宜性”、“方案可行性”、“目标达成度”6 个方面按 1—5 级计分。

（三）结果

1. 评分者一致性系数

研究结果显示，8 位评分者对低难度研究方案 6 个维度的评分者一致性系数在 0.734—0.874，对高难度研究方案 6 个维度的评分者一致性系数在 0.807—0.912，均达到较好的信度要求。

2. 知识基础分组的差异检验

将专业知识原始得分转换成标准分（Z 分数），然后根据标准分高低将所有被试分为三组，分别为低知识基础组 16 人（$Z<-0.50$，原始分均值为 49.50，$SD=2.25$）；中等知识基础组 20 人（$-0.50<Z<0.50$，原始分均值为 56.80，$SD=2.46$）；高知识基础组 14 人（$Z>0.50$，原始分均值为 66.86，$SD=4.49$）。单因素方差分析结果显示，三个组的知识基础得分两两之间均存在极其显著的差异（$p=0.000$），说明这种分组能有效区分知识基础水平的高低。

3. 不同的年级、知识基础被试的任务创新性

将“设计新颖性”得分作为“新颖性”得分，将“结构完整性”等5个维度得分的平均值作为“适宜性”得分，不同的年级、知识基础、任务难度条件下被试的创新得分如表2所示。

表2　不同任务难度下被试的创新设计得分的均值比较

年级	知识基础	人数	低难度任务				高难度任务			
			新颖性		适宜性		新颖性		适宜性	
			平均数	标准差	平均数	标准差	平均数	标准差	平均数	标准差
本科二年级	低	12	2.51	0.51	2.56	0.48	2.09	0.64	2.12	0.40
	中	11	2.98	0.68	2.97	0.50	2.61	0.57	2.70	0.39
	总	23	2.73	0.63	2.76	0.52	2.34	0.65	2.40	0.49
本科四年级	低	2	3.13	0.88	3.08	0.04	3.50	0.35	3.13	0.85
	中	5	3.40	0.45	3.13	0.60	3.50	0.68	3.18	0.29
	高	9	3.35	0.66	3.40	0.60	3.36	0.60	3.06	0.51
	总	16	3.36	0.59	3.27	0.55	3.42	0.58	3.11	0.46
硕士二年级	低	2	4.00	0.00	3.50	0.81	2.69	0.44	2.86	0.02
	中	4	3.25	0.42	3.24	0.36	3.69	0.46	3.10	0.34
	高	5	3.68	0.58	3.66	0.48	3.68	0.85	3.41	0.77
	总	11	3.58	0.52	3.48	0.48	3.50	0.73	3.20	0.57
总体	低	16	2.77	0.72	2.74	0.57	2.34	0.75	2.34	0.57
	中	20	3.14	0.59	3.06	0.49	3.05	0.74	2.90	0.41
	高	14	3.46	0.63	3.49	0.55	3.47	0.68	3.19	0.61
	总	50	3.11	0.69	3.08	0.60	2.94	0.85	2.80	0.61

以年级、知识基础、任务难度为自变量，以创新思维的新颖性和适宜性为因变量进行方差分析。结果显示，在创新的新颖性维度，任务难度的主效应不显著［$F(1,42)=2.218$，$p=0.144$］。知识基础的主效应亦不显著［$F(2,42)=0.715$，$p=0.495$］。年级的主效应极其显著［$F(2,42)=10.306$，$p=0.000$］，被试年级越高，设计方案的新颖性水平越高。事后检验显示，本科二年级与本科四年级之间存在显著差异（$p=0.000$）；本科二年级与硕士二年级之间存在极其显著的差异（$p=0.000$）；本科四年级与硕士二年级之间不存在显著差异（$p=0.426$）。任务难度与知识基础［$F(2,42)=1.691$，$p=0.197$］、任务难度与年级［$F(2,42)=2.027$，$p=0.144$］、知识基础与年级［$F(3,42)=0.482$，$p=0.697$］的交互作用均不显著。任务难度、知识基础、年级三者的交互作用显著［$F(3,42)=2.941$，$p=0.044$］。简单效应检验结果显示，本科二年级低知识基础的被试中，任务难度效应显著［$F(1,42)=4.89$，$p=0.032$］，中等知识基础的被试，任务难度效应边缘显著［$F(1,42)=3.42$，$p=0.072$］；本科四年级任何一个知识基础组的被试，任务难度效应都不显著；硕士二年级低知识基础的被试，任务难度效应显著［$F(1,42)=8.09$，$p=0.007$］，中等知识基础被试任务难度效应不显著［$F(1,42)=1.80$，$p=0.187$］；高知识基础被试任务难度效应不显著。

在创新思维的适宜性维度，任务难度的主效应极其显著（$F(1, 42)=11.343$，$p=0.002$），任务越难，被试的设计方案的适宜性越差。知识基础的主效应不显著（$F(2, 42)=1.068$，$p=0.353$）。年级的主效应极其显著（$F(2, 42)=6.554$，$p=0.003$），被试的年级越高，设计方案的适宜性水平越高。事后检验显示，本科二年级与本科四年级之间存在极其显著的差异（$MD=-0.612$，$p=0.000$）；本科二年级与硕士二年级之间存在极其显著的差异（$MD=-0.757$，$p=0.000$）；本科四年级与硕士二年级之间不存在显著差异（$MD=-0.145$，$p=0.392$）。任务难度与知识基础、任务难度与年级、知识基础与年级的交互作用均不显著，知识基础、任务难度和年级三者之间的交互作用也不显著。

（四）讨论

本实验中用心理学测验成绩及修习年限作为知识基础的指标。结果显示，心理学测验分数作为知识基础指标，对研究方案的新颖性和适宜性都没有显示出主效应，但是与任务难度、年级存在显著的交互作用。无论在本科二年级还是硕士二年级，如果被试拥有的心理学知识偏少，从事高难度设计任务时，其设计方案的新颖水平都明显减弱。如果以被试的心理学修习年限（年级）作为知识基础的指标，结果则显示，无论设计任务是否存在难度差异，修业年限对设计方案的新颖性和适宜性都有显著的主效应。总体看来，随着年级升高，被试在研究方案设计的创新水平方面也会相应提高。这些研究结果，支持了本实验“领域特殊性知识对领域特殊性的创新思维具有促进作用”这一基本假设。

领域特殊性知识不同于适用于多个专业领域的一般性知识，对于本领域的任务来说，它可以被视为专长性知识，它对于本领域的创新是必需的（Sternberg & Horvath，1995）。Amabile（1998）在其创新的三成分模型中指出，创新是专长性知识、动机和创新思维技能三者交互作用的产物。Csikszentmihalyi（1996）更为明确地指出，一个人要想在某一领域做出创造性贡献，必须学习这一领域的规则、内容和选择标准，必须内化这一领域的知识和习俗。

在本研究中，没有发现作为知识基础指标的心理学测验分数对创新的主效应。与之形成鲜明对比的是，心理学修业年限作为知识基础指标显示出显著的主效应。其中的一种可能是，测验分数上的差异，未能充分反映被试之间的心理学知识基础的差异，而被试的专业学习年限则是反映心理学知识基础的更为可靠的指标。另一种可能是，被试的年级差异同时反映了其领域特殊性知识和领域一般性知识的差异；换言之，被试的心理学修业年限之所以更能预测其专业创新能力，其间可能由一般性知识的参与。

本实验结果还显示出任务难度对被试创新思维的影响。总体看来，任务难度越大，被试思维的新颖性和适宜性越差，支持了“在不同难度任务条件下，领域特殊性知识对领域特殊性的创新思维存在不同影响”这一假设。一般说来，任务难度越大，意味着任务完成过程中需要处理的认知要素及要素之间的关系越多、越复杂，越需要更多的知识参与（Van Merrienboer，et al.，2006）。因此在本实验中被试的创新思维能力在高难度任务上降低，这一点在理论上不难解释。

值得指出的是，本实验结果还显示，任务难度、知识基础、年级三者对创新思维的新颖性和适宜性两个维度有不同影响。例如，任务难度对新颖性没有显示主效应，但是对适宜性则有主效应；任务难度越高，被试所设计的研究方案的适应性越差；再如，在新颖性维度，任务难度、知识基础、年级三者之间存在显著交互影响，而在适宜性维度，这种交互影响则不显著。这不仅在一定程度上支持了本实验的具体假设（3），也进一步说明在创新研究中对创新产物的新颖性和适宜性进行区分的必要性。

四、总体讨论

（一）知识基础与创新思维的总体关系

对于知识与创新之间的关系，长期以来占主导地位的观点是“知识对于创新来说是一把双刃剑”。正如Sternberg（2005）所讲的，一方面，创新离不开知识，一个人不可能在自己缺乏知识的领域进行创新；另一方面，即使在某一领域的知识达到专家水平的人，也会受已有知识经验的影响，导致思路狭窄，困于某种思维定势。与之相类似的另一种观点认为，知识与创新之间是一种倒U形关系：创新需要一定量的知识作为基础，但是当知识达到一定的量后，它会制约创新思维，因为丰富的知识经验让人们知道如何把事情做好，而不去寻求新的做事方法。

与上述观点显著不同的第三种观点是：知识与创新之间是一种正比关系，个体拥有的知识越多，其创新水平也越高。Vygotsky（2004）指出，创新思维所创造的每一样东西，都来自现实中的元素，来自于贮存在记忆中的先前经验；创新思维作品，无论表面上离我们的生活有多远，无论幻想的成分有多么多，最终都不过是现实生活经验的新型组合；儿童的创新想象之所以没有成人丰富，就是因为他们的经验不如成人多。这种观点也有大量直接或间接证据的支持。如Batey等（2009）发现，大学生的一般知识水平与其发散思维能力显著正相关；Wynder（2007）发现，领域特殊性知识更为丰富的被试，商业方案设计的创新性水平也更高。

本研究以大学生为被试，通过两个实验，分别探讨了领域一般性知识与领域特殊性知识对创新思维的影响。结果显示，在一般领域，个体拥有的领域一般性知识越多，其领域一般性创新思维的水平越高；在特殊领域，尽管采用不同领域特殊性知识的指标会导致结论不尽一致，但总体看来，个体的领域特殊性知识与其领域特殊性创新思维之间存在正比关系。总体说来，本研究结果支持了“知识基础越丰富，个体的创新思维水平越高”的观点。

为何不同研究者对于知识与创新之间的关系坚持不同的观点呢？我们认为，其中可能有两个原因：其一，理论视角不同。例如，如果研究者专注于已有知识经验会带来思维定势这一事实，就会坚信知识对创新会产生阻碍，从而坚持知识对创新是“双刃剑”的观点；如果研究者关注人类产生的知识越多，创新水平也越高这一事实，或者某一领域的专家与新手相比更可能生成新颖、适当的问题解决办法（Sternberg & Horvath，1995），就会坚信知识对创新思维有积极影响。本质上，这两种争论聚焦在一点：已有知识基础会在多大程度上阻碍创新思维？显然，如果在创新思维过程中，已有知识几乎每次都会引发定势思维，我们就必须接受“双刃剑”观点；如果定势思维产生的比例微不足道，我们就应接受后一种观点。其二，尽管知识是创新的基础，但是在实际的创新活动中，相关知识并不一定被激活，因而可能显示不出它们对创新思维的贡献（Rietzschel，Nijstad，& Stroebe，2007）。显然，在这种情形下，我们就难以揭示出知识与创新思维之间的积极关联。在本研究的第二个实验中，我们先测量被试在研究方案设计上的创新水平，然后再测量相关的知识基础，可能就无法显示相关知识激活对创新思维的影响。

（二）知识基础与创新思维的两个维度

从思维产物看，创新具有新颖性和适宜性两个不同而又相互依存的维度。只有新颖性而缺乏适用性的思维产物，是新奇而无用的；只有适宜性而缺乏新颖性的思维产物，充其量只能是高水平的经验重复（Beghetto & Kaufman，2010；Sternberg，2006）。因此在考察知识基础与创新思维之间的关系时，我们必须同时考虑创新产物的新颖性和适宜性两方面特征。

在本研究的实验2中，如果仅仅关注新颖性，就会忽略任务难度对适宜性的显著影响；同样地，如果仅仅关注适宜性，在该实验中就难以揭示知识基础与任务难度、年级一起交互影响思维的新颖性。事实上，一些关于知识基础与创新思维关系的研究，正是因为同时考虑思维的新颖性和适宜性，而得出了某些重要结论。例如，Ward（2008）考察了大学生的体育运动知识与创新活动设计之间的关系，结果显示，无论是被试的体育运动知识，还是参与体育运动的情况，与运动设计的新颖性相关都不显著，但体育运动知识与运动设计的实用性分数相关显著。

区分创新思维的新颖性和适宜性维度，还有利于鉴别领域一般知识和特殊性知识对创新思维可能产生的不同影响。例如，本研究的实验1发现，领域一般性知识对于创新思维的新颖性有显著促进作用，而实验2则发现，以心理学测验分数为指标的领域特殊性知识对思维的新颖性没有独立的显著影响。这些发现背后，可能蕴含着更为深层次的创新思维规律。譬如，领域一般性的知识由于适用于多个领域，更可能为众人所有，利用这类知识进行思维时可能受多个视角的影响，因而会通过出现更多的异质性观念组合而促进思维的新颖性；领域特殊性知识作为专长性知识，由于更具有同质性特征且能更好地反映领域内的评判标准，因而对思维的适宜性贡献更大。当然，因循这些假设，我们可以进一步设计系统深入的研究，得出更为精细的研究结论。

五、结论

在本研究条件下，可以得出如下三个主要结论。

（1）领域一般性知识对于大学生的创新思维具有明显促进作用，它不仅有利于提升思维的新颖性，而且能够促进思维产物的适宜性。

（2）领域特殊性知识对大学生创新思维的影响，随评估方式的不同而表现出差异；但总体看来，领域特殊性的知识越丰富，大学生的领域特殊性创新水平越高。

（3）领域一般知识和特殊知识尽管都对大学生的创新思维有积极促进作用，但是对于思维的新颖性和适宜性，两类知识所产生的影响存在明显差异。

参考文献：

Amabile, T. M. (1982). Social Psychology of Creativity: A Consensual Assessment Technique. *Journal of Personality and Social Psychology*, 43, 997-1013.

Amabile, T. M. (1998). How to Kill Creativity. *Harvard Business Review*, 76 (5), 77-87.

Batey, M., Chamorro-Premuzic, T., & Furnham, A. (2009). Intelligence and Personality Aspredictors of Divergent Thinking: The Role of General, Fluid and Crystallized Intelligence. *Thinking Skills and Creativity*, 4 (1), 60-69.

Beghetto, R. A. (2005). Does Assessment Kill Student Creativity? *The Educational Forum*, 69 (3), 254-263.

Beghetto, R. A., & Kaufman, J. C. (Eds). (2010). *Nurturing Creativity in the Classroom*. New York, NY: Cambridge University Press.

Benton, S. L. (1997). Psychological Foundations of Elementary Writing Instruction. In G. D. Phye (ed.), *Handbook of Academic Learning* (pp. 235-263). Academic Press.

Csikszentmihalyi, M. (1996). *Creativity: Flow and the Psychology of Discovery and Invention*. New York: Harper.

Ericsson, K. A. (2003). The Acquisition of Expert Performance as Problem Solving. In J. E. Davidson & R. J. Sternberg (Eds.), *The Psychology of Problem Solving* (pp. 31-83). Cambridge, England: Cambridge University Press.

Mednick, S. A. (1962). The Associative Basis of the Creative Process. *Psychological Review*, 3, 220-232.

Plucker, J. A. & Beghetto, R. A. (2004). Why Creativity is Domain General, Why It Looks Domain Specific, and Why the Distinction Does Not Matter. In R. J. Sternberg, E. L. Grigorenko, & J. L. Singer (Eds.), *Creativity: From Potential to Realization* (pp. 153-167). Washington, DC: American Psychological Association.

Rietzschel, E. F., Nijstad, B. A., & Stroebe, W. (2007). Relative Accessibility of Domain Knowledge and Creativity: The Effects of Knowledge Activation on the Quantity and Quality of Generated Ideas. *Journal of Experimental Social Psychology*, 43, 933-946.

Sarkar, P. & Chakrabarti, A. (2011). Assessing Design Creativity. *Design Studies*, 32, 348-383.

Silvia, P. J., Kaufman, J. C., & Pretz, J. E. (2009). Is Creativitydomain-specific? Latent Models of Creative Accomplishments and Creative Self-descriptions. *Psychology of*

Aesthetics, *Creativity*, *and the Arts*, 3 (3), 139-148.

Sternberg, R. J. & Horvath, J. A. (1995). A Prototype View of Expert Teaching. *Educational Researcher*, 24, 9-17.

Sternberg, R. J., & Lubart, T. I. (1996). Investing in Creativity. *American Psychologists*, 51, 677-688.

Sternberg, R. J. (2005). WICS: A Model of Positive Educational Leadership Comprising Wisdom, Intelligence, and Creativity Synthesized. *Educational Psychology Review*, 17 (3), 191-262.

Sternberg, R. J. (2006). The Nature of Creativity. *Creativity Research Journal*, 18 (1): 87-98.

Van Merriënboer, J. J. G., Kester, L., & Paas, F. (2006). Teaching Complex Rather than Simple Tasks: Balancing Intrinsic and Germane Load to Enhance Transfer of Learning. *Applied Cognitive Psychology*, 20, 343-352.

Vygotsky, L. S. (2004). Imagination and Creativity in Childhood. *Journal of Russian and East European Psychology*, 42 (1), 7-97.

Ward, T. B. (2008). The Role of Domain Knowledge in Creative Generation. *Learning and Individual Differences*, 18, 363-366.

Weisberg, R. W. (1999). Creativity and Knowledge: A Challenge to Theories. In R. J. Sternberg (Ed), *Handbook of Creativity* (pp. 226-50). New York: University Press.

Wynder, M. (2007). The Interaction between Domain-relevant Knowledge and Control System Design on Creativity. *Australian Journal of Management*, 32, 135-152.

中小学班级氛围、班主任情感素质对青少年学生情感素质的影响：基于多层线性分析*

□ 卢家楣（上海师范大学教授）
□ 王俊山
□ 刘　伟

1. 引言

情感素质是指个体情性方面的心理素质，是个体在遗传和环境共同作用下经实践形成的相对稳定的、基本的情感心理特征（卢家楣，2009）。对于正在成长和发展中的青少年学生而言，其情感素质的培养更应受到重视。有关研究提出了2层次（本体层次和操作层次）6大类（道德情感、理智情感、审美情感、人际情感、生活情感、情感能力）29种情感的青少年情感素质结构，并编制了青少年情感素质问卷，开展了基于全国样本的当代中国青少年情感素质调查（卢家楣等，2009）。这一调查提供了我国青少年情感素质发展整体积极正向、男女存在结构性差异等概貌，发现这一情感素质与父母受教育水平、师生关系、教师有情施教等存在正相关。这些研究揭示了青少年情感素质发展的一些重要特征，并为我们进一步深入研究来自学校环境的，影响中小学生情感素质发展的因素提供了重要的启示。

根据Bronfenbrenner的个体心理发展生态系统理论（1999），中小学生的情感素质除受到自身及其家庭的影响之外，还受到学校的影响，而班级环境是学校影响因素中更为直接、更具渗透力的影响源。有研究发现，中小学生知觉到的班级环境对其适应水平有相当肯定的解释力，中国学校体制下的班级社会心理环境对于学生的适应和发展状况，具有举足轻重的作用（江光荣，林孟平，2005）。还有研究进一步探讨了班级环境中的班级氛围对学生的影响，指出学生感知到的班级人际和谐与其羞怯—敏感性有显著负相关（陈斌斌，李丹，2009）。这些研究揭示了班级环境或班级氛围对学生心理发展的影响，那么其对中小学生情感素质又存在着怎样的影响？事实上，班级环境不仅包括班级氛围，也包括班主任教师，那么学生情感素质的发展是否也受到班主任的影响呢？

相比较而言，有关班主任对学生发展影响的实证研究相对较少，且大多集中在学生的学业发展方面。有人以多层线性模型的研究方法研究后发现，班主任的班级管理效能对学生学业效能以及对学生学习态度、学习方法、学习技术与其学业效能之间关系均具有显著的影响（刘红云，孟庆茂，张雷，2005）。有研究发现，班主任互动风格中的友善—敌对维度与学生的焦虑、合群分

* 原载《心理科学》2014年第5期。

量表得分显著正相关（苏晓荣，2010），班主任激励风格对高中生学业自我效能感与考试焦虑之间关系具有显著的调节作用（叶桂青，陈顺森，2009）等。

基于以上分析，班级氛围和班主任可能均会对学生的情感素质发展产生影响，但具体发挥怎样的作用，还需进行更加深层和精细的实证研究。因此，本研究将通过多层线性分析方法，在控制其他变量的情况下，重点探讨中小学班级氛围、班主任情感素质对学生情感素质发展的影响，并假设它们对学生情感素质均有显著的预测作用。

2. 方法

2.1 分析单位与样本

本研究有两种分析单位。一种分析单位是学生个体，另一分析单位是班级。二种分析单位之间呈两层（水平）嵌套关系，即学生嵌套在班级水平之下。

样本来自上海市的12所中小学，以分层取样方式抽取，从小学4年级到高中2年级的学生，共涉及8个年级178个教学班4 921名10—17岁青少年学生（具体分布见表1）。

表1 调查对象的年级、班级及人数分布

年级	4年级	5年级	6年级	7年级	8年级	9年级	高一	高二
班级数	20	22	26	27	28	16	20	19
人数	497	560	771	855	822	374	530	512

所调查学生中，男生2 385人，女生2 477人；母亲学历为初中及以下、高中、大学、研究生的分别为514、1 720、2 205、438人；家庭藏书本数在50以下、50—100、100—200、200—400、400以上的分别为544、1 160、1 256、1 089、844人；家庭经济条件为不好、不太好、一般、比较好、很好的分别为99、246、2 611、1 572、359人；与父母的关系属于经常冲突、偶尔冲突、一般、较融洽、很融洽的分别为174、731、684、1 768、1 527人（其中个别被试缺失性别、母亲学历等信息）。

除学生外，研究还涉及相应的班主任，教龄在1—35年，平均教龄为14.79年，标准差为7.789。

2.2 工具与测量

对学生情感素质的测量以“青少年情感素质问卷”（卢家楣等，2009）为基础，从中选出与班主任情感素质相应的内容，编成新问卷。组编的新问卷包括道德情感（内含关爱感和责任感）、理智情感（内含乐学感、自信感、成就感）、审美情感（内含艺术美感和环境美感）、人际情感（内含幸福感和自强感）、生活情感（内含合作感、乐群感和宽容感）、情感能力（内含情感体验、情绪感染、情感调控）6个大维度和15个二级的小维度，共计57题。经重新选取样本分析，选编问卷一致性信度为0.93；验证性分析中RMSEA的值均小于0.08，NNFI、CFI、GFI、AGFI的值均大于0.90，显示了良好的结构效度。

对班级氛围的测量，运用改编形成的“班级氛围问卷”。该问卷以江光荣的“我的班级问卷”（2004）和张薇的“班级心理环境问卷”（2009）为基础，包括师生关系、内心体验、同学关系、课堂纪律、教室环境5个维度23题。问卷的解释率为66.65%，RMSEA的值为0.042，NNFI、CFI、GFI、AGFI的值分别为0.98、0.98、0.95、0.93。问卷的一致性系数为0.92。

对班主任情感素质的测量，运用自编的“中小学班主任情感素质问卷”。该问卷以班主任情感素质的理论研究为基础，具有包括道德情感、理智情感、审美情感、人际情感、生活情感、情感能力的6个大维度（即6个分问卷）19个小维度共78题的结构（王俊山，卢家楣，2014）。6个分问卷的χ^2/df小于5，RMSEA小于0.09，NNFI、CFI、

GFI、AGFI 等各项拟合度指标均大于 0.85；以教师职业倦怠问卷为效标测量显示，具有良好的效标效度。整个问卷的一致性系数为 0.96，间隔 3 个月的重测信度系数为 0.80（王俊山、卢家楣，2013）。

2.3　分析方法

基于多层线性模型方法，用 HLM 6.06 软件对数据进行分析。学生为第一水平，班级为第二水平。第一水平的变量有：情感素质、性别、母亲学历、家庭藏书、经济条件和亲子关系，其中学生情感素质为因变量，性别等为控制变量。第二水平的变量为班级氛围、班主任情感素质和年级，其中年级为控制变量。为了正确分析班级氛围和班主任情感素质对学生情感素质的影响，研究提出了三个模型：模型 1 为零模型，不加入任何自变量，主要考察学生情感素质在班级间的差异状况，以此确定是否适合使用两水平模型；模型 2 加入第一水平的全部变量，考察这些变量对学生情感素质的影响；模型 3 加入第二水平的全部变量，考察这些变量对学生情感素质的影响。其中模型 3 表示如下：

第一层（学生水平）：

因变量 $=\beta_{0j}+\beta_{1j}$ 性别 $+\beta_{2j}$ 母亲学历$_1$ $+\beta_{3j}$ 母亲学历$_2$ $+\beta_{4j}$ 母亲学历$_3$ $+\beta_{5j}$ 母亲学历$_4$ $+\beta_{6j}$ 家庭藏书$_1$ $+\beta_{7j}$ 家庭藏书$_2$ $+\beta_{8j}$ 家庭藏书$_3$ $+\beta_{9j}$ 家庭藏书$_4$ $+\beta_{10j}$ 经济条件$_1$ $+\beta_{11j}$ 经济条件$_2$ $+\beta_{12j}$ 经济条件$_3$ $+\beta_{13j}$ 经济条件$_4$ $+\beta_{14j}$ 亲子关系$_1$ $+\beta_{15j}$ 亲子关系$_2$ $+\beta_{16j}$ 亲子关系$_3$ $+\beta_{16j}$ 亲子关系$_4$ $+r_{ij}$

需注意的是：母亲学历、家庭藏书、经济条件、亲子关系均为多分类变量，母亲学历 i（i=1、2、3、4）依次分别代表不知道、高中、大学、研究生与初中的比较，家庭藏书 i（i=1、2、3、4）依次分别代表 50—100、100—200、200—400、400 以上与 50 本以下的比较，经济条件 i（i=1、2、3、4）依次分别代表不太好、一般、比较好、很好与不好的比较，亲子关系 i（i=1、2、3、4）依次分别代表偶尔冲突、一般、较融洽、很融洽与经常冲突的比较。

第二层（班级水平）：

$\beta_{0j}=\gamma_{00}+\gamma_{01}$ 年级 $+\gamma_{02}$ 班主任情感素质 $+\gamma_{03}$ 班级氛围 $+u_{0j}$

$\beta_{1j}=\gamma_{10}$；$\beta_{2j}=\gamma_{20}$；$\beta_{3j}=\gamma_{30}$；$\beta_{4j}=\gamma_{40}$；$\beta_{5j}=\gamma_{50}$；$\beta_{6j}=\gamma_{60}$；$\beta_{7j}=\gamma_{70}$；$\beta_{8j}=\gamma_{80}$；$\beta_{9j}=\gamma_{90}$；$\beta_{10j}=\gamma_{100}$；$\beta_{11j}=\gamma_{110}$；$\beta_{12j}=\gamma_{120}$；$\beta_{13j}=\gamma_{130}$；$\beta_{14j}=\gamma_{140}$；$\beta_{15j}=\gamma_{150}$；$\beta_{16j}=\gamma_{160}$；$\beta_{17j}=\gamma_{170}$

3. 结果与分析

3.1　描述统计量

统计结果显示：178 个教学班的班级氛围的均值为 3.78，标准差为 0.32；178 位班主任情感素质的均值为 4.83，标准差为 0.52；4 921 名学生情感素质的均值为 4.40，标准差为 0.61，其中男生、女生的情感素质均值分别为 4.24、4.52，标准差分别为 0.64、0.56。

3.2　多层分析结果

3.2.1　模型 1 结果分析

首先对模型 1 进行分析，结果跨级相关系数为 0.121 5。根据 Cohen 提出的跨级相关的判断标准，跨级相关大于 0.059，属中等关联强度，适合利用多层线性模型进行分析。本研究中，学生情感素质的跨级相关属中等强度，表明学生情感素质的得分存在显著的差异，班级水平的变异解释了总变异的 12.15%。

3.2.2　模型 2 结果分析

接着对模型 2 进行分析，考察学生个体水平的性别、母亲学历、家庭藏书、经济条件和亲子关系等控制变量对其情感素质的影响，结果见表 2。

由表 2 可知，性别影响的分析表明，女生在情感素质上的得分显著高于男生；母亲学历影响的分析表明，母亲学历为高中、大学的学生情感素质得分高于学历为初中的，母亲学历为研究生的则相反，且均未达到显著差异；家庭藏书影响的分析表明，家庭藏书为 100—200 本、200—400 本、400 本以上的学生情感素质显著好于家庭藏书为 50 本以下的，家庭藏书为 50—100 本的学生情感素质与参照相比无显著差异；经济条件影响的分析表明，经济条件一般、比较好、很好的学生的情感素质显著好于经济条件很不好的学生，经济条件不太好的学生情感素质与参照相比无显著差异；亲子关系影响的分析表明，亲子关系越好，学生的情感素质发展越好。

随机部分的估计表明，不同班级截距的随机变异达到了显著水平，说明学生的平均情感素质在班级间存在显著差异。对于学生情感素质，在零模型中加入性别等控制变量后，残差由原来的 0.317 2 减小到 0.253 7，说明性别等控制变量解释了学生水平变异的 20.02％。

3.2.3 模型 3 结果分析

最后对模型 3 进行分析，在第二层上添加班级氛围、班主任情感素质和年级，其中班级氛围、班主任情感素质作为预测变量，年级作为控制变量，结果见表 3。

由表 3 可知，在控制学生的性别等 5 个变量的影响后，年级变量解释了学生情感素质班级均值差异的 32.78％。年级越高，相应班级学生的情感素质越低。

由表 3 可知，在控制了年级变量的影响后，班级氛围对班级之间学生情感素质均值差异的解释率为 67.26％，班主任情感素质对班级之间学生情感素质均值差异的解释率为 1.73％。

表 2 性别等 5 个控制变量对学生情感素质的影响

因变量	自变量	回归系数与显著性检验			方差与显著性检验	
		估计值	标准误	t 值	方差	χ^2 值
学生情感素质	截距	4.395 0	0.019 8	221.711***	0.049 1	905.521 4***
	性别	0.211 3	0.016 2	13.033***		
	母亲学历 1	−0.067 9	0.042 7	−1.589		
	母亲学历 2	0.005 1	0.034 5	0.147		
	母亲学历 3	0.001 8	0.035 8	0.049		
	母亲学历 4	−0.027 6	0.047 0	−0.587		
	家庭藏书 1	0.026 5	0.028 6	0.926		
	家庭藏书 2	0.105 6	0.027 7	3.810***		
	家庭藏书 3	0.192 2	0.030 8	6.249***		
	家庭藏书 4	0.155 0	0.035 9	4.320***		
	经济条件 1	0.131 3	0.072 0	1.824		
	经济条件 2	0.235 8	0.067 1	3.516**		
	经济条件 3	0.252 0	0.069 6	3.621**		
	经济条件 4	0.349 6	0.067 5	5.181***		
	亲子关系 1	0.304 5	0.050 9	5.987***		
	亲子关系 2	0.268 9	0.052 6	5.108***		
	亲子关系 3	0.500 4	0.051 4	9.739***		
	亲子关系 4	0.729 1	0.050 3	14.488***		

注 1：几个虚拟变量中，性别以女生为参照（0＝女生，1＝男生），母亲学历以初中为参照（初中及以下＝0，其他＝1），家庭藏书以 50 本以下为参照（50 本以下＝0，其他＝1），经济条件以不好为参照（不好＝0，其他＝1），亲子关系以经常冲突为参照（经常冲突＝0，其他＝1）。

注 2：* $p<0.05$，** $p<0.01$，*** $p<0.001$，下同。

表 3 班级氛围、班主任情感素质对学生情感素质的影响

因变量		预测变量	回归系数	标准误	t 值	方差被解释的比例
学生情感素质						
	截距	年级	−0.058 1	0.006 7	−8.676***	32.78%
		班级氛围	0.492 3	0.045 1	10.914***	67.26%
		班主任情感素质	0.060 3	0.033 4	1.806	1.73%

注：年级为控制变量。

4. 讨论

本次调查发现，学生的情感素质在班级之间存在显著的差异，这种差异可能是由两种原因造成的：一方面是学段内不同学校、不同班级环境造成的；另一方面可能是由于年级的不同造成的，因为一项大型调查发现，随着年级的升高学生的情感素质有下降趋势（卢家楣等，2009）。而本研究在第二水平变量的分析上也确实发现年级对班级差异的影响，年级对班级变异的解释率为 32.78%，且达到显著水平。在以后研究中，如果选取同一学段甚至同一年级的学生作为研究对象，可能会得到更精细的结果。

在对模型 2 的分析中发现，学生性别、母亲学历、家庭藏书、经济条件和亲子关系这些变量对情感素质的学生个体层次的变量解释率达 20.02%，验证了这些变量对学生情感素质的影响，也说明为研究第二层次变量的影响而对这些变量进行控制的必要性。在这些控制变量中，性别的影响显著，这与以往调查一致；但母亲学历水平的影响未达显著，与以往调查的结果有所不同（卢家楣等，2009）。家庭藏书、经济条件、亲子关系对学生情感素质的影响显著，与同类研究是一致的。如有研究发现，家庭的所在地、经济条件、家庭的结构、关系以及父母的文化程度、是否是独生子女等都影响着中职学生的心理健康（刘林涛，巫俐群，2013）；另一项研究也发现，普通高中学生社会责任心受到家庭功能的亲密度和适应性两个维度以及生存质量心理功能和社会功能两个维度的复合影响（陈强，2011）。

在模型 3 中，把班级氛围、班主任情感素质和年级这些第二层次的变量加入后，在控制年级变量影响的条件下，班级氛围对学生情感素质的班级变异的方差贡献率为 67.26%，且达到显著水平，充分验证了预期的假设，即班级环境对学生情感素质具有显著的影响。这一结论与有关的研究结果是一致的。如有研究发现，班级的竞争和秩序纪律是学生学习动机的预测因素（姜兆萍，周宗奎，2010）；班级环境对班级间行为问题的变异具有较高的解释率，在班级层次上班级环境对学生行为问题的差异有显著的预测作用（王甲娜，刘利，王烈，2010）。还有研究发现，班级人际环境与学生的自尊之间存在显著相关（宋淑娟，张影，2009）；班级学习负担能有效正向预测学生的身心耗竭、学业疏离和学习倦怠，而同学关系和竞争则能有效负向预测学业疏离、低成就感和学习倦怠，而秩序和纪律能有效负向预测身心耗竭，师生关系能有效负向预测低成就感（邹维兴，谢玲平，韦瑶，2013）。

本次研究发现，在控制年级变量的情况下，班主任情感素质对学生情感素质班级变异的解释率只有 1.73%，未呈显著水平，即班主任情感素质未对学生情感素质产生明显的直接影响。对于研究结果与预期假设有出入这一原因，我们认为可能来自两大方面：一是本研究在分析时无法把班主任接管班级时间的长短这个变量加以控制，可能会降低班主任的影响作用；二是班主任对学生的影响，可能主要是通过班级氛围起作用的，也即班级氛围可能会在班主任情感素质和学生情感素质之间起着中介或调节作用，甚至班级氛围和学生情感素质之间还

有其他的中介变量，本次研究限于条件，没有进行更复杂的统计检验。这种情况在以往研究中有类似发现。如有研究指出，班级环境对攻击行为具有显著的负向预测作用，自尊在班级环境与攻击行为之间起着部分中介作用（罗小漫，郑德银，李玉姣，刘衍玲，2012）。另一项采用多层次模型方法对 63 个班级 1 399 名五、六年级学生的研究表明，班级内与情绪相关的互动提升了学生的学业成就，学生的学业投入在班级情绪氛围与学业成就之间起着中介作用（Maria，Marc，Susan，Mark，& Peter，2012）。本研究在考虑了班级氛围、班主任情感素质这些班级层面的变量后，学生情感素质在班级间的差异上仍然处于显著水平，这说明在班级层次上还可能存在其他有较大影响的变量，需要在进一步研究中深入探讨。

5. 结论

具体如下：

（1）学生的情感素质存在显著的班级差异；

（2）在控制年级变量的情况下，班级氛围对学生情感素质的班级变异具有较大的解释率和显著的预测作用；

（3）班主任情感素质对学生情感素质的班级变异的直接影响未呈现出显著水平。

参考文献：

陈斌斌，李丹.（2009）. 学生感知的班级人际和谐及其与社会行为的关系. 心理发展与教育，2，41—46.

陈强.（2011）. 家庭功能和生存质量对学生社会责任心的影响：普高生与职高生的比较. 应用心理学，17（2），145—152.

江光荣，林孟平.（2005）. 班级环境与学生适应性的多层线性模型. 心理科学，28（6），1443—1448.

江光荣.（2004）. 中小学班级环境：结构与测量. 心理科学，27（4），839—843.

姜兆萍，周宗奎.（2010）. 班级环境、学习效能感与高中生学习动机的关系. 中国临床心理学杂志，18（6），789—791.

刘红云，孟庆茂，张雷.（2005）. 班主任教师班级管理效能感对学生学习态度及其与学业效能间关系的影响. 心理发展与教育，2，62—67.

刘林涛，巫俐群.（2013）. 家庭对中职院校学生心理健康的影响研究. 临沧师范高等专科学校学报，23（3），61—68.

卢家楣.（2009）. 论青少年情感素质. 教育研究，10，30—36.

卢家楣，刘伟，贺雯，袁军，竺培梁，卢盛华等.（2009）. 我国当代青少年情感素质现状调查. 心理学报，41（12），1152—1164.

罗小漫，郑德银，李玉姣，刘衍玲.（2012）. 班级环境、自尊对初中生主动与反应攻击的影响研究. 贵州师范大学学报（自然科学版），30（6），50—53.

宋淑娟，张影.（2009）. 班级人际环境对留守儿童自尊的影响. 教育研究与实验，2，75—78.

苏晓荣.（2010）. 父母、班主任、同伴对不同阶段青少年自我概念发展的影响力研究. 西北大学硕士学位论文.

王甲娜，刘利，王烈.（2010）. 多层线性模型在班级环境与学生行为问题研究中的应用. 中国卫生统计，27（1），59—61.

王俊山，卢家楣.（2013）. 中小学班主任情感素质问卷编制的研究. 上海教育科研，10，46—49.

王俊山，卢家楣.（2014）. 中小学班主任情感素质结构与提升路径. 中国教育学刊，2，95—98.

叶桂青，陈顺森.（2009）. 班主任激励风格对高中生学业自我效能感及其与考试焦虑关系的影响. 漳州师范学院学报（自然科学版），2，174—180.

张薇.（2009）. 中学班级心理环境及其与学习态度和学业成绩的关系. 河南大学硕士学位论文.

邹维兴，谢玲平，韦瑶.（2013）. 班级环境对中学生学习倦怠的影响. 保健医学研究与实践，10（1），38—41.

Bronfenbrenner，U.（1999）. Environments in Developmental Perspective：Theoretical and Operational Models. In S. L. Friedm an & T. D. Wachs（Eds.）. *Measuring Environment across the Life Span*. Washington，D C：American Psychological Association.

Maria，R. R.，Marc，A. B.，Susan，E. R.，Mark W.，& Peter，S.，（2012）. Classroom Emotional Climate，Student engagement and academic achievement. *Journal of Educational Psychology*，104（3），700-712.

基于学生核心素养的课程体系建构*

□ 辛　涛（北京师范大学教授）
□ 姜　宇
□ 王烨辉

近年来，我国一直以课程改革的方式来促进教育的改革与发展。1999年的《中共中央国务院关于深化教育改革全面推进素质教育的决定》、2010年的《教育规划纲要》等重要政策文件均对课程的建设与推进提出了更高的要求。2001年开始的新一轮课程改革实施已有十余年时间。2012年，修订后各学科的国家课程标准正式颁布。我国正处于新课改推进的关键阶段，需要集中精力试水课改的“深水区”，推动课程改革进入一个高质量持续发展的阶段，实现提高整体教育质量的最终目标。在这一教育政策与实践的背景下，本文通过归纳国际上核心素养和课程体系的相互关系，分析国内课程标准改革面临的挑战，以此提出构建我国基于核心素养的课程体系的建议。

一、国际课程改革的发展趋势与特点

课程体系改革是促进教育改革与发展的重要抓手。近些年，各国不断推进课程体系的改革。通过对各国近年课程改革中课程模型与课改实施模式发展的回顾，可以看出国际课程改革发展的一些共同的发展趋势与特点。

（一）关注学生发展，强调培养适应现代社会所需的能力

无论采用何种课程模型进行课程改革，各国在课改中越来越重视学生的发展，认为学习不仅仅是课程内容的学习，还是学生智力建构与社会性发展的综合过程。学生能在学校中学到什么，获得怎样的进步成了课程改革的关注焦点。各国的课程改革从之前对课程内容简单识记的关注转向如何灵活运用知识的能力的培养，强调学生需要掌握适应现代社会所需的各种技能。且随着课程改革的不断推进，各国在其课程改革中设定了更高的标准，对学生提出了更高的要求，从而进一步提升本国年轻一代的整体素质。

（二）强调课程的整合性，注重学科之间的相互融合

各国课程改革中的整合性特点主要体现在以下两个方面。从学科角度来看，各国充分认识到知识相互之间不是孤立存在的，在解决实际问题中，学生需要综合运用多种学科知识。因此越来越强调传统学科相互之间的融合，例如科学、社会科学、艺术等。这样的整合目前仅在部分学科，且主要是在低年级阶段得以实现，随着年级的升高，由于课程知识体系的复杂性使得课程的整合性下降。但可以

* 原载《北京师范大学学报（社会科学版）》2014年第1期。

明确的是，强调学科知识的整合已成为各国的共识。从学生的角度来看，在国际社会强调人权、强调人人都要接受公正公平的教育机会的大环境下，相对于分层教学，各国在课程改革中越来越强调各种能力水平、各民族学生的整合和全纳教育。

（三）在课程中融入了质量评价标准，强调问责

评价是当前各国课程改革中的一个重要议题，由于对基于结果的问责的强化，学校、教师和学生需要接受大量的外部评估，但在这种外部评估中存在一个问题：与课程相互之间存在脱节，也就是说评估所依据的标准与课程或者说课程标准相脱离。这给教师的教学带来了混乱——应该按照课程标准还是评价标准来进行教学？为了获得更高的评价结果，教师往往按照评价标准来进行教学，使得评价标准替代了课程标准。

这个困境在近些年得到了充分的重视，基于标准的课程模型就试图解决这个问题：把评价标准或者质量标准融入课程之中，使课程既能提供课程规划、教学和学习的标准，又能提供评估的客观标准。到目前为止，美国、英国、瑞典、法国、芬兰等多个国家已经通过各种模式建立起本国的质量标准，并将其与课程标准相结合，融为一体。①

（四）教育管理权力的下放与课程评价权力的集中

20世纪80年代以来，美国、澳大利亚、新西兰、英国、荷兰、瑞典、丹麦等国显示出了权力下放与集中两种不同趋势共存的现象。一方面，教育管理的权力，包括财政、人事等权力逐步下放给地区甚至学校；另一方面，课程标准、课程评价等课程决策权力却不断集中到中央层面。② 课程评价权力的集中，有助于各国从国家层面统一对课程进行规划，有效实现对课程质量的监控，以防权力分散对课程质量产生的不利影响和国家无法切实进行干预的状况。从该局面可以看到，课程决策与课程评价权力在当代教育改革中的重要地位与作用。

二、新课程改革的浪潮中学生核心素养的定位

各国近年来课程改革中课程模型与课改实施模式的发展，使得各国基础教育的课程体系逐渐呈现出共同的发展趋势——在课程标准的内容上逐渐呈现关注学生发展，强调培养适应现代社会所需的能力，注重课程的整合性，强调传统学科融合的趋势；在课程标准的使用和功能方面逐渐呈现以国家课程标准统一教育实践，以质量标准督促教育问责，而将教育管理权逐渐下放的趋势。

各国的课程标准强调"关注学生的发展，培养学生核心能力"的趋势，推动了学生核心素养模型的制定。在新课程改革浪潮中，各国际组织以及各国（地区）纷纷组织教育学、心理学、哲学、社会学等领域的专家，制定学生核心素养模型，以培养学生在未来社会的生存能力和竞争力。第一个系统性地完成了学生核心素养体系构建，并对当前各国的核心素养体系具有深远影响的核心素养项目是1997年12月经济合作与发展组织启动的"素养的界定与遴选：理论和概念基础"项目（Definition and Selection of Competencies：Theoretical and Conceptual Foundations，DeSeCo）。

DeSeCo项目颇具理论和政策导向性，它从一个广泛的跨学科的视角来探讨核心素养，旨在确定一组核心素养（Key Competencies），这些素养是在现代民主的社会中，儿童和成人过上有责任感和成功的生活所需要的，同时也是社会应对当前和未

---

① Kelly A V. *The Curriculum：Theory and Practice*. Sage Publications Limited，2009. 18，123-125.

② Fuhrman S. *From the Capitol to the Classroom：Standards-based Reform in the States*. National Society for the Study of Education，2001. 70. Massell D. *Persistence and Change：Standards-Based Systemic Reform in Nine States*. CPRE Policy Briefs，RB-21. 1997，165-168.

来的技术变革和全球化的挑战所需要的。该项目致力于构建一个核心素养的总体概念参照框架，为指标的研制和实证结果的解释提供参考，鼓励理论和实践的相互促进，为政策决策者提供参考信息①。

学生的核心素养模型在一定程度上讲是教育目标的具体化，它与课程标准都是为了指导教育教学实践而存在的。课程标准是从具体学科出发，按照学科教学规律规定了关于教育过程应该满足的标准，解决的是“如何教”的教育问题；学生核心素养是从人的全面发展角度出发，体现“促进人的全面发展、适应社会需要”这一要求，按照学生发展规律规定了一定教育经历后其必须拥有的基本素养和能力，解决的是“培养什么样的人”的教育问题，是对教育目标的另一种诠释。基于这样的目的，学生的核心素养应该涉及学生知识、技能、情感态度价值观等多方面能力的要求，是个体能够适应未来社会、促进终身学习、实现全面发展的基本保障。

学生的核心素养模型旨在促进学生核心能力培养的教育模式生成，需要与现行的教育教学实践相互结合。学生核心素养模型的建立归根结底是为了促进教育模式的转型，从过去重视教学当中学科知识体系的科学性和完备性，转向重视学生核心能力和素养的生成；从过去重视学生知识结构而忽视学生能力培养，转向促进学生能力提升和全面发展。本着这个目的，学生核心素养需要与教育教学实践相结合，尤其是要在核心素养理论的指导下，促进课程体系的改革与发展，这样才能让学生核心素养模型更有效地发挥作用。

三、核心素养与课程体系相互关系的几种模式

在国际教育改革与发展的浪潮中，各国际组织都推动研究学生核心能力和素养的模型计划，世界各国也逐渐建立起以学生核心能力和素养为中心的新课程体系。分析国际上学生核心素养与课程体系之间的关系，可以发现世界各国如何利用学生核心素养体系指导教育教学的实践，为我国建立基于核心素养的课程体系提供借鉴。

依照学生核心素养与课程体系相对独立的程度不同，各国和地区的核心素养体系在教育教学实践领域的应用模式可以大致分为三类。第一类是核心素养独立于课程体系之外，由专门的机构进行研制和开发，之后逐渐与课程和教学相融合的模式，代表者有美国、澳大利亚等；第二类模式在国家的课程体系当中规定了要培养学生哪些核心能力和素养，并指导课程的内容与设置，代表国家主要是芬兰；第三类模式，学生的核心能力和素养没有单独的体系做出规定，但国家的课程体系当中的许多部分都体现了培养学生核心能力和素养的宗旨，代表国家主要是日本和韩国。

（一）核心素养独立于课程体系之外并与之融合的美国模式

20世纪90年代，如何培养具有21世纪核心素养的人才成为美国社会关注的热点话题。面对社会经济的巨大变化以及学生能力无法适应社会的现实情况，2002年，美国劳工部通过联合戴尔、苹果、思科、英特尔等几大公司，以及州立学校首席管理会（Council of Chief State School Officers，CCSSO）、国际科技教育学会（International Technology Education Association，ITEA）等合作伙伴，一起创办了“21世纪技能联盟”（Partnership for 21st Century Skills）。该组织将21世纪应具备的基本技能进行整合，制定了《21世纪技能框架》，以合作伙伴的形式将教育界、商业界、社区以及政府领导联合起来，把21世纪技能的培养融入中小学教育当中②。

---

① DeSeCo. *The Definition and Selection of Key Competencies: Executive Summary*. Jun. 25. 2003. From https://www.pisa.oecd.org./dataoecd/47/61/35070367.pdf.

② *Common Core State Standards Initiative*. http://www.corestandards.org/voices-of-support. 2010-06-02.

长期以来，美国并没有国家层面的课程标准。为了提高国家教育质量，2010 年 6 月，美国国家管理者协会（National Governors Association，NGA）和州立学校首席管理会（Council of Chief State School Officers，CCSSO）联合出台了“共同核心州立标准”（Common Core State Standards，CCSS，标准涉及英语与数学两个学科），发挥着国家课程标准作用。如今，美国共计有 45 个州和哥伦比亚特区以及 2 个海外属地都参与其中。这些实施的州以 CCSS 为基础，修订本州的课程，以及教学和评估体系。

CCSS 的研制机构是美国 21 世纪技能的合作伙伴，CCSS 的修订体现了美国 21 世纪技能的要求。根据 21 世纪技能的要求，CCSS 颁布的英语学科标准并非单独体现在英语学科，而是由跨学科的三个部分组成：K-5 跨学科综合标准；6-12 英语语言艺术标准；6-12 历史、社会、科学、技术学科中的读写素养标准。数学学科标准提出了与内容标准相对应的一般性的数学实践标准：（1）理解问题，并坚持不懈地解决它们；（2）抽象的、量化的推理；（3）构造可行的论证，并评论他人的推理；（4）数学建模；（5）灵活地使用适合的工具；（6）精确化；（7）探求并利用结构；（8）在反复推理中探求并表达规律。而在科学教育方面，2011 年 7 月，美国国家研究理事会（National Research Council，NRC）发布了《K-12 年级科学教育框架》（A Framework for K-12 Science Education，以下简称《科学教育框架》）。《科学教育框架》中，每个维度下面有若干个子维度，而这些子维度又有具体说明，明确指出学生在 12 年级末应当达到什么样的水平，实现什么样的成就目标，目标导向性明显。

从 21 世纪技能的整体结构和形式上来看与传统课程标准的形式完全不一致，它是核心课程和素养的结合；同时，“共同核心州立标准”是以规定学生学业能力为主要内容的质量标准，并不是以学科内容为导向的课程标准，通过规定学生要达成的基本能力，以此保证学生核心素养的形成。

（二）在课程体系中设置学生核心素养的芬兰模式

2000 年起，芬兰在国际学生评估项目（Program for International Student Assessment，PISA）中的突出表现引起了全世界的关注，其迅速提升的基础教育质量得益于长期的课程改革，其基础教育课程标准有鲜明的特色。与其他国家略有不同，在芬兰，学生的核心素养是在国家课程标准当中明确规定的。在芬兰最具权威的国家课程中，根据当代以及未来社会对公民、欧洲国家对公民的要求，规定了学生需要具备的核心素养，将素养划分为七大主题——成长为人、文化认同与国际化、信息素养与交际、参与行使公民与企业家的权利、对环境、健康和可持续发展的将来的责任感、安全与交通、技术与个体。根据这七个主题再逐步分解到各个学科中去。也就是说，芬兰的课程中直接融入了对学生核心素养的界定与规范。通过分解到各个学科之后，直接引导教师的教学。

在芬兰《国家课程》的主体第七部分“学习目标和教育的核心内容”，首先对芬兰学生核心素养的七大主题分别进行了详细界定，对每一个主题所欲达成的具体目标，以及每一个主题所对应的核心内容都进行了严格的界定。这七个主题都是跨学科的，体现的是教育与教学过程中最为核心的部分。其次根据不同学科的特点和学生发展阶段的身心特点，分学科（包括母语与文学，第二母语，外语，数学，环境与自然，生活与地理，物理与化学，健康教育，宗教，伦理学，历史，社会研究，音乐，视觉艺术，劳技，体育，家庭经济，选修课程和教育与职业规划）将这七个主题分别具体化到各个学科中。最后在每个学科中，按学段，分别从具体的学科目标、学生所要掌握的核心内容，以及学段末学生优秀表现的标准三个维度来进行具体论述。通过细化教育目标以及制定可以用于评价的质量标准，也就是详述学生在学段结束后应当具备的能力，来实现核心素养的塑造。可以说，芬兰的教育领域学生核心素养与课程体系的关系结合最为紧密。核心素养嵌入课程体系当中，并且作为课程目标以及学生学段结束后达到水平标准的指导，这样更加有利于学生核心素养的实现。

（三）通过课程标准内容设置体现学生核心素养的日本模式

日本在教育领域并没有单独的学生核心素养体系，并且课程标准当中也没有出现单独对于学生核心能力和素养描述的部分，然而在日本的课程标准和相关教育政策文件当中的多处对于应该培养学生何种核心素养做出了专门的规定，在课程体系中体现了培养学生的核心素养的宗旨。

2008年，日本对教育法做出一系列修改，制定了新的教育方针。在此基础上，日本最新课程标准——《学习指导要领》修订颁布了，其将培养学生的"生存能力"定为日本义务教育的基本目标，关注学生八个方面的素养：语言能力、科技应用能力、外语能力、注重传统文化、实践能力、道德素养、身体健康、参与社会活动的素养。

新《学习指导要领》在内容设置上多处体现了培养学生核心素养的思想。

第一，在总则当中，新《学习指导要领》以学生核心能力为核心目标。新《学习指导要领》指出其所倡导的培养"生存能力"的教育目标是指"知、德、体"，分别是"扎实掌握基础知识和基本技能以及在复杂变化的社会环境中独立发现问题、主观判断、自主行动、妥善解决问题的素质和能力；自律、协作、爱心、感动等丰富的内心世界；能够坚强地生活下去的健康的心理和体魄"①。在课程设置上，这些素养在九门学科上有所体现。日本的课程标准将"道德"独立出来作为单独的部分，以重视中小学生道德教育。

第二，新《学习指导要领》的每一个学科包含学科总目标，在各个学年段当中和分科下面有学年目标和内容。各个学科中每一学段的目标主要规定了学生这一阶段所要达到的能力，内容部分主要体现学科内容，在设置上突出一些培养学生核心素养的学科内容。同时，在每学科每学段当中"教学指导计划与内容处理"部分，也就是相应的教学建议，主要包括该学科本学段的学习内容与其他各学年内容的相互关系、该学科教学应如何培养学生核心能力和素养、教材等编写与使用的注意事项等方面。

第三，与《学习指导要领》一同颁布的还有许多配套材料，详细描述了如何培养学生跨学科的核心能力与素养，促进了学科之间的相互联系。这些材料包括对各学科如何发展学生语言能力的指导实例，对培养学生交流、表达、合作等方面核心素养的教学活动的指导实例，教师理解和应用新课程标准的培训材料，以及教材、教辅用书范例等。

从课程标准的结构和形式上来看，日本的课程标准更接近传统课程标准的形式，与我国传统课程标准的形势与内容也较为一致。不过，在新修订的日本课程标准当中，虽然课程标准内容的主体仍是以学科内容为中心的，但是，日本新课程标准显然已经试图将培养学生核心能力与素养的要求加进去，并且在不同学科的教学内容和教学建议当中都注意体现培养学生某一方面或者几方面的核心素养，展现了核心素养的形成需要多个学科共同培养，但同时核心素养的培养也离不开具体学科内容的学习。日本新课程标准的配套材料也以较为活泼的形式指导教师在教学当中应该采取多种形式培养学生核心素养。

（四）核心素养与课程体系相结合的国际趋势

学生核心素养模型的建立旨在推进关注学生全面发展的课程改革，处理好学生核心素养与课程体系的关系，更好地将其二者结合，学生核心素养模型才能发挥其作用，所以，构建基于核心素养的课程体系尤为重要。

通过总结国际核心素养与课程体系的相互关系，可以看出学生核心素养与课程体系相结合有以下一些特点。

首先，核心素养与课程结合是能力为导向的课程标准改革的重要举措。学生核心素养项目的产生主要是为了指导教育教学注重培养学生适应未来生活的各种能力和素养。核心素养模型的发展路径必

① http://www.mext.go.jp/a-menu/shotou/new-cs/index.htm.

然是要与国家现行的课程体系以及教学实践相结合且相互促进和发展的。无论是美国模式、芬兰模式还是日本模式，学生核心素养模型的发展促进了课程体系的发展和转变，由传统的以学科内容为中心转向以学生能力为中心。课程标准当中课程内容和教学建议、表现标准或质量标准对学生能力的规定等部分，都逐渐受到学生核心素养模型的影响有所调整和改变。

其次，核心素养与课程结合的方式需要根据国家教育教学实践的特点进行。不同国家由于教育教学实践的特点不同，在核心素养与课程结合的方式上展现了较大的区别。美国、澳大利亚等国家，由于联邦制的体制，一直以来国家统领性的课程标准实际效力都不如州政府制定的教育政策，学生的核心素养体系作为独立于课程标准之外，而又为教育和课程提供一定支持的系统，对促进学生形成适应未来社会发展的能力起到了重要作用。欧洲等国如荷兰，将学生应该有的核心能力规定在国家课程标准当中，作为指导课程标准的重要文件。东亚国家如日本、韩国，课程标准的体例一般都是以学科知识为主线，注重学科知识的系统性和完备性，核心素养则融合在课程标准内容和教学建议当中。我国学生核心素养体系如何与教育教学实践相结合，如何通过课程体系建设来促进学生核心素养的形成，需要在教育实践当中不断摸索。

最后，在课程中需要通过规定新的质量标准和课程机会标准来实现对学生核心素养的培养。通过分析国际经验发现，无论核心素养与课程体系的关系如何，质量标准和课程机会标准（“课程机会标准”在我国通常归属“教学建议”部分）对于在课程标准以及实际教育教学当中落实培养学生核心素养的要求至关重要。应该说，课程内容和机会是培养学生核心素养的重要手段，而质量标准是学生应该培养何种能力的具体体现。课程内容和机会对培养学生核心素养提供了指导意见，指导和帮助教师在教学过程中注重学生能力的培养；质量标准是检测教育是否培养了学生这些素养的依据，教育部门以及教师依据质量标准监控当前的教育教学是否达到了国家对学生能力和素养培养的要求。

四、基于核心素养的课程体系建构

（一）我国推进课程标准改革所面临的挑战

首先，我国现行课程标准中缺乏核心素养/能力方面的内容，导致教育能力本位与知识本位的混淆。我国现行课程标准重视对于课程内容的诠释，注重学科知识体系的科学性和完备性。我国课程标准当中完备的知识结构和内容从易到难循序渐进的结构安排常被欧美教育学者称道，认为这是中国中小学生有良好的基础知识的原因。然而，由于我们的课程标准以学科知识为导向，追求知识体系的科学与完整，内容往往是脱离现实生活的较为抽象的学科知识，而没有以培养学生相应的学科能力为核心组织课程内容。学生在学习过程中，面临的常常是抽象的知识世界，难以将抽象的知识和现实世界发生联系，许多时候无法运用学过的知识解决现实生活当中出现的问题，成为只会背诵、解题的“机器”，缺乏问题解决能力、创造性思维等。正因为如此，我国的教育常被人诟病为“应试教育”或者“重知识、轻能力”的教育。解决学生现实世界和知识世界的冲突，首先要打破课程标准内容设置的思路，以促进学生全面发展为导向，以培养学生核心能力和素养为主线，安排学科知识内容。

当前，许多国家和地区的课程标准中都已经融入了核心素养/能力的部分，例如芬兰、英国等国家和地区对本国/地区的核心素养有着较为成熟的研究，已经将跨学科的这些核心素养分解到了各个具体学科，这些核心素养与学科能力之间的对应关系非常清晰，对教材编写、教师的课程实施以及对学生能力的培养具有明确的指导作用。而我国的课程标准的内容则缺乏以提高学生核心素养作指导，仍是以科学知识为核心的课程标准。

其次，我国现行课程标准中缺乏质量/表现标准。质量标准主要描述了学生经过一段时间的教育应该或必须达到的基本能力水平。它是学生的核心素养在具体学科具体学段的具体体现。我国的课程标准中主要是对课程内容的界定，虽然从内容、能力和情感态度价值观三维角度对课程进行说明，但是在能力维度上缺乏明确、具体、可操作化的以及能够用于评价的能力表现标准；而当前各个国家/地区在课程标准中均有与课程内容相对应的能力表现标准。

从国际课程标准发展的现状来看，各国都十分重视课程标准当中的质量或表现标准。由于质量标准可以指导对学生一段时间学习结果的评价，是学生核心素养在学科当中的具体体现。课程标准当中的质量标准的主要目的是用来监测学生核心能力和素养达到的程度，促进学生核心素养的形成，同时，课程标准中增加质量标准，为国家进行教育质量的评价提供了依据，有助于教育权力下放，以及教育问责制度的完善。

最后，我国现行课程标准当中缺乏明确的教学与课程资源建议。教学与课程建议等内容在国际上常被称为课程机会标准，也就是为了让学生在经过一段时间的学习后达到一定的质量或表现标准而提供的教学安排、课程设置、课堂组织等方面支持，是关于教育教学的过程性支持系统的标准。课程机会标准可以指导和帮助教师组织课堂教学，以促进学生达到课程标准要求的质量标准，形成相应的核心素养。

我国现行课程标准中教学建议与课程资源使用建议等方面描述得相对较笼统、较简练，没有体现学科特色，缺乏具体学科如何实现学生具体学科能力的相关建议，不能够有效地指导教师组织课堂教学。当前一些国家（地区）在教学建议当中能够较好地展示课程内容知识之间的关系、内容与所需要培养的能力之间的关系以及对如何培养相应能力的建议。我国的课程标准应当基于学生核心素养的要求，详细组织教学建议以及课程资源使用建议等方面内容，指导和帮助教师以促进学生核心素养为目的合理使用教材、有效组织课堂教学等。

（二）基于核心素养的课程体系内容、结构以及各部分的关系

统观当前世界各国教育改革与发展、课程体系的变革与推新，我们认为当前我国的课程改革需要建立基于核心素养的课程体系，以与国际教育改革浪潮接轨，促进培养学生适应未来社会的核心能力。

基于核心素养的现代课程体系应至少含有以下四个部分。(1) 具体化的教学目标，描述了课程教学所要达到的目标，这一教育目标一定是具体的，落实到要培养学生的何种核心能力和素养。(2) 内容标准，即规定了核心学科领域（如数学、阅读、科学等）学生应知应会的知识与技能。(3) 教学建议，即教育者应提供的教育经验和资源，以保证受教育者的学习质量，广义上的教学建议外延相当广泛，也被称为“教育机会标准”或“教学过程标准”等，可以包括课堂所讲授内容的结构、组织安排、重点处理及传授方式，以及学校公平性、教师专业发展、教育资源的分配等。(4) 质量标准，即描述经历一段时间的教育之后学生在知识技能、继续受教育的基本准备以及适应未来社会等方面的能力上需要达到的基本水平。

根据国际经验和我国现有课程体系的特点，这四方面的内容和学生核心素养模型应该有以下的关系：具体化的教学目标和质量标准是学生核心素养的具体体现；而内容标准和教学建议的内容设定旨在通过学科的教学促进学生核心素养的形成。质量标准是教学结果导向的标准，内容标准是教学过程导向的标准。过程标准要促进学生核心素养的形成；结果标准要体现核心素养的具体要求。两者结合才能够使得新课程体系实现培养学生核心素养的目的。

基于核心素养的课程体系各部分的基本要求体现在以下三个方面。

第一，具体化的教学目标一定是体现学生核心素养的教学目标。教学目标用来指导和统领本学科其他内容的编排。在学生核心素养的指导下，每一个学科需要根据各学段学生核心素养的主要内容与表现形式，结合学科内容与特点，提出实现学生本学段核心素养的具体目标，要体现本学科特色。同时，应该注意跨学科素养如何在本学科当中进行培

养。这些内容应该在教学目标当中具体体现。

第二，内容标准和教学建议要成为促进学生形成核心素养的保证。学生是通过各学科的学习来形成其核心素养的，学科的内容标准和如何进行学科教学成为培养学生核心素养的基本保证。内容标准提供了学生在每一门学科当中需要学习的学科内容。传统的课程标准，一直是以学科内容的科学性和完备性作为编撰的根本依据，以学科思路和逻辑为主要呈现方式；而基于核心素养的课程体系要求内容标准以促进学生该学科核心素养的形成为导向，设计时需要结合本学科本学段学生需要形成哪些核心素养来安排学科知识。同理，教学建议要根据培养的素养和学科内容的特点进行有针对性的教学建议，以促进学生核心素养的形成。

第三，质量标准是学生核心素养在学业上的具体体现。学生核心素养主要是指学生适应未来社会发展以及终身学习的主要能力与素质，它必然是宽泛而宏观的能力，而质量标准是与学科能力紧密相关的，是学生核心素养在某个学科当中的具体体现。体现了学生核心素养的质量标准一经制定后可以在教育领域发挥极大的作用。一方面，质量标准较学生核心素养来说更加切合课程和学科教学，可以用来指导教师的教育教学实践；另一方面，质量标准较学生核心素养来说更加具体、可操作，所以，结合了内容标准后，质量标准还可以用来指导教育评价。

青少年学业情绪：基于家庭微系统视角的探索*

□ 俞国良（中国人民大学教授）
□ 朱　琳
□ 董　妍

学业情绪（academic emotions）是目前国内外教育心理学、发展心理学研究领域的一个热点问题，意谓在学校教学或学习过程中，与学生学业相关的各种情绪体验及情感状态，包括高兴、厌倦、焦虑、放松等，学业情绪不仅仅指学生在获悉学业成功或失败后所体验到的各种情绪，同样也包括学生在课堂学习中，在日常做作业过程中以及在考试期间的情绪体验及状态[1—2][38—40]。2006 年，Pukrun 在整合学业情绪的前因模型社会—认知模型和结果模型认知—动机模型的基础上，提出了学业情绪的控制—价值理论。近年来，该理论在实证研究支持的基础上不断得到丰富和发展[41]。

学业情绪的控制—价值理论认为，外在环境（家庭、学校、社会等）对学生的学业情绪有重要影响。对学生而言，其最主要的生活环境是学校和家庭。目前大量学业情绪的相关研究都集中在学校情境中，特别是学校环境（包括班级、教师投入、师生关系等）对学生学业情绪的影响受到许多研究者的重视。[26—37]与家庭环境相关的因素则被相对较少提及和讨论。但家庭作为学生成长过程中最为重要的环境因素，对学生学业情绪的影响是显而易见的。不但儿童在每天具有固定家庭生活的时期（如小学或初中阶段），其家庭矛盾会引起其学业情绪的改变，即便是已经离开家庭的大学生，家庭环境因素也会有同样的作用[7]。因此，探讨家庭环境因素对学业情绪的影响是十分必要和有价值的。生态系统理论[14]也为此提供了重要的理论支撑。该理论从独特的研究视角，构建了个体成长过程中与外在环境之间的作用模型，强调个体发展嵌套于相互影响的社会环境系统之中，并随着时间系统而不断变化。对于大多数个体而言，家庭是最主要的社会环境系统中的微系统（microsystem）。这里，就从家庭微系统的视角，探讨家庭环境因素对青少年学业情绪的影响。

一、家庭特征对青少年学业情绪的作用

作为家庭重要特征的家庭社会经济地位和父母情绪特点，都会影响青少年的学业情绪。家庭社会经济地位主要包括家庭的经济状况、父母职业及受教育水平等，[13]这些因素直接或间接地影响其青少年的学业情绪。在青少年尚未达到经济独立前，父母的经济状况决定了一个家庭的经济水平。Mistry，Benner，Tan 和 Kim[36]对 444 个华裔美国家庭进行历时 4 年的追踪研究后，发现青少年感知到的家庭经济压力，以及他们感知到的家庭经济约束（financial constraints），对于他们的学业抑郁情绪有着直接作用，而父母报告的家庭经济压力

* 原载《湖州师范学院学报》2014 年第 6 期。

通过这种感知也会对学业抑郁情绪产生影响。其中，初中时青少年对家庭经济压力的感知对高中时学业抑郁情绪及学业成就有较好的预测作用。父母的职业、受教育水平往往也与家庭经济地位有密切联系，对青少年学业情绪的影响也不容忽视。我国研究者（2008）发现父亲的职业对大学新生的考试重症焦虑率有显著影响，父亲为普通工人的大学新生考试重症焦虑率是父亲为专业技术人员和公务员学生的2倍多。还有研究显示，父母受教育水平以及家庭经济状况对子女的积极学业情绪（如希望、愉快）有间接影响，其中家庭学习环境（亲子共读、家庭活动、家庭中书籍材料数量等）起中介作用。[22][28]以家庭经济状况及亲子共处时间为主要家庭资源变量，对6 305名3年级学生以及他们的家长进行横断研究，却发现家庭资源对不同性格儿童的影响有所不同，不能一概而论。即使在家庭资源较少的环境中，与父母相处时间较长或者适应能力较好（心理弹性高）的儿童青少年更有可能取得较好的学业成就，他们对于学习也会有更积极的态度和情绪。

父母自身的情绪特点主要包括父母情绪表达和情绪调节的能力，这些能力对青少年学业情绪的产生和调节也有重要影响。父母对子女情绪调节的影响，会受到教养方式、依恋关系、家庭情绪表达以及父母婚姻关系的中介作用。[34]父母在家庭中很少给子女反馈积极情绪，经常被视为该父母有较低的情绪调节能力，这能够预测其子女较低的社会行为和情绪表达、情绪调节能力。[8]同时，家庭中使用情绪词汇的数量与父母对子女情绪调节策略的指导之间存在正相关。这意味着，那些忽视青少年学业情绪体验的父母，可能给予孩子更少的学业情绪调节策略指导。[44]可见，父母的情绪特点会影响青少年的一般情绪调节能力，而情绪调节能力会延伸到与学业相关的情绪中（Pekrun，2000）[37]。研究发现，在数学学习情境里，一般情绪调节能力低的青少年在面对较为困难的数学问题时，了解和使用更少且更消极的应对策略，从而使得自己有更少的精力集中在数学考试、做作业和课堂学习中，导致自己消极的数学学习情绪增多；而一般情绪调节能力高的青少年，他们通常不会忽视自己所产生的消极学业情绪，而是积极面对这些消极学业情绪，采用更多恰当、合适的应对策略进行自我情绪调节，以减少自己的消极学业情绪（De Corte，Depaepe，Op't Eynde，& Verschaffel，2011）[16]。Kim 和 Hodges（2012）在着重考虑学业情绪如何产生以及学业情绪如何可以被控制这两大论题的基础上，结合认知评估理论（Ellsworth，Scherer，2003）[17]、Weiner（1985）的归因理论[44]以及 Gross（2008）的情绪调节理论[25]，从一般情绪控制策略的角度进行了干预研究，其所采用的干预方法对积极学业情绪（高兴、自豪）有显著效果。

二、亲子互动对青少年学业情绪的作用

亲子互动中的亲子关系与父母教养方式，对青少年学业情绪也有显著影响作用。亲子关系对青少年学业情绪的重要影响已被大量研究证实。研究发现，母婴依恋关系是最早建立起来的亲子关系，在安全型依恋关系中，父母能够给予孩子更多的支持和尊重，与他们进行良好的交流和沟通，在学习生活中使孩子获得更多目标和自信，并具有更高的情绪表达和调节能力（Bowlby，1988）。[12]但母子依恋关系与父子依恋关系对孩子学业情绪的作用却存在不同。Duchesne，Ratelle，Poitras 和 Drouin（2009）[18]研究发现，只有母子依恋关系与孩子学业焦虑存在显著相关。此外，国内外研究已证实，亲子矛盾是引发孩子学业焦虑的重要来源，但他们对亲子矛盾的认知存在跨文化差异（Allison & Schultz，2004）[5]。如，郑希付（2006）考察学生的考试焦虑与元担忧之间的关系时发现，学生对家庭冲突（亲子冲突）的担忧是其考试焦虑的主要来源，而学生感知到的父母对其学业状况担忧也对他们的考试焦虑有重要影响。邢利芳等（2005）考察了中国和美国中学生考试焦虑的影响因素，结果发现，认为父母会担心自己能否进入高一级学校、担心自己会让父母烦恼等，均会导致两国学生出现考

试焦虑问题[3]。但研究也发现了一些跨文化差异，即中国学生更多是因为担忧父母责备、辜负了父母期望或可能会让父母生气而导致考试焦虑；而美国学生更多是由于担忧父母认为他们不能面对生活中的挑战而产生焦虑。同时，美国的女中学生存在更高的考试焦虑，而中国则是男中学生存在更大程度的考试焦虑。

教养方式以 Baumrind（1971）的理论划分最具影响力，他根据家长对孩子的接纳与反应情况，以及父母对孩子要求和控制的严苛程度，将教养方式分为权威型、专制型、溺爱型和忽视型四种类型。[9]后续针对教养方式展开的研究一致认为，权威型教养方式是最有效的方式。权威型父母的教养行为，如无条件的关心，对孩子学业情绪的接受，成就需要的支持，以及给予他们情绪表达的安全感等，可能最终导致更高的学业成就和更低的行为问题（Klimes-Dougan et al.，2007）[30]。Wu（2009）考察了教养方式对初中生英语学业情绪的影响，研究发现权威型教养方式下成长的初中生，其英语学习的积极情绪更高[48]。溺爱型教养方式下成长的初中生，其英语学习成绩显著低于其他三种教养方式下学生的成绩，并且成长于这种类型教养方式下的初中生体验到的焦虑或绝望学业情绪，都能够预测他们更低的英语学习成绩。

三、青少年自身因素对学业情绪的作用

对学业情绪而言，青少年自身的认知能力、人格特质和自我认知等因素也发挥重要作用。Pekrun（2006）[36]的控制价值理论认为，青少年的认知能力会影响其学业情绪，Goetz，Perckel，Pekrun 和 Hall（2007）[22]的实证研究也证实了这一点。他们发现，高认知能力的学生在考试过程中会体验到高兴情绪，而低认知能力的学生在考试的过程中则更多体验到生气和焦虑情绪，中等认知能力的学生则在考试过程中会体验到无聊情绪。他们认为高认知能力通常会带来高学业成就，而高学业成就会使得认知能力高的学生对于考试结果具有积极的预期，从而使得他们在考试过程中产生积极的学业情绪。实际上，家庭及父母对孩子学业情绪的影响正是通过其认知能力发挥作用的。Gauvain，Perez 和 Beebe（2013）研究发现，权威型教养家庭中亲子关系对孩子认知能力发展的影响受到儿童自己的情绪性和父母亲切、鼓励、积极反馈等教养行为的作用，同时，父母对于儿童活动间接的引导有助于其独立性思维能力的发展[23]。Yeung 和 Pfeiffer（2009）在对白人黑人成就差异的纵向研究中发现，家庭早期的经济地位、父母的认知能力、社会关系会影响家庭中的教养行为，从而对其孩子的认知能力具有累积作用，最终导致白人与黑人儿童青少年认知能力之间存在明显差异。这些研究进一步说明，即使影响学业情绪的一些个体自身因素（如认知能力），也不可避免地受到家庭微系统的作用。[49]

人格特质在个体成长过程中受到亲子关系影响，并随着年龄的增长而逐渐稳定[47]，它对个体的学业情绪也有重要影响。Pekrun（2006）指出人格因素中的控制和价值信念对个体的学业情绪有重要影响[36]，这种信念是反复暴露在学业情绪中形成的。如果对特定的情境（如数学考试）有真实的体验，个体将会发展出特定的情境信念（如关于数学考试的因果信念）。如果没有充分的体验，就会在更一般期待水平上建立评价，这些评价会产生与成就相关的情绪或产生更一般的乐观与悲观等[6]。这一理论假设近年来逐渐得到了研究的证实。Azcarraga，Ibanez，Lim 和 Lumanas（2011）研究发现人格特质可以有效地帮助研究者更精确地估计大学生在软件学习过程中多种情绪（自信、高兴、失望和兴趣）的脑电波数据，这在一定程度上揭示了人格特质对于学业情绪的稳定预测作用。而人格特质中，神经质人格能够显著预测高三学生的考试焦虑，即情绪不稳定的人常常出现考试焦虑。

学业自我效能感和学业自我概念是学业自我认知的重要组成部分，对个体的学业情绪有更为直接的影响。Goetz，Pekrun，Hall 和 Haag（2006）对学业情绪的社会—认知模型（前因模型）进行验

证时发现，在拉丁语学习过程中，青少年的学业自我概念及成就价值与其学业情绪（高兴和焦虑）有显著相关。根据控制—价值理论，较高的学业自我效能感和学业自我概念意味着学生对学业具有较高的主观控制感，有利于其在学业情境中产生积极的学业情绪（Pekrun，2006，2011）[36—37]。但两者之间也存在差别，无论是概念上还是经验上均存在不同建构（Bong & Skaalvik，2003[10]），与学业情绪的关系也存在差异。Ferla，Valcke 和 Cai（2009）以数学学习为例对此做了进一步证实，发现青少年的学业自我概念对他们的学业自我效能感有更强的影响，而且学业自我概念可以更好地预测数学学习过程中的情感动机变量（数学学习兴趣、数学焦虑），而学业自我效能感则可以更好地预测学业成就[18]。实际上，个体的学业自我概念及学业自我效能感均与家庭因素有密切关系，DeDonno 和 Fagan（2013）研究发现，单亲家庭子女有更低的学业自我概念，而父母赞扬子女并参与家庭活动（如艺术和手工）使得其子女具有更高的学业自我概念[17]。而 Steca 等（2011）几位研究者的一项纵向研究也证实，当孩子 13 岁时报告具有较高自我效能感的父母，其孩子也具有较高的自我效能感，同时父母的高自我效能感可以预测其孩子 16 岁时在学习活动中有更高的能力、自由和幸福感[40]。上述研究又进一步说明，影响学业情绪的个体因素会受到家庭微系统的作用。

四、研究启示与未来展望

综上所述，家庭及父母特征对孩子学业情绪的影响，会受到父母与孩子共处时间、教养方式、情绪调节策略的影响。亲子关系及教养方式会通过孩子的认知评价或预期来影响其学业情绪，这种认知和评价同时受到文化环境的影响。认知能力、人格特征以及自我认知的发展受到家庭及父母的深远影响，而青少年自身这些特点对其学业情绪有更为直接的作用。为此，我们认为该领域在今后的研究中，有以下三个方面值得研究者重视和关注。

第一，要建立家庭微系统影响学业情绪的理论模型。根据生态系统理论、学业情绪的控制—价值理论以及相关的研究结果，我们可以试着建构一个动态多向的家庭微系统对学业情绪作用的模型（如图 1）。首先，家庭特征（家庭社会经济地位及父母情绪特点）对青少年学业情绪的影响是间接的，影响过程受到亲子互动（如亲子共处时间、亲子关系、父母对于孩子消极学业情绪的接纳等）及子女自身因素（如心理弹性、情绪调节策略、自我认知等）的中介作用。其次，亲子互动状况则会在儿童青少年成长过程中直接影响其认知能力、人格特征和自我认知，最终使得这些家庭因素作用于儿童青少年的认知评价，从而影响他们的学业情绪。

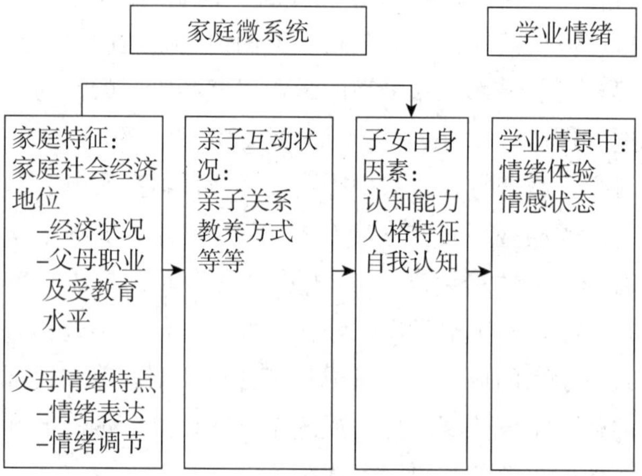

图 1　家庭微系统影响学业情绪的动态多向假设模型

家庭微系统对学业情绪作用的模型是基于现有研究基础上提出的，其中还有很多细节需要随研究的深入予以验证和改进。比如，并非良好的亲子关系一定与积极的学业情绪存在正向关系。过于紧密的亲子关系会使得孩子在大学期间更倾向于选择在家居住而更少参与学校活动，反而会对其四年的大学学习有消极影响（López Turley，Desmond，& Bruch，2010）[31]。因此，亲子关系与学业情绪之间的联系可能不是简单的线性关系。同时，儿童青少年的情绪调节也受到父母自身情绪表达和情绪调节的影响，且他们的情绪调节对学业情绪的影响逐渐受到研究者的重视，但儿童青少年情绪表达对学业情绪的影响尚未得到研究证实，故将情绪调节、情绪表达纳入该模型后，值得未来研究者给予更多相关实证研究的支持，以揭示情绪调节、情绪表达在该模型中与其他因素之间的关系。再者，国外研究者已发现年长的哥哥或者姐姐的特点对于年幼的弟弟妹妹的学业适应有着重要的影响（Bouchey et al，2010）[11]。兄弟姐妹的数量增多，对于离异家庭子女的学业表现具有更好的缓冲作用（Sun & Li，2009）[41]。那么，随着我国计划生育政策的放宽，兄弟姐妹的数量或关系对我国儿童青少年的学业情绪有何影响将是新的研究方向。与此同时，父母为子女营造的家庭学习环境，以及与子女关于学业的互动有时也可能受到子女学业情绪和学业成就的反作用，它们之间可能是相互影响的。另外，家庭微系统与学校微系统均对儿童青少年学业情绪有着重要的影响，但两者之间的交互作用还未受到研究者足够重视。已有研究发现，父母对孩子学校生活的参与程度、与教师之间的关系与孩子积极的学业表现有显著相关（Kohl，Lengua，& McMahon，2000）[29]，因此，探索学校和家庭两者对于儿童青少年学业情绪的交互作用的机制，将有助于更完整地揭示环境系统对个体学业情绪的影响。同时，儿童青少年在成长过程中，受时间系统影响，家庭微系统的作用也是复杂多变的，单向的路径可能无法很好地反映研究的生态效度，因此该模型的路径关系需进一步丰富和探讨。

第二，积极学业情绪应得到更多关注。学业情绪领域中的研究视角应当更为全面，积极学业情绪的形成和促进需要得到更多的关注。综观该领域的研究成果，我们不难发现当前对于学业情绪的相关研究仍以消极情绪为主，其中焦虑情绪被研究最多。这可能是因为发现问题、解决问题似乎是大量研究者习惯用的思维方式，所以如何改善消极学业情绪成为研究者更容易入手的研究切入点[43]。相比于消极的学业情绪，积极的学业情绪只得到很少的学术关注。这可能是由于积极情绪更难被观察和区分，积极情绪不像消极情绪那样有独一无二的微表情标志，也不会产生可区分的自主生理反应。而积极情绪的扩展建构理论（Fredrickson，2004）[19]p572—595 已向我们展示了积极情绪的强大作用，且最近研究发现，积极低唤醒的学业情绪能够显著预测学生的学业成就，对学业效能、目标定向也有显著预测（董妍，俞国良，2010）[2]，所以除了改善消极学业情绪，如何更好地引导儿童青少年产生积极的学业情绪也会是不错的干预研究视角。

第三，必须重视研究方法的改善。目前有关学业情绪的研究方法多采用横向研究设计，而家庭对儿童青少年学业情绪的影响具有时间的累积效应，因此，未来有关学业情绪研究方法的选择以及统计分析技术应该更加多样全面。一方面，由于家庭微系统不是静止不变的，它具有动态时间性，会随着儿童青少年的成长以及外界环境的作用而不断发生变化，因此，家庭微系统对他们学业情绪的作用除即时影响外更多具有累积作用。只从横断研究中得到的结果已不足以充分说明家庭微系统对学业情绪的累积影响。我们认为，纵向研究尤其是带有干预的纵向研究是该领域将来研究的新重点。单纯的纵向研究能够帮助研究者发现家庭微系统的累积作用，以及儿童青少年的成长因素进行描述和解释，而带有干预的纵向研究则有利于经济有效地找到帮助他们改善学业情绪的“关键”变量。另一方面，结合多样的研究设计将有助于我们更准确地获得家庭微系统中各变量的路径方向及关系。如 Burt，McGue，Iacono 和 Krueger（2006）采用交叉滞后设计发现，在青少年中期，亲子矛盾与青少年外显行为症状存在可能的因果关系，即便是基因完全相同的同卵双胞胎，也因为亲子矛盾的不同而表现出有区别的外显行为症状[15]。而在学业情绪领域尚未看到类似的研究设计。此外，在统计分析方法的选择中现有研究多是通过结构方程建模的设计来揭示变量之间的关系，实际上，如果能够获得家庭微系统中的动态数据，通过时间序列分析可以进一步揭示家庭微系统作用于学业情绪的时间效应，同时也可以对这种效应做进一步预测。如果将结构方程模型与多层线性模型结合，则有利于帮助研究者揭示各变量之间关系随时间变化的效应以及对学业情绪产生的影响。一言蔽之，多样研究方法结合恰当的统计分析技术，必将为学业情绪领域下家庭微系统的影响研究带来更多重要且值得期待的研究成果。

参考文献：

［1］董妍，俞国良. 青少年学业情绪问卷的编制及应用［J］. 心理学报，2007，39（5）.

［2］董妍，俞国良. 青少年学业情绪对学业成就的影响［J］. 心理科学，2010，33（4）.

［3］邢利芳，黄辛隐，黄会欣，Sanchez K，Ye R. 中美中学生对由父母原因引起的考试焦虑认知研究［J］. 中国心理卫生杂志，2005，19（8）.

［4］郑希付，许锦民，肖星. 中学生考试焦虑与元担忧［J］. 心理学报，2006，38（3）.

［5］Allison B N，Schultz J B. Parent-adolescent Conflict in Early Adolescence［J］. Adolescence，2004，39（153）.

［6］Azcarraga J J，Ibanez J F，Lim I R，Lumanas N. Use of Personality Profile in Predicting Academic Emotion Based on Brainwaves Signals and Mouse Behavior. In Knowledge and Systems Engineering（KSE）［D］. 2011 Third International Conference on，2011，IEEE.

［7］Bahrassa N F. Syed M，Su J，Lee R M. Family conflict and academic performance of first-year asian American undergraduates［J］. Cultural Diversity and Ethnic Minority Psychology，2011，17（4）.

［8］Bariola E，Gullone E，Hughes E K. Child and adolescent emotion regulation：The role of parental emotion regulation and expression［J］. Clinical Child and Family Psychology，2011，（14）.

［9］Baumrind D. Current patterns of parental authority［J］. Developmental Psychology，1971，4（2）.

［10］Bong M，Skaalvik E M. Academic self-concept and self-efficacy：How different are they really?［J］. Educational Psychology Review，2003，15（1）.

［11］Bouchey H A，Shoulberg E K，Jod K M，Eccles J S. Longitudinal links between older sibling features and younger siblings' academic adjustment during early adolescence［J］. Journal of Educational Psychology，2010，102（1）.

［12］Bowlby J A. secure base：Parent-child attachment and healthy human development［J］. Basic Books New York，1988.

［13］Bradley R H，Corwyn R F. Socioeconomic status and child development［J］. Annual Review of Psychology，2002，53（1）.

［14］Bronfenbrenner U. Ecology of the family as a context for human development：Research perspectives［J］. Developmental Psychology，1986，22（60）.

［15］Burt S A，McGue M，Iacono W G，Krueger R F. Differential parent-child relationships and adolescent externalizing symptoms：Cross-Lagged analyses within a monozygoyic twin differences design［J］. Developmental Psychology，2006，42（6）.

［16］De Corte E，Depaepe F，Op't Eynde P，Verschaffel L. Students' self-regulation of emotions in mathematics：An analysis of meta-emotional knowledge and skills［J］. ZDM Mathematics Education，2011，43（4）.

［17］DeDonno M A，Fagan J F. The influence of family attributes on college students' academic self-concept［J］. North American Journal Of Psychology，2013（15）.

［18］Duchesne S，Ratelle C F，Poitras S C，Drouin E. Early adolescent attachment to parents，emotional problems，and teacher academic worries about the middle school transition［J］. The Journal of Early Adolescence，2009，29（5）.

［19］Ellsworth P C，Scherer K R. Apprasical processes in emotion. In R. J. Davidson，K R，Schere，H. H. Goldsmith（Eds.）［M］. Handbook of Affective Sciences，2003. New York：Oxford University Press.

［20］Ferla J，Valcke M，Cai Y. Academic self-efficacy and academic self-concept：Reconsidering structural relationships［J］. Learning and Individual Differences，2009，19（4）.

［21］Fredrickson B L. The broaden-and-build theory of positive emotions［J］. Philosophical Transactions-Royal Society of London Series B Biological Sciences，2004.

［22］Foster M A，Lambert R，Abbott-Shim M，McCarty F，Franze S. A model of home learning environment and social risk factors in relation to children. semergent literacy and social outcomes［J］. Early childhood research quarterly，2005，20（1）.

[23] Gauvain M, Perez S M, Beebe H. Authoritative parenting and parental support for children's cognitive development [J]. Washington, DC, US: American Psychological Association, ix. 2013.

[24] Goetz T, Preckel F, Pekrun R, Hall N C. Emotional experiences during test taking: Does cognitive ability make a difference? [J]. Learning and Individual Differences, 2007, 17 (1).

[25] Goetz T, Nett U E, Martiny S E, Hall N C, Pekrun R, Dettmers S, Trautwein U. Students' emotions during homework: Structures, self-concept antecedents, and achievement outcomes [J]. Learning and Individual Differences, 2012, 22 (2).

[26] Goetz T, Hall N C, Martiny S E, Nett U E, Pekrun R, Dettmers S, Trautwein U. Emotion and achievement in the classroom [J]. International Guide to Student Achievement~ autofilled~, 2013, 192.

[27] Gross J J. Emotion regulation. In M. Lewis J. M. Haviland-Jones. L. F. Barrett (Eds.) [M]. Handbook of Emotions, New York, NY: Guilford, 2008.

[28] Horn M L V, Jaki T, Masyn K, Ramey S L. Assessing differential effects: Applying regression mixture models to identify variations in the influence of family resources on academic achievement [J]. Developmental Psychology, 2009, 45 (5).

[29] Kim C M, Hodges C B. Effects of an emotion control treatment on academic emotions, motivation and achievement in an online mathematics course [J]. Instructional Science, 2012, 40.

[30] Klimes-Dougan B, Brand A E, Zahn-Waxler C, Usher B, Hastings P D, Kendziora K, Garside R B. Parental emotion socialization in adolescence: Differences in sex, age, and problem status [J]. Social Development, 2007, 16.

[31] Kohl G O, Lengua L J, McMahon R J. Parent involvement in school conceptualizing multiple dimensions and their relations with family and demographic risk factors [J]. Journal of School Psychology, 2000, 38 (6).

[32] Linnenbrink-Garcia L, Pekrun R. Students' emotions and academic engagement: Introduction to the special issue [J]. Contemporary Educational Psychology, 2011, 36 (1).

[33] López Turley R N, Desmond M, Bruch S K. Unanticipated Educational Consequences of a Positive Parent-Child Relationship [J]. Journal of Marriage and Family, 2010, 72 (5).

[34] Morris A S, Silk J S, Steinberg L, Myers S S, Robinson L R. The role of the family context in the development of emotion regulation [J]. Social Development, 2007, 16 (2).

[35] Meyer D K, Turner J C. Re-conceptualizing emotion and motivation to learn in classroom contexts [J]. Educational Psychology Review, 2006, 18 (4).

[36] Msitry R S, Benner A D, Tan C S, Kim S Y. Family economic stress and academic well-being among Chinese-American youth: The influence of adolescents' perceptions of economic strain [J]. Journal of Family Psychology, 2009, 23 (3).

[37] Pekrun R. A social-cognitive, control-value theory of achievement emotions [J]. Advances in Psychology-amsterdam. 2000, 131.

[38] Pekrun R. The control-value theory of achievement emotions: Assumptions, corollaries, and implications for educational research and practice [J]. Educational Psychology Review, 2006, 18 (4).

[39] Pekrun R. Emotions as drivers of learning and cognitive development. In New perspectives on affect and learning technologies [J]. Springer New York, 2011.

[40] Pekrun R, Goetz T, Titz W, Perry R P. Academic emotions in students' self-regulated learning and achievement: A program of qualitative and quantitative research [J]. Educational Psychologist, 2002, 37 (2).

[41] Pekrun R, Stephens E J. Goals, emotions, and emotion regulation: Perspectives of the control-value theory [J]. Human Development, 2009, 52 (6).

[42] Steca P, Bassi M, Caprara G V, Delle Fave A. Parents' self-efficacy beliefs and their children's psychosocial adaptation during adolescence [J]. Journal of youth and adolescence, 2011, 40 (3).

[43] Sun Y, Li Y. Parental divorce, sibship size, family resources, and children's academic performance [J]. Social Science Research, 2009, 38.

［44］Tyson D F，Linnenbrink-Garcia L，Hill N E. Regulating debilitating emotions in the context of performance：Achievement goal orientations，achievement-elicited emotions，and socialization contexts ［J］. Human Development，2009，52.

［45］Valiente C，Swanson J，Eisenberg N. Linking students' emotions and academic achievement：When and why emotions matter ［J］. Child Development Perspectives，2012，6（2）.

［46］Weiner B，An attributional theory of achievement motivation and emotion ［J］. Psychological Review，1985，92（4）.

［47］Williams K E，Ciarrochi J，Heaven P C. Inflexible parents，inflexible kids：A 6-year longitudinal study of parenting style and the development of psychological flexibility in adolescents ［J］. Journal of Youth and Adolescence，2012，41（8）.

［48］Wu S C. A study of parenting styles perceived by junior high school students ［D］. English academic emotions and English academic achievement. Unpublished master's thesis，National University of Tainan，2009.

［49］Yeung W J J，Pfeiffer K M. The black-white test score gap and early home environment ［J］. Social Science Research，2009，38（2）.

小学4—6年级儿童数学应用题表征模型的使用研究*

□ 陈英和（北京师范大学教授）
□ 仲宁宁
□ 王　晶

1. 问题提出

好的问题解决者不但具有高水平的表征能力，更重要的是能将这一能力应用于适当的模型中。研究者在关于问题解决中表征模型的使用情况的观点上还存在分歧。Kintsch（1998）认为，当解决数学应用题时，个体所建构的问题表征包括了解决问题时所必需的条件，他们称之为“问题模型”(problem model，PM)。建立问题模型的个体会从题目中抽取出与问题解决相关的信息，如对象、数量等。Staub和Reusser等（1995）认为，当解决数学应用题时，个体建构的问题表征形式应是“情境模型”（situation model，SM)。建立情境模型的个体会从题目中抽取便于个体理解的信息建构问题表征，如对象、行动、事件间的关系等，这些信息有助于个体更好地理解问题，而不是单纯地提取出那些仅与问题解决相关的信息。

数学问题解决有两个主要阶段：问题理解和问题执行。Mayer和Hegarty（1995）认为，问题解决的理解阶段就是将问题中的每句话转换成内部表征，将信息调整成内部一致的结构。在该阶段，情境信息有助于个体更好地理解和分析问题，从而找到准确的问题解决途径。在问题解决的执行阶段，问题解决者将会根据上一阶段对问题的理解对问题进行解决，在这一阶段，表征模型中的情境信息将会被删除，只留下解决问题时所必需的一些基本条件。

所以研究认为，个体对问题的表征到底是问题模型还是情境模型，其根本在于问题解决所处的阶段，个体处于不同的问题解决阶段将会选择不同的表征模型。另外，不同学习成绩的学生在表征模型上的情况是否存在差异也是研究想要探讨的问题。由此研究采用改写任务和缩写任务来分别考察学生在理解阶段和执行阶段表征模型的使用情况及发展趋势，并比较学优生、学中生和学差生在表征模型使用上的差异。

2. 研究方法

2.1　被试

研究从某所普通小学中整班选取了4—6年级学生。按照学生最近三次的大考成绩及任课数学教师的定性评价，分别从各年级班中挑选出学优生、

* 原载《心理学探新》2014年第3期。

学中生和学差生，样本分布情况见表 1。

表 1 样本分布情况

年级	学差生	学中生	学优生	男	女	总人数
4 年级	15	21	14	27	23	50
5 年级	14	26	14	28	26	54
6 年级	14	25	15	27	27	54
总计	43	72	43	82	76	158

2.2 材料

为检验被试在表征数学应用题时具体使用哪种模型，实验选择具有以下三种类型信息的应用题。

一个人有 30 只羊（NI），其中黑羊 20 只（EI），白羊 10 只（EI）。他在村里的交易集会上又买了几只羊（NI），他的羊群数量增多了（SI）。但一天晚上，他注意到山上有狼（SI），随后狼吃了 12 只羊（NI），回到家后（SI），他查点了一下羊群（SI），现在他剩下 35 只羊（NI），其中黑羊 18 只（EI），白羊 17 只（EI）。那么他在交易集会上买了多少只羊？

问题条件分为以下三种类型。

（1）必要条件：正确解决问题时所必需的信息，如初始状态、变化状态及最终状态。

（2）情境条件：描述题目中内隐的关系和事件结果，引导个体将现实生活中的经验引入到问题的理解中去。

（3）多余数字条件：在题目中没有实质作用，对解题没有影响。

向被试呈现该类型的 4 道题目，被试解答后让其进行改写，该任务用于考察被试在问题理解阶段使用情境模型的情况。之所以先解答然后改写，是因为经过解答过程，被试能更加理解题目，可以按照解决过程中的表征情况来取舍题目中的条件。改写任务要求被试以问题分析者的角度将题目改写成更易于理解的形式，代表了被试在理解阶段表征模型的状况。一星期后，让被试对 4 道题目进行缩写，该任务用于考察被试在问题执行阶段使用问题模型的情况。缩写任务要求被试在不影响解题的条件下，将题目尽可能缩短，只选择解决问题时必需的信息，代表了被试在执行阶段表征模型的状况。

将被试在两次任务中选择的条件按必要条件、情境条件和多余数字条件这三种类型进行归类，选择一句计 1 分。

2.3 实验程序

2.3.1 改写任务

利用被试的上课时间采用集体施测。向每位被试发放改写任务测试题纸。先让被试解答这些问题，然后要求被试将题目改写成更易于理解的形式，指导语为“有位同学不明白题意，为帮他分析题目，更好地理解题意，请把题目改写成更易于理解的形式。在需要的问题句上打√，在不需要的问题句上打×”举一例题说明测试要求，并强调此测试没有标准答案，按学生自己的理解选择问题句。时间限制在 30 分钟。

2.3.2 缩写任务

在改写任务完成一周后，利用被试的上课时间采用集体施测。向每位被试发放缩写任务测试题纸。要求被试将题目尽可能缩短，指导语为“这些题目都太长了，请同学们按照解决问题时需要的条件将题目进行缩写。在需要的问题句上打√，在不需要的问题句上打×”举一例题说明测试要求。时间限制在 30 分钟。

2.4 数据处理

统计被试在改写任务和缩写任务中必要信息、情境信息和多余数字信息的选择数量。采用 SPSS13.0 对数据进行整理、统计和分析。

3. 结果与分析

3.1 表征模型的使用情况

表 2 为各年级被试在改写任务和缩写任务上必要条件、情境条件和多余条件选择的数据。

表 2 各年级被试在两种任务上的平均成绩

		年级					
		4		6		6	
		M	*SD*	*M*	*SD*	*M*	*SD*
改写任务	必要条件	3.49	0.62	3.62	0.40	3.82	0.30
	情境条件	1.32	0.76	1.03	0.64	1.29	0.89
	多余条件	1.70	0.39	1.65	0.46	1.37	0.73
缩写任务	必要条件	2.97	0.87	3.28	0.65	3.67	0.47
	情境条件	1.09	0.90	0.49	0.65	0.66	0.52
	多余条件	1.52	0.48	1.37	0.55	1.31	0.79

为考察被试在理解阶段是否使用情境模型，在执行阶段是否使用问题模型，对表 2 中的数据进行配对样本 t 检验。结果发现，对于所有学生来说，两种任务中所选的必要条件的数量差异显著，$t=3.75^{**}$，$p<0.01$，*Cohen's d*$=0.67$；所选的情境条件的数量差异显著，$t=5.55^{***}$，$p<0.001$，*Cohen's d*$=0.81$；所选的多余条件的数量差异不显著。从检验结果可得知，被试在改写任务中选择的必要条件和情境条件的数量要显著多于缩写任务中选择的数量。也就是说，被试在理解阶段更多地选择情境条件，此时所使用的表征模型为情境模型；在执行阶段较少选择情境条件，此时所使用的表征模型为问题模型。

3.2 优、中、差等生表征模型的差异比较

3.2.1 改写任务条件选择的差异比较

3.2.1.1 必要条件选择的差异比较

为考查优、中、差等生在改写任务中对必要条件选择的情况是否有差异，以改写任务中选择的必要条件为因变量，进行 3（年级）×3（优、中、差等生）的多因素方差分析，见表 3。

表 3 在改写任务中必要条件选择数量的多因素方差分析

变异来源	*MS*	*df*	*F*	*p*
年级	1.07	2	5.82**	0.004
学习等级	0.83	2	4.51*	0.013
年级×学习等级	0.03	4	0.18	0.947
误差	0.19	149		

分析显示，在改写任务必要条件的选择上，年级的主效应显著，$F_{(2,149)}=5.82$，$p=0.004$，$\eta^2=0.08$；学习等级的主效应显著，$F_{(2,149)}=4.51$，$p=0.013$，$\eta^2=0.06$。Tukey 事后检验发现，6 年级和 4 年级被试的差异显著，$MD_{6\text{-}4}=0.33$，$p=0.001$；6 年级和 5 年级被试的差异显著，$MD_{6\text{-}5}=0.20$，$p=0.048$。优等生和差等生的差异显著，$MD=0.29$，$p=0.009$。

3.2.1.2 情境条件选择的差异比较

为考察优、中、差等生在改写任务中对情境条件选择的情况是否有差异，以改写任务中选择的情境条件为因变量，进行 3（年级）×3（优、中、差等生）的多因素方差分析，见表 4。

表 4 在改写任务中情境条件选择数量的多因素方差分析

变异来源	*MS*	*df*	*F*	*p*
年级	1.41	2	2.41	0.094
学习等级	0.48	2	0.82	0.442
年级×学习等级	0.72	4	1.24	0.298
误差	0.58	149		

分析显示，在改写任务情境条件的选择上，年级的主效应不显著，学习等级的主效应也不显著。但从数据可看出，高年级的优等生具有在理解阶段使用情境条件来建立表征模型的趋势。

3.2.1.3 多余条件选择的差异比较

为考察优、中、差等生在改写任务中对多余条

件选择的情况是否有差异，以改写任务中选择的多余条件为因变量，进行3（年级）×3（优、中、差等生）的多因素方差分析，见表5。

表5　在改写任务中多余条件选择数量的多因素方差分析

变异来源	MS	df	F	p
年级	1.85	2	7.49**	0.001
学习等级	2.35	2	9.52***	0.000
年级×学习等级	1.20	4	4.84**	0.001
误差	0.25	149		

分析显示，在改写任务多余条件的选择上，年级的主效应显著，$F_{(2,149)}=7.49$，$p=0.001$，$\eta^2=0.09$；学习等级的主效应显著，$F_{(2,149)}=9.52$，$p<0.001$，$\eta^2=0.11$。Tukey事后检验发现，6年级和4年级被试的差异显著，$MD_{6\text{-}4}=-0.33$，$p=0.006$；6年级和5年级被试的差异显著，$MD_{6\text{-}5}=-0.28$，$p=0.011$。优等生和差等生的差异显著，$MD_{优\text{-}差}=-0.56$，$p<0.001$；优等生和中等生的差异显著，$MD_{优\text{-}中}=-0.42$，$p<0.001$。年级和学习等级的交互作用显著，$F_{(2,149)}=4.84$，$p=0.001$，$\eta^2=0.06$。

3.2.2　缩写任务条件选择的差异比较

三类被试在缩写任务中对必要条件和多余条件的选择情况与在改写任务中的选择情况基本一致，所以在此不再赘述。下面考查被试在缩写任务中对情境条件的选择情况。以缩写任务中选择的情境条件为因变量，进行3（年级）×3（优、中、差等生）的多因素方差分析，见表6。

表6　在缩写任务中情境条件选择数量的多因素方差分析

变异来源	MS	df	F	p
年级	4.17	2	8.70***	0.000
学习等级	2.13	2	4.46*	0.013
年级×学习等级	0.42	4	0.88	0.477
误差	0.48	149		

分析显示，在缩写任务情境条件的选择上，年级的主效应显著，$F_{(2,149)}=8.70$，$p<0.001$，$\eta^2=0.10$；学习等级的主效应显著，$F_{(2,149)}=4.46$，$p=0.013$，$\eta^2=0.06$。Tukey事后检验发现，4年级和6年级被试的差异显著，$MD_{4\text{-}6}=0.43$，$p=0.006$；4年级和5年级被试的差异显著，$MD_{4\text{-}5}=0.60$，$p<0.001$。优等生和差等生的差异显著，$MD_{优\text{-}差}=-0.42$，$p=0.016$；中等生和差等生的差异显著，$MD_{中\text{-}差}=-0.33$，$p=0.036$。

4. 讨论

4.1　小学生表征模型使用的一般特点

从研究结果可得知，学生在改写任务中选择的必要条件和情境条件的数量要显著多于缩写任务中选择的数量。也就是说，学生在理解阶段更多地选择情境条件，使用情境模型来表征问题；在问题执行阶段，学生需要在头脑中将文字符号转换成数学符号，此时一些支持性信息被剔除了，只保留了问题解决的必要条件，所以学生此时使用问题模型来表征问题。而对于多余条件来说，无论是建构情境模型还是问题模型，这些都是干扰信息，所以学生对这类信息的选择会比较少。

当学生在问题理解阶段，需要各种信息以帮助问题理解，有时还需要调用长时记忆中已有知识经验来支持，所以当让学生在理解阶段选择条件信息时，他们不仅选择了问题解决的必要条件，还选择了情境条件以帮助问题理解。数学中的语言总是非常简洁，数学概念、数量关系通常是隐藏于文本之中的。在一般的文学理解中，读者或许还要过滤、剔除多余的信息，即用"减法"方式抽取有用的观点性信息；而在数学理解中，常用到的却是"加法"方式，这就要求个体通过自己的数学知识补足或扩展题目中的信息（Fuentes，1998）。被加入的情境性信息可降低问题的难度，因为它有助于问题解决者提取习得的知识，为陌生的问题提供了更为具体、直接的经验支持，进而激活了更为有效的认知加工结构，促进了对特定策略的使用，帮助个体运用相似的经验形成问题解决的方案（Hsin-Mei，

2004）。所以情境信息有助于赋予数学内容以意义，问题情境架起了数学内容与其应用之间的桥梁，任何使问题得以具体化的信息都将有助于提高问题解决者的学习成绩。

4.2 表征模型使用的个体差异比较

研究发现，与其他学生相比，优等生在改写任务中选择越来越多的情境条件，也就是说，他们更经常在理解阶段使用情境模型来表征问题。在缩写任务中，随着年级的升高，其他学生对情境条件的选择数量越来越少，但优等生在这方面一直做得很好。对于优等生来说，他们一直都能够在执行阶段挑选出问题解决时所需的必要信息，而其他学生在这方面做得比较差，这也是导致后者问题解决不太好的主要原因。van Dijk 和 Kintsch（1983）认为，个体在问题执行阶段使用概化算子（generalization operator）来取代数学问题中的名称和物体，因为这些名称和物体对于最后的问题解决是没有太大意义的，所以个体是以概化标签来取代它们的，这正是优等生在问题执行阶段选择较少情境条件的原因。Judd 和 Bilsky（1989）的研究也发现，问题情境对正常者和智障者在问题解决中的影响不同，由此可见，他们在概化算子的使用上是有所差异的。在研究中，优等生正是因为使用了概化算子，所以在缩写任务中较少选择情境条件，而对于其他学生来说，并没有坚持使用概化算子来表征问题，问题情境没有被数集和关系所代替，所以他们在缩写任务中选择的情境条件才会比较多。

在改写任务多余条件的选择上，差等生并没有随着年级的升高而发生太大的改变，而对于优等生来说，随着年级的升高对多余条件的选择数量在不断下降。也就是说，差等生识别多余条件的能力并没有随着年级的升高而发生改变，而优等生却在不断增强。这与其他研究结果是一致的。Barrouillet 等人（1997）发现，与其他儿童相比，具有学习障碍的 7 年级儿童很难抑制在简单乘法问题中对无关信息的提取。学生对多余条件的识别能力与抑制机制有关，因为抑制机制可从工作记忆系统中将多余信息删除掉。抑制在阅读理解和数学问题解决中具有很重要的作用，研究发现阅读障碍儿童或数学障碍儿童在需要抑制多余信息的工作记忆任务中表现得较差（Chiappe，Hasher，& Siegel，2000）。随着年龄增长，儿童主动抑制的能力不断增强，抑制效率也得到了提高，所以识别多余条件的能力也不断加强。

5. 结论

5.1 学生在理解阶段更多地选择情境条件，使用情境模型来表征问题；在执行阶段较少选择情境条件，转而使用问题模型来表征问题。

5.2 随着年级的升高，学生在理解阶段依然都选用情境模型，而在执行阶段则越来越多选用问题模型。

5.3 随着年级的升高，其他学生在缩写任务中对情境条件的选择数量越来越少，而优等生在这方面一直都做得很好。差等生识别多余条件的能力并没有随着年级的升高而发生改变，而优等生却在不断增强。

参考文献：

Barrouillet，P.，Fayol，M.，& Lathulière，E.（1997）. Selecting Between Competitors in Multiplication Tasks：An Explanation of the Errors Produced by Adolescents with Learning Disabilities. *International Journal of Behavioral Deve-lopments*，21，253-275.

Chiappe，P.，Hasher，L.，& Siegel，L. S.（2000）. Working memory，inhibitory control，and reading disability. *Memory & Cognition*，28，8-17.

Fuentes，P.（1998）. Reading comprehension in mathematics. *The Clearing House*，72（2），81-88.

Hegarty，M.，Mayer，R. E.，& Monk，C. A.（1995）. Comprehension of arithmetic word problems：A comparison of successful and unsuccessful problem solvers. *Journal of Educational Psychology*，87（1），18-32.

Hsin-Mei，E. H.（2004）. The impact of context on children's performance in solving everyday mathematical problems with real-world settings. *Journal of Research in*

Childhood Education，18 (4)，278.

Judd，T. P.，& Bilsky，L. H. (1989). Comprehension and memory in the solution of verbal arithmetic problems by mentally retarded and nonretarded individuals. *Journal of Educational Psychology*，81 (4)，541-546.

Kintsch，W. (1998). *Comprehension：A Paradigm for Cognition*. Cambridge：Cambridge University Press.

Staub，F. C.，& Reusser，K. (1995). The role of presentational structures in understanding and solving mathematical word problems. In C. A. Weaver，S. Manner，& C. R. Fletcher (Eds.)，*Discourse Comprehension*. Essays in honor of Walter Kintsch (pp. 285-305). Hillsdale，NJ：Lawrence Erlbaum.

Van Dijk，T. A.，& Kintsch，W. (1983). *Strategies of Discourse Comprehension*. New York：Academic Press.

“解释法”样例对小学生学习新运算规则的促进*

□ 张　奇（辽宁师范大学教授）
□ 郑　伟
□ 万　莹

1. 问题提出

最初的样例学习研究主要用于培养或提高学生的问题解决能力。近十几年来，样例学习的研究取得较大进展，主要表现为新样例类型的不断涌现和样例学习的应用领域不断扩大。在样例类型方面，出现了过程导向的样例和结果导向的样例（van Gog，Paas，& Merriënboer，2008）、双内容样例和单内容样例（Schworm & Renkl，2007；Renkl，Hilbert，& Schworm，2009）、静态样例和动态样例（Lusk & Atkinson，2007）等。样例学习的应用领域也由早期的数学、物理学的问题解决扩展到化学知识的学习（许德志，张奇，2011）、作文写作（王瑶，张奇，2012）、技能和技巧训练（Schworm & Renkl，2007；Schworm，Bradler，& Renkl，2008）以及策略学习（Hilbert & Renkl，2009）等领域。

在数学运算规则的样例学习研究领域，已有研究表明2年级小学生可以通过运算样例的学习，不同程度地掌握和运用四则混合运算规则（张奇，林洪新，2005）；3—5年级的小学生可以通过“去括号”运算样例的学习，不同程度地掌握和运用“去括号”运算规则（张奇，郭菲菲，2008）。但是，在高年级小学生用代数运算样例学习代数运算规则的研究中却发现，许多被试很难学会“平方差”代数运算规则（林洪新，张奇，2007）。经过分析发现，高年级小学生很难学会“平方差”代数运算规则的主要原因是他们不理解 a^2 和 b^2 等新运算符号（以下简称为“新算符”）的含义。可以把数学运算样例中出现新算符的运算步骤称之为“关键步骤”。如果能够用有效的样例设计帮助学生利用已知的运算规则学会新的运算符号所表示的新运算规则，就可以解决数学运算样例中关键步骤的学习（张奇，万莹，林洪新，曲可佳，2012）。经过对数学运算规则之间逻辑关系的分析，不难发现，数学运算规则之间普遍存在着逻辑关系。乘法运算规则可以用加法运算来“解释”，例如，5×3=？可以用5×3=5+5+5来“解释”。如果小学生学习过加法运算，就可以通过诸如5×3=5+5+5=15这种运算样例的学习，自主领悟并概括出乘法运算的规则。如果小学生学习过乘法运算，那么，他们就有可能通过 $a\times a=aa=a^2$ 和 $b\times b=bb=b^2$ 等诸如此类的代数运算样例的学习，领悟代数乘方运算的运算规则。这种运算样例的设计方法称为“解释法”。

“解释法”除了可以用来设计并“解释”运算样例中的新算符之外，还可以用来设计和解释运算

* 原载《心理发展与教育》2014年第2期。

样例中含有新运算规则的运算步骤（该运算步骤也可称为“关键步骤”）。例如，学习过整数四则运算的小学生很有可能通过诸如$\frac{1}{3}+\frac{1}{3}=\frac{1+1}{3}=\frac{2}{3}$、$\frac{1}{4}+\frac{1}{4}=\frac{1+1}{4}=\frac{2}{4}=\frac{1\times\cancel{2}}{2\times\cancel{2}}=\frac{1}{2}$和$\frac{1}{2}+\frac{1}{3}=\frac{1\times3}{2\times3}+\frac{1\times2}{3\times2}=\frac{3}{6}+\frac{2}{6}=\frac{3+2}{6}=\frac{5}{6}$等一系列运算样例的学习，领悟分数加法运算规则，从而学会分数加法运算。同样，他们也很有可能通过采用解释法设计的一系列分数乘法运算样例（例如，$\frac{1}{3}\times2=\frac{1\times2}{3}=\frac{2}{3}$、$\frac{1}{5}\times\frac{2}{3}=\frac{1\times2}{5\times3}=\frac{2}{15}$和$\frac{3}{14}\times\frac{7}{18}=\frac{3\times7}{14\times18}=\frac{\cancel{3}\times\cancel{7}}{2\times\cancel{7}\times\cancel{3}\times6}=\frac{1}{2\times6}=\frac{1}{12}$等），学会分数乘法运算规则。果真如此的话，他们也应该能够用解释法设计的比例运算样例，学会比例运算规则。因此，本研究的实验1就是采用解释法设计分数加减法运算样例，并与普通的运算样例进行对比，考察解释法样例设计的有效性。实验2则分别采用“解释—标记”法和“解释法”设计分数乘除法运算样例，并与普通的运算样例进行对比，考察解释法样例设计和“解释—标记”法样例设计的有效性。这里所用的“标记”仅仅是将运算样例中含有新运算规则的运算步骤用红色字体“标记”出来，而采用“解释法”设计的运算样例没有颜色标记。这样设计的目的是引起被试对该步运算的格外注意，促使他们领悟新的运算规则。实验3采用解释法设计的比例运算样例，进一步考察解释法样例设计的有效性。同时考察学习过分数加减运算或乘除运算的被试是否比没有学习过分数加减乘除运算的被试更容易学会比例运算规则。

采用“解释法”设计的运算样例与普通样例的本质区别就是对运算样例中出现的新算符和新的运算规则用被试学习过的算式来“解释”，而普通运算样例中没有这种解释。本项研究的创新价值仅在于开发出了采用运算样例学习新运算规则的新的样例设计方法——解释法。

2. 实验研究

2.1 分数加减运算样例学习的迁移效果

2.1.1 实验目的

考察4年级小学生通过两种样例的学习，运用分数加、减运算规则的迁移效果，即“解释”样例的学习迁移效果是否优于普通样例。

2.1.2 被试选取

从某城市的一所普通小学4年级学生中通过“前测”（见2.1.3部分）筛选出60名被试，男女各半，将被试随机分配到两个实验组，每组30人。

2.1.3 实验材料

实验材料包括前测材料、样例学习材料、迁移测验材料。

（1）前测材料：用于筛选被试，共有8道算术题，其中前4道题是两位数的整数加、减计算题，后4道题是分数加、减计算题。只有在前测中正确完成前4道题的计算，而不能正确计算后4道题的学生才能成为实验的被试。由于学习分数运算要以掌握整数运算为基础，因此，实验要求的被试必须是准确掌握整数加减运算，但完全不会分数加减运算的学生。

（2）样例学习材料：因设计方法不同而分为两种：一种是采用“解释法”设计的8道分数加、减法运算样例（如问题提出中列举的分数加、减运算样例）；另一种是普通的8道分数加、减法运算样例（运算样例中只有加数、被加数和运算结果，没有中间的“解释”步骤）。两种样例只是关键运算步骤的设计不同，其他均相同。

（3）迁移测验材料：近迁移和远迁移测验题各4道，共8道。近迁移测验题与样例题的数字不同，运算结构相同；远迁移测验题与样例题的数字与运算结构均不同。被试每答对一个测验题记1分，答错记0分，远、近测验成绩满分均为4分。

2.1.4 实验设计

采用单因素被试间随机分组的实验设计。自变量是样倒类型，即“解释”样例和普通样例，因变量是远、近迁移测验成绩。

2.1.5 实验程序

实验在安静的教室内进行，具体实验程序如下。

(1) 前测阶段：主试向被试呈现打印在纸上的8道前测题和指导语。前测时间最长为8分钟。

(2) 样例学习阶段：两组被试分别在不同的教室里同时学习不同的样例学习材料。第一组被试学习采用“解释法”设计的样例材料；第二组学习普通的样例学习材料。指导语为：“请你认真学习下面8道分数加、减运算的例题，注意归纳和概括其中的运算规则，并努力记住它们。学习时间不超过16分钟。”

(3) 迁移测验阶段：给被试呈现8道测验题，指导语为：“请你根据刚刚在例题学习中所归纳出的分数加、减运算规则，计算下面的8道运算题，并写出详细的运算步骤和结果。自己独立完成，完成请举手。答题时间不超过16分钟。”16分钟前完成测验的被试，经主试认定其做完了8个测验题后，可以提前离开教室。

2.1.6 结果分析

将两组被试远、近迁移测验成绩的平均分和标准差列于表1。

表1 两组被试远、近迁移测验成绩的平均分和标准差

样例类型	n	近迁移		远迁移	
		M	SD	M	SD
“解释”样例	30	3.03	0.57	1.23	0.63
普通样例	30	2.20	0.49	1.07	0.25

分别以远、近迁移测验成绩为因变量，以实验组别为自变量，做单因素方差分析，结果显示：两组被试的近迁移测验成绩差异显著，$F(1, 59)=38.32$，$p<0.001$；但两组被试的远迁移测验成绩差异不显著，$F(1, 59)=1.83$，$p>0.05$。

2.2 分数乘除运算样例学习的迁移效果

2.2.1 实验目的

考察4年级小学生通过三种样例的学习，运用分数乘、除法运算规则的迁移效果，即“解释—标记”样例、“解释”样例和普通样例的学习迁移效果之间是否存在明显差异。

2.2.2 被试选取

从某城市一所普通小学4年级学生中通过“前测”筛选出90名被试，男女各半，将被试随机分配到三个实验组，每组30人。

2.2.3 实验材料

实验材料包括前测材料、样例学习材料、迁移测验材料。

(1) 前测材料：用于筛选被试，共有8道算术题，其中前4道题是两位数整数乘、除法计算题，后4道题是分数乘、除法计算题。只有在前测中正确完成前4道题的计算，而不能正确计算后4道题的学生才能成为实验的被试。由于学习分数运算要以掌握整数运算为基础，因此，实验要求的被试必须是准确掌握整数乘除运算，但完全不会分数乘除运算的学生。

(2) 样例学习材料：因设计方法不同而分为三种，第一种是采用“解释—标记法”设计的8道分数乘、除法运算样例；第二种是采用“解释法”设计的8道分数乘、除法运算样例；第三种是普通的8道分数乘、除法运算样例。三种样例只是关键运算步骤的设计不同，运算题均相同。三种样例的呈现方式同实验1的样例学习材料。

(3) 迁移测验材料：包括近迁移和远迁移测验题各4道，共8道。近迁移测验题与样例题的数字不同，运算结构相同；远迁移测验题与样例题的数字与运算结构均不同。被试每答对一个测题记1分，答错记0分，远、近迁移测验成绩满分均为4分。

2.2.4 实验设计

采用单因素被试间随机分组的实验设计。自变量是样例类型，即“解释—标记”样例、“解释”样例和普通样例，因变量是远、近迁移测验成绩。

2.2.5 实验程序

实验在安静的教室内进行，具体实验程序如下。

(1) 前测阶段：主试向被试呈现打印在半张

B5 白纸上的前测题和指导语。前测时间最长为 8 分钟。

（2）样例学习阶段：三组被试分别在不同的教室里同时学习不同的样例学习材料。第一组被试学习采用“解释—标记法”设计的样例材料；第二组被试学习采用“解释法”设计的样例材料；第三组学习普通的样例学习材料。指导语为：“请你认真学习下面 8 道分数乘、除运算的例题，注意归纳和概括其中的运算规则，并努力记住它们。学习时间不超过 16 分钟。”

（3）迁移测验阶段：给被试呈现 8 道测验题，指导语为：“请你根据刚刚在例题学习中所归纳出来的分数乘、除运算规则，计算下面的 8 道运算题，写出详细的运算步骤和结果。自己独立完成，完成请举手。答题时间最长为 16 分钟。”16 分钟前完成测验的被试，经主试认定其做完了 8 道测验题后，可以提前离开教室。

2.2.6 结果分析

将三组被试远、近迁移测验成绩的平均分和标准差列于表 2。

表 2 三组被试远、近迁移测验成绩的平均分和标准差

样例类型	n	近迁移		远迁移	
		M	SD	M	SD
“标记解释”样例	30	3.60	0.50	2.63	1.21
“解释”样例	30	3.53	0.57	1.77	0.82
普通样例	30	3.27	0.58	1.20	0.41

分别以远、近迁移测验成绩为因变量，以实验组别为自变量，做单因素方差分析，结果显示：近迁移测验成绩的组别差异不显著，$F(2, 89)=3.57$，$p>0.05$。远迁移测验成绩的组别差异显著，$F(2, 89)=20.26$，$p<0.001$。事后分析 Tamhane 结果显示“解释—标记”样例组与“解释”样例组的远迁移测验成绩差异显著（$p<0.01$）；“解释—标记”样例组与普通样例组的远迁移测验成绩差异显著（$p<0.001$）；“解释”样例组与普通样例组的远迁移测验成绩差异显著（$p<0.05$）。

2.3 比例运算样例学习的迁移效果

2.3.1 实验目的

进一步考察采用“解释法”设计的比例运算样例，其学习迁移成绩是否明显优于普通样例。同时考察被试的不同先备知识水平对比例运算规则样例学习效果的影响。

2.3.2 被试选取

采用实验 1 和实验 2 中的两个“前测”，从没有参加过前两个实验的 4 年级小学生中选择待选被试，再通过实验 3 的“前测”，从中选取 60 名被试，男女各半，随机分配到第一组和第四组；从参加了实验 1 的被试中选取迁移测验成绩得满分的学生为待选被试，再通过实验 3 的“前测”，从中选取 60 名被试，男女各半，随机分配到第二组和第五组。从参加了实验 2 的被试中选取迁移测验成绩得满分的学生作为待选被试，再通过实验 3 的“前测”，从中选取 60 名被试，男女各半，随机分配到第三组和第六组。

2.3.3 实验材料

实验材料包括前测材料、样例学习材料、迁移测验材料。

（1）前测材料：用于筛选被试，共有 4 道数学题，其中前 2 道题是解简易方程题，后 2 道题解比例运算题。只有在前测中正确完成前 2 道题的计算，而不能正确计算后 2 道题的学生才能成为实验的被试。

（2）样例学习材料：因设计方法不同而分为两种，第一种由采用“解释法”设计的 4 道比例运算题组成；第二种由采用普通样例设计的 4 道比例运算题组成。

（3）迁移测验材料：近迁移和远迁移测验题各 2 道，共 4 道。近迁移测验题与样例题的数字不同，运算结构相同；远迁移测验题与样例题的数字与运算结构均不同。被试每答对一道测验题记 2 分，答错记 0 分，远、近迁移测验成绩满分各为 4 分。

2.3.4 实验设计

采用 2（样例类型）×3（被试类型）两因素完

全随机实验设计。自变量是样例类型和被试类型。样例类型分为两种，即“解释”样例和普通样例；被试类型分为三种，即既没有学习过分数加减运算也没有学习过分数乘除运算的被试、仅学习过分数加减运算的被试和仅学习过分数乘除运算的被试，因变量是远、近迁移测验成绩。

2.3.5 实验程序

实验在安静的教室内进行，具体实验程序如下。

（1）前测阶段：主试向被试呈现打印在半张B5白纸上的前测题和指导语。前测时间最长为8分钟。

（2）样例学习阶段：六组被试分别在各自的教室里同时学习不同的样例学习材料。第一组、第二组和第三组被试学习采用“解释法”设计的样例材料；第四组、第五组和第六组被试学习普通样例材料。指导语为：“请你认真学习下面4道比例运算的例题，注意归纳和概括其中的运算规则，并努力记住它们。学习时间最长为16分钟。”

（3）迁移测验阶段：给被试呈现4道测验题，指导语为：“请你根据刚刚在例题学习中所归纳出的比例运算规则，计算下面的4道运算题，写出详细的运算步骤和结果。自己独立完成，完成请举手。答题时间不超过16分钟。”16分钟内完成测验的被试，经主试认定其做完4道测验题后，可以提前离开教室。

2.3.6 结果分析

将六组被试远、近迁移测验成绩的平均分和标准差列于表3。

表3 六组被试远、近迁移测验成绩的平均分和标准差

样例类型	被试类型	n	近迁移		远迁移	
			M	SD	M	SD
“解释”样例	第一组	30	1.60	0.72	1.10	0.31
	第二组	30	2.47	0.78	1.53	0.51
	第三组	30	3.03	0.45	1.97	0.18
普通样例	第四组	30	0.24	0.50	0.10	0.31
	第五组	30	0.43	0.90	0.17	0.38
	第六组	30	0.67	1.12	0.40	0.67

分别以远、近迁移测验成绩为因变量，以样例类型和被试类型为自变量，做二因素方差分析，结果显示：近迁移测验成绩的样例类型主效应差异显著，$F(1, 179)=270.30$，$p<0.001$；被试类型主效应差异显著，$F(2, 179)=21.37$，$p<0.001$；样例类型与被试类型的交互作用差异显著，$F(2, 179)=6.32$，$p<0.01$。简单效应分析结果显示，三种被试在“解释”样例上的近迁移成绩差异显著，$F(2, 18)=10.01$，$p<0.001$，但在普通样例上的近迁移成绩差异不显著，$F(2, 179)=0.90$，$p>0.05$。

远迁移测验成绩的样例类型主效应差异显著，$F(1, 179)=431.41$，$p<0.001$；被试类型主效应差异显著，$F(2, 179)=28.66$，$p<0.001$；样例类型与被试类型的交互作用差异显著，$F(2, 179)=6.91$，$p<0.01$。简单效应分析结果显示，三种被试在“解释”样例上的远迁移成绩差异显著，$F(2, 179)=9.08$，$p<0.001$；但在普通样例上的远迁移成绩差异不显著，$F(2, 179)=1.20$，$p>0.05$。

3. 讨论

3.1 “解释法”样例设计的有效性

在问题提出中，已经把数学运算样例中含有新运算规则的运算步骤也称为“关键步骤”。这样一来就可以把“关键步骤”重新定义为：数学运算样例中含有新算符和新运算规则的运算步骤。这样的定义比较全面，因为，不论是新算符还是新运算规则，它们都是制约学生数学运算样例学习成败的关键所在。实验1和实验2分别采用“解释法”设计分数加、减法和乘、除法运算样例中含有分数运算规则的关键步骤。实验结果表明，学习“解释”样例的被试，其迁移测验成绩明显优于学习普通样例的被试。原因很明显，在普通的运算样例中，没有“解释”分数运算规则的关键运算步骤。被试在样例学习中只能猜测运算结果是如何得出的，这无疑增加了初学者的学习难度。而在“解释”样例中，列出了“解释”分数运算规则的详细运算步骤。通过这些运算步骤的学习，一般被试都可以利用已有的整数运算知识，不同程度地领悟并掌握分数运算规则，从而比学习普通样例的被试明显地提高了迁移测验成绩。

在实验1的结果中，“解释”样例组的近迁移成绩明显优于普通样例组，但远迁移成绩两组之间差异不显著。在实验2的结果中，“解释”样例组与普通样例组的近迁移成绩差异不显著，而远迁移成绩差异显著。如何解释这种现象呢？一个可能的原因是，分数加减运算可分为同分母的分数运算和异分母的分数运算，两种运算的规则明显不同。在异分母的分数加减运算中包含着一个对初学者来说是比较难学的“通分”运算规则。而在分数乘除法运算中只有两个运算规则，即乘法运算规则和除法运算规则。而且两个运算规则还有一个明显的联系和区别，即分数除法的运算规则是将除数的分子和分母颠倒，分别与被除数的分子和分母相乘，直接得出商的分子和分母。这对初学者来说，领悟和掌握分数的乘除法运算规则比加减法运算规则相对容易一些。由于学习分数加减运算规则相对来说比较困难，所以，在实验1的结果中，两组被试的远迁移成绩都比较差，而且差异不显著；而在实验2中，两组的近迁移成绩都比较高，且差异不显著；但在远迁移成绩上解释样例组明显优于普通样例组。也就是说，实验1两组被试的近迁移成绩差异显著，是由解释样例和普通样例的不同学习效果造成的，表明了解释样例学习的优势和解释法样例设计的有效性；而两组的远迁移成绩都比较差，差异不显著的原因是由于学习和掌握分数加减运算规则较难，而且远迁移测验题目比近迁移的更难，学习解释样例也不足以克服这两个困难造成的。实验2两组被试的近迁移成绩差异不显著，是因为普通样例组的近迁移成绩也比较高。这说明，学习乘除法运算规则比较容易，通过普通样例的学习就可以领悟和掌握，解释法样例学习的优势效应没有显现出来，而在比较有难度的远迁移测验中才显示出解释样例学习的优势。

3.2 “解释—标记”样例设计对样例学习迁移效果的促进作用

为了进一步提高解释样例学习的优势效应，在实验2设计了一种“解释—标记”样例，即在解释样例的基础上，在关键运算步骤（这些步骤体现了分数运算规则）加上了颜色标记，这样可以吸引被试的格外注意，并加强对新运算规则的思考和理解。实验结果表明，学习“解释—标记”样例的远迁移成绩明显提高，并显著优于解释样例组和普通样例组。这说明在关键运算步骤上加颜色标记也可以起到一定的促进作用。

在样例上加标记是一种较早采用的样例设计方法。较早采用标记法样例设计的是Catrambone（1994），Jones，Jonides和Seifert（1995）等人。他们在问题解决的样例中采用了“子目标编码”设计方法，即将问题解决样例的每个解题步骤（子目标）采用解题顺序的编码“标记”出来，使学生更容易理解每步运算的子目标以及与问题解决总目标的关系，这样做可以帮助学生更好地掌握问题的结构和解决问题各个步骤之间的关系，从而帮助他们更好地理解和运用解决问题的规则。后来，张奇和林洪新（2005）在2年级小学生四则混合运算规则的样例学习研究中，将运算样例中的运算步骤用红色虚线箭头标示出来。结果发现，这种运算标记对四则混合运算规则的样例学习效果有明显的促进作用。实验2所采用的“标记”比上述研究中采用的

"编码"或"箭头"都简单，只是改变了关键运算步骤字体的颜色。由此可见，运算样例中的"标记"可以有多种形式，只要能起到提醒学生注意、着重思考、明确关系、加深理解的作用，就能促进样例学习的效果。

3.3 先备知识对比例运算规则样例学习效果的影响

在前两个实验的基础上，实验3考察了既没有学习过分数加、减运算也没有学过分数乘、除运算的4年级小学生被试和仅学习过分数加、减运算的被试以及仅学习过分数乘、除运算的被试，分别通过两种运算样例学习比例运算规则的迁移效果。结果显示，后两种被试的远近迁移测验成绩明显优于前一种被试的成绩，而且最后一种被试的迁移成绩最好。这说明，学习分数运算是学习比例运算的基础，掌握了分数运算规则可以促进比例运算规则的学习；而且掌握分数乘、除法运算规则的促进作用比掌握加、减法运算规则的作用更大。这是因为，分数乘、除法运算规则跟比例运算规则更接近或相似程度更高。

Rittle-Johnson，Durkin 和 Star（2009）对美国城市中学生代数运算知识水平与教学方法之间的相互作用所进行的研究发现，代数运算知识水平较高的学生能够更多地从样例对比的方法中获益。在已有知识的基础上学习新知识是知识学习的一般规律，数学知识的学习更是如此。数学运算规则之间有严谨的内在逻辑联系。数学知识学习的一般规律是由简到繁、由浅入深、循序渐进、不凌不遏。正因如此，才有可能利用学生已有的数学先备知识，有效地设计含有新算符和新规则的数学运算样例，使学生通过这种运算样例的学习，掌握新算符和新运算规则。

3.4 样例学习研究的教学启示

样例学习与样例教学有根本不同。样例学习是一种自主学习的有效方式。用传统的心理学概念来说，它是一种"顿悟"学习或"发现"学习的过程。因此，一切样例设计的目的都是力图使学生通过有效设计的样例学习，独自领悟、概括出蕴含在其中的新规则并学会运用新规则，同时使学生的自主学习能力得到不断提升。而样例教学则是教师在课堂教学中利用精心选择的样例讲解新规则的正确应用过程。样例是建立在规则与规则应用之间的纽带和桥梁，通过样例教学可以使学生更好地掌握新规则的正确应用，并取得更好的迁移效果。

虽然样例学习与样例教学有本质不同，但是，样例学习研究中开发出的有效样例设计方法可以被借鉴或应用到样例教学中。例如，利用"解释法"讲解运算样例或设计数学教材中的运算例题，既可以降低学生的学习难度，还可以使学生理解新旧运算规则之间的内在逻辑关系，深入理解新规则的含义，达到正确应用新规则的目的。样例学习研究的教学实践意义正在于此。

4. 结论

（1）4年级小学生采用"解释"样例学习分数加减运算规则的近迁移成绩明显优于普通样例的学习成绩，但远迁移成绩差异不显著。

（2）4年级小学生采用"解释—标记"样例学习分数乘除法运算规则的远迁移测验成绩明显优于学习"解释"样例和普通样例的成绩；学习"解释"样例的远迁移成绩明显优于普通样例，但学习三种样例的近迁移测验成绩差异不显著。

（3）4年级小学生采用"解释"样例学习比例运算规则的远、近迁移测验成绩均明显优于学习普通样例的成绩。在学习"解释"样例的被试中，学过分数乘、除运算的迁移测验成绩明显优于没学过的被试；学过分数加、减运算的被试，其迁移测验成绩明显优于没有学习过分数运算的被试。

参考文献：

Hilbert，T. S.，& Renkl，A.（2009）. Learning How to Use a Computerbased Concept-mapping Tool：Self-explaining Examples Helps. *Computers in Human Behavior*，25，267-274.

Lusk，M. M.，& Atkinson，R. K.（2007）. Animated

pedagogical agents：Does their degree of embodiment impact learning from static or animated worked examples? *Applied Cognitive Psychology*，21，747-764.

Renkl，A.，Hilbert.，T.，& Schworm，S.（2009）. Example-based learning in heuristic domains：A cognitive load theory account. *Educational Psychological Review*，21，67-78.

Rittle-Johnson，B.，Durkin，K.，Star，J. R.，& Durkin，K.（2009）. The importance of prior knowledge when comparing examples：Influences on conceptual and procedural knowledge of equation solving. *Journal of Educational Psychology*，101（4），836-852.

Robert. K.，Atkinson. R. K.，& Renkl，A.（2007）. Interactive example-based learningenvironments：Using interactive elements to encourage effective processing of worked examples. *Educational Psychological Review*，19，375-386.

Schworm，S.，& Renkl，A.（2007）. Learning argumentation skills through the use of prompts for self-explaining examples. *Journal of Educational Psychology*，99，285-296.

van Gog，T.，Paas，F.，& Merriënboer，J. J. G.（2008）. Effects of studying sequences of process-oriented and product-oriented worked examples on troubleshooting transfer efficiency. *Learning and Instruction*，18，211-222.

林洪新，张奇.（2007）. 小学生代数运算规则的样例学习. 心理学报，39（2），257—266.

王瑶，张奇.（2012）. 阅读范文对小学生作文成绩的影响. 心理发展与教育，28（5），495—501.

许德志，张奇.（2011）. 碳氢共价键分子结构式正误样例组合的学习效果. 心理科学，34（2），386—392.

张奇，林洪新.（2005）. 四则混合运算规则的样例学习. 心理学报，37（5），784—790.

张奇，郭菲菲.（2008）. 小学生“去括号”运算规则的样例学习. 心理科学，31（1），70—74.

张奇，万莹，林洪新，曲可佳.（2012）. 数学运算规则样例学习的理论探索. 辽宁师范大学学报（社会科学版），35（1），47—53.

线索强度对测试效应的调节：时间间隔上的差异*

□ 罗 良（北京师范大学教授）
□ 郑 俊
□ 张 玮

1. 问题提出

人们常常认为测试（testing）仅仅是评估所学知识的一种测量手段，然而越来越多的研究表明，测试不仅是一种评估知识的测量手段，更是能够显著促进知识长时保持的一种学习方式（Roediger & Butler，2011）。研究者将测试与简单重复学习、过度学习相比得出，其更能促进习得知识长时保持的现象称为测试效应（Testing Effect），也叫提取练习效应（Retrieval Practice Effect）（Karpicke & Roediger，2008；Roediger & Karpicke，2006）。大量研究证实了测试效应在不同的材料类型，如外语词对（Karpicke & Roediger，2008；Pyc & Rawson，2007）、短文（Agarwal，Karpicke，Kang，Roediger，& McDermott，2008；Roediger & Karpicke，2006）、单词列表（Carpenter & DeLosh，2006），以及不同的测试形式，如线索回忆（Pyc & Rawson，2009）、自由回忆（Butler，Karpicke，& Roediger Ⅲ，2007）等中稳定存在。

测试为什么能够促进学习内容的长时保持？越来越多的研究开始致力于探讨测试效应产生的内在机制（Carpenter，2009、2011；Glover，1989；Pyc & Rawson，2010）。Bjork（1975）将测试效应归因于测试可以使潜在的有效提取线索数量增多，他认为测试行为可以创造更多的提取路径，使得测试项目相对于重学项目更有可能被记住。Glover（1989）让被试学习文章概念，采用再认、线索回忆和自由回忆三种测试形式对所学内容进行记忆提取练习，结果发现无论最终测试形式如何，学习过程中进行自由回忆测试对记忆保持的促进作用优于线索回忆测试，而线索回忆测试对记忆保持的促进作用又优于再认测试。他认为学习过程中那些包括了更少提取线索的测试（如自由回忆和线索回忆）比包括了更多线索的测试（再认测试）能够唤起更精细的提取操作，从而更有助于记忆保持。Carpenter 和 DeLosh（2006）认为测试时目标信息不可得，学习者必须搜索记忆以提取出正确答案，在记忆搜索的过程中可能形成了精细化的记忆痕迹，即在线索、目标及其相关信息之间建立了更广泛的联结。因此，在前人研究基础上，Carpenter（2009）提出了精细提取假设（Elaborative Retrieval Hypothesis），认为从记忆中提取信息导致了记忆痕迹的精细化加工，或者产生了额外的检索通达路径，使得将来成功提取出目标信息的可能性增大。例如，根据线索（如，面包）回忆目标词（如，篮球）将比简单重学线索目标词对（如，面包—篮球）更有可能激活与线索相关的中

* 原载《心理发展与教育》2014 年第 6 期。

间信息或概念（如，鸡蛋、圆形），从而建立精细化的语义概念网络（如，面包—鸡蛋—圆形—篮球），这种精细化加工模式有利于对信息的长时保持（刘兆敏、罗良、张玮，2011）。

在 Carpenter（2009）的实验中，被试学习不同线索强度的英语词对，并在初始学习后重学其中一半的词对，对另一半词对进行线索回忆测试。5 分钟后，最终测试要求被试尽可能多地自由回忆出所学目标词。结果发现，被测试项目的最终记忆成绩显著高于重学项目，即出现了测试效应。进一步对测试项目分析发现，初始测试时强线索词对的提取成绩优于弱线索词对；而 5 分钟后的最终测试上，弱线索词对的记忆成绩优于强线索词对。因此，强线索导致了回忆的初始优势，但从弱线索中回忆的项目实际上随时间保持更好，强线索的优势作用在最终测试时消失或反转。因此，线索强度对测试效应起着调节作用，支持了精细提取假设——学习过程中进行测试时，弱线索强度词对比强线索强度词对激活的精细信息更多，激活的这些精细信息对学习知识的长时保持起到促进作用。

精细提取假设不仅得到了大量行为实验的验证（Kang，2010；Karpicke & Blunt，2011），同时也得到了认知神经科学研究的支持（van den Broek，Takashima，Segers，Fernandez，& Verhoeven，2013；Wing，Marsh，& Cabeza，2013）。例如，Wing 等人（2013）采用 fMRI 对测试效应的脑活动生理基础进行了考察，结果发现测试效应与前海马区域（Anterior Hippocampus）、外侧颞叶皮层（Lateral Temporal Cortices）、内侧前额叶皮层（Medial Prefrontal Cortices）等相关，并且测试促进了海马与腹外侧前额叶皮层（Ventrolateral Prefrontal Cortices）和中脑区域（Midline Regions）之间的关联。其中，腹外侧前额叶皮层与基于知识表征的提取相关（Devlin，Matthews，& Rushworth，2003），该部位的损伤导致语义任务水平的下降（Martin & Cheng，2006）；前额叶皮层负责控制语义加工，而海马则将相关信息整合成为更加稳固的记忆表征（Wing et al.，2013）。因此，海马与腹外侧前额叶皮层及中脑区域之间的这种关联反映的是海马调节的精细化效应（Wing et al.，2013）。

然而，精细提取假设试图考察提取中存在的独特的机制或加工过程，解释了为什么测试比重学更有效，但却无法解释测试效应中另一个非常重要的现象——学习条件与间隔时间的交互作用。多数同时考察短时间间隔和长时间间隔的研究都出现了这种交互作用（Congleton & Rajaram，2011，2012；Roediger & Karpicke，2006；Wheeler，Ewers，& Buonanno，2003），即在短间隔时间时，重学条件的记忆成绩将优于测试条件，而延长间隔时间后，测试条件的记忆成绩将优于重学条件。例如，Roediger 和 Karpicke（2006）要求被试分别在 5 分钟、2 天或一周后完成短文的最终记忆测试。结果发现，当最终测试发生在 5 分钟后，重复学习产生的记忆保持成绩显著高于重复测试；而当延长最终测试的间隔时间时，结果模式恰好相反，重复测试对记忆保持的促进作用将显著优于重复学习。那么，为什么短时间间隔内重学条件表现更好，而提取的优势必须要在间隔一段时间后才能凸显出来呢？

Kornell，Bjork 和 Garcia（2011）提出的二分分布模型（bifurcated model）认为，项目的记忆强度通常是正态分布的，强度越高的项目越容易提取。通过重复学习，学习项目的记忆强度仍是连续的正态分布，所有项目的记忆强度得到了不同程度的增强；而通过提取练习，学习项目的记忆强度不再是一个连续的正态分布：被成功提取的项目记忆强度明显增强，而提取失败的项目记忆强度反而有所减弱。因此，短时间间隔下，重学条件处于阈限以上的项目更多，表现出了重学条件的优势；长时间间隔下，重学条件与测试条件均发生了同等程度的遗忘，由于成功提取项目记忆强度较大，仍处于阈限以上，表现出了测试条件的优势。Congleton 和 Rajaram（2011，2012）则进一步提出了概念组织（Conceptual Organization）的概念，认为提取时的稳固回忆伴随着学习项目之间持久而强烈的概念化组织，而重学时概念组织程度却细小而又微弱。他们认为，不仅是项目本身的记忆强度，更是项目之间的关联性加工对学习内容的长时保持至关重要。他们指出学习时存在两种加工方式：一种是特定项目加工（Item-Specific Processing），关注于单个项目不同于其他项目的特征，试图建立更独特、更丰富的记忆痕迹；一种是关联加工（Relational Processing），试图建立项目之间的关联，产生更强的概念化组织。

综上所述，在 Carpenter（2009）的实验中，只考察了 5 分钟间隔下测试对记忆保持的促进作用，对于更长的时间间隔（如 2 天）并未进行探讨。而人类学习的真正目的在于促进知识更长时间的保持，并且在将来需要时能够成功提取出来。因此，测试的优势效应体现在对所学知识的长时间保持上，而不是更短时间。另外，Carpenter（2009）所采用的词对材料的线索词与目标词之间相关强度都较高，即使弱线索的强度也属于中等强度。那么，如果扩大强、弱线索强度之间的差异，测试是否产生同样的促进作用也不得而知。此外，一些研究（Congleton & Rajaram，2011、2012；Roediger & Karpicke，2006）验证了学习方式与时间间隔的交互作用，即测试条件尤其是对更长时间间隔的记忆保持有优越性，然而却缺乏不同关联强度项目的直接考察。因此，考察线索强度对不同时间间隔（例如，5 分钟/2 天）上的测试效应的调节作用是否存在差异具有重要价值。

为回答上述问题，本研究准备采用高、低相关强度的中文词对作为学习材料，考察不同学习方式（重学/测试）在不同时间间隔（5 分钟/2 天）最终自由回忆测试成绩上的差异。

2. 研究方法

2.1　被试

北京师范大学在校大学生 129 人，3 名被试因没有参加最终测试而被删除，最终有效被试为 126 人，其中男生 43 人，女生 83 人，平均年龄为 21.97（$SD=2.74$）岁，母语均为汉语。实验结束后所有被试均可获得一定报酬。

2.2　实验材料

词对材料选自 Cai 和 Brysbaert（2010）的中文词频库。从该词库中，我们选取了 200 个词语（词频：46.29—0.03/百万）作为目标词，随后选取了与对应目标词具有较高语义关联的 200 个词语（词频：46.20—0.03/百万）作为强线索词，同时选取了与对应目标词没有太大关联的 200 个词语（词频：47.16—0.03/百万）作为弱线索词。来自北京数十所高校的不同专业大学生 238 人参与了词对相关性的评定，他们对线索词与目标词之间的相关程度进行 4 点评分（1 代表没有关系，4 代表关系非常密切），并最终建立了由 120 个线索强度不同的中文词对组成的材料库，所有词语没有重叠。本实验从词库中随机选取了 40 个词对，其中强、弱线索词对各 20 个。弱线索词对的平均相关程度为 1.24，强线索词对的平均相关程度为 3.50。

2.3　实验设计

实验采用 2（线索强度：强线索、弱线索）*2（学习方式：重学、测试）*2（最终测试间隔时间：5 分钟、2 天）的混合设计。其中，线索强度为组内变量，学习方式和间隔时间为组间变量。重学条件的被试在完成词对的初始学习后，对所有词对再学一遍；而测试条件被试则在完成所有词对的初始学习后进行线索回忆测试。最终测试发生在学习阶段结束后的 5 分钟或 2 天。

2.4　实验程序

实验程序采用 E-prime 1.0 软件编制，在计算机上呈现学习材料，被试个别施测。被试被告知他们将学习 40 个汉语词对，随后可能再次学习词对，也可能完成线索回忆测试，并将在一段时间后接受最终测试。所有词对呈现在屏幕中间，其中目标词字体加粗并加下划线，要求被试根据线索词来帮助他们记忆目标词。每个词对的呈现时间为 10 秒，词对的呈现顺序随机，词对之间呈现注视符号“+”，时间为 1 秒。完成所有词对的首次学习后，所有被试需要完成 2 分钟的简单计算任务。随后，重学组被试再次学习所有词对，而测试组被试需要根据给出的线索词回忆并口头报告出目标词，录音笔将记录下被试的反应。为了监测被试确实将注意力放在了词对的记忆上，要求被试在学习的同时按键评定词对的相关强度（4 点评分，1 表示没有关系，4 表示关系非常密切）。

最终测试形式为自由回忆测试，要求被试尽可能努力地回忆并键盘输入目标词，每键入一个目标词后按“Enter”键继续。短间隔组被试在 5 分钟后即刻完成，而长间隔组被试 2 天后返回实验室完成最终测试。

学习阶段所有词对的线索词与目标词顺序进行了左右平衡，即一半词对的目标词在线索词的左边，一半词对的目标词在线索词的右边。而测试组初始测试时，线索词将呈现在屏幕中间，并在线索词下方呈现“?”，指示被试进行线索回忆报告。

3. 结果与分析

3.1 相关程度评估

四组被试在初始学习时对词对的相关性程度进行了 4 点评分，评定结果如表 1 所示。对相关性程度评分进行 2＊2（学习方式＊线索强度）方差分析发现①，只有线索强度主效应显著，$F(1, 113)=3\,623.06$，$p<0.01$，$\eta^2=0.97$，被试对强线索词对的相关性程度评分显著高于弱线索词对。

表 1 词对平均相关程度评分（4 点量表）

线索强度	学习方式		
	测试条件	重学条件	
		第一次评分	第二次评分
强线索	3.70(0.31)	3.65(0.31)	3.71(0.35)
弱线索	1.16(0.19)	1.28(0.39)	1.28(0.37)

3.2 初始测试

测试条件被试（64 人）在初始测试上的平均提取成绩为 24.19（总记忆项目为 40 个，$SD=6.30$），其中强线索词对的提取成绩（$M=16.32$，$SD=2.59$）显著高于弱线索词对的提取成绩（$M=7.85$，$SD=4.52$），配对样本 t 检验结果为 $t(63)=18.28$，$p<0.01$，*Cohen's* $d=2.30$。

3.3 最终测试

各条件下最终测试成绩的平均数和标准差见表 2。对最终自由回忆成绩进行三因素重复测量方差分析（线索强度为组内变量，学习方式和最终测试间隔时间为组间变量），结果发现：学习方式的主效应边缘显著，$F(1, 122)=3.74$，$p=0.055$，$\eta^2=0.03$，测试条件的记忆成绩表现出高于重学条件的趋势。时间间隔生效应显著，$F(1, 122)=54.13$，$p<0.01$，$\eta^2=0.31$，5 分钟后的记忆成绩显著优于 2 天后的记忆成绩。线索强度主效应显著，$F(1.122)=5.01$，$p<0.05$，$\eta^2=0.31$，强线索词对的记忆成绩显著优于弱线索词对。线索强度和学习条件交互作用显著，$F(1, 122)=5.83$，$p<0.05$，$\eta^2=0.05$。三者交互作用显著，$F(1, 122)=16.34$，$p<0.01$，$\eta^2=0.12$。其他两两交互效应不显著。

由于三者交互作用显著，因此对学习方式和间隔时间在强、弱线索词对上的记忆成绩分别进行方差分析，结果发现：在强线索词对上，学习方式主效应显著，$F(1, 122)=9.24$，$p<0.01$，$\eta^2=0.07$，测试条件记忆成绩显著高于重学条件；而在弱线索词对上，学习方式主效应不显著，$F(1, 122)=0.11$，$p>0.05$，$\eta^2<0.01$。间隔时间在强、弱线索词对的记忆成绩上主效应均显著，$F(1, 122)=49.66$，$p<0.01$，$\eta^2=0.29$；$F(1, 122)=29.88$，$p<0.01$，$\eta^2=0.20$，5 分钟后的回忆成绩均显著高于 2 天后。学习方式与间隔时间的交互作用在强线索词对上不显著，$F(1, 122)=2.86$，$p>0.05$，$\eta^2=0.02$；但在弱线索词对上交

① 由于被试在重学条件下对所有词对进行了两次评分，因此分析时取两次评分的平均值。另外，有 11 名被试因为在学习阶段评分数据缺失较多而被剔除。

互作用显著，$F(1，122)=6.71$，$p=0.01$，$\eta^2=0.05$，简单效应分析发现，5分钟时重学条件与测试条件记忆成绩差异不显著，$F(1，122)=2.47$，$p>0.05$，$\eta^2=0.02$，当间隔时间延长到2天时，测试条件记忆成绩显著优于重学条件，$F(1，122)=4.42$，$p<0.05$，$\eta^2=0.04$。

表2 最终自由回忆测试成绩的平均数和标准差

（单位：个）

最终测试	5分钟		2天	
	重学	测试	重学	测试
强线索词对	6.10 (2.47)	8.43 (3.75)	3.45 (2.25)	4.12 (2.42)
弱线索词对	6.97 (2.50)	5.77 (3.38)	2.68 (2.95)	4.24 (3.06)
总成绩	13.07 (4.31)	14.20 (6.10)	6.13 (4.65)	8.36 (4.31)

为了考察测试条件下初始提取成功的项目在最终自由回忆时的记忆效果，我们进一步计算了每一种条件下的项目保持率。项目保持率等于初始提取成功且最终自由回忆成功的项目数与初始提取成功项目数的比值。配对样本 t 检验发现，短间隔和长间隔测试时强线索词对的项目保持率（$M_{短}=0.47$，$SD_{短}=0.21$；$M_{长}=0.23$，$SD_{长}=0.02$）分别与弱线索词对的项目保持率（$M_{短}=0.66$，$SD_{短}=0.04$；$M_{长}=0.54$，$SD_{长}=0.25$）差异显著，$t(27)_{短间隔}=-3.50$，$p<0.01$，$Cohen's\ d=1.26$；$t(27)_{长间隔}=-6.65$，$p<0.01$，$Cohen's\ d=1.75$，强线索词对的项目保持率显著低于弱线索词对。

4. 讨论

本研究采用中文词对材料验证并拓展了Carpenter（2009）的实验结果。Carpenter（2009）分析测试条件的初始测试与5分钟后的最终测试成绩时发现，弱线索词对在最终测试时保持得更好，而强线索的初始优势作用在最终测试时消失。本实验引入更长的时间间隔（2天）来进一步比较不同线索强度的词对在初始测试与最终测试时记忆成绩的差异。结果支持了Carpenter（2009）的实验结果，发现当最终测试为自由回忆，间隔时间为5分钟时线索强度与间隔时间交互作用显著，$F(1，27)=52.43$，$p<0.01$，$\eta^2=0.66$，间隔时间为2天时交互作用同样显著，$F(1，33)=191.07$，$p<0.01$，$\eta^2=0.85$（交互作用图请见图1）。对于测试项目，强线索导致了初始提取的优势，但从弱线索中回忆出的项目随时间得到了更好的保持，弱线索这种逆转的优势效应随时间延长仍能有效保持。根据精细提取假设（Carpenter，2009，2011），弱线索词对的线索词与目标词之间的相关程度低，在初始测试时，被试需要广泛激活各种可能的中间信息以帮助联想出目标词，促使线索词与目标词之间建立了更丰富的联结通路，进而促进目标信息在最终测试时的成功回忆。

实验发现，测试效应在不同线索强度的词对上表现不同：强线索词对上，测试条件的自由回忆成绩在5分钟以及2天后均显著高于重学条件；而弱线索词对上，学习方式与时间间隔存在显著的交互作用，5分钟时重学条件与测试条件的记忆成绩差异不显著，而2天后测试条件的记忆成绩却显著高于重学条件。出现这个结果，主要因为当学习材料本身联结性较强时（强线索），测试条件使得学习者有机会在材料已有联结基础上进一步进行自我精细加工，确保最终测试间隔为5分钟时，测试条件的记忆成绩优于重学条件，并在更长时间间隔上仍能得到保持。当学习材料本身联结性较弱时（弱线索），重学相对于测试来说，学习者有机会再次接触学习材料，有利于目标信息的短时记忆，而这种接触材料产生的学习随时间的衰退十分之快，只有那些经过努力提取，成功建立精细联结的项目能够有更持久有效的保持（Carpenter，2009）。因此，测试效应在强、弱线索词对上的表现出现分离。对测试条件下自由回忆成功率的分析也进一步支持了这一观点：无论在短间隔还是长间隔，强线索词对的项目保持率显著低于弱线索词对的项目保持率。

这个结果说明，弱线索强度的项目一旦在先前测试中成功建立起精细联结，那么自由回忆时它的成功回忆可能性更大，其提取效率显著优于强线索词对。

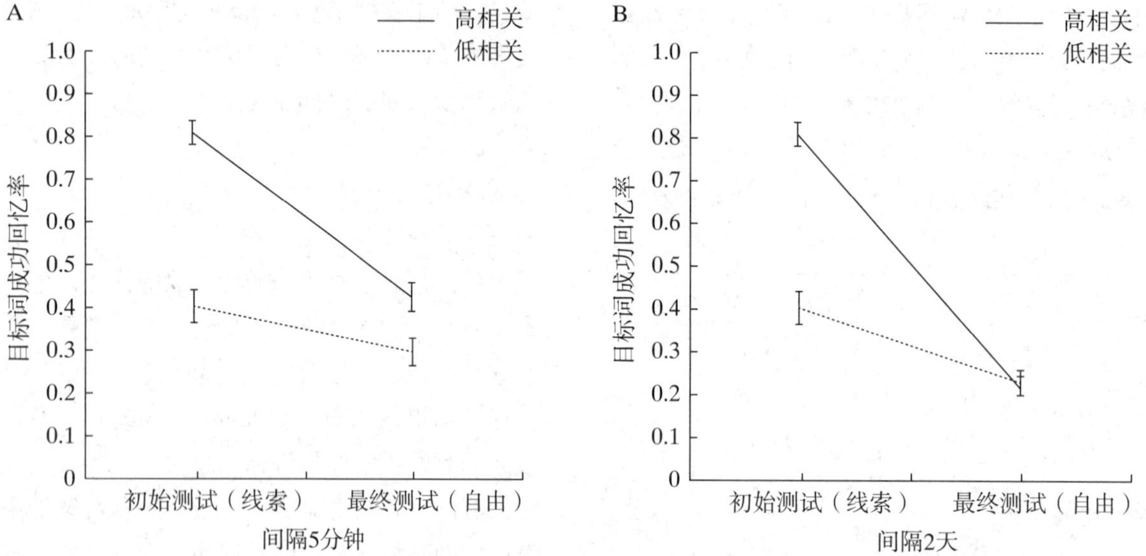

图1　测试条件下初始测试与最终测试交互作用图①

① 注：图中纵坐标是测试条件下被试的初始测试正确回忆率及最终测试正确回忆率，其中初始测试为线索回忆测试，最终测试为自由回忆测试。

本实验结果还支持并发展了Congleton和Rajaram（2011，2012）的观点。Congleton和Rajaram在Carpenter理论观点基础上更进一步，不仅指出了测试促进学习的可能机制，还对两种学习方式下的学习加工方式进行了比较分析。Congleton和Rajaram（2012）认为，概念组织（Conceptual Organization）的主动建立对学习内容的长时保持至关重要。他们提出学习时存在两种加工方式：一种是特定项目加工（Item-specific Processing），一种是关联加工（Relational Processing）。特定项目加工主要关注单个项目不同于其他项目的特征，试图建立更独特、更丰富的记忆痕迹，而关联加工则是建立项目之间的关联，产生更强的概念化组织。Congleton和Rajaram（2011、2012）采用类别词表作为学习材料，考察了学习方式与测试间隔交互作用的起源。他们认为，即刻回忆时（5分钟），重复学习由于多次接触学习材料，更多地参与特定项目加工，且学习材料自身具有的相关强度诱发了关联加工，因此重学条件的即刻回忆成绩将优于因接触材料次数更少而缺乏必要提取特征的测试条件。而当延迟回忆时（2天），重复测试由于尝试提取而更多地关注学习材料间的关联，产生了更强的概念组织，而恰是这种精细化的概念组织具有长时保持能力，因此测试条件的长时记忆成绩将优于因特定项目加工干扰而缺乏提取组织的重学条件。

本实验扩大了学习材料之间相关程度的差异（线索强度差异显著），发现特定项目加工与关联加工两种编码成分的产生与所占比重由学习方式与学习词对的线索强度共同决定。一方面，在弱线索词对上的自由回忆结果表现出学习方式与时间间隔显著的交互作用，与Congleton和Rajaram（2012）的观点完全相同：由于词对线索词与目标词之间相关强度低，重学条件重复学习词对时，更多地参与特定项目加工，因此即刻回忆成绩更好；而测试条件具有提取机会，更多地参与关联加工，因此长时保持成绩更好。另一方面，在强线索词对上并没有发现这种交互作用，而是无论间隔时间长短，测试条件自由回忆成绩都优于重学条件。之所以出现这种结果，可能是因为强线索词对线索词与目标词之间的相关强度较高，学习材料本身存在的相关强度诱发了较高的关联加工。当进行首次学习时，被试即获得了词对材料本身所包含的关联强度，随后进行的提取操作更是成功建立了线索与目标之间的额外关联与通达，产生了概念化组织。因此，无论在5分钟还是2天后的自由回忆测试上，测试条件产生更好的记忆保持，而不产生学习方式与间隔时间的交互作用。

5. 结论

本研究以不同线索强度中文词对作为实验材料，考察了重学与测试两种学习方式在不同时间间隔上最终自由回忆成绩上的差异。结果表明：对于强线索词对的自由回忆成绩，无论回忆时间间隔长短，测试条件都高于重学条件；但对于弱线索词对的自由回忆成绩，只在时间间隔为2天时，测试条件高于重学条件。这一结果说明线索强度对测试效应有调节作用，且在短时间间隔与长时间间隔上表现不同，验证与发展了精细提取假设。

参考文献：

Agarwal, P. K., Karpicke, J. D., Kang, S. H., Roediger, H. L., & McDermott, K. B. (2008). Examining the Testing Effect with Open and Closed-book Tests. *Applied Cognitive Psychology*, 22 (7), 861-876.

Bjork, R. A. (1975). Retrieval as a memory modifier: An interpretation of negative recency and related phenomena Vol. In R. L. Solso (Ed.). *Information Processing and Cognition: The Loyola Symposium* (pp. 123-144).

Butler, A. C., Karpicke, J. D., & Roediger Ⅲ, H. L. (2007). The effect of type and timing of feedback on learning from multiple-choice tests. *Journal of Experimental Psychology: Applied*, 13 (4), 273-281.

Cai, Q., & Brysbaert, M. (2010). SUBTLEX-CH: Chinese word and character frequencies based on film subtitles. *PLoS One*, 5 (6). e10729.

Carpenter, S. K. (2009). Cue strength as a moderator of the testing effect: The benefits of elaborative retrieval. *Journal of Experimental Psychology: Learning, Memory, and Cognition*, 35 (6), 1563-1569.

Carpenter, S. K. (2011). Semantic information activated during retrieval contributes to later retention: Support for the mediator effectiveness hypothesis of the testing effect. *Journal of Experimental Psychology: Learning, Memory, and Cognition*, 37 (6), 1547-1552.

Carpenter, S. K., & DeLosh, E. L. (2006). Impoverished cue support enhances subsequent retention: Support for the elaborative retrieval explanation of the testing effect. *Memory & Cognition*, 34 (2), 268-276.

Congleton, A. R., & Rajaram, S. (2011). The influence of learning methods on collaboration: Prior repeated retrieval enhances retrieval organization, abolishes collaborative inhibition, and promotes postcollaborative memory. *Journal of Experimental Psychology: Ceneral*, 140 (4), 535-551.

Congleton, A. R., & Rajaram, S. (2012). The origin of the interaction between learning method and delay in the testing effect: The roles of processing and conceptual retrieval organization. *Memory & Cognition*, 40 (4), 528-539.

Devlin, J. T., Matthews, P. M., & Rushworth, M. F. (2003). Semantic processing in the left inferior prefrontal cortex: A combined functional magnetic resonance imaging and transcranial magnetic stimulation study. *Journal of Cognitive Neuroscience*, 15 (1), 71-84.

Glover, J. A. (1989). The "testing" phenomenon: Not gone but nearly forgotten. *Journal of Educational Psychology*, 81 (3), 392-399.

Kang, S. H. (2010). Enhancing visuospatial learning: The benefit of retrieval practice. *Memory & Cognition*, 38 (8), 1009-1017.

Karpicke, J. D., & Blunt, J. R. (2011). Retrieval practice produces more learning than elaborative studying with concept mapping. *Science*, 331 (6018), 772-775.

Karpicke, J. D., & Roediger, H. L. (2008). The critical importance of retrieval for learning. *Science*, 319 (5865), 966-968.

Kornell, N., Bjork, R. A., & Garcia, M. A. (2011). Why tests appear to prevent forgetting: A distribution-based bifurcation model. *Journal of Memory and Language*, 65 (2), 85-97.

Martin, R. C., & Cheng, Y. (2006). Selection demands versus association strength in the verb generation task. *Psy-*

chonomic Bulletin & Review，13（3），396-401.

Pyc，M. A.，& Rawson，K. A.（2007）. Examining the efficiency of schedules of distributed retrieval practice. *Memory & Cognition*，35（8），1917-1927.

Pyc，M. A.，& Rawson，K. A.（2009）. Testing the retrieval effort hypothesis：Does greater difficulty correctly recalling information lead to higher levels of memory? *Journal of Memory and Language*，60（4），437-447.

Pyc，M. A.，& Rawson，K. A.（2010）. Why testing improves memory：Mediator effectiveness hypothesis. *Science*，330（6002），335.

Roediger，H. L.，& Butler，A. C.（2011）. The critical role of retrieval practice in long-term retention. *Trends in Cognitive Sciences*，15（1），20-27.

Roediger，H. L.，& Karpicke，J. D.（2006）. Test-enhanced learning：Taking memory tests improves long-term retention. *Psychological Science*，17（3），249-255.

van den Broek，G. S. E.，Takashima，A.，Segers，E.，Fernandez，G.，& Verhoeven，L.（2013）. Neural correlates of testing effects in vocabulary learning. *Neuro image*. 78，94-102.

Wheeler，M.，Ewers，M.，& Buonanno，J.（2003）. Different rates of forgetting following study versus test trials. *Memory*，11（6），571-580.

Wing，E. A.，Marsh，E. J.，& Cabeza，R.（2013）. Neural correlates of retrieval-based memory enhancement：An fMRI study of the testing effect. *Neuropsychologia*，51（12），2360-2370.

刘兆敏，罗良，张玮.（2011）. 记忆提取促进学习：实验证据与机制解释. 心理发展与教育，27（4），441—447.

青少年核心信念挑战对创伤后成长的影响：反刍与社会支持的作用*

□ 伍新春（北京师范大学教授）
□ 周　宵
□ 安媛媛
□ 陈杰灵

1. 问题提出

在个体成长的过程中，可能会经历某些创伤事件，例如地震、交通事故、性侵犯等。有研究发现，40%—60%的人在其一生中至少会经历一次创伤性事件（Breslau，2002）。经历创伤事件可能会引发许多心理反应，有消极的心理反应，如创伤后应激障碍（PTSD）、抑郁、焦虑等，也有积极的心理反应，如创伤后成长（Posttraumatic Growth，PTG）。所谓PTG，是指个体同主要的生活危机进行抗争后所体验到的一种积极心理变化（Tedeschi & Calhoun，1995），它主要包括自我觉知的改变、人际体验的改变和生命价值观的改变三个方面的内容（Tedeschi & Calhoun，1996）。研究发现，PTG广泛存在于不同创伤后的个体身上（Frazier，Conlon，& Glaser，2001；McLean et al.，2013；Tomich & Helgeson，2012，Xu & Liao，2011），个体有可能把创伤看作一次促使发展的机会，从而实现自我的超越（Zoellner & Maercker，2006）。

随着对PTG重要性的认识提高和确认其广泛存在于创伤后人群的事实，不少研究者对PTG的发生机制产生了浓厚兴趣，并对其前因后果进行了探讨。其中Calhoun和Tedeschi（2006）提出了PTG的整合模型（Comprehensive Model of PTG）来阐释PTG是如何发生发展的。在该模型中，创伤事件挑战了原有的核心信念系统，导致当下的核心信念系统与原有的核心信念系统的不一致，并带来相应的心理压力，迫使个体进行认知活动，以使这两种信念系统达到平衡，从而为PTG的实现提供了基础。该模型强虽然调认知的作用，但认为创伤后个体之所以进行认知活动，其根本原因在于创伤前的核心信念系统受到了严重的挑战，个体进行认知活动的目的在于修复先前的信念系统或使破损的信念系统顺应创伤后的环境。可见，创伤后的核心信念挑战（Core Belief Challenge）是PTG发生的根本条件。因此，Lindstrom，Cann，Calhoun和Tedeschi（2013）认为与其他因素相比，核心信念对PTG的作用更大。所谓核心信念，也可以称为世界假设，是指人们对于世界、他人和自我的信

* 原载《心理学报》2014年第10期。

念和假设，它能够引导行为并帮助人们理解事件发生的原因（Calhoun & Tedeschi，2004）。当创伤事件对个体核心信念的挑战越大，其核心信念在创伤后的变化程度也越大，这种变化会使创伤者去思考先前未被关注到的力量，重新思考个体关于世界、自我以及与他人的关系，有助于促进 PTG 的产生（Connerty & Knott，2013）。Cann 等人（2010）和 Danhauer 等人（2013）分别采用横断和纵向的研究方法对美国的 81 名成年白血病患者和 66 名成年白血病患者的核心信念与 PTG 关系进行研究，结果发现核心信念挑战对 PTG 有显著的正向预测作用。

理论和实证研究已经表明，个体的核心信念在创伤后受到挑战会影响 PTG 的产生。那么，其中的作用机制是什么呢？虽然鲜有实证的研究考察核心信念挑战如何影响 PTG，但是相关理论认为（Calhoun & Tedeschi，2006；Janoff-Bulman，2006；Joseph & Linley，2005），受到挑战的信念系统会导致创伤后个体的认知失衡，使个体对事件及其结果进行反复的思考，并最终影响 PTG 的实现。也就是说，在核心信念挑战对 PTG 的作用过程中，关于创伤事件的反复思考发挥了巨大的作用（Cann et al.，2011；Nightingale，Sher，& Hansen，2010）。这个反复思考创伤事件及其后果的认知过程称为反刍（Watkins，2008），它包括侵入性反刍和主动反刍两种形式，前者是创伤事件在个体不期望的状态下侵入到认知世界中；后者是个体有意识地对事件进行重复的思考（Nolen-Hoeksema & Davis，2004），它是个体主动而有目的地重新检测和思考事件及其相关线索的过程（Calhoun，Cann，Tedeschi，& McMillan，2000）。根据 PTG 的整合模型，创伤后个体的侵入性反刍和主动反刍可同时被核心信念挑战所激活（Calhoun，Cann，& Tedeschi，2010；Calhoun & Tedeschi，2006）。个体核心信念受到挑战会引发个体心理上的不适，导致个体沉浸于创伤事件及其影响之中，容易使创伤相关线索侵入到个体的认知世界中；同时，也可能会使其积极主动地检测被挑战的核心信念与先前信念系统的差异，主动地调整认知，以顺应创伤后的周遭世界（Calhoun et al.，2000）。这意味着核心信念受到挑战后，个体对周遭世界的认知加工存在主动和被动共存的情况。Lindstrom 等（2013）和 Triplett，Tedeschi，Cann，Calhoun 和 Reeve（2011）分别对美国东南部的 129 名和 148 名经历过压力事件大学生的核心信念、反刍和 PTG 的关系进行研究，发现核心信念挑战对侵入性反刍和主动反刍都具有显著的正向预测作用。

实际上，创伤后的侵入性反刍和主动反刍都是正常的、非病理性的认知加工过程，它对于我们理解创伤事件及其后果具有重要的作用（Koster，De Lissnyder，Derakshan，& De Raedt，2011）。但是，侵入性反刍和主动反刍对创伤事件的认知加工方式迥异（Kilmer & Gil-Rivas，2010），当被挑战的核心信念激活侵入性反刍和主动反刍之后，两者之间的关系如何呢？PTG 的整合模型认为，侵入性反刍和主动反刍在被激活后，随着时间的推移，前者对后者具有正向的预测作用（Calhoun et al.，2010；Calhoun & Tedeschi，2006）。这可能是因为侵入性反刍会使个体聚焦于创伤线索的消极面，维系并增加了已有的消极情感和认知，导致更多的消极后果（Ciesla & Roberts，2007；Nolen-Hoeksema，1991）；为缓解消极后果对个体的影响，个体不得不对这些创伤相关线索进行主动的、积极的加工。因此，当侵入性反刍和主动反刍同时被激活之后，侵入性反刍将会直接作用于主动反刍（Calhoun et al.，2010；Stockton，Hunt，& Joseph，2011），甚至侵入性反刍的水平可以正向预测主动反刍的水平（Cann et al.，2011）。

事实上，侵入性反刍和主动反刍与 PTG 的关系已被研究者所关注（Cann et al.，2011；Nightingale et al.，2010）。由于主动反刍是对事件意义的积极寻求，所以许多研究者认为，主动反刍能促进自我的成长（Affleck & Tennen，1996；Cann，Calhoun，Tedeschi，& Solomon，2010；Taku，Calhoun，Cann，& Tedeschi，2008）；而侵入性

反刍是不希望的事件对认知的侵入，是对创伤事件的消极认知，这种认知与PTG的关系相对复杂。例如，一些研究发现侵入性反刍为PTG的出现提供了进一步认知加工的基础，对PTG具有正向预测作用（Dunn，Occhipinti，Campbell，Ferguson，& Chambers，2011；Park & Fenster，2004；Taku，Cann，Tedeschi，& Calhoun，2009；Yanez，Stanton，Hoyt，Tennen，& Lechner，2011）；另一些研究发现侵入性反刍主要作用于消极身心反应，与PTG之间不存在显著的相关（Cordova et al.，2007；Morris & Shakespeare-Finch，2010；Taku et al.，2008；Taku，Kilmer，Cann，Tedeschi，& Calhoun，2012）；还有研究发现侵入性反刍会使个体聚焦于创伤事件本身以及所产生的消极结果，不利于个体问题解决能力的发展（Watkins & Brown，2002；Watkins & Moulds，2005），会阻碍个体的恢复和发展（Kuehner & Weber，1999；Schmaling，Dimidjian，Katon，& Sullivan，2002）。也就是说，侵入性反刍与PTG的关系究竟如何，目前并未得到一致性的结论。

那么，导致侵入性反刍对PTG影响的研究结果存在差异的原因何在呢？一方面可能是因为选用的工具以及测量的时间不同所导致的，另一方面也可能是由于所选择的被试及其所经历创伤的性质不同所造成的，但是更重要的原因可能是在侵入性反刍对PTG的影响过程中存在某些调节变量。认知加工的社会调适理论认为，社会支持可能就是其中重要的调节因素（Lepore & Greenberg，2002）。该理论认为社会支持可视为一种背景因素，它为PTG的发展提供了一种情境氛围，有助于个体改变其注意的焦点，使其从创伤事件的消极面分离出来（Watkins & Brown，2002），增加个体积极应对创伤的可能性（Holtzman，Newth，& Delongis，2004），从而有助于缓解侵入性反刍对个体的消极影响，增加其积极体验。因此，社会支持可能调节侵入性反刍对PTG的直接作用。然而，PTG的整合模型却认为，社会支持在调节侵入性反刍对PTG的作用时，主要调节着侵入性反刍经主动反刍对PTG的间接作用（Calhoun & Tedeschi，2006）。该模型认为一个支持性的社会环境鼓励个体对创伤事件及其消极影响进行积极的认知暴露，有助于不同个体之间对创伤事件进行自由的讨论，从而引发个体对创伤事件的主动反刍，促进其对创伤事件的意义整合，导致积极的心理变化；而在一个缺乏社会支持的环境中，个体无法有效地对侵入到认知世界中的创伤事件进行认知暴露，不利于对创伤事件的主动反刍，最终会阻碍对创伤事件的意义整合（Carpenter，Fowler，& Andersen，2010；Cryder，Kilmer，Tedeschi，& Calhoun，2006；Puterman，DeLongis，& Pomaki，2010）。但也有研究者认为，经历高度压力事件后的个体，如果长期处于高水平的社会支持下，容易产生愧疚感（Coyne，Wortman，& Lehman，1988），降低自尊水平（Fisher，Nadler，& Whitcher-Alagna，1982），增加自我无力感（Bolger & Amarel，2007），也会减少个体主动思考压力事件的可能性，从而对心理健康有消极的影响（Burke，2008）。也就是说，在高水平的社会支持下，个体对侵入到其认知世界中的创伤事件进行主动反刍的可能性反而会有所降低，从而也会减少个体的积极心理反应。那么，社会支持是在侵入性反刍对PTG的直接影响中发挥作用，还是在侵入性反刍经主动反刍影响PTG的间接路径中起作用？这些作用是表现为增强的效应还是减弱的效果呢？这是一个值得深入探讨的问题。

总之，通过对以往研究的梳理可以发现，关于核心信念挑战与PTG之间关系的实证研究相对较少，且鲜有实证研究在考察核心信念挑战对PTG作用的同时，既纳入反刍又引入社会支持，以考察核心信念挑战对PTG的作用机制；同时，关于核心信念挑战与PTG之间关系的研究多集中于大学生或成人，并未对青少年的核心信念挑战与PTG的关系做全面的研究。由于青少年的认知能力处于迅速发展的时期，认知方面的发展尚未成熟，其核心信念受到挑战可能会导致青少年更多、更严重的认知冲突，进而影响其PTG实现。因此，本研究以汶川地震四年半后的青少年为研究对象，提出两个假设：（1）青少年的侵入性反刍和主动反刍在核心信念挑战和PTG之间的关系中起着中介作用，其中主动反刍也在侵入性反刍和PTG之间起中介作用。（2）社会支持在青少年的侵入性反刍至PTG的路径上起着调节作用，即社会支持调节着侵入性反刍对PTG的直接作用，也调节着侵入性反刍经主动反刍对PTG的间接作用。

2. 方法

2.1　研究对象

本研究共选取汶川县354名中学生，其中初二80人，初三90人，高二57人，高三127人。男生165人，女生189人。

2.2　研究工具

2.2.1　核心信念问卷

本研究修订了Cann等（2010）编制的核心信念问卷，修订后的问卷共计9个题项，采用6点计分，0表示“从未经历”，5表示“总是经历”。该问卷主要通过测量创伤后个体是否经常重新审视有关自我、他人、世界以及未来的基本看法，来反映核心信念受到挑战的程度。在进行本研究之前，此问卷首先被翻译成中文，再分别请在我国香港和加拿大攻读博士学位的同行译成英语，以进行语言意义之间的差异检验。之后，我们于2011年10月在汶川地区选取240名中学生进行了预测，预测问卷的总体信度为0.83，预测问卷的结构效度为$\chi^2/df=2.82$，NFI＝0.96，CFI＝0.98，RMSEA＝0.087。根据预测现场学生的实际反应，对问卷题目的表述进行了微调，构成了最终的核心信念问卷。在本研究中，问卷总体信度为0.88，问卷修订后的结构效度良好，验证性因素分析的拟合指数：$\chi^2/df=3.75$，NFI＝0.98，CFI＝0.98，RMSEA＝0.089。

2.2.2　反刍问卷

本研究修订了Cann等（2010）的事件相关反刍问卷（The Event Related Rumination Inventory），该问卷共包括20道题，分成侵入性反刍和主动反刍两个维度。该问卷采用4点计分，0代表“根本不”，3代表“总是”。在本研究中，该问卷总的内部一致性系数为0.90，侵入性反刍和主动反刍两维度的内部一致性系数分别为0.94和0.88，问卷修订后的结构效度良好。验证性因素分析的拟合指数：$\chi^2/df=2.63$，NFI＝0.87，CFI＝0.91，RMSEA＝0.066。

2.2.3　社会支持问卷

本研究修订了邹泓（1999）编制的社会关系网络问卷，共20题，采用5点记分，0代表“从不”，1代表“很少”，2代表“有时”，3代表“很多”，4代表“总是”。计算所有项目的平均分，得到被试的社会支持总分。个体的得分越高，表示主观感知到的社会支持越强。在本研究中，问卷的内部一致性系数为0.96。问卷修订后的结构效度良好，验证性因素分析的拟合指数：$\chi^2/df=3.777$，NFI＝0.88，CFI＝0.91，RMSEA＝0.089。

2.2.4　创伤后成长问卷

本研究修订了Tedeschi和Calhoun（1996）编制的创伤后成长问卷。原问卷共21题，考虑到文化的差异和汶川地震后青少年的现状，通过对震后青少年的访谈，增加了“更加理解冥冥之中有某种不可控的力量存在”一题，形成共计22道题的修订后问卷。该问卷共包括自我觉知的改变、人际体验的改变、生命价值的改变三个维度，对应项目数分别是9、7、6。采用6点记分，0代表“没有变化”，5代表“变化非常大”。中学生在该问卷的得分越高，表示PTG越强，即越有成长。在本研究中，问卷总的内部一致性信度系数为0.92，三个维度的内部一致性信度系数在0.80—0.86。问卷修订后的结构效度良好，验证性因素分析的拟合指数：$\chi^2/df=2.35$，NFI＝0.89，CFI＝0.93，RMSEA＝0.07。

2.3　程序及数据处理

本研究以汶川县某校中学生为被试，于汶川地震四年半后的2012年10月采取整群抽样的方式，在征得学校、所在班级班主任和学生本人的同意，并请学生签订知情同意书后，由心理咨询方向的在读研究生采用相同的指导语，进行集体施测。要求被试仔细阅读指导语，然后按要求填答问卷。完成问卷后，所有问卷当场收回。之后，由主试带领学生进行小游戏，以消除问卷填答过程可能带来的不适，小游戏有“手指操”、“我有一个梦”、“进化论”和“我真的很不错”等。所得数据采用 SPSS 16.0、AMOS 17.0 进行处理。

3. 结果

3.1 灾后青少年 PTG 的现状

通过对灾后四年半中学生的 PTG 及其各维度的描述统计发现（见表 1），除生命价值观的改变外，灾后中学生的 PTG 总体平均值及其他两维度的得分平均值都在 2.5 以上，说明灾后中学生 PTG 的水平较高。重复测量方差分析发现，三个维度间的差异显著［$F(2, 706)=44.77$，$p<0.01$］，配对样本 t 检验显示，自我觉知的改变与人际体验的改变不存在显著差异（$p>0.05$），且两者都显著高于生命价值观的改变（$p<0.05$）。同时，以性别和年级作为自变量，PTG 总体及其各维度作为因变量进行 2（性别）×4（年级）的多元方差分析，结果发现在 PTG 总体及其各维度上，性别与年级的交互作用都不显著［$F(3, 346)_{\text{PTG总体}}=0.38$，$p>0.05$；$F(3, 346)_{\text{自我觉知的改变}}=0.16$，$p>0.05$；$F(3, 346)_{\text{人际体验的改变}}=1.99$，$p>0.05$；$F(3, 346)_{\text{生命价值观的改变}}=0.39$，$p>0.05$］。性别的主效应在生命价值观的改变上不显著［$F(1, 346)_{\text{生命价值观的改变}}=0.10$，$p>0.05$］，在 PTG 总体及其他两个维度上显著［$F(1, 346)_{\text{PTG总体}}=2.81$，$p<0.05$；$F(1, 346)_{\text{自我觉知的改变}}=4.61$，$p<0.05$；$F(1, 346)_{\text{人际体验的改变}}=9.06$，$p<0.01$］，女生均高于男生。年级的主效应在 PTG 总体及其各维度上都显著［$F(3, 346)_{\text{PTG总体}}=7.70$，$p<0.001$；$F(3, 346)_{\text{自我觉知的改变}}=9.24$，$p<0.001$；$F(3, 346)_{\text{人际体验的改变}}=4.22$，$p<0.01$；$F(3, 346)_{\text{生命价值观的改变}}=5.40$，$p<0.01$］，事后比较结果表明，初二学生的 PTG 总体平均值及其自我觉知的改变得分平均值显著低于初三、高二和高三的学生，且初三学生低于高三学生，初三学生和高二学生之间、高二学生和高三学生之间没有显著差异；初二学生的人际体验的改变得分平均值显著低于初三、高二和高三的学生，初三、高二和高三的学生之间没有显著差异；初二学生的生命价值观的改变得分平均值显著低于高二、高三的学生，且初三学生低于高三学生，初二学生与初三学生之间、初三学生与高二学生之间、高二学生与高三学生之间没有显著差异。综合以上的结果发现，女生的 PTG 水平显著高于男生，初二学生的 PTG 水平相对低于高年级学生。

3.2 核心信念挑战、侵入性反刍、主动反刍和 PTG 之间的相关

通过对核心信念挑战与侵入性反刍、主动反刍、社会支持和 PTG 进行相关分析（如表 2 所示），可以发现核心信念挑战与侵入性反刍、主动反刍、社会支持和 PTG 都存在显著的正相关；侵入性反刍与主动反刍呈显著正相关，与 PTG 的正相关存在边缘显著性（$p=0.068$），与社会支持的相关不显著；主动反刍和社会支持都与 PTG 存在显著的正相关。

3.3 侵入性反刍和主动反刍在核心信念挑战与 PTG 关系中的中介作用

为了检验反刍在核心信念挑战对 PTG 影响过程中的中介效应，我们采用结构方程模型进行分析。根据中介效应检验的程序（温忠麟，张雷，侯杰泰，刘红云，2004），先分析核心信念挑战对 PTG 的直接效应，然后检验加入中介变量后模型的拟合情况及各路径系数的变化显著程度。直接效应的模型拟合指数：$\chi^2(3)=4.863$，RMSEA$=0.042$，CFI$=0.998$，TLI$=0.994$，GFI$=0.995$，NFI$=0.995$。直接效应的路径分析发现，核心信念挑战对 PTG 的路径系数显著（$\gamma=0.61$，$p<0.001$），说明核心信念挑战可以直接正向预测 PTG。

表 1　灾后青少年的 PTG 及其各维度的现状（$M\pm SD$）

样本特征	自我觉知的改变	人际体验的改变	生命价值观的改变	PTG 总体
总体	2.76±0.95	2.78±0.96	2.47±0.96	2.68±0.87
男生(n=165)	2.63±0.97	2.62±0.96	2.42±1.02	2.57±0.91
女生(n=189)	2.88±0.91	2.92±0.93	2.51±0.91	2.78±0.83
F	4.61*	9.07**	0.10	2.81*
初二(n=80)	2.35±1.03	2.47±1.03	2.13±1.00	2.33±0.96
初三(n=90)	2.67±0.99	2.71±1.05	2.39±1.04	2.61±0.93
高二(n=57)	2.84±0.83	2.95±0.84	2.63±0.85	2.82±0.75
高三(n=127)	3.05±0.81	2.94±0.84	2.67±0.87	2.91±0.74
F	9.24***	4.22**	5.40**	7.70***

注：* $p<0.05$，** $p<0.01$，*** $p<0.001$

表 2　核心信念挑战、侵入性反刍、主动反刍、社会支持和 PTG 之间的相关表

变量	$M\pm SD$	核心信念挑战	侵入性反刍	主动反刍	社会支持	PTG
核心信念挑战	2.15±1.03	1.00				
侵入性反刍	0.57±0.46	0.23**	1.00			
主动反刍	0.92±0.55	0.50**	0.47**	1.00		
社会支持	2.06±0.54	0.20**	0.04	0.21**	1.00	
PTG	2.68±0.87	0.56**	0.10	0.38**	0.27**	1.00

在核心信念挑战与 PTG 的关系中直接加入侵入性反刍和主动反刍后，发现模型拟合指数较差：$\chi^2(7)=88.399$，RMSEA=0.181，说明模型不可接受。为此，我们根据 PTG 的整合模型（Calhoun & Tedeschi，2006）进行了修正，即在上述模型的基础上增加由侵入性反刍至主动反刍的路径，结果发现模型各项拟合指数良好，$\chi^2(6)=21.293$，GFI = 0.980，NFI = 0.979，CFI = 0.984，IFI = 0.985，TLI = 0.961，RMSEA = 0.085，说明该模型是可以接受的。对模型中的各个路径进行分析（见图 1），结果发现核心信念挑

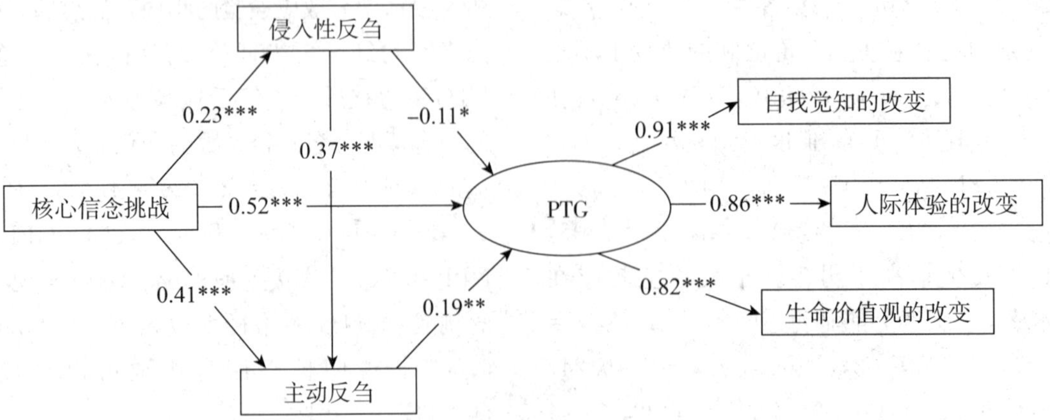

图 1　反刍在核心信念挑战与创伤后成长的中介作用

战对 PTG 的路径（$\gamma=0.52$，$p<0.001$）、核心信念挑战对侵入性反刍的路径（$\gamma=0.23$. $p<0.001$）、核心信念挑战对主动反刍的路径（$\gamma=0.41$，$p<0.01$）、侵入性反刍对 PTG 的路径（$\gamma=-0.11$，$p<0.05$）、主动反刍对 PTG 的路径（$\gamma=0.19$，$p<0.01$）、侵入性反刍对主动反刍的路径（$\gamma=0.37$，$p<0.001$）都非常显著。这一结果说明，核心信念挑战既可以直接正向预测 PTG，也可以通过主动反刍正向预测 PTG、通过侵入性反刍负向预测 PTG、通过侵入性反刍经主动反刍正向预测 PTG。也就是说，核心信念挑战对 PTG 的间接作用有“双刃剑”的性质，侵入性反刍对 PTG 也具有“双刃剑”作用。

为了检验中介效应的显著性，我们使用了 Bias-Corrected Bootstrap 程序进行检验（Preacher & Hayes，2008）。首先采用重复随机抽样的方法在原始数据（$N=354$）中抽取 5 000 个 Bootstrap 样本，然后根据这些样本拟合图 1 的模型，生成并保存 5 000 个中介效应的估计值，形成一个近似抽样分布，将这些效应值按数值大小排序，用第 2.5 百分位数和第 97.5 百分位数估计 95%的中介效应置信区间。如果中介效应 95%的置信区间没有包括 0，表明中介效应显著。使用 Bias-Corrected Bootstrap 方法得到核心信念挑战至 PTG 的中介效应 95%置信区间为 0.006—0.124，侵入性反刍至 PTG 的中介效应 95%置信区间为 0.013—0.131，说明上述中介效应显著。中介效应的总值为0.069[(0.41×0.19)+(−0.11×0.23)+(0.23×0.37×0.19)]，直接效应值为 0.52，中介效应占总效应的 12%。

3.4 社会支持在侵入性反刍对 PTG 影响中的调节效应

考虑到社会支持与 PTG 之间存在显著的正相关，因此在进行调节作用检验之前，首先考察社会支持对 PTG 的直接效应。直接效应的模型拟合指数：$\chi^2/df=2.374$，RMSEA $=0.062$，CFI $=0.988$，TLI$=0.982$，GFI$=0.971$，NFI$=0.980$。直接效应的路径分析发现，社会支持对 PTG 的路径系数显著（$\gamma=0.30$，$p<0.001$），说明社会支持可以直接正向预测 PTG。

在考察社会支持对 PTG 直接效应的基础上，为检验社会支持在侵入性反刍到 PTG 的所有路径上的调节作用，根据调节效应检验方法（温忠麟，侯杰泰，马什赫伯特，2003），将社会支持总分前 27%的被试归为高社会支持组，将总分在后 27%的被试归为低社会支持组。根据模型多组比较的要求，定义以下相互嵌套的三个模型。

模型 1（零模型）：对于不同的组别，定义相同的模型结构，对模型中的各个参数并未加以限制。

模型 2（测量模型）：在模型 1 的基础上，限定不同组的结构模型部分对应的预测路径系数相等。如高社会支持组与低社会支持组中 PTG 与自我觉知的改变、人际体验的改变以及生命价值的改变之间路径系数相等。

模型 3（结构模型）：根据假设，在模型 2 的基础上，限定侵入性反刍到 PTG 的所有路径系数相等。如高社会支持组与低社会支持组中侵入性反刍至 PTG 的路径系数、主动反刍至 PTG 的路径系数、侵入性反刍经主动反刍至 PTG 的路径系数相等。

本研究利用模型多组比较的方式，检验社会支持在侵入性反刍、主动反刍与 PTG 之间建立的模型中的调节效应，即考察高社会支持与低社会支持的中学生在侵入性反刍对 PTG 的预测作用上是否存在显著差异，结果见表 3。模型 1 与模型 2 差异呈边缘性显著，$\Delta\chi^2(2)=5.560$，$p=0.062$，模型 1 与模型 3 差异显著，$\Delta\chi^2(5)=15.091$，$p=0.010$，而模型 2 与模型 3 也存在显著差异，$\Delta\chi^2(3)=9.531$，$p=0.023$。这些结果表明高社会支持组与低社会支持组的中学生在侵入性反刍对 PTG 的预测作用上存在显著差异，也就是说社会支持起到了调节作用。

表 3　社会支持对侵入性反刍与创伤后成长的各回归模型拟合指数

模型	χ^2	df	GFI	CFI	NFI	TLI	RMSEA
模型 1	13.497	12	0.978	0.997	0.978	0.994	0.025
模型 2	19.085	14	0.969	0.991	0.969	0.981	0.043
模型 3	28.589	17	0.956	0.980	0.953	0.965	0.059

那么，社会支持对哪一条路径起到了调节效应呢？为此，我们对两模型的路径系数进行了成对比较，结果发现社会支持在侵入性反刍对 PTG 的路径上（$\gamma_{高社会支持组}=-0.10$，$\gamma_{低社会支持组}=-0.26$，$p>0.05$）、在主动反刍对 PTG 的路径上（$\gamma_{高社会支持组}=0.42$，$\gamma_{低社会支持组}=0.24$，$p>0.05$）不起调节作用，而在侵入性反刍与主动反刍的关系中调节效应显著（$\gamma_{高社会支持组}=0.18$，$\gamma_{低社会支持组}=0.58$，$p<0.05$）。为了进一步明确社会支持在侵入性反刍对主动反刍的预测作用中的方向，本研究采用简单斜率检验（Preacher，Curran，& Bauer，2006）对社会支持的调节作用进行分析，结果发现在高社会支持水平下，侵入性反刍对主动反刍的正向预测作用较低（*simple slope*$=0.31$，$t=2.98$，$p<0.01$）；而在低社会支持水平下，侵入性反刍对主动反刍的正向预测作用相对较强（*simple slope*$=0.55$，$t=6.16$，$p<0.001$）（见图 2）。这说明侵入性反刍对主动反刍的预测作用随社会支持的增加而降低。

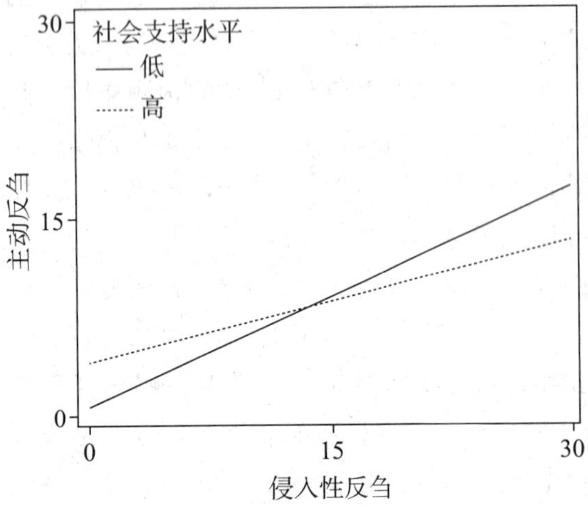

图 2　社会支持在侵入性反刍至主动反刍路径上调节作用的简单斜率检验图

4. 讨论

4.1　灾后青少年的 PTG 现状

本研究是在汶川地震四年半后对灾区中学生进行的调查研究，结果发现灾后中学生的创伤后成长水平较高，这可能是因为随着时间的推移，中学生有更多的时间对地震这一事件带来的影响进行更多的反思，从而有助于他们在自我觉知、人际体验和生命价值观方面产生更多的积极改变。研究也发现，在这些改变中，自我觉知的改变和人际体验的改变最大，这验证了以往的研究结果（Taku et al.，2012）。对此，Glad，Jensen，Holt 和 Ormhaug（2013）给予了合理的解释，即创伤经历可以丰富个体关于创伤方面的知识，增加自我保护的机能，提升面对未来的勇气，从而增加了自我的积极体验；另外，经历创伤的人也容易与他人建立亲密的关系，对他人的情绪反应更加敏感，并且愿意帮助他人，从而能够建立良好的人际关系，体验到更多的人际关系的变化。

本研究发现，男女生的 PTG 之间存在显著差异，女生高于男生，这与以往研究的结果一致（Cryder et al.，2006；Vishnevsky，Cann，Calhoun，Tedeschi，& Demakis，2010）。一个可能的原因是在应对创伤压力的过程中，女生更倾向于不断反思创伤事件给其带来的影响（Barrett & Bliss-Moreau，2009），这可以使其重新理解创伤后的自我、他人和世界，从而发现创伤事件背后蕴藏的积极意义，有助于 PTG 的实现。另外，本研究也发现 PTG 及其各维度在年级方面存在显著的差异，整体而言，初二学生的 PTG 水平相对低于高年级学生。一个可能的解释在于，初二是心理成长的关键期，许多青春期的困惑与问题都集中在初二（杨晓莉，邹泓，2008），这些问题与创伤导致的心理问题交织在一起可能会对其创伤后的顺应产生消极影响，进而会制约其对自我、他人和世界的积极认知，因此与其他高年级学生相比，初二学生的 PTG 水平相对较低。

4.2 青少年的核心信念挑战与 PTG 的关系：反刍的中介作用

本研究发现核心信念挑战可以直接作用于 PTG，即创伤事件挑战了核心信念，导致核心信念的变化，从而有助于 PTG 的实现。本研究的结果与以往实证研究的结果一致（Cann, et al., 2010; Danhauer et al., 2013; Lindstrom et al., 2013）。对于青少年来说，由于其认知处在迅速发展的时期，认知系统具有较大的可塑性，创伤事件对其核心信念系统的挑战，增加了其认知系统变化的可能性，有助于其认识先前没有意识到的力量，增加对未来创伤可能性的心理准备和对现实的再认知，从而有利于积极建构对于世界的理解，实现 PTG（Janoff-Bulman, 2004）。

本研究发现青少年的核心信念挑战通过反刍对 PTG 的间接作用具有“双刃剑”性质，即汶川地震后青少年的核心信念挑战，一方面可以通过主动反刍正向影响 PTG，另一方面也可以通过侵入性反刍负向预测 PTG。青少年的核心信念挑战通过主动反刍正向影响 PTG，这意味着青少年的核心信念受到挑战的程度越大，青少年对创伤事件进行主动反刍的可能性就越大，其 PTG 越可能实现。根据破碎信念假设（Janoff-Bulman, 1989），核心信念受到挑战后所导致的认知失衡会迫使个体去改变原有的认知方式，重新评价创伤情境。思考创伤事件给其带来的影响，使个体积极顺应创伤后周遭世界发生的一切。这有助于个体将注意的焦点从创伤事件的消极面转向创伤事件的积极面，发现创伤事件背后蕴藏的意义，有助于个体重建对于他人、自我和世界的理解，因此核心信念挑战对 PTG 的影响可以通过主动反刍发生积极影响。

至于青少年的核心信念挑战通过侵入性反刍负向影响 PTG，这可能是因为青少年的认知尚未发展成熟，核心信念受到挑战会导致个体已有的认知和当下的认知产生冲突，给个体带来心理上的压力。在受损分离假说看来（Impaired Disengagement Hypothesis）（Koster et al., 2011），当个体心理遭遇压力时，会导致个体的侵入性反刍，致使创伤事件容易侵入到青少年的认知世界，占用了青少年的认知资源，使他们注意的焦点无法有效地从创伤事件及其影响上得以转移（Chuen Yee Lo, Lau, Cheung, & Allen, 2012; Watkins & Brown, 2002），进而会激活青少年对创伤事件及其相关线索的消极认知（Ehlers & Clark, 2000; Elwood, Hahn, Olatunji, & Williams, 2009），使青少年关注创伤事件本身及其所产生的消极结果，导致分配到问题解决和关注事件积极面的注意资源减少，致使青少年无法有效应对创伤给其带来的影响，从而不利于 PTG 的出现。

本研究也发现，核心信念挑战激发的侵入性反刍可以通过主动反刍正向预测 PTG，而由于侵入性反刍对 PTG 有直接的负向预测作用，因此侵入性反刍对 PTG 也有“双刃剑”的作用。一方面侵入性反刍可以对 PTG 产生直接的负向作用，另一方面又可以通过主动反刍对 PTG 发生正向作用。这是因为侵入性反刍作为一种对创伤事件被动认知的活动，其自身具有逃避的机能（Moulds, Kandris, Starr, & Wong, 2007; Nolen-Hoeksema, Wisco, & Lyubomirsky, 2008），不利于有效地解决问题（Nolen-Hoeksema, 1991），也不利于 PTG 的产生，同时也会导致更多的心理压力（Nolen-Hoeksema et al., 2008）；而这种反刍的持续存在所导致的心理压力，也会迫使个体不得不去主动思考创伤事件，从而有助于对这些事件进行积极的意义建构，并最终导致 PTG 的产生。可见，在侵入性反刍对 PTG 影响的“双刃剑”作用中，主动反刍发挥着关键性的作用，因此在对灾后青少年进行心理援助时，有必要引导他们积极主动地思考创伤事件。

4.3 青少年的侵入性反刍与PTG的关系：社会支持的调节作用

本研究发现社会支持对PTG具有直接的正向预测作用，这与以往研究结果一致（Nenova，DuHamel，Zemon，Rini，& Redd，2013；Yu et al.，2013）。根据社会认知加工理论（Lepore & Greenberg，2002），社会支持能够给创伤后的个体提供支持性的环境，有助于个体对创伤事件进行积极的思考和意义的整合，从而促进PTG的实现。

对社会支持在侵入性反刍至PTG的所有路径上的调节作用进行分析，结果发现社会支持并不调节侵入性反刍至PTG的直接路径，也不调节主动反刍至PTG的路径。这可能是因为低社会支持水平下，个体处在有限的支持环境中，限制了青少年对侵入到其认知世界的创伤事件进行认知暴露，使其注意的焦点无法有效地从创伤事件及其消极影响上得以转移（Chuen Yee Lo et al.，2012；Watkins & Brown，2002），不利于青少年积极地应对创伤事件及其消极结果，阻碍了PTG的实现。但在持续的高社会支持水平下，个体即使能够对创伤事件进行认知暴露，却也可能会使其感到这些支持实际上反映了自我应对的无能为力（Coyne et al.，1988），容易导致个体对创伤事件进行积极认知的惰性（Bolger & Amarel，2007），也不利于PTG的出现。因此，社会支持不调节侵入性反刍至PTG的直接路径。然而，对于社会支持不调节主动反刍对PTG的路径，一个可能的原因在于，PTG是主动反刍的结果（Tedeschi & Calhoun，2004）。提供社会支持的主要目的在于帮助创伤后个体改变其认知模式，促进个体对创伤事件及其结果的积极认知和思考（McDonough，Sabiston，& Wrosch，2014），帮助其实现PTG。当个体已对创伤事件及其结果进行主动反刍时，社会支持在主动反刍与PTG之间发挥的作用将不再明显，而其他因素尤其是时间因素的作用可能更加突出（Gangstad，Norman，& Barton，2009）。

虽然本研究发现社会支持在主动反刍至PTG的路径上、在侵入性反刍至PTG的直接路径上不起调节作用，但社会支持却调节着侵入性反刍至PTG的间接路径，这支持了PTG整合模型（Calhoun & Tedeschi，2006）的基本假设，即社会支持主要调节着侵入性反刍至主动反刍的路径。但是与PTG的整合模型不同，本研究发现，在高社会支持水平下，侵入性反刍对主动反刍的预测作用相对较弱；低社会支持水平下，侵入性反刍对主动反刍的预测作用更强。一个可能的解释在于，侵入性反刍是青少年对于认知中的创伤事件被迫的思考，它会给个体带来更多的心理压力，进而会激发青少年主动认知加工创伤事件，从而有助于青少年发现创伤事件蕴藏的意义，实现PTG（Cann et al.，2011；Taku et al.，2009）。然而根据社会支持的缓冲模型（Keppel-Benson，Ollendick，& Benson，2002），社会支持对于压力感受具有缓冲作用，因此高水平的社会支持可能会缓解侵入性反刍给青少年带来的心理压力，使青少年的心理不适度减低，进而减少青少年对创伤事件的主动认知加工。除此之外，由于汶川地震四年半后，灾后重建工作已完成，青少年的生活已恢复到正常水平，继续提供高水平的社会支持，可能会使其感到这些支持实际上反映了自我应对的无能为力（Coyne et al.，1988），进而可能会导致青少年更多地依赖社会支持来应对由侵入性反刍带来的压力，最终削弱他们动用自身认知资源来进行主动应对的效能感（Bolger & Amarel，2007），从而也会降低他们对创伤事件进行主动反刍的可能性。但在低社会支持水平下，个体利用外在力量来减少侵入性反刍带来的压力的可能性较少，为有效地应对侵入性反刍带来的压力，个体不得不借助自身的力量，其中最重要的就是动用个体的认知资源来应对。因此，低社会支持水平反而会导致侵入性反刍的个体更多地进行主动反刍。

4.4 本研究的意义与局限

本研究对核心信念挑战、侵入性反刍、主动反刍、社会支持与PTG关系进行了探讨，结果发现核心信念挑战可以直接作用于PTG，也可通过反刍作用于PTG，其中社会支持在侵入性反刍至主动反刍中起调节作用。研究的结果可以为灾后中学生的心理援助提供一定的参考：一方面，根据核心信念挑战对 PTG 的直接作用和核心信念挑战经侵入性反刍、主动反刍对 PTG 的间接作用，因此在灾后中学生心理援助时，需要帮助中学生直面地震给其带来的消极变化，改变中学生对于创伤事件及其后果的消极态度，引导他们对创伤事件及其结果进行主动反刍，从而使其认识到震后自我、他人和周围世界的积极变化；另一方面，考虑到社会支持对 PTG 具有直接的正向预测作用以及侵入性反刍对主动反刍的预测作用却又随社会支持的增加而降低，因此在长期的心理援助过程中，在为灾后中学生提供社会支持的同时，也应该鼓励中学生动用自身的力量来应对创伤事件，以免其过度依赖外界的力量。

虽然本研究具有一定的理论和实践意义，但本研究所采用的横断研究方法和横断数据不能清晰地描绘出核心信念挑战、侵入性反刍、主动反刍、社会支持和 PTG 之间关系随时间变化的趋势，不能确认其间跨时间的因果关系，不能有效地探讨其长期作用机制。未来的研究有必要采用纵向研究的视角，考察随时间变化的核心信念挑战、侵入性反刍、主动反刍、社会支持和 PTG 的关系，以便更确切地探究它们之间跨时间的因果关系及核心信念挑战与 PTG 之间的长期作用机制。

5. 结论

（1）汶川地震四年半后青少年的 PTG 整体水平较高，其中女生高于男生，初二学生相对低于高年级学生。

（2）核心信念挑战可以直接作用于 PTG，也可以通过侵入性反刍对 PTG 起负向作用、通过主动反刍对 PTG 起正向作用，并且核心信念挑战也可通过侵入性反刍经主动反刍对 PTG 发挥正向作用。

（3）社会支持在侵入性反刍影响 PTG 的直接路径上不起调节作用。社会支持在侵入性反刍经主动反刍对 PTG 的间接路径上发挥调节作用，表现为侵入性反刍对主动反刍的正向预测作用随社会支持的增加而降低。

参考文献：

Affleck, G., & Tennen, H. (1996). Construing Benefits from Adversity: Adaptotional Significance and Disposltional Underpinnings. *Journal of Personality*, 64, 899-922.

Barrett, L. F., & Bliss-Moreau, E. (2009). She's emotional. He's having a bad day: Attributional explanations for emotion stereotypes. *Emotion*, 9, 649-658.

Bolger, N., & Amarel, D. (2007). Effects of social support visibility on adjustment to stress: Experimental evidence. *Journal of Personality and Social Psychology*, 92, 458-475.

Breslau, N. (2002). Gender differences in trauma and posttraumatic stress disorder. *The Journal of Gender-Specific Medicine*, 5, 34-40.

Burke, C. T. (2008). *A Social-Cognitive Approach to Understanding the Positive and Negative Consequences of Social Support Receipt in Close Relationships* (Unpublished doctorial dissertation). New York University.

Calhoun, L. G., Cann, A., & Tedeschi, R. G. (2010). The posttraumatic growth model: Socio-cultural considerations. In T. Weiss & R. Berger (Eds.), *Posttraumatic Growth and Culturally Competent Practice: Lessons Learned from around the Globe* (pp. 1-14). Hoboken, NJ: Wiley.

Calhoun, L. G., Cann, A., Tedeschi, R. G., & McMillan, J. (2000). A correlational test of the relationship between posttraumatic growth, religion, and cognitive processing. *Journal of Traumatic Stress*, 13, 521-527.

Calhoun, L. G., & Tedeschi, R. G. (2004). The foundations of posttraumatic growth: New considerations. *Psychological Inquiry*, 15, 93-102.

Calhoun, L. G., & Tedeschi, R. G. (2006). The foundations of posttraumatic growth: An expanded framework. In L. G. Calhoun & R. G. Tedeschi (Eds.), *Handbook of Posttraumatic Growth* (pp. 1-23). Mahwah, NJ: Lawrence Erlbaum Associates.

Cann, A., Calhoun, L. G., Tedeschi, R. G., Kilmer, R. P., Gil-Rivas, V., Vishnevsky, T., & Danhauer, S. C. (2010). The core beliefs inventory: A brief measure of disruption in the assumptive world. *Anxiety, Stress & Coping*, 23, 19-34.

Cann, A., Calhoun, L. G., Tedeschi, R. G., & Solomon, D. T. (2010). Posttraumatic growth and depreciation as independent experiences and predictors of well-being. *Journal of Loss and Trauma*, 15, 151-166.

Cann, A., Calhoun, L. G., Tedeschi, R. G., Triplett, K. N., Vishnevsky, T., & Lindstrom, C. M. (2011). Assessing posttraumatic cognitive processes: The event related rumination inventory. *Anxiety, Stress, & Coping*, 24, 137-156.

Carpenter, K. M., Fowler, J. M., & Andersen, B. L. (2010). Direct and buffering effects of social support among gynecologic cancer survivors. *Annals of Behavioral Medicine*, 39, 79-90.

Chuen Yee Lo, B., Lau, S., Cheung, S. H, & Allen, N. B. (2012). The impact of rumination on internal attention switching. *Cognition & Emotion*, 26. 209-223.

Ciesla, J. A., & Roberts, J. E. (2007). Rumination, negative cognition, and their interactive effects on depressed mood. *Emotion*, 7, 555-565.

Connerty, T. J., & Knott, V. (2013). Promoting positive change in the face of adversity: Experiences of cancer and post-traumatic growth. *European Journal of Cancer Care*, 22, 334-344.

Cordova, M. J., Giese-Davis, J., Golant, M., Kronenwetter, C., Chang, V., & Spiegel, D. (2007). Breast cancer as trauma: Posttraumatic stress and posttraumatic growth. *Journal of Clinical Psychology in Medical Settings*, 14, 308-319.

Coyne, J. C., Wortman, C. B., & Lehman, D. R. (1988). The other side of support: Emotional overinvolvement and miscarried helping. In B. H. Gottlieb (Ed.), *Marshaling Social Support* (pp. 305-330). Newbury Park, CA: Sage.

Cryder, C. H., Kilmer, R. P., Tedeschi, R. G., & Calhoun, L. G. (2006). An exploratory study of posttraumatic growth in children following a natural disaster. *American Journal of Orthopsychiatry*, 76, 65-69.

Danhauer, S. C., Russell, G. B., Tedeschi, R. G., Jesse, M. T., Vishnevsky, T., Daley, K., ... Cann, A. (2013). A longitudinal investigation of posttraumatic growth in adult patients undergoing treatment for acute Leukemia. *Journal of Clinical Psychology in Medical Settings*, 20, 13-24.

Dunn, J., Occhipinti, S., Campbell, A., Ferguson, M., & Chambers, S. K. (2011). Benefit finding after cancer: The role of optimism, intrusive thinking and social environment. *Journal of Health Psychology*, 16, 169-177.

Ehlers, A., & Clark, D. M. (2000). A cognitive model of posttraumatic stress disorder. *Behaviour Research and Therapy*, 38, 319-345.

Elwood, L. S., Hahn, K. S., Olatunji, B. O., & Williams, N. L. (2009). Cognitive vulnerabilities to the development of PTSD: A review of four vulnerabilities and the proposal of an integrative vulnerability model. *Clinical Psychology Review*, 29, 87-100.

Fisher, J. D., Nadler, A., & Whitcher-Alagna, S. (1982). Recipient reactions to aid. *Psychological Bulletin*, 91, 27-54.

Frazier, P., Conlon, A., & Glaser, T. (2001). Positive and negative life changes following sexual assault. *Journal of Consulting and Clinical Psychology*, 69, 1048-1055.

Gangstad, B., Norman, P., & Barton, J. (2009). Cognitive processing and posttraumatic growth after stroke. *Rehabilitation Psychology*, 54, 69-75.

Glad, K. A., Jensen, T. K., Holt, T., & Ormhaug, S. M. (2013). Exploring self-perceived growth in a clinical sample of severely traumatized youth. *Child Abuse & Neglect*, 37, 331-342.

Holtzman, S., Newth, S., & Delongis, A. (2004). The role of social support in coping with daily pain among patients with rheumatoid arthritis. *Journal of Health Psychology*. 9, 677-695.

Janoff-Bulman, R. (1989). Assumptive worlds and the stress of traumatic events: Applications of the schema construct. *Social Cognition*, 7, 113-136.

Janoff-Bulman, R. (2004). Posttraumatic growth: Three

explanatory models. *Psychological Inquiry*, 15, 30-34.

Janoff-Bulman, R. (2006). Schema-change perspectives on posttraumatic growth. In R. G. Tedeschi & L. G. Calhoun (Eds.), *Handbook of Posttraumatic Growth- research and Practice*. Mahwah, NJ: Lawrence Erlbaum.

Joseph, S., & Linley, P. A. (2005). Positive adjustment to threatening events: An organismic valuing theory of growth through adversity. *Review of General Psychology*, 9, 262-280.

Keppel - Benson, J. M., Ollendick, T. H., & Benson, M. J. (2002). Post-traumatic stress in children following motor vehicle accidents. *Journal of Child Psychology and Psychiatry*, 43, 203-212.

Kilmer, R. P., & Gil-Rivas, V. (2010). Exploring posttraumatic growth in children impacted by Hurricane Katrina: Correlates of the phenomenon and developmental considerations. *Child Development*, 81, 1211-1227.

Koster, E., De Lissnyder, E., Derakshan, N., & De Raedt, R. (2011). Understanding depressive rumination from a cognitive science perspective: The impaired disengagement hypothesis. *Clinical Psychology Review*, 31, 138-145.

Kuehner, C., & Weber, I. (1999). Responses to depression in unipolar depressed patients: An investigation of Nolen-Hoeksema's response styles theory. *Psychological Medicine*, 29, 1323-1333.

Lepore, S. J., & Greenberg, M. A. (2002). Mending broken hearts: Effects of expressive writing on mood. cognitive processing, social adjustment and health following a relationship breakup. *Psychology and Health*, 17, 547-560.

Lindstrom, C. M., Cann, A., Calhoun, L. G., & Tedeschi, R. G. (2013). The relationship of core belief challenge, rumination, disclosure, and sociocultural elements to posttraumatic growth. *Psychological Trauma: Theory, Research, Practice, and Policy*, 5, 50-55.

McDonough, M. H., Sabiston, C. M., & Wrosch, C. (2014). Predicting changes in posttraumatic growth and subjective well - being among breast cancer survivors: The role of social support and stress. *Psycho-Oncology*, 23, 114-120.

McLean, C. P., Handa, S., Dickstein, B. D., Benson, T. A., Baker, M. T., Isler, W. C., ... Litz, B. T. (2013). Posttraumatic growth and posttraumatic stress among military medical personnel. *Psychological Trauma: Theory, Research, Practice, and Policy*, 5, 62-68.

Morris, B. A., & Shakespeare-Finch, J. E. (2010). Rumination, post traumatic growth, and distress: Structural equation modeling with cancer survivors. *Psycho-Oncology*, 20, 1176-1183.

Moulds, M. L., Kandris, E., Starr, S., & Wong, A. (2007). The relationship between rumination, avoidance and depression in a non-clinical sample. *Behaviour Research and Therapy*, 45, 251-261.

Nenova, M., DuHamel, K., Zemon, V., Rini, C., & Redd, W. H. (2013). Posttraumatic growth, social support, and social constraint in hematopoietic stem cell transplant survivors. *Psycho-Oncology*, 22, 195-202.

Nightingale, V. R., Sher, T. G., & Hansen, N. B. (2010). The impact of receiving an HIV diagnosis and cognitive processing on psychological distress and posttraumatic growth. *Journal of Traumatic Stress*, 23, 452-460.

Nolen-Hoeksema, S. (1991). Responses to depression and their effects on the duration of depressive episodes. *Journal of Abnormal Psychology*, 100, 569-582.

Nolen-Hoeksema, S., & Davis, C. G. (2004). Theoretical and methodological issues in the assessment and interpretation of posttraumatic growth. *Psychological Inquiry*, 15, 60-64.

Nolen-Hoeksema, S., Wisco, B. E., & Lyubomirsky, S. (2008). Rethinking rumination. *Perspectives on Psychological Science*, 3, 400-424.

Park, C. L., & Fenster, J. R. (2004). Stress-related growth: Predictors of occurrence and correlates with psychological adjustment. *Journal of Social and Clinical Psychology*, 23, 195-215.

Preacher, K. J., Curran, P. J., & Bauer, D. J. (2006). Computational tools for probing interactions in multiple linear regression, multilevel modeling. and latent curve analysis. *Journal of Educational and Behavioral Statistics*, 31, 437-448.

Preacher, K. J., & Hayes, A. F. (2008). Asymptotic and resampling strategies for assessing and comparing indirect effects in multiple mediator models. *Behavior Research Methods*, 40, 879-891.

Puterman, E., DeLongis, A., & Pomaki, G. (2010). Protecting us from ourselves: Social support as a buffer of trait and state rumination. *Journal of Social and Clinical Psychology*, 29, 797-820.

Schmaling, K. B., Dimidjian, S., Katon, W., & Sullivan, M. (2002). Response styles among patients with minor depression and dysthymia in primary care. *Journal of Abnormal Psychology*, 111, 350-356.

Stockton, H., Hunt, N., & Joseph. S. (2011). Cognitive processing, rumination, and posttraumatic growth. *Journal of Traumatic Stress*, 24, 85-92.

Taku, K., Calhoun, L. G., Cann, A., & Tedeschi, R. G. (2008). The role of rumination in the coexistence of distress and posttraumatic growth among bereaved Japanese university students. *Death Studies*, 32, 428-444.

Taku, K., Cann, A., Tedeschi, R. G., & Calhoun, L. G. (2009). Intrusive versus deliberate rumination in posttraumatic growth across US and Japanese samples. *Anxiety, Stress, & Coping*, 22, 129-136.

Taku, K., Kilmer, R. P., Cann, A., Tedeschi, R. G., & Calhoun, L. G. (2012). Exploring posttraumatic growth in Japanese youth. *Psychological Trauma: Theory, Research, Practice, and Policy*, 4, 411-419.

Tedeschi, R. G., & Calhoun, L. G. (1995). *Trauma & transformation: Growing in the Aftermath of Suffering*. Thousand Oaks, CA: Sage Publications.

Tedeschi, R. G., & Calhoun, L. G. (1996). The posttraumatic growth inventory: Measuring the positive legacy of trauma. *Journal of Traumatic Stress*, 9, 455-471.

Tedeschi, R. G., & Calhoun, L. G. (2004). Posttraumatic growth: Conceptual foundations and empirical evidence. *Psychological Inquiry*, 15, 1-18.

Tomich, P. L., & Helgeson, V. S. (2012). Posttraumatic growth following cancer: Links to quality of life. *Journal of Traumatic Stress*, 25, 567-573.

Triplett, K. N., Tedeschi, R. G., Cann, A., Calhoun, L. G., & Reeve, C. L. (2011). Posttraumatic growth, meaning in life, and life satisfaction in response to trauma. *Psychological Trauma: Theory, Research, Practice, and Policy*, 4, 400-404.

Vishnevsky, T., Cann, A., Calhoun, L. G., Tedeschi, R. G., & Demakis, G. J. (2010). Gender differences in self-reported posttraumatic growth: A meta-analysis. *Psychology of Women Quarterly*, 34, 110-120.

Watkins, E., & Brown, R. G. (2002). Rumination and executive function in depression: An experimental study. *Journal of Neurology, Neurosurgery & Psychiatry*, 72, 400-402.

Watkins, E., & Moulds, M. (2005). Positive beliefs about rumination in depression—A replication and extension. *Personality and Individual Differences*, 39, 73-82.

Watkins, E. R. (2008). Constructive and unconstructive repetitive thought. *Psychological Bulletin*, 134, 163-206.

Wen, Z. L., Chang, L., Kit-Tai, H., & Liu, H. Y. (2004). Testing and application of the mediating effects. *Acta Psychologica Sinica*, 36, 614-620.

[温忠麟，张雷，侯杰泰，刘红云. (2004). 中介效应检验程序及其应用. 心理学报，36，614—620.]

Wen, Z. L., Kit-Tai, H., & Marsh, H. W. (2003). Methods and recent research development in analysis of interaction effects between latent variables. *Advances in Psychological Science*, 11, 593-599.

[温忠麟，侯杰泰，马什赫伯特. (2003). 潜变量交互效应分析方法. 心理科学进展，11，593—599.]

Xu, J., & Liao, Q. (2011). Prevalence and predictors of posttraumatic growth among adult survivors one year following 2008 Sichuan earthquake. *Journal of Affective Disorders*, 133, 274-280.

Yanez, B. R., Stanton, A. L., Hoyt, M. A., Tennen, H., & Lechner, S. (2011). Understanding perceptions of benefit following adversity: How do distinct assessments of growth relate to coping and adjustment to stressful events? *Journal of Social and Clinical Psychology*, 30, 699-721.

Yang, X. L., & Zou, H. (2008). Characteristics of parent adolescent communication. *Psychological Development and Education*, 24, 49-54.

[杨晓莉，邹泓.(2008).青少年亲子沟通的特点研究.心理发展与教育，24，49—54.]

Yu，Y.，Peng，L.，Chen，L.，Long，L.，He，W.，Li，M.，& Wang，T.(2013). Resilience and social support promote posttraumatic growth of women with infertility: The mediating role of positive coping. *Psychiatry Research*，215，401-405.

Zoellner，T.，& Maercker，A.(2006). Posttraumatic growth in clinical psychology—A critical review and introduction of a two component model. *Clinical Psychology Review*，26，626-653.

Zou，H.(1999). Social support networks and personal relationships in middle school students. *Journal of Beijing Normal University* (*Social Sciences*)，(1)，34-42.

[邹泓.(1999).中学生的社会支持系统与同伴关系.北京师范大学学报(社会科学版)，(1)，34—42.]

德　育

伯恩斯坦的“表意性秩序”理论及启示*

——一种关于学校德育管理的理论

□ 谢维和（清华大学教授）

“表意性秩序”，是英国著名教育学家伯恩斯坦在其教育学著作《阶级、符码与控制》一书中提出的一个非常重要的教学理论。而他在《学校道德基础之变迁》第一章“教育共识与不满之来源”与第二章“教育的仪式”两个章节中，集中讨论了学校文化及其传递对学生的影响，整个讨论与论证逻辑非常严密，操作性与规范性非常强，在关于教育学和教学的理论中是不多见的。这些理论观点与分析方式，对于进一步完善我国大学教学的改革发展，尤其是大学生思想品德教育的课程建设，具有非常直接的参考价值与现实意义。

一、“表意性秩序”理论之内涵

这里所谓的“表意性秩序”，与伯恩斯坦在其著作中同时提到的相应的“工具性秩序”，实际上是指学校中道德传递和控制技能的两种社会结构。在伯恩斯坦看来，“学校传递给学生的行为大抵上可以分为两大类：一是品格训练，二是形式性学习。这两种行为的运作实际上相互牵连。学校，一方面希望借由一些训练和活动、常规与判断，传递给学生品行、性格和态度的表达；另一方面传递给学生必要的事实、程序，练习与判断，以学习特定能力；这些都是学习人文科学或自然科学所必要的技能”[1]。由此，“学校传递品行、性格与态度的相关行为与活动，可以称之为表意性秩序（expressive order）；而学习特定技能的行为与活动，则称之为工具性秩序（instrumental order）”[2]。

根据伯恩斯坦的观点，这种学校教学中的表意性秩序的功能与工具性秩序的功能是不同的。作为学校教学活动的两种基本秩序，“这两种秩序的关系构成了学校内部紧张拉力的来源”[3]。

在伯恩斯坦看来，工具性秩序的主要功能是分化，即促进和引导学生的分化。也就是说，根据学校教学中的工具性秩序，学生可以按照不同的学习成绩与学术能力，区分成为不同的群体；因此，这种工具性秩序可以成为学校对学生进行分类，进而对他们进行不同途径发展的依据。换句话说，学生能够通过这种工具性秩序，进入到学校教学活动中的不同层次和轨道中，并且形成不同的发展取向和差异。

相反，学校教学活动中的表意性秩序的主要功能则是整合与达成共识。伯恩斯坦说道：“表意性秩序在于传递一种品行、性格与态度的表达，一种每位学生和教师都应有的道德秩序。它将整个学校结合成一个个独特的道德集合体”[4]。

---

* 原载《教育研究》2014 年第 2 期。

他还非常明确地指出，“表意性秩序是社会共识的主要机制”[5]。

从这个意义上说，表意性秩序本身具有一种凝聚的功能，它通过某些具有合法性的行为规范、价值观念，倡导一种社会的共同理想和发展目标，特别是建立起一种具有广泛覆盖性的共有价值，把社会的绝大多数人凝聚在一起，实现一种最大程度的共识，进使人们尤其是青年人达到对国家的忠诚、对文化传统的认同，以及形成对社会的责任感。所以，任何国家和社会的教育体系，都非常重视学校教育中的表意性秩序，甚至将这种表意性秩序的建设与实施作为教育的首要任务与功能。而从大学的角度来看，这种表意性秩序也是学校教学最重要的内容。

值得注意的是，这种表意性秩序的一个重要特点是，它并不具有工具性秩序所具备的那种所谓的客观性。用伯恩斯坦的话说，“这些特定技能通常能够以相当客观的方法来考试和评量，但是，这些方式却无法用于品行、性格与态度的表达的评量”[6]。然而，这种表意性秩序又不是没有客观基础的纯粹主观的东西，它是以社会上具有主流性和普遍性的行为规范、道德系统、文化形态与价值观念为基础的，因而具有非常广泛的社会实在性。按照伯恩斯坦的说法，“学校的表意性秩序是由校外认可的行为观点所合法化”[7]。换言之，学校教育中的表意性秩序是由主导的社会文化和价值观念所决定制约的，是随着社会主导的文化与价值观念的变化而不断更新的。

当然，由于学校教育的特点，学校教育中的表意性秩序的内涵也可以在某种程度上领先于社会的道德表达，甚至可以认为，由于学校教育培养的未来的建设者和接班人是接受社会发展对未来的委托，所以，学校教育中的表意性秩序的内涵在一定程度上超越现实社会的道德表达也是合理的。

二、影响表意性秩序功能发挥的因素和变量

学校教育中的表意性秩序的建设与发展是非常必要的，但是，这种表意性秩序的功能往往也受到各种因素和变量的影响。一般而言，这种影响主要表现在两个方面。

首先是学校教育中表意性秩序的张力。正如前面所说明的那样，学校教育中的表意性秩序是随着社会的道德表达而不断变化的，而这也恰恰是表意性秩序的建设与实施过程中比较困难的方面。如果说，工具性秩序往往也会随着科技的进步，以及新的知识与方法的产生而发生某种不稳定的现象，那么，学校教育中的表意性秩序则更加容易受到社会文化与价值观念变化的影响。而且，可以这样认为，在表意性秩序中存在的这种现象，往往比工具性秩序中的这种现象更加突出和严重。伯恩斯坦非常清楚地看到了这一点。他十分明确地指出，虽然学校教育中的表意性秩序的社会基础是校外认可的行为观点，但是，“这些认可的行为观点不见得完全被社会上全部的团体所承认。随着社会的变动，品行、性格与态度的表达、道德秩序本身，变得模糊不清而更加复杂化”[8]。因此，伯恩斯坦认为，在学校教育中的表意性秩序的建设与发展中，实际存在着两种张力。

一是，学校教育中的表意性秩序所倡导的道德秩序无法且不能被学校内部所有的团体和群体所接受，或者说，学校中有些群体和部分并不认可或者接受这种道德秩序，进而形成一定的矛盾和冲突。而且，学校中的这种矛盾或冲突与社会中的矛盾或冲突是非常一致的。

二是，学校本身的表意性秩序与社会的道德表达和价值观念之间的矛盾或冲突。这种矛盾或冲突或者表现为学校本身或内部的道德表达的清晰性与社会道德表达的模糊性之间的矛盾；或者是学校道德表达的单一性与社会道德表达的多样性之间的矛盾或冲突；或者是学校内部的道德表达已经滞后于社会的道德表达；或者是超前于社会的道德表达与价值观念；等等。

所有这些张力都会不同程度地削弱学校本身的表意性秩序，削弱学校对所有教师之间、学生之间以及所有师生之间的整合与凝聚力。甚至可以认

为，这些张力和矛盾，也势必从根本上影响和削弱整个表意性秩序的影响力，以及整个教育的效果与功能。从这个意义上说，学校教育的表意性秩序的建设需要妥善处理与协调这些矛盾与冲突。

其次，学校教育中表意性秩序的建设与发展不仅会受到社会文化与价值观念变化等因素的影响，还同时会受到学校本身或内部工具性秩序的影响，特别是学校内部工具性秩序的强弱的影响。按照伯恩斯坦的说法，“在英国，当学校愈被工具性秩序主导，考试心态便愈浓，学校的社会组织区分性愈强，则表意性秩序愈难以整合所有学生”；而且，“过渡参与工具性秩序，某种条件下，亦可能削弱学生对于表意性秩序及其所传递的价值的参与”。[9]因为，工具性秩序所引导的是分化与差异，它们与表意性秩序所强调与追求的同一性与共同的认同感，特别是它所极力引导的融合，是完全矛盾与冲突的。

从认同理论来说，工具性秩序所建立和形成的是一种个人的自我认同，它帮助学生认识他自己，建立和形成他的自我同一性，知道他与他人的区别，以及个人的自我。而表意性秩序所建立和形成的则是学生的社会认同，即每一个学生与他人的同一性和相互联系，以及彼此的依存，帮助学生建立和形成那个为社会认可的形象与行为模式。显然，过分强调和重视学生发展过程中的自我认同和个性发展，对学生的社会认同与社会性发展是不利的。更有甚者，伯恩斯坦还非常明确地指出，“有些学生极有可能无法融入工具性秩序，也不被表意性秩序所传递的道德秩序所接纳。在这种情况下，儿童会转而认同同辈主导的具有反学校性的表意性秩序”，进而形成一种反社会的价值观。[10]这也就是教育的失败。

由此可见，表意性秩序与工具性秩序在控制传递的社会关系形式上是不同的。工具性秩序的社会关系形式具有一种科层化的特征，而表意性秩序的社会关系形式则是非科层化的。也正因如此，表意性秩序成为学校共有价值的来源和社会共识的主要机制。伯恩斯坦由此也引进了“仪式”的概念，进一步深化对这种表意性秩序及其对控制道德传递的社会结构的讨论。

三、表意性秩序的仪式及其类型

伯恩斯坦认为，“学校表意性秩序的传递主要透过仪式化进行”[11]。因为“仪式的象征性功能在于透过仪式性动作将个人与一种社会秩序关联起来，提升个人对该秩序的尊重，活化该秩序于个体内心之中，尤其是深化个人接受那些用以维系连续性、秩序性和界限的程序，以及接受控制社会秩序矛盾性的程序”[12]。在伯恩斯坦看来，这种表意性秩序的仪式一般可以分为共识性仪式与分化性仪式两种。

共识性仪式的主要特点是强调它的整体性，即将学校的所有成员，包括学生、教师和其他相关成员，结合成一个具有共同价值取向的道德社群和鲜明的集合体，包括各种不同类型的集会庆典、标志性的符号、对历史与现实中各种英雄和象征性人物的宣传和活化，以及非常重要的奖惩活动，等等。它的功能包括三个方面：一是“将学校的价值和规范与社会上某些支配团体所拥护的主流价值和规范相结合”[13]；二是赋予学校一个特定的认同，“将学校不同目标整合在一个一致而共享的价值之中，让学校的价值得以内化，并有一种整体感”[14]；三是增进学生和教师等对社会主流价值体系应有的适当情感。

而所谓的分化性仪式，依照伯恩斯坦的观点，则是“根据年龄、性别、年龄关系或社会功能来区隔学校内部的团体。这些分化性仪式深化特定团体特有的行为，及不该有的行为；亦深化不同权威位置应有的行为，在时间上创造出一种秩序”[15]。伯恩斯坦将这种分化性仪式分成如下四种基本形态。

（1）年龄分化仪式。年龄分化仪式是以具有特殊意涵的年龄地位来分化不同的团体。它的功能是强化班级作为社会组织的基本单位，并规约个人在不同领域的行为。它们将不同年龄团体之间的关系非个人化，以控制和专注冲突和摩擦。

（2）年龄关系仪式。年龄关系仪式是强化不同年龄团体之间的权威关系。它通过增加距离和不均等，强化不同年龄团体对基本价值的承诺，进而控制成员对本年龄团体和高年龄团体的忠诚之间的矛盾。

（3）性别仪式。性别仪式是通过对特定性别的行为模式与价值规范的强化，对不同性别行为的控制，进而达到对某些共有价值的忠诚。

（4）学舍仪式。学舍仪式是一种通过学校内部创设的特定社群而开展的仪式，包括学校内部的宿舍与各种社团。它们往往都具有自己的价值规范与行为模式，特别是某种特殊的情感，由此成为表意性秩序的一种特定形式。

这些不同的分化性仪式虽然具有不同的功能，但都是学校表意性秩序的具体内涵与实现机制。而且，这也是学校在面对学校成员异质化程度不断提高的情况下，实现表意性秩序的非常必要的形式。正如伯恩斯坦所说的那样，“这两种主要仪式类型是社会秩序内化和活化的重要机制。它们的功能在于维系延续性、秩序、界限，以及控制忠诚与矛盾的心理。这些仪式控制了对于表意性文化基础的质疑，也控制了它的有效传递和接受的条件。它们巩固正式的权威关系，并且透过差异性与相似性功能的仪式化，激起尊敬；在个人与社会的时间中创造连续性，使价值体系得以和因应外在认可的秩序而衍生出来的规范相连”[16]。

四、“表意性秩序”理论对学校德育管理的启示

伯恩斯坦的“表意性秩序”理论，作为一种学校德育及其管理的理论，非常深刻和独到，其对我们学校德育的理论与实践，至少有如下三方面启示。

首先，学校德育绝不仅仅是一门课程，而是学校的一种基本秩序和社会结构，这是伯恩斯坦的“表意性秩序”理论给我们的第一个重要启示。

德育活动涉及的不仅是一种知识的传递，它关系到学校内部的团结与凝聚，关系到学校与社会的基本关系，也直接影响学校教育的成功与失败。因为，学校德育的内容与形式，包括德育活动的组织方式等，都直接影响了学校的文化与环境建设，德育内容的差异性将导致学校中教师、学生的分化，造成教师与学生之间的矛盾与冲突；而德育的目标与形式的差异性也将直接影响教师与学生对学校各种活动的参与。同时，学校德育中存在的这些矛盾与冲突的现象，也直接或间接地反映了社会文化中的矛盾与冲突，并且影响了学校与社会的关系。

因此，对学校中道德表达的传递与价值观念的培养进行控制，是学校管理中的一个非常基本的任务，也是学校中的一个非常重要的基本秩序。而伯恩斯坦对这个问题的强调，尤其是用“秩序”来表达它们的定位与功能，无疑是告诉我们：一个学校如果对德育缺乏一种有效和科学的管理和控制，不但德育达不到应有的效果，而且这个学校也缺少基本的制度与秩序。

其次，建立和形成学校德育活动与社会文化之间的良好互动，以及学校中德育与智育之间的协调平衡，是影响和决定学校德育的两个非常关键的因素。这也是伯恩斯坦的“表意性秩序”理论对德育及其管理很重要的启示。

学校德育活动是否能够真正成为社会共识的形成机制，能否真正产生凝聚与团结的功能，在很大程度上也取决于这两个因素。从中国教育的实际看，这两个因素可能具有更加现实的意义。就前者而言，实事求是地说，中国整个社会文化的转型以及社会规范与价值观念的变化，包括在这个过程中出现的价值观念的多元化、本土文化与外来文化之间的冲突，社会与道德行为规范的“失范”，传统的社会凝聚纽带的式微等，已经从根本上影响和制约着学校德育，甚至成为学校德育能否成功和有效的关键因素。正如伯恩斯坦所指出的那样，“在多元的工业化社会，其核心价值体系多半极为模糊。这会导致学校里清楚明确的价值体系与社会里模糊的价值体系之间的龃龉，并且削弱对于学校表意性秩序及其仪式化的热忱”[17]。

因此，如何构建社会主义市场经济条件下的学

校德育，如何处理好社会转型过程与学校德育之间的关系，已经成为新形势下学校德育建设的主要矛盾，努力实现学校德育与社会文化建设相向而行，也是当前学校德育的首要任务。如果不能看到这一点，而一味强调学校德育，势必造成事与愿违的后果，甚至会出现德育中的逆反现象。而就学校本身而言，不可回避的问题则是如何真正协调好智育与德育的关系。虽然近年来重视和强调德育的声音不绝于耳，各种政策也层出不穷，但仍然存在“一手硬、一手软”的现象。更重要的是，我们对智育与德育之间在学生成长中的不同取向的认识是不充分的。而伯恩斯坦关于“表意性秩序”的整合功能与“工具性秩序”的分化功能及其相互关系的分析，则非常有助于我们更加科学地协调两者之间的矛盾。

再次，伯恩斯坦关于“仪式”的观点，对进一步丰富学校德育的实践形式，也非常有价值。

伯恩斯坦关于“仪式”的理论，实际上是在讨论和分析学校的各种“潜课程”的建设。换句话说，学校的各种“潜课程”，就是学校德育的“仪式”。这样的“潜课程”正是指那些没有被纳入学校正规教育教学计划，却能够支持或影响教育目标，特别是影响或改变学生的价值观与行为模式的工作活动。从广义上说，它也包括学校日常管理中的各种规章制度与文化传统中所体现的价值取向，尤其是评价活动中的导向。而伯恩斯坦关于“表意性秩序”的“仪式”的理论分析，无疑为我们提供了一个建设“潜课程”的非常有效和具体的思路与模式。从现实角度说，伯恩斯坦关于“仪式”的观点，给我们提供了一个评价目前学校管理和各种制度化建设的标准。

参考文献：

[1] [2] [3] [4] [5] [6] [7] [8] [9] [10] [11] [12] [13] [14] [15] [16] [17] 伯恩斯坦. 阶级、符码与控制——教育传递理论之建构 [M]. 台北：联经出版社，2007. 50、50、51、51、70、50、52、52、51、51、76、69、70、71、71、71、76.

思想政治教育本质的方法论探索*

□ 骆郁廷（武汉大学教授）

思想政治教育本质的探索，事关思想政治教育的基础理论创新和当代实践发展，是当前深化思想政治教育研究的一个重大任务。要完成这一重大任务，就要深入研究思想政治教育本质探索的方法论问题。因为，“我们不但要提出任务，而且要解决完成任务的方法问题。我们的任务是过河，但是没有桥或没有船就不能过。不解决桥或船的问题，过河就是一句空话。不解决方法问题，任务也只是瞎说一顿。”（毛泽东，1991：139）

一、科学抽象法：透过现象看本质

探索和揭示思想政治教育的本质，首先需要“透过现象看本质”，即透过思想政治教育现象，揭示思想政治教育的本质。这实质是科学抽象方法的具体运用。

思想政治教育科学研究的根本任务就是透过思想政治教育的现象揭示思想政治教育的本质。思想政治教育的现象与思想政治教育的本质有着内在的联系。一方面，思想政治教育的现象千差万别、千变万化，思想政治教育现象不等于思想政治教育的本质，同思想政治教育的本质有区别。如果认为思想政治教育现象等同于思想政治教育本质，认识了思想政治教育现象就等于认识了思想政治教育本质，就会否定思想政治教育科学存在的价值。正如马克思所说：“如果事物的表现形式和事物的本质会直接合而为一，一切科学就成为多余的了。”（马克思、恩格斯，2003：925）另一方面，思想政治教育现象又同思想政治教育本质有着密切的联系，思想政治教育现象反映和折射着思想政治教育的本质。列宁指出：“现象是本质的。”（列宁，1990：213）“非本质的东西，外观的东西，表面的东西常常消失，不像‘本质’那样‘扎实’，那样‘稳固’。比如：河水的流动就是泡沫在上面，深流在下面。然而就连泡沫也是本质的表现！”（列宁，1990：107）“外观的东西是本质的一个规定，本质的一个方面，本质的一个环节。本质具有某种外观。外观是本质自身在自身中的表现。”（列宁，1990：110）任何思想政治教育现象都是以不同的方式展现着思想政治教育的本质。思想政治教育现象是思想政治教育本质的表现，思想政治教育本质是隐藏于思想政治教育现象之后的东西。探索思想政治教育的本质，不能脱离思想政治教育的现象，也不能停留于思想政治教育的现象，而应该从分析思想政治教育的现象入手，深刻揭示思想政治教育现象背后隐藏的思想政治教育的本质。正如毛泽东所说：“我们看事情必须要看它的实质，而把它的现象只看作入门的向导，一进了门就要抓住它的实质，这才是可靠的科学的分析方法。”（毛泽东，1991：99）

众所周知，本质是事物内部固有的、一贯的和稳定的方面，是事物的根本属性。一事物的根本属

---

* 原载《武汉大学学报（哲学社会科学版）》2014 年第 6 期。

性，对于该事物来说，就是它的特殊本质；对于他事物来说，就是它们之间的本质区别。同样，思想政治教育的本质也是这样。思想政治教育的本质就是思想政治教育的根本属性。思想政治教育的根本属性对于思想政治教育来说，是思想政治教育的特殊本质；对于其他社会实践活动来说，就是思想政治教育同其他社会实践活动之间的本质区别。思想政治教育的现象虽然是对思想政治教育本质的客观的真实的反映，但每一思想政治教育现象都仅是思想政治教育本质的片面的和表面的展现，都不可能全面地深刻地反映思想政治教育的本质。思想政治教育的现象，不仅有知觉，有表象，甚至还有假象。假象也是事物本质的一种反映，是事物本质的歪曲反映。西方宣扬的"自由、民主、人权"，结合历史的和现实的实践来看，会发现存在很多双重标准、言行不一的地方，看似自相矛盾，实则曲折反映了西方宣扬的"自由、民主、人权"的本质，即它实质上是资产阶级的自由、民主、人权。因此，探索思想政治教育本质，就不能停留在思想政治教育现象的表面的、片面的认识层面上，更不能停留在思想政治教育假象的认识层面上，而必须经由思想政治教育现象的感性认识上升到对思想政治教育深刻的理性认识，只有这样，才能真正揭示思想政治教育的本质。"如果以为认识可以停顿在低级的感性阶段，以为只有感性认识可靠，而理性认识是靠不住的，这便是重复了历史上的'经验论'的错误。这种理论的错误，在于不知道感觉材料固然是客观外界某些真实性的反映（我这里不来说经验只是所谓内省体验的那种唯心的经验论），但它们仅是片面的和表面的东西，这种反映是不完全的，是没有反映事物本质的。要完全地反映整个的事物，反映事物的本质，反映事物的内部规律性，就必须经过思考作用，将丰富的感觉材料加以去粗取精、去伪存真、由此及彼、由表及里的改造制作工夫，造成概念和理论的系统，就必须从感性认识跃进到理性认识。这种改造过的认识，不是更空虚了更不可靠了的认识，相反，只要是在认识过程中根据于实践基础而科学地改造过的东西，正如列宁所说乃是更深刻、更正确、更完全地反映客观事物的东西。"（毛泽东，1991：291）正是由于思想政治教育现象与思想政治教育本质既有区别又有联系，大量的思想政治教育现象背后隐藏着思想政治教育共同的、稳定的、一贯的方面，即隐藏着思想政治教育本质，因此，必须从思想政治教育现象入手，经过人的头脑去粗取精、去伪存真、由此及彼、由表及里地加工制作，由感性到理性，由片面到全面，由外在到内在，这样才能真正深刻反映和揭示思想政治教育的本质。

二、矛盾分析法：把握关系看本质

探索思想政治教育的本质，还要把握关系看本质，实际上就是从思想政治教育的一定关系，特别是从思想政治教育的特殊矛盾及其矛盾双方的相互关系来认识、揭示和把握思想政治教育的本质。

事物的本质存在于事物内部的、稳定的、必然的联系或关系之中，离开了事物内部的、稳定的、必然的联系或关系，就无所谓事物的本质。"本质是事物的内部联系，它由事物的内在矛盾所规定，是事物的比较深刻的、一贯的和稳定的方面。"（《辞海》）毛泽东在《矛盾论》中谈到事物的本质时有一段非常深刻而精辟的论述，他指出："任何运动形式，其内部都包含着本身特殊的矛盾。这种特殊的矛盾，就构成一事物区别于他事物的特殊的本质。……每一物质的运动形式所具有的特殊的本质，为它自己的特殊的矛盾所规定。这种情形，不但在自然界中存在着，在社会现象和思想现象中也是同样地存在着。每一种社会形式和思想形式，都有它的特殊的矛盾和特殊的本质。"（毛泽东，1991：308—309）在毛泽东看来，事物的本质就是事物的特殊矛盾，一事物的特殊矛盾构成了该事物区别于他事物的本质，构成了一事物存在的根据。实际上，事物内部的特殊矛盾存在着矛盾的两个方面，两个方面中必有一方占主导地位，也就是矛盾的主要方面。矛盾的主要方面不仅决定事物的内部联系，而且决定事物的根本属性，即决定事物的本质。当事物内部矛盾着的主要方面和次要方面相互关系发生变化、主次易位时，事物的本质即事物的根本属性也就会发生改变。不仅自然界事物的本质是由一定事物内部特殊矛盾及其关系所决定的，社会生活中人的本质也是由社会特殊矛盾及其关系所决定的。马克思讲："人的本质不是单个人固有的抽象物，在其现实性上，它是一切社会关系的总和。"（马克思、恩格斯，1995：60）社会的特殊矛盾，是社会特有的生产力和生产关系、经济基础和上层建筑之间的矛盾，这种矛盾，在阶级社会里，表现为一定的阶级矛盾和一定的阶级关系，人的本质就是由这种社会历史发展一定阶段上体现出来的社会特殊矛盾所决定的。比如，在资本主义社会，社会的基本矛盾表现为生产社会化同生产资料的私人占有之间的特殊矛盾，这种特殊的社会矛盾及其决定的阶级矛盾和阶级关系，赋予了资本家剥削的阶级本质和工人受压迫、受剥削的阶级本质。马克思还曾指出："黑人就是黑人。只有在一定的关系下，他才成为奴隶。纺纱机是纺棉花的机器。只有在一定的关系下，它才成为资本。脱离了这种关系，它也就不是资本了。"（马克思、恩格斯，1995：344）因此，离开了资本主义社会的特殊矛盾，以及由这种特殊矛盾决定的阶级矛盾及其阶级关系，就无法判断和确定资本家或者工人的阶级本质和社会属性。

同样，把握思想政治教育的本质也要从思想政治教育的特殊矛盾及其相互关系出发。思想政治教育的特殊矛盾就是"一定社会、一定阶级对人们思想品德的要求与人们实际的思想品德水准的矛盾"，（张耀灿、郑永廷、吴潜涛、骆郁廷等，2006：6）这一特殊矛盾也就是贯穿于一切思想政治教育活动始终的基本矛盾，任何思想政治教育都要致力于解决这一特殊矛盾。在这一特殊矛盾当中，存在着矛盾着的两个方面，就是思想政治教育主体的教育要求与思想政治教育对象的现实思想状况之间的矛盾，在思想政治教育矛盾着的两个方面的相互关系中，思想政治教育主体的教育要求起着主导的作用，它决定着思想政治教育特殊矛盾的性质及矛盾双方的相互关系，决定着思想政治教育的本质。解决思想政治教育的特殊矛盾，实质上是要经过一定的思想政治教育活动，使人们实际的思想品德水准达到和符合一定阶级、一定社会对人们思想品德的要求，也就是实现思想政治教育这一特殊实践活动的对象化，把受教育者培养或塑造成一定阶级、一定社会所需要的社会成员，促进受教育者的社会化。思想政治教育的本质，是由思想政治教育的特殊矛盾决定的，而且只能存在于构成思想政治教育特殊矛盾的两个侧面的对立统一的相互关系之中，并且是由在这种关系中居于矛盾主导地位的矛盾主要方面所决定的。

三、内涵揭示法：分析概念看本质

探索思想政治教育的本质，还要分析概念看本质，即通过分析思想政治教育的概念定义，揭示思想政治教育概念的深刻内涵，把握思想政治教育概念内涵反映和展现的思想政治教育本质。

人们总是通过特定的概念和范畴来认识世界，而概念又体现了人们对认识对象客观联系乃至本质的深刻认识。正如列宁所说，"概念是人脑（物质的最高产物）的最高产物"，（列宁，1990：139）"范畴是区分过程中的梯级，即认识世界的过程中的梯级，是帮助我们认识和掌握自然现象之网的网上纽结"（列宁，1990：78）。概念是人们在社会实践活动中认识和改造客观世界的产物，是认识过程突变的结果。这种突变让概念同感觉和经验发生差别，使得概念能够揭露事物的内部联系和事物的本质。"概念这种东西已经不是事物的现象，不是事物的各个片面，不是它们的外部联系，而是抓着了事物的本质，事物的全体，事物的内部联系了。概念同感觉，不但是数量上的差别，而且有了性质上的差别。"（毛泽东，1991：285）这种差别，主要是因为概念的形成及其运用已经蕴含着人们对事物的内部联系和深刻本质的科学认识。"（抽象的）概念的形成及其运用，已经包含着关于世界客观联系的规律性的看法、见解、意识。……即使是最简单的概括，即使是概念（判断、推理等）的最初的和最简单的形成，已经意味着人在认识世界的日益深刻的客观联系。”（列宁，1990：149—150）列宁更加明确地指出：“概念来自本质，”（列宁，1990：147）“概念（认识）在存在中（在直接的现象中）揭露本质（因果、同一、差别等规律）。”（列宁，1990：289）可见，要把握事物的本质，就需要从概念入手，分析概念的深刻内涵，最终达致对事物本质的深刻揭露。

认识和把握思想政治教育的本质，也要从分析思想政治教育概念定义入手。关于思想政治教育的概念很多，核心概念就是“思想政治教育”。要弄清楚思想政治教育的本质，可以先把思想政治教育的概念弄清楚，看看到底有哪些概念是比较科学的、规范的、大家共同认可的，然后找出这些概念并进行仔细的比较、分析，进而在分析研究这些概念的基础上，提炼出正确、深刻反映思想政治教育本质的思想政治教育概念。目前，国内关于思想政治教育的概念定义主要有以下代表性观点：其一，“思想政治教育这一社会实践活动，就是一定的阶级或政治集团，为实现一定的政治目标，有目的地对人们施加意识形态的影响，以期转变人们的思想，进而指导人们行动的社会行为。”（陆庆壬，1986：4）其二，“思想政治教育是指一定的阶级、政党、社会群体遵循人们思想品德形成发展规律，用一定的思想观念、政治观点、道德规范，对其成员施加有目的、有计划、有组织的影响，使他们形成符合一定社会、一定阶级所需要的思想品德的社会实践活动。”（张耀灿、郑永廷、吴潜涛、骆郁廷等，2006：50）其三，“思想政治教育是一定的阶级、社会、组织、群众与其成员，通过多种方式开展思想、情感的交流互动，引导其成员吸纳、认同一定社会的思想观念、政治观点、道德规范，促进其成员知、情、意、信、行均衡协调发展和思想品德自主建构的社会实践活动。”（张耀灿，2011：12—13）上述“思想政治教育”概念，既有国内最早研究思想政治教育学原理并经当时本学科专家讨论、研究提出的思想政治教育概念，又有目前国内颇具影响的关于思想政治教育的概念，也有学者对原有思想政治教育概念的新的探索和见解。这些概念都是以下定义的方式来试图探索和回答“什么是思想政治教育”的问题，分析和揭示思想政治教育的本质，都在思想政治教育概念内涵的界定中，对思想政治教育的本质有所触及，有所探索。然而，对思想政治教育做出定义的概念，虽然界定了思想政治教育的内涵，接触到了思想政治教育的本质，但是定义或概念的内涵还不能完全等同于本质。因此，要通过科学分析“思想政治教育”概念的内涵来深刻把握思想政治教育的本质。

四、归纳综合法：总结实践看本质

探索思想政治教育的本质还要总结实践看本质，即通过全面深入地总结思想政治教育实践，洞察不同的思想政治教育活动，归纳综合思想政治教育实践的丰富经验，把思想政治教育实践中形成的感性认识上升到理性认识，揭示思想政治教育实践中共同的、根本的、必然的、稳定的东西，把握思想政治教育的本质。

实践是认识的源泉，也是探索和把握事物本质的基础。只有在实践中，我们才能接触和感知事物的现象，积累实践的丰富经验，并在变革现实事物的过程中逐渐暴露事物的本质。然而，实践并不能使人们自然而然地形成对于本质的认识，只有把实践中的感觉、经验以及对逐渐暴露的事物本质的主观反映加以总结、归纳、综合、提炼，把感性认识上升到理性认识，才能真正深入事物的内部，形成对事物本质的深刻理解，解决事物的本质问题。“我们的实践证明：感觉到了的东西，我们不能立刻理解它，只有理解了的东西才更深刻地感觉它。感觉只解决现象问题，理论才解决本质问题。这些问题的解决，一点也不能离开实践。无论何人要认识什么事物，除了同那个事物接触，即生活于（实践于）那个事物的环境中，是没有法子解决的。”

（毛泽东，1991：286—287）要深入认识某种事物，认识该种事物的本质，只能依靠实践。只有在实践中，才能让事物的本质暴露出来，从而把握事物的本质。“如果要直接地认识某种或某些事物，便只有亲身参加于变革现实、变革某种或某些事物的实践的斗争中，才能接触到那种或那些事物的现象，也只有在亲身参加变革现实的实践的斗争中，才能暴露那种或那些事物的本质而理解它们。”（毛泽东，1991：287）通过实践接触事物的感觉材料，只是认识过程的第一步，还不能把握事物的本质。要把握事物的本质，必须通过实践总结，十分丰富地占有材料，并对符合实际的材料进行综合、整理和改造。由感性认识上升到理性认识，由对外部现象的认识上升到对内在本质的认识。“由此看来，认识的过程，第一步，是开始接触外界事物，属于感觉的阶段。第二步，是综合感觉的材料加以整理和改造，属于概念、判断和推理的阶段。只有感觉的材料十分丰富（不是零碎不全）和合于实际（不是错觉），才能根据这样的材料造出正确的概念和论理来。”（毛泽东，1991：290）因此，要把握事物的本质，必然立足实践、总结实践、升华实践，创造正确的概念和论理，形成正确的理性认识，深刻反映和把握事物的本质。

探索和把握思想政治教育的本质，同样离不开思想政治教育实践。思想政治教育是通过改造人的主观世界来改造客观世界的特殊的社会实践活动。只有全面、深入地参与思想政治教育的实践，才能接触思想政治教育纷纭复杂的现象，积累思想政治教育的丰富经验，在变革人们现实思想与行为的过程中暴露思想政治教育的本质，把思想政治教育实践中形成的感觉、经验等加以归纳、总结、综合，把感性认识上升为理性认识，揭示各个阶级思想政治教育实践中存在的共同的、根本的、稳定的、必然的东西，发现和揭示思想政治教育的本质，这也就是总结思想政治教育实践、探索思想政治教育本质的过程。例如，要把握中国共产党的思想政治教育本质，我们就需要总结中国共产党的思想政治教育实践，把党的思想政治教育的感性认识上升到理性认识，概括总结党的思想政治教育实践的共同的、根本的、稳定的、必然的东西，我们就可以发现和揭示中国共产党思想政治教育的本质，这就是江泽民所说的：“党的思想政治工作本质上是群众工作，是宣传群众、教育群众、引导群众、提高群众的工作。”（江泽民，2006：95）这是对党的思想政治教育实践的科学总结和党的思想政治教育本质的高度概括。可见，探索和揭示党的思想政治教育的本质，要总结党的思想政治教育的生动实践，归纳综合党的思想政治教育的丰富经验，形成对党的思想政治教育本质的深刻认识。若要探索和把握思想政治教育的普遍本质，也必须占有十分丰富且符合实际的思想政治教育实践材料，全面归纳综合各个阶级、各个社会、各个历史时期的各种思想政治教育实践样式和丰富现象，分析、揭示贯穿于一切阶级思想政治教育实践中存在的普遍的、根本的、稳定的、必然的东西，才能形成思想政治教育本质的科学概括。

综上所述，透过现象看本质的科学抽象法、把握关系看本质的矛盾分析法、分析概念看本质的内涵揭示法和总结实践看本质的归纳综合法，在思想政治教育本质的探索中，各具所长、各显其能，只有相互结合，综合运用，才能做到优势互补，有效揭示和深刻把握思想政治教育的本质。

参考文献：

[1] 江泽民（2006）．江泽民文选：第 3 卷．北京：人民出版社．

[2] 列宁（1990）．列宁全集：第 55 卷．北京：人民出版社．

[3] 陆庆壬（1986）．思想政治教育学原理．上海：复旦大学出版社．

[4] 骆郁廷（2010）．思想政治教育原理与方法．北京：高等教育出版社．

[5] 马克思、恩格斯（1995）．马克思恩格斯选集：第 1 卷．北京：人民出版社．

[6] 马克思、恩格斯（2003）．马克思恩格斯全集：第 46 卷．北京：人民出版社．

[7] 毛泽东（1991）. 毛泽东选集：第1卷. 北京：人民出版社.

[8] 张耀灿、郑永廷、吴潜涛、骆郁廷等（2006）. 现代思想政治教育学. 北京：人民出版社.

[9] 张耀灿（2011）. 对"思想政治教育原理"的重新审视. 学校党建与思想教育，10.

[10] 郑永廷（2001）. 论思想政治教育的本质及其发展. 教学与研究，3.

国家认同视域下的公民道德建设*

□ 李兰芬（苏州大学教授）

公民道德不仅是中国社会道德的自然演化，而且是社会主义市场经济条件下中国社会道德发展的选择性生成的必然要求。改革开放30多年来，伴随着物质文明的不断进步，参与市场竞争并追求自身利益最大化的过程，客观上形成了利益主体和社会利益结构呈现多元化，利益关系呈现多层次特征。这必然促使人们在观念形态方面产生不同的价值选择。基于全面深化改革的实践要求，社会道德共识的达成与实现方式，成为社会稳定健康发展的重要基础。因此，加强公民道德建设不仅需要探索"建设什么"和"怎么建设"的形而下问题，也需要追问"为什么建设"，以聚合和激发公民道德发展动力的形而上问题。以基于国家与公民关系的"国家认同"为理论视域诠释公民道德的基本伦理关系，公民道德建设的合理性、合法性及其现实路径，既交汇或承接了古希腊罗马时期从"城邦与公民"关系言说公民道德的一般学术传统，更契合和彰显了基于培育和践行社会主义核心价值观、推进中国国家治理体系和治理能力现代化的目标视野和文化参照。这样，以"我们感"、"同一性"和"价值观"为理念特征的国家认同，有效地反映和表达了公民道德的基本伦理关系，涵盖了公民道德建设的指导思想和价值取向，决定着公民道德建设的性质和方向，集聚着公民道德建设的动力和效应，培育着人们的公民道德观念、公民道德信念和公共行动能力。可以说，以国家与公民关系检视公民道德的基本概念与认知范式，以国家认同的理性认知、情感体验和美德践行规范公民道德的建构功能，以社会主义核心价值观引领和规范作为公民道德生成场域的公民身份和公共生活，构成了社会主义市场经济条件下深化公民道德建设研究的基本理论视域和学理焦点。

一、国家与公民：公民道德的概念检视与认知范式

2001年，《公民道德建设实施纲要》（以下简称《纲要》）发布以来，我国学术界关于公民道德建设的理论研究成果不少，但能够澄清、破解与引导中国当代面临许多重大而紧迫的社会道德问题的基础性理论创见并不多见。在回应与探究"建设什么"和"怎么建设"形而下问题的同时，既有的研究成果较少触及或追问公民道德"是什么"，即公民道德的本质和核心的形而上问题，故而很难聚合和激发公民道德建设到底是"为什么建设"的动力问题。应该说，忽略了"为什么建设"，就忽略了公民道德建设的"核心价值"，也就难以实现公民道德建设的预期效果。如果仅仅滞留于"小悦悦"事件的道德缄默、"广场舞"事件的道德冲突等议论，难以聚合和激发公民道德建设的正能量，也不利于把握和评价现实的公民道德状况、特征及其未来路径，甚至可能流于一种没有信仰、没有"定

* 原载《中国社会科学》2014年第12期。

在”的相对主义、虚无主义的公民道德建设话语。那么如何走出公民道德建设的困境和低效？对“公民道德”问题进行形而上的追问，寻找和建构公民道德及其建设的内在理据，应该是当前有价值的学术路径。

（一）公民道德的概念检视

根据哲学“形而上”的基本思维取向，我们将公民道德的“本质”问题提炼为具有相关度的三层命题：公民道德的本原及其普遍本质；公民道德生成、演化及其发展的根据、基础和前提；公民道德的基本理念、准则规范、运行体系和评价尺度。也就是说，进行公民道德“形而上”的追问，意味着对公民道德开展根本性和整体性的研究。当代中国公民道德研究的核心问题主要有两个：一是当代中国公民道德何以可能的理论逻辑，即当代中国公民道德话语系统的建构问题；二是当代中国公民道德建设何以有效的实践路径，即当代中国公民道德建设路径的选择问题。这两个问题发问和反思的是，公民道德生成、演化的发展规律以及建设公民道德的实践价值或合法性根据。

无论哪一层面的理论研究都需要以“公民道德”概念为逻辑起点，以获取研究对象的普遍化、反思化和意义化的生成。在这个意义上，“公民道德”概念既是公民道德研究的运动方式，又是公民道德研究的分析工具。对于公民道德概念的不同诠释，不仅赋予了公民道德的不同含义，而且成为不同场域公民道德建设的武器力量，因为公民道德概念在本质上是一种对实践性意义的聚集。没有对“公民道德概念工具”的掌握，我们就无法组织和把握本体论、实践论、价值论和方法论，乃至社会经验及其现实层面上的公民道德研究和建设实践方向。

值得肯定的是，《纲要》颁布以来，与如火如荼的公民道德建设的“地方实践”相适应，学者们从不同角度、以不同方式对公民道德性质、特征与内容进行了广泛的探索与概括，形成了一系列对地方实践发挥一定指导功能的“公民道德概念”。借用马克斯·韦伯“理想类型”的分析法，可以将我国学界有关公民道德概念的界定类型化为以下四种。

国家伦理说。如张博颖在《公民道德教育中国家伦理实现的三种方式》[①]中认为：“公民道德”是对国家伦理的最大化实现；公民道德建设从本质意义上说，就是公民在道德和实际生活中对国家伦理的最大化实现，这既是道德规范的内化过程，也是公民德性的自我塑造过程。

公民身份说。如李彬在《公民的两种身份及其道德要求》中主张：“公民道德的基础在于公民身份的一种确定性。”[②]这种确定性是基于在不同的社会空间和时间内具有不同规定，从而具有不同地位的法律身份和社会身份统一基础上的人格、尊严及其权利和义务。

公民美德说。如万俊人等主张公民道德主要是关于公民如何成为自己的问题，公民道德主要关注公民的自我修养。[③]

广义狭义说。童世骏在《公民道德建设与社会现代性之间的内在关系》[④]中提出了公民道德的广义狭义说。狭义的公民道德，是政治伦理层面的公民道德，“公民道德属于社会公共道德的范畴，是公民参加公共生活，尤其是政治生活的道德规范和道德品质。”广义的公民道德，是社会道德层面的公民道德，即“公民的道德”。“公民道德建设不仅是指公民道德的建设，而且是指公民的道德建设。公民的道德不仅包括‘社会公德’，而且也包括‘职业道德’和‘家庭美德’。”现代公民身份的多

① 张博颖：《公民道德教育中国家伦理实现的三种方式》，《河北师范大学学报（教育科学版）》2005年第5期。

② 李彬：《公民的两种身份及其道德要求》，《伦理学研究》2007年第3期。

③ 万俊人：《公民美德与政治文明》，《光明日报》2007年6月19日，第11版。

④ 童世骏：《公民道德建设与社会现代性之间的内在关系》，《探索与争鸣》2002年第4期。

重性，决定了公民道德范围的多样化。《纲要》所提倡的道德是一种广义的公民道德，是在社会道德的层面谈论的公民道德。

笔者以为，上述各种公民道德概念各自有其理据、效能及贡献：有的定位了公民道德在国家意识形态中的功能价值，有的描述了公民道德在社会结构中的外延规定，有的则追问了公民道德在个体道德修养中的形而上意义。所不同的只是关于国家与公民关系的价值排序和价值诉求。例如，“国家伦理说”强调公民道德的国家主导性和公民型塑性，故而具有某种工具主义和功利主义倾向。这种倾向，或者是直接与国家需要相衔接的一种叙事方式，或者彰显研究者基于干预社会的角色责任，抑或就是其自身真实的价值立场和学术主张。“公民身份说”强调公民道德的身份确定性及其主体意识，存有以公民身份注释公民道德的单边主体性诉求。“公民美德说”强调公民道德内化国家伦理的人格养成，但难以真正解决公民道德建设的社会问题。“广义狭义说”则是对种种价值排序的层次性兼顾和多样化拓展。关于国家与公民关系的价值排序，表征着公民道德属性的复杂性、选择的多样性和价值取向、评价尺度的多元性。可以说，不同的公民道德概念表达了不同的价值排序，主张不同价值原则的优先性，规范现实道德生活的不同价值序列。“每一个理性的价值排序（ranking values）必然要求凸显主要价值相对于次要价值的重要性。这里面是一个系列过程，必然涉及各种比较、判断、选择等。”① 就这个意义来说，国家与公民之间的价值排序，是公民道德的内在价值依据，构成了主体公民甄别、厘清、判断、选择、追求、实践公民道德目标的行为过程。从道德哲学视角考量，源于各自不同的知识基础和价值立场的公民道德概念话语，蕴含着公民道德研究的两大学术维度：终极意义和现实层面。在终极意义上的公民道德，重点追问如何使人成为“好公民”的形而上问题。“公民美德说”便是这种终极意义上言说的公民道德。《纲要》中提出的“公民道德”虽然蕴含着终极意义的价值诉求，但更侧重于现实层面的公民道德，是党的十八大报告关于“全面落实经济建设、政治建设、文化建设、社会建设、生态文明建设五位一体总体布局”之于道德层面的现代化建设，是国家治理体系和治理能力现代化在道德领域的拓展和具体体现，是作为国家治理体系现代化的道德逻辑演进之必然。恰如“政府和市场的关系是经济体制改革的核心问题”，国家与公民的关系则蕴含着公民道德的基本伦理关系。公民道德在本质上表现为公民与国家、公民与社会、公民与公民、国家与国家间交互作用、交互影响、交互镜鉴的伦理关系。换言之，国家与公民关系之于公民道德体系具有本体论和方法论的意义，公民道德的认知和践行只有在国家与公民关系中才能得以演进，国家与公民关系构成了公民道德研究的逻辑原点。只有在国家与公民所建构起来的复杂关系中，公民才能判定“我”和“我们”该捍卫什么、包容什么、坚持什么、反对什么的是非善恶观念。国家与公民的关系对公民道德建设的走向和命运具有的决定性意义，贯穿于公民道德的起落兴衰之中。

站在国家治理体系现代化的新的历史起点上，公民道德是一种以认同国家政权合法性为前提的“公民”为主体，规范、协调和发展“国家—公民”关系的一系列价值观念、心理体认和生活实践的社会舆论、内心信念和传统习惯的社会现象，是一种关于国家与公民关系的价值同构和协同创新的“间性”道德，是一种嵌入公民身份与公共生活的生成性道德。这一概念揭示了公民道德的三个关键性特质：其一，公民道德以国家认同为公民心理基础；其二，公民道德反映的是个人与国家之间的关系及其处理这种关系的规范准则；其三，公民身份与公共生活构成公民道德的生成场域。无论从规范论或存在论意义上看，国家与公民

① John Kekes，*The Morality of Pluralism*，New Jersey：Princeton University Press，1996，p. 77. 转引自张彦：《论当代中国的价值排序及核心价值观建设》，《武汉科技大学学报（社会科学版）》2013年第1期。

的关系都合乎逻辑地构成公民道德最为基本和最为核心的伦理关系，决定着公民道德建设的基本架构和发展趋势；国家与公民关系的社会变迁成为人类公民道德演进的历史依托；公民道德建设在本质上就是一种基于国家与公民新型权利义务关系的重塑。因此，如何检视国家与公民的概念，勘定国家与公民的关系边界，以及实现国家权力和公民权利之间的平衡，既是我们观察公民道德生成、演化的历史维度，也是解读公民道德基本内涵、生成场域的现实逻辑，更是公民道德建设必须面对的深层次伦理难题。

（二）基于国家与公民关系的公民道德范式

作为一种历史现象，“国家—公民”关系发轫于古希腊罗马时期，并不断延绵、传承、转换至今。不同时代的思想家依据关于“国家—公民”关系的认知态度和价值主张，以不同形式探索着公民道德问题。随着现代化的不断深入，现代国家建设日益彰显了公民道德的精神价值和治理功能，这决定了学者们从多种维度的不同价值论与方法论，形成了范式迥异的公民道德观。在反思和批判性意义上，从公民道德所涉及的具体内容与阶段转换看，基于“国家—公民”关系来把握公民道德的观念和方式主要有以下几种范式。

“城邦至上型”公民美德观。这是一种基于古希腊罗马城邦共和国的社会结构、公共生活而形成的公民道德观，因其关注和强调“如何做一个好公民”的个体品德问题，故习称“公民美德”。在古希腊罗马城邦共和国时期，形成城邦至上的公民美德观，具有深刻的历史与现实合理性。

古希腊罗马城邦共和国是一个公民自治共同体。亚里士多德赋予“城邦”的定义是：“我们见到每一个城邦（城市）各是某一种类的社会团体，一切社会团体的建立，其目的总是为了完成某些善业——所有人类的每一种行为，在他们自己看来，其本意总是求取某一善果。”① 城邦由公民组成，拥有自由权的公民是城邦的主人，维护城邦的利益是公民的一种集体荣誉感。在城邦团体内，每个具有公民身份的人都参与公共生活，为公共谋福祉。诚如亚里士多德强调的：“不能认为每一位公民属于他自己，而要认为所有公民都属于城邦。”②城邦的独立自治依赖于公民的绝对忠诚和团结勇敢，特别依赖于公民为城邦利益而自愿牺牲生命和放弃权利的公民精神。所以，早期的坚持城邦共和主义路线的公民道德强调公民的美德、责任和参与。

城邦至上型公民道德的价值旨趣是按照城邦的目的和正义，培养与城邦德性相适应的公民德性。“按照政体（宪法）的精神实施公民教育”，“培养公民的言行”，且其“言行的普及于全邦而收到长治久安的效果”。③只有公民的言行德性和城邦德性相一致，人们才能够“产生一种强烈的、对成为一个完善的公民的渴望”④。

城邦至上型公民道德的核心价值取向，体现为城邦公域的至上性与公民私域的从属性。公民美德的实质就是“舍弃自己”。⑤ 所有属于公民私域的事情，如衣着、消费甚至菜谱等细节都被赋予了增强城邦防御力量的政治意义，详细规定于古罗马法律。

城邦至上型公民道德的人格形态突出地表现为男性公民的军人品质，诸如勇武、顽强、忠诚和团结，以免除城邦的内部暴政和他邦攻击。斯巴达的战士常常被视为公民美德的典范。艰苦的军营生活训练，成为城邦培养有能力参与公共事务的积极公民美德的基本路径。由此可见，古代城邦至上的公民道德观具有简朴生活、克己自律和尚武好战的英雄主义时代色彩。在黑格尔的国家崇拜、国家至上主义理论话语中，这种古典“城邦至上型”公民美德观得到了理想主义的情怀表达。

“权利优先型”公民道德观。这是一种主张把

①②③　亚里士多德：《政治学》，吴寿彭译，北京：商务印书馆，1965年，第3、267、275页。

④　柏拉图：《法律篇》，张智仁、何勤华译，上海：上海人民出版社，2001年，第27页。

⑤　孟德斯鸠：《论法的精神》，张雁深译，北京：商务印书馆，1961年，第34页。

个人权利和自由置于国家利益之上的公民道德观。在西方思想史上，这种“权利优先型”公民道德观历经了古典自由主义（洛克、康德等）、新古典自由主义或保守自由主义（哈耶克等）和新自由主义（罗尔斯等）的学派林立的自由主义丛林。

在本质上，“权利优先型”公民道德是一种主张“国家道德中立”的道德观念和制度安排。所谓“国家道德中立”，即主张国家在公民善的观念之间必须保持立场中立，只有这种中立立场才能使公民组成的各种团体保持其社会伦理秩序，从而真正建构起自由的国家。“国家道德中立”的道德观念和制度安排主要基于对以下两大问题的研判和回应：第一，国家的基本职能和政治价值是保护公民自由权利不受侵害。国家强制要求公民按照国家认定的善观念生活，就是对“保护个人自由不受侵害”的国家职能的背叛。第二，“国家是一种必要的罪恶：如无必要，它的权力不应增加。”① 国家干预公民私人领域可能会导致通往“奴役之路”。“国家道德中立”是对国家权力的一种必要的严格限制。

“权利优先型”公民道德的价值宗旨在于，个人权利是国家合法性的根本依据，国家必须根据公民的权利和自由，建构社会制度和程序结构。“权利优先型”公民道德主张：“个人拥有一种可以要求国家为某些行为或不为某些行为的权利，这不仅是指国家不得干涉个人的自治性，也不仅是指国家必须履行其所有的义务，而且还是指国家必须将其自身组织为一种尽可能保障其义务之实现的实体。”② 保障公民权利是国家义务的唯一目的，只有履行了保障公民权利义务的国家才能真正拥有国家权力。

“权利优先型”公民道德的核心价值取向，体现为私人领域优先于公共领域，保障公民个体在私人领域中的权利和自由，是共同体存在的理由、职能和目的。作为理性的、自足的行为个体，公民具有做出符合自己意愿的价值判断和道德选择能力，因而在认识论、存在论乃至道德上都具有至高无上的优先地位。

“权利优先型”公民道德的人格形态突出地表现为人的主体性特性，诸如尊严、自由、独立、平等。但是，由于极端关注个体权利，忽略共同体价值，这种主体性人格在价值领域就容易发生“诸神冲突”或“不可兼容性”，进而使得这种“权利优先型”公民道德观具有理想化的浪漫主义情结。

“国家认同型”公民道德观。这是一种以个体的公民身份为前提，以平衡公民的权利与义务为核心内容，以公民国家认同为认知心理、情感体验和美德践行，以培养公民独立判断能力、理性反思能力和社会参与能力为理想人格的公民道德观。作为对“城邦至上型”公民道德观和“权利优先型”公民道德观的历史纠偏和理念超越，这种“国家认同型”公民道德观既表达了现代国家生存与发展的核心利益，也反映了生活于现代国家中的每个公民的利益需求，越来越构成当今世界公民道德发展的主流话语和理论态势。

概观以上向度迥异的公民道德观，从强调城邦利益至上到公民权利优先，再到公民国家认同，这种公民道德形态演化的次序基本反映了国家与公民关系发展不断深化的历史方向与总体趋势。作为公民道德最为基本和核心的伦理基础理论，“国家—公民”关系有其逻辑与历史的必然性。它既交汇或承接了古希腊罗马时期以“城邦与公民”关系言说公民道德的主流学术传统，更契合和彰显了一种基于培育和践行社会主义核心价值观、推进国家治理体系和治理能力现代化的中国视野和文化参照，诠释的是公民道德及其建设的合法性问题。在当代全球化与时空压缩语境下，不同区域的“国家—公民”关系处于现代化的不同阶段，从而分别强调不

① 波普：《自由主义的原则》，王焱等编：《自由主义与当代世界》，北京：生活·读书·新知三联书店，2000年，第143页。

② 莱昂·狄骥：《公法的变迁·法律与国家》，郑戈、冷静译，沈阳：辽海出版社、春风文艺出版社，1999年，第235页。

同维度的国家主权—公民权利，因此如何协调推进不同维度的国家主权—公民权利，就成为公民道德建设必须面对的社会政治问题。基于此，从国家认同视域分析公民道德特别是我国公民道德建构的历史背景出发，在历史与逻辑的具体统一中，把握公民道德的历史意义与深层本质，以建构更为合理、全面地反映我国公民道德话语形态，将构成下文研究的重点。

二、国家认同与公民道德建构

合理性与合法性构成公民道德建构的两大基本维度。“国家—公民”关系理论诠释的是公民道德的合理性问题，即关于公民道德的基础或来源的正当性论证或说明。那么，这种具有正当性的公民道德何以建构并内化为公民主体的践行能力？这是需要将公民道德的合理性问题引入合法性视域的深层次问题。公民道德的合法性既是建构公民道德的社会理据，也是人们评价公民道德的合理尺度，更是人们践行公民道德的心理动力。在这个意义上，公民道德的合法性问题是对合理性问题的深化和内化，即公民对公民道德的一种内心认同态度。公民道德合法性的理论价值主要在于：以“我们感”、“同一性”和“价值观”为特征的国家认同理念来建构公民道德建设的公民共识，从而引领和型塑公民道德的主体意愿及其能力结构的理性基础和内驱动力。

（一）多元道德场景中的公民道德建构与国家认同

改革开放和市场经济不仅带来了经济的繁荣发展，也带来了道德观念上的多元迷茫。就如利奥·施特劳斯所描述的：“寥寥几代之前，人们还是普遍确信人能够知道什么是对的，什么是错的；能够知道什么是正义的（just）或者好的（good）或者最好的（best）社会秩序……在我们的时代，这个信念已经回天乏力了。”① 如果深陷道德多元的迷茫之中，人们所拥有的自由和权利就会成为一把“双刃剑”：它在让人们找到自我价值的同时，也让某些人陷入了不能自拔的自我泥沼，即失去了人的自我精神和心灵寓所，导致主体性原则的扭曲和工具理性对价值理性的宰制。面对这些现状，人们不得不去关注和思考多元道德场景中的道德问题，诸如“小悦悦”事件中的道德缄默、“广场舞”事件中的道德冲突、“食品安全”事件中的道德风险等。然而，当一个社会的道德良知、正义观念和价值序列只是作为“碎片化”、“外在化”的道德乱象漂浮于现实伦理生活的现象，不仅不利于公民道德生成逻辑的知性理解，也不利于把握和评价现实的公民道德状况、特征及其未来路径，甚至可能流于一种没有信仰、没有“定在”的相对主义、虚无主义的公民道德观。具体而言，多元道德场景引发了公民道德及其建设的认同危机、路向模糊和力量涣散。当然，在造成公民道德建设困惑的同时，多元道德场景也为建构公民道德提供了新的可能。作为一种基于国家与公民关系价值同构和协同创新，公民道德预设着公民对国家的认同问题。这种认同是理解公民道德建设的前提基础和重要因素，缺乏共同的国家认同，公民道德建设将面临深刻的挑战。因此，如何走出这种被封闭在与他者视域隔阂的、道德多元分殊、道德分而不合的“多元化”视镜里的道德乱象境遇？从孕育公民、培育德性的精神架构——“国家认同”中寻找多元道德迷失的解构力量，建构以“我们感”、“同一性”和“价值观”为特征的国家认同理念来建构公民道德建设的公民共识，是多元道德场景中建设公民道德的一种文化良策。多元道德场景的存在，迫切需要国家认同引领公民道德建设。国家认同构成多元道德场景中公民道德建构的战略基石、信仰取向和动力选择。

从公民道德的深层本质看，国家认同既是公民道德的理性认知、道德情感和美德要素，也是公民

---

① 利奥·施特劳斯：《现代性的三次浪潮》，贺照田主编：《西方现代性的曲折与展开》，长春：吉林人民出版社，2002年，第86页。

道德建设的内驱动力和重要发展指数，还是公民道德研究的学术分析工具。离开国家认同的公民视域，在多元道德时代就不可能有公民道德的生成与发展。公民对国家认同的不同诠释，将赋予公民道德不同的内容和价值。国家认同作为一种直接影响国家凝聚力、黏合力和发展力的“我们感”、“共同感”和“归属感”，即对自己所属国家状况的接纳、归属和欣赏，其功能不仅在于有效培育公民意识、优化公共舆论，而且为公民道德建设构筑起了一道坚实的“公民心理长城”。

从公民道德的主体看，国家认同为公民个体的道德行为和道德判断提供了基本的关系参照。“知道你是谁，就是在道德空间中有方向感；在道德空间中出现的问题是，什么是好的或坏的，什么是值得做和什么不值得做，什么是对你有意义的和重要的，以及什么是浅薄的和次要的。”① 作为现实的人，公民统摄于人与政治共同体即国家的关系之中。作为一种基于国家与公民关系和谐协调基础上形成情感联系的认知形式和心理表达，国家认同反映了公民对国家主权、社会制度、经济政治、历史文化传统、道德价值观念等的尊重、追随和信仰。就其本质而言，基于一定经济、政治、文化基础形成的国家认同，乃是一种公民主观信仰，丰富和建构了公民作为道德主体的资格、素质和能力。换言之，作为公民道德文化心理结构中深层次的一种主体精神存在，国家认同具有高度的稳定性和内在的深刻性，蕴含着公民道德建设强大的公民精神动力。国家认同是公民道德的灵魂，没有国家认同就没有公民的道德品行。

从公民道德建设的主体看，国家认同有助于公民道德建设由单主体性向主体间性的转换。以“合作发力”为出发点的主体间性公民道德建设主体，其所思考的问题不能止于“我如何能实现自身的自由”或“我如何能过上良善的生活”等单主体性问题，而要向“我们如何能相互理解并取得彼此认同”或“我们如何能合理地生活在一起”等多主体性问题转型，以释放公民道德建设多元主体的合作合力。公民道德建设的主体间性，是不同主体之间通过变化着的关系使自身的观念、责任或能力获得重新定位和重新调整的过程。在国家治理体系视域下，公民道德建设是一项由政府与企业、社会组织与公民个体等不同层级主体之间的创新协同工程。国家是公民道德建设中居于核心地位的责任主体。公民道德虽然是靠社会舆论、风俗习惯和内心信念等力量发挥作用，但这并不影响抑或否定国家在公民道德建设多元主体中居于核心地位的主体角色定位，《纲要》的颁布就是对这一核心地位主体的责任担当。在利益主体分化和权利意识增长的社会结构中，国家需要从经济发展的推动者向公民道德建设的倡导者拓展，从宏观、整体层面利用各种公共权力、公共场所、公共方式，以协调和平衡国家与公民关系，平等地保护每个公民的合法权利，保障现代“国家—公民”关系的有效运转，以切实提升公民的道德素养和道德实践能力。公民的国家认同就在根本上使《纲要》获得了合法性保障。因此，提升公民的国家认同感，将成为构建当代中国语境中公民道德建设多元主体合作发力的文化路径。

（二）理性、情感与美德：国家认同的公民道德建构功能

关于国家认同，国内已有相当丰富和成熟的探索，包括国家认同的内涵、国家认同与全球化、② 国家认同与国家结构体系、③ 国家认同与民族认同、文化认同④等，这些探索无疑是重要的，为我们深入探讨相关问题积累了基本知识框架。但是，关于国家认同的表达形式及其精神品性，诸如理性、情感、美德等似乎尚未引起学界应有的关注和

① 查尔斯·泰勒：《自我的根源：现代认同的形成》，韩震等译，南京：译林出版社，2001 年，第 38 页。

② 金太军、姚虎：《国家认同：全球化视野下的结构性分析》，《中国社会科学》2014 年第 6 期。

③ 林尚立：《现代国家认同建构的政治逻辑》，《中国社会科学》2013 年第 8 期。

④ 韩震：《论国家认同、民族认同及文化认同——一种基于历史哲学的分析与思考》，《北京师范大学学报（社会科学版）》2010 年第 1 期。

兴趣。可以肯定的是，缺乏对国家认同表达形式及其精神品性的研究，就难以确认和有效发挥国家认同之于公民道德建构的价值功能。因此，探究国家认同的表达形式及其精神品性，已成为我们探讨国家认同视域下公民道德建构问题无法躲避和绕开，且非常值得再深入研究的现实问题。在此，探讨国家认同表达形式及其精神品性的目的，就是要寻找和建构公民道德的理性认知基础、情感体验依赖及其美德践行能力。在公民道德建设过程中，作为基于政治—法律、文化—心理等多重取向的公民国家认同，涵盖了公民道德建构的指导思想和价值取向，决定着公民道德建构的性质和方向，集聚着公民道德建构的动力和效应，培育着人们的公民道德观念和公共行动能力。

首先，国家认同之于公民道德建设的理性认知功能。“在绝大多数情况下，认同都是建构起来的概念。人们是在程度不等的压力、诱因和自由选择的情况下，决定自己的认同。”① 依据政治—法律取向的国家认同，主要是一种关于现代国家构建以及“国家—公民”关系的历史事实的理性认知，即公民的国家认同“不是一种自然的情感，而是一种必须通过立法，或者更准确地说，通过良好的政府和公民对公共生活的参与而激发的热情”②。作为理性认知的国家认同，所表达的是国家与公民之间的利益关系以及公民自己所属国家不同于别国的差异或特性的一种认知意识。国家认同的基础不只是“国家”或“个人”的利益关系，而是国家与公民、国家与国家之间的共同利益或公共利益。唯此，国家认同才会形成并发挥具有普遍意义的公民道德建构理性认知功能。在这种理性认知的国家认同体系中，公民作为“国家主人”，把国家视为基于公民身份的政治共同体，承担着对外维护主权独立和领土完整，对内维护公民权益和社会秩序等职能；把个人视为拥有公民权利、批判精神及其“自我理性审视”的人。国家认同的这种理性认知，不仅明晰了国家的性质和职能，也规范了公民权利与责任的理性表达和行为动机；不仅蕴含了国家与公民的基本伦理关系，也为公民道德建构提供了方法论指导和价值观引领。所谓“爱国守法、明礼诚信、团结友善、勤俭自强、敬业奉献”的公民道德基本规范，就是基于国家与公民基本伦理关系，对公民国家认同的理性认知的客观反映和积极倡导。国家认同的理性认知体现了公民对中国特色社会主义的道路自信，强化了公民道德建构的制度基础。忽略或轻慢国家认同的理性认知功能，公民道德建构终将失去科学的“生长基因”和行动指向。

其次，国家认同之于公民道德建设的情感体验功能。当国家认同的理性认知内化为人的内心感悟，情感体验就构成了国家认同的基本表达形式。作为国家认同的内心体察和信仰感悟，情感体验主要基于文化—心理取向的公民对国家历史文化、伦理道德、共同生活信念的记忆、认可、享受和追求。如果说基于政治—法律取向的理性认知的国家认同是生成的，那么，基于文化—心理取向的情感体验的国家认同则是借助民族历史的文化力量濡化而成的。“我们不能强迫别人赞同我们，不管我们对他们有多少权力，因为强制他们表达他们的感激或赞扬将使这些表达毫无价值。‘行动可以被强迫，但情感的被迫表现仅仅是一场戏。’”③ 当理性认知内化为一种情感体验，国家认同就是一种具有极强内驱力的“心灵性活动”，而不再仅仅是一种权利义务的精细置换或道德推理。国家认同作为一种情感体验，对人们的公民道德认知、公民道德行为和公民道德品质养成具有强大的调控、驱动、催化和激发作用。一个对国家历史文化、伦理道德、共

① 塞缪尔·亨廷顿：《我们是谁？——美国国家特征面临的挑战》，程克雄译，北京：新华出版社，2005年，第21页。

② 莫里奇奥·维多里：《共和主义的复兴及其局限》，应奇、刘训练编：《公民共和主义》，北京：东方出版社，2006年，第167页。

③ 彼德·布劳：《社会生活中的交换与权力》，孙非、张黎勤译，北京：华夏出版社，1988年，第19页。

同生活信念充满热情、满怀信心的人，更倾向于发现社会的公平正义和人间的善良友好，更愿意关注公共事务和参与公共活动，更愿意在思想、情感、态度和行为上主动接受自己所属国家的影响，使自己的态度和行为与国家相接近、相同一。在这种情感体验的国家认同体系中，公民的情感体验构成了人内在的心理向导，与理性认知互为支撑，成就着国家与公民的统一、人的心灵与身体的统一。没有情感体验，就难以生成探索和追求国家认同理性认知的智慧和力量。换言之，国家认同的情感体验“寓于”理性认知，国家认同的理性认知依赖于人的大脑和身体的情感体验系统，深刻的理性认知激发着深切的情感体验，深切的情感体验强化着深刻的理性认知，情感体验与理性认知的高度融洽有助于形成公民道德建构的一种文化范式。

最后，国家认同之于公民道德建设的美德践行功能。“美德”是一个被思想史上的大人物们高度关注的话题。诸如麦金太尔的《追寻美德：道德理论研究》、德沃金的《至上的美德》、曼斯菲尔德的《马基雅维里的美德》和波考克的《美德、商业和历史》等，都对美德给予了不同的诠释。麦金太尔通过多层次的结构性分析揭示了人的美德的历史深厚感，主张美德“不仅仅在于维系获得实践的各种利益所必需的那些关系；维系个人能够在其中找到他的善作为他的整个生活的善的那种个体生活形式；而且在于维系同时为实践与个体生活提供必要的历史语境的那些传统”①。基于政治—法律、文化—心理等多重取向的国家认同，无疑蕴含着强烈的美德践行意蕴。如果理性认知与情感体验是公民国家认同的表达形式，美德践行则是国家认同的公民主体养成。对国家认同的“美德践行”考量，是对国家认同的理性认知和情感体验的内在价值限定。作为理性认知与情感体验付诸实施的行动，美德践行构成了国家认同最核心的公民品质。在国家认同研究中，最重要的、根本的是公民美德的践行问题。脱离了美德践行，国家认同也就成了僵死的认知条文和“假、大、空”的情感浮萍。在公民道德研究看来，国家认同是进入国家与公民关系之中的公民道德活动，是公民道德活动的基本表达方式，也是满足公民道德活动这一表达方式的美德践行。国家认同既是公民美德的践行方式，也是公民美德的培养空间。因此，指向国家认同的“美德践行”，不仅意味着要实践诸如“爱国守法、明礼诚信、团结友善、勤俭自强、敬业奉献”等基本公民道德规范，而且旨在培育公民积极参与公共事务、表达公共观点和担任公共责任的“公益精神”。对共同体利益的自觉服务，对公共善福祉的自觉诉求，构成了国家认同主体的美德践行的意愿、能力。正是这种以“美德践行”为主体目的的“国家认同”，不断地完善和丰富着公民道德的内容建构。在当代中国，以“美德践行”为导向的国家认同体系，是公民道德构建的自觉、自信和自强的实践路径。

三、公民道德生成场域与社会主义核心价值观

如果说，基于国家与公民关系的“国家认同”理论诠释的是公民道德的基本伦理关系、公民道德建设的合理性与合法性问题，那么，以社会主义核心价值观引领和规范作为公民道德生成场域的公民身份和公共生活，探讨的则是关于具有合法性、合理性的公民道德建设的现实路径问题。

在推进国家治理体系现代化的新的历史时期，基于国家认同的公民道德，是一种以公民身份和公共生活为主体品行的生成性道德，是人在行使公民权利和履行公民义务中遵循的一种生存法则和心灵秩序。公民身份认同建构了公民道德主体及其反身对象，公共生活能力则构筑了公民道德的生成场域及其践行能力。

公民身份和公共生活赋予公民道德的主体性和公共性，公民是在认同公民身份和参与公共生活中逐渐发现和意识自身的公民性和道德性的。诚如弗

① 麦金太尔：《追寻美德：道德理论研究》，宋继杰译，南京：译林出版社，2008年，第252页。

洛姆所指出的，“只有当人认识到自己的情境、认识到植根于人的存在中的两重性，认识到自己所具有的拓展人的力量的能力，他才能完成如下任务：成为自在自为的人，并通过充分实现人的潜在的诸能力——理性、爱、生产性劳作——而达到幸福。”① 然而，作为公民道德发展主客体重要变量的公民身份、公共生活与公民道德之间并不是简单的线性关系；公民身份、公共生活本身并不具有分辨善恶的天赋能力，也并不存有产生以倡导“富强、民主、文明、和谐，自由、平等、公正、法治，爱国、敬业、诚信、友善”为核心价值观的天然机制；相反，对整个社会而言，公民身份、公共生活并不都是因为道德的多元观念和多样行为方式而具有很大的混存性。换句话说，不道德的公民观念和公民行为不仅隐藏于人性之中，也可能寄生于公民身份的制度安排和公共生活的场域之内。主张公民权利和公共福利的公民身份和公共生活，虽然塑造了当代世界公共化的政治社会秩序，却无力重建人们的心灵秩序，因而亦无法确保其自身历史的发展必定向善，从而可能形成公民身份和公共生活自身的道德盲点，进而滋生了“扶不扶”、“救不救”、“帮不帮”、“跳不跳”的道德困惑和“见义不敢为”、“见义难有为”的道德尴尬。这就是说，公民身份、公共生活构筑起了公民践行其道德善的制度性条件，但并非公民道德本身。面对公民身份、公共生活既存有或需要道德又排斥或否定道德的伦理悖论，为了“不致在无谓的斗争中把自己和社会消灭，就需要有一种表面上凌驾于社会之上的力量，这种力量应当缓和冲突，把冲突保持在‘秩序’的范围以内；这种从社会中产生但又自居于社会之上并且日益同社会相异化的力量，就是国家”②。社会之上的“秩序”是国家通过“一个共同规则约束起来”的，“这个规则首先表现为习惯，不久便成了法律。随着法律的产生，就必然产生出以维护法律为职责的机关——公共权力，即国家。”③ 作为掌握和行使公共权力的“第三种力量”，国家的基本功能就是缓和公民身份、公共生活之间的矛盾和冲突，把矛盾和冲突保持在一定“秩序”的范围内。因此，以作为社会主义意识形态重要组成部分的核心价值观，引领和规范作为公民道德生成场域的公民身份和公共生活，既是培育和践行社会主义核心价值观的根本要求，也是公民道德建设实践的内在呼唤。在社会转型期，由于经济结构变化、利益集团分化导致社会主流价值的迷失、混乱、多元以及公民身份焦虑和公共生活问题凸显等一系列社会矛盾，从实践层面表明公民道德建设急需既具理论高度，又蕴实践特质的社会主义核心价值观的引导，以提升公民道德的价值认同与心灵内化，进而保持公民道德建设的中国特色社会主义的发展方向。

（一）公民身份：公民道德的主体建构

公民道德作为一种社会意识形态，只有从“现实的人”出发，才能揭示其深层的主体。“公民身份”作为公民道德“现实的人”的主体本质，不仅是马克思主义道德本质观的客观要求和必然结果，更是探究符合人的发展的制度性安排逻辑、顺应历史发展潮流的科学的学术方向。

就“现实的人”而言，公民道德的主体是具有公民身份的人。公民道德建立于公民身份之上。公民身份在任何公民道德形态中都居主体地位，对公民道德的生成及其价值目的起着引导、定向、规范及其反身对象价值。公民身份认同构成了公民道德的心智基础。根据社会认同理论，公民身份认同本质上是一种社会建构，政治认同、民族认同、文化认同、道德认同、职业认同等构成了公民身份认同的多维层级图式。公民身份认同的差异性，既反映了个体公民在社会多维层级图式中的地位结构，也

① 弗洛姆：《人的境遇》，林方主编：《人的潜能和价值——人本主义心理学译文集》，北京：华夏出版社，1987年，第108页。

② 《马克思恩格斯文集》第4卷，北京：人民出版社，2009年，第189页。

③ 《马克思恩格斯文集》第3卷，北京：人民出版社，2009年，第322页。

呈现出公民身份认同的发展性和变动性。

所谓公民身份认同，就是指具有独立、自由、平等等人格特性的公民对自我的公民地位、权利、责任的自觉认同。公民身份认同意味着用理性原则、价值期待、行为规范来界定公民自我。因此，我们也可以把公民身份认同理解或描述为“公民身份的自我重要性”，即公民身份对自我的重要性，是公民道德内化为心与外化于行的重要的理性调节机制，也是激发公民履行其道德行为的重要心理动机。伴随公民身份认同的深化，公民身份将逐渐由制度赋予的权利、地位等外在认同向以“价值、规范、理想、愿望、期待”等内在的心理认同转向，进而构筑公民道德的价值内涵和行为动机。从功能意义上说，公民身份认同是一项关乎公民道德主体建构的社会工程。“只有公民身份才塑造道德人，只有公民身份给予那个自我一种尊重，而且是对他人尊重的真正基础，没有这种尊重就不能存在真正的道德可持续的社会秩序。”① 虽然马歇尔（T. H. Marshall）关于公民身份的法律、政治、社会层面的建构理论得到了广泛关注和传承，但人不仅仅是需要寻求国家法律庇护和认同的政治动物，更是一种思考“我是谁”、“我是否属于我们”和“我们是谁”的道德动物。公民身份认同则是基于由国家法律制度规定的公民身份认知、肯定、接纳基础上，所形成的国家与公民间的“我感”、“我们感”和对国家“归属感、忠诚感”的一种心理认同或道德觉悟。正如凯思·福克斯（Keith Faulks）所言：“公民身份是一种成员地位，它包含了一系列的权利、义务和责任”。② 就此而言，公民身份本身就蕴含着由国家赋予公民地位、忠诚、权利等意义的认同形式，而国家的权力也就产生于其成员的“权利与美德”。于是，权利与美德构成了公民身份的二维结构。为政治框架设计的“权利”回答的是“我们如何生活在一起”的制度性问题；由生活实践习得的“美德”回答的则是“我们（我）如何过一个美好的人生”的目的性问题。因此，作为公民道德的“现实的人”的公民身份，不仅需要基于制度安排的权利，更需要美德的支持，以保障不同主体间的各种权利的文明实现。没有美德信念支持的“公民身份”的独立、自由、平等等品性，在某种特定的情境中很容易蜕变为实现个人利益最大化工具的精致的利己主义。可见，公民身份不仅是一套制度建构，也是一整套独特的信仰、态度和情感的道德认同体系。没有内在美德的公民身份，其独立、自由、平等就会迷失方向和力量。在人的多重身份中，公民身份因其集合了“司法的、政治的、经济的和文化的”多重实践，而获得了丰富的道德想象力。

公民身份认同作为一种社会交往形式和个人心理感受，其深层支撑源自其反身性理性能力。以“权利与美德”构成的公民身份，不仅建构公民道德主体，而且建构公民道德的“自我指涉”（self-reference）和“自我反思”（self-reflection）反身性理性能力。与以血缘、语言、地域、习俗为自然集合体的原始情感认同不同，公民身份认同是一种基于领土、文化、政治与权利等文化共同体和政治共同体的理性认同能力。在公民道德体系中，这种理性认同能力将呈现为“未验证的公民身份认同、公民身份认同的探索及公民身份认同的形成”三种形态或三大阶段。在“未验证的公民身份认同”阶段，公民个体并不真正知道“公民—国家”关系的意义是什么，他们对“公民—国家”关系的认知感大多源自父母、社区或者更大的社会群体。在“公民身份认同的探索”阶段，公民个体开始意识到自己的公民身份，在参与“公民—国家”关系的公共活动中，对自己的公民身份逐步产生较为深刻

① 德里克·希特：《公民身份——世界史、政治学与教育学中的公民理想》，郭台辉、余慧元译，长春：吉林出版集团有限责任公司，2010年，第98页。

② Keith Faulks，*Citizenship*，London：Routledge，2000，p. 13. 转引自叶飞：《公民教育：从“疏离”走向“参与”》，《全球教育展望》2011年第8期。

的理解。到了“公民身份认同的形成”阶段，公民个体基于“公民—国家”关系的知识体系和价值意义更为深入的系统掌握，从而更自信、更理性、更自觉地接纳和认同自身的公民身份。以概念形式予以表达和分析的这三种状态或三个阶段，呈现的是公民身份认同的动态发展变化过程。如果说未验证的公民身份认同是建立在非理性的素朴心智和盲目顺从的基础上，那么公民身份认同的形成就必定需要接受理性的追问和考验。在一定意义上，成熟的公民身份认同是经理性的反身意识引导，由主体理性判断和选择的。把公民身份认同建立于理性、情感与美德之间的某种必要张力，且维持其动态平衡，便构成了当代公民道德的一种反身价值。当然，公民身份认同一方面受制于社会结构互惠性的共同利益，生活在环境、观念和价值观等差异很大的文化背景中，个体诸如进城农民工的公民身份认同的建构就会面临挑战；另一方面它也在一系列信仰、仪式和象征的强化训练中得到积累，如果进城农民工善于学习，积极参加当地社区活动，增强公民身份认同思维训练而不断提高自我的公民身份认同感，就能较快构建起公民道德的主体人格力量。这就是说，公民身份认同在为公民道德提供心智支持的同时，也接受着介入或渗透于一系列信仰、仪式和象征活动中的公民道德规范、扶正和纠偏的反身功能。只有历经公共生活、经验感受、情景设置等彰显公民道德践行的长期积淀，才能使公民身份认同成为马克思所讲的“日常意识”，成为社会心理学所讲的“集体意识”。

综上所述，公民道德需要以公民身份认同为主体前提，公民身份认同也构成公民道德的反身对象，公民身份认同需要公民道德的价值支撑。在多元道德场景中，实现公民身份认同是一个充满了冲突和矛盾的复杂过程。越来越多的来自农村、急需户籍认定的农民工遭遇孩子读书、住房买卖和就业保障等问题，既是“环境中的个人困扰”，也属“社会结构中的公共论题”的社会问题，在本质上同样关涉公民的“身份认同”。这些问题的消解，除了需要政治制度、经济制度、民主制度等宏观社会因素的改革，还需要培育和发挥公共精神和公民道德在公民身份认同塑造中的强大力量。面对诸多叠加式的社会问题，需要人的理想信念和生活信心的支持驾驭。

（二）公共生活：公民道德的践行能力

公民道德是一种有条件的公共道德，这个条件就是公共生活。公共生活既是公民道德的生成场域，也真切地体现了公民道德的践行能力。没有真正的公共生活，就不可能生成真正的公民道德。“权利与美德”之于公民身份认同的力量与限度，在很大程度上取决于公民公共生活本身的价值观认同和制度结构。公民身份的存在感依赖于“国家—公民”伦理关系的公共建构，公民身份认同的心理张力需要细化于公共生活的事实层面，公民身份认同的现代化程度或水平，则取决于公民身份与其面临的公共生活性质与特征的契合程度。尽管私人生活是公民道德个体差异化的自主场域，但公共生活则是公民道德社会普遍化的践行场域；尽管日常生活中的许多行为和载体同时承担着公共生活与私人生活的双重功能，但这并不妨碍公共生活作为公民道德的生成机制和践行场域的客观性和可能性；公共生活与私人生活的功能互构度越高，公民道德践行的公共生活场域就越大。因此，公共生活既是公民利益表达和实现的重要平台，更是公民道德生成和进步的践行场域。只有在公共生活参与中，才可能真正培育出彰显公共理性和公共精神的公民道德。

澄清“公共生活”内涵及其丰富的道德意蕴，是阐释建构“公共生活”何以能够或应当成为公民道德的生成场域，以及人们如何过上正确的公共生活的学理基础。作为一个现代术语，“公共生活”泛指公共领域中人的生活方式。对市民个体而言，公共生活使个体化的市民向多重化的市民角色转化；对国家而言，公共生活确立了市民的公民身份。那么，究竟是什么决定了一定社会或社会群体进入“公共生活”？是什么令“公共生活”成为可能？衡量一个社会或群体是否进入公共生活时代，可以通过一系列外在指标来观察，如公共交往活动空间（文化广场、小区空地等）和公共物质共享空间（健身器材等），但是更为重要的是检验它的内在属性，即参与公共生活主体人的公共精神和公共理性的公民性品格。公共生活就是一种体现社会成员公共关系的公民性的生活方式，就是一种融个人权利和尊严与他人权利和尊严于“整体社会福祉”的生活方式，就是一种共同体成员共同型塑良好“社会风尚”的生活方式，它必然要表现为一种滋养着信任、宽容、同情、对话、协商和妥协等丰富而多元道德内涵的生活方式。人们因信任、宽容和同情而走进同一个公共生活圈，人们也因对话、协商和妥协化解了某一个公共生活圈由于权利、尊严和荣誉不平衡而产生的“公共性问题”。在当下中国语境中，对话、协商和妥协将成为公民守望权利、尊严和荣誉，过上好的公共生活的实际践行能力。例如“广场舞问题”，即广场舞大妈的健身需求与噪音扰民的侵权行为之间的矛盾和纠纷造成的肢体冲突、泼粪鸣枪、财产损失等极端事件，折射出的就是公共生活中公民践行能力的危机。改革开放、市场经济和老龄社会的叠加共存，不仅激发了个体权利意识的觉醒，而且改变了人们的生活方式和关系结构，甚至极大地改变了社会习风，在保护“私人生活”公民权利的同时，公共生活的需求和空间也在飞速拓展，衣食无忧的城市老年人群体成为这种公共生活空间的聚集者。然而，老人们对如何过上好的公共生活还缺乏认知的、欣赏的及其内化的心理准备。特别是在行政干预无果的情势下，公民之间缺乏一系列缓和、纾解“公共性问题”的对话、协商、妥协的伦理机制，是值得重视的问题。这种伦理机制的不健全，造成了公共生活“破坏性”过多，而“建设性”不足。在张扬个体权利和尊重群体权利之间，一种好的公共生活需要寻找到彼此“互洽”、感觉“舒适”的状态才能得以实现。这是因为，公共生活中的权利、尊严和荣誉不仅是“我”的，也是“他”（她）的；公共生活的意义在于“公共性”，即“他人的在场”，生活的公共性要求生活着的人们不仅要独善其身，更要担当公共责任；公共生活就是一种为“公共性”价值引领的自主建构的生活形式，这种公共性的生活品质滋生着公民道德的基本品格。诚如古希腊先哲苏格拉底曾说过的，不经反思的生活是没有价值的，只有经过对话、协商、妥协后的公共生活才是永续的。对话、协商、妥协既是公共生活中人们追求幸福生活的践行手段，也是将人们公共生活中碎片化、民粹化意识批判地整合起来的理性力量，还是培育和践行以社会主义核心价值观为引领的公民道德建设的“知行场域”。

结语

作为社会主义道德体系建设的重要组成部分，公民道德既是国家型塑公民人格和社会风尚的政治文化过程，更是在中国社会中公民生活的一种道德状态和精神耕耘。以社会主义核心价值观引领的公民道德建设，是实现“国家富强、民族振兴、人民幸福”民族复兴伟大梦想的必要文化路径。公民道德作为一种关于国家与公民关系的价值同构和协同创新的“间性”道德，作为一种嵌入公民身份与公共生活的生成性道德，既是个人自由的心灵秩序，也是社会秩序尤其是政治秩序维系的精神力量。致力于自由而平等的公民所组成的公正而稳定的社会，需要具备“权利与美德”两种力量来建构和平衡“国家—公民”的伦理关系。这种力量的平衡不仅是一种公民美德，更是一种社会秩序。只有在国家认同的社会秩序中，公民道德才能成为公民身份认同和公共生活能力再生产条件的价值规范和道德理念。

文化视域下我国德育课程改革反思*

□ 韩华球（人民教育出版社副编审）

进入21世纪以来，我国强力推进的经济体制转型催生了社会文化的变迁。大众文化、世俗文化逐步成为文化主流，文化呈现出多层次性、多形态并存的格局。网络技术革命使得德育生存和作用的环境发生重大变化，与市场经济相伴的各种社会文化思潮进行着激烈的碰撞。市场经济利于人们树立平等竞争观念，强化价值观念、时间观念、效益观念、信息观念、创新观念，但也易于催生功利主义、拜金主义、享乐主义思想，使得一些人的道德水准和文化素养明显下降。中小学德育的状况折射了整个社会文化的发展，成为社会文化发展的缩影。多元价值的冲击，导致中小学生对民族文化、民族精神的了解较少，传统文化素养与民族素质令人担忧。

文化是人类对于自然与自身进行探索和认识的创造性成果，是一个民族的血脉，是人民的精神家园。德育是为了维持在社会中占统治地位的价值需求而被设计、被创造的文化的一种形式。作为文化性质的社会实践活动，德育指向的是人的精神世界，它的任务是通过培育人的精神，提升人的精神品位，最终以文化方式实现德育对社会的多重作用。德育课程是用以实现德育目的的中介物与内容依据，是学校教育整个课程的组成部分，它直接关系到中小学德育的实效与质量。文化是德育课程的母体。德育课程作为文化之一分子，必然要受制于并促动着社会文化的变迁与转型。因此，中小学德育课程所遭遇的一系列问题实质上也是深层次的文化问题。

“中国人在最近一百多年中的文化困惑，归根结底是一个如何处理好接受外来文化与保持自己文化的民族独立性的关系问题。”[1]现今多元文化时代的德育课程，尤其需要注意处理好民族文化与外来文化之间的关系。本文侧重从文化的核心——价值观层面，反思我国中小学德育课程目标和教材内容的一些问题。

一、培育民族精神：德育课程目标的应有之义

我国学者樊浩教授认为，当代中国道德教育最基本的问题是以西方理性主义或基于理性主义哲学的道德教育理论指导中国道德教育的研究与实践。这种理性主义道德教育形态以原子式的个体作为道德和道德教育的原点，通过知识论的建构，借助利益相关或制度安排，使个体了悟道德对于自我实现的意义，达到诸原子式个体“集合并列”，从而使共同行动和社会生活成为可能。它在学术上遭遇三个难以逾越的难题。第一，人文社会科学尤其是最具人文气质的“道德”及其“教育”，与自然科学的根本区别在于其不具有抽象的跨文化普适性。第二，理性主义道德教育的最大特点，是基于个人主义或个体主义的原子式“集合并列”，它消解道德的伦理前提，建构的是知识论的教育传统。第三，

* 原载《教育学报》2014年第2期。

无论是在历史还是在现实中，西方理性主义道德教育的合理性，是其文明生态的合理性。在理论与实践上，西方道德教育最重要的生态要素是其作为最高上层建筑的宗教构造。从某种意义上可以说，在西方，伦理与宗教联袂，生态地履行道德与道德教育的文明使命；而在中国，伦理则独自担当这一文化功能。① 以上三大问题注定理性主义道德教育传统在中国不仅面临合理性挑战，而且遭遇合法性危机。在道德哲学的意义上，道德教育的"中国形态"是"精神"形态，而非西方式的"理性"形态。"精神"形态的道德教育展现为"居伦—由理—明道—成德"四环节的伦理与道德同一的价值生态与精神过程。"居伦—由理—明道—成德"的"精神"形态，无论是在话语体系还是在文化内涵方面，都是典型的"中国形态"。作为价值真理，"精神"形态与西方哲学包括西方道德教育也可能相契相通，从而在相互诠释中体现一定的普适性，但它本质上是"中国的"——既是中国传统，对中国问题也更有解释力和解决力。回归"精神"传统，是中国道德教育为解决现代性世界性难题做出的可能文化贡献。[2]"民族是伦理的实体，伦理是民族的精神，伦理与民族精神不仅现实地而且概念地相同一。"[3]

民族精神是一个民族与其他民族相区别的精神特质。它是一个民族文化中起积极作用的主导力量，是民族文化的精髓，反映着该民族的文化传统、价值取向、思维方式、理想人格等，是一个民族的精神支柱和生存之根。在教育目标尤其是德育课程目标上如何体现民族精神，是我们必须面对的课题。②

在此方面，与我国同处儒家文化圈的韩国经验值得我们借鉴。韩国第七次教育课程将其教育目标规定为："在弘益人间③的理念之下令所有国民陶冶其人格，并具备自主地生活和成为一个民主市民所必备的资质，使其有尊严地生活，并为实现国家发展与人类共荣之理想贡献自己的力量。"在该目标下，教育所追求的理想之人被规定为："在全面发展的基础上追求个性之人"、"以基本能力为进一步发挥创造能力之人"、"广博的教养为基本素质积极开拓未来之人"、"对韩国文化理解的基础上创造新价值的人"、"以民主市民意识为基础贡献共同体的发展之人"。可以说，"弘益人间"理念是具有出发点和基础性质的韩国民族精神。

反观我国，《义务教育品德与社会课程标准（2011年版）》在"课程目标"中提出："珍视祖国的历史与文化，具有中华民族的归属感和自豪感，尊重不同国家和民族的文化差异，初步形成开放的国际视野。"《义务教育思想品德课程标准（2011年版）》在"课程目标"中提出："热爱集体、热爱祖国、热爱人民、热爱社会主义，认同中华文化，

① 有学者指出，自1949年到"文化大革命"期间，共产主义意识形态作为政治理想在广大民众中享有极高权威，但这一意识形态的神圣性和感召力在"文化大革命"后下降，中国社会出现了主体文化和信仰的"真空"。当今中国社会出现许多突破道德底线的行为，人们需要讨论如何重建中国社会主体文化和重新树立国民"信仰"。参见马戎：《加强中华民族的政治认同》，载《环球时报》2013年7月23日。

② 1996年，我国学者班华教授在其主编的《现代德育论》中，把"传统美德与时代精神有机结合"、"民族性与全人类文化因素相融合"作为确定德育目标的指导原则。但其思想局限在于仅仅将它们作为确定德育目标的指导原则，而未将培育民族精神直接纳入德育目标之中。（参见班华著：《现代德育论》，安徽人民出版社1996年版，第117—119页）2013年，他又指出："今天，我们的视野应当更加开阔，也就是要求受教育者思想道德上应具有全球意识、世界眼光，把民族精神与世界精神统一直接作为德育目标的要求纳入德育目标之中。"（参见班华：《德育目标应有的要求：民族精神与世界精神统一》，载《教育研究》2013年第2期。）

③ 韩国至今流传着天神之子桓雄来到太白山下治理人的世界，使天下苍生广泛受益即"弘益人间"的传说。这个传说被认为是韩国的开国神话。而"弘益人间"的理念，是韩国现行《教育法》所明示的教育目的所在，也是韩国所有道德的出发点，奠定了韩国传统道德的基础。而"弘益人间"不仅指令天下苍生受益，更指精神的安定与物质的丰饶、对他人的包容等含义，在人际关系中它也表示坚持柔顺与谦逊的态度。总之，"弘益人间"并不只是传统故事里出场的神话，更是韩国教育的出发点和基础，对韩国现代道德教育的影响也是毋庸置疑的。

继承革命传统，弘扬民族精神，有全球意识和国际视野，热爱和平。”现行的《普通高中思想政治课程标准（实验）》在“课程目标”中也提出：“热爱祖国，热爱人民，关心祖国命运，增强民族自尊心、自信心和自豪感，弘扬中华民族精神，树立为实现中华民族伟大复兴而奋斗的志向。”

由上可见，我国相关课程标准的“课程目标”都已指出要理解、认同中华文化，弘扬民族精神，但尚未明确提出具有教育出发点和基础性质的民族精神。这应该说是一个缺憾。

对于中华民族精神的特定内涵，笔者赞同我国哲学家张岱年先生的观点。张岱年先生将中华民族精神概括为“刚健自强、厚德载物”。他强调一个民族应该对于自己的民族精神有比较明确的自我认识。经过反复比较和深思熟虑，他明确而郑重地提出，中华民族的民族精神基本上凝结于《周易大传》的两句名言之中：“天行健，君子以自强不息”，“地势坤，君子以厚德载物”。这两句话为人民群众所熟悉、所赞同，也最充分地表现整个中华民族前进力量的源泉。“自强不息”是民族的一种发愤图强的传统，“厚德载物”是以宽厚之德包容万物，在文化发展上有兼容并包之意。[4]五千年来，“刚健自强、厚德载物”的理念深深印在中华民族的集体记忆中，凝成我们的民族精神。中华民族之所以能够在一次次挫折中屹立不倒，与这一精神的支持是分不开的。在社会主义市场经济条件下，为实现中华民族伟大复兴的“中国梦”，更需要这一民族精神作支撑。

二、吸纳传统德目：德育教材内容的建构融合

我国自2001年实施新课改以来，中小学相关课程标准都比较强调学生对传统文化的传承，特别是在高中思想政治课程中还专门增设了必修模块“文化生活”，相较之前已有相当大的进步。

不过，相关研究表明，在我国现行义务教育阶段德育课程教材内容中，文化板块有11课时，仅占总比例4.1%。在整个德育板块中，中国传统文化及社会文化道德领域中的传统文化伦理内容较少。而这部分内容在很大程度上仍然是中国文化的根基之一，这在设置上是不太合理的。我国义务教育阶段德育课程教材内容的发展性分析表明，德育课程中比较缺乏对道德哲学、道德根源及道德理念的深入探讨和学习。这很可能导致学生只关注外在的工具性的规范知识，而缺乏对民主、正义、平等等主流价值观的深入探讨学习；很可能导致学生个体道德在发展上缺乏发展动力和源泉，特别是在我国德育课程内容缺少传统文化支撑的情况下，容易导致德育教材内容的枯燥化。更需指出的是：在我国当前的德育课程中，作为儒家的核心道德范畴，“仁”的概念几乎从未出现。传统道德教育内容的严重缺失，对于一个民族的发展而言可能导致严重后果。[5]正如新加坡首任总理李光耀所说：“身居迅速变化的时代，我们希望在探索走向未来的同时不割断与过去的联系。在告别过去的时候，我们有一种深刻的不安，失去传统会使我们一无所有。”[6]

可喜的是，党和国家领导人已经充分认识到目前我国传统文化教育薄弱问题的严重性。2014年2月24日，习近平总书记在中共中央政治局第十三次集体学习时特别指出：“培育和弘扬社会主义核心价值观必须立足中华优秀传统文化。牢固的核心价值观，都有其固有的根本。抛弃传统、丢掉根本，就等于割断了自己的精神命脉。博大精深的中华优秀传统文化是我们在世界文化激荡中站稳脚跟的根基。中华文化源远流长，积淀着中华民族最深层的精神追求，代表着中华民族独特的精神标识，为中华民族生生不息、发展壮大提供了丰厚滋养。中华传统美德是中华文化精髓，蕴含着丰富的思想道德资源。不忘本来才能开辟未来，善于继承才能更好创新。对历史文化特别是先人传承下来的价值理念和道德规范，要坚持古为今用、推陈出新，有鉴别地加以对待，有扬弃地予以继承，努力用中华民族创造的一切精神财富来以文化人、以文育人。”[7]

为发挥教育的基础性、先导性作用，建设中华优秀传统文化传承体系，弘扬中华优秀传统文化，

教育部还颁布《完善中华优秀传统文化教育指导纲要》。

有学者强调，直至今天，“仁义礼智信”作为儒家提出的高度概括和抽象的五个道德范畴，仍然具有永恒的、普泛的意义和价值。这是因为：一方面，在漫长的历史发展过程中，“仁义礼智信”的具体内涵中已积淀了中华民族许多优良道德传统，具有普遍意义，已成为一种“类宗教”① 性质的价值谱系，其中不少内容，如“己所不欲，勿施于人”早已被公认为人类普遍的道德准则；另一方面，“仁义礼智信”的表述，作为概括和抽象的道德范畴形式，也是中国传统文化一份极其珍贵的遗产，可以说是中华民族传统伦理道德的“品牌”。在当代中国社会道德文明和核心价值观的建构过程中，我们仍然可以借用“仁义礼智信”的形式，吸取其精华，赋予体现时代精神的新内容，建构具有鲜明中国特色、为老百姓喜闻乐见的伦理道德范畴体系。“仁义礼智信”深厚的历史文化渊源，有利于在社会民众心理上树立起对于共同道德信念的权威感和归属感。“仁义礼智信”高度概括而又极其简洁鲜明的语言形式，也非常适合于道德教育和宣传。[8]

“仁义礼智信”这五个道德范畴是中国传统文化的核心价值，它们和西方文化的核心价值如自由、民主、平等、人权等并不是对立的，而是共通的。当下，我们应充分挖掘和继承传统德目的价值，根据时代特点进行创造性转化，使其与现代德目有很好的契合，并在不同的德育阶段赋予具体的课程内容。

在对传统儒家文化进行创造性转化方面，新加坡的成功经验值得借鉴。新加坡从成立之初就以捍卫东方价值观为己任，对学生进行系统的儒家伦理教育。同时特别注重对传统儒家思想的创新，使其与新加坡多元文化的发展相契合，成为具有新加坡特质的现代核心价值观。新加坡在不同的历史时期都注重赋予传统价值观新的时代内涵：从 20 世纪 80 年代初开展儒家现代化运动，提出新“八德”；到 90 年代初，形成五大价值观；再到如今强调系统灌输国民教育中的核心价值观。每个时期的学校德育课程总是和传统儒家文化紧密相连，这也正是新加坡德育课程的核心和稳定性所在。

与西方文化相比，缺乏民主和科学是中国传统文化的两大缺陷。自“五四”开始，中国人就大力提倡民主和科学，但西方文化的其他核心价值如自由、法治等在一定程度上受到忽视。实际上，我们只有将它们放在一起作为一个整体，全面系统地学习吸纳，才能够深刻理解这些人类优秀成果。党的十八大报告提出了由 24 个字组成的社会主义核心价值观基本内容：富强、民主、文明、和谐，自由、平等、公正、法治，爱国、敬业、诚信、友善。它将西方文化的核心价值“民主、自由、平等、公正、法治”等都纳入社会主义核心价值观，是对传统意识形态的一次大胆突破。中小学德育教材内容应当融合中国传统文化和西方文化的精华，践行社会主义核心价值观，为现代中国公民的成长奠定良好基础。

三、超越灌输启发：德育课程实施的统整优化

在德育课程实施过程中，人们往往将灌输与启发两种思想对立起来，认为灌输教育不可能有启发教育的成分，主张用启发教育完全取代灌输教育。

“灌输”的原意为“把流水引导到需要水的地方”，后来引申为“输入思想、知识等”。[9] 按通常的理解，灌输含有灌输者的强制性，被灌输者的被动性，往往与教学法中常说的“注入式”、“填鸭式”混同。其实，这种理解灌输是不正确的。我们将灌输当作德育原理，而不是当作原则、方法或手段。

“灌输论”是一个系统的理论，它包括灌输的

① 与此提法相类似，现代新儒家代表人物成中英教授提出要把儒家道德看成一种具有“宗教意识”（表示一种对于终极实在的最后关怀）的结构。参见成中英著：《文化·伦理与管理》，东方出版社 2011 年版，第 192 页。

前提、依据、内容、目的和保障等基本内容。简单地把灌输视为原则、方法或手段，都忽略了灌输的系统性、完整性和复杂性；至于有人把它与强制、注入等观点相提并论，更是风马牛不相及。要培育民族精神，弘扬社会主义核心价值观，也离不开“灌输论”的科学指导。

“启发”一词源于《论语》：“启，谓开其意；发，谓适其辞。”开其意，即打开受教育者的思路；适其辞，辞乃事物间真实联系的反映，即获得知识。现代的启发被认为是受教育者在教育者的引导下，主动获取知识，发展智能，陶冶个性，塑造完美人格的过程。

我国社会本位的价值观和“政教统合”的传统，为灌输教育提供了深厚的文化土壤；而西方个人本位的价值观和“政教分离”的传统，也为启发教育提供了适切的文化背景。自19世纪末20世纪初开始，杜威“无灌输道德教育”的观点得到了西方道德教育理论界的响应和支持。正是对道德灌输的彻底否定和对无灌输道德教育的追求，当代西方道德教育形成了自由选择这一基本原则。但由于片面反对灌输，排除道德内容的输送、传授，使道德教育走上了“无道德的德育”的歧途，以至于20世纪60年代出现了社会的道德危机和青年反抗运动。这使得西方理论界在70年代末80年代初出现了重视道德内容的呼声。90年代美国兴起的品格教育，正是对无灌输道德教育的扬弃与超越。

在人类的教育实践中，一直包含着灌输与启发两种类型的教育形式：通过系统的传授，让受教育者接受人类已有的知识；通过受教育者的亲身实践，自主建构自己的知识体系。灌输教育强调了教育者的主导作用，在传授系统理论知识方面具有独到之处；启发教育则注重发挥受教育者的主体作用，在积累直接经验、培养受教育者创新精神和实践能力方面有独特优势。从一个人的全面发展来看，这两种教育既对立又统一，二者相互依存、相互补充、相互渗透与转化。在德育课程实施过程中，我们应超越灌输与启发二元对立的思维方式，既不能一味地灌输，也不能一味地启发，而是该灌输则灌输，当启发则启发，灌输中有启发，启发中带灌输，灌输与启发相统一。唯有如此，才能满足不同阶段、不同层次、不同特点的受教育者，优化德育课程实施的效果。

德育课程的每一次变革与发展，都与社会文化的变迁息息相关。英国比较教育学家萨德勒（M. E. Sadler）有一句名言：“学校之外的事情甚至比学校内部的事情更重要。”[10] 如果我们一味地追求崇高理想，却失之对现实的关怀，不提供、不改善个人道德自主的社会条件与社会环境，使实然与应然、眼前与长远处于分裂状态，那么理想也必将成为没有现实基础的乌托邦。① 为此，我们在德育课程实施过程中，要以学生的发展为本，关照学生的日常生活世界，突破文本式的“德育小课程观”，树立一种“德育大课程观”。即将德育课程作为一个大系统来看待，这个系统的要素既包含学校德育教材文本、学校道德生活，又包含社会道德文化。这些要素之间存在着复杂的、循环式的相互作用关系，一节德育课就处在这一循环中。德育课程的组织和设计不是局限于在学校德育教材文本内部的游弋，而是基于在学校德育教材文本与社会道德文化、学校道德生活互动关系上，对德育课程全部要素所进行的系统筹划。这样，德育课程实施才能

① 美国著名中国学家墨子刻（Thomas A. Metzger）认为，中国学者论述问题多半倾向以应然作为出发点，先谈理想，然后再谈如何实现该理想。他们似乎认为，如果能建构一个理想，就一定会有办法实现这个理想。而西方文化却完全没有这种观念，他们常常对一些较高远的理想有所怀疑，要问此一理想可否实现？结果，在讨论未来之时，多半会先考虑到实然的趋向，或大概会出现的趋势，然后再谈在此情况下，目标有何种的可行性。换言之，可行性是他们的焦点，而将实然与应然严格区别，与此焦点是分不开的。许多学者指出，中国文化是入世的，可是这个文化的特色其实是偏到一种“忽略可行性的入世精神”。该观点提醒我们，当讨论德育课程目标的时候，应该多考虑以实然为出发点，多思索当下可以干些什么。

够真正得到统整与优化，避免落入知性德育①的窠臼。

参考文献：

[1] 张岱年，程宜山. 中国文化论争 [M]. 北京：中国人民大学出版社，2006：334.

[2] 樊浩. 道德教育的"'精神'形态"与"中国形态"[J]. 教育研究，2013 (2).

[3] 樊浩. 现代道德教育的"精神"问题 [J]. 教育研究. 2009 (9).

[4] 张翼星. 张岱年先生留下了什么精神遗产 [J]. 博览群书，2004 (7).

[5] 冉亚辉. 我国义务教育阶段德育新课程现状及其评析 [J]. 教育与教学研究，2010 (6).

[6] 吕元礼. 亚洲价值观：新加坡政治的诠释 [M]. 南昌：江西人民出版社，2002：11.

[7] 习近平. 培育和弘扬社会主义核心价值观 [N]. 人民日报，2014-02-06.

[8] 徐克谦. 今天，我们怎样借鉴"仁义礼智信"[N]. 新华日报，2011-04-20.

[9] 中国社会科学院语言研究所词典编辑室. 现代汉语词典（第 6 版）[M]. 北京：商务印书馆，2012：483.

[10] 王承绪. 比较教育学史 [M]. 北京：人民教育出版社，1999：66.

① 知性德育是一种知识化，缺乏文化价值立场的德育方式。它缺少日常生活基础，将德育视为一种以追求真理为目的，与价值无涉的"科学化"活动，德育的文化意义和价值被忽视。这是造成德育现代困境的重要原因。

基础教育

多样化发展与规范化治理的统一*

——基础教育良性发展的途径

□ 陶西平（中国教育学会原常务副会长）

近年来，我国基础教育在多样化发展中取得了令人瞩目的成绩。但在这一过程中，也产生了多样化与规范化如何统一的新困惑。我们要落实顶层设计的各种制度，就要加强规范管理；我们主张各校应有自己的独特个性，就要允许学校多样化发展。我们要真正实现二者的统一，促进我国基础教育良性发展，就必须处理好个性与共性、规范与多样、借鉴与创新、设计与执行的统一问题。

一、个性与共性的统一

1. 不因追求多样而忽视共性

同质化是当前我国教育领域中存在的一种普遍现象。以标准化为显著特征的同质化教育，在一定程度上加快了教育的普及与均衡，促进了教育管理的规范，保证了量的增长，使更多的人可以接受教育。但"更多的教育"并不意味着"更好的教育"。通过一种模式实现的教育数量增长、规模扩张与规范管理，实际上无法真正实现教育的公平与均衡。

学校的多样化发展归根结底是要由"更多的教育"变成"更好的教育"。因此，我们要大力推进基础教育领域，特别是高中的多样化发展。但学校在张扬个性的时候，应该时刻注重共性的存在。失去了共性和个性的相融，个性也就失去了意义。所以，我们在推进多样化发展的过程中，要防止违背国家教育的总体要求而去搞所谓的个性。一所好学校，一定是共性与个性的结合体，既符合国家对教育的总体要求，又有自身特色的彰显。

2. 在"红海"中开辟"蓝色航线"

由欧洲工商管理学院 W. 钱·金和勒妮·莫博涅两人合著的《蓝海战略》一书在海内外企业界一度掀起热潮。该书提出，这么多企业都在一片"红海"里竞争，已经没有多少发展余地了，因此企业应该发现"蓝海"，到"蓝海"里寻求更多的创新空间。这个战略有一定的道理，也有一些企业的确进入了"蓝海"去发展。但一些中国企业家经过几年的实践后，对"蓝海战略"提出了质疑：为什么"红海"里船只星罗棋布也照样赚钱，而"蓝海"里船只寥寥却跌得头破血流？"蓝海战略"可能并不是唯一的、正确的、创新的途径。因此，一些人认为，真正的出路是不要急于去开辟"蓝海"，而是在"红海"中找到一条"蓝色航线"。

当前一些学校在特色发展中热衷于关注"蓝海"，认为发展别人没有的"冷门"，更容易形成本校特色，因此避开教育的基础性和关键性问题以及广受关注的热点问题去追求多样。但对教育领域的

* 原载《中小学管理》2014 年第 3 期。

根本问题并不关注，只是热衷于某些冷门，恐怕很难得到社会的认可；这样形成的所谓特色，也未必真正适合于学生和学校的发展。所以，我们在推进学校教育的多样化发展中，一定要正视教育的现实问题，以创新寻求解决方案，通过对共同关心的领域中的问题的研究，解决一个或几个问题，推动学校教育的改革和发展，在“红海”里开辟出一条“蓝色航线”，才能真正形成自己的特色。

3. 让“教育适合学生”与“学生适应教育”高度统一

学校教育的多样化发展归根结底是要创造适合学生发展的教育。学生的多样性决定了教育的多元化，个性化教育是多样化办学的重要前提条件。同时，教育也是学生社会化的过程，教育的重要功能是为学生社会化创造环境与条件，使学生将来能够较好地适应社会，行使社会成员的权利，承担社会成员的义务。否则，当学生进入社会后，常因难以适应社会而困惑、颓废，甚至叛逆。因此，学校教育必须帮助学生在适应教育的过程中实现社会化。

为此，创造适合学生发展的教育，就是要通过适合学生的教育，使学生适应社会的发展，懂得社会的规则，同时使个性得到张扬，从而实现真正的基础素质与个性特长相结合的全面发展。真正负责任的教育，应该把适合学生的发展和让学生适应教育的要求统一起来。

二、规范与多样的统一

1. 规范治理

教育的规范治理包括各级教育主管部门对学校的规范治理和学校内部的规范治理，它强调在以人为本的前提下，通过确立一套价值观念体系，引导学校和教职工的意志行为选择。我们必须有一套系统的价值观念体系，对教育活动进行整合，并使管理措施系统化、常态化、流程化、标准化，这样才可能实现规范化。规范化治理要求决策程序化，权责明晰化，奖惩有据化，措施具体化。

一套系统的、得到学校内外广泛认同的价值观念体系，是学校建立自我免疫、自动修复机能的基础。现在许多学校存在着二元价值体系，说的是一套，实际追求的是另一套，目标与评价相背离，这种二元价值体系很难使学校的行为真正规范起来。如果有一套好的价值观念体系为学校运行提供指导思想，那么，任何有违教育发展正道的行为就会被及时纠正与制止。

2. 多样化

教育发展具有多种多样性，如教育对象的多样性、外部环境的多样性、资源优势的多样性、学生需求的多样性、办学策划的多样性，等等。所有这些多样都是基于学生的多样。正是由于受教育者的本性、潜能是多样而且变动的，所以，教育的目标也应当有多样性，对他们的评价也不应该是程式化、固定不变的。此外，教育所面临的环境也不是固定不变的，而是纷繁复杂的。为了应对这种变动的环境，教育必须尽量保持一种多元化发展的可能。

学校的多样化发展必须扎实稳步推进，去除浮躁和投机心理。在以舆论评优劣的背景下，急功近利往往具有极大的诱惑力。但急功近利、热衷于搞一些花样，却不会真正增强竞争力，不会真正赢得社会的尊重。多样化发展不能有投机心理，只有着眼于长远，扎实推进，学校才能拥有更多、更实、更久的竞争力。

教育的同质化是教育走向现代性的一个过程，但是，现代性并不是教育的终极目标。教育的同质化过程本身即蕴含了对教育同质化的否定回答。有了同质化，我们才感觉到教育需要多元化，如果从来没有产生过同质化，那么或许我们现在也不会努力地创造多元化。正是由于同质化自身的这种否定意义，教育才能走出同质化的窠臼，获得多样化的发展。

三、借鉴与创新的统一

1. 当眼前没有榜样时，创新可能就要出现了

西方的许多教育理念、教育模式和名家名校，

是众多中国学校学习的榜样；我国不时出现和宣传的先进地区、名校和名校长的教育经验，也都曾引起众多学校的关注。可以说，每位校长心中都有自己的学习目标。这是好事。有榜样，才有前进的方向。但如今各国教育都存在不同的问题，大家对各种经验也都有着不同的反响和争议。现实中常常出现这种情况：无论我们学谁，还没等我们学好，那个榜样自己就出现了这样或那样的问题。如我们刚刚介绍完美国的《不让一个孩子落伍法》，奥巴马的团队就提出这个法案有十大毛病，一定要修改；我们刚讲完日本的宽松教育改革，日本就宣布宽松教育改革使得日本的教育质量下降，现在要彻底纠正宽松教育的方向；我国许多地区和学校的经验在一开始都很引人注目，但后来做着做着就让人产生怀疑，再做着做着甚至就很反感了。

现在，许多校长产生了新的疑问：我到底向谁学？我们到底要办一所像哪所学校那样的学校？其实，无论我们学谁，都很难有人能肯定地告诉你是对了，还是错了。学习与借鉴是一个必要的过程，但当你感到身前没有鲜明的榜样时，你的追求就是要使自己变得更好。这时，真正的创新可能就要出现了，真正的多样化的特色就要形成了。

格力电器有一个理念：一个没有创新的企业是没有灵魂的企业，一个没有核心科技的企业是没有脊梁的企业。借鉴这种说法，我们可以说，一所没有灵魂的学校是没有特色的学校，一所没有特色的学校是没有脊梁的学校。每所学校都可以没有榜样，但都应该有自己的脊梁。

2. 倡导教育的“微创新”

伴随时代的前进，中国的教育改革确实进入了深水区和攻坚区，不仅许多长期难以解决的问题依然存在，而且新的问题还在不断涌现，学校自身的教育管理和教育教学活动也面临严峻的挑战。因此，在高度重视理论创新和制度创新的同时，也应当重视寻找解决这些具体问题的有效途径，那就是教育的“微创新”。

“微创新”虽然看起来小，但它不仅会丰富教育科学的宝库，而且可能引发对教育大问题的突破性思考。所以，小中有大，小中见大，对其意义绝不可低估。最近，广泛受到关注的“翻转课堂”的教学模式，其实就起源于2007年美国科罗拉多州一所高中的化学老师在课堂教学中的“微创新”。

学校管理人员和广大教师每天所面对的问题，都是“微创新”的切入点。所以，推进学校内部的“微创新”，不仅是改进学校管理、提高教育质量的动力与途径，也是促进教师专业发展的有效路径。校长和教师都应当有自己的“微创新”课题，通过“微创新”，提高自身的专业水平。

现在许多学校都提出“科研兴校”，但一些学校往往只热衷于参与国家重点课题的研究，或者自创一个理论体系。而事实上，学校又常常由于力不从心，实际参与课题研究的人很少，而不得不请一批专家来帮助总结、提炼，最后结题了事。在这样的情况下，学校虽然进行了“科研”，但并没有真正“兴校”——只是搞了一个花样，学校的实际问题并没有得到解决。

英国人对创新有一个很好的定义：创新是新思想的成功应用。“微创新”不一定有更多的新思想，但至少是在新思想指导下的新方法的有效应用。教育的创新是一个过程，从新思想的产生到教育效益的实现，会形成一条创新链。“微创新”可以发生在创新链的任一环节，关键是要成功应用和产生效益。

创新应该跳出简单的技术层面，融入学校文化中去。每个人都有创新意识，学校才会有真正的创新。在创新环境的创设上，学校可以实行有的企业提出的“放马运动”——教职工只要认为自己有创新能力，学校就给你提供一个平台，展示你的创造力。

有关学校创造性和创新性的研究很多，其中比较一致的结论是：教职工的内在激励更有利于其创造性的发挥。具有创造力的教职工更多地关注工作而非自己，他们常常会想：我怎么解决这些问题，而不是解决这些问题对我有什么好处。如此，教职工超越自我的精神才会更强。

要创新，就必须接受失败。鼓励创新和允许失败，是学校创新文化的重要特征。学校不能仅有对取得创新成果的人的奖励，还应该特别鼓励那些第一个发现问题的人。我们所面对的问题常常需要在没有借鉴的情况下的创新来解决，一旦一种探索失败，别人就会接受教训，不再重复类似的工作，这有助于我们判定并把握正确的研究方向。所以，对于创新的成功与失败，我们都要给予应有的评价。

学习型组织的倡导者彼得·圣吉说过，创新就是让今天比昨天更好。对于学校来说，创新是为了促进学校面貌的真实变化和教育质量的真实提高。“微创新”既有助于学校成员的广泛参与，有助于调动学校内部所有成员的积极性，又有助于推动学校的多样化发展。这是多数学校应该做而且能够做的科研。

四、设计与执行的统一

最近一段时间，执行力的话题又被频频提起。其实，我们现在最需要解决的并不是总挂在嘴边上的执行力，而恰恰是执行力的另一端——顶层设计。如果没有一个很好的顶层设计，只是不断地讲执行力的话，那么这种执行是非常盲目的。

谈论执行力的前提条件是学校要有清晰的战略和顶层设计，即执行的人明白执行什么、为什么要执行、执行了有什么好处。执行力并不会单独存在，没有真正意义上的战略和顶层设计，就必然没有执行力。真正的执行力来自教职员工发自内心的认同，他们知道为什么而工作，以及要取得什么样的效果，这样才能把好的想法落实下去。作为一个领导者，绝不应该把执行力简单地理解为“听话”。

我们从企业管理得到启示，做好顶层设计需要把握好四个关键要素：一是有前瞻的思考。顶层设计首先要做的就是把未来学校面临的外部环境和各种挑战想清楚，把学校特色发展的设想和发展趋势总结出来，并告诉每一位教职工，让大家明白学校面临怎样的机遇与挑战。二是有逆向的思维。就是找差距、定阶段性目标、选路径、根据目标配置资源，把学校可能的所有选项都列出来，然后针对每一个选项进行推演，做出选择。三是有具体的分析。仅有抽象的目标是不够的，学校必须会用具体的甚至是量化的语言去分析、决策。“进步很大”和“特色明显”这类分析基本上没有任何意义，久而久之还会形成一种“差不多”的学校文化。四是有科学的分解。再好的战略只有落地才有意义。顶层设计的“临门一脚”就是任务分解，与执行对接。我们必须把任务变成“动作”，再把“动作”用流程和制度变成“规定动作”。所以，从某种意义上讲，多样化也要靠规范化支撑。

顶层设计绝不能沦为空谈，也不能闭门造车，更不能甩手请几位校外的专家编写一套方案。我曾问过有的学校的副校长，学校未来几年发展的目标是什么。副校长说，您最好问校长，校长比较清楚，我不是很了解。我问校长时，校长把本子拿出来念，念得还不太利落。这样的顶层设计有什么用？好的学校管理者都应该亲自花时间领导和参与顶层设计。

在具体的执行过程中，学校领导要推进学校内部的和谐，以文化凝聚团队，充分尊重每一位教职工，帮助教职工设定自己的人生目标，找到在工作中实现个人专业发展目标的方法和路径。

新课程标准修订的基本精神与主要特点*

□ 田慧生（教育部基础教育课程教材发展中心研究员）

课程改革是全面推进素质教育、提升教育质量、落实立德树人根本任务的重大战略举措。2001年，国家新一轮基础教育改革在义务教育阶段开始推进，2004年普通高中阶段的课程改革也开始启动。十多年的新课程改革在实践方面取得了巨大的成就，有力地推动了我国基础教育尤其是义务教育的长足发展。但正如有的学者指出的那样，变革是一个过程，而不是一次事件，课程改革的基本规律决定了它总是会不断出现一些新问题，面临一些新挑战，课程改革必须在不断修订中完善，在不断完善中深化。2002年初，教育部正式颁布了义务教育阶段各科课程标准。2007年，教育部在前期大规模调研的基础上，开始筹备推进义务教育阶段各科课程标准的全面修订工作。到2012年初，经过五年的系统修订，2011年版课程标准正式颁布实施，义务教育阶段大多数学科教材也依据课程标准完成了全面修订。此次课程标准修订是在新的教育发展背景下的一个系统化工程，体现出很多新思路、新内容和新特征，对于推动我国基础教育课程改革的深化具有重要意义。

一、新课程标准修订的背景和意义

此次新课程标准的修订有着深刻的背景，具有十分重要的意义。大体来说，其主要体现在以下三个方面。

（一）新课标修订是深化课程改革的必然要求

任何一次课程改革，不管做了多么精心的准备，在推进过程中课程设计与学生实际的学习需求总是会产生一定的距离，国内外概莫能外。此次课程标准的修订，就是课改自身完善的需求。2001年正式启动课改，2003年国家就组织相关的专业力量对首批42个国家课改实验区进行了一次全面的调研。2007年，又对29个省（自治区、直辖市）以及42个国家课改实验区做更大范围的全面调研，这次调研涉及校长、教师、学生、家长11.7万人，是一个大样本调查。通过这两次调查，一方面发现新课改在全面推进基础教育改革发展方面发挥了重大的推动作用，从各方面改变了基础教育的面貌。另一方面，调研也发现新课标自身的确还存在一定的问题，归纳起来主要有以下几个方面。第一，一些学科的容量偏多，难度偏大。新课改确定的几大重点改革目标之一就是要克服传统课程的繁、难、偏、旧，但这一目标显然并没有在这次课改实施中得到有效落实。第二，一些学科教学要求、评价要求不够具体，特别是一些新的教学方式、评价方式究竟如何应用，具体操作要求是什么等，在上一版的课标中反映不够。相当一部分教师特别是农村教师很难把握操作要领，对实施造成了一些困难。第三，相关学科、学段间的纵向衔接、横向配合有待加强。特别是一些相近学科，有些内容交叉重复，加重了学生负担。第四，对学生能力

* 原载《中国教育学刊》2014年第11期。

培养的要求不够明确。上述这些问题的存在就使得这次课标的修订显得更有迫切性，同时也要求我们在修订课标时要更有针对性。

（二）贯彻落实《教育规划纲要》

《教育规划纲要》提出，我国教育发展的战略重点是“提高质量，促进公平”。为实现这两大教育改革的战略重点，在教育体制改革方面推动以创新人才培养体制为核心的全面教育体制改革；在人才培养方面特别突出“德育为先，能力为重，全面发展”的核心要求；在教学改革方面必须坚持“学思结合，知行统一，因材施教”的三大基本要求；在整个教育改革的总体价值导向上突出强调要“为每个学生提供合适的教育”。此次新课标修订的一项重要任务就是全面贯彻落实《教育规划纲要》精神。这次课标修订耗时较长，用了五年左右时间，其中很重要的原因就是，第一轮修订基本结束以后为了更好地贯彻《教育规划纲要》精神，相关部门有意识地调整了节奏，在《教育规划纲要》正式颁布以后，又进行了一次全面的修订。

（三）回应人民群众对教育的新期待、新要求

课标修订作为基础教育改革中一项战略性的重大举措，必须对社会的期待、人民群众的需求做出必要回应。近些年来，社会和人民群众对教育根本的期待和关注概括起来就是三大需求。一是人民群众对优质教育的期盼前所未有的强烈。改革开放30年来，我国教育集中解决的一个主要问题就是有学上的问题，今后要尽全力解决的问题就是上好学的问题。人民群众上好学的期盼也是中国梦实现过程中重要的组成部分。人民群众期盼着接受优质教育，对教育质量、教育水平提出了很高的期待和要求。二是人民群众对公平地享有教育的愿望前所未有的强烈。十几年前甚至更早，对教育公平的诉求是存在的，但是没有达到如此迫切的程度。在当时，人们首先考虑的是有学上。现在这一问题基本解决，人民群众就越来越期待要公平地享有教育，包括对优质教育的追求也需要在公平的前提下来享有。三是人民群众对个性化、多样化的教育需求前所未有的迫切。人民群众不仅要公平地享有教育，而且对什么是好的教育有了更高的要求，要求我们的教育能够更加个性化、多样化。对教育质量的衡量不能只看学业水平，还要看学校给学生提供的教育在多大程度上具有可选择的空间，可以满足多样化的需求。对人民群众或社会需求有了清晰的判断后，如何将这些需求真正地体现在课标修订中，就显得十分迫切、重要。例如，教育质量的提高涉及学生学什么、学多少，在知识的掌握层面上我们必须做出科学合理的设计，确保为学生取得优良的学业成就提供基本的条件。课程是学习的基本载体，所以，它的质量直接影响着教学和学生的学习。教育特色化、多样化的发展要求，在很大程度上需要课程设计来体现。没有课程的多样化、特色化，学校办学多样化、特色化就无从谈起。除了上述三大需求之外，人民群众及社会还有一个关注热点——减负。这个问题长期存在，这次课标修订必须对此做出回应，减负也是此次课标修订的重要要求和任务。

二、新课标修订的主要思路和基本原则

新课标的修订是一项系统工程，有了清晰的思路和明确的原则，整个修订工作才能够坚持方向，有条不紊。同时，只有理解了修订的主要思路和基本原则，才能够把握此次新课标修订的精髓。

（一）新课标修订的主要思路

这次新课标的修订思路主要涉及以下三个方面。

第一，坚持新课改方向，巩固课改成果。此次课标修订是新课改深化的必要阶段，不是另起炉灶。新课改过程中已经形成的优秀成果必须继承和巩固下来，特别是新课程所倡导的一切为了学生的发展、以人为本以及在评价中所倡导的发展性评价要求等基本内容都要坚持下来，进一步巩固课改的成果。

第二，深入分析和积极回应发现的问题。两次大规模调研发现的突出问题，是这次课标修订的基本依据。具体修订工作必须积极回应这些发现的问题，针对这些问题拿出解决办法。

第三，按照《教育规划纲要》精神全面修订各学科课程标准。落实《教育规划纲要》精神，是此次课标修订的一项重大任务。总体看，《教育规划纲要》中的一些主要精神在此次新课标的修订中都有很好的体现。

（二）新课标修订的基本原则

此次新课标修订之初就制定了五项基本原则。为确保这些原则能够真正落到实处，课标修订创造性地应用了“两次审议”的策略。前一次审议是专业审议，主要是对课标内容的科学性、有效性和可行性进行专业审查。第二次审议则是综合审议，审查的重点就是五项基本原则是否落实。

第一，坚持德育为先的原则。在各个学科中如何有机渗透德育的要求，特别是如何有机渗透社会主义核心价值观，是这次课标修订的一项重点要求，因此也是综合审议的重点。

第二，坚持全面发展的原则。课标相关内容要有利于学生的全面发展，有利于学生未来的可持续发展。

第三，坚持能力为重的原则。各个学科在如何加强学生能力培养方面，要进一步明确、细化能力培养要求，明确学生在本学科的能力发展点。

第四，坚持以人为本的原则。课程设计要从学习的需求出发，要为学生的发展负责，要密切联系学生的学习实际。

第五，坚持与时俱进的原则。与时俱进的原则具体到新课标的修订上，就是既要减负，又要更新。要减少一部分内容，做“减法”；同时也要增加一部分新的内容，做点“加法”。

三、新课标修订后的主要变化和特点

新课标修订以后，各科整体上呈现出一些共同的变化和特点。

（一）落实德育为先，突出了德育的时代特征

在这次新课标修订中，各个学科都努力结合各自学科特点，落实德育为先的要求，突出了德育的时代特征。具体来说，这一特征是从以下四个方面来体现的。

第一，各学科都把落实科学发展观和社会主义核心价值观作为修订的指导思想，结合学科的内容进行了有机渗透。

第二，突出了中华民族优秀文化传统的教育。《教育规划纲要》和十八届三中全会《中共中央关于全面深化改革若干重大问题的决定》（以下简称《决定》），都在全面育人要求中突出强调了中华民族优秀文化传统教育的重要性。随着我国的快速发展，更好地传承优秀的民族文化传统变得越来越重要，已成为国家战略。这一次新课标的修订，在这方面做了一些实际性的工作。例如，语文学科专设了书法课，但与其说是专设，不如说是恢复，因为过去我们曾普遍开设过书法课。又如，数学课程把《九章算术》列为教材内容，这是一举多得的好事。一方面，《九章算术》是我国西晋时期最早的系统的数学典籍，里面有很多重要的发现，这是值得我们自豪的一件事情；另一方面，仔细去看《九章算术》，会让我们对数学有一个全新的认识。现在我们经常讲数学要和生活密切结合，就是因为我们现在的数学教学和学生的生活严重割裂。但《九章算术》中的数学问题都来自生产劳动与日常生活。它的每一章既是一个数学问题，同时也是一个生产劳动或生活中的重大问题，如土地的丈量就是对面积的计算、对土石方的测量涉及体积的计算，这些都与生产生活密切结合。所以，将《九章算术》纳入教材，就是要让学生看看古人是怎么样发现数学问题、总结数学知识的，这样他们就能够充分认识到数学本身就是生产生活的一部分，所有的数学知识都是从生产生活中来的，从而纠正现在数学课程内容越来越抽象，离生活越来越远的弊端。可以说，《九章算术》对学生既是民族优秀文化传统的教育，也是数学思想、数学方法教育的生动案例。再如，在历史课程里增加了传统戏剧内容，让学生了解我国有哪些传统的剧种，这些戏剧有什么特点。学生喜欢不喜欢听无所谓，起码要了解这些知识，否则将来这些东西都要到国外去看，那我们岂不惭愧？当一个民族在发展过程中逐步把自己的文化传统、

文化符号都忘却的时候，也是一个民族逐步迷失自我、失去文化之根的时候。因此，我们的课程必须担负起保留文化传统的重任，回应国家发展战略，树立民族自信心和自豪感。

第三，进一步增强了民族团结教育的针对性和时代性。民族团结教育是一个大德育概念，也是属于德育为先的内容，对于中华大家庭的团结和谐意义十分重大。

第四，强化了法制教育。法制教育也是属于一个大德育的范畴，是走向法治中国、依法治国的必然要求。

（二）突出了能力为重，强化能力培养的基本要求

培养学生能力，提升学生的综合素质是时代给教育提出的重要使命。在这一次新课标修订中，各个学科都在如何培养学生能力方面结合自身的特征下了很大功夫，力求把能力培养的要求进一步细化，使之更有针对性。具体来说，新课标在以下方面进行了强化。

1. 丰富了能力的基本内涵

一个学科究竟要培养哪些方面的能力，必须有清楚的界定。这一次变化比较大的是数学，有不少亮点，如它把“双基”教学要求拓展为“四基”。“双基”就是基础知识和基本技能，是我国基础教育的优良传统和制胜法宝，也是长期以来我国基础教育质量的重要基础。此次数学课标修订在上述“双基”的基础上，又增加了数学基本活动经验、数学基本思想这两项基本要求，体现了数学学科的特点。数学不能只是抽象的公式符号和简单计算，这些固然重要，但是学生对这些公式、计算缺乏直接体验，不仅理解难以深刻，而且也会让学生恐惧数学、讨厌数学。数学基本活动经验所关注的，就是尽可能地让学生通过自己的探究，通过亲自动手对数学知识的发现过程进行重演，如让学生通过折纸等方式体会正方形、长方形、三角形等面积计算公式之间的转化，自然获得计算公式。这样的学习过程有利于学生自主探究，同时也大大地丰富了学生的思维能力，拓展了其独立思维空间。数学是思维的科学，内在地蕴含了非常丰富的思想，掌握数学思想，养成数学思维是进入数学殿堂的不二法门。在数学教育中让学生获得基本的数学思想，对于他们未来的发展，对于以数学为根基的各科学习都具有十分重要的意义。

2. 明确了能力培养的基本要求

能力在各科中究竟怎么培养，要把要求讲清楚。例如，探究学习作为一种有利于能力培养的新学习方式在新课改中被大量地引入课堂，但是究竟什么样的学习才是真正意义上的探究学习，有哪些操作步骤、要素和程序，过去都没讲解清楚，给很多教师造成困难和困惑。新课标针对类似的问题进行了深入的探究，提出了具体的操作要求。一些相关的教学评价要求也进一步得到加强，特别是针对学生能力培养方面，各个学科都做出了自己的阐述。

3. 理科课程强化了实验要求

其中最典型的是物理，它明确列出学生必做的20多个实验，每个实验都有具体的评价要求；化学明确列出学生必须独立完成的8个实验，强化了实验的环节。过去这方面要求不明确，没有评价的刚性要求，造成实验在不少地方和学校成为一种摆设。有的当然是条件不够，以至于把做实验变成了看实验。作为动手的环节，必须要学生亲自操作。没有这样的操作过程，很难达到培养学生动手能力的目的。因此，在这次新课标修订过程中，凡是涉及实验、动手的环节，都提出明确要求，让学生一定要参与进去。

（三）反映了时代精神，合理吸收了社会发展和科技进步的新成果

自2001年正式启动实施到这次修订，新课标前后的跨度超过了十年。在这长达十年的时间里，经济社会和科技各个方面发生了重大变化，新的知识、新的方法、新的成果不断出现。所以，此次修订结合学科特点，从以下几方面进行了知识更新：其一，把反映我国经济社会发展，特别是最近10年来发展的新成就、新思想、新成果适当地纳入；其二，把反映科技进步、知识进步的新知识、新方

法等适当纳入；其三，把关系重大社会现实问题的相关内容适当纳入，如食品安全问题、环境污染问题，并引导学生对其进行判断。

（四）合理控制课程容量和难度，有效减轻学生课业负担。

在课标修订过程中，各学科按照减负的要求，认真地开展了一些知识的精简工作。初步统计表明，各个学科的删减幅度并不相同，从5%到20%不等，但的确都认真地开展了这项工作，精简知识内容、降低知识难度，成为这次修订的一大亮点。归纳起来，各个学科主要从以下几方面进行了精简。

1. 在课程容量的控制上，大部分学科进一步精简了内容，减少了学科的相关知识条目

各个学科从教育教学的实际出发，努力在学科逻辑与学生发展逻辑之间寻找平衡，尽最大可能对知识进行精简，在减轻学生负担方面下了功夫。其中一个亮点就是语文低年段对识字写字量的调整。实验版课标规定的低年段识字量是1 600—1 800，但在具体实践中，不少教师往往按1 800去掌握，有些教师甚至还增加识字量，对此一些家长过去一直反应强烈，很不满意。这次修订就把识字写字量减下来，明确规定识字量为1 600。过去的写字量是800—1 000，这次明确规定为800，同时总体倡导“多认少写”。不能指望小学低年段一下子就集中解决识字写字问题，学生在未来发展的历程中接触的学习材料非常广泛，他们识字写字的途径也是多方面的。在低年级过度集中地强制要求学生识字写字，不仅会加重学生负担，也会在他们还没有真正感受到语文世界的精彩时就扼杀了其对语文的学习兴趣。

2. 在课程难度的控制上，有些学科直接删除了过难的知识

这些删减是以前期的大型调研为依据的，对于师生普遍反映难度过大的内容，能删掉的就直接删掉，不能删掉的，也想办法降低难度，真正降低学生的学习负担。

3. 降低了学习要求

一部分知识过去的学习要求是“理解”，修订后调整为“了解”，从“理解”到“了解”难度要求就降下来了。另外，还进一步明确了教学要求。过去有一些教学要求讲得不清楚，学生学习要求达到何种程度不明确，教师在课堂上往往是就高不就低，增加了学生的负担。明确了要求，学生负担在一定程度上就降下来了。

4. 加强学科之间以及学科内部的衔接配合

各学科都认真、系统地梳理和清理了学科间及学科内部交叉重复的内容，有针对性地解决了这一比较突出的问题。

5. 设置了“选学”板块，妥善安排难度较大又不宜删除的内容

在调研中大家普遍反映，有些内容过难，但从学科的逻辑性和完整性来分析又不宜直接删除，于是就把这部分内容设置为选学内容保留下来。这种方法在一定程度上既增加了课程的弹性，又控制了课程的难度，也是这次新课标修订中的一个创新。

四、深化课改、落实新课标精神需要注意的几个问题

（一）准确把握新课标的主要内容，贯彻落实《教育规划纲要》的基本精神

此次新课标的修订是新课程改革的延续，是同一改革的不同阶段，修订后的课标虽然呈现出新的特点和变化，但在本质上与新课改方向及基本精神保持了高度一致，所以落实新课标不仅要准确把握其主要内容，还必须紧紧抓住新课程改革的基本精神和思想精髓，遵循新课程改革的精神来落实课标，这样才能够真正地深化课程改革，否则就容易做表面工作，形在而神失。

另外，落实新课标还必须全面贯彻《教育规划纲要》的基本精神。深化课程改革，必须与当下的教育形势以及国家和社会对教育的需求密切联系。《教育规划纲要》、十八大报告和十八届三中全会《决定》，都为我国教育发展指明了方向。只有把握

了国家的教育战略和教育发展方向，课改才能持续健康地深化下去。在落实课标的过程中，紧紧抓住社会主义核心价值观的渗透，抓住立德树人的根本任务，抓住减负增效的有效途径，就是真正抓住了教育发展的方向，抓住了课改深化的方向。

（二）系统总结10年来课改的基本经验和做法，加强课程制度化建设

在落实新课标的过程中，我们十分有必要回顾十多年的课改留下了什么、哪些好的做法需要坚持、哪些经验需要进一步提炼。尤为重要的是，这些好的做法和经验能否上升为课程工作的机制和制度。现在我们缺少的就是有关课程改革制度化和规范化的建设。一次课改究竟多长时间合适？一套课标从颁布、实施到修订究竟需要多长的周期？一套教材的版本更新多长时间为宜？对于这些问题，我们都缺乏合理的回答，更缺乏规范化的制度，具有很大的随意性。当前乃至今后深化课改中必须关注的一个重大问题，就是要从宏观、中观、微观三个层面上系统地总结10年课改的经验，面向未来加强制度化建设。在宏观层面，进一步明确和强化国家课程教材管理制度，对课标修订周期、教材更替周期等涉及人才培养的核心问题做出明确的规定，形成制度化的规范，从而确保课程改革平稳、有序、有效地展开和深化。在中观层面，则要对产生区域化影响的课程问题进行规范。例如，过去我们有一些有特色、有个性的实验性教材，这些教材在某些方面是有探索价值的，甚至是超前的，并且也对一些区域教育的发展产生了积极影响。但近些年来，这些教材由于与课标的要求有一定距离，同时缺少相关制度的规范，没有了发展的空间，以至于相当一部分类似的实验教材及其实验销声匿迹了。这对于教育研究、教育发展来说显然是一件十分可惜的事情。我们可以对这一问题进行认真梳理，逐步建立实验教材的管理审查和使用制度，允许一批有个性、有特色的教材生存下去，甚至促使其成为一套高质量的教材。在微观层面，我们已经积累了不少有关校本教研、校本教材开发、教师培训研修的经验和制度，但还需要进一步提升和提炼，形成更加规范的制度系统，为学校深化课程改革创造良好的政策条件。

（三）进一步聚焦课堂教学改革与创新，全面提高育人的质量和水平

深化课改的主战场在课堂，创新人才培养的主阵地也在课堂。推进课堂教学改革与创新，应抓住三个要点。

1. 进一步更新观念

对什么是新时期高质量、高水平教学的内涵要有清晰的认识和把握，要进一步认识到除高水平学业成就外，多样、选择、个性、适合都是新时期对课堂教学的新要求，是教学质量观的核心内涵。

2. 明确人才培养的重点

《教育规划纲要》和《决定》都强调，在促进学生全面发展的基础上，要着力培养学生的创新精神、实践能力和社会责任感。课堂教学是不是有效，除了知识目标之外，关键要看这三方面的培养要求是否在课堂上得到了真正的落实，抓住了这三个方面，也就抓住了课堂教学改革及人才培养的根本。

3. 创新课堂文化

长期以来，我们的课堂已经形成了一种捆绑式的教学文化。这种文化的核心就是教师在课堂上对学生不放心、不放手，包办代替，牵制捆绑。正是在教师这种“无微不至”的关怀下，学生的思维发展以及一言一行都在教师的监控之下，都被教师牢牢地捆绑住。这种捆绑式文化是我国教学改革乃至课程改革的真正的“天花板”或最后一层“窗户纸”，这层“窗户纸”不捅破，课堂教学就难以产生真正的创新，我们在课堂教学中培养创新型人才的梦想也始终难以实现。当然，一批优秀学校已经走出了重要一步。他们的经验表明，要打破这种捆绑式教学文化，学校领导和教师必须大胆放手，让学生真正成为自己学习的主人，精心探索可以让自主学习真正落实的有效教学模式，努力实现由以教为主的传统课堂向以学为主的新型课堂的根本转变，逐步形成自主、开放、民主的教学新文化，实现课堂教学及人才培养模式的整体突破。

（四）进一步整合各种课程资源，建构具有本地本校特色的课程体系

在课改的第一阶段，课程实施的基本要求是开足开齐课程。因为这是新课程改革的初始阶段，必须通过开足开齐课程的强制性要求才能够克服应试教育的影响，保证一些非高考学科的课程得以落实，让学生获得营养比较齐全的课程套餐。但是我们必须看到，在不少地方开足开齐课程成为一种简单、机械的要求，整齐划一的课程设置占用了学校绝大部分的课程时空，使学校课程创造的空间严重匮乏，最终会扼杀学校的课程创造性，形成千校一面、万校同课的局面。这非常不利于创新型人才的培养，对学生实践能力和社会责任感的培养也会形成很大的阻碍，更难以满足“为每个学生提供适合的教育”这样的要求。因此，在课程改革深化阶段，以学校为单位深度整合各种课程资源，建构具有本地、本校特色的课程体系，形成鲜明的学校特色，就成为一个十分重要的问题。现在一些发达地区，一些高水平的学校在这些方面已经开展了具有相当深度的工作。在这些地区，学校具有了自主排课权，学校可以依据自己的办学理想和办学定位把国家、地方和校本课程有机整合、整体规划，特别是依据学生的学习需求对学科课程进行深度的内部整合，使之更有利于学生学习，更节约时间。这样，学校就可以补充学生所需要的课程，让学生具有更多的选择空间，提升学校课程的丰富性和选择性。当一所学校经过自己的努力形成了一张独一无二的课程表时，这个学校的特色也就真正显现出来了。其中的佼佼者是北京市十一学校，它能够做到一个学生一张课表，每个学生可以按照这张课表，按照自己的选择安排一天的学习生活，忙而不乱。这已经是大大的超前了，不仅在国内是领先的，而且在国际上也是领先的。虽然这样的尝试需要高水平的专业力量和师资队伍，但是也让我们看到了希望，看到了方向。因此，在未来一个阶段，开足开齐课程已经成为课改的一个底线要求，在这个要求之上，各校必须认真思考如何进一步深度整合课程资源，逐步形成自己富有特色的本校课程。所谓本校课程，就是基于本校师生发展需求的学校课程体系，是国家课程、地方课程和校本课程通过学校理念整合所形成的课程有机体。它已经超越了校本课程开发的范畴，让学校站在更高的位置上，以更开阔的视野审视课程，通过资源整合，通过整体课程设计来体现地方和学校特色，这显然是我国未来深化新课程改革的一个重要方向。

回顾新课标修订的过程就会发现，它是一个典型的课程慎思的过程。在这个过程中，社会对教育的要求、新课程改革在推进过程中所发生的实际问题、专家的理论思考交织在一起，课标修订就是从这些不同的需求和声音中不断折中、平衡，最终形成一个符合我国教育发展现实和《教育规划纲要》精神的标准体系。在未来新课标实施的过程中，这样的慎思过程会更加频繁地发生，需要不同层次的课程实践者更加深入思考，选择出适合学生全面的、个性化发展需求的课程路径来。这样，我们的新课标以及新课标背后的新课改精神才能够真正落到实处，才能够为中华民族的伟大复兴奠定良好的教育基础。

中小学慕课与翻转课堂教学模式研究*

□ 陈玉琨（华东师范大学教授）

2011年以来，慕课加翻转课堂的教学模式在我国中小学悄然出现。2013年，在华东师范大学慕课中心牵头组织的C20慕课联盟①推动下，这一教学模式开始引起了我国基础教育界的广泛关注与积极讨论。慕课加翻转课堂能助推我国中小学课堂教学的改革吗？这是不少教育工作者所关心的问题。本文尝试对其作些探讨。

一、慕课加翻转课堂教学模式的概念界定

什么是慕课加翻转课堂教学模式？对其内涵的准确界定对于人们研究它是否能助推中小学课堂教学改革有着基础性的意义。对这一模式的内涵没有准确的了解，就讨论其意义，无疑相当于甲在说动物特性时，乙在大讲植物的问题，这样的对话就很难进行下去。

当前，在许多国家中小学开展的慕课加翻转课堂教学模式是一种先学后教的教学模式，它是以现代信息与大数据技术为支撑，在提高学生知识学习效率、夯实学生基础知识与基本技能的基础上，全面提升学生综合素质的一种教学模式。

为充分理解这一模式，我们还需要对下述概念有基本的理解。

（一）慕课、反慕课与私博课

1. 慕课。所谓“慕课”（MOOCs），是Massive Open Online Courses的英文首字母缩写的中文音译，意为“大规模在线开放课程”。把“MOOCs”翻译成“慕课”（即令人羡慕的课）一词的是我国华南师范大学教授焦建利。[1]

作为大规模在线开放课程，慕课有着众多的类型。高等教育的慕课与基础教育的慕课就有着很大的差异，即使在高等教育内，也有诸多的流派。

2. 反慕课。“反慕课”（Anti-MOOC）则是奥德丽·沃特斯在2013年提出来的。不过令人意外的是，著名的慕课运动的创始人之一加拿大阿萨巴斯卡大学学者乔治·西蒙（George Siemens）甚至说：“如果2012年是慕课元年，2013年将成为翻转慕课之年。”斯蒂芬·唐斯（Stephen Downes）和乔治·西蒙于2008年首次提出“大规模在线开放课程”这一术语，2012年被广为传播。为什么乔治·西蒙的看法会突然发生变化？事实上，乔治·西蒙是著名的联通主义的倡导者。在《联通主义：数字化时代的一种学习理论》（*Connectivism: A Learning Theory for the Digital Age*）一文中系统提出了联通主义的思想，指出学习不再是一个

---

* 原载《课程·教材·教法》2014年第10期。

① C20慕课联盟是由华东师范大学慕课中心牵头，由清华大学附中、华东师大二附中等20余所著名高中组成，以探索慕课与翻转课堂教学模式变革为主要任务的学术共同体。C为China（中国）的意思，20为在该领域最优秀的20多个单位。C20慕课联盟最初仅有国内著名高中参与，以后由于期望参加的学校众多，又分别成立了C20慕课联盟（初中与小学）、C20慕课联盟（地方教育局）。

人的活动，学习是连接专门节点和信息源的过程。他认为："近20年，我们步入了网络时代，技术已经重组了我们的生活交流与学习方式。正规教育不再构成我们学习的主体，非正规学习成为我们学习的重要部分。"在乔治·西蒙看来，目前的慕课模式已经远离联通主义教学理念，仍然维系传统的讲课模式。尽管这些视频和发布的内容都是高质量的，但是这种传承方式仍然属于传统的教学方式，并没有体现西蒙和唐斯所倡导的开放、联通的概念，对此，他十分不满，由此就提出"翻转慕课"的想法。

3. 私博课。所谓"私博课"（Small Private Online Course，简称SPOC)，其中"Small"是指学生规模小，一般在几十人到几百人；"Private"原意为"私人的"，这里指为特定对象定制的，因而，它对学生入学设置限制性准入条件，达到要求的申请者才能被纳入进来。华东师范大学开放学院院长祝智庭教授将其译为"私播课"[2]。其本质是一种"小众在线课"。

一般认为，加州大学伯克利分校教授阿曼多·福克斯（Armando Fox）最先提出私博课概念。2013年春季，阿曼多教学团队又将其小众在线课程模式迁移至美国宾汉姆顿大学、夏威夷太平洋大学、科罗拉多大学、北卡罗来纳大学4所大学。

小众在线课程像慕课一样属于免费在线课程，全球学习者都可以申请。但该类课程的申请过程因课程不同而有所差异。例如，哈佛大学肯尼迪政治学院"美国国家安全"课程要求学生课外观看视频，一周阅读约75页的文献，如期完成作业，参加由哈佛大学助教组织的各个主题的讨论，并参加在线学生的讨论以及哈佛大学校园学生的讨论。课程结束时，达到课程要求的学生将被授予哈佛在线课程（HarvardX）证书。实验结果显示，接受小众在线课程的学生课程通过率及学业成就要远远高于接受传统课堂教学的学生。

应当说，除慕课外，无论反慕课还是私博课都是出现在高等教育领域中的概念。不过由于教育的相通性，深入地理解反慕课与小众在线课，对人们尽可能地减少在慕课建设过程中的失误有很大的帮助。

如前所述，最早提出反慕课的正是慕课的创始人之一乔治·西蒙。其重要的原因就在于：尽管讲课的是全球最知名的教授，传授的是当代最前沿的知识，但一段时间内，大量在线课程打着慕课的名义，仍然以很传统的方式进行着教学。祝智庭教授为当前流行的慕课进行了分类，他指出：按教学模式的不同，慕课分为xMOOC、cMOOC与tMOOC三类。xMOOC与一般网络远程教学课程无异，以行为主义教学理论为基础，属于知识复制型的。如以斯坦福大学的"人工智能"课程为例，学生主要通过观看教学视频学习内容，辅以在线测评、同伴互助及编程练习。cMOOC则是让学生运用社交软件，围绕专题开展研讨，每1—2周探究一个专题，师生共同贡献思想，以建构主义、联通主义理论为指导，属于知识建构型的。tMOOC采取基于任务的学习方式。例如，在新媒体传播课程中，要求学生利用工具独立编写一些数字故事，然后在网上提交作品，其间，教师仅起到指点的作用。目前，三大慕课机构（Coursera、Udacity、edX）的开放课程主要采用xMOOC模式。

无疑，乔治·西蒙倡导的是cMOOC，但目前在高等教育领域大为流行的却是xMOOC。为此，乔治·西蒙大为失望就不难理解了。在他那里，所谓"翻转慕课"就是希望从xMOOC重新回到cMOOC。任何过度的解读都是不恰当的。

在高等教育慕课推行的前几年，一门课程注册人数多，点击率高，然而，最终能够通过课程的人数却不很多，一般约在3%—4%。这是一些名牌大学如哈佛大学等推出以设置学生限制性准入条件的小众在线课程的重要原因。无疑，它对维护大学的声望有一定意义。

有人质疑，在顶尖大学注册的学生最终修习课程的通过率也只有3%—4%，那么，慕课有用吗？如果仅从通过率来看，慕课似乎是失败的。但是，学习的目的就在于获得一份课程证书吗？如果人们都能把零星的时间花费在前沿、高深知识的学习上，追求自身素质与能力的提升上，这不是人们最想追求的“学习型社会”吗？事实上，在一开始就有很多人并没有以获得证书为目的，也有人在注册登记时有获取证书的愿望，但由于时间或能力的多种原因而未能如愿，但他毕竟经历了这一学习的过程，在一定程度上提升了自己，这正证明慕课对学习型社会形成的作用。

学习型社会是大多数人有愿望学并有机会学的社会。没人愿意学或者有愿望但没有机会学的社会（比如跨入校园有很高的门槛或较高的费用）绝不是学习型社会。学习型社会是尽可能地开启人们学习愿望，并能为想学习的人提供机会的社会。它不以多少人获得证书为标准。学习型社会不等于学历社会，慕课推进学习型社会而不是学历社会。

的确，哈佛大学等名校的上述举动很容易让人以为“慕课”已经过时，国内也有媒体发表“美国在抛弃‘慕课’，中国却趋之若鹜”的言论，但是，哈佛大学在线教育学术委员会主席罗伯特·卢指出，哈佛不是在抛弃慕课。他将哈佛的课程比作俄罗斯套娃，即可以面向全球巨量学习者。比如，慕课可以提供给规模小些的学生；私博课，甚至可以提供给数量更少的面向大学校园内学生的课程。

事实上，无论是高等教育还是基础教育，包括在线教育在内的人才培养不可能只有一种模式。以为一种模式可以包打天下，那肯定是要出问题的。各种模式并存，以多样化的教育满足社会与各类不同学习者多样化的需求，教育才能发挥更大的价值。

（二）微课、微视频、进阶作业、在线互动

微课，即微型课程，它以容量小、内容少而得名。在线微课通常是以微视频的形式出现，因而，有人就把微视频等同于微课，确实，这些概念很容易混淆，所以有必要略作辨析。

1. 微课。微课作为课程的一个种类，它应当具有课程的基本特征。第一，明确的课程目标或课程标准；第二，确定的教学内容，当然，这一教学内容可以是具有确定结论的知识，也可以是尚未达成共识的某一热点问题；第三，恰当途径的师生交流，这一交流可以是个别讨论，也可以是大众交流等；第四，为深化理解而提供的必要作业与测试等确保学生达成课程目标的教学环节。微课可以是在线的，也可以是不在线的，其受众可以是大规模的，也可以是仅面向少数特定对象的。同样，慕课可以以微课形式出现，也可以以耶鲁大学“死亡哲学”那样的大型学术讲座形式出现。其相互关系如下图所示。

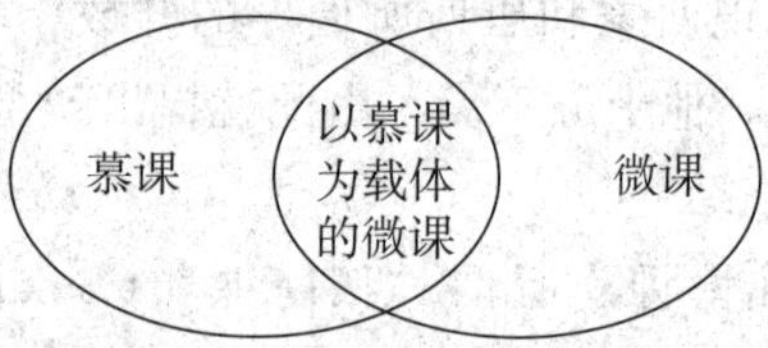

2. 微视频。教学微视频是按照课程标准的要求，教师将知识内容，按照学科逻辑与学生的认知特点划分为若干较小知识模块，运用现代信息技术手段，整合图文声像等要素而创作的学习资源。微视频在时间长度上以5—7分钟为主，甚至更短，最长的一般也不超过10分钟。教学微视频的教学目标明确，知识容量小，因而学生容易掌握，对提升教育质量很有助益。由此可见，微视频是微课实现的重要资源，但绝不是微课的全部。如果有谁把微视频当作微课的全部，这像给学生发了本教材就以为完成了课堂教学的全部任务一样不靠谱。

3. 进阶作业。作业，是学生复习、检验与巩固所学知识的基本方法，是学生在运用所学知识解决实际问题过程中提升自己心智水平的重要手段，也是教师了解学生学习状况的基本途径。必要的作业是完整的教学过程不可或缺的组成部分。在很多情况下，学生对有关教学内容似乎是听懂了，但事实上这并不意味着学生一定理解了。通过完成教师指定的作业，学生能有效地检验自己对有关教学内容的理解水平。在未能充分理解教学内容的情况下，学生需要以适当的形式复习有关知识；在基本理解教学内容的情况下，他们则可进一步巩固所学知识。正因作业有着这一重要的功能，所以它一直受到教师、学生与家长的高度关注。

课堂观察是教师了解学生学习情况的途径之

一。随着学生人数的增多，分科教学的实施，在班级授课制的情况下，教师几乎没有可能在班级巡视中了解每个学生的学习情况，因而批改家庭作业就成了教师了解学生学习状况的必要途径。然而，在大班额的情况下，批改学生作业的巨大工作量让教师不堪重负，学生互批，或者教师抽查学生作业的现象在各地逐步出现，这对教师清晰、全面地了解学生的学习状况带来了困难。数字技术，尤其是大数据技术在解决这些问题方面具有极大优势，借助于这些技术支持，将会对教育质量的提升有很大帮助。

4. 在线互动。在线互动是借助于现代数字平台，师生、生生之间交流、讨论以提升学生思维品质的教学形式。这一交流平台将为师生之间，生生之间，同校的师生甚至校外的师生网上交流带来极大的便利。

（三）基于系统设计的碎片化学习方式

在西方国家，中小学的慕课一般并没有一个组织者进行课程的顶层设计。起初，它只是一些热心教育的人士，或者在一些领域顶尖的专家为传播该领域的知识而提供的“志愿者”服务。

在中国，由于中小学的课程主要是以教学目标或课程标准为基础的，所以我国基础教育慕课在一开始就与“翻转课堂”的理念联系在一起，形成了以微课为手段的慕课加翻转课堂的先学后教的模式，已经走出了微视频仅仅在于提供课下或课后辅导的角色，因而在提供碎片化知识的同时，让教师与学生共同理解这些知识点之间的内在联系就显得尤为重要。这一模式，可以称为“基于系统设计的碎片化学习方式”。其特点在于：它紧扣教学目标，始终围绕课程标准。借助于“系统设计”，教师们希望学生能够更准确地把握知识与知识之间的关系，厘清学科的知识结构，使学习变得更有意义。

（四）翻转课堂

“翻转课堂”（Flipped Classroom 或 Inverted Classroom）是相对于传统的课堂上讲授知识、课后完成作业的教学模式而言的。在这一模式下，学生在课前观看教学微视频以及拓展学习材料，完成进阶作业，参与在线讨论等基本的教学环节；课堂中，教师任务在于解答学生问题、订正学生作业，帮助学生进一步掌握和运用所学知识。

传统教学过程通常包括知识传授和知识内化两个阶段。知识传授是通过教师在课堂中的讲授来完成，知识内化则需要学生在课后通过作业、操作或者实践来完成。而在“翻转课堂”上，这种形式受到了颠覆，知识传授通过信息技术的辅助在课前完成，知识内化则是在课堂中经教师的帮助与同学的协助而完成。

二、中小学慕课与翻转课堂教学模式的价值追求

在今天的中国，为改变而改变的做法已经不那么受人欢迎了。中小学慕课与翻转课堂教学模式之所以受到人们的关注，是因为它有着独特的价值追求，或者说，它更有助于实现人们独特的价值追求。

（一）让学生对自己的人生负责

教育是人的社会化过程。一个儿童从自然人发展成为社会人，要掌握社会的文明，要学习人类在文明发展过程中积累的各种知识与技能，不断提高在社会中生存和发展的能力。这一过程本质上是学生个性特长、兴趣爱好得到发展的过程；当然，这一过程也是人和人之间相互影响的过程，是一个人影响另一个人、一颗心影响另一颗心，是教师影响学生，学生感染教师，师生相互影响，生生相互影响的过程。

人总是要走上社会的。从小培养学生对自己的学习负责是培养他们对自己终身发展负责的起点。翻转课堂为学生提供了自主发展的时间、空间和技术支持。

先学后教，被认为是一种比较成功的教学范式。大家知道，在我国中小学先后出现过“导学案”或“讲学稿”，它们都取得了很大的成功。应该说，微视频学习与导学案或讲学稿，都是先学后教的载体。之所以导学案或讲学稿产生于中国的农

村学校，微视频起源于美国，在很大程度是由于技术条件的差异所导致的。

客观地说，网络条件下的先学后教，和以往导学案或讲学稿主导下的先学后教的模式有所不同，主要体现在以下五个方面。

一是媒介的多元化。多元的媒介使得教学生动形象，显然比起一张纸质的导学案或讲学稿，更受学生的欢迎。更为重要的是多元的媒介调动着大脑的多种感觉器官，因而可以大大地提升学习效果。事实上，不同的人感知的方式是不一样的。有些人对文字敏感，有些人善于从图像中获取信息，还有些人则喜欢教师娓娓道来的语言讲解。不同感知方式的学生都能从多元媒介的学习中获益。

二是动态过程的可视化。借助于语言，无论是口头语言还是书面语言，人们可以使宏观世界与微观世界、瞬间变化的世界与缓慢进化的世界间接地被认知。但语言是不可视的，所以在教材中，编者要加上插图。然而，所有的图片都是静止的，世界动态变化的过程很难在语言与图片中得到完整的再现。微视频可以把宏观世界微缩，把微观世界放大，把瞬间变化的世界放慢，把缓慢进化的世界浓缩，从而实现把事物发生发展的过程及其背后的规律从不可视转化为可视。因此，我们不难理解为什么微视频在物理、化学、生物、历史、地理等学科中能够广泛受到好评。

三是学习反馈的即时化。无论是课前学习后的作业反馈，还是课堂学习过程中的学习反馈，在网络背景下，几乎能够实现无间隔的即时传送，并且节省了教师大量的机械批改作业的时间，由此，教师能在这一基础上及时地对学生提供有针对性的帮助。

四是过程评价的简单化。由于电子资料比纸质资料更易于保存与检索，从而能真正实现对学生的过程性诊断与评价。多年来人们所推崇的“档案袋评价”在世界各国都未能真正得到实现，其原因就在于：长期保存众多学生多年的资料事实上是一件很奢侈的事情，学校需要腾出极大的空间才有可能实现。此外，让教师逐一分析积累多年的学生资料也是一件艰巨的任务。而在大数据技术的支持下，这一任务已变得十分简单、便捷。

五是资源的全球化。一般来说，导学案或讲学稿编制的质量更多地要依赖个别学校的个别教师的水平，而微视频则可以动员一个地区、一个国家的力量，借助于无处不在的网络，使最优质的教育资源在一个地区、一个国家，甚至在全球得到有效的利用。

（二）优质教育资源的全民共享

在今天没人会怀疑，相比较古代的混杂式教学，产生于近代资本主义的班级授课制是世界教育史上的巨大革命。

班级授课制顺应了时代发展的要求的，但是，它能得以发展还是时代给它提供了各种技术支持。雕版印刷术的推广和活字印刷术的发明，使得读书不再是少数人的专利，才有可能把教育从少数特权阶级的手中解放出来。

班级授课制使“一个先生可以同时教几百个学生”[3]成为可能，今天借助于数字化技术的支持，慕课的诞生，让一个先生同时或不同时教数以万计、数以百万计，乃至数以千万计的学生成为可能。慕课最不寻常之处就在于：它以“将世界上最优质的教育资源传播到地球最偏远的角落”为理想，它试图让全球所有的学生都能获得全球顶尖明星教师的免费课程。

由于上述原因，人们把小农经济时代的混杂教学转向工业化时代的班级授课称为教育制度的第一次革命，把工业化时代的班级授课向数字化时代慕课的转变称为教育制度的第二场革命。“它使教育超越了时空的界限，使得优质教育资源能够全球共享、全民共享”[4]，最大限度地实现教育公平。

（三）从知识本位走向综合素质本位的转变

当代教育正在从“知识本位”走向“综合素质本位”，即走向知识、能力与情感态度价值观融为一体的教育。很显然，在翻转课堂的教学模式下，知识的掌握，可以由学生通过课前的微课自学来高效地完成，课堂上多出来的时间，则可以更好地让学生在探究活动中，养成科学研究的态度，学会科学研究的方法和相应的技能。而社会人文学科的教学，则可以有更多的时间，让学生在展示、辩论、讨论与交流的过程中，发展学生的洞察力、思辨力和表达力，培养学生相应的情感态度价值观。

以微视频为手段的慕课，将极大地提升知识传递的效率，翻转后的课堂使得学校有更多的时间探索“知识＋能力＋情感态度价值观”的综合素质培养的模式，这必将成为我国慕课与翻转课堂的主要特征。

三、慕课与翻转课堂教学模式的构成要素

慕课与翻转课堂教学模式由线上微课与线下翻转课堂组成，其要素如下。

（一）线上微课的构成要素

第一，在对学科自身逻辑、学生认知规律与社会对未来人才要求深入把握的基础上，厘清各门学科知识之间的内在关系，构建引领学生循序渐进学习的知识图谱。

“循序渐进”是学校教育的最基本原则。学习是必须先“循序”而后“渐进”的。知识图谱就是按照学科的逻辑与“循序渐进”的教学原则，指导教师循序教学的地图；它是指导学生学习从简单走向复杂，认识随之不断深化的指南。

对于学生而言，在没有掌握这门学科体系的情况下，他们对什么应该先学，什么应该后学，并不清楚。在慕课以微课呈现的情况下，更难把握学习所必须遵循的“序”，这就需要教师先给他们提供一个按序前进的地图。事实上，一本高水平的教材也都是按照知识之间的内在逻辑展开的。在教材中，知识与知识之间的关系，通常以“章”、“节”、“目”等形式展开，它指导学生在学完第一章之后再学第二章，在第一章中，先懂第一节再学第二节。在幼儿教材中，通常它以知识树的形式呈现，它使幼儿直观地懂得先有树干，然后有树枝，最后才有树叶。在数学、物理、化学与生物等学科中，其主要概念之间存在着极其紧密的相互联系，因而合理地安排学生学习的次序就显得十分重要。

此外，知识图谱也是按图索骥地发现学生知识断点的有力工具。人们不能假定：一个高中生，他的初中的知识就不存在空白点。他在高中学习的一些问题很可能就是初中学习过程中知识“断点”形成的，知识图谱为人们诊断学生在低端学习时的缺失对高档学习带来的困难提供了可能。

第二，根据知识图谱，给每一知识点找到微视频最适宜的表现方式。微视频的质量直接影响着学生学习的质量，因而就需要教师认真制作。其实，微视频制作并不一定需要很大的投入，一台电脑下载几个软件，再加一副耳麦也能制作高质量的微视频。因此，“低门槛，易制作，高质量”应当成为我国中小学慕课建设的基本策略，即绝大多数教师都有能力制作，在不断改进中使其日臻完善。

第三，设计“进阶”作业和诊断性测验。进阶作业是在线学习中特有的概念，在翻转课堂的教学活动中具有不可替代的作用。在线学习过程中，人们之所以把这些作业称为“进阶作业”，是因为它通常还有一重要的提示功能。当学生未能正确地掌握有关知识内容时，要求他们充分利用微视频可反复播放的特点，重新学习，直至他们真正学懂，否则不能进入下一阶段的学习。这就保证了学生对基础知识的牢固掌握。

借助于现代数字化手段与大数据技术，学生在线完成的作业可以迅速地反馈到教师那里。教师在终端中可以清楚地了解学生学习的情况，不仅是学生群体学习的状况，而且可以了解个别学生学习的困难所在，以利于教师针对学生学习中的问题，实现个别化的教学。

当然，在线的进阶作业还有一定的监督功能。不可否认，在任何时候，都会有少量学生不能按时学习，不能认真学习。进阶作业则是反映他们学习状态极好的工具。

诊断性测验在教学过程中有着特殊重要的意义，它是发现学生存在的学习问题，并在其基础上找出根源的评价。它对夯实学生学习的每一步都有重要作用，因此，它在教学的各个阶段都要出现。

诊断性测验不同于进阶作业，它不是对学生单

个知识点掌握程度的测试，而是对包括学生线上与线下、课堂翻转前与翻转后、学生“先学”与课堂中“后教”的总体质量的评判与问题诊断。

诊断性测验往往与补救性教学联系在一起。根据诊断性测验发现的问题，教师将会根据这些信息即时地给学生提供有针对性的帮助，而不是只给出“对”与“错”、“好”与“坏”以及学生等第的差别。

（二）线下翻转课堂的组成要素

翻转课堂是对传统课堂的变革，在先学基础上的教学活动主要有以下几种类型。

1. 巩固强化。在我国基础教育阶段，基础知识与基本技能的掌握是学生学习的重要任务。如果在微课学习阶段，学生没有掌握相关知识点，那么在翻转的课堂内，教师的首要任务就是帮助学生理解相关知识，并进行相应的巩固和强化。在以往，实时了解学生学习的情况是一项非常困难的任务，如今，在大数据分析技术支持下，这已成为可能。

2. 系统梳理。因为微视频学习的知识相对较为零散，是碎片化的知识，为了让学生形成系统的知识结构，课堂上，需要在教师的帮助下，和学生一起通过回顾的形式，对碎片化的知识进行整理，建构一定的知识体系，帮助学生理解学科（或单元）的全貌。让学生明确各个知识点之间的相互关系，每个知识点在知识图谱中的定位等，这样有助于学生整体把握知识概貌，在自己的头脑中建构起相应的知识结构和脉络，内化所学知识。

3. 拓展加深。对于学有余力的学生，课堂上需要教师为其准备有深度的学习内容和问题，满足其进一步探索新知的欲望。根据国外的实践，为学有余力的学生进行拓展加深，最好是将这些学生分到一个学习小组内，或者是将其分到一个教室内，有针对性地辅导。所以，翻转的课堂就需要和“实时走班”或“及时分组”的教学形式结合起来。

4. 探究创新。探究创新的意识和能力对于学生学习和发展的重要性不言而喻。然而，无论是新的项目探究，还是模拟已有的科学推理过程，探究的过程需要时间。在传统的课堂上，因为教师讲解知识需要占用相当多的时间，学生的巩固练习也是在课堂内完成的，探究的过程往往以“时间不允许”而被搁置，只有偶尔在需要表演的公开课上，会有些许的探究活动，常态的课堂上则较少顾及。

在翻转的课堂内，学生因事先学习了知识，课堂上则有较多的时间用于探究活动。基于特定的问题或任务，无论是同伴之间的交流研讨，还是小组合作完成，都是探究和创造的重要体现。有着研究型学习传统的上海市七宝中学，在开始实施翻转课堂之初就提出了“让探究落实在课堂上”的行动策略。这是很值得提倡的。

四、慕课、翻转课堂与教学流程的变革

教育变革是一项系统工程。仅仅在局部做些变动，其意义将是非常有限的。翻转课堂作为一种新的教育模式，它必然要求包括教学管理在内的教学流程做出相应的变革。

（一）基于数据分析的即时走班

所谓“走班制”是指学科教师和教室固定，学生根据自己的学力和兴趣愿望，在教师指导下选择适合自身发展层次的班级上课的一种教学制度。不同层次的班级，其教学内容和程度要求不同，作业和考试的难度也不同。

“走班制”满足了学生个性发展的需要，然而，任何事物都是利弊共存的。立足于学生选择基础上的走班制也同样存在着一定的问题。

其中一个主要的问题是：当学生在低年级选择了一门程度较低的课程，他几乎就丧失了以后另选程度较高课程的机会。比如，在美国洛杉矶高中，该校开设的“高等预备微积分”的要求是：先修“高等代数（Ⅱ）”获C级以上成绩或先修“三角精要”获B级以上成绩；“微积分和离散数学初步”则要求在“高等预备微积分”获C级以上成绩。这就是说，如果学生没有选修“高等预备微积分”或选修该门课程未获得C级以上成绩的，就没有资格选修“微积分和离散数学初步”。

美国高中对这些选修课程的资格规定是不难理解的，毕竟学习是一个循序渐进的过程，没有前面的知识基础，后续的课程是很难掌握的。然而，事实上，中学生心智还未完全成熟，兴趣爱好还在不断漂移，严格的选修课程资格的规定，很可能束缚了那些“慢熟型”与“慢热型”学生后续脱颖而出的机会。

当前的信息技术环境，可以准确捕捉、分析与呈现学生网上学习的详细情况，如学生学习了什么内容，学到了什么程度，学习某一内容时花费了多长时间，以及完整的学习进程是什么样的等。这些数据信息对于分析和诊断每位学生学习的情况是有力的帮助，也为教师进一步有针对性地指导提供了很好的参照。

现代“学习分析”技术可以清楚地告诉教师某一群体学生学习的状况。在云计算环境下，由教学专业人员和信息技术专业人员共同设计开发的教学分析和评价系统，可以捕捉和记录学生线上学习的每点信息，并对学生的学习情况如学习的深刻度、学习的熟练度、由学习速度折射出的学习的性向（兴趣和天赋）等做出判断。在此基础上，由系统自动地对学生第二天上课的地点做出决定，让有相同或相似学习基础、学习性向和学习需要的学生，走到同一个教室内，由相应的专门教师对其教学，解决其共同存在的问题，组织小组讨论，提供相似的教学指导等。

需要指出的是，这样的分班或走班，一是基于数据分析的，是以学生线上学习过程中所呈现出的各种数据为基础的，学生每天都可能在不同的班里上课；二是及时的，即上课的地点由“学习分析”系统根据学生存在的问题进行最优化处理后实时通知学生；三是各班教学是具有强烈针对性的，如同样的化学课，A班主要针对的是学生在置换反应中存在的问题，B班主要针对复分解反应的，C班是针对学生已经充分掌握了这些知识、目标定位在拓展深化或自主探究的。这种基于数据的实时走班对提升教学质量，促进每个学生的发展，无疑有着重要的帮助作用。

（二）课下先学基础上的课时调整

在教学过程中适度增加学生自学的时间，既是培养学生自学能力的要求，也是提升学生学习效益的需要。在增加了学生自学的时间的同时，又不能延长现有的学生整体的学习时间，这就要求调整现存的、被视为理所当然的每天7节、每节40分钟的课堂教学制度。

变革的方式有多种，其中一个成功的案例是“只上半天课”的山西新绛中学。该校打破了上午、下午都是教师在课堂上讲授的教学方式，而是改成：上午，学生在教师的主导下上“展示课”，学生展示自己所学；而下午和晚上的时间，是学生围绕微视频自学。课堂教学改革，不仅提升了教学效益，也减轻了教师机械劳动的负担。[5]

另一种改革方式是，改变每节课都是40分钟的固定模式。如果有的内容，学生自学就能掌握，为什么课堂教学的时间还一定要40分钟？为什么不能把它调整到30分钟，甚至25分钟？当然各个学校、各门学科不一样，有的学科还需要保持40分钟。甚至同一门课的不同内容，需要的课堂教学时间也不一样，应根据学习内容和学生需要，灵活调整。

（三）旨在促进发展的考试测验制度改革

评价具有重要的导向作用。翻转课堂作为一种在高效率基础上实现个别化教学的模式，如果没有考试与评价制度的保障，无疑会有很大的障碍。高利害的等第性测验在无人监考的网上进行无疑有很大的困难，而旨在帮助学生提升的诊断性测试则不一样。

诊断性测验与等第性测验的差别大体相当于医生与法官的差别。在医生面前，病人总是说自己这里不舒服，那里有问题，当医生没做仔细检查，不耐烦地把病历卡还给病人时，病人都会很生气，感到自己被忽视了。在法官面前，嫌疑犯总是说自己这里没问题，那里没差错，即使在证据确凿的情况下，也会说根源在他人。所以，在日常的翻转课堂中，坚持诊断性测验的“诊断性”非常重要，这就是说，不要把诊断性测验异化为对学生的分等鉴定，要始终把目标放在服务教学，推动发展上。

总之，对慕课和翻转课堂的内涵有着正确的理解，对其价值追求有着深入的领会，并熟悉中小学微课建设和翻转后课堂教学的方法，对深入推进中小学课堂教学变革，切实提升课堂教学效益具有重要价值。在谨慎推进慕课和翻转课堂实践的过程中，不断总结经验，反思不足所在，切实改善学生学习方式和学习效益，是中小学推进慕课和翻转课堂的应有选择。

参考文献：

[1] 刘增辉. 中国 MOOC：与其被动改革不如主动变革——访华南师范大学教育信息技术学院副院长、未来教育研究中心副主任焦建利 [J]. 中国远程教育，2013 (14).

[2] 祝智庭. “后慕课”时期的在线学习新样式 [N]. 中国教育报，2014-05-21.

[3] 夸美纽斯. 大教学论 [M]. 傅任敢，译. 北京：教育科学出版社，1999：35.

[4] 陈玉琨. 慕课：一场正在到来的教育变革 [J]. 上海教育，2013 (10).

[5] 罗道海. 山西新绛中学课改：每日半天课 课堂随便上网 [N]. 华西都市报，2012-08-22.

大中小学合作研究中绕不过的真问题*

——理论与实践多重关系的体验与再认识

□ 叶 澜（华东师范大学教授）

一、释题

理论与实践的关系是教育研究绕不过的“真问题”。

“理论联系实践”作为一种工作作风和研究问题、解决问题的原则或方法，对于大家来说并不是一个陌生的结论。然而，仔细辨来，却是一个不全面的结论。它意味着理论与实践是已存在之物，背后由不同的主体把持着，联系的指向性是“理论”要去联系“实践”，并未有明确的双向关系表达，而且暗含着理论高于实践，所谓的“联系”，是指对实践作指导。当然，作为一般号召还是有其存在价值。

再进一步的说法是：理论从实践中来，又要回到实践中去。这是从理论的生成和运用过程来讲理论与实践的关系。两者二分，首先是指理论对于实践应持的态度，依然主要是单向式的表达。此后，还有从马克思主义的观点中引出的：理论只要深刻，就能说服人，就能成为改变实践的真实力量。马克思主义把哲学的任务定位为不只是说明世界，而是改变世界，更深入地说明了理论的实践价值，并对怎样的理论才能具有实践价值做了限定，指出应把“改变世界”作为马克思主义哲学理论观的特质来理解。“实践是检验一切真理的标准”的定论，又从探讨真理的意义上，突出了实践对于理论的重要意义，但似乎依然尚未深入到双向互动的层面。

显然，理论与实践的关系是一个普遍的认识论、方法论和现实中存在的问题。上述认识并非是学术界关于理论与实践关系的全部认识，但却是对于学界尤其是对中国的学界特别是教育学界具有广泛影响的、几近常识性的认识。尽管在研究行为中做到这一点的并不多。正是有了这样相当普及化的认识，我们很少认真细究这样一个重要的问题：究竟可以从多少角度去认识理论与实践的关系，它对于教育学研究具有什么意义？

今天我们就来谈谈这个问题。为什么说理论与实践的关系问题是大中小学合作研究（以下简称合作研究）中绕不过的“真问题”？因为这个问题在教育改革的实践中是客观存在的问题。尽管现在有不少理论工作者，我们的大学老师兼科研人员都下去指导了，可是理论与实践的问题是不是就已经解决好了呢？我想，这二者之间存在着区别，就需要去研究。再有，从我自己的体会来讲，要解决好理论与实践的关系，不仅实践工作者要改变，而且理论工作者也必须改变。我经常在想，是不是所有的

* 原载《教育发展研究》2014年第20期。

高校教授或者在大学里工作的老师都有“资格”到实践中去指导？我觉得这里涉及一个“资格”问题，还要思考，到实践中后自己要不要、能不能发展和变化的问题。所以我认为理论与实践的关系问题始终是存在的，也是绕不过去的，大中小学要合作就必须解决这个问题。

那么，标题上为什么要用“体验与再认识”呢？因为我今天要谈的内容实际上不只是从书上读来的，也不只是研究文献或看别人的研究得来的，而是我跟我的伙伴们进行“新基础教育”20年研究实践以后所得到的深切体会。理论与实践的关系是一个必须要解决好的问题。只有解决好了，我们才会发展。因此，我用了“体验”二字，我觉得做教育这个学问是要有体验的，不只是要客观，或用许多数据。教育这个事业，没有真投入，没有真体验，很难有真改变。而“再认识”是相对于我们过去的认识而言，我认为理论与实践的关系是我们教育研究者面临的基本问题，我一直在思考。现在有了这么多经验以及与很多伙伴的交流，有了许多新的与过去不一样的认识，所以称为“再认识”。面对这样一个老问题、真问题的不断认识的过程，我更深切地体会到：其实我们每个人所讲的事情，我们以为是客观的，实际上都是你的眼睛所见，你的思想方式的表现，离不开你对问题的关注点、你的体验，最后上升到你的认识。只要是人的认识，就躲不开人的主观性。所以，就这点而言，我觉得我们要改变对教育真理的看法，教育是独特的。我记得鲁迅先生的一句话，他说，人是不能拔着头发离开地球的。所以当你要阐述一种观点的时候，你没有办法把自己完全地客观化。我认为一种诚实的态度就是承认我是从我的认识、我目前的水平、我的状态来谈我的观点，谈的观点里面可能有错误、可能有负面的东西。但正是通过这样一个过程，大家把自己最内在的、感受最深的东西讲出来，交流才有价值。杜威说过一句话，任何真理在还没有经过很多实践检验之前，它就是个假设。需要通过检验假设的实践过程，不断去丰富它、完善它。

其次，说“真问题”是因为合作研究的关系上还存在一些不尽如人意的现象：第一种可以叫作“貌合神离”，看起来好像是合在一起了，实际上并没有真正的沟通。我称它为貌合神离，不叫同床异梦。貌合神离不同于同床异梦，利益交换是同床异梦。第二种叫作“少合多离”，就是蜻蜓点水式地合一下，大量的时间是不在一起的，这种方式很难有深度的合作。第三种从效果的意义上说，即不管合也好离也好，它原来是这样，现在还这样，就是说合作并没有产生真实的效果。老师没有多大改变，学校也没有多大改变，我们的教授依然沾沾自喜。这可以叫作“合离无异”。合作没有发挥出应有的作用，弄得不好最后还有矛盾；或者就是相互看不起：学校觉得大学教师没有什么了不起，觉得你就是会说而已，大学一方也觉得你们就是不肯学习，所以不长进。合作合作就不开心了，最后只有分道扬镳。我说这些就是提醒大家不要以为只要有了共同体，合作研究就有生命力。共同体不是通过加法做出来的，也不是通过乘法做出来的，它通过化学反应还不够，化学反应不过是两个物质通过反应变成新的物质。它应该是生命态、是生物态，是通过合作促进双方的发展和成长。上述现象表明，理论和实践的关系，是合作研究中存在的“真问题”。

二、“关系”新认识

首先要说的是我特别喜欢“共生体”这个名词，因为只有生长、只有发展，才有生命力。我们追求的合作研究，是合作者在合作中不断生长与发展。我们追求合作过程中学校的真实改变，追求合作过程中老师、学生、大学教授、研究人员包括我们带的研究生都一起成长。只有成长才会幸福。这也是我分析当前合作研究的价值取向。

具体说到理论与实践的关系，本人提出“理论·实践”应交互生成的观点，其主要依据如下。

第一，教育学研究中教育理论与教育实践的关系是内在关系，不是两个独立领域外在关系之可能构建。我们将教育学研究对象称之为“教育存在”，其构成中包含教育实践、教育理论和教育学元研究；我们又将教育学学科性质概括为事理研究，它是理论，但不可能是与教育之事无关的理论，而是揭示教育之事的理论。以上两个关于教育学研究对象和学科性质的界定与论证，在保持相关认识逻辑一致性上，决定了教育学研究方法论的选择，以教育实践与教育理论的内在一致性为基点展开探讨。

我特别关注内在，就是说不是从外面硬把两者结合起来。看不到它们内在的关联性，就不能确立教育理论与教育实践具有可以结合的可能性，而且确认只有结合，双方才能发展得更好。我们常说教育要研究人，没错。但研究人的学科很多，心理学也研究人，哲学也研究人，那么教育学研究人什么呢？我认为，教育学的独特，是在研究怎么去促进一个人的发展的事理。事理是相对于心理、相对于物理而言的。物理学的基础是对力和机械运动的研究，但到现在，真正进入到物理学的微观研究，就打破了中观物理运动的机械性和确定性，出现了不确定性，出现了很多矛盾的现象，就是它也并不是那样的机械。机械运动是最简单的，教育用认识机械的思想方法是不行的，机械的思维方式无法认清教育的复杂性。事理研究跟物理研究有什么不一样呢？区别主要在于它是具体而有价值指导的。做一件事情不会没有价值，不管是有意识的还是无意识的。想用价值和事实分离的纯理论的思维去形成教育理论不可能。实际上没有一个教育理论是不内含价值的。所以，价值是教育事理的必然构成。这就是我们为什么要做教育改革，首先要改变的是价值观：到底为什么办教育？我们先要问的是这个问题，而不是先问用什么方法来办教育。如果你原来办教育的目的已经不适合了，那就需要价值观的大转变。同时，教育研究还有一个问题，即它是有条件的。它有环境背景，有展开过程，有情景，有结果呈现，是需要评价和反思的。这是事理研究和物理研究、心理研究的差异。这样一个差异决定了研究中包括确定性和不确定性。还有很重要的是，事理研究有行事主体的问题，即谁在做这个事，主体是谁。教育活动中的主体就是教师与学生。故而，在教育研究中，教育主体间的关系，研究者和被研究者的关系，都是人与人的关系，不是人与物的关系，不是人与某个艺术创作品的关系，不是人与心理的表观现象的关系。可见，教育理论的研究对象以及对象的性质决定了事理研究本身就内含着一系列跟实践相关的要素，它是不能脱离实践的。为什么我们以前的教育理论学了之后，感觉理论与实践隔得太远了，就在于满足于找规律，满足于几个条条框框式原则的提出。到实践当中，我们发现根本不是这么简单，也行不通。现在看来，是我们没有从事理的角度研究教育实践的结果。

第二，教育理论与实践相互转化的可能性。之所以说两者的转化是可能的，就是因为其内在关系不可分割。然而，在现实中，我们经常听到、看到或体验到：理论工作者提倡、主张的，或在教育学著作中阐述的理论，与教育实践有很大差别，甚至是冲突。两大领域的成员之间，除了存在不同方面和不同程度的沟通、合作，乃至共同成长的关系之外，确实还存在着互不信任、互不理解，甚至相互轻视、责怪的状况。如何认识这种现象？它是不是对教育理论与教育实践关系的内在性的否定？

我想说的是，理论与实践两者关系的内在性，强调的是两者之间内在的不可分割性，而不是完全的一致性。理论与实践之间的一致性是关系内在性的一种表达，但不是唯一的表现形式。不同性质和程度的冲突、矛盾、不一致，是理论与实践发展过程中必然会出现和存在的现象，这恰恰需要两者通过双向的反思、批判、参照、互鉴、转换而实现相互生成的资源，并由此而形成内生长力和内动力。所以，两者的差异，甚至对立的存在，并不是否定两者关系内在性的依据。还有人以实践遵循规范逻辑、理论遵循实证逻辑为由，认为教育理论与教育实践存在着无法跨越的逻辑鸿沟，并由此认定教育理论与实践的分裂是必然的、合理的、无法改变的。这一看似合理的认识，其主要偏差在于：忽视了教育学的理论是“事理”这一特殊性，而是以一般意义上的两种逻辑之分割与对峙为前提，将其运用到教育研究中来。事理要探索的恰恰在于价值、意义、规范与事实之间的内在关系。演绎推理的合理性，以大前提确定，小前提在大前提的规定之内为条件。如果某一学科的特殊性已超越了大前提的限定，结论的偏差就出现了。伽达默尔讨论精神科学和自然科学区别时指出："它们与自然科学的区别不仅在于其运作方式，而且在于其与对象的事件性联系"。可见，事件性联系是不能用自然科学的方式去说明的。

从正面来说，教育理论与教育实践关系的内在性，首先表现在相互依存和促进上，除冲突、差异外，还存在着内生的一致性：两者都是因满足人类社会的延续和个体的发展需要而生，教育实践专业性需求的提升，要求教育理论提高对实践的支持、构建等专业水平。而理论对实践问题的透析和批判，对影响人的发展之教育力量的深度揭示，对人类个体发展未来可能理想的有依据的理论构建，都能成为推进教育实践发展的不可替代的理论力量。并且有可能有条件地逐渐转化为真实的实践。此外，两者的内在一致性，还表现在每个实践者、理论者，就主体自身而言，理论与实践在个体内在意义上的一致性。故而，要改变教育实践者的行为，恰恰不能只从行为的意义上，还必须在理论、观念的意义上促使实践者的头脑——思想和价值观等发生变化，形成新的参照系，从而使实践者能用新的理论眼光反思已有实践，重新认识自己的行为，并尝试将自己认同的新理论、观念，转化为自己新的行为。这是实践工作者在完成自身专业发展的意义上，理论与实践由旧的内在一致性向新的内在一致性转化的过程。这一过程虽然漫长，但它是所有追求专业生命和自我发展的教师都会去努力实现的过程。从理论研究者来说，自身理论认识的发展，也需要因受到实践问题困扰，已有思维方式和理论框架淤塞、难破，在理论视野打开的同时，再回到实践的源头，重新认识丰富实践的原始形态，或回到现实、进入实践内部，读懂新的情况，看到新的资源和思考新的问题，方能开辟出理论认识的新天地，一旦新的认识初步成型，又须再到实践中去，在研究新实践的过程中实现认识的丰富、完善，在与实践可能性相一致的意义上作系统化，最终以实践的真实改变作为理论是否有现实意义的检验。

由此可见，就实践者和理论者个体而言，都存在着日常式的理论与实践的个人内在式统一，还存在着个体专业与人生发展转换时期，经理论与实践由外而内的交互作用，最终达到内核更新意义上的理论与实践的个人内在统一。这是理论与实践内在关系与发展机制的十分重要的基础。没有两类主体个人意义上的理论与实践的内在统一，群体意义上的进一步沟通之可能将被极大削弱或沦为空谈。

第三，理论和实践的双向转化是一个过程，不可能一蹴而就。首先，研究双方都要改变自己原来的参照系，通过反思发现问题。理论工作者原来的参照系有问题，实践工作者也有问题，所以双方都要转变。改变参照系很重要，否则无法对话，也没有"资格"对话。其次，要围绕核心问题积极互动。实践工作者不要把自己定位为听者，理论工作者也不要把自己定位为说者，双方都要学会倾听，学会言说，学会辩论，学会沟通。再次，不只是每天有变化就可以了，到一定阶段还要有提升。有了新理论要再回到实践当中去做，理论与实践之间的转化需成为自觉意识，这是研究者自觉醒悟的过程。最后，一定要自觉地再实践，这是转化成效持续发展的保证。不能浅尝辄止。一"止"就完，要不断地、持续地寻找新的生长点，这是非常关键的。

第四，教育理论与教育实践内在关系的存在，需要主体间在不同层级上积极沟通与转化。但无论处于哪个层级上，都以两类群体或个体的相互接触、了解的内在需要为前提条件。

大致上，我们可按接触与转化的深度把沟通分为三级。初级：通过倾听、观察等实现沟通。这样的沟通可以是随机的，也可以是有意识组织的；可以是通过间接方式沟通实现的，如阅读、上网、看录像或电视等，也可以是直接的、面对面的、现场式的，如听报告、参观学校、参加学校邀请的活动等。由于这些活动带来的启发与反思，改变是可能存在的，虽然分散和点滴，但可能由此而进入更多的交往与沟通，逐渐积累双方互信、互需的程度。二级：主动而有意识的沟通，能合作，但双方出于不同的内在需要，目标可能不同，或者是其中一方的内在需要强烈度不足，形成结构与结果非对称性的变化与收效。三级：双方具有共同目标的合作研究，合作者共同参与变革研究实践全程，在改变原有实践和创造新的实践形态中形成了共生经验和共同话语，交互生成的双赢共长之深度、持续效应大，并具有比合作前更大的开放性和更强的教育学研究专业性，教育的内在逻辑在更深的层面和更广的意义上得到揭示。

三个级别的区分是为了说明：两者内在关联的存在，只是说明了交互作用产生的可能性。但交互作用的真实发生，是研究者双方以内在目的或需要，即以教育实践和教育理论的改进、发展为目的，而非以工具性的外在目的为基础。只有通过真实开展的交往、沟通与合作才可能实现。双方合作目的的一致性程度，交往沟通的深度，有无共生经验和共生经验的质量，以及在推进理论与实践发展中的双向生成效应，是理论与实践合作质量与效益的决定性因素，也是可衡量的指标。教育理论与教育实践的结合，不是通过理论说明、行政命令或外在刺激能完成的，它只有在合作的过程中，才能呈现其价值，创造出唯有深度合作才能创造的成果。

第五，理论和实践之间需要深度的关联、互动、生成。首先，关联不等于相互代替，不是理论工作者可以代替老师去上课。为什么呢？这是因为只要是理论，它一定是抽象的，只是抽象的层次不同。所以只是实践描述，讲100个、1 000个故事，都不能代替理论概括。叙事是需要的，但不要认为可以用叙事来代替或否定理论研究的必要，也没有办法否定。理论也不是仅靠实践的概括就能形成，不是只要有实践就能写成理论。其次，实践非常复杂。实践的一个特点在于它具有情景性和动态性。如果课堂里没有生活，只有教案的复制，那么这样的课堂是没有生命的。这决定了教育实践具有艺术性，是一个现场创造的过程。所以我强调：我们的教师真的不要把自己当成传递者。其实你们每天都在创造，你们的每一节课都是创造出来的。我要说的是，每一堂课、每一次教研活动都是不可复制的过程，这一点，实践工作者要有自信。自信不是拒绝别人，但也不要自卑，不要认为你的工作没有意义，不要把自己看作是一个重复者。如果你把自己看作是一个重复者，那是你自我矮化的结果，不是实践对你的要求。所以，人不能自我矮化，自己要挺直了腰杆走路、看东西、说话。再次，我特别要提醒理论工作者，不要以为我对实践工作者最好的帮助就是告诉他怎么操作，给他模式。我20年“新基础教育”研究的体会是：操作和模式化可以说是窒息实践生机的杀手。对此，我有非常深的体会。一开始我做“新基础”到学校去，学校最想要的是，别讲道理，告诉我们该怎么操作，第一步干什么、该怎么做，第二步干什么、该怎么做。我不解，觉得怎么还没有学就想要怎么做呢？怎么做应该是在改变的过程中慢慢体会出来的。所以我就说，你先去学，把道理弄明白，觉得有道理，我们再一起来做。做的过程中遇到问题我们一起来讨论、解决。现在我真是庆幸没有一开始就“屈服”，没有拿出一个自认为可以操作的模式。其实这种模式大多无用。一操作就“死机”。何况不同的学科我们都会涉及，如研究不同的课型，解决不同的问题。直到经过15年研究实践的不断提炼，我们才最后形成了学科指导纲要。纲要虽有内容分析，若干案例，但还是要讲道理，是教育教学的原理在学科领域中的具体化，它还留给教师很大的创造空间。我们不会提供现成的一个个具体模式，先干什么，后干什么。总之，理论工作者需要警惕模式化。特别是“化”字，千万别“模式化”，一步步规定死，实践就会被框死掉。

第六，教育理论与教育实践的关系状态，除与教育学研究本身的质量相关外，还受已形成的学术传统、社会学术环境与风气、行政权力对教育研究的干预和控制强弱程度等多方面影响。如，把教育学理论研究看作是高档的，而蔑视实践研究；或相反，认为教育学理论研究没有价值，只有操作性的或行政性的指令才是有用而重要的；政府相关官员和政策制定中，忽视、甚至无视教育理论的价值，区分不清教育学与教育的不同，或只把教育当作社会工具。这时，教育理论与教育实践的关系都会出现人为的、背离其内在本真关系性质的状态。目前在我国，这三种状态都存在，教育学发展的生态并不令人乐观。因此，教育学研究人员认清教育理论与实践的内在关联显得尤为重要。而且要在正视现实的同时，创造有利于教育学研究的小生态，努力结成志同道合者联盟，不断扩大良好生态的范围，用真实的研究和现实的改变，拓展教育学研究的生存与发展空间。埋怨或消极等待，抑或只是纸上高谈，都无济于事。“成功的机体将改变它的环境。能改变环境进行互助的机体就是成功的机体。”重要的是有思想的行动和在行动中生成新的思想。

最后作为结束语，我有几句话想跟大家共勉：第一，我们要有思想地行动，在行动中生成新思想。第二，要有“真实的”体验。这里我用了“真实的”，因为现在虚假的东西太多，所以我要讲“真实”的。用真实的教育研究和现实，改变、拓展、完善我们的生存空间。现在我们的教育学理论工作者和实践中老师们的生存空间太窄了，我觉得要改变，要改进。我一直在追求的一个理念就是：做教育就是为了改变人生，创造一种师生和自己新的专业生命质量、新的“活法”。我愿与大家共勉。通过合作研究来实现共同生长，来发展、创造我们教育理论和教育实践的教育人生。

带帷幕的黑板*

——从阿莫纳什维利的三部曲看教学的科学性与艺术性的统一

□ 从立新（北京师范大学教授）

探究教学的奥秘一直是对人类智慧有强大吸引力的活动，其中一个饶有趣味的命题围绕着教学的科学性与艺术性展开。古今中外的哲人贤者提出了无数真知灼见，近代以来，“教学既是一门科学，又是一门艺术，也是人们的共识。”[1]不过，循着这一共识继续寻找，会发现仍然众说纷纭，甚至言人人殊，尚有许多值得探索之处。

苏联解体前，在基础教育领域曾经有一场颇具声势的教育改革运动：合作教育学。这场运动不仅震动苏联教育界，也在中国引起强烈的反响。其中的一个代表性人物是阿莫纳什维利，他以自己教学实验①为基础撰写的三部曲，《孩子们，你们好！》《孩子们，你们过得怎么样?》《孩子们，祝你们一路走好！》[2-4]，打动了无数教育工作者。虽然阿莫纳什维利对自己的教学实验做过多方面的分析总结，却令人感觉意犹未尽。正如国内有学者在充分肯定合作教育学的巨大价值时所指出的，这一运动“对自身的经验和观点，还处在枚举和描述阶段，尚未真正概括化”，“它的理论基础并不明确”。[5]本文尝试提出和论证的基本观点是：阿莫纳什维利实验之成功，主要得益于实现了教学中科学性与艺术性的统一。

一、教学的艺术性来自对“美”的追求

亚里士多德认为艺术在于模仿，康德主张艺术与人的自由不可分离，席勒提出艺术之根在游戏，托尔斯泰强调艺术是人情感的交流……在林林总总的不同见解背后，可以发现共同前提：艺术是以人类各种生存活动为基础的更为高级的活动。所谓模仿，必定有自我及模仿的对象；所谓自由，必定自觉到强制与束缚；所谓游戏，必定体验到劳作与辛苦……今天，人类艺术高度发达，早已成为一个独特的专门领域，但这个领域最初却并非独立，这样的说法，少有异议。

艺术一旦从其他活动中分离、独立出来，立刻身份尊贵，这个特征似乎在任何一种文化中都不例外。值得追问的是，曾经孕育了艺术这种高级活动的母体，是不是与自己所造就的成果就此彻底剥离?

* 原载《教育学报》2014年第3期。

① 苏联小学入学年龄至20世纪70年代前为7岁，阿莫纳什维利的实验是验证将入学年龄从7岁提前到6岁的可行性，书中所说的预备班即后来的一年级，同理，一、二、三年级为后来的二、三、四年级。

当然不是，一则，作为母体，人各种各样的生存活动仍然源源不断地为这个新生命输送着营养——人们经常宣称艺术源于生活、扎根于生活，便是强调这样的事实。二则，母体中仍然存留着原生态的、素朴的艺术成分，可以由人们去挖掘，去发现，去创造。无论是远古时期的简单狩猎、采集、祭祀，还是随后逐渐精致分工的耕作、游牧、手工、宗教、教育，都不例外。当人们在从事各种活动时有了对于美的自觉追求时，便有了形形色色的“非纯粹”的艺术，既不同于专门的艺术活动，又与之血脉相连。“正因为有这样的追求，我们的生活才被美的事物所包围。食物的意义是为人提供能量，但有了美的追求，就有了美食；茶叶的意义是在于提神养生，但有了美的追求，就有了茶艺。”[6]

教学最初也是与人类基本生存活动浑然一体而后脱胎独立的，它有自己的任务：令学生获取文化知识从而实现个性发展。然而，在教学中也存在着对于美的追求，于是就有了教学的艺术，人们赞美好的教学、精彩的教学时经常会用“艺术”加以标榜，肯定这样的教学实现了科学性艺术性的统一。在“三部曲”中，阿莫纳什维利也曾经宣称：“随着我的教育经验的日益丰富，我越来越坚信在教育理论上争论不休的一条原理的正确性：教育学不仅是一门关于教育和教学的科学，而且也是一门关于教育和教学的艺术的科学。”[2]155那么，他是如何践行教学，如何在其中将科学性与艺术性相统一，他的尝试又带给我们什么样的启迪呢？

二、无处不在的美——“统一”普遍存在于教学活动之中

前述关于“统一”的表述是普适性的，“既是一门科学，又是一门艺术”，并没有加以特别限制，那么就可以理解为，在教学的任何场合、任何阶段，都是可以实现二者“统一”的。然而这样的说法难免令人缺乏底气，人们经常看到，大量日复一日的常规教学所表现出来的是枯燥和乏味，甚至有人相信，教学的单调沉闷是不可避免的。

阿莫纳什维利的教学实验，以极具震撼力的方式，颠覆了有关教学的这种刻板印象。在三部曲中，阿莫纳什维利仿佛挥舞仙女的魔杖，所指之处，司空见惯的课堂幻化出全新的风景，平凡普通的教学展示出动人心魄的美，由此令我们坚信教学中科学性与艺术性统一的普遍性：它存在于教学的时时处处。

（一）细节的突破与超越

人们常常提到罗丹的名言：生活中并不缺乏美，而是缺少发现美的眼睛。同理，教学中也不缺乏艺术性，而是经常缺少了挖掘和创造它们的教师。年复一年的日常教学，消磨了多少教师的职业理想和热情，然而在阿莫纳什维利这里，就好像武功高手，飞花摘叶皆可成为制敌利器。他信手拈来，教学的任何内容、片段、设备都能够精彩迭出，与许多著名的艺术家们一样，对于细节的精雕细琢成就了传世经典，就像阿Q临刑时画的那个圆，就像齐白石作品中游动的小虾细如丝线的长须……

五个手指的森林

面对几十人的班级，如何照顾到每一个孩子的需求？是几乎所有教师都会产生的困惑：这双眼睛已经发出心领神会的光芒，那张小脸却还皱成一团，此时教师该怎么办呢？这样的困惑自教育普及以来未曾止歇，教育学和教学论的回答永远宏大正确而又经常令教师们感觉无从下手。于是，各种叹息和托词不绝如缕：我们是大班教学啊，我要对全班几十个孩子负责啊。照顾每个孩子？太难了。

让我们到阿莫纳什维利的课堂去看看。

请大家把头伏在课桌上。闭上眼睛……我给你们出一道题，你们别抬起头，答案用手指头告诉我！

一个数，如果再加上3，等于8。请问，这个数是几？

一个数，如果减去4，还剩下3。请问，这个数是几？

教室里竖起了一片伸出五个手指的手的森林。我走到每一个举手的孩子身边，用手触动

一下他的小手指，轻声地说："对！……对！……不对！……不对！……再好好地想一想！"[2]61—62

阿莫纳什维利在黑板上画出图案，嗯，有点难，需要仔细观察和认真比较才能做出判断。在他的要求下，每个孩子开始认真思考。接着，他请有了答案的同学举手，"我俯身逐一倾听孩子们的回答"。分别在孩子耳畔轻轻地说，"对了，谢谢"，或者是"你的答案错了！"

真是"此时无声胜有声"！每个学生都在独立思考，每个学生都与教师进行了个性化的交流。阿莫纳什维利的思考是：每一个孩子都可以而且应该成为发现真理的"哥伦布"，如果指名某个学生回答，实际剥夺了其他孩子的权利。于是，他别开生面地给予了每一个孩子成为哥伦布的机会。

当然，并不总是这样静悄悄地，当他觉得孩子们全部准备好了，会"像一个乐队指挥一样向大家挥动着手臂"，所有的学生大声地说出答案，"使真理齐声地轰鸣。这样，所有的孩子都会感到心满意足"。[2]67

"像他这样地读和写"

围绕着阅读的形形色色的练习，不仅必不可少，而且难免乏味，于是学生的疲劳和厌倦便成了课堂上的寻常光景。不用说，从预备班起，阿莫纳什维利的学生也一定要进行这样的练习。那么，他不是也得像大多数教师一样不断地耳提面命吗？要多读、要多写，只有多读才能读好，只有多写才能写对……难道可以放弃这些基本的要求吗？感谢阿莫纳什维利，就此，他居然也能够"新翻杨柳枝"。

"在预备班里，你们学会了读。应该像他这样地读！"阿莫纳什维利请来一名二年级学生，开始为一年级的学生朗读一篇儿童杂志上的故事。"他读得从容不迫、绘声绘色、富有表情。读完以后，他立即又复述了故事的内容。""仍是这个二年级学生，迅速而又美观地在黑板上写下了一句话：'一年级同学们，祝你们开学好！'"[3]17

堪称化腐朽为神奇！二年级学生！不像教师和其他成人那样遥不可及，甚至不像五年级或六年级的学生那样仰之弥高，只是他们即将步入的年级、只是他们即将成为的那样的人！借助这个可爱的二年级学生，教师绝对准确然而难免生硬的要求和指令，变成了鲜明亲切的楷模：同样的示范——多半还不如教师读得标准，同样的要求——大概还没有教师说得完整。但可以想象得出这个楷模所引发的感情："嗯，我要好好练习，要像他一样读得这么棒！""我可以像他写得那样漂亮，当然，可能多写几次。"无论什么样的教师，难道能够像这位二年级学生一样，在学生们心中激起如此美丽的涟漪吗？

谢谢你，识字课本

"6岁儿童的一个显著特点是喜欢新奇。因此，如果我们长时间地，比如说，在一学年里，把他们'绑缚'在一本教科书上，他们就会对书感到讨厌。为什么不能把6岁儿童的语文教科书编成四个分册呢？

第一分册把他们带进语言的现实世界，

第二分册把他们带进阅读的秘密世界，

第三和第四分册促进他们发展阅读兴趣。

我打算先发给孩子们第一分册，学完以后在班上举行一个隆重的庆祝会。""学完一本书，他们都会产生新的认识的渴望。"[2]121

于是，很快到了这样的时刻：

"请大家把教科书合上……让我们来总结一下，它教会了你们什么？"

"它教会了我们非常美丽的格鲁吉亚语字母！"

"它教会了我们读和写！"

"它教导我们要做善良的人，广交朋友！"……[2]123

"也许，你们大家都想对它说些表示感谢的话，是吗？"

"我的亲爱的朋友，我永远不会忘记你，请你原谅，我弄坏了你的封面，撕坏了一页书！我保证今后要爱惜书。你活像一个真正的人——这就是我要对你说的话。"

"我的亲爱的第一本书，我要用读很多书、热爱书来酬谢你！"[2]124

依依惜别了第一本，他们热切地盼望着第二本，以及接踵而来的第三本、第四本。人们往往无奈地叹息，初入学时孩子们对于学校、课堂的热情，何以会日渐消退甚至一去不返？阿莫纳什维利在教科书上的创举提醒我们，驱逐热情的，可能正是我们自己，我们的习以为常，我们的漫不经心，我们对于平庸的让步和姑息。不是吗，即使是普普通通的教科书，也能够借助"改头换面"实现"增值"，持续地点燃孩子们心灵中追求真知的薪火。

带帷幕的黑板

黑板，学校中最寻常的设备。在当下实物投影仪、PPT等形形色色的现代化教学媒体面前，多少显得落伍甚至灰头土脸。不过，就像人们如今常说的，先进的多媒体未必导致好的教学，阿莫纳什维利更告诉我们，普通的黑板，一样可以精彩迭出。

预备班的第一堂数学课，孩子们面前的黑板用帷幕严严实实地遮挡着。"我走向黑板，拉开了黑板上的帷幕。在黑板上用彩色粉笔写着：牛顿公式、导数函数公式、画着带有函数图像的笛卡尔坐标系。"[2]27

无论之前对于帷幕后面有着什么样的猜测，这些内容一定是出乎学生意料的。孩子们都睁大了眼睛盯着黑板，为了能看得清楚些，还有人从座位上站了起来。

不用说，我的孩子们还不完全懂得我所讲的和指给他们看的很多东西，但是，正因为不全懂，所以才能引起他们的好奇心，给他们留下极其深刻的印象！

你教我们这个（指着公式）吗？

"我来教给你们准备去学会这些公式的练习，你们乐意吗？"当然！他们当然乐意。于是，开始了最基础的关于位置、图形、数量的学习……[2]27—28

黑板上的帷幕拉开又合上，学生们已经进入了一年级。① 阿莫纳什维利和他的学生迎来了他们的第一千堂课。"第一千堂课的学习任务和练习分写在三块黑板上。"[3]50

第一块黑板的左侧打开。"我们来做机智题！""3只公鸡唤醒9个人，试问：9只公鸡可以唤醒多少人？给你们思考30秒钟！""一只鹭鸟，它用两只脚站立时重7千克，现在要问，它用一只脚站立时重多少？"

第一块黑板的中间部分被打开，上面写着8个围成圆圈的数字，"现在……我们来做加法和减法的练习。你们推举两位同学到黑板上做！"被推举出来的两个孩子背对全班同学，分别手拿红色和蓝色粉笔站在黑板面前。座位上的学生说出一道道加减法题目，黑板前的学生用粉笔勾掉与算术题答案相同的数字，全班同学做出对或错的判断。气氛紧张而又热烈，很快，在掌声中练习结束。第一块黑板的右边部分打开，出现另外8道练习题，等号后面是等待填写答案的方框。"现在……请推举三位同学，让他们来做这些习题！"三个被推举的孩子们走到黑板前面，背对全班。阿莫纳什维利背对黑板，指指大钟上的时间，开始与其他孩子哑语交际，他伸出6个手指——黑板上的第六题：100－27，然后用手势和嘴唇的动作帮助学生心算。座位上的学生们出示10个手指7次，又出示一下3个手指，嗯，答数是73。

"注意！"他一挥手，座位上的学生齐声说：73！

黑板前面的三个孩子紧张地商量，然后将73填写到正确的方框内。阿莫纳什维利再次发出信号，座位上的孩子们齐声回答："对！"接着，阿莫纳什维利向座位上的孩子伸出3个手指，要求他们解答第三题。

……

用不到1分钟的诗歌朗诵作为调整后，阿莫纳什维利揭开了第二块黑板的一半。

一个正方形，被分割为9个小正方形，"我们应该在6分钟内用数字填满这个正方形中的各个空格，并使这个正方形成为一个魔方。"（即横向、纵向、斜向上三个数字之和都等于15）

① 即2年级。

“还剩下2分钟……还剩下1分钟!”在最后1分钟快要过去的时候，孩子们找到了正确的答案。[3]51—55

然后，是第二块黑板的右边。用了6分钟时间解答等边三角形和长方形周长的计算题。

第三块黑板上的帷幕也拉开了，分为左右两个部分，各自不规则地分布着一些不连贯的数字，要求按照数字顺序用线将它们连起来。

黑板前面的两个孩子紧张地思考和操作，座位上的孩子们激动不安地注视，并且大声提示：向上、向下、向左……“时间到!”全班同学检查后一致通过：“对！他们完成了任务!”

“请大家瞧一下钟，我们的第一千堂课还剩下几分钟?”

“2分钟!”

“也就是说，再过2分钟，我们的第一千堂课将与我们永别了！让他们来总结一下，它给我们每一个人留下了什么!”

“第一千堂课给了我关于三角形周长的知识……”

“我喜欢魔方!”

“我的知识得到了充实，今天我比昨天知道得更多了!”

显而易见，三块黑板的内容虽然形式悬殊，却无非是基本的计算练习。大概全世界的小学教师都知道，一定数量的练习对于学习数学是必需的，可惜，如此令人快乐的练习却很少看到。可以设想，如果这些题目整整齐齐地列在黑板上面，或者清清楚楚地印在作业纸上，又会是怎样的情景？毫无疑问，这块带帷幕的黑板，令了无新意的计算练习成了所有孩子迷恋的游戏。

对于这位格鲁吉亚之子以及他的学生们，在帷幕后面的，难道仅仅是黑板吗？面对阿莫纳什维利的带帷幕的黑板，任何教育工作者都会心存敬畏，因为这是真正的艺术创造。

细细品味，阿莫纳什维利的教学并非大刀阔斧的颠覆或重建，他严格地遵循着教学的科学性：内容的精确、答案的规范。但他又绝不向惯例和俗套让步，绝不放过对任何教学细节的无止境的揣摩和探索。“艺术没有创造性的形式，很可能不美，不能打动人心。艺术品能够感动人，不但依靠新内容，也要依靠新形式。”[7]276美的形式是要追求的，搞形式主义花样则是通病。阿莫纳什维利的成功所给予我们的启示，既是理论的也是实际的：在坚守科学性的基础上不断地跳出具体教学“形式”的窠臼，有所创造。他对于教学美的追求是无止境、全方位的，由此令平凡、常见、普通的教学活动获得了无尽的魅力。参照他的实践，我们可以充满自信地宣称：教学的艺术性，不是稀有品质，不是小概率事件，凭借对于形式的不断推陈出新，教学的艺术化，可以无处不在，无时不有。

（二）两极间的平衡与张力

教学活动一直在若干悖论中挣扎：倡导受教育者的自觉与主动，却无法放弃严肃的规则与纪律；崇尚个性的充分发展，却从未离开统一的要求与标准；期待学生知识丰厚能力发达，却每每陷入顾此失彼的尴尬……在阿莫纳什维利的课堂上，这些悖论的两极却一次次地展示出平衡，由两极之间形成的张力，更是令教学气韵生动、出类拔萃。

经验与知识

预备班时期，阿莫纳什维利开始教孩子们学习单词。按照他的要求，孩子们每说出一个单词，就将一块拼字板投入盒子中：球、课桌、铅笔、自行车、洋娃娃……“不，不，这不是单词，而是东西本身!”阿莫纳什维利敏锐地意识到的，正是维果茨基的发现——此时学生们只是在生活经验水平上游戏，将口语中的日常概念直接搬进了课堂，完全没有意识到他们将要学习的是以文字符号表征的科学概念。“他们在单词的海洋里遨游而看不到单词本身，在森林里嬉戏而看不到树木。单词作为一个实实在在的、特殊的世界，对他们来说是不存在的。科学告诉我们，对儿童来说，单词仿佛像玻璃一样透明，透过它可以看到物体，而玻璃本身呢？看不到!”就如维果茨基所指出的，教学以科学概念为目的，是从抽象到具体的艰巨认识活动。“于是我拿起这块玻璃，并把它‘涂黑’，以便透过它什么也看不到。在这样的情况下，儿童就截断了自己的语流，给自己打开一个五彩缤纷的现实世界”。[2]17

于是，我们便看到他“涂黑”玻璃的一系列的精致的设计。

当学生应他要求举出“词”的例子，而实际只是信口说出他们熟悉的“东西”时，阿莫纳什维利加入其中，缓慢而清楚地念诵不同于他们那些“东西”的单词：“抚爱……温和……幻想……”、“昨天……想要……跳跃……分钟”、“愿望……飞行”，于是，孩子们开始思索，不再信口去说。

阿莫纳什维利拉开黑板上的帷幕，呈现一个男孩子在读书的图画，要求学生根据图画造句子。“男孩子在读书。”这不是太容易了吗？

他拿出不同颜色的拼字板，三块蓝色直角三角形的；“我用拼字板‘写’这个句子。男孩子（我在黑板上显要的地方安放拼字板）……在读（并排放第二块拼字板）……书（我安放第三块拼字板，在末尾安放一块画着句号的拼字板）。”

“接着，我拿出一块红色的拼字板。

这块拼字板代表‘有趣的’这个单词。请大家一起把它读一遍……现在，我要请你们帮助我出个主意，这个单词放在句子的什么位置最好？”[2]20

红色拼字板不断地变换位置，在若干次不同的尝试后，学生们一致劝说老师，“有趣的”应该放在第三个单词处：“男孩子在读有趣的书。”

接着，阿莫纳什维利问：“在这个句子中共有几个单词？……如果从这个句子中拿掉第二个单词……拿掉最后一个单词？……”孩子们读：“男孩子有趣的书”，“男孩子在读有趣的。”……学生们乐不可支，不，这几个单词都不能够拿走。

阿莫纳什维利再拿出一块，是“很”字，放在哪里呢？他走到孩子们中间俯身听学生们的建议。大家最终达成一致：“男孩子在读很有趣的书。”

就这样，简单的看图说话变成了精准而又生动的语法练习。

在开始学习造句、作文的时候，语文教师和家长们往往莫名其妙，为什么平时伶牙俐齿的孩子会那么费劲？其实，如果到了这个时候才困惑，多少是有点迟了。答案仍然是维果茨基思想的延伸，书面语的发展并不是简单地重复口语的历史。因为“书面语，正如研究所表明的那样，为了自己即使是最起码的发展要求高度的抽象。这是无韵的、无调的、无表情的语言，总之是无任何声音的语言。这是在思维中、想象中的语言”。由于书面语言的介入，教学需要新的心理机能，“在即将开始教授书面语时，作为书面语基础的一切主要的心理功能尚未结束，甚至尚未开始自己发展的真正过程”[8]244—247。阿莫纳什维利深刻地洞悉其中的奥秘，“书面语——这是心灵的探照灯，应该教会儿童运用书面语”[2]129。在语文学习最开始的时候，他便用精湛的教学艺术突出了书面语言的特征，帮助学生跳出生活经验的层面，促使他们以不同于口语的方式去感受、思考，沿着从抽象到具体的路线，引导他们进入掌握符号化书面语言的意识活动，形成自己的高级心理机能。

强制与自由

人们讨伐教师的专横、学生的被设计，义正词严。只是，难道教学可以彻底摆脱强制吗？小九九要背诵，加减法要熟练，两三千字必须能读会写……这些写进所有国家课程标准中的知识是需要由一堂堂课来落实的。那么，承认这些，就意味着课堂拒绝了自由吗？

阿莫纳什维利爽快地承认教学的强制性：“至于教育过程，从本质上说，它毕竟是一个带有强制性的过程，接受教育是儿童应尽的义务，在这儿不能唱：‘我再也不想接受教育了！’不能不听从教师的教导而擅自离开教室。”[3]133 与此同时，他眼光独到地揭示出自由、选择的意义：“游戏之所以是游戏，这是因为，在做游戏时，儿童是自由的，他们的全部身心都投入到游戏之中”。[3]133 “我的意思并不是说，让儿童在教学和教育过程中自由行动，想干什么就干什么，而是要使儿童感到，这一必需的过程不是强制的，而是他们自己选择的。”[3]134

让我们来看看实验班在一年级时课堂上的一组剪影。

他向全班征集志愿者来当教师。“上 5 分钟课，不仅可以上数学课，也可以上其他学科的课。”当然，志愿者源源不断。毫无疑问，为了上好这 5 分钟课，他们在课上与课下，将付出几倍、几十倍的时间，心无旁骛、全力以赴。

他让学生自己选择作业。“我报出教科书上的题号，并对他们说：‘谁愿意做教科书上的这些习题就做这些习题，’”不过，如果愿意，也可以做更难一些的题目。结果呢，学生们总是豪气冲天地说：“难的，我们做难的！”持续地“难”将下去，一发不可收拾。

他邀请几个学生事先编写一些习题，并统统写在黑板上，学生可以自己从中选择做哪些题目，还可以选择是自己独立完成或者和几个同伴合作解答，总之，“谁愿意怎样就怎样选择”。阿莫纳什维利亲身垂范，邀请几个学生和他一道做题。[3]136—137

在阿莫纳什维利的课堂上，严肃、严谨的认识活动，通过他高超的教学艺术转换成了学生们自由选择的“游戏”。讲课的希望展示教师风度，解题的打算攻克制高点，出题的渴望难住大家……他们“忘记了”学习，正因为他们沉浸于学习。如他所说，“在集体的游戏中，儿童也不是完完全全自由的，在游戏中，儿童始终要受到某种游戏规则的约束，这对他是强制的，然而，他却能忍受这种强制。”[3]134 “在全神贯注于游戏时，儿童消耗着巨大的精力，他处在他的体力、智力和情绪的极限上，不断地克服着困难。”[3]133

真理与谬误

人们经常批评教师作为真理代言人的高高在上。不错，当教师们庄严地宣教时，学生是多么渺小！面对教师的滔滔不绝，即使莫名其妙，甚至云里雾里，他们往往也不敢、不能理直气壮地表达出自己的困惑。可是，难道教师可以不是真理代言人吗？

又一次，阿莫纳什维利以他艺术家般的精湛表演，给予了我们深刻的启发。从预备班的课堂生活之初，教师就开始犯错：计算错了，单词错了，语法错了……一路错将下去，错得酣畅淋漓。

“孩子们，6＋2 等于多少？”

“8！”

“5＋3 呢？”

“8！”

“我立即装出惊异的神色，开始沉思起来，微动着嘴唇，嘟嘟囔囔地自言自语；孩子们都睁大着眼睛，好奇地看着我”。

“孩子们，你们说些什么哟?！难道 5＋2 等于 8 吗？”

“您说的是 5＋3！”

“我没有问这个！”我坚定地说，“我问的是 5＋2，可是你们却回答说——等于 8！”

“不对，您说的是 5＋3！这当然等于 8！”

“好吧，就算这样！”“7＋1 等于多少？”

“7＋1 等于 8！”

“等一等，不是 7＋1，而是 4＋4！”

“4＋4 等于 8！”

“为什么你们老是回答‘8、8’呢？难道不能回答别的一个数，比如‘9’或‘10’呢？”

“可是您给我们做的这些习题的答案都只能是 8！我们怎么能说‘9’或‘10’呢？”

6＋2，5＋3，7＋1，4＋4……阿莫纳什维利将这些算式写在黑板上，若有所思，自言自语：“当然啰，等于 8！”

“我的‘错误’将激发儿童的思维活动。孩子们将同我‘辩论’，而我将‘被迫承认’：‘是你们对……我错了，请原谅！”“在他们找出了我的‘错误’以后，将会带着笑声给我证明，为什么我答错了。”[2]64—65

原来真理代言人可以有如许丰富的表情！可以行走于真理和谬误之间，在水火不容的两极游刃有余。俞子夷先生曾经说过：“教学法是艺术。教员是和学生共同活动的，是领导学生生长发展的，所以教员的活动比戏剧家、文学家、美术家什么等等都困难，都复杂。……教员的艺术，是一种介绍、传达、引导的，比文学家、美术家稍不同，比戏剧家似乎相像而更困难。”[9]阿莫纳什维利以他杰出的表演艺术，用差错去衬托正确，以谬误来强化真理，这些错误的含义是何等的丰富！因为由此激起的是独立思考，是批判性思维，是质疑权威的勇气，是坚持真理的精神，是远离盲从的理智，还有战胜错误后的快乐。

两极之间并不是非此即彼必然冲突，奥秘就在于教学的艺术化。忠实于教学的科学性，并不意味着僵化呆板，恰恰相反，在艺术性的创造中，科学性得到了最充分的表达，两极之间的平衡与张力，正是如此形成的。

（三）个性成长的美好境界

中国古代将学生开始认字称为“发蒙”，意思是从此知书达理，不再愚昧。现代学校，学生接受科学文化知识的洗礼，道理相同。然而有知识有文化毕竟不同于个性的完满，这种担忧也自古至今令人纠结。在阿莫纳什维利的教学实践中，时时能够看到他对于学生成长的关注，而且匠心独具。

重返幼儿园

自游戏为主的学前教育到学习为主的学校教育的过渡，是热门的研究课题。在完成了过渡之后，学前教育便逐渐淡出了教育者的视野，很少为人们想起。阿莫纳什维利则用他无与伦比的实践，以令人惊艳的方式让人们重新“想起”。

他对预备班儿童们提出建议：

“现在你们已经是大孩子了。你们想去看小孩子吗？”

“他们在哪儿？”

“在幼儿园里。要我带你们上那去吗？在那儿你们对他们做些观察，然后互相谈谈他们的表现怎么样！”

学生们“有的坐在草丛中，有的蹲在灌木林里，每个人都找到了自己的观察窗口”，他们觉得，“小孩子们的顽皮和玩耍看上去很可笑”。

“有一个小孩子在用小铁铲把沙铲到一个小桶里去，一下子又把沙全倒了出来，那孩子真傻！”

“有一个女孩子拿着一个洋娃娃，她自己不玩洋娃娃，可是又不肯让别人玩。两个孩子抢洋娃娃，结果，洋娃娃的头被扭断了……”

“有两个男孩子在奔跑，跑着跑着，两个人互相对撞了一下，两人都跌倒了，其中有一个孩子哭喊起来：‘妈妈’……”[2]35

比起一次次地提醒：你们已经是小学生啦！不要像个幼儿园小朋友一样！这不是高明得多了吗？重返幼儿园，面对的正是不久前的“自己”，还有什么比这更能提醒他们如今的“学生”身份，还有什么能够比这更能激起“长大”了的骄傲！轻松自然地，他们站在了学校教育的高度，对小朋友的观察很有点居高临下的俯视味道，审视昨天的幼稚并品味今天的成熟，成长的欣悦感、优越感和自豪感油然而生，激励他们发自内心地约束自己的言谈举止，要稳重、恰当、成熟，总之，一定要比这些“小孩子”强！

119位祖父母

在家庭教育这一“重镇”，阿莫纳什维利的作为同样令人拍案叫绝。“我的所有的孩子共有55位祖母和46位祖父、18位曾祖父曾祖母。”“想一想，这是一支多么庞大的队伍。……这是一支善良的、有同情心的、英明的人们的大军，他们全都以各自不同的方式疼爱着自己顽皮的、好吵闹的孙儿和孙女。他们照料着孩子……此外，还溺爱他们。……最主要的是，他们对自己的孙儿和孙女的爱不是母亲式的和父亲式的，而是祖母式的和祖父式的。”[3]173出于这样的考虑，一贯对教学时间精打细算、斤斤计较到近乎吝啬的阿莫纳什维利，格外慷慨地拿出了大块的时间。

在实验第二年的最后一个学日，身着盛装的祖父母们来到了教室，迎接他们的，是一波接着一波的惊喜。

他们看到了自己的肖像展览。“你们的孙儿和孙女把肖像带到班上后，向全班介绍了自己的祖父和祖母。”[3]179

他们看到了自己的勋章和奖章，“把它们带到学校里来，是为了让人人都知道，我们有怎样享有荣誉的祖父和祖母！”[3]180

他们看到写着自己名字的纸袋，里面有一本为他们所写的书——由孙儿和孙女写的，关于他们的劳动和贡献，关于他们对孙儿孙女的疼爱，关于他

们相处的幸福时光……还有孩子们为祖父母创作的图画，书写的颂词……[3]181

“请随便坐，现在由他们来上课……”祖父母们坐在教室里，接受这别开生面的一课。

孩子们朗诵：“我们亲爱的祖父和祖母们！首先，我们要请求你们宽恕我们，宽恕我们每个人在不同的时间里都曾给你们带来了伤心！……”[3]183

一个孩子大声说：“我们虽不能夸口，今后永远不犯过错，但我们可以向你们保证，从今天起，我们将少给你们增添麻烦，多给你们带来快乐！是这样吗，同学们！”

“一个孩子报告：‘最近期间，我们努力地在研究你们每一个人。你们可知道，我们辨明了什么？我们的祖父和祖母们是一些最……’全体齐声：最勇敢的人……最善良的人……最亲切的人。一个孩子宣告：‘我们还研究了你们的心。你们可知道，你们的心是由什么组成的？’全体齐声：对孙儿和孙女的爱……”

孩子们同声歌唱他们为祖父母谱写的歌，并且向祖父母献辞，为他们表演各种节目——诗歌朗诵、唱歌、舞蹈、木偶剧……“祖父，我爱你，因为你是一个谦逊的人，你能使全家人都感到高兴……”“祖母，我爱你，因为你有一双能干的手，你用你的手温情地抚爱我，拉着你的手，我认识了这个世界……”“我的亲爱的祖父，当我触摸到你在前线负伤留下的伤痕时，我真想以全体儿童的名义向你致谢……”他们还为悼念去世的祖父和祖母们默哀。

最后，在孩子们的感谢声中，课结束了。[3]191

眼里噙着泪花的祖父母们围住了阿莫纳什维利，表达自己的感动、支持、疑问。在这样的时刻，阿莫纳什维利向祖父母们提出建议：

“别把自己对孩子的爱和忠诚变为实际上的伺候和完完全全的服从。”

“要让他们跟你们一起并肩劳动。”

“要牢记，你们的形象应在你们不在人世时仍能继续教育他们。”[3]192

这样的场合，这样的气氛，在孩子们心里留下的痕迹，在祖父母们心里唤起的责任感，与课堂上或者家长会上教师喋喋不休的教诲和训诫，怎么能够同日而语！

所有这一切的背后，当然是阿莫纳什维利一系列的努力。他拿来自己祖母的照片，他讲述自己和祖母的故事，他告诉孩子们：“谁没有与最善良的、亲切的、英明的、深爱着自己的人——祖父和祖母——的交往中度过自己的童年，谁就少听到一千个动听的故事，少进行一千次引人入胜的游玩，少一千次得到满足愿望的快乐，少受到一千次英明的教导，多一千次碰到意想不到的困难，多一千次得不到他人对自己的悲伤的同情。”[3]174

当教育者们习惯于“警惕”祖父母们对孙儿孙女的溺爱时，阿莫纳什维利独具慧眼地将其视为教育资源，并且将其效用发挥到极致。

三、“统一”是通向教学最高境界的必由之路

阿莫纳什维利的实验，不仅是教学的科学性与艺术性统一的鲜活实例，更启迪我们对于这个命题的新的思考。在此，提出几点与有兴趣者探讨。

（一）“统一”是“向内”的追求

在“统一”的号召下，常见的现象便是将一些“艺术性”因素加诸教学之中，仿佛增添一些趣味，加入一些专门材料，就是统一了。于是语文课上放音乐，数学课上讲童话，不一而足。凡此种种，固然不一定全部都错，却可以说大多与真正的“统一”相去甚远，甚至可能背道而驰。杜威曾经批评：“把某种富有魅力的特征加到本来不感兴趣的教材，用快乐行贿，引诱儿童注意和努力。”[10]139类似做法的思想根源，在于看不到教学本身所内在的艺术性，将“统一”理解为向教学活动之外的追求，实际上“仅仅把艺术作为认识的一种手段，在工具的意义上看待艺术……直接后果就是艺术的工具化、手段化、形式化，乃至庸俗化”。[11]287

早在20世纪之初，前辈学者曾经有过精辟论述：“教学法是艺术。教员是和学生共同活动的，是领导学生生长发展的，所以教员的活动比戏剧

家、文学家、美术家什么等等都困难，都复杂。戏剧家的艺术，是把剧本的内容用言语姿势尽情地表现；文学家的艺术，是把自己的感想用文字尽情地表现；美术家的艺术，是把自然的美或者自己理想的美用彩色或别的东西尽情地表现。他们虽是也要顾到听戏的、看文艺的、赏鉴美术品的大众，但他们的表现却重在自己的主观上。教员却不能这样。他一方面要尽情表现，他一方面又不能不把学生当中心。听戏，看文艺，赏鉴美术，是随意的。听得懂就听，听不懂不妨走；看得懂就看，看不懂不妨换一种；以为好就赏鉴，以为不好就不管它。教员却不能。学生听不懂，要改到学生一定听得懂，并且愿听；学生看不懂，一定要设法使他懂，并且愿看。所以教员的艺术，是一种介绍、传达、引导的，比文学家、美术家稍不同，比戏剧家似乎相像而更困难。”[9]这段话所阐明的一个重要的事实在于：教学本身内在地有着“艺术性”品质，教师工作像其他艺术家一样，要用自己的“表现”去打动别人。

教学如同人类其他活动一样本身含有素朴的美：教学内容本身积淀的人类智慧，教学形式与方法的无穷多样性，教师积累的各种教学经验，学生认识及发展的巨大潜力和积极性。这些都是教学活动艺术性的源泉，循着这样的方向，科学性与艺术性的统一，主要不是从教学以外的什么地方搬来某种东西，而是需要向教学活动内部着力，去挖掘、尝试、创造。舍弃这种根本，只能是在教学的表面贴上各种“艺术性”标签，必定沦于肤浅，与真正的“统一”无干。

阿莫纳什维利的经验，在宣告着这一事实。他那些鬼斧神工、令人叹为观止的课堂奇迹，其实都是建立在普通、寻常的教学经验之上，而不是什么海外仙方，其中系统知识、教师讲授、班级授课是最稳定的成分。只是，与大多数教师相比，他对于教学的观察更为深刻、思考更为深邃、挖掘更为深入，由此得以迈进教学世界更为纵深、高远的层次。他的教学实验，始终带有这样“向内”的特征，并且一次次提醒我们，科学与艺术性的“统一”，应当也只能是这样的追寻。其实，正是因为艺术性是本体地存在于教学活动之中，才可能有所谓“统一”，否则便只能是“移植”、“嫁接”。有学者曾经表达过类似的观点：“教学艺术在我们这里指的就是教学活动自身”，“教学活动的艺术化，体现了教师领导的创造性，体现了教学过程的美学化，整个教学生活的诗化和风格化”。[6]阿莫纳什维利的三部曲，完美地诠释着这样的观点。

（二）“最低的艺术”与最高的境界

应该承认，缺少艺术性，但基本符合科学性的教学是广泛存在着的。这样的教学，固然正确，却可能沦于平庸、沉闷、刻板，缺乏吸引力。那么，为了“统一”，是不是可以降低对教学中科学性的要求？恐怕不能这样理解。缺乏艺术性但基本符合科学性的教学仍然是教学，甚至仍然可以称之为合格的教学。但反过来，如果说有违背科学性、却富于艺术性的教学则完全不知所云，因为一旦脱离了科学性，无论教学在形式上如何花样翻新，已经沦入错误、虚假、荒谬，连起码的合格也谈不上，更遑论“统一”？

这种状况，有几分类似建筑艺术。“认为建筑和其他艺术一样，都是以艺术形象来反映现实生活和社会现象，都以其艺术性和思想性来感染人的说法是完全错误的。建筑在某种意义上可以说是一种最‘低’的艺术，它的作用是要在庄严和死板之间做出区别。”[12]404另一种类似是不同语言之间的翻译，在此，人们公认的标准是：信、达、雅，三者顺序的排列体现着同样的思想。缺少了“雅”，必定不是好的译文，但离开了“信”和“达”，则根本算不上是合格译文。

建筑也罢，翻译也罢，教学也罢，终究有别于纯粹的艺术如绘画、音乐、雕塑等。其艺术性始终是服从于“实用”方面的。建筑物必须坚固实用，译文必须符合原文思想，教学必须科学合理。当然，“最低的”、“服从的”绝非意味着无关紧要，恰恰只有凭借艺术性才能达到最高境界，才能臻于完美：一座美轮美奂的建筑，一篇脍炙人口的译文，一次生动活泼的教学，道理相同。正如王国维在谈到艺术时曾经说到的："一切学问，一切思想，皆以此为极点。人之感情，惟由是而满足，而超脱；人之行为，惟由是而纯洁，而高尚。"[13]在阿莫纳什维利的课堂中，正是践行着这样的道理。一方面，他始终恪守、从未有一时一刻一丝一毫违背过教学的科学性；另一方面，他通过艺术性使得教学获得了巨大的魅力，无论是带帷幕的黑板，朗读课文的高年级学生，妙趣横生的计算练习，无不如此。这种特征，其实得到不同研究者的承认。"（教学的艺术）是一种工具性的或实用的艺术，并非旨在为其自身创造美的纯粹艺术。作为一种工具性的艺术，教学与处方、公式或是数学算法不同。它要求教师必须是即兴的和自发性的，能驾驭好大量有关教学形式、风格、步调、节奏和适宜性等的问题，并且是以一种从总体上讲非常复杂的方式。近现代，就连计算机也无法望其项背。"[14]

理想的教学，必有艺术气质。教学中科学性与艺术性的统一可以理解为"提升"：教学必须坚持、不能违背科学性，但教学的境界取决于艺术性的发挥，越是具有艺术性，教学就越能臻于最高境界。在阿莫纳什维利的实验中，不断地打动我们的正是这种提升。

（三）自由是"统一"必由之路

没有自由，就没有艺术。艺术"是以理性为基础的有目的有意图的自由的产品。"[15]同样，没有自由，科学的探索、质疑、思索、实验都不会发生。那些为人类创造出最优秀的科学和艺术成果的杰出人物们，即使经常是跋涉在荆棘路上的行者，在精神上仍然是活泼的、自由的，凭此，才能于艰难困顿中有所发现，有所创造。在教学活动中实现科学性与艺术性的统一，也必须诉诸自由。在这里没有现成的模式，固定的程序，只有个性化的创造。

关于自由的含义已经争论了千百年，也积累了无数真知灼见。以赛亚·伯林曾经区分了消极的自由和积极的自由两个概念，简单地说，消极的自由主要是关于挣脱束缚，而积极的自由则是指运用人的潜力去创造。[16]在教学中统一科学性与艺术性的自由，应当是二者兼备的。借用伯林的概念，消极的自由是指，在实现了"统一"的教学中，固然必定是符合科学性的，但绝非刻板的"服从"和"遵守"，而是"从心所欲不逾矩"的境界。在阿莫纳什维利的课堂上，充分地显示出这种特质。作为教师的他是自由的：教学的任务、进度、原则、规范似乎都消失了，教师天马行空般自由创造出的种种教学活动产生了强大的吸引力，这种吸引力将学生也带入了自由的状态，令他们超越了现实教学的种种要求、规矩，摆脱了所有利害、得失，忘记了分数、名次。此时的师生，全部沉醉于人类智慧活动所带来的精神上的愉悦与欢乐，自由自在地徜徉在追求真知的理性世界。正是因为如此，他们也就实现了积极的自由，不断地创造出无与伦比的教育诗篇。

那么，如何才能达到这种自由？如同认识论的老生常谈，从必然王国到自由王国，别无他途。首先是对于教学活动基本规定性的深刻洞察及以此为基础的驾驭能力。也就是对于教学活动科学性的把握，当这种把握炉火纯青，教学的种种必然才不再是外在的强制和束缚，内化为理性的自觉，从而才有可能获得自由。其次需要具备的，是与教学活动复杂性、多样性相匹配的教学修养和智慧。最后不可缺少的，是对于教学的由衷热爱及由此而来的对于完美教学的无止境追求。如果念兹在兹的只是标准答案、平均分数，是不可能得到自由的。

毋庸置疑，教学的自由不可能完全脱离现实环境，不可能是纯粹的教师个体事宜，宽松的氛围，合理的制度都是必需的条件。

（四）"统一"是教学进步的必然趋势

阿莫纳什维利曾经谈道："如果一切教学活动都可以安排得简单到使'教师感到方便'的那种程度，似乎就不必采取各种各样的教育'妙计'了！"[2]62事实上，使教学符合科学性对于大多数教师远非"简单"、"方便"，不过若是单单从科学性考虑，阿莫纳什维利的许多可圈可点、韵味无穷的做法不仅难以得到解释，甚至纯属多余。就如前面所说，只有科学性和艺术性相统一的教学，才可能达到教学的最高境界，如果我们仍然相信并且期待教学的美好，就必须承认，教学的艺术性不是装饰、不是奢侈，而是有着普遍意义。越是富有艺术性，越是追求并且实现了“统一”，教学就越是接近圆满。

与人类其他活动一样，教学不断地追求进步，追求超越。倡导教学的艺术性，强调教学中科学性与艺术性的统一，终极的价值就在于此。阿莫纳什维利这样的教师终究是少数，但每个教师都应该有对于“统一”的追求。孟子曾经说“引而不发，跃如也”，阿莫纳什维利以及其他许多优秀教师在“统一”方面的经验，对于千千万万普通教师的意义，正在于此。

参考文献：

[1] 张敷荣. 教学艺术论·序言 [M] //张武升. 教学艺术论. 上海：上海教育出版社，1993.

[2] Ш. A. 阿莫纳什维利. 孩子们，你们好！[M]. 北京：教育科学出版社，2005.

[3] Ш. A. 阿莫纳什维利. 孩子们，你们生活得怎么样？[M]. 北京：教育科学出版社，2005.

[4] Ш. A. 阿莫纳什维利. 孩子们，祝你们一路平安！[M]. 北京：教育科学出版社，2005.

[5] 王策三. 苏联合作教育学的兴起及其对我们的启示 [J]. 江西教育科研，1989 (3).

[6] 刘庆昌. 论教学活动艺术化的实质 [J]. 教育学报，2010 (4).

[7] 宗白华. 艺境 [M]. 北京：北京大学出版社，1987：276.

[8] 维果茨基教育论著选 [M]. 北京：人民教育出版社，1994：244—247.

[9] 俞子夷. 教学法的科学观与艺术观 [J]. 教育杂志，1924，16 (1).

[10] 杜威. 民主主义与教育 [M]. 北京：人民教育出版社，1990：139.

[11] 王策三. 教学认识论 [M]. 北京：北京师范大学出版社，2002：287.

[12] 朱狄. 当代西方美学 [M]. 北京：人民出版社，1984：404.

[13] 王国维. 教育家之希尔列尔 [M] //陈鸿祥. 王国维与近代东西方学人. 天津：天津古籍出版社，1990.

[14] 理查德·阿兰兹. 学会教学 [M]. 上海：华东师范大学出版社，2007：4.

[15] 曹俊峰. 康德美学引论 [M]. 从立新，等译. 天津：天津教育出版社，2012：268.

[16] 刘春. 积极自由与消极自由 [N]. 学习时报，2010-10-26.

建构学习中心课堂*

——我国中小学课堂教学转型的取向探析

□ 陈佑清（华中师范大学教授）

自从20世纪80年代初期以来，我国一直在进行课堂教学改革的探索。但是，从总体上来看，我国中小学课堂教学的整体格局尚未出现转型性的变革，这表现在课堂教学的价值取向和过程组织没有得到根本性的调整。令人欣喜的是，当前我国课堂教学正处于一种转型性变革取得突破的孕育时期，已经产生了一些典型的经验，如叶澜教授主持的“新基础教育”的课堂变革以及以洋思中学和杜郎口中学为代表的民间发起的课堂变革等。对孕育时期的课堂教学改革经验和发展趋势进行及时的跟踪和深度研究，可以明确我国课堂教学转型性变革的取向。如何理解这种变革取向，有助于引导并促进我国中小学课堂教学的整体转型。

一、建构学习中心课堂：当代中国课堂教学转型性变革的取向

从已有经验、理论倡导和现实需求三个层面来看，建构学习中心课堂应该成为我国当今课堂教学变革的基本取向。

（一）我国课堂教学多年改革经验的积累与突破

我国课堂教学改革开始于20世纪80年代初。在国家改革开放的大背景下，在学习布鲁纳的发现学习、赞科夫的发展性教学等国外教学思想的基础上，我国就有人开始课堂教学的改革实验，并逐渐形成了一些具有代表性的课堂教学模式，如卢仲衡的“中学数学自学辅导教学模式”、邱学华的“小学数学尝试教学法”、魏书生的“语文课堂结构改革实验”、黎世法的“异步教学模式”、上海育才中学的“八字教学法”等。上述的五种教学模式虽然各具特色，但在教学活动结构的组织上存在如下共同追求。第一，这些教学模式全都放弃了传统教学中教师一讲到底的教学活动结构，并大量减少教师讲授的时间；在“中学数学自学辅导教学模式”、“小学数学尝试教学法”等模式中，教师面对全班学生的讲授是发生在教学过程的最后。第二，与减少教师讲授时间相对应，这些模式均增加和突出了学生自学的环节，如学生自己看书、自我检测、学生之间讨论、自我总结等。第三，在学生个体自学的基础上，注重安排学生与学生、学生与教师之间的讨论和交流等交往性学习活动。第四，在教学程序设计上，普遍注意了学习的反馈和强化环节，如学生自我评价、总结或教师、同学的评价。[1]

20世纪90年代以后，我国课堂教学改革出现新的动向，主要表现在以下两个方面。

* 原载《教育研究》2014年第3期。

一是开始出现由大学研究人员领导的课堂教学改革研究，形成了在理性自觉和创新实践基础上的比较深入和系统的课堂教学变革经验。这其中最为典型的是华东师范大学的叶澜教授和华南师范大学的郭思乐教授主持的课堂教学改革研究。

叶澜教授主持的“新基础教育”实验研究，以学校整体变革为研究对象，其中关于课堂教学变革的研究尤其深入。新基础教育在课堂教学变革实验的一开始，针对传统教学由教师主宰课堂的局面，主张“让课堂教学焕发出生命活力”。为此，其提出要“降低课堂教学重心，把课堂还给学生”的观念：“新的教学过程的形成，首先必须让学生的内在能量释放出来，让他们在课堂上‘活’起来，从原来的静听模式中走出来。如果没有学生的主动参与，就缺乏重建过程的资源”。而要使学生“活”起来或“主动”起来，要求教师要通过“五还”为之创造条件：还学生主动学习的“时间”，要求每节课至少有三分之一的时间让学生主动学习，并逐渐向三分之二过渡；还学生主动学习的“空间”，允许学生在学习过程中根据需要变动位置和座位的朝向；还学生主动学习的“工具”，教会学生学习结构和运用结构的方法；还学生主动学习的“提问权”，让学生在预习、独立思考的基础上提出各种性质和类型的问题；还学生主动的“评议权”，包括自评和评他、发表感受、提意见、表扬和建议。除了这“五还”以外，“新基础教育”还强调根据学生主动学习的需要，灵活运用多种课堂教学组织形式，如个别学习、对组学习、小组学习、大组讨论、游戏、表演等。[2]

郭思乐教授提出的“生本教育”，针对我国原来以师为本的教育体系的弊端，主张“从师本教育转向生本教育，把发挥学生的积极性作为当前解决教育问题的最有效和最重要的策略”[3]。生本教育的核心理念是教育要以学生为本，其具体内容包括以下“三观”。“价值观：一切为了学生”；“伦理观：高度尊重学生”；“行为观：全面依靠学生”。[4]为落实这样的核心理念，生本教育提出处理教学过程中教与学的关系、教学活动设计和课程内容选择应运用的方法：“先做后学，先会后学”；“先学后教，不教而教”；“以学定教与内核生成课程”；“讨论是学习的常规”；“感悟：人的精神生命拓展的工作间”；“读和做，缓说破”。[5]在教学过程的具体组织上，生本教育通常采取“课前自学、课内汇报、小组合作”的教学流程。其具体做法是，每节课都会在课前留给学生一两个思考问题（前置问题），让学生结合教材进行有目的地自学；在课堂上，以学生汇报对前置问题的思考结果为主要内容，通过汇报和辩论，学生可以掌握大部分所要学习的知识，并可以展示才华、提高自信心、获得成功感；在每个问题的汇报中，小组扮演着重要角色，不少的教学活动都是依托小组来展开的。[6]

二是形成了以江苏洋思中学和山东杜郎口中学为典型的学校自主进行的大力度的课堂教学变革经验。从课堂教学过程改革的独特性、课堂教学面貌的根本改观、学校教学质量的极大提升及其在全国产生的广泛影响来看，这两个学校的课堂教学改革无疑都取得了巨大的成功。区别于 20 世纪 80 年代的课堂教学模式改革，这两所学校的教学过程对传统的讲授中心课堂进行了根本性的调整，显现出明显的学习中心取向。两所学校的课堂教学改革经验集中体现在提出了如下新的教学观念和操作策略。[7]

第一，以学为本（少教多学）。将教学过程关注的焦点从教师的教转向学生的学，以学生的有效学习作为整个课堂教学的中心。为此，在课堂教学时间分配上，倡导让学生主动、独立的学习占据大部分课堂教学的时间和空间，对应地，减少或限制教师单向讲授的时间（如洋思中学和杜郎口中学分别规定每节课教师讲授的时间不能超过 15 分钟和 10 分钟）。第二，先学后教。主张凡是学生自己能学习的内容放手让学生自己先学习，教师在学生自学之后，主要针对学生的难点、问题进行有针对性的点拨、讲解。第三，以学论教。教师的教的内容、方式、速度、难度，以及评判教的效果等，要以学生学习的问题、疑难、需求以及学习的质量、效果来确定和评价。第四，教学组织形式的变革。

为落实以学为本、先学后教、以学定教等理念，在教学组织形式上，将学生个体学习（自学）、小组学习（互学）、全班学习（共学）等不同的教学组织形式结合使用，打破了传统教学以全班集体教学为唯一组织形式的格局。第五，教与学的方式的变革。首先改变了教师教的方式，将传统的以讲授为主的教的方式改变为使用包括方法指导、反馈评价、过程组织、互动交流、个别辅导等多种方式；对应地，学生学习的方式也从单一、被动地“听学”（通过听教师讲来学习）和作业，过渡到主动地学（乐学、趣学），多方式地学（看书思考、主动提问、与人交流、自我检测、作业训练、反思总结等），个性化地学（自由表达、独特地表现）。另外，这两所学校的教学改革带有综合、整体的性质，它们不仅仅是改革课堂教学模式（教学流程），还改变了教学管理制度（如洋思中学的“日日清、周周清、月月清”制度，杜郎口中学的学科组集体备课制度和早上及午后的全体教师的“碰头会”）等。

综观上述教学过程改革经验，可以发现，尽管这些改革经验在教学过程的具体组织上不完全相同，但在涉及的课堂教学改革的核心内容和主题上，是高度相关甚至是一致的，主要包括教与学的关系（教与学占用教学时间的比重、教与学的先后顺序）调整，教学组织形式改变（教学空间布置变化）以及教学活动方式的变革上。这些调整和变革的核心追求或主题是通过改变教与学的关系、时空结构及活动方式，以落实学生在教学过程中的本体地位、主体作用或自主学习方式。

（二）相关理论研究的准备和促进

其实，我国目前正在发生的课堂教学转型性变革并不是突然出现的；相反，它有比较长时间的理论研究和教育思想转变的准备。如，20 世纪 80 年代初期以来，国内对于师生在教学过程中的地位与关系问题进行了诸多讨论，逐渐明确了学生在教学过程中的主体地位，这方面最为流行的观点是“教师主导—学生主体”关系说。80 年代末 90 年代初，对我国新时期教育思想变革具有启蒙作用的“主体教育”思想形成，它鲜明地提出，教育的最高目的是把学生培养成社会历史活动的主体。在教育过程上，“主体教育”强调要高度重视学生在自身发展中的能动作用和教育过程中的主体地位。[8] 80 年代后半期至 90 年代，在借鉴皮亚杰、维列鲁学派以及杜威等人的相关理论的基础上，我国有学者开始研究学生能动活动与学生发展之间的关系，并将学生自身能动活动看作学生身心素质发展的主要因素。如叶澜教授于 1986 年提出影响人的身心发展因素的新的分析结论。她认为有两类因素影响人的身心发展：其一是可能性因素，包括主体自身的条件和环境条件；其二是现实性因素，即主体自身的活动。其中，“可能性因素为人的发展提供的是多种可能，但要使可能最终成为现实的发展只有借助于个体的活动才能实现。正是在使个体发展的各种可能变为特殊的现实发展的意义上，可以说个体的活动是个体发展的决定性因素，没有个体的活动就谈不上任何发展。”[9]同时，国内自 90 年代以来对“活动课程”、“活动教学”等问题的研究，也推进了对活动与发展关系的认识。如田慧生研究员提出的“活动教学”，主张“活动促发展”的观点，并将学生能动活动当作活动教学的理论基础和实践切入点。[10]笔者从学生自身能动活动作为学生素质发展基本机制的角度，对学生能动活动的特征、过程、类型、教学组织等，进行了比较深入系统的探讨。[11]此外，近些年来从国外引进的学习理论、教学设计理论以及信息技术支持学生主动学习等成果，对我国学习中心观念的形成也产生了重要的影响。西方 90 年代以来形成的新的学习理论如建构主义学习观、情境认知理论、活动理论等，其最为根本的取向就是突出学习者在学习和建构意义中的中心地位。基于新的学习理论而形成的现代教学设计理论，形成了以学习为中心或面向学习者的教学设计新思路，并强调利用现代信息技术来支撑和促进以学生为中心的新的学习方式（自主学习、探究学习与合作学习）的运用。

20 世纪末，国内已形成了非常明确和比较系统的突出学生在教育过程中的主体地位、能动活动和自主学习的理论观念。这种理论观念在促进我国教育思想转变和推进课堂教学结构改革上，起到了重要的启蒙作用，也是我国课堂教学这些年能够发生变化并开始进入转型性变革进程的重要理论基础。

（三）现实需求与国家教育改革的推动

在新的历史时期，随着我国经济的深度变革和社会的快速发展，人才培养的质量问题逐渐成为我国教育发展的核心主题。当下我国经济和社会发展最为需要而现行教育最为缺失的是，学生的创新精神、实践能力以及自主发展能力的培养。如何造就这种新型质量规格的人才，成为教学过程变革应该关注的焦点。

为适应社会发展对人才的新需求，我国政府这些年推行的教育改革，实际上一直在思想观念和政策设计层面，逐步在突出学生在教育教学过程中的主体地位和能动作用。比如 1985 年以来倡导的“素质教育”，开始关注将学生身心素质的全面发展和主动发展当作教育教学的基本取向。2001 年教育部颁布实施的《基础教育课程改革纲要（试行）》，在国家政策层面鲜明地突出了学生主动学习的问题。在界定课程改革的目标时，文件提出“改变课程实施过于强调接受学习、死记硬背、机械训练的现状，倡导学生主动参与、乐于探究、勤于动手”，以此为基础，培养学生现代社会所需要的各种能力；关于教学过程改革，文件强调“注重培养学生的独立性和自主性，引导学生质疑、调查、探究，在实践中学习，促进学生在教师的指导下主动地、富有个性地学习”。这些政策导向在实际执行中主要体现为倡导实行自主学习、探究学习及合作学习等新的学习方式。学习方式的这种变革极大地推进了课堂教学中心从教师讲授向学生学习的转移。因为，落实自主学习和探究学习的方式，客观上要求学生成为学习的主体，否则就不会有真正的自主学习和探究学习。另外，新课程改革倡导的合作学习，也在很大程度上促进了当今课堂教学变革对于学生小组交流、讨论与合作的重视及运用。

2010 年公布的《教育规划纲要》，再次在国家政策层面突出了学生在教学过程中的主体地位和能动作用，确立了以“育人为本”、“提高质量”、“改革创新”作为新时期我国教育改革与发展的基本工作方针。其中关于“育人为本”的内涵，《教育规划纲要》提出：“要以学生为主体，以教师为主导，充分发挥学生的主动性，把促进学生健康成长作为学校一切工作的出发点和落脚点。关心每个学生，促进每个学生主动地、生动活泼地发展，尊重教育规律和学生身心发展的规律，为每个学生提供适合的教育。”

因此，从总体上来看，无论是 20 世纪 80 年代以来课堂教学改革积累的成功经验，还是这些年以来理论研究的倡导，以及国家推行的教育教学改革的政策，都鲜明地显现出突出学生在教学过程中的主体地位、能动作用和自主学习方式的特点，虽然尚未明确提出建设学习中心课堂的目标取向，但为我国课堂教学改革逐步走向“学习中心课堂”打下了坚实的基础。

二、学习中心课堂：含义、特征与意义

从国内外课堂教学发展的历史来看，存在两种不同取向的课堂：讲授（教师）中心课堂与学习（学生）中心课堂。

讲授中心课堂，按其实际表现看有两种形态：极端的讲授中心课堂和改进的讲授中心课堂。前者的典型表现是，教师严格支配、控制课堂中的一切方面（目标、内容、手段、方式等）和全部过程（课前准备、课中教学、课后作业等），教师的行为尤其是系统讲授行为成为课堂的绝对中心甚至全部的行为，教师主要从自己对教学内容的理解和对学生的期望来设计和实施教学过程，教学过程的组织不是基于学生的实际学情，也不是依靠学生自身的能动活动。在这样的课堂中，学生是被动的、服从的，缺乏独立学习的时空和能动的学习行为。极端的讲授中心课堂，无论在西方课堂教学的历史上，还是在我国当下的中小学课堂教学实践中，都可以找到很多案例。但是，自 20 世纪 80 年代以来，随

着国外先进教学理论的传播以及我国课堂教学改革实验的推进，极端的讲授中心课堂开始被人们广泛批评并逐渐改造，“改进的讲授中心课堂”随之出现。如，在我国，不少教师在课堂中开始重视学生的主动参与、注重运用学生自学的环节，教师讲授中贯穿学习动机激发、提问、讨论，课堂教学结构强调教师主导与学生主体的统一以及师生关系的民主平等，等等。但是，在改进的讲授中心课堂中，学生的能动学习活动及其在教学时空占用上仍未成为课堂教学的本体或中心，课堂从整体上来看，仍然是以教师及其行为为本体、为中心。这典型地表现在，课堂教学的绝大部分时间还是教师的单边活动，学生主要是处于静听、静观或被动配合、跟随教师的状态。

学习中心课堂，是指以学生学习活动作为整个课堂教学过程的中心或本体的课堂。相比于讲授中心课堂，在学习中心课堂中，课堂教学过程的组织要尽可能让学生能动、独立（自主）的学习成为学生学习的基本状态，并让学生能动、独立（自主）的学习占据主要的教学时空。教师的作用以激发、引导学生能动、独立的学习为最高追求和根本目的。“学习中心”课堂的特征具体表现在如下几个方面。

第一，从教与学的功能差异来看，学习中心课堂以学生能动、有效的学习活动作为整个课堂教学过程中的本体性或目的性活动，即以学为本。学习中心课堂仍然是由教师的教导①和学生的学习两种活动构成，仍然不能缺少教师及其教导作用。在学习中心课堂中，教师的教导作用主要体现为引起和促进学生能动、有效的学习活动上，教师以学生能动、有效的学习活动去实现教学目标，而不是以自身的活动直接去实现教学目标。因此，在学习中心课堂中，教师的教导与学生学习发挥的功能是不同的，其中，学生能动、有效的学习活动开始成为课堂中的本体性或目的性活动；而教师的教导活动，则成为引发和促进学生能动、有效学习的条件性或手段性的活动。

第二，从教与学占用的教学时空大小来看，学习中心课堂要求学生能动、独立（自主）的学习活动要占主要的教学时间和空间，即少教多学。由于一堂课的教学时间总量是一定的，因此，在学习中心课堂中，应尽可能给予学生更多的独立学习的时间，而这要求以尽可能减少教师单边教的时间为条件。“减少教的时间”主要是指尽可能减少教师单向讲授的时间，而不是笼统地指减少教师所有的教导行为。相反，由于学生独立、自主学习是由教师组织、调控和支持的，因此，在学习中心课堂中，那些能引起和促进学生独立、自主学习的教导行为，如动机激发、方法指导、反馈评价、个别答疑、互动交流等，应该增加而不是减少。学习中心课堂坚持这样的理念：凡是学生能独立学习的内容，教师要尽量放手让学生自己去学习；教师要将直接讲授控制在必要的范围内，去除多余的和不必要的讲授；教师要将更多的时间用于引起和指导学生独立、自主的学习上。这正是我们在前述20世纪80年代卢仲衡等人主持的课堂教学模式改革、叶澜教授的“新基础教育”的课堂教学改革以及洋思中学和杜郎口中学的课堂改革经验中所看到的做法。如果课堂教学仍然以讲授为主或讲授占据全部的教学时空，那么学生独立、自主的学习就没有所需的时空条件，也就不会有真正独立、自主的学习发生。当然，课堂教学过程中教导和学习各应占多少时间，不能脱离具体的年段、学科内容和课型，进行机械划分（如绝对规定一堂课教师只能讲授10分钟等），而要依照具体情况确定。“少教多学”是一个动态的原则，而不是一个固定的公式。

① 本文所说的“教师的教导”与教学论中通常所说的“教师的教授（讲授）”不同。以“教导”称呼教师的行为，意在强调教师在教学过程中的工作主要是以“导”的方式引起和促进学生能动而有效地学习。“授”的基本含义是给予，而教导行为不仅仅是讲授行为，还包括激发动机、方法指导、反馈评价、互动交流等。

第三，从选择教的内容、重点、难度、速度、方式等教学问题的决策来看，学习中心课堂要求以学生的学习基础与可能作为教什么和如何教的依据，即以学定教。强调以学生的现实（学生的问题、兴趣、现有知识、生活经验、思维方式与能力等）及其制约的学习可能性作为教学决策的依据。在传统的课堂中，对上述教学问题的决策主要依据教学目标实现的需要，是典型的“目标导向的课堂”，主要表现在课堂非常看重以目标为导向，且大多是以升学考试所看重的知识技能掌握作为课堂教学的核心目标；教师设计的教学行为和教学过程的组织径直地指向目标，往往不考虑学生的现有学情或状态，以及学生的能动参与和积极主动的信息加工或建构过程；教学过程没有铺垫、过渡，也没有兴趣、动机激发，更不顾学生的情绪反应，因而学生大多是被动参与教学过程的。学习中心课堂特别强调学生能动参与学习过程，它假定没有学生的能动参与和主动建构，就不会有真正内化的学习和有效的学习；基于学生的问题设计教学的起点，利用学生感兴趣且基于其已有知识经验和思维水平的活动来组织教学过程，这样的教学才可能保证学生活动的针对性、能动性和有效性。

建构学习中心课堂的基本理由在于，“学习中心”是实现“以学生发展为本”的基本条件。在目标追求上，学习中心课堂着眼于“以学生的发展为本”，追求促进学生身心素质发展的落实。因为学生身心素质发展的基本机制在于学生自身的能动活动，学生是通过能动参与多种学习活动并亲身经历和完成学习活动的过程，才能实现身心素质的发展。任何他人都不可能不经由学生的能动活动而将某种素质直接传递或给予学生。在课堂上，超越单纯知识记忆的内化和有效的学习，需要学生独立经历和完成学习活动的过程，教师不能代替学生完成学习过程或占用学生独立活动的时间和空间。因此，以素质发展为本的课堂最基本的要求就是，让学生自身的能动学习活动成为课堂教学的中心或本体，即要让学生在其所参与的所有学习活动中（包括听讲、讨论、看书、作业等），均要主动地投入学习过程，能动地进行信息加工并获得亲身的感受和体验。同时，要尽可能让学生独立、自主学习，帮助学生独立地组织和调控自身学习过程（含学习的资源利用、时间控制、方式采用等），并完成信息加工和知识的意义建构。

当然，学习中心课堂到底能促进学生哪些方面的素质发展，取决于对课堂教学活动内容的选择。课堂教学时空的特殊性，决定了它可能采用的教导和学习活动的类型与方式，及其对于学生身心发展可能具有的功能。组织好的课堂，可能采用多种类型与方式的活动，以促进学生更加全面的发展。在过去以讲授为中心的课堂中，学生的学习活动主要是以听讲、看书、作业等符号性学习活动为主，因此其落实的学习目标主要体现在知识的理解与记忆以及读写算和逻辑思维（分析、综合、判断、推理）等认知技能的发展上。新的学习中心的课堂因为大量采用了学生自主学习与合作学习的活动，促进了学生的自主学习品质、合作的意识与能力、个性化地表达与展示等方面的素质发展，因此，在素质发展的内容或外延上有重要的拓展。如杜郎口中学的课堂重视“展示课”的运用，有效地锻炼了学生合作、口头表达和大胆表现等方面的能力。

应该说明的是，相比于突出全体学生的全面发展和生动活泼发展的“素质教育”的要求来讲，当下我国出现的一些课堂教学变革的经验仍然存在很大的改进空间。比如，学生的学习仍然主要是在服务于应试需要的前提下，以精细、全面、牢固掌握知识点为核心目标；学生多方面兴趣的满足、多样化学习活动的运用、能动选择和自主掌控学习过程、差异化和个性化学习的空间等仍然十分有限；课堂教学活动主要集中在符号性的活动（听讲、看书、作业）和交往性活动（讨论、小组合作）之中，严重缺少操作性、实践性、反思性及体验性的学习活动。活动的单一性决定了学生所能获得的发展内容的片面性，离“素质教育”追求的全面发展仍有相当大的差距。[12]

三、学习中心课堂中的教师地位与作用

学习中心课堂突出以学生的活动和能动学习过程作为整个教学过程的中心，这就意味着教师及其教导活动在教学的时空占用上，不能成为教学过程的中心。那么，在学习中心课堂中，应该如何认识和把握教师的地位与作用呢？

（一）关于教师地位与作用的传统看法及其评论

在我国，关于教师和学生在教学过程中的地位与作用已经形成多种观点，如“教师或学生单一主体论”、“师生双主体论”、“主导主体论”、“复合主体论”、“交往关系论”等。其中最为流行的观点是“主导主体论”。它认为，在教学过程中，教师发挥主导作用，学生发挥主体作用。这些观点虽然具体看法各异，但在思维方式上却是一致的，即以哲学中的主—客体关系范畴来界定师生关系。另外，已有的关于师生关系的研究在看待师生关系的视角上比较单一，没有从多个角度揭示师生教与学之间在教学过程中的多个层面的关系，如功能关系、先后关系、时空占用大小关系等。

实际上，哲学中的主—客体关系范畴并不适合于用来描述教与学之间的关系。因为，在哲学中，主—客体关系具有特定的含义，它主要是指在人类活动中，发挥能动作用的一方（主体）与表现受动作用的一方（客体）之间的对比关系，这种关系的实质就是能动（主动、支配）与受动（被动、被支配）的关系。能动—受动关系在教学活动中主要存在于各种具体的教导活动或各种具体的学习活动之中（只有单一主体的活动才有明确的主—客体关系，在有多个主体联合进行的复合性活动中，不存在唯一的主—客体关系），而教师的教导与学生的学习这两种活动之间的关系主要不是能动与受动的关系，因而不能用主体—客体关系范畴概括教导与学习之间的关系。[13]值得说明的是，我国流行的“主导主体论”并没有清晰地揭示教与学之间的关系。因为，“主导”的对立面是“被主导”，而不是“主体”；“主体”的对立面是“客体”，也不是“主导”。另外，“主导”与“主体”的差异何在？它们又是构成一个什么样的关系以使教与学成为一个整体？这也不清楚。

同时，教导与学习之间的关系不是单一的，而是多层面的。从在教学过程中发挥的功能、作用的差异来看，教导与学习之间的关系是条件（手段）性活动与本体（目的）性活动之间的关系；从在教学过程中的先后顺序来看，教导与学习之间的关系可能是先学后教，也可能是先教后学，还可能是教与学同时发生；从在某一课时或单元的教学过程中占用教学时间的多少来看，教导与学习之间的关系可能是少教多学，也可能是多教少学。

（二）“学习中心课堂”对于教师地位和作用的看法

在学习中心课堂中，教师的作用仍然是不可或缺的，甚至是极其重要的。因为，教学过程中学生的中心地位和能动作用是由教师激发、调动和促成的，离开教师的作用，可能永远不会有学生的能动活动。问题的关键在于，如何界定师生之间的关系以及在这种关系中合理定位教师和学生的地位及其作用。

界定师生之间的关系，首先要明确应该从什么角度理解师生关系。因为，师生关系包含多个层面的关系，如师生之间的业务关系、伦理关系和情感关系。[14]我们在此主要讨论师生之间的业务关系或工作关系，也就是教导与学习之间的关系。这个关系主要分析的问题或对象是，教导和学习这两种活动在功能、作用上的差异及其联系。正如辩证法所揭示的原因与结果、手段与目的、可能性与现实性等辩证关系一样，同质的两个事物之间不存在辩证关系，只有相互依存但又存在实质性差异的两个事物之间才存在辩证关系。因此，揭示教导与学习之间的关系首先要寻找构成它们之间差异的对象、内容是什么。显然，在有效的教学过程中，教师和学生在教学过程中都应作为主体存在，对应地，教导和学习在活动的性质上都应成为主体性的活动。也就是说，在表现主体身份或发挥主体性作用上，教

师的教导与学生的学习之间是不存在差异的（至少可以说不应该存在差异）。真正能反映教导与学习之间差异的对象是教导和学习在教学过程中的功能；也正是在功能上，教导与学习又是相互依存的。因此，教导与学习在教学过程中的功能成为两者既相互区别又相互依存的焦点，因而成为分析和刻画两者之间辩证关系的对象。

在教学过程中，教师教导的功能在于，它是引起学生能动活动，并促进学生有效活动的手段（条件）；学生学习的功能在于，通过自身能动、有效的活动落实自身身心发展或实现教学目的，因而是教师教导作用的目的（本体）。教导与学习之间的功能关系是手段（条件）性活动与目的（本体）性活动之间的关系。两者之间相互依存，彼此不能相互替代。[15]因此，教与学之间不是以平行的两个部分相加的关系构成完整的教学过程，也不是以一般意义上的合作关系构成一个教学活动整体，而是以条件性（手段性）活动与本体性（目的性）活动之间的功能关系构成教学活动的整体。教师在教学过程中的功能、作用非常重要，但它有一个限度，它只是引起学生能动学习和促进学生有效学习的条件和手段，而不是教学过程中的目的或本体。因为，教师作用只有通过作用于学生自身活动并经由学生自身能动活动才能实现教学目的，教师永远无法代替学生完成学习活动的过程，也不应该占用学生独立完成学习活动过程所需要的时间和空间。

以此为基础，还可以进一步理解在学习中心课堂中教导作用的特点。相比于讲授中心课堂，在学习中心课堂中，教师的教导作用或功能有比较大的调整。第一，教导作用的性质变化。在讲授中心课堂中，由于教师以言语讲授为主，其作用呈现出显性、直接性、刚性（严格的计划性）的特征。而在学习中心课堂中，教师直接讲授行为大为减少，而是更多地运用方法指导、反馈评价、活动组织、互动交流、个别辅导等方式影响学生，其作用相比于直接讲授而言呈现出隐性、间接性和随机性的特征。第二，教导作用的内容变化。由过去主要是备课和讲授，到现在课前精心备课（如准备导学案），课中对学生活动过程的组织、引导、督促，对学生学习状况的仔细观察、问题捕捉和相机指导等。第三，教导作用的方式变化。超越过去仅仅是讲授，而采用诸如动机激发、方法指导、动作或思维示范、组织交流、评价反馈、辅导答疑等方式，来引起和促进学生能动参与学习活动和有效地展开学习活动的过程。

在我国，无论在传统观念上还是在现实中，人们很容易过多地突出教师的教导作用，相应地忽视学生能动、独立学习的作用。这主要是因为，一方面，我国传统文化中“师道尊严”观念的影响较大；另一方面，从现实来看，课堂教学过程是由教师发动、组织和安排的，教师是课堂教学活动的第一主动者、首要的主动者，包括学生的主动很多时候也是由教师激发、调动和促成的。因此，假定没有学习中心的观念，或者没有将学生能动有效的学习作为课堂教学的本体性或目的性活动的话，课堂教学就很容易成为教师控制的过程或教师单边活动的过程，而不是教师引起学生能动活动和促进学生有效展开学习活动的过程。课堂教学的中心、目的、本体在于学生的学习活动，不在于教师的教导活动本身。脱离对学生能动活动作用的教导活动，是没有教学意义的教导活动。正如王策三教授所说：“学生和他们的‘学’，固然是在教师教的领导下进行的，但是，教却又是为‘学’而存在的，否则就毫无意义；教师主导作用必须也必然有一个落脚点，这个落脚点只能是‘学’；教学所追求的目标和结果，一定要由‘学’体现出来。更为重要的一点，‘学’是学生自己的独立主动的活动，教师包办代替不了。”[16]

（三）改变一些固守教师中心的错误观念

据笔者对我国中小学课堂的观察和了解，目前教师及讲授中心课堂的广泛流行和难以改观，在于一些偏误的教学观念起了很重要的作用。其中，最为常见的有以下几种。一是很多教师以为，教师不教，学生就不学，或不能学、不会学。的确，在长期的教师中心教学传统的浸淫和熏陶下，很多学生确实形成了这样的习惯：一走进课堂主要是通过听教师讲来学习，教师不讲就不学或不会学。二是不少教师觉得，教师讲的水平高于或超过学生自己理解的水平，如果让学生自己学习，学生对知识理解的层次、深度和准确性一般会低于教师讲授的水平。三是学生自己独立学习的过程比较耗时、效率不高。

这些观念的根本错误在于以下几方面。第一，教师不讲学生自己就不学、不会学，正是由于教师长期习惯性地满堂讲造成的结果，并不是说学生本性上不能主动学习、独立学习。国内成功的课堂教学改革经验表明，只要教师改变自身过多讲授的习惯和注意训练学生独立、主动学习的能力，学生完全可以有效地进行独立、自主的学习。第二，学生自己学习，可能导致其对知识理解的深度、准确性不及教师，这可能是事实。但是，知识的理解、内化以及思维能力的形成，非得要学生亲身经历并完成对知识的理解和加工的过程，任何人都不能占用或代替学生完成这个过程。而且，随着学生主动、独立学习习惯与能力的形成，其对知识理解的深度和准确性自然会跟着提高。第三，教学的效率要以全面的目标达成为前提，否则，高效率是没有意义的。以全面的发展目标来看，自主学习的能力与习惯、合作的意识与能力、探究的态度与能力等，是与知识掌握同等重要甚至更为重要的发展目标。自主学习可能刚开始会影响学生对知识掌握的水平和效率，但它同时会产生其他方面的发展效果，最终总的教学效果会提高；而且，随着学生自主学习能力与习惯的养成，其在掌握知识方面的水平与效率肯定也会显著改观。这是我们在很多成功进行课堂教学变革的学校看到的效果。

参考文献：

[1] [7] 陈佑清. 教学过程的本土化探索——基于国内著名教学改革经验的分析 [J]. 当代教育与文化，2011，(1).

[2] 叶澜. “新基础教育”论——关于当代中国学校变革的探究与认识 [M]. 北京：教育科学出版社，2006，276—277.

[3] [4] [5] 郭思乐. 教育走向生本 [M]. 北京：人民教育出版社，2001，12、35—73、131—160.

[6] 郭思乐. 木欣欣以向荣——生本教育体系实践案例 [M]. 合肥：安徽教育出版社，2008，37.

[8] 王道俊，郭文安. 试论教育的主体性 [J]. 华东师范大学学报（教育科学版），1990，(4)

[9] 叶澜. 论影响人发展的诸因素及其与发展主体的动态关系 [J]. 中国社会科学，1986，(3).

[10] 田慧生，等. 活动教育引论 [M]. 北京：教育科学出版社，2000，87.

[11] 陈佑清. 教育活动论 [M]. 南京：江苏教育出版社，2000.

[12] 陈佑清. 多维学习与全面发展 [J]. 教育研究，2011，(1).

[13] [15] 陈佑清. 教学论新编 [M]. 北京：人民教育出版社，2011、293—294、295—296.

[14] 黄甫全，王本陆. 现代教学论学程 [M]. 北京：教育科学出版社，2003，155.

[16] 王策三. 教学论稿 [M]. 北京：人民教育出版社，1985，380.

建构基于学生发展的学校自我诊断指数*

□ 李凌艳（北京师范大学副教授）
□ 李希贵（北京十一学校校长）
□ 陈慧娟（北京师范大学硕士生）

20世纪80年代以来，学校自我诊断成为学校管理走向科学化的重要途径和手段，把握学校自我诊断的基本要素，建立一套系统、科学、实用的指标体系是进行有效诊断的根本前提和重要保障。指数作为一种综合质量评价方式，能够将复杂的现象简单化，反映相对的综合变动情况，便于管理者进行判断和决策，而且指数的良好秉性使其能够满足学校自我诊断的综合性、自我辨别性和纵向对比性要求，并以简明直观的形式表现出来，因此，将指数的概念和方法引入学校自我诊断领域有着重要的实用意义和独特价值。

一、使用指数进行学校自我诊断的优越性

随着社会的发展和需求的增多，指数逐渐渗透到社会生活的各个领域。目前，国际有较大影响及借鉴意义的指数，如联合国开发计划署（UNDP）的人类发展指数（Human Development Index，HDI）[1]，联合国教科文组织（UNESCO）的全民教育发展指数（Education for All Development Index，EFA-DI）[2]，印度政府、国家教育规划与管理大学（National University of Education Planning and Management，NUEPA）编制的教育发展指数（Educational Development Index，EDI）[3]，国内如中国人民大学编制的中国发展指数（RUC China Development Index，RCDI）[4]，国家统计局编制并发布的中国农民工生活质量指数[5]等。指数以其相对性、综合性、平均性和动态性的良好秉性成为一个非常适用的统计工具，[6]也因此受到研究者及教育实践者青睐，这些特性在进行学校自我诊断时也将具有独到的优势。

教育的复杂性决定了学校自我诊断的综合性要求。近年来，许多国家对教育质量的重视都达到了空前的程度，不仅重视教育的结果，而且强调教育投入和过程的质量。指数则可以把与教育投入、过程和结果相关的多个指标综合起来，简明直观地反映学校质量的总体变动方向和变动程度，便于管理者进行综合的评价和测定。同时，优秀学校、卓越学校的实现绝非一日之功，在特定时间、有限条件下，全方位、一手抓的做法难免顾此失彼，不能达到既定的效果。只有通过学校自我诊断的结果辨别出学校的重要问题或薄弱环节，并集中精力进行有针对性的改进，才能达到最好的成效，这就提出了学校自我诊断的自我辨别性要求。在这一点上，指数可以很好地分析各个维度指标的影响方向和影响程度，对学校整体发展中落后的部分做出辨别诊断。

* 原载《教育研究》2014年第2期。

有效的学校教育是一个动态变化的过程，在对学校质量进行评判时，时间序列上的动态分析能够得到更有价值、更丰富的信息，这就提出学校自我诊断的纵向对比性要求。由于学校在每个阶段的发展状态、关注重点不同，对学校诊断具体指标的需求就会有所变化，包括表达具体指标的题目表示或题目反映方式上的差异，这时指数就能发挥其优势。指数是相对数，需要对数据进行无量纲化，因而指数的计算可以将不同指标在同一尺度上进行比较，允许同一维度下的指标根据发展情况进行适度的变动，因此在分析学校自我诊断长期变化趋势上具有良好性质。

此外，回归教育的真实场景，从学校诊断的实际需求出发，是否为一般管理者好用、方便是衡量指标与工具的重要指标。国际上学校自我诊断项目的经验表明，一些学校自我诊断无效的原因多出现在数据上，如学校团体没有能力分析或解释材料，而聘请外部评估人员分析的数据结果又过于复杂，对大部分教师来说有认知和理解难度。[7]而指数的结果采用百分制，简明直观，容易接受。此外，在数据分析上，它也较易为学校教师所掌握，通过简单的 SPSS 软件操作，或者完全借助于 EXCEL 便能实现全部操作步骤。

二、学校自我诊断指数的构建方法

通过对多个受到广泛认可的指数进行分析比较，我们认为，指数编制通常包括确定要素与建立指标体系、无量纲化、确定权重和合成指数四个步骤，其中，选择要素与建立指标体系是指数编制的关键点。形成学校自我诊断指数，还需要确定指标体系的具体维度和题目，将各维度下反映方式不同的题目转化为 0—1 的相对数即无量纲化，将同一维度的题目得分值按照一定的权重合成维度指数，由几个维度指数按照一定的权重合成总指数，具体步骤及相应计算方法如下。

（一）确定要素与建立指标体系

教育是一项十分复杂的社会活动，在进行要素和指标的选择时，首先需要明确自我诊断指数的实质用途，基于合适的科学理论进行相关领域已有研究和文献的分析。学校自我诊断区别于一般性评估尤其是外部评估的一个重要特点是其鲜明的价值假设，即注重学校内部变革，注重发展所有权。学校自我诊断更多关注学生的状态，学生的校园生存状态、校园生活质量是学校诊断的重点。寻找学校自我诊断的关键要素，其实质是发现学校环境中对学生发展至关重要的因素。

按照布朗芬·布伦纳的个体发展生态系统论，个体发展嵌套于相互影响的一系列环境系统之中，其实质是个体与所处环境不断互动的过程，环境中的各因素由于与个体距离不同，因而作用的方式也将从直接到间接，有所不同。[8]因此，寻找对个体发展的关键要素，可以从与个体发展最经常、最近距离因素入手，逐渐扩大范围，按照影响程度，画出其发展生态圈。学校作为教育生态系统的一个子系统，同样具有生态系统的一般特征，学校中的各类要素围绕着学生这一中心主体，建立起不同层次的学校生态环境。沿着这样的逻辑，笔者认为，同伴、教师、课程与教学、资源与支持、组织与领导和文化六个要素围绕学生发展这一核心要素，七要素及其之间的关系就是学校自我诊断的基本内容。实际上，关系、课程与教学、资源与支持、组织与领导、学校氛围与学校文化、学生发展的结果、学校与家庭和社区的联系也是具有优质教育的发达国家和地区开展学校自我诊断或学校评估的基本要素。[9]结合我国国情和中小学校现阶段发展的实际状况，我们将其进一步区分为自我诊断七要素：同伴关系、师生关系、课程与教学、资源与支持、组织与领导、氛围与文化、学生发展状况，其中，学生发展状况可以看作其他要素的效标。在理论和文献分析基础上，进行持续、有效、周期性的学校自我诊断还需要形成全面、系统的测评指标。

1. 明确指标确定的基本原则

第一，学校自我诊断应从界定问题入手，并关注问题背后的原因及问题中的冲突，实用性是其首要原则。第二，许多学校自我诊断的实践难以为继，往往是因为对指标、工具研发的专业性不够重视，导致诊断结果的信度和效度较差，诊断的优越性无法体现。因此，强调指标、工具的专业性、准确性是第二个原则。第三，任何有效的学校自我诊断一定会与诊断对象和诊断主体所处的文化背景紧密关联，因此，指标的可行性、恰当性意味着必须植根于诊断活动所处的文化。

2. 不断修订、完善指标体系

依据我国基础教育阶段中小学校的基本国情和实际状况，结合具有丰富教育管理与教育实践经验的专家智慧，运用头脑风暴法，经多次讨论，验证了核心要素并进一步提出指标框架；与此同时，我们进行了多阶段、多次的调查、访谈和试用，在实际研究和调研中不断修订、完善指标体系的具体内容。这一过程共历时两年多，即自 2010 年 9 月至 2011 年 5 月为第一阶段，在进行文献梳理的同时，主要通过焦点小组访谈和开放式问卷收集了以下内容：你觉得什么样的学校是好的学校，或者说你认为好的学校应具有哪些重要特征；你认为在什么样的学校中，学生会感觉满意、幸福、充实而有意义；你认为如果学校对自身整体质量进行评价，应该包含哪些方面的内容，等等。基于不同学校利益相关者、关键人群的经验和反映，逐步明确了适于我国基础教育阶段中小学校自我诊断的指标与观测点。自 2011 年 6 月至 2013 年 7 月为第二阶段，根据学校自身诊断与改进的需求，以北京十一学校为自我诊断实践校，由校长、1 名教育评价专业领域的“批判性朋友”、4 名教师、3 名教育测量专业研究生组成学校自我诊断项目组，通过深入的个人访谈及行动研究，不断修订和完善工具指标（见表 1）。

表 1 参与者分布基本情况

	学生		家长		教师		校长	
	农村	城镇	农村	城镇	农村	城镇	农村	城镇
参与访谈人数	34	32	12	16	24	29	6	9
参与开放式问卷人数	213	224	78	98	56	72	35	45
合计	503		204		181		95	

综合以上过程，我们提出了基于学生发展的学校自我诊断指标体系，其中，同伴关系和师生关系是反映学生校园生存状态、生活质量最敏锐的指标。课程是学校活动的核心，不同的课程能够给孩子提供不同的成长食粮、铺就不同的成长发展路径；教学作为课程实施、表现的核心环节，课程的目标、内容都通过教学得以实现，因此，课程与教学的状况是学校进行自我诊断、管理决策不可或缺的重要信息。此外，便利、实用的软性资源支持，师生导向、畅通民主的组织管理方式是提高学生在校生活质量和丰富度的重要服务性保障，而这些要素的实质体现都在一定程度上依附于学校中的组织氛围与文化，并通过组织氛围传达，学生对学校文化的认同直接决定着学生的在校生活质量（见表 2）。

表 2 基于学生发展的学校自我诊断指标体系

一级指标	观测点	主要内容
同伴关系	对积极同伴关系的感知	同伴友好相处，支持带动
	对消极同伴关系的感知	同伴孤立，同伴数量
	同伴群体向心力	向心力，内心力强弱

续表

一级指标		观测点	主要内容
师生关系		学生全面发展得到关注和支持	教师的关注包含学习及学习之外的内容
		每个学生得到关注和支持	公平对待每一个学生
		教师与我的关系	我对自己在教师心中位置的感知
课程与教学	课程	课程目标	课程目标是否清晰、一致
		课程适切度	课程适合学生
		课程选择性	课程的种类、内容的选择
		自主学习时间	对自主学习时间的安排和有效利用
	教学	独立思考能力的培养	注重培养学生独立思考的能力
		自主学习能力的培养	注重培养学生的自主学习能力
		教学与学习中的同伴互助	注重教学中同伴互助及小组协作的作用
		教师适应性教学	注重根据学生学习状况不断采取措施进行教学调整或改进
资源与支持		图书资源	图书馆、书籍材料使用的便利性及使用情况
		体育设施和实验设备	体育设施、实验设备使用的便利性及使用情况
		社会资源	学校为学生提供社会资源的丰富性
组织与领导		对校长领导力的感知	学生感知到的校长领导力
		管理渠道畅通	有问题知道找谁、怎么找，学生表达意见的渠道畅通
		管理的服务导向	实行师生导向的民主管理，管理为个体独立性和群体多样性提供空间
氛围与文化		课堂氛围	学生对课堂秩序与氛围的感知
		学校秩序	学生对学校一般秩序与氛围的感知
		校园欺凌	同伴欺负、校园欺负行为
		对学校价值观和教育理念的认同	学生的认同感和学校归属感
		文化外显	学生感知的外界对学校的认同及比较

（二）无量纲化

不同单位、不同含义的指标数值相加通常没有现实意义，如 HDI 的教育指数中若将识字率与毛入学率直接相加，在理论和数学含义上均不能得到可信的结论。无量纲化则通过数学变换，把不同计量单位、不同反映方式的指标数值转变为可以直接汇总的同量纲值，进行多指标综合及指标之间的对比，它是指数相对性特征的基础。[10]根据指标的不同性质，可以采用不同的无量纲化方法。

定距指标，是指有具体数值和单位的指标，如预期寿命、文盲率、生产总值等。这类指标最常用的无量纲化方法包括：一是广义线性功效系数法，分值=(实际值－最小值)/(最大值－最小值)，如 HDI、EFA-DI、EDI 均采用这种方法；二是指数型功效系数法，由于其可以不考虑指标间的相关作用，不会出现负数和零，指标阈值确定后，评价值唯一，同时具有函数的单调性和下凸性，也是一种较好的无量纲化方法，RCDI 便采用这种方法；三是对数型功效系数法，此种方法通常运用于与经济相关的指数，如 HDI 次级指数中的 GDP 指数（2010 前）和收入指数（2010 后）等。

定性指标，仅表示某个类别或被调查者的主观感知情况，不表示绝对水平。对于这类指标最为常用的是直接赋分法，农民工生活质量指数、腐败感知指数（Corruption Perception Index，CPI）均采用此种方法。本研究中的指标均为主观感知的定性指标，因此采用直接赋分的方法将不同分级的指标值转化为0—1具有相同量纲的得分，具体赋分标准如下：对于正指标（指标值越大，方案越优），如我和老师相处得很好，非常不同意（0分），比较不同意（0.33分），比较同意（0.67分），非常同意（1分）。对于逆指标（指标值越小，方案越优）进行反向赋分，如我常感到被冷落，非常不同意（1分），比较不同意（0.67分），比较同意（0.33分），非常同意（0分）；又如某些同学打、踢、推、撞或威胁过我，本学期没有发生过（1分），只发生过一两次（0.75分），一个月二三次（0.5分），大约一周一次（0.25分），一周多次（0分）。

（三）确定权重

在单项值已经确定的情况下，权重的大小将不可避免地导致评价结果甚至优劣顺序发生改变，同时，权重的确定能够体现评价者对评价指标体系中单项指标重要性程度的认识，在编制指数的过程中具有举足轻重的作用。目前，在社会科学领域使用较为广泛的确定权重的方法主要包括两类。一是主观赋权法，包括专家主观判断法和德尔菲法（又称专家群组构权法）等，专家主观判断法没有强理论的支持，通过领域内专家的主观判断获得，HDI、EFA-DI均采用此方法；德尔菲法为在主观判断法的基础上，不断地反馈、测算和修改以得到相对满意的结果，RCDI便采用此方法。二是客观赋权法，以多元分析法中的主成分分析法（Principal Component Analysis，PCA）最为常见，PCA法能够在保证最少信息丢失的情况下，将多个指标转化为少数几个综合指标，以更优越、更简洁的方式揭示变量之间的关系，EDI便采用此方法。

为了能够更加客观、准确地反映各项指标的重要程度，本研究使用PCA法和专家主观判断法共同确定权重。在国际上，EDI受到广泛认可，本研究对于各具体题目权重的计算主要参考了EDI主成分分析的算法，[11]以合成单项维度指数。公式(1)用来计算各维度下具体题目的权重。

$$w_{ij}=\sum_{j=1}^{n}|L_{ij}|\cdot E_j \tag{1}$$

其中，W_{ij}代表第j个因素下第i个题目的权重，代表第i个题目在第j个因素上的因素载荷值，代表第j个因素的特征根值（>1）。

PCA法完全基于样本本身的数据结构和表现得到权重值，在能够避免主观影响、客观评价指标重要性的同时，也可能会因为数据质量、样本不同而对权重造成偏差，为尽量避免这些偏差，使权重体系便于进行纵向比较，我们决定在将各维度指数合成总指数时使用专家主观判断法对各要素的权重进行修正和判定。经过与具有丰富学校管理经验的校长及教育管理与评价专家学者的反复讨论，我们认为，学校自我诊断各要素对于学校整体发展的重要性具有同等重要的地位，即在计算总指数时是等权的。而实际上，以本研究所使用的2011年北京十一学校的数据为例，在合成总指数时继续使用PCA法得到的结果（0.7879）略低于专家判断的等权重法得到的结果（0.7884），但差异甚微，也未对排名产生更替影响。

（四）合成指数

指数的合成是指通过一定的算式将多个指标对事物不同方面的评价值综合在一起，以得到一个整体性的评价。常用的方法包括加法合成（算术平均法）、乘法合成（几何平均法）及加乘混合法，[12]对于正指标来说，算术平均法是一种“取长补短”式的平均，更适用于各评价指标相互独立的场合，允许各单项变量值之间的等量补偿，HDI（2010前）、EFA-DI和EDI均采用此方法；几何平均法是一种“惩罚落后”式的平均，[13]更适用于各评价指标间有强烈关联的场合，HDI（2010后）和RCDI采用此方法。

三种方法各有特点，没有好坏之分，加法合成对数据没有特定要求，更加简便、易推广，乘法合成在灵敏度上略胜一筹，但二者在数值上一般不会产生显著差异。以2010年HDI中国数据为例，使用几何平均数产生指数值：$I_{HDI}=I_{寿命}^{1/3}\cdot I_{收入}^{1/3}\cdot I_{教育}^{1/3}=0.663$，略低于使用算术平均数所得结果：

$I_{HDI}=1/3(I_{寿命}+I_{收入}+I_{教育})=0.673$，但两种方法得出的结果差异很小，对 HDI 排名几乎没有影响。

在合成单项维度指数时，本研究仍然参照了 EDI 的算法，使用加权算术平均数的思想，其中 X_i 代表第 i 个题目无量纲化后的标准分值，W_{ij} 代表对应的权重，代入公式（2）得到各维度指数 I_j。

$$I_j=\frac{\sum_{j=1}^{n}X_i\cdot w_{ij}}{\sum_{j=1}^{n}w_{ij}} \quad (2)$$

在合成总指数时，由于经过专家赋权，各维度的权数相等，因此，采用加法模型中算术平均数的算法，总指数的值为各个维度指数的均值。

三、学校自我诊断指数的实证研究

（一）研究方法

自 2010 年至今，通过多阶段、多轮的调查和访谈，我们建立了基于学生发展的学校自我诊断指标体系，并在此基础上编制了自我诊断工具量表。为验证工具的有效性，同时，可获得学校自我诊断的基线数据，2011 年 5 月，采用分层抽样，以办学条件为依据在北京、山东、吉林和宁夏地区选取 11 所高中进行年级内学生随机抽样施测，共发放学生问卷 3 500 份，回收 3 353 份，除去填答率低于 50%的问卷 15 份，最终得到有效问卷 3 338 份（见表 3）。

表 3　2011 年学生被试基本构成

	北京			山东			吉林			宁夏	
	A 校	B 校	C 校	A 校	B 校	C 校	A 校	B 校	C 校	A 校	B 校
	396	213	214	274	278	276	299	280	284	427	376
合计	833			828			863			803	

在 2011 年测查的基础上，根据十一学校（北京 A 校）自身诊断与改进的需求和实践进行指标和工具修订，于 2013 年 5 月，我们对学校初一至高二年级全体学生进行诊断调查。此次调查依托学校网络平台，参与答题学生共 2 382 个，删除填答时间低于 200s 的问卷，收回有效问卷 2 224 份，有效率为 93.4%。在项目分析和探索性因子分析的基础上，2011 年诊断工具整体 Cronbach α 系数为 0.969，分半信度为 0.901；2013 年诊断工具整体 Cronbach α 系数为 0.969，分半信度为 0.891，说明两个工具的内部一致性信度良好。

（二）2011 年学校自我诊断结果及标准等级划分

根据上文提出的指数编制方法，计算得到 11 所学校自我诊断的基线数据（见表 4），为了便于对学校诊断数据进行比较，参考广泛认可的六个标准差（E±3σ，其中 E 为均值，σ 为标准差）的确定临界点的方法，对数据进行评级，同时结合实际需求、观察实测数据分布情况，在选择标准差倍数时，我们认为 2σ 的标准已足够满足诊断需求，因此以均值为中心点，选取正负 2σ 的范围，将指数值划分为六个等级（见表 5）。需要提出的是，临界值和划分范围并不是一成不变的，需要根据实际情况和研究需求进行修正。在本研究中，基于样本的分层抽取方法，根据这 11 所学校划分的标准对于同一测量框架下的数据具有一定的代表性，能够据此进行标准划分。

根据表 5 的等级划分标准，在 2011 年 5 月进行学校诊断时，北京十一学校除在组织与领导领域评分在 B 级以外，其他领域都处于 C 级水平，综合指数评分处于 C 级水平。

表4　2011年11所学校自我诊断维度指数及综合指数

学校		各维度分项指数						综合总指数
		同伴关系指数	师生关系指数	课程与教学指数	资源与支持指数	组织与领导指数	氛围与文化指数	
1	十一学校	79.03	81.58	80.21	64.24	78.13	86.87	78.34
2	北京B校	73.67	71.49	72.88	54.04	58	72.22	67.05
3	北京C校	71.52	73.38	66.01	41.77	59.37	59.19	61.88
4	山东A校	85.11	84.6	83.89	70.04	78.19	86.24	81.34
5	山东B校	83.02	82.79	82.47	65.67	79.72	85.11	79.8
6	山东C校	77.09	74.68	74.77	58.26	67.57	82.13	72.42
7	吉林A校	83.94	86.18	82.32	62.79	78.17	85	79.73
8	吉林B校	77.41	80.28	77.92	54.93	72.48	84.75	74.63
9	吉林C校	75.86	74.59	71.03	42.99	63.15	75.37	67.16
10	宁夏A校	69.76	68.48	67.84	33.43	53.04	70.43	60.5
11	宁夏B校	70.85	70.28	65.82	32.13	51.77	68.92	59.96

表5　各维度指数和综合指数的标准等级划分

	F级	E级	D级	C级	B级	A级
同伴关系	(0，66.31)	(66.31，71.67)	(71.67，77.02)	(77.02，82.38)	(82.38，87.74)	(87.74，100)
师生关系	(0，64.08)	(64.08，70.96)	(70.96，77.12)	(77.12，83.28)	(83.28，89.44)	(89.44，100)
课程与教学	(0，61.44)	(61.44，68.23)	(68.23，75.01)	(75.01，81.80)	(80.80，88.59)	(88.59，100)
资源与支持	(0，26.50)	(26.30，39.53)	(39.53，52.75)	(52.75，65.98)	(65.98，79.21)	(79.21，100)
组织与领导	(0，45.82)	(45.82，56.53)	(56.53，67.24)	(67.24，77.94)	(77.94，88.65)	(88.65，100)
氛围与文化	(0，59.48)	(59.48，68.66)	(68.66，77.84)	(77.84，87.02)	(87.02，96.20)	(96.20，100)
综合	(0，54.73)	(54.73，62.95)	(62.95，71.16)	(71.16，79.38)	(79.38，87.60)	(87.60，100)

（三）2011年、2013年北京十一学校自我诊断结果对比

2011年，是北京十一学校进行课程改革的分水岭，在教学组织上，全面实行走班选课，建设从学生的个性需求和个体差异出发的分层、分类、综合和特需的课程体系。作为学校系统中最为关键的部分，课程和教学组织形式的改变势必会引起整个学校各领域上的变化。2013年的诊断结果表明，全面推行课程改革后学校在整体质量上呈现出上升趋势。（见右图）

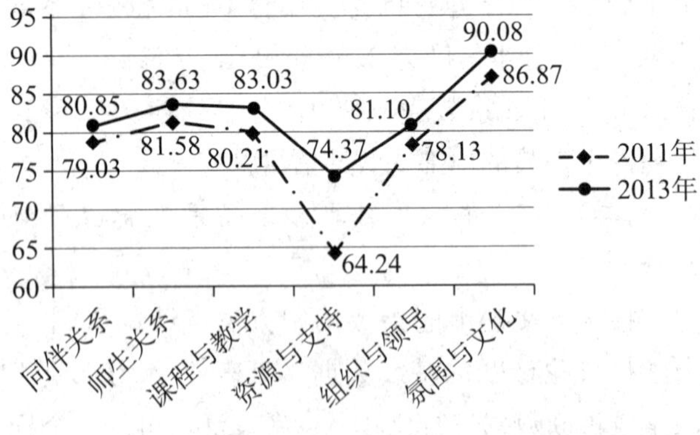

北京十一学校2011年、2013年自我诊断维度指数对比图

根据上文得到的等级划分标准，在2013年5月进行测查时，北京十一学校在师生关系、课程与教学、资源与支持、氛围与文化维度均由C级进步为B级，组织与领导保持在B级水平并有一定程度的提高，同伴关系指数虽仍处于C级水平，但亦有提高。综合指数值（82.18%）也上升到B级水平。

综合分析、分项辨别、动态比较，指数这些良好的秉性在学校自我诊断领域逐一得到了体现，为教育质量的综合评估提供了一个简明、直观的评价方式。与此同时，尽管我们已经尽可能全面、严谨地建构学校自我诊断指数，但由于指数在教育领域的应用较少，对指数的理解与认识尚待开发，如何更为恰当地选择指标和标准划分方法，更加科学地选择无量纲化、权重确定、指数合成的方法，仍然有很大的研究空间。另外，由于篇幅所限，本文只是报告了从学生调查中所得的学校自我诊断指数结果与分析，但实际上，从教师和学校管理者角度所得的基于学生发展的学校自我诊断指数及其与学生诊断指数之间的差异分析，也将是非常有意义的学校自我诊断数据来源。

参考文献：

[1] UNDP. The Human Development Index [EB/OL]. http://hdr.undp.org/en/statistics/hdi/2011/5/26.

[2] UNESCO. The Education for All Development Index [EB/OL]. http://www.unesco.org/new/fileadmin/MULTIMEDIA/HQ/ED/pdf/gmr2011-efa-development-index.pdf.2011/5/26.

[3] NUEPA. Educational Development Index: A Suggestive Framework for Computation [EB/OL]. http://www.dise.in/Downloads/suggestive-framework-for_EDI-compution%202009; DISE. Educational Development Index [EB/OL]. http://www.dise.in/Downloads/Publications/Publications% 202007-08/AR0708/Teacher% 20Related% 20Indicators%20&%20EDI.

[4] 中国人民大学中国调查评价中心. 中国发展指数的编制研究 [J]. 中国人民大学学报，2007，(2)

[5] 国家统计局课题组. 中国农民工生活质量指数评价研究 [J]. 统计研究，2007，(2).

[6] 邱东. 指数那讨人喜欢的秉性 [J]. 中国统计，2009，(10).

[7] McNamara, Gerry, O'Hara, Joe, Lisi, Penelope L., & Davidsdottir, Sigurlina. Operationalising self-evaluation in schools: Experiences from Ireland and Iceland [J]. Irish Educational Studies, 2011, (1).

[8] David R. Shaffer. 发展心理学 [M]. 北京：中国轻工业出版社，2005. 2.

[9] 香港教育局 [EB/OL]. http://edb.gov.hk/attachment/tc/sch-admin/sch-quality-assurance/performance-indicators/pi2008%20chi%2028_4.pdf; MacBeath J. Schools Speak for Themselves [M]. London, Routledge, 1999; Jakobsen L, MacBeath J, Meuret D, et al. Self-evaluation in European schools: A story of change [M]. London, Routlede, 2004; MacBeath J, McGlynn A. Self-evaluation: What's in it for Schools? [M]. London, Routledge, 2002.

[10] 邱东. 多指标综合评价办法 [J]. 统计研究，1990，(6).

[11] NUEPA. Educational Development Index: A Suggestive Framework for Computation [EB/OL]. http://www.dise.in/Downloads/suggestive-framework-for_EDI-compution%202009.

[12] [13] 宋旭光. 腐败的主观测评方法——以腐败感知指数为例 [J]. 统计研究，2007，(6).

建设益童、惠民、利国的学前教育公共服务体系*

□ 虞永平（中国学前教育研究会理事长）

一、学前教育是重要的基本公共服务

根据《国家基本公共服务体系“十二五”规划》（以下简称《规划》）的精神，所谓基本公共服务，指建立在一定社会共识基础上、由政府主导提供的、与经济社会发展水平和阶段相适应，旨在保障全体公民生存和发展基本需求的公共服务。享有基本公共服务属于公民的权利，提供基本公共服务是政府的职责。《国务院关于当前发展学前教育的若干意见》（以下简称《意见》）指出：“办好学前教育，关系亿万儿童的健康成长，关系千家万户的切身利益，关系国家和民族的未来。”这是全社会对学前教育的基本共识。学前教育是人才强国战略的起始工程，发展学前教育是储备未来“国家财富”的重要工程。综观发达国家和很多发展中国家，都将发展学前教育作为应对未来挑战和竞争的重要战略。

《意见》指出：“发展学前教育，必须坚持公益性和普惠性，努力构建覆盖城乡、布局合理的学前教育公共服务体系。”因此，学前教育公共服务体系必须是近便、公益、均衡的，也一定是由政府起主导作用的。基本公共服务体系中的学前教育，是机会均等而不是锦上添花的教育，是实现幼儿体智德美基本发展的教育，是遵循幼儿身心发展规律和学习特点、真正促进儿童发展的有质量的教育。学前教育公共服务体系的建立不是一个简单的从无到有的量变过程，而是一个量变与质变相统一的、复杂的改革和发展过程，需要进行体制和机制的创新，需要凝聚全社会的力量，需要强化政府的责任。没有政府的核心作用，可持续的学前教育公共服务体系不可能真正建立起来。学前教育公共服务体系最终的追求是促进幼儿健康快乐成长。

学前教育作为我国社会公共服务体系的重要组成部分，虽然近年来取得了前所未有的发展，但由于长期以来没有得到足够重视，欠账多，底子薄，发展不均衡，特别需要政府加大力度，重点投入，推动发展，以满足广大幼儿和家长的需要，确保我国建设人力资源强国战略的实施。学前教育公共服务的均等化意味着要全面提高学前教育的普及水平，努力增加学前教育入学机会；要从各地实际出发，切实有效地促进学前教育的改革和发展；要切实关注学前教育发展中存在的城乡和东西部之间的不平衡现象，切实有效地将政府的作用落到实处。

二、学前教育公共服务体系的特征和内涵

《规划》指出：“基本公共服务体系，指由基本公共服务范围和标准、资源配置、管理运行、供给方式以及绩效评价等所构成的系统性、整体性的制度安排。”学前教育公共服务体系同样也涉及学前教育服务的范围、标准以及学前教育资源配置、供

* 原载《人民教育》2014 年第 11 期。

给方式等体制机制问题。学前教育公共服务体系的建设是一项长期而艰巨的任务。

学前教育阶段，从广义上说是从出生到入小学前的阶段。根据社会经济发展水平，对学前教育的关注有三个“年龄节点”：一是学前一年，这是发展学前教育的初级水平，学前一年入园率经常被用来衡量学前教育发展的起点水平；二是学前三年（3—6岁）的教育，学前三年入园率是当前衡量学前教育发展水平的最重要指标；三是在发展3—6岁幼儿园教育的基础上，发展0—3岁早期教育，这一目标已经提上议事日程，在一些经济发达的地区已经逐步成为学前教育一个新的实践领域，并取得显著进展。

《教育规划纲要》提出到2020年全国基本普及3—6岁教育的目标，即入园率达到70％。至2013年，全国学前三年毛入学率达到67.5％，一些学前教育发达的省市入园率已经达到90％以上，有的省市已经超过95％。然而，衡量学前教育公共服务的标准肯定不只是入园率，还包括教育的质量。《意见》提出发展“广覆盖、保基本和有质量的学前教育”。“有质量”意味着园舍合格，班级面积和人数符合国家的要求；有专业人员从事教育和卫生保健工作；有科学的、适宜的课程和活动，教师有组织活动的自主权。目前，幼儿园班级规模过大、招聘非专业人员任教的现象在一些地区非常突出，这对于提升学前教育质量极为不利。发展学前教育一定要有质量意识，一定要坚持有质量地普及学前教育，杜绝盲目发展带来的安全危机和质量危机。只有将规模与质量、速度与效率有机统一起来，才能形成真正科学的学前教育公共服务体系。

要达到这一标准，就必须关注学前教育资源配置问题，尤其是公共学前教育资源配置问题。一是学前教育公共服务体系的目标定位是“普惠和公益基础上的普及”。这意味着学前教育不以追求经济利益为目的，有志加入建构学前教育公共服务体系的人，必须在心灵深处签下公益承诺，政府也必须做出保障学前教育公益性的承诺。发展学前教育应政府主导，社会参与，公民办并举。所谓政府主导，在不同的地区有不同的意义，在严重缺乏公办园的地区尤其是一些农村地区，政府主导的首要意义就是政府主办；在公办园资源相对丰富的地区，政府主导的重点应该是加强监管和引导，确保学前教育的科学性、公益性。二是学前教育公共服务体系必须有一个科学合理的布局结构。公共资源的布局一定要均衡，不能笼统提公办园和普惠性民办园的覆盖率，必须强调公办园的基本比例，以便提升学前教育的基础水准，确保示范指导力量的培育和发展。学前教育公共服务体系的合理布局还意味着确保普惠性民办园应占民办园总数的绝大部分。要真正解决“入园难”、“入园贵”问题，需要政府加大投入力度，政府要在普惠性民办园发展的过程中起引领性甚至是决定性的作用。

合理配置学前教育资源，根本在于实行学前教育成本的合理分担。《规划》要求非义务教育阶段教育要实行教育成本分担制度，由政府和家庭共同承担。政府对学前教育的投入是解决“入园贵”的主要保证，也是体现教育资源公平分配的重要方式。除了应努力开办公办园、确保公办园的合理布局之外，政府还应对普惠性民办园给予必要的投入，实行成本分担。公办园应该是普惠的典范，绝大部分民办园应以普惠为追求，没有政府支持的普惠性民办幼儿园只能是低质量甚至是无质量的教育。政府应采取政府购买、减免租金、以奖代补、派驻公办教师等方式，引导和支持民办幼儿园提供普惠性服务。

三、建设学前教育公共服务体系的动力机制

建设学前教育公共服务体系的基本逻辑是：需求引发，即公众对学前教育的需求是建立学前教育公共服务体系的现实动力，公众需求的水平对学前教育公共服务体系的建设具有重要的影响；投入保障，没有政府财政的投入，不可能有真正的学前教育公共服务体系；制度促进，学前教育公共服务体系是否公平、是否有活力、是否有质量以及能否可持续发展，关键在于合理和有效的制度。

在我国，有些地方曾经出现过幼儿园教师挨家挨户上门动员孩子上幼儿园的现象。由于社会发展和学前教育事业的发展，加上家长文化水平和教育意识的提升，这种情况已经得到了根本性的改变。如今，由于社会对学前教育需求强烈，在如何充分满足家长学前教育需求方面面临诸多挑战，在一些地方还出现了“入园难”现象。家长对学前教育的需求从学前一年教育到3—6岁幼儿园教育，直至出现了对0—3岁教育需求激增的现象。学前教育需求成了当今社会公共服务中最重要的需求之一。学前教育公共服务体系建设的布局、规模和速度都受到公众教育需求的影响，只有把握城镇社会发展规划状况，把握人口发展动态，把握公众现实和可能的需求，才能真正构建起学前教育公共服务体系。

学前教育公共服务的基础和动力是政府投入。无论是公办园还是普惠性民办园，都要求政府分担成本，都要求政府在学前教育事业发展中起积极的引导作用。应在充分考虑不同幼儿园提供的教育服务质量的前提下，确定学前教育成本，并根据家庭承受能力，确定政府和家庭分担比例，进而确定学前教育经费占教育经费的比例。从总体上看，为夯实学前教育基础，解决学前教育发展中历史累积的问题，确保有质量的学前教育的健康发展，我国学前教育经费占教育经费的比例应在8%以上。

与其他社会公共服务事业不同，学前教育公共服务具有特殊的意义。因为它不只是对服务直接享受者有价值，而是对多方面的主体具有价值。譬如，文化是公共服务体系的组成部分，提供高质量的文化产品是政府和市场共同努力的结果。没有政府的引导和支持，健康的文化市场就无法真正产生；但在一定意义上说，市场的作用更为重要，文化市场没有充分发育，文化服务就不能满足公众的需要。文化服务的主要价值在于文化享受者的精神满足，接受者可以也应该承担相应的经济责任。此外，文化服务没有明显的关键时期和急迫性。而学前教育服务的直接对象是学前儿童，具有明显的关键时期和急迫性。学前儿童是教育的直接受益者，但学前教育儿童并不是教育成本的支付者，教育成本由家长和政府分担，或者完全由家长支付。学前儿童、家长、政府构成了学前教育公共服务的公共责任或受益群。为什么学前教育公共服务呈现如此复杂的局面？这是因为学前教育服务是一项面向未来、具有长期的未来价值的特殊的服务，它不只关系着儿童的今天，还关系到儿童的未来以及由今天的儿童决定的社会的未来。这样，学前教育公共服务已经不只是儿童和家长的事，还是社会和政府的事。对于这项指向未来的工程，政府不能简单依靠市场，必须加大对学前教育的投入。

学前教育公共服务的运行关键在制度，核心是投入制度。学前教育投入的法制化是国际社会发展学前教育的核心制度设计，这样可以避免学前教育投入的随意化、低水平、不公平，确保政府对学前教育的投入得到立法机构和全社会的监督。政府分担学前教育成本是国际社会发展学前教育的共同经验，我国学前教育的投入应更多关注经济困难的家庭，要更多地为经济困难家庭分担学前教育成本；应从为少数能进入公办园家庭分担成本转向同时为更多不能进入公办园的家庭分担成本，切实使公共财政让更多人受益。政府应逐步改变按照幼儿园类别承担学前教育经费的状况，逐步走向根据学前儿童家庭经济状况确定投入标准，确保公平公正。加强管理与监督是保障学前教育科学化和有效性的重要途径。专业化的管理团队是学前教育公共服务的质量保证，应加强专业管理团队建设，避免学前教育“小学化”。提升学前教育质量必须有科学的评价和监督机制，必须培养和培训专业的教师团队，引导教师的专业发展。

城镇化背景下县域义务教育发展问题与策略*

——基于4个省（自治区）部分县市的调研

□ 范先佐（华中师范大学教授）

改革开放以来，随着城镇化的快速发展，大量农村人口和学龄儿童转移到城镇，一方面给城镇教育带来了巨大的压力，城镇学校生源不断膨胀，班级规模不断扩大；另一方面农村人口和学龄儿童不断减少，农村“小规模学校”、“微型班级”大量出现。由此引发县域内城乡学校办学规模两极分化及如何应对的问题，农村孩子“有学上”与“上好学”如何处理的问题，城镇与边远贫困地区义务教育如何均衡发展的问题等，是城镇化过程中县域义务教育发展必须高度注意和慎重处理的问题。本文基于我们课题组对中西部地区湖北、山西、江西、广西等4个省（自治区）部分县市的调研①，从理论和实践相结合的角度，对上述问题进行了分析和探讨，并在此基础上提出了如何正确处理这些问题的应对策略。

一、关于县域内城乡学校办学规模两极分化的问题

城镇化是指农村人口转化为城镇人口的过程。反映城镇化水平高低的一个重要指标为城镇化率，即一个地区常住于城镇的人口占该地区总人口的比例。城镇化是人口持续向城镇集聚的过程，是世界各国工业化进程中必然经历的历史阶段。当前，世界城镇化水平已超过50%，有一半以上的人口居住在城市。改革开放以来，由于城镇化的快速发展，2011年，中国城镇人口达6.9亿人，占总人口的比重已超过50%，国内城镇人口首次超过农村人口。②另据国家统计局2014年1月20日提供的数据，2013年末，中国大陆总人口136 072万人，城镇常住人口73 111万人，乡村常住人口62 961万人，城镇化率为53.73%。③

随着城镇化的推进，大量农村人口和学龄儿童转移到城镇，使县域范围内城镇学校面临巨大的压力。如地处湘鄂赣3省交界处的湖北省A县，县域面积1 968平方公里，辖8镇4乡325个行政村，2010年末总人口471 320人，义务教育阶段中小学91所，学生62 077人。从2003年到2010年，该县城区小学生由8 330人增加到19 750人，由占全县小学生总数的15%增加到46%，初中生由6 001人增加到17 560人，由占全县初中生总数的21%增加到89.8%，也就是说，A县现有46%的小学生和89.8%的中学生是在县城上学。广西B县是全国推进义务教育均衡发展先进县，截至2010年底，该县义务教育阶段有中小学校147所，其中城镇小学21所，城镇初中23所，农村小学

* 原载《华中师范大学学报（人文社会科学版）》2014年第4期。

100所，农村初中3所；义务教育阶段在校生56 482人，其中城镇小学在校生14 936人，城镇初中在校生19 977人，农村小学在校生20 134人，农村初中在校生1 435人，城镇在校生占全体在校生的61.81%。山西省A县地处晋西吕梁山南麓、昕水河流域上游，属黄土高原残塬沟壑区，是国家级扶贫开发重点县之一。全县共有8个乡（镇），总人口为103 014人，义务教育阶段在校生17 030人。据我们对该县的调研发现，截至2010年，该县80%的小学生、90%的初中生在县城中小学上学。据我们课题组对其他县市的调研统计，情况也大致如此。

然而，在城镇学校屡屡爆满，学校规模、班级规模越来越大的同时，农村人口和学龄儿童却不断流失，农村学校规模、班级规模越来越小。如山西省A县3所县城小学学校总人数达4 698人，校均1 566人，而农村97%的小学校均不足200人，其中50人以下的农村小学就达48%，20人以下的占32%；3所县城初中在校生总计4 321人，校均1 440人，县城学校超负荷运转，超过55人的大班普遍存在，而仅剩下2所农村初中，总共只有475名学生，校均237人，县城初中学校规模是农村初中的6倍多。地处井冈山脚下的江西省B县辖22个乡镇，人口53万。截至2011年5月，全县拥有义务教育学校270所，学生54 311人，其中13所县城小学有学生17 191人，占全县小学生36 964人的46.5%，校均1 323人，班均63人，而含乡镇中心小学在内的240所农村小学总人数仅共19 773人，校均不足83人，班均不到35人。如果再排除22所乡镇中心小学，剩下的218所小学的校均规模和班级规模就可想而知了。

县级市C市是山西南部一座重要的交通枢纽和区域性中心城市，总人口28.9万人，其中，城市常住人口13.3万人，暂住人口5万人，农村人口10.6万人。为了解决因城市学龄人口不断增加而导致学位紧张的问题，近年来该市在城镇新建、改建和扩建了多所中小学，目前全市义务教育阶段有普通中小学校63所，其中城镇小学13所、城镇初中8所；农村小学37所、农村初中5所。全市合计在校生21 899人，其中城镇小学10 518人，城镇初中5 852人；农村小学5 519人，农村初中3 796人，也就是说，通过新建、改建和扩建中小学，该市义务教育阶段71%的学生是在城镇上学。目前该市城镇小学班均人数为60人左右，而农村学校20—30人的小班占80%以上。从全国来看，情况也一样。根据《中国教育统计年鉴》提供的数据计算，目前农村小学的班级规模大致在30人左右，但县镇小学平均班级规模却达到了48.66人，超过了国家规定的每班45人的警戒线；县镇初中的情况比小学更严重，平均班级规模为56.35人，大大超过了国家规定的50人的最高限额。

基于上述分析不难发现，随着城镇化的快速推进，我国县域义务教育已进入了大规模学校与小规模学校并存的时代，城乡学校办学规模已呈现出“城镇大班化、乡村空校化”的两极分化的态势。面对这样一种态势，促进县域义务教育的发展就必须正确处理城镇大规模学校与农村小规模学校的关系，其中关键是要办好农村小规模学校，以方便边远地区学龄儿童入学。因为从当前及今后一段时间来看，在边远农村地区，小规模学校仍然是一种有效的教学组织形式。从教育教学方面讲，小规模学校主要特点是学校和班级规模小，教师在教学中容易根据学生的特点因材施教，对学生的辅导时间会相应增多，有利于教学活动的顺利开展。从学生生活方面讲，小规模学校有助于解决学生上学难的问题。边远农村学生大多家庭贫困，他们首先关心的是上学成本问题，就近入学能节省相当数量的交通费和食宿费。因此，小规模学校“为改善山区、边远地区儿童接受基础教育困难的状况提供了条件”④。现在的问题是怎样把农村小规模学校办好，让边远农村地区的孩子也能公平接受义务教育。根据农村小规模学校存在的问题，我们认为，关键是要做好以下几方面的工作。

1. 加大公共财政的投入力度，促进农村义务教育均等化。根据公共财政的基本要求，各级政府尤其是中央和省级政府应继续将农村义务教育作为公共财政支出的重点，继续将新增教育经费主要用于农村义务教育。特别是目前在我国中西部边远农村地区仍有大量的小规模学校，这些小规模学校在当地发挥着举足轻重的作用，但由于资金短缺、办学条件落后，很多小规模学校难以维系，而由此带来的后果就是边远贫困地区的孩子上学困难甚至辍学，所以应通过完善投入机制，适当提高农村义务教育学校生均公用经费补助标准，从资金上支持小规模学校改善办学条件。对学生人数低于100人的农村小规模学校，其公用经费按100人拨付，力争经过3—5年的努力，使贫困地区农村义务教育学校教室、桌椅、图书、实验仪器、运动场等教学设施满足学校基本教学需要；学校宿舍、床位、厕所、食堂（伙房）、饮水等生活设施满足学生基本生活需要；留守儿童学习和寄宿需要得到基本满足；村小和教学点能够正常运转，逐步缩小县域内城镇学校与农村小规模学校间的差距，促进农村义务教育均等化。

2. 实行宽松的教职工编制标准，增加农村小规模学校教师编制。众所周知，农村中小学教师紧缺，特别是边远山区小规模学校教师严重不足，这些学校的教师工作量特别大，任务繁重，每天工作时间很长。因此，必须根据农村人口居住分散、学生成班率低、校点多、无法形成规模效应的实际情况，实行宽松的教职工编制标准，增加农村小规模学校教师编制。建议根据学段不同，按照教职工与学生数的一定比例核定，将现行义务教育学校1∶19的编制标准放宽为初中1∶13，小学1∶17，以适应《教育规划纲要》提出的“全面提高教育质量，进行基础教育课程改革，实行小班化教学”的需要。在城乡中小学教师统一编制标准基础上，根据义务教育均衡发展的要求，充分考虑农村小规模学校的实际情况，对农村、边远、少数民族集中、教学点分散或成班率低的地区，在编制标准上适当倾斜，增加农村小规模学校教师编制。学生规模240人以下的农村小学和教学点，可按照生员比和班员比相结合的方式核定教职工编制。按照生员比核定编制后平均每班不足2.5名编制的，可补足至平均每班2.5名编制，以提高农村学生受教育的质量，满足农村边远地区、少数民族集中、教学点分散或成班率低地区小规模学校教育教学的实际需要，推动义务教育均衡发展。

3. 建立农村教师特殊津贴制度，鼓励优秀教师到小规模学校任教。在我国，小规模学校大多位于中西部边远地区，环境艰苦，交通不便，工作条件差，生活水平低，所以优秀教师不愿到农村小规模学校任教。针对这种情况，必须大力改善农村小规模学校教师的工资和收入状况。目前我国中小学实行岗位绩效工资制度。岗位绩效工资由岗位工资、薪级工资、绩效工资和津贴补贴四部分组成，其中岗位工资和薪级工资为基本工资。基本工资执行国家统一的政策和标准，城乡、地区之间差别不大，近年来平均水平变化也不大，每月约为1 200元，但绩效工资、津贴补贴、社会保障等辅助性工资各地差距巨大。因此，在基本工资制度短期内不会发生大的变化的情况下，关键是要建立面向农村教师的特殊津贴制度，并且应根据农村地区的边远程度、人文环境、经济和财政状况设定一个系数，对那些越是在地理位置偏僻、自然条件艰苦地区小规模学校工作的农村教师，享受的特殊津贴应越高，以吸引和稳定优秀教师到该地区任教，改善农村小规模学校师资状况，保证边远农村地区的孩子也能享受到较好的教育。根据我们的调研和初步测算，加上原有基本工资、绩效工资和社会福利，如果最艰苦边远地区小规模学校教师的月工资达到3 000—4 500元，基本上可以让他们安心从教。

二、关于县域内城乡学生“有学上”与“上好学”的问题

20世纪末以来，伴随着我国经济社会的不断发展和人们教育观念的不断更新，特别是在我国义务教育阶段基本解决了“有学上”，而人们普遍要求“上好学”的大背景下，社会对于教育资源特别是优质教育资源的需求越来越迫切，对教育公平问题的关注也越来越强烈。在这样的教育环境下，怎

样保证县域内城乡学生，尤其是边远贫困农村地区的孩子公平接受教育，做到“有学上”和“上好学”，是城镇化过程中县域义务教育发展必须面对的又一问题。

随着城镇化的推进，各种要素不断向城镇集聚，这使得教育资源得到合理配置，利用效率得到提高。从总体上来看，教育资源的集中和优化，不仅有助于提高教育资源的利用效率，而且为城乡学生“上好学”提供了条件。这是因为，随着大量学龄儿童进城上学，一大批规模小、办学条件差的农村中小学被调整和撤销，教育资源得以进一步集中，师资队伍进一步优化，城镇学校的教育质量不断提高，使得更多孩子能够上好的学校，接受好的教育。但这里的前提条件是边远贫困地区的孩子能上得起学、留得住，然后才能谈得上接受好的教育、“上好的学校”，否则，只能是一句空话。调查发现，从农村流向城镇的居民中，80%是农村中有理想、有抱负的年轻一代。他们家庭经济条件较好，受教育程度相对较高，十分重视孩子的教育，而边远贫困地区、贫困家庭的孩子恰恰因为上学难和留不住而失去或不能更好地接受优质教育。而上学难和留不住的根本原因又恰恰就是农村中小学不断向城镇集中后部分学生上学路途远、经济困难等原因造成的。尽管农村学生辍学和失学是常有的事情，但调查发现，农村中小学向城镇集中确实加大了边远贫困地区、贫困家庭孩子辍学和失学的风险，使政府有限的教育资源在效率的作用下失去可以保证每个学龄儿童都能上学的公平性。同时，随着我国城镇化步伐的加快，城镇学校生源的“充裕”和农村学校生源的“萎缩”给城乡学校带来了截然不同的发展机遇。在我国现行义务教育财政体制下，城市学校由于生源充裕可以获得充足的发展资金，而农村学校由于规模小而难以获得更多的资金支持，从而使城乡义务教育发展的差距越来越大，城乡学生接受教育越来越不公平。

此外，在农村学校逐渐萎缩的同时，城镇学校却迎来了规模的扩张。面对这一情况，地方政府及其教育主管部门的通常做法是，优先满足城镇日益增多的中小学生就学需求，将有限的教育资源集中向城镇学校倾斜。如近年来江西A县进城务工人员子女和农村孩子在城区就读的数量就一直飙升。该县分宜三小原本是县城东部城乡接合部的一所不足200名学生的学校，为了满足日益增多的进城务工人员子女上学和农村孩子进城读书的需要，2008年分宜三小搬迁到县城北环路分宜三中整体搬迁后留下的空校，县政府多方筹集资金，不断加大对该校的投入，逐步完善该校的基础设施，尽力配齐师资。由于政府重视，学校管理有方，近年来分宜三小教学质量稳步上升，开始在全县中小学崭露头角，多次获得各种奖励及省市县教育主管部门的表彰。随着该校基础设施的完善和教学质量的提升，进城务工人员子女和农村孩子纷纷到该校就读，有些农村家长为了能让自己的孩子进城读书，不惜一切代价，甚至在学校附近租房陪读。还有一部分家长为了孩子能在分宜三小读书，纷纷在学校周边工厂和工地上打工。到了2011年，该校的学生已经达到了2 900多名，不到3年的时间，学生数量就比以往翻了15倍。为了缓解办学压力，县教育主管部门不得不在分宜三小附近新建一所分校，来满足进城务工人员子女和农村孩子的教育需求。

由于政府将财政经费重点投入到城镇学校，使得城镇学校的办学条件越来越好。城镇学校由于拥有良好的办学条件、公共设施和优厚的待遇，可以吸引优秀的教师、优质的生源等，这为城镇学校的发展创造了良好的条件。如湖北省A县为了满足县城日益增多的中小学生就学需求，新建了城关中学，在校学生6 838人，其中来自农村的学生有4 286人，约占学生总数的63%；该校现有教职工378人，其中来自农村的教师有260人，约占教师总人数的68%。相比之下，农村学校由于办学条件差、公共设施落后、待遇差，教师也都极其愿意或者想方设法调到县城学校，使得农村学校难以招聘和留住优秀的教师。这肯定会对边远贫困地区农村教育发展不利。这对于边远贫困地区的农村居民来说也是不公平的，由这种不公平所带来的负面影响将是巨大的、潜在的。如加大了边远贫困地区农村中小学与城镇中小学办学条件的差距，使这些地区的孩子不但享受不到城镇化的成果，相反，因办学条件差距的进一步拉大，甚至进一步恶化，在未来的岁月中，撇开他们是否能上高中、大学不说，仅此一点就无法让他们与城镇的孩子处于同等的地位进行竞争，而在经济与教育的互动关系越来越密切，人力资本在一定程度上决定人们收入水平的今天，这对边远贫困农村地区的孩子无疑是不公平的。

以上种种问题，其影响将是潜在的、长期的，有些负面影响目前还只露端倪，因此，对县域义务教育而言，在城镇化的过程中要慎重考虑三个问题。

一是方便学生就近入学，尤其是要保证边远贫困地区、贫困家庭的孩子“有学上”。在城镇化过程中，对待农村小规模学校的撤留问题上，不能根据单一的标准来判定其去留，如很多地方根据服务半径、服务人口、学校规模等数量标准来决定什么样的小规模学校要撤销，这是不合理的，因为无论是扩大学校规模，还是考虑学校的服务人口、服务范围，其基本前提是要方便学生就近入学。以牺牲学生就学、降低普及程度为代价来提高办学规模，扩大服务范围，既不符合教育事业发展的本质要求，也损害了广大人民群众的根本利益。所以，判定农村小规模学校的撤留不能搞模式化、标准化，主要应考虑这样几个条件：学校撤并后，位于边远地区、山区学生转到城镇学校上学方便不方便，如果不方便就不能撤；城镇中小学能不能解决学生的寄宿问题，如果不能解决寄宿问题，其所辖的农村小规模学校就不能撤；村民及家长同不同意学校撤并，如果村民及家长都不同意，应该遵从群众的意愿，不能强行撤并。

二是制定相应的财政补偿政策，保证边远贫困地区、贫困家庭的孩子能“上好学校”。边远贫困地区、贫困家庭的孩子到城镇上学，可以增加接受优质教育、“上好学校”的机会，因为从某种意义上讲，即使是城镇的一些薄弱学校，相对边远贫困地区的农村学校而言，仍可称得上是“优质学校”。但也必须看到，边远贫困地区的孩子到城镇上学，必然会增加寄宿成本、交通成本以及生活差距成本等，加重家庭的经济负担。据我们课题组对湖北、江西3省6县（市）1 742名寄宿生问卷调查统计显示，寄宿生“每个月伙食费”平均为208元；“每个月的零花钱”平均为49元；“每个月因上学而支出的车费”平均为32元。综合三项统计，寄宿生平均每月生活及交通费用共计约289元，一年按10个月计算，支出总数为2 890元，再加上每年两学期的基本生活用具购置，一个寄宿生一年的支出最保守估计大约为3 200元左右。国家审计署提供的数据也证明了这一点。2012年5月至8月，审计署组织对27个省所辖的1 185个县2006年以来义务教育阶段农村中小学布局调整情况进行了审计调查，重点调查了25 127所学校，涉及在校学生1 705.28万人。在该署走访的7.2万名乘车上学走读生中，其年人均上学交通费支出为839元，比布局调整前增加了390元。19.99万名校内寄宿生年人均食宿费支出1 658元。同时，审计署还调查了3.28万名校外租房陪读学生家长年人均费用支出为8 046元，占其家庭年均收入的36%。⑤

另据21世纪教育研究院对山西、河南、四川、江西、云南、广西等地23所农村寄宿制学校的调查显示，农村家庭因孩子上寄宿制学校增加了额外的费用，中部省区每学期增加657.3元，西部省区为每学期787.8元，而一些西部贫困地区家庭的人均年收入也才一两千元⑥。尽管从2006年开始，国家对农村贫困寄宿生提供补助，并且从2011年秋季学期起，补助标准每生每天提高1元，达到每生每天小学4元、全年1 000元，初中5元、全年1 250元，但对于贫困家庭而言，孩子寄宿的开销仍然是一个沉重的负担。在调研中，有40.7%教育行政人员和33.9%的教师认为寄宿制存在的问题是家长负担加重；有20.4%的家长和52.7%的学生表示最担心的问题是，寄宿加重了家庭的经济负担。因此，要确实让城镇化造福于民，就不能让边远贫困地区的孩子做出政策性的牺牲。解决这个问题的根本办法就是国家在推行城镇化的过程中，必须制定相应的教育财政补偿政策，资助因城镇化的推行而在教育上受到损失的边远贫困地区的孩子，让他们不因城镇化而加重家庭的经济负担并公平接受教育。目前迫切需要解决的问题是，随着免费义务教育的全面推进，应进一步加大对农村贫困寄宿生资助的力度，从实行全免学杂费和教科书费过渡到“义务教育全免费”，即不仅应当完全免收学杂费和教科书费，而且还应免费提供伙食、校服、交通补助等，确保农村贫困家庭子女上得起学。

三是采取切实可行的措施，保证边远贫困地区、贫困家庭的孩子能“学得好”。在现代社会，由于教育特别是高质量、高层次的教育能够提高人们的劳动能力，改变人们的社会地位，带来各种经济和非经济收益，广大人民群众已不再满足于子女有学可上，他们希望子女通过教育来改变社会身份，即使付出更多的经济代价也愿意将子女送到城镇读书，上好的学校，接受优质教育。但进城镇上好的学校，并不意味着就能学得好。调研过程中发现，边远贫困地区、贫困家庭的孩子由于基础较差，即使进入城镇学校，往往由于不适应新的学习环境而出现成绩下降的问题。如湖北省B市团山寺镇的一名女生原来在该镇一所普通中学读书，该校撤并后被转入本镇教育质量最好的一中就读。起初，她和家长都觉得能够到镇里最好的初中学习是一件好事，所以很高兴，尽管学习成本有所增加，家长还是十分支持她。由于一中生源质量较高，同学之间的学习竞争很激烈。新学期开始不久，该生就感到以前那种轻松快乐的学习气氛没有了，以前同学之间的亲切与和谐似乎也消失了，更重要的是自己学习成绩的相对位置不如从前，学习压力变大，心理负担加重，成绩很快就下降了。因此，重视教育质量的家长尤其担心自己子女的学习成绩在教育城镇化过程中会有所下降。此外，不少地方教育城镇化之后，都出现了班级规模过大，教师负担过重的问题，学校教育质量受到较大的影响。因此，必须采取切实可行的措施，保证边远贫困地区、贫困家庭的孩子不仅能够进城镇上好的学校，而且要学得好。目前的当务之急是要充分利用已有办学资源，解决城镇学校超大班额问题，做到小学班额最多不超过45人、初中班额最多不超过50人，逐步消除大班额现象。

三、关于县域内城镇与边远贫困地区义务教育均衡发展的问题

20世纪90年代以来，随着我国九年制义务教育的逐步普及，义务教育均衡发展已成为我国教育政策的重要内容。教育均衡发展的最基本要求是在城乡之间、教育群体之间，公平地配置教育资源，达到教育需求与教育供给的相对均衡，让所有适龄儿童都能享受到机会均等的受教育权利。因此，在城镇化过程中，如何使城镇与边远贫困农村地区义务教育均衡发展，是城镇化过程中县域义务教育发展面临的重大课题。《教育规划纲要》将推进义务教育均衡发展提升为义务教育战略性任务的高度，要求建立健全义务教育均衡发展保障机制，均衡配置教师、设备、图书、校舍等各项资源，切实缩小校际差距，加快缩小城乡差距，努力缩小区域差距，到2020年基本实现区域内义务教育均衡发展，并且要求义务教育均衡发展要率先在县域范围内进行。

从各地城镇化过程中的教育实践来看，撤并一批过于分散的小规模学校，在交通便利、人口相对集中的城镇建设一批大规模学校，把有限的农村教育资源集中到办学能力强的城镇学校，以城镇学校带动农村学校，以强校合并弱校，是城镇化过程中县域教育工作的主导方针。以江西省A县为例，该县为了应对农村人口大幅度地向城镇集聚，县城中小学学生猛增的需要，2008年开始实施“初中进城，小学进镇”工程。县政府投资1.2亿元，无偿划拨土地186亩，在县城建立了分宜第六中学，率先在全省实施农村“初中进城”工程，2010年秋季起，将全县13个乡镇初中的学生全部集中到第六中学，目前该校在校生已经达到4 500人，而将撤并的13所乡镇初中改办为寄宿制小学，乡镇

三、四年级以上的小学生统一集中到这些学校就读，又实现了“小学进镇”。目前该县 70%的小学生集中在城镇就读。全县所有初中生和 70%的小学生集中在城镇就读，使农村的孩子同城镇的孩子一样享受到优质的教育资源，接受优质教育。

毫无疑问，城镇化对促进县域内的教育均衡发展具有积极作用，但是，我们在调查中也发现，在一些边远贫困地区，城镇化不仅没有改善农村学校的办学条件，反而使部分校点办学条件恶化；不但无法缩小边远贫困地区农村与城镇之间教育的差距，反而拉大了这种差距。2010 年山西省 B 县教育局的统计数字显示，农村小学的平均规模为 176 人，而县城小学为 1 403 人，两者相差很远。而初中则全部集中在县城，农村已经没有了中学的影子。在农村学校中仍然有难以撤并的教学点共 37 个，而学生人数在 40 人以下的“麻雀”学校占了半数。这些“麻雀”学校不但办学条件差，而且师资力量弱，教育教学设施简陋，教学质量低。这样一来，边远贫困地区的农村学校与县镇学校的差距越来越大。

造成这种局面的主要原因是，主观愿望与实际情况相矛盾。主观上人们希望通过城镇化为所有边远贫困地区的孩子提供良好的办学条件和高质量的教育，但一个不容回避的现实是边远贫困地区义务教育目前只能在数量上予以保障，只能以完成基本的义务教育培养目标为限度，高质量教育的追求既受政府财力的制约，也与边远贫困地区老百姓脆弱的支付能力相悖。因此，边远贫困地区的教育供求矛盾与城镇地区教育供求矛盾的区别在于：它不是优质教育资源的稀缺导致的教育不公，而是因绝对数量不足，教育活动最基本条件难以保障导致儿童受教育机会的缺失。因此，就边远贫困地区的农村而言，撤并过散过小的校点，扩大城镇学校的规模，让农村孩子进城上学，追求师生比例达到或接近国家标准等，都从理论上有利于边远贫困地区农村义务教育的发展，有利于提高这些地区的教育质量与教育水平，但是，如果没有一定的经费支撑，这种主观愿望与边远贫困地区农村的实际情况就难以相符。在城镇化过程中一些地方政府对此缺乏全面和深刻的认识，将城镇化仅仅理解为人口向城镇集中、学生进城上学，因而导致一些地区政府为揽政绩，不顾客观实际，层层加码，一味追求扩大城镇学校的规模和撤并农村学校的数量与速度。然而，在这些地方政府引以为荣的“农村教育城镇化”背后，却是边远贫困地区的学生和家长为此付出的艰苦代价和加重的经济负担。

当然，国家可以通过财政转移支付、专项拨款等途径加大对边远贫困地区教育的资助，但在城镇化的过程中，这些资金多数被投入到城镇学校，以满足“农村教育城镇化”运动和建设高度集中的教育园区的需要，而城镇以下的学校却遭到“冷漠对待”，尤其是农村教学点往往变成了“被遗忘的角落”，不仅高层政府的专门调查不涉及这些校点，即使是本地的教育行政官员也很少甚至从没有到过这些地方。如湖北省 C 县雷店镇五一中心小学下辖的一个教学点，离中心学校 15 公里左右，至今无法通车，全靠步行并要翻越一座山才能到达。该镇中心学校刘校长告诉我们，她每学期只在开学的时候去一次，其他工作只能依靠电话联系。主管教学点的中心学校校长都只如此，其他各级党政官员、教育行政官员也就可想而知了。因此，政府的财政转移支付是很难惠及这些地方的。

由于中小学教育是必须分散组织的社会事业，其管理权主要属于地方，因而地方经济的发展对中小学教育的发展及其布局的影响是很大的。如果地方区域经济比较发达，可提供的教育经费就相应充足，中小学教育的发展就有了根本保证，反之，中小学教育的发展就很难得到经费支持。同理，城镇化是一项具有长远发展的战略决策，随着这一决策的实施，一批标准化、现代化的城镇中小学诞生了，这对于县域内经济发达地区以及富裕家庭的孩子获取与城市孩子一样的教育，进而通过教育的途径缩小其城乡差别是具有重要意义的。但由于同一县域内边远落后地区与经济发达地区之间仍存在着较大的差距，在投资教育就意味着投资未来的今天，经济发达地区对教育的投资越大，它们获得的发展机会和潜力就越大，因此，它们的发展速度会更快。相比之下，边远贫困地区则由于地方财力和家庭支付能力的限制而无法承担因城镇化所导致的教育财政支出和家庭教育消费支出的增加，这些地区教育的发展和农民子女接受优质教育的机会也将受到限制。长久下去，同一县域内边远落后地区与经济发达的城镇的教育差距会进一步拉大。因此，城镇化必须兼顾到同一县域内城镇与边远贫困地区的学校，协调好县域内经济发达的城镇与边远贫困地区教育的发展。

1. 科学制定县域教育发展规划，突出城乡教育一体化发展总体思路。城乡教育一体化是在教育公平的核心价值取向下，打破城乡二元僵局，建设城乡教育共同体，在保持与发挥城乡教育区域性特色与优势的基础上，促进城乡教育互动联结、相互帮扶、相互作用、消解差距，逐步实现城乡教育公平、协调发展的动态进程。县域城乡教育一体化是我国城乡教育一体化的重点。在县域范围接受义务教育的学生占全国总学生数的80%以上，城乡教育的矛盾也主要集中在县域范围内县镇和乡村教育上。推进县域城乡教育一体化发展，关键在于科学规划。要遵循“就近入学”的基本原则，合理规划好农村学校。没有农村教育的发展，城乡教育均衡发展就无从谈起；没有好的农村学校规划，也无法推进一体化发展。要探索形成以城带乡、城乡一体的区域教育发展新格局，探索城乡互补的新机制，并对已经形成的县域教育规划做出必要调整，突出一体化发展总体思路。对于农村教育发展的关键领域、薄弱环节，要实施政策再倾斜。国家要出台硬性规定和农村学校办学标准，补齐其中诸多薄弱的“短板”，防止城乡差别再扩大。在实施城乡统筹过程中，要建立和完善各项帮扶农村教育的制度，向县域边远贫困地区倾斜、向薄弱学校（教学点）倾斜、向农村困难群体子女倾斜，从根本上弥补县城不同乡镇、学校和群体之间的教育差距。

2. 结合县域的实际情况，实行义务教育学校标准化建设。统筹城乡义务教育资源均衡配置，实行义务教育学校标准化建设，对于改善农村义务教育学校办学条件、减小城乡差距、促进教育公平起到非常重要的作用。但应该看到，县域范围内义务教育学校标准化建设仍存在诸多问题。具体表现在：一是义务教育资源分配不均，标准化建设未能与城乡教育规划布局匹配。在一些农村边远贫困地区，寄宿制学校床位、厕所、食堂（伙房）、饮水等基础设施不能满足师生的基本生活需要，达不到国家规定的标准。二是我国大多数地区在推进义务教育学校标准化建设过程中，主要是以改善学校办学的物质条件为主的外延式发展，旨在缩小不同地区间、学校间因资源配置不合理而形成的条件性差距，即：重视校园建设、装备条件等硬件的达标，而忽视师资队伍、学校管理等软件的提升；重视教育资源的直接投入，而忽视已有资源的重组和再生；重视外在条件的改善，而忽视办学质量的提升；重视政府外在推动，而忽视学校自我内在驱动。所以，当前县域义务教育同样存在着城镇与乡村、乡镇与乡镇、名校与普通学校之间的巨大差距，严重影响了教育公平和教育均衡的推进，因此，在推进县域义务教育学校标准化建设过程中，相关部门应结合县域的实际情况，拟定义务教育学校标准化建设指标的下限和上限。下限作为底线，必须无条件严格遵守。在此基础之上，具体的指标体系可以因地制宜，但必须涵盖硬件和软件，不能仅仅为缩小县域不同地区间、学校间因资源配置不合理而形成的条件性差距，单纯实行以改善学校办学的物质条件为主的外延式发展，而应在改善办学条件、加大教育资源投入的同时，推动教师观念、教师专业发展、教师生活条件、学生综合素养、校园文化，学校管理等方面的提升，尤其应该重视教师队伍的建设，促进县域内城乡义务教育学校内涵式发展。

3. 统筹县域教育资源，努力实现优质资源共享。统筹县域教育资源，其目的是使县域内教育资源相互匹配、资源共享，以实现教育组织内部或外部的直接或间接的资源配置效率的改进。具体来讲，可以在县域范围内依托一所或几所办学质量较高的学校，同时联合乡镇的若干所农村薄弱学校建立学区。在学区内统筹教育资源，学校之间实现教师、图书、实验仪器、局域网的建设等优质资源共享，最大限度地发挥优质资源的作用，使有限的教育投入发挥最大的效益。还可以利用现代教育网络建设庞大丰富的教育资源信息库，借助现代化的信息教育平台，努力实现县域内教育信息共享、教改成果共享和名师名校资源共享，让所有的孩子都能通过网络接受高质量的教育，缩短城乡之间、城镇学校与农村学校之间的办学差距，实现真正意义上的县域城乡义务教育均衡发展。因此，在既有的教育资源总量一定的条件下，要统筹县域教育资源，就必须积极推进教育信息化，继续大力实施“校校通”、“班班通”工程，努力实现教育信息共享、教改成果共享和名师名校资源共享，以教育资源共享的新形式推动县域城乡义务教育均衡发展。

注释：

① 2010 年 4 月至 2013 年 10 月，我们课题组对湖北、山西、江西、广西 4 个省（自治区）8 个县义务教育均衡发展改革情况进行了调研和访谈。文中未注明出处的数据和资料均来自上述调研和访谈。

② 汝信、陆学艺、李培林：《2012 年中国社会形势分析与预测》，北京：社会科学文献出版社，2011 年，第 12 页。

③ 国家统计局：《2013 年大陆人口为 13.607 2 亿，城镇化率为 53.7%》，2014-01-20，中国经济网。

④ 吕晓红：《复式教学在义务教育中的地位及前景》，《教育评论》1999 年第 3 期。

⑤ 国家审计署 2013 年第 2 号公告：《1 185 个县农村中小学布局调整情况专项审计调查结果》，2013-05-03，http://www.audit.gov.cn/n1992130/n1992150/n1992500/3274274.html.

⑥ 21 世纪教育研究院：《农村教育向何处去——对农村撤点并校政策的评价与反思》，北京：北京理工大学出版社，2013 年，第 45—46 页。

关于现阶段普通高中教育性质的再认识*

□ 石中英（北京师范大学教授）

2003年，教育部在颁布的《普通高中课程方案（实验）》中明确提出，“普通高中教育是在九年义务教育基础上进一步提高国民素质的、面向大众的基础教育。普通高中教育应为学生的终身发展奠定基础。普通高中教育应全面落实国务院《关于基础教育改革和发展的决定》所确定的基础教育培养目标”。根据这样一种政策表述，普通高中教育在性质上非常明确地具有“基础性”。这一有关普通高中“基础性”的认识也体现在课程内容的选择上，成为指导内容选择的三个基本原则之一，另外两个分别是“时代性”和“选择性”。在如何处理“基础性”与“选择性”的关系上，《普通高中课程方案（实验）》表述为：“为适应社会对多样化人才的需求，满足不同学生的发展需要，在保证每个学生达到共同基础的前提下，各学科分类别、分层次设计了多样的、可供不同发展潜能学生选择的课程内容，以满足学生对课程的不同需求。”这里有关普通高中课程内容选择上“基础性原则”与“选择性原则”的关系也表述得非常清楚：基础性原则是优先性的原则，选择性原则的适用则必须在基础性原则得到满足的前提下。但是，近十年来，随着普通高中教育事业的发展和普通高中课程改革的逐步深入，对于普通高中教育性质在理论上有了一些新的认识，明显强化了普通高中教育的“选择性”和“个性化”；在课程实践中也有了新的探索，大力倡导普通高中课程的“选择性”和“个性化”，一些优质高中学校甚至提出为每一位高中生制订不同的课程表①。这些新的认识和实践探索与传统上有关普通高中“基础性”的认识是否相矛盾？是对“基础性”的补充说明还是对“基础性”的颠覆抛弃？新一轮普通高中课程改革在有关普通高中教育性质的认识上究竟应该作何表述？基于这样的一些政策、理论和实践背景，本文试图对现阶段我国普通高中教育的性质提出一些观点，并分析讨论目前学界和实践领域的一些新认识、新探索，求教于教育同仁。

一、对“普通高中教育的性质”的概念分析

性质是事物的一个或一组规定性，表征该事物的显著特征，也是该事物区别于其他事物的明显标志。对事物性质的认识与把握，是认识该事物的重要方法或思想前提。在自然科学领域，对事物性质的认识纯粹是描述性的，一般而言它不随着认识主体的个性、文化或价值偏好的变化而变化。但这并

---

* 原载《教育研究》2014年第10期。

① 例如，上海中学在课程变革的实践中，借鉴国际课程上A-level课程、AP课程、IB课程等经验，提出把“推进课程的选择性，促进学生的个性化知识构成”作为学校课程变革的主要价值取向。参见唐盛昌、李英主编：《高中国际课程的实践与研究（总论卷）》，上海教育出版社2011年版，第342—356页。

不是说，在自然科学中有关事物性质的认识在不同主体之间没有分歧。只不过是说，这种有关事物性质认识上的分歧经由不断地修正认识主体的认识角度、方法和手段而得到解决，达成比较一致的结论。在社会科学领域，情况则有很大不同。对某种社会事物（组织、关系或活动）性质的认识则不可避免地打上认识者本人及其所在社会立场、文化传统和价值偏好的烙印。有关社会事物性质的表述既带有描述性——揭示认识对象的事实性特征，也带有规范性——表达认识者自己对该社会事物在理想状态下应如何的价值期望与要求；而且，在社会科学领域，认识者对一个社会事物是什么的特征表述本身还受认识主体价值偏好的支配，在一般情况下均是局部的、选择性的，而非全面的、客观性的。

基于这种认识，笔者认为，目前学界和实践领域任何有关“普通高中教育性质”的回答既是描述性的也是规范性的，既有事实的基础也反映价值的偏好。因此，目前学界和实践领域有关普通高中教育性质认识上的分歧，既有认知层面上的视角和方法上的原因，也有价值层面上的立场和态度上的原因，而且，后者是更为关键的原因，体现为不同的个体或社会群体对于“理想的普通高中教育”的不同选择和价值预期。与此相关，有关普通高中教育性质的分歧既反映了有关普通高中教育特征认知上的差别，也反映了有关普通高中教育应该如何办的价值取向上的分歧。认知上的差别解决起来并不难，通过加强有关普通高中教育的实证研究即可；难的是如何解决价值立场和价值取向上的分歧，只有通过扩大与深化有关普通高中教育性质认识的交流和对话来促进解决。

二、把握“普通高中教育性质”的三个维度

如何比较全面地把握普通高中教育的性质？这里首先有一个思想方法的问题。我们认为，可以根据中国古代认识论中“循名责实”的方法以及逻辑实证主义的意义理论，从“普通高中教育”这个名称入手进行分析。从名称上来看，“普通高中教育”即是“普通的”、“高中阶段的”“教育”。“普通的”、“高中阶段的”、“教育”这三个词从不同侧面表征或者说规定着普通高中教育的性质，使得普通高中教育既与其他阶段、类型教育实践活动相区别，又与其他阶段、类型教育实践活动相关联。因此，弄清楚“普通的”、“高中阶段的”和“教育”这三个词语的内涵，是全面把握普通高中教育性质的三个维度或路径。那么，每一位教育工作者都熟悉得不能再熟悉的这三个用来指示普通高中教育性质的词语究竟意味着什么，又表征着普通高中教育的哪些内在规定性？

（一）普通的（General）

“普通高中教育”是区别于职业高中、中等专业学校、中等技术学校等以职业技术教育为主要目的的高中阶段教育，“普通的”这个词语表达了这种类型上的差异性。从国际比较的角度来看，“普通高中教育”属于“普通中等教育”（General Second Education，GSE）的范畴。而“普通教育”（General Education）这个词语除了与“职业技术教育”（Technical and Vocational Education and Training，TVET）相区别之外，还与“专业教育”（Professional Education）相区别。在高等教育领域，“General Education”一词就被翻译为“通识教育”。

从内涵上说，一种教育，如果称得上是“普通教育”，那么一般具有下列基本特征：（1）注重历史文化的学习，引导学习者尊重、理解和弘扬传统；（2）注重理智的训练和情感的陶冶，培育学习者广泛的生活能力、适宜的生活态度和健康的审美趣味；（3）注重教育内在价值的实现，引导学习者建立良好的学习品质，培育自主的、批判性的学习者；（4）注重学习者学习主体性的发挥，倾向于启发的而非强制的、对话的而非灌输的、平等的而非等级制的教学模式；（5）注重共同知识基础的学习，致力于为公民成长打下良好的基础。从这个角度来说，普通教育也是共同基础教育（Common Education）；（6）注重伦理和价值观的学习，培育

他们丰富的人性和健康的人格。① 反过来，如果一种名为普通教育的教育实践在上述特征体现方面不明显，甚至从根本上遗忘或排斥上述这些方面特征及其实现，那么，它也就很难称得上是真正的普通教育。这一点不仅可以作为观察和分析普通高中教育的视角，也可以用来观察和分析“普通高等教育”。

（二）高中阶段的（Upper Secondary）

在国际教育统计分类标准中，一个国家的教育体系被分为“初等教育”（Primary Education）、“中等教育”（Secondary Education）和“第三级教育”（Tertiary Education）。第三级教育也称为“中等后教育”（Postsecondary Education），涵盖了包括“高等教育”（Higher Education）在内的所有为初等或中等教育阶段毕业之后的学习者提供服务的教育形式。“中等教育”又分为两个层次：“低层级的中等教育”（Lower Secondary Education）和“高层级的中等教育”（Upper Secondary Education）。“普通高中教育”就属于“高层级的中等教育”范畴。至于高层级的中等教育（包括普通高中教育）是否属于“义务教育”（Compulsory Education），则视不同国家和地区的教育期望和投入能力而定。

作为高层级的中等教育，普通高中在整个国家的教育体系中处于一种关键的中间位置。随着我国高中教育的基本普及和高等教育进入大众化阶段，其关键性地位主要体现为以下几个方面。（1）引导性：普通高中教育机会的供给能力对于九年义务教育毕业率的巩固和质量保障具有一种预期的作用。如果普通高中教育入学机会供给不能满足义务教育阶段毕业生的入学需求，那么必然会影响到义务教育的巩固率和毕业率。普通高中对于优质生源的定义、招生模式等反过来也会影响到义务教育阶段的质量观，影响到义务教育阶段的课程设置、教学模式和学校管理行为。（2）基础性：随着经济增长方式的转变和劳动力市场对初次入职者普通教育水平要求的提升，普通高中教育越来越成为一种基础性的教育，是提高国民素质的基础阶段。当前，随着我们国家全面深化改革和经济领域的转型升级，普通高中教育在新生劳动力供给方面的基础性作用越发明显。（3）大众性：随着整个国家高中阶段教育的基本普及，普通高中教育需求和入学人口的增长，普通高中教育从精英教育转变为大众教育，从“面向少数人的高中”转变为“面向多数人的高中”。可以预期，高中教育阶段若非政府主导和政策诱导下的普通高中与职业高中在校生 1∶1 的比例，普通高中教育入学人口及其比例会有更大程度的增加。（4）预备性：普通高中教育的质量定义、生成和保障对普通高等教育质量的保障和提升具有基础性条件作用。如果普通高中教育的质量定义主要聚焦在高考分数和升学率上，弱化甚至牺牲普通高中教育的内在质量，那么对高等教育质量的消极影响是毋庸置疑的。所以，理解普通高中教育作为高中阶段教育的阶段性特征，不能仅仅从普通高中教育和高等教育的关系上来理解，还应同时从其与义务教育、初级劳动力供给以及其本身的普及程度三方面来理解。从这个角度来说，普通高中教育如果将高考和升学作为自己唯一的价值取向，并没有全面反映其中等教育的特性。

（三）教育（Education）

近些年在有关普通高中性质的讨论中，上述普通高中教育作为“高中阶段的”教育局部特点受到的关注比较多，相比之下，其作为普通教育的性质

---

① 哈瑞·刘易斯（Harry R. Lewis）也提出，普通教育或通识教育具有四大目标：一是教育学生如何成为社会一员，享受公民权利，履行公民义务，承担对地方、对国家、对世界以及对自己的责任。二是教育学生如何继承延续并参与发扬他们自己的伟大传统，包括各种价值观、人文艺术科学等；教育学生更好地理解文化冲突，正确处理不同文明之间的区别，并学会同那些与自己家庭、文化、宗教背景不同的人友好相处，理解并能超越这些不同。三是使学生有准备地回应身边的变化，并能批判性和建设性地回应这些变化。四是使学生更好地理解他们所说的和所造的伦理、道德的含义，对自己的道德体验和价值观有持续的批判态度。参见崔金贵的《大学的卓越灵魂：通识教育、教学改革与管理——哈佛大学哈佛学院前院长哈瑞·刘易斯教授访谈录》一文，载《高校教育管理》2014 年第 4 期。

讨论就比较少，尤其是其作为“教育”体系组成部分的“教育性”（educativencss）讨论几乎没有涉及。这极大地影响着理论上、政策上和实践中人们对于普通高中教育性质的全面认识与深刻把握。不言而喻，普通高中教育，说到底还是“教育”，普通高中教育的一切活动，都应该具有“教育性”。从内涵上说，“教育性”是一切教育行为、机构或组织的本体特征，指向“有意图产生的学习者的有价值发展”。教育行为、机构或组织的其他特征都只是这一本体特征的外部条件和表现，是建立在这一本体特征的准确认识、充分表达和完美实现基础之上的。从古今中外教育知识传统中有关“教育性”的论述来看，一种行为、一个机构或组织，如果称得上是“教育”行为、机构或组织的话，则必须具备下面这些特征。（1）学生中心的（student-centered）：学生是教育的中心，学生的有价值发展是教育行为、结构或组织的终极价值。从这个角度来说，普通高中教育应该努力反映学生身心发展的阶段性特点，了解他们特定阶段的学习和发展需求，为每个学生潜能的充分实现提供良好的指导和服务。（2）完整的（holistic）：一个机构或组织若要称得上是教育组织和机构的话，那么它的一切要素与活动都应该指向学生的有价值发展，且不同要素与活动之间的价值取向具有一致性、互补性，共同构成一个完整的旨在促进学生有价值发展的环境。（3）全纳的（inclusive）：“有教无类”是理想教育的基本价值取向。普通高中要致力于营造一个更加平等、自由和包容的教育环境，反对教育过程中的歧视、排斥和社会刻板印象，促进和保障教育过程的公平。（4）人格取向的（character-oriented）：人是教育的目的，人格或品格的陶冶是所有教育实践的共同追求。普通高中教育对功利的追求不能以牺牲人格陶冶为代价，必须把培养和造就具有丰富人性和良好品格的人作为自己的责任和使命。

依据上述3个维度对于普通高中教育性质的内涵分析来看，1所普通高中学校，只有同时具备了“普通的”、“高中阶段的”和“教育的”3个维度14项特征，才能成为真正的普通高中学校，担负和完成一所普通高中学校本应承担的教育任务。反过来，1所普通高中学校在上述3个维度14项特征实现方面存在多少缺失，其普通高中教育性质的不充分性也就达到相应的程度。目前社会各界对普通高中教育的抱怨和责备与现阶段普通高中在3个维度14项特征中许多重要特征的缺失有着直接的关系。因此，全面、深入地分析和把握普通高中教育性质是今后深化普通高中教育改革包括课程改革的一个重要认识论前提。

三、关于当前普通高中教育性质若干争论的分析与讨论

（一）关于普通高中教育的“基础性”

当前，有论者认为，从普通高中教育的阶段性特点来看，与义务教育的基础性不同，普通高中教育开始出现选择性、个性化与多样性的特点，甚至有用选择性、个性化和多样性来取代基础性的倾向。一些优质高中学校在改革过程中也自觉不自觉地将选择性、个性化和多样化作为课程设计、管理和质量评价的主导性原则。如何看待这种观点和实践探索？其实，关于普通高中教育属不属于“基础教育”，有无“基础性”，国内外的确有不同看法。在联合国教科文组织2005年度发表的《中等教育改革：走向知识掌握与技能发展的融合》（*Secondary Education Reform：Toward a Convergence of Knowledge Acquisition and Skills Development*）报告中，高中阶段教育（含普通高中教育）就不属于“基础教育”（Basic Education）范畴，“基础教育”只包含“初等教育”（Primary Education）和“低层级的中等教育”（Lower Secondary Education）两个部分。在我国则长期将普通高中教育看成基础教育的高级阶段，2003年颁布的《普通高中课程方案（实验）》开宗明义地强调，“普通高中教育是在九年义务教育基础上进一步提高国民素质、面向大众的基础教育”。普通高中教育属于基础教育非常清晰。申继亮认为：“从终身教育的角度来看，高中教育的基础性地位毋庸置疑。把普通高中定性为基

础教育，就是强调它是人的一种基本的学习需要，承担着为所有学生提供向社会必不可少的共有元素的任务，需要为学生今后的学习和生活打下坚实的基础。”[1]徐爱杰也认为，我国高中教育在功能定位上应该突出其作为基础教育的基础性，强调学生基本素质的培养。[2]可是，如果继续强调普通高中教育的基础性的话，如何回应有论者提出的其选择性、个性化与多样性特点呢？实际上，这当中涉及对基础教育基础性内涵的再理解问题。

其实，在前面有关“高中阶段”特征的讨论中，我们已经对基础性做了新的理解，将普通高中教育作为初级劳动力从而也是国民素质形成的基础。这种基础性的理解与高中生选择性、个性化、多样性的发展需求并不矛盾，而是具有内在一致性。随着社会主义市场经济的不断完善，劳动力市场所需要的初级劳动者越来越应该具有自主意识、个性意识和创新意识，因此，提出普通高中教育的选择性、个性化和多样化，恰恰是对传统意义上基础性的丰富、更新和发展。强调普通高中教育的基础性，不等于是说，普通高中阶段的学生学习的课程内容、进度要求和未来专业选择都是同样的、无差别的。此外，提出普通高中教育的选择性、个性化和多样化，也不应该突破普通高中教育作为“普通教育”的尺度，过早地将普通高中教育专门化，以至于搞成专业预备教育。

总之，根据以上的分析，普通高中教育总体上还应属于基础教育，是高层级的基础教育，是基础教育的完成阶段，是人的一生终身学习和未来发展的基础阶段。

（二）关于普通高中教育的“预备性”

从现代普通高中教育的历史发展看，普通高中教育原本就是大学阶段的“预备教育”——为学生升入大学做准备。在西方，普通高中教育的诞生是大学教育向下的延伸，一开始并不与初等教育相衔接，也不与职业技术教育相沟通。就是在建立现代教育体系之后，西方国家普通高中教育的大学预科性质也比较突出。美国教育部 2010 年 3 月发布的《改革蓝图——初等和中等教育法案的再授权》（*A Blueprint for Reform*：*The Reauthorization of the Elementary and Secondary Education Act*）报告，针对每十个高校学生中就有四个不能胜任课程学习要求的现状，提出“要为高中毕业生进入高校做好准备”（prepare college-ready students）。美国大学理事会管理下的美国高中大学先修课程（AP）的主要价值取向就在于帮助高中毕业生在学术上为大学专业学习提供更加充分的准备。

在我国，现代意义上的普通高中教育是 20 世纪建立现代学制以后的事情。考虑到百十年来我国普通高中教育的入学率、毕业率以及高等教育入学率长期处在一个较低的水平，其为高等教育输送新生的预备性质也就非常突出，一直处于普通高中办学目标的核心位置。而且，越是优质的普通高中，越是强调这种自身的大学预备性质，这是不争的事实。不过，这种普通高中教育的预备性在清华大学谢维和教授新近的论述中得到新的阐述。谢维和根据当代社会经济发展对高层次人才需求的不断扩大、高等教育的大众化和逐渐走向普及化的现实，认为新时期普通高中教育的定位应实现“从基础教育到大学预科”的转变，将“预备性”进一步地阐释为“预科性”。他从政策研究者和大学领导者的立场出发，认为“这种新的定位能够为义务教育的发展提供更加清晰准确的政策取向，形成义务教育与基础教育的同一性；另一方面，它能够进一步促进和深化高等教育改革。其中一个特别重要的意义是，由于高中教育转变为大学预科，实际上为高考改革创造了更大的空间和更加充裕的时间，进而为深化高考改革提供更多的机会与可能性。”[3]谢维和在另一篇文章中则“从教育的间断性与连续性”出发，认为普通高中教育走向“大学预科”，不仅符合高中阶段教育的现实，也反映和体现了青少年发展过程中的间断性与连续性的统一。[4]在实践领域，他的这种主张得到了优质普通高中领导者的积极响应，有的优质高中负责人则明确为他的学术观点提供实践辩护。

不过，关于普通高中教育的“预备性”或“预科性”在国内外均存在争论。争论的焦点不在于普通高中教育有无为大学准备合格新生的任务，而在于如何实现这种预备性质以及过分强调预备性质会不会强化普通高中的应试倾向，遗忘普通高中对于15—18岁高中生的丰富和独特的教育价值。预备性与基础性、预备性与普通性、预备性与教育性之间确实存在张力。张华认为，过于强调普通高中的预备性，容易导致普通高中教育的工具化、功利化；唯有把普通高中教育定位于培养高中生的健全人格或公民素养，才能确立普通高中教育的内在价值，使普通高中教育走出工具化的泥沼。[5]这实际上就是提醒注意我们前面所分析的普通高中教育的作为普通教育的特征以及其作为教育活动应具有的丰富教育性。李建平也认为，普通高中教育必须脱离“高等学校预备教育”的轨道，明确自己独特的价值。[6]周彬认为，普通高中教育目的要从预备功能转向教育功能。[7]廖军和、李志勇从普通高中教育与义务教育和高等教育的共同价值和不同特点出发，认为普通高中教育是“基础教育＋分流准备教育”，同时认为普通高中教育不只是一种单纯的“过渡型教育”，它具有自己独特的价值存在。[8]《教育规划纲要》对于高中阶段教育的独特性也进行了明确表述：“高中阶段教育是学生个性形成、自主发展的关键时期，对于提高国民素质和培养创新人才具有特殊意义。”

基于以上分析，笔者认为，普通高中教育相对于高等教育来说，确实具有预备或预科性质，但是在理解这一特性时需要注意三点。第一，普通高中教育的预备性只是其作为高中阶段教育所具有的众多性质中的一种，不是它的全部性质，也不是它的根本性质。第二，普通高中教育的预备性与其他的诸多性质如“基础性”、“普通性”、“教育性”等不应该相互排斥，而是建立在其他的性质得到充分实现的前提下。否则，普通高中预备性的追求就会导致片面追求升学率现象的出现，并最终影响其作为大学预备教育功能的实现，影响高中生在高等教育机构的可持续发展。第三，普通高中教育预备性的内涵不能狭隘地理解为“为升学做准备”，而应该理解为“为大学阶段的成功学习做准备”；预备的内容不仅仅包括升学考试所需要的知识、态度和技能，更应包括高质量地完成大学学习任务所需要的知识、态度、技能、价值观与社会情感品质等。

（三）关于普通高中教育的“大众性”

据2013年全国教育事业统计公报显示，我国高等教育在学人数达3 460万人，高等教育毛入学率达34.8%，2013年普通高校本专科招生699.83万人，高等教育大众化程度进一步提高；高中阶段在校生数4 369.92万人，毛入学率达86%，其中，2013年普通高中招生822.70万人。[9]普通高中教育已经从大众化走向普及化阶段。在这种大的教育发展背景下，教育者、决策者和研究者之间对于当前我国普通高中教育的“大众性”特征似乎并没有多少争议。普通高中教育的大众性不仅意味着入学人数的大量增加，还意味着普通高中价值取向、教育体制、办学目标、课程设置、教学模式以及评价指标体系等的结构性变化。不过，比较其普通高中教育入学人数的增加来说，普通高中教育作为大众化教育其他方面的变化相对来说显得滞后一些。事实上，大多数普通高中无论在教育观念上还是在课程设置、教学模式上，离“为了人人的高中”（真正大众化的高中）还有相当大的差距。除了省市（区）级示范高中之外，大量普通高中的生源质量、毕业生的素质以及升入普通高等教育机构的学生比例都达不到理想的水平，省级、市级、区县级示范高中与普通高中或薄弱高中之间的教育质量存在巨大差别，一所高中校内部实验班和普通班学生发展的水平也存在显著差别。作为对这种整体性质量隐忧的反应，一些优质高中校长及教育研究者也反过来重申普通高中教育的精英性，并为培养少数拔尖创新人才提供丰富的资源和机会。

实际上，目前我国的普通高中教育面临着双重压力和挑战：既要担负起为每一个学生创造适宜的学习和发展环境以满足他们多样化的学习与发展需求的任务，又要为少数发展潜力巨大的学生提供良好条件以帮助他们成长为卓越人才。这就是说，现阶段我国普通高中教育既具有鲜明的大众性，也不排斥精英性。只是，第一，大众性作为一个概念反映的不单单是普通高中教育入学率上的变化，更加是一种普通高中教育的价值理念及其指导下的一系列教育目的、制度、内容、方法、环境和质量评价等方面的变化。第二，普通高中所要培养的“精英”，不能仅限于“学术精英”，也应该包括“商界精英”、“法律精英”、“艺术精英”、“政治精英”、“IT 精英”等，不同类型的精英需要的素质基础并不完全相同，普通高中学校应该通过丰富多彩的课程和多样化的学习指导帮助高中生依据自己的兴趣、爱好、潜能在各个领域勇于突破自我，追求卓越。从这个角度来说，那种认为未来的社会精英都将聚集在省市级示范高中的观念是片面的。第三，对普通高中教育精英性的追求是建立在其大众性的充分实现基础之上的。这意味着，普通高中教育阶段，甚至整个高中教育阶段，教育者都应该致力于鼓励每一位高中生根据自己的基础、爱好与志向，奋发努力，追求卓越，而不只是把有限的公共教育资源用于少数学生，为他们提供专门的教育服务，把他们塑造成特殊类型的“人上人”。后一种观念与民主时代的教育价值取向格格不入，也明显有悖于教育公平的要求。

参考文献：

［1］申继亮. 关于我国普通高中教育发展的思考［J］. 教育发展研究，2010，(6).

［2］朱家存，陈家斌. 我国普通高中教育的困境与出路［A］. “聚集学校变革：中国经验与国际对话”国际学术研讨会论文集［C］. 上海：2011.

［3］谢维和. 从基础教育到大学预科——新时期高中教育的定位及其选择［N］. 中国教育报，2011-09-29.

［4］谢维和. 从教育的间断性与连续性看高中改革——再论高中教育的定位与选择［N］. 中国教育报，2012-03-02.

［5］张华. 高中课程改革的问题、理念与目标［J］. 全球教育展望，2003，(9).

［6］李建平. 高中：为学生终身发展奠基［N］. 中国教育报，2014-02-21.

［7］周彬. 普通高中教育的发展困境与优化策略［J］. 教育发展研究，2009，(1).

［8］廖军和，李志勇. 从精英到大众：我国普通高中教育定位之思考［J］. 教育科学研究，2011，(2).

［9］教育部. 2013 年全国教育事业发展统计公报［EB/OL］. http://www. moe. edu. cn/publicfiles/business/htmlfiles/moe/moe_633/201407/171144.html.

高 等 教 育

能力与出身：高等教育入学机会分配的机制分析*

□ 刘精明（清华大学教授）

一、问题的提出

上大学在中国一直备受瞩目。关于高等教育机会分配不平等问题，特别是社会阶层差异、城乡差异、区域差异等，从20世纪90年代初期就广为学界关注。① 高校扩招后，学者们发现，高等教育机会的分配越来越不平等了，基于家庭背景的影响（如文化资本、阶层差异乃至家庭人口结构等）被强化，基于区域、城乡的差异在扩大，弱势群体除了在成人高等教育、高等职业教育方面得到了较为相称的机会份额外，在优质高等教育机会方面反而处于更不利的位置。② 针对这种变化，一些研究从解释教育扩张与不平等关系的三个主要理论模型角度——“不平等最大化维持”（MMI）、“不平等有效维持”（EMI）、“理性行动”（RAT）与“教育决策模型”③ ——给出了不同解释。

既有研究较为全面地揭示了近20年来中国高等教育领域中机会分配的社会不平等状况及其变化，但研究中存在不足，即人们对教育机会不平等的研究或多或少地混淆了因学生能力分化所产生的机会差异与分配不平等之间的区别，而这一区别事关教育公平。个人成就是基于家庭背景等出身因素还是自身能力和努力，通常是判断分配正义的基本标准。然而，长期以来，国内学者关于教育公平问题的讨论似乎不约而同地忽略了儿童能力分化对教

---

* 原载《中国社会科学》2014年第8期。

① 王伟宜：《高等教育入学机会研究：社会阶层的视角》，广州：广东高等教育出版社，2011年。

② 谢作栩、王伟宜：《不同社会阶层子女高等教育入学机会差异的探讨——陕、闽、浙、沪部分高校调查》，《东南学术》2004年增刊；谢作栩、王伟宜：《社会阶层子女高等教育入学机会差异研究——从科类、专业角度谈起》，《大学教育科学》2005年第4期；谢作栩、王伟宜：《高等教育大众化视野下我国社会各阶层子女高等教育入学机会差异的研究》，《教育学报》2006年第2期；丁小浩：《规模扩大与高等教育入学机会均等化》，《北京大学教育评论》2006年第2期；刘精明：《高等教育扩展与入学机会差异：1978—2003》，《社会》2006年第3期；胡荣、张义祯：《现阶段我国高等教育机会阶层辈出率研究》，《厦门大学学报》2006年第6期；杨东平：《中国教育公平的理想与现实》，北京：北京大学出版社，2006年；刘云杉等：《精英的选拔：身份、地域与资本的视角——跨入北京大学的农家子弟（1978—2005）》，《清华大学教育研究》2009年第5期；杜桂英：《家庭背景对我国高等教育入学机会的影响——基于2009年高校毕业生的调研报告》，《国家教育行政学院学报》2010年第10期；闫广芬、王红雨：《优质高等教育资源的获得及影响因素分析——从社会分层的视角出发》，《现代大学教育》2012年第1期；等等。

③ John H. Goldthorpe, Rational Action Theory for Sociology, *The British Journal of Sociology*, vol. 49, no. 2, 1998, pp. 167-192; Samuel R. Lucas, Effectively Maintained Inequality: Education Transitions, Track Mobility, and Social Background Effects, *American Journal of Sociology*, vol. 106, 2001, pp. 1642-1690; Adrain E. Rafterly and Michael Hout, Maximally Maintained Inequality: Expansion, Reform, and Opportunity in Irish Education, 1921-75, *Sociology of Education*, vol. 66, no. 1, 1993, pp. 41-62.

育成就的影响。为此作者曾基于布劳—邓肯关于社会分层机制的研究框架（“先赋”与“自致”）以及布东提出的教育不平等形成的两个基本机制（即“首属效应”和“次属效应”），提出过一个教育不平等的分析模型，强调了产生教育不平等的三个既相互交织又截然不同的路径：一是因儿童个人禀赋、主观努力程度以及可资利用的家庭资源的不同而产生的能力差异或分化；二是因所处结构位置不同而产生的教育选择差异；三是因儿童处于不同结构位置、在“结构授予”机制下而产生的机会不平等。① 第一个路径所产生的机会差异均因儿童能力分化所致，它与儿童的主观努力程度密切相关，当然也与家庭资源条件相联系，但最终形成的是固化在儿童个体特性中的才能或能力；第二个路径是基于客观的阶层位置的“理性”选择，是结构约束条件下的选择不平等；第三个路径产生的不平等结果则是儿童所不能控制的，是成人社会的不平等格局强加于儿童群体的，如户籍、城乡等结构性差异。混淆不同的机会差异机制而仅专注于“出身”或代际传承的影响，不仅不能对伤害教育公平的因素做到有的放矢的批判，反而可能损害学校教育应有的竞争精神和效率机制。公平合理的教育机会分配，应允许和鼓励儿童通过能力竞争而产生机会回报的差异。

基于上述思考来审视中国高等教育的机会公平问题，应该就“因学生能力分化”所导致的机会差异和“因结构条件不同”而产生的机会不平等加以明确区分。因此本文提出的问题是：当前中国高等教育机会的分配是以学生能力为标准，还是被家庭背景等所主导？尽管多数经验研究都证明，家庭背景对子代教育机会具有显著影响，但就整个争论来说都还只是其中一方面的证据，来自学生能力方面的证据始终是缺失的。如果能力和社会出身都在不同程度地影响着个人的教育成就，那么这二者又以何种方式共同影响机会分配？就不同层次的高等教育机会而言，能力与出身两种机制的影响有什么差别？

本研究利用一项关于普通高等学校大学生的抽样调查数据来分析获得不同层级本科学校入学机会的影响机制，考察能力和出身两种机制在进入不同层次高等学校时的效应差异。②

二、社会再生产与绩能主义的理论争论

人们对教育不平等的关注，源于更深层次的分配正义。所谓分配，在社会分层研究中主要指两个相互交织的过程：不同社会位置上的报酬的分配过程以及对占据不同社会位置的人的选择过程。③ 针对后一过程中分配正义问题的讨论，当前存在两种相互对立的倾向，即“社会再生产”（Social Reproduction）与“绩能主义”（Meritocracy）。

社会再生产理论一般被当作违背分配正义的一个主要概括，它有两种不同的分析模式，即迈耶尔所提到的“强再生产”模式与“弱再生产”模式。④ 所谓强再生产模式，主要来自左派社会学研究者，如威利斯（P. Willis）的社会抵制理论，阿普尔（M. Apple）的“隐性课程”理论，鲍厄斯（S. Bowels）、金梯斯（H. Gintis）的资本主义社会再生产理论，这些理论都普遍关注整体性社会阶级或地位群体是怎样通过学校系统而被再生产出来的，强调学校教育过程对原有社会阶级结构的重新复制。弱再生产模式强调个体性的家庭优势传承作

① 刘精明：《中国基础教育领域中的机会不平等及其变化》，《中国社会科学》2008 年第 5 期。

② 本文在探讨高等教育机会分配机制时，将能力与出身视为两个独立的解释变量，事实上决定能力的因素中出身具有重要作用，而本文未将此类间接效应加以重点讨论。

③ F. Parkin, *Class Inequality and Political Order: Social Stratification in Capitalist and Communist Societies*, New York: Praeger, 1971.

④ J. W. Meyer, Types of Explanation in the Sociology of Education, in J. G. Richardson, ed., *Handbook of Theory and Research for the Sociology of Education*, New York: Greenwood Press Inc., 1986, p. 348.

用，在以知识分层研究范式为主导的新教育社会学中比较普遍。新教育社会学将葛兰西、曼海姆等关于意识形态的研究成果引入课程研究，认为课程的变化是知识定义的变化，而这种知识的变化和社会分层、专门化以及知识组织的开放程度是一致的，教育知识传递通过课程、教学和评价系统来实现，权力分配和社会控制的原则也同时体现在这一过程中。在此知识分层的研究范式下，涌现了一大批新的教育社会学理论模式，如“新课程理论”、“符码理论”、“符号暴力理论”等，就社会阶级对知识分配，进而对教育获得的影响展开分析和讨论。此外，科林斯（R. Collins）的“文凭社会理论”也通过文化冲突的分析来证明文化优势群体在地位再生产中的垄断性作用。在弱再生产模式中，文化再生产（或阶级的文化优势传递）是更为重要的社会分析范式。

与社会再生产相对的是绩能主义。自1958年迈克尔·扬发表 *The Rise of Meritocracy* 一书以来，“绩能主义”一词被迅速广泛地应用到经济不平等领域的研究，其中“绩能”（Merit）是指个人能力（或智力）与努力的结合，而“能力”或“才能”通常以智商（IQ）、认知能力、教育水平等为重要的测量指标。① 社会学关于“社会再生产”与“绩能主义”间的争论发端于约20世纪七八十年代，其焦点是，一个更为开放的社会的社会分层原则是否会更多地以绩能主义为主导？

博特早年关于智力与社会阶级关系的研究是这场争论较早的一个来源。他指出，在智力测验中，平均而言，管理与专业技术人员得分高于低阶非体力者，低阶非体力者智力水平高于体力工人。② 虽然后来有学者指出，这种智力差异部分源于教育对智力的影响，部分源于智力对职业地位获得的直接效应，③ 但这一发现产生了一个基本悖论：在一个更为开放的社会中，智力的阶级差异更大。这意味着，如果阶级或种族背景对职业成功的影响较大，有能力但处于不利阶级位置的人将被越来越限制在低层次的工作岗位上，而能力较差但处于有利阶级背景中的人将获得较高的工作职位。相反，在平等的阶级基础上相互竞争的人们，最有能力的人将赢得最好的职业位置，这样的社会即被称为“绩能主义”社会。④ 在以“绩能”为原则的社会分层体系中，收入、权力、声望等与个人的能力具有正向关联。

关于美国、英国社会特征的讨论可以说是这场争论的经验之源。长期以来，美国社会常被看作更接近“绩能主义”和竞争性流动的理想类型；相对于美国，英国社会要更趋保守和封闭。⑤ 斯维尔等人较早发现美国学校中儿童的认知能力与学业成绩的相关系数高达0.62；⑥ 费瑟尔曼与豪斯等人发现，在美国，人们职业的成功更多地依赖于个人的教育水平而不是父母的阶级背景。⑦ 这些研究结论使人们乐于相信，美国社会中个人的教育获得更多地依赖于儿童的学业能力而不是家庭的社会经济地

① M. R. Olneck and J. Crouse, The IQ Meritocracy Reconsidered: Cognitive Skill and Adult Success in the United States, *American Journal of Education*, vol. 88, no. 1, 1979, pp. 1-31.

② C. Burt, Ability and Income, *British Journal of Educational Psychology*, vol. 13, 1943, pp. 83-98.

③ O. D. Duncan, Ability and Achievement, *Eugenics Quarterly*, no. 15, 1968, pp. 1-11.

④ D. Weakliem, J. McQuillan and T. Schauer, Toward Meritocracy? Changing Social-Class Differences in Intellectual Ability, *Sociology of Education*, vol. 68. no. 4, 1995, pp. 271-286.

⑤ R. 特纳：《赞助性流动、竞争性流动和教育制度》，张人杰主编：《国外教育社会学基本文选》，上海：华东师范大学出版社，2009年。

⑥ W. H. Sewell, A. O. Haller and A. Portes, The Educational and Early Occupational Attainment Process, *American Sociological Review*, vol. 34, no. 1, 1969, pp. 82-92.

⑦ D. L. Featherman and R. M. Hauser, *Opportunity and Change*, New York: Academic Press, 1978; Jay D. Teachman, Intellectual Skill and Academic Performance: Do Families Bias the Relationship? *Sociology of Education*, vol. 69, no. 1, 1996, pp. 35-48.

位或阶级背景。①

然而，新的关于职业获得的经验研究表明，在控制个人教育作用后，仍然能够发现较强的阶级背景影响，个人的阶级位置并非总是能够按照“能力标准”排序。② 通过对比 1958—1970 年出生组与 1970—1982 年出生组，人们发现美国社会的阶级不平等对儿童教育获得的影响没有发生变化。③ 不仅如此，在美国儿童的成长过程中，还存在大量隐性的阶级不平等（invisible inequality）影响，不同阶级的父母在养育子女的过程中，与子代之间不同的社会互动方式较大程度地影响着子代的教育成就。④

与之相呼应的是一些欧洲同行关于社会流动的研究。戈德索普等人的一系列研究指出，英国社会个人的成功与出身之间的关联更为密切，有人甚至认为英国社会更像一个“闭场社会”（closed shop society）——一个阶级成员的“征募”几乎全部来自这个阶级内部。一些关于英格兰与威尔士、英国与法国、爱尔兰等国家和地区的社会流动的历史性比较研究发现，除阶级分布有些许变化外，时点间的总体性社会流动（overall social fluidity）并未发生多大变化。⑤

对此的争议首先来自桑德斯，他指出，由于大量长距离的向上流动和向下流动同时存在，就不能说英国社会不具有“绩能主义社会”的性质。⑥ 邦德和桑德斯采用结构方程模型重新分析了戈德索普等人使用的 4 298 个 33 岁的英国男性样本数据，发现影响职业地位获得的最强因素是个人能力，成就动机也非常重要。⑦ 随后桑德斯与之展开了一场长达 20 多年的论争且至今也未平息。双方后来各有让步，前者强调尽管能力对职业位置有影响，但在控制能力和动机影响后，阶级效应仍然很强，为了达到相似的阶级位置，出身劣势的孩子不得不比优势阶层的子弟展现出更多的才能，付出更大的努力；⑧ 而后者则强调个人能力和努力的作用远远大于出身的作用，⑨ 在新近的研究中，桑德斯仍坚持：出生在工人阶级家庭的孩子如果有才能且努力，常常可以在现有结构条件下实现上升流动，而中产阶级的子女如果懒惰、迟钝，通常会失败，因此，出身确实对个人成就有一定影响，但能力和努力工作更重要。⑩ 萨维奇与伊格尔顿试图调和这样

---

① P. Taubman and T. Wales, Higher Education, Mental Ability, and Screening, *Journal of Political Economy*, vol. 81. no. 1, 1973, pp. 28-55; M. R. Olneck and J. Crouse, The IQ Meritocracy Reconsidered: Cognitive Skill and Adult Success in the United States, pp. 1-31.

② Larry J. Griffin and Arne L. Kalleberg, Stratification and Meritocracy in the United States: Class and Occupational Recruitment Patterns, *The British Journal of Sociology*, vol. 32, no. 1, 1981, pp. 1-38.

③ John Bynner and Heather Joshi, Equality and Opportunity in Education: Evidence from the 1958 and 1970 Birth Cohort Studies, *Oxford Review of Education*, vol. 28, no. 4, 2002, pp. 405-425.

④ Annette Lareau, Invisible Inequality: Social Class and Childrearing in Black Families and White Families, *American Sociological Review*, vol. 67, no. 5, 2002, pp. 747-776.

⑤ J. Goldthorpe, *Social Mobility and Class Structure in Modern Britain*, 2nd ed., Oxford: Clarendon Press, 1987.

⑥ P. Saunders, Social Mobility and Meritocracy, in D. Marsland, ed., *Work and Employment in Liberal Democratic Societies*, Minnesota: Paragon House, 1994; P. Saunders, Might Britain Be a Meritocracy? *Sociology*, vol, 29, no. 1, 1995, pp. 23-41.

⑦ R. Bond and P. Saunders, Routes of Success: Influences on the Occupational Attainment of Young British Males, *The British Journal of Sociology*, vol. 50, no. 2, 1999, pp. 217-249.

⑧ R. Breen and J. Goldthorpe, Class Inequality and Meritocracy: A Critique of Saunders and an Alternative Analysis, *The British Journal of Sociology*, vol. 50, no. 1, 1999, pp. 1-27.

⑨ P. Saunders, Reflections on the Meritocracy Debate in Britain: A Response to Richard Breen and John Goldthorpe, *The British Journal of Sociology*, vol. 53, no. 4, 2002, pp. 559-574.

⑩ P. Saunders, *Social Mobility Delusions*, London: Civitas Press, 2012.

的争论，他们提出，能力的影响可以归因于与社会阶级相连的文化资本和其他社会化过程，认为二者之间本身具有密切的联系。①

类似经验事实在对爱尔兰、澳大利亚、② 亚洲及太平洋地区③的经验研究中也有所发现，尽管遇到的问题可能不尽相同。总体而言，这场争论强调了评价一个社会开放性的方式问题。诸多研究表明，能力和出身背景对个人成就的影响是同时存在的，争辩的焦点在于应如何对二者加以辨识。诚如一些学者指出的，个体能力的形成过程无不受到出身的影响，能力本身包含着出身效应。尽管多数时候一些技术模型可以将二者的效应区分开来，但本文认为，在分析人才招募标准或招募体制特征时，这种区分并非是必要的。无论个人的能力形成过程中受到了何种形式、何种程度的家庭背景影响，但能力终归内化到个体生命特征中、与个体不可分割。在以个体技能或能力为选择标准的征募体系中，能力表现始终是由个体独立完成的。因此，当仅仅分析人才招募标准或招募体制的具体特征时，个人能力和家庭背景因素可被当作两个相互独立的影响变量。

三、高等教育领域的变革及其对入学机会分配的影响

判断一个社会内部的精英招募体制是秉承再生产原则还是具有“绩能主义”性质，需要对这个社会的人才招募体制进行详尽的考察。

高等教育无疑是现代社会最重要的人才选拔途径之一。选择什么样的人进入并将这些人分配到不同位序的学校和专业中接受训练，最重要的是人才选拔标准和选拔方式。1977 年中国恢复高考制度，意味着人才选拔重新回到以个人能力（特别是学业能力）为主要标准的轨道上。高考恢复的最初十来年时间内，高等学校对人才的选拔一直秉承着最为严格的成绩筛选机制，随后虽历经多次招生制度改革和高等教育体制的变革，但这一核心标准至今仍然主导着中国高校的学生选择。

不过需要注意到，从 1985 年教育体制改革以来，高等教育体制中的市场因素开始不断渗透和蔓延，特别是 20 世纪 90 年代以降，深化市场体制改革的方略主导着国家的大政方针，市场机制对教育领域的影响，特别是对高等教育机会分配的影响是深远的。

1985 年，中国开始实行国家“计划外”自费生制度，自费和公费双规并行，由于执行不同的招生计划，自费生的录取在高考成绩要求上总是低于同类公费考生。1994 年高校并轨招生改革启动，“统招统分”的招生分配制度被再度打破，学生不再区分“自费”和“公费”，而是统一建立收费制度，学生上学自己缴纳部分培养费用、毕业生多数人自主择业。2003 年并轨招生全面完成，试点期间（1994—2003 年）全国陆续有 3%—5%的大学生通过以“学费”补“成绩”的方式拿到了大学的入门券，这还不包括那些进入民办大学享受高等教育机会的人。随着人们对“一考定终身”、“千军万马过独木桥”的高考制度的批评，2003 年高校自主招生制度正式启动。通过这一制度，在一些重点大学每年约有计划招生名额的 10%—30%的考生提前获得了 10—30 分不等的加分录取优惠，个别学校给予的优惠甚至更高。而保送生制度则更为直接，通过推荐和考察，一些重点大学中每年约有 5%的学生可以不需要参加高考而直接上大学。这些招生制度改革意味着，一个纯粹的以学生的学业

① M. Savage and M. Egerton, Social Mobility, Individual Ability and the Inheritance of Class Inequality, *Sociology*, vol. 31, no. 4, 1997, pp. 645-673.

② Gary N. Marks and Julie McMillan, Declining Inequality? The Changing Impact of Socio-Economic Background and Ability on Education in Australia, *The British Journal of Sociology*, vol. 54, no. 4, 2003, pp. 453-471.

③ Ora-orn Poocharoen and Alex Brillantes, Meritocracy in Asia Pacific: Status, Issues, and Challenges, *Review of Public Personnel Administration*, vol. 33, no. 2, 2013, pp. 140-163.

能力为衡量标准的机会分配形式中，可能混合大量个人能力以外的其他影响因素。①

在改革招生制度的同时，中国高等教育为适应市场化、国际化的变革大局，还从教育理念、办学体制、经费筹措体制到学科建设、结构布局乃至学校内部管理体制等方面进行了一系列全方位的重大变革。从结果看，其中诸多方面都直接改变或影响了入学机会的分配，而最为重要的当属高等教育资源的相对集中化。1990—2003 年，中国政府完成了高校合并重大结构调整，参与合并的高校达 597 所，高校总数减少 330 所，② 校均学生规模从 1993 年的 2 380 人上升到 2000 年的 3 815 人。③ 从 1993 年开始，国家又陆续建设以财政专项为支撑的重点工程大学和重点学科（如“211”、“985”工程大学、2011 协同创新计划，等等），将优质的高教资源、雄厚的财政力量大幅向一些高水平大学、学科和专业集中。

高校合并与建设重点工程大学都有效地促进了优质高教资源的整合和集中，同时，它也使得不同层次大学的入学机会分配显现出更为激烈的阶层间竞争。笔者曾在 2006 年的研究中发现，在高校扩招时期（1998—2003 年），诸如成人高等教育领域的机会分配的阶层差异较大程度地缩小，弱势阶层对这类高等教育资源占据了足够的份额，然而，本科教育机会分配的阶层不平等较大幅扩招前反而更为强烈。④ 因此，随着高校扩招，尽管青年学生接受高等教育的机会迅速扩大，特别是那些来自较低阶层的子弟，其机会份额确实有了较大提高，但是，那些更为优质的高等学校及市场前景更好的专业的入学机会，总是偏向那些来自优势阶层的子弟。⑤

由此来看，我们对高等教育领域机会平等问题的讨论，可能需要在讨论谁获得了高等教育机会这样问题的同时，还应更详尽分析以何种方式上大学、上哪个层次的大学等，这对揭示高等教育领域中机会分配的阶层差异具有重要意义。

四、研究假设

“社会再生产”与“绩能主义”这对范畴的理论实质，仍然是社会分层研究中的恒久主题——“先赋”与“自致”的另一种表达方式，本研究也将沿着这一基本框架展开相关理论讨论和实证分析。根据上述讨论和对高等教育改革现实的分析，提出如下两方面研究假设。

假设 1：能力在大学机会分配中具有决定性作用（“能力主导”假设）。

由于中国大学生录取始终坚持以学业成绩为主要标准，而学习成绩最终是个人学业能力和努力的结果，因此，在再生产与绩能主义、先赋与自致基本框架中，大学录取最终的结果将呈现较为明确的能力至上特征。这一基本假设还表明，如果不同层次高等学校坚持以录取分数线为核心标准，那么，随学校录取层次的提高，能力（特别是学业能力）的作用也将逐级提高。

同时，由于获得自主招生、保送招生等方面招生权力的学校主要集中在“985”、“211”等重点工程大学，特别是在一些自主招生面较广的顶尖高校中，对学生全面的能力考察更为广泛和深入，更容易从中选拔出学业能力以外、其他能力更为突出的学生。因此，在更详尽的能力效应比较时，进入顶尖学校的非学业性能力效应相对更重要。

---

① 这段话中的数据主要根据一些重点大学每年的自主招生计划和加分优惠条件、保送生名额等来判断的。

② 刘继荣：《高等学校合并重组的理论与实证研究》，博士学位论文，浙江大学，2003 年。

③ 转引自康宁：《当前我国高等教育体制改革与结构调整的理论基础》，《教育研究》2000 年第 10 期。

④ 刘精明：《高等教育扩展与入学机会差异：1978—2003》，《社会》2006 年第 3 期。

⑤ Samuel R. Lucas，*Effectively Maintained Inequality：Education Transitions，Track Mobility，and Social Background Effects*，pp. 1642-1690.

假设2：高校层级越高，家庭优势作用越强（强选择强影响假设）。

社会流动研究中著名的FJH（Featherman-Jone-Hauser）研究假设及随后的CASMIN（Comparative Analysis of Social Mobility in Industrial Nations）系列研究表明，在以核心家庭为主导的现代工业国家，代际继承和近距离流动是最基本的代际社会流动模式。① 这一研究假设典型地表达了家庭对子代教育与职业地位获得的重要影响，事实上，在核心家庭的养育模式下，家庭传承的影响多数情况下都难以割裂，特别就学业成绩、教育地位获得而言。尽管家庭传承的影响是多方面的，包括家庭熏陶、文化资本影响、心理激励和物质支持等，尽管不同方面对儿童能力发展的作用方式大不相同，但家庭传承总能以一种整体性的形式呈现。在以家庭养育为基本抚养方式的社会中，父母对子代成长的影响细致入微，家庭间的差异也往往表现为子代之间的成长差异。因此，基于这样的基本事实，我们总是可以认为，子代之间的地位竞争，同时也是家庭之间的竞争。说到竞争，就不能不提及公平，而公平的竞争最终需要通过子代作为“参赛选手”来完成，也就是说，家庭优势只有在转化为儿童自身的能力来参与竞争时，其结果在形式上才算是公平的。

我们假定每个家庭对不同层级的高等教育入学机会的偏好是相同的，如果有可能，父母都希望自己的孩子上最好的学校，接受最好的教育；为了实现这个目标，家庭和孩子共同努力。学生代表家庭参与这些机会的竞争，而家庭则尽可能调动和利用自身资源以帮助子代来完成这一重大人生选择。这样，在子代能力相同的条件下，那些能够为子代提供更多帮助的家庭就更容易胜出。这样的家庭影响至少来自两个方面：一是前述提到的一些原因，如市场因素在高校人才选拔过程中的渗透；二是社会阶层位置的选择效应，即布东所说的家庭背景影响的“次属效应”，表现在诸如志愿填报等机会选择方面所受到的家庭条件制约。② 由此，强选择强影响假设可表述为：即使控制了能力的影响，我们还可能观察到较强的家庭背景的净影响；而且高校的层级越高，影响入学机会的家庭背景作用越强。即高等学校的选择性越强，出身的影响越大。

这使我们联想到罗伯特·梅尔的“选择性衰变”假设（selective attrition hypothesis）。梅尔观察到，社会出身对儿童较早阶段的升学机会影响较大，而对后续各阶段升学的不平等影响则相对较低；在各年龄群体之间，社会出身不平等没有发生什么变化。③ 对此，他给出的假设是统计学意义上的，他认为，升学层级越高，参与升学竞争的儿童之间的家庭背景越趋于接近（因为每一次升学都会更多地淘汰劣势家庭的孩子），因此，在更高阶段升学时反而呈现出家庭背景影响越小的现象。生命历程假设则从个体成长过程中对家庭依赖程度依次减弱的角度来解释这一变化，该假设认为，随着孩子年龄增大，其对自己所面临的升学选择的自主性增强，加上教育扩展后上学费用降低，孩子对家庭的财政依赖性也逐渐减弱，因而越是在较高的教育阶段，家庭背景对升学机会的影响越小。④

然而，就不同层级的高等教育机会分配而言，本文研究假设与“选择性衰变”解释有所不同，因

① Richard Breen，Inequality，Economic Growth and Social Mobility，*The British Journal of Sociology*，vol. 48，no. 3，1997，pp. 429-449.

② 关于“选择效应”解释接受了上海社会科学院社会学研究所李煜教授的建议，谨致谢意。

③ Robert D. Mare，Social Background and School Continuation Decisions，*Journal of the American Statistical Association*，vol. 75，no. 370，1980，pp. 295-305；Change and Stability in Educational Stratification，*American Sociological Review*，vol. 46，no. 1，1981，pp. 72-87.

④ W. Müller and W. Karle，Social Selection in Educational Systems in Europe，*European Sociological Review*，vol. 9，no. 1，1993，pp. 1-23.

为高等学校内部的层级选择与各阶段升学是两个不同的过程。观察的事实不同，得出的结论也许不具有太多的可比性。但我们仍可从梅尔的假设中引发很多思考，我们的观察对象至少有一点与梅尔是相同的，即我们分析的大学生群体，是经过了“强选择”后的人群。不过，本文的解释逻辑不同。

在中国文化中，养子读书乃为极崇高的家庭事业。常闻“砸锅卖铁”送子读书的感人故事，父辈的心酸成就子代的锦绣前程，这在中国文化中极具荣耀、备受敬重。下层家庭之地位崛起的梦想常督促子女奋斗在艰难的求学路上，一旦扩招的大门敞开，大学课堂其实远非人们想象的那样遥不可及。在我们收集的、下文将用于分析的大学本科生样本中，上大学前户口为农业户口者占58%，父代职业为工人、农民、自雇佣等较低职业阶层者合计达64.2%。这意味着在今天本科层次的大学课堂中，来自下层家庭的子弟已有很高的比例。但是，有没有机会上大学和上哪个层次的大学是两个不同的问题。下层子弟进入高等学校的比重增大，但进入资源优质、层级高的学校难度也在增大。优势排斥就是这样一种不断制造下层的逻辑，如果优势阶层不能再利用“能否上大学”这个门槛来确保子代在后续地位竞争中保持优势，那么他们就会利用高校层级来获取更有价值的通行券。这样，家庭背景优势越强，就越有可能获得更高层级的大学机会。

五、数据和变量

（一）数据说明

研究数据来自清华大学“中国大学生学习与发展追踪研究”（CCSS）①，这是一项从2009年开始逐步展开的全国高校在校生调查，抽样设计根据高校层级、类型、所在省市高等教育发展水平等指标进行分层，层内采用PPS抽样，校内则分年级进行独立的简单随机抽样；项目前4年调查以普通本科院校为主。本研究以公立普通本科学校（不含民办本科和独立学院）中的调查样本为分析对象。2010—2013年4年调查的公立普通本科高校分别有42所、53所、52所、58所（其中部分学校为非随机选择），调查形式前3年以书面问卷、学生自答为主，2013年书面问卷和网络调查两种形式的样本约各占一半。由于2010年对大一到大三学生没有询问高考成绩和家庭经济状况，同时，2012年、2013年调查中蓝色问卷（部分四年级样本）未询问中学阶段的竞赛成绩、三好学生等有关能力的关键变量，分析过程去掉了这些样本（由于抽样是分年级进行的独立随机过程，因此去掉这些样本并不影响其他样本的随机代表性）。最终，参与本研究模型分析的样本总量为227 459个。

（二）变量及其描述性特征

1. 大学层级的划分

根据学校的名望等级、是否属于重点支持的大学、学校在高考招生时的录取批次（即通常所说的一本、二本）、大学（universities）还是学院（colleges）等特征，对样本来源大学（均为普通公立本科院校）进行了层级划分，由高到低分别是顶尖高校（从样本中选择了学校名望等级在前20名的6所学校）、“985”高校、“211”大学、一本大学、二本大学、二本学院6个层次。

表1 样本在不同层次大学中的分布

学校层级	未加权样本数	未加权百分比	加权样本数	加权百分比
顶尖高校（6 tops）	11 446	5.03	3 949	1.7
“985”大学（不含6 tops）	34 966	15.37	11 925	5.2
“211”大学（不含“985”大学）	66 164	29.09	28 391	12.5

① 项目整体情况参见项目网站 http://ccss.ioe.tsinghua.edu.cn，2014年4月23日。

续表

学校层级	未加权样本数	未加权百分比	加权样本数	加权百分比
一本大学（不含“211”大学）	16 654	7.32	12 758	5.6
二本大学	64 626	28.41	99 625	43.8
二本学院	33 603	14.77	70 811	31.1
total	227 459	100	227 459	100

2. 能力的测量

能力的界定和测量一直是教育学、心理学领域的复杂课题。中国政府从 1985 年开始屡次推进素质教育改革，旨在提高各级各类学生各方面的能力和素质，而高考制度的每一项细微的改革无不将能力测量方法和手段作为首要的考虑因素。所以，我们分析中作为集束变量的“能力效应”包括学业能力、创新能力、组织能力、综合能力四个方面，具体测量方式如下。

（1）学业能力

学业能力包括两个指标，都与高考成绩相关，即高考分数和高考成绩是否达到生源省份当年的一本分数线。

高考分数：该变量询问的是学生的高考原始分。由于学生报考的科目、各省高考试卷都有所不同，原始分数间不具可比性。为此，引入该变量时，我们将高考分数进行标准化转换，转换公式如下：

$$\text{sscore}_{i,k,t,p}=\frac{\text{score}_{i,k,t,p}-\overline{\text{score}_{k,t,p}}}{\text{stdev}_{k,t,p}}$$

sscore 为标准分，① score 为高考总分（被访学生报告的原始分），stdev 为标准差；下标 i，k，t，p 分别表示样本个体、高考科目（文科或理科）、样本个体参加高考的时间（2006—2011 年）、生源省份标识（表示样本个体在该省参加高考）。

是否达到一本分数线：一般高考成绩是否达到生源省份当年的一本录取分数线是进入一本类大学的基本门槛，但由于存在一定的低分高录、自主招生和加分/降分录取情况，因此，该变量作为学业能力指标更有意义。

（2）创新能力

创新能力以高中阶段竞赛获奖来表示，分为国家或国际竞赛获奖、省级竞赛获奖、市级竞赛获奖、区县竞赛获奖四个层次，未获得任何奖项者为参照类。

（3）组织能力

该项能力以高中阶段担任学生干部为指标，担任的学生干部职务被分为组长、班委、班长/团支部书记、校学生会/团委成员、校学生会正副主席/团委正副书记五个级别，未担任过任何学生干部者为参照类。

（4）综合能力

综合能力包括高中阶段获得“三好学生”称号情况和中学阶段是否入党两个变量。“三好学生”分为校级、区县级、市级和省级四个级别，未获得过以上级别“三好学生”者为参照类；高中或以前是否入党为虚拟变量，上大学前入党者为“1”，否则为“0”。

3. 出身变量

先赋因素通常是多个维度的，不同研究者对此的分类方式也不尽相同。这里将沿用笔者在 2008 年提出的一个分类方案，即将先赋条件区分为遗传条件、家庭资源条件和其他非家庭的先赋条件。本

① 需要说明的是，高考成绩变量存在较多的缺失值，为把该变量有缺失的样本纳入模型分析，作者令 sscore 为缺失时用“0”替代，同时设立一个缺失值虚拟变量纳入模型［misscore=missing（sscore)］。这一处理保证了成绩缺失样本的其他协变量值能参与模型分析，而该变量自身的效应仅由有效样本的值计算得出，它不受缺失样本的替代值“0”的影响，缺失样本的效应则由缺失值虚拟变量完全表达。

文重点关注的是家庭资源条件，主要包括内生性家庭资源（如文化资本）和外依性家庭资源（如父母的社会阶层地位、家庭经济水平等）。个体层次的出身影响包括家庭背景和先天禀赋两组变量。分析中作为集束变量的先赋效应包括先天禀赋和家庭背景两类变量，而作为出身效应的集束变量则只包括家庭背景中所提到的各变量。

（1）先天禀赋

先天禀赋是一个非常宽泛的概念，这里只是借用这个概念来表达性别（女性=1）和民族（少数民族=1）两个变量的集合效应，并不涉及才能天赋等其他方面的遗传效应。

（2）家庭背景

a. 父代的社会经济地位：以父亲职业阶层、母亲职业阶层、家庭收入水平、入学前的户籍（农业户口=1）、是否独生子女5个变量来表示。其中职业划分为私营业主、管理者、专业技术人员、办事人员、自雇佣者、技术工人、体力工人和农民8个阶层；家庭收入水平由低到高依次划分为8个等级水平。

社会经济地位变量集束中包括是否独生子女为虚拟变量（是=1）。在教育不平等的研究传统中，兄弟姊妹数量一般被当作稀释或分享家庭资源的家庭背景变量来分析，① 这里将是否独生子女作为“社会经济地位”潜变量因果模型的一个预测变量。

b. 家庭文化资本：包括父母亲教育水平、高中时期的家庭藏书量（不包括课本）等。这里父母教育程度划分为小学及以下、初中、高中或相当、大专、大学本科和研究生6个层次。

4. 其他控制变量

模型中其他控制变量包括各省教育发展水平（每10万人口中的大学生数，取对数）、入学时间及调查时点虚拟变量。②

六、模型与系数集束化方法

为介绍系数集束化方法，我们先从二项logit模型开始，如方程（1）所示：

$$\operatorname{logit}\frac{P}{1-P}=a+\sum_{i=1}^{I}\beta_i X_i+\sum_{j=1}^{J}\beta_j X_j+\sum_{k=1}^{K}\beta_k X_k+\varepsilon \quad (1)$$

X_i 表示与能力相关的一系列自变量，X_j 表示与出身相关的自变量向量，X_k 则表示模型中其他控制变量矩阵。为了能统合性地比较能力、出身两类机制的效应差异，在模型拟合过程中引入集束系数（Sheaf Coefficients）技术。③ 假定同时存在一个表示能力的潜变量（η_a）和表示出身的潜变量（η_b），它们分别是与能力相关的一系列自变量 X_i，以及与出身相关的一系列自变量 X_j 的结果变量：

$$\eta_a=c_1+\sum_i^I Z_i X_i \quad (2)$$

$$\eta_b=c_2+\sum_j^J Z_j X_j \quad (3)$$

方程（1）可写为：

$$\operatorname{logit}\frac{P}{1-P}=a+\lambda_1\eta_a+\lambda_2\eta_b+\sum_{k=1}^{K}\beta_k X_k+\varepsilon \quad (4)$$

事实上，方程（4）只是对方程（1）的一种替代性呈现，对它的估计是在拟合模型（1）之后完成的。后估计的目标在于同时选择两套参数 Z_i 和 Z_j，以使 η_a 和 η_b 的标准差都为1，从而使 η_a 和 η_b 这两个集束变量的效应（即 λ_1，λ_2）之间具有可比性。

估计方法④：在估计方程（2）和（3）时，将常数项 c_1，c_2 均约束为0（这样，当用来估计潜变量能力或出身的观察变量 X_i，X_j 均为0时，潜变

① J. Blake, *Family Size and Achievement*, Berkeley: University of California Press, 1989, p. 12.

② 限于篇幅，变量描述性统计及后面常规mlogit模型结果从略。有需要者可向作者索取：socliu@163.com.

③ David R. Heise, Employing Nominal Variables, Induced Variables, and Block Variables in Path Analyses, *Sociological Methods & Research*, vol. 1, no. 2, 1972, pp. 147-173.

④ 估计方法及其计算方式，参见 Maarten L. Buis, Three Models for Combining Information from Causal Indicators, United Kingdom Stata Users' Group Meetings, 2009, http://www.stata.com/meeting/uk09/uk09_buis.pdf, 2014年4月28日。

量 η_a，η_b 也为 0)；因为方程（1）与方程（4）具有等价性质，对方程（2）、（3）中 Z_i，Z_j 以及方程（4）中 λ_1，λ_2 的估计必须保证可导致方程（1）的相同结果，所以，可令 λ_1，λ_2 为 1，令 $Z_i=\beta_i$ 及 $Z_j=\beta_j$ 作为初始值，采用迭代方法来求解。

采用变量集束化方法，还可以同时估计不同类型的能力、出身作用之间的重要性程度。需要注意的是，集束系数总是一个非负的值，要了解各观察变量对因变量的作用方向，还应同时考察潜变量因果模型中潜变量与自变量之间的关系。

同样，针对不同层级的大学机会可设立多项 logit 模型（mlogit），由此比较能力和出身两种统合效应在各层级入学机会上的效应差异：

$$\begin{cases} logit\,\dfrac{P_m}{P_M}=\alpha+\sum_{i=1}^{I}\beta_{m,i}X_{mi}=\sum_{j=1}^{J}\beta_{m,j}X_{mj}+\sum_{k=1}^{K}\beta_{m,k}X_{mk}+\varepsilon & (5)\\ logit\,\dfrac{P_m}{P_M}=\alpha+\lambda_{m,1}\eta_{m,a}+\lambda_{m,2}\eta_{m,b}+\sum_{k=1}^{K}\beta_{m,k}X_{mk}+\varepsilon & (6)\\ \eta_{m,a}=\sum_{i}^{I}Z_{m,i}X_{m,i} & (7)\\ \eta_{m,b}=\sum_{j}^{J}Z_{m,j}X_{m,j} & (8)\end{cases}$$

m 表示不同的高校层级，本文模型中的参照类是二本学院的学生样本。

七、发现与解释

为分析和比较能力与出身对进入不同层次高等学校的效应差异，主要采用多项 logit 模型及系数集束化方法来进行估计。系数集束化实际上是针对多项 logit 模型各方程系数的一种事后估计（post-estimation），同一个模型的参数结果，可以通过不同的系数集束化方式加以处理，从而可得到不同组合的集束化效应系数。为区分先赋效应中的先天禀赋和出身（家庭背景）影响的差别，同时为分析出身效应、能力效应内部的各类子效应，本文先后进行三次事后估计，结果如表 2 所示，表 2 中各集束效应所包含的变量参见前述变量说明。

关于系数的解释，mlogit 模型中的集束效应值可以如 logit 系数一样予以相似的理解。如在事后估计（2）中，可以说，标准化的能力潜变量估计值每提高一个标准差，进入顶尖高校而非在二本学院［方程（1）］的发生比率是进入“211”学校（不含“985”学校）而非二本学院［方程（3）］的发生比率的 2 倍［=exp(2.817 8−2.121 3)］。更有价值的是，由于集束变量经过标准化处理，集束系数在 mlogit 的同一个方程内和不同方程之间都可以进行有效比较。在进行方程内比较（如出身与能力效应比较）时，通常将能力效应和出身效应之和约束为 1，而在各方程之间比较时，采用的是系数绝对值。

表 2　能力与出身对进入不同层级高校的效应值比较（mlogit 模型系数的集束化处理）

		方程（1）	方程（2）	方程（3）	方程（4）	方程（5）
		顶尖高校 vs. 二本学院	“985”（不含 6 tops）vs. 二本学院	“211”（不含“985”）vs. 二本学院	一本（不含“211”）vs. 二本学院	二本大学 vs. 二本学院
事后估计(1)	先赋效应（包括出身和先天禀赋）	1.037 7 [0.021 5]	0.741 0 [0.013 5]	0.677 2 [0.012 6]	0.500 0 [0.013 2]	0.410 6 [0.011 2]
	能力效应（total）	2.789 3 [0.037 7]	2.478 9 [0.021 4]	2.063 3 [0.017 5]	1.495 0 [0.017 8]	1.181 1 [0.017 2]

续表

			方程（1）	方程（2）	方程（3）	方程（4）	方程（5）
			顶尖高校 vs. 二本学院	“985”（不含 6 tops）vs 二本学院	“211”（不含“985”）vs. 二本学院	一本（不含“211”）vs. 二本学院	二本大学 vs. 二本学院
事后估计（2）	（1）先天禀赋（性别、民族）		0.666 1 [0.020 8]	0.308 2 [0.012 9]	0.341 0 [0.011 8]	0.178 9 [0.012 6]	0.219 3 [0.010 1]
	（2）出身效应（total）		0.785 5 [0.020 7]	0.629 9 [0.013 0]	0.560 8 [0.012 2]	0.466 2 [0.013 0]	0.344 1 [0.011 1]
	（3）能力效应（total）		2.817 8 [0.037 6]	2.540 2 [0.021 8]	2.121 3 [0.017 8]	1.533 9 [0.018 2]	1.186 4 [0.017 2]
事后估计（3）	（1）先天禀赋（性别、民族）		0.666 1 [0.020 8]	0.308 2 [0.012 9]	0.341 0 [0.011 8]	0.178 9 [0.012 6]	0.219 3 [0.010 1]
	（2）出身效应	a. 家庭文化资本	0.458 8 [0.028 1]	0.389 5 [0.019 8]	0.340 5 [0.017 5]	0.302 8 [0.018 4]	0.188 0 [0.015 2]
		b. 社会经济地位	0.492 9 [0.026 6]	0.355 2 [0.015 6]	0.320 3 [0.014 4]	0.268 4 [0.014 8]	0.213 1 [0.013 2]
	（3）能力效应	a. 学业能力	2.612 7 [0.038 1]	2.430 5 [0.021 7]	2.058 2 [0.017 7]	1.498 1 [0.018 3]	1.127 6 [0.017 3]
		b. 创新能力	0.510 5 [0.016 5]	0.300 2 [0.013 9]	0.189 8 [0.013 4]	0.057 8 [0.014 4]	0.134 3 [0.012 4]
		c. 组织能力	0.143 2 [0.019 5]	0.071 1 [0.014 2]	0.067 8 [0.012 6]	0.074 2 [0.012 9]	0.035 3 [0.011 4]
		d. 综合能力	0.365 2 [0.019 1]	0.235 8 [0.013 7]	0.150 0 [0.012 9]	0.130 8 [0.013 5]	0.139 4 [0.010 8]
模型检验			n=227 459；pseudo r^2=0.173；chi2=57 172.4，dfm=340				

注：方括弧中数字为集束化系数的标准误。

从模型结果看，就已经获得普通公立本科大学机会的学生群体而言，在被进一步遴选进入更高层级的大学时，先天禀赋、出身及能力的影响都十分显著；相对而言，能力的作用则高于出身与先天禀赋的影响。如事后估计（1）所示，从方程（1）到方程（5），能力效应分别是总的先赋效应的 2.69 倍（＝2.789 3/1.037 7）、3.35 倍、3.05 倍、2.99 倍、2.88 倍；如果剔除先天禀赋效应，仅与出身效应相比较，事后估计（2）表明，从方程（1）到方程（5），能力的总体效应分别是出身总体效应的 3.59 倍、4.03 倍、3.78 倍、3.29 倍和 3.45 倍。而如果将能力和出身影响之和约束为 1，可以发现，在各方程中出现了一种有趣的共同特点，那就是能力影响几乎都占到了 80%左右，而出身影响均在 20%—23.3%（如图 1 所示）。当然，如果考虑先天禀赋如性别、民族等特征，全部考察到的先赋效应的相对重要性会更高些，为 23%—27%。

就各方程之间的比较看，随学校层级的提升，能力效应、先赋效应或出身效应都显著提升，且具有明显的层级关系，这种层级差异特征用图形表示较为清楚。以事后估计（2）中的效应系数来说，图 2 显示，沿着二本大学、一本大学（不含“211”）、“211”学校（不含“985”）、“985”学校（不含顶尖学校）向顶尖大学这一学校层级序列，能力效应值和出身效应值几乎都是线性递增的。这表明，学校的层级越高，相应的能力要求也越高，同时出身效应（或家庭背景优势）表现得也越强烈。

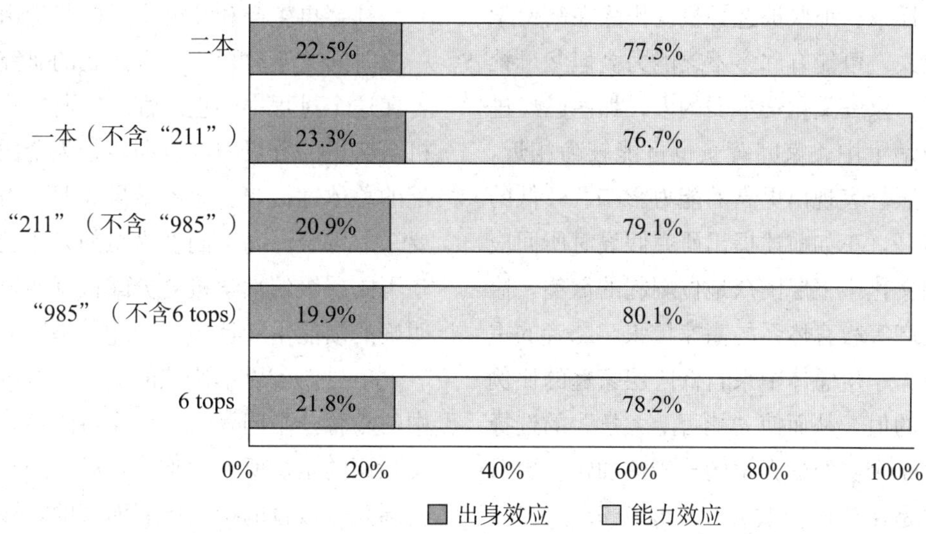

图 1 能力与出身相对重要性比较

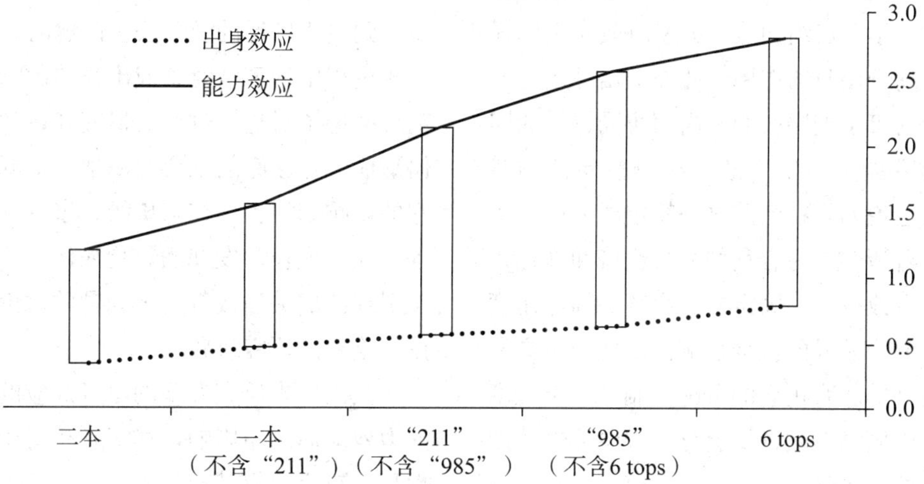

图 2 出身与能力效应系数的层级差异

总体来说，研究结果表明，就不同层级的普通本科入学机会的分配而言，学生个人的能力作用较大程度地高于先天禀赋效应和出身效应，进入更高层级的大学，对能力要求非常明确地逐级提升。这说明，由于我国现行高等教育体系坚持以统一高考为工具、以学业能力为主要衡量标准，在年轻一代人才的选拔过程中，个人的能力（特别是学生的学业能力）是更为重要的。

在此前提下，上述分析还显示，如同能力效应一样，出身效应也同样具有较为明确的层级化特征。表 2 中的事后估计（3）还表明，从出身效应内部来看，构成出身效应的两个子效应——家庭文化资本和社会经济地位对子代获得不同层次的普通本科教育机会的重要性程度几乎是相同的。这一结果表明，进入更好或更高层级的大学，家庭文化资本优势和社会经济地位方面的优势同样要求也更高。

上述研究结论也许会遭遇基于“选择衰变”假设的质疑，因为我们使用的数据仅仅是那些已经上了大学的学生样本。那些被选择机制排除在高等学校门外的那批人，可能有许多不乏能力高但父母社会经济地位低、家庭文化资本弱的人；那些已经进入高等学校的学生中，家庭背景也可能较为相近，因此，两相对照会表现出更高的能力影响、较低的出身影响。但是，正如前述提出研究假设时所回应的，由于中国文化中下层民众地位崛起的欲望，恰好遭遇了中国高等教育体系的高速扩张，二者的重叠无疑使当前大学生总体中来自低阶层家庭的比例达到一个较高的值，从而使“能否上大学”的选择性减弱，而上哪个层级的大学的选择性加强。更重要的是，即便是在“可否上大学”这个选择关口，由于执行的是相同的以学业成绩为主要标准的取才制度，因此，有理由相信即使是最低层级的选择（门槛性选择），学业成绩和能力的影响效应也同样会较大程度地高于出身的作用。此外，出身效应与能力效应随着高等学校层次的提高而协同放大的同时，并没有改变能力与出身效应相对重要性的格局。这一事实也说明，在当前这一特定时期内，尽管优势家庭有着诸多更为有利的社会经济和文化条件，但也不足以改变较为固定的、由统一高考制度所约束的基于能力差异的机会份额。因此，本文发现的不同层级高等教育机会的分配机制，一定程度上反映了当前中国高等教育机会分配中总体性的能力与出身效应的基本格局。

八、结论和讨论

本研究利用大型全国性高校调查样本数据，得到以下三个主要结论。

首先，就目前普通本科教育机会分配而言，能力标准占绝对主导地位。

其次，随着本科层次的提升，能力效应和出身效应同时扩大。

最后，无论何种层次的高等教育机会，能力效应和出身效应之间的相对关系或基本格局维持在一个较为稳定的状态。

社会再生产和绩能主义的争论由来已久，但前一段时间关于教育不平等问题的研究较少关注到后者在这个过程中的重要性。本研究将能力引入教育机会获得的分析中，以期能较为全面地考察机会分配的总体性机制。研究结果表明，由于我国大学主要采取以统一高考制度为主的人才选拔方式，因此就不同层级的大学机会分配机制而言，表现了较为明确的绩能主义社会“唯才是举”的典型特征。

不过，若以本研究的发现来评价高等教育领域中的教育公平问题时，仍需持谨慎态度。首先，本文强调的是，所谓“唯才是举”的典型特征是相对我国高等教育的招生体制而言的，在各层级大学本科的招生过程中或当招生行为发生时，个人能力在其中确实起到了决定性的作用。但如果将这一结论引申到更为广泛的教育公平问题时，仍需考虑能力形成过程中的家庭背景或出身的影响。虽然本研究刻意回避了对这一过程的追究和讨论，但能力是如何形成的？家庭的社会经济地位资源和文化资本对它的影响如何？学校与班级、家校互动、社区环境等对儿童成长和发展的影响如何？这一系列问题正是引导我们关于教育公平问题的讨论进一步深化的更为重要的研究议题。

其次，本研究发现的出身效应的影响是控制了能力效应后的净影响，尽管它相对于能力而言重要性程度较小，但其出现在招生环节中就不可小觑，应引起足够重视。

最后，也是最为重要的，应该认识到绩能主义的人才选拔制度对于社会公平的意义所具有的两面性，它对更广泛的社会公平而言是一柄“双刃剑”。绩能主义社会奉行的是优胜劣汰的基本原则，在“强分类、低赋权与高训诫的科层制教育”中，绩能主义更容易成为一部分家庭条件优越、能力强者的“社会炼金术的利器”,[①] 一个完全的绩能主义社会往往会沿着智力或能力水平的高低而形成社会不平等阶梯，如果缺乏对弱者的保护则将产生更为严重的社会分离，这也是当初迈克尔·扬警示人们“绩能主义只会导致永久性不平等”的原因。[②]

本研究的局限性在于，尽管关于能力主导的大学录取机制、出身效应与能力效应协同放大且关系格局维持稳定等研究结论可以推论到整个高等教育的机会分配，但是，由于样本取自已就读大学的学生，这样的推论有待进一步的实证调查数据验证；此外，尽管本研究发现出身效应和能力效应在不同层级大学机会分配中具有较为稳定的相对关系，但在顶尖学校和二本大学这两端，出身效应的相对重要性仍强于中间层级的大学机会分配，这尚需更为详尽的讨论。

① 参见刘云杉：《超越贤能主义》，《教育研究与实验》2009 年第 2 期。

② A. Allen，Michael Young's *The Rise of the Meritocracy*：A Philosophical Critique，*British Journal of Educational Studies*，vol. 59，no. 4，2011.

高等教育现代化的理性思考*

□ 眭依凡（浙江师范大学教授）

党的十八大提出国家治理体系和治理能力现代化的治国方略之后，高等教育治理体系及治理能力的现代化自然就成为高教界的紧迫任务。然而，作为国家强盛之基础的高等教育不只是治理现代化的问题，其整体现代化更是承载着强国使命的高等教育必须面对的挑战。高等教育强国已经写进了《教育规划纲要》，然而问题的关键在于：什么样的高等教育才能担起强国之重？答案是：高等教育的现代化。高等教育现代化既是高等教育发展和强国的目标，又是高等教育发展和强国的手段和基础；既是我国高等教育改革进程中迫切需要解决的重大理论问题，又是高等教育强国实践之急需。我国的高等教育现代化有赖于理论的指导，这是讨论高等教育现代化的意义所在。本文旨在提出和讨论与之相关的三个问题：何谓高等教育现代化？高等教育现代化有哪些特征和要素？如何实现高等教育现代化？

一、何谓高等教育现代化

2013 年在宁波举办的主题为“高等教育现代化：改革、质量、责任”的“高等教育国际论坛”上，中国高等教育学会会长瞿振元教授提出了如下观点：高等教育现代化是新时期高等教育改革发展的重大使命，实现高等教育现代化需要理论先行。笔者对此完全赞同。事实上，无论把高等教育现代化视为高等教育强国的目标还是手段，何谓高等教育现代化都是我们首先必须厘清的概念。为此，在本次论坛上瞿振元教授率先对高等教育现代化的意义及其与高等教育要素的关系进行了如下诠释：“高等教育现代化要求我们要以先进的教育思想理念为指导，使高等教育与经济、社会的现代化发展相适应，达到现代世界高等教育先进水平，培育出满足现代经济和社会建设要求的新型劳动者和高素质人才。高等教育现代化是宏观与微观的统一，也是目标与过程的统一，要求在思想理念、规模、结构、质量、效益、公平、体制、机制等各个方面全面实现现代化。”[1]同时，本次论坛的特邀嘉宾、中国科学院中国现代化研究中心主任及中国现代化战略研究课题组组长何传启先生在其《国家现代化战略中的教育现代化》报告中，基于对“现代化是18 世纪以来的一种国际竞争”，“现代化是人类文明的一种前沿变化”的认识，认为“教育现代化是教育系统的现代化，是 18 世纪以来的一种教育变迁和国际竞争。它包括现代教育的形成、发展、转型和国际互动，教育要素的创新、选择、传播和退出，以及追赶、达到、保持世界教育发展先进水平的国际竞争和国际分化。……教育现代化就是现代教育发展的世界先进水平及追赶和保持这种世界先进水平的行为和过程”。[2]

然而，笔者特别注意到应邀参加本次论坛的五位外国学者，他们在主论坛和分论坛所做的报告都

* 原载《高等教育研究》2014 年第 10 期。

没有直接讨论高等教育现代化的问题，更没有涉及高等教育现代化概念。OECD 教育司副司长安德烈亚斯·施莱克尔（Andreas Schleicher）的发言主题是“高等教育学习绩效的评价”（Assessing Higher Education Learning Outcomes），澳大利亚墨尔本大学马丁学院项目主任哈米什·科茨（Hamish Coates）教授讨论的是“学生学习绩效评价的国际视角”（International Insights on Assessing Student Learning Outcomes），印度教育规划和管理大学教授柬德哈拉·提拉克（Jandhyala B. G. Tilak）的发言是“促进公平发展的高等教育财政”（Financing Higher Education for Equitable Development），日本名古屋大学国际开发研究科教授米泽秋吉（Akiyoshi Yonezawa）关注的是“日本高等教育面对老龄化社会的挑战”（Challenges of Japan's Higher Education in the Ageing Society），另一位澳大利亚学者玛丽安·塔库尔（Marian Thakur）研究的是“21 世纪高等教育的质量保障”（Quality Assurance of Higher Education at 21 Century）。作为论坛特邀的主旨发言人，他们为何不针对论坛的要求聚焦于高等教育现代化问题？答案如日本学者米泽秋吉所说，他们国家就没有高等教育现代化的概念。

笔者曾请在美国波士顿学院访学并接受著名比较高等教育学者菲利普·阿特巴赫教授指导的熊万曦博士查了美国的有关数据库，结果发现美国很少有高等教育现代化（The Modernization of Higher Education）的提法，也没有与关键词“高等教育现代化”及其标题匹配的论文。我的同事、爱丁堡大学博士朱剑亦查找了英国的相关文献，同样没有找到英国关于高等教育现代化的直接和具体表述。英国通常把英国高等教育现代化放在欧洲这个大的背景中，从“政府系统致力于高等教育机构自治”（System Level Governance and Institutional Autonomy）、“高等教育机构管理的专业化和采用新的治理结构”（Professionalization of Institutional Management and Adaptation of Institutional Governance Structure）、“质量评估与认证”（Quality Assessment and Accrediration）、“大学和企业的合作”（the Cooperation between University and Industry）、“增强大学的国际竞争力”（Strengthen the International Competitiveness of Universities）、“促进高等教育系统的多样化”（Promote the Diversity of Higher Education System）、“吸引人才来大学工作”（Attractiveness of the HEIs as a Working Place）、“提升年轻人接受高等教育的水平”（Increasing Educational Attainment of Young People）、“知识金三角：高等教育、研究和企业能够紧密合作”（Knowledge Triangle Work：the Close Cooperation of Higher Education，Research and Enterprises）、“鼓励学校之间和跨区域的学生流动”（Encourage Cross-border and Inter-sectoral Student Mobility）、“资助与学费改革”（Funding and Tuition Fees Reform）等领域涉及高等教育现代化问题。这与本次论坛的五位外国专家均试图通过一个自己所理解的最接近高等教育现代化概念的领域或问题参与讨论在思维方式上如出一辙。

2010 年笔者为“长三角教育联动论坛”撰写“合作与引领发展：‘长三角’高等教育行动”大会报告时，为了解国际社会是否有高等教育现代化的指标体系，曾请北京大学著名教育经济与管理学者丁小浩教授和她的博士生查找 OECD 国家是否有高等教育现代化的标准。结果发现，OECD 仅有高等教育发展的概念，并无表征高等教育现代化的指标体系，其衡量高等教育发展的指标体系如表 1 所示。在其四个一级指标中，“教育机构的产出和学习的影响”含 9 个二级指标，“教育投入（经济和人力资本）”含 7 个二级指标，“教育的机会、参与和发展”含 3 个二级指标，“学习环境和教育组织”含 5 个二级指标。从 OECD 评价和衡量教育发展的四个一级指标看，有两个一级指标强调学生的素质发展，二级指标中也有多项指标是强调学生知识考试以外的素质改善和提高的。由此可见，强调学生的发展或许是发达国家追求教育现代化的一个倾向。

表 1　OECD 高等教育发展指标体系

一级指标	二级指标	三级指标
教育机构的产出和学习的影响（9 个二级指标）	成人的受教育水平	6 项
	中等教育完成率和高等教育升学率	5 项
	高等教育完成率	4 项
	15 岁学生的科研能力	5 项
	PISA2006 学生测评中的科研态度和动机	7 项
	学习的参与如何影响就业的参与	4 项
	教育的收益	3 项
	教育投入的激励措施	4 项
	教育的社会效益	7 项
教育投入（经济和人力资本）（7 个二级指标）	生均教育支出	5 项
	教育投入在国家财富中的比例	4 项
	教育投入中的公共和私人投入	3 项
	公共教育投入总数	1 项
	高等教育个人承担和公共资助	4 项
	教育资金支出的来源	2 项
	影响教育投入水平的因素	3 项
教育的机会、参与和发展（3 个二级指标）	教育的参与	6 项
	学生的国际流动	6 项
	从学习到工作的转变质量	6 项
学习环境和教育组织（5 个二级指标）	学生课堂学习的时间	2 项
	生师比和课堂规模	3 项
	教师工资	2 项
	教师如何获得评价和反馈及其影响	5 项
	如何使教师的行为、信念以及态度符合标准	1 项

资料来源：Education at a Glance 2009（OECD INDICATORS）。

据有关文献称，已有外国学者将现代化定义为发展中的社会为获得发达的工业社会所具有的一些特点而经历的文化与社会变迁，一种包容一切的全球性过程；认为现代化是人类文明的一种深刻变化，是文明要素的创新、选择、传播和退出交替进行的过程，是追赶、达到和保持世界先进水平的国际竞争。[3]尤其是近代以来，现代化被视为国际社会以西欧及北美地区发达国家近现代以来形成的价值为目标，追求社会更文明、文化更繁荣、经济更发达、科技更先进、生活更富足的发展过程。然而，如同“素质教育”为我国所独创并频繁使用一样，现代化概念即便不是我们的首创，我国也是最认同现代化概念且使用该概念频率最高的国家。据何传启先生在“高等教育国际论坛”上提供的信息，现代化作为一种国际共识是 2013 年在北京召开的国际会议上形成的。或许这就是现代化概念尚不清晰且未被国际社会广泛认可并加以专门研究的原因，具体到高等教育现代化亦然。因此，对高等教育现代化进行理论思考的必要性愈加凸显。高等教育现代化行动唯有在正确认识高等教育现代化的基础上才能得其要领，高等教育现代化也才有可能在高等教育现代化观念的引领下向高等教育现代化实践顺利推进。

在概念厘清的讨论中，高等教育现代化究竟是个目标概念还是个过程概念？是一个指向未来的概念还是一个现在的概念？是个国际比较的概念还是一个本土的概念？如果是目标概念，是什么目标？如果是未来概念，是多久的未来？高等教育现代化与高等教育强国一样，如果是一个国际比较的概念，那么应该与谁来比较？这些都是高等教育现代化进程所无法回避的基本理论问题。为获得对高等教育现代化更为全面准确的认识，有必要先对我国早期提出和界定现代化的情况作个简单的回顾。

作为现代化的倡导和追求者，我国于1964年12月在第三届全国人民代表大会第一次会议上，由周恩来总理根据毛泽东主席的建议，在政府工作报告中首次提出了“四个现代化”的概念，即“工业现代化”、“农业现代化”、“国防现代化”、“科学技术现代化”，并且提出了要用两个15年实现“四个现代化”。第一个15年，建立一个独立的、比较完整的工业体系和国民经济体系，使中国工业大体接近世界先进水平；第二个15年，力争在20世纪末，使中国工业走在世界前列，全面实现工业、农业、国防和科学技术的现代化。1979年12月，邓小平同志认为上述现代化是个很笼统的概念，因此把现代化具体表述为实现小康，并于1984年提出“所谓小康，就是到本世纪末，国民生产总值人均800美元”，这使我国的现代化进程有了一个具体的、操作的数据参照。随着我国人均GDP的不断增长，2007年10月党的十七大又提出在21世纪头20年全面建设小康社会，这个阶段我国人均GDP目标是实现1 000美元向3 000美元的跨越。但2012年我国人均GDP就达到了6 100美元，于是党的十八大后我国又把工业化、信息化、城镇化、农业现代化确定为“四化”并赋予其新的内涵。由此可见，就国家有关经济社会领域的现代化概念而言，我们的现代化是一个既有本土区域界定又有国际社会参照，既指向未来某个时限又有一个相对量化目标的概念，即现代化是一个在不断实现、不断调整、不断提升的与时俱进、动态发展的概念。

1983年邓小平同志提出“教育要面向现代化，面向世界，面向未来”，这是我国首次提出教育现代化的概念。就笔者掌握的资料，此前把教育与现代化关联起来的是张伯苓先生。张伯苓在南开的一次演讲中提到，瓦式邦博士到南开中学时曾问他“教育之目的为何”，他这样回答：“我之教育目的在以教育之力量，使我中国现代化，俾我中华民族能在世界上得到适当的地位，不至于受淘汰。”[4]这只是表明张伯苓先生早就认识到教育救国强国的作用，而邓小平同志提出的教育的“三个面向”虽然不同于“四个现代化”，但它为教育事业的改革发展指明了方向。现在看来，教育的“三个面向”对我们进一步理解教育现代化具有方法论的意义，即教育现代化绝非是一个独立的概念，其解读既不能脱离世界也不能无视未来。能否据对教育的“三个面向”的解读并参照对国家经济社会现代化的理解来界定“高等教育现代化”？在对此予以回答之前，笔者想强调自己在前期研究中获得的两个结论：“高等教育的高级专门人才培养和知识创新的属性决定了它是追求效率优先的社会活动，高等教育更具有竞争性、开放性和国际性”[5]；“高等教育强国是一个国际比较的概念因而必须以世界为参照系，高等教育强国绝非是高等教育数量规模的概念而是一个高等教育质量的概念”[6]。基于上述讨论，我们对高等教育现代化作如下界定是合适的：高等教育现代化是以国际高等教育最高水平、最先进状态为参照的目标体系和追求，是具有时空局限性的相对概念，反映未来某阶段或现实高等教育发展的最高水平及其综合实力的最强状态。

二、高等教育现代化的特征与要素何在

通常我们把概念理解为人们在认识过程中对所

感知事物的共同本质特征的概括和提炼，是感性认识向理性认识的提升，即概念是反映事物本质属性的抽象思维形式。正是因为概念是人们对事物的认识结果，因此概念当然也随着社会和人类认识的发展而变化。概念作为知识单元或理论的基石是对特征的独特组合，是“通过使用抽象化的方式从一群事物中提取出来的反映其共同特性的思维单位”[7]。亦如黑格尔所说：“任何定义都是整个理论的浓缩，概念的展开就是全部理论。”[8]认识无疑源于实践且是对大量实践经验进行抽象的结果，但其反作用于实践即引领指导实践发展的前提，又基于人们能够把高度浓缩的抽象的概念或理论通过其特征和要素的展开使之具体化、可观测、可实践。高等教育现代化绝非只是一个概念符号，更是高等教育发展的实践进程，后者则要求我们必须把高等教育现代化这个抽象概念转化为对高等教育现代化进程具有操作价值的理论指导，否则高等教育现代化就难以指导高等教育的发展且也不具实践意义。对高等教育现代化的特征和要素的讨论之所以必要，就在于两者不仅是高等教育现代化直观可视的具体化和基本构成，更是引领高等教育现代化行动的要领和方向所在。

关于高等教育现代化的基本特征，在高等教育现代化的概念讨论中我们已经有所触及，因为特征本来就是用来描述概念的。基于上述高等教育现代化概念的讨论，可以确定高等教育现代化的特征绝不是其内部独立要素的反映，而是高等教育内部及其外部诸多具有共性的特殊关系的体现。限于篇幅，这里仅把这些关系归纳如下：高等教育现代化既是一个国际比较及国际化目标追求，又是一个注重本土现实的过程；高等教育现代化既包含数量发展的要求，更强调质量的要求，是精英高等教育与普及高等教育的结合；高等教育现代化既是高等教育未来发展的方向和目标，又是高等教育发展的进程和状态；高等教育现代化始于国家竞争和国家现代化需要，又引领国家现代化发展并构成国家现代化不可或缺的基础；高等教育现代化是建立在本土基础上的高等教育国际化；高等教育现代化既是关系高等教育宏观治理体系的现代化，又是作为高等教育实施者大学治理能力的现代化，是两者的结合，缺一不可；高等教育现代化是高等教育理念现代化和高等教育内容、手段、方法现代化的结合；等等。

关于高等教育现代化概念的讨论我们还获得一个认识，高等教育现代化绝非是一个孤立的抽象概念，无论作为目标还是过程的变量，其操作价值就在于它是由诸多具体表达高等教育某一状态或过程即一组高等教育要素构成的集群概念。因为高等教育现代化是一个多要素参与的反映高等教育发展的复杂状态和进程，根本无法用某个单一的高等教育术语来描述高等教育现代化及其进程。如果我们认同“高等教育发展的最高水平及其综合实力的最强状态”确实较好地表达了高等教育现代化的内涵，或者说关于高等教育现代化的这一陈述是真实可信的，据此前提我们就可以通过对这一基本理论的演绎获得高等教育现代化的以下六个主要构成要素（如图1所示）。

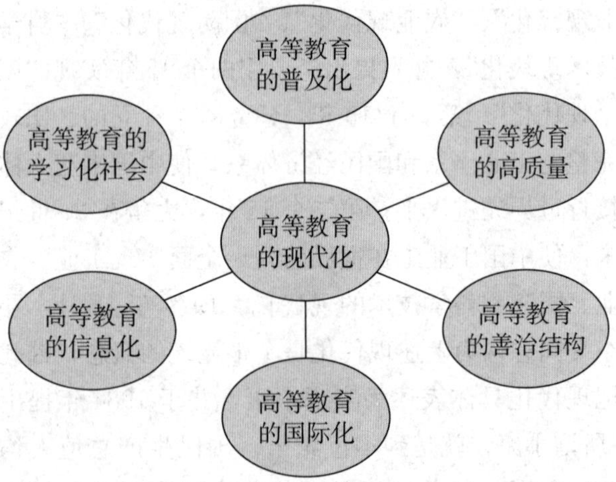

图1　高等教育现代化的构成要素

（1）高等教育的普及化。这是30%以上的适龄青年有机会有条件接受高等教育的概念，也是高等教育现代化必须率先达成的基本目标。（2）高等教育的高质量。高等教育有两个基本职能或核心使命即人才培养和知识贡献，高等教育的高质量概念是杰出人才培养和知识创新的体现，高等教育的数量规模如普及化程度毫无疑问是高等教育现代化之必需，但它必须是一个由效率及质量保证的数量规模概念，否则就不是真正意义的现代化。(3) 高等教育的善治结构。高等教育事业及实施高等教育的组织——大学均为复杂系统，其系统结构及内外部关系的复杂性、活动与目标的多样性等特征，决定了包括大学在内的高等教育系统必须构建特别强调效率优先、民主管理、整体设计、法治保障的治理体系即善治结构，这是确保高等教育现代化的组织条件和制度前提。(4) 高等教育的国际化。高等教育现代化本身就是国际比较且反映高等教育之国际最先进状态和最高水平的概念，因此高等教育国际化是构成和体现高等教育现代化的要素之最。为此，本文在第三部分将专门讨论之。(5) 高等教育的信息化。计算机和现代信息通信技术的普及及其日新月异的发展彻底改变了人类社会的生活和生产方式，它对传统高等教育提出了从高等教育概念到高等教育方法手段的全面挑战，并把高等教育带入了全新的大教育时代。尤其是由美国一批世界著名大学发起的大规模开放网络课程（MOOCs）运动，使得高等教育优质资源已经不再是少数大学的垄断及少数知识精英独享的特权。这一由信息通信技术的现代化给高等教育带来的巨大冲击，不仅改变了传统的高等教育途径方法，而且改变了传统高等教育和大学的概念及其存在的方式和意义。尽管其对传统高等教育还未形成所谓颠覆性的挑战，但诸如MOOCs这种全方位的具有海啸般冲击力的高等教育信息化趋势已不得不为国际社会所高度认同，并被视为代表了高等教育现代化的发展方向和发展趋势。(6) 高等教育的学习化社会。学习化社会根本不同于学历教育社会，无论是高等教育的提供者还是接受者均不再只是以提供或获得某一特殊阶段的高学历为目的，高等教育学习成为一种常态的生活方式，成为人们满足兴趣爱好和知识更新需要的闲暇教育和终身教育。作为高等教育的理想，它是一种体现了学习时空的开放性、学习内容的多样性、学习机会的公平性、学习者的全民性、学习过程的主体性的社会形态。高等教育的学习化社会不仅反映了高等教育终身化的社会诉求，也是让人们终身参与高等教育学习得以实现的基础。因此，高等教育的学习化社会可以说是高等教育现代化的终极目标。

或许我们还可以找到其他反映高等教育现代化的指标，但上述六大要素构成了高等教育现代化不可或缺的组成部分。

三、高等教育现代化如何实现

尽管我国的高等教育事业近几十年来取得了举世瞩目的长足进步，但与世界高等教育强国之间的差距还很大，除了规模总量，我们在高等教育效率和质量等方面尚无优势可言。这使加速高等教育现代化的进程显得尤其迫切。毫无疑问，以世界高等教育综合实力最高水平及最强状态为基本特征的高等教育现代化并不是一蹴而就的过程，然而当我们认识到高等教育现代化之重要性及其强国作用的不可替代后，如何实现并加快高等教育现代化的进程则成为我们当下面临的紧迫任务。总结党的十一届三中全会后当代中国巨变的成功经验，“改革”与“开放”两个关键词即可高度概括。正因如此，党的十八大后新一届党中央坚定不移地选择了进一步深化改革开放作为我们实现中国梦的破冰之船、载梦之舟。习近平同志也多次告诫全党：“改革开放是决定当代中国命运的关键一招，也是决定实现‘两个一百年’奋斗目标、实现中华民族伟大复兴的关键一招”；“改革开放是当代中国发展进步的活力之源，是我们党和人民大踏步赶上时代前进步伐的重要法宝，是坚持和发展中国特色社会主义的必由之路”；“改革开放是党在新的历史条件下领导人民进行的新的伟大革命，是党的历史上一次伟大觉醒”。[9]高等教育作为国家体系的一个极其重要且甚为复杂的系统又何尝不是如此？高等教育的现代化也唯有选择改革开放，别无他方。

1. 关于高等教育现代化与高等教育改革的讨论

我国近几年来先后出台了三个发展纲要，即《国家中长期科学和技术发展规划纲要（2010—2020

年）》、《国家中长期人才发展规划纲要（2010—2020年）》与《国家中长期教育改革和发展规划纲要》。我们注意到后者与前两者标题有所不同，《教育规划纲要》特别强调其为“改革和发展”纲要。从“改革”置前的词序安排逻辑解读，其是否具有我国之教育发展必须以改革为前提的意蕴？教育的发展特别强调改革先行原因有二：一则缘于教育作为一种最为复杂的社会活动，其涉及的社会因素包括利益诉求者最多，因此对教育的要求最多，反应亦最强烈。其二，我们的教育积淀的久而未决的问题太多，在这些教育与政府、社会、学校、受教育者，以及教育理想与社会现实之间相互缠绕的诸多复杂关系尚未理顺、矛盾尚未解决、障碍尚未排除之前，教育的顺利发展则成为不可能。具体到高等教育亦然，尤其是对具有超越传统高等教育模式意味的高等教育现代化而言，改革毋庸置疑是推动高等教育现代化进程的动力和手段。

就旨在以推行高等教育现代化进程而言的高等教育改革来说，必须率先解决好两个问题：其一，我们能否把高等教育现代化作为促进高等教育发展、缩小与世界高等教育先进水平差距的不二选择并努力实践之，首先取决于我们有多大的决心和勇气改革落伍于时代和落后于世界的高等教育理念及陈规旧制。习近平同志指出：“我国改革已经进入攻坚期和深水区，必须坚持改革开放正确方向，以更大的政治勇气和智慧，不失时机深化重要领域改革”[10]，“改革是一个国家、一个民族的生存发展之道”[11]。国家如此，处于国家体系架构中的高等教育子系统亦然。高等教育的核心使命是人才培养和知识发展，这是高等教育内生的功能，其他均为由此衍生的社会职能。高等教育及其实施者——大学的这样两项基本活动决定了高等教育及大学有其不同于其他的内在规律，规律的特征之一就是不可违逆。如果我们渴望高等教育更好地为体制服务，即让高等教育充分发挥其强国之作用，为民族做出更大的贡献，那么我们面对的最大挑战就是能否率先从观念体系和制度机制上革除阻碍高等教育及大学按其规律办学治校育人的不利因素。这样一种触及深水区的改革实践无疑要涉及习近平同志所说的属于智慧范畴的认识问题，以及我们是否有更大的政治勇气敢于选择具有攻坚破冰意义的重大改革并承担起应有的责任。

例如，《中共中央关于全面深化改革若干重大问题的决定》颁发后，既有利于国家科学选拔人才又有利于促进青少年按身心发展规律健康成长，既有利于维护社会公平又有利于提高高等教育人才培养效率和质量，力图从根本上解决一考定终身弊端的“高考改革方案”在千呼万唤中终于出台，这就是教育部经过深思熟虑之后做出的需要巨大政治勇气的高等教育改革选择。“招生和考试相对分离、高考不再文理分科、学生考试多次选择、高校依法自主招生、专业机构组织实施、政府宏观管理、社会参与监督”这一高考招生制度及其运行机制的突破性改革，不仅有利于克服以往高考招生体制带来的诸多时弊，更为重要的是这一人才选拔方式的彻底改变，为基础教育从热衷于选拔的应试教育向强调发展的素质教育的切实转型，以及为大学不拘一格选拔人才和培养富有创新能力的人才奠定了重要的文化环境和制度基础。

其二，由于高等教育是统一性与多样性统一、系统要素及其利益主体众多、内外部关系及其问题错综复杂、相互交织的庞大体系，因此高等教育改革是一项牵一发而动全身的系统工程，对其复杂程度必须有充分的认识。尤其是旨在推进高等教育现代化进程的改革，涉及高等教育规模数量的发展和质量效率的提升，高等教育治理体系和学习化社会的构建，高等教育的信息化及国际化等诸多要素及其关系，由此极易导致高等教育改革过程中的不确定性以致改革目的难以达成。减少高等教育系统改革进程中的不确定性及其复杂性，唯一的选择就是防止顾此失彼、就事论事的碎片化改革，对高等教育改革进行缜密科学、全面综合、系统整体的顶层设计。越是复杂的、问题积淀很多的改革，越是应该“不断增强改革的系统性、整体性、协同性”[12]。

笛卡尔在《方法论》一书中写道：“有许多部分组成，经由众多师傅之手的工程，常常不像仅由一位师傅经手的工程那样完美。由此，我们就会看到，由一位建筑师设计并完成的楼房，一般来讲要比由好几位建筑师东拼西凑、用以前用于其他目的的旧墙建起来的楼房漂亮整齐许多。”[13]笛卡尔的这个发现正好佐证了高等教育改革必须进行整体综合、高屋建瓴的顶层设计的重要性。“就事论事的改革或解决问题的办法固然可能达到暂时和局部明显快捷的效果，但并不是根本解决问题的办法。”[14]然而，选择一个什么样的价值预设也就是用一个什么样的指导思想去统领具有整体性的高等教育改革之顶层设计，在很大程度上决定了改革的得与失、成与败。笔者在《公平与效率：教育政策研究的价值统领》一文中提出过如下观点：由于高等教育主要通过培养高层次专门人才和知识创新并据此直接参与、影响社会文明进程而对国家的社会发展具有直接性和决定性，决定了“高等教育是需要强调效率优先的社会活动，而以实施高等教育为己任的大学也应该是强调效率优先的组织”，因此“高等教育的整体综合改革必须在兼顾公平的基础上，以效率优先为价值统领进行顶层设计，否则就无法激发其活力以根本改变高等教育质量不高的局面”。[15]高等教育现代化本质上就是以效率和质量为目标的追求，因此以效率优先作为推进高等教育现代化进程的核心价值，并以此作为高等教育综合改革的价值统领，是符合高等教育发展规律及高等教育现代化诉求的，更何况提高高等教育及其实施者——大学办学治校育人和知识创新的效率和质量原本就是我国高等教育改革的紧迫任务。

2. 关于高等教育现代化与高等教育国际化的讨论

热力学理论把与外界既有物质交换又有能量交换的系统称为开放系统；具有社会科学方法论意义的系统论把社会系统不仅定义为“是相互联系相互作用的诸要素有机结合的整体”，而且认为系统也是“由人财物及信息、技术等不同要素及其有机关联构成的组织”。所谓开放的社会系统，即与外界人财物及信息、技术等有资源交换的社会组织，与之对立的是封闭系统或孤立系统。任何社会系统无论其规模结构大小、复杂程度强弱都是开放系统，即没有资源交换的社会系统是不存在的而开放是绝对的。但是任何社会系统都是一个相对的概念，当我们根据需要把某个社会组织确定为一个系统之后，其与外界的资源交换的强度、频度、速度等是与其他类似组织有大小之别的。当我们对开放系统有了基本概念之后，需要引起注意的是系统论关于开放系统的如下结论：一个资源与能量强度相对外界较低的系统，一旦对外开放成为一个开放系统就会与外界发生资源与能量的交换，通过吸纳外界的资源和能量，该系统就会使自己逐渐达到与外界资源和能量强度接近的状态。这就是系统开放的意义和作用。

高等教育人才培养和知识创新的内在规定性使任何国家的高等教育系统具有了一致性，即高等教育是强调和追求效率和质量的社会体系。高等教育的这样一种普遍特征要求高等教育及其实施者——大学必须是通过不断吸收外界资源和能量以提升自己效率和质量水平的开放系统，而非与外界失去资源和能量交换的封闭系统，而这与高等教育国际化的概念不谋而合。所谓高等教育的国际化，即通过高等教育系统的对外开放和高等教育的国际合作交流，促进国际高等教育包括教育理念、办学模式、成功经验、科学技术、物资设备及人才和信息等资源共享和流动，以提升高等教育发展水平和质量的活动及过程。高等教育国际化是通过学习、借鉴世界高等教育最先进方法、经验和技术，用尽可能短的时间达到或接近世界高等教育最先进状态的有效途径。因此，如前述关于高等教育现代化讨论获得的结论，高等教育的国际化不仅是促进高等教育现代化的手段和途径，也是反映高等教育现代化不可或缺的要素。高等教育国际化是高等教育开放的最佳途径和欲达到的最高境界。以下案例是高等教育国际化最好的佐证。

联合国教科文组织在 1996 年发表了《关于高等教育的变革与发展的政策性文件》，这份关于高等教育发展主要趋势的文件把联合国教科文组织 20 世纪 80 年代以来一直强调的高等教育主题词

“针对性、质量和效率”改为了“针对性、质量、国际化”。时任联合国教科文组织总干事费德里科·马约尔在这份文件的前言部分指出：“高等教育对不断变革的世界的响应应当以针对性、质量和国际化为指导，这三个口号决定着高等教育在地方上、在本国和在国际上的地位与作用，教科文组织为促进变革与发展而发挥的作用和应做的贡献也正是结合这些目标制定出来的。”[16]这份文件通过分析和总结世界各国的不同经验以及各会员国、各政府间组织和非政府组织、高等教育当局、决策者和研究人员所表达的观点，进而提出了联合国教科文组织关于高等教育发展主要趋势的观点，并分析了哪些趋势可以作为拟订联合国教科文组织政策的基础。该文件称，迅速变革的世界导致高等教育所面临的主要挑战可以归纳为三个方面：（1）“针对性”，指高等教育在社会上的作用与地位，包括它的任务、职责、课程、内容和教学手段以及公平、责任及经费问题，强调学术自由和学校自治是保证和提高针对性所做一切努力的原则；（2）“质量”，这是一个包括高等教育所有主要职责与活动的多层面的概念；（3）“国际化”，教科文组织认为这是高等教育在20世纪后50年里已大大提高的一个特征。当然，笔者并不以为关键词的这一替换是联合国教科文组织对高等教育效率之重要性的忽视，而是在唯有高等教育国际化才能根本提升高等教育效率的认识前提下更明智的选择。“高等教育融入国际是刻不容缓、毋庸置疑的”[17]，这是长期从事高等教育国际化研究的著名学者、加拿大多伦多大学安大略教育研究院教授简·奈特获得的结论。

如果要在全球范围内确定一个最能代表高等教育现代化水准的标杆，由于拥有世界最强大的高等教育系统，美国的当选将无可争议。无论是杰出人才培养还是知识创新及其生产力转化等方面，美国高等教育均处在世界的最高水平并具有领导地位是毋庸置疑的。从上海交通大学世界一流大学研究中心发布的世界大学学术排名（ARWU）、国际教育研究机构英国席孟兹公司（Quacquarelli Symonds）发布的QS世界大学排名以及英国泰晤士报高等教育副刊（*Times Higher Education*）发布的THE世界大学排名的结果来看，无论在前10名或前20名、前100名世界最好大学中，美国大学都长期占有绝对的数量优势。美国何以能够后来居上超越历史悠久的欧洲高等教育迅猛发展并崛起成为世界高等教育大国和强国？除了受实用主义哲学影响，大学自觉从象牙塔中走出来积极服务于社会外，其另一个成功的法宝便是致力于高等教育国际化。

20世纪初前后美国持续派出大量留学人员赴德国学习，据文献称这些学成归来的留学人员回国后言必称德国大学，正是自觉于向欧洲高等教育取经的国际化道路迅速缩小了美国高等教育与欧洲高等教育的差距。当美国高等教育占据强势地位后，其高等教育国际化的模式和策略则悄然无声、顺其自然地转变为利用其世界高等教育中心的条件和地位把世界各国最具创造力及最富有发展潜力的学者和学生吸引到美国去访学、进修、学习和工作。据有关资料统计，美国重点科研机构、大公司科研机构的科技带头人、重点大学的系主任中美籍外国人占了60％—70％。[18]在世界高科技产业中心——美国的硅谷，其软件公司的技术主管和实验室主任中35％的是华人，20万名工程技术人员中有6万多名中国人。联合国教科文组织与国际纯粹与应用化学联合会（IPAC）把2011年确定为“国际化学年”，为配合“国际化学年”的庆祝活动，全球领先的专业信息供应商汤森路透集团发布了2000—2010年全球顶尖100名化学家榜单（TOP100 CHEMISTS，2000—2010），入榜者主要依据过去10年所发表研究论文的影响因子而确定，其中入选的12位华人科学家中，除一名在新加坡大学工作外，其他11人均在美国大学和实验室工作。约翰·霍普金斯大学校长比尔·布罗迪在题为《美国的竞争力：创新的挑战》的演讲中坦承：外国公民对于美国的高新技术产业是何等重要！外国学生几乎占据了美国大学工程和计算机科学专业在校本科生的一半，35％以上的工程和计算机科学的大学教师是外国科学家。2012年6月，美国90所大学的校长联名写信给奥巴马总统和国会，呼吁建立“绿卡直通车”为顶尖外国研究生毕业后留在美国工作提供方便。2013 年美国就出台了移民改革法案，其中制定了一系列针对高科技人才移民的优惠政策。由此我们看到的不仅是外国智力资源对美国高科技发展的不可或缺以及美国政府留住外国人才的决心，同时我们也看到了美国因为坚持高等教育国际化策略而尽享了世界各国带给他们的人才红利。

印度理工学院（IIT）以其人才培养尤其是 IT 业人才培养的高质量闻名世界，其人才遍布世界且为 IT 产业的发展做出了巨大的贡献。比尔·盖茨因此赞誉印度理工学院是一所改变世界且潜力无限的神奇学府，美国前驻印度大使约翰·加尔布雷思甚至把硅谷喻为一块印度的殖民地。印度理工学院是 1947 年印度独立后，其政府认识到只有通过大力发展科学技术和理工教育才能把刚从殖民地独立出来的贫穷落后国家建设成为世界强国，而于 1951 年创建并先后建成了 7 所分校的一所理工大学。印度理工学院在半个世纪内的崛起，其成功就是一个最具典型意义的高等教育国际化案例。

据有关资料，印度理工学院从创建伊始就瞄准国际一流理工学院的目标，比如其创建的第一所分校——卡拉格普尔分校不仅以麻省理工学院为模板构建其组织及制度结构，而且积极聘请国际杰出学者组建其具有世界水平的教师队伍。其孟买分校从建校开始持续十多年获得了苏联大批专家及大量教学科研设备的援助，并在联合国教科文组织的支持下由苏联为该分校培养了一批高水平的教学及科研人员。而马德拉斯分校则是在当时的联邦德国政府帮助下创建的，联邦德国政府不仅向该校输送专家学者任教及为其培养专业师资，还提供了 1 800 万卢比的科研设备，高起点的办学使该校 2 年内就成为全国重点大学。1959—1981 年，两国政府先后共签署了 5 个高等教育的合作协议，由此马德拉斯分校获得了极大的发展空间。而创建于 1959 年的坎普尔分校则是“坎普尔印美项目”的最大受益者，其与美国加州理工学院、卡内基理工学院、凯斯理工学院、麻省理工学院、俄亥俄州立大学、普林斯顿大学、普渡大学、加州大学伯克利分校和密歇根大学 9 所顶尖大学的结盟，使坎普尔分校成为高等教育国际化极为成功的典范。此外，印度理工学院及其各分校的机构还积极与诸如联合国教科文组织、世界卫生组织、英特尔、德州仪器、北方电信、联合国开发计划署、福特基金会、美国国家科学基金会、欧盟等国际组织和科研机构及跨国公司等，进行各种类型的合作交流并承担了大量的国际科研项目。这些“科研项目的国际合作研究不仅扩大了印度理工学院的国际影响，而且提升了其学术研究能力和水平，更重要的是使印度理工学院和印度分享了研发的经验和知识，占据了科学技术发展的前沿位置”[19]。以上事实给了我们一个明确的结论：印度理工学院之所以能够在半个世纪的时间内崛起，成为一所让世界顶尖大学都不敢小视的著名学府，完全是高等教育国际化道路使然。

在一个知识的决定性作用日益强大的时代，尤其在高等教育成为一个国家的实力象征和社会缩影的这样一个特殊时代，没有高等教育的崛起，国家和民族的崛起凭借什么？没有高等教育的崛起，我们又靠什么去圆强国之梦？我想这正是我们必须研究高等教育现代化并致力加速高等教育现代化进程的意义和目的所在。

参考文献：

[1] 瞿振元. 实现高等教育现代化要理论先行 [C] //范笑仙，等. 改革·质量·责任：高等教育现代化——2013 年高等教育国际论坛文集. 北京：中国人事出版社，2014：7.

[2] 何传启. 国家现代化战略中的教育现代化 [C] //范笑仙，等. 改革·质量·责任：高等教育现代化——2013 年高等教育国际论坛文集. 北京：中国人事出版社，2014：14.

[3] 现代化 [EB/OL]. http://baike.baidu.com/view/124658.htm? fr=aladdin.

[4] 张伯苓教育论著选 [M]. 崔国良，编. 北京：人民教育出版社，1997：208.

[5] [14] 眭依凡. 论大学的善治 [J]. 江苏高教，2014，(6)：15—21.

[6] 眭依凡. 高等教育强国：大学的使命与责任 [J].

教育发展研究，2009，(23)：26—30.

[7] 概念 [EB/OL]. http://baike. baidu. com/view/45333.htm.

[8] 转引自汪丁丁. 寻路问学 [M]. 上海：上海人民出版社，2005：46.

[9] [11] 学习《习近平关于全面深化改革论述摘编》[EB/OL]. http://news. xinhuanet. com/politics/2014-06/03/c_126573489.htm.

[10] [12]《瞭望》新闻周刊特约评论员. 新思想 新观点 新论断 新要求——深刻领会、准确把握习近平总书记一系列重要讲话的内涵与实质 [J]. 瞭望，2013，(26)：16—19.

[13] 笛卡儿. 方法论·情志论 [M]. 郑文彬，译. 南京：译林出版社，2012：10.

[15] 眭依凡. 公平与效率：教育政策研究的价值统领 [J]. 中国高等教育，2014，(18)：11—15.

[16] 联合国教科文组织关于高等教育的变革与发展的政策性文件 [EB/OL]. http://www. worlduc. com/blog2012. aspx? bid=22135711.

[17] 张哲. 高等教育国际化的价值比定义更重要——访加拿大多伦多大学安大略教育研究院教授简·奈特 [N]. 中国社会科学报，2012-09-17.

[18] 美国如何吸引高科技人才 [EB/OL]. http://history.blog.sohu.com./81359421.html.

[19] 印度理工学院 [EB/OL]. http://baike. baidu. com/view/917984.htm.

大学理念：知识论基础及价值选择*

□ 周作宇（北京师范大学教授）

大学理念存在于人们的主观世界，定格在从建筑、课程体系到制度等各类大学符号上，也见诸大学内外人际互动的交往中。当大学的组织特性定型之后，无论内群体还是外群体，只要是利益相关者，或显或隐，都持有一定的大学理念。当大学作为公共产品获得国家提供的身份地位，每个人都有“理论机会”享受高等教育权利，尤其在大众化、普及化列入政府议事议程并且得到逐步实施之时，大学理念的认识动力被广泛刺激。民间的理念或许素朴，但从关于为什么上大学、上什么样的大学、能不能上大学等问题的理性计算中，可以做理念存在的推论。大学当事人是不能离开理念的。即使没有成文的“客观化”理念，特殊存在形式的理念已昭然于日常组织行为。涉及大学行动的所有政策文本和官方话语，更是大学理念的制度化表征。随着大学理念成为一个学术论域，以“大学理念”为题的“客观知识”日积月累，业已成为探寻者路上的记号，令人或困于迷局，或豁然于正途。历史的天空飘荡着的大学理念，在当下论者的“思想仓库”集结遭遇，精粗真伪在个体孤独思考和群体“精神盛宴”的经验世界摩擦揉搓中过滤，酿几滴思想琼浆“继往开来”，这就是“知识自主性”和知识进化的波普尔逻辑。大学理念是波普尔世界3的居户，还是柏拉图洞穴里大学的背影？或者是后工业、后现代、后科学、后哲学、后形而上学等“后X”社会中躁动不安的“想象气泡”，经不得一根针的穿刺，在“相对主义”的“多元话语”声中破裂？当下如何？今夕何夕？时空被新技术杀死之后，现代大学真的能够一方面被经典理念灵魂附体，一方面又披着“后X”的外衣舞蹈？假如像费耶阿本德“怎么都行”那样恣意狂放，或只为“酒神精神”所浸润，那么理念的公度性和合法性何在？

一、大学理念的原点：哲学生活、政治生活与日常生活

大学像“水电站”，内容是水（广义的知识），形式是河道（知识传统和知识史），水电站是组织，“加工”是水电站的功能。水电站是对水的蓄积、控制、转化和利用。水流的目标是海洋（知识大融汇），水电站的目标则是能量的生成和利用，同时调节水流的速度。大学理念就是对这个“水电站”的认识，是人们对“大学是什么、应该是什么、为什么是”以及“大学做什么、应该做什么、为什么做”的看法。

每个国家都可以找到自己大学的基因和祖先。但中世纪大学被普遍认为是现代大学共同的源头和活的标本。阿拉斯泰尔·麦肯托斯（Alastair McIntosh）认为柏拉图于公元前387年在雅典城外的小树林旁创建了西方第一所大学。[1]当代关于大学研究的“学术”（academic）称谓，就是源于

* 原载《北京大学教育评论》2014年第1期。

柏拉图的阿卡德米（Academy）。作为最高学位，哲学博士的含义是“爱智慧女神”。古希腊语中的学术卓越并不限于狭窄的学科范围，而是全方位的生活卓越。在《斐多篇》中，柏拉图的老师苏格拉底在河畔的小树林里打着赤脚，受自然灵性的启发，揭示了哲学家的核心动机和目标——爱。没有爱，就没有智慧。没有爱，智慧就蜕化为枯燥的学问。麦肯托斯在讨论苏格兰的大学理念时挖掘了古希腊对学术的理解，他将智慧与大学联系起来，突出了大学在情感和理智间保持平衡的理想追求。如果在最高学术资格上说大学是培养“哲学博士”的地方，那么，大学就是“智慧”的场所——为爱而探寻真理。阿卡德米是否就是大学的上限，难有公论。但就大学是个什么地方，阿卡德米的“智慧说”却有重要的象征意义。阿卡德米的园主柏拉图在《理想国》里关于“哲学生活”与“政治生活”的划分，[2]在一定意义上草绘了大学理念在哲学生活和政治生活两极腾挪的图景原型。哲学生活是认识的生活，是让“灵魂转身”走出“洞穴”囚禁的上升运动。政治生活则是已经走出洞穴，知道“美者、正义者和善者的真实”的人应该做的事。他们要重返“洞穴”，取代那些昏然为“影子”斗殴、为“权力”争吵的统治者。因为“在凡是被定为统治者的人最不热心权力的城邦里必定有最善最稳定的管理，凡有与此相反的统治者的城邦里其管理必定是最恶的”。“哲学家”受过更好的教育，更有能力参与这两种生活，应该成为两个世界的公民和“蜂王”、“领袖”，“没受过教育不知道真理的人和被允许终身完全从事知识研究的人，都是不能胜任治理国家的”；“因为没受过教育的人不能把自己的全部公私活动都集中于一个生活目标；而知识分子又不能自愿地做任何实际的事情，而是在自己还活着的时候就想象自己已离开这个世界进入乐园了”。哲学家和知识分子不同。知识分子“被允许终身完全从事知识研究”，他们“不能自愿做任何实际的事情”；而哲学家，尤其是受到本国政府支持接受过良好教育的哲学家，被寄予政治参与的期望，“我们就是要不爱权力的人掌权”[3]。没有受过教育的人仍然囿于洞穴，而受过教育的知识分子走出洞穴后又不肯“下去”。深受国家培养具有“最好的灵魂”的哲学家，他们“上升到那个高度”，“达到最高的知识”，“看见善”，理应承担国家建设者的职责，“下到囚徒中去，和他们同劳苦共荣辱，不论大小”，“不是为城邦任何一个阶级的特殊幸福，而是为了造成全国作为一个整体的幸福”。“他们运用说服或强制，使全体公民彼此协调和谐，使他们把各自能向集体提供的利益让大家分享”。“在城邦里造就这样的人，其目的就在于让他们不致各行其是，把他们团结成为一个不可分的城邦公民集体”。柏拉图将哲学生活与政治生活相联系，寄语哲学家在公共责任方面超越知识分子，这是大学理念纠结于“出世”（象牙塔）与“入世”（社会服务）两种使命的原型。时隔二十多个世纪，柏拉图的二分法像个幽灵，以原版的或改头换面的方式仍在高等教育界和学术界盘旋。

在当代高等教育学术界，布鲁贝克将高等教育哲学的基础做了“认识论”和“政治论”的划分。两极思想在美国高等教育界互相竞争，此消彼长，根源是“价值中立与关联”问题：“强调认识论的人，在他们的高等教育哲学中趋向于把以‘闲逸的好奇’精神追求知识作为目的。他们力求了解他们生存的世界，就像做一件好奇的事一样。”[4]高等教育的知识至上和知识自足被看作认识论理念的展开，最近的源头在洪堡思想，约翰·霍普金斯大学被认为是这种理念的化身。但是，“人们探讨深奥的知识不仅出于闲逸的好奇，而且还因为它对国家有着深远影响”；“当高等教育卷入日常生活的时候，必然会遇到如何确定目标和如何行使权力来实现这些目标的争论。而这些争论自然具有政治性”。[5]高等教育的社会取向即“政治论”概括，“威斯康星思想”就是政治论与认识论平衡的表现，“服务站”则是政治论的隐喻。“尽管‘威斯康星思想’取得了成功，但在高等教育哲学的政治论和认识论之间仍然缺乏和谐。其矛盾之处在于，探讨高深学问的认识论方法想方设法摆脱价值影响，而政治论方法则必须考虑价值问题。许多学者认为追求真理和追求权力是水火不相容的，对诸如什么是最好的社会目的和如何运用权力来实现它们等问题表明态度，迟早会歪曲和干扰学者的客观性。”[6]“尽管对高等教育来说，以德国研究大学的哲学为榜样的价值自由的认识论的逻辑非常具有吸引力，然而历史看起来明显有利于高等教育的政治论哲学。不过，学术体系一定不能完全变为商业性质，不能仅仅生产文凭和知识。我们希望政治化永远不要发展到教育和权力不分的地步。”[7]可以看得出，布鲁贝克的二分法具有柏拉图的影子。知识的事实发现和事实根据以及价值判断和价值实现，或简单地说，知识和知识的功用是讨论大学理念绕不开的问题。

巴内特（Barnett）不满高等教育研究在“教育维度”上的无所作为。他痛惜“缺乏对高等教育的反省不仅在研究教育的学术部门显而易见，在研究高等教育自身的研究者当中甚至更加习以为常”[8]。与布鲁贝克比较，他换了另外一种说法揭露高等教育发展过程中认识论和社会学两大基础被侵受蚀的现象。一方面，知识“客观性”和“可认识性”遭疑，认识论基础受侵；另一方面，相对封闭自足的学术边界被撕裂，社会学基础遭蚀。多元主义、相对主义和普遍弥漫的对知识客观性的怀疑态度是认识论遭侵蚀的原因，也是表现。而偏向社会服务的功能主义对高等教育的本质特征视而不见，“期望高等教育取得更加广泛的社会效果，在社会收益方面尤其期望有加”，“对高等教育的评判几乎完全取决于其对英国有限公司的直接贡献”。自由高等教育受到两方面的围攻：认识论公理（存在客观知识，并且可以被认识）和社会学公理（客观知识保存和传播的前提是相对自主、比较自由）同时被稀释甚至污染[9]。有些人给前者贴上了“后现代主义”的标签，后者则引发了“学术资本主义”、“经济主义”等形形色色“学术原教旨主义”的忧思。

柏拉图以降，思想界形成学术和政治两极对应的视域和传统，日常生活混同为政治生活，民间的、人人都要经历的日常生活在其中没有地位。在柏拉图那里，爱智、求敬、逐利在个人层面体现为三种生活，在城邦体现为三种人——爱智者、爱胜者和爱利者。其中，“我们用以学习的那个部分总是全力要想认识事物真理的，心灵的三个部分它是最不关心钱财和荣誉的。”爱智者也爱好学习，哲学家受到更好的教育，具有两种生活的主导权。柏拉图寄期望哲学家参与政治，但如果参与政治，是否依然可以远离“胜敬”（名誉）和利益（钱财）呢？当然如此，因为成为真正的哲学家乃是前提条件。理想虽然是这样，但现实是人们都需要和别人打交道，都需要过衣食住行的常人生活。哲学家也不例外。哲学家的精神追求是无限的，但是，有限的物质世界也无法弃绝。或如杜威所言，“一切古典哲学在两个存在的世界中间划了一个固定的和根本的区别。一个相当于普通传统的宗教的超自然世界，而由形而上学描画成为至高终境实在的世界”；“与这个须经哲学的系统的修炼才能了悟的绝对的本体的实在相对峙的，是日常阅历的普通的、经验的、相对实在的现象的世界。人间实际事务和实用都与这个世界相关联。”[10]1817年底，柏林大学重议邀请黑格尔来柏林一事，普鲁士文教部大臣阿尔滕施泰因“确信黑格尔哲学对国家的重要作用”，莅任后即给黑格尔写私人信件，以高达两倍于黑格尔任教的海德堡大学收入的年金“垂钓”。黑格尔考虑了两个星期后欣然接受。当然，“他还想了解一些细节问题。柏林的事物补贴（谷物和麦子）如何？可否提供免费住宅？本人亡故后，家属有无抚恤金?”另外“他刚在海德堡置办了家具，到柏林却又得重新安家。因此，他请求发给200弗里德里希朵尔作为迁居费，这比实际的搬家费用稍多一点”。[11]黑格尔的这段调任乔迁经历，对所有学者的“日常生活”都具有代表性。后来，韦伯在“以学术为业”和“以政治为业”的演讲中，对学术和政治做了严格的区分，在论述以政治为业时，他还区分了“为了政治而生存”和“依靠政治而生存”的不同政治生活：前者志在政治事业；后者政治不过是糊口手段。“为了政治”的态度之所以存在乃是因为日常生活通过其他途径得到了保障，而“依靠政治”则只有政治一条生计。[12]韦伯没有用相似的二分法分析学术职业。“君子谋道不谋食”、“朝闻道夕死可矣”，无疑是一种极高的精神境界。学术志业当然“以道为生”，但闯入“学术领地”的人难道不一样面临黑格尔柏林之旅的物质计算？其实学术界依然有“为了学术而生存”和“依靠学术而生存”的分别。另外，哲学家虽有一套理论知识，但在自己的行动中往往可以看到理论和行动的分离。当知识从“智者之城”回到人间，从哲学世界和政治疆场回到日常生活，在面对自我和他者如何选择、如何行动的时候，才是哲学家“真实的私人生活的写照”曝光的时候。保罗·约翰逊（Paul Jonhson）就曾在《知识分子》中生动地描述了从卢梭到萨特等12位“知识分子”的公共宣言和私人生活两极背离的情况[13]。知识分子的知识可以指导别人的行动，能不能指导自己的行动？如果能，又是什么知识在起作用？

二、大学理念的知识论基础：显性知识与缄默知识

卞之琳在《断章》中说：“你站在桥上看风景，看风景的人在楼上看你。”翻译为大学理念的语言直白就是：“你在那里看大学，看大学的人在这里看你。”摆在当代的大学理念论者面前的，既有既往的大学理念，又有现实中的大学和“记忆中的大学”。大学理念涉及“谁看”、“为什么看”、“看什么”、“怎么看”和“看完之后如何”的问题。大学理念史上有许多绕不过的“看客”。纽曼是牛津大学的学生、教师，后来成了爱尔兰天主教大学的校长。纽曼之于爱尔兰天主教大学，既是剧作者，也是剧中人。他于1852年受命任都柏林天主教大学的校长，6年后辞职。历史表明，该大学根本说不上办得成功。对纽曼而言，这“无疑是一段失败的经历”[14]。就大学校长的职责而言，他在大学的教育功能的领导角色上可能会做到理念和实践的契合，但是在大学治理上他的理念似乎有所欠缺。梅亚德利在他为《大学的理念》所写的序中评价道：“纽曼见长于思想，而不见长行动”，“他既没有管理天赋，也没有领导的才能”。纽曼的自我评价是“有能力教育一个民族，但是无能力对其进行治理”[15]。洪堡当过普鲁士的外交官，做过枢密院的教育文化部大臣，领导了德国教育改革，创建了柏林大学。但他在柏林大学正式成立前，就因与内务部大臣冯·多纳（Count von Dohna）意见不合离开了普鲁士文化教育部大臣的位置。艾略特是哈佛大学财务长的儿子、哈佛的学生、麻省理工学院的教授，后在哈佛做了40年的校长，他倡导的“选修制”至今还在大学活跃。蔡元培留学德法，学览中西，改造了北大。如此等等。这些先驱不仅仅在大学的理念上留下不朽思想，他们服务大学的行动及其后果也载入学校发展史册。从历史现场的角度看，不同位置的角色不同、身份不同，理念对行动主体的影响方式乃是不同的。还有一些以大学理念为题报告或写作的人不一定都身居“大学要职”，但历史距离的存在使他们的言论似乎无身份差别和“位置信号”地汇入大学理念主流。西班牙的奥尔特加根据他应马德里大学生联合会邀请所做的主题演讲集成了《大学的使命》，美国的弗莱克斯纳根据应牛津大学“罗德基金会”邀请所做的报告出版了包含《现代大学的理念》在内的《大学：美国、英国和德国》，中国的潘光旦先生应时任清华大学校长梅贻琦先生的邀请而撰写了《大学一解》[16]。这些都是大学理念的光辉篇章。20世纪60年代巴黎街头与政府对峙的大学生以及美国许多大学与校方对峙的大学生用身体思考，用行动呐喊。虽然看不到当事人关于大学理念的文献档案，但毫无疑问，我们无法否认这些愤青的行动是在某种理念的影响下实施的。每个大学的当事人都有一套自己的理念。大学理念恰恰就是具体的人的理念，而不是“抽象的大学”的理念。如果大学是一道风景，大学理念论者选择不同的角度观察，他能看到什么？如果大学理念论者仅仅是“鉴赏风景”的人，那他的理念与大学的现在和未来何干？观察者可以看到的景色或是大学的物质躯壳，或是行色匆匆抑或漫步沉思的思想者，但如果仅仅限于观察，看不到大学理念的“知识”，看不到思想者思想着的思想，

也看不到超越物质的“作为存在的大学”，那么，这种观察就一定是漫无目标的“盲审”。事实是，柏拉图的哲学生活与政治生活的切割和整合，布鲁贝克和巴内特关于哲学和理念的认识论、政治论和社会学基础的分析，不仅仅适应于高等教育领域的一般知识和许许多多学科的知识，同样也适合于作为知识的“大学理念”。当然，他们对日常生活和物质基础的遮蔽，同样也是大学理念的知识论要克服的缺憾。如帕利坎（Pelikan）所言，“大学行政史的道路两旁，也七零八落散放着一些机构和教育家的残片，这些人感到悲哀，因为虽然有时候他们从高尚的动机出发，却忽略了财政方面的现实情况，或者认为，在大学里，凡是被称为‘生意’的事务，都是他们知识阶层的地位所不屑一顾的，或者，稍加注意即可”；而与这种现象正好相反的是，一些人将大学理解为生意，“想方设法利用大学来牟利”。[17]无疑，大学的经济现象不可回避，常人生活不可回避，正如大学必须守望其知识原则和社会责任一样。

波普尔（Popper）认为，“全部科学和全部哲学都是文明的常识”，“常识是出发点”，“它必须接受批判”，“进步的主要手段是批判”。就知识论而言，存在着常识知识论和客观知识论。常识知识论关于知识的起源持“水桶论”的观点，认为我们基本上像水桶一样是被动地通过感官获得知识的。“认识是主观的自我的认识”，世界上只存在一种知识，“即某种主体所具有的知识”。常识知识论不能区分两种状态的知识——主观意义上的知识和客观意义上的知识。主观知识“由倾向和期望构成”，是由先天的行动意向和这些意向的后天改变组成的。同时还存在着客观知识。客观意义上的知识即人类知识，“这种知识由经受了批判讨论，并由语言阐述的期望构成”。推测性理论、未解决的问题、问题境况和论据组成的客观知识，为其是“表述于语言之中的理论可以被批判地讨论”。客观知识通过消除语言之中的推测而保留载体就可以改进。而“主观知识是不可批判的，虽然可以通过各种方法对它加以改进”，如消灭“载体”或生物体的演变和淘汰。波普尔是进化的客观知识论者，他认为：“虽然真理的观念是绝对论的，却不能提出任何对绝对确定性的要求：我们是真理的探索者，但不是真理的占有者”[18]。他认为对确定性的追求是一种奢望：“科学家的目的不在于发现绝对的确定性，而在于发现越来越好的理论”，“或者发现越来越好的探照灯”，“这些理论可以接受越来越严厉的检验”，“并由此而引导我们达到最新经验，照亮我们的最新经验”。[19]“所有知识的增长都在于修改以前的知识——或者是改造它，或者是大规模地抛弃它。知识绝不能始于虚无，它总是起源于某种背景知识——即在当时被认为是理所当然的知识——和某些困难以及某些问题。”[20]知识的增长就是猜想与反驳不断进化的过程。波普尔主张客观知识论，并因此为世界划界，提出了三个世界理论：“第一，物理客体或物理状态的世界；第二，意识状态或精神状态的世界，或关于活动的行为意向的世界；第三，思想的客观内容的世界，尤其是科学思想、诗的思想以及艺术作品的世界。”世界 3 包括“理论体系”、“问题和问题情境”、“批判性辩论”、“讨论的状态或批判辩论的状态”、“期刊、书籍和图书馆”。[21]第三世界是人类动物的自然产物，可比作蜘蛛网。“第三世界基本上是自主的，尽管和我们相互作用，是我们的产物并且对我们有反馈作用。正是通过我们和第三世界的相互作用，客观知识才得到发展。”波普尔的世界 3 理论、“理论在先”、“知识通过批判而进化”、科学的目的是发现“探照灯”、“所有的规律或理论都是假设和猜想”等观点对科学哲学贡献是不可否认的。他正确地指出，“我们都有自己的哲学，无论我们是否意识到这一事实”，我们需要“试着通过批判来改进我们的哲学”。他正确地警醒：“哲学的最大耻辱是，当我们周围的自然界——并不仅仅是自然界——行将毁灭的时候，哲学家却时而聪明，时而愚蠢地大谈关于这个世界是否存在的问题。”他还正确地评价道：“除某些马克思主义者之外，大多数职业哲学家似乎够脱离实际”[22]，但是，他自斥“我们的哲学是没有多大价值的。但它对我们的行为和生活却常常是破坏性的”，这无疑有失夸张，他把认识论看作“关于科学知识的理论”，他反对常识知识论，反对休谟的“习惯”与行动关系的论点，反对行为主义，认为“不存在诸如联想或条件反射之类的东西”，将客观知识绝对化为“没有认识者，没有认识主体”的知识。所有这些观点，都源于他对统一科学（哲学）生活、社会生活、政治生活与日常生活的“个人行动”以及“行动场”的忽视。

哈贝马斯（Habermas）将认识与兴趣统一起来，认为“认识既不是生物适应不断变化的环境的一种单纯的工具，又不是纯粹的理性生物的一种活动，而是一个具有强烈社会性的特殊的范畴，它是人类维持自身生存的工具和创造新生活的手段。它是主体借助于工具活动和交往活动，在使用技术占有自然的进程中，在把握人的共性的进程中完成的”[23]。“人的认识兴趣决定了人的科学活动，而每一种科学活动又有他自己的特殊的认识兴趣”，包括技术的兴趣、实践的兴趣和解放的兴趣。技术兴趣是人们试图通过技术占有或支配外部世界的兴趣，实践兴趣是维护人际的相互理解以及确保人的共同性的兴趣，解放的兴趣是人类对自由、独立和主体性的兴趣。三种兴趣分别对应自然科学、精神科学和批判的社会科学。显然，哈贝马斯的认识论是一种行动理论，它超越了波普尔的认识论主张。吉尔兹（Geertz）从人类学出发提出的“地方知识”思想，是从另外一个方面对波普尔的超越，也是哈贝马斯实践兴趣导向的解释学在人类学中的具体化。对地方知识的认识起于这样一种态度：“我们现在面对自我定位的时候，既不可将他人远远推向相对的极端，亦不可将其拉进而犹如我们自身的摹本，而是要将我们自己置身于他人中间。”[24]“用别人的眼光看我们自己可启悟出很多瞠目的事实。承认他人也具有和我们一样的本性则是一种起码的态度。但是，在别的文化中间发现我们自己，作为一种人类生活中生活形式的方法的地方性的例子，作为众多个案中的一个个案，作为众多世界中的一个世界来看待，这将会是一个十分难能可贵的成就。”[25]地方知识与地方、时间、阶级与各种问题相联系，并且还与特定的地方情调相联系，与当地人对事物之想象能力相联系。“想象力不应被掩蔽”，“它们不仅控制人的行为，而且解释人的行为”。这种或者建设性的或者解释性的能力，是一种根植于文化的集体智慧而非个人的单独智能的能力[26]。法律就是一种地方知识，它“不是与地方无关的原则”，“法律对社会生活来说是建设性的，而不是反映性的，或者无论如何不只是反映性的”。[27]人不是在真空中存在，人的想象力是地方产物，也是地方知识的源头。任何人生活的地方都是一个意义充满的特定的时空场域。“人将自己囿于一套富有意义的形式之中”，囿于“他自己编织的含义之网”。波普尔将主观知识从客观知识的“图书馆”大门赶出，吉尔兹则为它打开了“地方知识”这扇意义的窗户。

波兰尼（Polanyi）从“个人知识”的角度切入知识的主客观问题。与波普尔不同，他认为，科学是有主体的。“科学是人的，特别是个人的”，人的主体是心与身体的统一体。思维能力是人所具有的最显著的特征。因此，每当谈论人的时候，就会论及人类所处的知识阶段。知识发展是无终点的过程。研究跟着研究，反思跟着反思，先前完成的研究和反思是既起的研究和反思的对象。因此，要将人类的所有作品完全囊括在研究与反思之中是徒劳的。人们必须不断发现客观自立的知识，可是一当反思自己的知识，人们就会发现他处在一种维护和确证自己知识的行动中。每当获得新知，我们就通过尚未统合到我们的知识体的东西将世界扩大。从这个意义上说，要达至人的全面知识看起来是不可能的。为了解决这个逻辑难题，波兰尼提出了“缄默知识”的概念。知识具有二重性，可以通过语言符号表达的是显性知识，而缄默知识是内隐在人们的意识、潜意识或行动中未能系统阐述的知识。对缄默知识的拒绝就是对所有知识的拒绝。两种知识的根本逻辑是不同的：显性知识依赖于语言符号，可以进行批判性反思，这一点和波普尔的观点一致；但是缄默知识则无法承受批判性反思，它是非反思的。我们不能反思自己缄默的经验意识，缄默知识是所有知识的“决定性原则”。在智力的各个水平，起决定性作用的是缄默的力量而不是阐述性逻辑操作的功能。同时，“人的身体在宇宙中占有特殊的位置：我们的身体不是作为物自体的关注对象，而是用作控制环境的智力的和实践的工具。”通过所知和所为对身体的体认就是对生存的感知。这种意识是作为感性的、能动的个人之存在的最根本的部分[28]。波兰尼的个人知识论也是一种意会（缄默）知识论。“意会认知理论建立起自然科学不间断地过渡到对人性的研究。通过使‘我—它’与‘我—你’却根植于主体对自己身体的‘我—我’意知，它就填平了‘我—它’与‘我—你’之间的鸿沟。这代表了最高层次的内居。”①

波兰尼揭示了知识的二重性后，许多学者开始对知识的类型做进一步的二分探讨。保罗·赫尔德里希（Paul M. Hildreth）和克里斯·吉姆波尔（Chris Kimble）提出硬知识和软知识；[29]康克林（Conklin）提出正式知识和非正式知识；鲁尔克（Rulke）提出交互知识（transactive）和资源知识；西里·布朗（Seely Brown）等区分了“知道什么”和“知道怎样”。知道怎样是将知道什么付诸实践的特殊能力。库克（Cook）和布朗（Seely Brown）认为：“认识是行动的一个方面，认识是人和社会世界以及物理世界的相互作用。当我们行动的时候，我们要么形塑物理世界，要么形塑社会和物理两个世界。‘认识’不只是聚焦于我们的意识内容，它还聚焦于我们社会物理世界的相互作用。”温格（Wenger）提出了参与与具体化，认为“实践是关于作为日常生活经验的意义谈判”。“意义的谈判涉及两个过程的互动：参与与具体化。”“参与不等于合作。参与涉及各种关系，包括冲突的，也包括和谐的；亲密的，政治的；竞争的，合作的。”具体化（reification）为抽象事物提供具体的形式，它包括“制造、设计、表征、命名、编码、描述，也包括感知、解释、使用，再利用，解码，重铸”。实践活动是一个学习过程，而“学习是一个社会参与过程，其中，人们不仅是能动的社区实践的参与者，而且，通过这个过程，人们生成自己和社区关联的身份认同”。莱昂纳多（Leonard）和森斯波（Sensiper）认为“知识是一个从隐性知识到显性知识的区间。显性知识处于彼时彼地，隐性知识则是此时此刻”②。诸多知识二分法相对于一元知识观而言，突出身体的地位，突出实践活动，突出缄默知识（或隐性知识和意会知识）的地位和认识价值，大大丰富了人们对知识的认识和理解。诚如马克思所言：“社会生活在本质上是实践的。凡是把理论导致神秘主义方面去的神秘东西，都能在人的实践中以及对这个实践的理解中得到合理的解决。”“人的思维是否具有客观的真理性，这并不是一个理论问题，而是一个实践的问题。人应该在实践中证明自己思维的真理性，即自己思维的现实性和力量，亦即自己思维的此岸性。”但是，认识不是人类实践的终结，“哲学家只是用不同的方式解释世界，而问题在于改变世界”[30]。知识——显性的和缄默的——乃是改造世界的重要基础，知识的真理性需要在实践中加以验证，知识的价值在行动中才能够得以实现。

有了上面知识论讨论，现在回头重审如下问题：大学理念是知识吗？如果是，那么是个人知识，还是客观知识？比如，雅斯贝尔斯的大学理念是个人的想法，还是客观的知识？此外，大学理念有好坏之分吗？或者说，有好的理念和不好的理念吗？比如，能不能说洪堡的理念要好于纽曼的理念呢？如果有好坏之分，那又根据什么标准判断理念之好坏呢？理念之间存在竞争吗？大学理念有什么

① 波兰尼：《科学的深思》，伦敦1962年版，第78页，转引自波兰尼著，王靖华译：《科学、信仰与社会》，南京大学出版社2004年版，张一兵序，第29页。内居即“知与在的统一”，“是对象和主体的双向的‘存在于内’”。

② 以上资料参见 Hildreth，Paul M. & Chris Kimble. （2002）The duality of knowledge. *Information Research*，Vol. 8 No. 1.

用呢？作为关于大学的认识结晶，大学理念当然是一种镶嵌在特定历史和社会中的知识，由历史和社会所浸润，带有“地方知识”的特征。所以，对不同历史时期和不同国度下出现的不同理念进行优劣“排行”是没有意义的。但是，相对于特定社会的公共理想和普遍价值，相对于真理的逻辑标准而言，不同的理念间存在竞争，也存在优劣之分。大学理念存在二重性：凡是通过语言和符号作为载体外化的理念，以显性知识呈现，构成世界3的内容，存在客观性；凡是以个人为载体，与身体统一，并且无法编码、无法清晰阐述的，构成大学理念的缄默部分。显性知识是可以批判的，而缄默知识是非批判的。从波兰尼“内居”的意义上说，大学理念是个人知识。作为个人知识的功用，最直接的就是感知和内化外部世界的影响，同时设计和实施个人行动。在个人行动、组织行动和社会行动之间存在相互作用的关系。影响不是单向的，而是交互的。大学办得好不好，是集体行动的结果，但必须始于个人的行动，当然也始于个人的知识。

三、知识创价社会的大学理念：行动分裂与价值整合

大学理念是一种地方知识，受历史和文化影响，是个人和情境互动的产物。大学理念的价值在于影响大学实践，即，使大学向着一个有价值的目标行动。个体对社会情境的感知和对社会事实的把握及其长期形成的个人知识，制约其行动选择。对社会形态的界定存在两种策略：一种是对现在存在的和正在出现的现实的把握，一种是对现在社会所向往的未来愿景的表达。在过去近半个世纪里，学者们对工业社会发展成熟之后的社会形态做了许多界定。人文学者提出了“后现代社会”，社会科学学者提出了“后工业社会”、“信息社会”、“知识社会”和“知识价值社会”。从对政治经济的发展的影响上看，信息社会和知识社会在联合国教科文组织的推动下成为国际社会的“普通话”。1973年，丹尼尔·贝尔在《后工业社会的来临》中提出“信息社会”。他指出社会主轴是理论知识，基于知识的服务成为新经济的中心结构，信息将领导社会潮流。1985年，堺屋太一提出“知识价值社会”的概念。在知识价值社会，与物质财富的生产相比，创造“知识与智慧的价值”更加受人重视。[31]相应地，物质财富的数量需求减少，而取决于社会主观意识的知识与智慧的价值需求增加。信息社会在1995年就出现在G7会议议程，1998年这个概念被国际电信联盟（ITU）选用，联合国2003年和2005年世界峰会以其冠名。信息社会作为政治性的和意识形态性的构念，担纲为了全球化而行动的“善意大使”的角色。20世纪90年代末，学术界开始使用知识社会的概念。UNESCO通信与信息部主任阿布杜·汗（Abdul Waheed Khan）认为，信息社会是知识社会的“建筑材料”。信息社会与“技术创新”相联系，知识社会则包括社会、文化、经济、政治和制度的转型与变革等维度，是一种更加多元的发展性视角。知识社会能够比信息社会更好地捕捉到正在发生的变化的复杂性和动态性。曼纽尔·卡斯特尔（Manuel Castells）在知识及其应用的不同状态做了区分。他指出，当代技术革命的特点并非是知识和信息成为主角，毋宁说，知识、技术、信息和通信装备在创新中的应用和反馈，成为社会的核心。新信息技术不仅仅是应用的工具，而且本身就是开发的过程。在人类历史上第一次，人的大脑成为直接的生产力，而不仅仅是生产体系的决定性要素。信息社会和知识社会的价值主张不仅仅在经济和技术方面。以人为中心，包容性和平等是新的社会形态的共同追求。其中，每一个人都能够自由地创造、获得、使用、分享和传播信息和知识，个体、社区、人民从而能够提高他们的生活质量，改善生活，实现他们的潜能，这

是《日内瓦宣言》和《公民社会宣言》共同致力的目标①。比较而言，堺屋太一的“知识价值社会”虽然提出较早，但是没有受到国际社会的足够重视。从知识的功用角度上看，“知识价值社会”比“知识社会”具有更加明确的导向。在笔者看来，价值问题是对当代社会界定的一个重要参量。不过，从动力性、愿景性的角度看，笔者认为还可以将知识价值社会再往前发展一步，即“知识创价社会”。知识创价社会具有知识社会、知识价值社会的特征。不过，与知识社会、知识价值社会仅仅从宏观角度预测或期望不同，知识创价社会既可以从宏观把握，也可以从个人或组织这样的微观主体切入。知识的创造、传播和使用是个人或集体的基本行动，而通过基本行动来为个人、组织或社会创造价值，则是行动的基本动力和根本目标。在波兰尼“内居”的意义上，没有知与在的统一，就不会有个体知识，当然也就不会有客观知识。而这个“统一”的家就是“身心一体”的行动，是“流动的房车”。知识创价社会提出的一个目的，就是使每个人都能将知识行动放在价值的天平上考量——不创造价值的知识行动是无效行动。行动将价值和事实结合起来。价值和事实不是一个硬币的两面，而是相互充满，互为形式和内容。对价值问题不能在一个平面上看待，要立体地看，更要从四维空间看，即要考虑时间之维。价值坐标是一种综合的坐标，现实中无法拆卸，不过可以进行价值分析。就大学的知识行动而言，学术价值、政治价值、经济价值、社会价值、生命价值是基本的价值构成。知识创价社会的大学理念在知识的两个层面上需要创造价值，并且接受价值拷问——一是作为知识论域的大学理念，二是关于大学里的知识行动的大学理念。

中世纪第一批大学扎根于基督教信条，旨在培养有学问的僧侣，起初并非一个清晰的理念或计划的产物。大学理念根据不同时代和情境的需要、期望和结构而不断被再构思和再表达，经历变换再变换。正是这样原本局部性的想象中的理念，反过来进一步刺激人们的想象力。与这种意象相联系，大学理念在不同时代蕴含了不同的意义。关于“大学理念的理念的历史”是一个持续的解释和再解释、改编和再改编的过程。通过继往开来、推陈出新，大学理念持续“换装”，呈现现代模样。克拉克·克尔是耙梳大学理念的一个重要代表。他在《巨型大学的理念》中钩沉历史，概括了大学理念的“三段论”——大学的理念、现代大学的理念和巨型大学的理念。他认为，“把‘大学的理念’表达得最好的或许是红衣主教纽曼在一个多世纪以前从事建立都柏林大学所说的话。他的观点反映了当时他所在的牛津大学的发展现状”。可是，“1852 年，正当纽曼写作《大学的理念》的时候，德国的大学正成为新的楷模”，“用弗莱克斯纳的话来说，‘现代大学的理念’已经在诞生了”，“但是正当弗莱克斯纳写到‘现代大学’的时候，它却又不存在了”，“现代大学已经几乎死亡，就像老牛津大学在 1852 年被纽曼理想化的时候那样。历史的发展快于观察家的手笔。古代经典和神学以及德国的哲学家和科学家都不能为真正现代的大学——巨型大学——定下调子”。“包罗了太多的东西”的巨型大学出现了。纽曼的“大学的理念”的热心坚持者主要是人文学者和通才主义者以及本科生，弗莱克斯纳的“现代大学的理念”的支持者主要是科学家、专家以及研究生，“巨型大学的理念”的实行者主要是现在的大学教职员之中为数众多的那些行政管理人员以及社会上一般的领导集团。[32]克尔还根据大学理念的特点提出了关于大学的三个隐喻：“‘大学的理念’是把大学当作一个村庄，有着一批教士。‘现代大学的理念’是把大学当作一个城镇——一个单一工业的城镇——有着一批知识寡头。‘巨型大学的理念’是把大学当作一个变化无穷的城市。”大学理念从村庄到城镇，再从城镇到城市，下一个

① 参见 Sally Burch，*Information Society/The Knowledge Society*，网址：vecam.org/articles517.html（2006 年 5 月 29 日）。

驿站在何处？美国巨型大学理念是否是“历史的终结”，美国大学是否为“最后之城”？克尔无奈感叹道：所谓“巨型大学是怎么发生的？没有人创建它；事实上，也没有人设想它。它在很长的时期里逐渐出现，它还会长期继续下去”[33]。他发现“‘大学的理念’继续缓慢地和不平衡地运转——在有些领域根本不动，在其他领域运转迅速”。如何解读克尔这些观察和判断？波兰尼的“知识二重性”是一种解释，克里斯·阿基里斯（Chris Argyris）的理论二重性可以提供更进一步的解释。

阿基里斯继承了库尔特·勒温（Kurt Lewin）的精神遗产，针对组织学习与改进的问题提出了行动科学的思想。勒温指出，行动研究具有六个特征：问题驱动、用户中心、挑战现状、生成经验性的可否证命题、与已经设计的理论系统联系以及日常生活的可利用性。继勒温之后，用户中心的行动研究对用户如何界定他们的问题、如何建立和检验蕴含在他们的实践中的命题和理论，缺乏关注和质疑。在理论层面，按照严格的科学标准从事精致研究的学者，则与日常生活相脱离。行动科学的任务就是弥合两者的缺陷。行动科学假定，学习是研究者、客户和系统的第一位目标；第二位目标是通过生产知识，形成经验性的可否证命题，该命题可以组织为理论。人类是自己行动的设计者和实施者。在日常的情境下，时间有限，信息不全，人们必须有一个主体规划，以表明如何设计和实施有效的行动。这个“主体规划”由两部分构成：第一部分为声称的理论，它包括个体可以表达的信念、价值和态度——它们通过“如果……那么……”的表达式界定在特定情境中的有效行动，也界定无论什么情境下有效行动都适合操作的假设。第二部分为使用的理论，这是一组“当个体行动的时候使用的‘如果……那么……’的命题集合”。人们也许能够意识到、也许意识不到声称的理论与他们的行动相矛盾，然而他们很少意识到声称的理论、行动和使用的理论之间的矛盾。从经验上讲，许多人没有意识到他们使用中的理论。情境是另一个影响个体思考有效行动的设计及实施的影响因素。一般而言，个体和情境的边界是很难准确界定的。个体意识不到他们使用的理论，因为这些理论是早期习得的。当人们的行动与他们使用的理论相一致时，表明这样的行动是高度熟练化的（skilled）。熟练行动具有三个特点，它们能够达到预期的目的，是自发的、不需要付出努力的，操作的时候很少有意识地注意，因为有意识的注意会阻碍行动的熟练性。[34]阿基里斯在区分“声称的理论”和“使用中的理论”的同时，还提出了“单环学习”和“双环学习”的思想。学习是一个意图和结果匹配的活动，反馈是学习的重要环节。就统御变量、行动策略和行动结果形成的链条而言，单环学习模式只存在由行动结果通向行动策略的反馈路线；而双环学习则不仅仅将结果和行动策略建立起反馈通道，还建立了结果与统御变量的反馈路线。在大学的各主体层面，都存在着两种理论，也存在着两种学习模式。差别在于，主体的“位置信号”影响着他的注意力分配，因而也制约着不同层面的理念对大学行动的影响范围和影响结果。位置信号是个人或组织在特定社会所处的客观位置以及这个位置带给自我和他人的主观意识和解释，涉及对空间、时间、人群中的位置的判断。位置信号影响人际和组织之间的互动，也影响个体或组织的独立行为。对位置信号的正确把握会提高行动的有效性，而对位置信号的误判会导致行为受阻。在关于大学理念的讨论中，“用身体思考”① 的缄默知识未受重视，声称的理论和使用的理论之间的差别未得到关注，位置信号的识别以及与此相关的注意力分配问题没有进入论者视野②，而主体的学习维度更是想当然地被遮蔽。克尔关注到大学理念，也做了大学理念漂移的跨国对

① 本来是身心一体，但身体遗弃，为了修复，故言“用身体思考”。

② 大学校长的就职演讲将“三不”、“四不”或“X 不”作为修辞手法，就是对位置信号的释放和对“注意力分配”的承诺。

位，甚至还专门谈论了大学校长的角色，但是他没有观照理念背后这些人的具体实践、行动以及历史后果，没有触及大学背后这些“理念人”和“实践者”的命运，包括概括“巨型大学理念”的他自己。克尔已经为大学“城邦”拍下了理念的照片，但没有在理念和实践的缝隙间找回失去的主人。他的《大学之用》是“学术理念”，他主持制定的《加州总体规划》是“官方理念”，而在他及其大学内外社区成员的日常实际行动中“缄默地”发挥作用的是“民间理念”。任何形态的理念都不是一成不变的，巨型大学的产生“没人创建、没人设想”不过是一个比喻。事实上，任何一种组织形式的出现都是人的工事，是人的行动结果。而这种行动，不是基于一种明码标出的“学术理念”、“官方理念”，就是基于民间涌动的“理念暗流”。如果巨型大学还将继续下去，不至于在诸如“美丽的城市坐落在美丽的校园”之类的嘲讽中分解，需要通过双环学习，也只有通过双环学习才能亘续。就大学理念而言，大学作为“学习的场所”而疏于有效地组织学习，这是高等教育界最大的讽刺。从大学改进的立场上说，理念主体的“功劳簿”当然应该受到尊重，“回忆录”、“启示录”和“指导手册”更值得体味，而“忏悔录”除了卢梭能够有选择地“露露丑”因而传世外，其他的在“世界3”则难得一见。大学理念的中国频道和“中国声音”① 既有世界语，也有普通话，还有方言，这无疑是世界共有的思想财富；但就旨在改进行动的学习维度考察，需要警惕我们这些当事人落入“集体防卫”和“集体熟练的无能”之境地。

关于大学里的知识行动，包括由大学、院系和个体三个层面的主体组成的结构和内外主体之间的互动关系。大学是一个开放的系统，与外部环境进行着信息和能量方面的交换，所以在考察大学行动时需要将大学放在行动场中。在学术机构内外的边界关系上，存在身份摩擦；在内外纵向关系上，存在权力角逐；在学术机构之间和内部的横向关系上，则存在“学科纷争”。学科纷争的核心问题是“什么是真正的知识”，“什么样的知识最有价值”。新大学的出现，古典大学的转型，大学合并或拆分，大学内部机构和学科的整合与分化，在某种意义上都是学科纷争的产物，同时也是政治纷争和利益纷争的结果。巴黎大学于1261年成立，它的起源和兴衰记下了查理大帝、黎世留、拿破仑等人的名字。从拿破仑时代废止（1793年撤销）到1896年重建，记载了一个古典大学的咏叹。而1968年的学潮导致1971年的肢解，刻画了大学内部和外部力量撕扯的动力形态。牛津、剑桥、哈佛、耶鲁、哥伦比亚是世界“智者之城”的名片。从牛津大学到剑桥大学，从哈佛大学到耶鲁大学再到哥伦比亚大学（最初叫国王学院）的“母子生产”，绘制了“学术漂移”的路线图。19世纪英国伦敦大学学院（University College of London）和美国约翰·霍普金斯大学的出现，是知识价值物化的两个典型象征。伦敦大学学院是功利主义思想家边沁的“作品”。据称，他指着成犄角之势从伦敦叉开方向在远处坐落的牛津和剑桥说：“我们要建一座不像他们的世俗新大学。”事实上，19世纪以孤傲的老牌贵族“牛桥”为一极、以新贵伦敦大学学院为另一极展开的两种不同类型大学的角力，刻画了大学演进过程中持续存在的身份大战。约翰·霍普金斯大学是美国第一所真正意义上的研究型大学，它是洪堡思想在美国扎根的第一朵奇葩。它横空出世时虽显孤独，但渐成样板。我国20世纪50年代初完成的院校调整，在某种意义上说也是“学科纷争”的产物。20世纪60年代，从哈佛大学到哥伦比亚大学，从芝加哥大学到威斯康星大学，从斯坦福大学到加州大学，席卷美国许多大学的学潮乃是世界范围内相互传染接力的思想躁动的几朵浪花。在这个世界浪潮中，美国大学的狂躁，1968年法国的“五月运动”，1966年我国开始的“文化大革命”，

① 黄达人通过对国内23名大学校长（书记）的访谈集成的《大学的声音》（商务印书馆2012年版），是研究中国大学领导人的大学理念的一部非常有价值的文献。它记录了被访校长（书记）的“显性知识”和心路历程。

虽非同日同语，但至少从粗线条上可以做欧洲、北美和东亚的三角时空勾连。不同历史文化、不同经济状况、不同政治体制下能够形成的“洲际的行动默契”，岂非有思想上的移情和合谋？而在进入21世纪之后，在20世纪国际组织推介下高调现身的“知识经济”话语已经成为各国高等教育的调色画板。“学术资本主义”成为笼罩世界大学的新兴意识形态。经济主义像飘荡在大学上空的一个挥之不去的倔强幽灵，是证明大学合法性的预设公理，是摆脱大学危机的“救命稻草”，还是需要着力克服的理念论域中的迷途支流？无论如何，这些都涉及对知识价值的全面认识。

除了机构的显隐变迁，在学科层面纷争也源远流长，后有来者。哲学和文学的论争，从柏拉图那里就开始。柏拉图在讨论诗人荷马的时候，他质问：“如果荷马真能教育人提高人的品德，他确有真知识而不是只有模仿术的话，我想就会有许多青年跟他学习，敬他爱他了。”“如果荷马真能帮助自己的同时代人得到美德，人们还能让他（或赫西俄德）流离颠沛，卖唱为生吗？”“从荷马以来所有的诗人都只是美德或自己制造的其他东西的影像的模仿者，他们完全不知道真实。”“模仿者对于自己模仿的东西没有什么值得一提的知识。”“模仿术乃是低贱的父母所生的低贱的孩子。”“不能让荣誉、财富、权力，也不能让诗歌诱使我们漫不经心地对待正义和一切美德。”[35]柏拉图关于诗人的论断在今天看来匪夷所思，但它确实是《理想国》里的“对话”。柏拉图时代面对的问题是培养美德，治理国家。到了工业革命时期，问题有了新的表达。经典的问题是：阅读《哈姆雷特》能教会我们修理汽车引擎吗？修理汽车引擎能教会我们如何负责任地驾驶吗？类似的争论历经近两个世纪。在英国，先后有《爱丁堡评论》与牛津大学的辩论①、阿诺德和赫胥黎关于人文与科学的论争②以及提出“两种文化”的C. P. 斯诺和利维斯关于科学与文学的论战③；在我国，有1923年的“科玄论战”④；在美国，由“索卡尔事件”引爆的后现代主义与自然科学的论战⑤到现在还是一场没有结论的悬案。对一

① 《爱丁堡评论》对英格兰大学的攻击时间约在1809年10月，理查德·L. 爱兹沃斯（Richard Lovel Edgeworth）在《爱丁堡评论》发表《论专业教育》。爱丁堡评论员的代表人物是杰弗里（Playfair，Jeffrey）和史密斯（Sydney Smith），欧利尔和牛津大学的反击者是科坡斯通（Edward Copleston）。焦点是实用性知识的地位问题。参见 Fergal McGrath.（1962）. *The Consecration of Learning：Lectures on Newman's Idea of a University*. New York：Fordham University Press. pp. 1-15.

② 马修·阿诺德（Matthew Arnold）1882年在剑桥大学做了里德讲座（Rede Lecture）。其时，斯宾塞对“什么知识最有价值”的回答和赫胥黎相似，强调实用性的科学知识。赫胥黎力挺科学知识，他指出，要获得真正的文化，专门的科学教育至少和专门的文学教育一样有效。阿诺德则重申了维多利亚时代占统治地位的修辞技能的重要地位。那时，文学和经典艺术作为对人类内居品格和热望的表达和满足是非常必要的。阿诺德强调，世界各地继承下来的人类经典文学具有帮助我们将现代科学的成果与我们的行为需要和审美需要联系起来的力量，这种力量发挥着加强、提升、加速和指示性的作用。

③ 利维斯（F. R. Leavis）在唐宁学院所做的里士满讲座（Richmond Lecture）《两种文化？C. P. 斯诺的意义》对斯诺1959年的讲座《两种文化》发动了攻击。斯诺认为，自然科学者和人文学者彼此应该有一定的理解，“缺乏20世纪的物理知识堪比对莎士比亚的无知”。利维斯攻击道，斯诺虽然从科学家转行写小说，但他本人在两个领域都缺乏应有的智力和能力。斯诺在《两种文化》（纪树立译，生活·读书·新知三联书店1994年版）曾提及利维斯的攻击。见《利维斯事件和严重局势》第101—125页。

④ “科玄论战”的主角是张君劢和丁文江，张君劢身后是梁启超，丁文江的支持者是胡适。张君劢与丁文江同随梁启超在一战结束后的欧洲之行，回国后对科学和人生的思考确立了两种截然不同的立场，论战起于张君劢1923年2月14日在清华学校所做的《人生观》演讲。“玄学派”从“人心的安顿立论”，而“科学派”则立足生存权利。

⑤ “索卡尔事件”起于纽约大学量子物理学家艾伦·索卡尔（Alan Sokal）为使“伪科学和后现代主义”出丑而为著名的文化研究杂志《社会文本》递交诈文《超越界线：走向量子引力的超形式的解释学》所触发，是一场席卷全球的“科学大战”。争论的焦点是后现代科学馆和正统科学观之间的分歧和对立。简要介绍见蔡仲的《“索卡尔事件”与“科学大战”》，载《科学技术与辩证法》2004年10月号。更详细的内容见索卡尔、德里达、罗蒂等著的《“索卡尔事件”与科学大战——后现代视野中的科学与人文冲突》，南京大学出版社2002年版。

幅知识的“太极图”而言，一定要从黑白间分出高下是徒劳的。有意义的是，要考察作为“组织人”和“学术人”的个体，如何在知识和价值结成的“蜘蛛网上”交往和攀爬。无论是学科性的两种文化（C. P. 斯诺）、三种文化①，还是大学行政与学院“两种文化”②，“熟悉的陌生人”在大学已是普遍的现象。这种陌生甚至不仅仅存在于不同的学科之间，在同一个学科，甚至就在同一办公室的一张桌子的对面，也同样存在。陌生的原因不仅仅是学术性的，还有社会性的，更重要的还有经济性的。当所有这些关系落到个人这个“网点”的价值选择的时候，一切都可以在“位置信号”这个“场点”或“坐标点”以及“行动注意力”这一稀缺资源上找到计算单位。

在大学的定位上，有两种观点：其一，大学是什么就干什么；其二，大学干什么就是什么。前者以角色定行为，后者以行为定角色。克尔所谓“巨型大学”的“无端”出现，印证了定义大学身份的双重标准。大学的位置信号被各类排行榜以及官方给定的名分定义。身份一旦获得，大学相应地拥有了特定的“票面价值”，从而具有同样潜质、同样能力和同样产出的成员因不同的大学位置信号获得不同的附加值，项目申请、就业竞争等机会无不打上位置信号的烙印。通过更名升格改变位置信号，成为普遍向往、追求和认可的业绩指标。在位置信号给定的情况下，转引率、发行量、点击率、出镜率、收视率在“眼球社会学”、“眼球政治学”、“眼球经济学”以及“眼球教育学”的支持下，成为学术界的新看点和卖点。“老板”力压“老师”、“教授”和“专家”，成为学术人员的时髦称呼。在大学这个学术场里，洪堡提醒要保有的“寂寞”被眼球巡逻，被“微信”催促。在所谓信息时代，知识和信息混杂在一起，通过天网、地网与人网捕获人们的注意力。而在“后阶级斗争”的语境下，知识成为社会分层的决定性标准，“通过知识获得解放”、“通过知识获得流动”几为常识。无论对个人、社会，还是对国家，当知识获得如此显赫的地位时，大学该如何选择、如何行动？当人们对知识的需求变得更加饥渴急迫、更加苛刻挑剔，愿付更加诱人的支票，大学的定力何在？大学的价值是“个体户式”的没有统一度量衡的简单汇总，还是基于基本原则的“公共产品”的集体价值最大化？大学有没有共同的价值守望？有没有类似斯宾塞提出的“第一原理”③？大学如何实现哲学生活、政治生活和日常生活的自我平衡，如何直面经济生活的严酷和诱惑？面对各自为政、自说自话的“机构丛林”和行动分裂，面对混乱的价值、空心的灵魂和麻木的神经，大学如何自省？对大学而言，“知识创价社会”既是对一种社会形态的向往，也具有明显的指向性和指导意义。知识是大学的核心，创造是大学的动力，价值根本上说是人的价值，服务社会乃是必须承担的责任。大学和大学的成员都可以在“知识创价”的天平上称量自身：是否在生产并且产出真正的知识，是否以对待真理的态度对待知识的传播，是否将知识的使用作为检验知识真伪的一个标准，是否在知识价值的最后实现上持有知识的视角而不是经济利益的计算？在“知识创价”的天平上，江湖术士没有位置，倒买倒卖的商贩没有位置，用行政权力和经济杠杆压迫学术的“π型”组织和领导不可持久。在知识经济时代，知识产权可以变现，知识可以创造经济价值，知识可以转化为财富，大脑也可以直接成为生产力，但是，

---

① 参见杰罗姆·凯根（Jerome Kagan）著，王加丰、宋严萍译：《三种文化——21世纪的自然科学、社会科学和人文科学》，格致出版社、上海人民出版社2011年版。

② 詹姆斯·伍德（James L. Wood），*Snow Revisited*：*The Two Cultures of Faculty and Administration*. 伍德指出，在大学行政和学院之间存在两种文化鸿沟。学院坚持追求卓越的教学、科研和社会服务，而大学日渐关注“战略规划”，以驱动其他常常不同的目标，尤其是强调“底线”，更为普遍的是将“商业模式”作为大学的目标。

③ “每一个人都有做一切他愿做的事的自由，只要他不侵犯任何他人的同等自由。”参见赫伯特·斯宾塞著，张雄武译：《社会静力学》，商务印书馆1996年版，第52页。

知识只能和知识交换。知识的度量衡只能是知识本身。波兰尼的“个人知识论”很好地阐明知识是没有意义的，除非实现人的“内居”。大学的“所是”和“所为”都决定了大学的核心价值就是为政治生活和日常生活填充底色的“爱智”性格。借用纽曼的座右铭和墓志铭的话，就是“心与心对话”，“走出阴影，步向真理”。或如柏林大学第一任校长费希特的呼吁，学者要“高度注视人类一般的实际发展进程，并经常促进这种发展”，“学者的使命主要是为社会服务，因为他是学者，所以它比任何一个阶层都更能真正通过社会而存在，为社会而存在”，“学者现在应当把自己为社会而获得的知识，真正用于造福社会”。[36]

大学要走出“没有灵魂的卓越”，就是要重估知识的价值，重塑大学的理想，找回“根植社会、面向真理、触及灵魂”的“爱智”第一原理。

参考文献：

[1] McIntosh，A. *Rool of All Knowledge Cast out on a Limb*. www.alastairmcintosh.com/articles/1996_sos_education.htm.

[2] [3] [35]〔古希腊〕柏拉图. 理想国（第七卷）[M]. 郭斌和，张竹明译. 北京：商务印书馆，1994：272—311，281，396—401.

[4] [5] [6] [7]〔美〕约翰·S. 布鲁贝克. 高等教育哲学 [M]. 王承绪主编，张伟平等译. 杭州：浙江人民出版社，1987：12，14，117，27.

[8] [9]〔英〕罗纳德·巴尼特. 高等教育理念 [M]. 蓝劲松译. 北京：北京大学出版社，2012：9，17.

[10]〔美〕杜威. 哲学的改造 [M]. 许崇清译. 北京：商务印书馆，1997：12.

[11]〔苏〕阿尔森·古留加. 黑格尔传 [M]. 刘半九，伯幼译. 北京：商务印书馆，1993：97—98.

[12]〔德〕韦伯. 学术与政治 [M]. 冯克利译，北京：生活·读书·新知三联书店，1998：63.

[13] Johnson，P. （1988）. *Intellectuals*，*Harper and Row*. Publishers：New York.

[14] [15]〔英〕约翰·亨利·纽曼. 大学的理想 [M]. 徐辉等译. 杭州：浙江教育出版社，2001：6，5.

[16] 潘乃谷，潘乃和. 潘光旦教育文存 [M]. 北京：人民教育出版社，2002：211.

刘述礼，黄延复. 梅贻琦教育论著选 [M]. 北京：人民教育出版社，1993：99.

[17]〔美〕雅罗斯拉夫·帕利坎. 大学理念重审——与纽曼对话 [M]. 杨德友译. 北京：北京大学出版社，2008：76—77.

[18] [19] [20] [21] [22]〔英〕卡尔·波普尔. 客观知识 [M]. 舒炜光等译. 上海：上海译文出版社，1987：50，373，75，114，34.

[23]〔德〕哈贝马斯. 认识与兴趣 [M]. 郭官义，李黎译. 上海：学林出版社，1999：前言.

[24] [25] [26] [27]〔美〕克利福德·吉尔兹. 地方性知识——阐释人类学论文集 [M]. 王海龙，张家瑄译. 北京：中央编译出版社，2000：245，19，272—273，277.

[28] Polanni，M. （1958）. *The Study of Man*. The University of Chicago Press，Chicago.

[29] Hildreth，Paul M. & Chris Kimble. （2002）. The duality of knowledge. *Information Research*，Vol. 8 No. 1.

[30]〔德〕马克思. 关于费尔巴哈的提纲 [A]. 马克思恩格斯选集（第一卷）[M]. 北京：人民出版社，1972：16—19.

[31]〔日〕堺屋太一. 知识价值革命——工业社会的终结和知识价值社会的开始 [M]. 金泰相译. 北京：东方出版社，1986：312.

[32] [33]〔美〕克拉克·克尔. 大学之用（第五版）[M]. 高铦等译. 北京：北京大学出版社，2008：1—5.

[34] Argyris，A. （1983），Action science and intervention. *Journal of Applied Behavior Science*，19：115.

[36]〔德〕费希特. 论学者的使命、人的使命 [M]. 梁志学，沈真译. 北京：商务印书馆，1984：40，42.

大学课程建设的发展趋势*

□ 刘献君（华中科技大学教授）

课程是教育教学的基本依据，是实现学校教育目标的基本保证，对学生全面发展起着决定性的作用。笔者 2013 年 9 月在《中国高等教育》上发表了《抓住四个关键问题，加强大学本科课程建设》一文，从中观和微观层面对课程建设作了初步论述。本文则从宏观层面探讨大学课程建设的发展趋势，以期引起大家的讨论。

一、从边缘到中心

近两年的研究和实践让人深切地感受到，课程是大学最重要的事，但又是最容易被忽视的事。从某大学校务信息公开的资料中可以看到，近半年来，该校召开了 8 次校长办公会，共讨论议题 42 项，其中 4 项与教学有关，但没有一项是关于课程的。其议题主要是人员处理、设备购置与管理、校园建设、机构设置、安全事故处理等。据了解，其他学校情况也大体如此。从进入 CSSCI 来源期刊的有关高等教育研究刊物中，选取《高等教育研究》、《北京大学教育评论》、《清华大学教育研究》、《中国高教研究》、《高等工程教育研究》、《现代大学教育》、《大学教育科学》、《江苏高教》8 种期刊，从中随机抽取 2013 年某一期进行统计，其结果是，在 8 种期刊共发表的 190 篇文章中，和课程有关的论文仅 18 篇，直接论述课程的不多。由此可见，课程建设处于高校工作和高等教育研究的边缘。究其原因，主要有以下几个方面。

第一，“以学生为中心”的教育观念尚未完全确立，高校的工作没有从“以学生为中心”出发来考虑。[1] 如果学校的工作“以学生为中心”，与学生关系最为密切的课程、课程建设势必成为学校关注的中心。

第二，对课程的认识存在误区，认为课程就是教材、教学，因而课程建设是教师的事，学校无须关注和过问。其实，课程建设是一项合作的事业，涉及范围非常广，诸如教育思想观念的选择，课程目标、结构、评价的确立和调整，学校文化氛围的营造等，仅仅靠教师个人的努力是无法解决的。

第三，从世界范围来看，各个国家的课程研究、课程建设，往往都是先从中小学开始，大学的课程建设相对滞后。从我国的情况看，中小学的新课改已经进行了 10 多年，并取得了一定的效果。

第四，由于我国缺乏学术自由的传统，很多课程或教材都由相关行政部门指定，所以学界对课程的研究和争议也不够充分。以美国为例，在历史上，美国经历了对课程的多次研究争论，甚至斗争，才产生了一批课程专家，形成了若干课程理论。

可喜的是，我国大学现在开始出现了重视课程的趋势。在政府的推动下，各个学校开始建立教师教学发展中心，中心的首要任务是帮助教师提高自身素质，从而提高课程教学的水平和质量。一批有

* 原载《高等教育研究》2014 年第 2 期。

远见卓识的校长开始关注课程，倡导和推动从“以教师为中心”向“以学生为中心”的转变。民间的学术组织也开始关注课程建设。例如，2012 年 7 月，中国高等教育学会院校研究分会和华中科技大学共同举办“以学生为中心的本科教育变革”国际学术研讨会，在国内产生了较大影响。2014 年 7 月，院校研究分会将举办以“大学课程建设”为主题的国际学术研讨会，进一步推进课程建设。

为什么我国大学现在开始重视课程建设呢？主要原因如下。

首先是社会发展的要求。现代社会已进入国际化、信息化、城镇化、市场化时代，社会发展对人才提出了更高更新的要求。在教育实践中，“大学在应对社会发展提出的新要求时，往往以课程为突破口，注重通过改革大学课程、增设新的课程、改革大学课程结构，来增加新的职能，满足社会的需求，进而达到改革高等教育的目的。”[2]

其次是提高高等教育质量的要求。从 2002 年开始，我国高等教育进入大众化时代，至 2013 年，全国各类高等教育总规模达到了 3 325 万人，高等教育毛入学率达到 30%。我国高等教育规模发展的任务已经完成，现在开始进入质量提高阶段。党中央把提高高等教育质量作为我国高等教育发展的战略任务。提高高等教育质量，显然离不开课程、课程建设。

再次是落实学校办学自主权的要求。《高等教育法》赋予了学校办学自主权。在人才培养方面，其第 31 条规定：“高等学校应当以培养人才为中心，开展教学、科学研究和社会服务，保证教育教学质量达到国家规定的标准。”第 33 条规定：“高等学校依法自主设置和调整学科、专业。”第 34 条规定：“高等学校根据教学需要，自主制订教学计划、选编教材，组织实施教学活动。”由于计划经济的惯性，前些年政府仍然管得过多，学校办学自主权并未完全落实。现在，大学逐步取得了办学自主权，课程、课程建设的若干问题需要自主研究、自主实施，以确保教学质量。

由此可见，课程建设将由学校工作的边缘走向学校工作的中心。为此，我们必须进一步提高对课程建设重要性的认识，这是加强课程建设的前提。笔者认为，课程是学生和大学的结合点，是学生和社会的结合点，是教学和科研的结合点，是学生个体文化和社会文化的结合点，十分重要。

1. 课程是学生和大学的结合点

为什么要创办大学？是为了培养人才。立德树人既是学校教育的根本目的，又是学校教育的根本任务。这一目的的达到，任务的完成，主要依靠课程。大学根据学科专业培养目标的要求，开设系列课程，学生一门一门地学习，达到课程要求，就能拿到毕业证书和学位证书。因此，课程必须体现人才培养的要求。人又是活生生的生命体，有思想、有个性、有自己的精神世界。人是一个整体，德、智、体、美不可分割，而德是方向，是人生发展的关键。大学生既要成才，又要成人，成人是成才的基础。那么，课程要体现对学生德的要求，通过相应的显性课程和隐性课程，培养学生良好的品德，如关心人、尊重人、具有社会责任感等。现在，我们已经进入知识经济时代，知识经济的本质是创新，培养创新人才是现时代教育的基本要求。因此，要改革课程，达到培养创新人才的目的。学生通过大学学习，还要掌握本专业必须具备的相应的知识和能力，这也必须通过课程来实现。

学习是一个自主的过程，但要达到“自主”，需要一个督促、强迫的过程，人都是有惰性的，一味地放任自流只可能导致教育的失败。正是课程，有教师讲授和指导，有预习、听课、作业、复习、考试等基本环节，从而帮助学生达到自主学习。在学校，教师和学生接触最多，对学生影响最大。教师在课程教学过程中，言传身教，潜移默化地影响着学生。这里举两个事例。第一个事例是我在和本科毕业生谈心时，让他们回顾四年大学生活，谈谈对自己影响最深的一件事。一位学生说，有次上课，教室坐满了，老师开始讲课。几分钟后，一位同学迟到了，这时，老师却出去了。不久，老师搬来了一把椅子，对这位迟到的同学说：“同学，请坐，以后不要迟到了。”这位同学眼泪马上流出来了。这件事，不仅这位迟到的同学，当时所有听课的同学，一辈子都忘不了。第二个事例是，一位企业家校友在母校毕业生座谈会上，讲述自己成功的原因。他说他上大学时，做事比较马虎。有一次在他的作业本上，老师将错误之处全部改过来了，并在作业本上写了一句话："你做作业可以不认真，我改作业不能不认真。"这句话深深地触动了他，从此他做作业认真，做事认真。正是"认真"二字，成就了他日后的事业。

可见，课程是学生和大学的结合点。

2. 课程是学生和社会的结合点

学生身处社会，毕业后要走向社会，学生和社会紧密联结，其结合点在课程。首先，社会对人才的要求，体现在课程目标和课程结构上。例如，英国根据其社会对人才的要求，提出了国家课程目标：让年轻人成为成功的学习者，自信的个人，负责任的公民，高效的建设者。[3]

其次，社会错综复杂，各种信息混杂，造成学生价值选择的两难困境。学校通过课程，选择教育资料，强化正面影响，将负面影响减少到最小，引导学生健康成长。

再次，通过开设社会实践课程，引导学生参与实践，在社会实践中成长。马克思主义认为，人的社会生活在本质上是实践的。作为一种情感的现实的人类活动，实践是人与外部世界进行物质、能量和信息变换的最基本的方式。人正是通过自己的批判和创造性实践，参加并影响着现存感性世界及其发展方向，促成了其向人的世界的生成运动。实践可以帮助学生了解社会，了解国情，增强社会责任感；锻炼毅力，培养品格；增长才干，奉献社会。只有在实践中才能培养学生"爱学习，爱劳动，爱祖国"。

可见，课程是学生和社会的结合点。

3. 课程是教学和科研的结合点

大学的职能是教学、科学研究和社会服务。大学的科学研究不仅仅是为了产生研究成果，更重要的是为了培养人才。首先，要将科研活动引入课程。教师和学生共同开展科学研究，在研究中学习。这种学习，包括科学态度、科学精神的培养，研究能力、研究方法和科学知识的掌握等。只有亲自参与科研实践，才能知道科研过程必须严格遵守规则、程序，来不得半点虚假，否则不可能产生科研成果。只有亲自参与科研，才能更深刻地认识事物的本质和规律。

其次，要将科研成果引入课程。教师的很多科研活动，例如"863"、"973"重大项目，并不一定直接与教学相关，但可以通过将其成果引入课程，实现教学与科研的紧密结合。这种引入，至少有两种方式。一种方式是创建新课程。我国大学课程资源不够丰富，一所大学所开设的课程一般在 5 000 门左右。发达国家的大学所开设的课程达 8 000—10 000 门。新课程的创建要建立在科研上。有学者认为，在一个领域，如果有 10 篇左右的高水平论文发表，便可以创建一门新的课程。另一种方式是将科研成果引入原有课程。科研一般处于学术前沿，产生新的知识。教师及时将这些成果引入教材、课堂，可以使我们的课堂教学处于学科前沿，生动活泼，从而激发学生的学习兴趣、热情，培养学生的创新能力。

可见，课程是教学和科研的结合点。

4. 课程是学生个体文化和社会文化的结合点

法国社会学家涂尔干认为，教育的目的就是个人社会化，将其塑造成为一个社会性的人。教育过程也就是一个将社会文化转化为受教育者个体文化的过程。大学生社会化包括概括社会化、角色社会化和目标社会化。概括社会化，即找出他与他所生活的时代与文化背景的社会现实之间的关系。角色社会化，即以社会提供的成人角色为基础，再加进自我所进行的总体构建。目标社会化，即面对无可转变的总体生活方向，应该选择一条怎样的道路，采取什么样的手段，达到怎样的目的。人的社会化，受家庭、学校、社会等诸多因素影响，对于大学生而言，学校教育起着十分重要的作用。

首先，个体社会化要以掌握一定的知识为前提。学校要通过课程设置，帮助学生学习掌握必要的历史、哲学、社会学和心理学知识，为其将社会文化转化为个体文化打下扎实的基础。

其次，大学生社会化过程，充满剧烈的矛盾和冲突，如价值观的冲突、道德困惑、人生态度上的自主与依赖等。学校在课程教学中，要引导学生重视矛盾、困难与问题，提高自我认识、自我激励、自我控制和自我选择的能力。

再次，大学生社会化的形式经历了一个由感性内化到理性内化，再回到外化体验的过程。学校课程教学中，既要重视理论教学，又要重视实践教学，并将两者有机结合。

可见，课程是学生个体文化和社会文化的结合点。

二、从“重教”到“重学”

从“重教”到“重学”，即从以“教”为中心到以“学”为中心，从着重以教师为主，研究在课程教学中教什么、怎么教，到以学生为主，研究学生应该学什么、怎么学，这是教育理念的根本性转变。

关于这一方面的认识，笔者在《论“以学生为中心”》[4]一文中，从为什么要提出“以学生为中心”，怎样理解“以学生为中心”，如何实现“以学生为中心”三个方面，进行了比较全面的论述。在这里，仅从社会、教育、教育理念的历史发展几个方面作一些补充论述。

教育思想、教育理念是随着社会的变化而发展的。在古代的农业经济社会，与社会经济发展相适应，古代教育在教育形式上，是个别化、小规模；在教育内容上，主要是道德教育，甚至将教育等同于德育；在教育方法上，以师徒式的个别教育为主；在教与学的关系上，以学生为中心；在教育思想理念上，相信人成长的内在力量，教育只是外在引导、强调，真正的学习只能依靠学习者自己。苏格拉底的产婆术，是对古代教育最好的说明。他的母亲是助产士，年纪大了，自己不能再生小孩，但可以为孕妇接生。他认为，教师就是要为学生的思想“接生”。

人类进入工业社会后，工业革命推动了科学向技术化的转化，大大提高了生产规模和生产效率，形成了工业流水线的生产模式，使工人成为流水线上的“机器人”，产品成为整齐划一的“标准件”。由此，社会向学校提出了培养大批人才的要求，推动了教育的普及，创造了一个教师面向众多学生传授知识的“班级授课制”形式。与此相应的学校教学模式则是与工业流水线如出一辙的“三中心”，即“以书本知识为中心、以教师为中心、以课堂讲授灌输为中心”。[5]被人们称为第一位现代教育家的夸美纽斯对此作了形象的说明：“教师的嘴就是一个源泉，从那里可以发出知识的溪流，从他们（学生）身上流过，每逢这个源泉开放的时候，他们就应当把他们的注意当作一个水槽一样，放在它的下面，一点不要让流出的东西漏掉了。”[6]学生由过去的主体、自我完善者，变成了“水槽”，变成了被动接受知识的容器。[7]

现在，我们正由工业社会步入信息社会。《教育规划纲要》指出：“信息技术对教育发展具有革命性的影响，必须予以高度重视。”信息社会的经济增长方式高度集约化，产品更新换代快，要求劳动智力化，培养具有创新能力的人才；信息化、网络化，使社会由封闭走向开放，导致经济全球化，教育国际化；信息技术的发展，使人们的工作方式、学习方式、生活方式数字化，个人自主化；信息经济的发展，要求关注未来，向教育提出向未来学习的要求等。这就要求我们的教育理念有一个根本性的转变，以学生为中心，实现从以“教”为中心向以“学”为中心转变，即从“教师将知识传授给学生”向“让学生自己去发现和创造知识”转变，从“传授模式”向“学习模式”转变。[8]

我们应当认识到，确立“以学生为中心”的教育理念，实现从“重教”到“重学”的转变，是历史发展的必然要求，要坚定不移地推进。在大学课程建设中，如何实现以“学生为中心”，笔者在《论“以学生为中心”》一文中从转变教育思想观念、全方位进行设计，教师要转变教学方法、方式和手段，加强对学生学习的指导，改革制度、调整政策四个方面进行了论述。在这里，进一步强调要抓住以下三个重要方面。

1. 课程的开发源于学生的发展需求

课程建设的主要目的是促进学生的发展。人的发展既有连续性，又有阶段性。现代心理学的研究表明，人的发展是分阶段的，处于不同发展阶段上的人，对外界信息的吸收、消化、处理有很大的差别。人的任何一种心理活动都是一个从量变到质变的发展过程。这是因为：首先，心理是脑的机能，脑和神经系统的发育是心理发展的直接前提和物质基础。而人脑和神经系统的发育，随着年龄的增长，呈现出阶段性。其次，人生观、世界观、价值观等的形成，要以认识为前提，即必须掌握一定数量的极其重要的知识，并具备进行抽象理论思维的能力。而知识的积累和思维能力的发展，都有一个循序渐进的过程。人的发展不仅有阶段性，而且具有不可逆性。每个阶段都有特定的发展内容，前一个阶段发展好了，后一个阶段才能顺利发展。课程建设包括课程结构的调整、新课程的创建、原有课程内容的调整等，这些都必须建立在对大学生发展规律、发展内容的把握上。

关于大学生身心发展，笔者在20世纪80年代末曾进行过调查分析，发现大学生的思维发展处于抽象逻辑思维发展阶段；品德发展处于品德进一步完善，上升到一个新的道德境界发展阶段；人生观发展处于发展确立阶段，是其形成的关键时期；理想发展处于动机内化，道德理想、社会理想开始形成，理想结构趋向于完整、稳定阶段。大学课程开发要立足于大学生发展，并将社会发展需求与学生个人发展的需求有机结合起来。

2. 课程的学习在于引导学生对知识的自主探究

怀特海在《教育的目的》一书中指出："学生是有血有肉的人，教育的目的是为了激发和引导他们的自我发展之路。"[9]人的发展有自身的规律，同样，人的学习亦有其自身的规律。人类对学习的规律在进行不断探索，如孔子提出的"温故而知新"就是重要的学习规律。这种探索随着哲学、心理学研究的不断深化而深化。在建构主义心理学基础上形成的建构主义学习理论，将人们对学习的认识推向了一个新阶段。建构主义学习理论认为，学习过程是学习者自主构建知识的过程；学习活动是学生凭借原有的知识和经验，通过与外界的互动，主动地生成信息的意义；学习对知识的理解不存在唯一的标准，而是依据自己的经验背景，以自己的方式构建对知识的理解。因此，教学就是把学习者原有的知识经验作为新知识的生长点，引导学习者从原有的知识经验中不断生长出新的知识经验。[10]课程的学习要改变传统的教师中心地位，让学生对知识进行自主探究。因而，在教育理念上要尊重学生在教学活动中的主动性和主体地位，在教学内容上要尊重学生对知识的自我选择和自我建构，在教学方法上要改变传统的灌输式教育，从而让学生在特定的学习情境中去探究知识、建构知识，真正实现知识传递与知识建构的双向互动。

3. 课程的实施过程应强调师生的互动参与

传统的课堂教学究竟存在哪些问题，需要我们进行深入的分析和探讨。笔者认为，美国密歇根大峡谷大学数学教师Robert Talbert对其中一个问题的分析十分深刻。他认为学习过程可以分为两个阶段：知识传授和知识内化。在传统教学模式中，教师在课堂里向学生传授知识，而学生在课外预习和做作业中吸收和内化知识，这里往往会遇到很多问题和障碍。因而，在最需要得到教师指导和帮助时，教师反而"不在场"。为促进师生的互动参与，提高学习效果，他大胆地提出将知识传授和知识内化的环境颠倒过来，将此命名为"颠倒的课堂"，并开始进行实践探索。这是促进师生互动参与的有效措施，已经取得了初步成功。课程实施过程中，无论在课程的开发设计阶段还是课程的实施、评价阶段，都需要教师和学生的全面参与。尤其是学生的课程参与能极大地丰富课程教学的内容与形式，拓展课程教学的深度与广度。教师不再将学生视为被动的知识接受者，而是更强调学生在课程教学过程中的积极主动性，这必将促进良好的学习氛围、良好的学习效果的达成。关于如何实现课程教学过程中的师生互动，本文将在第四部分进行论述。

三、从课程开发到课程理解

从课程开发到课程理解，是从美国课程发展的历史以及大学课程建设自身发展的内在逻辑来考察大学课程建设的发展趋势。课程开发包括课程目标、学习经验、课程组织和课程评价等，集中于学校内部，主要解决“如何办”的问题，属技术层面。课程理解则要思考学校不同课程之间的联系，同一课程科目内部不同观点的联系、课程与世界的联系，以及课程所处情境等问题，主要解决“为什么”的问题。美国著名课程专家派纳认为，美国课程开发生于1918年，卒于1968年。

课程的发展既与社会发展密切相关（如前所述），又与心理学、教育学理论发展密切相关。以美国为例，其课程经历了一个不断改革、发展的过程。[11]19世纪，官能心理学盛行。该学派假设人有三个官能或能力。第一个是意愿或意志，它能促使人去行动；第二个是情感，它会使人们经历幸福与痛苦，爱慕与憎恨；第三个是智力或理解，它帮助人们推理、思维、判断和理解事物。官能心理学认为，思维像人的肌肉一样，可以依赖简单、重复的练习来开发、记忆和背诵，就像在体操馆里肌肉重复运动一样，能够“充实”大脑。与此相适应，这一时期人们重视古典课程，因为古典课程最容易达到这一目标，相应地形成了古典课程理论。20世纪初期，在心理学的论争中，霍尔、桑代克的实验心理学、行为主义取代了官能心理学。桑代克提出了刺激—反应的行为心理学理论，认为只要是儿童对特定刺激做出的反应，就是儿童学到的内容。简言之，反应=学习。由此产生了科学主义课程设计，认为对学习可以进行测量、量化，课程即流水线。20世纪中期人文主义占上风，强调概念重构。20世纪后期，建构主义心理学风行，并形成了建构主义学习理论，强调以学生为中心，认为学生学习是自主建构、相互作用、不断生长的过程。

关于课程开发和课程理解，最具代表性的是以泰勒为代表的现代课程观和以多尔为代表的后现代课程观。泰勒的现代课程理论提出了课程开发的四个基本问题：确定教育目标——学校应该达到哪些教育目标；选择学习经验——学校应提供哪些教育经验才能达到这些目标；组织学习经验——这些经验如何才能有效地加以组织；评价教育计划——如何确定这些目标正在得到实现。[12]多尔的后现代课程观提出了“4R”课程理论，即丰富性（Richness）、关联性（Relations）、回归性（Recursion）和严谨性（Rigor）。[13]丰富性指课程的深度、意义等；回归性即一个人通过与环境、与他人、与文化的反思性相互作用形成的自我感知的方式；关联性指课程与教育和文化的联系；严密性意味着努力指导各种可能的可供选择的联系，保证课程的不确定性和丰富性。

从课程建设自身发展的内在逻辑看，一般也是从确立课程目标，建立课程结构，明确课程内容和方法入手，先将课程较好地开设出来，然后在此基础上，进一步深入理解，探寻意义，逐步完善课程。面对课程建设从开发到理解的发展趋势，我们应该如何应对呢？

1. 在加强课程开发的同时，关注课程理解

在我国大学，课程建设仍处于边缘，发展比较迟缓，很多问题还有待探讨，如通才与专才，学术与应用，通识与专业，必修与选修，理论与实践，课内与课外等。因此，仍然要加强课程开发，探讨课程的目标、结构，教材、教法等。但同时，我们要关注课程理解，将课程开发与课程理解二者有机结合起来，使课程建设健康发展。也就是说，要发挥我们的后发优势。比如，西方发达国家已经进入信息化时代，但我国工业化尚未完成，我们既要努力实现工业化，同时又要在工业化的过程中关注信息化，将两者结合起来，避免西方国家所走的弯路。

2. 加强隐性课程和课堂文化建设

课程有显性课程（Overt Curriculum）和隐性课程（Hidden Curriculum）之分。我们一般讲的课程为显性课程。显性课程又有分科课程和活动课

程之分。分科课程是以学科为中心来编定的课程，分别从相应学科领域中选取知识，根据教育教学需要分科编排课程，进行教学。活动课程是打破学科逻辑组织的界限，以学生的兴趣、需要和能力为基础，通过学生自己组织的一系列活动而实施的课程。教师所传递的远不只是显性课程，教师的一举手、一投足，教师的声音、语调，教师的风度、气质，教师的情感、意念，教师的信仰与追求，所有这些都可以构成文化意义上的内容，只是这些多以隐性的特点存在，因而可称之为隐性课程。[14]

隐性课程是在显性课程中所呈现的意识形态信息和潜意识信息。隐性课程和课堂文化密切相关，某种隐性课程必然内含着某种课堂文化。课堂文化是在课堂教学实践过程中形成的课堂风气、规范、心理环境、价值观念、思维方式与行为方式的综合体。[15]课堂文化实实在在地存在着，而且对学生影响深远。我们可以引进哈佛大学、牛津大学的教学计划、教材，但根本不可能达到哈佛大学、牛津大学的教学效果，因为我们无法引进他们的课堂文化。课堂文化要靠我们去创建、培育，而创建、培育的形式是多种多样的。叶澜教授通过追问的形式，试图创建一种充满生命活力的创新型课堂文化。她曾向老师们提出这样一些问题："你能否听出学生回答中的创造？你能否觉察出学生细微的进步和变化？你能否让学生自己明白错误？你能否用不同的语言方式让学生感受关注？你能否使学生觉得你的精神脉搏与他们一起欢跳？你能否让学生的争论擦出思维的火花？你能否使学生在课堂上学会合作，感到和谐的欢愉、发现的惊喜？"[16]这是一般显性课程难以达到的。我们在课程教学中，要根据自己学科的特点，所在学校、班级的文化，学生的状况、特点，努力创建课堂文化。

3. 创建中国特色的课程理论

课程建设需要理论指导。我们可以借鉴欧美课程理论，但如果仅仅以其为参照，来指导课程实践，不仅不能完全解决课程建设中的问题，还有可能走偏方向。我们要根据中华民族优秀传统文化，立足我国课程建设实践，创建我们自己的课程理论。可喜的是，这种探索已经开始，张楚廷教授在其课程研究中，从教育哲学的高度，提出了"五 I"课程观，即信息（Information）宽于知识，兴趣（Interest）先于毅力，直觉（Intuition）重于逻辑，质疑（Inquiry）贵于聆听，智慧（Intelligence）高于聪明。[17]我们期待更多的课程理论的探索。

四、从封闭单向到开放互动

课程是一个开放体系，与政治、文化、经济、民族、语言、性别、制度、学科等紧密相连，需要政府、社会、学校领导、教师、学生、职员的广泛参与。打破课程的封闭状态，改变教师向学生的单一传授，克服实际存在的"讲述症"、"静听症"，走向开放互动，是我国大学课程建设的又一发展趋势。

课程建设的开放互动，首先是社会发展的要求。经济全球化、市场化，教育国际化、大众化，以及社会信息化、网络化，都要求开放的教育。这方面已有很多论述。其次更为重要的，开放性、互动性是教育的本质要求。为什么要有大学？怀特海在《教育的目的》一书中，有十分深刻的论述。他说："大学存在的理由是，它把年轻人和老年人联合在一起，对学术展开充满想象力的探索，从而在知识和生命热情之间架起桥梁。"[18]大学就是创设一个开放的环境，为师生沟通、交流、探索提供平台。教育教学不是单向度的授受，真正的教育是在不断的冲突中产生并完成的。这种冲突主要表现在教与学，需要与不得，发展与困顿，集体与个体，已知与未知等方面。而且，每一阶段、每个学生所遇到的冲突与矛盾各不相同。如大学一年级学生一般会遇到目标的失落与确立，自我冲突与认同，理论困惑与选择，学习依赖与主动等矛盾和冲突。解决冲突则需要互动，如对话、关心、相遇，甚至"温柔强迫"、"不依不饶"。社会、学校对学生的影响是整体的、潜移默化的、无处不在的，唯有开放互动，才能使学生在课程教学中受到教育、得到提高。实现课程的开放互动，可以从以下几个方面着手。

1. 营造开放的环境

开放是互动的前提。封闭必然导致单向的传授，唯有开放才能形成互动。首先，要向社会开放。杜威说："从儿童的观点来看，学校最大的浪费是由于儿童完全不能把在校外活动的经验完整地、自由地在校内利用；同时另一方面，他日常生活中又不能应用在学校学习的东西。"[19]可见，实现课程向社会开放，并使学校与社会相融合，十分重要。课程要国际化，让学生了解复杂多变的世界，把握时代的脉搏，培养学生的国际视野和国际眼光。课程要面向社会实践，让学生走出校门，到工厂、农村，去感受、体验，置身于社会现实生活之中，学习工人、农民善良纯朴、勤劳的品质，了解社会，了解国情，增强学生的社会责任感。

其次，要体现学科之间的开放。分科课程是以学科为中心来编定的，课程与学科关系十分密切。现代学科发展的趋势是在高度分化基础上的高度综合，诸如各门学科、各层次分支学科的交叉综合，自然科学与社会科学进一步结合，科学和技术形成共生关系，协同发展，科学和社会之间发生强相互作用等。课程建设要体现学科发展的趋势，实现课程的综合。例如，南开大学开设数学文化课程，让学生理解数学的思想、精神、方法，理解数学的文化价值；让学生学会"数学方式的理性思维"，培养学生的创新意识；让学生感受优秀文化的熏陶，领会数学的美学价值，提高学生对数学的兴趣；培养学生的数学素养和文化素养，使学生终身受益。[20]这样的课程效果非常好。

再次，要实现学校内部的开放。笔者深深感到，学生的提高主要不是听了校长的某一次报告、教师的某一次讲课，而是在与老师、同学的交流中，在各种活动中感受体验，自己去发现问题、分析问题、解决问题，提升自我。为此，学校要创设多种平台，实现学校内部的开放，达到课内、课外资源的整合。

2. 为学生创设发展的空间

具体事物只有在一定空间里才能存在，人只有在一定的空间中才能生存、发展。在课程建设中，一定要为学生创建发展的空间，否则师生无法交往、互动，更无法发展。

首先，要创设物质空间，如建设图书馆、工程实训中心、实验室，为学生提供学习的物质空间；创建创新工作室、多种社团，为学生进行创造性学习，发展创新能力提供物质空间；与企业等建立合作关系，将企业引进学校，在校外建立实践基地，为学生开展社会实践、专业实践提供物质空间；调整课程结构，开设个性化课程，量身定制个性化课表，为学生提供个性发展的空间等。

其次，更为重要的，要创设精神空间。教学就是要开创一个实践真正共同体的空间，即提供学生与老师、学习对象对话的空间，学生思考、讨论的空间。在以往的教学中，教师们认真负责，力求以自己的知识占据、挤满学生的学习空间，唯恐讲少了，对不起学生。在这种情况下，学生头脑被教师所讲内容塞满了，学习根本没有发生。教师讲课要给学生留下空间，这种空间是思想空间，属于精神空间。精神空间的创设，还涉及很多方面，例如通过制度的调整与创新，给学生创设独处的空间、自由思考的空间，培养兴趣、发展个性的空间等，这些需要我们深入去探索。

3. 充分发挥信息技术在开放互动中的作用

网络模糊了国家、学校、学科、教学与科研等的边界，为开放互动创造了条件。

首先，网络能实现教育资源共享。例如，首批上线的120门中国大学资源共享课程，全部是在国家精品课程基础上修改而成的，讲授者中不乏两院院士、国家教学名师。

其次，网络能改革教学方式，促进师生互动。现在已经开始的MOOCs，学生可以自主选择学习内容；课程体量小，分知识点学习，讲课精，可反复学；大班授课转变为小组讨论；教师与学生、学生与学生互为师生；学习过程可在任何地方进行，学习方式灵活。

再次，大数据能优化教学过程。例如，过去的考试，仅仅凭分数难以反映学生的学习态度、思想品德和能力的提高。大数据时代，学校通过学生在学习、考试过程中的大量数据，可以判断学生的学习模式，了解学生的学习态度和学习方式等。信息技术与社会生活很多方面的结合十分成功，使社会生活产生了根本性的变化。但由于教育的复杂性、艰难性，教育与信息技术的结合才刚刚起步，尚未对教育产生革命性的影响，形成崭新的教学模式。这需要我们教育界的同行共同探讨。

制度变迁理论认为，规模扩张式发展选择“激进”路径容易成功，而质量提升式发展则宜选择“渐进”路径。我国高等教育已走过了规模扩张阶段，开始进入质量提升阶段，因而我们的发展路径也应相应改变，不宜“激进”发展、跨越性发展、超常规发展，而应选择“渐进”路径，扎扎实实，从基本开始，从基础开始，转变教学思想观念，探索新的教学模式，改进教学方式、方法，努力提高教学质量。

参考文献：

[1] [10] 刘献君. 抓住四个关键问题　加强大学本科课程建设 [J]. 中国高等教育，2013，(17)：40—43.

[2] 郭德江. 美国大学课程思想的历史演进 [M]. 北京：中央编译出版社，2007：2.

[3] 约翰·怀特. 学校何谓　学校何为——学校教育的明确目标及其理论支撑 [J]. 赵显通，杨杏芳，译. 高等教育研究，2013，(12)：11.

[4] 刘献君. 论“以学生为中心”[J]. 高等教育研究，2012，(8)：1—6.

[5] 桑新民，等. 21 世纪：大学课堂向何处去？——“太极学堂”的理念与实践探索 [J]. 开放教育研究，2012，(2)：9.

[6] 夸美纽斯. 大教学论 [M]. 傅任敢，译. 北京：人民教育出版社，1984：140.

[7] 高德胜. 论道德作为现代教育之代价 [J]. 高等教育研究，2013，(10)：7.

[8] BARR R B，TAGG J. From Teaching to Learning-A New Paradigm for Undergraduate Education [J]. *Change*，1995，(11/12)：13-15.

[9] [18] 怀特海. 教育的目的 [M]. 庄莲平，王立中，译注. 上海：文汇出版社，2012：10.

[11] 威廉·F. 派纳，等. 理解课程（上） [M]. 张华，等，译. 北京：教育科学出版社，2002：6.

[12] 张华，等. 课程流派研究 [M]. 济南：山东教育出版社，2000：198—223.

[13] 多尔. 后现代课程观 [M]. 王红宇，译. 北京：教育科学出版社，2000：250.

[14] 张楚廷. 关于理论课程的若干问题 [J]. 大学教育科学，2013，(2)：125.

[15] 刘华海. 高校课堂文化建设面临的“锁定效应”与对策 [J]. 江苏高教，2011，(5)：74.

[16] 叶澜. 让课堂焕发出生命力 [J]. 教育研究，1997，(9)：3—8.

[17] 张楚廷. 课程与教学哲学 [M]. 北京：人民教育出版社，2003：135—151.

[19] 杜威. 学校与社会·明日之学校 [M]. 赵祥麟，译. 北京：人民教育出版社，1994：61—62.

[20] 顾沛. 南开大学的数学文化课程十年来的探索与实践 [J]. 中国高教研究，2011，(9)：92—93.

试论大学的领导与管理：孰重孰轻*

□ 王英杰（北京师范大学教授）

一、选题的缘由

目前大学治理存在三方面的问题。其一，大学正在成为追求自身利益的主体，思想与行为日益与企业趋同，大学管理者正在演化为企业的经理人员。其二，高等教育资源由政府职能部门以行政化的方式配置，导致大学以行政化的方式获取资源，强化了大学从属于政府的地位与逻辑。大学成为政府的下属部门，成为实现国家即时目标的工具。其三，大学内部行政权力不断膨胀，学术权力不断被挤压。大学主要负责人日益成为管理者的代表，而非学术领袖。大学管理机构在大学的运转中成为主体，学术机构不断被边缘化。大学管理者数量不断增多，成为大学中重要的利益相关者，许多重大决策或者是为了管理者的利益或者是为了管理者的方便。

本文无意将目前大学的上述问题全部归于大学的领导，仅拟从管理与领导的视角对这些问题做一点初步的解析。其实也并不能完满回答领导与管理孰重孰轻这一问题，只是想指出目前大学管理不断强化，而领导日趋衰减这一发展趋势，以及这一趋势所带来的问题，以期引起同仁们的讨论。

二、领导与管理的定义

在这里我想首先对本文使用的主要概念做一个简单的约定。当笔者使用“领导”（lead 或 leadership）一词时，是将其用作动词或动名词，意指率领或引领，是相对于管理而言的；当笔者使用“领袖”（leader）一词时，是指为人表率者，大学中的领导人。在当代中文语境中，“领袖”通常指高层政治领导人，本文还是想将其回归本意，即衣领和衣袖所意指的含义，也就是表率者或提纲挈领者。

许多管理学的论著讨论了领导与管理问题，可以说有多少著作就有多少不同见解。但是本文的宗旨并非讨论这些不同定义之间的差别，因此选取了与本文有密切相关性的关于领导与管理和领袖与管理者的两个定义。本尼斯（W. Bennis）认为，“管理是让人去做需要做的事，领导是让人愿意去做需要做的事”[1]。麦克考比（E. Maccoby）认为，“领袖被追随，管理者主宰支配”，“管理和领导是组织人的两种不同方式。管理者使用正式的、理性的方法，而领袖使用情感”。[2]

三、管理与领导的差异

美国的一位电脑程序员和发明家霍波（G. M. Hopper）通俗简捷地指出了领导与管理差别的实质，“你管理事，而领导人”[3]。表 1 是根据一部关于领袖的电子书《如何做一名有效的领袖》的内容和附表整理编辑的领袖与管理者在工作方面的

* 原载《江苏高教》2014 年第 5 期。

差别。

我们从表 1 可以看出，领袖与管理者在许多方面存在重大的差异。就职责而论，管理者是维稳，领袖是变革。在我国维稳对于大学管理者具有特殊的重要意义，作为校长或书记任期 4 年保证不出任何重大问题，是对上级主管部门负的主要责任。在这种情况下变革就必须服从维稳，规避风险。这不能不与大学的主要职能发生碰撞。大学存在的一个重要意义就是要不断创新，创新知识，创新文化，创新制度。管理者和领袖在决策方面的差异对大学有特殊重要的意义。我们大学的管理者往往是自己做决策，甚少有教师或学生广泛而深度的参与。领袖则是推动决策的做出，也就是从基层来推动决策的做出。决策的基础越低，教师参与越广泛，那么它被执行的可能性就越高。就路径而论，管理者是在界限内规划细节。现在我们大学的管理越来越注重细节，越来越“精细化”。以高校职称晋升政策为例，大学对每一级教师职称的晋升制定了详尽的量化标准，科研成绩就规定了所获课题的等级和经费额度、著作与论文的数量、论文发表的期刊层次(实际上以教育学科而论，我不相信被《新华文摘》转摘的论文或刊登在《教育研究》上的论文的水平一定都高于发表在教育分支学科专门刊物上的论文)。从管理的角度来说，这些标准易操作，教师易遵循，晋升程序较公开透明。但是，在这种“精细化”的管理中经常被忘记的是教师晋升标准的核心是“卓越”，是教师对本学科知识的原创性贡献，以及能够对这一标准做出判断的是“同行评议”。再以一些大学博士招生政策改革为例，一些大学试行“申请—考核”制度。本来这种政策的理念是进一步扩大导师和院系在博士生选拔中的自主权，招收到最优秀的人才。但是在具体操作层面，管理部门把每一步的细节都规定好了，在招生过程中的每一步，例如申请材料的评分排名、每一名考生面试所需要的时间、考核的形式等都是按照规定的动作来完成的，院系或导师很少有自主修订的空间。可以说这样做对于保证招生的公开和公平有一定的作用，对于保护学校和教师也很重要。但是改革的初衷却未必能够完全实现。这种管理的“精细化”越来越渗透到大学的日常管理中，管理者忙于制定规定，似乎制定规则和发出红头文件就是他们全部的工作。他们主要的工作就是通过细则的规定保证按照正确的程序做事，而常常忘记了做的事是否正确。我们可以毫不夸张地说，这些制度规章已经成为大学行政权力日趋膨胀的制度保障。就愿景而论，管理者注重短期的愿景，他们要在任期内见到实实在在的成果。这对于他们未来的仕途具有举足轻重的影响。而领袖则关注长期的愿景，把阶段性的成果与组织长期的愿景契合起来。在控制上，管理者是正式权威，依据正式文件赋予的权力进行管理。他们主动地运用权力、争取权力，把教师视为“下属”，从管理的角度与“下属”形成交易关系，从下属获取服务，以奖惩来实现管理者确定的目标。在出现问题时，将上级的批评转嫁给被管理的人。他们忘记了大学的办学规律，忘记了教师是大学的核心。而领袖是心灵的引领，与团队中的人进行平等的心灵沟通，积极做转化工作，既转化团队成员，也转化自己，从而形成共同的价值追求。这样，领袖型的大学校长不仅仅是大学内最高的管理者，更是学术领袖——教师的代表，为教师提供服务，向教师赋权，使教师充分行使学术权力，有权力正确地去做正确的事。

表 1　领袖与管理者的工作区别[4]

主题	管理者	领袖
职责	维稳	变革
决策	做决策	推动决策
路径	在界限内规划细节	制定和引领方向
愿景	短期	长远
控制	正式的权威	个人魅力
求助	上级	心灵
文化	维护	创建
行动	被动	主动
风险	规避	承担
规则	制定	打破

续表

主题	管理者	领袖
方向	保持现有方向/保持现状	开创新方向/挑战常规
价值	关注结果	注重成就
关注	正确地做事	做正确的事
聚焦	重事	重人
人力资源	下属	追随者
做事方式	交易	转化
服务	接受	给予
权力	运用	赋予
批评	转嫁	承受

总之，领导是制定目标和新的方向，挑战现状，确定和培养核心价值，创建使命感，构建通向成功的系统和程序。领袖具有远见卓识，赋予组织存在的意义，引领团队，激励和领导人们走向新的方向。管理是维系现状，坚持标准。管理者通过行动和工作确定组织是干什么的，以已制定的规范管理团队和个人，组织和指挥他们去完成任务。

以上主要论析了管理者和领袖在工作的方方面面所体现的差别。也有的学者深入探讨了在管理和领导之间所体现的个性特点上的差异。这些差异与我们上面所谈的差异相互验证，具有高度的一致性。我们可以看出领袖和管理者存在显著的个性差异（见表 2）：领袖以人为本，管理者则管事不见人；领袖有大图景、大战略，敢于追梦，管理者注重细节，稳健和现实；领袖见林，管理者见木。

表 2　领袖与管理者的个性差异[5]

管理者	领袖
细节	大图景
战术	战略
见木（高效砍树）	见林（我们选对树林了吗?）
目标、项目、任务	愿景、战略、执行
效率	效果
左脑/直线思维	右脑/横向思维
过程、结果	进展
人是（达到目的的）手段	人是理性（出发点与归宿）
任务比人重要	人比任务重要
外参照框架	内参照框架
感知：寻找外部数据	直觉：寻找内心指引
稳健、现实、实用	远见卓识、追梦、浪漫
金蛋：效率、生产	鹅：生产力
一孔之见	全景视野

四、建设世界一流大学道路上的伟大领袖们

艾略特（C. Eliot）任哈佛校长 40 年（1869—1909 年），把一所传统的宗教性学院建设成了一所现代化大学。

艾略特具有清晰的目标愿景。他一出任校长就明确宣布了他的目标："我们要在这里稳步建立一所最伟大的大学。"[6]他认为，在工业化和都市化的新时代哈佛仍然以培养"品格和虔诚"为中心，已经完全不能适应国家发展的需求，哈佛必须培养 19 世纪工业和都市国家的领袖。

他挑战传统，开创新的方向。他决心重新厘定大学的职能，改造美国大学只重教学的状况，提出"大学有三个主要的直接功能，首先是教学，其次是以书籍等形式大量汇集已获得的系统知识，最后是研究，或者说是把目前的知识疆界再向前推进一步，年复一年，日复一日地掌握一些新的真理"[7]。他研究了大学的本质特征，给教师以特别的关注，深刻地认识到，"大学是教师的集合体，是知识的仓库，是真理的寻求者"[8]。

他任职 40 年，始终以变革为己任。他推动建立了研究生院，开展研究生教育，使哈佛大学具有了既重知识的传授又重知识的创造的现代大学的特点；他改造了医学和法学等专业学院，使专业教育摆脱了师徒相传的烙印，具有了大学的水准，并且向研究生水平发展，从而使哈佛向真正意义上的大学迈进了一大步；他建立了选修制，以建立和推进

选修制为路径使新学科和新知识在哈佛大学落脚生根，使教师自由教、学生自由学习成为可能。

他具有领袖的品格特征。他坚韧不拔、百折不回；他知人善任，既勇于承担领导责任，又不独断专行，大胆启用年轻人；他勤于钻研教育，成为自己时代的教育思想家和实践家；他急流勇退，当校长工作已经融汇在其生命中时主动辞职。

在他任职 17 年，哈佛建校 250 周年之际（1886 年），约翰·霍普金斯大学校长指出，“今天我们以哈佛的标准度量一切”，在艾略特的领导下，哈佛大学“已走在建立一所真正意义的大学的道路上”。[9]

吉亚麦蒂（A. Giamatti，1978—1986 年任耶鲁大学校长）有明确的愿景，坚定的文化信念。二战以后，市场价值观不断侵入大学校园，吉亚麦蒂校长不断呼吁耶鲁大学要坚决履行自己在 1701 年就与美国签订的“契约”，“要努力发展学术，提供服务和精神启蒙”[10]。他指出，大学与企业是完全不同的，大学的工作是一个负载价值的终生过程。“大学的目标不是扩张或者占有市场份额，而是学术的优异；不是利润或者所有权，而是免费的知识产品；不是运转的效率而是平等的对待；不是不断增长的经济效益而是不断思考我们是谁，我们如何生活以及我们周围的世界。”[11] 他倡导学院文化，尖锐地批评大学管理中出现的规章化，“规章取代了那些传统的学院价值，学院文化是一套共有的价值观，关于自由获取信息的价值，关于公开交流思想的价值，关于学术自由的价值，关于公开沟通和关爱的价值……学院文化应是所有院校共有的最可宝贵的价值”。他进一步指出，“规章化和公司化对于学院文化都是破坏性的……造成教师与行政的分离。……教师越来越把自己看作价值的载体，而大学行政人员则把他们自己看作法律的载体”[12]。他任职时间虽然不长，但是却在大学面对社会价值观念急剧转变的挑战中，发挥了领袖的重要作用，捍卫了大学共同的价值，坚持了耶鲁大学的文化品格，使耶鲁大学成为剧变社会中的精神启蒙灯塔。

哈珀（W. R. Harper，1891—1906 年任芝加哥大学校长），其胸有大图景，捕捉到芝加哥发展的关键机遇。19 世纪末芝加哥的精英们开始认识到“纯物质生活的时代已经过去了，现在是要求精神生活和支持精神生活的时代了”[13]。没有大学的城市是文化的荒漠，在文化荒漠中只会复制贫困的精神。因此积极支持建设一所大学，一所能够引领时代文化精神，给人们以精神关怀，促进科学发展的一流大学。于是，哈珀欣然同意出任校长，组建芝加哥大学。

他的愿景是建设一所真正美国式的大学。他理想的大学是将英国式的本科文理学院与德国式的研究型大学结合起来，同时大学还必须遵循美国所特有的进步主义传统，为社会服务。

他在实现愿景中紧紧抓住科研不放，制定明确的战略，把科研放在大学各项工作中的首要地位，建立了支撑科研的基础结构：芝加哥大学一建立就分设本科生院和研究生系。在全美国首先创办了大学出版社和学刊。

他在本科生教育上实现了制度创新，创建了两段制的本科教育，形成了美国特色的本科教育制度。

哈珀校长作为芝加哥大学的领袖，充分关注人，尊重教师，创建大学文化。他的大学就是教师，他相信芝加哥大学要实现跨越式的发展，迅速成为一流大学，要完全依靠具有不凡才智和良好愿望的教师。他在全国范围内展开了聘任工作，开展了美国高等教育史上最大规模的教师聘任活动，并且大学一开办就建立了教师层级结构。哈珀校长以其对大学本质特征的深刻理解，对大学教师心理特征的准确把握，对大学教师原创性劳动的真诚尊重，从大学一开办起，就致力于形成学术自由的传统，营造大学教师宽松的工作氛围。在哈珀校长的领导下，芝加哥大学迅速跻身于一流大学之列，被赞许为“研究型大学中的研究型大学”。

斯特林（J. E. W. Sterling，1949—1968 年任斯坦福大学校长），是在二战后出任斯坦福大学校长的。他深悔斯坦福大学没有抓住二战的机遇，未能像麻省理工学院等校那样在战争中崛起。他深切了解战争已经将基础工学的“知识库”掏空，联邦政府一定会投入大量的资金支持工学基础研究，以加速战后重建和为“冷战”做好准备。因此，他制定出一个重要的发展战略——积极争取联邦政府的科研经费。

他制定的另一个发展战略是出租斯坦福大学的丰富土地资源建设工业园区，从而促成了世界著名的硅谷的建设，也为斯坦福的发展聚集了巨额经费。

斯特林的愿景是把斯坦福大学带到美国大学“优异的顶峰”。他力排众议，反对把巨额经费用于建筑设施，确立了明确的攀登路径——聘用杰出的教授，他确信有了优秀的教授就会使大学进入良性循环，优秀教授会带来更多的经费，吸引最好的学生，更好的图书馆和实验室等设施就会水到渠成地建设起来。在斯特林的领导下，斯坦福大学迅速成为世界一流大学，可以说他是使斯坦福成为世界一流大学的引路人。

我们不难看出，上述伟大的校长们都胸有大图景，能够把握时代的脉搏，确定清晰的愿景，坚持改革，把人（教师）放在中心地位，引领他们沿着精心规划的路径，向着卓越的顶峰攀登，把自己的大学带入世界一流。

五、当代中国为什么出不了大学领袖

当代中国大学为什么出不了领袖人物？一个原因是时代的局限。现在我们是组织文化取胜的时代，是一个大政府的时代，是一个市场价值中心的时代：“个人魅力和个人英雄主义的观念可能已经过时了，甚至是行不通的了。”[14]因此，我们应该给潜在的大学领袖以必要的空间和时间，使他有机会“构建一个可持续的机构”[15]。另外一个原因是中国的传统文化使然，木秀于林风必摧之，这样的文化中很难产生优秀的领袖。第三个原因可以从我们高等教育制度内部来寻找，中国当代大学制度使得大学只是政府的附庸机构，大学完全以行政中心的制度构建，学术自由传统缺失，大学校长被定位为管理者。这些都是制约中国产生大学领袖的制度因素。

我们的大学目前缺失的是大学领袖的大智慧。在商业化大潮中，在腐败风日盛的社会中听不到大学校长的声音，大学不仅没有批判社会，关注社会的精神文明，负起引领社会发展的重任，而是正被异化为追求利益最大化的另一种商业机构，浮躁之风愈吹愈烈，使得本应不断走向社会中心的大学被边缘化，使得大学正在失去公众的信任与支持，陷入信任危机之中。在整个社会管理官僚化的进程中，大学没有能够成为抵御官本位潮流的中流砥柱，而是随波逐流，正在被异化为另一种官僚机构。大学校长们对司局级或者副部级趋之若骛，校内管理争权夺利，严重侵蚀学术权力，使学者和谐工作的环境、自由学术探索的环境不复存在。如果大学的举办者和大学校长不具有大智慧和大勇气承担起逆转这一发展趋势的领导责任，大学的危机就是不可避免的。

管理与领导到底孰重孰轻，我们很难一言以蔽之，但是我们可以从大学组织特征来思考这一问题。“从一定的意义上说，大学是没有规则的社会”，“处于一种结构性的无政府状态”，“真正的大学工作是自下而上的，而不是自上而下的”。从这些组织特征出发，我们可以这样说，大学需要多一点领导，少一点管理。教师不是被管理出来的，是被引领出来的。当然，如果讲得全面一点，我们可以引用美国前卫生和人类服务部部长沙拉勒（Donna E. Shalala）所说，“组织的成功需要在领导与管理之间建立平衡。管理者是石头，领袖是火”[16]。

参考文献：

[1] Bennis，W.（1994）. On Becoming a Leader（2nd ed.）. Reading，MA：Addison-Wesley.

[2] Maccoby，E.（2000）. Understanding the Difference between Leadership and Management [Electronic version]. Research Technology Management，43（1），57-59.

[3][4] http://www.educational-business-articles.com/leadership-versus-management.html.

［5］ http://awayre.hubpages.com/hub/leader-vs-Manager.

［6］［7］ William Bentinck-Smith. Harvard Book-350th Anniversary Edition. Harvard University Press，1986.

［8］［9］ Samuel Eliot Morison. Three Centuries of Harvard. Harvard University Press，1936.

［10］［11］［12］ A. Bartlett Giamatti. A Free and Ordered Space：The Real World of the University，W. W. Norton & Company，1988.

［13］ The Civic Spirit. The University of Chicago Centennial Catalog. www.lib.uchicago.edu.

［14］［15］ Richard Chait. Illusions of a Ieadership. Vaccum，Change，1/2，1998.

［16］ shalala，D.（1998，July/August）. Are large public organizations manageable? Public Administration Review，58（4），284-289.

现代大学制度建设需要“根”、“魂”及“骨架”*

□ 史静寰（清华大学教授）

党的十八届三中全会报告明确提出国家治理体系建设和治理能力现代化问题。这为已延续多年的我国高等教育改革，特别是政府与大学都在全力推进的现代大学制度建设提供了新的目标及实现目标的活力。习近平同志指出：“国家治理体系和治理能力是一个国家制度和制度执行能力的集中体现”[1]。作为现代国家治理体系的重要组成部分，现代大学制度及治理体系建设，也应该包括能很好地处理大学、政府、市场、社会之间互动关系的完整架构与机制。

大学是人类社会创造出的最复杂的组织机构之一。在知识经济时代，大学，尤其是研究型大学，不但是知识密集的“才智之城”，是吸引巨额资金活动的“新型经济中心”，还是具有“无限多样性”的“变化之城”。[2]大学不但承担诸如人才培养、科学研究、社会服务、文化传承等多种专业及社会职责，还要面对多种不同、有时甚至是矛盾和冲突的社会要求与期待。因此，现代大学制度与治理体系建设，虽然指向与内涵不同，但其基础和解决的核心问题是共同的：即面对急剧变化的社会环境，回应冲突和多元的利益要求，大学必须确立组织的合法性基础，明晰使命战略定位，形成有效运行机制。

虽然中国是世界文明古国，但高等教育的发展存在历史断层。这也使得中国目前虽然有了现代大学，但现代大学制度却缺乏足够历史积累。而且，“后发外生型”现代化之路也使中国式现代大学制度建设存在“悖论”：一方面，现代大学制度不可能自然生成，需要政府的领导和推动；另一方面，现代大学制度最根本的改革是政府简政放权，扩大大学办学自主权。[3]这一“悖论”的存在加剧了中国现代大学制度建设过程的难度和复杂性。近年来，我国关于建设现代大学制度的呼声甚高，学界关于这一问题的讨论成果颇多。笔者认为，无论从学术上如何界定现代大学制度的内涵，在现实中现代大学制度应包含三大基本部分：大学法律章程、大学使命宣言、大学治理体系，这是保证现代大学生存与发展的“根”、“魂”与“骨架”，是标识大学特质、构成现代大学制度的三大核心要素。

一、法律章程：大学的“根”

大学是以学术为基础、高度专业化、由诸多利益相关者松散耦合而成的组织。大学作为社会组织（机构），其存在的合法性基础是什么？以牛津、剑桥、巴黎大学等为代表的中世纪大学大多基于教皇或国王颁布特许状而形成。西方古典大学特许契约的神圣性和权威性是保证大学稳定发展的基础。19世纪初美国著名的“达特茅斯学院判例”不但明确了由董事会出资创办的达特茅斯学院是私人团体，政府无权改变学校性质、干预学校内部事务，而且明确了大学章程的法律地位，确立“契约权力是一

* 原载《中国高教研究》2014 年第 4 期。

种重要产权”。这不仅影响了美国高等教育，也是对整个资本主义社会运行产生影响的核心原则。[4]

近代国家的形成改变了高等教育的生存环境，民族国家的利益需要成为知识服务的对象和大学发展的新动力。国家目标的设定、政府力量的介入，使大学具有了明确的政治和社会功用。洪堡改革时期，德国大学已被认为是重要的“国家设施”，由政府提供经费、保证大学办学自由，使大学在“更高层次上实现国家目标”。这一特点在德国近代大学模式引进其他国家，如日本、中国等亚洲国家后，蜕变为强势政府对大学事务的全面介入。

政府对大学进行控制并施加影响是现代高等教育发展的共同特征。核心问题是政府在多大程度上控制并影响大学，通过什么渠道和方式控制并影响大学？现代大学在多大程度上享有学术自治及自我管理权？

在西方，总的说来近代以后除个别历史阶段（如法国大革命时期，大学被强行关闭；希特勒主政时期，对大学实施严格管制），政府处理与大学关系的原则比较清楚——依据法律规范。因此，身为总统的华盛顿并不能使自己力主的“国立大学”在美国出现；积极创办弗吉尼亚大学的杰斐逊更多靠的是自己的物质、精神资产，而不是政府权力；由《莫雷尔法案》促成的州立（农工）大学的出现，虽然可以说代表了政府干预的另一种形式①，但其机制是社会多种需要推动之下各种力量互动博弈的结果。

在中国，现代大学出现于19世纪末，当时尚存的封建王权对大学干预力很强，但也在形式上通过大学章程，给予大学合法地位。如1898年京师大学堂经光绪皇帝正式下诏成立，同时光绪批准了由梁启超代为起草的《奏拟京师大学堂章程》。1902年慈禧太后要张百熙重订新章程加以取代，由她钦准颁行，即著名的《钦定京师大学堂章程》。

从上述中外大学发展案例中可看出：第一，大学的存在必须具有合法性基础。在社会系统的整体结构中，大学组织自身的知识优势并不足以支撑这种合法性，需要借助外部更权威的力量，如中古时期教皇或国王的特许状，近代以后由法律确认的大学章程等；第二，大学章程自身并不自然构成中国现代大学的合法性基础，因为，“大学章程并不是现代大学才有”，而且“大学章程的实际作用”在中国现代大学“已有实践中”，似乎也不那么“重要”。[5]《教育规划纲要》提出大学要“依法制定章程”已说明大学机构存在的合法性基础所在。

新中国成立后，依法办学是国家不断强化的重要原则。近年来，国家相关法律和重要文件，如《中华人民共和国教育法》、《高等教育法》、《教育规划纲要》等都对制定大学章程问题做出明确规定。2011年11月教育部颁布《高等学校章程制定暂行办法》，从实体和程序两个方面，对高校章程制定的原则、内容、程序以及核准和监督中所涉及的主要问题、主要环节进行规范，并推动全国所有高校在2012年内全面启动章程制定或者修订工作。2013年8月13日，教育部高等学校章程核准委员会对第一批提请教育部核准的中国人民大学、东南大学、东华大学、上海外国语大学、武汉理工大学、华中师范大学6所高校章程进行了评议，并核准公布，面向社会公开征求意见。据统计，目前我国已有30%的高校制定了章程，更多的高校也正在准备制定大学章程。

“一个大学能走多远、能变多强，不是取决于其规模和一些具体指标，而是取决于基础性制度的完备程度。”[6]大学章程作为学校的“基本大法”，固然是大学基础性制度的组成部分，但并非大学法律基础的全部。当前，我们一方面要把大学章程建设作为“完善中国特色现代大学制度”的重要内容，使大学章程成为“高等学校依法自主办学、实施管理和履行公共职能的基本准则”，同时也要不断完善大学“法人”履行职责必须具备的其他基本

① 日本学者金子元久将美国州立大学、英国的城市大学等称为“政府委托”型大学。参见金子元久：《高等教育的市场化——日本和中国的比较》，《第二届日中高等教育论坛论文集》，2005年11月，广岛大学。

条件，特别是法律条件。简言之，为保障我国大学长期、健康的发展，我们需要做的并非仅仅是由大学执笔完成大学章程，更要以大学章程为代表，构建起有国家完整法律体系支撑的现代大学制度。

二、使命宣言：大学的“魂”

大学使命是表明大学目的、职能和存在价值的综合体，是人们对大学组织必须承担的社会责任的一种认可，也是社会对大学组织应有价值的一种判断和要求。大学使命具体体现为大学组织的宗旨、目的和理想。[7]大学使命对大学内部有助于形成文化认同，产生凝合力，使组织内各个局部依据核心价值向着同一个目标努力；对大学外部其作用体现在有效说明、沟通，塑造大学的品牌魅力，是大学核心竞争力以及市场营销的重要组成部分。现代大学往往具有多重功能，因此，大学在制定并陈述自己的使命时必须有所侧重。

虽然大学使命主要由大学提出，但处于社会现实中的大学绝非一厢情愿地制定自身使命。英国学者阿什比提出大学生存的两个基本条件：一是忠于（中世纪）大学形成时的理想，二是使自己适应所处的社会。布鲁贝克则提出大学确立其使命与地位的两种主要途径，即认识论和政治论的大学观。以认识论为基础的大学使命观强调追求知识、探索真理是大学的本质功能和使命，是大学存在的核心价值。以政治论为基础的观点则认为，服务国家、造福社会是大学存在的合法基础和根本目的，大学必须适应并满足国家及社会不断发展变化的需要。[8]之后又有我国研究者提出，在我国高等教育发展历程中，除以认识论为基础的大学观（以蔡元培为代表），以政治论为基础的大学观（以张伯苓为代表）之外，还有以梅贻琦为代表的人本论的大学观。[9]这一派重视人的价值与尊严，强调大学的目的是育人。

总之，大学作为社会最重要的文化教育机构，既有稳定不变、超越现实的永恒追求，也有与时代共进、服务社会发展的功利性目标。走出象牙塔的现代大学，特别是综合性、研究型大学已经成为“现代多元化大学”（multiversity），必须面对社会的多种目标需要，并且在平衡多种目标和利益需求的基础上形成对大学使命的清晰认识与把握。

大学使命既是人们对大学必须承担的社会责任的一种认定和要求，也是大学对自身目标与价值的宣称与承诺。它明确揭示了大学存在的目的、核心价值、信念、原则以及大学的自我定义[10]。

一个好的大学使命陈述不但能反映大学存在的普遍目的与价值，还能表现特定大学在办学目标与理念上的独特个性；不但能在大学内部形成很高共识，还能在大学与外部环境的互动中获得很高认同；不但能承载大学历史积累的精神遗产，还能激励大学更有目标和方向地走向未来。总之，大学使命陈述以高度浓缩的方式表现出大学的内在品质、文化精髓和独特风格，是大学确立自身地位、赢得社会声望、形成大学稳定特征的标识。

通过梳理国外著名大学的使命宣言，我们可以发现：虽然不同大学强调的重点以及陈述用词不尽相同，但大都包含一些基本概念，如名词上的知识（学问）、学生（教师）、思想（心智）、自由（福祉）、卓越（杰出、一流）、社会（世界）等，动词上的创造（探索）、保存（传播）、培养（教育）、发展（扩大）、服务（造福）等。而且不同大学的使命宣言往往与大学的历史文化传统、社会现实需求和未来发展走势密切相连。如从中世纪大学沿袭而来的古典使命注重传授普遍知识、探索高深学问、培养具备良好人格品质和专业修养的人才；19—20世纪以后产生和发展起来的大学更强调科学研究、服务国家、贡献社会等现代使命内容；进入21世纪，国际化、产学研联动和终身教育等构成21世纪使命陈述中的新命题①。

由于大学使命是大学对自身传统及核心价值的概括，也是大学面对现实挑战，走向未来的战略宣言，因此，总结世界著名大学的使命陈述，可以发现一些共同要素。首先，没有一所大学的使命宣言中不提及古典使命部分，可以说古典使命是大学存续之本。虽然有少数大学的使命宣言没有涵盖21世纪使命，但是所有大学均涉及现代使命。可见大学发展时至今日，现代化是大势所趋。其次，不论是直接表述还是间接隐含，大学所崇尚的核心价值都很鲜明，使命宣言与其核心价值互为表里。[11]

笔者曾对国内39所“985工程”高校的使命陈述进行搜索，由此发现，除一所大学有明确的大学使命陈述外，其他大学多以“宗旨”、“校训”，甚至是“校歌”，或是“校长讲话稿”的方式（笔者用“类使命”来概括）陈述自己的办学理念。

笔者通过对39所大学表明大学“宗旨”或“类使命”的文本分析发现，出现频次较多的词汇有“人才培养”、“国家需求”、“学术科研”、“创新”、“社会服务”、“国际化全球观”、“传承文明”7项。其中24所大学提到“人才培养”；14所大学提出满足“国家需求”；17所大学提到“学术科研”；6所大学谈及“创新”；13所大学谈及“社会服务”；20所大学谈及“国际化全球观”；只有2所大学提出“传承文明”。多数“985工程”高校的“类使命”陈述中都提到要实现“人才培养”、“科学研究”、“社会服务”三大目标。其中，将人才培养明确作为根本任务的约有1/5的高校；提到“科研创新”的约有1/3的高校，提到“追求真理”、“研究高深学问”的约有1/4的高校；关于“社会服务”，多校高校表述的服务对象以“国家”和“地方”为主，也有少数高校提到为“世界”服务，服务内容以“政治”、“经济”、“国防”、“科技”、“文化”为主，也有高校提到将满足国家需要作为第一任务和使命，坚持教学科研服务于社会生产和国家建设②。

从“985工程”高校“类使命”陈述中，我们可以概括出如下三个基本特点。首先，“985工程”高校对于高等教育的外部规律，即大学要适应社会发展的需要虽有较为充分的意识，但是对高等教育的内部规律，即大学要使受教育者得到全面发展似乎重视不够。第二，政治论的高等教育哲学压倒了认识论和人本论的高等教育哲学。大学要服务国家和地方需要的理念虽表达清楚，但是将“人才培养”作为大学根本任务的高校只有1/5，几乎没有高校将“追求真理”、“探索高深学问和知识”作为第一使命。第三，大学使命中虽面向未来的意愿强烈、趋势明显，但缺乏对历史和文化传承的必要承诺。20所高校提到“国际化”，其中只有两所大学明确表示要传承文明③。

大学使命宣言凸显大学的核心价值观，是大学“魂”之所在。当前我国大学存在的问题之一是缺乏核心价值理念，使命目标定位不清。一个没有精神底蕴，缺乏价值追求的大学，很难获得社会的认可与尊重，也很难在高度竞争的时代走得长远。

三、治理体系：大学的“骨架”

具有合法基础的大学，要实现其核心使命还要有大学治理体系的支撑。这一体系既是大学资源获取、分配的权力机制，也是大学实现其使命定位所需要的组织架构和制度安排。对于中国的大学而言，大学内部组织制度并非完全是源自大学自身的原生性制度，而是宏观社会制度对大学组织内的投射，因此，重点讨论大学内部治理体系与结构也要涉及一些不属大学自决领域的问题。对于这些问题，

---

① 参见《清华大学第23次教育讨论会专题研究报告一：“使命战略”》，陆一。世界知名大学使命宣言的文本解析[J]. 比较教育研究，2012 (9).

② 清华大学教研院2010级博士生“高等教育学专题研究”课课堂讨论及作业。

③ 清华大学教研院2010级博士生“高等教育学专题研究”课程的课堂讨论及作业。

仅靠大学之力并不能真正解决，需要宏观社会环境和政治体制改革作为基础。

（一）完善现代大学治理要责权利结合，解决好大学组织架构及利益相关者履职形态问题

大学属于公共部门，是典型的利益相关者组织。各利益相关者，如作为学术主体的教师，作为行政主体的管理者，及政府出资人、社会赞助者和用人单位所构成的社会主体等，都“将自己所拥有的独特资源带给大学”，在大学的发展中，发挥不可替代的作用。[12]现代大学治理体系必须要充分体现利益相关者的参与权力和机会。近年来，主要发达国家高等教育改革的核心内容是调整大学自治和政府治理的关系，给予大学更多自由与自治，刺激大学内在发展活力。我国高等教育改革基本上也沿这一方向前进。

在大学内部，治理体系建设也要充分考虑大学不同利益群体间（党委、校长、校务委员会、学术委员会、学院、教授、学生、行政人员等）的权责分配、角色关系及功能重构等，如党委和行政、学校及院系、行政管理与学术主体之间的权责分工与监督制衡、教学主体与客体之间的关系等。

从组织架构的角度来看，目前国内综合型大学大多设有众多校级机构，也有校务委员会、校学术委员会、校学位评定委员会、校专业技术职务聘任委员会等不同类型的专业委员会。但从治理关系和功能上来看，这些机构存在性质模糊、职能不清、边界重合及各自为政等问题。

1. 明确党委和行政的权责分工，实现党、政系统的功能互补。党委领导下的校长负责制是我国高等教育管理体制的特色，不能简单地理解为上下级或领导与被领导关系。党委对大学发展的政治方向把关，对重大事项具有决策权。大学校长是大学法定代表人和大学教学、科研和社会服务等行政管理负责人。大学党政系统并存，要明确权力边界，实现管理功能互补。大学作为学术组织的特性使校长并非是党委决策的被动执行者，在涉及学校教学、科研和其他行政管理的工作中，要充分发挥校长的作用和决策力。

2. 建立和完善教授治学的学术体制，赋予基层组织更多学术自主权。和注重产出、以“业绩主导”的企业不同，大学是“声望主导型”组织，其内部治理更强调学术声望、学术地位与影响力的作用。以学科为基础组建的院、系或研究中心是大学教学研究活动开展的基本单位，以学术权威或学科领袖为代表的学术力量是大学声望和影响力的重要表现。由于不同学科领域知识活动的独特性，很多教学研究活动不能在学校一级进行统一管理，而且强调行政隶属和层级关系的管理方法在大学这一“学术共同体”（或学者共同体）中也很难行得通。因此，大学应遵循学术组织的基本规则，建立以教授治学为核心的学术管理体制，强化院系在学术管理方面的“主体”地位，提高院系在教学科研活动中的自主权。同时通过学术竞争、管理问责制等，使学术力量，特别是院系管理者向校长负责，向学术共同体的所有人负责，向社会负责。具体说来，当前要完善院、系的教授会、学术委员会、人才委员会等基层学术组织建设，使之成为代表学术权力的重要机构。院、系的人才引进、教师聘任、学科发展、专业设置等重要问题要经过教授会或学术委员会议决。实行院（系）教授会决策基础上的院长（系主任）负责制。用学校管理重心下移激发学术组织的内部活力。

（二）完善现代大学治理要以人为本，处理好不同群体的利益诉求及参与问题

大学作为学术机构，其“人力资本的价值远远超过固定资产的价值”，在大学中教师的“学术职业处于学术机构的心脏”。[13]特别是那些最具探索与创造活力的教授，是大学核心竞争力的代表。

1. 稳妥推进人事分配制度改革，完善学术人力资源激励制度。高校人事制度改革一直是高校乃至于社会改革的难点。近年来，国内许多高校都在大力推进以岗位聘任为核心、以业绩和水平为导向、强调竞争和减员增效的人事分配制度改革，一些高校将教师分成几个系列管理，用长聘、特岗、

绩效工资、非升即走等方式，激发教师的工作热情和学术生产力。在高等教育越来越受到国际化、市场化、大众化影响的今天，总的说来，我国高校人事分配制度改革的大方向正确，采取的措施也很有力。但高校考核急功近利，行政色彩浓厚，高校薪酬市场竞争力不高，教师对人事分配制度满意度低，青年教师生存压力大等现实问题却未能得到真正解决。

学界早有研究说明：学术职业具有学科专业（discipline）与组织机构（institution）的双重归属，而且学术职业人的学科归属度往往要高于组织归属度。① 他们视学术共同体的"承认"为富贵财产，薪酬、职称等不仅是个人劳动所得回报，更是学术共同体内部的"荣誉"分配，是学术职业人的尊严所在。因此，高校人事分配制度改革不能仅从技术层面考虑，不能局限于物质资源及利益分配，甚至不能只强调大学及国家需要，要考虑学术特性，正视学科差异，尊重学术职业人的职业尊严。高校人事分配制度改革不能只为一时的减人增效，只看短期的轰动效果，更要有长期稳定、符合大学愿景（Vision）和使命（Mission）、有利于不同学科发展、能激发教师队伍活力的核心理念与原则。如美国终身教授制（Tenue Track）背后蕴藏的理念是在保证学术标准的前提下保障学术自由：一方面通过设立终身教职岗位保证学界学术自由不受行政当局侵犯，另一方面也通过竞争终身教职的过程保证学术自由不被平庸、无能之辈玷污。学术职业的最初几年可以说是学术规训和适应期，青年才俊要以明确的学术志向、卓越的学术成就、优秀的学术品性获得学界认可。进入终身教职后，即成为学术共同体的中坚力量，不仅享受政治上的宽容、经济上的优待、职业上的特殊保证等利益，也要承担引领学术方向、丰富学术创造、维护学术尊严等职责。因此，终身教职并不仅是学术选拔、淘汰制，而是综合考虑学术职业特性、学者个体利益、学界与社会关系的复合型制度设计。

2. 建立透明公开的沟通交流机制，形成不同利益群体表达诉求、参与治理的平台。正处在转型期的我国社会及高等教育，利益群体日益多元，利益关系日趋复杂。处于这种环境中的大学必须意识到平衡利益关系，梳通表达渠道的重要性。学校的教职工代表大会应成为学校管理层与教职员工沟通、交流的平台，其日常工作也应为利益多元群体表达诉求、化解矛盾、缓和冲突、在交流中建立理解、形成共识提供便利。大学要不断完善教职工代表大会制度，形成上下互动的协商治理模式，促进大学内部治理的民主化。

（三）完善现代大学治理要能释放大学活力，处理好坚持传统与创新发展的关系问题

大学传统是大学机体和精神的DNA，是形成一所大学区别于其他大学的本质特征。大学传统具有很高的识别度，通过制度保障和文化传承成为大学发展最宝贵的资源之一。大学传统与特色不能仅靠大学的自然发展与积累，还要靠人的选择与创新，特别是在大学发展的关键阶段和问题上，学校决策者的取舍、决断与创新极为重要。

1. 去行政化与提高大学治理效率问题。由于长期处于中央集权管理模式之下，我国高等教育的宏观体制转型压力巨大。改革开放以来，虽然高等教育领域的简政放权取得很大进展，但整体来说，距离现代治理体系还相去甚远。目前去行政化已成为我国大学管理改革的热门话题，但仅仅去除大学管理层的行政编制和级别并不能解决现代大学治理的核心问题，甚至会在一定程度上削弱大学在发展关键期的行政执行力与管理效率。当前大学固然要下力气解决诸如人事制度改革、去行政化等问题，但更要用心思考：如何借助国家综合改革的有利时机，画好大学治理体系的建设蓝图，搭好大学治理体系的完整框架，布好大学治理体系的整体格局，通过现代大学治理体系的建设过程，全面提升大学

① 参见伯顿·R. 克拉克. 高等教育系统——学术组织的跨国研究 [M]. 王承绪，等，译. 杭州：杭州大学出版社，1994：41，36；沈红. 论学术职业的独特性 [J]. 北京大学教育评论，2011 (3).

的办学质量与效率。

2. 提高教师人才培养的责任意识，增强学生学习的主体意识。大学的根本任务是人才培养，教师是学生学习的指导者和促进者。“教与学”、“教书育人”是大学“学术职业的首要责任”，是“每个高等教育机构的每个教师成员都要珍视的”。[14]然而，随着高等教育国际化、市场化、大众化的发展，高校教师在更广泛的教育职能上面临期待与压力，教学这一大学最为传统及核心的职能受到各种其他事务的“侵蚀”。很多院校，特别是一些综合性研究型大学教师出现教学—科研工作的失衡。2011年一项针对全国不同类型院校教师工作状况的调查反映出：“985工程”院校教师投入科研的工作时间比教学多7%左右，职称越高的教师，投入科研的时间也越多，正高级职称教师投入科研的时间比教学时间多15%。[15]一项基于我国“985工程”院校与美国研究型大学本科生学习过程行为的调查显示，“985工程”院校学生在生师互动上的表现与美国研究型大学差距明显，特别是“学习表现得到任课老师及时反馈”、“与任课老师讨论自己的职业计划”两项大大低于美国同类大学。[16]学生是大学作为教育机构存在的首要原因，无论是大学制度建设还是文化建设，都必须体现“大学之本在于学”这一核心原则，关注学生学习经历和就学满意度，从学生学习和发展的增值来评价和反馈教育质量，特别是要充分尊重并扩大学生参与学校治理的权利。

综上所述，政治经济全球化的发展“正在打破过去100年发展起来的大学专业工作模式”[17]，近半个世纪的“学术革命”（academic revolution）从根本上改变了大学本质，使“学术职业经历前所未有的巨大压力”。[18]在这种情势之下，现代大学制度及治理体系建设必须综合考虑我国基本国情和世界发展潮流，必须积极回应变化了的时代及大学组织遇到的新问题，必须与社会整体改革密切联系在一起。最为重要的是，现代大学制度与治理体系建设必须要有根、有魂、有骨架。这是中国高等教育自立于世界高等教育之林的根本！

参考文献：

[1] 习近平. 切实把思想统一到党的十八届三中全会精神上来 [J]. 求是，2014 (1).

[2] Steven B. The Future of the City of Intellect [M]. Stanford：Stanford University Press，2002：x-xxii.

[3] 张应强. 新中国大学制度建设的艰难选择 [J]. 清华大学教育研究，2012 (6).

[4] 周详. 达特茅斯学院案及其对美国高等教育的影响 [J]. 教育学术月刊，2009 (6).

[5] 秦惠民. 有关大学章程认识的若干问题 [J]. 教育研究，2012 (2).

[6] 孙霄兵. 在建设现代大学制度研讨会上的讲话 [J]. 政策法规通讯. 2011 (10). http∥www.moe.gov.cn/publicfiles/business/htmlfiles/moe/s5917/201201/129735.html.

[7] 眭依凡. 大学使命：大学的定位理念及实践意义 [J]. 教育发展研究，2000 (9).

[8] 约翰·布鲁贝克. 高等教育哲学 [M]. 王承绪，等，译. 杭州：浙江教育出版社，2002：13—27.

[9] 徐广宇. 近代中国大学使命观选择的三个向度 [J]. 天津市教科院学报，2009 (2).

[10] 赵文华，周巧玲. 大学战略规划中使命与愿景的内涵与价值 [J]. 教育发展研究，2006 (13).

[11] 陆一. 世界知名大学使命宣言的文本解析 [J]. 比较教育研究，2012 (9).

[12] 龚怡祖. 现代大学治理结构：真实命题及中国语境 [J]. 公共管理学报，2008 (4).

[13] Philip G Altbach. The International Academic Profession：Portraits of Fourteen Countries [M]. Princeton. N. J.：The Carnegie Foundation for the Advancement of Teaching，1996：xvi.

[14] Ernest L Boyer. The Academic Life：Small Worlds，Different Worlds，The Carnegie Foundation for the Advancement of Teaching，Princeton，New Jersey. 1987.

[15] 史静寰，等. 高校教师学术职业分化中的生师互动研究 [J]. 教育研究，2012 (8).

[16] 清华大学课题组. 本科教育怎么样？[J]. 新华文摘，2012 (17).

[17] 希拉·斯劳特，拉里·莱斯利. 学术资本主义：

政治、政策和创业型大学［M］．北京：北京大学出版社，2008：1.

［18］Philip G Altbach，Liz Reisberg，Laura E Rumbley. Trends in Global Higher Education：Tracking an Academic Revolution：A Report Prepared for the UNESCO 2009 World Conference on Higher Education［R］.

中国近代大学“教授治校”制度的演进及其评价*

□ 周 川（苏州大学教授）

本文所论“教授治校”，系指大学教授以其教授身份制度化地参与校政的活动，不包括教授在其教授身份改变之后（如担任校长）的作为，也不涉及教授非制度化地影响校政的行为（如罢教等）。

中国近代大学的“教授治校”制度，自清末至20世纪中叶，从无到有，从点到面，走过了一条曲折而又独特的道路。今天，以客观的态度来探讨近代大学“教授治校”制度的发展历程及其成败得失，对于认识大学治理的特殊规律，并为当下中国大学制度建设树立一个参照系，不无裨益。

一、早期的制度设计

中国近代早期的大学创办于清末，其管理制度沿袭了种种封建陈规，大学的总办和总教习均属朝廷命官，“所有学堂一切布置及银钱各事，均归总办管理。所有学堂考核功课，以及华洋教习勤惰，学生去取，均归总教习管理”[1]。所以，那些总办和总教习“大权独揽，独断独行”[2]，这在当时倒不足为奇。

但是，清末的大学也是西学东渐的产物。先驱者们在创办这些大学的过程中不得不时时参照西方大学的各种规章制度，国外大学教授参与校政的一些做法也较早地被他们注意到了。1898年6月，就在京师大学堂紧锣密鼓筹办的当口，保国会首领李盛铎启奏，大学堂“乃当参照各国学校办理”，并曰：“日本大学设有评议会，以各科学长及教授为议员，而大学总长为议长。凡各科废置，规制变更，皆公议而后定，又授学位有须各员评议而后酌量选授者，似宜仿照办理。”[3]这大概可以算作清末最早提出的大学“评议会”动议了。不过，这个提议并没有被当时正在拟定的《京师大学堂章程》所采纳，也没有被1902年张百熙主持拟定的《钦定大学堂章程》所吸收。

1904年初，张之洞主持制定的《奏定大学堂章程》得以颁行。这个章程第一次以法规的形式明确了教员参与校政的“会议所”形式：在大学层面上，“堂内设会议所，凡大学学科有增减更改之事，各教员次序及增减之事，通儒院毕业奖励之事，或学务大臣及总监督有咨询之事，由总监督邀集分科监督、教务提调、正副教员、监学公同核议，由总监督定议”；在学科层面上，“各分科亦设教员监学会议所，凡分科课之事，考试学生之事，审察通儒院学生毕业应否照章给奖之事，由分科大学监督邀集教务提调、正副教员、各监学公同核议，由分科监督定议”。这其中的要点，一是正副教员（相当于后来的正副教授）在大学、学科两个层面上同时参与；二是正副教员全体参与；三是以会议的形式“公同核议”；四是分别列出了大学层面和学科层面需要“公同核议”的主要事项。除此之外还规定：“事关更改章程、必应具奏之事……及学务大臣总监督咨询之事，应由总监督邀请各监督、各教务提

* 原载《高等教育研究》2014年第3期。

调、正教员、监学会议，并请学务大臣临堂监议，仍以总监督主持。”这进一步明确了正教员在事关学校重大问题决策方面的参与权。[4]《奏定大学堂章程》在中国近代高等教育史上自有其意义，然而遗憾的是，它没有得到切实的实施，不久就随着清廷的灭亡而废弃了。

辛亥之后，民国肇始，首任教育总长蔡元培着手对大学制度进行新的设计。蔡元培是老同盟会会员，且留学欧洲多年，具有坚定的民主主义思想，推崇洪堡的柏林大学模式。1912 年 12 月，由蔡元培手订的《大学令》以教育部法令的形式颁布。《大学令》不足千字，篇幅比清末各版大学堂章程都小很多，但是，《大学令》关于教授参与校政的条文却不厌其详，具体规定了“评议会”和“教授会”两种机构的组成和权限。在大学层面上，“设评议会，以各科学长及各科教授互选若干人为会员，大学校长可随时召集评议会，自为议长”，其主要权限是“审议”“各学科之设置及废止”、“讲座之种类”、“大学内部规则”、“大学院生成绩及请授学位者之合格与否”等事项；而在学科层面上，“各科各设教授会，以教授为会员，学长可随时召集教授会，自为议长”，教授会主要“审议学科课程、学生试验”以及“审查”“大学院生属于该科之成绩、提出论文请授学位者之合格与否”等事项。[5]

《大学令》的这些规定，与《奏定大学堂章程》有几个显著的区别。第一，《大学令》取“评议会”之名，并且取消了《奏定大学堂章程》中“由总监督定议”一款，表明评议会所有成员（包括校长）在地位上的平等（教授会取消了“由分科监督定议”一款，亦同其理）；第二，评议会的教授成员由各科教授“互选”产生，体现了民主的特点；第三，取“教授会”之名，表明了这是教授自己的组织，学科的事要由教授自己做主；第四，《大学令》是在确立了“教授高深学术、养成硕学闳才、应国家需要”之新大学宗旨的基础上制定的，这就从根本上将它与清末的各版大学规章区别开来。

然而同样遗憾的是，作为辛亥革命成果的这份《大学令》，在颁布之后的四五年里，也没有“真正付诸实施”。[6]主要原因当然在于当时动荡不安的社会环境和政局，再好的顶层设计也难免落空。连蔡元培自己也在做了短短几个月的教育总长后就辞职了。

二、“教授治校”的先驱

4 年后，历史再次选择了蔡元培。1916 年底，蔡元培被任命为北京大学校长，他到任之后，立即着手改革管理制度，其中重要的举措便是落实评议会和教授会。

首先是落实评议会制度，将评议会确立为学校最高权力机构。这是蔡元培对北京大学管理制度进行改革的重中之重。为此，他主要从三个方面开展工作。第一，建章立制，完善制度。1917 年春夏之际，蔡元培主持制定了《北京大学评议会规则》，规定评议会由“校长、学长及主任教员、各科教授（每科二人，自行互选）”组成，同时还具体规定了评议会的权限、议事程序等项。[7]1919 年 10 月，蔡元培又主持制定北京大学《评议会选举法》，对原先的规则进行修订，规定评议员“不分科不分系，但综合全校教授总数互选五分之一。此外加入教务长、庶务主任、图书馆主任、仪器室主任，但无表决权”。[8]这就基本保证了评议会中教授评议员占多数。1920 年 10 月，蔡元培主持制定《评议会规则修正案》，规定评议会仅“由校长、教授互选之评议员”组成[9]，取消了原先学长（系主任）为评议会当然成员的条款，从而确保了教授评议员在评议会中人数的绝对优势，确保了评议会以教授为主体。在 1920 年秋提交给教育部备案的北京大学《章程》中，这些规定得到进一步确认，评议会的权限也得到扩展。例如，关于经费，从“预算”扩至“预决算”；关于机构，从“各学系之设立废止及变更”增至“校内各机关之设立废止及变更”，“各行政委员会之委任”等。[10]第二方面的工作，是在评议会下面设立各种职能委员会，以此作为评议会的工作机构，诸如组织委员会、财务委员会、聘任委员会、入学考试委员会、审计委员会、图书委员会、仪器委员会、出版委员会、庶务委员会等。更重要的一个方面是，在健全了评议会制度后，蔡元培作为校长身体力行，始终将自己置于评议会之下，尽力维护评议会的权力和权威，并努力执行评议会的各种决议。

其次是落实教授会制度，发挥教授会在科系管理中的重要作用。1917 年夏，蔡元培主持制定《北京大学各科教授会组织法》，该法规定："本校各科各门之重要学科，各自合为一部，每部设一教授会。""每一部教员，无论其为研究科本科预科教授、讲师、外国教员，皆为本部教授会之会员。"同时还规定了须经教授会"讨论议决"及须由教授会"参与讨论"的主要事项。[11] 1920 年的《章程》，也基本确认了《教授会组织法》的主要内容，唯一的改动是，"各学系教授会由各学系教授组织之"，取消了"讲师"的参与（因为当时北大的讲师均为"兼职"者）。

此外，蔡元培于 1919 年底主持制定的《国立北京大学内部组织试行章程》还规定，"各学系主任由本学系教授会公举"，评议会各职能委员会的委员长及学校的教务长、总务长等职务，均必须"以教授为限"。[12]如此等等，其用意都在加大教授在学校管理机构中的权重。

为了让教授行使好参与校政的权力，减少其后顾之忧，蔡元培于 1922 年初亲拟"北京大学《教员保障案》提案"，提议："凡已得续聘书之各系教授之辞退，应由该系教授会开会讨论，经该系教授会五分之四之可决，并得到校长之认可，方能办理。"同时，"各教授应担任何项功课，应由该系教授会开会，共同商定"。蔡元培详释其"理由"是，教授的辞退和任课，"不应凭主任或教务长一人之意见"。[13]

在蔡元培的推动下，到 1919 年五四运动前后，北京大学的整个治理结构已发生了根本改变，以评议会、教授会为核心的教授治校制度已基本成型。也正是在这个过程中，"教授治校"这个口号逐渐从北京大学传播开来。

据沈尹默 1966 年回忆，就在蔡元培出任北京大学校长后不久，时任文科教授的沈尹默向蔡元培提议说："北大的章程上规定教师组织评议会，而教育部始终不许成立。中国有句古话：'百足之虫，死而不僵'。与其集大权于一身，不如把大权交给教授，教授治校，这样，将来即使您走了，学校也不会乱。"[14]另外，马非百晚年回忆说，他于 1919 年 6 月考取北京大学，因不满当时北京大学沿袭多年的京官具保制度，遂写信给校长蔡元培。蔡元培接信后，很快给马非百回信，信中写道："查法国各大学，并无此制。然本校系教授治校，事关制度，必须经教授会讨论通过才可决定。"[15]这些回忆时隔较远，且非直接材料，不一定很准确，然而可以肯定的一点是，当时北京大学确有"教授治校"这一说了。

确切见诸文字的，是蒋梦麟 1920 年 2 月 23 日在《申报》上发表的《北京大学新组织》一文，该文开宗明义指出，北京大学的新组织是本着"教授治校之宗旨"改组的。[16] 1922 年底，胡适在北京大学校庆纪念会上发表讲话，回顾北京大学 5 年来的成绩，第一个成绩就是"组织上的变化"，即"从校长学长独裁制变为'教授治校'制"。[17] 1923 年春，蒋梦麟协助蔡元培筹办杭州大学，蒋梦麟在拟定的《杭州大学意旨书》中说明："吾国办学，向来重视校长，而不重视教员。但一校之学术，出自教员而不出自校长。故同人等主张以学校行政兴学术之权，畀诸全体教授。校长由教授互选，所以选教授治校之目的也。"[18]这里提及的"同人"肯定包括蔡元培在内。至于蔡元培本人见诸文字的"教授治校"一词，大概是在 1925 年 4 月，他在《中国现代大学观念及教育趋向》一文中回顾了在北京大学推行评议会和教授会的过程后，写道："这就是为许多人称道的北京大学'教授治校'制。"[19]

就是从那时开始，"教授治校"一词，在各种媒体频频出现，在高等教育界更是耳熟能详，乃至成了一个很流行的口号。

三、20年代推行于各大学

由于蔡元培在北京大学的成功实践，加之五四运动的推动，以评议会和教授会为核心的“教授治校”制度，于20世纪20年代在各大学得以推行，只不过具体形式和名称各校略有不同罢了。

清华学校的制度有自己的特点。校评议会按照1926年《清华学校组织大纲》规定，“以校长、教务长及教授会互选之评议员七人组织之”。其“职权”除了常见的之外，尚有“规定全校教育方针”、“审定预算决算”、“议决教授、讲师与行政部各主任之任免”等项。这就意味着清华评议会获得了教授的任免权，这对于实施“教授治校”制度无疑至关重要。更加独特的是，清华教授会不是设在学科层面上，而是设在学校层面上，是“校级”教授会(当时清华为校、系两级，另在学系层面设“学系会议”，相当于系教授会)。《清华学校组织大纲》规定：“本校设教授会，以全体教授及行政部各主任组织之，由校长为主席，教务长为副主席。”教授会的主要职权为：“选举评议会及教务长”，“审定全校课程”，“议决向评议会建议事项”等，并且，评议会若干事项“在议决之前，应先征求教授会意见”，评议会有关重要决议，“经教授会三分之二之否认时，应交评议会复议”。这样一个校级教授会，职权明显大于学科层面上的教授会，实际上已然是校评议会的一个制约机构和监督机构，它对立法有建议权，且对评议会的决议有否决权。[20] 1928年清华大学的“改隶废董”运动(学校由隶属于外交部改为隶属于教育部，废止1927年由政府设立的清华校董会)，就是在这个教授会的主导之下发动并获得成功的。[21]另据冯友兰回忆，吴南轩1931年4月出任清华大学校长后，借院长聘任一事，意欲“和教授会较量一下，给教授会一个下马威”，最终却自己败下阵来，两个月后就被“驱”逐出了清华大学。[22]由此可见，这个校级教授会的势力实在非同小可。

东南大学于1921年制定《国立东南大学组织大纲》，也确立了评议会和教授会制度。东南大学的教授会分别设在学校、学科两级，均称“教授会”。校教授会由“校长暨各科及各系之主任及教授”组成，其权限包括“建议系与科之增设废止或变更于评议会”、“赠予名誉学位之议决”等重要的“教务上公共事项”。相比较而言，各科教授会的职权更加实在一些，包括：“决议本科之教育方针；规划本科发展事业；建议本科各系于校长；建议本科各系之变更于评议会；编订本科之课程及其他规程；审定本科学生毕业资格；决定给予免费学额。”[23]但是，情况在1926年8月发生了变化，当时出台的《国立东南大学组织大纲修正稿》，赋予校教授会数项重要职权，第一项就是由校教授会“选举校长”，其他还有“议决评议会提交事项”、“议决其他重大事项”等。[24]获得如此大权的校教授会，其地位俨然在校评议会之上。这一变化与1925年东南大学的“校长风潮”密切相关，当时群龙无首，校教授会顺势坐大了。

省、市立大学，与国立大学一样都属于公立大学，加之省、市立大学在当时都倾向于向国立大学看齐，因此，省、市立大学在20世纪20年代也都纷纷建立了评议会、教授会，与国立大学在治理结构上基本同质。

私立大学为私人所设立，代表设立者利益的校董事会是学校的最高权力机构，治理结构有其特殊性。但是，1912年民国《大学令》特别说明，该法令的主要条款，对私立大学“均适用之”。私立大学在教授参与治校的大方向上与公立大学也基本一致，只不过形式与名称更加多样化罢了。

1921年私立厦门大学创办，按照《厦门大学组织大纲》，校董会是学校最高权力机构，同时学校也设立“校务会议”、“院务会议”，前者的组成人员基本同于国立大学的评议会，但其职能主要是“审议”相关事项，相当于校董事会的一个审议机构；而院务会议在人员和职能上都相当于学院的教授会。此外，学校也设各种委员会，其职能相当于校董会和校务会议的工作机构，其人员“由校长指定或院长、教授互推之人员组织之”。[25]

复旦大学于1924年成立“行政院”。按其《行政院章程》规定，行政院“以校长、副校长、教务主任、各科处主任及教职员每20人代表各一人组织之”，“协同校长管理本大学一切行政事务”，主要“职权”为：“协同校长决定教育方针及规划行政事宜；议决各科处及其他各种机关之增设废止及变更；议决关于经济之建设；审查每学期总预算及总决算；议决教职员10人以上及学生团体之建议；议决及修改本大学章程（但校董会章程及教员全体大会章程不在此内）”等。[26]行政院下设各种职能型工作委员会。从其组织和职权看，“行政院”接近于国立大学的评议会。

四、制度的修正与再修正

实行“教授治校”是大学制度的一项重大变革。这个变革的过程会有曲折和反复，甚至还会有倒退。从《大学令》颁布到20世纪20年代末大约20年的时间里，有过数次重要的法令修正和再修正。

第一次是1917年9月，教育部颁布了《修正大学令》，取消了原《大学令》中“教授会”一条，而将其主要职能，如审议学科课程、学生试验、学生风纪等事项，归并到评议会之中，并规定评议会“遇必要时，得分科议事”。[27]不过，《修正大学令》的作用委实可疑，因为就在它颁布的前后，蔡元培正在北京大学落实教授会制度，而且成功地落到实处，这显然就突破了《修正大学令》。

第二次是在1924年，教育部颁布《国立大学校条例》，有收有放。放者，是恢复了“教授会”条款，要求国立大学各科系“各设教授会，规划课程及其进行事宜”。收者，是明显削弱了评议会的职权。《国立大学校条例》规定，“国立大学校得设董事会，审议学校进行计划及预算、决算暨其他重要事宜”。而评议会只是“评议”“学校内部组织及各项章程暨其他重要事项”，原先属于评议会的重要职权现在收归于董事会。更要命的是，校董事会的成员由“例任董事、校长”、“部派董事”、“聘任董事”组成。由于教育部对这些人都握有大权，因此校董事会实际上也就被控制在教育部的股掌之中。此外，在评议会和教授会之外，《国立大学校条例》还规定国立大学得设“教务会议”。这个会议“由各科各学系及大学院之主任组织之”，以“审议学则及关于全校教学、训育事项”，这等于是将原属于评议会和教授会的教务方面的权力收归教务会议，而教务会议却没有教授参与。如此这般，各科系教授会的“规划课程及其进行事宜”其实就很空洞了。[28]总之，《国立大学校条例》的趋向是收权，加强大学行政领导的权力，削弱教授的权力，实质上是强化教育部对大学的控制。因此，《国立大学校条例》颁布之后，非但没有得到很好的执行，而且受到国立大学普遍而强烈的反对。

第三次是于1929年7月，国民政府颁行《大学组织法》，转折比较大。《大学组织法》取消了原先的“评议会”、“教授会”名称，代之以“校务会议”、“院务会议”和“教务会议”。“校务会议”设在学校层面，人员组成相当于原来的评议会，但它有权“审议”的事项较评议会已大为减少，特别是取消了“决算”、“校内各机关之设立废止及变更”、“各行政委员会之委任”等项。“院务会议”设在学院层面，权限相当于原先的教授会，但其组成人员却与教授无关，它仅“以院长、系主任及事务主任组织之”。只是在学系的层面上，“设教务会议，以系主任及本系教授、副教授、讲师组织之”，原先设在第二层级的教授会，实际降格成系级“教务会议”，重要性明显降低。[29]与此相对应，在《大学组织法》中，校长、院长的权力却明显加强，例如，学院院长“由校长聘任之”，系主任“由院长商请校长聘任之”。这就意味着，原先系主任乃至院长由教授选举产生的办法已经被否定了。

从当时的大背景看，国民政府刚刚定都南京，正启动所谓训政体制，实行以党治国，统一政令，《大学组织法》显然适应了这个大背景的需要。从个人因素看，教育部长蒋梦麟也起到一定的作用。五四运动后的数年里，蒋梦麟数度代理北京大学校长，那时他是推行“教授治校”制度的得力干将。

但是，蒋梦麟后来的思想有很大的转变，更强调大学管理的效率。1929年初，国民政府废止大学院，重建教育部，蒋梦麟出任部长，拨乱反正之际，他的效率思想势必会反映到《大学组织法》之中。

蒋梦麟当了不到2年的部长，于1930年底被任命为北京大学校长。次年1月26日，蒋梦麟公开提出了他的办校方针："校长治校、教授治学、职员治事、学生求学。"[30]这个方针与他当年推崇并推行的"教授治校"大相径庭。它实际上是告诉大家：校长的职责是治校，教授的本分是治学。至于这个"学"是什么，蒋梦麟虽未加以定义，但意思是很清楚的，那只是"学问"之"学"。

按照这个方针，蒋梦麟于1932年6月主持制定《国立北京大学组织大纲》，它比较忠实地贯彻了《大学组织法》。第一，当然是以"校务会议"取代评议会，以"院务会议"和"系务会议"取代教授会。同时在学校层面上设立"行政会议"和"教务会议"。行政会议"由校长、各院院长、秘书长、课业长组成"（课业长相当于原教务长），其职权主要是为校务会议"编造"各种议案、计划，提交校务会议议决。教务会议"由校长、各院院长、各系主任、课业长组成"，主要是计划学校的教务事宜，审定课程、教学、考试、毕业生成绩等事项。总之，这两个机构将原先属于评议会和教授会的部分权力收归己有，并且都没有教授参与。第二，关于院长、系主任的职责和聘任，各学院院长应"商承校长综理各院院务，由校长就教授中聘任之"；各学系主任则"商承院长主持各系教学实施之计划，由院长商请校长就本系教授中聘任之"。这就加强了校长对院长、系主任的聘任权，也强化了院务、系务工作的行政链条，从系务到院务，必须由系主任、院长逐级向上"商承"。第三是关于教授、副教授的聘任，须"由各院院长商请校长聘任之"。教授的任免大权又收归校长、院长所有，至于蔡元培时期的《教员保障案》，当然也就自动失效。[31]北京大学按照《国立北京大学组织大纲》改组后，行政效率有所提高，但也招致了校内外的尖锐批评："北大今日在蒋氏治理之下，确较年前稍有声色，但'教授治校'变为'校长独裁'，今后校长恐随政治而转变，是为可虑耳。"[32]

从全国的情况看，各大学按《大学组织法》的规定也进行了一定的重组，但具体做法多有不同，情况比较复杂。有些大学，按规定设立了校务会议和院务会议，但是又没有取消原先的评议会和教授会，因此多会并立，清华大学就是一例。[33]冯友兰曾经这样解说三个校级会议的关系："评议会好像是教授会的常务委员会。校务会议又好像是评议会的常务委员会。"但这三个会议各有自己的职权，因此，"校务会议不能用评议会的名义办事，评议会也不能用教授会的名义办事"。[34]这是比较正面的评价。但管理机构多了，难免政出多门，反而生出许多矛盾和混乱，钱端升早就批判过："今清华会议林立，不能谓之校长专权，然谓之民治亦未可也。校务会议既不能代表教职员之全体，其他团体更不必论，且也主任满池游，机关多如鲰，架床叠被，因应不灵。而所谓委员会者，更属层出不穷，一部教员在委员会消耗之时间，至比上课及为学之时候更多，然议论纷纭，莫衷一是。"[35]西南联大组建之后，多会并存的情况也依然可见，既有校级的校务会议，也有校级的教授会，还有各学院的院务会议，以及各系的教授会。[36]也有一些大学我行我素，在许多方面均未按《大学组织法》的规定执行，如交通大学，学院的院务会议依旧"由学院院长、教授、副教授及校长核定之教员组成"[37]，并非清一色的"长"字头。各行其是的情况当时并不少见。

1948年初颁布的《大学法》基本维持了《大学组织法》的制度设计，但在校务会议和院务会议的人员组成方面有新的修正。一是对校务会议的人员比例有明确规定："以校长、教务长、训导长、总务长、各学院院长、各学系主任及教授代表组织之，校长为主席。教授代表之人数，不得超过前项其他人员之一倍，亦不得少于前项其他人员之总数。"这一条很重要，确保了教授代表在校务会议这个校内立法机构中占有多数席位。二是学院的院务会议"以院长及各学系主任及本院教授、副教授代表组织之”，改变了《大学组织法》将教授排除在外的做法，恢复了教授在院务会议中的主体地位。[38]对于“教授治校”制度而言，《大学法》是一次有积极作用的再修正。

同时，一些大学趁着抗战之后的重建，也开始对大学制度进行新的设计。1947年秋，交通大学成立了“校级”的教授会，《国立交通大学教授会简章》明确将这个教授会定位为学校的“最高评议机构”。在次年制定的《交通大学教务行政人员选举办法草案》中又规定：“教务长由本校全体教授、副教授选举”，“院长由各该院教授及副教授选举之，系科主任由各该系科教授及副教授选举之”。[39]这就完全突破了《大学组织法》和《大学法》的相关条款，赋予了教授对中层行政人员的选举权，似乎又在向20世纪20年代回归。

从《大学令》和《修正大学令》到《大学组织法》，再到《大学法》，30余年间，“教授治校”制度在曲折中发展，不断地被修正，尽管有曲折、反复，但总的来看，“教授治校”作为一条基本的办学原则，作为一个基本的制度设计，始终是此期间大学制度的一个重要特征。这种情况一直持续到国民党政权1949年在大陆溃败为止。

五、历史的局限与意义

中国近代大学的“教授治校”制度，是中国高等教育发展历史进程中特殊阶段的特定产物，当然有其历史的局限性。有论者认为，首先是制度设计本身的局限，比如“评议会或校务会议中教授人数无法确保达到多数”，“院级教授会的权力仅局限于院级事务”等。[40]这种局限确实是有的，它在一定程度上限制了教授发挥更大的作用和影响。但是，情况也不尽然，如1920年北京大学《评议会规则修正案》和1948年《大学法》，已经确保了教授人数在立法机构中的优势；“校级”的教授会也先后在东南大学、清华大学、交通大学等校出现过。问题似乎并不在这里，在这方面，我们不能太苛求于前人。再说，教授治校的权力，也应该是有限度、有限制的，如果膨胀到“教授封建主义”[41]，也绝非“教授治校”的本意。

“教授治校”制度的局限性，主要的还是在效率方面。校、院两级的重要事项，都要经过教授为主体的机构议决之后才能施行，效率肯定比“个人专断”要低很多，这是任何民主制度都必须付出的代价。但是，这种局限性在“教授治校”制度中可能会更严重一些。教授是一个特殊的学术职业，是以思想、言论为工具的职业。独立思考、标新立异、爱争论，是他们的职业习性，这些习性带到他们的治校行为中，“众说纷纭，莫衷一是”，效率难免大打折扣。

更严重的问题还在于，任何制度都是由人去实行的，各种人为的因素也会对制度实施产生影响，其后果可能就不仅仅是效率的问题，而是公正公平的问题了。尤其是在那个内忧外患的“乱世”里，政局动荡，党派纷争，派系林立，人际恩怨，这些因素不可避免地影响到教授，进而影响到他们的治校行为。再好的制度，如果执行过程中掺杂这些人为的因素，沦为党派、门派、人际斗争的工具，其副作用也是显而易见的。北京大学1925年的“脱部事件”（校评议会通过决议宣告“脱离教育部”），就是评议会陷入派系斗争的一例。[42]由此倒是可以推断，“教授治校”制度似乎并不适合于那个“乱世”，更适合在“太平盛世”实行。

尽管“教授治校”制度有这些局限和缺陷，但是，这个制度的历史意义也是显而易见、不能否认的，因为它顺应了历史发展的潮流，符合高等教育的内在规律，并且对中国近代高等教育发展的实际进程起到了积极的推动作用。近代大学的“教授治校”制度，其历史意义超过了历史局限。

第一，“教授治校”制度较好地确立了教授在大学里的主人翁地位。教授是教学科研工作的承担者，是大学基本职能的履行者，是大学的主体和主力，理应是大学的主人。“教授治校”从制度上确立了教授的主人翁地位，确保了他们在大学治理中的主体性和主导性，使得他们能自己来管理自己的事情。教授有没有这种主人翁的地位，不仅事关他们的治校，更事关他们的治学，会影响他们本职的教学和科研，进而影响大学的职能及其水平。从这个角度看，“教授治校”固然有效率不高的一面，却也未必没有提高效率的一面。虽然教授“议”校所花的时间可能比较多，过程可能比较慢，但只要真正“议”得充分了，真正代表大多数教授的意志了，教授的积极性、主动性提高了，那么执行就会更顺利、更有力，效率势必就会得到弥补甚至更高。

第二，“教授治校”制度较好地体现了民主的要义，有效地将治校的权力从个人分布到群体，从行政分布到学术。很少有其他的社会群体能像教授群体那样，既具有强烈的民主诉求和民主意识，又具备必要的民主素养和能力。“教授治校”制度，本质上是一种民主制度，实行的是民主治校，它将治校权力制度化地授予了教授群体，使得教授群体在大学治理结构中发挥主体、主导的作用，由此较好地防止了大学管理的个人专制和独裁。蔡元培被任命为北京大学校长之初就演讲说：“盖一国之政治，操之少数人之手，权势偏重，最易生反动力。”[43]大学里的情况，更加如此。因为在大学里，专制独裁所造成的危害远甚于其他社会部门，它直接危害的不仅仅是教职员工的民主权利，更是学术工作必不可少的“精神之独立，思想之自由”，是教授职业的生命底线。

第三，“教授治校”制度能较好地维护大学的正常秩序，维护大学的稳定。中国近代的大学，“校长风潮”此起彼伏，校长很少有当得长久的，而校长一人的进退，往往又导致学校长时间的动荡不安。蔡元培当初推行“教授治校”制度，这也是一个很现实的考虑，即“希望本校以诸教授为各种办事机关的中心点，不要因校长一人的去留使学校大受影响”[44]。在实行“教授治校”制度之后，学校权力的重心从个人转向群体，从流动性较大的行政人员转向相对比较稳定的教授群体，因而，校政不易随着校长个人的进退而发生大的动荡和损失，从而保持了学校的秩序和稳定。清华大学在罗家伦辞职之后的一段时间里一直没有校长，整个校务由“校务会议维持，所有计划照常进行”，最重要的是“学生毕业丝毫未受影响”。[45]这就是一个很好的例证，而且这在当时绝非孤例。

第四，“教授治校”制度是大学最好的自卫武器，能有力地卫护大学的自治和独立。陈岱孙晚年在回忆20世纪三四十年代清华大学的“教授治校”制度时说：“在清华实行了十八九年的校内领导体制，在很大程度上，是当时环境的产物。在校内，它有以民主的名义对抗校长独断专权的一面；在校外，它有以学术自由的名义对抗国民党派系势力对教育学术机关的侵入和控制的一面。”[46]这就是说，“教授治校”制度不仅对校内的民主有意义，而且在校外也有自卫的功能。一般来说，大学的自治和独立地位主要应该由法律法规来保证。但是，在那个特定的历史阶段，党派的势力、官员的权力，甚至军队的武力和商人的财力，都有极强的干预力，乃至成为一种暴力，都会以各种方式干预、控制甚至摧残大学。当这种情况发生时，大学内部最强有力的自卫群体，只能是教授。教授因其职业的特性，比之其他职员威望相对更高，底气相对更足，腰杆相对更硬，力量相对更强。因此，推行“教授治校”，实际上有助于“教授卫校”、“教授护校”：卫护大学的自主和独立，卫护大学的正义和尊严！

参考文献：

[1] 陈学恂. 中国近代教育史教学参考资料（上册）[G]. 北京：人民教育出版社，1986：291.

[2] 北洋大学史料小组. 北洋大学事略 [M] //天津文史资料选辑（第11辑）. 天津：天津人民出版社，1980：12.

[3] 朱有瓛. 中国近代学制史料（第1辑下册）[G]. 上海：华东师范大学出版社，1986：635.

[4] 王学珍，郭建荣. 北京大学史料（第1卷）[G]. 北京：北京大学出版社，2000：127.

[5] [24] [28] 中国第二历史档案馆. 中华民国史档案资料汇编（第3辑教育）[G]. 南京：江苏古籍出版社，1991：109—110，252，169，174.

[6] 许美德. 中国大学（1895—1995）：一个文化冲突的世纪 [M]. 北京：教育科学出版社，2000：67.

[7] [11] 朱有瓛. 中国近代学制史料（第3辑下册）

[G]. 上海：华东师范大学出版社，1992：61，62.

[8] [9] [10] [12] 王学珍，郭建荣. 北京大学史料（第2卷第1册） [G]. 北京：北京大学出版社，2000：136，139，83，80—81.

[13] [44] 蔡元培全集（第4卷）[M]. 中国蔡元培研究会，编. 杭州：浙江教育出版社，1997：535，189.

[14] 钟叔河，朱纯. 过去的大学 [M]. 武汉：长江文艺出版社，2005：27.

[15] 高增德，丁东. 世纪学人自述（第1卷） [M]. 北京：十月文艺出版社，2000：101.

[16] 蒋梦麟. 北京大学新组织 [N]. 申报，1920-02-23 (7).

[17] 胡适文集（第11册） [M]. 欧阳哲生，编. 北京：北京大学出版社，1998：104.

[18] 蒋梦麟教育论著选 [M]. 曲士培，主编. 北京：人民教育出版社，1995：234.

[19] 蔡元培全集（第5卷） [M]. 中国蔡元培研究会，编. 杭州：浙江教育出版社，1997：313.

[20] [35] 清华大学校史研究室. 清华大学史料选编（第1卷）[G]. 北京：清华大学出版社，1991：298—299，424.

[21] 苏云峰. 从清华学堂到清华大学（1928—1937）[M]. 北京：生活·读书·新知三联书店，2001：24—26.

[22] [34] 冯友兰自述 [M]. 北京：中国人民大学出版社，2004：67，263.

[23] 朱斐. 东南大学史 [M]. 南京：东南大学出版社，1991：104—106.

[25] 厦门大学校史编委会. 厦大校史资料（第1辑）[G]. 厦门：厦门大学出版社，1987：49—51.

[26] 复旦大学校史编写组. 复旦大学志（第1卷）[M]. 上海：复旦大学出版社，1985：213.

[27] 宋恩荣，章咸. 中华民国教育法规选编 [G]. 南京：江苏教育出版社，1990：416—417.

[29] [31] 萧超然，等. 北京大学校史 [M]. 北京：北京大学出版社，1988：281，279.

[30] 杨翠华. 蒋梦麟与北京大学 [M] //中央研究院近代史研究所集刊（第17期下册）. 1988：271.

[32] 竟名. 北平三大学近况 [N]. 大公报，1931-10-15 (5).

[33] [45] 清华大学校史研究室. 清华大学史料选编（第2卷上）[G]. 北京：清华大学出版社，1991：161，91.

[36] 西南联合大学北京校友会. 国立西南联合大学校史 [M]. 北京：北京大学出版社，2006：27—29.

[37] [39]《交通大学校史》编写组. 交通大学校史 [M]. 上海：上海教育出版社，1986：219，677—687.

[38] 中国第二历史档案馆. 中华民国史档案资料汇编（第5辑·第3编·教育第1册）[G]. 南京：江苏古籍出版社，2000：48—49.

[40] 张正峰. 中国近代大学教授治校的制度设计及其局限 [J]. 高教探索，2012，(1)：107—108.

[41] 约翰·范德格拉夫，等. 学术权力 [M]. 王承绪等，译. 杭州：浙江教育出版社，1989：71.

[42] 张正峰. 权力的表达：中国近代大学教授权力制度研究 [M]. 福州：福建教育出版社，2007：153—159.

[43] 蔡元培全集（第2卷） [M]. 中国蔡元培研究会，编. 杭州：浙江教育出版社，1997：497.

[46] 陈岱孙. 三、四十年代清华大学校务领导体制和前校长梅贻琦 [M] //北京市政协. 文史资料选辑（第18辑）. 北京：北京出版社，1983：96.

高等教育分权的悖论*

□ 蒋　凯（北京大学副教授）

高等教育分权已经成为一种国际流行的高等教育管理改革趋势，20 世纪 80 年代以来中国在推进高等教育分权方面走过了曲折的发展道路。高等教育分权中的一些基本理论问题有待澄清，积累的主要国际经验值得总结。本文阐述高等教育分权的含义、类型与实践，重点从高等教育分权过程中的政府地位、高校自主权、教育质量和效率三个方面分析其中的主要悖论。

一、高等教育分权的含义、类型与实践

英国著名教育家、剑桥大学原校长阿什比（Eric Ashby）在《科技发达时代的大学教育》（*Adapting Universities to a Technological Society*）一书中写道："大学的兴旺与否，取决于其内部由谁控制。"[1]实际上，大学是否兴旺发达，不但取决于其内部由谁控制，而且取决于是谁在从外部控制大学。大学由谁控制，是一个涉及权力来源的问题。权力无处不在，在高等教育领域存在各种形式和各种等级的权力。一般而言，高等教育权力或学术权力从低到高分布于六个层次：第一层次为系或讲座、研究所，它们是主要的运行单位；第二层次为学院或学部，它们由几个运行单位结合而成；第三层次为大学或作为独立实体机构的学院；第四层次为多校区的学术管理组织，如多校区大学；第五层次为州、省一级政府；第六层次为中央政府，包括行政、立法和司法机构。在拥有高等教育权力的六个层次的组织中，第四至六级层次为各种行政管理实体，被称为学术权力的"上层结构"。[2]

在高等教育权力问题上，权力的来源十分重要，权力的配置也同样重要。大学内部由谁控制以及谁从外部控制大学，涉及的是高等教育的权力来源问题；高等教育权力在不同层级之间的分配，则属于高等教育权力的配置问题。

分权（decentralization）又称分权化，与集权（centralization）相对应。分权是一个政治学概念，20 世纪 60 年代初以后在政治学和行政学界开始有较多的探讨[3]536—566，后来逐渐受到其他学科学者的关注。一些学者先后对教育分权的概念进行了界定。布朗（D. J. Brown）指出，教育分权是指权力从较高的管理层转移到较低的组织层。[4]汉森（E. Mark Hanson）认为，教育分权指决策权威、责任和任务在组织之间从较高的层次向较低的层次的转移。[5]112在卡诺依（Martin Carnoy）看来，教育分权则是指将更多的教育决策权下放给地方或学校。[6]4参考上述定义，可以将高等教育分权理解为高等教育权力从较高的层次转向较低的层次。高等教育分权包括两个向度：一是政府向高校分权，二是在政府内部从中央向地方分权。

分权是一个复杂的过程，包括多种类型。整体而言，从功能与空间的维度进行划分，分权包括职能分权（functional decentralization）与地域分权

* 原载《现代大学教育》2014 年第 1 期。

(territorial decentralization）两种主要类型。教育领域同样存在这两种类型的分权。[7]204—228

职能分权是指在平行运行当局之间权力分配的分散。例如，2007 年英国教育与技能部（DfES）分成儿童、学校与家庭部（DCSF）和创新、大学与技能部（DIUS）两个部，属于职能分权。政府与民间举办高等教育的松散管理也属于职能分权。地域分权是指政府权力从较高层次向较低层次的转移，例如从国家、州（省）、多校区大学向大学（学院）、学部（学院）、系（讲座、研究所）的转移。

地域分权包括三种类型：权力分散（deconcentration）、权力委托（delegation）、权力下放（devolution）。权力分散典型地指在组织内部的任务和工作而不是权威的转移。权力委托包括决策权威从高层单位向低层单位的转移，但在委托单位的仔细考虑后权威有可能被收回。权力下放指将权威向独立运作的自治单位的转移，也指下级单位可以在不事先征求意见的条件下采取行动。[7]204—228英国高等教育质量保障署（Quality Assurance Agency，QAA）从高等教育资助委员会（Higher Education Funding Council，HEFC）中独立出来，专门负责管理高等教育质量保障工作，就属于高等教育权力分散；中国教育部高等教育司负责高校教学评估的机构从高等教育司独立出来，成立作为教育部下属事业单位的高等教育教学评估中心，也属于权力分散。在权力委托形式的分权中，委托体制内的权力基本上仍掌握在上级部门，只是上级部门将权力“借”给了下级部门；下级部门如不按规则行事，权力就会被收回。与权力分散和权力委托相比，权力下放是地域分权中分权程度最高的一种类型。

早在 20 世纪 60 年代，美国政治学家、行政学家费斯勒（James Fesler）就指出“分权”是一个有着丰富的理论和经验意义的术语，既指静态事实也指动态过程，既包括理想类型也包括渐进变化，但语言上的缺陷往往导致人们将集权与分权相对立。他还指出，在看待分权上要避免极端的观点。[3]536—566按照这种理解，高等教育分权是相对而言的，既没有纯粹的集权，也没有纯粹的分权。事实上，典型的教育分权制国家，如美国，在高等教育管理中也有集权，近年来联邦政府进一步加大了对高等教育的介入；典型的教育集权制国家，如法国，在高等教育管理中也有分权，在 1968 年改革中政府赋予高校以更大的自主权。由于分权和集权各有优势，几乎所有国家在高等教育管理中都采取了“混合型权威”，也就是采取集权权威与分权权威的结合。

20 世纪 80 年代以来，分权成为一种流行的政府改革形式，在许多国家的多个公共部门推行开来。90 年代后期，世界银行与四十多个国家合作，推动这些国家的教育分权。[5]127受其他公共部门改革和国际组织的影响，高等教育分权也受到许多国家的欢迎，成为许多发达国家和发展中国家较广泛采用的一项教育政策。一些传统上的教育集权国家，如日本、法国、俄罗斯、荷兰等国，在高等教育的某些方面实施了不同程度的分权。即便是传统上主要依靠市场力量、地方权威和学术人员自治来控制和协调高等教育的美国，也存在一些不可否认的分权趋势，即许多州将决策权从州高层移向州低层或多校区系统。[8]161戴尔（Roger Dale）指出，在全球化背景下政府与教育的关系发生了重构，政府对教育的监管从管理（administration）转向治理（governance），一般采取的两种主要治理方式是分权和民营化（privatization）。[9]273—282在推进高等教育分权的国家中，荷兰、日本堪称典型。20 世纪 80 年代中期以来荷兰政府引入“远程控制”方式以管理大学，扩大大学自主权，日本则在 90 年代酝酿、21 世纪初正式实施国立大学法人化改革。

20 世纪 80 年代以来，我国在推进高等教育分权方面走过了曲折的发展道路。鉴于教育管理权限过于集中，1985 年颁布的《中共中央关于教育体制改革的决定》明确指出：“当前高等教育体制改革的关键是改变政府对高等学校统得过多的管理体制，在国家统一的教育方针和计划指导下，扩大高等学校的办学自主权，加强高等学校同社会各方面的联系。”[10]25 年后，《教育规划纲要》进一步要求：“健全统筹有力、权责明确的教育管理体制。以转变政府职能和简政放权为重点，深化教育管理体制改革，提高公共教育服务水平。”[11]我国新一轮高等教育分权与政府部门“简政放权、转变职能、管理创新”的理念和政策是相契合的。

从理论上说，在高等教育分权过程中，高校和地方政府获得了比过去更多的决策权。相应地，政府特别是中央政府管理高等教育的权力削弱了，高校办学自主权增强了，高等教育质量和效率会获得提高。但是，许多国家的实践表明，在高等教育分权过程中存在一些并没有得到解决的悖论，主要体现为政府在高等教育管理中仍然保持强势地位，高校普遍没有获得更大的自主权，分权并不必然带来高等教育质量和效率的提高。

二、高等教育分权过程中的政府地位

从字面上看，分权意味着政府将更多的权力赋予高校，以及中央政府将更多的高等教育权力分配给地方。由于高校和地方政府获得了比过去更多的权力，政府特别是中央政府的权力就会相应地下降。据此，有研究者认为在高等教育分权过程中政府的权力削弱了，将其称为政府“撤退”(retreat)或“衰退”(decline)。这种观点与极端全球主义者的政府观是一致的，后者认为随着全球化的深入发展，国家正在失去控制和权威。[12]高等教育权力“政府撤退论”的一个理论依据是，集权与分权二元分割，它们互为反向运动，两个过程不可能同时发生。[13]11

在高等教育分权过程中，政府的权力是否必然受到削弱？分权之后，政府如何协调和控制高等教育？政府在高等教育管理中处于一个什么样的地位？对这些问题的回答，要结合一些代表性国家的高等教育实践进行分析。

20 世纪 80 年代中后期，西欧国家如英国、法国、荷兰、瑞典、德国等国政府实行财政紧缩政策，启动了不同形式和不同程度的高等教育分权，高校在经费使用、招生、课程等方面获得了比过去更多的自主权。在这一过程中，政府是否将权力实质性地下放给了高校，政府又如何保持其既有的强势地位？英国学者尼夫（Guy Neave）对上述国家的比较研究揭示，在所谓的高等教育分权过程中，政府的力量并没有削弱，评估型政府（evalualive state）兴起成为高等教育政策改革的核心。通过各种形式的评估，政府进行远程控制，能够保证本国高等教育朝政府预期的方向发展。尼夫还指出，评估型政府的兴起，既有可能推动分权高等教育系统的集权，也有可能给集权高等教育系统带来更灵活的体制和更多的分权。[13]11 80 年代中期以来荷兰的高等教育分权经验表明，大学的自主权有所增加，但政府的权威没有任何削弱，反而能通过绩效资助、质量评估、认证等方式加强对大学办学的引导。特别是进入 21 世纪以来，荷兰政府在对大学的教学拨款上实施“绩效资助模式”，在科研资助上加大竞争性拨款的力度，设立了负责评估高等教育质量评估体系的程序和产出的高等教育督导署(Inspectorate for Higher Education)，建立了国家高等教育认证体系，并且将高等教育质量评估和认证同资助紧密结合起来。[14]899—918

在日本国立大学法人化过程中，文部科学省一直处于主导地位。政府保留了核心的管理权，对大学获得的公共经费进行严格的监督，通过外部评估保持其对大学的强制性监管功能。虽然文部科学省的管理方式变得比过去较为间接化，但是监管的力度并没有削弱。法人化改革前，尽管国立大学在管理和财政上的自主权比较有限，但享有比较大的学术自由。在法人化改革过程中，政府建立了外部评估制度。有学者担心，在政府通过所辖机构组织的评估的背后，隐藏了政府利用间接干预方式对大学的管理自主权进行约束并且限制教学和科研自由的风险。[15]从这方面看，日本政府在管理大学中的地位不但没有下降，反而得到了加强。

20 世纪 80 年代初开始，美国一些州推动公立高等教育治理的分权，也就是将决策权从州高层移向州低层或多校区系统。在这个过程中，人们可以看到州决策权威的放松管制、分权和权力下放，以及更多的决策从州政府转向地方政府和高校。但是，在这一“分权”过程中州政府普遍加强了对高校的广泛控制，设计新的财政激励方式，建立报告制度（reporting systems），加强问责（accountability），这些可以看作是高等教育权力向政府的集中。[8]165—167

高等教育分权过程充满了矛盾，分权与集权相互交织。即便是在分权趋势比集权趋势更明显的一些国家的教育改革中，政府并没有从教育领域撤退，发生变化了的只是政府工作的性质。正如惠迪（Geoff Whitty）所指出的，政府在教育中的角色发生了变化，从自己承担大多数工作转向决定在哪里工作和由谁来工作。[16]其他一些学者发现，在以分权化、市场化、民营化为重点的教育治理改革中，政府在教育中的作用实际上是加强了而不是削弱了。[9]273—282一系列比较教育研究也揭示，虽然分权通常被视为一种中央政府的撤退形式，但是它实际上是一种加强中央对外围的控制而不是给基层政府赋予更大决策权的机制。在分权政策下，政府作为监管者和整体上服务协调者的角色得到了加强而不是削弱。[17]政府采取多种管理形式，通过建立各种规范框架、机制或评估制度、质量保障制度，对高等教育实行“遥控”。在分权过程中，政府采取的核心政策是评估。在一些实施高等教育分权的国家和地区，政府通过评估重新夺回或加强了对高等教育政策的话语权。

三、高等教育分权过程中的高校自主权

高校自主权又称院校自治（institutional autonomy）、大学自治或学术自治（academic autonomy），包括程序自治（procedural autonomy）与实质自治（substantial autonomy）两种形式。如果一所学院或大学要有效地界定其目标并且选择或发现实现其目标的方法，它就必须具有充分的自主权。[18]69教育学史学者帕金斯（Harold Perkins）指出：“从中世纪大学到20世纪的大学，自治或自我管理一直是高等教育机构的思想体系中的一个重要成分。”[19]院校自治是西方高校的传统，也是高校的核心价值观之一。学术自治与学术自由、学术中立的首字母均为A，它们在西方并称为大学的三大核心价值观，即3A原则。

鉴于高校自主权或院校自治是如此的重要，1966年阿什比和安德森（Mary Anderson）对院校自治的要素做出了经典阐释。根据他们的理解，院校具有六种权力或自由：（1）免于政府的非学术干预的自由；（2）进行自己认为的适当资金分配的自由；（3）聘任教师并决定其工作条件的自由；（4）选择学生的自由；（5）设计和传输课程的自由；（6）设定标准和决定评估方法的自由。[20]沿用这一框架，泰特（Malcolm Tight）提出了院校自治的六个维度：院校管理；财政控制；教师聘任；招生；课程；评估。[21]虽然院校自治很重要，但是从来没有完全的院校自治，原因在于院校不可能在资金上自足，它们总是要从外界获得资源。事实上，完全院校自治不但不现实而且有害。“教学和科研在成为完全自治的活动或受到严厉监督的时候，它们都会受到损害。”[22]

为什么高校需要自主权？著名社会学家布迪厄（Pierre Bourdieu）指出，高等教育场域（filed of higher education）是一种拥有高度自主权的场域，自主权使得大学的习性（habitus）、文化和价值形式成为可能，并且保护了高等教育场域中最有价值的资本即学术资本（academic capital）和科学资本（scientific capital）。[23]根据布迪厄的观点，大学自治不只是大学的自我管理，它还是大学发展独特生活方式的能力；如果大学失去了决定自身事务的权力，而是变成跟随他人的议事日程，那就是最糟糕的事情。[24]在斯密德林（Frank A. Schmidtlein）和伯达尔（Roberl O. Berdahl）看来，学习和研究都是微妙的过程，有着巨大的个体差异；由于学习与研究二者的错综复杂性和不可预测性，如果一所高校要有效地运作，就需要具备高度的自由，以理智地限制外力的介入和控制。[18]69组织理论家埃兹欧尼（Amitai Etzioni）从组织权威的角度对这个问

题进行了解释。他将组织权威分为专业性较弱的组织权威与专业性较强的组织权威。在专业性较弱的组织中，存在明显的权力等级，权力高者控制和协调权力低者；在主要由专业人员组成的组织中，创造基本上是个体的，只能在很有限的范围内被上级协调和控制，给予专业人员自治是保证有效的专业工作所必需的，专业人员对自己的良知负责。[25]由于这两类组织的权威不同，其管理原则也就不同。高校是主要由专业人员组成的组织，需要拥有较大的自主权，无论是政府对高校还是高校对学术人员的控制都不能过于严格。

按照上述逻辑，高等教育分权最核心的应当是政府向高校分权，赋予高校以充分的或比以往更大的办学自主权。但是，从有关国家高等教育分权的实践看，只有少数国家如荷兰的大学扩大了办学自主权，多数国家高校的办学自主权并没有明显的变化。从内容上看，高校在经费使用、教师聘任、招生、课程方面获得了更多的权力，但是政府保留了核心权力。在许多国家，与其说政府是在下放权力，不如说政府是在下放责任特别是财政责任。并且，在原本属于高校的评估权中，最主要的权力转移到了政府或政府所辖机构的手中。例如，在分权过程中，荷兰政府成立了高等教育督导署，负责评估高等教育质量评估体系的程序和产出；日本政府通过外部评估管理大学，国立大学法人须向政府管辖的国立大学法人评估委员会和独立行政法人评估委员会提交规划实施报告书，向前一个委员会提交年度报告书，并接受其中期评估。评估是问责的主要形式，有学者认为政府加强教育问责可以看作是一种教育集权。鉴于美国许多州存在着州政府向高校分权的趋势，但在分权过程中州政府又普遍加强了问责，他们认为这种分权不能算真正的分权，因而将其加上了引号。[8]161 克拉克（Burton R. Clark）对世界各地高等教育的长时段观察表明，不断强化的问责制使高等教育界屈从于官僚控制，削弱了高校自主权。[26]还有一些研究者发现，当前高校一方面被给予了更多的“自主权”，另一方面在质量保障和问责制的名义下受到了严格的监管。[27] 2010年7月对日本广岛大学（Hiroshima University）120余名管理人员和教师所做问卷调查的结果显示，绝大多数受调查人员认为国立大学法人自主权的变化主要体现在对职员管理和考核上（87%）以及决策机构上（72%），半数以上的回答是在财务管理和法人化（64%）和行政程序方面（53%），相比而言在学术课程以及招生和学生管理等方面的变化并不显著。[28]23 可以说，在高等教育分权过程中，高校获得了更多的企业意义上的自主权（表现为政府要求高校承担更多的财政责任，允许高校在一定程度上扩大财政自主权），但是失去了更多的学术意义上的自主权。

四、高等教育分权过程中的质量和效率

虽然许多国家高等教育分权的主要目的是为了将财政责任下放，缓解政府的财政紧张，但是不可否认，增强高校的灵活性从而提高高等教育的质量和效率也是分权的重要目的。日本国立大学法人化改革就包括了增进大学运作的合理化和效率化，提高效率和绩效的目的。其他国家一般也都将提高高等教育质量和效率纳入分权的目的之中。

在分权对高等教育质量和效率的影响方面，国际上现有的证据和研究还比较零散。荷兰政府从20世纪80年代中期开始对大学实施“远程控制”政策，赋予大学以更多的自主权。数据显示，1992年以来荷兰的生均高等教育成本下降了40%，但研究生数量翻了一番，学位论文数量增加了2倍；与此同时，荷兰科学家在国际科技界的表现不断提升，特别是在全球国际论文发表排名中有所提前，1999年乌得勒支大学两位教授获得诺贝尔物理奖。据此，有学者认为荷兰高等教育分权增强了大学的活力，提高了教育质量和效率。[14]899—918 如果从在更少成本的条件下却大大提高了就读和毕业研究生的数量以及国际科技论文发表排名位序提前来看，荷兰的高等教育效率的确得到了提高。但是，乌得勒支大学（Utrecht University）两位教授获得诺贝尔科学奖并不能说明该国高等教育或科研质量就

得到了提高。获奖本身不能仅仅归功于大学自主权的扩大，并且在扩大自主权之前荷兰大学在获得诺贝尔科学奖方面表现同样突出，甚至更加卓越，莱顿大学（Leiden University）、乌得勒支大学、阿姆斯特丹大学（University of Amsterdam）在历史上均获得多项诺贝尔科学奖。根据日本国立大学财务经营中心2006年对所有国立大学校长的问卷调查，大多数（70%以上）国立大学校长对法人化改革的效果持肯定态度，而认为法人化增进了国立大学管理运营合理化和效率化的校长却不到40%。[28]22大多数国立大学校长对法人化对于增进国立大学管理运营合理化和效率化这一点持保留态度，从一个方面反映了国立大学法人化改革还没有起到增进大学管理运营合理化和效率化的效果。日本国立大学财务经营中心的调查主要考察法人化改革对大学自主权、个性化、效率的影响，还没有深入到法人化改革对高等教育质量影响的维度中去。

与基础教育相比，高等教育的质量和效率更加难以衡量，因为高等教育是涉及多个层次和教学、科研、社会服务等多种类型的活动，并且有关分权对高等教育质量和效率影响的研究还很少。国外关于基础教育分权对质量和效率影响的研究，对于认识高等教育分权对质量和效率的影响具有一定的启示意义。在国际上，判断分权对基础教育效率的影响一般采用成本这个指标，而判断分权对基础教育质量的影响一般采用学生学业成绩这个指标。研究表明，虽然将高度科层化、集权教育系统的管理和财政分权会给教育带来更多的创新和更高的效率，但是很少有证据表明教育质量提高了。[6]53也就是说，即便是分权提高了基础教育的效率，也不能说明它提高了基础教育的质量。拉丁美洲国家基础教育分权的经验表明，分权和学校自治可能有效，但是仅当增加教育投入和增强中央技术支持时才有效。这反过来说明，教育分权要取得成效并非是无条件的，分权并不必然带来教育质量和效率的提高。正如卡诺依在研究全球化对教育改革的影响后所指出的，教育分权要取得效果必须有中央权威的系统努力，"更多的自主权会自动产生教育改进这一广为接受的假设，并没有实践依据"[6]56。

教育分权本身并不必然是好事，它有利有弊，并且与教育集权一样各自在某些领域有效，在某些领域无效。教育集权与教育分权相辅相成，二者之间保持适当的张力才能促进教育的发展。政府要实现通过分权提高高等教育质量和效率的目的，就必须提供充分的财政支持和必要的其他支持。在政府下放财政责任、减轻财政负担的同时使高等教育质量和效率获得提高，是一种比较理想主义的预期，在实践中有很大的难度。分权能够促进竞争，从而提高质量的新自由主义教育分权论，目前还没有获得充分的证据。

参考文献：

[1] Ashby，E. *Adapting Universities to a Technological Society* [M]. San Francisco：Jossey-Bass Publishers，1974：59.

[2] 范德格拉夫，J.，等. 学术权力——七国高等教育管理体制比较 [M]. 王承绪，等，译. 杭州：浙江教育出版社，2001：4—7.

[3] Fesler，J. Approaches to the Understanding of Decentralization [J]. *The Journal of Politics*，1965，27.

[4] 布朗，D. J. 教育行政与管理分权化 [Z] //胡森，T. 国际教育百科全书：教育管理卷. 朱科蓉，译. 重庆，海南：西南师范大学出版社，海南出版社，2006：87.

[5] Hanson，E. Strategies of Educational Decentralization：Key Questions and Core Issues [J]. *Journal of Educational Administration*，1998，36 (2).

[6] Martin，C. Globalization and Educational Reform：What Planners Need to Know [R]. Paris：International Institute for Educational Planning，UNESCO，1999.

[7] Mark，B. Control of Education：Issues and Tensions in Centralization and Decentralization [M] //Arnove，R. et al. *Comparative Education：The Dialectic of the Global and the Local*. 2nd ed. Lanham：Rowman & Littlefield，2003.

[8] Mclendon，M.，et al. Viewing Recent US Governance Reform Whole："Decentralization" in a Distinctive Context [C] //Huisman，H (ed.). International Perspectives on the Governance of Higher Education. New York &

London: Routledge, 2010.

[9] Dale, R. The State and the Governance of Education: An Analysis of the Restructuring of the State-Education Relationship [C] //Brown, A. et al. Education: Culture, Economy & Society. Oxford: Oxford University Press, 1997.

[10] 佚名. 中共中央关于教育体制改革的决定 [EB/OL]. 中国教育和科研计算机网. (上载时间不详). [2013-09-10]. http://www.edu.cn/zong_he_870/20100719/t20100719_497960.shtml.

[11] 佚名. 国家中长期教育改革和发展规划纲要(2010—2020年) [EB/OL]. 中国中央政府网. (上载时间不详). [2013-09-10]. http://www.gov.cn/jrzg/2010-07/29/content_1667143.htm.

[12] 赫尔德, D., 等. 全球大变革——全球化时代的政治、经济和文化 [M]. 杨雪冬, 等, 译. 北京: 社会科学文献出版社, 2001: 4—7.

[13] Neave, G. On the Cultivation of Quality, Efficiency and Enterprise: An Overview of Recent Trends in Higher Education in Western Europe, 1986—1988 [J]. *European Journal of Education*, 1988, 23 (1-2).

[14] de Weert, E. The Netherlands [Z] //Forest, J & Altbach, DP. International Handbook of Higher Education (Part Two). Dordrecht, Netherlands: Springer, 2006.

[15] 天野郁夫. 日本国立大学的法人化: 现状与问题 [J]. 鲍威, 译. 北京大学教育评论, 2006, 4 (2): 109.

[16] Whitty, G. Marketization, the State, and the Reformation of the Teaching Profession [C] //Brown, A. et al. Education: Culture, Economy & Society. Oxford: Oxford University Press, 1997: 299-310.

[17] Mok, Ka-Ho. *Centralization and Decentralization: Educational Reform and Changing Governance in Chinese Societies* [M]. Hong Kong: Comparative Education Research Centre, The University of Hong Kong with Kluwer Academic Publisher, 2003: 8.

[18] Schmidtlein, F & Berdahl, R. Autonomy and Accountability: Who Controls Academe? [M] //Altbach, P. et al. *American Higher Education in the Twenty-First Century: Social, Political, and Economic Challenges*. 3rd ed. Baltimore: The Johns Hopkins University, 2011.

[19] 阿尔波诺兹, O. 高等教育中的自治和会计责任制 [J]. 曾子达, 译. 教育展望, 1992, 21 (2): 64.

[20] Ashby, E & Anderson, M. *Universities: British, Indian, African: A Study in the Ecology of Highr Education* [M]. London: Weidenfeld & Nicolson, 1966.

[21] Tight, M. et al. The Encycolpedia of Higher Educaton (Vol. 2) [Z]. Oxford: Pergamon Press, 1992: 1384.

[22] 戈尔德施米特, D. 高等教育体制 [M] //范德格拉夫, J. 等. 学术权力——七国高等教育管理体制比较. 王承绪, 等, 译. 杭州: 浙江教育出版社, 2001: 182.

[23] Bourdieu, P. The Forms of Capital [Z] //Richardson, G. Handbook of Theory and Research for the Sociology of Education. New York: Greenwood Press, 1986: 241-258.

[24] Bourdieu, P. *Homo Academicus* [M]. Cambridge, UK: Polity Press, 1988.

[25] Etzioni, A. *Modern Organizations* [M]. Englewood Cliffs: NJ: Prentice-Hall, 1964: 75-84.

[26] Clark, B. The Character of the Entrepeneurial University [J]. *International Higher Education*, Winter, 2005, (4): 2.

[27] Braun, D. & Merrien, F-X.. *Toward a New Model of Governance for Universities? A Comparative View* [M]. London & Philadephia: Jessica Kingsley Publishers, 1999. Neave, Guy. The Changing Frontiers of Autonomy and Accountability [J]. *Higher Education Policy*, 2001, 14 (1): 1-5.

[28] 黄福涛. 日本国立大学法人化的变化与影响——基于院校调查结果的分析 [J]. 比较教育研究, 2012, 34 (7).

职业教育与成人教育

现代学徒制之“现代性”辨析*

□ 关　晶（上海师范大学副教授）
□ 石伟平（华东师范大学教授）

“现代学徒制”是当前我国职业教育改革中的一个热门词语。政策层面，教育部2012年至2014年连续三年将现代学徒制试点列入年度工作要点，《国务院关于加快发展现代职业教育的决定》（国发〔2014〕19号）亦将现代学徒制试点列为推进人才培养模式创新的重要举措。实践层面，越来越多的学校和地区也正开展着各种形式的现代学徒制试点。然而，什么是现代学徒制？已有文献大多从教育主体、学习场所、学习内容、学徒身份的双元性等表面特征去描述现代学徒制与传统学徒制的区别。然而，现代学徒制试点多次“形似却神不似”的失败，已然证明这些表面形式上的差异并未真正揭示现代学徒制的本质特征。我们必须追问：现代学徒制中“现代”二字的真正含义是什么？换言之，现代学徒制的“现代性”是什么？这不仅是职业教育研究必须追问的理论问题，也是影响相关职业教育改革成效的关键所在。本文尝试运用历史比较和国际比较的方法来寻求这一重要问题的答案。

一、现代学徒制的溯源

学徒制是职业教育的最早形态[1]。它的历史可以追溯到青铜器时代。当时，由于手工业和社会分工的快速发展，血亲关系范围内的技艺传承已不能满足需要，职业教育开始走出家庭，通过一种初级的、未完全制度化的学徒制形态，将技艺传承给家庭以外的成员。相关的历史记载在古埃及、古希腊、古罗马以及中国战国时期均有出现。这种学徒制未形成完整的制度，具有浓厚的私人性质，是以亲子或养子的家庭关系为基础的，往往被称为“古代学徒制”。

中世纪，随着城市手工业的发展，行会及行会制度产生了，学徒制也随之在13—14世纪到达了鼎盛时期。在行会组织中，从业人员按不同身份分为学徒、工匠和师傅三个等级，师徒关系建立在受行会监督的契约基础上，行会则对学徒制进行了全方位的管理，包括制定管理规范，规范契约，教学指导与监督，期满考核等。这使得学徒制的性质从私人习惯过渡到了公共制度[2]，往往被称为“行会学徒制”或“传统学徒制”。

16—18世纪是欧洲从封建社会向资本主义社会发展的过渡时期，生产方式从家庭作坊发展到手工工场，行会日益腐败，学徒制也渐渐瓦解，成为行会阻止他人经营、保持垄断的排他性特权制度，师徒关系彻底转化为雇佣关系。为了缓解社会矛盾，国家开始通过立法方式介入对学徒制的管理，如英国1562年的《工匠学徒法》、德国（普鲁士）1733年颁布的保护行会特权的法令等，这时的学徒制可以被称为是“国家干预学徒制”。

在接下来的两次工业革命中，资本主义工业化

* 原载《教育研究》2014年第10期。

浪潮完全颠覆了传统学徒制的生存基础，学徒制几乎崩溃，取而代之的是学校职业教育的兴起和学徒制的残喘生存。工厂中，学徒制的形式主要通过雇主、行会、工会和学徒的共同商议来决定，缺乏强制性规定。学徒制变得越来越非正式，口头约定取代了契约，学徒则常常被当作廉价劳动力。这时的学徒制往往被称为“工厂学徒制”。

工厂制的生产方式宣告了传统学徒制时代的终结。然而，正当人们认为学徒制只适合家庭作坊的手工业经济而应该收入历史博物馆时，德国的异军突起引起了世界对学徒制的重新思考。20 世纪 60 年代末，德国最终以法令形式确立了双元制的职业教育地位，而双元制被认为是以校企合作为基础的现代学徒制。90 年代后，西方各国也纷纷效仿德国，改革学徒制，如英国 1993 年的现代学徒制改革、澳大利亚 1996 年的新学徒制改革等。“现代学徒制”一词随之成为当代世界学徒制改革的标签。

二、现代学徒制中“现代性”的内涵

据考证，“modern”一词源于公元 4 世纪的拉丁语单词“modernus”。它首先是一个用来表示时间状态的概念，对其理解通常包括广义和狭义两种：泛指意义上，它被用来当作目前、现在、今天的代名词，指人们正在经历的任何一个当前的时间阶段；特指意义上，它指的是人类历史演变过程中的某个特定时期，与“古代（或传统）”相对应，不过在不同的社会研究领域，这种狭义的“现代”所指代的具体时间往往是不同的。[3]

那么，我们对现代学徒制语境中“现代”一词的理解应是广义的还是狭义的呢？根据上述学徒制历史的追溯，我们不难看出，“现代学徒制”一词的产生是在 20 世纪六七十年代以后，它是指向特殊时代的，而这一时代又是延续到当前的。因此，从时间概念上，现代学徒制中的“现代”上可追溯到 20 世纪六七十年代，下可延续至当前。

然而，如果仅仅从时间概念上去理解“现代”一词，我们就会陷入这样一个认识窘境——只要是发生在当前的，便是现代的，这显然很荒谬。当前，在农村地区和传统手工艺领域，依然存在许多只在家族内（或入赘）传承手艺的学徒制；在餐馆、理发店等工作场所，也依然有许多打着招聘学徒的名义雇佣廉价劳动力的学徒制……我们显然不会称这样的学徒制为“现代学徒制”。因此，对现代学徒制中“现代”一词的理解，绝不能仅仅只是在时间概念上的，而是代表特殊的一类，包含着这种学徒制在本质上与以往任何学徒制之间的特殊差异。这种本质的特殊差异，就是现代学徒制的“现代性”。

从构词法上看，“现代性”是以“现代”一词为词根加上表示性质、状态、程度等意义的后缀“-ity”构成的。[4]对现代性的讨论往往被分置于政治经济、哲学文艺以及大众心理与社会生活等不同领域；其中，在大众心理与社会生活领域，它指的是“个体与群体心性结构及其文化制度之质态和形态变化”[5]。本文主要从教育视角来讨论“现代学徒制”，这样的讨论是在社会生活范畴内的，因此，我们可以把现代学徒制之“现代性”定义为：20 世纪 60 年代以来的以德国双元制为典型的现代学徒制，作为一种教育制度，在质态和形态变化上呈现出的基本特征。

三、现代学徒制中“现代性”的基本特征

对现代学徒制“现代性”基本特征的讨论，无疑应该置于与过去的学徒制的比较中。根据上述对学徒制历史的回顾，过去的学徒制包括了古代学徒制、行会学徒制、国家干预学徒制和工厂学徒制等几种形态，其中又以行会学徒制为典范。

（一）功能目的：从重生产性到重教育性

回顾以往任何一种学徒制形态，其功能目的都更加偏重生产性，而非教育性。如古代学徒制是维系和扩张家庭生产的主要方式；行会学徒制是行会控制生产的重要手段；而在国家干预学徒制和工厂学徒制中，则广泛存在压榨廉价劳动力的现象。学徒期不断加长、学徒常需从事与技艺学习无关的杂

事等，也是这种偏生产性功能目的的有力佐证。也就是说，在以往任何一种学徒制中，学徒的学习成效并未被置于最核心的地位。

而现代学徒制则是一种以教育为首要功能目的的社会制度。虽然企业招收学徒有着经济上的考虑，但由于国家（尤其是教育部门）的涉入，现代学徒制是以高效地培养技能型人才为目的的，企业有义务帮助学徒在最短的时间内完成职业技能的养成。学徒不再被视为业主或企业的私有物，而是国家公共的人力资源。西方各国普遍将现代学徒制视为重要的“人才发展战略”，其性质已经从私人性向公益性转变。这也意味着国家对现代学徒制承担了越来越大的责任。

（二）教育性质：从狭隘到广泛

现代学徒制在当今社会已经成为一项重要的教育制度，其教育性质与过去相比，逐渐从狭隘走向广泛，从边缘走向中心，从封闭走向开放。这主要表现在三个方面。

第一，从就业培训到职业教育。过往的多种学徒制形态中，虽然其中也有一些将学徒的技术培训与道德教育并行，如古代学徒制和行会学徒制，但无论是技术培训还是道德教育，都更多是指向获得从业资格的。到了国家干预学徒制和工厂学徒制，学徒培训更是沦为简单的岗位技能训练。而现代学徒制关注学生的可持续发展及职业流动需求，强化了基本素质、通用技能及基础理论的培养，因此更加具有教育属性。如德国双元制中，学徒如不具备普通中学证书，就必须参加全日制职业学校或基础职业培训年；英国每个职业的学徒制框架都要求包含能力本位要素、知识本位要素和关键技能要素；荷兰的学徒制项目也规定必须包括社会/文化的、普通/技术的以及职业的三个维度。[6]

第二，从非正规培训到正规教育。过去，学徒制通常被排除在正规教育体系之外。即完成学徒制，学徒虽可获得某个职业的从业资格，但却不能得到学历文凭。而现代学徒制则将学徒制与正规教育体系整合在一起，承认学徒制与学校教育具有相等的地位，同时还为学徒搭建继续接受正规学校教育的通道。如英国、德国、法国等国都将现代学徒制纳入国家的正式学制中，并且学徒获得的职业资格证书可以与全日制普通教育文凭衔接、融通。在德国，约有一半的青年是通过双元制接受职业教育的。[7]英国2008年的白皮书《世界一流的学徒制：为所有人释放才能、开发技能》更是宣称要让学徒制成为英格兰16岁以上青年的主流选择。[8]

第三，从终结教育到终身教育。过往学徒制的职业培训是一次性的、终结性的，即学徒满徒出师后就开始了自己的职业生涯，之后就不再接受任何教育或培训。而现代学徒制在西方各国普遍被设计成一种纵向衔接、横向融通的教育“直通车”和“立交桥”。从内部的纵向关系上看，现代学徒制主要以“阶梯化”的方式凸显不同学徒制项目的层次性。如英国将学徒制与国家职业资格（NVQ）挂钩，分为青年学徒制、前学徒制、学徒制、高级学徒制、高等学徒制五个等级；法国和荷兰也采用了类似英国NVO等级的学徒制体系，学徒从一个级别上升到另一个级别，通常采用“2＋2年”或“2＋2＋2年”的模式。[9]这样的设计可以使学徒更加个性化地选择适合自己能力水平与期望的学徒制项目。在与普通教育体系的横向融通上，现代学徒制不仅允许与普通教育相互转换，还纷纷为最高级别的学徒制设计了与高等教育接轨的入口，如英国的“基础学位”、法国的“第一学位”等。另外，各国也纷纷放开了对学徒的年龄限制，德国、法国、丹麦等国的平均学徒年龄均在18岁以上，澳大利亚和英国也分别于1992年和2004年取消了对学徒的年龄上限。[10]现代学徒制已经成为西方国家构建终身教育体系的重要举措。

（三）制度规范：从行会到国家

与过往任何一种学徒制形态相比，现代学徒制的制度性得到了极大的加强，尤其体现在国家层面的统一规范上。

第一，国家法规的保护。许多国家将对现代学徒制的规范和保障上升到了国家立法的层面，如瑞士《职业教育法》（2004）、德国《职业教育法》（2005）、爱尔兰《学徒制法案》（1993）、英国《学徒制、技能、儿童与学习法案》（2009）、意大利《学徒制巩固法》（2011）等。需要说明的是，虽然国家干预学徒制时期也设立了相关的学徒制法规，但却大都没有起到实效。而现代学徒制的这些国家法规在保障力度和实际效果上，都非常显著。

第二，国家机构的统筹。西方各国对现代学徒制还普遍设立了国家及地方的专门管理机构，负责学徒制事务的统筹及具体管理。如在国家层面，德国设有联邦职业教育与研究所，英国设有国家学徒制服务署，负责对全国的学徒制进行全面规划和管理；在地方层面，两国则分别设有各州教育与文化事务部、青年学习署、行业技能开发署等机构。

第三，课程框架的统一。在现代学徒制中，针对某一职业的学徒制课程框架在全国范围内通常是统一的、强制性的，如德国的“职业培训条例”和“框架教学计划”、英国的“学徒制框架”、澳大利亚的“培训包”等。它们由国家专门机构组织利益相关者，如政府、行业协会、学校、企业、教师等通过特定程序设置，详细规定了学徒完成培训应达到的知识和技能水平，甚至包括教育与培训的内容和方法等。

第四，认证资质的通行。在以往的学徒制中，学徒满师后获得的从业资格通常只在地区行会范围内受认可。而当前，西方国家则普遍将现代学徒制与国家职业资格体系相融通。这些国家资格通常是以行业为主开发的，也为行业普遍接受。因此，学徒一旦完成学徒制项目，获得国家职业资格，不仅可以通行全国，而且还可以与其他职业资格进行等级比较。

（四）利益相关者机制：从简单到复杂

与过去的学徒制相比，现代学徒制的利益相关者众多，包括政府、企业、产业指导委员会、工会、学校、企业师傅、学校教师、学徒等，甚至还出现了第三方培训或中介机构。要使现代学徒制能长期、顺利、有效地运作和推广，就必须平衡这些利益相关者的权责。因此，现代学徒制的利益相关者机制比以往任何学徒制都更为复杂，主要通过以下几方面实现制衡。

第一，跨部门合作机制。稳定、有效的跨部门合作机制是现代学徒制平衡多方利益的前提保障。以德国为例，双元制是按新社团主义（neo-corporatist）规范组织的。[11]联邦职业教育研究所的领导委员会、州职业培训委员会、考试委员会等机构都由数量相当的雇主、工会、政府、教师代表组成；相关规范和政策，如职业培训条例、学徒津贴、企业培训税的征收、对跨企业培训中心的公共拨款等也都是利益相关者通过集体商议的方式而不是政府或权力机构的拍板来决定的。

第二，培训合同的约束。在现代学徒制中，学校、企业、师傅、学徒要签订严格的学徒培训合同，合同详细规定了各方的权利义务（培训任务、津贴报酬、工伤责任、解约违约规定等），并且这些合同均需到地方行政部门或行业委员会备案，具有较高的法律效力。

第三，多方严格的监督。为了保证现代学徒制培训的质量和效率，政府部门、行业委员会、学校等机构还承担着相互监督的责任。职业学校的教学工作直接受教育行政部门的监管，同时行业委员会也会对其教学质量提出意见建议；企业里的学徒培训在受到行业委员会监管的同时，学校也会委派教师到企业检查学生的学习；如果出现企业不按学徒培训合同履行义务的情况，学生可直接到备案了其学徒培训合同的地方行政部门或行业委员会申诉。

（五）教学组织：从非结构化到结构化

与以往的学徒制相比，现代学徒制在教学组织上发生了很大的变化。我们很容易也很习惯地将其在教学组织上的特征总结为“校企合作、工学结合”。这一特征确实很重要，许多研究文献均对此做过深入的分析，这里不再累述。但我们更不应该忽略实现这一特征的技术方式，即教学组织的“结构化”①。

在以往的学徒制中，教学与生产合一，教学的发生具有很大的随意性，教学方式以模仿和试误为主，师傅的个人能力和师德在很大程度上影响学徒培训的质量。其教学组织处于“非结构化”的状态。而现代学徒制则特别强调教学组织的结构化，这是由教学场所和教学师资的多元性以及对教学质量的高要求决定的。首先，在教学场所上，现代学徒制通常包括职业学校和企业两方面，在一些国家还出现了第三方培训机构，如德国的跨企业培训中心。这样，教学任务就必须在各教学主体之间进行合理的分配。其次，与传统的学徒制不同，现代学徒制中担负教学培训任务的教师或师傅不是一或两个人，而是一个由很多人组成的师资团队，包括学校里不同课程的授课教师以及企业里不同岗位和工作任务的师傅。不同教师和师傅也需要在教学任务上做出合理分工。最后，也是最重要的一点，在上述不同教学主体和师资的挑战下，要保证教学质量的高质和统一，就必须对学徒培训进行结构化的设计。

教学组织的结构化，在现代学徒制中是通过统一规范的课程框架来实现的，如德国的“职业培训条例”和“框架教学计划”、英国的“学徒制框架”及澳大利亚的“培训包”等。以德国为例，企业的培训遵循的是联邦政府颁布的职业培训条例，而职业学校的教学则依据的是框架教学计划。它们分别是由德国联邦职业教育研究所和各州教育与文化事务部组织政府、雇主协会、工会、学校等代表，通过复杂的程序协商制定的。其中，职业培训条例对培训职业的名称、培训的时间长度、培训要教授的技能和知识、培训时间进度安排以及考试要求做了详细的规定；框架教学计划则按培训学年划分，对学习范围、学习目标、学习内容和学习时间等进行了详细的规定。[12]

四、反思与启示

目前，我国一些现代学徒制试点存在企业与学校的合作是由于政府的生拉硬配或者是基于人情的，学生在企业里的实习是放羊式的，学校教学与企业实习之间的联系是模糊的，教学内容是为特定合作企业订制而非行业通行的，等等问题。根本原因在于学徒制的制度化和规范化程度不够，没有配套法规政策的激励和保障，缺乏均衡的利益相关者机制和对话平台，教学组织处于非结构化的状态，缺乏教育教学质量的标准和监督机制。最后的结果往往是政府、企业、学校、教师和学生都在“走过场”，“新瓶装旧酒”，与以往的办学实践没有本质差别。

另外，现在我国各地进行的所谓现代学徒制试点大都是基于职业学校、面向职校生的。而在西方各国，现代学徒制普遍被当作构建终身教育体系和学习化社会的重要方式。我们应更多地将目光投向校外，特别是投向广大的农民工群体，将其纳入正规教育体系，为农民工搭建一条与职业学校教育并行的职业生涯发展通道，这对加快我国的经济转型、改善社会民生会产生积极作用。

参考文献：

[1] Scoot，John L. *Overview of Career and Technical Education*（*4th ed.*）[M]. American Technical Publisher，Inc.，2008. 27.

[2] 细谷俊夫. 技术教育概论 [M]. 北京：清华大学出版社，1984. 19.

① 这里借用“结构化在职培训（structured on-the-job training）”理论的术语。所谓“结构化在职培训”，是指由资深员工在工作现场或与工作现场类似的地点培训新员工以开发新员工在工作单元上的能力的一套有计划的程序。其核心特征是培训的计划性。参见 Jacobs，Ronald L.. *Structured On-the-Job Training*：*Unleashing Employee Expertise in the Workplace*（*2nd ed.*）[M]. San Francisco：Berrett-Koehler Publishers，Inc.. 2002. 28.

［3］［4］谢立中．“现代性”及其相关概念词义辨析［J］．北京大学学报（哲学社会科学版），2001，（5）．

［5］刘小枫．现代性社会理论绪论［M］．上海：上海三联书店，1998. 3.

［6］［12］关晶．西方学徒制研究——兼论对我国职业教育的借鉴［D］．华东师范大学，2010. 40—41、77.

［7］CEDEFOP. *Vocational Education and Training in Germany*［M］. Luxembourg：Office for Official Publications of the European Communities，2007. 25.

［8］DCSF & DIUS. World-Class Apprenticeships：Unlocking Talent，Building Skills for All［R］. London：DCSF & DIUS，2008. 7.

［9］［10］关晶，石伟平．西方现代学徒制的特征及启示［J］．职业技术教育，2011，（11）．

［11］Tremblay，Diane-Gabrielle & Irène Lebot. The German dual apprenticeship system analysis of its evolution and present challenges［R］. Montréal：Télé-université，Université du Québec，2003. 13.

现代职业教育与国家资格框架构建*

□ 姜大源（教育部职业技术教育中心研究员）

《国务院关于加快发展现代职业教育的决定》（国发〔2014〕19号）指出，职业教育要“形成适应发展需求、产教深度融合、中职高职衔接、职业教育与普通教育相互沟通，体现终身教育理念，具有中国特色、世界水平的现代职业教育体系”。这里，实际上指出了现代职业教育体系的三个要素：一是现代职业教育体系要适应经济发展，这是社会需求性、政策导向性的要素；二是现代职业教育体系要实现中高职协调发展，这是职教层次性、发展规律性的要素；三是现代职业教育要体现终身教育理念，这是个性需求性、体系开放性的要素。基于此，为突破现有职业教育两套管理体制的定界束缚，借鉴国际成熟的经验，构建中国自己的“国家资格框架”，以突破现有职业教育两套证书体系的定界束缚，将在体制机制建设上为升级版的职业教育注入新的活力。

一、面临的挑战

改革开放的30多年，中国经济的长足发展为实现民族复兴奠定了坚实的物质基础，但这个基础主要还是以规模和总量为标志的。在新的历史阶段，面对国际上政治斗争、经济竞争的复杂局面，以及国内经济转型、社会稳定的发展诉求，党中央、国务院审时度势，提出实现中国梦的远大目标，而中国梦的实现，还要更多地注重经济发展的质量和效益，中国经济能否顺利完成产业升级和结构调整，是进一步发展的关键。

当前，第三次工业革命方兴未艾。现代制造业、现代服务业、现代农业，特别是以大数据，数字制造如3D技术，以及新能源、移动网、生物技术等为核心的现代产业体系的建立，要求我国从外延型增长为主升级为内涵型增长为主的经济发展；从低劳动成本、低附加值为主升级为知识型劳动和较高附加值为主的技术推动型的经济发展；从过于依靠外需拉动的速度型增长升级为内需外需协调拉动的高质量的经济发展；从过于依靠投资拉动的速度型增长升级为投资和消费共同拉动、速度和效益有机结合的内生增长型的经济发展；从高能耗、以牺牲环境为代价升级为更有效利用资源、环境得到更好保护的经济发展（闵勤勤，2013）。也就是说，只有使“中国制造”走向“中国创造”，打造中国经济的升级版，才能实现中国梦。

但是，改革开放以来，我国经济的发展在很大程度上是依靠传统的低技能的劳动者，即所谓第一次人口红利来实现的。2011年人口普查显示，我国总劳动力在2012年达到顶峰后开始负增长，2013年是人口红利消失的转折点（艾经纬，2012）。显然，依靠传统的劳动密集型的人口红利促进经济增长已难以为继，然而，在人口年龄结构变化了的情况下，仍然可以挖掘有利于经济增长的人口因素，创造第二次人口红利的必要条件。这就是说，能否培

* 原载《中国职业技术教育》2014年第21期。

养现代高技能的技术密集型的劳动者，即由基于低技能的数量型的第一次人口红利，转为基于高技能的质量型的第二次人口红利，已成为我国经济可持续发展的关键。著名经济学家厉以宁指出："我们应该看到，新人口红利产生，是指劳动力质量的提高。我们正在从廉价劳动力时代进入技工时代，通过提高劳动力质量，以拥有较高技能、但低于发达国家技工价格的人力形成新的人口红利，形成比较优势"（李晓菲、陈岩霖、厉以宁，2013）。伴随着新人口红利、新资源红利和新改革红利替代旧红利的发展进程，中国还将从技工时代转向高级技工时代（王砚、尹振茂、厉以宁，2012）。

无疑，要为中国经济发展的升级版培养相应的"升级版"的制造、操作、维修、监控以及管理的技能人才，以实现新的人口红利，这一重任历史地落到了职业教育的肩上。加大人力资本的投入，改革教育体制，特别是进一步强化职业教育，推进劳动市场制度建设，等等，必然是创造第二次人口红利的最重要举措。一个更具质量和科技含金量的现代产业体系，呼唤着一个更具质量和更有效率的现代职业教育体系；一个升级版的中国经济，呼唤着一个升级版的中国职业教育——现代职业教育体系的建设。

二、问题的提出

职业教育作为一种跨界的教育，在办学制度层面，跨越了企业与学校；在人才培养层面，跨越了工作与学习；在社会功能层面，跨越了职业与教育的疆域。所以，职业教育不能只遵从教育规律、认知规律，还要遵循职业发展规律、技能形成规律。现代职业教育体系的建设，只有跳出教育看教育，才能逐步形成"合作办学求发展、合作育人促就业"的良性机制。但是，职业教育的现状，离升级版的中国经济的需要还差得很远。其中，有两个明显的问题，制约了现代职业教育体系的建设。

一是用人的劳动制度与育人的教育制度的分离。不仅表现为劳动人事部门与教育行政部门在职业教育管理职能上的交叉，而且更重要的是表现在劳动市场的用人信息与职业教育的育人供给的脱节，尤其是行业、企业在职业教育发展与改革的"失语"现象。劳动制度与教育制度的分离，必然导致职业教育的办学缺乏劳动市场与职业预警的有效调控引导，校企合作、工学结合的实施困难重重，劳动市场的信息资源、学校的教育资源与行业企业的实训资源的无法综合配置。

二是职业资格证书与教育学历证书的分离。现有的职业教育证书制度，存在着两套体系：一是作为教育属性的学历证书结构，它起于初中层次的初等职业教育，经过高中层次的中等职业教育，止于专科层次的高等职业教育，其证书为学历证书，由教育部门颁发；二是作为职业属性的职业资格证书结构，它建构于初级技能、中级技能、高级技能、技师、高级技师五个等级，其证书为职业资格证书，由人社部门颁发。鉴于这两者之间不存在对应关系，中职和高职的学生，在获得学历证书之时，应该获取哪一级职业资格证书，都无明确的依据。

这样，一方面职业资格证书名目繁多，导致就业难以适从；另一方面职业资格证书与教育学历证书不能实现等同或等值，很难对经济和社会发展所需要的职业人才予以评价、认定和合理使用。由于职业资格证书与教育学历证书不能实现等同或等值，对经济和社会发展所需要的职业人才难以认定，可以说是"各行其道"，无可适从。

三、国际的经验

国际上，寻求职业教育的规律与本质，实现职业教育与普通教育等值的探索，一刻也没有停止。英国、澳大利亚明确提出国家技能发展战略，其多年来职业资格与教育学历等值的成功经验已被欧盟接收。

（一）英国——《国家资格框架》

英国的资格种类繁多，各种资格的要求和获取方式不尽相同，为避免资格种类多样性带来的混淆不清，以及为构建资格之间的相互衔接，英国一直在一体化的资格体系构建方面下大力气。英国《国家资格框架》体系是英国国家层面建立的一个囊括所有资格及其证书的大系统，涵盖了职业资格证书和教育文凭。英国证书体系的改革与发展历经数十年。2004年英国资格证书及课程管理署（QCA）宣布：从9月1日起，英国执行新的资格证书框架体系。该框架体系是对2000年框架体系的进一步更新，主要目的是与欧洲资格证书框架体系接轨，变革的主要内容是将原来5级证书制改为8级证书制（樊大跃，2012）。

英国《国家资格框架》包括9个不同的层次，涵盖中等教育、继续教育、职业养成（如学徒制）以及职业和专业高等教育，并与高等教育资格框架建立了广泛的联系，从而使各层次教育成就都能进行互相比较。教育机构所提供的课程必须得到认证，并成为国家资格框架的一部分，才能获得政府拨款，如学徒制资格，这从客观上保证了资格框架的有效实施（见图1，李玉静，2013）。

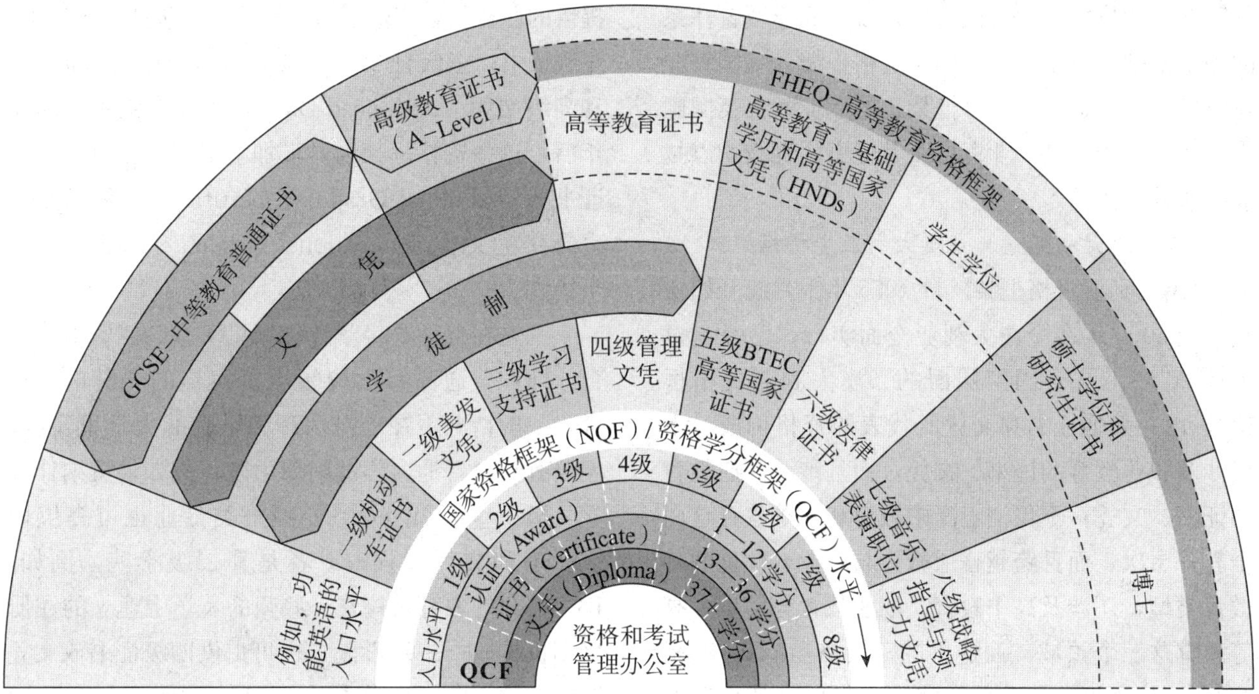

图1 英国《国家资格框架》

英国的经验表明：

1. 职业教育与普通教育的价值等值

以掌握知识为主的普通教育与以掌握技能为主的职业教育，在价值上是等值的。传统上，世界各国往往根据教育或培训的内容属性对证书加以区分，总是将普通教育视为高层次、高水准、精英型的教育，而把职业教育视为低层次、低水平的、“弱智型”教育，两者颁发的证书也就有高低贵贱之分。随着社会经济的发展和科学技术的进步，各国越来越清醒地认识到，经济的发展不仅需要普通教育，而且同样需要职业教育；前者是一个国家发展水平的标杆，而后者是经济发展的基础。英国开发资格证书框架体系，就是以新职业主义思想，拉平普通教育与职业教育，重新建构符合时代要求的现代职业教育体系。

2. 职业技能与理论知识的同步递进

人的智力是由组合性智力（componential intelligence）、经验性智力（experiential intelligence）和实用性智力（contextual intelligence）构成的。组合性智能是指运用知识分析整理信息的能力，涉及思考、判断、推理等能力；经验性智力指个人基于既往经验和不同观念所形成的顿悟或创造力能力；实用性智力指个体在前两项智力的基础上处理日常工作及事务的能力（Sternberg，1985）。“一个人对自己相关的真实生活环境有目的地适应、选择和重塑所做出的智力反应”（Sternberg，1985），会因个体智力的优势倾向不同而不同，但个体强势的智力倾向所表现出来的知识与技能有属于自己的发展层次，也就有着不同的成长道路。英国国家资格框架体系在制度上打破了传统成才的“独木桥”制度，彰显了多元人才观和公平和谐观。

综上所述，结论是，技能作为职业教育的核心概念，以培养技能型人才为主要目标的职业教育，其所涉及的技能层次就成为构建现代职业教育体系的理论基础。基于英国《国家资格框架》、《国家职业资格》及《资格与学分框架》的职业教育英国国家资格框架中，其职业资格及其证书的等级均以技能的递升为依据。

（二）澳大利亚——《澳大利亚资格框架》

《澳大利亚资格框架》自1995年1月起开始实施，到2000年在全澳大利亚全面实行，已经走过了近20年。这一国家层面的《澳大利亚资格框架》，由一系列证书和文凭所代表的资格构成：不仅涉及职业教育的证书、文凭，而且涉及普通教育的证书、文凭；不仅涵盖高中教育和高等教育这两个教育层次，而且跨越普通教育与职业教育这两种教育类型，还涉及高中教育、职业教育与培训和高等教育这三个领域。而这里的“资格”，不是专指“职业”的资格、从业的资格、还指向“教育”的资格、学历的资格。

《澳大利亚资格框架》赋予了职业教育尤为显赫的地位，这一框架的实施机构包括（吴雪萍、马博，2011）：

一是在高中教育领域里实施的“资格”教育，即在澳大利亚普通中学（School或College）实施的“资格”教育。这是一种在横向维度跨越普通教育与职业教育这两种教育类型的教育。在这一领域里，澳大利亚提供的资格证书教育，包括一级证书（Certificate Ⅰ）和二级证书（Certificate Ⅱ）这两个级别，与职业教育的一级证书和二级证书等值。

二是在职业教育和培训领域里实施的“资格”教育，即在主要由政府举办的技术与继续教育机构（TAFE，也被译为“技术与继续教育学院”）和部分大学（特别是前身为理工学院的大学）承担的提供一级到职业教育研究生共8个级别的资格教育，以及部分普通高中、私立职业教育与培训机构和企业提供最高为高级文凭等6个级别的资格教育。这是一种在纵向维度跨越“高中教育”与“高等教育”2个教育阶段，或两个教育层次的教育。在这一领域里，澳大利亚提供的职业教育与培训所涉及的“资格”非常广泛。2005年前，这一资格框架所提供的职业教育资格证书只有六级，包括一级证书、二级证书、三级证书、四级证书、文凭（Diploma）和高级文凭（Advanced Diploma）6个级别。2005年后，这一资格框架内，又加上了职业教育研究生证书（Vocational Graduate Certificate）和职业教育研究生文凭（Vocational Graduate Diploma）2个级别。

三是在普通高等学校领域里实施的“资格”教育，即在普通高等学校领域里实施的“资格”教育，一般情况下在前身为理工学院的大学里实施，但也有部分普通大学的附属学院，例如，莫纳什大学（Monash University）经济类专业也可提供四级证书和文凭课程；或者是其二级学院，例如，IBT公司的教育机构在一些州的大学中建立的注册培训机构——二级学院，也可提供四级证书或文凭课程。这也是一种在横向维度跨越普通教育与职业教育两种类型的高等教育。这一领域里，澳大利亚提供的资格教育包括：专科文凭（Associate Degree）、学士学位（Bachelor Degree）、研究生证书（Graduate Certificate）、研究生文凭（Graduate Diploma）、硕士学位（Masters Degree）和博士学位（Doctoral Degree）6个级别。

其中，前两个“资格”或级别，与职业教育的“专科文凭”资格和“高级专科文凭”资格等值。反之，在职业教育与培训领域里获得的“职业研究生证书”（Vocational Graduate Certificate）和“职业研究生文凭”（Vocational Graduate Diploma），则与高等教育领域里的“研究生证书”（Graduate Certificate）和“研究生文凭”（Graduate Diploma）等值。

需要指出，在普通大学里提供的其他学位（学士即本科层次以上）的教育则不属于职业教育与培训范畴。在这一领域里的教育属于国际教育分类标准中的第三阶段教育，主要为高等教育，涵盖与我国学历层次类似的专科层次、本科（学士）层次、研究生层次的教育。目前，在澳大利亚高等教育领域里共有大学38所，属于联邦政府管辖。

澳大利亚的经验表明：

1. 现代职业教育体系建设要体现教育的人本性

澳大利亚教育界人士认为，学生的智力类型存在差异，一部分学生的智力倾向为学术性（academical）的，而另一部分学生则为非学术性（nonacademical）的。因此，在高中阶段要尽可能既提供普通高中教育证书学习，又提供职业教育资格证书的学习，它们均应属于国际教育分类的第二阶段高级教育资格证书（Senior Secondary Certificate of Education）。这将有利于增强那些非学术性智力的学生接受职业教育与培训的兴趣。显然，这里强调的是教育“层次中的类型”，是教育层次中教育类型观的深刻体现。教育要面向人人，要相信不同智力类型的人，都有适合自己的发展空间。应该说，这正是澳大利亚职业教育体系中依据个体的智力类型的不同，来实施不同类型教育的理性选择。

2. 现代职业教育体系建设要体现教育的公平性

澳大利亚政府在职业教育与培训领域提供的“资格”，第一步实现了从“一级证书”到“高级专科文凭”的6级递进；第二步又在此基础上实现了从“职业研究生证书”到“职业研究生文凭”的2级递进。这就在国家资格框架内，将职业教育与培训从高中层次经本科层次延伸至研究生层次，大大扩展了职业教育在纵向上的学习通道，使职业教育从一种终结性的教育层次走向终身性的教育类型。显然，这里强调的是教育“类型中的层次”，是教育类型中教育层次观的深刻体现。特别是，与普通高等教育中的研究生证书和研究生文凭相比较，职业研究生证书和研究生文凭更强调运用知识的职业能力，而不是强调学科知识内容的记忆与存储。

3. 现代职业教育体系建设要体现教育的等值性

澳大利亚职业教育体系是一种将两种不同类型的教育即普通教育和职业教育进行有效衔接与沟通的体系。这一体系是通过规范的《澳大利亚资格框架》来实现的，这就形成了一个在高中教育及高等教育的不同教育层次之间，以及在职业教育与普通教育的不同教育类型之间，实现教育和谐与教育平等的互通互认机制。这表明，澳大利亚关于“资格”的概念，涵盖了普通教育的学历证书与职业教育的资格证书的内容。特别是，澳大利亚的国家资格框架规范了证书的名称，保证了证书的一致性，所以，可以说，《澳大利亚资格框架》“设计的宗旨是为中等教育及大学教育阶段的所有教育和培训的成果提供一个一致的认可框架”（李韧竹，2012），不仅在理论上而且在实践中，真正实现了职业教育与普通教育的等值。

综上所述，结论是：澳大利亚职业教育体系，实际上是一种职业教育分级制度，相同级别的资格能够将不同种类的教育进行连接，允许人们从一种教育类型向另一种类型转换；同一类型的资格证书具有不同的层级，为人们职业生涯的发展提供了发展的通道。

（三）欧盟——《欧洲资格框架》

为促进欧洲一体化，按照博洛尼亚进程的协议，鉴于欧洲基于双边或多边的国家资格框架/体系间的合作关系复杂，严重制约了各国之间资格证书的透明、迁移和认可，必须通过制定一个共同参照标准等级及寻求一个泛欧资格平台，以求既可简化不同的国家资格框架和体系之间的关系，也可促进各国各教育系统资格证书之间的比较、迁移和认可。因此，欧盟在超国家层面形成共同意识，在资格证书领域制定共同政策，采取共同行动，以谋求在欧盟范围内资格证书的流通和认可，并逐步形成和完善相关发展机制，使得资格证书具有超国家的功能。这就是建立《欧洲资格框架》（EQF为《欧洲资格框架》European Qualification Framework的英文缩写）。

欧盟在 8 级“英国国家资格框架（NQF）”的基础上，其成员国及候选国共 46 个国家在建立“欧洲职业教育区”的基础上，建立“欧洲资格框架（EQF）”，并实现了与“欧洲高等教育资格框架（QF-EHEA）”的等值：《欧洲资格框架》中的 5 级资格等同于“欧洲高等教育资格框架”的“短期高等教育”（专科），6 级资格等同于“学士”，7 级等同于“硕士”，8 级等同于“博士”。按照博洛尼亚进程，《欧洲资格框架》成为欧盟各成员国国家资格框架的转换平台，使其成为各国之间教育证书和职业资格证书评估、比较及相互认定的重要依据。

欧盟的经验表明：

1. 关于证书、文凭与资格——资格的凭证

《欧洲资格框架》清晰地指出，所谓“资格”（qualification），指的是在欧盟范围内得到承认的所有资格证书、学校文凭和职业经历。因此，“资格”是一个上位概念，而“证书”和“文凭”则是“资格”的下位概念。但是，如果是按照《欧洲资格框架》授予的“资格证书”，那么，根据 2005 年 6 月《欧洲资格框架》草案中给出的定义是：“当个人的学习达到某一特定标准（知识、技能和能力）时，经授权机构的确认后所获得的资格”（European Commission，2006）。经合组织（OECD）对资格证书的定义是：“个人所拥有的，经授权机构确定其达到特定标准的知识、技能和宽泛能力时，授予个人的资格凭证”（European Commission，2006）。为获得资格证书而进行的学习和考评，可以通过学校教学来进行，也可以通过工作经验来学习。

2. 关于知识、技能与能力——资格的内涵

《欧洲资格框架》清晰地指出，8 级资格的每一级资格，都是从“知识”、“技能”和“能力”三个维度加以界定的、与该级资格水平相对应的学习成果。因而，每一级“资格证书”以学习成果单元为描述符，对每一个资格证书所特有的知识、技能和能力加以详细说明。这里，“知识”被定义为各种理论和事实，“技能”被定义为认知能力（包括运用逻辑、知觉和创造性思考的能力）与实践能力（包括手工技艺以及运用各种方法、材料、工具和器具的能力），而“能力”则被定义为职责和自主性（阚阅，2009），其含义已大为扩展。所以，学习成果单元强调学习的最终结果而非学习时间的长短、接受教育的机构、学习的地点和方式等学习投入方面的内容，是《欧洲资格框架》和《欧洲职业教育学分转换体系》的核心。

3. 关于正规、非正规与非正式教育——资格的获取

《欧洲资格框架》清晰地指出，由于所有的资格均以学习成果来界定，这就为正规的教育体系外的学习者提供了可能和方便，因为通过承认、转化并累积非正规或非正式学习所获得的学习成果，同样可以获得相应的资格证书。所以，《欧洲资格框架》在正规教育、非正规教育和非正式教育之间架设了一座相互衔接和贯通的桥梁。目前欧盟国家正在积极建立有关非正规学习的认证制度，以帮助公民在获得相关知识、技能和能力的同时省去重复的学习过程，有助于学习者在不同国家或在不同学习背景下有效地获得完整的资格证书（吴雪萍、张科丽，2012），从而有利于促进个性化的学习途径，实现终身学习的目标。为此，欧盟要求各国加强经验交流，增进各教育系统间的可比性，提高非正规教育和非正式教育的总体质量和信誉。

综上所述，结论是：借助《欧洲资格框架》这个元框架，不仅将各国国家资格框架容纳其中，而且也将各类各级教育文凭与培训资格证书都涵盖于内，一方面，在横向其通过基于学习成果的共同参照标准，将某一资格框架与其他的资格框架相衔接和沟通，进而将某一框架内的资格与位于其他框架内的资格相衔接，简化了不同国家资格框架和体系之间的关系；另一方面，在纵向其通过 8 级体系囊括了从义务教育结束后到接受最高层次的学术与专业教育和培训的全过程所能获得的所有资格，其中第 5—8 级分别与《欧洲高等教育区资格框架》（QF-EHEA）中的短期高等教育、学士、硕士和博士层次相对应，这就实现了不同阶段教育与培训的纵向贯通，各级各类教育的横向衔接。

这里需要特别指出的是，8级资格证书制度的层级具有规律性和科学性，2011年联合国教科文组织发布的国际教育分类也是8级（教育证书的层级）。我国也有过成功的经验。“文化大革命”前实行过的8级技术工人证书制度，实际上就是技能人才的等级制度，也就是职业证书制度。它在我国经济发展的历程中发挥过巨大的作用。

联合国教科文组织《国际教育标准分类法》（以下简称《分类法》）（ISCED，2011），将资格证书主要分为三种类型：成功完成一个阶段的教育课程而取得的正规教育资格证书；成功完成一个教育课程的某个阶段所取得的中间资格证书；通过非正规教育或以非正式学习方式获得国家承认的相当于正规教育的资格证书。这意味着，“既规范过程又规范结果”的正规教育，是不排斥“只规范部分过程但规范结果”的非正规教育和“只规范结果不规范过程”的非正式学习的证书的。“双规范”的“教育圣殿”对“单规范”的教育形式的排他性，在新版《分类法》变成了认同或认可。这也为职业教育，特别是涉及人力资源开发的资格证书和职业教育证书的教育等级的国际比较，拓展了空间。

新版《分类法》（ISCED，2011）对高等教育的定义是：“高等教育（《分类法》5到8级）是建立在第二阶段（中等）教育之上，在专业化的教育领域提供的学习活动。它是高度复杂和高度专业化的学习。高等教育包括通常所理解的学术教育，但由于它还包括了高级的职业教育或专业教育，因此比学术教育更广泛”（UNESCO，2011）。无疑，培养“高技能人才”的高等职业教育，正是这里所指的“高级的职业教育”。

四、理论的支撑

国际教育最新发展的经验表明，建立国家资格框架是实现现代职业教育体系的制度建设，而这一制度的依据是其理论支撑的科学性。

（一）建立国家资格框架的理论范畴

由于职业教育是一种跨界的教育。国家资格框架的建立，其理论维度必然基于跨界的思考，这就是说，职业人才结构的层次性是社会需求与个性需求集成效应的必然结果。可以从两个维度阐述其理论范畴。

其一，社会对人才的需求是基于动态的层次性的。知识创新周期的加快，迫使技术或管理的内涵、范围、手段、观念，不断发生着深刻的变革，从而导致工作任务及其工作过程的整体性包括劳动组织的扁平性变化。显然，职业教育要满足社会对人才的需求，层次性与动态性是两个重要标准。人才的层次性影响着静态职业教育层次的稳定性定格，而技能的动态性则要求职业教育层次的应对性提升。这意味着，静态的教育层次定格与动态的教育层次提升，已成为当今构建现代教育体系纵向结构的重要的实践支撑。

其二，个性对教育的需求也是基于动态的层次性的。经典的马斯洛“基本需求层次理论”指出，个体潜藏着从生理、安全、情感和归属，到尊重和自我实现这五种需求，像阶梯一样从低到高，按层次逐级递升，反映着个体在不同的时期表现出来的各种需要的迫切程度，它与国家的经济、科技、文化的发展水平以及在此基础上可以接受的教育程度直接相关。这意味着，基于本能生存性的低层次定位与基于潜能发展性的高层次提升，也成为当今构建现代职业教育体系纵向结构的重要的理论支撑。

所以，社会需求，特别是应对产业结构升级对人才能力资质要求的“升级”，以及个性需求，特别是应对需求层次提升对接受教育程度的“提升”，集成社会需求与个性需求，必然导致培养既满足社会需求又满足个性需求的职业人才的现代职业教育体系的构建需要多层次的架构。

（二）建立国家资格框架的理论基础

建立国家资格框架的理论基础至少有三方面的内容。

1. 职业成长的逻辑规律

职业教育的层次性，是职业人遵循职业成长逻辑规律发展的结果。德莱夫斯兄弟（Dryfus）对此进行了深入研究。德国职业教育学家劳耐尔

（Rauner）在此基础上，完成了对职业成长阶段理论的研究。他通过对于某一专业领域新手与专家的职业能力差别的比较，进而分析并得出了从新手发展到专家所需要经历的过程和条件。他认为，从新手到专家须经历五个发展阶段：新手、有进步的初学者、内行的行动者、熟练的专业人员和专家。其中，职业成长过程中每个阶段的能力特征、行动领域及向上一级发展所需的学习条件各有不同，由此得出的相应的学习范围，实际上是能力发展的阶段，包括逐步递进的四个层级（见图 2）。这一理论可以作为建立国家资格框架的重要理论基础（徐国庆、雷正光，2007）。

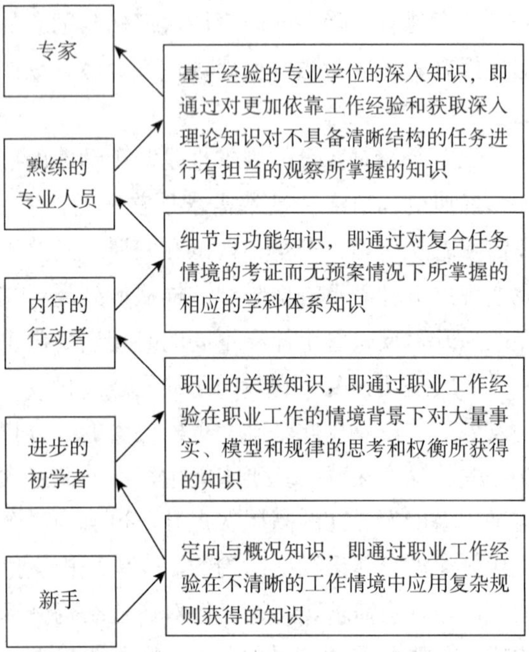

图 2　从新手到专家的职业成长规律

（1）学习阶段 1：职业取向的工作任务——职业定向与概况知识。该学习阶段适用于对其所从事职业相关的经验和知识仅有初步了解的职业新手。其目的在于使初学者通过相应工作任务的完成过程，能够尽快了解职业所涉及的本质内容，从职业化的角度来理解所学职业的轮廓，并能对自己的职业行动进行批评性反思。在设计任务时，对于工作任务的界定必须明确，应有可遵循的规则和标准，以便学习者在工作过程中进行批评性的检查对照。任务的设计应使学习者能了解典型的专业工作方法和过程，且完成任务所需的时间不宜太长。这一阶段的学习，可帮助初学者从新手成长为有进步的初学者。

（2）学习阶段 2：系统的工作任务——职业的关联知识。该学习阶段适用于对所从事职业已有具体了解并已初步掌握相关主要职业能力的有进步的初学者，其目的在于使学习者能够在对职业工作世界的系统结构充分了解和理解的基础上，在考虑技术与劳动组织间的关系及相互作用的前提下，在相关的职业情境中解决问题和完成工作任务，并在此过程中培养和获取相应的职业合作能力。在设计任务时，应保证学习者处于与他人合作的情境中，并依据相关规则系统地进行工作。在学习过程中，应使学习者有机会独立开发包括各个子任务和具体工作步骤在内的工作计划。任务中应包含一些较小的专业问题及部分可供选择的解决方案，使学习者有机会根据实际需要自行决策。同时，应在给学习者预留充足时间的前提下，要求其在限定的时段内完成任务。这一阶段的学习，可帮助学习者从有进步的初学者成长为内行的行动者。

（3）学习阶段 3：具体特殊问题的工作任务——细节与功能知识。该学习阶段适用于已掌握职业定向、概况知识及职业的关联知识的内行的行动者。其目的是使学习者掌握与系统能力互补的、涉及解决问题较多且具有特殊性职业工作任务的细节与功能知识，并具备完成诸如故障诊断等非规律性的工作任务的能力。其中涉及相应理论知识、特殊的手工艺技术及对最初经验的运用。在设计任务时，应包含新的质量要求，与职业情境紧密关联并使完成任务的过程更加系统结构化，以引导学习者在理论与经验的基础上导出解决方案并在小组工作中独立实施。同时，对于完成任务的时间做出严格的限定。这一阶段的学习，可帮助学习者从内行的行动者成长为熟练的专业人员。

（4）学习阶段 4：不可预测的工作任务——基于经验的专业系统的深入知识。该学习阶段适用于熟练的专业人员。其目的是在不可预见的工作任务层面开发学习者的职业能力，形成对于直至学科体系深化知识的关联性理解，并为职业继续教育打下专业基础。其中，团队工作的组织能力是必需的。在设计任务时，不为学习者提供关于具体任务的完整信息。工作任务应获得的具体成果及其特征应由学习者自行阐述。在任务完成过程中，不提供参照模式，以促使学习者依靠其自身的丰富经验开展工作。因此，学习者必须开发自我行动方式并在需要时自行开发工具和其他辅助手段；必须负责任地承担任务、执行任务和独立地与他人合作；必须能够开发和优化个性化的方法和行动方式，并最终完成任务。这一阶段的学习，可帮助学习者从熟练的专业人员成长为专家。

2. 技能与技术的关系

职业教育的层次性，是技术发展与技能应对互动效应的必然结果。

其一，要厘清本体的技术与技能的关系——非层次而随动。技术作为“人的存在方式”（吴国盛，2009），可以分为两大类：一是以工具、设备等“人工物”形态存在的实体性技术和以规则、工艺等“人工文本”形态存在的规范性技术——这是基于“结果”形态的“物”载体的技术；二是以经验、策略等“能力”形态存在的过程性技术——基于“过程”形态的“人”载体的技术（丁云龙，2006）。只有通过“人化”的技术，或者称为“身体技术”，才能实现“物化技术”（吴国盛，2009）的功能与价值，也就是说，只有依靠“人化”技术才会使“物化”技术为社会创造实在的财富。这种基于“人”的过程形态的技术，即人所掌握的应用专门技术的技术，就是“技能”——它是应用专门技术的能力。这就意味着，技能是对技术的开显。有多高的技术就一定有多高的技能与之匹配。技能与技术之间的关系，是随动的、伴生的、互动的。

其二，要厘清技能的类型与技能的区别——类型中有层次。技能作为应用技术的能力，也可以分为两大类：一是基于“操作”难度增大而呈现出更加复杂的动作、难度大的技能；二是基于“认知”思考增加而呈现出更加复杂的知识含量高的技能（张振元，2007）。由此，在工作过程之中以“动作难度大”为特征的技能及其技能型人才，与在工作过程之中以“认知程度高”为特征的技能及其技能型人才，并非层次关系，而是不同“类型”的技能和技能型人才。正是因应工作过程复杂性的增加或增大，“动作难度大”的技能型人才，如从技术工人走向技师、高级技师；“认知程度高”的技能型人才，如从技术工人走向技术员、技术师。这就意味着，技能的发展有一个符合自身规律的层次递进的时空，而培养技能型人才的职业教育业必然具有一个符合职业教育规律的发展空间。

所以，技能与技术的随动关系表明，技能与技术的互动，使得技术的升级一定伴随着技能的升级；而“动作难度”增大的技能升级与“认知程度”增加的技能升级，也都有基于自身类型的升级规律，这必然导致培养技术技能人才的现代职业教育体系的构建需要多层次的架构。在这里，“技术技能”的表述意味着，技能不是静态的层次概念，而是动态的发展概念，基于技术发展而发展的技能。习近平最近指出：“劳动光荣，技能宝贵，创造伟大”，深刻地指出了技能的重要性。

技能及其培养技能型人才的职业教育层次并非终结性，而是递升性的。这是因为，倘若把技术称为一种外在于人的客观力量，把技能看成一种内在于人的主观能力，那么，对技术物化的人工物系统的掌控，与对技术外化的人类行动系统的习得，逻辑地阐释了人与世界的关系就是“操作”的关系（海德格尔）——技能是通过操作而开显了“物化技术”的“技术”，技术的进步必然引发技能的进步。由此，视技能为国家竞争力的核心要素，不是在欠发达地区而是在经济最为全球化的地区，包括北美、欧洲和东亚国家近年来的深刻认识。这些国家“对技能的需求经历了最戏剧性的增长”，这一深邃的结论却“不是所谓知识经济增长的结果”（陈衍、李玉静，2008）。欧盟 27 国的调查显示，约有 2/3 的职业是属于技能型或高技能型的，对于高技能人才的需求不言而喻（赵昕，2008）。

3. 中职与高职的区别

职业教育的层次性，是职业教育体系内层级定位与衔接的必然结果。

职业教育作为一种教育类型，其中等职业教育与高等职业教育的异同及其确定的依据，是建立国家职业框架的理论基础之二。破解这一问题的核心，是厘清职业教育层次定位所涉及的经验技能与策略技能的关系及其获取的途径。

其一，技能层次的区别，可以分为经验层面的技能和策略层面的技能。

所谓经验层面的技能，是指如何在“感知过的事物、思考过的问题、体验过的情感和操作过的动作”（李小平，2005）基础上，回答“怎样做”的技能，是个体在经验学习中，通过积极的、主动的和可以观察得到的与环境的“范例性”互动中获得的，是一种建立在经由主体的直接经历所形成的经验的“心灵仓库”（李小平，2005）基础之上，对其进行信息加工的技能。这一积极的互动体现为个体在工作过程中与实践的“量性”接触。

所谓策略层面的技能，是在“目标和条件与行动链接起来的规则”（Franke，2005）的基础上，解决“怎样做更好”的“高”技能，是个体在策略学习中，通过自觉的、反思的和可以观察得到的与情境的“系列性”互动中获得的，是一种建立在经由案例、项目或任务的演示、处理和加工的行动过程所获经验的基础之上，对其进行反思而逐步生成的“操作系统”并能在新情境中迁移运用的技能。这一自觉的互动显现为个体在工作过程中与已有经验的“质性”接触。

经验与策略的关系体现为：经验是策略的基础，策略是经验的升华。这表明，策略的构建、迁移和内化是建立在经验的获得、保持和使用的基础之上的。但是，经验并不能自动地转化为策略。只有对经验实施系统化、集成化、网络化的处置，亦即只有经由一个对经验多次加工的“创造性和构造性的过程”（李小平，2005），才能使经验逐步升华为策略。如果说，“熟能生巧”中的“熟”是经验，那么“巧”就是策略。所以，经验与策略是层次关系，而非类型的区别。经验技能可以说是初级技能，策略技能则是高级技能。

其二，技能获取的路径，可以分为经验技能的学习和策略技能的学习。

要使学生掌握经验层面的技能，就要开展经验学习，即通过经验的形成与积累来学习。在学习过程中，强调学生通过主动地与自身的感觉、情绪、氛围和身体的“对话”，促使个体对职业世界和生活世界进行整体观察、发现结构关联、获得学习经验、形成经验技能。这一学习过程不应是对具体职业实践的单纯复制，而应是实践与理论的组合性集成，要使获取认知能力的内容与方式的行动，融于经验学习之中。

要使学生掌握策略层面的技能，就要开展策略学习，即通过策略的生成与积淀来学习。在学习过程中，强调学生通过主动地对自身已有经验、典型情境和学习内容的深刻反思，促使个体对职业世界和生活世界进行时空观察、发现内涵关联、获得学习策略、形成策略技能。这一学习过程不只是对具体职业经验的熟练掌握，而应是经验与策略的整合性集成，要将提高认知能力的水平与效率的行动，融于策略学习之中。

技能作为职业教育的核心概念，由于经验技能是策略技能的基础，以获取经验技能为目标的经验学习，与以获取策略技能为目标的策略学习的关系就体现在：经验学习是策略学习的平台，策略学习是经验学习的延展。经验学习更多关注“由不会到会以至精湛的会”这一复制、熟练、累积的过程，而策略学习则更多注重“由会到‘巧’会以至创新的会”的系统思维、整体思维及其方法论的训练。而在这样一个纵向进阶的过程中，显现出职业教育将“从入门到熟练、从单一到综合、从新手到专家”的递进的职业成长规律与“从简单到复杂、从外围到核心、从形象到抽象”的递进的教育认知规律予以了系统集成。

基于此，“经验技能”和“策略技能”指的是技能层次而非技能类型，那么，旨在掌握“初级技能”的职业教育，属于中等职业教育；而旨在掌握“高级技能”的职业教育，就属于高等职业教育。高等职业教育建立在中等职业教育基础之上，是同一类型教育中不同层次的教育。从经验层面的技能向策略层面的技能的提升，正是高等职业教育与中等职业教育的区别所在。层次是职业教育赖以发展的空间，是职业教育对发展权的呼唤。

综上所述，中等职业教育向高等职业教育的进阶及提升，表明中等职业教育与高等职业教育在层次上的不可替代性。将基于“动作难度增大”的技能与基于“知识含量增加”的技能视为技能类型的不同而非技能层次的不同，有利于开拓从中等职业教育到高等职业教育的发展路径，建立涵盖技术员与技师培养的非学术性的职业性或专业性的高等职业教育，实现中等职业教育与高等职业教育的衔接和沟通。所以，探索本科层次的职业教育，意味着在早已有之的技术（technology）本科的基础上，还应探索基于技术应用且伴随技术发展而上升的技能（technique-skill）本科。这不仅有利于结束中等职业教育与高等职业教育长期以来被视作“断头”教育的尴尬局面，而且有可能为世界职业教育的发展做出创新性的贡献。

五、制度建议

建立现代职业教育体系，如前所述，与现代产业体系的建立紧密相关。“以就业为导向、以服务为宗旨”的定位表明，职业教育不只是一种纯粹的教育活动，而是与经济发展、社会建构紧密相关的教育活动。其社会功能至少涵盖三大方面：既是经济发展的助推器，也是和谐社会的润滑剂，还是个性发展的动力源。这就意味着，现代职业教育体系，并不完全等于现代职业学校体系。后者只是现代职业教育体系的一部分。

国际成功的经验和理论研究的成果都表明，支撑现代职业教育体系，需要有一个制度性的国家资格框架予以支撑，包括把基于认知规律的学历资格证书与基于技能形成规律的职业资格证书加以融合：一是实现职业教育与普通教育的等值，二是实现纵向的衔接与横向的沟通。所以，作为一个国家制度，国家资格框架的建立也绝非是教育部门能独立完成的任务，必须跳出教育看教育而为之。

支撑现代职业教育体系的国家资格框架制度，必然包括通过正规教育、非正规教育和非正式教育所获得、所确定或所认可的各种资格，其目的在于以框架作为资格等级的参照系和认证工具，通过整合，使正规教育、非正规教育和非正式教育颁发的学历资格证书和职业资格证书，统一于国家资格框架之下，以实现各类各种证书所代表的资格的等值、互认，以及沟通、衔接。

（一）国家资格框架的基本成分

国家资格框架的基本组成部分包括以下三类。

第一类：教育部门颁发的各类教育证书，主要是教育部管辖的学校颁发的各类教育证书，涵盖职业学校、普通学校；也包括人社部门管辖的技工学校和技师学院颁发的相关证书。

第二类：人社部门颁发的各种职业资格，也是技能等级证书，由职业资格鉴定机构通过考试后颁发。

第三类：专业部委或行业、企业或社会教育与培训机构颁发的各类职业培训证书，一般为针对特定的行业或企业的、专业性强的职业资格证书，或技能等级证书。

（二）国家资格框架的层级结构

由国家权威部门颁布统筹教育学历证书和职业资格证书（技能证书）的多层级的国家资格框架。

国家资格框架的层级结构，一是要涵盖职业资格证书和学历资格证书，每获得一级职业资格证书，就等同于相应的学历层次（等值性）；二是每一层级都构成完整的职业资格，可根据经济发展与劳动市场的需要就业（需求性）；三是为获得高一级资格证书，在需要时可返回职业院校，或通过非正规和非正式学习获得职业晋升和学历晋升（开放性）。

借鉴欧盟8级“欧洲资格框架”的经验和联合国教科文组织最新的8级国际教育分类标准，以及中国曾经长期实施过的8级技术工人制度，建议“中国国家资格框架”也由8级资格组成（见表1）。

表 1　中国国家资格框架设想

级别	资格
8	博士 2 年 高等职业学校 2 年 职业资格 7 级（国家大师相应资格）
7	硕士 2 年 普通高等学校 2 年 高等职业学校 2 年 职业培训（继续教育） 职业资格 6 级（特级技师、特级技术员相应资格）
6	学士 4 年 普通高等学校 4 年 高等职业学校 4 年 职业培训（继续教育） 职业资格证书 5 级（高级技师、高级技术员相应资格）
5	高等专科学校 3 年 高等职业学校（专科）2—3 年 职业培训（继续教育） 职业资格证书 4 级（技师、技术员及相应资格）
4	高中后非高等教育的培训 包括普通教育和培训、职业教育和培训 职业资格证书 3 级（高级工）
3	高中 3 年 中等职业学校 2—3 年 职业资格证书 2 级（中级工）
2	初中 3 年 初等职业学校 3 年 职业资格证书 1 级（初级工）
1	小学 6 年

（三）国家资格框架的管理机构

国家资格框架的管理，由于涉及教育部门、人社部门、行业企业，需要统筹相关的职业教育资源，以实现综合协调。但目前用人的劳动制度与育人的教育制度的分离，不仅表现为劳动人事部门与教育行政部门在职业教育管理职能上的交叉（例如，技工学校、技师学院问题），而且更重要的是表现在劳动市场的用人信息与职业教育的育人供给的脱节，尤其是行业、企业在参加职业教育发展与改革的途径上的缺失，甚至出现行业、企业可有可无以至“失语”的现象。

为此，建立国家职业教育机构，例如国家职业教育（总）局，或国家职业教育委员会，国家职业教育办公室，有利于国家资格框架制度的管理与实施。

（四）国家资格等级的认证制度

国家职业资格框架制度的建立，将使得人才的使用有一个比对、评价和认定的国家平台。权威的国家资格制度，必须有权威的国家认证制度予以保障。这里尤其要注重发挥行业的认证作用，应逐步实施行业认证制度。

综上所述，国家资格框架制度的建立，必将有利于规范各级各类教育和培训的内容和标准的方向，有利于鼓励公民通过正规教育、非正规教育和非正式教育，去获得个人职业生涯发展的需要的资格，使得职业技能人才、工程技术人才和科学研究人才的资格，统一于一个权威的国家资格标准之下，有利于进一步提高职业教育的吸引力，实现教育公平、社会公平，实现习近平提出的“人人皆可成才，人人尽展其才”的教育目标。

对教育部门来说，职业教育可以国家资格框架为基准，建立职业教育分级制度。但是，必须指出的是，建立基于国家资格框架，不是简单地将学历证书“贴牌”于职业教育，强调的是各级各类资格或证书的等值而非同类，也就是说，建立现代职业教育体系及国家资格框架制度，不是建立第二个以升学为导向的教育制度，绝不是建立无职业资格的学历证书制度，不是建立取代工程教育、科学教育的教育制度，它仍然是一个致力于为国家经济和社会发展提供高素质职业人才的，以服务为宗旨、以就业为导向的教育制度。

"成人的 PISA"：OECD 成人技能调查研究*

□ 徐　静（山东青年政治学院讲师）
□ 刘宝存（北京师范大学教授）

开展国际测评是经济合作与发展组织（Organization for Economic Cooperation and Development，简称"OECD"或"经合组织"）影响成员国教育发展的一个重要途径。为了更全面地掌握不同年龄人群的能力和技能状况，继国际学生评估项目（Programme for International Student Assessment，PISA）之后，经合组织策划、实施了成人技能调查（Survey of Adult Skills）。成人技能调查对 16—65 岁成人的阅读、数学以及运用信息通信技术解决问题的能力进行测评，被称为"成人的 PISA"[1]。2013 年 10 月，经合组织公布了成人技能调查首轮（2008—2013）测试结果——《OECD 技能展望 2013》（*OECD Skills Outlook 2013*）。报告根据测评数据对成人能力进行比较、分析，并为各参与国政府提出政策建议。[2]

一、成人技能调查发展历程

成人技能调查是 OECD 国际成人能力评估项目（Programme for the International Assessment of Adult Competencies，PIAAC）的核心组成部分，其发展历程可追溯至国际成人能力评估项目（PIAAC）的产生。

20 世纪 80 年代中期到 90 年代初，美国教育考试服务中心（Educational Testing Service，ETS）和加拿大统计局（Statistics Canada）开展了一系列测评项目，分别对本国成年人的阅读能力进行测评，测评结果引发经合组织关注。经合组织 1992 年年终报告认为美国、加拿大的成人能力测评利弊并存。一方面，测评促进了当地教育发展、影响政府的教育决策；另一方面，测评的调查范围有限，只面向本国国内。为了获得更为广泛的评估数据、掌握准确的国际成年人口的技能水平和分布，从 1994 年起经合组织开展了一系列适用于不同语言、不同文化的国际成人能力测评。

1994—1998 年，经合组织实施了国际成人阅读调查（International Adult Literacy Survey，IALS），先后对 22 个国家成年人的阅读能力和计算能力进行测评。2002 年至 2006 年，经合组织开展了成人读写能力与生活技能调查（Adult Literacy and Lifeskills Survey，ALL），先后对 12 个国家成年人的阅读、算术以及解决问题的能力进行测评。2007 年，经合组织借鉴以上国际成人调查的研究经验，整合测试内容，扩大测评范围，启动、研发了针对成人能力的综合性国际测评——国际成人能力评估项目（PIAAC）。2008—2013 年，PIAAC 对 24 个国家成年人的阅读、数学以及运用信息通信技术解决问题的能力进行了测评。

进入 21 世纪以来，数字、信息技术的广泛应用为全球经济带来巨大影响，全球竞争加剧，失业

* 原载《比较教育研究》2014 年第 11 期。

率不断升高。2012 年，经合组织策划、推出了技能战略计划（OECD Skills Strategy）。该计划指出，技能是 21 世纪的“货币形式”，国家进行技能建设有利于促进经济繁荣、增强社会凝聚力。OECD 技能战略计划旨在协助合作国明确国家技能系统中存在的优势和问题，并为政府决策提供建议。OECD 技能战略计划在三个方面开展工作：第一，收集、整理经合组织近几年与技能有关的报告、论文和统计数据；第二，通过举办国际论坛和会议为各国政府提供讨论平台；第三，开展国际成人技能调查，了解不同国家成年人的技能水平和分布。[3] 由此可见，成人技能调查是技能战略计划的主要工作内容之一，技能战略计划为成人技能调查提供了政策保障，并使成人技能调查逐步向纵深方向发展。

二、成人技能调查宗旨、方法和内容

（一）调查宗旨

成人技能调查是迄今完成的规模最大、最全面的成年人国际调查，它适用于不同文化和不同国家，根据一定的测评标准，对不同语言人群进行测评并获得可比结果。成人技能调查的宗旨是通过对成人实际具备的能力和掌握的技能进行直接测定，而不是基于他们获得的学历和资格认证证书，分析个人技能的发展和运用对改善劳动者就业、生活质量以及对推动国家经济发展的作用，并帮助各国制定技能标准和应对政策。经合组织将在未来几年持续开展成人技能调查，以便各成员国决策者成功监测国内人力资本的发展情况和趋势。

（二）测评方式与方法

成人技能调查是由多方共同合作实施的。合作方包括参与国理事会（Board of Participating Countries）、经合组织秘书处、欧盟委员会以及由美国教育考试服务中心（ETS）组建的国际联盟（International Consortium）。其中，最高管理机构为参与国理事会，负责监督、指导成人技能调查的实施、运作。美国教育考试服务中心国际联盟负责测试工具的研发和基本数据收集。经合组织秘书处负责各方的协调工作。

成人技能调查是一项基于计算机进行的综合性国际评估项目，采用测试、问卷和访谈相结合的方式对被测者的基本认知技能和技能使用情况进行测评，同时参考被测者的基本背景信息。受测者通过计算机完成调查问卷，若计算机水平有限则采用纸笔形式完成。首先，成人技能调查通过背景调查问卷将被测者分为无电脑经验者和有电脑经验者。无电脑经验者用纸笔作答核心测试，成绩合格者进行阅读和数学测试，未合格者只进行基本阅读测试；有电脑经验者继续通过计算机进行第一阶段的核心测试，通过后进入第二阶段的核心测试。成人技能调查测试结构详见下图。

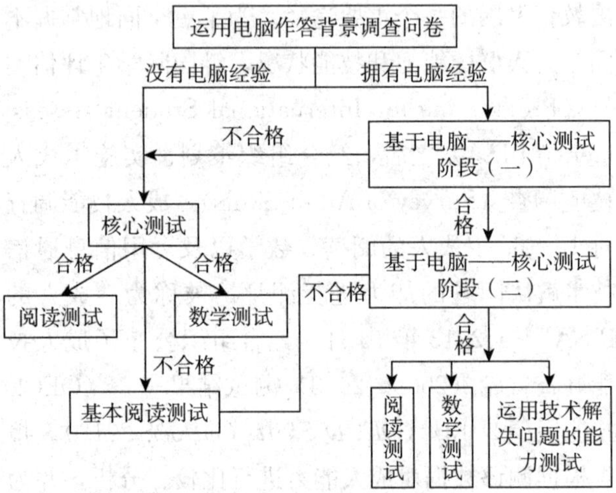

成人技能调查测试结构图

资料来源：OECD（2012），Literacy，Numeracy and Problem Solving in Technology-Rich Environments：Framework for the OECD Survey of Adult Skills，OECD Publishing. http://dx.doi.org/10.1787/9789264128859-en.2013-12-08.

（三）测评内容

成人技能调查的核心测评内容为成年人在阅读、数学以及运用信息通信技术解决问题方面的能力。这些技能在成年人的工作、生活中起关键性作用，是成年人参与劳动力市场的必要因素，同时反映国家教育与培训体制是否合理。围绕核心内容，成人技能调查从三个方面实施测评：基本认知技能、通用工作技能和背景调查问卷。

1. 基本认知技能

基本认知技能包括成年人识字、识数、基本阅读以及运用信息通信技术解决问题的能力。识字能力是发展高级技能以及促进经济、社会发展的核心要素，与劳动者的工作成绩、社会参与度以及终身学习密切相关。在成人技能调查中，识字能力是成人通过阅读、理解和运用书面材料的相关信息实现一定目标、发展知识和潜能的能力。本次调查不仅评估成人的印刷文本阅读能力，而且评估成人的电子文本阅读能力；不仅评估识字能力较高的成年人信息，而且通过“基本阅读能力”测试评估识字能力较低的成年人信息。

随着日常生活中遇到的定量信息和数学信息日益增多，识数能力成为一种基本技能。识数与读写能力同样重要，是成年人运用数学思维解决实际问题的能力，但两种技能在不同人群中分布不同，对两者的相互作用进行评估具有重要意义。

运用信息通信技术解决问题是信息时代人们应该具备的必要认知技能，是成年人运用数字技术、通信工具和网络资源来获得信息、解决问题并完成复杂任务的能力。面对海量的信息，人们必须审慎评价信息，以决定自己需要什么信息，并能够运用信息解决问题。

2. 通用工作技能

成年人在工作中综合使用的认知技能、社交技能、肢体技能和学习技能统称为“通用工作技能”。调查要求成人回答他们在工作中使用这些技能的程度和次数，收集关于四大类通用工作技能的信息。认知技能包括读、写、数学技能和使用信息通信技术的技能；社交技能包括与人交流、合作、与客户谈判、合理安排工作和充分利用时间的技能；肢体技能包括肢体一般动作技能和精细动作技能；学习技能包括正规或非正规的学习活动、指导他人学习的活动以及紧跟专业领域发展的学习活动。

3. 背景调查问卷

对被测者进行背景调查有利于研究人员了解影响技能发展的相关信息，包括被测者的人口学特征、教育背景、社会和语言背景、就业状况和收入、使用信息和通信技术的情况以及实际运用识字和识数的情况等。除此之外，背景调查问卷还涉及被测者的健康状况、志愿者活动和政治参与情况等。

成人技能调查和国际学生评估项目（PISA）都是对被测者在阅读、数学以及问题解决能力方面的测评。二者最大的不同在于调查对象不同：PISA 面向义务教育阶段结束后的 15 岁学生；成人技能调查面向 16—65 岁成人。其次是研究目标不同：PISA 旨在为学校、教师和学生寻找更有效的教育教学方法；成人技能调查对成年人的基本认知能力和技能水平展开测评，关注成年人如何获得相应技能，在工作、生活中怎样运用这些技能以及在使用过程中能获益多少等问题。在这一目标指引下，成人技能调查在如下方面收集信息：第一，受访者在家中、工作环境以及社区生活中如何使用所学技能；第二，受访者如何发展、保持以及在什么情况下失去已得技能；第三，个人技能和劳动力市场参与度、劳动者收入、健康、幸福指数以及政治参与度等因素的关联。[4]

三、成人技能调查主要发现

2013 年 10 月，经合组织以调查报告的形式公布了成人技能调查首轮（2008—2013 年）测评结果——《OECD 技能展望（2013）》，同时计划未来几年逐年发布年度技能展望报告，以便及时追踪成人技能调查测评情况。报告指出，个人认知能力和工作技能水平影响经济乃至社会的发展变化，运用信息、通信以及网络技术处理信息的能力是 21 世纪人才应该具备的必要技能，个人工作技能应紧跟信息技术发展，各级各类教育、培训机构应提供符合经济发展需要的技能培训。成人技能调查主要发现如下。[5]

第一，参与国成年人在阅读、数学以及运用信息技术解决问题的能力方面表现不一，差异较大。在语言和数学能力方面，日本和芬兰排名居前，意大利和西班牙最差；运用信息技术解决问题方面，瑞典和芬兰排在前两位，法国、意大利和西班牙最差。各国测试结果排名详见下表。

成人技能调查首轮测试（2008—2013年）排名表①

排名＼测评范围	阅读能力	数学能力	运用信息通信技术解决问题的能力
1	日本	日本	瑞典
2	芬兰	芬兰	芬兰
3	荷兰	瑞典	荷兰
4	瑞典	荷兰	挪威
5	澳大利亚	挪威	丹麦
6	挪威	丹麦	澳大利亚
7	爱沙尼亚	斯洛伐克	加拿大
8	斯洛伐克	比利时	德国
9	比利时	捷克	英国
10	加拿大	奥地利	日本
11	捷克	德国	比利时
12	丹麦	爱沙尼亚	捷克
13	韩国	澳大利亚	奥地利
14	英国	加拿大	美国
15	德国	韩国	韩国
16	美国	英国	爱沙尼亚
17	奥地利	波兰	斯洛伐克
18	波兰	法国	爱尔兰
19	爱尔兰	爱尔兰	波兰
20	法国	塞浦路斯	塞浦路斯
21	塞浦路斯	美国	西班牙
22	西班牙	意大利	意大利
23	意大利	西班牙	法国

其中，美国成年人在阅读、数学和使用信息技术解决问题等方面的得分均低于平均水平，排名靠后：解决问题方面倒数第十，阅读方面倒数第八，数学方面倒数第三。欧洲劳动适龄人口中，20%的人语言和数学能力低于平均水平，25%的人不具备运用信息通信技术的能力。欧盟负责就业与社会事务委员拉斯洛·翁多尔（László Andor）表示，这样的测试结果表明欧盟国家在教育和培训体系方面存在弱点，欧盟各成员国应有效使用欧盟社会基金拨款，通过加大投入，提高教育和培训水平。[6]

三项技能中，各参与国成年人对信息技术的运用最为薄弱：只有2.9%—8.8%的成年人能够达到测试的最高水平。排名前三的是瑞典、芬兰和荷兰，日本稍高于平均值，美国、韩国都在平均值以下。另外，在参与调查的国家和地区中，有8 000多万人不具备现代社会要求的基本技能，仅英格兰和北爱尔兰地区就有850万名成年人只具备10岁儿童的数字运算能力。这表明，在技能培养和人才供需上，许多发达国家仍有很大的努力空间。[7]

第二，成年人的教育、语言背景、年龄和性别差异等社会人口学特征大大影响技能熟练程度。总体来看，同一国家和地区内部成年人的受教育程度与技能熟练程度呈正相关。比如读写方面，具备高等教育学历背景的成年人比具备中等教育学历背景的成年人得分高36分（相当于5年正规学校教育）。人们的技能水平也不尽如人意，通过对不同国家和地区进行比较发现，不同国家和地区间劳动者的技能熟练程度有很大差异。例如美国、意大利和西班牙人的技能测试排名远低于其在受教育程度方面的排名，即存在高学历低技能现象；而日本、荷兰只有高中学历的25—34岁成年人的技能水平轻而易举超过意大利、西班牙同龄大学毕业生。这反映出各国教育水平参差不齐，一些国家的教育未能达到预想成效。

在语言背景方面，与说母语的当地成年人相比，有外语背景的移民在读写、数学以及运用技术解决问题的能力方面要差很多。年龄方面的调查显示，受测者的年龄大大影响技能熟练程度，老年人

① 此表为笔者根据《OECD技能展望（2013）》相关排名整理而成，由于数据收集延迟，俄罗斯测评数据未被纳入此次调查报告。

的技能熟练程度普遍比年轻人低。30岁成年人的技能熟练程度达到顶点之后，随着年龄逐渐增长，技能熟练程度逐渐下降。下滑的速度受如下因素影响：劳动者掌握技能的数量和质量、劳动者接受正规教育的程度以及工作后接受培训的程度等。性别方面的调查显示，在数学和运用技术解决问题的能力方面，虽然男性的分数高于女性，但差距不大。在较年轻的成年人中，技能方面的性别差距可忽略不计。

第三，技能熟练程度影响经济发展、劳动者就业以及个人幸福指数。调查进一步验证，知识决定命运，技能决定人生。调查显示，在阅读、数学以及运用信息技术解决问题方面表现突出的劳动者易于就业，有良好的发展空间，薪水较高，且健康状况佳，幸福感强。语言能力达到四、五级水平的受测者，平均工资比一级水平①受测者高60%。因此，技能熟练程度较高的劳动者促进经济良性发展。而不具备这三方面技能或者技能熟练程度低的劳动者失业率是前者的两倍，发展空间有限，身体状况欠佳，政治参与率低，不愿参加志愿者活动，幸福感不强，且缺乏对别人的信任。因此，技能熟练程度较低的劳动者会增加社会的不稳定因素，不利于经济发展。

第四，过度教育现象和教育不足现象并存。在被调查的国家和地区中，21%的劳动者学历远高出工作所需，造成“过度教育”现象；另有13%的劳动者教育程度不能满足工作所需，存在教育不足现象。日本在过度教育方面排名第一，超过其他国家三成，其次是英国；最没有过度教育现象的是意大利，其次是荷兰。在教育程度不能满足工作所需方面，最严重的是意大利，最没有教育不足情况的是斯洛伐克、捷克与日本。调查指出，各参与国需要在教育和技能的供需方面开展研究，避免教育浪费和教育不足现象的发生。

第五，成人教育参与率与技能熟练程度呈正相关。参加成人教育培训可使劳动者发展、提高个人技能，劳动者的成人教育参与率越高，技能水平越高。调查发现，具备四、五级技能水平的劳动者比一级技能水平劳动者的成人教育参与率高三倍，各项技能测试排名靠前的芬兰、荷兰、瑞典和挪威的成人教育参与率超过60%，测试中技能水平最差的意大利的成人教育参与率只有30%。

四、《OECD技能展望（2013）》政策建议

经合组织自成立之初就有为其成员国提供政策建议的传统，《OECD技能展望（2013）》同样对各参与国的决策者进行政策导引，对于共性问题提出整体性政策建议。报告根据测评数据和研究结论指出，参与国应该从如下几个方面进行改革。[8]

第一，加大对早期儿童教育的投入，为所有儿童提供高质量的初等教育（initial education）。调查显示，接受正规教育有助于学生掌握必要的工作技能和正确的生活态度，对于处于不利地位的儿童来讲，接受高质量的教育尤为重要。报告呼吁各国政府应该加大对早期儿童教育和初等教育的投入，保证所有儿童健康成长和成为有效学习者。

第二，衔接正规教育和非正规教育，加强成人教育培训，为所有人提供终身学习的机会。据调查，在受教育者结束正规教育、向劳动力转变的过程中，成人教育培训起着重要作用，参与有组织的成人学习有利于成年人提高技能水平、顺利适应职场环境。报告建议政府出台相应政策，不断完善成人教育培训制度，加大对技能培训的投入，为所有人提供高质量的终身学习机会。参与国在推进成人教育培训时，尤其应注意以下几点：为劳动者提供适合个人发展、与工作相关、符合信息社会发展需要的技能培训；将培训融入劳动者生活，协调好劳动者工作、学习和生活之间的关系；为劳动者提供灵活性强的远程培训，开放学校和社会的各类教育

① 根据成人技能调查指标，在阅读测试中达到四、五级水平的受测者可以进行复杂推理，读懂文章深层论点；一级水平的受测者仅能知晓基本词汇，读懂简单短文。

资源等。

第三，改革人才选拔制度，唯才是举。调查显示，过度依赖学历背景选拔人才会使那些具备高水平技能却缺乏学历的人群很难得到与其技能对等的工作机会，从而导致劳动者技能得不到充分利用，造成人力资源浪费，不利于社会进步；移民、小企业员工、兼职劳动者和短期聘用人员群体中较易出现人力资源浪费的现象。报告建议，各参与国政府在评估劳动者的学历和资格时应重新定义标准，不应过度依赖学历背景，应根据劳动者能力的实际水平选拔人才，为那些掌握技术却缺乏学历的人群提供足够的发展空间。

第四，有效利用劳动者技能，实现教育、技能和市场间的供需平衡。调查显示，技能的供需平衡在一定程度上促进经济发展，主要体现为成年人从正规教育中获得的技能可以满足工作和市场所需，劳动者的技能得到充分利用；而技能的供需失衡在一定程度上阻碍经济发展，主要体现为劳动者的过度教育和教育不足现象，即劳动力市场中普遍存在的“大材小用”和“小材大用”。报告建议，各参与国政府可通过如下方式达到劳动力技能的供需平衡：收集劳动力市场技能供需情况的即时信息，增加技能供需的透明度；出台政策保障成人教育培训的投入，确保技能水平较低的劳动者通过培训提高技能水平；鼓励雇佣方采用灵活性强的雇佣合同以保证劳动者正常的工作流动；改善公共就业服务体系，为劳动者提供实用、正确的就业指导；促进不同国家劳动者的学历、资格互认等。

五、结语

OECD成人技能调查对成年人的认知能力和技能水平进行测评，在一定程度上反映了技能与经济发展、劳动者就业以及个人幸福指数的关系。同时，成人技能调查如一面“社会反射镜”，折射出教育的成效、经济发展迟缓的诱因、社会中的不平等因素以及弱势群体的发展等问题。成人技能调查以其调查目的的明确性、调查方式方法的缜密性和调查内容的广泛性使决策者有可能对教育、经济的发展方向以一管窥全豹。

基于不同测评数据，成人技能调查对各参与国进行排名，使各国了解其在国际上的具体位置，以便相互学习和借鉴。通过比较、排名，一方面，参与国可以借鉴别国实施正规教育、推进终身学习及开展成人教育培训的成功经验；另一方面，成人技能调查帮助各参与国明确其教育、经济、社会中存在的一些问题，并且通过调查数据使这些问题具体化、清晰化，让参与国政府在进行决策、改革时有证可依。

OECD成人技能调查符合时代发展要求，顺应人们关注教育质量、教育成效的社会趋势。成人技能在社会经济发展、劳动者就业、个人生活等方面发挥重要作用，全面把握成人技能状况有利于促进国家发展、提高国家竞争力。借鉴OECD成人技能调查，加强相应问题研究，掌握我国成人技能状况，从而更好地开展成人教育与培训，提高成人认知能力和技能水平，应该成为我国的努力方向。

参考文献：

［1］Angel Gurria. Launch of the OECD Survey of Adult Skills［EB/OL］. http://www.oecd.org/about/secretary-general/launch-of-oecd-survey-of-adult-skills.htm.2013-11-27.

［2］［5］OECD（2013）. OECD Skills Outlook 2013: First Results from the Survey of Adult Skills, OECD Publishing［EB/OL］. http://dx.doi.org/10.1787/9789264204256-en. 2013-11-22.

［3］Towards an OECD Skills Strategy［EB/OL］. http://www.oecd.org/edu/47769000.pdf.2013-11-17.

［4］［8］OECD（2013）. Skilled for Life? Key Findings from the Survey of Adult Skills［EB/OL］. http://www.oecd.org/site/piaac/Skills Outlook_2013_ebook, pdf. 2013-11-25:3-5,13-27.

［6］［7］经合组织“国际成人能力评估”结果喜忧参半［EB/OL］. http://edu.ce.cn/xw/201310/11/t20131011_1137205.shtml.2013-11-30.

教 师 教 育

论我国教师教育的二次转型*

□ 朱旭东（北京师范大学教授）
□ 李　琼（北京师范大学教授）

本文之所以提出我国教师教育的二次转型的命题，原因在于我国教师教育从封闭的独立的师范教育向开放的教师教育转型（本文称其为“我国教师教育的第一次转型”）中并没有提高教师教育的质量，尽管在第一次转型中教师培养满足了《教师法》、《教师资格条例》等法律、法规对教师学历的要求，表面上我国教师学历合格率已经达到了相应的规定，但实质上，教师培养的质量并非令人满意，甚至出现了用人单位对师范生质量下降的判断，[1]这是否意味着教师培养质量在下降？这是教师教育第一次转型所预料不到的事实。问题是，如何才能培养高质量的教师？显然，我们需要进一步地探讨教师教育在第一次转型后是否要继续转型的问题。本文就是基于这个问题提出我国教师教育的二次转型议题的，它要讨论的问题是，我国教师教育第一次转型并没有带来教师培养质量的提高，反而出现了困境，于是其限度是什么，以及造成限度的原因在哪里？既然提出我国教师教育二次转型的命题，那么为什么需要教师教育二次转型？教师教育二次转型的取向表现在哪些方面？

一、我国教师教育第一次转型限度及其原因

（一）我国教师教育第一次转型的限度①

1. 我国教师教育第一次转型：由独立的师范院校向综合院校转型②

我国从 1898 年上海南洋公学私立教师培养和 1902 年京师大学堂师范馆建立公立教师培养开始了我国现代教师教育的历史发展，在发展过程中虽然也历经变化，如 20 世纪 20 年代师范院校综合化建立大学教育学院培养教师，现代教师教育主要以独立师范院校及其制度为主要特征，尤其在 1956 年我国高等教育院校调整后，更是形成了培养小学教师的中等师范学校、培养小学和初中教师的高等师范专科学校和师范学院与培养初中教师和高中教师的师范大学的教师教育体系，通常称之为封闭的教师教育体系，[4]虽然在“文革”期间与整体教育发展命运一样，这个体系一直到 20 世纪 90 年代初期一直没有改变，尽管像苏州大学由苏州师范学院转变为大学，开启改名的师范院校综合化道路，同时也出现了一些变师范大学为综合大学的微弱舆

* 原载《教育学报》2014 年第 5 期。

① 《现代汉语词典》将“限度”定义为“范围的极限，最高或最低的数量或程度”，[2]这里主要指有限度。

② 《现代汉语词典》将“转型”定义为“社会经济结构、文化形态、价值观念等发生转变”。[3]

论，20世纪90年代中期以来，封闭、独立、单一的师范院校构成的教师体系与其他领域的专业院校体系一样开始走向合并不改名的师范院校综合化、合并改名的师范院校综合化、不改名的师范院校综合化等多种师范院校综合化道路，非师范专业在师范院校纷纷建立，使师范院校走上了通过非师范专业无限扩展的转型之路，[5]在轰轰烈烈的转型过程中我国的教师教育走上了由独立的师范院校向综合院校转变的第一次转型。

2. 师范院校向综合院校转型的限度

虽然师范院校向综合院校转型导致了教师教育转型，但这种转型并没有导致教师培养质量的实质性提高。这就是我国教师教育第一次转型的限度，其主要表现在以下几点。一是在由单一、独立、封闭师范院校体系向多样、开放、鼓励综合院校参与的体系转变中，我国一流综合大学参与教师教育的数量有限，从而整体上教师培养在质量上提高程度有限。二是在师范院校向综合大学转型过程中，通过转制、合并、升格、改名等途径，完成了这些师范院校的第一次转型，也就是从传统师范院校向综合型大学或综合型师范大学转型。这种转型虽伴随着我国层级化高等教育体系的形成，但并没有提高教师培养的质量，反而因为师范院校的中师择优招生、师范学院和大学提前招生等政策的取消导致综合化后的师范院校生源质量下降，尤其是改名后的地方综合学院、综合化的地方师范学院，甚至一些综合化的地方师范大学的生源质量不断下降，从而使教师培养质量反降不升，师范院校综合化后的教师培养质量提高程度也有限。三是由于在综合化转型过程中所有的高等院校都选择了教育学教研室、教育系转变为教育学院或教师教育学院等的建制模式，这种模式虽然导致了教育学的教学和研究人员的增加，但主要围绕教育学二级学科的本科、硕士、博士点建设，从而在全国范围内增加了教育学二级学科的学位点，学位点增加和建设在提高教师培养质量上并没有出现明显的效果。这意味着教师教育转型后对于教师培养质量提高程度有限，如教育学理论与实践脱离依然严重，教育学专家走进中小学的步履艰难，尽管教师发展学校、UDS（University-District-School）、SUP（School-University-Partnership）等与中小学建立伙伴关系模式不断建立，[6—8]但也仅局限于教师教育研究人员或学科教学论专家，而广泛的教育学二级学科研究人员与实践的关系依然疏远。四是教师教育第一次转型，尤其是师范教育向教师教育在概念上的转变导致教师教育研究机构的普遍建立，也使教师教育真正在大学确立了其学术地位，改变了有教师培养的实践而无教师培养的研究的教师教育学术史，但教师教育从学术制度上没有得到合法的学科支撑，从而使教师教育只具有领域的性质，而没有学科的性质，因而不能满足在大学组织中生存的规律。在大学，任何一个领域的存在，如果没有学科制度作为保障基础，那么其存在的合法性和合理性就无法确立，更重要的是，大学教师的生存逻辑在于学科制度，其学位需求、岗位设置、课程选择、教学执行、职称评定、科研课题申报、研究生培养等都与学科紧密相关，教师教育学院的教师如果没有这些学科制度的基础性保障，那么教师教育的学术发展水平的提高程度也有限。

（二）导致我国教师教育转型产生限度的原因

我国教师教育转型是历史的选择，是一种不可逆转的发展方向。尽管在选择何种道路上一直以来存在很多争论，尤其是师范院校在是否需要改名的问题上始终存在改名的高需求性和维护师范地位的不许改名的合法性的博弈，尽管这种博弈并没有阻止师范院校走向综合性的步伐，但是为什么会出现上面所论述的我国教师教育转型受限呢？其主要原因在于，教师教育学科制度没有建立起来。关于教师教育学科制度建立，在教育学学术界也存在不同的观点。尽管有关建立教师教育学科的讨论已经多年，但由于教育学科建立的最高学术决策机构“国务院教育学科学位委员会”对建立教师教育学科缺乏兴趣，或者存在重大分歧，因而使教师教育学科建立的可能性也变得十分缥缈。问题是，缺乏教师教育学科制度将依然使教师教育转型的限度延续，从而严重影响到我国教师培养的质量。我们来分析导致我国教师教育转型产生限度的原因，一是没有教师教育学科，根本就无法调动起我国一流大学的教师教育的热情，这在世界上是绝无仅有的，哪有一个国家的一流大学不培养教师的?① 我们对《泰晤士报》公布的2011—2012年度世界大学排行榜中美国前50名大学的教师教育项目进行了研究，[9] 有38所大学（占76%）参与了教师教育。斯坦福大学在1891年就设立了历史与教育文学部，它在1917年升格为教育学院，1929年开始授予教育博士学位，1959年设置斯坦福教师教育项目，现在已经设置了学士后、硕士和博士项目的教师教育项目。哈佛大学在1920年就参与教师教育，设置了教育博士项目。目前哈佛大学教育学院共有教育博士、教育领导博士和13个教育硕士教师教育项目。1898年哥伦比亚大学合并纽约师范学院成立哥伦比亚大学师范学院，从此哥伦比亚大学开始参与教师教育。总之，美国高水平综合大学在19世纪末20世纪初就已经开始参与教师教育，而且在教师教育质量方面处于领先水平。众所周知，学科是大学发展的生命线，增加学科数量和提高学科质量是大学永远追求的目标，如果教师教育学科具有合法性，那么中国一流大学怎能无视增加一个教师教育学科数量的追求？一个国家没有一流大学培养教师，怎么能够从整体上提高教师培养的质量呢？二是没有教师教育学科，无法使师范院校真正转型，只停留在师范院校综合侧面，根本代表不了教师教育转型，而只有在学科基础上组织结构的转型才能进入实质性的教师教育转型，我们称之为二次转型。没有教师教育学科，就无法使传统的教育学科转移到教师的培养上，无法把传统的学科知识的逻辑建构转变为围绕教师专业成长的培养逻辑建构，尤其是《教育学》根本无法改变，二次转型需要《教育学》的彻底转型。三是没有教师教育学科，无法从师范院校的教务处的教师培养管理转型到专业学院的教师培养治理，传统师范院校的教师培养管理完全由教务处管理，无论是课程设置，还是师范生实习安排，都是在教务处的管理下实施的，由于师范院校向综合型院校转型，教务处的管理范围越来越大，但其专业要求也越来越高，或者教师培养的专业性越来越强，它需要转移到专业学院的专业教授来全程管理，但没有教师教育学科根本无法获得专业的身份认同，显然无法保证教师培养的质量。四是没有教师教育学科，无法使教师培养和培训一体化，从而无法使职前教师培养和职后教师培训无论在课程设置及其内容安排上，还是在培养和培训的方式和途径等方面适合教师专业发展的规律，从而影响到教师培养和培训的质量。这里需要特别指出的是，在教师培训成为一项国家事业，巨大的国家资源投入其中，如何使投入得到更好的产出的问题，如果没有教师教育学科，根本无法保证教师培训的质量。因为参与教师培训的人员没有专业基础，一个专业教师培训者从项目策划到设计，从项目对象需求到项目主题确定，从项目主题建构的理论基础到基于理论的项目内容建构和课程设置，从培训项目课程实施到评价以及从培训项目的整体管理到环节管理都需要达到专业水平，如果没有教师教育学科，也根本无法保证其专业水平。更为重要的是，专业教师培训者没有教师教育学科依托，将会使其无法获得大学的学科身份，因而无法找到其专业发展方向，在大学没有专业方向就意味着没有专业前途。如此，如何保证教师培训质量？

我国教师教育转型限度的原因还表现在，没有学科的建立从而在教育科学规划纵向课题中没有教师教育学科课题指南，从而影响了教师教育研究队伍的形成，最终损害的是教师教育的发展。由于没有课题申报的机会，因此教师教育学科组织和学科

① 当前有一种观点认为，只要建立教师资格制度和教师考试制度，我国一流大学的学生就可以通过考试选择成为教师。这是一种不负责任的观点。本来通过简单的教师资格考试来选择教师已经在社会上被多次诟病，因为这种只考试没有专业课程学习和实习根本无法保证选择的教师是合格的教师，这种简单的制度也只有在我国存在。世界上，尤其是发达国家，都有严格的专业课程学习获得教师资格证书要求的学分和较长时间的实习达到教师资格证书的条件。那种任何人只要通过考试就可以承担教师专业的观点是极其不负责任的。

专业都最终得不到资源的支持。这已经严重影响到我国教师教育发展，更严重地影响到了我国教师的培养和培训质量。

二、我国教师教育的二次转型及其取向

（一）我国教师教育的二次转型

通过对我国教师教育转型的限度原因分析，可明了真正实现教师教育的转型取决于教师教育学科制度的建立。所谓我国教师教育的二次转型，意指在我国师范院校向综合院校第一次转型的基础上，教师教育需要在学科基础上组织结构的实质性转型，即教师教育学科制度的建设。那么如何建立教师教育学科呢？教师教育学科可以作为教育学的二级学科来建立。问题是作为二级学科的教师教育需建立哪些方向？根据人才培养的需要，基础教育领域的人才需求主要表现在幼儿园教师、小学教师、中学教师、特殊学校教师、职业学校教师，因此应建立幼儿园教师教育、小学教师教育、中学教师教育、特殊教师教育、职业教师教育，而中学教师教育由于在中学以分科为主要模式的教育，因此可以在中学教师教育下设数学教师教育、语文教师教育、科学教师教育、信息技术教师教育等，每个学科方向分别在教师教育学科课程的基础上设立其方向课程，构成大学通识课程、教师教育学科课程、教师教育方向课程和教师教育实践课程，而在中学学科教师教育方向下需要设置学科知识的课程。

教师教育是一种专业教育，专业教育应该在大学的学科组织结构中实施，这是合理的逻辑推演，因此我们需要建立一个教育学的学科组织结构，这个结构又是大学整体的组织结构当中的一部分。

（二）我国教师教育二次转型的取向

第一，院校性质从师范型向综合性转型过渡到院校内部的教师教育二级学院的机构转型。

教师教育的二级学院作为大学专业教育的组织结构①是一种制度选择，况且教师教育的学院组织结构模式已经成为一种大学，尤其是综合大学参与教师教育的一种最主要的制度选择，但在这种制度选择中，遇到的一个最大问题是无法真正整合教师教育的资源，尽管组织结构的制度安排可以通过行政命令来完成，正如某地方综合大学成立了教师教育工作委员会，下设挂靠大学教务处的教师教育管理中心，并成立教师教育学院，形成了三级管理组织，其初衷在于整合大学的教师教育资源，特别是把教师教育的人力资源集中到教师教育学院，如承担学科教学论课程的教学和研究工作的教师。建立教师教育的学院可以有多种制度选择，教育教师系、教育系、教育学院、教育研究生院、教育学部等都是一种制度。通过这种制度安排整合在师范院校转型过程中教师教育机构的分散而导致的分散的资源，资源的分散性②已经到了世界上任何一个国家绝无仅有的地步。教师培养机构在历史上确实存在着不同的类型，这些类型有师范类院校、综合院校、教育大学等，至今在世界上还存在着不同类型的院校，当然我们需要辨别清楚的是，这些院校是如何组织教师培养的。就师范院校而言，应该是专门培养教师的，它不应该涉及其他领域的人才培养，应体现出专注性，否则就不是师范院校了；综

---

① 与单一封闭时代的教师教育机构理解不同的是，今天教师教育机构已经不能以师范大学、师范学院等来指称了，因为教师培养体系及其机构从原来的平面金字塔型向立体的金字塔型转变，除了机构名称仍然还有师范的机构外，综合大学和学院、多科性大学和学院以及单科性大学和学院也承担着教师培养的任务，甚至高职和中职院校也培养小学和幼儿园教师，为此我们用“高等院校名称”来指称教师教育机构已经变得很复杂了。需要指出的是，即便是师范院校，由于其本身性质在实质上走向综合化，“师范”院校名称概念已经无法涵盖办学性质和规模，因此我们需要用院校内部的学术治理机构来构建新型教师教育机构及其体系。

② 当前我国教师教育组织结构松散而多样的局面并不是教师教育本身造成的，而是我国大学在整体转型过程中的一个普遍现象，“我国大学在探索‘学院制’改革的进程中，二级实体院系设置数普遍在20个以上，不少学校在30个左右，个别学校甚至在40个以上”。下设院系过多过细，严重阻碍了学科的交叉和融合，影响到了人才培养质量和科学研究。这已经到非改革不可的地步。

合院校培养教师是由教育学院（SCD）① 等来承担的，与所有其他的专业学院一样开展专业教育，它在综合大学中体现出唯一性，也就是一所大学除了教育学院以外再也没有任务一个机构培养教师的；当然还有一些国家或地区如日本与中国台湾举办教育大学，主要或者唯一任务就是培养教师。

教师教育学科组织结构的变革是因为可以实现教师教育信息、资源和成果共享，所有资源配置实现整合、共享和优化，形成集群优势。从人力资源配置的角度来说，教育学院（部）的所有人员打通使用，可以开展跨学科研究工作，为人力资源的重新组合和教师的自由流动创造了平台；从物质资源来看，各种图书文献资料、科研信息资源、科学仪器设备等得以整合调配，实现最大限度的共享。

第二，从学科为逻辑的二级教师教育的学院向专业为逻辑的二级教师教育的学院转型。

教师教育学科组织结构变革的路径在于专业路径而不是学科路径。传统上从教育学教研室到教育系再到教育科学学院或者教育学院都是以教育学为学科依据构建的组织结构。从国际经验来看，解决教师教育机构组织分散的问题的路径显然只有一条，那就是成立一个专业学院，当然可以是教育学院（部），也可以是教师教育学院，这里涉及一所大学，哪怕是师范大学的合理的学术治理结构的问题。到底什么才是合理的教师教育学术治理结构呢？我们以美国密歇根州立大学为例，其教育学院（college of education）有四个系，其中有一个系是“教师教育系”（department of teacher education），在这个系有三个学位项目，即本科、硕士和博士项目，在本科学位项目上有两个培养教师的专业，一个是小学教育，一个是中学教育，硕士和博士学位项目主要是学术研究项目，因此从这个例子中我们可以梳理出“大学—学院—系—项目—专业”（university-college-department-program-major）的治理逻辑，这给我们重构我国大学学术治理结构提供了参考。[9]日本的东京大学设有 10 个学部，69 个学科，610 个讲座，其中有教育学部，京都大学共设有文学部、教育学部、法学部、经济学部、理学部、医学部、工学部、药学部、农学都、环境学部 10 个学部，其中最大的学部是工学部，含有 24 个系 168 个讲座。[10]英国的牛津大学建有人文学部、社会科学部、数理生命科学部、医学部 4 个学部。[11]

关键的问题是，我们国家在教师教育机构上既有师范院校，又有综合院校，同时师范院校又表现出综合化的强烈特征，它已经失去了早期师范院校的性质，② 严重的问题还在于，在同一个师范院校内与教师培养有关的组织机构不止一个，体现出教师教育机构的分散性特征。一所师范大学可以同时存在教育科学学院或教育学院、初等教育学院、学前教育学院，彼此在师范大学内是独立设置的机构，同时中学教师培养还分散在各文理学院，机构的分散性在全国大多数大学都存在。

或许我们可以用一个借口，即当前中国处于社会转型期，一切都在变革之中，于是大学中有关教育学科的机构的多样性就没有办法解释，没有哪一个国家会像中国这样在同一所大学内会有如此多的教育学科的机构，我们可以考察世界上所有那些有教育学院的大学，无一例外地只有一个教育学院，而不会重复设置，所不同的是，教育学院在办学规模上大小不同而已。“教育科学学院”让国外同行难以理解，它为什么存在？如果它不培养教师，那么它有存在的必要吗？更何况“教育科学”已经被学科内外多次质疑。有一点是不可否认的，大学里的教育学科机构不为培养教师服务无论如何是说不

① SCD 主要为美国存在的类型，即 school，college and department of education。

② 某一所“师范学院”在《中国教育报》上刊登广告要招聘“医学院院长”，这里要提出的问题是，这哪里是“师范学院”呢？从学校名称上来说怎么也无法想象，“师范学院”为何会招聘医学院院长，这是当前我国高等院校名称混乱的现象之一，学院套学院，它不是院校机构名称的合理逻辑，这在世界教育史上也是绝无仅有的现象。可见，我国高等学校办学的非专业性已经到了令人啼笑皆非的地步。

过去的，尽管服务教育的对象可以有很多，正如美国的大学教育学院普遍建立“教育领导和政策系”，可以为教育政策服务，但主体部分，规模最大的系在于教师教育系或培养教师的课程或教学系，关键的问题在于所有的教师培养，即使是中等教育专业的教师培养的专业部分无一例外地都在教育学院承担，因此这里涉及专业工作由谁来负责的问题，可以肯定地说，教师培养的专业教育一定是由教育学院来承担的。

第三，教师教育体系从不均衡的金字塔型结构向均衡的二级学院结构转型。

前面从院校内部的学科和组织结构阐述了二次转型的取向，从国家整体的教师教育转型来看，需要教师教育体系从不均衡的金字塔型结构向均衡的二级学院结构转型。传统的单一、独立、封闭的教师教育体系呈现一个金字塔型的不均衡的结构，这个结构给教师培养带来了诸多的问题，如教师教育体系本身是不公平的，幼儿园教师和小学教师得不到与中学教师一样的公平的专业性培养①。要解决教师教育体系的不公平问题，首先要解决教师教育机构的归属和性质问题，解决教师教育机构的重建问题。这里需要指出的一点是，师范大学在综合化道路上已经不可逆转，既然如此，就教师教育而言，我们需要考虑的是综合性的师范大学内如何重建教师教育机构的问题，而不是如何办好师范大学的问题，尽管师范大学整体办学水平也必然会影响教师教育的质量。一个可以讨论的重建方向是，在本科基准水平条件下建构一个以专业本科、专业硕士和专业博士的教师教育学位制度和层级化的机构体系也许是一种教师教育体系重建的选择，它应该超越以院校为机构构成的体系，而成为以专业学院为机构构成的教师教育体系。

第四，教师教育组织结构由学科取向向专业取向转型。

既然教师教育的学院可以多种制度安排，那么我们要讨论的是教师教育二次转型在教师教育组织结构上应从学科取向向专业取向转型。师范院校在向综合性院校转型过程中，教师培养存在两种学科取向：第一种是二级教育学科取向，如学前教育、初等教育，第二种是中学教师培养的文理学科取向。从严格的专业取向来看，应该统一到二级教育学科取向，尤其是中学教师培养，需要设立中等教育专业或中学教师教育专业。这是由教师培养类型决定的。教师的类型主要有幼儿园教师、小学教师、中学教师、特殊教育教师、职业教育教师，因此需要建立幼儿园教师教育、小学教师教育、中学教师教育、特殊教师教育、职业教师教育五种组织结构，尤其是中学教师教育，要特别强调中学教育的概念，而不只是学科教育概念，因为学科仅仅是培养学生认知的条件。

第五，教师教育的学院教师的身份从学科教学论教授向教师教育教授转型。

教师教育二次转型面临的最大挑战来自于教师教育者的身份的转型，师范教育时代的教师教育者的身份是公共教育学教授、学科教学论教授和教育心理学或心理学教授，课程论、教学论的教授只是研究课程和教学的教授，不参与教师培养，而在教师教育二次转型中这些教授的身份要从学科身份转型到教师教育者的身份，从以课程论、教学论、学科课程论、学科教学论等表明的学科身份向幼儿园教师教育、小学教师教育、中学教师教育等领域的教师教育教授的身份转型，但其研究领域可以是课程论、教学、学科课程论或学科教学论，也可以是教育学原理、教育心理学等，学科身份关注的是学科体系的建构和知识的积累，而领域身份关注的是人才培养，他们的教学对象不是把学科体系的知识告诉师范生，而是基于学科体系的知识培养师范生

① 笔者一直在强调，专业性不存在幼儿园、小学、中学教师培养的水平高低，甚至在一定意义上，幼儿园和小学教师的培养的专业性比中学教师的培养的专业性更加复杂，因为幼儿园和小学教师在面对一个整体的学生的时候开展整体的教育，而中学教师在面对一个整体的学生的时候开展的是基于学科的教育。

教会学生学习、育人和服务的能力，这种培养的能力仅仅靠学科身份是无法承担的。

第六，教育学科单纯地为学科建设服务向教育领域的人才培养及其专业发展服务转型。

传统的教育学科在一定程度上是教育学的哲学和社会科学化的学科，如教育哲学、教育政治学、教育经济学、教育社会学、教育法学、教育史、比较教育学……因此教育学科主要为学科建设服务，即使在人才培养上也是为教育学科的后备研究人才培养的，尽管它仍然还应该是教育学科的方向，但教师教育二次转型需要教育学科为教育领域人才培养服务，正如美国密歇根州立大学教育学院到2013年共培养了55 000多名毕业生，涉及教师、管理者、学者、运动训练师、咨询师、健康专业工作者等教育领域的人才，而它的教师教育系是教育学院最大的系，实力也最雄厚，其初等教育和中等教育两个专业连续18年在《美国新闻和世界报道》的排名中占据第一，这两个专业就是培养小学教师和中学教师的。[12]教育学科要为教育领域的人才培养及其专业发展服务是教师教育二次转型的根本任务。为此，我们提出一种设想，在教师教育二次转型中，无论哪个教育学二级学科的教授都应该为教育领域的人才培养服务，从制度上要设计出为这些人才培养服务。

第七，教师教育课程从学科体系的课程向师范生发展和学生发展课程转型。

长期以来，教师教育课程都是教育学科知识建构为逻辑体系设置的，因此从课程目标上预设为师范生必须学习这个学科的知识，通过学科知识的学习预设成能力形成，其实这只是一种预设而已，它并不能提升师范生的认知能力和实践能力。从师范生发展的目标而言，教会学生学习、育人和服务是他们专业发展的内涵，于是我们需要提出解决的问题是，师范生是如何学习教导学生学习的？师范生是如何学会育人的？师范生是如何学会服务的？只有师范生学会了教导学生学习、学会了育人、学会了服务，才真正获得了专业，从而使其具备了从事专业的资格。问题在于，要想使师范生获得专业该用什么课程来实现呢？从目前设置的这些课程看几乎无法实现，因为这些课程都是以学科知识体系为建构的，而不是为师范生的专业获得而建构的，一门“教育学”的“课”（course）从目标上希望师范生能够获得关于教育的理解，如教育的概念、教育的功能、教育与人的发展、教育与社会的关系……师范生理解了这些基本概念或原理，预设上说，他们具备了从事专业的知识和能力了，而事实上，这样的“课”基本达不到这个目标。多数师范生认为，这门“课”学习之后没有价值，没有价值的课周而复始地、年复一年地上，到底是为了什么？我们需要从转型的角度来思考这个问题，也就是说师范生的课程设置要基于师范生的专业发展需要，基于学生发展的需要，如可以设置“认知科学”、“学习科学”、“基于学习科学的教与学”等，通过学习这些课程的学习，师范生可以学会教导学生学习。那种以学科为逻辑的课程设置转型为以师范生专业和学生发展为逻辑的课程设置，会改变当前师范生的专业教育低效的现状。

第八，教师教育课程实施要从单纯理论讲授向实践属性渗透转型。

教师教育二次转型必须深入教师教育课程内容环节，要从单纯的理论讲授向实践属性渗透转型。这种渗透主要体现在：（1）教师教育者作为教师教育课程实施者需要有实践背景，也就是具有在基础教育学校工作过的背景，需要指出来的是，改革开放后从事教育学科的专业人员大多是大学毕业后留校任教的，只不过在职获得硕士和博士学位，从而提升了学术水平，但没有工作背景和实践经验，对于教师教育的课程实施缺乏实践判断，因此教师教育课程首先应从教师教育者转型开始，要对那些没有实践经验的教师教育者从制度上给予规定，必须拥有基础教育的实践背景；（2）教师教育课程内容要从学科逻辑的知识向师范生专业成长需要的实践案例内容转型，在没有实践背景的条件下需要增加实践案例，但选择实践案例的依据不是知识需要，而是师范生成长的需要，实践案例应当成为教师教育课程内容的重要组成部分；（3）教师教育课程实施的实践观察。仅仅是教师教育者的实践背景或教师教育课程内容的实践案例并不能促成师范生的直接体验和理解，因此需要教师教育课程实施的师范生的实践观察，走进课堂基于课程内容的需要对课堂进行观察，从而体现教师教育的实践属性；（4）教师教育课程实施的实践对话。师范生走进课堂进行观察是一种实践属性，但邀请基础教育学校的教师到师范生的大学课堂进行实践对话也是教师教育课程实施的实践属性的体现，在大学课堂建立基础教育学校教师和师范生之间的实践对话关系也体现了教师教育课程实施的实践属性；（5）教师教育课程实施的社会活动参与。教师教育课程实施主要是通过大学课堂来实现的，但师范生对于教育的理解不仅在大学课堂上，它需要师范生通过参与社会活动理解教育的广泛社会性，从而有利于师范生理解学生发展的社会因素。总之，教师教育课程实施的实践属性是教师教育二次转型的主要取向。

三、结语

我国的教师教育急需二次转型，只有经过二次转型才能真正确立起教师教育在大学中的主体地位，使其从边缘地位向具有主体地位转变，使教师教育成为大学专业教育的一部分，从而使教师教育真正在现代大学中发展，可以根据现代大学制度和现代大学机制来培养教师。

教师教育的二次转型必须要有相应的政策配套，因此应从政策上提供教师教育二次转型的制度保障。当教师教育二次转型后，政府与教师教育机构的关系应从与院校的关系转型为与大学的专业学院的关系，尽管与院校仍然保持紧密联系，关键是政府对专业学院的教师教育的治理将从行政管理转变为专业管理，以资格制度、专业标准作为治理手段，对教师教育质量进行监测，通过教师考试的合格率、师范生就业后的反馈信息或者通过第三方的专业评估及其排名来对教师教育进行管理。

参考文献：

［1］教育部普通高校人文社会科学重点研究基地北京师范大学教师教育研究中心．构建我国现代教师教育体系研究报告［C］．教育部教师工作司委托“构建我国现代教师教育体系”研究课题，2012 年．

［2］中国社会科学院语言研究所词典编辑室．现代汉语词典（第六版）［M］．北京：商务印书馆，2005：1416．

［3］中国社会科学院语言研究所词典编辑室．现代汉语词典（第六版）［M］．北京：商务印书馆，2005：1710．

［4］朱旭东，胡艳．中国教育改革 30 年：教师教育卷［M］．北京：北京师范大学出版社，2009．

［5］朱旭东．论我国教师教育新体系的六个特征［J］．课程·教材·教法，2012（12）：74—82．

［6］王长纯．教师发展学校建设标准参考纲要［J］．教师教育研究，2005（4）：3—8．

［7］Sutherland. L. Scanlon，L. &Sperring. A. New Directions in Preparing Professionals：Examining Issues in Engaging Students in Communities of Practice Through a School-university Partnership［J］. *Teaching and Teacher Education*，2005（1）：79-92．

［8］杨朝晖．“UDS 合作实践共同体”：教育学知识创生与实践转化的新机制［J］．南京社会科学，2012（4）：133—137．

［9］美国密歇根州立大学网页［EB/OL］．http://www.msu.edu/about/index.html．

［10］日本东京大学网页［EB/OL］．http://www.u-tokyo.ac.jp/en/about/organization/institutes.html．

［11］英国牛津大学网页［EB/OL］．http://www.ox.ac.uk．

［12］Rankings and Recognitions［EB/OL］．http://www.msu.edu/about/rankings-and-recognitions/．

论教师的哲学*

□ 戚万学（曲阜师范大学教授）

教师的哲学之愈发引人关注盖因如下三者：一是对教师哲学论题的研究尚未引起学界足够的重视，“实际从事教育哲学的人，似乎很少从这种个人的角度著述或谈论教育问题”，“当代的教育哲学家很少有人公开致力于这类哲学思考”；[1]二是随着教育教学改革的深入，我们愈发认识到“哲学乃是决定教育的最后根据”[2]，而教师的哲学乃是决定教师行为的关键乃至根本的因素；三是教育哲学丰富的历史资源和实践经验为我们更深入地认识教师的哲学这一问题提供了可能。

一、有无一种教师的哲学

对教师的哲学这一问题的探讨，首要面临的问题就是，到底有没有一种所谓的“教师的哲学”，我们又应从何种意义上来界定教师的哲学？关于有无教师的哲学，可以借用美国教育哲学家索尔蒂斯的话来回答：“就像每个人都有自己的生活哲学一样，他也应当有自己的教育哲学。”[3]而我们所说的教师的哲学，是指他在“哲学地思考”，像哲学家般地反思、抽象、批判教育教学中的各种关系，思考教育的目的、内容、方式方法抑或自己和学生的思维方式。

（一）教师的哲学是教师的为师之道

长期以来，有两种理路决定了对教师身份的界定：一是将教育教学视为技术性、操作性的活动从而认为教师是技术性、操作性的“工匠”；二是将教师视为教育思想和教育方法的被动接受者。这两种理路基本构成了教师理解的现代图景。而此种理解，既误解教育，又曲解教师。前者无视教育作为一种综合的实践活动，后者则漠视教师之作为教育过程中的主动性因素。教师为师为道，端在其哲学，而非在其知能巧技。

韩愈在《师说》中说，“道之所存，师之所存也。”只有道之所存，才有师之所存，何为道？《易经》云：“形而上者谓之道。”朱熹说：“道者，事物当然之理。”[4]大道无形，实指世界的本原、本体、规律或原理。道对于学问修养极其重要，求道、悟道是一个人最高的学术和人生追求。对于教师而言，师之所以为师，是因为有道的存在，道之不存，师将焉在？哲学作为求道、问道之学，即为教师存在之必要条件。

教师的哲学并非某种哲学思想之演绎，亦非某种哲学流派或哲学观念之实验。教师的哲学是教师个体在教育实践（实验）中所形成的个体的、反思的、实践的哲学，是教师以一定的哲学思想和哲学方法为基础，在个人的教育实践过程中，通过批判反思教育理论、研究教育问题、感悟教育真相而形成的属于个人的教育智慧、信念与信仰。所谓教师的哲学并非要求教师成为职业哲学家，而是教师必须哲学地思考教育。

教师的哲学的形成有三个必要的条件：一是来

* 原载《教育研究》2014年第12期。

自于他者的教育理论、教育知识、哲学思想、哲学方法这些作为哲学信息和他者经验的“名词性”哲学；二是教师所亲身参与的以一定的教育实践生活作为其哲学的发生场；三是自我对教育实践、教育现象、教育问题的反思、观照、批判这些哲学实践过程层面的“动词性”哲学。简言之，教师哲学是教师在教育实践中，运用哲学知识对教育现象或教育问题进行批判、反思的过程中形成的个人哲学，甚至这种反思与批判的哲学思考本身就是教师的哲学。

（二）每位教师都有自己的哲学

教师针对教育问题所进行的反思与批判，需要进行哲学上的价值判断，而不仅仅是科学上的事实判断。做科学上的事实判断，不同的人从不同的视角、不同的方式出发，终究可以获得一致的结论，达成某种程度的一致的意见。做哲学上的价值判断，每个人都是根据自己的标准来进行，判断的标准是因人而异的，甚至同一个人对同一个问题的判断标准又会随着时间的迁移而变化，因此价值判断的结论必然是多元化的，哲学问题在不同的哲学家之间很难取得一致性的认可，即使是同一个哲学家，其对同一个哲学问题的判断也会随着时间的迁移而发生变化。当人们面对生活中各种各样的困难时，“如果对于产生困难的原因有各种不同的诊断，又有各种不同的应付困难的建议，也就是说，如果兴趣的冲突多少体现在不同的人群中，那么，就必然产生背道而驰的、互相对抗的哲学派别”[5]。遭遇问题的不同，以及对问题的不同解释，导致了哲学体系的“个别化”、“个人化”，“从不存在唯一的哲学，而只存在各种不同的哲学，尤其是哲学思考”[6]。我们甚至可以说，每个人都有一种属于自己的哲学，都可以对哲学问题做出自己的价值判断，而且每个人又会做出与别人不同的价值判断。

在具体的教育实践中，每位教师的教育活动背后都隐含着他的个人哲学，每一种教育活动背后都有一个哲学的假设。教师的哲学以原初的状态隐藏于日常的教育活动中，是行动的前提和基础。每位教师无时无刻不在进行选择、判断、反思等哲学思考。教育活动的复杂性决定了没有一个适合所有教师的方法或技术，即使同一个教师面对不同的教学活动，也没有一个适合所有教育活动的方法或技术，但是任何一个教师都有一种居于方法和技术上位的哲学，这种哲学会帮助教师在不同的教学活动中选择适合自己的方法和技术，对教育现象和教育问题进行反思、批判。教师所拥有的个人哲学会帮助教师在类似的情景或活动中做出这样而不是那样的选择，这样而不是那样的价值判断。

（三）教师哲学的主要特点

1. 个人化

教师哲学是波兰尼意义上的个人知识。在波兰尼看来，所有的科学领域都需要“人类实在的、必不可少的求知能力”以及“它们对识知行为的热情参与”，包含着一个使一切真实知识得以形成的“个人系数”。[7]教师的个人哲学也部分地属于金岳霖意义上的“元学”，即只可意会不可言传的非名言之域。金岳霖在《论道》中严格区分了哲学研究的知识论态度和元学态度，他认为，“知识论底裁判者是理智，而元学底裁判者是整个的人。”[8]教师哲学正是这种意义上的个人哲学，它包含了教师的理智与情感、教师的人格、教师整个的人。它是教师在教学过程中形成的并能够在实践中灵活运用的、内在化的“识知”，而不是死的、僵化的“知识”，它包括了教师在教育过程中形成的个人主观感受、理解和体验以及教师从其他渠道获得的客观的、规律性的教育知识，也内在地包含着教师个人的经验、习惯、思想、情感、态度、价值观等。教师的工作环境是一种个人化场域，绝大多数情况下要独自应对，面对各种教育情境、教育问题，需要教师个人独立做出分析、判断和选择。教师的哲学必然以教师个人为载体，是“以道观之”，又是“以我观之”。不被个人化、不具有个人性的哲学，不能被教师个人所运用，对于教师是没有意义的哲学。从这个意义上，公众的教育哲学、专业的教育哲学只有转化为个人的教育哲学，才能称得上是教师的哲学。

2. 实践性

教师哲学的实践性根源于教育的实践本性。教师的哲学是智慧之学，教师的智慧体现于实践中，是运用知识、经验、能力、技巧等解决实践问题的本领。对专门从事教育实践活动的教师而言，教师的哲学是实践性的、应用性的，是关于如何去做的哲学，是要拿来用的哲学；是为了实践而哲学，而不是为了哲学而哲学。教师的实践是与特定的时、空、人、物相联系的情境性活动，时、空、人、物在教育过程中又会互相激发产生各种变化，这些变化具有很强的不可预见性，因此无法完全对要采取的策略和行动进行提前预设，即使一些提前的预设也要顺应情境的变化而变化，需要做出直觉性的、创造性的、即时性的调整和应对。在这个过程中，教师不是无条件的、不假思索地照搬和遵从某种先在的教育理论或学说，而是能够对教育情境和个人条件做出“审时度势”的判断，对要采取的策略做出明智而合理的选择。教师的哲学成之于实践，用之于实践。在教育过程中，教师的哲学不是静态的，而是根据教育过程中发生的情境性变异不断进行改造、重组的，是在运用过程中动态生成的。教师的哲学产生于解决在教育实践中发生的问题的需要，教师的哲学不像专业哲学家的哲学那样以理论的形式表现自己，教师的哲学是通过教育实践表现出来的并首先表现为一种实践方式。

3. 内生性

教师的哲学由教师自悟、自得、内在生成，而非外铄。“夫道，有情有信，无为无形；可传而不可受，可得而不可见。”（《庄子·大宗师》）道可以感知却不可以口授相传，可以领悟却不可以面见。“然使道而可献，则人莫不献之于其君；使道而可进，则人莫不进之于其亲；使道而可以告人，则人莫不告其兄弟；使道而可以与人，则人莫不与其子孙。然而不可者，无它也，中无主而不止，外无正而不行。由中出者，不受于外，圣人不出；由外入者，无主于中，圣人不隐。”（《庄子·天运》）个人哲学的生成必须自己亲身进行，任何的其他人都不能代替。期望、信仰、知识，“这些东西不能像砖块那样，从一个人传递给另一个人；也不能像人们用切成小块分享一个馅饼的办法给人分享”[9]。个人哲学的生成是一种纯粹的“自我活动”，别的无论什么人都不能代替。“只有在参与社会实践中经历痛苦、磨难，经过感情的升华而达到深造自得的境界，才是真正的自得。”[10]

二、教师为什么要拥有自己的哲学

关于教师为什么要拥有自己的哲学的讨论，不妨从正反两个方面进行假设：如果教师没有自己的哲学，对他的教育实践会产生什么样的影响？反之，如果教师拥有自己的哲学，对他的教育实践会带来什么样的变化？

（一）教师无哲学之“失”

斯宾塞说：“只有真正的哲学家才能进行真正的教育。”[11]在斯宾塞看来，如果教师不能哲学地思考，即便掌握了好的教育方法也还是会失败，甚至好的方法正是失败的原因，“完美的工具到了没有训练的手中就成为不完美结果的根源”[12]。在教学方法、教学内容相对简单的情况下，很多人可以应付教师的工作。当教学内容、教学方法复杂化之后，需要运用判断、创造、智慧上的共鸣、分析能力去进行合理的教学时，就需要一个哲学的头脑，因此，只有真正的哲学家才能进行这样的教育。正如费希特所说，“没有哲学，教育技能将永远不能达到对其自身完全清楚的认识。因此，两者的关系是相互交错的，如果有一方没有另一方，便都是不完全的、不适用的。”[13]

教育的问题根本上都是哲学的问题，教育问题的解决要从哲学那里得到一般性的指导，从一般教师到教育决策者，从教育的细微层面到教育的宏观层面，都需要哲学的指引。如果我们不去考虑普通哲学的问题，我们就不能批判现行的教育理想和政策，或者提出新的理想和政策。[14]不仅仅是教育问题，人类存在的所有问题都需要哲学指引。针对哲学对于教师在教育实践中的意义，杜威也做过类似的假设，“倘使人类没有教育哲学，对于教育事业必定不去研究、不去思想，但看人家怎么教，我也怎么教，从前怎么教，现在也怎么教；或学他人的时髦，或由自己的喜欢，成一种循环的无进步的教育”[15]。王国维也说过，“试读西洋之哲学史、教育学史，哲学者而非教育学者有之矣，未有教育学者而不通哲学者也。不通哲学而言教育学，与不通物理学、化学而言工学，不通生物学、解剖学而言医学，何以异？”[16]法国哲学家兼教育家富耶甚至仿效柏拉图为不懂哲学的教师挂了一个免入牌：“我不和柏拉图一样梦想哲学家一定要做帝王，我却希望哲学家必定做教育家。在教育的门墙，必定要写着：‘不明哲学者免进。’”[17]

由这个假设得出的另外一个一般性的结论就是：研究教育必须要研究哲学。列奥·施特劳斯在讨论何为自由教育时引用柏拉图的话说：“最高意义的教育是哲学。”[18]既然教育的问题最终都是哲学的问题，那么，研究教育问题就不能也无法绕开哲学。这个论断反过来也成立。杜威曾说：“任何有理性的人都能想到，哲学研究可能集中在作为人类最高利益的教育上。”[19]教育也必须进行这样的哲学思考，“除非对学校教育在当代生活中的地位能进行像哲学工作所提供的那种广泛的和同情的考察，使教育的目的和方法富有生气，否则，学校教育的工作往往成为机械的和经验主义的事情”[20]。

当教育最终走向哲学之后，哲学所研究的问题就自然而然地集中在教育上。也正是在这个意义上，杜威才说，“如果我们愿意把教育看作塑造人们对于自然和人类的基本理智的和情感的倾向的过程，哲学甚至可以解释为教育的一般理论”[21]。同时，教育也具有验证哲学思考的功能，“凭借教育的艺术，哲学可以创造按照严肃的和考虑周到的生活概念利用人力的方法。教育乃是使哲学上的分歧具体化并受到检验的实验室。”[22]

（二）教师有哲学之“得”

柏拉图曾对何为真正的哲学家做过这样的界定，“这些人，我指真正的而非假冒的哲学家，周游列邦，高高在上地俯视人寰”[23]。周游列邦、高高在上地俯视人寰，也就是能透过睿智与辩证之眼通观一切存在的本质。教师具有了这样的哲学之智，他的视域会因此变得宽广，更具穿透力，对教育事实、课堂事件关注的广度和深度都会得到极大的拓展，他会注意到过去视而未见、熟视无睹的和被“错看”的事实。这样他才能擦亮学生的心灵之眼，才足以透过辩证的方法启示学生走出迷局，获得真知灼见，透彻了解事物的本质。

教师的哲学是教师的自我修正机制，具有重要的错误修正作用。教师的哲学能够帮助教师实现自我反省、自我完善、自我了解，从而帮助教师完成自我转化，“这种转化不是从理论到实践或者从实践到理论，而是从不合理性到合理性，从无知和习惯到理解和反省的转化”[24]，以确保教师能够在适当的时间、地点，以适当方式采取适当的行动。

一个教师具有什么样的哲学，直接决定了他会在教育实践中持有什么样的主张，扮演什么样的角色，具有什么样的偏好，做出什么样的决定，采取什么样的行为。正如乔治·F. 奈勒在《教育哲学》导论中所说，“个人的哲学信念是认清自己的生活方向的唯一有效的手段。”[25]教师在教育过程中随时会运用到自己的哲学，同时也受到自己哲学的制约。教师只有具备了这样的哲学，他才能知道什么是好的、正确的和值得做的，并用这样的信念指导他的教育活动。“教育者，必有哲学或教育哲学修养，而后能理解教育之意义，教育之价值。”[26]当教师在教育中遇到问题时，需要对问题的解决方案进行决策时，他自身的观念、信念、信仰就会左右他的行为，影响教师对方法、技术的抉择。

三、教师哲学的生成路径是什么

哲学研究离不开教育，教育也不能没有哲学，教师就是哲学家。我们不能要求每位哲学家都成为教师，但需要每位教师都成为哲学家。教师哲学的生成路径必然隐含在教育问题的研究之中、哲学史的发展之中、哲学智慧的形成之中。

（一）沿着教育问题的研究路向展开

教育问题来源于教育实践中的困难和冲突，而这正是哲学地思考这些问题的目的之所在。正是为了影响人生行为这个目的，哲学将自己的思考结果反哺教育，“教育为我们提供一个优势的地位，从这里把哲学上的讨论深入到对人生的意义上，这是和哲学讨论的专门意义不同的”[27]。哲学最终要反哺教育，回归教育，回归到对人的智慧进行影响的起始目标上来。既然哲学上的问题是起源于教育的，讨论这些问题所得出的结论必然地要在教育中去实验、尝试。杜威曾得出哲学起源于教育的结论：“欧洲哲学是在教育问题的直接压力下（在雅典人中）起源的，这一点使我们有所启发。”[28]

从历史上看，那些哲学家在建立了他的哲学体系以后，往往都会反身从事于教育系统的建立。“中国古代的哲学家首先是教育家，几乎没有例外。他们一方面从事教育活动，另一方面思考和研究与教育有关的各种问题，这方面的研究成就使得他们成了哲学家。中国古代哲学思想，在相当大的程度上就是教育思想。哲学家们一方面通过对教育的思考来表达自己基本的哲学信念，另一方面又通过教育来检验自己的哲学思想。”[29]教育问题研究的路径也就是哲学发展的路径，这种发展路径实际上也明示了教师个人哲学生成的路径，即要像历史上的哲学家、教育家那样，针对教育上的问题去做哲学的思考，在研究教育问题的过程中生成自己的哲学，最后将这种哲学运用于教育。

（二）复演哲学发展的过程

在“过去两三个世代内”出现哲学与教育的分离，主要缘于分工的细化。作为教师，要想达到完满的状态，需要去思考哲学问题。一个教师对哲学问题的思考，是对于古老教师角色的回归，也是古老的哲学问题向教育的回归，这种回归是一个复演的过程。做一个完满的教师要从头思考人类历史上那些哲学家兼教师曾经思索过的问题，复演哲学发展的历程，并在复演中生成个人的哲学。正如生物进化几亿年的历史被压缩在人的胚胎发育的十个月之内一样，人类走过的哲学历程也需要被压缩在一个人一生的哲学思考、哲学学习之中。

这种必要的复演是哲学不同于科学之处。科学上的问题，一个人解决了，便是全人类永久地解决了，他人可复制、可重复、可借用。哲学上的问题永远也没有结论，所得到的都是一些假设。而且哲学问题会在不同的人身上反复出现。一个人、一代人身上解决了的问题，会以另一种面目在其他人、另一代人身上重新出现。因此，问题的解决也需要一代又一代人、一个又一个人不断地从头再来，需要对同样的问题不断地、反复地做哲学上的思考，需要不断地重新布局、从头开始。

人类的哲学认识是无限的反复运动，又是“无限的前进运动”。教师个人的哲学发展、形成对于哲学史来说，又是一种对哲学问题、哲学传统的不断复归。就教师个人来说，对于教育的认识、哲学思考是永无止境、无限发展、不断生成的，它表现为“实践—生成—再实践—再生成”的无限循环。它在形式上是循环往复的，在实质上是动态发展的。复演哲学发展的过程并不是简单的重复，而是一个内在的、螺旋发展的生成过程。一个教师可能不断围绕某个问题进行思考，思想不断从不同视角复归同一个问题，但是得到的结论、形成的认识必定是不断被重组和改造的。

（三）由知识向智慧的转化

教师即哲学家，要求每位教师都应该是古希腊意义上的智者，饱含学识又富有智慧。但是，很多教师往往是有学识的无智者，因此，如何转识成智就成为一个教师哲学生成的重要命题。

转识成智是中国传统哲学中个人哲学形成的一个重要路径，是在认识过程中由知识向智慧的转化。早在先秦时期，老庄对于“为学”与“为道”的讨论就触及了转识成智的问题，魏晋哲学的主要命题更是专门围绕转识成智展开，隋唐时期“转识成智”是佛教唯识学成佛理论的核心，唯识宗首先使用了“转识成智”这一术语，并具体讨论了如何实现由染而净、由迷而悟、由分别的意识活动向无分别的智慧的转化。冯契提出，“实践基础上认识世界和认识自己的交互作用，表现为由无知到知、由知识到智慧的辩证发展过程。”[30]这种看法就蕴含着从无知到知与从知识到智慧的两次认识上的飞跃，知识只有经过飞跃才能转化为智慧。转识成智的实现方式是通过“理性的直觉”，“绝对的、无条件的、无限的东西是哲学理论思维所探究的东西，在探究中，通过转识成智的飞跃，顿然之间抓住了，就是‘悟’，就是哲学上的理性直觉”[31]。

通过转识成智要实现两个方面的重要转化，即冯契提出的“化理论为方法，化理论为德性”，“哲学理论，一方面要化为思想方法，贯彻于自己的活动，自己的研究领域；另一方面又要通过身体力行，化为自己的德性，具体化为有血有肉的人格”。[32]就教师而言，进行转识成智，不仅要将公共的教育理论进行个人化的转化，自身与方法融为一体，能够在实践中自如地运用，成为解决教育问题的良方；而且还要做更高层次的转化，将其化为自己的德性，从而提升至道的境界，并在教育实践中体现自己的德性，使教学成为德性的体现，能创新教育方法、创新理论，这就是所谓的“有真人而后有真知”。

四、教师如何形成自己的哲学

教师形成自己的哲学需要通过理论与实践的不断碰撞、反思、提升，通过“由理入道”、“由技进道”、“顿悟成道”的交互作用，最终达致理想的境界。

（一）“由理入道”

“由理入道”是获得个人哲学的理论途径，也就是通过理论学习形成自己的哲学。形成教师的个人哲学要学习哲学史和哲学思想，虽然教师的哲学不是哲学家的哲学，也不是哲学知识和哲学史，但这些是教师哲学的必要起点和可资利用的资源。教师通过学习哲学家的哲学思想获得哲学理性和哲学启示，训练自己的哲学思维。或者说，当我们循着人类思想的足迹走过一遍，便可完成自己精神上的再生。当然，要真正拥有自己的哲学还必须用哲学、做哲学。“由理入道”是一个“由知到行再到真知”的过程，知而后行是前半段，行而后知是后半段。这个过程由一种理论出发作为一个启动点，将之应用到实践中，并根据实践中出现的新问题、新情况对其进行批判、反思，在批判与反思的基础上，产生对理论的新认识，进而形成个人的哲学。

在“由理入道”的过程中，教师的哲学生成于某种理论，这些理论以显性的、隐性的形式包含在教师在教育实践中运用的教学材料、教学设施以及学校制度、学校的总体安排之中。这些理论以“先知”的形式构成教师教育实践的一个起点，但是，教师对理论的运用并非是简单的、规则性的运用，而是一种针对教育情境变化的灵活变通。不同的教师在相同的“先知”背景下，会发生实践上的差异，这些差异源于运用具体的教育理论过程中需要个人做出的各种判断。而判断力是不可教的，只能在实践中形成。正如康德所言：“虽然知性能用规则来进行教导和配备，但判断力却是一种特殊的才能，它根本不能被教导，而只能练习。”[33]判断力在实践中所起的作用，就是反思与批判，我们通过反思与批判重构了理论，“以批判的方式对理论观点的真理性和适当性进行反思，通过这种方式，在某种程度上重构理论，并由此而更理智地控制实践”[34]。教师在实践过程中所获得的真知，还包括对“先知”和实践中所隐含的、之前未认识到的假设等表象之下的东西的理解和认识，视野的拓展以及将更多的被忽视或无视的东西纳入注意范围，形成实践智慧，从而对实践中发生的事件做出更加站得住脚的判断等。这种真知显现为一种事后真理，它是活的、会变化的，是在对理论的反思批判中生成的。因此，教师运用教育理论的过程也是做哲学的过程，是“由理入道”的过程。这个过程，一方面是教师的哲学（思维）发挥作用的过程，另一方面也是形成教师个人的哲学（主张）的过程。

（二）“由技进道”

“由技进道”是获得个人哲学的技术路径，也就是通过技术的熟练运用进入哲学之境。之所以可以“由技进道”，是因为技术中包含了大量“不可言说”的成分，这些不可言说的成分使技术部分地处于非名言之域，通过技术的练习和学习，领悟了这些不可言说的成分就可以由名言之域进入到非名言之域，即“由技进道”。

教师被严格界定为专业技术人员，其运用的技术既包含物质层面的技术，也包含理论、观念、经验、方法层面的技术，是教师在教学过程中所掌握的各种活动方式的总和。在杜威的理论体系中，经验之还不是真知，因为它尚处于名言之域，还没有进入非名言之域。经验性的技能必须加以提升，须进入道的层面。教师对教育方法、技术的学习和运用，其目标不单单在于方法和技术本身的进步和成熟，更重要的是通过对方法和技术的运用与反思提升哲学认识，由技进道。庄子认为，通过技术技艺可以悟道，技术技艺熟练之后可以帮助人跃升到道的境界。“故通于天地者，德也；行于万物者，道也；上治人者，事也；能有所艺者，技也。技兼于事，事兼于义，义兼于德，德兼于道，道兼于天。”（《庄子·天地》）中国历史上这种通过技术的练习而悟道，对于技术的运用达到“化境”、“极境”、“道境”的案例不胜枚举。它们有一个共同的特点就是通过技术的运用与练习而悟道，因悟道将技术的运用提升到了出神入化的境界。对于悟道而言，技术的运用、练习这种亲身实践、体验与感悟环节是必不可少的。

教师由技进道的方式是通过技术的练习，实现对技术的熟练驾驭，把技术整合到自身经验当中，达到一种人技合一的境界，这时技术完全融入人的身体之中，并引发身体发生一个飞跃性的转化。“每当我们将某种工具同化为身体的一个部分时，我们的身份就会发生某种改变，扩展而为新的存在模式。”[35]教师的哲学不是空谈，要建立在教育方法、教育技术等实践层面的基础之上，但哲学不止于方法、技术和一般的理论，它要超越方法和技术。现实中，我们可以看到很多教师正是通过方法和技术的熟练运用和反思之后的创造性运用获得感悟，形成了自己的个人哲学。当形成了自己的哲学之后，他们对教育方法、技术和技巧的运用更加纯熟、更上一层楼，很多甚至还创造出了自己的方法、技术和技巧。

（三）“顿悟成道”

“顿悟成道”是指通过反思、顿悟形成教师自己的哲学。反思是哲学的思维方式，是对思想的思想。中国古代学术史上有关顿悟、体证、玄览等思维方式，首先基于对道、性、心等的可传而不可授、不可言说的特点的认识，当要认识的对象涉及那种无象无形又无所不包的、非实体性的“本体”、“大全”、“绝对”时，就不能不抛弃概念和逻辑，采用悟或直观体证的思维方式，依靠整个心灵的功能去认识、发现、把握它们。顿悟不像西方哲学运用逻辑推理或分析、归纳、综合的方法一步一步按照严密的顺序进行，而是做大跨度的跳跃，在特殊、具体的直观感悟中整体性把握真理。现代心理学的研究也证实，“顿悟式的问题解决含有‘突发性’、‘直指性’和（行为操作的）‘持续性’三个特征”[36]。

顿悟作为佛教教义是证悟成佛的方法。真正将顿悟的方法发扬光大的是禅宗，禅宗一直主张“教外别传，不立文字，直指人心，见性成佛”，主要是为了规避借助语言文字进行思维的方式，也可以说，顿悟是一种摆脱言语、文字思维方式的方法和策略，以便直接从现象跨越到意义，对原有信息进行创新性的重构。之所以要回避和消除语言文字这个思维中介，主要是因为以往的知识经验以语言文字的形式呈现出来，构成一种思维定势，并对人的思维形成阻碍。要从常规思维的束缚中解脱出来，就要解构原有的信息建构方式，而对语言文字的回避就起到了对原有语境解构的作用。禅师授徒多用“公案”、“话头”以诱发、刺激这种解构的发生，以生成顿悟的效果。陆九渊倡导采用“切己自反”的方式，通过不断地回到自身、反省自身以获得某种顿悟。教师“切己自反”就是教师从教育内部走出来再回头看，“要形成经验，就要身处经验之外，像另一个那样来看这个经验”[37]。当我们身处经验之外，以一种旁观者的视角去审视自身的时候，就发生了迪尔登所说的理论与实践的互动，“当我们既是参与者又是观察者时，这种理解的企图就既改变着实践，又为实践所改变”[38]。教师做教学反思、教学案例研究就是一种身处经验之外的“切己自反”，可以催生顿悟。

现代心理学的研究也发现，可以采用“原型启发”催化顿悟的发生。“现实中的顿悟、灵感、直觉的发生往往都离不开原型启发。”“在解决顿悟问题的思考过程中，如果能够在大脑中激活恰当的原型及其所包含的‘启发信息’，那么顿悟就能够发生。”[39]因此，催生顿悟的关键是激活有助于问题解决的原型事件中关键的启发信息。每位教师都有自己的哲学，但很多教师的哲学还是恩格斯所说的那种“前辩证法”时期不自觉的、无意的运用，是一些对教育的零散的局部认识。这些认识以教学案例、教学故事等形式隐性地存在着，尚未被加以理性地认识和表达，教师本人未必认识到它们的存在。一旦激活、触发其中的某个“启发信息”，选择到正确的认知模式，这些零散的认识就可能被贯通联结起来，重构成一种完整的认识而一下子出现在意识中，形成一种可以自觉的哲学，发生认识的飞跃，就像突然发生的顿悟一样。教师反思教学案例、教学故事与禅宗大师参悟“公案”、“话头”有某些相似性，都可以因触发其中的启发信息而催化顿悟。

参考文献：

[1] J. 索尔蒂斯. 论教育哲学的前景 [J]. 国外社会科学，1984，(3).

[2] 戚万学. 决定教育的最后根据是哲学 [J]. 江苏教育学院学报（社会科学版），1995，(1).

[3] 柏拉图全集（第 3 卷）[M]. 北京：人民出版社，2003. 3.

[4] 朱熹. 四书章句集注 [M]. 北京：中华书局，1983. 71.

[5] [9] [20] [21] [22] [27] [28] [37] 杜威. 民主主义与教育 [M]. 北京：人民教育出版社，1990. 346、9、321、348、347—348、347、348—349、10.

[6] 萨瓦特尔. 哲学的邀请 [M]. 北京：北京大学出版社，2007. 201.

[7] 麦克尔·波兰尼. 个人知识 [M]. 贵阳：贵州人民出版社，2000. 25.

[8] 金岳霖. 论道 [M]. 北京：商务印书馆，1994. 17.

[10] [31] [32] 冯契文集（第 1 卷）[M]. 上海：华东师范大学出版社，1996. 453、424、20.

[11] [12] 斯宾塞教育论著选 [M]. 北京：人民教育出版社，2004. 58、58.

[13] 费希特. 对德意志民族的演讲 [M]. 北京：商务印书馆，2010. 97.

[14] [25] 陈友松. 当代西方教育哲学 [M]. 北京：教育科学出版社，1982. 28、135.

[15] 沈益洪. 杜威谈中国 [M]. 杭州：浙江文艺出版社，2001. 83.

[16] 王国维文集（第三卷）[M]. 北京：中国文史出版社，1997. 4—5.

[17] 吴俊升. 教育哲学大纲 [M]. 福州：福建教育出版社，2011. 26

[18] 列奥·施特劳斯. 古今自由主义 [M]. 南京：江苏人民出版社，2012. 5.

[19] 杜威传 [M]. 合肥：安徽教育出版社，1987. 66.

[23] [24] 郭元祥，等. 教育学文集·教育与教育学卷 [M]. 北京：人民教育出版社，1993. 569、569.

[26] 范锜. 教育哲学 [M]. 台北：世界书局，1973. 4.

[29] 黄向阳. 哲学诞生的教育语境 [J]. 基础教育，2010，(2).

[30] 冯契. 智慧的探索 [M]. 上海：华东师范大学出版社，1994. 629.

[33] 康德. 纯粹理性批判 [M]. 北京：人民出版社，2004. 135.

[34] [38] 瞿葆奎. 教育学文集·教育与教育学卷 [M] 北京：人民教育出版社，1993. 555、541.

[35] 迈克尔·波兰尼. 科学、信仰与社会 [M]. 南京：南京大学出版社，2004. 123.

[36] 罗劲. 顿悟的大脑机制 [J]. 心理学报，2004，(2).

[39] 邱江，等. 创新思维中原型激活促发顿悟的认知神经机制 [J]. 心理学进展，2011，(3).

教师教育是否会退出大学专业教育行列*

——美国大学教育学院的“危机”及其警示

□ 洪　明（福建师范大学教授）

本文所称“教师教育”是指大学里依托教育学院进行的本科及以上层次的教师培养或培训，即“大学本位的教师教育”（university-based teacher education)。从19世纪上半叶的师范学校过渡到19世纪后期的师范学院，再发展到20世纪五六十年代综合性大学的教育学院，美国师范教育历经了百余年的发展历程，大学本位的教师教育发展至今已有半个世纪。从教师教育迈入大学之日起，尤其是20世纪90年代以来，美国大学本位的教师教育遭到越来越强烈的质疑和批判，尽管教育学院进行了种种改革，仍未能满足当前保守主义和自由主义双重取向的主流教育改革的要求，正处于被“解构”和“取代”的危险境地。从历史发展的角度梳理这一历程，并在此基础上理解美国教育学院面临的危机和困境，对我们思考教师教育与大学的关系不无裨益。

一、美国早期形成的教师职业观

依托大学培养教师，意味着教师教育是高等教育的内在组成部分。教师教育专业也是大学众多专业教育之一。与法学和医学这两门经典专业在中世纪大学创建之初便成为大学主要专业相比，教育学直到18世纪后期才成为极少数欧洲大学的非正规科目，进入大学要晚得多。德国著名哲学家康德1776年在哥尼斯堡大学首开教育学讲座，通常被视为历史上教育学进入大学的开端。

早在教育学进入大学之前，美国的教师职业观在与移民和拓边相伴随的教育活动中已逐渐形成，并铸就了自己的文化倾向性——将教学视为只要掌握了所传授的知识便可从事的职业。“教师无须接受专门培养或培训”的观念对美国教师教育的制度生成影响深远。公立学校产生之前，美国初等教育领域的教师主要由牧师、家庭主妇、兼职人员等担任；私立中等教育和高等教育的教师大都来自文理学院或大学的毕业生，所有的教师都无须接受专门训练。

传统上文理学院或大学毕业生担任中学教师，作为一种非制度化的个人选择，从美国殖民地时期大学设立就开始了。当时美国的高等教育规模还很小，属精英教育。在文理学院和大学毕业生凤毛麟角的情况下，中小学能够迎来此类学生任教，往往是可遇而不可求的，无法奢谈培养或培训，“学生只要大学毕业便自然胜任中小学教学工作”的观念也就日渐流行。

上述教师生成的实践隐含着一种在许多人看来

* 原载《高等教育研究》2014年第1期。

是“不证自明”的教学观和教师观，即教学不过是“传递知识外加对孩子的管理”而已。教师只要有足够的可传递的知识，略加一些管理孩子的技巧就足够了。至于课堂管理的技巧和传递知识的技能是完全可以在实践中习得的，专门的培养或培训毫无必要。

正是基于这种理解，长期以来，美国文理学院和大学都没有开设教师培养或培训课程。对它们来说，教师培养不过是大学学术训练的自然“衍生物”，学生通常将当教师作为找不到工作时的过渡性选择，一旦有理想的工作岗位便会迅速离职。这实际上造成了美国教师队伍的不稳定，形成了教师频进频出的“旋转门”现象。[1]

二、教师教育跻身大学的争论

19 世纪 30 年代，美国公立学校的兴起与发展带来了巨大的师资需求。在著名教育家贺拉斯·曼（Horace Mann）等人倡导下，“教师应当接受专门培养”的思想开始得以传播。受这种新思潮影响，一些大学开始尝试开设教育课程。美国最早开设教育课程的是纽约大学，比欧洲晚 50 余年。

为满足对教育感兴趣的学生的需要，纽约大学于 1832 年开设了教育哲学讲座，聘请了主讲教师，传授教育哲学知识。[2]此后，开设教育学、教学法讲座的大学逐渐增多。

第二次世界大战后，美国师范学院加快向综合性大学过渡，教师教育日渐成为大学教育学院的职能；综合性大学纷纷设立教育院系，开设教育课程。教师教育大学化逐步实现。这一过程遇到极大的阻力，尤其遭到文理学院的强烈反对。究其原因，除理念上文理学院仍然坚持“教师无须专门培训”的主张外，教育学院培养中小学教师客观上对文理学院学生的就业产生了现实威胁，对文理学院学生传统就业领地形成了直接侵犯。因此，文理学院对教育学院发起了批判和攻击，认为教育学院的教师教育课程几乎都是垃圾，不仅学之无用，而且还会冲淡大学学术，削弱学生对学科知识的掌握。[3]教育学院的教授们则坚信教师专门培养和教育学科的巨大价值，认为教育理论和教学方法是教师必须掌握的，对教师的教学工作极为有益，应成为大学专业教育的重要内容之一。于是，围绕大学教育学院的地位及废存问题，美国教育学院与文理学院在 20 世纪 50 年代爆发了一场旷日持久的激烈争论，在全美教育协会（NEA）召集的三次著名的全国教师教育会议（1958 年、1959 年和 1960 年）上集中爆发。

由于当时美国整个社会都将与苏联军事科技竞赛失败归因于教育，认为进步主义教育运动削弱了基础教育的质量，教育学院难辞其咎，因此，当时的政治和舆论氛围对文理学院较为有利。社会上掀起了对教育学院的讨伐浪潮，教育学院在刚刚升入大学“殿堂”不久，羽翼未丰便遭到沉重的打击。

时任哈佛大学校长詹姆士·科南特（James Conant）是对美国这一时期教师教育改革产生过重要影响的教育家，他站在文理学院的立场对这场争论进行了调和。在 1963 年发表的著名《美国教师教育》（*The Education of American Teachers*）一书中，科南特反复提及这场争论，系统阐述了自己的观点。虽然他也为教师教育遭受的过激批评进行了辩护，但认为只有教学实习才算真正必需的教学专业的教育。除此之外，教育学院的教育学类课程基本是无用的。少许教育基础理论课程也应由教育领域之外的学者来授课。[4]

科南特对合格教师的界定是：具有学士学位，通过教学实习，获得权威机构颁发的年级和学科教学许可证书。[5]鉴于科南特的影响力，其界定也成为美国社会看待教育学院的基本观点。

按科南特这一观点推演，学士学位的获得可由文理学院或大学其他专业学院承担；教学实习可以由中小学组织。如果这样，美国大学教育学院在 20 世纪 60 年代就可以退出大学了，但这一现象并没有出现。

原因在于，当时主张教学专业化的教育阵营的势力还比较强大，没有遭到联邦政府的强制干预。这一阵营主要由教师培养认证系统、教师资格认证系统、教育行政系统、教师专业团体、教师培养机构等构成，它们实际控制着当时美国教师培养、入职和专业发展等政策的制定及实施。由于这一阵营坚持教师教育专业化和大学化，为教育学院在大学的生存与发展提供了有力支撑。也就是说，科南特关于合格教师“持学科教学许可证书”这一要求，客观上给主张教学专业化的教育阵营实施自己的教师资格认证和培养机构认证制度提供了空间，教育学院也在这一空间中得以“幸存”。

三、当前美国教育学院面临的批评

在20世纪80年代美国基础教育质量提升运动中，教育学院再度遭受猛烈的批判，负面之言频频，污辱之词肆溢，笔者不经意间在文献中搜到的词语就包括“蠢行”、“无能”、“错置”、“虚幻”、“深渊”、“危害”、“危机”、“困境”、“推倒”、“还有救吗?”等等。对教育学院的攻击到了无以复加的程度，有论者甚至宣称“教育学院是国家真正的耻辱”[6]；有论者主张“要想拯救美国教育，就应关闭教育学院”[7]。

与20世纪五六十年代不同的是，此时教育学院教师教育面对的批评不仅来自文理学院，而且还来自代表大财团利益的各类智囊团和基金组织，更为致命的是来自保守主义政策取向的联邦和州政府，受到的挑战远比五六十年代要大。时任美国哥伦比亚大学教育学院院长亚瑟·列文（Arthur Levine）在对美国教育学院面临的困境进行系统研究后指出：“当代社会已经将教育学院置于这样的十字路口：要么彻底变革我们的制度和理念，要么自动出局。”[8]美国教育学院已经走到关系生死存亡的十字路口。那么，20世纪80年代以来，批评者眼中美国教育学院究竟有哪些“罪状”，又是处于怎样的困境呢?

1. 教育学院未能培养合格的教师

为提升基础教育质量，美国联邦政府2001年颁布的《不让一个孩子落伍法》（NCLB）对“高质量教师”（highly qualified teacher）做出了界定，其核心在于确保师范生具有扎实的学科知识。而美国教育学院在这方面是被判定为不称职的。时任美国联邦教育部长罗得·佩奇（Rod Paige）在2002年提交给国会的第一份教师质量报告中指出：“常规的教师培养方案不能够造就《不让一个孩子落伍法》所要求的那类高质量的教师。”[9]与此同时，批评者还认为，教育学院从自己阵营的认证机构——全美教师教育认证委员会（NCATE）那里获得质量认证并无实质意义，无非是要得到外在的合法性。

对教育学院的批判也从过去的“定性描述”走向了“量化分析”。由美国福特汉姆基金会创建、具有保守主义倾向的全美教师质量委员会（National Council on Teacher Quality，NCTQ）2013年6月公布了首份《教师培养评估》报告，对全美1 130所高等教育机构的1 200多个教师培养方案进行了评估和排名。这是美国历史上首次针对几乎全部教师培养机构进行的评估，不仅给教育学院划分了等级，而且揭示了其“平庸无能”的窘境。这份长达100多页的评估报告，将美国教育学院分为0级、一星、二星、三星、四星五个等级。报告显示，获得四星级（最高等级）的教师培养机构仅有4个，占被评教师培养方案总数的0.3%；三星级的105个，占9%；剩下的均为二星级及以下。报告结论是美国绝大多数教育学院是平庸的、不合格的。[10]

全美教师质量委员会宣称，自己的评估报告相当于美国医学教育史上的《弗莱克斯纳报告》①。19世纪上半期美国医学教育界的《弗莱克斯纳报告》通过批评当时的医学院校，造就了高质量的医学教育系统。那么，自称为教师教育领域的《弗莱克斯纳报告》——全美教师质量委员会报告能够给大学教育学院的发展带来生机吗?能使教育学院像百年前的医学院校那样经过整顿而走向精英教育吗?如果教育学院过不了这一关，那么其面临的结局将是逐步退出大学，教师培养和培训将主要由中小学或其他机构承担，低成本和快捷式培训将成为教师生成的主要方式，教师教育专业化和大学化的道路将发生逆转。

面对全美教师质量委员会报告，以教师教育院校协会（AACTE）为代表的教育学院做出了回应，绝大多数教育学院表示反对和抵制。他们指出，全美教师质量委员会报告是基于保守主义政治立场的，缺少专业意识，在材料收集上存在诸多缺陷。教师教育院校协会对全美教师质量委员会报告的评估发表了正式回应报告，指出其存在的八个方面问题，结论是该报告不科学、有偏见、不可信。[11]可见，以教师教育院校协会为代表的专业派和以全美教师质量委员会报告为代表的反专业派新一轮论战将重燃战火，其胜负将决定教育学院的未来命运。

2. 教育学院误判了教育的基本职能

在批评者看来，教育学院的教育理念是进步主义和建构主义取向的，对教育基本职能的理解存在两大基本误区。一是过多强调儿童身心的整体发展，为了这种所谓的整体发展，中小学和教育学院从事了许多与真正教育无关的事。二是自我承载过多的社会责任，如试图通过推动学校变革，实现社会的平等和公正等，赋予教育过多不切实际的职能。批评者认为，教育职能理解上的两大误区不利于向学生传递人类共同的、基本的文化基础知识，冲淡了教育的中心议题——让学生学好各门科目。

批评者对“教育学院未把教育重心放在要求教师注重学生基础知识的学习上”十分不满，为寻找教育学院“误判”教育职能的思想源头，在福特汉姆基金会资助下，美国“公共议程”（public agenda）调查公司1997年就教育学院教授的教育信念进行过专项调查，结论是20世纪50年代曾退出历史舞台的美国进步主义教育理念仍阴魂不散，盘踞在教育学教授们的信念中，教育学院是进步主义教育思想最后的大本营。[12]此外，与进步主义认识论密切相关的建构主义也被认为是教育学教授们秉持的基本信念。批评者不仅直接抨击进步主义和建构主义，甚至还清算了从斯宾塞到杜威乃至皮亚杰的历史，试图以此撼动专业派教育阵营的理论根基。

此外，批评者还反对教育学院诸多其他教育主张：“愉快学习”、“自主学习”、“做中学”、“教师是指导者”等；对阅读中的“整体语言教学法”、数学中的“建构主义方法”、文学和科学中的“探究方法”等，也持批评态度。

应当说，批评者与教育学院教育理念上的核心的冲突是对教育职能的理解。保守主义取向的改革者普遍将国际竞争环境下学习者的竞争力培养作为教育的首要目标，当前背景下即追求学生考试成绩的提高。专业派阵营则倾向于从人和社会两方面理解教育职能：儿童身心整体和谐的发展、社会公平和正义理念的实现。学生学业成绩的提高在专业派人士那里只是整体目标的一部分。正是对教育职能理解的不同，造成了两者在教师教育问题上的冲突和对峙。

3. 教育学院进行的种种变革是无效的

在备受责难的20世纪八九十年代，教育学院一度以主动姿态迎接挑战，于1987年组建了由96所研究型大学教育学院组成的“霍姆斯团体”（Holmes Groups）。该组织于1986年、1990年和1995年相继发表了《明日之教师》、《明日之学校》、《明日之教育学院》三份报告，试图推进雄心勃勃的教师教育改革计划。然而，改革异常艰难。10年之后，“霍姆斯团体”委托一个外部研究小组对自己提出的目标实施状况进行评估，组长由时任加拿大多伦多大学教育学院院长迈克·富兰（M. Fullan）担任。结果表明，“霍姆斯团体”的改革无一项实现预期目标。[13]“霍姆斯团体”意识到，仅依靠教育学院本身进行改革是远远不够的，必须团结更广泛的力量。由此，“霍姆斯团体”开始与其他各类教育团体和机构建立横向联系，该组织也更名为“霍姆斯伙伴关系”（Holmes Partnership），结构更为松散，此后再也没有发挥更大的作用。

其实，“霍姆斯团体”改革的失败，并不在于其改革手段，而主要在于其实现教师教育专业化的理念与新保守主义取向的主流改革理念相背离。“霍姆斯团体”提出的诸如“延长学习年限”、“提高培养质量”等专业化改革思路被保守主义取向的改革者阵营彻底否定。反对者认为，“延长教师教育年限”、“强化教师专业培训”会增加教育成本、阻塞师资来源。此外，批评者还对教师教育的学科知识基础提出质疑，认为与医学、建筑工程学、食品科学等学科相比，教育学院远没有形成内在的、基于科学研究的、学院间可共享的知识基础。

除“霍姆斯团体”改革外，为应对面临的危机和挑战，20世纪80年代以来，教育学院在专业领域进行了大量的研究，为提高基础教育和教师教育的质量展开了一波又一波改革，如引入计算机化的阅读项目，实施治疗性阅读方案，运用多元智力理论，开展脑本位的教学，建立新的教学和教师评估系统等。批评者们对教育学院改革的努力嗤之以鼻，认为不过是小打小闹、修修补补而已。

四、当前美国教育学院面临的困境

对教育学院的攻击不只停留在言辞上，还表现在立法、政策、制度、实践等各方面。立法层面，美国2001年《不让一个孩子落伍法》和1994年《美国高等教育法》修正案出台的新政策，已给教育学院改革立下了规矩。前者要求以学生的学业成绩来评定教师和教育学院；后者要求教育学院每年向州政府和联邦政府提交毕业生参加州教师资格考试的成绩，据此对教育学院进行排名，形成了教师培养质量的监督和约束机制。

以上两项立法确立的学校绩效、问责和监控制度，使得新保守主义取向的教育改革挟法律和政策之利器迫使教育学院就范，直接对教育学院自主制定教师教育目标和方向形成制约。如果说以往教师教育变革的主要承担者是教育学院，那么，这个曾经的教师教育改革领导者很大程度上已失去了改革的决策权和话语权，教育学院自我主宰的改革空间不复存在。某种程度上它已成为被动改革者，甚至是被革命者。出于对这一境地的认识，教师教育院校协会目前已将提高自己在教育改革中的地位和参与政府决策当作首要任务之一，提出要“在州和联邦的决策上发出可信之声”[14]。

为打破教师教育被教育学院垄断的局面，联邦政府鼓励教师教育新机构和新项目的出现。选择性路径（alternative route）目前已成为美国造就新教师的最富活力的渠道。所谓教师培养的“选择性路径”，是指大学教育学院常规教师培养模式之外的各种替代性路径。从现有情况看，替代性培养机构有州教育署、地方学区、地区性服务中心、社区学院、各类社团、私人实体或协作体等；替代性培养项目也名目繁多，包括“为美国而教”[15]、“新教师计划”[16]、“转向教学”、“军转教”等。

选择性路径并不都是反专业化的，但典型的选择性路径一般具有较强的反专业色彩。时任美国联邦教育部长罗得·佩奇曾说过，能最有效培养《不让一个孩子落伍法》要求的“高质量教师”的，不是传统的教育学院，而是“以前训练军人或技术工人的机构、在线教师培训包，以及其他以直接课堂责任为主要任务的在职短期培训”。[17]

除替代性培养路径外，美国也出现了替代性认证机构。联邦政府为通过选择性路径培养出来的教师冲破传统教师认证系统大开绿灯。在其资助下，新的认证组织——教师教育鉴定委员会（TEAC）[18]和美国优质教师证书委员会（ABCTE）[19]分别于1997年和2001年成立。前者试图替代全美教师教育认证委员会（NCATE）的师范院校认证[20]，后者意欲影响和取代各州的教师资格认证。

新的教师认证放宽了课程形式和准入途径的要求，培养标准可由各教师培养机构自定或自选，以笔试为基础，成本低廉，各州通用。总的特征是加强对学科知识的要求和考试，减少甚至放弃对教育类知识和技能的考核。

教师教育鉴定委员会和美国优质教师证书委员会②的成立，意味着今后美国教师培养绕过传统教育学院已不存在任何制度障碍。20世纪60年代科南特要求师范生“获得学科教学许可证书”这一曾经让教育学院躲过一劫的庇护伞，如今再也无法起到庇护作用，因为教师教育院校认证和教师资格认证都不再像过去那样完全为主张教学专业化的阵营所控制。

美国大学教育学院自创建以来，不良的生存环境导致其不时出现退出者。20世纪50年代，耶鲁大学和霍普金斯大学关闭了教育学院；80年代，杜克大学取消了教育学院，加州大学关闭了其设在伯克利校区的教育学院；著名的芝加哥大学教育学院也于90年代被迫关闭。[21]其他没有关门的教育学院也都面临政治、经济、信誉等多方面的危机。密歇根大学教育学院和威斯康星大学教育学院在各种压力下已削减教师教育规模；哈佛大学虽然保留了教育学院，但不再授予博士学位；哥伦比亚大学教育学院开始与文理学院合作授予博士学位。[22]如果美国的政治气候和教育改革理念不改变，也许还会不断听到新的退出者的名字。

五、几点思考

美国当前1 200多所教育学院正面临降生以来的最大危机：一股强大的势力正力图将教师教育连同其实施机构——教育学院驱逐出大学；在选择性路径名称下，教师职前正规教育正被各种形式的短期培训所取代，专业化培养正转变为职业化培训；教师专业化道路开始逆转为“去专业化”或“非专业化”。这将为我国教师教育的改革和发展提供警示。

从发展阶段看，我国目前教师教育正步入大学化阶段。原本培养小学教师的中等师范学校已基本退出历史舞台，由师范专科学校取代；原本培养初中教师的师范专科学校纷纷升格为师范学院，并进一步转型为学院或综合性大学的教师培养机构，出现了美国20世纪五六十年代教师教育大学化的趋向。这一阶段，谈论教师教育退出高等教育似乎是一个不切实际的“伪命题”。

但美国教师教育的变革走向表明，被视为“伪命题”的问题在美国正变成“真命题”。我国教师教育发展目前正处于美国20世纪五六十年代大学化和专业化阶段。如果沿着美国之路亦步亦趋，也许不用多少年，教师教育也会出现与当前美国一样的状况——教师教育逐渐远离大学（实际上目前已有苗头，教师教育在综合性大学中的地位都或多或少被削弱）。这并非危言耸听，而是值得我们认真反思、警钟长鸣的。

分析美国大学教育学院教师教育陷入困境的原因，笔者认为主要由三方面因素所致。一是教育学院坚持学生全面发展和实现社会公平正义的教育理念与当前美国保守主义教育政策片面关注提高学生学业成绩之间的矛盾；二是教育界在何为教学专业的知识基础等核心问题上没有取得内部共识，更谈不上让公众和政府接受这种专业共识；三是美国“教学无须专门培养”的观念由来已久，当前“解制”阵营（主张解除对教师教育的管制，废除教育学院）的力量在保守主义政策的滋润下日益强大。[23]

对我国而言，导致教育学院退出大学的第一个因素并不存在。我国政府向来注重学生的全面发展，国家教育政策与教育专业界的目标追求一致，不存在美国教学专业界与政府教育政策之间那样尖锐的矛盾。但否定教学专业化的另一种状况是潜在的：在与国际接轨的默认意识下，当前教师教育改革总在自觉或不自觉地追随美国，缺乏批判和反省，忽略了国情和自身特点。③对当前美国教师教育改革不加反思地模仿，极易导致我们患上同样的“美国病”，轻视甚至反对教学专业化和教师教育专业化。

导致教育学院退出大学的第二个因素在我国是存在的。在国家学科管理制度下，大学教师培养机构的学科设置要取得名称上的统一不难实现，但要在学科内涵上获得业内的共识和外界的认可并非易事，没有建立专业共识上的系统的知识体系，教师教育作为专业教育留在大学的确是受人质疑的。教育界在这方面任重而道远。

第三个因素在我国也是存在的。否定教师培养作用的声音近年来在我国时有出现，主张教师生成只需“学科知识＋教学实践”的观点也有不小的市场。不排除这样的声音和观点在今后特定条件下形成庞大的对抗教学专业化的势力。

研究表明，尽管目前对教师教育的非议还只是停留在质量层面，但教育学院退出大学的潜在风险在我国仍然存在。美国教育学院当前面临的危机和困境是在教师教育大学化四五十年后出现的，我国刚刚步入大学化阶段，似乎还不会马上面临类似的问题。但如果我们在教师教育制度建构上一直沿着美国的道路走下去，也许若干年后也会面临与美国同样的问题。我国大学教育学院的危机和困境是否会到来？应当听任其发生吗？对教师教育，我们究竟是坚持专业化取向还是“低成本、快捷、会提高学生成绩”取向？所有这些问题，不应等到大学教师教育机构真的面临危机时再来思考，而应当未雨绸缪，立足国情，探索我国教师教育的改革之路。

注释：

①《弗莱克斯纳报告》全称为《美国和加拿大的医学教育：卡内基基金会关于教育改革的报告》。弗莱克斯纳是美国教育理论家，曾任中学校长，并不懂医学。1908 年他受卡内基基金会委托对美国医学教育进行考察，在完成对德国大学教育研究和美国与加拿大 155 所医学院的考察后，于 1910 年发布了该报告。报告对当时美国医学教育提出了尖锐批评，提出了改革方案。《弗莱克斯纳报告》发表后的 10 年里，直接或间接导致了 7%—22%的医学院校关闭和合并，促使美国医学教育发生革命性变革，医学教育遂成为精英教育。至 2004 年，全美只有 126 所医学院校，每年医学毕业生只有 2 000—3 500 人。该报告被视为现代美国医学教育的奠基石和世界医学教育发展的里程碑。但它的精英教育取向也产生了一些问题，导致弱势群体接受正规医学教育困难和难以为落后边远地区提供良好医疗服务等，一定程度上影响了社会的公平与正义。

② 实际上，美国优质教师证书委员会（ABCTE）是由全美教师质量委员会（NCTQ）创建的。

③ 以往效仿已导致我国教师教育改革发生了一些偏差，如追求教师教育开放化过程中，教师培养质量明显下滑。不少中小学反映，现今大学培养的师范生远不如过去中等师范学校毕业生好用。此外，师范院校升格为综合性大学后，教师教育在大学中被边缘化的现象越来越明显。

参考文献：

[1] METZGE S A. Conceptualizations of Teacher Qualification：An Overview of the Past Six Decades [EB/OL]. [2013-09-28]. http://www. learningace. com/doc/33061/2835513466da655f96fd44a901c41135/metzger05tghistory.

[2] STINNETT T M. Accreditation and the Professionalization of Teaching [J]. *Journal of Teacher Education*. 1952，3 (1-2)：32.

[3] METZGE S A. Conceptualizations of Teacher Qualification：An Overview of the Past Six Decades [EB/OL]. [2013-09-28]. http://www.learningace.com/doc/33061/2835513466da655f96fd44a901c41135/met zger05tghistory.

[4] 洪明. 美国教师质量保障体系历史演进研究 [M]. 北京：北京师范大学出版社，2010：113.

[5] 科南特. 美国师范教育 [M]. 陈友松，主译. 北京：人民教育出版社，1988：157—226.

[6] STOTSKY S. Ed Schools：The Real Shame of the Nation [J]. *Academic Questions*，2005，18 (3)：44-53.

[7] THOMPSON C B. Save American Education：Close Down Ed Schools [R/OL] . [2013-05-20]. http://www.aynrand.org.

[8] BEARD A，BONFIGLIO S，BRYNER K. Event Synthesis：Arthur Levine on the Future of Ed Schools Ed-Lab [EB/OL]. [2013-05-20]. http://www.edschools.org.

[9] PAIGE R. Meeting the Highly Qualified Teachers Challenge，The Secretary's First Annual Report on Teacher Quality [R]. Washington，DC：U. S. Department of Education，2002.

[10] National Council on Teacher Quality. Teacher Prep Review：A Review of the Nation's Teacher Preparation Programs [EB/OL]. [2013-05-20]. http.//www.nctq.org/dmsStage/Teacher_Prep_Review_2013_Report.

[11] The American Association of Colleges for Teacher Education. AACTE Members Key Points on the National Council on Teacher Qualities：2013 Teacher Prep Review [EB/OL]. [2013-05-20]. http://aacte.org/resources/netq-usnwr-review/aacte-members-key-points-on-2013-nctq-review.html.

[12] [22] LABAREE D F. *The Trouble with Ed Schools* [M]. New Haven and London：Yale University Press，2004：142，5，121.

[13] FULLAN M. The Rise of Stall of Teacher Education Reform [R]. Washington，DC：AACTE Publications，

One DuPont Circle，N. W.，Suite 610，1998.

[14] The American Association of Colleges for Teacher Education. Who We Are [EB/OL]. [2013-06-02]. http://aacte.org/about-us/who-we-are/who-we-are.html.

[15] 徐春妹，洪明. 解制取向下美国教师培养新路径——“为美国而教”计划的历程、职能与功过探析 [J]. 外国教育研究，2007，(7)：24—28.

[16] 古冬梅，洪明. 教师培养和管理模式的选择性路径探析——美国“新教师计划”（TNTP）述评 [J]. 比较教育研究，2009，(5)：77—81.

[17] U. S. Department of Education. Meeting the Highly Qualified Teachers Challenge，The Secretary's Annual Report on Teacher Quality [R]. Washington，DC：U. S. Department of Education，Office of Postsecondary Education，2002.

[18] 洪明. 美国教师培养质量保障机制的改革与创新——TEAC教师教育专业的认证标准和程序探析 [J]. 中国高教研究，2010，(1)：37—40.

[19] 洪明. 美国教师资格认证的改革与创新——ABCTE的机构性质和证书设计探析 [J]. 外国教育研究，2010，(8)：18—23.

[20] 洪明. 教师教育专业化路径与选择性路径的对峙与融合——NCATE与TEAC教师培养标准与认证的比较研究 [J]. 全球教育展望，2010，(7)：48—53.

[21] 李伟. 回归实践，回到理解——从芝加哥大学教育学院停办看美国教育研究范式的转换 [J]. 比较教育研究，2008，(7)：12—16.

[23] 洪明. 当代教师培养解制路径的思想根基探析——美国“常识”取向教师教育改革思潮述评 [J]. 比较教育研究，2009，(8)：77—81.

师范生 TPACK 知识的实证研究*

□ 董　艳（北京师范大学副教授）
□ 桑国元（北京师范大学副教授）
□ 蔡敬新（南洋理工大学教授）

一、引言

随着信息技术在学校中的普遍应用，教师如何有效应用信息通信技术（ICT）支持教和学的话题越来越受到教育研究者的关注。在师范生培养的过程中，教师教育者应充分关注培养学生的 ICT 整合能力以及与教育技术相关的学科教学法知识。TPACK 知识框架为 ICT 整合课堂教学的分析提供了一个参考性框架，该框架一经提出就受到了国际教师教育和教育技术学者的高度关注。

技术—教学法—内容知识（Technology-Pedagogical-Content Knowledge，最初缩写为 TPCK，后来为了便于读音，改为 TPACK，本研究中两种写法表同一内容），是在舒尔曼（Shulman）提出的学科教学法知识基础上，引入了技术知识，用以分析教师在利用信息技术开展课堂教学的情况。TPACK 提出基于如下假设：教学是一项高度复杂的活动，教师的有效教学需要依靠一种多维的综合性知识。这种知识在技术更新缓慢的低技术时代，以 PCK 为代表；而在新技术频繁更新的高技术时代，以 TPCK 为代表。TPACK 的提出促使信息技术与学科教学的整合不是停留在它仅作为一种手段应用到学科教学中。

TPACK 框架为职前教师培养提供了一个新的切入点。TPACK 知识作为一种指标，对于预测师范生是否胜任未来即将走上的教师职业岗位具有较好的效度和价值。尽管国内已有研究者关注 TPACK 研究，但利用成熟 TPACK 量表对师范生进行 400 以上大样本的实证性研究还未发现。鉴于此，研究试图通过修订和翻译已有研究的成熟 TPACK 量表开展相关研究。

二、相关概念、研究与问题提出

（一）相关概念

在课堂教学实践中，如果教师要有效地使用技术进行教学，就要明晰在何处、如何以及为何整合信息技术，深入理解信息技术、学科内容和教学方法三者间的相互关系，即具备 TPACK（见图 1）。

根据这些知识的组合程度，可以把图中的知识分为三个层次。

1. 单一维度知识

CK（Content Knowledge，学科内容知识）：是教师从事特定学科教学的前提。不仅包括具体的学科知识，还涵盖教师对于所教学科结构以及学科关系的深刻理解，是一种“超越事实和概念”的知识。

* 原载《教师教育研究》2014 年第 3 期。

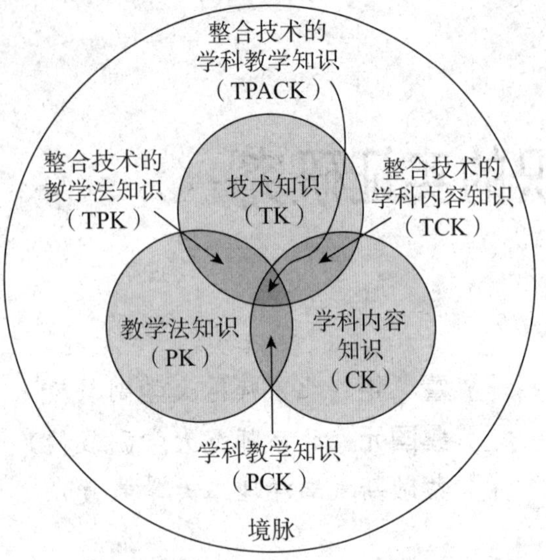

图1 TPACK框架及其知识要素[2]

（Mishra & Koehler，2006；焦建利、钟洪蕊译，2010）

PK（Pedagogical Knowledge，教学法知识）：通常指普通教学法知识，是所有学科所共享的一般教学法。PK在TPACK框架中是基本的、普遍适用的，不具备学科内容针对性。

TK（Technological Knowledge，技术知识）：包含传统技术和数字技术。TPACK在考虑三个核心元素的基础上，突出强调了技术元素的重要性。正如Mishra教授所阐述的，TK是TPACK框架中最具变化性的成分。

2. 二维融合知识

PCK（Pedagogical Content Knowledge，学科教学法知识），与Shulman提出的PCK类似，是学科知识与教学法知识综合而成的，是具体学科知识的"教学转化"。

TCK（Technological Content Knowledge，整合技术的学科内容知识）：由技术与特定的学科知识双向互动产生，包括教师所具有的对使用技术合理表征内容的那些知识。

TPK（Technological Pedagogical Knowledge，整合技术的教学法知识）：由技术和一般教学法相互作用产生的。包括理解能完成特定教学任务的各种技术手段，并以此设计教学、完善教学策略。

3. 三重互动知识

TPCK（Technological Pedagogical Content Knowledge，整合技术的学科教学知识）：由三个核心元素互动而产生。代表教师能够根据具体的教学情境需要，综合考虑C、P、T而设计恰当的教学方案。也就是说，使用技术有效表征和呈现内容以利于教学和学生理解的知识。

（二）已有调查研究

教师TPACK的测量和评价备受关注，常用方法是借助量表或问卷。量表主要由TPACK框架中七个因素相对应的评估项目组合而成，然后让被试对每一个项目进行自评估。已有工具大多来自于Schmidt等在Mishra和Koehler基础上联合开发的TPACK测量问卷[3]。原量表部分共包含58个评估项目。这份量表在多次测量后取得了较好的信效度。发表问卷时，他们还公布了量表中各因子信度和项目因素负荷值。一些研究者通过修改这份量表，将它应用到不同国家或领域教师测量中。Graham等人得出TPACK框架中除了C、P、T三个核心元素间的相关性较低外，其余四个复合元素之间都呈现较高的相关性；T是TP、TC和TPC三者的基础[4]。Archambault等人以收集的数据为依据进行分析，析出了3个因子，对TPACK中七个元素是否均在实践中有所呈现提出了质疑[5]。综合上述研究，无论在职教师还是职前教师，都有必要建立TPACK知识方面的深入理解，尤其是面对信息技术时代以学生为中心的建构主义学习情境。

（三）问题提出

本研究将在修订和翻译国外成熟量表的基础上，对我国师范生的TPACK现状进行调查和分析。主要包括以下三个研究问题。

1. 师范生的TPACK结构如何，是否存在人口学变量上的显著差异。

2. 师范生的TPACK发展受到哪些基础结构因子的影响。

3. 我国师范生培养在TPACK提升方面的建议和对策。

三、研究方法

（一）研究工具

本研究工具主要来自于 Chai 等 2011 年所编制的 TPACK-ML（ML，即有意义学习）量表，最初来自于 Schmidt 等（2009），后经 Koh 等（2010），再经 Chai 等（2011）多个研究对项目的逐步修改和验证，形成了本研究所采取的 42 个项目的英文版本，后经本文作者翻译和修订，形成此研究的中文版本。量表在后期修订中，纳入了建构主义学习思想，构建出新的项目[6]。初测量表包括 8 个因子，因子主要包括上述 7 个因子和第 8 个因子即 TKW（考虑到网络时代，用 W 代表网络，TKW 表示对基于网络的技术使用的效能）。因子和项目数对应为：CK（4）、PK（6）、PCK（8）、TK（4）、TKW（5）、TPK（5）、TCK（4）、TPCK（6）。同时包括性别、年级、年龄等人口学统计变量。研究采用 7 点量表，1—非常不同意，2—不同意，3—稍微不同意，4—不置可否，5—稍微同意，6—同意，7—非常同意。量表经过初测符合统计学的信效度要求，可以进行使用。

（二）研究程序

本研究选取了某师范大学的 463 名师范生，有效样本数为 438，回收有效问卷率达 94.8%。被试性别、年级分布如表 1。样本中男女生填写比例为：（男 $n=143$，32.8%；女 $n=295$，67.2%）。师范生平均年龄为 20.58（$SD=1.656$）。

表 1　学生被试分布（年级 * 性别　交叉制表）

	（1）男	（2）女	合计
2012 级	45（10.3%）	135（30.8%）	180（41.1%）
2011 级	30（6.8%）	57（13.0%）	87（19.9%）
2010 级	38（8.7%）	75（17.1%）	113（25.8%）
2009 级	30（6.8%）	28（6.4%）	58（13.2%）
合计	143（32.6%）	295（67.4%）	438（100.0%）

续表

本次调查时间于 2013 年 6 月 15 日到 6 月 30 日期间（学期末），问卷由本研究人员发送到各学院的学生工作处，分发给每个年级的班主任，然后由班主任组织学生统一在学生集中上课的课后进行填写，然后一并收回。本研究通过 IBM SPSS20.0 软件进行描述性统计、相关分析、因素分析、回归分析等。最后通过与国内外已有研究文献的对比研究，提出相应的对策建议。

四、数据分析与讨论

（一）因子分析

通过对 42 个项目进行探索性因素分析，获得 KMO 和 Bartlett 的检验系数为 0.961，说明可以进行探索性因子分析。根据研究假定，采取斜交矩阵法，抽取固定数量的 8 个因子后，8 个因子的方差解释率达到 74.364%。但由于部分项目存在于多个因子上，或因子载荷过低等原因，考虑后删除掉 4 个项目，分别为 P21、P71、P45、P49。对余下 38 项目再进行探索性因子分析，8 个因子的方差解释率可以达到 76.437%。

（二）信度分析

量表的信度反映了其测量项目在某一个维度上的稳定性和可靠性。利用 SPSS 对确定的因子和项目进行信度分析，从表 2 中的信度来看，无论是分量表还是总量表，都具有比较高的信度。信度系数介于 0.847—0.966（见表 2）。

（三）TPACK 知识及各结构因子水平

TPACK 及各维度均值反映了因子水平（见表 3）。

表 2 量表及因子信度

因子	{1} CK	{2} PK	{3} PCK	{4} TK	{5} TKW	{6} TPK	{7} TCK	{8} TPCK	{9} ALL
Cronbach a 系数	0.879	0.911	0.948	0.923	0.847	0.910	0.890	0.914	0.966

表 3 TPACK 各因子描述统计量

组合程度	因子	N	极小值	极大值	均值	标准差
1	CK	438	1.00	7.00	3.99	1.189 7
1	TK	438	1.00	7.00	4.55	1.242 5
1	PK	438	1.00	7.00	4.62	1.099 2
1	TKW	438	1.00	7.00	4.91	1.241 2
2	TCK	438	1.00	7.00	4.48	1.137 2
2	PCK	438	1.00	7.00	4.55	1.102 5
2	TPK	438	1.00	7.00	4.82	1.057 1
3	TPACK	438	1.00	7.00	4.47	1.077 4

各因子均值由高到低依次排列为：TKW＞TPK＞PK＞PCK＞TK＞TCK＞TPACK＞CK。单一维度知识方面，CK 最低，TKW 最高。CK 较低是由于低年级师范生缺乏足够的学科课程学习经历，他们也对如何开展课堂教学所需要的学科知识缺乏效能感。TKW 最高则可能由于平时经常接触电脑，在网上进行学习和交流，使他们对网络技术存在较强的操控感。除 TPK 略高，多维知识 TCK、PCK 和 TPACK 均在 4.50 左右（满分为 7），说明与 CK 相关的知识方面师范生均表现较低。特别是除了 CK，8 个因子中最低的就是 TPACK，即使最高的 TKW 还未超过 5（满分为 7）。

黄冬明等[7]对在职教师研究表明，高中教师 TPACK 总体处于中等水平，7 个因子排列为：PCK＞CK＞TCK＞PK＞TPK＞TPACK＞TK，其中 TK 维度最低，只有 2.850（最高分为 5），表明教师的技术知识相对较为欠缺；均值最高的为 PCK，其值为 3.161，说明在职教师对学科教学法知识的水平较高；与技术有关的 TK、TPK 和 TPCK 维度均低于 3。但与国际职前教师所测量的 TPACK 知识相比，仍处于较低水平，如 Chai 等（2011）研究新加坡职前教师在课程培训前后的 TPACK 数据从 4.97 提升到 5.46[8]，在开展职业课程培训前，其 TPACK 超过了我国师范生均值 4.47 水平。

（四）TPACK 知识与人口学变量的相关性

本研究对 TPACK 在性别、年级、年龄等人口学变量方面进行了交互分析，不存在显著的交互作用。只需计算 TPACK 在各个变量上的主效应即可。分析结果摘要见表 5、表 6、表 7。

1. 性别差异

表 4 列出 TPACK 因子中存在显著性别差异的 CK、TK 和 TPACK 数据，其他差异不显著的省略未表。从数据看，男生在多数因子上都优于女生，但仅在上述三项存在显著差异。男生 TK 知识显著优于女生，这跟人们的刻板认识是比较接近的，比如男生的动手、实践能力要更强。这一结果可以得到其他研究佐证。例如，彭文波等认为，女生的知识取向远远高于男生，而能力取向显著低于男生。[9]男生 CK 知识显著优于女生，可能与被试选择有关，也可能与测试量表为更倾向于效能感有关。

表 4 CK、TK、TPACK 在性别水平上的差异统计量

因子	性别	N	均值	标准差	均值的标准误	T 值
CK	(1) 男	143	4.423 1	1.119 70	0.093 63	5.412**
	(2) 女	295	3.787 3	1.168 74	0.068 05	
TK	(1) 男	143	4.725 5	1.263 42	0.105 65	2.111*
	(2) 女	295	4.459 3	1.224 93	0.071 32	
TPACK	(1) 男	143	4.585 1	1.030 04	0.086 14	不显著
	(2) 女	295	4.421 5	1.097 29	0.063 89	

2. 学业年级差异

表 5 反映出 TPACK 等 6 个因子在学生年级间呈现显著差异（PCK 和 TKW 因在年级间不存在显著差异未列）。表现在三年级学生（2010 级）的 TPACK 要显著高于一年级新生（2012 级）。特别在 CK、TCK 方面的高年级阶段均要显著优于大一新生；这说明师范教育的确为发展师范生与 CK 学科知识相关的知识方面奠定了基础。数据较好地支持了我国师范教育对学生素质提升方面的积极作用。

TKW 和 PCK 在年级之间没有显著差异。结合均值分析结果（TKW 在所有因子中最高，PCK 在组合知识中最低），本研究认为，相比于其他知识来说，对师范生网络技术的培养不需要给予过多的重视，因为信息社会的技术普及使师范生已具备较高的技术知识，他们已充分具备“数字一代学习者特征”。而 PCK 知识在师范生培养过程中，还未得到足够的重视，教师教学并未让学生体验到“学科教学法”与“单一维度的教学法知识”的差异。为此，对于师范生来说，纯网络技术的 TKW 知识教学已不是学校教学的重点，而基于 T 的双重维度和多重维度知识（TCK 和 TPK）才应该被教育部门重视。

表 5 基于年级的单因素方差分析

		平方和	*df*	均方	*F*	显著性	事后比较
TPACK	组间	26.155	3	8.717	7.865	0.000	2012 级＜2010 级*
	组内	481.068	434	1.108			
	总数	507.224	437				
CK	组间	69.650	3	23.217	18.357	0.000	2012 级＜(2011 级，2009 级，2010 级)*
	组内	548.901	434	1.265			
	总数	618.551	437				
PK	组间	16.347	3	5.449	4.622	0.003	2012 级＜2010 级*
	组内	511.699	434	1.179			
	总数	528.046	437				
TK	组间	41.272	3	13.757	9.427	0.000	2012 级＜2010 级*
	组内	633.354	434	1.459			
	总数	674.626	437				
	组间	11.622	3	3.874	3.527	0.015	2012 级＜2010 级*

续表

		平方和	df	均方	F	显著性	事后比较
TPK	组内	476.745	434	1.098			
	总数	488.367	437				
TCK	组间	43.614	3	14.538	12.097	0.000	2012级<（2011级，2009级，2010级）*
	组内	521.560	434	1.202			
	总数	565.174	437				

3. TPACK知识与因子、学生年龄间的相关关系

由于学生年龄为连续变量，故利用积差相关计算与各因子间的相关关系（见表6）。表6说明年龄（AGE）与多个结构因子（除TKW、PCK和TPK）均呈现显著的弱相关。单一维度知识与年龄相关表明这些知识与学生的学习经历和成熟程度有密切关系，也就是随着学生年龄增长，学生在这些方面的知识自信程度都有提升。

另外，所有TPACK因子之间都存在显著正相关。与T相关的因素间相关均达到了0.60以上。这说明教师TPACK知识在很大程度上受到TK知识，以及与TK相关知识的影响。师范生对TK知识的拥有和经验认同会有效影响到他们对教学的应用。

表6 年龄与TPACK各因子间的相关关系

	{1}	{2}	{3}	{4}	{5}	{6}	{7}	{8}
{1} AGE								
{2} CK	0.23**							
{3} PK	0.11*	0.57**						
{4} TK	0.14**	0.45**	0.50**					
{5} TKW	0.02	0.24**	0.44**	0.57**				
{6} PCK	0.05	0.50**	0.60**	0.44**	0.35**			
{7} TPK	0.06	0.38**	0.60**	0.67**	0.68**	0.55**		
{8} TCK	0.20**	0.44**	0.54**	0.72**	0.64**	0.40**	0.69**	
{9} TPCK	0.12*	0.51**	0.60**	0.72**	0.58**	0.47**	0.75**	0.78**

（** $p<0.01$，* $p<0.05$）

（五）TPACK知识的预测分析

考虑到TPACK的发展，研究进行了回归分析。将TPACK作为因变量，结构中其他7个因子及学生性别、学业年级、年龄等作为自变量，通过逐步回归方法，获得TPACK预测变量分别为TCK、TPK、CK、TK、PK，模型如表7。

单一维度的知识（CK、TK、PK）都进入了回归模型，对TPACK知识有显著贡献作用，只是PK出现在最末位，说明在师范生学习过程中，由于还不能真正经历课堂教学的体验，除了短时期的教育实习，以及与自己相关经历的感受，他们在教学法方面的训练和体验还较少和较弱。

表7 预测模型汇总

模型	R	R方	调整R方	标准估计的误差
1	0.782a	0.612	0.611	0.675 09
2	0.829b	0.688	0.686	0.606 23
3	0.843c	0.711	0.709	0.583 85

续表

模型	R	R 方	调整 R 方	标准估计的误差
4	0.850d	0.722	0.719	0.573 22
5	0.852e	0.726	0.723	0.569 91

a. 预测变量：(常量)，TCK

b. 预测变量：(常量)，TCK，TPK

c. 预测变量：(常量)，TCK，TPK，CK

d. 预测变量：(常量)，TCK，TPK，CK，TK

e. 预测变量：(常量)，TCK，TPK，CK，TK，PK

而二维整合知识的 TCK、TPK 也进入回归方程模型。而且，这两个与 TK 相关的整合知识对 TPACK 的预测作用要优先于单一维度的三种知识。充分说明，师范生 TCK 和 TPK 经验对他们 TPACK 知识的发展具有非常大的贡献。因此如果提升 TCK 和 TPK，将会在促进 TPACK 知识提升方面，起到比三种单一维度知识提升而带来的更好的效果。

在此模型中，PCK 对 TPACK 知识没有显著预测作用，说明师范生的 PCK 知识对 TPACK 知识没有贡献力。这一结果可解释为 PCK 这一学科教学法知识具有独立于 TPACK 存在的必要性。因为最早由 Shuman 提出的 PCK 概念只是为了表达知识和教学法的融合，有些知识的传达不需要利用技术完成也是合理的。但也可以解释为 PCK 知识作为一种较为复杂的知识，和 TPACK 知识一样，需要师范生有足够的时间和体验才可以获得。而这两种知识的获得不太容易通过模仿而获得，需要师范生对教学具有一种真正的体验。

五、研究结论与局限

我国师范生 TPACK 知识的总体特征分别为：(1) 总体水平偏低，仍有很大的提升空间；(2) 八个因子存在差异：(3) 与学科内容 C 相关的知识 (CK、PCK、TCK、TPCK) 均值较低：(4) TPACK 因子对 TPACK 有更强的预测力，而非人口学变量，诸如年级和性别等；(5) TPACK 因子中，双重维度的知识因子（主要是 TPK 和 TCK）对 TPACK 的预测效果要优于三个单一维度知识。说明 TPACK 作为高层次的知识融合水平，需要具备低层次（也就是较少维度的知识融合），特别是基于 T 因素的链接；(6) 三个单一维度因子都直接贡献于 TPACK，但在这些因素中，最显著的是 CK，而非其他研究所提到的 PK[9]。

本研究的局限在于，研究采取问卷调查方法，方法的特点是答题的质量取决于师范生对自己知识的评估水平和其诚信度等因素。而且所测量的知识并非是师范生面对真实的教学任务时所使用的知识。这将在未来研究进一步改进。

六、培养建议

结合上述分析结果，本研究为高校师范生的 TPACK 提升策略提出以下培养建议。

（一）加强师范生在大学期间各单一知识维度的系统学习

教师教育机构应为师范生设计和提供不同培训重点的课程方案。低年级阶段着重于单一维度的知识培养，例如学科内容知识、技术知识、教学法知识等，尤其是学科内容知识。高年级阶段要多为学生创造观摩 ICT 应用于教学和专家教师课程的机会。毕业阶段提供学生接触不同教育教学岗位的机会，与一线教师或在职教师进行不同层次的、多元化的交流，提高对入职工作的一种信心，提高对特定环境的入职准备。随着年级的升高，单一维度的知识逐渐融入他们的认知结构中，ICT 的技术应用理解也融入教学法，以及与学科知识进行很好的内在融合，再加上一些特定的设计学习课程，加上教师适当的引导，师范生掌握 TPACK 水平层次的教学操练应该会有更大的信心。

（二）加强以 TK 为基础的 TPK 和 TCK 的发展

教育培养机构特别要专注于师范生 TPK 和 TCK 等知识养成，这种中介变量会将师范生所具有的单一维度知识在教学环境中进行衔接。教师 ICT 课程是帮助职前教师培养“丢失”的 TPACK

联系，加强联系的过程。有机构设计教学系统来支持职前教师从事设计活动帮助他们发展TPACK[10]。让师范生在掌握单一维度知识基础上适当地利用ICT这种技术，会促进学生整合技术来传递教学。同时，师范生又可以通过ICT教学过程实施的挑战性，去提升技术应用的熟练性、多样性和适应性，从而达到三个单一维度知识应用到两个维度知识的整合，再到最高阶的三维度知识的教学整合。

（三）重视在设计相关的ICT课程时的特殊情境的考虑

TPACK框架中，情境（Context）是非常重要的概念，它能帮助师范生理解TPACK的复杂性，理解ICT应用于教学要依据课堂环境进行灵活调整，要考虑到ICT如何去表征学科内容，如何去创造适合于班级学习者的媒体形式去吸引学习者，ICT如何能够适合不同学习者的学习需求，运用什么样的教学法对学生的学习最有效。已有研究探讨语言学习课程、数学课程、科学课程等不同学科内容中教师TPACK知识的测量与发展。

因其学科特殊性，教师在课堂环境上对信息技术与学科教学的整合一定会存在不同的情境特点，为此，如何针对这些情况开发基于特定学科的TPACK是非常必要的。它们将更好地考虑具体学科的教学情境，促进师范生利用技术与课程教学的整合。三种知识的相互作用不是一种机械的，而是有教师积极主动地调整和运用的综合过程。

参考文献：

[1] [6] [8] Chai, C., Koh, J., Tsai, C., &Tan, L. Modeling Primary School Pre-service Teachers' Technological Pedagogical Content Knowledge (TPACK) for Meaningful Learning with Information and Communication Technology (ICT) [J]. *Computers & Education*, 2011, 57 (1): 1184-1193.

[2] 焦建利，钟洪蕊. 技术—教学法—内容知识（TPACK）研究议题及其进展［J］. 远程教育杂志，2010，(1)：39—45.

[3] Schmidt, D. A., Baran, E., Thompson, A. D., Mishra, P., Koehler, M. J., & Shin, T. S. Technological Pedagogical Content Knowledge (TPACK): The Development and Validation of an Assessment Instrument for Preservice Teachers [J]. *Journal of Research on Technology in Education*, 2009, 42 (2): 123-149.

[4] Graham, C. R., Burgoyne, N., Cantrell, P., Smith, L., St. Clair, L., & Harris, R. TPACK Development in Science Teaching: Measuring the TPACK Confidence of Inservice Science Teachers [J]. *Tech Trends: Linking Research & Practice to Improve Learning*, 2009, 53 (5): 70-79.

[5] Archambault, L. M., & Barnett, J. H. Revisiting Technological Pedagogical Content Knowledge: Exploring the TPACK Framework [J]. *Computers & Education*, 2010, 55 (4): 1656-1662.

[7] 黄冬明，高莉娜，王海燕. 高中教师TPACK现状调查与分析——来自N市的报告［J］. 现代教育技术，2013，(2)：37—51.

[9] 彭文波，刘电芝. 高新技术专业大学生学习状况——发展目标及影响因素的性别差异研究［J］. 西南师范大学学报（自然科学版），2005，30 (1)：158—162.

[10] Chai, C. S., Koh, J. H. L., Tsai, C.-C. Facilitating Pre-service Teachers' Development of Technological, Pedagogical, and Content Knowledge (TPACK) [J]. *Journal of Educational Technology & Society*, 2010, 13 (4): 63-73.

教育发展战略

教育领域若干重大改革举措的宏观意义*

□ 张　力（国家教育发展研究中心研究员）

党的十八届三中全会通过的《关于全面深化改革若干重大问题的决定》（以下简称《决定》）深入贯彻党的十八大精神，在社会事业改革创新部分，发出“深化教育领域综合改革”的总动员令。本文拟从《决定》所确定的重大教育改革举措中，选取与中小学教育有关的若干关键性问题，谈一些学习体会。

扎实推进“三爱”教育与活动的形式机制创新

根据党的十八大报告关于“把立德树人作为教育的根本任务”的要求，《决定》明确指出：“全面贯彻党的教育方针，坚持立德树人，加强社会主义核心价值体系教育，完善中华优秀传统文化教育，形成爱学习、爱劳动、爱祖国活动的有效形式和长效机制，增强学生社会责任感、创新精神、实践能力。”这为教育系统和社会各界协同创新育人模式指明了方向。以上重要论述，同党中央一贯强调的素质教育理念联系起来，核心就是要解决好培养什么人、怎样培养人的重大问题，就是要根据时代要求和青少年儿童身心发展规律，坚持育人为本、德育为先、能力为重、全面发展，探索切实可行的立德树人模式。其中，《决定》首次确定的“爱学习、爱劳动、爱祖国”（简称“三爱”）要求，势必成为新形势下践行立德树人历史使命的一项重要形式。

——关于“三爱”的历史渊源，需要追溯到1949年新中国成立前夕，《中国人民政治协商会议共同纲领》（以下简称《共同纲领》）提出：“提倡爱祖国、爱人民、爱劳动、爱科学、爱护公共财物为中华人民共和国全体国民的公德。”1982年第五届全国人大第五次会议通过的《中华人民共和国宪法》（以下简称《宪法》）第二十四条规定：“国家提倡爱祖国、爱人民、爱劳动、爱科学、爱社会主义的公德”，把《共同纲领》的“爱护公共财物”改为“爱社会主义”。1994年《中共中央关于进一步加强和改进学校德育工作的若干意见》进一步指出：“学生的‘五爱’（爱祖国、爱人民、爱劳动、爱科学、爱社会主义）情感，文明的行为习惯，良好的道德品质和遵纪守法意识，科学的世界观、人生观、价值观，社会主义的理想信念，是一个通过教育逐步形成的过程。”多年来，“五爱”教育与活动已成为我国学校德育工作的主体部分。2013年5月29日，习近平总书记在同全国各族少年儿童代表共庆“六一”国际儿童节时号召：“少年儿童从小就要立志向、有梦想，爱学习、爱劳动、爱祖国，德智体美全面发展，长大后做对祖国建设有用的人才。”由此，“三爱”作为依据《宪法》提炼的促进青少年儿童健康成长的重点要求，现在又纳入《决定》的改革顶层设计，充分体现了以习近平同志为总书记的党中央对青少年儿童的亲切关怀和殷切希望。

* 原载《人民教育》2014年第1期。

——按照《决定》的要求，“三爱”教育应当同加强社会主义核心价值体系教育、培育和践行社会主义核心价值观、深化中国梦宣传教育等密切结合，同完善中华优秀传统文化教育相互融通。各级政府、学校、家庭将更加重视从教育制度和教学环节入手，形成“三爱”活动的有效形式和长效机制，帮助和促进青少年打牢思想基础、砥砺高尚品德、养成优良行为，树立正确的世界观、人生观、价值观，增强社会责任感、创新精神、实践能力。当前和今后一段时期的工作重点如下。一是继续发挥课堂教学主渠道作用，将“三爱”教育纳入课堂教学中，从入学教育做起，贯穿于国民教育全过程，并不断优化教育评价标准当中体现“三爱”教育的要求；二是广泛组织“三爱”主题宣讲活动，教育和引导学生把个人的学习成长和国家的前途命运结合起来，不断升华对“三爱”的理解和认识；三是以“三爱”教育引领校园文化建设，打造一大批“三爱”教育文化品牌，使“三爱”教育不断深入人心；四是把“三爱”教育贯穿于社会实践活动之中，引导青少年树立尊重劳动人民和劳动成果的思想感情，重视营造良好的社会氛围。

全力把促进青少年身心健康、体魄强健落到实处

青少年体质健康，关系个人的幸福生活，关系民族的素质水平。人类文明史表明，每个国家、每个民族都把青少年体质健康问题放在极为重要的位置来考虑。《决定》强调“强化体育课和课外锻炼，促进青少年身心健康、体魄强健”，正是立足于国家、民族全局和亿万家庭福祉所提出的重要要求，我们一定要立足国家和民族的全局，来认识促进青少年身心健康、体魄强健的重大意义。

——从人的生命周期看，青少年时期是身心健康和各项身体素质发展的关键时期，体育锻炼和体育运动是加强爱国主义和集体主义教育、磨炼坚强意志、培养良好品德的重要途径，也是促进人的全面发展的重要方式，对青少年思想品德、智力发育、审美素养的形成，都将发挥不可替代的关键作用。进入21世纪以来，全球范围内的综合国力竞争日趋激烈，各国都纷纷把全面提高国民素质、增强劳动力竞争力作为国家级战略，而青少年的身心健康、体魄强健，自然成为衡量民族旺盛生命力的重要标志，成为国家现有及潜在综合实力的重要体现，成为迈向人力资源强国的重要基础。我们党在革命、建设、改革各个历史时期，在与时俱进的教育方针之中，都对增强受教育者体质健康提出了明确要求、指引了前进方向，始终强调促进德育、智育、体育等有机融合，着重使青少年在培养品德、增长知识的同时，锻炼和发展身体的各项素质和能力，从而不断提高自身综合素质，成长为德智体美全面发展的社会主义建设者和接班人。《决定》提出的重要要求，正是从全面贯彻党的教育方针出发，对于重点加强学校体育课程同课外运动锻炼的相互衔接，着力增进学校、家庭、社会在促进青少年健康成长方面的密切配合，具有非常重要的指导性和针对性。

——改革开放30多年来特别是进入21世纪以来，党和国家坚持把加强青少年体育锻炼作为提高全民健康素质的基础工程，不断完善和落实各项政策措施，广泛开展阳光体育运动，青少年体育事业呈现蓬勃发展的态势。从2010年第六次全国学生体质健康调查结果看，全国学生体质和健康状况总体上有所改善，中小学生身体素质下滑趋势得到遏制，青少年营养水平和形态发育水平明显提升。但是，我们也要清醒地看到，学生肥胖检出率有所增加，视力不良率居高不下，高校在校生的爆发力、力量、耐力素质水平有所下降，这与他们在18岁及以前的体育锻炼不能经常到位有着直接关系。有关调研也表明，有些地区的学校和社会重智育、轻体育的倾向较为突出，中小学生课业负担过重，休息和锻炼时间严重不足，城乡、区域之间体育设施配备不平衡，学生体育课和锻炼活动难以保证。这些问题正在引起全党全社会更加高度的重视，逐渐凝聚起强烈的教育改革动力。

——按照《决定》的重要要求，我们要牢固树

立“健康第一”的思想，完善学校体育工作机制，确保学生体育课程和课外锻炼活动时间，提高体育教学质量，通过保证学生每天锻炼一小时等举措，提高阳光体育运动实效；健全学校、家庭、社区相结合的青少年体育网络，科学安排学习、生活、锻炼，保证学生睡眠时间，培养青少年良好的体育锻炼习惯和健康的生活方式，尽快使我国青少年普遍达到国家体质健康基本要求，持续提高耐力、力量、速度等体能素质，明显降低营养不良、肥胖和近视的发生率；推动学校和社会各界紧密协作，共同营造青少年热爱体育、崇尚运动、健康向上的良好风气和全社会珍视健康、重视体育的浓厚氛围，形成提高青少年乃至全民族的健康素质的长效机制。

坚定不移将破解义务教育择校难题作为攻坚重点

“破解择校难题”，是《决定》围绕均衡发展九年义务教育所选取的改革攻坚重点，我们必须“以更大决心冲破思想观念的束缚、突破利益固化的藩篱”，才能使这项改革取得实质性进展。综观党的十七大和十八大报告所强调的义务教育均衡发展的基本方向，以及2006年我国修订的《中华人民共和国义务教育法》（以下简称《义务教育法》）的规定，促进义务教育均衡发展，主体是县级以上人民政府，要件是合理配置公共资源，关键是改善薄弱学校条件，目的是保障所有学龄人口平等就学。这充分说明，破解择校难题，是回归义务教育强制性、免费性、普惠性本质要求的应有之义，是着力解决社会反映强烈的突出问题、维护教育公平公正、努力办好人民满意的教育的客观要求。按照《决定》的要求，根本在于尽快缩小公办学校之间的差距。

——统筹城乡义务教育资源均衡配置。从办学经费来看，义务教育必须依法全面纳入财政保障范围，实行国务院和地方各级人民政府根据职责共同负担，省级人民政府负责统筹落实的投入体制，完善中央财政和地方财政分项目、按比例分担的农村义务教育经费保障机制，不断提高保障水平。在此制度基础上，再看办学条件，各地政府应科学规划、统筹安排、均衡配置、合理布局，建立城乡一体化义务教育发展机制，重点是“实行公办学校标准化建设”，巩固全国中小学校舍安全达标的成果，从根本上改造薄弱学校，尽快使师资、教学仪器设备、图书、体育场地基本达标，利用改扩建劳务输出大省和特殊困难地区农村学校寄宿设施等项目工程，显著改善农村学生特别是留守儿童寄宿条件，基本满足需要。预计到2020年，全国将率先在县（区）域内实现城乡均衡发展，弱化对公办学校择校的外部刚性需求，逐渐在更大范围内使均等化的基本公共教育服务覆盖城乡所有学龄人口。

——实行公办学校校长教师交流轮岗。许多地区的强烈择校意愿，更多是因为家长看重历史遗留的优质公办学校所拥有的高水平师资队伍。所以，全面提高所有公办学校校长、教师水平，将是标本兼治、破解择校难题的重要举措。《决定》明确提出实行公办学校校长教师交流轮岗，对绝大多数地区而言，主要是在县（区）域内操作。各地政府应合理配置教师资源，因地制宜地建立校长教师定期交流轮岗制度，明确规定校长在同一学校连任期限，同时，规定教师包括骨干教师须按每年不低于教师总数的一定比例开展交流，城区中小学教师评聘高级职务（职称），须有在农村学校或薄弱学校任教一定年限的经历。继续加大城镇学校教师对口支援农村学校、原优质公办学校教师对口支援薄弱学校的力度，有条件的地区还可试行校长教师跨区交流轮岗。

——坚持免试就近入学、不设重点学校重点班。《决定》的要求，完全基于《义务教育法》第十二条“适龄儿童、少年免试入学。地方各级人民政府应当保障适龄儿童、少年在户籍所在地学校就近入学”和第二十二条“不得将学校分为重点学校和非重点学校。学校不得分设重点班和非重点班”等法律条款，具有十分强烈的导向意义。我们必须严格实施公办小学初中免试就近入学制度和信息公开制度，县区教育行政部门须利用公告、网站等多种方式向社会公开每所小学、初中的招生计划、范围、程序、时间和结果，积极推行网上报名招生，严禁把各种等级考试和竞赛成绩作为入学与升学的依据，发挥中小学家长委员会监督依法治校过程的积极作用。各地将在公办学校标准化建设逐步到位的基础上试行学区制，合理划分学区范围，科学规划学校布局，使学区内小学毕业生直接进入初中，并在有条件的地区探索九年一贯对口招生。学生入校后，将按照随机方式对学生和教师实行均衡编班。编班过程要邀请家长和相关人员参加，接受各方监督，禁止以各种名目分重点班和非重点班。相应地，加速弱化择校压力的措施还包括：严查选拔生源的“占坑班”；制止跨区域招生行为；严禁收取与入学挂钩的捐资助学款；除省级教育行政部门批准的可招收体育艺术特长生学校外，一律不得以特长生名义招生；在保障适龄儿童少年就近进入公办学校前提下，由民办学校提供一定范围的选择性就学机会。

标本兼治减轻义务教育阶段学生课业负担

过重课业负担严重损害儿童少年身心健康，不利于促进人的全面发展。新中国成立以来，国家和地方政府部门多次发布减轻中小学生课业负担的政策文件。进入 21 世纪以来，从党的十七大报告强调“减轻中小学生课业负担”的宏观要求，到近年来国家出台的许多配套文件，政策引导力度不断加大。《决定》强调“标本兼治减轻学生课业负担”，准确抓住广大群众反映强烈的热点问题，切中当前影响中小学教育发展的突出障碍。

——强化政府统筹协调减负工作职责。各级政府在统一学校、家庭、社会对减负工作的认识，形成分工协作、相互支持、综合治理的格局方面，将担负统筹协调的重要责任，采取多种政策措施，分区规划、分步推进减负。当前的重点是：加大基础教育课程改革力度，调整教材内容，科学设计课程难度，对学校减负工作提出导向性意见；注重改革学校考核办法，逐步将减负工作与小学升初中、初中毕业升学制度、学业水平考试制度及高考招生制度等系列改革有机衔接贯通，各级政府不得按升学率对地区和学校进行排名，不得下达升学指标；建立健全学生课业负担监测和公告制度，各级政府教育督导部门应落实督学责任区制度，对减负工作定期进行专项督导，每学期公布督导结果；各级教育行政部门将对减负工作开展经常性检查，并受理群众举报，严格责任追究，限期整改到位。

——大力推进学校教育教学环节创新。义务教育阶段把减负落实到学校教育教学各个环节，关键是提高教师素质，深化教学改革，改进教学方法，增强课堂教学效果，严格执行课程方案，不得增加课时和提高难度。学校要开足和上好体育课，安排好大课间活动或课间操、眼保健操，动员各方力量督促安排学生每天校内外锻炼一小时。按照“率先实现小学生减负”的要求，在坚持阳光入学、均衡编班制度的基础上，实行一年级新生“零起点”教学的规定，一至三年级不留书面家庭作业，四至六年级控制每天书面家庭作业总量。规范并严控每学期全校统考和每门课测试的次数，要求考试内容不超出课程标准。教育质量监测不公布学生成绩与排名，实行“等级加评语”评价方式，采取分级评价，多用鼓励性评语，激励学生成长。每个学科可选择一种经省级有关部门评议公告的教辅材料，购买时遵循家长自愿原则，学校和教师不得再向学生推荐、推销其他教辅材料。

——配合考试招生制度改革重点推进初中减负。实施素质教育的要义是面向全体学生、促进学生全面发展。初中减负的关键，是着力克服偏重死记硬背的弊端、削减力拼题海战术的影响，在培养学习兴趣、掌握书本知识的同时，给学生留下更多了解社会、深入思考、动手实践、健身娱乐的时间。为此，《决定》要求推行初中学业水平考试和综合素质评价，探索促进学生发展的多种评价方式，其中，学业水平考试原则上是每门课程学完即考，创造条件为学生提供同一门课程有两次考试机会；综合素质评价是建立规范化的学生成长记录制度，更加有利于增强学生的社会责任感、创新精神、实践能力，关键是要做到公平公正公开透明。同时，继续实行优质普通高中和优质中等职业学校招生名额合理分配到区域内初中的办法。上述制度改革的主要目的是，尊重个人选择，鼓励个性发展，学好每门学科，兼顾兴趣志向，促进学生身心健康和全面发展，为升入高一级学校提供依据。

——切实增强家长和社会的减负共识。减负不仅是教育系统的重要任务，更是全社会的共同责任，有些地区减负不到位，是由于学校减负、家长加负。我们必须充分发挥家庭教育在儿童少年成长过程中的重要作用。随着终身教育体系的完善、考试招生制度改革的深化，学生们将拥有选择学习方式和成才途径的多样化机会，家长担心子女“输在起跑线上”的观念将逐渐淡化，真正归还孩子更多发展兴趣爱好、参与强身健体的时间空间。倡导家长树立正确的教育观念，掌握科学的教育方法，尊重子女的健康情趣，培养子女的良好习惯，主动加强与学校的沟通配合，共同减轻学生课业负担。学校要利用中小学家长委员会等载体，加强与家长互动，指导好学生课外活动。人民团体、基层群众自治组织及社会组织，要发挥在社区层面配合减负工作的促进作用，参与校外活动场所的建设和管理，开发多种活动方式，丰富学生课外及校外活动。当前，政府明确要求，义务教育阶段学校和教师不得在节假日和双休日组织学生集体补课或上新课，不得组织或参与举办“占坑班”及校外文化课补习，各种等级考试和竞赛成绩也不得作为义务教育阶段入学与升学的依据。因此，对于社会补习机构和教辅市场，地方政府需要进一步加强规范和管理，并引导学生家长科学理性地对待家教补习。

深化教育领域综合改革，是对中国特色社会主义现代教育体系的进一步完善与发展。《决定》所部署的教育改革，涉及中小学教育领域的还有很多，诸如美育教学、困难学生资助、普通高中、学前教育、特殊教育、教育信息化、学校内部治理结构、教育督导、教育评估、社会力量兴办教育等，可以说，综合改革任重而道远。

我们回顾“昨天”，教育改革成为改革开放35年来教育事业成就卓著的决定性因素，我国顺利从人口大国转变为人力资源大国，教育发展总体进入全球中等水平，曾得益于改革的强劲推动；关注“今天”，教育改革处于攻坚期和深水区，必须更加注重改革的系统性、整体性、协同性，不仅要着力破除制约教育事业科学发展的体制机制障碍，而且要和其他社会领域改革相互配合形成合力；展望“明天”，教育改革将坚持以人为本、积极适应社会多样化的教育服务需求，相信一定能为努力办好人民满意的教育、造就数以亿计高素质劳动者和专门人才提供持久的动力。

发展与反贫：国家、市场与教育*

□ 刘民权（北京大学教授）

一、导论

在评估国家和市场在消除贫困方面的作用时，需要扩大考察的范围，不能只关注贫困，而应同时考虑收入不平等和经济增长。大量现代发展经验表明，除了在纯粹的马尔萨斯式的情况下（现实中很少发生），贫困与收入不平等和经济增长密切相关。为有效地消除贫困，必须充分关注收入不平等和经济增长对贫困的影响。反过来，减少和消除贫困将对收入不平等和经济增长产生重要影响。

其实，贫困、增长和收入不平等的三角关系已备受文献关注（Bourguignon，2004；AFD-EUDN，2003），因此本文不打算对其基本方面展开讨论。本文所试图做的，是根据发展中国家在现代经济发展过程中所呈现的一些一般特征，重点分析这些关系的动态演变。当今世界上的大部分贫困存在于发展中国家，其原因部分是由于这些国家所面临的结构性因素。充分理解这些结构性因素的作用对帮助这些国家制定有效的减贫政策十分重要，同时也有助于表明这些政策的局限所在。而要做到这一点，就要求我们对收入不平等、经济增长乃至发展的整个过程有深入的了解。

本文重点关注发展进程，这表现为一国通过工业化和城市化对其社会经济结构进行根本的改变。早期，刘易斯（1954）和库茨涅兹（1955）对此过程进行了深入研究并提供了许多深刻的见解。关于贫困陷阱的许多早期文献也做出了重要的贡献（Nurkse，1953；Nelson，1956）。最近出现的大量文献，如内生经济增长（Romer，1994）和旨在内生化职业选择和收入不平等的文献（Banerjee & Newman，1993；Matsuyama，2000；Mookherjee & Ray，2005；Galor，2011），也提供了重要的启示。限于篇幅，无法在此总结上述文献，尽管它们为本文研究提供了基础。

本文将介绍一个关于发展中国家经济发展进程的标准模型，重点关注其发展进程的一些主要方面以及将经历的主要阶段。在该模型中，推动发展的动力是教育。有一些基本力量使得收入不平等和人均收入之间呈现库茨涅兹倒U型关系。但库茨涅兹倒U型关系的具体路径也并不完全由此决定，而是可以采取措施加以部分改变的。对于一个国家来说，这可以意味着更多或较少的贫困。本文最后针对政府和市场在推动教育发展方面各自所能起的作用进行讨论。

二、发展的标准模型

（一）模型

毫无疑问，一国在经济发展的进程中必然要经历重大的结构变化。具体而言，现代部门（工业部门）将扩张，吸引企业家、金融资本以及具备相应

* 原载《南京大学学报（哲学·人文科学·社会科学版）》2014年第1期。

技能和拥有相应教育的工人进入。能够获得更高的收入是他们进入工业部门的原因。相反，传统部门（农业部门）存在大量剩余劳动力（边际劳动生产率很低或为零），而且人口出生率居高不下。这是刘易斯（1954）在其原创文献中所考虑的情况。

在发展的早期阶段，少数现代部门工人收入大幅增长可能引起收入水平分化，导致一国收入不平等状况恶化。然而，长此以往，这一收入差距将吸引越来越多的工人通过接受技术培训和教育进入现代部门。当越来越多的工人进入现代部门，来自这一部门的收入也将为更多居民所享有。同时，农业部门的收入也将增长（因为采用了现代科学技术，农业的劳动生产率大大提高了；另外，社会对农产品的需求也将大大增加）。由于社会整体教育水平以及医疗水平的提高，农村的出生率也会有所下降，从而降低人口的增长率。最终，收入提高导致收入不平等恶化的趋势出现转折。这是库茨涅兹（1955）提出收入不平等和经济增长倒U型关系的根本原因。

然而，上述过程到底会怎样发生仍然值得进一步探讨。下文介绍的标准模型关注的就是人力资本积累在其中的重要作用。① 一些关于内生性不平等的文献强调了金融资本的重要性。不完全竞争的资本市场导致一些人可以贷款投资并获得可观的回报，而另一些人（通常是穷人）却不能（Matsuyama，2000）。金融资本的配置固然是影响发展的重要因素，但是从很长的时期来看，在多数情况下即使富人的财富最终也是来源于他们自己或他们的祖先所积累的人力资本。②

因此下文的模型只集中探讨人力资本的积累。在个人层面，人力资本积累（首先是教育，其次是健康）能提高个人生产率和工资。在整个经济层面，人力资本积累（更好和更普遍的教育）能提高经济整体的生产率和收入。③ 最简单的一个情况是只存在“高技术工人”和“低技术工人”两类工人，分别在高技术部门和低技术部门工作。区别两类工人的标准只是教育水平。低技术工人可以来自传统农业部门，也可以是只从事简单和低附加值工作的现代部门的工人，他们所拥有的教育水平很低。另外，成为一个高技术工人则需要接受更多的教育和做出更多的人力资本投资。应当说明，高技术工人和低技术工人的区分在一定程度上是模糊的。在一国发展的早期，低技术工人（一般来自农村）可以是文盲。随后，随着基础教育的推广，低技术工人也开始接受一些基本教育。同理，在发展早期，一个高技术工人也许只需要接受按今天的标准来看的基本教育，但是在发展后期，一高技术工人则需要接受比这多得多的教育。上述变化只是教育在世界范围内所呈现的更普遍和质量更好的趋势的一部分。发达国家和发展中国家在20世纪都经历了这样的变化。④

图1描述了模型的基本部分，低技术工人和高技术工人的供给曲线分别为 S_A 和 S_I，各包括平坦和倾斜两部分。有几点需要说明。

---

① 该标准模型由 Liu & Yin（2010）首先提出，用于解释一些东亚经济体在前几十年中所取得的经济成就的长期动因。

② 也有过诸多掠夺式的资本原始积累案例，但正如古典经济学家所告诫我们的，劳动才是所有财富的源泉。

③ 除此之外，这一积累还能提高收入分配中劳动相对于资本的比例。

④ 这一把员工简单区分为低技术和高技术工人的做法只是一种简化，以方便我们更好地抓住问题的本质。在有关内生性不平等的文献中，相关的问题被解读为一种职业选择。在这些文献中，职业选择常被模型为一种两分、多分或连续选择。参见 Mookherjee & Ray（2005，2010）以及其中所引文献。本文所采用的简单二分法使得我们不能考虑企业家的作用。可参见 Banerjee & Newman（1993），该文提供了一个本来完全相同的个人怎样因为资本市场的不完美性，由财富的初始分配不均导致他们职业不同的模型。

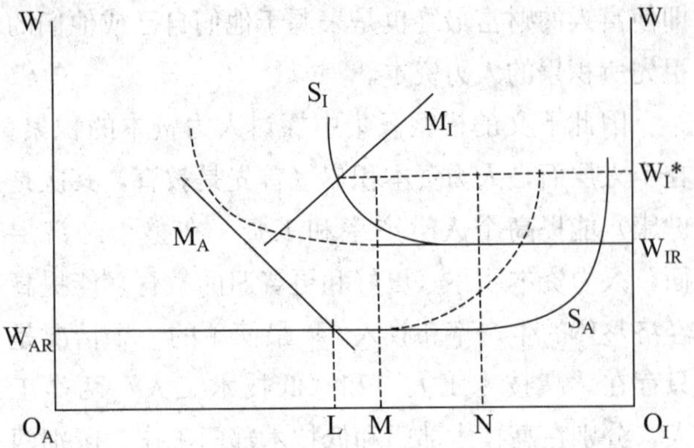

图 1　熟练与非熟练劳动力市场的长期两部门模型

首先，关于低技术工人的保留工资，Lewis（1954）和 Sen（1966）的文献强调了农村剩余劳动力（农业边际产出为零或接近零）的重要性；如果存在剩余劳动力，那么由于低技术工人的机会成本是农业边际产出，也就意味着农村剩余劳动力的保留工资为零或接近于零。这是一种解读。但是，也可以"劳动的主观成本"来看问题，它指由收入边际效用调整过的劳动边际负效用（或所放弃的闲暇的边际效用）的水平。一般而言，该值为正，也就意味着大于零的保留工资水平。不过，在极端情形下，为了生存，劳动的主观成本虽然为正但也可降到极低的水平（在该情形下，相对于闲暇而言收入的边际效用急剧上升——此时此刻生存为先，劳动的辛劳不值一提）。此时一个人的劳动主观成本甚至可低于为维持生存所需的"最低生活成本"，后者为维持一劳动者生理和心理在可见的未来正常运转所需的成本。在图 1 中，以 W_{AR} 表示一低技术工人的"最低生活成本"工资。①

其次，高技术工人的保留工资可在低技术工人的保留工资之上追加一个值来求得。所追加的这个值代表一高技术工人为获取其所需教育而做出的人力资本投资、再分摊到其生命中各工作年份的成本。这也隐含着假设存在一个完全的资本市场，工人可以用未来的收入担保借钱以投资于今天的教育。然而，多数经济学文献认为资本市场一般存在很大缺陷，在发展中国家尤为严重。如果接受资本市场不完全的假设，那么就可能有两种结果：一是不少低技术工人将无法通过借钱投资于教育以转变为高技术工人；二是即使存在这种可能，借钱的成本也会更加昂贵，从而导致相对于存在完全的资本市场情况下的高技术工人的更高的保留工资。为简化分析，本文将不考虑这些较为复杂的情形。图 1 假设高技术工人的保留工资为 W_{IR}。

再次，模型关注的是人力资本的积累。图 1 横轴代表高技术工人和低技术工人的人数。当然，高技术工人和低技术工人的工资水平将影响他们在一天或一周内的工作时间，但它们将不影响这些部门内部的工人人数，因为工人人数是由过去的教育水平决定的。然而，由于社会、文化甚至法律对工人在一特定自然时间段（一天或一周）内的工作小时数存在一定标准，由较高工资所导致的、超出这些标准小时数的工人们的工作时间也可按这些标准小时数折算成在该部门工作的额外工人人数。从这个意义上说，一个部门的工资越高，在该部门工作的工人人数也越多。②

以上说明解释了图 1 两条劳动力供给曲线的形状。图 1 中两个原点 O_A 和 O_I 之间的横向距离代表一经济体内所有工人的人数，其中 O_AN 为低技术工人人数，其余为高技术工人人数。在 O_A 和 N 之间 S_A 曲线是平坦的（此时对低技术工人的需求少于 O_AN，因此工资等于 W_{AR}），越过 N 则 S_A 曲线向上倾斜（此时对低技术工人的需求大于 O_AN，所以工资高于 W_{AR}）。类似的解释也适用于说明 S_I 曲线。

在本模型中，劳动力供给端的因素关注的是长期，需求端的因素关注的是短期。图 1 中 M_A 曲线

① 也就是说，在 W_{AR} 下，一个劳动者能不间断地每天或每月提供相同量的劳动。一个劳动者也许可依靠其家庭做到这一点，但其家庭的收入则最终依赖其成员。可参见 Dasgupta（1997）有关"生存水平工资"的讨论。

② 存在有关加班工资的问题。在发达国家，这可以是正常工资的一个较大比例。虽然一些发展中国家也实行了加班工资，但其有效执行往往是个问题。

代表对低技术工人的需求，M_I 曲线代表对高技术工人的需求。生产技术和市场价格决定两个部门各自的劳动力边际收益曲线，进而决定对低技术和高技术工人的需求 M_A 和 M_I 曲线。可假定生产技术在短期内不变，但产品的市场行情和价格则可能发生变化，并对整个系统造成冲击。一旦发生这一情况，两个部门的劳动力需求则将发生移动。

除结合长短期因素外，本模型也能说明长短期结果。在均衡状况下，两劳动力市场都必须出清，并由此决定均衡工资。然而，虽然在短期劳动力供给可能等于需求，但是这并不能保证在长期高技术工人和低技术工人都充分就业。图 1 展示了低技术工人没有充分就业的情况，其中相关劳动力的供给与需求曲线的交叉点给出了短期均衡工资（此时等于保留工资）。显然，部分低技术工人（L 至 N）失业。另外，高技术工人则充分就业。很显然，两部门中任何高于保留工资的均衡工资水平都将意味着充分就业，但如果一部门的均衡工资只是等于保留工资，则很有可能该部门中的部分劳动力将处于失业状态。①

（二）讨论

图 1 中的标准模型为分析经济发展过程中的一些重要问题提供了一个有用的理论框架。

1. 教育与经济的“全面发展”

经济的“全面发展”是指没有任何一个人被排除在发展的过程和成果之外的状态。② 具体而言，这意味着劳动力从低技术部门转移到高技术部门的过程（这实为发展的本质）必须包括社会的全体成员。当然，这并不要求每个人最终都成为高技术工人和从事高技术部门的工作。即使在理想状态，部分人由于各种原因仍可以是低技术工人，但是希望成为高技术工人的人都应该有机会去实现其愿望。而且，即使是低技术工人，他们也能分享发展的成果。具体而言，他们应该享受与高技术工人相近的福利水平。③

全面发展的关键是教育的扩展——每个人都有接受良好教育的机会。如何实现它将在下文讨论（是完全依赖市场，还是应发挥政府的作用?）。此处先说明关于教育的两个重要方面。首先，东亚的经验说明一个接受良好教育的劳动力群体极有可能同时提高对高技术工人的需求。事实上，东亚经济在过去几十年中取得的巨大经济成就与此紧密相关，并由此形成一种良性循环。其次，大量研究表明，教育尤其是女性教育，对出生率的降低和儿童的早期培育存在重要积极影响。这些因素都将对本模型产生明显的作用，但它们不在本文讨论范围内。

2. 不平等与经济的“公平发展”

本模型提供了理解收入不平等和经济增长之间库茨涅兹倒 U 型关系的一个视角。试想，在发展过程的初始阶段所有人都属低技术工人，都获得低技术工人的工资（基本上等于保留工资）。此时收入分配是（绝对）平等的。在发展过程的结束阶段所有劳动力都成为高技术工人，都获得高技术工人的工资。此时收入分配也是（绝对）平等的。在从前者过渡到后者的过程中，一部分工人会先通过教育由低技术工人转变为高技术工人，并赚取高工资，此时收入不平等程度会开始恶化。然而，随着越来越多的工人通过教育离开低技术部门进入高技术部门，收入不平等程度则最终会开始好转。如果

① 根据以上讨论，可清楚知道两部门的均衡劳动供给点不一定在图中垂直对齐，无论是存在还是不存在完全就业。

② 当然，间接地，没有人能完全脱离于正在其国家或社区展开的发展过程。

③ 注意，本文提出的关于发展的核心内容与人类发展视角近乎一致，后者倡导发展的目的是扩大人们能过上他们认为是有价值的生活的能力，其中最基本的能力当属健康、教育水平以及体面的生活。在一定意义上，本文所阐述的关于发展的观点可被看成是人类发展视角的进一步浓缩，表现为将注意力全部集中在教育上。当然，健康是异常重要的，甚至可以说是先于教育的，因为首先我们每个人都必须活着，而且是健康地活着才能有效地追求教育。由于篇幅关系，本文不能讨论与健康相关的问题。另外还需指出的是，除工具性价值之外，教育还具有其内在价值，而这正是人类发展视角所一再强调的。参见 Sen（1999）。

接受模型中“全面发展”的要求，那么库茨涅兹假设是成立的。关键是发展是否会“全面”。有些经济体其发展过程可能十分缓慢并同时出现长期的严重不平等问题。很难判断这些国家只是在经历一段艰难的历程之后就会迎来曙光，还是它们会永久陷入困境。但是，可以确定的是一旦这些国家完全经历了全面发展的过程，不平等程度也将随之降低。

以上讨论似乎显得有点同义反复：“全面发展”的最终特征是收入不平等程度低；一国如果实现了全面发展，那么其收入不平等程度必然低。然而，这不是同义反复。实现全面发展的关键在于人力资本积累。当经济中所有人都具备良好的教育和成为高技术工人，就没有理由会仍然存在严重的收入不平等。根据可获得的关于工资份额的国际数据，多数教育公平高质和普及率高的发达国家，其居民的工资收入占国民总收入的70%左右（尽管近年该比例有所下降）。在其他欠发达国家，这一比例要远远低于这一水平。平均而言，发达国家的收入分配状况更为平等（Schneider，2011；Stockhammer，2013）。

本模型阐释了一经济体的全面发展对收入不平等和人均收入之间的关系的影响，确有理由相信库茨涅兹倒U型关系是存在的。然而，其具体轨迹尚需进一步探讨。其实，倒U型关系的具体轨迹很大程度上依赖于在发展过程中发挥作用的各种因素，这也就为政府通过各种长短期政策加以干预提供了空间。很显然，模型中存在的高技术工人与低技术工人之间的工资差距会影响倒U型曲线的凹凸程度。具体而言，这一工资差距越大，该曲线凹向原点的程度会越严重（即在发展过程中将会出现更为严重的收入不平等）。因此，除了致力于最终为所有公民提供公平的教育机会外（也即实现全面发展），政府同时还需要采取措施尽量缩小高低技术工人之间的工资差距，以使发展过程尽可能地做到收入分配公平——只要不扭曲劳动者投资教育的激励。这一要求可以概括为“公平发展”要求。

3. 贫困

本模型并没有直接阐释贫困。其实，无论是绝对贫困还是相对贫困，贫困只能通过划定具体的收入贫困线来定义和衡量。在本模型中怎样表示贫困？一种做法是把贫困线定义为略高于低技术工人的保留工资水平（但低于高技术工人的保留工资水平），此时所有赚取低技术工人工资的人都属穷人。以此为贫困线，发展等同于减贫。然而，这样定义贫困似乎显得太过宽泛。① 另一种可能是将贫困人口定义为两个部门的失业人群，但主要是甚至完全是低技术部门的失业人群。②

图1中LN代表失业且生活在贫困中的低技术工人的人数。任何能够增加低技术工人就业的措施都将是反贫困的（即向上或向右移动对低技术工人的需求曲线）。然而，从长期而言，反贫困的最佳途径还是投资于教育，即减少低技术工人的数量，增加高技术工人的数量。在其他条件不变的条件下，低技术工人数量减少得越多，低技术部门失业的人数也就越少，总体贫困水平就会越低。

一旦把教育看作是进行减贫的长期途径，一些旨在增加两部门劳动力需求的短期减贫措施也就拥有了它们的长期效应。在这些短期措施的作用下，高技术工人均衡工资的上升可以增加私人投资教育的激励，而低技术工人均衡工资的上升则可以增加

① 虽然发展的一个重要目的必然是反贫，但如果只是这样来定义发展的目的就未免太狭隘了。再说如此来定义贫困也与本文的精神不符。另外，上文把低技术工人的保留工资定义为一劳动者的最低生活成本，也就是能保证他长期生存和长期具有劳动能力的生活成本。还可把这等同于定义“绝对贫困”的临界支出或收入线。如果是这样，那么虽然我们只是将低技术部门中那些失业的人划为贫困人口，其他就业的人也只是相距贫困咫尺之遥。如经济稍有波动（在图中表现为对低技术工人需求曲线的一个微小左移），他们随时可跌入贫困。

② 虽然原则上在我们的模型中高技术工人也有可能因失业而跌入贫困，但我们将假设这种情况不会发生（肯定不会是那种长期的结构性的）。允许这种情况发生将与本文所描述的发展过程相违背。短期的高技术工人失业情况有可能发生，但在这一情景中，可设想那些短期失业的高技术工人可依靠他们先前的积蓄而避免贫困。

私人投资教育的资源。

三、国家和市场在发展和减贫过程中的作用

（一）市场、国家与愿景

以上标准模型表明发展的本质是人力资本的积累。此外，“全面发展”要求社会所有成员最终都能够享受良好教育的机会，“公平发展”则意味着在不扭曲教育投资激励的前提下尽可能地降低收入不平等。长期而言，消灭贫困应作为发展过程的一部分。以上组成一国或一经济体的长期发展目标。由此看来，发展的最终策略必须以人力资本积累为中心。该部分讨论教育市场以及市场和政府各自在教育投资和人力资本积累中所应承担的角色。

经济学文献（以及其他社会科学文献）有大量讨论市场和政府失灵的论述。教科书通常会提供一组关于完全竞争市场的严格定义，其中任何一项得不到满足都可导致市场失灵。在实际生活中，基本不存在所有条件都得到满足的市场。一旦存在市场失灵，政府可以采取下列方式干预：不采取任何措施（自由放任）；加强对市场的管制以改善其运行（市场强化）；与市场合作（公私合作）；直接取代市场的所有或部分功能（市场替代）。积极的公共政策一般包括后三种方式之一或全部。至于哪种方式才能最有效地改善市场结果而又最节省成本则需要视情况而定。虽然能够提高市场效率但却成本高昂的干预措施不应该被采用。实行一套同时针对几种或几个市场失灵的相互协调和互补的政策组合要远比分别对各市场失灵单独施与对策更有效果。

但如果认为以上就是政府干预市场的全部内容，那就忽略了更根本的方面——政府在制定愿景、进行战略规划和提供领导方面的作用。与在一定条件下具体配置资源的功能不同，愿景、战略规划和领导作用是市场无法提供而只能由政府发挥作用的方面。

这貌似号召大家重新回到以前的中央计划经济时代，但实际并非如此。确实需要一定程度的政府规划或计划，但这只是致力于保证最终每个人都拥有接受良好教育的机会，而不是由国家来为居民计划一切（每个居民都必须按此生活）。无论是从道德上，还是从被规划的规模来说，这里所倡导的规划都要比以前的中央计划经济更经得住考量和更加现实。

愿景、规划和领导的重要性是显而易见的。市场主义者可能会认为这是胡言乱语。在他们看来，为什么需要政府规划？为什么不能将一切交给市场，接受市场的调节，因为这将是最好的结果？然而，接受这样的观点将意味着继续将大批穷人抛弃在贫困之中，因为历史已经证明，由于其种种失灵，市场将无法单独使一国摆脱贫困。如果市场能做到这些，它早就应该做到了。当然，对市场的正常作用任意干预也同样无法保证一个经济的全面和公平的发展。

（二）教育市场

在一个以人力资本积累为中心的发展战略之下，政策的核心必然是教育投资。这些投资可以通过市场来组织，而世界上不少国家和地方在不同程度也确实是这么做的。在理论上，如果资本市场是完美的，对教育在未来的回报预期是准确的，而且教育不存在外部性，则个人可做出对其个人和社会均为最优的投资决策。然而，正如已被充分认识到的那样，教育存在明显的外部性，且关于未来回报的完美预期是不可能的。因此，即使（风险厌恶的）个人做出了对其个人来说是最优的决策，却有可能并不满足社会最优的条件。而且，资本市场存在严重缺陷，这在发展中国家尤为严重。所以，即使存在人力资本投资的良好机会，个人也很可能无法以未来的现金流得到今天的贷款，除非他们具有其他资源为贷款提供足够的担保。这意味着贫穷的个人和家庭将最终无法利用这样的机会，而他们正是本文关注的人群。

考虑到教育对发展的关键作用和战略意义，相关的积极的公共政策将大有作为。如果希望改变一国贫穷和欠发达的状况，没有什么比对教育

进行充分持续的投资更加重要的了。相关政策可以采取上文提到的三种积极的公共政策中的任何一种或全部。资本市场可以在诸如为学生提供助学贷款等方面有所作为。可整合私人和公共资源，在供给方面增加和改善教育设施（学校、学院、大学等）以提高教学质量；在需求方面提供各种奖学金、助学金和其他类似的措施帮助贫困学生充分抓住机会。由政府独立提供的公共投资同样可以在供给和需求方面补充次优的个人投资。为了避免公共投资对私人投资的挤出效应，公共投资的对象应该集中在缺少私人投资的领域，或者因为外部性和公平而需要重点投资的地方，例如普及义务教育。

在很多发展中国家，虽然一些人已接受了高水平的教育，另一些人却甚至没有接受任何基本教育。如果要让他们也参与到发展的过程中，帮助他们接受基本教育特别重要。随着一国乃至世界整体教育水平的提高，即便基本教育无法使一个人成为高技术工人，但也许会为他在未来成为一名低技术工人做好准备（否则他可能完全失业）。当然，最终“全面发展”应该保证所有人都有平等地接受良好教育的机会。

正如上文所说，国家的作用不应该局限于只在市场失灵的情况下临时加以干预（但由市场发挥主导作用）。国家在教育领域必须拥有愿景、提供领导和制定战略规划。在教育领域内，除了根据上述原因对国家提出要求外，还有一个更具体和更直接的原因：高技术工人的培养需要多年时间，能从小学和中学就开始培养将事半功倍。如要确保未来对高技术工人的需求得到合理的满足，那么就必须提早制定长远规划并予以实施。

而且，愿景和规划不应该只局限于确保未来对高技术工人的需求得到满足。试想，未来对高技术工人需求的明确信号来自哪里？愿景、规划和领导的内容还必须是引导预期的形成和推动事情的发生。这样做并不是为了让自己想入非非，而是同时着眼于现实和未来。在教育方面，一些东亚国家的经验为我们提供了典范。①

上文已经提到了一个可能的关于教育的良性循环（相比于发展过程中埋伏着的众多陷阱，应该说这是我们必须全力抓住的不可多得的机会）。教育不仅能够提供稳定的高技术工人队伍，同时还可以刺激对高技术工人的需求，特别是在今天的环境下（开放型经济、自由贸易和日益增长的国际贸易和外国直接投资）。一国拥有一支接受了良好教育的高技术工人队伍，不仅可以为国内市场，同时还可以为国际市场提供高质量和高技术含量的商品和服务。因此，由一国生产的这类商品和服务的需求弹性可以很高而且需求可能外移，与此相应的对该国高技术工人的需求也会外移。近年在理论界和决策界越来越得到重视的声誉、工业集聚和雪球效应等也为以上推论提供了支持。总之，一国通过教育增加的高技术工人的供给完全有可能创造对自己的需求。这可以说是萨伊定律的一个现代例子，也是相关东亚国家成功的第一个原因。

那么，是否可以指望教育市场在没有政府干预的情况下挺起胸来独立应对挑战？答案是，不能完全托付于市场。如同上述，导致教育市场失灵的一个关键因素是个人缺乏长远的眼光，其部分原因是他缺乏对未来的充足的信息以帮助他形成较为准确的预期。诚然，没有任何预期可以做到完全准确以至于消除所有不确定性。但是，政府关于未来教育的规划设想能够提供一些重要的信号，为实行这些计划和目标做出的承诺以及强有力的领导也能协助个人对自己和孩子的教育做出更加知情和明智的决定，特别是在需要以现有财富或者未来收入担保贷款以进行个人教育投资的时候。从贷款人的角度来说，政府的设想、承诺和领导也能够帮助他们做出更优越和明智的贷款决定。

因此，政府关于教育的明确设想、战略规划和强有力领导能够帮助市场运转得更好。但是，也不应认为国家只需提供设想、计划和领导。即使制定

① 关于东亚经济体的经验，参见 Liu & Yin（2010）及其中所引文献。

了非常明确的方向和目标，幻想市场能够完成所有任务是不可能的。因此，政府应该参与具体工作，辅助市场发挥作用，包括直接在教育的需方和供方投资，以及在某些项目上与私人部门达成合作关系。当然，还必须严密监管私人部门的教学标准和教学质量，同时尽量强化资本市场的作用。这是东亚成功的第二个原因。

除了东亚经验，最近世界其他地区也涌现出了不少通过公共政策干预教育的成功案例。例如，在拉丁美洲多个国家实行的家庭救济计划（如巴西的Bolsa计划）将社会救济与子女的教育联系起来，根据子女的教育状况进行现金补贴。当然，这里指的是基础教育。怎样超越基础教育并全面解决其所面临的教育和人力资本投资的难题仍是这些国家亟待解决的问题。

四、结论

本文假定发展的本质是人力资本的积累，特别是教育。教育是发展的持久动力（正如东亚经验所证明的），而且是发展的核心内容之一。虽然狭义的反贫困计划在短期中具有更加直接的作用，但是在长期来说，贫困必须通过教育和发展加以解决。以人力资本积累为中心的发展战略不能完全依赖市场。国家应该提供愿景、领导和规划，并同时对教育市场进行适度干预以保证其有效运转。为实现一国的长期发展、全面发展和公平发展，本文具体讨论了教育市场，并为国家干预提供了一些建议。

参考文献：

AFD-EUDN，2003，Poverty，Inequality and Growth，Proceedings of the French Development Agency-European Development Research Network Conference，2003，Paris.

Banerjee，A. V. & A. F. Newman，1993，Occupational Choice and the Process of Development，*Journal of Political Economy*，101（2），pp. 274-298.

Bourguignon，F.，2004，The Poverty-growth-inequality Triangle，paper presented at the Indian Council for Research on International Economic Relations，New Delhi.

Dasgupta，P.，1997，Nutritional Status，the Capacity for Work，and Poverty Traps，*Journal of Econometrics*，77，pp. 5-37.

Galor，O.，2011，Inequality，Human Capital and the Process of Development，in Hanushek，E. A.，S. J. Machin & L. Woessmann（eds.），*Handbook of the Economics of Education*，Amsterdam：North Holland.

Kuznets，S.，1955，Economic Growth and Income Inequality，*American Economic Review*，45（1），pp. 1-28.

Lewis，W. A.，1954，Economic Development with Unlimited Supplies of Labour，*Manchester School of Economic and Social Studies*，22，pp. 139-191.

Liu，M. & Y. Yin，2010，Human Development in East and Southeast Asian Economies：1990—2010，Human Development Research Paper，2010/17，United Nations Development Program，http://hdr. undp. org/en/reports/global/hdr2010/papers/HDRP_2010_17.pdf.

Matsuyama，K.，2000，Endogenous Inequality，*Review of Economic Studies*，67（4），pp. 743-759.

Mookherjee，D. & D. Ray，2005，Occupational Diversity and Endogenous Inequality，New York University and CSIC，Mimeographed.

Mookherjee，D. & D. Ray，2010，Inequality and Markets：Some Implications of Occupational Diversity，*American Economic Journal：Microeconomics*，2（4），pp. 38-76.

Nelson，R. R.，1956，A Theory of the Low Level Equilibrium Trap in Underdeveloped Economies，*American Economic Review*，46，pp. 894-908.

Nurkse，R.，1953，*Problems of Capital Formation in Underdeveloped Countries*，Oxford：Basil Blackwell.

Romer，P. M.，1994，The Origins of Endogenous Growth，*Journal of Economic Perspective*，8，pp. 3-22.

Schneider，D.，2011，The Labor Share：A Review of Theory and Evidence，SFB 649 Discussion Paper，Humboldt University，Collaborative Research Center.

Sen，A. K.，1966，Peasants and Dualism with and without Surplus Labour，*Journal of Political Economy*，74（5），pp. 425-450.

Sen, A.K., 1999, *Development as Freedom*, Oxford: Oxford University Press.

Stockhammer, E., 2013, Why Have Wages Fallen? A Panel Analysis of the Determinants of Functional Income Distribution, Conditions of Work and Employment Series No. 35, International Labour Office, Geneva.

世界广角：现代化与教育*

□ 何传启（中国科学院研究员）
□ 毕晓梅（中国科学院助理研究员）

2012 年 11 月，习近平同志在参观“复兴之路”展览时指出：“实现中华民族伟大复兴，就是中华民族近代以来最伟大的梦想。”加速实现中华民族的伟大复兴，已经成为中国社会的一个广泛共识。根据世界现代化的历史经验，现代化是中国复兴的必由之路，中国实现现代化的过程就是中国复兴的过程。目前，世界现代化的前沿已经进入第二次现代化，人力资本和原始创新成为世界现代化的战略资源；中国现代化已进入快车道，教育成为中国现代化的一个胜负手，成为中国复兴梦的一个决胜因素。努力实现教育现代化，提前实现教育现代化，是中国现代化和伟大复兴的必然选择和战略需要。

一、现代化是一个世界潮流

现代化是 18 世纪以来人类文明的一种深刻变化，既包括政治、经济、社会和文化各个领域从传统向现代的巨大转变，目前也包括人的全面发展和自然环境的合理保护。现代化既是一种世界现象和国际潮流，也是一种社会选择和国际竞争；它发源于先行国家，然后发生在全世界，只有少数的社会群体和民族没有开展现代化。目前几乎所有国家都在自觉或不自觉地经历某种现代化过程，都可以把现代化作为一个国家目标，特别是发展中国家。

1. 现代化的三维解析

英文里，“现代化”一词产生于 18 世纪（1748—1770 年）。中文里，“现代化”一词出现于 20 世纪初。迄今为止，现代化一词没有统一定义，大致有三种解释：基本词义、理论含义和政策含义，三种解释各有侧重。《现代化科学》认为，可以从三个角度来认识它。[1]

首先，现代化是工业革命以来的一种文明变化，包括现代文明的形成、发展、转型和国际互动，文明要素的创新、选择、传播和退出，以及当代人的全面发展和自然环境的合理保护等。通俗地说，现代化至少包括四个转变：传统社会向现代社会、传统经济向现代经济的转变、传统政治向现代政治的转变、传统文化向现代文化的转变。在 18 至 21 世纪的三四百年里，世界现代化进程大致包括两个阶段和六次浪潮（见表 1）。其中，第一次现代化是从农业经济、农业社会向工业经济、工业社会的转变，先行国家大约用了 200 多年时间（1763—1970 年）；第二次现代化是从工业经济、工业社会向知识经济、知识社会的转变，先行国家预计需要用 100 多年时间（1970—2100 年）。发展中国家启动现代化的时间有先有后，完成两次现代化的时间更是长短不一，现代化进程是不同步的。

* 原载《教育发展研究》2015 年第 1 期。

表 1 世界现代化的两大阶段和六次浪潮

两大阶段	六次浪潮	大致时间	经济现代化	社会现代化
第一次现代化、工业化、城市化、民主化、理性化、福利化、流动化	第一次	1763—1870	第一次产业革命、机械化	城市化、社会分化流动
	第二次	1870—1945	第二次产业革命、电气化	电器化、普及义务教育
	第三次	1945—1970	第三次产业革命、自动化	福利化、普及中等教育
第二次现代化、知识化、信息化、生态化、全球化、个性化、多元化	第四次	1970—2020	知识和信息革命、信息化	智能化、普及高等教育
	第五次	2020—2050	新生物学革命、生物经济	仿生化、创生和再生
	第六次	2050—2100	新物理学革命、文化经济	体验化、新能源、新运输

注：依据现代化前沿轨迹的内涵和特征进行划分。第五和第六次浪潮是一种预测。

其次，现代化是18世纪以来的一种国际竞争，它包括追赶、达到、保持世界先进水平的国际竞争、国际合作、国际分化和国际体系变化，同时文化多样性普遍存在。形象地说，现代化就像一场国家发展的国际马拉松比赛，跑在前面的国家成为发达国家，跑在后面的国家成为发展中国家；发达国家可以降级为发展中国家，发展中国家可以升级为发达国家；两类国家之间的位置转移有一定规律性（见图 1）。

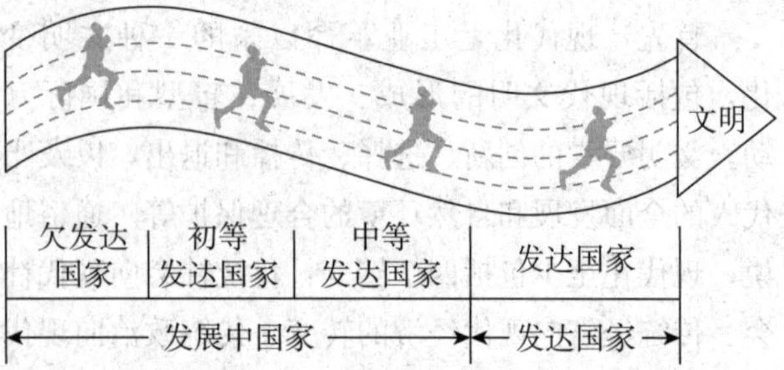

图 1 现代化运动犹如一场国家发展的国际马拉松比赛[2]

注：马拉松是国际上非常普及的一个长跑比赛项目，全程距离 42.195 1 公里。

最后，现代化具有两重性。从文明变化的角度看，每一个国家的现代化都在进步，都有可能成功。当然，国家进步有快慢，国家水平有高低，成功时间有先后。但是，从国际竞争的角度看，只有部分国家能够达到和保持世界先进水平。在过去300年里，发达国家的比例不到 20%，发展中国家的比例超过 80%；在大约 50 年里，发展中国家升级为发达国家的可能性约为 5%，发达国家保持发达水平的可能性约为 90%。

现代化发生在人类文明的所有领域，教育领域的现代化是现代化的一种表现形式。一般而言，教育现代化是教育系统的现代化，它包括现代教育的形成、发展、转型和国际互动，教育要素的创新、选择、传播和退出，以及追赶、达到和保持教育发展的世界先进水平的国际竞争和国际分化等。教育现代化既是一个过程，又是一种状态。从政策角度看，教育现代化既是教育发展的世界先进水平，又是追赶或保持这种世界先进水平的行为和过程，同时教育多样性是一个普遍现象。一般而言，达到和保持教育发展的世界先进水平的国家是教育发达国家，也是教育现代化国家，其他国家是教育发展中国家。在几十年里，教育发展中国家有可能升级为教育发达国家，实现教育现代化。

2. 现代化的发展趋势

《中国现代化报告 2013》发现，[3] 2010 年约有 30 个国家已进入第二次现代化，发达国家都已进入第二次现代化；大约有 90 个国家处于第一次现代化，大约有 6 个国家处于传统农业社会，还有一些原住民族生活在原始社会（见图 2）。21 世纪里，进入第二次现代化的国家会增加，处于第一次现代化的国家会减少。第二次现代化反映了世界前沿，当前的世界前沿大致有十个特点。[4]

其一，知识化成为第二次现代化的根本动力。知识化指经济和社会活动中知识密度和知识价值增加的现象。新知识的生产、传播和应用，加速了经济和社会的转型。知识进步对经济增长的贡献率超过 50%，知识劳动者占全部劳动力的比例超过 50%，知识产业（知识经济）占国民经济的比例超

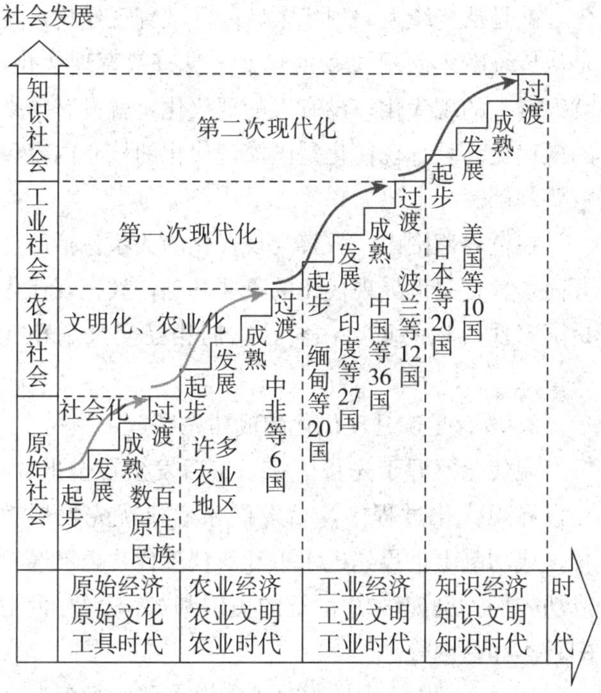

图 2　2010 年世界现代化水平的坐标图

过 50%。[5] 知识经济迅速崛起，知识社会逐步形成。知识社会是一个和谐社会，知识驾驭资本，合作促进发展，知识和创新推动经济发展和社会进步。

其二，创新成为第二次现代化的动力源泉。创新是文明进步的源泉，是知识化、信息化和绿色化的动力源泉。社会的知识生产（研究与开发投入）逐步超过了粮食生产（农业投入），创新活动社会化。创新成为企业竞争、经济发展和社会进步的决定性因素。在农业社会，创新多数是个人行为；在工业社会，创新成为组织和企业行为；在知识社会，创新成为国家行为，提高国家创新能力成为一项国策。国家创新系统是第二次现代化的发动机。知识社会也是一个创新社会。

其三，信息化成为第二次现代化的典型特征。信息化指现代信息技术的发展和应用引发的经济和社会变革。20 世纪 70 年代以来，信息革命带来巨大的变化，人类不得不努力适应新的生活空间——网络空间（赛博空间）。人们将在物理空间和赛博空间两个空间里往返。知识社会也是一个网络社会和信息社会。

其四，绿色化成为第二次现代化的基本要求。绿色化指经济和社会生活中生态意识和绿色要素增加的现象。绿色要素指环境和健康友好的要素，涉及生产和生活的各个方面。与第一次现代化的“人工化”相反，绿色化、生态化和自然化成为第二次现代化的大趋势。人类不再简单地向自然界索取，不再试图征服大自然，而是逐步“学会”与大自然和谐相处。人类是大自然的一分子，而不是大自然的主人。知识社会既是一个生态平衡社会，也是一个环境友好社会。

其五，全球化成为第二次现代化的普遍现象。全球化指全球联系和相互依存增加的现象。先进的信息和交通网络将世界连成一个整体，地理和语言等造成的困难和隔阂在减少。人们发现，大家都是地球村的居民，可以互通有无，互相学习；彼此接受，相互尊重，和谐共处，共同发展。知识社会也是一个世界公民社会。

其六，分散化成为第二次现代化的空间特点。与第一次现代化的集中化相反，分散化体现在第二次现代化的许多方面。人类具有聚居和交流的倾向，信息技术和交通工具已经部分消除了地理分隔，“虚拟社区”部分满足了人类的这种本性，使“天涯若比邻”成为现实。如果说，原始社会人类生活在以血缘关系为基础的部落里，农业社会人类生活在以亲情关系为基础的村寨里，工业社会人类生活在以经济关系为基础的城市里，那么，知识社会人类将生活在以文化关系为基础的社区里。

其七，多样性成为第二次现代化的文化特点，与第一次现代化的工业化趋同相反，第二次现代化将是文化多元化的过程。在这个过程中，家庭、组织、生产方式、生活方式将具有多样性，而文化的多元化将决定知识时代是一个物质文明趋同、非物质文明（文化）多样化的时代。在 21 世纪，人类将像保护生物多样性一样，保护人类文化的多样性。知识社会是一个多样化的民主社会。

其八，个性化成为第二次现代化的行为特点。与第一次现代化的“刚性”和“机械性”相反，第二次现代化在许多领域表现为“柔性”和“个性”。

人是知识的创造者和使用者，创新是人的创造性活动，没有人就没有创新和知识。柔性化和个性化的组织与管理，是提高知识生产和创新能力的关键。知识社会是一种富含人情的理性社会。

其九，智能化成为第二次现代化的技术特点。人工智能技术的发展和应用，不断改变着我们工作和生活的用品和环境，越来越多的工作被智能机器人替代，许多工作岗位上活跃的将是智能机器人，普通工作人员的失业将不可避免。从事简单体力劳动和重复脑力劳动的人数比例越来越少，更多的人、更多的时间将投入创造性劳动。知识社会也是一个智能社会。

其十，终身学习成为第二次现代化的生活时尚。21世纪，知识正以每五年翻一番的速度更新，知识的老化和过时比知识的更新还要快。而知识是经济增长和事业成功的决定因素。这些决定了学习的重要性。高等教育逐步普及，终身学习成为普遍接受的成功法则。成功的政府、企业和组织将是学习型组织。学习不再只是上学读书，而是成为每个人日常工作和生活的组成部分。终身学习的普及，知识成为生活必需品和消费品，这些将促进知识的更新，进而增加持续学习的压力。

二、教育是世界现代化的一个决胜因子

现代化不仅是一种文明转变，更是一场国际竞争，是一个全方位的过程。人既是现代化的执行者，又是现代化的受益者。没有人的现代化，就没有现代文明的转变，就没有国际竞争的成功。在很大程度上，教育成败决定国际竞争的胜负。当然，不同国家国情不同，教育的作用也不会完全一样；在不同发展阶段，教育作用也会有所差别。

1. 教育是世界现代化的重要基础

现代化是18世纪工业革命以来人类文明的一种前沿变化，是从传统向现代的巨大转变。在现代化过程中，人的现代化是根本性的，因为所有的现代化转变都是由人来完成的。

教育是实现人的现代化的重要途径。人的现代化，就是从传统人向现代人转变。教育现代化，就是从传统教育向现代教育转变。没有教育现代化，就没有人的现代化；没有人的现代化，就没有国家的现代化。教育现代化是国家现代化的核心内容和重要基础。

在世界范围内，教育与现代化的关系包括两个方面：教育是世界现代化的重要基础，教育现代化是国家现代化的重要内容，它们相互交叉和相互支撑。

2. 教育是追赶现代化的成功先导

现代化发源于先行国家，然后发生在全世界。在世界现代化过程中，后发国家通过优先发展教育，成功赶上世界先进水平和实现现代化，已经有成功先例。例如，19世纪的美国和德国、20世纪的日本和韩国等。

19世纪70年代，德国率先提出和实行免费义务教育，创办现代大学——柏林大学。40多年后，德国成为欧洲工业强国。20世纪40年代，日本在第二次世界大战的废墟上加快教育发展，逐步走到世界前列。有一个日本孩子读书的故事："二战结束时，一位美国记者看到一个日本孩子坐在战争废墟上读英文，这位记者拍下了这张照片，发向全世界，并且预言日本有希望。"30多年后日本成为世界经济强国。历史经验告诉我们，教育是成功追赶现代化的先导。

3. 教育是国际竞争的决胜因素

世界现代化是18世纪以来的一种国际竞争，成功者成为发达国家，其他的成为发展中国家，两类国家可以转换位置。这种竞争大致经历了三个阶段，不同阶段有不同特点。

第一个阶段的竞争焦点是产品和实力，谁的产品便宜，谁就赢得市场；谁的实力强大，谁就赢得主动。第二个阶段的竞争焦点是体制和模式，谁的制度符合生产力的需要，谁的模式符合人类文明的需要，谁就赢得竞争。第三个阶段的竞争焦点是知识和文化，谁的知识最新，谁的文化最发达，谁就会赢得竞争，成为发达国家或保持发达水平。

目前，国际竞争已经进入第三阶段。第三阶段

的国际竞争，知识经济和知识社会成为国际竞争的前沿，知识创新和制度创新成为关键要素，知识资本和创新能力成为核心竞争力，人才和创新成为一种决胜因素，而创新人才决定创新成败。没有现代化教育，就不可能有大批创新人才；没有大批创新人才，就不可能有宏大的创新能力和最新知识，就不可能成功。21 世纪，教育已成为国际竞争的一个决胜因素，成为现代化的一个战略支点。

三、教育是中国现代化的一个胜负手

历史经验表明，教育兴则国家兴，人才强则国家强。没有教育现代化，就没有国家现代化，就没有民族复兴。中国教育的成败，很大程度上将直接影响中国复兴的成败。

1. 教育是中国复兴的胜负手

现代化科学认为，如果一个发达国家下降为发展中国家后，经过不懈努力，再次成为一个发达国家，那就是一种国家复兴（见图 3）。

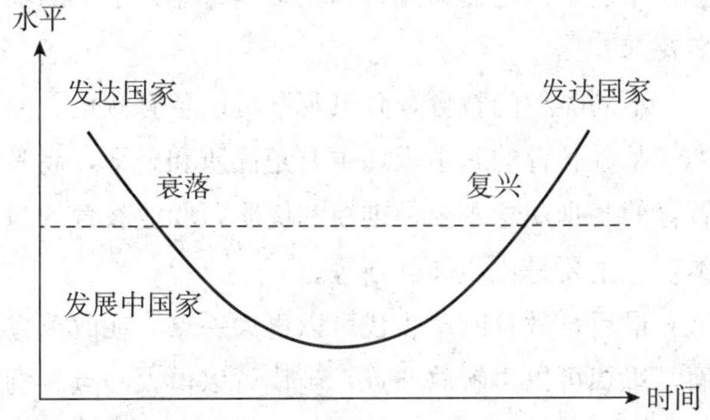

图 3　从现代化科学角度看国家复兴（示意图）[6]

18 世纪以前，中国属于一个经济发达国家，中国人均收入位居世界前 20 位以内；18—20 世纪期间，中国逐步走向衰落，成为一个发展中国家；21 世纪，中国有可能再次成为一个发达国家，实现民族复兴（见图 4）。可见，中国曾经具有世界先进水平，曾经是一个发达国家，但后来衰落成一个发展中国家；中国复兴就是中国衰落后再次达到世界先进水平，再次成为一个发达国家。只有真正成为一个发达国家，中国才真正实现了复兴。

那么，什么是胜负手？这是围棋的一个专业术

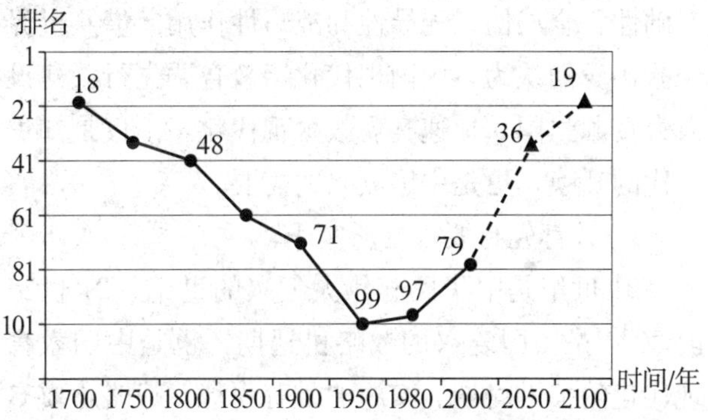

图 4　1700—2100 年中国国际地位变化的 U 型曲线[7]

注：1500—1950 年的排名为人均 GDP（按 1990 年价格 PPP 计算）的中国排名。2050—2100 年的排名为一种预测，为第二次现代化指数的中国排名。排名为在人口超过 100 万和数据齐全的 131 个国家中的排名。

语。爱好围棋的同志都知道，在围棋比赛的中盘，经常出现由一两步棋的选择决定全盘胜负的情况。这就是围棋中的胜负手。

目前，中国现代化处于关键时期，面临日益严峻的国际竞争环境，而人才是成功的关键。由于连续的经济增长，国际经济竞争日益激烈，对劳动力资源的素质要求也越来越高。中国面临越来越大的国际压力。没有高质量的人力资源，就不可能在国际竞争中取胜。教育的成败，将在很大程度上决定中国现代化的成败，决定中国复兴的成败。现代教育已成为中国复兴和现代化的一个胜负手。

2. 中国复兴呼唤教育先行

中国复兴就是从一个发展中国家升级为发达国家。2010 年中国属于一个发展中国家，处于发展中国家的中间水平（初等发达国家水平），距离中等发达国家水平的差距在缩小，距离发达国家的差距还很大，中国教育发展的部分指标已经达到中等发达国家水平；中国现代化已经进入起飞阶段，单纯的规模扩张已经不能适应国家发展和国际竞争的需要，现代化建设对人才和科技的渴求和依赖超过以往任何时候，我们必须寻求发展模式的重大创新。

在很大程度上，教育水平和创新能力已经成为中国发展成败的影响因子，人才和创新已经成为中国复兴的战略基石，教育现代化将发挥不可替代的

基础性、全局性、先导性和战略性作用。借鉴世界经验，我们认为，中国现代化，教育要先行。建设人力资源强国，加速实现教育现代化，不仅是知识时代的呼唤，更是中国复兴的需要。

3. 教育先行要求真抓实干

21世纪是中华民族伟大复兴的世纪，21世纪前20年是中国复兴的战略机遇期，也是中国教育现代化的关键时期。实施“教育先行”战略，要有新思路和新举措。

首先，教育先行要有新思路。早在20世纪80年代，邓小平同志就发表了“教育要面向现代化，面向世界，面向未来”的题词，这是中国教育现代化的基本方针。《教育规划纲要》提出了新时期中国教育发展的基本原则，提出了2020年基本实现教育现代化的战略目标，它比全国基本实现现代化要早30年。显而易见，教育既要面向现代化，也要服务现代化，更要率先现代化。

一般而言，教育发展不仅要尊重教育现代化的客观规律，把握世界教育发展的大趋势，借鉴国际教育现代化的历史经验，更要符合中国国情，要有重大创新。中国教育事业涉及13亿人，是世界最大的教育事业，也是最难的教育工程。教育先行既要体现“面向现代化、面向世界和面向未来”的基本方针，也要有新时期的政策创新。

我们认为，“教育为民、质量为本、创新驱动、和谐发展”可以作为一种工作思路。

* 教育为民。以人为本，教育先行，人民教育为人民。办人民放心的教育，办人民满意的教育，加快教育现代化。重点是教育普及率、教师队伍素质、课程教材内容、教育基础设施和教育投资结构等的现代化。

* 质量为本。十年树木，百年树人。百年大计，质量为本。提高各级学校的教学质量，推进素质教育，培养高质量的技能型人才和创新型人才，建设人才强国。

* 创新驱动。以改革和创新精神为动力，建立和完善现代国民教育体制，优化学校法人治理制度，推进教育信息化和国际化，加速教育管理现代化。

* 和谐发展。促进教育公平和教育均衡发展；调动各方面积极性，不断化解教育发展过程中的矛盾和问题，推动教育和谐发展，强化和谐社会的教育基础。教育发展既需要重视教育规模，如提高学前教育、义务教育、高中教育和高等教育普及率等；也需要重视教育质量，如提高各级教育培养学生的质量等；还需要提高教育公平性，如提高教育机会均等性和优质教育资源共享性等。

其次，教育政策将更加科学和理性。例如，“优先、优质、公平、创新”，可以作为新时期的一种政策观念。

* 优先：把教育事业摆在优先发展的战略地位。

* 优质：把优质教育作为教育改革和发展的战略重点。

* 公平：把教育公平和均衡作为国民教育的基本国策。

* 创新：把创新能力和主动学习作为学生的基本要求。

不同类型的教育，政策观念可以各有侧重。例如，基础教育的基本观念主要是优质和公平，高等教育的基本观念主要是创新和优质，职业教育的基本观念主要是优质和创新等。

最后，教育改革步伐可以再大一点。在改革方面，思想可以再解放一点，步伐可以再大一点。例如，高等教育可以先行先试，建立现代学校制度，如理事会制度、董事会制度、校长选聘制度、校长责任制度和教授治学制度等，真正落实学校办学自主权等。

习近平同志说：空谈误国，实干兴邦。努力实现教育现代化，不仅是教育工作者的使命，也是我们每一个人的责任。如果我们每一个人都承担起一份责任，用实际行动推动中国教育现代化，那么，2020年基本实现教育现代化的目标，就会美梦成真。

参考文献：

[1] 何传启. 现代化科学：国家发达的科学原理 [M]. 北京：科学出版社，2010.

[2] 何传启. 中国现代化报告 2011：现代化科学概论 [M]. 北京：北京大学出版社，2011.

[3] 何传启. 中国现代化报告 2013：城市现代化研究 [M]. 北京：北京大学出版社，2014.

[4] 何传启. 第二次现代化理论：人类发展的世界前沿和科学逻辑 [M]. 北京：科学出版社，2013.

[5] OECD. Science，Technology and Industry Outlook [Z]. Paris：OECD. 1996.

[6] 何传启. 中国复兴的科学基础和政策分析 [J]. 世界科技研究与发展，2013，(2).

[7] 中国现代化战略研究课题组，中国科学院中国现代化研究中心. 中国现代化报告 2010：世界现代化概览 [Z]. 北京：北京大学出版社，2010.

[8] 何传启. 教育是中国现代化的“胜负手” [J]. 中国远程教育，2007，(2).

[9] 邓小平. 邓小平文选（第三卷）[M]. 北京：人民出版社，1993.

教育经济与管理

教育不平等的年代变化趋势（1940—2010）*

——对城乡教育机会不平等的再考察

□ 李春玲（中国社会科学院研究员）

一、研究的源起

近三年，国内公众舆论对教育机会不平等现象的讨论越来越多，人们尤其关注城乡之间的教育机会不平等问题，媒体和学者们对城乡教育机会不平等是否扩大、农村子弟上大学是否越来越难等问题产生了争论，社会学研究者也纷纷采用大规模调查数据来尝试回答这些问题。笔者曾于2010年撰写《高等教育扩张与教育机会不平等：高校扩招的平等化效应考察》一文（李春玲，2010），利用国家统计局2005年1%人口抽样调查数据，考察大学扩招政策实施以来高等教育机会不平等是否有所下降，结果发现：高等教育机会不平等不但没有下降，而且城乡之间的不平等反而有所上升。这一结果在当时引起了一些争议，令笔者进一步深思。大学扩招政策之后，大学招生人数持续增长，人们接受高等教育的机会成倍增加，在这种情况下，为什么农村子弟上大学的相对机会反而下降了呢？为解此惑，笔者进行了一些田野调查，观察到一个现象：大学扩招政策以来，教育领域和劳动力市场发生的变化（如大学毕业生就业难、农民工就业机会多、高考竞争愈加激烈、大学教育成本上升、职业教育机会增加等）对于农村家庭和城市家庭的教育选择产生了不同影响。部分农村家庭及其子女在初中毕业后（少部分在初中学习期间）放弃继续升学机会，进入劳动力市场；而绝大多数城市家庭及其子女会选择继续读高中，争取考入大学，大学生就业难和大学学费上涨等因素不会动摇他们要上大学的决心。另外，10年前在农村地区大规模推行的“撤点并校”政策对部分农村学生的学习进取心产生了某些负面影响。以集中教育资源和提高教育效率为目的的“撤点并校”政策，的确提升了少数重点学校的升学率和教育质量，但其他的村镇中小学因缺乏资源导致教育质量低下，学生普遍学习成绩差，对学习缺乏兴趣，教师对学生放任自流；这些学校的学生、家长和教师都感觉升学无望，以混日子的心态完成九年义务教育，子女尔后进入劳动力市场。这意味着，教育领域和劳动力市场变化对农村家庭子女是否升高中的教育决策有部分负面影响，而对城市家庭的教育决策没有负面影响，而大学生就业难等因素反而使城市中上阶层家庭加大了对子女的教育投入，以便帮助子女上更好的学校，从而获得更具竞争力的学历文凭。这种现象使笔者考虑这样一种可能性：农村子弟上大学的相对机会下降，可能并非是大学升学阶段的不平等导致的结

* 原载《社会学研究》2014年第2期。

果，而是初中升高中阶段的城乡差距扩大的后果，即许多农村子女是在初中升高中阶段失去了上大学的机会。如果的确如此的话，想要减少高等教育阶段的城乡不平等，提升农村子弟上大学的机会，就应该把政策调整的重心放在初中升高中阶段。公众媒体因农村子弟上大学比例下降对高等教育和高考制度进行批评，在某种程度上是击错了靶子。为了检验这样一个假设，笔者想在2010年研究的基础上进行扩展，系统考察不同教育阶段（初等教育、初级中等教育、高级中等教育和高等教育）的机会不平等变化的趋势，重点分析近20年城乡教育机会不平等变化的走向，确定是否是初中升高中阶段的教育分流导致大学升学阶段的城乡差距扩大。

另外，笔者2010年的研究建基于2005年1%人口抽样调查数据的转换数据，这一数据被认为有可能存在“选择性偏误”，而使研究结论的可靠性受到质疑（参见杨舸，王广州，2012；李春玲，2011）。从数据角度考虑，笔者也一直想采用一个更有代表性的数据来检验2010年的研究结论——“大学扩招后高等教育机会的城乡差距在扩大”。不过，令人满意的数据并不容易获得。由于这项研究采用的是包括多组年龄同期群交互变量的Mare升学模型，因此需要样本规模较大的数据。如果接受高等教育的人的样本数量较少，会影响交互变量的显著水平，从而影响检测教育不平等变化的准确性。经过了两年的等待之后，笔者有幸获得了符合条件的数据，可以重新检验2010年研究的结论，同时又可以进一步推进这一研究。

出于上述两个动因，笔者采用2006年、2008年和2011年3个年度全国抽样调查数据的整合数据，全面分析城乡教育机会不平等的年代变化趋势，系统分析由小学至大学的各阶段升学机会的不平等情况，考察家庭背景对个人教育机会的影响，着重观察城乡教育机会不平等的年代变化，以及在各级教育迅速扩张时期这些影响因素的变化趋势。同时，在理论层面，为了更深入地探讨教育不平等趋势变化的影响因素，笔者还检验了目前国际社会学领域解释教育不平等变化趋势的三种理论假设：工业化假设、再生产假设和文凭主义假设，并对工业化、教育扩张、国家政策变化、阶级结构改变如何影响教育不平等做出了解释。

二、国内外研究现状

在国际社会学研究领域，自20世纪70年代以来，有大批学者对各阶段教育不平等及年代变化趋势进行了理论和经验层次的研究分析，而近20年来的研究重点是在教育扩张的大背景之下，考察家庭的阶级地位和文化资本等家庭背景因素以及社会结构性分割因素（如种族/民族）对教育机会的影响作用是否发生了变化，是否导致了教育不平等的下降或维持不变。研究者们主要围绕着三种理论观点展开争论。

第一种理论是工业化理论（industrialization thesis），研究者称其为工业化假设。这种理论预测，随着工业化水平的提高，家庭背景等先赋因素对教育获得的影响逐步减弱，而教育机会竞争将越来越取决于自致因素，从而导致教育机会不平等程度下降。工业化理论的支持者认为，除了原始社会——那时劳动分工不那么细，且是以年龄、资历或性别来分工，在其他所有社会，职业都是分层系统的基础，尤其在工业化社会，劳动分工日益细化、专业化，以职业的专业技能要求高低而形成了一种职业分层；人们的职业位置决定其社会经济地位，而职业位置又在很大程度上取决于个人的教育水平，个人的人力资本投资与其社会经济地位回报之间紧密相连。基于工业化社会的功能要求——需要越来越多的拥有专业知识和技能的人去担任相应的职业位置，教育系统不断扩张，并成为一种分层机制，以便把受教育者分配到各种工作岗位上（Lenski，1966；Treiman，1970）。进一步来说，随着工业化水平的提高，教育机会越来越取决于自致因素（勤奋努力和聪明才智），而不是先赋因素（家庭背景或性别、年龄、种族等先天因素）。因此，工业化理论的结论是，教育机会越来越平等化——越来越不依赖于家庭背景和先天因素。

第二种理论是再生产理论。与工业化理论相反，再生产理论（Collins，1971）并不关注教育提供工作技能的作用。再生产理论家所强调的是教育的另一种功能，即他们认为，在职业分层过程中，教育的功能是把中下阶层人群排挤到较低等级的职业位置上。具有优势地位的社会群体或阶层，通过制定学校教育的制度安排（如升学考试、课程内容、教学方式及学习规则等）以及向子女提供各种资源，帮助子女适应学校教育环境，使他们在教育机会竞争中获得成功；而来自于较低社会阶层和弱势群体的人，由于没有父母的帮助和家庭资源的支持，往往在教育机会竞争中被淘汰出局。同时，在劳动力市场中，具有文化资本优势的社会群体通过以教育水平为基础的职业筛选和分配机制，保持着霸权和特权（Bourdieu，1977；Bowles & Gintis，1976；Carnoy，1974；Collins，1979）。再生产理论家指出，教育实际上再生产了原有的阶级地位和分层系统，上层阶级的子女通过教育获得了较高的阶级地位，中下层阶级的子女因为失去教育机会而只能处于较低的阶级地位。通过教育系统，阶级地位在代际传递。在教育不平等研究领域中的一个最重要的理论假设——MMI 假设（最大化维持不平等假设）——就是源于再生产理论，MMI 假设认为，无论增加多少教育机会，只要中上阶层或优势地位群体未达到教育饱和，阶级之间的教育机会不平等就会维持不变（参见李春玲，2010）。

第三种理论是文凭主义假设（credentialism hypothesis）。这一假设是在折中了上述两种对立的理论观点基础上提出的，因而，从严格意义上来说，文凭主义假设并非是一种独立的理论，它只是针对各国学者得出的相互矛盾的实证研究结果（有些国家数据支持工业化理论，而另一些国家数据支持再生产理论），提出了一种解释思路。文凭主义是指人们依赖于某种资格证书而获得特定的工作岗位和社会地位。在劳动力市场中，雇主往往根据受雇者的学历文凭来判断其是否适合某种工作岗位，高学历的人因而可以获得经济报酬较高和声望地位较高的职业岗位。为了追求较好的职业和较高的社会经济地位，人们对人力资本进行大量投资，以获得较高的学历文凭，这导致整个社会崇尚学历文凭。文凭主义假设所涉及的就是这种文凭主义倾向对教育机会不平等所产生的影响。

文凭主义的理论假设也源于再生产理论。再生产理论家虽然强调教育作为阶级地位再生产的功能，但同时也意识到，学校教育的社会化功能与社会排斥作用（再生产功能）两者之间存在着本质的冲突。一方面，学校教育作为一种有效的机制，可以使中下层群体的子女社会化并因而融入主导性的价值规范体系。在社会中占据主导地位的社会群体的代表们对政府施加压力，以扩张教育体系并吸纳更多的中下层群体的子女，例如少数民族或工人阶级子女。教育扩张的压力与中下层群体不断增加的融入学校教育体系的要求相一致，其结果是初等教育和初级中等教育机会不断增加，并且逐步普及。因此，初等教育甚至中等教育的获得越来越独立于家庭背景和先天因素，其平等化水平逐渐提高。但另一方面，中上阶层群体想要维持他们在劳动力市场中的优势，就必须保持他们在高等教育中的优势。他们用各种方式让中下层群体的子女远离高等教育，比如增加非学院式教育机会（如职业教育、技术学校、社区大学等）、提高大学入学标准或者提升大学学费（Karabel，1972；Shavit，1984）。因此，尽管整体上的教育机会在趋于平等化，但要获得劳动力市场上最有价值的学历文凭，家庭背景还是有影响的。文凭主义假设预测，家庭背景对较低层次的教育获得（如上小学和初中）的影响逐步下降，但对较高层次的教育获得（如上大学）的影响则保持稳定或有可能上升。

欧美国家的一些学者采用调查数据对上述假设进行了检验。在美国，费瑟曼和豪斯（Featherman & Hauser，1978）通过年龄组比较分析发现，家庭背景和先天社会因素对初等和中等教育获得的影响在下降，但对高等教育的影响则没有下降。在英国，霍尔西（Halsey，1975）也观察到父亲职业地位对儿子的教育机会的影响在减弱。然而霍尔西等（Halsey et al.，1980）的研究则显示家庭和社会背景对教育获得仍有强烈影响。哈勒（Haller，1981）和马勒（W. Muller）分析了奥地利和联邦德国的调查数据，也发现家庭和社会背景对教育获得的影响呈下降趋势（转引自Shavit & Kraus，1990）。在匈牙利，西姆库斯和安多尔卡（Simkus & Andorka，1982）的研究发现，家庭背景对初等教育机会的影响减弱，但对中等和高等教育的影响没有下降。在法国，加尼尔和拉法罗维奇（Garnier & Raffalovich，1984）的研究则发现家庭背景及先天因素的影响保持稳定水平而没有下降。

1981年，美国社会学家梅尔（Mare，1981）发表了一篇很有影响的文章，通过统计模型的改进纠正了以前的研究结论，将这一领域的研究进一步推进。梅尔认为，费瑟曼和豪斯（1978）的研究所发现的家庭背景因素对初等和中等教育的影响下降，可能是由于不同年龄组教育水平的边际分布效应的作用。由于教育扩张和教育机会增加，不同年龄组的教育水平分布不同，越年轻的年龄组受教育水平越高。这一因素可能干扰了研究结论。梅尔设计了一种升学模型（transition model），把年龄组作为控制变量加入模型，从而控制了教育水平边际分布的作用，并通过年龄组与各个自变量的交互作用项来考察家庭背景因素作用的年代变化，其结果发现，家庭背景因素的作用不但没有下降，反而上升了。在以色列，夏维特等（Shavit & Kraus，1990）采用同样方法，对以色列的调查数据进行分析，也得出了同样的结论，即家庭背景及先天因素的影响并没有明显下降。史密斯和张（Smith & Cheung，1986）也采用这种方法对菲律宾调查数据进行分析，其结果也是家庭背景对教育获得的影响没有下降。西方学者对教育不平等变化趋势的研究模式在最近10年也传播到发展中国家，这些国家的社会分层研究者也对各自国家的教育不平等变化趋势与社会结构因素变化（经济增长、工业化、教育扩张）之间的关系进行了考察。与西方学者不同的一点是，发展中国家学者的相关研究除了考虑西方学者通常关注的因素之外，还特别强调国家政策的影响（Buchmann & Hannum，2001）。

在国内的社会分层研究领域，教育机会不平等一直是一个比较核心的议题，许多研究者对中国教育不平等及其年代变化趋势进行了研究分析（李春玲，2003，2009，2010；刘精明，2005，2008；李煜，2006）。这些研究发现，在经济改革之前的20—30年里，教育机会不平等有所下降，而经济改革开始以后的20世纪80年代和90年代，教育机会不平等明显上升（李春玲，2003；李煜，2006）；同时，研究还发现，由于政策干预和结构变化，不同类型的家庭资源对教育获得的影响有所不同（刘精明，2008）。另外，刘精明（2008）和李煜（2006）的研究也考虑了不同升学阶段的教育不平等及其影响因素，并发现父母文化资本对于不同阶段的升学概率影响不同。不过，国内研究者重点分析的是家庭阶级背景所导致的教育机会差异，采用大规模调查数据专门分析城乡教育机会不平等变化趋势的研究较少。吴愈晓（2013）的一篇文章考察了1979—2008年城乡教育不平等的变化趋势，发现高中和大学升学阶段城乡教育不平等有所扩大，但这一发现也还需要进一步验证。一些国外学者在对中国的教育不平等进行研究时，也关注到城乡之间的差异，但与国内学者相同，他们通常也是在考察家庭背景因素时把城乡因素作为一个附带变量（Lu & Treiman，2008）。只有很少的学者专门分析城乡教育不平等问题，其中比较重要的是美国学者艾米莉·汉纳姆等人的研究，他们对中国20世纪90年代至2004年的小学入学和小学升初中的城乡不平等进行了分析，发现小学入学阶段的城乡不平等没有变化，而小学升初中的城乡不平等在2000年之后有所上升（Hannum et al.，2008）。国内学者的研究较少验证工业化理论假设，而是重点考察重大的政策变化和制度变迁对教育不平等的影响，大多数研究比较了改革开放之前与之后的变化，而对于最近10年，特别是大学扩招政策实施之后各阶段教育机会不平等的研究较少。

三、研究问题和研究假设

本文的研究采用梅尔（1981）升学模型，即把年龄组变量加入多阶段升学模型，控制不同年代教育机会供给量变化的边际效应，在控制家庭背景及性别等变量的条件下，准确估计过去60年里城乡因素对各阶段教育升学机会的影响及其年代变化趋势。在观察教育机会不平等总体变化趋势的基础上，笔者特别想要回答的一个问题，即本文开头所提出的：目前社会公众以及一些实证研究发现的高等教育城乡机会不平等扩大是否主要是中等教育期间，即初中升高中（及其他高级中等教育）阶段的不平等扩大所导致的后果。同时，在理论层面，笔者也想通过中国的教育机会不平等变化趋势来检验工业化假设、再生产假设和文凭主义假设。①

根据工业化理论、再生产理论和文凭主义理论这三种理论观点，我们可以分别提出以下3个假设。

> 假设1a（工业化假设）：随着工业化水平提高和教育规模扩张，小学、中学和大学的城乡教育机会不平等逐步下降，城乡出身背景对教育获得的影响逐步减弱。

再生产假设及MMI假设主张，如果社会结构中的阶级不平等持续存在，那么教育机会不平等也将维持不变，家庭背景对教育获得的影响不会减弱，只有某一阶段的教育达到饱和（85%以上的中上阶层家庭子女都能接受这一阶段的教育），此阶段的教育不平等才会下降。我国在20世纪70年代末期普及初等教育，21世纪最初几年逐步普及初级中等教育（初中）。② 根据再生产理论和MMI假设，这两个阶段的教育达到了饱和，机会不平等会出现下降。高级中等教育（高中、职高、中专、技校等）和高等教育至今还没有达到教育饱和，这两个阶段的教育机会不平等将维持稳定水平而不会下降。

> 假设1b（再生产假设/MMI假设）：20世纪70年代以来初等教育机会的城乡不平等下降（初等教育在20世纪70年代逐步普及）；2000年以来初级中等教育机会的城乡不平等下降（21世纪以来初级中等教育接近普及）；而高级中等教育和高等教育的城乡机会不平等维持不变（这两个阶段的教育远未普及）。

文凭主义假设的主张是：随着教育扩张的推进，教育不平等逐级下降，首先是初等教育不平等下降，其次是初级中等教育和高级中等教育不平等下降，最后才是高等教育不平等下降。

> 假设1c（文凭主义假设）：随着工业化水平提高和教育规模扩张，初等教育和初级中等教育机会城乡不平等逐步下降，而后出现高级中等教育和高等教育机会不平等下降。

国外学者在讨论家庭背景及结构因素对教育机会不平等的影响时，主要考虑工业化过程及随着工业化推进而来的教育扩张因素的影响，而社会结构

---

① 在这三种理论假设的争论中，大部分的西方学者主要是通过考察家庭背景——如父亲职业（家庭阶级背景）或父母文化水平（家庭文化背景）等——对子女教育机会的影响变化，来表示对某一理论的支持或否定。虽然再生产理论及其MMI假设主要针对家庭阶级背景对教育机会的作用，但工业化假设和文凭主义假设并不完全局限于阶级不平等范畴，一些研究者在分析种族之间的教育不平等时也会涉及这些理论。在现有的教育不平等的研究中，几乎没有专门针对城乡之间教育机会不平等的解释理论。不过，我们可以借用这三种理论思路来尝试解释城乡教育机会不平等的变化趋势。从教育机会获得的角度来看，城乡差异也可以看成是一种家庭背景的差异。由于父母是农村居民（持农业户口），导致子女在教育机会竞争中处于劣势。另外，MMI假设虽然强调的是阶级不平等，但也可泛指优势地位群体与弱势地位群体之间的不平等，其背后的原理是指处于优势地位的社会群体通过某些方式或制度安排排斥弱势社会群体，以达到获取更多教育机会的目的。再生产理论和MMI假设隐含的意思是，只要社会结构中存在某种结构性不平等，这种不平等就有可能通过教育渠道父代子传。顺其思路，如果社会结构中存在城乡不平等，那么教育领域的城乡不平等也会持续存在。

② 20世纪70年代后期中国的小学入学率超过95%，2002年小学升初中升学率达到97%（参见国家统计局公布的历年各阶段入学率数据，http://www.stats.gov.cn/）。

层面的阶级不平等则被视为稳定不变或者有所下降；然而，中国的情况要比其他国家复杂，中国的教育机会不平等变化趋势不仅受到工业化和教育扩张的影响，而且还受到政府重大政策改变——实施经济改革以及由强调阶级平等转向追求经济增长的政策目标——的影响。政府重大政策改变还导致了阶级阶层结构的巨大变化，这也对教育机会不平等产生了影响。实际上，中国的教育不平等的趋势变化受到四种宏观因素——工业化进程、教育扩张速度、国家层面的社会政治变迁和阶级不平等状况的变化——的交互影响。在过去的60年里，中国的社会政治环境和国家主导意识形态发生了巨变，从而导致社会结构和阶级不平等的极大变化，这一点与大多数西方社会有所不同。1949年之前，中国是一个半封建、半资本主义的社会，存在着极大的阶级差异和教育不平等。1949年中华人民共和国建立以后，共产党政府推行均等主义政策，阶级结构发生改变，阶级差异明显缩小。政府在教育领域也实施相应的均等主义政策，采取多种手段来缩小教育机会的阶级差异。1978年开始的经济改革以及相应的教育改革，使均等化教育模式转变为精英化教育模式，对教育不平等产生了极大的影响。考虑到这些社会政治环境和国家政策变化，中国的教育不平等变化趋势不应该是单一方向的变化或一直维持不变，而应该是有所波动的曲线变化。因此，对应的三种理论假设应该做如下变化，以体现国家政策对教育不平等的影响。

假设2a（工业化假设）：城乡教育不平等总体上呈现下降趋势，但受国家政策影响，20世纪50—70年代下降程度较大，80年代以来下降程度较小。

再生产理论和MMI假设认为，教育不平等程度之所以维持不变，是因为社会结构中的阶级不平等保持不变，这意味着如果社会结构中的阶级差异扩大或缩小，教育不平等也应扩大或缩小。中国社会的阶级不平等的变化有两个转折点：1949—1978年和经济改革的最初10年（20世纪80年代）阶级不平等下降，而90年代以来，阶级不平等程度上升（参见陆学艺，2004；孙立平，2003；李春玲，2005）。因此教育不平等也应该随之先下降后上升。

假设2b（再生产假设/MMI假设）：城乡教育不平等的变化趋势随着阶级不平等的变化而上下波动，20世纪50—80年代教育不平等下降，而90年代以来教育不平等上升。

文凭主义假设考虑到教育扩张与阶级不平等的双重作用：教育扩张带来初等教育和初级中等教育普及，从而降低了这两个阶段的教育不平等；阶级不平等上升会强化未达到教育饱和的更高级阶段（高级中等教育和高等教育）的教育不平等。

假设2c（文凭主义假设）：初等教育和初级中等教育不平等下降，而高级中等教育和高等教育不平等上升。

四、研究方法和数据

（一）数据

本文所用调查数据来自于中国社会科学院社会学研究所开展的2006年、2008年和2011年3个年度的“中国社会状况综合调查”（CGSS）。这是一项全国范围内的大型连续性抽样调查项目，其中包括了个人教育和家庭背景信息。这三次调查基于相同的抽样框，采用分层多阶段抽样方法，共采集到了覆盖全国28个省市区的130个县（市、区）、260个乡（镇、街道）、520个村/居委会的7 200余家庭户，并在这些家庭户中抽取18—69岁年龄段的人为被访对象。2006年调查获得的有效样本数为7 063，2008年的有效样本数为7 139，2011年的有效样本数为7 026。本文所用数据是把这3年调查数据加以合并而形成的一个新的数据集。因三次调查都采用了相同的抽样方案，都具有全国代表性，样本量几乎相同，而且三次调查的相隔时间很短，因此合并后的调查数据可以作为具有全国代表性的调查数据。合并数据共获得21 220个样本。本研究在21 220个样本中选取1940—1989年出生的人，符合条件的共有19 705个样本。本研究即以这 19 705 个样本进行分析。

为了进行年代比较，本研究区分了 5 个年龄组人群：1940—1949 年出生年龄组（简称 40 后）、1950—1959 年出生年龄组（简称 50 后）、1960—1969 年出生年龄组（简称 60 后）、1970—1979 年出生年龄组（简称 70 后）、1980—1989 年出生年龄组（简称 80 后）。区分出生年龄组是为了进行年代比较分析。不同出生年龄组的人在不同年代接受教育，反映不同年代的教育不平等状况。而且，不同出生年龄组在受教育期间经历了不同的国家政策变化和社会经济变迁，其教育不平等变化也反映出国家政策、工业化水平、教育扩张和阶级结构的影响。①

（二）模型

本文采用 Mare 设计的多阶段升学模型（logit models of educational transitions），测量不同年代城乡教育不平等的变化趋势。因变量为各阶段升学成功率与失败率之比的对数：是否进入小学、是否由小学升入初中、是否由初中升入高级中等教育（高中/职高/中专/技校）、是否由高级中等教育升入大学（大专/大本）。

本文的分析重点是城乡之间的教育不平等及其年代变化，因此城乡因素（出生于城市还是乡村）及年龄组与城乡因素的交互项是最主要的自变量。同时，年龄组作为重要的控制变量加入模型，如此就可以在控制不同年代的人口变化和教育机会供应量变化的情况下，估计城乡教育机会不平等的上升或下降趋势。另外，性别、父亲职业和父亲受教育年数也作为控制变量加入模型。

这一模型的公式如下：

$$\log\left(\frac{P_{ij}}{1-P_{ij}}\right)=\beta_{j0}+\beta_j X_{ij}+\sum_k \lambda_{jk} V_{ijk}+\sum_k \theta_{jk} C_{ijk}+\sum_c \lambda_{jc} CX_{ijc}$$

上述公式中，P_{ij} 是指第 i 个人在 j 阶段（进入小学、由小学升入初中、由初中升入高级中等教育、由高级中等教育升入大学）的升学概率。X_{ij} 代表了个人的城乡出生背景（出生于城市家庭还是农村家庭），β_j 是 j 阶段的城乡出生背景回归系数，它反映了城乡出生背景对 j 阶段升学概率的影响程度。V_{ijk} 是一组控制变量（包括性别、父亲职业、父亲文化水平），λ_{jk} 则是各控制变量的回归系数，反映了这三个因素（k）对 j 阶段升学概率的影响程度。C_{ijk} 代表出生年龄组（40 后、50 后、60 后、70 后和 80 后），θ_{jk} 是出生年龄组的回归系数，反映了不同年代的人在 j 阶段的升学概率增减情况。CX_{ijc} 是城乡出生背景与出生年龄组的交互效应项，λ_{jc} 是交互效应项的回归系数，反映了不同年代城乡出生背景对升学概率影响的变化情况，这是本研究重点要考察的问题。

（三）变量

如上述公式所示，升学模型的因变量分别是四个升学阶段（进入小学、由小学升入初中、由初中升入高级中等教育、由高级中等教育升入大学）的升学者与没有升学者之比的对数。

由于模型是一组条件对数概率模型（conditional logit models），四个升学阶段模型的样本数是不同的。小学升学阶段模型的样本数为 19 705（所有样本），由小学升初中模型的样本数为 16 795（排除

① 通过出生年龄组比较分析教育不平等变化趋势的研究通常采用两种分组方法。一种是以自然时间段来分组，比如每 10 年一组或 5 年一组，也有 1 年一组；另一种是以某个或某些重要历史事件的发生时间来分组，通常是考察某一重大历史事件或某一政策对教育获得的影响，这种分组法需要历史事件或政策实施的明确时间和个人上学的具体时间。笔者采用第一种出生年龄组分组方法，即每 10 年一个出生年龄组。采用这一方法，一方面，由于笔者关注的是城乡教育机会不平等的变化趋势以及多种社会变迁（包括经济增长、教育扩张、政策变化等）的综合效应，而不是某一政策或事件的影响；另一方面，这虽然是一种自然时间分组，但实际却包含了社会变迁的丰富信息。目前中国社会流行的代际分类称谓是“××后”（如 80 后、70 后、60 后或 50 后），这表明过去 50 年的急剧社会政治变迁导致每 10 年就是一代人，每一代人都经历了一些特别重大的社会变迁事件，从而影响每一代人的人生经历，也包括教育经历，这一点在本文第五部分第一小节的描述中充分体现了出来。10 年一组的分类不仅体现了生理年龄的差异，更重要的是体现了社会变迁（包括经济增长、教育扩张、政策变化等）的影响。

了未能进入小学的样本），由初中升高级中等教育模型的样本数为 11 974（排除了未能升入初中的样本），由高级中等教育升入大学模型的样本数为 5 733（排除了未能升入高级中等教育的样本）。

城乡出生背景用被调查者 15 岁时父亲户口身份来加以测量。如果 15 岁时父亲户口身份为农业户口，即意味着被调查者来自农村家庭；如果 15 岁时父亲户口为城镇户口，即意味着被调查者来自城市家庭；如果 15 岁时父亲户口身份未定（还未实行户籍制度），则以父亲居住地（城市或农村）来确定被调查者来自农村还是城市。在模型中，城乡出生背景为虚拟变量，出生于城市家庭为 1，出生于农村家庭为 0。

原数据父亲职业分类很细，为了减少模型的自变量数量，本文把父亲职业分类简化为三类：白领工人（包括党政干部、企业经理人员、专业技术人员、企业主和普通文职人员），蓝领工人（包括商业和服务业工人、制造业工人、个体工商户和自雇佣者）以及农民。在模型中，农民为参照组。

父亲受教育年数为连续变量。性别为虚拟变量，男性为 1，女性为 0。

相关变量的描述性统计列在表 1 中。

表 1　单相关变量的描述性统计表　　（N=19 705）

变量	比例（%）	变量	比例（%）
定类变量		定类变量	
性别（男性）	47.6	15 岁时居住地（城市）	25.9
本人受教育程度		出生年龄组	
未上过学	11.2	1940—1949	13.7
小学	27.2	1950—1959	21.9
初中	40.2	1960—1969	28.1
高中/职高/中专/技校	14.5	1970—1979	22.2
大专/大本/研究生及以上	6.9	1980—1989	14.2
		定距变量	均值（标准差）
15 岁时父亲职业			
白领工人	15.7		
蓝领工人	20.5	15 岁父亲受教育年数（年）	3.98（3.76）
农民	63.7		

五、数据分析结果

（一）各阶段升学率及年代比较

由于教育发展水平的年代差异以及政府教育政策的变化，不同出生年代的人教育机会不同，每一代人的升学概率和升学路径也有所不同。表 2 列出了不同出生年龄组的各阶段升学率，它充分体现了教育扩张的效应以及国家政策变化带来的一些影响。

在我们所调查的 19 705 个 1940—1989 年出生的人群中（见表 2），大约 9/10 的人（89.6%）进入了学校教育系统接受正式教育，而其余的1/10则被排斥于正式教育之外。进入正规学校教育系统的人当中，接近 1/3 的人（29.5%）只接受了小学教育即离开了学校，其余的 2/3 的人（70.5%）继续升学。升入初中的人当中，又有 60.5%的人在初中阶段或初中毕业后离开学校，只剩 39.5%的人继续升入高中。在升入高中的人当中，又有接近 2/3（61.3%）的人在高中阶段或高中毕业后（包括中专和职业学校）离开学校，最终继续升学进入大学的只有 38.7%。如果按照 19 705 人的总体计算，仅有9.7%的人（1 903人）通过了各阶段的升学关卡，最终争取到了高等教育的机会，而其余的90.3%的人则在层层筛选过程中被逐步淘汰，失去了获得高等教育的机会。

表2 不同年龄组各阶段升学比例 单位：%

年龄组	进入小学	小学升初中	初中升高级中等教育	高级中等教育升大学	大学毛入学率
1940—1949	78.1	48.3	33.4	31.3	3.9
1950—1959	82.3	64.4	35.4	22.5	4.2
1960—1969	92.3	70.0	34.2	30.6	6.8
1970—1979	95.0	75.2	39.6	46.7	13.2
1980—1989	98.2	88.9	53.6	50.8	23.8
总体	89.6	70.5	39.5	38.7	—

注：高级中等教育包括普通高中和中等职业教育（职高/技校/中专等），大学包括大本和大专。

表2还列出不同年龄组各阶段升学比率，显示出教育机会的快速增长状况，越晚出生的年龄组教育机会越多。但是，不同年代出生的人由于在不同的社会经济环境中接受教育并经历了不同的历史事件，他们的升学路径和升学机会也有很大的不同。40后在解放初期接受小学教育，在20世纪五六十年代接受中等教育，在“文革”开始之前及“文革”初期接受高等教育。新中国建立以后，政府大力发展基础教育，40后接受正规学校教育的机会大大高于前几代人，但是40后接受中等教育和高等教育的机会并不多，当时中国的中等教育和高等教育发展水平还比较低。

50后在其成长期经历了一个重要的历史事件——“文革”，这对他们这一代的教育经历产生了严重的影响。50后在20世纪50年代末和60年代接受小学教育，1966年“文革”开始时正是他们接受初中教育以及由初中升入高中之时，“文革”期间的各种社会运动（如“红卫兵运动”和“知识青年上山下乡运动”等）严重影响了他们接受高级中等教育的机会，他们中的许多人，或因学校关门停课、不招生，或因被组织进各种运动中，因而失去了上高中的机会，并且大部分人也失去了上大学的机会。“文革”期间的教育改革政策对高等教育产生了破坏性的冲击，高等教育机会增长停滞，导致50后高中升大学的比例比40后减少约9个百分点（见表2），而同时50后初中升高中的比例仅比40后高出2个百分点。不过，尽管如此，50后的大学毛入学率还是比40后略高一点（部分50后是在恢复高考以后上的大学）。

60后在“文革”期间接受小学教育，“文革”后期及改革开放的初期接受中等教育，在高考制度恢复以后接受高等教育。改革开放以及相应的教育制度改革对他们的教育经历产生了极大影响，一方面，高考制度恢复使一部分60后有了上大学的机会；但另一方面，改革初期的市场化浪潮导致另一部分60后（尤其是农村家庭子女）在中等教育阶段辍学并走向社会。因此，虽然60后上大学的机会明显多于50后，但初中升高中的比例却比50后略低（见表2）。

绝大多数的70后是在1978年改革开始后接受教育的，他们在各阶段的升学概率都明显高于60后，特别是上大学的机会增长明显。13.2%的70后有机会上大学，与60后相比他们上大学的机会几乎增长了1倍。

与前几代人相比，80后的教育机会进一步提高，这一代人普遍享有基础教育机会，初中教育也接近普及，高级中等教育机会与70后相比有大幅度的提高。对于80后来说，最幸运的一件事就是他们在上大学的年龄遇上了大学扩招政策。高等教育机会供应量急速增加，使得这一代人上大学的机会远远高于前几代人。80 后的大学毛入学率达到了 23.8%，比 70 后的相应比例高了 10 个百分点。

（二）城乡因素对不同阶段升学概率的影响

表 3 是升学模型分析结果，它显示了 1940—1989 年出生人群在各阶段升学中的平均城乡教育机会差距，以及不同出生年龄组城乡教育机会差距的升降变化。表 3 中（非交互相应项）自变量的回归系数代表各因素对 1940—1989 年出生人群的平均效应，出生年龄组交互效应项自变量回归系数则代表城乡出生背景对每一个出生年龄组升学机会的影响程度。为了更直观地反映城乡教育机会差距，表 3 除了列出回归系数，还列出了比率比。

表 3　对各阶段升学机会影响因素的分析及城乡教育不平等的年代变化（conditional logit regression）

自变量	进入小学			小学升初中			初中升高级中等教育			高级中等教育升大学		
	回归系数	标准误	比率比	回归系数	标准误	比率比	回归系数	标准误	比率比	回归系数	标准误	比率比
性别（男性）	1.229***	0.061	3.418	0.423***	0.041	1.526	0.195***	0.044	1.215	0.106	0.069	1.112
父亲受教育年数	0.163***	0.011	1.177	0.123***	0.007	1.131	0.112***	0.068	1.119	0.123***	0.011	1.131
15 岁时父亲职业（参照组：农民）												
白领工人	0.244**	0.123	1.276	0.562***	0.077	1.753	0.784***	0.068	2.189	0.308***	0.107	1.360
蓝领工人	0.449***	0.130	1.567	0.594***	0.075	1.812	0.395***	0.065	1.484	−0.014	0.105	0.986
城乡（参照组：农村家庭）												
出生于城市家庭	1.585***	0.290	4.882	1.268***	0.128	3.557	0.651***	0.094	1.917	−0.055	0.156	0.946
出生年代（参照组：60 后）												
40 后	−1.089***	0.083	0.336	−0.809***	0.072	0.445	0.358***	0.121	1.431	0.329	0.240	1.390
50 后	−1.004***	0.096	0.366	−0.296***	0.062	0.744	0.426***	0.092	1.531	−0.337*	0.198	0.714
70 后	0.290***	0.096	1.336	0.154***	0.058	1.166	0.117	0.076	1.124	0.574***	0.140	1.774
80 后	1.096***	0.173	2.994	0.912***	0.081	2.490	0.544***	0.078	1.723	0.508***	0.138	1.661
城乡×出生年代（参照组：农村家庭×60 后）												
城市家庭×40 后	−0.371	0.346	0.690	−0.549***	0.170	0.577	−0.726***	0.179	0.484	−0.120	0.324	0.887
城市家庭×50 后	0.180	0.337	1.197	−0.189	0.159	0.828	−0.777***	0.133	0.460	0.244	0.254	1.277
城市家庭×70 后	−0.235	0.470	0.791	0.142	0.206	1.153	0.266**	0.125	1.304	−0.072	0.191	1.075
城市家庭×80 后	−1.213**	0.592	0.297	−0.088	0.307	0.915	0.722***	0.148	2.060	0.518***	0.191	1.679
常数项	1.330***	0.063	3.781	−0.126***	0.047	0.883	−1.911***	0.068	0.148	−1.828***	0.133	0.161
−2log likehood	8 629.319			14 972.573			12 529.558			5 012.577		
样本数	19 705			16 795			11 974			5 733		

注：* $p\leqslant 0.1$，** $p\leqslant 0.05$，*** $p\leqslant 0.005$。

表3中“出生于城市家庭”的回归系数显示，出生于城市还是农村家庭对个人的升学机会有极大影响。排除不同年代教育机会及人口变化因素的作用，在性别、父亲职业和父亲受教育年数相同的情况下，城市家庭子女进入小学的概率①是农村家庭子女的4.9倍；城市家庭子女进入初中的概率是农村家庭子女的3.6倍；城市家庭子女进入高级中等教育的概率是农村家庭子女的1.9倍。然而，城市家庭子女进入大学的概率与农村家庭子女进入大学的概率差异则不显著。这一方面说明，在1940—1989年出生的人群中，城乡教育机会差异极大，城乡分割因素对进入小学、由小学升入初中、由初中升入高级中等教育等三个阶段的升学概率都有极大影响，城镇家庭子女在这三个阶段的升学过程中都具有更多的机会，但这种影响随着升学阶段的提高而逐步下降，越低的升学阶段城乡差异越大，较高的升学阶段城乡差异则有所缩小。小学和初中阶段的教育机会城乡不平等最为突出，在初中升入高中阶段城乡差距缩小，升大学阶段城乡子弟升学概率则无明显差异。这说明，农村家庭子女在初级和中等教育阶段需要克服的障碍更多，一旦完成了高级中等教育，他们考大学的成功率并不低于城镇家庭子女。

（三）性别及家庭阶级背景对不同阶段升学概率的影响

性别和家庭阶级背景（父亲职业和受教育年数）对升学机会的影响不是本文分析的重点。性别、父亲职业和父亲受教育年数只是作为控制变量加入分析模型，不过，我们也可以通过这三个控制变量回归系数顺便观察一下性别与家庭阶级背景对升学机会的影响。

回归系数显示，父亲受教育年数对子女各个阶段的升学机会都有明显影响，而且对各阶段升入机率的影响程度比较接近。排除不同年代教育机会及人口变化因素的作用，在性别、父亲职业和城乡出生背景相同的情况下，父亲受教育年数每增加1年，子女进入小学、由小学升入初中、由初中升入高级中等教育、由高级中等教育升入大学的概率分别提升17%、13%、11%和13%。

父亲职业对子女各阶段升学机会也都有影响，但是在不同升学阶段，其影响程度不同。在进入小学阶段，白领家庭子女和蓝领家庭子女升学概率是农民家庭子女的1.3倍和1.6倍；在小学升入初中阶段，白领家庭子女和蓝领家庭子女升学概率都是农民家庭子女的1.8倍；在初中升入高级中等教育阶段，白领家庭子女和蓝领家庭子女升学概率是农民家庭子女的2.2倍和1.5倍；在高级中等教育升入大学阶段，白领家庭子女升学概率是农民家庭子女的1.4倍，但蓝领家庭子女与农民家庭子女的升学概率则无明显差异。概括来说，在小学和升初中阶段，父亲职业的影响主要体现在农民家庭与非农民家庭之间，而非农民家庭（白领与蓝领家庭）内部的差异不大；但在初中升入高级中等教育阶段，蓝领家庭子女升学概率高于农民家庭子女，而白领家庭子女的升学概率又高于蓝领家庭子女；在高级中等教育升入大学阶段，白领家庭子女升学概率高于蓝领家庭子女和农民家庭子女，而蓝领家庭与农民家庭则差异不大。

性别回归系数显示，在1940—1989年出生人群中，男女受教育机会存在不平等，但在不同的升学阶段性别差异有所不同。在小学阶段，男性进入小学的概率是女性的3.4倍；但由小学升入初中阶段性别差距大大缩小，男性的升学概率是女性的1.5倍；由初中升入高级中等教育阶段，性别差距进一步缩小，男性的升学概率是女性的1.2倍；由高级中等教育升入大学阶段性别差距则不显著。这也就是说，教育机会性别不平等主要存在于小学阶

① 比率比是把两个群体升学与未升学人数之比相除所得，比如，城市家庭子女升学人数与未升学人数之比除以农村家庭子女升学人数与未升学人数之比，即城市家庭子女升学的可能性与农村家庭子女升学可能性之比，可以理解为升学概率之比，即城市家庭子女升学概率是农村家庭子女升学概率的多少倍。

段，一些贫困落后的农村地区以及贫困家庭的女童失去教育机会，成为文盲或半文盲。但是，只要让女童进入学校接受教育，她们在以后的升学竞争中会逐渐接近男性水平，而在考大学阶段，她们并不会弱于男性。

（四）各阶段升学概率的代际差异

表3的升学模型加入了出生年龄组自变量，其回归系数显示了不同年龄组人群的各阶段升学概率，反映了教育扩张对教育机会的影响。数据分析结果表明，教育扩张使人们的各个阶段教育机会都不断提高。从代际比较来看，小学教育机会的增长最明显，在城乡出生背景、性别、父亲职业和父亲受教育年数相同的条件下，60后接受小学教育的概率几乎是40后和50后的3倍，① 而70后和80后上小学的概率又是60后的1.3倍和3倍。小学升初中阶段的机会增长也很明显，60后升入初中的概率分别是40后和50后的2.2和1.3倍，② 而70后和80后升入初中的概率又是60后的1.2倍和2.5倍。初中升入高级中等教育机会增长则有所波动，50后的升学概率比40后略有增长，但60后和70后则由于“文革”和改革初期市场化的冲击，初中升入高中的概率有所下降，而80后升学概率则明显增长，80后初中升入高级中等教育的机会是60后和70后的1.7倍。高级中等教育升入大学的概率在“文革”时期有所下降，受其影响，50后上大学的机会明显减少，但恢复高考制度以来，60后、70后和80后升入大学的机会持续增长。

（五）各升学阶段城乡教育机会不平等的年代变化

表3升学模型的交互效应项（出生于城市家庭×各出生年龄组）的回归系数反映了各阶段城乡教育机会差异的年代变化。在进入小学阶段，除了“城市家庭×80后”这一交互项，其他3个交互项（“城市家庭×40后”、“城市家庭×50后”和“城市家庭×70后”）的回归系数都不显著，这说明，排除人口变化及教育扩张因素，在性别、父亲职业和文化水平相同条件下，小学阶段的城乡差距在20世纪50年代、60年代、70年代和80年代前半期（40后、50后、60后和70后上小学时期）没有明显变化，只有到了80年代后期（80后开始上小学），升小学阶段的城乡差距才有变化。进入小学阶段的“城市家庭×80后”交互项回归系数是负数，意味着这一阶段的城乡差距在缩小，80后升小学概率的城乡差距从前几代人的4.9倍大幅度地缩小到1.5倍［EXP（1.585－1.213）］。在小学升初中阶段，只有40后交互效应项（城市家庭×40后）回归系数是显著的，其他交互效应项回归系数都不显著。这也就是说，排除人口变化及教育扩张因素，在性别、父亲职业和文化水平相同的条件下，50后、60后、70后和80后由小学升入初中的概率的城乡不平等没有变化，都维持在3.6倍水平（城市人由小学升入初中的比例是农村人的3.6倍），而40后这一阶段的升学概率城乡差距为2.1倍［EXP（1.268－0.549）］，小于后几代人。这可能是因为户籍制度是50年代后期开始实施的，这一政策影响了城乡教育机会分配，而40后由小学升入初中时还未受到这一政策的影响。

初中升入高级中等教育阶段，城乡教育机会不平等的年代变化比较明显，所有交互效应项的回归系数都显著，比率比反映出城乡不平等逐年增长。回归系数显示，排除人口变化及教育扩张因素，在性别、父亲职业和文化水平相同的条件下，40后和50后由初中升入高中的概率城乡差距不明显；而60后升学概率差距开始显著，城市家庭子女在这一阶段的升学概率是农村子女的1.9倍；70后的城乡差距继续增长，达到2.5倍［EXP（0.651＋0.266）］；80后又进一步上升到3.9倍［EXP（0.651＋0.722）］。40后和50后在“文革”时期或“文革”前期步入由初中升入高中阶段，当时的

① 60后比率比（1）除以40后比率比（0.336），60后比率比（1）除以50后比率比（0.366）。

② 60后比率比（1）除以40后比率比（0.445），60后比率比（1）除以50后比率比（0.744）。

中等教育受到“文革”运动的极大冲击，许多初中毕业生（尤其是城市里的初中毕业生）被迫放弃升学机会，参与“上山下乡”运动，因此这一时期初中升高中阶段的城乡机会差距并不大。60后大多是在改革开放的最初10年（80年代）初中毕业，市场经济浪潮和农民外出打工浪潮使大量农村初中毕业生放弃升学机会，或者在初中学习阶段就辍学离开学校，进入劳动力市场。而与此同时，高考制度恢复和教育回报率上升极大提升了城市父母对子女的教育期望，城市家庭子女初中升高中比例逐步提高，导致这一阶段升学机会的城乡差距拉大。20世纪90年代以后各阶段升学考试制度日益严格，以考试内容为核心的教学内容越来越艰深，城市父母不断增加对子女的教育投资，提升其学业成绩，确保子女进入最好的学校并通过各级考试；而多数农村家庭无力对子女提供这些帮助，部分农村孩子因跟不上教学进度或缺乏学习兴趣而被逐步淘汰。21世纪开始以来，大学教育成本不断上升；与此同时，大学扩招政策导致大学毕业生就业难；另外，农民工就业机会增多，收入增长，这种种因素进一步打压了农村父母及其子女的教育期望，一些农村初中毕业生放弃了升入高中的学习机会，因为他们觉得考大学无望，不值得进一步投资。在这种大背景之下，70后和80后在初中升入高中阶段城乡机会差距逐步拉大。

表3的交互效应回归系数显示，高级中等教育升入大学阶段的城乡机会差距明显小于进入小学、小学升入初中和初中升入高级中等教育阶段，而且其不平等程度的年代变化也明显小于初中升入高级中等教育阶段。除了80后交互效应项（城市家庭×80后）回归系数显著，其他出生年龄组交互效应项都不显著。这说明，排除人口变化及教育扩张因素，在性别、父亲职业和文化水平相同的条件下，40后、50后、60后和70后由高级中等教育升入大学的概率城乡差距不明显，而且年代变化也不明显，但20世纪90年代末期以来（80后上大学时期），这一阶段升学概率的城乡差距有所提高，城市家庭子女由高级中等教育升入大学的概率是农村家庭子女的1.7倍。这可能是最近10余年大学教育成本上升、农民工就业机会和收入增长、大学扩招政策造成大学毕业生就业难等因素导致的后果。

六、结论与讨论

根据前面的数据分析，我们可以得到以下几方面的结论。

（一）教育机会增长

数据分析结果显示，过去60年，尤其最近30年，中国教育规模扩张使教育机会供应量迅速增长，越年轻一代受教育机会越多。不过，各阶段教育机会增长并非平稳地齐头并进，国家政策变化，尤其是“文革”和经济改革对教育机会增长产生了明显影响。20世纪六七十年代，虽然初等教育机会持续增长并普及，但中等教育和高等教育因受到“文革”冲击，机会增长缓慢甚至停滞。80年代和90年代初期改革开放最初10余年，受到市场经济浪潮的影响，中等教育机会增长被抑制，初中升高中的比例反而下降。90年代末期以来，由于推进九年义务教育，初中教育机会增长显著并逐步普及，同时，大学扩招政策实施也使高等教育机会迅猛增长。80后一代是教育扩张的最大受益者，与前几代人相比，他们在各教育阶段的升学机会都大幅增长。

（二）教育机会的城乡差距

在过去60年里，教育机会的城乡差距持续存在。不过，并非教育层次越高差距就越大或者越不平等，相反，越低层次的教育城乡机会差距越大；而随着教育层次的递增，城乡差距缩小。排除人口数量变化和教育机会供应量变化，在性别、父亲职业和文化水平相同条件下，进入小学概率的城乡差距是4.9倍，由小学升入初中概率的城乡差距是3.6倍，由初中升入高级中等教育概率的城乡差距是1.9倍。① 最值得注意的是，由高级中等教育升入大学阶段，升学概率的城乡差距几乎不存在。这意味着，过去几十年，中国教育机会城乡不平等主要并非存在于考大学这一阶段，而是存在于初等教育和中等教育阶段。由于农村地区的教育条件（如师资水平、教育设施和教学设备等）太差，这些学生成了小学和中学升学考试的失败者，在升学竞争中被淘汰出局，从而最终失去了上大学的机会。

（三）教育机会城乡差距的变化趋势

本文最关注的问题是城乡教育机会不平等的变化趋势，尤其是最近30年，当教育机会迅速增长，城乡教育机会不平等状况如何变化？如果不平等程度有所增强，主要表现在哪个升学阶段？

在进入小学这一阶段，城乡机会差距长期存在。但20世纪80年代以来，这一升学阶段的城乡差距明显缩小。这似乎印证了MMI假设。在小学教育达到饱和（小学教育普及）的情况下，机会不平等下降。不过，尽管进入小学阶段的城乡机会差距缩小，但不平等还没有完全消除，在80后群体中，排除人口数量变化和教育机会供应量变化，在性别、父亲职业和文化水平相同的条件下，城市家庭子女进入小学的概率是农村家庭子女的1.5倍。虽然未能进入小学的80后只是极少数（1.8%），但其中90.6%持农业户口，89.1%出身于农民家庭。

在小学升初中阶段，50年代开始实施的户籍制度导致这一阶段升学概率的城乡差距有所扩大，其后一直维持不变。排除人口数量变化和教育机会供应量变化，在性别、父亲职业和文化水平相同的条件下，城市家庭子女由小学升入初中的概率是农村家庭子女的3.6倍。这一差距水平一直维持到90年代。21世纪以来，九年义务教育得以实施，初中教育趋于普及（即达到饱和），基于MMI假设推论，这一升学阶段的教育不平等应该开始下降。不过，本文数据分析未把90后教育状况纳入分析，因而未证实这一推论。

初中升高级中等教育阶段升学概率的城乡差距变化最为突出。数据分析结果显示，自改革开放以来，这一阶段升学机会的城乡差距一直在持续扩大。排除人口数量变化和教育机会供应量变化，在性别、父亲职业和文化水平相同的条件下，这一阶段升学概率的城乡差距从70年代末至80年代前半期的1.9倍，增加到80年代后期至90年代前半期的2.5倍，再增长到90年代后期至21世纪开始后的3.9倍。

在由高级中等教育升入大学阶段，在相当长的时期里，升学概率的城乡差距不明显。农村家庭子女只要上了高中，考入大学的概率与城市家庭子女相差不大。但大学扩招政策实施后的10余年里，这一阶段升学概率的城乡差距开始显现。排除人口数量变化和教育机会供应量的变化，在性别、父亲职业和文化水平相同的条件下，城市家庭出生的80后由高级中等教育升入大学的概率是农村家庭出生的80后的1.7倍。

上述变化趋势证实了笔者在本文开头时提出的猜测，即导致农村子弟上大学难的症结是在初中升高中阶段，而非考入大学阶段。由初中升高中阶段的城乡升学概率差距持续扩大，才是导致农村家庭子女上大学相对机会下降的源头。当然，最近10余年由高级中等教育升入大学阶段的升学概率城乡差距开始扩大，这也是一个值得关注的问题。

（四）教育分层的关键点及其政策建议

虽然高等教育中显示的农村子弟上大学机会相对下降更吸引媒体眼球和公众热议，但是本文的分析结论却说明，中等教育的城乡不平等才是教育分层的关键所在。虽然过去60年小学教育和初中教育的城乡机会不平等大于高中和大学阶段，但随着

① 需要注意的是，这里列出的20世纪40—80年代出生的人在不同教育阶段的升学概率的城乡差异并非指目前的情况，因为这批人应该在很多年前就都完成了小学教育和初中教育。列出各升学阶段城乡升学概率差异是为了反映这样一个事实：这批人当中的许多农村人没能上大学是因为在进入小学、升入初中或高中阶段就被排除出局了。

小学教育的普及，其不平等明显下降；初中教育目前也趋于普及，可能近期这一阶段的城乡机会不平等也会下降。因此，初中升入高级中等教育阶段就成为教育分层的关键点。要促进城乡教育不平等，要提升农村子女上大学的机会，政策的重点应放在初中升入高级中等教育阶段。如何鼓励更多的农村初中毕业生继续升学？如何激发农村学生和家长更高的教育预期？如何提升农村学生的学习兴趣和学习成绩？如何刺激农村学生家长对子女进行更多的教育投资？这些都是政策制定者需要考虑的问题。

（五）理论假设检验结果

本文数据分析结果否定了工业化理论假设，发现过去 60 年城乡教育不平等的变化趋势与教育机会增长趋势并不一致，教育机会不平等程度并没有随着教育扩张的步伐下降。相反，在某些时期的某些升学阶段，虽然教育机会在增加，但城乡教育机会不平等却在加剧。文凭主义理论有关教育不平等变化趋势的假设获得部分验证，即教育机会不平等的下降是由较低教育层次到较高教育层次，小学教育机会不平等已出现下降，初中阶段也有下降的苗头。当然，这种由低层次到高层次的不平等程度下降走势并非是自然发生的，它需要促进教育公平的社会政策来推动。本文的数据分析结果非常有力地支持了再生产理论及 MMI 假设，即教育不平等程度的上升和下降取决于社会结构中的阶级差异，如果社会结构中的阶级差异持续存在，教育机会不平等就会维持不变，只有达到教育饱和，教育不平等才会下降。小学教育达到饱和，因而这一教育阶段的城乡机会不平等下降；初中教育趋于饱和，城乡教育机会不平等有可能开始下降。而高级中等教育和高等教育城乡差距扩大，很大程度上是中国社会结构的阶级差异扩大的一种反映。同时，过去 60 年中国城乡教育机会不平等的变化趋势也充分反映了国家政策的影响效应，户籍制度的实施、“文革”运动的开展，以及经济改革的推进等，都对教育机会平等状况产生了重大影响。

参考文献：

蒋中一、戴洪生，2005，《降低农村初中辍学率和义务教育体制的改革》，《中国人口科学》第 4 期。

李春玲，2003，《社会政治变迁与教育机会不平等》，《中国社会科学》第 3 期。

李春玲，2009，《教育地位获得的性别差异》，《妇女研究论丛》第 1 期。

李春玲，2005，《断裂与碎片：当代中国社会阶层分化实证分析》，北京：社会科学文献出版社。

李春玲，2010，《高等教育扩张与教育机会不平等：高校扩招的平等化效应考查》，《社会学研究》第 3 期。

李春玲，2011，《数据误差的调整效果的评估》，《社会学研究》第 3 期。

李煜，2006，《制度变迁与教育不平等的产生机制——中国城市子女的教育获得（1966—2003）》，《中国社会科学》第 6 期。

刘精明，2005，《国家、社会阶层与教育：教育获得的社会学研究》，北京：中国人民大学出版社。

刘精明，2008，《中国基础教育领域中的机会不平等及其变化》，《中国社会科学》第 5 期。

陆学艺，2004，《当代中国社会流动》，北京：社会科学文献出版社。

陆学艺、李培林，1991，《中国社会发展报告》，沈阳：辽宁人民出版社。

欧贤才、王凯，2007，《自愿性辍学：新时期农村初中教育的一个新问题》，《中国青年研究》第 5 期。

孙立平，2003，《断裂：20 世纪 90 年代的中国社会》，北京：社会科学文献出版社。

吴愈晓，2013，《中国城乡居民的教育机会不平等及其演变（1978—2008）》，《中国社会科学》第 3 期。

杨舸、王广州，2011，《户内人口匹配数据的误用与改进》，《社会学研究》第 3 期。

Bourdieu，P.，1977，Cultural and Social Reproductions. In J. Karabel & A. H. Halsey（eds.），*Power and Ideology in Education*. New York：Oxford University Press.

Bowles，S. & H. Gintis，1976，*Schooling in Capital American*. New York：Basic Books.

Buchmann，Claudia & Emily Hannum，2001，Education and Stratification in Developing Countries：A Review of Theories and Research. *Annual Review of Sociology* 27.

Carnoy, M., 1974, *Education as Cultural Imperialism*. New York: David Mckay.

Collins, R., 1971, Functional and Conflict Theories of Educational Stratification. *American Sociological Review* 36.

Collins, R., 1971, *The Credential Society: An Historical Sociology of Education and Stratification*. New York: Academic Press.

Featherman, D. L. & R. M. Hauser, 1978, *Opportunity and Change*. New York: Academic Press.

Garnier, M. A. & L. E. Raffalovich, 1984, The Evolution of Equality of Educational Opportunity in France. *Sociology of Education* 57.

Haller, M., 1981, *Egalisierung der Chancen Oder Statusreproduktion*? Vienna, Austria: Institut Fur Hohere Studien.

Halsey, A. H., 1975, Educational and Social Mobility in Britain since World War II. In Organization for Economic Co-operation & Development (ed.), *Education, Inequality and Life Chances*. Paris, France: Organization for Economic Cooperation & Development.

Halsey, A. H., A. F. Heath & J. M. Ridge, 1980, *Origins and Destinations: Family, Class and Education in Modern Britain*. Oxford, England: Clarendon Press.

Hannum, Emily, Meiyan Wang & Jennifer H. Adams, 2008, Urban-Rural Disparities in Access to Primary and Secondary Education Under Market Reforms. In Martin King Whyte (ed.), *One Country, Two Societies? Rural-Urban Inequality in Contemporary China*. Cambridge: Harvard University Press.

Karabel, J., 1972, Community Colleges and Social Stratification. *Harvard Education Review* 42.

Lenski, G. E., 1966, *Power and Privilege: A Theory of Social Stratification*. New York: McGraw-Hill Book Co.

Lu, Yao & Donald Treiman, 2008, The Effect of Sibship Size on Educational Attainment in China. *American Sociological Review* 73 (5).

Mare, R. D., 1981, Change and Stability in Educational Stratification. *American Sociological Review* 46.

Shavit, Y., 1984, Tracking and Ethnicity in Israeli Secondary Education. *American Sociological Review* 49.

Shavit, Yossi & Vered Kraus, 1990, Educational Transitions in Israel: A Test of the Industrialization and Credentialism Hypotheses. *Sociology of Education* 63 (2).

Simkus, A. & R. Andorka, 1982, Educational Attainment in Hungary. *American Sociological Review* 47.

Smith, H. L. & P. L. Cheung, 1986, Trends in the Effects of Family Background on Educational Attainment in the Philippines. *American Journal of Sociology* 91.

Treiman, D. J., 1970, Industialization and Social Stratification. In E. O. Laumann (ed.), *Social Stratification Research and Theory for the 1970s*. New York: Bobbs-Merrill Co.

财政分权、地方政府行为扭曲与城乡中小学布局调整*

□李祥云（中南财经政法大学教授）
□魏　萍（中南财经政法大学博士生）

一、引言及研究文献回顾

学校布局是一个国家或地区的学校在地理空间上的分布结构，它与社会经济发展水平和人口分布状况密切相关，并随着社会经济的发展以及人口空间分布和年龄结构的变化而不断调整。20世纪90年代中后期，中国因计划生育政策实施后的人口出生率下降，以及城镇化快速推进过程中的人口迁移，使得一些中小学出现学生生源不足、学校规模变小、资源利用效率降低等现象，客观上需要对既有的中小学布局进行调整。针对这一现象，2001年5月国务院颁布《关于基础教育改革与发展的决定》（以下简称《决定》），要求按照小学就近入学、初中相对集中、优化教育资源配置的原则，合理规划和调整学校布局。自此，全国各地掀起了农村中小学“撤点并校”的热潮。根据教育部发布的2001年和2010年教育统计数据显示（见图1），学校布局调整政策实施10年来，中小学校（含教学点）数量从2001年的66.55万所减少到2010年的37.92万所，降幅高达43.02%。其中，小学减少28.14万所，占全国中小学校减少总量的98.29%。① 中小学特别是小学学校数量的急剧减少，使得学生上学路途变远，不仅造成了家庭教育成本增加和学生辍学率上升，还导致学生上学和住校的不安全因素增多等问题，近年在一些偏远农村地区发生的多次交通事故和校车事件就是惨痛的教训。这些问题的出现，不仅招致很多地方学生家长对布局调整政策的反对（有些地方学生家长甚至还采取群体上访、抗议等极端方式来加以抵制）（贾勇宏，2008），[1]而且也得到了最高教育行政主管部门的高度重视。如

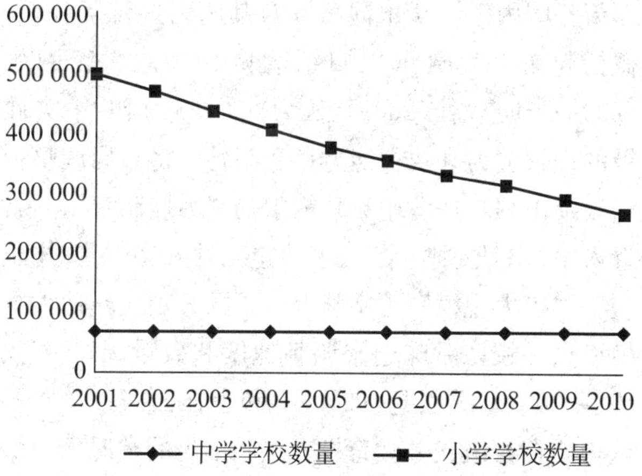

图1　2001—2010年中国中小学学校数量变动趋势

* 原载《当代财经》2014年第1期。

① 根据教育部网站发布的《2001年教育统计数据》和《2010年教育统计数据》的数据计算。

2006年教育部先后下发了《教育部办公厅关于切实解决农村边远地区交通不便地区中小学生上学远问题有关事项的通知》和《教育部关于实事求是地做好农村中小学布局调整工作的通知》。值得注意的是，无论是来自家长的反对，还是教育部门的“三令五申”，似乎都没有降低地方政府撤并中小学校的热情。

从《决定》和相关文件中可以看出，中央对城乡中小学布局调整并没有采取“一刀切”的政策，而是强调要因地制宜和方便学生就近入学为前提。但是，在中国“以县为主”的教育财政管理体制下，究竟是什么原因驱使地方政府不顾当地实际和群众反对，而片面执行国务院关于中小学布局调整政策？国内学者从不同角度对其原因进行了分析。概括起来，大致可以归结为两种观点：庞丽娟（2006）和夏雪（2009）认为，地方政府对中央政策的理解能力和执行能力存在问题，将布局调整视为政绩工程，违背中央政策中的“因地制宜”、“就近入学”等原则，将关注的重点集中在“撤并学校”、“扩大规模”等字眼上，不顾客观实际地大规模撤点并校，一味追求调整速度和数量。[2—3]范先佐（2006）、吴宏超（2007）和李祥云（2010）则认为，在县级义务教育投入激励不足的情况下，城乡中小学的布局调整具有节约教育经费和财政资金的作用，因此受到地方政府的追捧。[4—6]有关中小学规模与布局的国外研究较少，以Fox（1980）和Smet（2001）为代表的学者在研究比利时佛兰德地区初等学校规模与布局时也发现，与其他经合组织国家和其他级别教育相比，当地的初等教育非常昂贵。教育成本高的主要原因之一是初等学校的规模小。因此，地方教育主管部门期望通过大规模地撤并小学校来扩大学校规模，以节省大量的教育成本。[7—8]从国内外研究现状看，各国地方政府大力调整中小学规模的动机与节约公共教育成本直接相关。但我们认为，现有研究对地方政府进行中小学布局调整的机理剖析还不够透彻和深入，对中小学布局调整的成因分析比较零碎，同时也没有得到实证结果的支撑。

因此，本文试图从中国式财政分权的体制背景出发，建立一个分析中国式财政分权、地方政府行为扭曲与城乡中小学布局调整三者之间的内在关系的综合分析框架，深入探讨地方政府不顾当地实际而片面执行中央关于中小学布局调整政策的原因，并提出改进的具体建议。

二、中国财政分权体制下的城乡中小学布局调整：理论分析

（一）中国式财政分权与地方政府行为扭曲

财政分权是指在国家各级政府之间明确划分事权及支出范围的基础上，按照事权和财权相统一的原则，结合税种的特性，划分中央与地方的税收管理权限和税收收入，并辅之以补助制度的一种预算管理体制。西方主流的财政分权理论认为，财政分权会提高社会的总体福利水平，其原因主要有以下两点。第一，“用手投票”的机制（Tiebout，1956）。[9]即选举约束机制，通过投票选举的方式产生的地方政府在了解和满足辖区居民对公共服务需求方面具有信息优势。为了不断得到选民的支持以追求政治上的连任，地方政府能够更有效地供给和配置教育、医疗等公共资源。第二，“用脚投票”的机制。即在满足一系列条件下，不同的地方政府根据居民的偏好提供不同公共品组合，并由财政分权赋予的税收征收权来确定地方税种的税负水平，居民可以根据自己的偏好通过改变居住地点即人口迁移，来选择适合自己需要的教育等公共服务和愿意承担的税负水平。在上述两种机制的作用下，地方政府间的竞争将刺激他们主动采取措施来提高教育、医疗卫生等公共品供给的效率，从而有利于社会整体福利水平的上升。[10]财政分权的这种优势也在部分国家得到了实践的检验，如美国、部分OECD国家和发展中国家的财政分权实践就很好地支持了这一理论。

中国自1978年始也实行了财政分权化改革。但就其财政分权改革的实践来看，传统西方财政分权的优势在中国并没有得到验证。其主要原因是，

中国的财政分权并不具有西方财政分权的两种约束机制。具体说，一方面，在政治上中国是高度集权的，官员的选拔和连任主要采取委任制，地方政府官员由中央和上级政府直接选拔任命，以政治利益最大化为目标的地方政府更偏好实施有利于自身政绩提升的政策，导致地方选民通过“用手投票”机制对政府决策产生的影响极为微弱。另一方面，受户籍制度的限制，中国的人口迁移成本高，且地方政府对教育的公共支出也不是靠比例财产税来筹集的，从而限制了“用脚投票”机制作用的发挥。在地方居民缺乏采用“用手投票”和“用脚投票”机制来约束地方政府行为的情况下，地方政府的行为就只能依靠上级政府的监督和考核来制约。由于下级政府的政绩本身就是上级政府成就的组成部分，双方利益具有一致性，使得上级缺乏监督下级的动力。加之，上下级政府之间存在信息不对称、监督成本过高等问题，基于效率的考虑，上级政府往往会疏于监督甚至不予监督，从而造成监督制度的软化。因此，最终对地方政府行为起决定性作用的就是上级政府的考核制度。

基于信息获取上的困难，上级政府往往通过设定经济增长率、增长规模、增长速度等易于观察和测量的指标来考量地方政府的执政能力和地方居民的福利水平，并间接传达其政治意图。在向上负责并以经济绩效为考核指标的官员晋升体制下，地方政府为了发展地方经济而充分利用财政分权赋予的财政自主权，竞相开展“标尺竞争”，将有限的财政资金更多地用于吸引投资、经济建设等能直接促进 GDP 增长的领域，而忽视在短期内对经济增长效果不显著却是当地居民偏好和需求的教育、医疗等民生支出。尤其在缺乏当地居民约束和上级政府有效监督的情况下，更容易诱导地方政府不顾客观实际和当地居民的需求，扭曲政府行为，断章取义地执行中央政策，使得政策执行的结果最终偏离了中央的意图。中小学布局调整就是一个很好的例证。

（二）地方政府行为扭曲下的城乡中小学布局调整

如前所述，在中国式的财政分权下，地方政府的行为不受居民“用手投票”和“用脚投票”机制的约束，只能靠上级政府的监督和考核来制约。因此，地方政府在执行中小学布局调整政策时，几乎不会考虑当地居民的意愿和需求。地方政府能否严格按照中央政策的意图进行城乡中小学布局调整，主要取决于两个方面：一是上级政府的监管力度；二是严格执行中央政策是否有利于自己的政绩。由于利益上的一致性和信息获取上的困难，上级政府对地方政府行为进行有效监督，既缺乏动力又存在天然难度。因此，要保证地方政府的行为完全遵循中央的政策意图，就只能靠上级政府对下级政府的政绩考核。这促使中国地方政府的行为目标是追求任期内政绩的最大化，而目前能反映政绩的考核指标又多为增长率、规模和速度等易观测的指标。在这样的目标驱动下，地方政府的支出行为主要体现在扩大基础设施等有利于自己政绩的支出，而压缩居民需求的教育等公共服务类支出（乔宝云等，2005；傅勇、张晏，2007）。[10—11]因为中小学教育对人力资本推动见效很缓慢，对拉动短期内 GDP 的增长没有贡献（华萍，2005）。[12]在农村税费改革以前，地方政府尽量将教育支出的财政责任转嫁给农民，造成农民教育负担过重。农村税费改革以后，中央明确规定，地方政府要将义务教育支出纳入财政预算，这给本来就比较困难的地方财政带来了巨大的支出压力。尤其是地方政府不愿意看到，他们需要缩减其他支出来大量增加义务教育的财政投入，而这些巨额教育财政投入并不能增加任期内的政绩。在这种情况下，地方政府与中央政府的目标出现了不一致，地方政府就有既不公开违背中央要求又能节省教育开支的强烈动机，而城乡中小学布局调整政策恰好能契合地方政府的这种动机。因为，为数众多的国外经验研究表明，若不考虑私人成本和教育质量，则学校存在着规模经济，学校规模与生均公共教育成本的曲线呈“L”型，即学校规模越大，生均公共教育成本将越低（Smet，2001）。[8]大量缩减学校数量，扩大学校规模，不仅不需要增加财政投入，反而能够节约公共资金。另外，学校数量的减少也是上级政府考核地方政府执行布局调整政策情况的主要指标。

因此，我们认为正是由于中国特有的财政分权体制，使得地方政府在中小学布局调整政策的执行过程中发生了行为扭曲，并造成了现在一系列的问题。根据上述分析，本文提出了以下假设。

假设一：财政分权程度越高，地方政府通过节约教育等公共服务财政资金，将其用于有利于自身政绩支出的行为越明显，那么其扭曲中小学布局调整政策、片面追求规模经济的愿望越强烈，则城乡中小学机构数量越少。

假设二：城乡中小学机构数越少，学校规模越大，因规模经济作用会导致生均预算内教育支出降低。当然，这样的假设是否成立，还有待进一步实证检验。

三、实证分析

（一）模型设定与变量说明

为了验证上述假设，结合影响城乡中小学布局调整因素的实际情况，重点考察2001年后地方政府行为对城乡中小学布局调整的影响。我们基于获得的数据，构建了中国31个省份2001—2010年省级面板数据模型，基本模型设定为：

$$PSQ_{it}=c+\alpha_1 FD_{it}+\alpha_2 PPSE_{it}+\alpha_3 X_{it}+\lambda_i+\mu_t+\omega_{it} \quad ①$$

$$MSQ_{it}=c+\alpha_1 FD_{it}+\alpha_2 MPSE_{it}+\alpha_3 X_{it}+\lambda_i+\mu_t+\omega_{it} \quad ②$$

其中，α 代表系数矩阵，下标 i 和 t 分别代表省份和年份；SQ 为被解释变量，即学校数量；PSQ 和 MSQ 分别表示小学和初中学校的数量；FD、PSE 为主要解释变量，即财政分权度和生均预算内教育经费；X 表示影响学校数量的其他控制变量，具体包括学龄人口数 SAP、人均国内生产总值 $PGDP$、城市化率 UR、交通条件变量 HD 以及 $D1$、$D2$ 地区虚拟变量①；λ_i 代表区域干扰项，μ_t 代表时间序列干扰项，ω_{it} 代表随机干扰项，c 为常数项。

本文关注的是中国式财政分权、地方政府行为扭曲与片面执行中小学布局调整政策三者之间的内在关系，故涉及的核心变量有中小学学校数量、财政分权程度和生均预算内教育经费。由于人口变动、经济发展水平、城市化程度和交通发展状况都是影响学校布局调整的重要因素，我们也选择相应指标来代表这些因素，并将其引入模型中作为控制变量。具体的指标选取和处理如下：

SQ_{it} 为 i 省份在第 t 年的中小学学校数量。出于学校规模优势考虑，如果地方政府布局调整力度越大，则城乡中小学机构数就减少，即 t 年中小学数量就越少。因此，我们选择该变量作为被解释变量来衡量布局调整的力度。其中，PSQ_{it}、MSQ_{it} 分别表示小学和初中的学校数量。

FD_{it} 表示财政分权度，用来考察中国式财政分权对中小学布局调整力度的影响。已有文献采取了不同指标对财政分权进行度量，有从财政收入和支出方面来测度财政分权的，也有从边际分成率来衡量的。由于本文主要从财政支出的角度考察财政分权对城乡中小学布局调整的影响，故我们采用地方人均财政支出占全国人均财政支出的比例来衡量财政分权程度。具体计算公式为：FD＝地方人均财政支出/（地方人均财政支出＋中央人均财政支出）。采用这种分权指标，不仅剔除了人口规模的影响，而且避免了多重共线性的问题。

$PPSE_{it}$、$MPSE_{it}$ 分别表示小学和初中生均预算内教育经费，是本文关注的另一重要解释变量。用省级预算内教育经费除以该省在校的小学或初中学生人数，即可得到 i 省的生均预算内教育经费。

① 为了考察东、中、西部地区因经济发展水平不同而导致地方政府对农村布局调整力度的差异，我们在模型中还设置了 $D1\times PGDP$ 和 $D2\times PGDP$ 两个交叉项，其中，$D1=1$ 表示东部地区，$D1=0$ 表示非东部地区；$D2=1$ 表示西部地区，$D2=0$ 表示非西部地区。根据我国现行经济统计的分类方法，东部地区包括北京、天津、河北、辽宁、上海、江苏、浙江、福建、山东、广东、海南共11个省份；中部地区包括山西、吉林、黑龙江、安徽、江西、河南、湖北、湖南8个省份；西部地区包括重庆、四川、贵州、云南、西藏、陕西、甘肃、青海、宁夏、新疆、内蒙古、广西12个省份。

如果学校数量减少，则在校学生数会相对增加，分摊于每个学生的教育经费支出就会越少。

$PSAP_{it}$、$MSAP_{it}$是小学和中学的学龄人口数。学龄人口数减少，是导致布局调整的起因。由于很难从现有统计数据中直接获取小学和初中的学龄人口数，若直接用在校学生人数作为人口变动指标，又会使模型存在较为严重的内生性问题，因此，本文的学龄人口数是以相应年度的人口出生率乘以对应的人口基数计算得出。以 2001 年为例，分别以 1990—1995 年和 1987—1989 年这两个时期的平均人口出生率乘以平均人口基数得出 2001 年小学和初中的学龄人口数，之后历年数据依此类推。

$PGDP_{it}$表示地区经济发展水平，它对学校数量影响的作用机理可以从两个方面解释。一方面，人均 GDP 水平越高，家长越重视教育投资和教育质量的提高，而规模较大的学校在教育资源配置和教育质量水平上更有利（Friedkin，Necochea，1988）。[13]这样，撤点并校受到家长的阻力会更小，这会对学校数量产生负向的影响。另一方面，经济发展水平越高的东部发达地区，往往又是人口流进地，教育需求比较大，这又会对学校数量产生正向影响。因此，该指标对学校数量的最终作用在理论上是不确定的。

在其他控制变量中，UR_{it}为城市化率，用城镇人口占总人口的比重表示，反映城市化对中小学布局调整的影响。一般来说，城市化程度越高，人口密度大，公共服务配套设施健全，则有利于布局调整。HD_{it}为公路密度，用每万平方米的公路里程表示，反映交通状况改善对城乡中小学布局调整的影响。交通条件越便利，学生上学比较方便，布局调整政策越容易实施。

通过对各指标变量的解释说明，我们可以预期相应的系数符号。其中，地方财政支出占全国财政支出比重越高，财政分权程度越高，地方政府将财政资金用于经济建设以彰显政绩和谋求政治晋升的行为动机就越强烈，用于教育的财政支出比重越小，从而需要扩大学校规模来进一步降低生均教育经费支出，因而预期FD_{it}的系数符号为负，即财政分权程度与学校数量呈反向变动关系。生均预算内教育经费PSE_{it}与在校学生人数成反比，如果学校数量减少，在校学生数会相对增加，分摊于每个学生的经费支出就会越少，即生均预算内教育经费与学校数量同向变动，预期其回归系数为正数。SP_{it}代表学龄人口数，学龄人口数减少，是导致布局调整的起因，预期这一变量与布局调整有正相关的关系。城市化率UR_{it}的提高和交通状况HD_{it}的改善有利于学校规模扩大，相应地促进了学校数量的减少，预期二者的回归系数均为负数。

（二）数据来源及统计描述

本文主要使用中国 31 个省份 2001—2010 年省级面板数据进行分析。数据主要来源于《中国统计年鉴》、《新中国 60 年统计资料汇编》、《中国教育经费统计年鉴》、《中国财政年鉴》、《中国人口和就业统计年鉴》。在处理数据时，我们对相应的数据进行了描述性分析（见表 1）。

表 1　变量的描述性统计分析

变量		平均值	中位数	最大值	最小值	标准差	变异系数	单位
因变量	*PSQ*	11 725	11 502	39 825	615	8 569.4	0.73	所
	MSQ	1 959	1 890	5 565	73	1 260	0.64	所
解释变量	*FD*	0.67	0.69	0.94	0.26	0.15	0.22	%
	PPSE	2 509	1 777.3	16 144	353.82	2 389	0.95	元
	MPSE	2 975.7	2 059	20 023	511.29	2 955	0.99	元
控制变量	*PSAP*	545.6	493	1 607	51.98	363	0.67	万人
	MSAP	625.3	574.52	2 188.7	50.26	427	0.68	万人

续表

变量		平均值	中位数	最大值	最小值	标准差	变异系数	单位
控制变量	*PGDP*	18 878	14 516.8	74 549	2 984	14 074	0.75	元
	*D*1	0.35	0	1	0	0.48	0.35	
	*D*2	0.39	0	1	0	0.49	0.39	
	UR	44.35	43.01	89.30	19.23	14.73	0.33	%
	HD	5 940.9	4 869.3	20 645	253.84	4 296	0.72	公里/万平方米

从表 1 可以看出，我们选取的各变量在不同省份间差异较大，充分说明了财政分权体制下的地方政府行为发生了变异，因此，各变量的省际差异性能够对中小学学校数量差异做出有效解释。

（三）面板数据的稳定性检验

为避免伪回归现象，确保估计结果的有效性，首先对面板数据进行单位根检验，以确定数据的平稳性。本文主要运用了 LLC 检验、IPS 检验、Fisher-ADF 检验、Fisher-PP 检验四种方法。具体结果见表 2。

表 2 面板数据单位根检验

	LLC	IPS	Fisher-ADF	Fisher-PP
PSQ	−4.73（0.00）	0.91（0.82）	91.12（0.01）	211.96（0.00）
Δ*PSQ*	−27.55（0.00）	−4.63（0.00）	104.28（0.00）	156.78（0.00）
MSQ	−2.28（0.01）	2.03（0.98）	55.59（0.70）	90.80（0.01）
Δ*MSQ*	−11.48（0.00）	−2.43（0.01）	94.08（0.01）	151.83（0.00）
FD	−6.16（0.00）	2.84（1.00）	43.91（0.96）	82.52（0.04）
Δ*FD*	−19.50（0.00）	−5.91（0.00）	154.14（0.00）	219.91（0.00）
PPSE	16.48（1.00）	13.06（1.00）	6.60（1.00）	0.06（0.99）
Δ*PPSE*	−13.31（0.00）	−6.78（0.00）	176.96（0.00）	267.21（0.00）
MPSE	13.99（1.00）	9.52（1.00）	13.45（1.00）	0.15（1.00）
Δ*MPSE*	−12.80（0.00）	−4.99（0.00）	143.59（0.00）	190.37（0.00）
PSAP	−1.10（0.14）	3.50（1.00）	39.14（0.99）	103.61（0.00）
Δ*PSAP*	−6.36（0.00）	−1.64（0.05）	98.64（0.00）	99.92（0.00）
MSAP	−10.35（0.00）	−2.86（0.01）	122.12（0.00）	117.77（0.00）
PGDP	16.48（1.00）	16.33（1.00）	0.98（1.00）	0.63（1.00）
Δ*PGDP*	−12.36（0.00）	−8.91（0.00）	204.45（0.00）	355.90（0.00）
UR	−2.96（0.00）	2.90（1.00）	50.58（0.85）	61.78（0.48）
Δ*UR*	−83.25（0.00）	−8.43（0.00）	83.59（0.03）	97.46（0.00）
HD	0.48（0.68）	4.30（1.00）	14.11（1.00）	14.40（1.00）
Δ*HD*	−5.47（0.00）	−0.92（0.18）	65.13（0.37）	159.63（0.00）

注：括号中的数据是统计量的伴随概率。

表 2 的结果显示：变量的面板数据水平值是不平稳的，而一阶差分是平稳的，即一阶单整存在单位根，符合面板协整的检验前提。因此，需要进一步判断初中学校规模和小学学校规模分别与其他解释变量之间是否存在协整关系。本文构造 7 个检验面板变量协整关系的统计量，即 4 个用联合组内维度描述的 Panel ν、Panel rho、Panel PP 和 Panel ADF 统计量和 3 个用组间维度描述的 Group rho、Group PP 和 Group ADF 统计量，分别对回归 1、回归 2 判断其包含的变量是否存在协整关系，相关结果见表 3。

表 3　面板数据协整分析

	统计量	回归 1	回归 2
联合组内维度			
	Panel ν	−3.30（0.999 5）	−3.80（0.999 9）
	Panel rho	7.58（1.000 0）	7.71（1.000 0）
	Panel PP	−19.03***（0.000 1）	−37.92***（0.000 0）
	Panel ADF	−11.66***（0.000 0）	−12.97***（0.000 0）
组间维度			
	Group rho	10.20（1.000 0）	9.66（1.000 0）
	Group PP	−44.32***（0.000 0）	−54.45***（0.000 0）
	Group ADF	−11.86***（0.000 0）	−16.15***（0.000 5）

注：原假设为不存在协整关系，***、**、*分别表示在 1%、5%和 10%的显著水平上拒绝原假设。

表 3 的结果显示，利用 Pedroni 构造的 7 个统计量检验数据的协整关系，各统计量的检验结果不一致，但正如 Pedroni 指出的，当每个标准化统计量都趋于正态分布，且在样本不大的情况下，Panel ADF 和 Group ADF 统计量的检验效果较好，而本文所使用的面板数据在这两个统计量下的 p 值均为 0，即小学和初中学校数分别与其他解释变量之间存在显著的协整关系。

（四）实证结果

本文采用 EVIEW S6.0 进行回归分析，根据 F 检验和 Hausman 检验，模型①、模型②、模型③和模型④均应选择固定效应模型。对于全国范围内的估计来说，由于横截面个数大于时序个数，为了克服异方差和自相关问题，本文采用了广义最小二乘法（GLS）对固定效应模型的方程变量参数进行了估计，实证结果见表 4。

表 4　中小学学校数量变动影响因素的回归结果

变量名称		小学学校数量（*PSQ*）		初中学校数量（*MSQ*）	
		模型①	模型②	模型③	模型④
常数项	*C*	8 729.95*** (7.09)	6 839.32*** (5.05)	1 825.70*** (38.54)	1 849.93*** (33.48)
财政分权度	*FD*	−7 065.86*** (−8.78)	−6 323.15*** (−7.04)	−370.67*** (−8.07)	−191.11*** (−2.97)
生均预算内教育经费	*PSE*	0.37*** (5.86)	0.26*** (4.33)	0.01*** (4.06)	0.01*** (2.79)

续表

变量名称		小学学校数量（*PSQ*）		初中学校数量（*MSQ*）	
		模型①	模型②	模型③	模型④
学龄人口数	*SAP*	19.36*** (14.05)	21.14*** (12.70)	0.64*** (13.95)	0.55*** (12.76)
人均地区生产总值	*PGDP*	−0.05*** (−3.29)	0.00 (0.10)	−0.00*** (−4.60)	−0.01*** (−7.81)
东部地区虚拟变量×人均地区生产总值	*D*1×*PGDP*		−0.03 (−1.13)		0.01*** (7.75)
西部地区虚拟变量×人均地区生产总值	*D*2×*PGDP*		−0.04** (−1.75)		0.01*** (4.97)
城市化率	*UR*	−49.41*** (−3.69)	−44.46*** (−3.44)	2.45*** (2.91)	0.89 (0.97)
公路密度	*HD*	−0.09*** (−3.39)	−0.11*** (−3.42)	−0.00*** (−6.38)	−0.01*** (−5.40)
调整 R^2	R^2	0.989 797	0.989 311	0.997 906	0.998 447
F 统计量	F	731.73	660.07	3 594.66	4 584.56
P 值	P	0	0	0	0

注：***、**分别表示系数在1%、5%水平上显著。

从表4的回归结果来看，除个别参数外，绝大多数参数的估计值都非常显著，而且无论是否考虑地区经济发展水平差异，模型的调整可决系数都达到了0.98以上。可见，模型的拟合优度很高，很好地反映了财政分权、生均预算内教育经费和学校数量之间的关系。首先，财政分权与中小学学校数量呈显著的负相关，验证了我们的假设一，即财政分权强化了地方政府节约教育财政资金用于经济建设，以彰显政绩和谋求政治晋升的行为动机。在缺乏有效约束机制的情况下，地方政府很有可能牺牲本地居民的福利，不考虑本地实际、片面追求撤点并校的速度和数量，断章取义地执行中央政策，使其尽可能地与自身的目标函数相一致。其次，在既定的财政分权程度下，生均预算内教育经费支出与中小学学校数量之间存在正相关关系。虽然回归系数较小，但在1%的水平上都是显著的，在一定程度上验证了假设二。也就是说，学校数量越少，学校规模越大，生均预算内教育经费拨款也就越少，即通过合并学校来扩大学校规模，可以降低地方政府的公共教育成本。再次，学龄人口数变动显著地影响着中小学学校数量，特别是小学学校数量，学龄人口数每变动1%，小学学校数量变动幅度远远超过中学。可见，人口因素也是影响布局调整和中小学学校数量的一个重要影响因素。

其他控制变量对中小学学校数量的影响为：从全国范围看，人均GDP对小学学校数量的影响为负，对初中学校数量的影响几乎为0。这说明随着人民生活水平的提高，人们更加注重义务教育的起点公平，相应地人均GDP对小学学校数量变化的影响更大。分地区来看，经济较发达的东部地区和欠发达的西部地区，人均GDP对小学数量的影响均为负，表明东部地区多数家庭对教育质量的重视程度较高，政府大规模撤点并校后，有效地提高了教育质量，这恰好契合了这些家长的意愿。由于财政分权程度越高的经济发达地区，地方政府合并中小学的力度越大，出于大规模学校有助于提高教育质量的原因，地方政府大幅调整中小学布局的行为受到当地居民反对的可能性越小。而对于外出务工人口较多的西部落后地区，由于地方居民对教育的需求量减少及其对教育质量的要求较低，使得财力薄弱的地方政府容易推行城乡中小学布局调整来缓解义务教育支出压力。但是，在“以县为主”的教育财政管理体制下，中小学的规模越大，学校分布越分散，学生上学的交通距离越远，学生及其家庭承担的上学交通安全风险和私人交通成本越大。因此，地方政府的撤点并校行为虽然能在一定程度上提高教育质量，也有助于节约公共教育成本，却增加了私人教育成本，造成个人福利损失。城市化水平对小学学校数量有显著的负向影响，即城市化水平越高，人口居住相对集中，有利于减少小学学校数量来扩大学校规模；但其对中学学校数量的影响为正向，这可能与城镇化引起的人口流动有关。与预期结果一致，交通条件的改善可以在一定程度促进布局调整、减少学校数量。所有的参数系数中，运用小学数据的估计值均比初中模型的系数估计值大，也切合小学适龄人口总数较多、学校数量多的实际。这说明在财政分权体制下，地方政府对城乡小学布局调整的力度和空间超过了初中。

四、主要结论与政策建议

（一）研究结论

本文从中国式财政分权、地方政府行为扭曲与城乡中小学布局调整三者之间内在关系的角度，深入探讨地方政府不顾当地实际而片面执行中央关于城乡中小学布局调整政策的原因。其结论是，中国式财政分权在缺乏“用手投票”和“用脚投票”机制的约束下，地方政府为追求自身政绩的最大化，而不愿意将有限的财政资金过多用于任期内对政绩作用不大的教育，试图通过学校合并产生规模效益来降低生均教育财政支出，这是导致地方政府断章取义地执行中央有关中小学布局调整政策的主要原因。实证结果也显示：学龄人口数越多，所需的中小学数量越多；城市化水平越高，交通条件越好，都有利于地方政府实施撤点并校，扩大学校规模。在控制人口、交通和城市化等变量的情况下，财政分权度越高，中小学学校数量越少，生均预算内教育支出越低。在财政分权度高的东部发达地区，基于大规模学校存在教育质量优势，地方政府合并城乡中小学的力度较大且阻力较小；而在财政分权度低的西部落后地区，由于人口流动导致的教育需求量减少，也使得财力薄弱的地方政府力图通过撤点并校来缓解教育财政支出压力。但是，城乡中小学学校数量减少，必然导致学生上学路程变远，从而加大了私人的交通安全风险和教育成本。因此，地方政府的城乡中小学布局调整行为虽然有助于节约公共教育支出，但如果一味地撤点并校或学校布局不合理，则可能会增加私人教育成本，造成政府行为扭曲。

（二）政策建议

1. 以县为单位，科学确定合理的学校规模和布局规划。在中国式财政分权体制下，县级行政部门是教育管理及其投入的责任主体，在规划城乡中小学校数量及分布时，要以保障义务教育质量为前提，不仅要结合本级财力状况，也要考虑当地经济社会发展实际，权衡教育产出质量、私人教育成本和公共教育成本等多种因素。在经济发达、人口稠密和交通便利的地区，地方政府要以教育质量均衡为目标，确定布局调整力度和城乡中小学校服务范围，避免盲目追求公共教育成本的节约。在经济落后、人口稀疏和交通不畅的地区，地方政府应以满足当地居民基本的义务教育需求为目标，同时落实中央对落后地区的专项转移支付，使得地方政府有充足的财力设立分布合理的中小学校，以实现义务教育供给的效率与公平，确保偏远贫困地区的中小学生能够方便入学。

2. 改进现有的地方政府绩效评价考核指标体系。由于在短期内建立“用手投票”和“用脚投票”机制，以激励和约束中国地方政府行为难以实现。因此，就现有财政分权制度框架而言，在政府财政支出绩效评价体系中，应降低 GDP 的规模、速度等指标在考核中的权重，将涉及民生的基本公共服务的供给状况纳入政府官员政绩考核体系中，以减少政府决策的短视行为（李华、任龙洋，2013）。[14]

3. 对地方政府行为实施硬约束，包括明文约束和程序约束。所谓明文约束，是指以明晰完善的法规制度来规范地方政府在中小学布局调整中的行为。具体说，就是要明确规定地方政府在中小学布局调整中可以做什么、不可以做什么，以及对执行中央政策不到位或违反规定行为要实行行政问责。由于明文约束往往只能防止坏结果的发生，却不能保证出现最好的结果。因此，除了明文约束外，还应该加强程序约束，即从地方政府实施城乡中小学布局调整所应遵循的方法、步骤等方面来约束其行为，强化布局调整决策程序的公平正义，进而限制政策执行的结果。

参考文献：

[1] 贾勇宏. 我国农村中小学布局调整的障碍及方式选择——基于中西部6省（区）的调查 [J]. 华中师范大学学报（人文社会科学版），2008，(2)：131—137.

[2] 庞丽娟. 当前我国农村中小学布局调整的问题、原因与对策 [J]. 教育发展研究，2006，(4)：1—6.

[3] 夏雪. 农村中小学布局调整中的机会主义——一个新制度经济学视角 [J]. 教育科学，2009，(6)：10—13.

[4] 范先佐. 农村中小学布局调整的原因、动力及方式选择 [J]. 教育与经济，2006，(1)：26—29.

[5] 吴宏超. 农村中小学布局调整的困境与出路 [J]. 华中师范大学学报（人文社会科学版），2007，(3)：135—139.

[6] 李祥云，陈建伟. 财政分权视角下中国县级义务教育财政支出不足的原因分析 [J]. 教育与经济，2010，(2)：51—56.

[7] Fox W. F.. Relationships between Size of Schools and School Districts and the Cost of Education [J]. *Washington D.C.*: *Economics*, *Statistics and Cooperatives Service*, 1980, 4 (1): 16-17.

[8] Smet M.. Determining the Optimal Size of Study Fields in Flemish Secondary Education [J]. *Economics of Education Review*, 2001, 20 (5): 443-457.

[9] Tiebout C. M.. A Pure Theory of Local Expenditure [J]. *Journal of Political Economy*, 1956, 64 (5): 416-424.

[10] 乔宝云，范坚勇，冯兴元. 中国的财政分权与小学义务教育 [J]. 中国社会科学，2005，(6)：37—46.

[11] 傅勇，张晏. 中国式分权与财政支出结构偏向：为增长而竞争的代价 [J]. 管理世界，2007，(3)：4—12.

[12] 华萍. 不同教育水平对全要素生产率增长的影响：来自中国省份的实证研究 [J]. 经济学（季刊），2005，(1)：147—166.

[13] Friedkin N. E., Necochea J.. School System Size and Performance: A Contingency Perspective [J]. *Educational Evaluation and Policy Analysis*, 1988, 10 (3): 237-249.

[14] 李华，任龙洋. 财政分权、预算约束与地方公共品供给效率 [J]. 当代财经，2013，(3)：35—43.

校长：问题解决者与欣赏型领导者*

□ 张新平（北京师范大学教授）

校长是学校的主要责任人，负责学校的全面工作，担负着引领学校和教师发展、促进学生全面发展和个性发展的重任。校长的角色定位会对中小学的教育教学、师资队伍配置、校舍设备使用、校园安全建设等诸项工作产生重要影响。美国教育管理学者布迪森（Paul V. Bredeson）指出，校长是以生存隐喻还是以维持隐喻抑或以愿景隐喻来定位个人的角色担当，直接关乎校长的领导行为和工作成效。在布迪森看来，“校长个人除了要适应管理角色的要求外，还必须重新认识他们所扮演角色的性质以及所要履行的责任。如今的校长角色不只被固化了，而且被‘仓储化’了。大凡在学校或者社区开展的任何活动，只要无人指派或者承当，校长就成了无法推卸的责任人”，“校长面临着检视他们的日常活动、工作重点和资源的挑战，校长只有深刻地理解过去、牢牢地把握现在和持续地关注未来，才可能更好地发挥作用”。[1]

一

在办学治校过程中，一些中小学校长常常将个人角色定位于“问题解决者”。所谓问题解决者，是指校长将工作重点放在发现、识别问题与诊治、解决问题的层面。抱持这种角色定位的校长通常认为，不论学校属于何种类型，问题、缺陷是确切无疑地存在的，对之进行相应改组、重建、改进和改变，也就成了理所当然的必然选择。正是由于学校内藏着不足，生活、工作于这种组织之中的人、财、物等诸多元素也必定是“百病缠身”，校长就是要对存在的种种毛病予以分门别类地“诊断”和“治疗”。校长的职责就在于认识各种不同的问题及其成因，进而提出应对方案并促成问题的解决。采行这种角色定位的中小学校长，常有意无意地将个人视为占有了专门知识的专家，其角色就像医术高超的“医生”，任务就在于“看病”和“治病”。如此一来，学校组织及其师生员工就很微妙地变成了有待治疗的“病人”。校长的领导作用集中体现在他应像医生为病人看病开处方那样，及时探明教职员工的不足，有效制定能够防止和纠正师生员工犯错的各种规章制度。

对于那些发展缓慢的薄弱学校或者处于初建阶段的新设学校来说，问题解决者的校长角色定位也许能够发挥立竿见影的效果。这是因为薄弱学校“是处于学校系统底层的、生存和发展资本相对匮乏、教育质量相对偏低的学校”[2]，它们通常“表现为硬件和软件的薄弱。从硬件上来看，主要表现为办学条件差，即校舍破旧、办学规模小并且超负荷，教育教学设施短缺，图书资料比较缺乏。从软件上来看，主要表现为学校领导班子弱、管理差、师资队伍差、生源质量差、办学质量与效益差”[3]。

* 原载《教育研究》2014 年第 5 期。

而那些正处于初创阶段的新建学校，由于维护其生存发展所需要的外部社会支持环境和组织内部的文化价值体系尚待开发生成与规范整合，导致其在办学管校过程中不时遭遇一些出乎意料的问题。正是薄弱学校和新建学校所具有的这种问题多杂且明显的属性，为问题解决者的校长角色定位提供了合理性支持，也为校长领导力的施展提供了机遇和挑战。

无须否认，问题解决者的角色定位已成为我们所生活的这个时代的校长工作的一种普遍选择。有必要指出的是，尽管问题解决者的校长角色定位具有一定的必然性，但其适用范围和领域并不是无限的，要特别防止过度化和被泛化。这既是因为对问题解决的“迷恋”有可能使人们走上“制造”问题的道路，导致“缺陷预言的自我实现”[4]的后果，恰如英国思想家伯姆所提醒的，“问题本身可能就是错误的或其前提自相矛盾，可是我们却未注意到这一点”，“我们甚至可以怀疑，把人类当前面临的重重困难视为‘问题’，也许正是阻碍这些困难得以解决的一个更重要的因素”。[5]同时也是因为问题解决者的角色定位本身还存在某些无法回避的内在缺陷。由于校长认为教职员工是有问题的，这就使得他们很难用信任的目光来审视身边的人员及其工作。而教职员工因担心问题落在自己身上，为人处事上会变得加倍谨慎，“不求有功，但求无过”就有可能成为一种普遍的工作方式。

校长的问题解决者角色定位之所以有市场，还与社会无法接受一个校长碌碌无为有关，也与学校组织中确实存在一些“真”问题亟待诊治和化解相关，特别是与当今这个时代流行的消极负面的社会文化具有紧密的关系。当下部分社会人群在看待政治、经济及教育等诸多现象时，习惯以一种“负面心理”来审视，并裹挟着一种强烈的“无可奈何”感，让人生出一种无法“自主自控”和担负责任的判断。这种社会心理无疑为校长的问题解决者定位增添了合法性，这也正是社会默认和接受问题解决者角色定位的原因之一。

这种流行很广的消极文化，使得聚焦错误、不足、差距一类的问题成为时尚，人们热衷于谈论我长你短，而对未来的积极变化无甚热情甚至异常冷漠。面对聚焦文化缺失和纠缠制度短长的社会心态，特别是针对全球化进程中冲突加剧的现实，费孝通晚年提出了“各美其美、美人之美、美美与共、天下大同”的应对方略。费孝通主张，要改变相互诋毁与攻讦的社会定势，核心是促使不同文化圈的人群能彼此理解和相互欣赏，促使他们认识到各自文化价值体系的美点和优长点，进而养成一种开放包容的多元欣赏观。费孝通这样说：“要做到‘各美其美、美人之美’，也就是各种文明教化的人，不仅欣赏本民族的文化，还要发自内心地欣赏异民族的文化；做到不以本民族文化的标准，去评判异民族文化的‘优劣’，断定什么是‘糟粕’，什么是‘精华’。”[6]孜孜以求于一个个具体问题的解决，当然是必要的，但这并不是唯一的重要工作。应对全球化挑战的关键，一是确立“一种跨越文化偏见的心态”；二是“必须超越现有的一些思路，在一个更高的层次上重新构建自身文明和他人文明的认识，只有当不同族群、民族、国家以及各种不同文明，达到了某些新的共识，世界才可能出现一个相对安定祥和的局面”[7]。

十八大报告提出要努力“培育自尊自信、理性平和、积极向上的社会心态”，这正切中了时代的症结。正如实现中华民族希冀的“中国梦”需要聚合更多的正能量一样，办好人民满意的教育，为社会提供更加丰富的优质教育，扩大优质教育资源的总量和覆盖面，满足人民群众接受高质量教育的需求，促进优质教育资源普及共享，同样需要聚合更多的正能量。而中小学校长从那种单一强势的问题解决者角色向欣赏型领导者转变，既做一位术有专攻的问题解决者，也做一位积极趋向的富有“心理资本”① 的欣赏型领导者，既契合了重塑时代精神的社会诉求，也满足了培育优质学校的教育需要。

二

欣赏型领导者是以“欣赏型探究”为基本工作方式的领导者，他们通常表现出很高的欣赏型智力。欣赏型探究的创始人和系统阐释者库珀里德（David Cooperrider）指出，欣赏型探究是“一种全新的积极变革方法，是对以问题为基础的管理方法的彻底背离”，在欣赏型探究中，“介入让位于探询、想象和创新；发现、梦想和设计取代了否定、批评和消极治疗”。[8]而深入阐释了欣赏型智力概念的撒切恩克里（Tojo Thatchenkery）和梅兹克尔（Carol Metzker）则认为，欣赏型智力“是一种在现实中捕捉那些内在的、积极的和生成性的潜能的能力”，也就是能“从橡子中预见到高大橡树的能力”。欣赏型智力包含三大要素：一是重构倾向；二是积极乐观；三是能从现实中看到未来的希望。[9]那些具有较高欣赏型智力的领导者，倾向于以正面的提问来开展工作、面对生活和处理与同事的关系。与问题解决者不同，欣赏型领导者并不认为自己比员工拥有更多的知识和更高的智慧，不再将自己看作高人一等的专家或医生，更不将对方或者下属看作需要医治的病人，领导者的主要任务不是揭短和暴露弱势，而是要用欣赏、肯定、珍视的态度实施富有激情和创意的领导。欣赏型领导者善于发现和挖掘个人、团体、组织的长处和优势，始终以积极的态度来描绘和阐释事物的过去、现在和未来。领导者的作用体现在，通过搜寻个人和组织中的最好的、最美的面向，推动个人与组织的发展与进步。

在惠特尼（Diana Whitney）等人看来，欣赏型领导者是能在工作中尽情展现“欣赏型领导”能量的人，是能用、爱用和善用欣赏型领导开展工作的人。而欣赏型领导，既是一种哲学，又是一种存在方式，还是一组实践策略，它能有效地推动组织协作，能激发创造性潜能并使之成为一种正能量的关系性能力。“这种能力能增强信心、鼓舞干劲、激发热情和提高绩效，从而使这个世界产生积极的变化。”[10]惠特尼等研究者还强调，欣赏型领导者通常表现出四个特点：一是乐意和其他组织成员一起来创造更好的工作和生活方式；二是好学且拥抱变革；三是深信积极心态的巨大威力；四是以人为本，总是从关心组织成员学习、成长、发展的角度来分配和处置组织工作。[11]虽然目前有关欣赏型领导者的探讨仍在持续和深化之中，一些认识尚未定型，有关讨论也未完结，但总体上看，研究者大都倾向接受如下看法。

一是欣赏型领导者抱持着积极的世界观。[12]欣赏型领导者强调以欣赏的眼光来看待员工，信任和尊重员工，不会因员工的年龄、种族、宗教、文化甚至教育经历的差异而予以区别对待。欣赏型领导者相信每一位员工都具有积极的潜能，并有意识地呵护和培育员工身上这种宝贵的积极品质。面对一只盛着半杯水的杯子，问题解决者领导通常会以一种“半空”的态度做出解释和评价，会为这个杯子只剩半杯水感到惋惜。相反，欣赏型领导者则用一种“半满”的态度予以回应，其第一反应是这个杯子还有半杯水可以用。欣赏型领导者的任务不是打击员工的信心，而是给其鼓舞和前进的力量。面对组织发展过程中存在的困难，欣赏型领导者会更加主动地与组织成员沟通和协商，试图联合众人的智

---

① 所谓心理资本，是指“个体在成长和发展过程中表现出来的一种积极心理状态，具体表现为：（1）在面对富有挑战性的工作任务时，有信心承担并能付出一定的努力来获取成功（自我效能）；（2）对现在和将来的成功有积极的归因（乐观）；（3）对既定目标锲而不舍，为取得成功在必要时能调整实现目标的途径（希望）；（4）当身处逆境和被问题所困扰时，能够持之以恒，迅速复原，甚至超越以取得成功（韧性）。”详见 Debra L. Nelson & Cary L. Cooper 撰写、王明辉翻译的《积极组织行为学》一书，中国轻工业出版社 2011 年版，第 11 页。

慧和力量来促使组织走出困境。在化解组织发展难题的过程中，欣赏型领导者具有一双发现团队成员闪光点的慧眼。其对于团队成员的潜在优势异常敏感，能够敏锐地发现团队成员的各种长处，并在系统挖掘和培育这些长处的过程中，促成个人进步与组织发展的共赢。

二是欣赏型领导者推崇“关系性领导”的优先性。不论是早先的“伟人领导论”抑或后来的“魅力领导”主张，大都认为领导者的力量蕴藏于个体之中。然而，面对参与和自主日炽的呼声，这种凸显领导者个人重要性的领导观点，其局限性也越发明显。正因如此，欣赏型领导者不再将领导力的来源归于个人的作用，而是指向组织中的相互协作与依赖的“关系”纽带，愿景与目标不再是由领导者个人包办独揽确定下来的，而是由参与讨论的全体成员在对话中共同生成的。正如当代著名的社会思想家格根（Kenneth J. Gergen）指出的：“任何组织的成功很大程度上取决于参与者有效协商的能力。若组织成员发生冲突，团队的有效性就不将存在；若组织成员不理解或不欣赏领导者的观点，领导者作用也就无从发挥。”[13]现代社会已开始从个人领导向关系性领导转型，传统的个人英雄式领导模式，由于否定了领导乃是关系中生成的事实，具有显而易见的片面性。关系性领导产生于人们定位领导角色和开展领导活动的对话中，领导本质上是一种关系性过程，“个人无法发挥领导作用，除非联合他人参与了意义形成的过程”[14]。

三是欣赏型领导者深信“生成性对话”的重要性。欣赏型领导者重视话语在日常工作中的作用，明白重要的是要改进提问的内容和方式，而不是简单地告知对方应该怎样工作和生活。对话一定是开放的和协商的，“在对话当中，每个人都不试图把他所知道的观点或信息强加于人。相反，可以说是两个人共同去认识，并形成新的共识”[15]。欣赏型领导者重视提升成员开展对话的能力，注重在会谈中创造新的隐喻和叙事故事，从而促使员工最高价值和潜能的圆满实现。当我们编撰、讲述新的故事、新的隐喻和采用新的话语时，我们也在改变着自身，改变着我们所依存的这个组织和这个世界。对话作为一种重要的领导方式，是生成性的和不断延展的，通常融入和内嵌在具体的会议和走廊讨论等一些琐碎的日常活动中。传统的科层制话语和问题解决的缺陷取向，束缚了员工的工作热情和创造性，努力创造一种促进正能量生成的新术语、新意象，积极构造一种新的话语表达方式，已成为当下的一项紧要工作。正如巴雷特（Frank J. Barrett）和弗赖（Ronald E. Fry）所讲的，“有关系统最优运行的故事——以及连接这些故事的情感经历——为理念、优势及成功的新对话提供了机会，从而使积极行动和未来合作更具可行性，也更令人期待。一个共同冀盼的意象将吸引参与者更好地一起工作；他们将发现彼此间的交谈会更顺利，抱持的积极变革观念会更多，人们间的深度参与会更普遍——他们通过新的或更深的工作关系而生成了新的可能性。”[16]

欣赏型领导者的校长角色定位，有助于在转变传统的学校组织观念的同时确立起一种更具生成性的学校变革理念，有利于建设一个更加卓越的课程教学体系，以及营造一个更有活力的内部管理系统和一个更具支持性的学校外部发展环境。那种用于培养优质学校的方式方法，在很大程度上是异于薄弱学校的改进路径和方式的；也就是说，那些在薄弱学校被视为行之有效的做法，在优质学校的开发和培养过程中不一定有用和有效。正如不能简单地将医生看病的方法等同于强身健体的方法一样，那些改造、改进薄弱学校的方式方法也难以使优质学校变得更加卓越，之所以这样，原因在于“使薄弱学校趋于胜任的策略与使好学校走向卓越的策略不一定相同”[17]。

三

校长要走出问题解决者的单一角色定势，在理性认识和超越问题解决者的过程中努力转型成为一名欣赏型领导者，从能力建设的角度看，这将意味着，首先，校长要重视增强发现、挖掘师生员工和学校组织优势的能力，坚持用正面的观点看待身边的人、财、物、事、气等各种管理要素。苏霍姆林斯基曾说："教育的实质就在于使一个人努力在某件事上表现自己，表现自己的长处。寻找自己身上好的东西——这是人的高尚的志向，而善于支持这种志向，对我们来说是多么重要啊！"[18]通常，中小学校长每天都要处理大量的具体事务，有些工作办理起来甚至相当棘手。校长要在这种工作困扰和压力中始终保持饱满的工作情绪，始终用积极的观点来看待师生，这是一种相当不易的修养和作为，特别是在学校工作遭遇困境时仍能不失抱负，仍能激情满怀地开展工作，那就是一种相当难得的专业品质了。

其次，校长要不断提高与人共事的合作能力。关系性领导意味着有效的领导行为只能发生在领导者与追随者的彼此互动与相互接纳的进程中。校长的任何"单打独斗"的举动，都难以达成预期目的。提升协同合作的能力，要求校长准确把脉师生的需求变化，做一个真正懂得师生的有心人。这是因为一位对师生需求变化没有兴趣甚至态度冷漠的人，是难以理解教育的内涵和魅力的，也是难与师生共同进步和提高的。提升合作能力，还要求校长与学生家长做朋友。这是因为，只有真心关注学生家长需要的校长，才会在乎和倾听家长的呼声，才可能摒弃那种自说自话和置家长诉求于脑后的霸道习气，才可能在学校与家庭、社区之间建立起一种平等协作的互惠关系，促成互相尊重、彼此信任和团结协作的组织氛围的形成，才可能避免学校、家庭与社区间教育力量的脱节甚至背离。"如果教师们对儿童的心灵有深刻的了解，如果全体教师由于具有共同的教育信念而团结一致，而其中最主要的信念是认为学生并不是消极的被教育的对象，而是一种积极的、有创造性的力量，是教育过程的积极参与者。如果在十多年的时间里，学校不仅教育了儿童，而且教育了家长，那么，在这些地方，一般都不会发生教育上的神经官能症。"[19]

最后，校长要努力培育与人积极交流沟通的能力。中小学校长要学会在工作中更多地使用积极的、肯定的词语来表达个人的看法和观点，要耐心倾听教职员工的谈话，要能听进和采纳不同的观点和意见，要懂得真诚交流和朴实话语的力量。面对教职员工和家长的不同愿望和行事风格，校长要善于运用探询、启发、鼓舞等欣赏性策略来达成目的的整合，从而促使教育教学多项功能的全面实现。因为，"一个校长作为组织者，他的作用恰恰就在于他能虚心地倾听集体的意见，善于捕捉那些哪怕是最微小的新生事物，善于根据一些看来是微不足道的事实做出概括"[20]。

参考文献：

[1] Paul V. Bredeson. An Analysis of the Metaphorical Perspectives of School Principals [J]. *Educational Administration Quarterly*, 1985, (1)

[2] 贺武华，杨小芳. 薄弱学校发展困境的社会学解释 [J]. 教育发展研究，2006，(14).

[3] 熊梅，陈纲. 标本兼治，综合治理——关于我国部分大中城市义务教育阶段加强薄弱学校建设情况的调研报告 [J]. 教育研究，1998，(4).

[4] [16] Frank J. Barrett, Ronald E. Fry. *Appreciative Inquiry: A Positive Approach to Building Cooperative Capacity* [M]. Ohio: Taos Institute Publications, 2008. 31、27.

[5] [15] 戴维·伯姆，李·尼科. 论对话 [M]. 北京：教育科学出版社，2004，73、3.

[6] [7] 费孝通. "美美与共"和人类文明 [J]. 新华文摘，2005. (8).

[8] 大卫·库珀里德，黛安娜·惠特尼. 欣赏式探询 [M]. 北京：中国人民大学出版社，2007. 14—15.

[9] Tojo Thatchenkery, Carol Metzker. *Appreciative Intelligence: Seeing the Mighty Oak in the Acorn* [M]. San Francisco: Berrett-Koehler, 2006. 5-6.

[10] [11] [12] Diana Whitney, et al. *Appreciative Leadership: Focus on What Works to Drive Winning Performance and Build a Thriving Organization* [M]. New York: McGraw-Hill, 2010, 3、xvii-xix、7-9.

[13] [14] Kenneth J. Gergen, Mary Gergen. *Social*

Construction：*Entering the Dialogue*［M］. Ohio：Taos Institute Publications，2004. 54-53、54.

［17］Phillip C. Schlechty. 创建卓越学校：教育变革的6大关键系统［M］. 上海：华东师范大学出版社，2012. 1.

［18］［19］［20］B. A. 苏霍姆林斯基. 和青年校长的谈话［M］. 北京：教育科学出版社，2009. 256、132、258.

比较教育

致力于更具国际竞争力*

——美国高等教育改革发展的动向与启示

□ 刘建丰（中国教育科学研究院研究员）

美国高等教育从雏形初具到形成规模，在为期不长的时间内后来居上，成为世界公认的高等教育大国和强国。美国大学以其规模化、多样性、众多入学机会及丰硕研究成果等受到世界瞩目。在全球竞争不断激烈的背景下，美国高等教育也被入学成本增高、学习质量下降等问题所困扰。因应时代发展，美国顺势而为，出台了系列高等教育政策措施，努力提高国际竞争力。应美国联邦教育部邀请，我国教育部派团考察了美国高等教育改革和发展情况。此次考察的对象覆盖联邦和州教育行政部门、公私立高等教育机构、政府和民间智库、专业高等教育媒体和非政府组织等，以期多层次、多角度了解美国高等教育改革发展的新动向，为我国教育改革发展提供有益借鉴。

一、“增”、“减”相济，应对学业完成率低与学费快速上涨两大挑战

在世界多极化、经济全球化、信息网络化的背景下，人才成为21世纪构建国家实力的基础。奥巴马提出：“高等教育不应是奢侈品，或像掷骰子一样碰运气，它应是每一个美国家庭都能负担起的经济必需品。”[1]为确保经济继续领先的优势地位，赢得全球范围内人才竞争的主动权，美国加速高等教育改革，积极调整政策措施，培养适应时代需要的人才。在全球化和信息时代的浪潮中，美国高等教育面临学业完成率低和学费快速上涨两大挑战，对此，奥巴马政府推出“增”、“减”相济的措施促进高等教育发展。

挑战之一，多数学生的学业不理想，学业完成率低。从美国全国情况看，白宫资料显示，在25—34岁的成年人中，获得大学结业证书和学位的人数，已经降到了世界第16位。超过一半的学生需6年才能毕业，低收入家庭学生的完成率大约只有25%。[2]联邦教育部的统计表明，四年制学校学业完成率徘徊在60%左右，两年制学院的学业完成率则只有这个数的一半。

从各州情况看，美国教育科学研究院教育统计中心的数据显示，2010年，四年制公立学校学生6年内的毕业率，华盛顿特区只有8%；最好的是特拉华州的公立学校，达71%；此次访问的明尼苏达州为56%，处于中偏上位置。[3]私立非营利四年制学校的6年完成率略好于公立学校（见表1）。

* 原载《教育研究》2014年第5期。

表 1　2010 年美国各州四年制公立学校 6 年内的毕业率

8%—49%(19 个)		50%—60%(18 个)		61—71%(14 个)	
缅因	49%	威斯康星	60%	特拉华	71%
得克萨斯	49%	北卡罗来纳	59%	华盛顿	69%
亚拉巴马	48%	南卡罗来纳	59%	艾奥瓦	69%
北达科他	48%	纽约	58%	弗吉尼亚	68%
南达科他	47%	罗德岛	58%	新泽西	67%
西弗吉尼亚	47%	亚利桑那	57%	加利福尼亚	65%
肯塔基	47%	马萨诸塞	56%	新罕布什尔	65%
犹他	47%	内布拉斯加	56%	佛蒙特	63%
夏威夷	47%	明尼苏达	56%	伊利诺伊	63%
田纳西	46%	密苏里	55%	宾夕法尼亚	62%
俄克拉荷马	45%	堪萨斯	54%	康尼狄克	62%
内华达	44%	俄勒冈	54%	马里兰	62%
蒙大拿	43%	怀俄明	53%	密歇根	61%
新墨西哥	41%	科罗拉多	53%	佛罗里达	61%
阿肯色	39%	俄亥俄	53%		
路易斯安那	39%	佐治亚	52%		
爱荷华	38%	密西西比	50%		
阿拉斯加	27%	印第安纳	50%		
华盛顿特区	8%				

造成上述情况的原因有三个方面。一是学生就业压力大。近些年来，美国就业形势不好，大学生一旦在就学过程中找到了理想工作就会选择先就业。二是学生“进出”大学较为容易。美国实行开放的终身教育制度，“进进出出”很自然，也很方便。三是大学高年级学生用于学习的时间少。根据美国《高等教育纪事报》数据，工程专业学生花在学习上的时间最多，但也只有 42%的学生一周学习超过 20 个小时；商科学生学习时间最少，仅有 19%的学生一周学习超过 20 个小时[4]（见下图）。

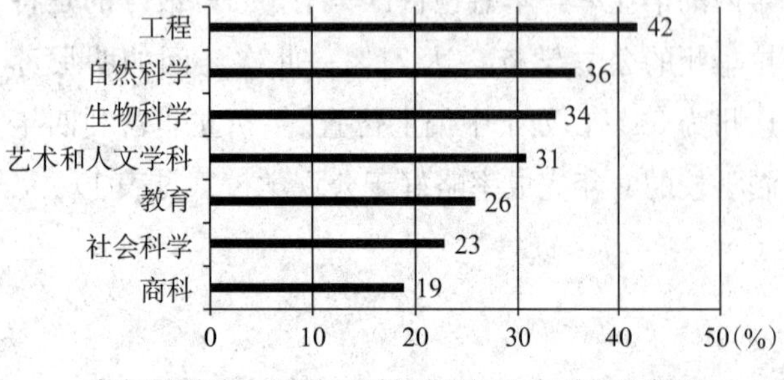

高年级学生一周学习时间超过 20 小时的比例图

针对上述情况，美国提出“增”的政策，即通过增加大学毕业生人数提高美国高等教育质量。美国力争到 2020 年，再次成为世界上拥有大学毕业生人数最多的国家。按照联邦教育部的测算，这意味着到 2020 年将有超过 800 万名学生获得学士学位（包括副学士学位），相当于目前毕业生数量的 2 倍。

挑战之二，学费持续上涨，家庭和学生经济负担增加。由于经济方面的原因，多数州对高等教育的财政支持都减少了。高等教育机构要维持运转、提高质量，必然把成本转嫁给家庭和学生，导致学生上大学的费用持续上涨。

2011—2012 学年，如果把学杂费、食宿费、图书费、日用品费、交通费等全算上，四年制私立学校学生的平均费用超过 4.2 万美元，四年制公立学校本州学生的费用超过 2.1 万美元，州外学生的费用接近 3.4 万美元，两年制公立学院（通勤生）的费用超过 1.5 万美元。仅就学费来说，2011—2012 学年，四年制公立学校超过 8 000 美元，是 1981 年的 3 倍多，四年制私立学校超过 28 000 美元，约为 1981 年的 2.8 倍[5]（见表 2）。

表 2　2011—2012 学年上大学的平均费用（美元）

学制类别 / 学生类别 / 费用类别	四年制公立		四年制私立	两年制公立
	本州住校	外州住校	住校	通勤
学费、杂费	8 244	20 770	28 500	2 963
食宿费	8 887	8 887	10 089	7 408
书本费、日用品费	1 168	1 168	1 213	1 182
交通费	1 082	1 082	926	1 606
其他	2 066	2 066	1 496	2 127
总计	21 447	33 973	42 224	15 286

另外，2011—2012 学年有 123 所学校的学费、杂费、食宿费超过 5 万美元，比上一个学年增加了 23 所。费用最高的学校是位于纽约州的莎拉劳伦斯学院，高达 59 170 美元。这次访问的米尔斯学

院也超过5万美元，为50 570美元。[6]

学费快速上涨，最直接的挑战首先是增加了学生和家庭的经济负担。2010年，借助贷款完成学业的美国大学生离开校园时平均负债为24 000美元。明尼苏达州每位获得学士学位的学生的债务为29 800美元，在全美排第3位。其次，学费上涨有可能会危及美国教育公平。现在美国不同家庭学生上大学的比例差异较大，来自最富有家庭的高中毕业生，几乎一定进入高等教育，而来自最贫困1/4家庭的高中毕业生，却只有一半多接受高等教育。美国政府很担心这种情况的进一步恶化，而高昂的费用是制约贫困家庭子女更多进入高等学校的重要因素。另外，学费上涨不利于提高学生学业完成率。费用高和学业完成率低是有关联的。学生背着沉重的负担进入高等教育后，就得想办法挣钱，自然用于学习的时间就会减少，或是先工作后读书，延缓了毕业。

针对上述情况，美国提出“减”的政策，努力通过减少学生上学费用以减轻学生及其家庭的负担，旨在推进教育公平，鼓励学生完成学业，提高美国高等教育质量。2013年2月13日，奥巴马总统发表了连任后的第一份国情咨文，指出纳税人不能继续承担越来越高的高等教育费用，大学必须想办法把费用降下来，确保学校降低费用是政府的职责。其政策思路，一是向国会提议修改高等教育法案，让学费的可支付程度和学校的价值，与学校是否得到联邦某种资助相挂钩；二是实行一种新的“大学积分卡”，用这个积分卡，家长和学生可以基于一个简单的标准来比较学校，看上哪个学校最划算。

二、注重全球发展战略，加快高等教育国际化步伐

长期以来，美国将高等教育国际化作为全球化发展战略的重要组成部分，并将其作为发展对外关系、增强国家安全和全球竞争力的一种重要工具。在考察中我们明显感受到美国高等教育不断加快的国际化步伐，这不仅是美国认识上的发展，也是当下的现实选择。

在认识方面，美国联邦教育部认为，传统的课程已经不能满足21世纪的需要，21世纪的教育应该包括三个层面：一是传统的核心学科，包括英语、科学、数学、社会科学和艺术；二是跨学科的素养，包括批判性思考能力、技术素养、创造和创新能力、公民素养；三是全球化能力，包括跨文化沟通和合作能力、理解能力和世界意识。美国把培养学生的全球化能力单列出来有其特殊意义，显示出美国对于国际化认识的逐步深化。

在现实选择方面，由于美国经济不振，政府连年削减对高校的投入，为了维持高校的支出，学校只有不断提高学费，招收更多的国际学生。国际学生的学费较国内和州内学生的高，所以高校都乐于通过招收更多的国际学生，以缓解财政压力。有资料显示，美国高校2009年国际学生比例占全美大学生3.5%，在世界上排第15位。最高的澳大利亚，国际学生比例高达21.5%[7]（见表3）。

表3 2009年美国高校国际学生比例在世界的排名

排名	国家	比例（%）	排名	国家	比例（%）
1	澳大利亚	21.5	9	瑞典	6.4
2	英国	15.3	10	丹麦	5.4
3	奥地利	15.1	11	冰岛	4.6
4	瑞士	14.9	12	荷兰	3.8
5	挪威	14.6	13	芬兰	3.7
6	比利时	9.2	14	匈牙利	3.7
7	爱尔兰	7.1	15	美国	3.5
8	加拿大	6.5			

为加快国际化进程，美国政府和一些组织致力于推进高等教育国际化，以增强国家安全和全球竞争力。美国联邦教育部高等教育办公室国际教育与外语教学办公室2013年的联邦预算7 200万美元（高等教育办公室共计26亿美元），用于支持18个国际化项目。项目内容涵盖外语学习（特别是满足国家利益需要的阿拉伯语、朝鲜语等）、海外游学、

吸引国际学生、培育国际课程和进行国家急需的项目研究等。美国国务院、农业部、国家科学基金会、国家艺术基金会、国家人文基金会等组织也有不菲的预算，用于教育国际交流，如美国国务院国际交流项目的拨款从1997财政年度的1.85亿美元增加到2013财政年度的6.03亿美元。

此外，美国众多非政府组织及其协会也积极开展国际交流。如这次访问的由80家非政府组织组成的国际教育和文化交流联盟，其宗旨是代表交流组织向政府游说，制定并推进支持美国人民与各国人民国际交流的公共政策，包括游说增加政府拨款、放宽交流访问的J-1签证的发放条件等。

相应地，美国高校也积极推进国际化。美国教育理事会（ACE）的一项调查显示，在美国所有的高校中，有一半将国际化列入优先事项的前五名。如明尼苏达大学双子城分校，从七年前便开始了其国际化战略规划，通过设立全球项目和战略联盟，扩大招收国际留学生规模，并早在2006年建立了明尼苏达大学首个驻外机构——北京办事处。在2010—2011学年，美国高校招收国际学生的数量，创纪录地达到了72万多人。

总的来看，可授予博士学位的大学比其他大学和学院招收国际学生更多，但一些美国南部边境的社区学院的国际学生，比可授予硕士学位或学士学位机构的要多（比如休斯敦社区学院高达6 261名）。在可授予博士学位的大学中，国际学生在3 000人以上的有40所，其中南加利福尼亚大学最多，有8 615名。这次访问的明尼苏达大学双子城分校有5 124名，排第18位，其中研究生院2 875名（中国学生超过800人）。[8]

美国国际学生数量的增长，在很大程度上依赖中国和沙特阿拉伯两个国家。不论是总量还是增量，中国的贡献率都很高。中国学生去美国接受高等教育的数量，2005—2009年成倍增长，特别是读本科的人数急剧增加。就明尼苏达州来说，2011年有3 107名中国学生在该州学习，占该州12 091名国际学生的25.7%。沙特阿拉伯虽然总量只排在第6位，但其增量可观。[9]

在推进国际化的过程中，美国高校招收国际学生越来越注重全面考察学生的综合素养。如明尼苏达大学双子城分校研究生院提出了“整体评价”（holistic review）指标体系，对申请人的考察内容包括研究计划或独立研究、持续的进步表现、实习表现、之前在该领域的工作情况、考试分数（GRE，TOEFL）等。在注重招收国际学生的同时，美国高校也很注重美国学生海外学习经历。中国是美国学生海外学习的第五大目的国，已有接近1.4万名美国学生在中国学习[10]（见表4）。

表4 美国学生海外学习目的国前十位排名

排名	国家	人数	排名	国家	人数
1	英国	32 683	6	澳大利亚	9 962
2	意大利	27 940	7	德国	8 551
3	西班牙	25 411	8	墨西哥	7 157
4	法国	17 161	9	爱尔兰	6 798
5	中国	13 910	10	哥斯达黎加	6 262

三、探索新的教育模式，推进在线高等教育快速发展

近十年来，网络课程在线教育模式迅猛发展。2012年，“大规模在线开放课程”（MOOCs）在全球迅速兴起，为来自全球希冀得到更好教育机会的人提供了更具竞争性、更低成本和更高质量的高等教育。MOOCs模式的最大特点是：课程的参与者遍布全球，人数众多，课程的内容可自由传播，实际教学不仅局限于单纯的视频授课，而是同时链接博客、网站、社交网络等多种平台。

由顶级高校开始提供的在线开放课程正在孕育一场革命，高等教育正在进入一个实验新的商业模式的新阶段。本次访问的密涅瓦（Minerva）学院为这种实验提供了一个样本。该学院有三大特点。一是高端定位。学院人才培养的目标是精英和领袖，注重学生的分析能力、创业能力、领导能力、冒险精神、把握情绪的能力。学院在全球招生，不

考虑申请人的血统、出生地、捐赠能力等，也不要求提供SAT成绩，而是基于杰出的智力标准，这个标准比常春藤学校更为严格。实行小班化教学，一个班不超过20人，用他们的话说就是“全明星班”。二是全球办学。为建立起对世界和全球关系的真正理解，学生将在7个国家学习生活。一年级在旧金山就读，在之后的学期分别到印度孟买、巴西里约热内卢、中国香港、澳大利亚悉尼、英国伦敦和南非开普敦等城市学习四个月。学院没有校园，所到的城市整个都是校区，从而学生可以更好地融入当地生活，在真实的环境下开展社会实践活动。三是特色课程。学院设置四个主要科系：自然科学学院、商学院、文理学院及计算机学院。不提供大学入门课程，而是直接从传统大学的三年级课程开始。第一年所有学生都要学习四门进阶课程，即形式分析、实证分析、复杂系统分析和多元模式交流。学院汇集世界级的教学团队，充分利用网络平台，使位于全球各地的学生能和顶尖的教授实时互动交流。

在线高等教育将会对教育观念、办学模式、教学方法、教学管理制度等带来全方位的影响。有研究甚至开始探讨高等教育服务中的国际贸易问题，指出随着高等教育“搬”上线，它就已经成为可跨境交易了……促进高等教育自由贸易的一个办法，就是达成国际贸易协定。通过协定，促使政府承诺不歧视国外在线高等教育项目。应该把通过贸易协定降低关税和消除其他保护主义贸易壁垒的模式，用到高等教育服务的贸易上。[11]

四、对我国高等教育改革和发展的启示

（一）建立定位清晰、层次分明、有序衔接、灵活开放的高等教育体系是高等教育充满活力的有效保障

这次访问使我们切身感受了美国高等教育机构数量多、类型多、层次多和创新多的特色。在访问的高等教育机构中，既有公立大学，也有私立女子大学；既有研究型大学，也有社区学院；既有传统意义的大学，也有在线高等教育机构。更为重要的是，这些机构定位清晰、层次分明、有序衔接、灵活开放，共同构成了一个充满活力的美国高等教育体系。也正因为如此，在每个层次、每种类型的高等教育机构中，都有一批实力强、影响大的好学校。2012年，我国有普通高等学校和成人高等学校2 790所。相对来说，很多高校在功能定位、发展目标、专业设置等方面较为趋同，盲目攀比、升格冲动强烈，本科院校总希望向“综合性”、“研究型”靠拢，专科院校千方百计“升本”。这种做法也许对单个学校和地方有好处，但对于整个高等教育体系建设不利。为适应国家和区域经济社会发展需要，促进高等教育内涵发展，应引导和促进高校根据办学历史、区位优势、资源条件和服务对象，进行合理定位、错位发展、优势互补，在不同层次、不同领域办出特色和水平，使高等教育呈现出多样和特色纷呈的发展局面。

（二）在国际竞争中增强绩效是高等学校的紧迫任务

奥巴马政府面对新时期的挑战，提出了高等教育“增”、“减”相济的发展策略，以增加学生学业完成率、减少学生学费。究其实质，“增”、“减”旨在增强美国高校的绩效。因为学生如果总是延迟毕业，将会消耗更多的办学成本；学校如果总是依靠提高学费来维持运转，就不会去思考如何节约成本。值得注意的是，美国对这个问题的解决，是在国际竞争中体现的，正如奥巴马所说，要提高学生完成率，使美国再次成为世界上大学毕业生最多的国家。这也是为什么美国很多高校都积极推进国际化的一个考虑。我国《教育规划纲要》明确指出，要对高校“引入竞争机制，实行绩效评估，进行动态管理”。这表明，我国已经意识到了高校绩效问题的重要性，开始把它作为高等教育的政策议题。但具体怎么做，还需要共识，更需要路径和方法。虽然中美都在讨论绩效问题，但背景差别还是很大。美国高校水平高是世所公认的，它们是在这个基础上提出要增强绩效，而我国则面临提高高等教育质量和增强高校绩效的双重任务。我国高校的任

务更加综合、更为繁重，应该在更大的国际视野中来谋划质量和绩效问题，以增强高等教育国际竞争力。

（三）地方政府和高等学校是高等教育治理的责任主体

通过这次访问，我们对美国高等教育治理体系有了更为深入的理解。美国是一个分权制国家，发展高等教育的责任主要在各州政府。而且，无论是联邦政府还是各州政府，对高等教育的治理都是宏观的。联邦政府制定的与高校有关的法案，基本都是规定联邦政府如何向高等院校提供资助，如何向大学生提供奖学金和贷款，如何重点发展某些特定的学科等。州政府高等教育办公室的主要职责是研究制订州政府教育拨款分配方案，州内高校发展方向，处理政府与高校关系，而不涉及高校具体办学事宜。正因为这样，美国各州高等教育政策不同，各高校更是“百花齐放”。联邦政府、州政府和高校，各尽各的责、各做各的事，不越位、不缺位。当前，我国正把转变政府职能、简政放权作为最重要的工作来抓，政府的职能往哪里转，向哪里放？就高等教育来说，就是向地方政府放权。加强省级政府教育统筹；向学校放权，落实扩大高校办学自主权；充分调动地方和学校的积极性。把该放的权力放掉，把该管的事务管好，中央政府、国家教育行政部门把精力集中到推动立法、制定规划、确立标准、保障公平、推广经验等方面。地方政府和高等学校应该强化责任主体意识。各省、市、区高等教育怎么发展，由省级政府依法统筹管理；各高校怎么发展，由学校依法自主决定。

参考文献：

［1］Barack Obama. Weekly Address［EB/OL］. http://www.whitehouse.gov/the-press-office/2013/08/24/weekly-address-making-higher-education-more-affordable-middle-class.

［2］Higher Education［EB/OL］. http://www.whitehouse.gov/issues/education/higher-education.

［3］［4］［5］［6］［8］［9］［10］The Chronicle of Higher Education［R］. Washington，D.C.，2012，(1).

［7］OECD. Education at a Glance［M］. Paris：2011.

［11］Lester，S. Liberalizing Cross-Border Trade in Higher Education：The Coming Revolution of Online University［D］. Policy Analysis，2013，No. 720. CATO Institute.

教育变革期的政策机遇与挑战*

——欧盟“核心素养”的实施与评价

□ 刘新阳（华东师范大学博士生）
□ 裴新宁（华东师范大学教授）

21 世纪之初，欧盟为应对全球化浪潮和知识经济的挑战，在教育与培训领域大力推进终身学习战略，并提出以“核心素养”（Key Competences）取代传统的以“读、写、算”为核心的基本能力，作为总体教育目标与教育政策的参照框架，引发各成员国的课程变革。

欧盟核心素养的确立是建立在广泛的专家咨询、大量专题研究及大规模教育调查与测量数据的基础之上的，被定义为知识经济社会中每个人发展自我、融入社会及胜任工作所必需的一系列知识、技能和态度的集合。欧盟核心素养包括母语、外语、数学与科学技术素养、信息素养、学习能力、公民与社会素养、创业精神以及艺术素养共计 8 个领域，每个领域均由知识、技能和态度 3 个维度进行描述。欧盟核心素养的研制工作由欧盟委员会（European Commission）① 下属的一个专门工作组负责，2006 年 12 月 18 日，欧洲议会（European Parliament）② 和欧盟理事会（European Council）③ 通过了关于核心素养的建议案，[1] 向各成员国推荐 8 项核心素养，建议各国将其作为推进终身学习和教育与培训改革的参照框架。

欧盟核心素养一经提出，便得到欧盟各成员国的广泛认可和积极响应。据欧盟的统计资料[2] 显示，核心素养对 3/4 以上成员国的课程改革产生了直接影响，尽管名称表述有所不同，但这些国家都实施了针对核心素养的教育政策和行动计划，其余国家也出台了针对某些成分素养或参照核心素养制定的政策与措施。近年来，欧盟及各成员国在核心素养的课程实施与评价方面开展了大量的实践探索，本文试图对其进行梳理，以资我国新课程实施与评价方面的研究者借鉴。

一、欧盟总体的相关政策与项目概览

自从 2006 年欧盟将核心素养作为整个教育与

* 原载《全球教育展望》2014 年第 4 期。

① 欧盟委员会（European Commission）是欧盟的执行机构，负责起草欧盟法规，实施欧盟条约、法规和理事会决定、向理事会提出立法动议并监督其执行情况。

② 欧洲议会（European Parliament）是欧盟的立法、监督和咨询机构，议会大厦设在法国斯特拉斯堡，议会秘书处设在卢森堡。

③ 欧盟理事会（Council of European Union）即欧盟各国部长理事会，是欧盟的决策机构，由欧盟首脑会议和部长理事会组成，在欧盟官方内部也简称“理事会”（The Council）。

培训系统的参照框架以来，欧盟的宏观教育政策与计划一直围绕核心素养的培养这个主题展开。欧盟于21世纪初配合“里斯本战略”[3]启动了教育与培训领域的未来10年发展规划——ET2010计划[4]，核心素养的研制、推广和实施工作一直是在该计划框架内具体运作的，该计划分别于2004年[5]、2006年[6]、2008年[7]和2010年[8]由欧盟理事会与欧盟委员会联合发布了4个进展报告，其内容反映了欧盟的教育改革越来越聚焦于促进终身学习的核心素养培养这一总体趋势。特别是2010年的报告，题目就是《面向变化中的世界的核心素养》（*Key Competences for a Changing World*），在262页的报告中，“Key Competences”一词竟然出现了381次，其重视程度可见一斑。

作为ET2010计划的后继，ET2020计划所提出的4个战略性目标中，2个与核心素养相关。在ET2020计划第一个周期（2009—2011年）工作计划[9]中，对“可迁移的核心素养”的课程实施、评价和资格认证等方面的工作被列入针对4个战略目标优先考虑的7个问题领域之一。在2012—2014年阶段的工作计划[10]中，这些优先考虑的问题领域被进一步细化为13个，其中与核心素养相关的占到2个，分别是针对语言、数学、科学与技术等传统领域的核心素养和其余的跨学科、可迁移的核心素养。

欧盟在2012年11月启动的“重新思考教育”（Rethinking Education: Investing in Skills for Better Socio-economic Outcomes）计划[11]中，将核心素养的课程实施与评价问题纳入专题研究，并发布了相关报告。[12]

KeyCoNet（Key Competences Network on School Education）是欧盟终身学习计划资助的一个为期3年（2012—2014年）的联合研究项目，该项目聚焦于基础教育阶段核心素养的课程实施，旨在为政策制定、教师培训及教育研究领域的组织和个人提供一个对话与协作的平台。[13]

此外，由欧盟执委会教育、视听和文化执行署（EU Education, Audiovisual and Culture Executive Agency）协调和管理的Eurydice网络，[14]致力于提供和分析欧洲教育的政策信息，截至2013年已有40个欧洲国家加入，其定期发布的各项专题报告，为各国的政策制定提供了借鉴和参考。

二、欧盟核心素养课程实施的现状与问题

如何将核心素养的培养落实到每一位学生，已经成为欧盟及其各成员国教育主管部门和研究者关注的焦点问题。Eurydice最近发布了一份题为《在欧洲学校中发展核心素养：政策机遇与挑战》的报告，[15]对核心素养的课程实施现状与问题进行了较为全面和深入的调研。该报告对32个Eurydice网络成员国家（含当时欧盟全部27成员国外加冰岛、列支敦士登、挪威、克罗地亚及土耳其）小学、初中和高中阶段（ISCED等级1—3级）2011—2012学年的课程和评价方面进行了统计调查，结合对2011—2012年Eurydice发布的一系列有关某一成分素养的7个专题报告中涉及的相关研究文献、政府文件和大规模国际测量结果（如PISA、TIMSS等）的分析，以及对各国政府教育部门的问卷调查，指出了当前面临的几个关键问题：在政策层面，学校教育中的核心素养培养需要更具战略性的政策支持；在内容层面，与传统的基于学科的能力相比，需要在跨学科素养（如信息素养、公民素养和创业精神）的培养上做出更大努力；在学生层面，一方面是减少基本能力（母语、数学和科学）方面低成就学生的比例，另一方面则是鼓励更多的学生投身数学、科学和技术领域（Mathematics, Science and Technology, MST）的更高层次的学习或事业，以满足经济发展的需求。以下分别就相关政策与计划、跨学科素养及传统基本能力的课程实施现状与问题这三个方面进行分析和梳理。

（一）面向核心素养的课程改革政策与教育行动计划方面

欧盟的一些国家和地区已经启动或正在制定支持或指导核心素养培养的国家层面的政策，有些国

家的政策针对全部核心素养，有些国家的政策是针对某几项成分素养的。大多数国家都制定了至少针对3项成分素养的政策，几乎全部国家都制定了针对数字素养和创业素养的政策。大约1/3的国家没有针对基本素养（母语、数学和科学）的国家政策，约一半国家没有针对外语素养的国家政策。尽管有的国家缺少国家层面的政策，但几乎所有国家都有中央政府协调下的针对特定核心素养的大规模行动计划，这些计划中大多是针对母语和科学的，针对其他素养的较少。尽管国家层面的政策的制定不是教育改革的先决条件，但对于一些教育水平亟待提升和亟须改革的国家来说，更具战略性和全面性的政策还是需要的。一项切实有效的战略举措或行动计划应该包括明晰的具体政策、具体的提升目标以及相应的时间表。[16]

Gabor Halasz 等人[17]的研究发现，政府推动课程改革的意愿和推行课程改革的能力是决定教育政策落实效果的两个重要因素，在课程政策的实施过程中，教师能力培训、教育行动计划、测量评价以及课程计划与课程标准四个要素相互影响、相互依赖，对课程实施的成效起到关键作用。这为研究课程实施提供了一种可供参考的分析框架。

（二）跨学科核心素养的课程实施方面

信息素养、创业能力和公民素养等跨学科核心素养的培养方面需要加强。尽管这些方面的内容已经整合到小学和中学的多门课程中，但依然有1/3的欧盟国家在中学阶段之前尚未开展创业能力教育。[18]

跨学科素养的课程形态，在欧洲国家趋向于多样化，可以以独立学科的形式存在，也可以作为更广泛的课程或学习领域的一部分，还可以贯穿于整个课程体系，由全体任课教师负责。比如，大多数国家对于小学阶段的信息素养的培养采用的是全面融入课程的形式，而在“公民和社会素养”方面则采取整合到部分学科的形式。在小学阶段针对上述3项跨学科素养开设独立学科的国家较少，初中和高中阶段上述3项素养方面开设独立学科的国家较小学阶段有显著增多。没有开设独立学科的国家多采取全面融入课程与整合到部分学科并存的形式，尤其是在信息素养方面，32个国家中有22个国家呈现上述三种形式并存的样态。[19]

（三）传统能力方面

传统能力主要指核心素养中的母语（主要是阅读）、数学和科学这三个方面，因为它们是传统意义上“基本技能”（Basic Skills）的内容，故此称之为传统能力。该报告对传统能力的重视，也从侧面印证了欧盟核心素养的基本理念，那就是强调跨学科、综合性的能力培养并不意味着否定传统的基本技能，而是将其作为核心素养的基础。

针对传统能力，该报告重点分析了两个问题：第一个问题是传统能力方面的学业不良问题，这是一个基础性的问题；第二个问题是数学、科学与技术领域的人才缺失，第一个问题的存在可以看作是该问题的部分原因。

传统能力方面的学业不良问题是困扰欧盟大多数国家的一个顽疾。2009年欧盟委员会曾经提出一个目标，在2020年之前将欧盟国家15岁学生在阅读、数学和科学方面存在学业不良问题的比例降低到15%以下。[20] PISA2009的结果[21]表明，当时欧洲国家学业不良学生（在PISA测试中的成绩低于第二等级）的平均比例为22%，只有芬兰、爱沙尼亚和比利时（佛兰德地区）三个国家达到了欧盟提出的低于15%的目标，而这方面情况最为严重的三个国家（保加利亚、罗马尼亚和土耳其）的学业不良学生比例高达40%。可见，实现欧盟目标的确任重道远。

该报告通过对已有研究的梳理，分析了影响传统能力方面学业成就的多种原因，如学生学习兴趣和个性化学习需求、教师专业知识和教学能力、阅读与数学学业成就的相关性、学习动机、学生对数学和科学的认识以及家长参与程度等。

数学、科学与技术人才的缺失问题已经威胁到了欧盟国家的经济发展和就业水平。欧盟在2010年毕业的数学、科学和技术相关专业的大学生数量占全部毕业生数量的24.4%，相比2001年下降了3%，大多数国家均呈下降趋势。[22]此外，数学、科学和技术领域的能力欠缺也影响到了中学教师的素质。

当前采取的主要应对措施包括支持提升学习动机的教学方法研究、强化科学中心专业人员的参与以提供相关职业信息和正面的职业榜样、改进评价方式、改进相关职业的就业指导以及增加就业机会等。当前，欧盟有半数国家或地区为学生提供科学相关职业的专门就业指导。一般国家层面的提升学生数学和科学学习动机的行动计划多聚焦于课程之外或与企业和高校合作开展的独立项目，大规模的涵盖从小学到高中各阶段的多样性行动计划尚不多见。多数该类项目重点关注高水平学生而非全体学生，另外，针对学业不良学生、社会经济背景较差的学生、移民和存在某方面学习困难（如阅读）的少数族裔学生以及女生的数学和科学学习动机提升项目也非常缺乏。

三、欧盟核心素养评价的现状与问题

核心素养的提出和推广，使欧盟各国的课程改革实现了从基于分科知识的课程到基于核心素养的课程的转变，随之而来的对核心素养的评价问题已经成为当下备受关注的焦点。欧盟委员会意识到："我们已经明确地界定了8项核心素养，目前的关键问题是如何全面地评价它们，这方面的工作还很薄弱。"[23]欧盟在"ET2010计划"的2010年进展报告、[24]Eurydice关于基础教育领域核心素养现状的报告[25]以及"重新思考教育"计划的专题报告[26]中，均对核心素养的评价现状和问题进行了阐述。以下就这些报告中反映的主要问题做进一步梳理与分析。

（一）将对核心素养的评价纳入主流

欧盟委员会在"ET2010计划"的2010年进展报告中指出，虽然母语、外语、数学和信息技术已经纳入全部成员国的传统考试范围，但应该警惕那种认为将相关科目纳入考试范围就能够落实对各项核心素养的评价的想法，因为态度、动机、性向等核心素养中的关键要素是无法通过传统考试进行充分评估的，特别是8项核心素养中的一些跨学科素养也无法使用传统方法评价。[27]

这其实反映出一个评价观的问题。以大规模标准化测验为典型代表的传统考试所采用的主要试题类型为客观题，这一特点使其在阅卷计分方面具有很高的效率，适应大规模测试的需求，但也将其适用的评价对象限定在知识层面，缺乏对技能和态度层面学习结果的评价效力。传统考试在各国教育领域长期和广泛地使用，已成为教育评价的主流，这深刻影响了人们对于评价的理解，以至于认为只有知识是可评价的，态度和技能是难以评价的，这就导致了对核心素养（特别是其中的跨学科素养）的评价未被纳入主流评价体系。Eurydice的报告显示，在所调查的32个国家中，多数国家基础教育阶段仅有针对数学和母语的国家级考试，半数国家开展了针对科学和外语的国家级考试，而对于报告所调查的3项跨学科素养，所有国家均没有针对信息素养和创业精神的国家级考试，仅有1/3的国家（11个）开展社会和公民素养的国家级考试，而在2008年的数据中，开展此项考试的国家仅为4个。[28]

欧盟各国在课程理念方面已经普遍由基于分科知识的课程转向基于核心素养的课程，但评价方面仍然相对滞后。对核心素养的评价显然比对知识掌握程度的评价难得多，但可喜的是，很多国家已经开始了一些有益的尝试并取得了一些经验。

（二）将核心素养转换为可观察的外显表现

核心素养相比分科知识具有更强的综合性、情境性、内隐性和适应性等特点，这是造成其评价困难的原因之一。目前欧盟国家中存在的一种思路是将核心素养转换为可观察的外显表现，进而开发出相应的测量工具和量规，通过态度调查问卷、表现性评价等形式对核心素养开展评价，这对于核心素养中的跨学科素养的评价具有重要价值。此外，对于语言、数学等传统素养，从知识、技能以及态度等更为广泛的维度去评价学习结果也是一些国家正在进行的尝试。

奥地利、立陶宛、法国、爱尔兰、英国（北爱尔兰地区）及克罗地亚分别在数学素养、学会学习、自主创新能力、批判与创造性思维、公民与社会素养及创业精神的评价方面开展了此类探索。“重新思考教育”项目的专题报告[29]以及 2013 年 3 月在都柏林举行的有关评价的学术会议，① 均对上述国家的实践经验进行了介绍。

对于创业精神（entrepreneurship）这一核心素养的评价，克罗地亚的课程评价方式包括对学校的评价和对学生学习结果的评价两个层面，前者主要借助于 10 个统计指标，采用教师问卷的方式获取数据并综合考虑学生的学习结果，后者采用的是基于布卢姆教学目标分类理论开发的由知识、技能和态度 3 个维度构成的评价量规。该量规的指导思想被概括为“SMART 原则”，即具体的（Specific）、可测量的（Measurable）、可达到的（Attainable）、确切的（Relevant）和及时的（Timely）。量规的具体内容包括知识维度的 13 项具体目标（如说出成为企业家与成为具有创业精神的人的区别、比较成本与收益、举例说明问题解决的步骤与风险、列举集体决策制定的规则等）、技能维度的 13 项具体目标（如在团队协作技能、有效沟通技能、风险识别与管理技能等）以及态度维度的 6 项具体目标（对待工作的责任意识、主动融入团队、尊重他人、乐于接受新鲜事物与挑战等）。所采用的具体评价方法可谓丰富多彩，包括小组互评、个人自评、项目评价、论文展示、实地工作与真实任务评价等。

这里顺带指出，创业精神的课程实施与评价是欧盟及其各成员国近来非常重视的一个领域。entrepreneurship 一词在国内教育界的常见译法有“创业精神”和“企业家精神”两种，前者使用更多。但“创业精神”一词容易被误解为狭义的商业领域的创办企业，其实 entrepreneurship 一词的含义非常广泛，作为核心素养的一种，这里更多强调其所包含的统筹计划、职业规划、团队协作、人际协调、风险管理以及决策制定等综合能力素养，而这里面所包含的很多知识、技能和态度要素是在我国当前的课程中没有涵盖或没有受到重视的，这是一个值得我们关注的问题。

（三）丰富和扩展总结性评价

传统考试，特别是基于标准化测验的大规模考试，其设计目标更多定位于报告学生学业水平的总结性评价，且题型单一，已经不能满足对核心素养的评价要求。因而，对总结性评价进行丰富和扩展，也是当前欧盟各国应对评价问题的一种重要思路。主要的做法有丰富标准化测验的题目形式，如增加开放性问题或面向态度的调查性问题，将表现性评价方法（如档案袋评价、基于项目的评价、展示、面谈等）用于总结性评价等。

（四）重视形成性评价

在传统的基于分科知识的课程范式下，形成性评价在实践中往往被等同于教师自主开展的课堂评价或阶段性测验，似乎被认为是一种非主流、非正式的评价方式。课程理念的转变使人们认识到学习过程的重要性以及评价结果对学习者发展的导向性，因此形成性评价得到重视。在当前欧盟国家的评价研究和实践中，存在着一个有趣的现象，那就是总结性评价和形成性评价的地位趋向于均等，且边界趋向模糊。一方面，对传统总结性评价手段的丰富和扩展以及对成绩报告与使用机制的研究，使其同时具有形成性评价的功能；另一方面，强调形成性评价与教学和学习过程的融合，认识到形成性评价对于“学会学习”等核心素养评价的优势和重要性，形成性评价手段也被用于对核心素养，尤其是跨学科素养的总结性评价，比如用于描述学生在义务教育阶段结束时所具备的各项核心素养水平。

英国苏格兰地区于 2005 年启动的 AiFL（Assessment is For Learning）计划就是这方面的一个很好的例证。该计划提出了“对学习的评价”（Assessment of Learning）、“为学习的评价”（As-

① http://www.education.ie/en/Press-Events/Conferences/Ireland-s-Presidency-of-the-EU/Conference-19-20-Mar-2013/Better-Assessment-and-Evaluation-to-Improve-Teaching-and-Learning.html.

sessment for Learning）和“作为学习的评价”（Assessment as Learning）三种评价模式，并强调这三种模式具有同等的重要性，各自有不同的适用条件和领域。[30]

（五）探索信息技术在评价中的应用

“ET2010 计划”的 2010 年进展报告指出，信息技术在评价中的应用已经在一些国家开展（如电子档案袋、计算机自适应测验等），并且几乎所有国家都认识到了信息技术对于解决评价难题所蕴含的潜力。但是信息技术支持的评价方式仍然存在很多问题，比如当前一些运用信息技术的评价方式，其实质依然是传统的选择题测验，依然无法实现对核心素养的有效评价，另外，运用信息技术的评价方式在易用性和灵活性方面存在缺陷，特别是对于信息技术能力水平较低的学生和教师来说，评价工具本身对他们已经造成了一定的障碍，导致评价效度和效率不能令人满意。[31]总之，信息技术支持的评价是未来的发展趋势，目前依然存在大量尚未解决的问题，应该成为评价研究的一个生长点。

四、欧盟核心素养的实施与评价对我国课程改革的启示

核心素养所具有的整合性、跨学科性及可迁移性等特征，尤其是其所包含的大量隐性知识和态度层面的要素，为课程实施和评价带来了难度。如何确保核心素养落实到每一堂课？如何监测和评价一个国家、一所学校乃至每一位学生的核心素养培养水平？这些问题正是最近欧盟及其成员国的研究者所关注的热点，他们已经为此做出了很多的努力和尝试。“他山之石，可以攻玉。”反观我国的新课程实施及评价现状与问题，或许可以获得一些有益的启示。

（一）基于“大数据”支持的监测与评价体系

欧盟非常重视基于证据的政策制定方法，通过组织欧盟自身以及参与其他国际组织定期进行的大规模调查和学业测评项目，欧盟在大量数据分析的基础上设定了一系列的“基准”（benchmark）和“指标”（indicator），利用它们来监测课程改革实施程度并提供决策支持。“基准”给出了欧盟教育计划目标所设定的“期望水平”，供各成员国参照，并用作对各成员国的评估标准；“指标”是一系列能够反映目标达成程度的统计指数，用于监控教育系统的各个方面，为政策研制提供证据支持。

“ET2010 计划”设定了 5 个基准，涵盖了辍学率、学业不良比例、义务教育完成比例、MST（数学、科学与技术）专业毕业生数量和性别比例以及终身学习全民参与比例等方面。每个方面都有具体的数字指标，如规定到 2010 年，各成员国儿童辍学率应低于 10%，才算达到欧盟所设定的目标水平。与此同时，“ET2010 计划”还设置了 29 个监测“指标”，这些指标对应于该计划提出的 13 项具体目标，通过定期发布各个指标的统计数据（主要包括各成员国水平、欧盟平均水平及其分布和变化趋势）来达到监测各成员国和欧盟整体情况的目的。在“欧盟教育与培训 2020”计划中，对上述“基准”和“指标”又进行了调整和修订，进一步强调了职业教育与培训以及终身学习的重要性。

例如，欧盟 2010 年公布的统计数据[32]显示，就欧盟各成员国的平均水平而言，上述 5 项基准中，只有数学、科学与技术专业毕业生数量 1 项远远超出了预期的目标水平（为目标水平的 2.27 倍），其余 4 项均未达到所设定的目标水平，其中多数表现为平稳的正向增长，终身学习参与率的增长速度自 2005 年之后有所放缓，而阅读能力方面的学业不良率则变化比较剧烈，2006 年前呈现逐年恶化的趋势，2006—2009 年则迅速改善，自 2008 年起超越了 2000 年的起始水平，开始呈现良性提升趋势。又如，辍学率方面，欧盟各国在 2009 年的平均水平是 14.4%，尚未到达设定的 10%的目标，就具体国家而言，有 8 个成员国和 1 个非成员国达到低于 10%的水平，其中克罗地亚、丹麦和立陶宛三国在目标达成度和年度增长率方面表现最佳，而马耳他、葡萄牙和土耳其则是在辍学率较高的国家中进步最快的。2011 年的数据[33]表

明，有 10 个成员国和 1 个非成员国达到低于 10%的水平。

上述这些“基准”和“指标”，如同形形色色的“测量标尺”和“传感器”，在当今信息技术所提供的海量数据高速处理能力的支持下，可以非常灵敏地反映出整个教育培训系统的运行状态，基于这样的证据所做出的决策，其科学性和可行性是有所保障的。例如 ET2010 计划设定的辍学率平均水平目标为不高于 10%，而到了 2009 年仅达到了 14.4%，这表明降低辍学率的努力仍需持续，因此，在 ET2020 计划中，继续将辍学率目标设置为几项重要“基准”之一，但没有进一步提高要求，仍然设定在 10%。这体现了政策制定、实施与监控的相互反馈作用过程。这一过程对于我们在政策工作中落实“一切从实际出发”、“实事求是”等指导思想颇具启发意义。

（二）开放灵活的政策工具

“开放式协调方法”（Open Method of Coordination，OMC）是欧盟进入 21 世纪以来所采用的一套政策工具，相比欧盟具有法律约束力的三种政策工具（指令、条例和决定），“开放式协调方法”属于“软性”治理手段，其主要构成要素是共享政策经验和实践、基准化、监督和同行评议以及伙伴互学活动。鉴于教育对于主权国家的特殊性，欧盟法律规定，在教育与培训领域，成员国享有自主权，共同体对于该领域政策的干预应适用“辅助性原则”。这就使得上述具有法律约束力的“硬性”治理手段在教育领域面临一些问题，而“开放式协调方法”对于应对国家和地区间的差异性和多样性、充分发挥互补性、整合成员国改革实践等方面相比法律法规更具灵活性和效率。“开放式协调方法”为欧盟教育与培训领域的政策实施提供了有力的方法论工具和管理机制。

“开放式协调方法”体系中较为活跃的一项内容是“伙伴互学活动”（Peer Learning Activities，PLAs），它是指对某些特定领域或问题（目前主要有高等教育现代化、教师发展、数学、科学与技术教育、核心素养、信息素养、社会融入和学业测评等 7 个专题）有共同兴趣的国家自发组成的一种协调研究和分享成果的共同体。[34]“同伴互学活动”一方面为欧盟整体的政策制定提供建议和反馈，另一方面也为各自国家的相关领域提供决策支持，是一种欧盟与成员国以及成员国之间“双赢”的交流与互动策略。

我国地域辽阔，东西部地区间存在较大的经济和教育发展水平差异。特别是在课程改革领域，我国实行国家、地方和学校三级管理体制，相关政策需要在一致性和个性化之间保持必要的张力，优秀实践经验需要自下而上的推广通道，地区间的协同创新需要强化，诸如此类的问题，欧盟上述政策工具和方法值得我们参考和借鉴。

参考文献：

[1] The European Parliament and the Council of the European Union. Recommendation of the European Parliament and of the Council of 18 December 2006 on Key Competences for Lifelong Learning [EB/OL]. (2006-12-30) [2013-09-01]. http://eur-lex.europa.eu/LexUriServ/LexUriServ.do? uri=OJ:L:2006:394:0010:0018:en:PDF.

[2] Commission of the European Communities. Progress towards the Lisbon Objectives in Education and Training: Indicators and Benchmarks 2009 [EB/OL]. [2013-09-01]. http://ec.europa.eu/education/lifelong-learning-policy/doc/report09/report_en.pdf.

[3] EUROPEAN COUNCIL. Lisbon European Council 23 and 24 March 2000 Presidency Conclusions [EB/OL]. (2000-03-24) [2013-09-01]. http://www.europarl.europa.eu/summits/lisl_en.htm.

[4] Council of the European Union. Detailed Work Programme on the Follow-up of the Objectives of Education and Training Systems in Europe [EB/OL]. (2002-06-14) [2013-09-01]. http://eur-lex.europa.eu/LexUriServ/LexUriServ.do? uri=OJ:C:2002:142:0001:0022:EN:PDF.

[5] Council of the European Union and European Commission. “Education & Training 2010” The Success of The Lisbon Strategy Hinges on Urgent Reforms [EB/OL]. (2004-03-03) [2013-09-01]. http://ec.europa.eu/education/lifelong-learning-policy/doc/nationalreport08/joint04_en.pdf.

［6］Council of the European Union and European Commission. Modernising Education and Training：A Vital Contribution to Prosperity and Social Cohesion in Europe［EB/OL］.（2006-03-03）［2013-09-01］. http://eur-lex.europa.eu/LexUriServ/LexUriServ.do? uri＝OJ：C：2006：079：0001：0019：EN：PDF.

［7］Council of the European Union and European Commission. Delivering Lifelong Learning for Knowledge，Creativity and Innovation［EB/OL］.（2004-03-03）［2013-09-01］. http://ec.europa.eu/education/lifelong-learning-policy/doc/nationalreport08/council_en.pdf.

［8］［23］［24］［27］［31］Council of the European Union and European Commission. Key Competences for a Changing World［EB/OL］.（2009-11-25）［2013-09-01］. http://eur-lex.europa.eu/LexUriServ/LexUriServ.do? uri＝COM：2009：0640：FIN：EN：PDF.

［9］Council of European Union. Council Conclusions of 12 May 2009 on A Strategic Framework for European Cooperation in Education and Training（"ET2020"）［EB/OL］.（2009-05-28）［2013-09-01］. http://eur-lex.europa.eu/LexUriServ/LexUriServ.do? uri＝OJ：C：2009：119：0002：0010：en：PDF.

［10］Council of the European Union and European Commission. 2012 Joint Report of the Council and the Commission on the Implementation of the Strategic Framework for European Cooperation in Education and Training（ET2020）"Education and Training in a Smart，Sustainable and Inclusive Europe"［EB/OL］.（2012-03-08）［2013-09-01］. http://eur-lex.europa.eu/LexUriServ/LexUriServ.do? uri＝OJ：C：2012：070：0009：0018：EN：PDF.

［11］European Commission. Rethinking Education：Investing in Skills for Better Socio-Economic Outcomes［EB/OL］.（2012-11-20）［2013-09-01］. http://ec.europa.eu/education/news/rethinking/com669_en.pdf.

［12］［26］［29］European Commission. Assessment of Key Competences in initial education and training：Policy Guidance［EB/OL］.（2012-11-20）［2013-09-01］. http://ec.europa.eu/education/news/rethinking/sw371_en.pdf.

［13］KeyCoNet. About KeyConNet［EB/OL］.［2013-09-01］. http://keyconet.eun.org/about.

［14］Eurydice Network. About the Eurydice Network［EB/OL］.［2013-09-01］. http://eacea.ec.europa.eu/education/eurydice/.

［15］［16］［18］［19］［22］［25］［28］Eurydice Network. Developing Challenges and Opportunities for Policy at School in Europe：Key Competences［EB/OL］.（2012-11）［2013-09-01］http://eacea.ec.europa.eu/education/eurydice/documents/thematic_reports/145EN.pdf.

［17］Halasz，G.，A. Michel. Key Competences in Europe：Interpretation，Policy Formulation and Implementation［J］. *European Journal of Education*，2011，46（3）：289-306.

［20］Council of European Union. Council Conclusions of 12 May 2009 on A Strategic Framework for European Cooperation in Education and Training（"ET2020"）［EB/OL］.（2009-05-28）［2013-09-01］. http://eur-lex.europa.eu/LexUriServ/LexUriServ.do? uri＝OJ：C：2009：119：0002：0010：en：PDF.

［21］OECD. PISA 2009 Results：What Students Know and Can Do-Student Performance in Reading，Mathematics and Science（Volume I）［EB/OL］.（2010）［2013-09-01］. http://dx.doi.org/10.1787/9789264091450-en.

［30］The Scottish Government. AifL-Assessment is for Learning Information Sheet［EB/OL］.（2005-09-16）［2013-09-01］. http://www.scotland.gov.uk/Resource/Doc/69582/0017827.pdf.

［32］［33］Progress towards the Common European Objectives in Education and Training（2010/2011）-Indicators and Benchmarks［EB/OL］.［2013-09-01］. http://ec.europa.eu/education/lifelong-learning-policy/indicators10_en.htm.

［34］European Commission. Commission Staff Working Document：Analysis of Implementation at the European and National Levels.（2009）［2013-09-01］. http://ec.europa.eu/education/lifelong-learning-policy/doc/joint10/sec1598_en.pdf.

法国高中录取政策解析*

□ 王晓辉（北京师范大学教授）

一、法国高中的类型与特点

在法国，中等教育的第二阶段有三种教育机构：普通高中、技术高中和职业高中。

法国“高中”（Lycée）一词起源于古希腊语Lukeion，是一种以恫吓狼群为目的而建造的木房子的名称，后演变成娱乐场所。亚里士多德曾在里面讲授哲学。1786年，法国思想家拉·阿尔普将自己的文学课命名为“Lycée”。法国拿破仑执政期间（1799—1804年），正式创建中学（1802年），将“中等教育中心学校”冠以“Lycée”的名称。在第一帝国期间（1804—1814年），法国中学生着统一服装：蓝色上衣和短裤，圆顶帽，天蓝色领巾，黄色纽扣并标有“Lycée”字样。法国这一类型的中学自诞生之日起，就基本是贵族子弟的领地，能够进入并通过考试的人数极为有限。

1802—1959年，“Lycée”表示由国家经费开办的中学，即国立中学，学制为7年。而名为“collège”的另一类中学，因由市政府出资，故曰市立中学。1959年教育改革之后，“Lycée”专指高中，“collège”专指初中。

自20世纪60年代以后，法国高中开始步入大众化阶段。1960年，高中学生人数为80.5万，1970年为150万，1980年为187.6万，1990年为226.8万。特别是1985年，当时的教育部长舍韦内芒提出要在2000年使80%的青年达到高中毕业会考水平，极大地促进了法国高中的发展速度。20世纪60年代之前，法国青年获得高中毕业会考文凭的比例仅为10%左右，1970年达到30%，1990年便超过了58%。[1]

法国高中存在一些问题，首先是课业负担过重。一位法国学者曾用一段简练的话切中法国普通高中的要害：“以数学为始，又以其为终。目标：考试。方法：临时抱佛脚。一切为了高中毕业会考，它是法国成功的标志。聪明才智无用，无暇搞社交，团体是陌生词，层层加码的课业或过分的戒律。高水平的科学，却是日趋脆弱的大厦。”[2]

法国今天的普通高中还在延续培养精英的传统目标，就是要通过高中会考。获得了高中毕业会考文凭等于得到了两个证明：高中毕业和大学入学资格。为了顺利通过会考和之后的各种竞争，加大高中的课时量便是重要措施。一般来说，高中必修课的课时尚能适应于学生的接受能力，但是层层加码的选修课使课时总量大增，2年级的课时往往超过32小时，3年级的课时超过36小时。再加上个人作业的时间，每个学生每周学习时间至少50小时。

其次，专业种类繁多且不平衡。直至1992年，法国高中教育存在多种专业系列，A表示文学、哲学、语言类专业，B表示经济和技术类专业，C表示数学专业，D表示生物专业，F1-12、G1-3、H表示各种技术类专业，每个专业分别对应着高

* 原载《比较教育研究》2014年第11期。

中毕业会考。

法国虽然高端数学人才济济，但在基础教育中，数学却是考验学生的杀手锏。在诸多高中毕业会考文凭中，最受推崇的是数学学科的C系列。若获得这种文凭，就有了未来学习成功大门的金钥匙。但这一学科过分看重数学的价值，特别是抽象数学，以至于这个系列的学生缺乏基础理论知识和实际经验，对世界文化知识也了解甚少。以数学为导向的普通高中培养的学生普遍缺乏科学基础知识，特别是应用科学学科的知识与技能。而其他专业系列的高中毕业会考文凭，虽然也是进入高等教育的必要通行证，但被大学校预备班录取的可能性降低，或者难以通过以后大学校的竞考。

由于高中学科设置所体现的社会不平等和分类的复杂性，促使法国政府于1992年对高中的学习系列进行了较大改革。新的学科分类将普通教育和技术教育简化为7个专业，其中普通教育类3个专业：文学、经济与社会科学、自然科学；技术教育类4个专业：第三产业科技、工业科技、实验室科技、社会医疗科学。后又增加了管理科技、农业与生命科技、酒店管理、音乐与舞蹈技术专业。

新的问题是，理科系列成为优势学科，能够容易进入大学校预备班和就业出路好的高技术教育机构，而且理科系列的高中生以出身社会中上层者居多。

再次，学业失败问题严重。在普通高中，只有75%的学生在正常年龄入学，而在技术高中正常年龄入学的学生只占半数。60%的普通高中的学生能够用正常的3年年限读完高中，而其中只有50%的学生可获得高中毕业会考文凭。通常，20%的学生在1年级留级，10%的学生在2年级留级。这反映了法国普通高中的效益较低。[3]

二、高中分流源自初中定向

法国小学学制为5年，初中学制为4年。初中曾经是学业分流的最初阶段，划分普通或职业等不同类型。自1975年法国实行统一初中的改革以来，高中便是学科与专业分流的基本阶段。初中毕业之前，家长和学生必须在普通教育、技术教育或职业教育之间进行选择。但是选择不是随意的，而是要经过一定的学业与职业指导程序，这一程序被称之为“定向”(orientation)。

定向过程几乎持续整个初中毕业年级。法国学校实施年度3学期制，大体上9月初至12月中为第1学期，然后是寒假即圣诞与新年假；第2年1月初至4月初为第2学期，然后是约半个月的春假即复活节假；4月下旬至7月初为第3学期，然后是暑假。

4年级第1学期是定向计划的思考阶段。在9—10月，班主任和学校定向与心理顾问会约学生和家长单独谈话，讨论学生未来的学习方向和可能的定向选择。

在12月和1月，班级委员会组织有关定向的沙龙或讨论会，使学生进一步了解定向的意义和程序。

在1—2月，学生和家庭须在“对话卡”或称“往复卡”明确标明定向的临时要求，或是普通与技术高中，或是3年制职业高中，或是2年制职业高中，或是留级。

第2学期是填报临时定向志愿阶段。3月，由班主任和其他任课教师及学生代表组成的班级委员会负责审查学生和家庭的定向要求并提出临时定向意见。如果班级委员会的意见与学生和家长的要求不一致，双方可以展开对话。此阶段亦称学校大门开放期。

第3学期是定向的确定阶段。5月，学生和家长须将确定的定向志愿填写在往复卡上，并标明希望注册的学校和专业。

6月，班级委员会做出定向的建议。如果其建议与学生的志愿一致，便是定向的最终决定。如果班级委员会的建议与学生的志愿相矛盾，校长需与家长展开对话，然后做出最后决定。如果异议继续存在，家长可以在校长决定之后3天之内上诉，要求由学校校长、教师、学生家长、教育与定向人员组成的并由学区督学主持的上诉委员会复议。如果最终未能达成一致，学生和家长最后的选择是在原初中留级。

最晚至7月2日，学生会收到被某一公立中学录取的通知书。

轻视体力劳动是传统社会的通病，法国社会在传统上对体力劳动和职业教育也比较鄙视。对于分流的高中，通常家长的首选都是普通教育，退而求其次的是技术教育，职业高中的学生往往是因学习成绩不佳，而做出迫不得已的选择。一般来说，法国学生和家长选择普通高中的愿望不是那么强烈，基本都能尊重班级委员会的定向决定。况且，班级委员会通常都能依据学生的学习状况，民主透明地做出决定，不会出现明显的舞弊现象。

即使定向程序基本公正，但毕竟是一种淘汰，由学生的自主选择开始，至班级委员会的定向决定为止，学生的选择其实是“被选择”、“被定向”。在初中，为了鼓励学生，挂在教师嘴边的口头禅是“加把劲，否则你就被定向了”。[4]

这一现象，恰好符合法国社会学的一种“过滤理论”。该理论认为，学校的功能犹如蒸馏塔，学生不过是一种原材料，因其质量将他们分离出不同层次，再投入到就业市场。学生在学校不是为了获得职业能力，而仅仅接受“过滤”和排序。劳动力市场则完全按照学校的排序接纳求职者，排在前面的，获得好职业；排在后面的，接受较差职业，或被排斥。定向，便是在扮演着这一角色，把学生划分出三六九等，头等生进入名牌普通高中，劣等生被淘汰至职业高中。而在职业高中的学生未来无任何机遇进入精英学校，因此也就无缘进入国家的精英行列。

三、高中录取程序与规则

2008年之前，高中录取新生的方式是学校审查学生的申报材料，然后自主录取。学生将申请志愿送达到相关高中，高中校长负责审查学生的资料，拟定录取名单。之后，学区督学（省级教育行政主管）将根据学生志愿和学校容量决定所辖各学校录取学生的名单。

自2008年，法国采用了一种网上管理系统“AFELNET”（A Fectation des ELèves parle NET）的方式录取高中新生。其基本程序与规则由教育部制定，但积分值或加权值由各学区根据本地情况并经相关人员协商确定。

这一网上高中录取系统的筛选依据学生的积分，主要指标是家庭住址和学习成绩。比如在巴黎，划分成东、西、南、北四个区域，共涉及71所普通与技术高中和31所职业高中。如申请学校在家庭所在区域内便可获得最高积分。另外，奖学金生和有兄弟姐妹就读再申请高中的也可获一定积分。每一名初中毕业生可以填写6个志愿，分别标明个人所选择的普通高中或技术高中。如果初中毕业生申请职业高中，也可填6个志愿，但至少有4个志愿，每个志愿含专业和学校。职业高中的录取不受区域限制，但要参考学生的学业成绩和毕业初中与志愿高中对专业选择的意见（见下表）。

巴黎学区2013年高中录取分配的积分标准表[5]

指标	积分
学校分区（居住地和学校在同一分区）	600
学业成绩	600
奖学金生	300
兄弟姐妹在申请的第一志愿学校就读	30
总分	1 530

值得指出的是，为了避免不同学校间计分差异造成的不公平，学生在初中4年级的12门课程的平时考核成绩将先根据一个兼顾各种因素的复杂数学公式进行加权均衡处理，避免过于严厉或过于宽松的评分，然后再得出积分分数。这也就是意味着学生自己并不能依照平均成绩事先算出可能的得分。

通常，申请高中录取分配的日程都有严格规定，以巴黎学区为例，2013年的高中录取日程如下：5月下半月，每个初中4年级（毕业年级）学生会从班主任教师那里收到一份高中志愿申请表。

学生需在规定的时间将填好的申请表交还班主任教师。其志愿申请录入“AFELNET”系统。志愿申请表同时打印，交由家长认可并签字。家长签字的申请表需返回学生所在的初中，如果未能按时返回学校，打印的志愿表被视为无效。6月15日，校长把关于学生学业定向的决定通告给家长。6月29日，网上第一轮录取结果公布。6月29日至7月4日，学生需在此期间到被分配的高中注册。7月2—4日，未被分配学校的学生重报志愿。7月9日，网上第二轮录取结果公布。9月4日，新学期开学。

如果在电脑的第一次分配中，学生被分配到6个志愿中的任何一所学校，便算分配完毕，在得到正式录取通知后，即可到相关学校报到注册。依照规定，凡在6个志愿中有一个被选中的，那么家长无论提出什么理由，学区都不会考虑再次分配。但如果在第一次电脑分配中，6个志愿没有一个被选中的话，学生则需要在规定的时间内重返原来初中，重新填写志愿，然后输入网上管理系统，进行第二次分配。

四、小结

高中已不是义务教育，可以允许学生有所差异。但高中又是义务教育的延伸，家庭居住地又是不可完全忽视的因素。法国高中的新生录取工作正是兼顾了学生成绩和家庭居所两方面要素，既实现了高中分流的目标，又适当维护了家长与学生的基本权益。

新的网上高中录取方式超越了原先各高中“赶集式”的录取办法。尽管过去高中录取并无明显的舞弊行为，但录取主管教师通常难以避免对某些家庭和某些学习优秀的学生有所偏爱，一般是对中产阶级以上家庭子女的偏爱，而网上录取进一步保证了录取程序的透明和公正。

新的录取方式也赋予学生和家长一定的选择权，他们有可能进入自己希望去的学校。但是，这种权利也很有限，并非想去哪个学校就能去哪个学校，或者不想去哪个学校就不去哪个学校。正如巴黎学区主任米舍莱（Claude Michelet）所言：“志愿并不产生权利”（Levoeune crée pasundroit）。

可以说，法国高中录取中任何人都无特权，规则总是最重要的。

参考文献：

［1］Direction de l'évaluation，de laprospective et de laperformance. Lebaca 200 ans. ［EB/OL］. 2008. 3. http://media.education.gouv.fr/file/200_ans_du_bac/42/3/200_ans_du_bac_28423.pdf.2014-03-12.

［2］J. -M. Croissandeau. Le Guide du lycée à l'usage des élèves，de leurs parents et de leurs professeurs. Paris：Le Seuil，1986. 51.

［3］Charlot，B. L'Ecole en mutation. Paris：Payot. 1987. 58. Prost，A. Education，société etpolitiques，Unehistoire de l'enseignementen France，de 1945 ànosjours. Paris：Le Seuil，1992. 98.

［4］Rectorat de Paris. Plaquette aprèsla 3e［EB/OL］. http://www.ac-paris.fr/portail/upload/docs/application/pdf/2013-04/plaquette_apres_la_3eme_2013_2013-04-15_15-59-21_138.pdf.2013-11-12.

［5］Affelnet［EB/OL］. http://www.cpe75.org/spip/IMG/doc/Affelnet.doc.2013-11-12.

日本“学力”概念的演进*

□ 钟启泉（华东师范大学教授）

探讨作为国民核心素养的“学力”的基本构成及其时代脉络，是教育研究中的根本性课题。二战后日本教育界一直围绕“学力”或“基础学力”的论题展开学术研究，形成了日本独树一帜的“学力理论”。可以说，不了解日本的“学力研究”，就不可能真正洞察日本的基础教育。通过日本“学力”概念的历史演进与现代特征的考察，或许可以为我们提供有关“核心素养”论题的若干思想资料。

一、日本“学力”概念的界定及其隐喻

（一）“学力”的概念

“学力”一般被视为“通过学校里的学习而获得的能力”或“以学业能力为表征的学力”。在日本，“学力”的基本界定是：“（1）儿童在学校的教学过程中作为学习教材的结果而掌握的知识、技能、熟练的总和。（2）儿童在学习活动中发展起来的学习能力。”[1]前者是静止的内涵、结果的一面，后者是动态的、过程的（活动的）能力一面。在“学力”中这两个方面不可机械地划分，但也必须着眼于两者的相对独立性。这是因为，知识、技能的学习不可能自动地带来学习能力的发展。所谓“人的能力发展”是有别于知识、技能之积累的能力自身的发展。

倘若从教育科学的高度来把握这个概念，那么，其含义囊括了：（1）学力是通过人们后天的学习习得的；（2）这种学习的媒介是重新建构人类和民族的文化遗产（科学、技术、艺术的体系）的课程、学科和教材，借助有意识、有计划、有系统的授业活动，习得业已客体化了的人类的能力和特性的；（3）作为人类能力的学力是同学习主体的内在条件处于不可分割的关系，并同人类的能力与特性的总体发展有机关联的；（4）因此，学力是以其客体侧面（作为学习对象的授业内容）和主体侧面（学习主体的兴趣、动机、意志等）的交融和统整，作为人的活生生的实践能力而形成的。[2]可以说，这是现代国家的每一个国民必须共同拥有的“核心素养”，也是衡量一个国家“软实力”的基本指标。这种素养也可以谓之“基础学力”，而作为基础教育的中小学校就是承担着培育每一个国民的基础学力之重任的机构。

（二）“学力”的隐喻

值得我们关注的是，日本学者数十年来借助“学力模型”的研究，把现时代理想的“学力”目标加以图像化和客体化，提出了“学力”的两个比喻，为“学力”的教育学研究提供了诸多方法论上的启示。

1.“冰山模型”。在传统的应试教育中，只关注学力的显性部分——知识、技能，而忽略了学力的隐性部分——思考力、思考方式，情感、态度、价值观。这是赤裸裸的“目中无人”的教育观念的集中体现。其实，学力的这两个部分——显性学力

* 原载《教育发展研究》2014 年第 8 期。

和隐性学力，是不可分割的。如果我们把“学力”比喻为一座冰山，那么，显性学力就是那冰山显露出来的一角，隐性学力则是处在海平面以下的冰山的主体，两者是一体化的，且后者是支撑前者的。[3]

2.“树木模型”。如果把“学力”隐喻为“学力之树”，那么，构成树木的三个部分的树叶、树干、树根，可以分别视为知识、技能，过程与方法，情感态度与价值观。正如树叶、树干、树根的生长是浑然一体的一样，学力是由这三个维度构成的统一体。“看得见的学力”（第一维度、第二维度），是由“看不见的学力”（第三维度和第二维度的一部分）支撑的。传统的应试教育只见树叶，不见树干、树根，以为学校教育的基本目的是使学生习得现成知识，其结果便是形成“学力”。这种学力观的问题在于，无视“看不见的学力”，并把“看得见的学力”等同于“能够分数化的学力”；而素质教育的学力观，除了重视“看得见的学力”外，还重视“看不见的学力”。这才是科学的学力观。否则，“看得见的学力”便会成为无根之木，无源之水。[4]

（三）隐喻的启示

上述两个隐喻告诫我们，课程知识不是一种外在于儿童的、供儿童“打开”的“知识百宝箱”。“知识百宝箱”论把课程矮化为学科，把学科矮化为学科知识，进而又把学科知识矮化为既定概念、定理、规律的堆积。这就抽离了课程丰富的文化内涵和对儿童的精神发展价值，进而使学习过程蜕变成了唯教材、唯教师、唯标准答案的死记硬背的过程。学力的形成绝不是“客观”的知识强加于个体的被灌输的过程，而是一种充满生命活力的意义生成的探究过程。

“学力”的这种教育学的界定和解读，从根本上推翻了应试教育固有的“学习观”。“学习”或“授业”的过程是学习者自身发现意义、建构意义的过程，不能简单化地归结为单纯的知识堆积。归根结底，学校教育所追求的，是作为人的能力发展的“健全人格”和“基础学力”。日本的“学力”（achievement）或“基础学力”（Basic Academic Competence）简单地说，是指“通过学校的基础教育而形成的终身学习的能力”。

回顾世界教育史可以发现，围绕“学力”存在两种基本思潮。一种学力观是以“读、写、算”为代表的赋予基本知识与技能的“学科”学力观，它以“学科”为单位构成“课程”。近代以来学校教育的目的就在于让儿童习得这些学科的授业内容，这种习得的结果谓之“学力”。另一种学力观认为，所谓“学力”就是从现实中学习，并在生活与工作中起作用的能力，并不局限于各门学科知识的习得，谓之“实践”学力观。事实上，在这两种学力观之间具有一定的张力，如何求得两者之间的均衡，各国之间存在着微妙的差别。

从全球的角度看，如果说19世纪以来世界基础教育课程改革强调的“基础学力”重心是传统的“读、写、算”技能，那么，当今世界各国基础教育课程改革的最大特征，不仅在于教会学生“学会学习”，而且教会学生“学会关心”。这就是强调“关爱”、“关切”、“关联”的“关心伦理学”。在这里，所谓的“关爱”是指，关心自己、关心身边最亲近的人、关心自己熟悉的人、关心陌生的人。所谓“关切”，是指关心动物世界、植物世界和自然环境，关心人工世界、文化世界。所谓“关联”是指关心知识和学问。正如美国斯坦福大学诺丁斯（N. Noddings）教授强调的，“学校教育不是通往上流社会的阶梯，而是通往智慧的道路。”[5]

二、日本学力论争的现代构图

（一）围绕“学力低下”的论争

回顾战后日本的教育史，每当学校教育迎来转折点之际，日本国内就会爆发围绕“学力”问题的论争。例如，1950年初，来自家长的对于二战后新教育的普遍的疑问——“我们培养的儿童能够主持会议，说起话来滔滔不绝，却写不了一封书信，连县厅所在地也稀里糊涂”，从而提出了“基础学力的内涵与定位”的基本问题。

同样，在20世纪60年代，随着日本经济的发展，日本文部省修订的《学习指导要领》拥有了法律的约束力，采纳了注重系统地传授、习得基础知识与技能的方针。在这个背景下，在教育学领域里，重新探讨了“如何思考学力结构”的问题。

到了20世纪70年代，随着高中、大学升学率的上升，所谓“差生”问题浮出水面，同时提出了“灌输教育”的弊害与“应试学力”的问题。由此探讨了“如何创造明白易懂的教学”、“如何保障儿童扎实的学力”、“如何矫正应试学力”、“如何形成基于人性立场的学力”等问题。

于是，整个20世纪80年代推进“教育人性化”的“宽松教育”。进入20世纪90年代，提出了新的学力观，“兴趣、动机、态度”这一侧面得到了前所未有的强调。培育适合新时代变化的“学力”受到关注。这一次，《学习指导要领》修订的关键词——“生存能力”，进一步推展了这样的学力观。1999年日本教育界爆发的“学力低下”的论争，到2003年大体告一段落。

文部科学省从2001年开始“路线转换”——从肆意地鼓励“综合学习时间”、推进“宽松教育”路线，转变为重新确认“基础知识、基本技能”的意义、重视培育“扎实学力”的路线。导致这种路线修正的缘由，据说是东京大学研究小组实施、公布的学力调查报告——《“学力低下”的实态》(2001年)。这份报告提供的信息是：儿童的“基础学力”着实低下；“基础学力”的低下同学习状态密切相关；优生与差生各占一半；这种学力的分化跟家庭状况和私塾状况相关；不过，克服学力低下和两极分化的学校也确实存在。

从把握“学力低下”的实际出发，需要探讨三个问题。一是“学力水准”的问题。在调查中发现的“基础学力”低下的幅度，是不能忽略的。同样的问题进行的测验得分之所以大幅度降低，原因固然很多，但近10年来教育政策的重点转移是不容忽视的因素之一。二是“学力落差”扩大的问题，这是最引人关注的问题。在这10年间，儿童的学力显然在两极分化，形成优差参半的格局。这是跟儿童的家庭经济、文化状况密切相关的，也跟儿童的学习积极性和努力相关。三是必须重新思考“学力结构”的问题。调查所牵涉的不过是所谓“基础知识、基本技能”为中心的“传统学力”的一部分，它跟“活生生的学力”和“综合学习”的概念所指向的“新学力”的关系，至今仍不明确。亦即，“传统学力”与“新学力”的结构性关系，是今后需要从经验上、实践上加以探讨的课题。

（二）“学力低下论”的构图

日本教育界围绕“学力低下”展开的种种论战，反映了各色各样的立场与主张。大阪教育大学的长尾彰夫为了梳理各种主张的基本特征，概括了如下若干“说”。[6]

1. “学力低下”亡国：国家危机说。“学力低下”问题的导火线是大学生的学力低下。就连日本一流水准的大学生，而且是理工科的学生连分数运算也不会。这是同科技立国的日本格格不入的关系到国家危机的问题。以西村和雄的《不会分数运算的大学生》(东洋经济新报社，1999年）为代表。

2. “宽松教育”自身的原因：矫正宽松教育说。削减教育内容三成、新设“综合学习时间”等举措，是1989年旨在实施所谓“宽松教育”的《学习指导要领》修订的集中反映。新的学力观认为，关键的问题并不是知识量的竞争，而是如何在“宽松”之中，让儿童掌握新的思考方式和新的见解。然而，这种“宽松教育”不是具有一种否定刻苦攻读的危险性了吗？从某种意义上说，难道必然导致“学力低下”的宽松教育本身不应当改弦易辙吗？——存在着诸如此类的“学力低下”论。以大森不二雄的《“宽松教育”亡国论》为代表。

3. 基础与基本的学力终究是重要的：基础学力捍卫说。“学力低下”批判的另一方面是强调“学力提升”的重要性。正是因为基础与基本的学力不足，才导致了“学力低下”，因而强调基础学力的重要性应当成为普遍性的常识。以大野晋等人的《学力危险》(岩波书店，2001年）为代表。

4. 反映社会阶层分化的学习意愿的低下问题：社会阶层分化扩大说。“学力低下”的原因之一是学习意愿的低下。而且处于父母的学历与收入属于社会“低层”的家庭环境的儿童，学习意愿显著低落。倘若这是事实，那么“学力低下”将会进一步加剧社会阶层分化。基于这种假设，在这次学力问题的讨论中，苅谷刚彦的言说精彩绝伦。以苅谷刚彦的《阶层化日本与教育危机》（有信堂，2001年）为代表。

5. 当代儿童开始逃避学习：逃避学习说。佐藤学认为，当下的“学力低下”是由于儿童缺乏学习兴趣，不想学习，导致“逃避学习”的现象广泛发生。通过原因分析，主张学校与教育方式的批判、审思与重建，强调以“学力低下”问题为契机，对今日日本教育现状进行批判性分析探讨的必要性。以佐藤学的《逃避“学习”的儿童》（岩波丛书，2000年）为代表。

6. 学力果真低下吗：“学力低下论者”批判说。从1—5都是以某种形式认定“学力低下”，并以此为前提探讨其原因，引申出危险性、问题所在的讨论。不过，晚近的舆论主张，“生存能力”应当视为学力的核心，“学力低下”论“见分不见人”，学力低下并不是真实的，开始批判“学力低下论”本身。以加藤幸次、高浦胜义编著的《学力低下论批判》（黎明书房，2001年）为代表。

（三）“学力低下论”批判

1. “学力低下”没有明确的结论。加藤幸次、高浦胜义针锋相对地反驳说，[7]“学力低下”的事态是真实的吗？根据2000年国际教育成就评价学会（IEA）的“第3届国际数学、理科教育调查（第2阶段调查）”（TIMSS-R）的结果，得出如下结论：（1）日本的数学得分同4年前相比，没有变化；（2）同一问题的平均正答率，无论日本还是国际，同4年前相比，没有变化；（3）日本初中生数学的正答率，同40年前相比，没有变化；（4）日本达到一定学力水准的学生比率，在38国或地区中，居新加坡、韩国、中国台湾、中国香港之后，列第5位；（5）日本学生数学应用题的正答率为66%，高于国际平均值（30%）；（6）日本喜欢数学的学生减少，国际不变；（7）日本学生校外学习时间减少，观看电视节目的时间增多，国际不变；日本教师重视问题解决的学习。浅沼茂指出，“学力低下论者缺乏明确的证据。”现代日本的学力论争所缺乏的是，如何变革课程与授业的讨论。新《学习指导要领》值得高度评价的，就在于针对单凭应试学力或是固定的标准来看待儿童，而提出了新的方向。学力低下论者抓住改革之前存在的“学力低下”问题来发难，简直是本末倒置。根据国立教育研究所的社会、数学、理科的调查（1987年、1990年）按照新《学习指导要领》展开改革实践的学校，稍处优位。基础学力并没有低下。

2. “学力低下”不是受“综合学习”的冲击而引发的。“学力低下”论争往往被单纯地视为“宽松教育推进派”（文部省方面）对“基础学力彻底派”（学力低下论者方面）的论争。但东京大学的市村伸一提出了“把学力低下视为非常严重的问题还是比较乐观的问题”，“是赞成教育改革路线还是反对教育改革路线”的论题，他认为可以从上述维度来加以把握。“学力低下的问题是严重的问题，为了打破这个僵局，教育改革路线是重要的”。——持这种立场的论者也不少，可以谓之“另类学力低下论者”。他们所谓的低下的“学力”，比学力低下论者着眼的问题更加深刻。这是因为，他们的焦点并不是什么具体的知识、技能层面的学力，而是表现力、思考力之类的“难以测量的学力”和学习积极性、学习技能、自我评价力之类的“作为学习力的学力”。这不是单纯地靠课时和应试压力就能提高的，需要传达学习之本义的整个社会的活动。新引进的“综合学习”以及学校与家庭、社区之间的合作尝试，就是这种活动的一环，值得肯定。新《学习指导要领》的宗旨是培养青少年的“生存能力”。这个观念早在日本中央教育审议会咨询报告（1996年）中已经明示。按照该报告的解释，所谓“生存能力”是指：（1）自己发现课题、自主学习、自主思考、主体地判断和行动，更好地解决问题的素质与能力；（2）能够自律并与他人合作，拥有恻隐之心与感动之心之类的丰富的人性；（3）健壮地生存的健康与体力。教育课程审议会根据这个报告发表的咨询报告（1998 年），立足于“终身学习”的思想，提出了改进教育内容，通过整个学校教育活动，培养学生“生存能力”的设想。而“生存能力”的一个重要侧面，就是“扎实的学力”。[8]新《学习指导要领》背景下的“扎实的学力”突出了两点：一是通过个别辅导、小组辅导等过细的措施，扎实地掌握基础知识、基本技能；二是在综合学习和分科学习中，充实观察、实验、调查、研究、发表、讨论等体验性、问题解决性学习，培育包括学习的积极性和思考能力在内的“扎实的学力”。

三、日本学力论争的历史线索

“没有授业理论，就没有授业改造。”[9]日本的学力理论是推动日本授业研究和授业改造的基础理论。不过，“学力”作为常用词渗透于日本的教育世界，乃是二战后的事。不可思议的是，翻开二战前出版的种种教育学辞典，找不到单独的“学力”词条。这个事实表明，二战后日本国民各阶层对于产生“学力”的学校的期待与要求高涨了。可以说，“学力”作为一种“社会问题”，勾勒了战后日本教育史。自二战后初期以来，“学力低下”、“低学力”、“学力落差”、“扭曲的学力”等词汇所象征的“学力问题”不断浮出水面，围绕学力问题的激烈论争和大量的学力调查此伏彼起。我们不妨参考京都大学田中耕治教授的战后学力研究史研究，从思考“扎实的学力”的角度，提供三个论题，来勾画历史发展的线索。

（一）何谓“学力”之基础的问题

众所周知，冠以“学力”的第一本学术著作是 1949 年青木诚四郎等人著的《新教育与学力低下》。该书的出版极具象征意义，因为“学力”这个术语在构成“基础学力论争”的导火线的“低学力问题”的背景下开始使用了。二战后初期的“基础学力论争”是同当时对于“新教育”的评价交织在一道的。这些史实本身富于启示力，同时也为我们解读今日的学力问题提供了珍贵的素材。

关于“学力的基础”，可以确认如下解释。（a）构成一切学习之基础的“三基”（读、写、算）的基础学力；（b）构成各门学科学习之基础的作为教育内容的基础学力；（c）作为国民教养之基础，至少在义务教育阶段之前需要共同掌握的教育内容（最低限度水准）的基础学力；（d）学力结构（知识、理解、问题解决学力、兴趣、态度）之中作为基础部分的学力。论争的始点是，1948 年前后通过大众媒体挑起的社会舆论对于“学力低下”的焦虑和不满。舆论指责儿童连“书信也不会写”，“县政府所在地的地名也不懂”。这种“学力低下”原本应当归咎于战时和战后初期学校教育功能处于瘫痪状态所致，但事态的发展却作为当时开始实施的“新教育”的问题所在，被加以批判了。

面对这种批判，论争双方的代表人物及其基本观点是什么？“新教育”的理论支柱青木诚四郎反驳道，强调“读、写、算”的认识是陈腐的“知识主义”的学力观，在新学力观看来，“读、写、算”不过是一种“工具”。提高“生活的理解力”、“生活态度”才是目的。因此，对“学力低下”的指责是基于陈腐的学力观的批判。而批判“新教育”的急先锋国分一太郎在《现代教育的探求》（1954 年）中强调，“读、写、算”的“基础学力”是“开启人类文化宝库的出色钥匙”，针对“新教育”轻视了基础学力，高扬“捍卫基础学力”的旗帜。尔后，经过久保调查（1951 年），随着“学力低下”问题大白于天下。基础学力的地位和内涵也发生了变化。支持“新教育”的人士也把“读、写、算”的作用纳入视野，但对于应当瞄准的“问题解决能力”（活生生的学力）来说，终究是“基础”。从这个判断出发，展开了学力结构论。其代表就是（d）的立场：始于“三层”（基础课程、问题解决课程、实践课程）说，由广冈亮藏提炼的学力模型（《基础学力》，1953 年）。另外，在批判“新教育”的人士看来，所谓“基础”就是人格发展的基础。因此，“基础”的对象从（a）扩展到（b）、（c）。国分一太郎在“读、写、算”的基础上，加上“科学、文化基础知识”，来“捍卫基础学力”。而城丸章夫则把“认识之概括”的“读、写、算”界定为“狭义的基础学力”，把支撑国民需求的教育内容界定为“广义的基础学力”。[10]

这样看来，在“基础学力论争”中提出的关于“基础”的四种解释，(a)(b)(c)是从学力的客体的、实体的侧面，(d)是从学力的主体的、功能的侧面来界定基础学力的。这种梳理，考虑学力的基础问题，凸显了现代生活所必需的教育内容是什么的问题。从这个视点出发，一则需要精选教育内容，二则需要增添有助于人格发展的新的教育内容。这里，需要关注的所谓基础学力，就不能仅限于“读、写、算”了。

（二）学力中的生活与科学的问题

仅仅列举教育内容并不构成基础学力。基础学力的研究应当阐明如何把精选的教育内容转化为儿童“活生生的学力”的“结构”。这就引申出了第二个论题——学力中的生活与科学的问题。前面提到的跟“基础学力论争”同时展开的“问题解决学习论争”以及其后出现的围绕“现代化”的大论争，都是学力中的生活与科学的问题。它同“基础学力论争”重叠在一起，形成了如下的论点。

二战后初期编制的《学习指导要领一般篇（草案）》关注儿童的生活与经验，主张“倘若不是出于青少年自身提出的目的并满足自身要求的活动，就不可能有真正的知识和真正的技能”，从而创设了“社会科”和“自由研究”。然而，却引来了激烈的抨击：在这种“问题解决学习”中，轻视、忽视学力的客观侧面——“教育内容”的系统组织，或者仅仅停留于生活知识的层面。以这种论争为契机，支撑“新教育”的“核心课程联盟”开始了种种理论与实践的探索。不过，时代的趋势显然是从“问题解决学习走向系统学习”。

20世纪60年代前后，出现了教育内容现代化的趋势。学校授业的内容落后于“知识爆炸”的时代，要求以现代的学术内容与方法从根本上改造教育内容。从“学力”中的生活与科学的问题来说，“问题解决学习”与“现代化”各自主张“生活知识”与“科学知识”的绝对性。“问题解决学习”在“唯有‘生活知识’的持续发展，才谈得上‘科学知识’的形成”的主张下，轻视了“科学知识”的意义；而“现代化”在“借助‘科学知识’来变革‘生活知识’”的主张下，无视了“生活知识”的价值。

围绕这个论题，东井义雄从教育现场的角度，就源于“学力的普遍性”的“学科逻辑”与基于“学力的地域性”的“生活逻辑”的关系，提出了精辟的见解。他说：“普遍适用的价值体系在儿童的‘生活’中被消化，才能成为‘学力’。价值本身并不就是‘学力’。”因此，“授业这一事件，与其说是交织着生活逻辑与教材逻辑，不如说，是在儿童相互地磨砺生活逻辑的过程之中推进基于生活逻辑的学科逻辑的主体化和血肉化的”。[11]从这种“基于生活逻辑的学科逻辑的主体化”的主张，可以引申出两个含义。其一，儿童是拥有自身生活经验的存在。儿童是基于这种“逻辑”对环境做出选择性地参与的，从某种意义上说，是有作为的存在。其二，要使得科学知识主体化，就得使儿童以熟悉的“生活逻辑”来消化“学科逻辑”，通过这种过程，进一步丰富生活知识。这对于我们揭示学力形成中的“生活知识”与“科学知识”的辩证关系，意义重大。

（三）学力中的态度问题

学力中的科学与生活问题的论争最终导致“活生生学力”的结构的阐明。这就引申出第三个论题——学力中的态度问题。其代表性的研究就是广冈亮藏的学力模型研究（《何谓学力、基础学力》，1964年）。广冈亮藏以“高度科学的学力，而且是活生生的发展性的学力”来加以概括。所谓“高度科学的学力”是针对二战后所谓的“经验教育”、“偏重主体性知识，而忽略了知识的抽象性（概念）、知识的客观性（文化遗产）、知识的系统性（逻辑结构）”提出来的。所谓“活生生的发展性的学力”则是针对批判“经验教育”的“科学主义教育”的问题所在提出来的，它把“经验教育”的积极方面——知识的主体掌握、行为性知识等也全盘否定了。所谓“活生生的学力”是一种内化了的带有应用力的能力，并且鉴于“态度主义问题解决学习”与“知识主义系统学习”的利弊，提出了由知识层与态度层组成的双层学力结构模型。

广冈亮藏的学力模型很好地梳理了二战后初期的学力论争，不过，针对广冈亮藏的学力模型的核心课题——“高度科学的学力”与“活生生的发展性的学力”的关系、“知识层”与“态度层”的关系，乃至“学力”与“人格”的关系结构，引起了批判。质言之，在意识活动中两者并不是“同根”的，而是“异根”的。这样，终究陷入了“态度主义”。中内敏夫抨击道，尽管广冈亮藏主张知识与态度是不可分割的一体，但他过低评价了“科学”与“艺术”所拥有的陶冶力，这样，不是又直接地向学习主体灌输对于“科学”与“艺术”来说是“外在”的、因而是非合理的“态度”吗？何谓“态度主义”成为20世纪60年代学力研究的焦点。中内敏夫提出了既有广冈亮藏的问题意识，又回避“态度主义”的学力模型。他主张，历来所谓的“态度”，无非是“习得”的教育内容通过主体充分地把握、呈现出“熟练”的面貌。换言之，某种知识、概念及其伴随的方法论是儿童经过生活知识与经验知识的冲突“习得”的，进而应用于实际情境，在再学习、再理解之中“熟练”起来的学习过程。这种“充分的理解能力”正是“活生生的学力”。

因此，批判“灌输式教育”并强调“关心、动机、态度”的“新学力观”，吸收了学力模型研究的成果，强调没有关心与动机的培育，就不能内化学力。学力的培育，受制于得到怎样的“知识与理解”的支撑，经过怎样的“思维与判断”。

（四）新四层结构的学力观

值得注目的是，在2008年的《学习指导要领》修订中提出了因应21世纪“知识社会”的新三层结构的学力观：第一层，基本的知识、技能的习得；第二层，运用知识、技能，旨在解决课题的思考力、判断力、表达力；第三层，自主学习的态度（学习意欲）。这三层结构不由地联想起广冈亮藏倡导的经典的“三层结构”。不过，第二层的“运用能力”的概念大体相当于“PISA测验”根据OECD的关键概念的视点出发所设定的评价内容。另外，增加了由“思考力、判断力、表达力”所建构起来的“运用能力”这厚厚的一层。因此，一般谓之“新三层结构的学力观”。[12]梶田叡一在“新三层结构论”的基础上，提出了“新四层结构学力”的解读，即“理解·记忆”（知识·技能）层——“探究”（思考力·问题解决力）层——“兴趣”（意欲）层、“体验”（感悟）层。[13]在他看来，“学力”的“冰山模型”的最下层是“体验”（因而产生“感悟”）；在其上层产生“兴趣”（因而形成某种“意欲”），它是受“兴趣”支撑的，从而出现“探究”活动（这就必然形成“思考力”或是“问题解决力”），形成可见的形态——“理解”或是“记忆”的活动。这样，正如学力的冰山模型所示的那样，所谓“学力的形成”，无非就是“体验·感悟”与“知识·理解”的一种“自下而上”、“自上而下”的双向活动过程。

伴随时代的发展，日本的“学力”概念从二战前倾向于“学科学力观”，到二战后初期一时占据上风的“实践学力观”，再到90年代以来的“回归”，勾画了一条明显的概念演进的轨迹。但这种“回归”并不是单纯地在传统的二元对立的两极之间的游荡，而是求得两种学力观之间的均衡。

参考文献：

[1]［日］东洋，等. 授业改革事典（第2卷）[M]. 东京：第一法规，1982：181—182.

[2]［日］奥田真丈，等. 现代学校教育大事典[M]. 东京：行政出版公司，1993：393—394.

[3]［日］梶田叡一. 教育评价理论[M]. 东京：金子书房，1994：86.

[4][6]［日］长尾彰夫，等.“学力低下”批判[M]. 东京：AS选书，2002：23—24，92—94.

[5]［美］诺丁斯. 学会关心——教育的另一种模式[M]. 于天龙译. 北京：教育科学出版社，2003：175.

[7][8]［日］加藤幸次，高浦胜义. 学力低下论批判[M]. 东京：黎明书房，2001：77—100，123.

[9]［日］广冈亮藏. 授业改造入门[M]. 东京：明治

图书，1969：3.

［10］［日］市川博. 战后学力论资料集（内部交流资料）［C］. 横滨国立大学教育人间科学部，2002.

［11］［日］现代教育科学［J］. 东京：明治图书，1960，(6).

［12］［日］日本教育方法学会编. 现代课程研究与教育方法学［M］. 东京：图书文化社，2008.41—42.

［13］［日］梶田叡一. 新学习指导要领的理念与课题［M］. 东京：图书文化社，2008.58—60.

教育信息技术

如何实现信息技术与教育的“深度融合”*

□ 何克抗（北京师范大学教授）

一、信息技术与教育“深度融合”观念提出的背景

2012年3月，我国教育部发布了《关于印发〈教育信息化十年发展规划（2011—2020年）〉的通知》（《教育信息化十年发展规划（2011—2020年）》，以下简称为《规划》），开头直接引用了《教育规划纲要》中首次提出的重大命题——“信息技术对教育发展具有革命性影响，必须予以高度重视”，并以此作为《规划》制定与实施的总纲。

在“总纲”之后，是关于“教育信息化的意义”和“实现教育信息化的途径与方法”的阐述。

教育信息化的意义，是要“以教育信息化带动教育现代化，破解制约我国教育发展的难题，促进教育的变革与创新”（过去的提法是“促进教育的改革与发展”），所以是“实现我国教育现代化宏伟目标不可或缺的动力与支撑”。

实现教育信息化的途径与方法，是指要充分利用和发挥现代信息技术优势，实现信息技术与教育、教学的深度融合。事实上，这也正是能够让信息技术对教育发展真正产生革命性影响的具体途径与方法。信息技术应与教育“深度融合”，这是《规划》中首次提出的全新观念，曾先后出现十次以上，可见它具有异乎寻常的重要性。

为实现教育信息化的目标，即通过教育信息化带动教育现代化，以达到促进各级各类教育变革与创新的目标，国际上传统的途径与方法是：实施“信息技术与课程整合”（也称“信息技术与学科教学整合”）。现在，《规划》放弃这一传统说法，而提出信息技术应与教育“深度融合”的全新观念，并认为这才是实现上述教育信息化目标的有效途径与方法，其根据何在？这只有从“信息技术与教育深度融合”的内涵、实质去探寻，才有可能弄明白。

为此，我们需要先考察信息技术与教育“深度融合”观念提出的背景及它同传统的信息技术与课程“整合”观念有哪些不同。

众所周知，人类社会自20世纪90年代开始进入信息时代以来，以多媒体计算机与网络通信为标志的信息技术日益广泛地应用于人们的工作、学习与生活的方方面面，并在经济、军事、医疗等领域产生了革命性影响。但令人遗憾的是，在信息技术取得这些重大成效的同时，在教育领域的应用却不显成效，大多数仍只停留在手段、方法的应用上，对于教育生产力的提升（大批创新人才的培养），似乎可有可无，而非必不可少的因素，更谈不上对教育发展产生革命性影响。原因在哪里呢？

著名的“乔布斯之问”，提出的也是这样的问题——“为什么计算机改变了几乎所有领域，却唯独对学校教育的影响小得令人吃惊?!”[1]

长期以来，国际上曾有许多专家学者对此进行过研究与探讨，都无功而返。只有2010年11月发布的《国家教育技术计划2010》（National

* 原载《课程·教材·教法》2014年第2期。

Educational Technology Plan 2010，简称为NETP2010；从1996年以来，美国已先后四次发布教育技术计划，2010年发布的是最新一轮）[2]，通过认真回顾和总结近三十年来企业部门应用技术的经验与教训，并与教育领域应用技术的现状作对比，才发现问题的症结所在，从而引出一个全新命题：

“教育部门可以从企业部门学习的经验是，如果想要看到教育生产力的显著提高，就需要进行由技术支持的重大结构性变革（fundamental structural changes），而不是渐进式的修修补补（evolutionary tinkering）”（下面把这一命题简称为“教育系统结构性变革”命题）。

由于这一命题与信息技术能否对教育发展产生革命性影响密切相关，事实上，能否运用信息技术实现教育系统的重大结构性变革，正是信息技术能否对教育发展产生“革命性影响”的根本原因所在，所以应当引起我们的高度关注。

这里想要说明的是：从历次发布的美国国家教育技术计划的内容看，NETP2010是关于美国教育系统中的各个领域，并涉及教育系统中所有组成要素的最全面、最系统的教育发展计划，其丰富内涵、重大意义与深远影响，在我国只有《教育规划纲要》能与之相比。

迄今为止，从国际范围来看，以美国为代表的西方学者，对于信息技术在教育领域的应用（或“信息技术与学科教学整合”），历来都是只从改变“教与学环境”或改变“教与学方式”的角度（顶多也只是从同时改变“教与学环境”和“教与学方式”的角度）去阐述信息技术在教育领域的意义与作用，去定义“信息技术与课程整合”的内涵、实质，因而都未能抓住问题的本质与关键。

只有NETP2010，通过回顾和总结近三十年来企业部门应用信息技术的经验与教训，并与教育领域应用技术的现状作对比，才最终认识到，信息技术在教育领域的应用之所以不显成效（或者说，信息技术对教育发展未能真正产生出革命性影响），其问题出在：教育系统没有实现用信息技术支持的重大结构性变革，只是将信息技术应用于改进教学手段、方法这类“渐进式的修修补补”上，或者是只关注了如何运用技术去改善“教与学环境”或“教与学方式”。总之，没有触及教育系统的结构性变革。

这就是《规划》放弃传统的“信息技术与课程整合”，而倡导与教育“深度融合”的全新观念的特定背景——希望找到一种新的、能实现教育信息化目标的有效途径与方法，以解决长期以来信息技术在教育领域的应用不显成效的问题。

了解这一特定背景以后，我们再来看看“深度融合”的观念和传统“整合”的提法到底有哪些不同？

既然用“深度融合”取代“整合”的目的是想要真正触及教育系统结构性变革（而不是只用于改进教学手段、方法这类“渐进式修修补补”），那么，“深度融合”与传统“整合”的根本区别就在于：“深度融合”要求实现教育系统的结构性变革，而“整合”不要求，也不关注这种变革。

二、“教育系统结构性变革”的确切内涵

教育系统结构性变革又是指什么呢？教育系统包含“学校教育”、“家庭教育”、“社会教育”、“终身教育”等多个组成部分，但其最重要、最核心的是“学校教育”——广大青少年的知识技能与思想品德主要靠学校培养。既然学校教育系统是整个教育系统的主体与核心，那么，“教育系统结构性变革”的关键及主要内容，显然应当是“学校教育系统的结构性变革”。

为了认识和理解“学校教育系统的结构性变革”的具体内涵，我们先来看看下面的简单逻辑推理：

> 由于课堂教学是学校教育的主阵地（也是除远程教育以外，各级各类教育的主阵地），所以“课堂教学”应当是“学校教育”的核心内容；
>
> 既然“课堂教学”是“学校教育”的最主

要内容，那么“课堂教学结构”自然就应当是“学校教育系统的主要结构”；

既然“课堂教学结构”是“学校教育系统的主要结构”，那么，实现了“课堂教学结构的变革”自然就等同于实现了学校教育系统的最主要的“结构性变革”。

上述简单逻辑推理表明，“学校教育系统结构性变革”的具体内涵就是要实现课堂教学结构的根本变革。

那么，“课堂教学结构的变革”又是指什么呢？在我们中国学者提出的“信息技术与课程深层次整合理论”中，为“信息技术与课程整合”给出的定义为（这一定义早在十年前就已正式给出）：

所谓信息技术与课程整合，就是通过将信息技术有效地融合于各学科的教学过程来营造一种信息化教学环境，实现一种既能充分发挥教师主导作用又能突出体现学生主体地位的以“自主、探究、合作”为特征的新型教与学方式，从而把学生的主动性、积极性、创造性较充分地发挥出来，使传统的课堂教学结构发生根本性变革——由教师为中心的教学结构转变为“主导—主体相结合”的教学结构。

这一定义包含三个基本属性：营造信息化教学环境；实现新型教与学方式；变革传统的课堂教学结构。只有紧紧抓住这三个基本属性，才有可能正确理解信息技术与课程整合的内涵，才能真正把握信息技术与课程深层次整合的实质。

这三个基本属性并不是平行、并列的：

营造信息化教学环境是信息技术与课程整合的基本内容（所谓信息化教学环境，是指能够支持真实的情境创设、启发思考、信息获取、资源共享、多重交互、自主探究、协作学习等多方面要求的教与学方式的教学环境）；

实现以“自主、探究、合作”为特征的新型教与学方式则是一节“整合”课的具体目标；

有了新型的教与学方式，再加上正确教育思想观念的指导和相关教学资源的支持，才有可能实现下述最终目标：变革传统的课堂教学结构是“信息技术与课程整合”的最终目标——将教师主宰课堂的“以教师为中心”的传统课堂教学结构，转变为既能充分发挥教师主导作用，又能突出体现学生主体地位的“主导—主体相结合”的课堂教学结构（而课堂教学结构的变革正是“学校教育系统结构性变革”，也就是整个“教育系统结构性变革”的最核心内涵）。

由此可见，深度融合的实质与落脚点是要变革传统课堂教学结构——将教师主宰课堂的“以教师为中心”的传统教学结构，改变为既能充分发挥教师主导作用，又能突出体现学生主体地位的“主导—主体相结合”教学结构（如上所述，课堂教学结构的变革正是“教育系统结构性变革”的最核心内涵）。

国内外的经验告诉我们：教育信息化若不紧紧抓住“改变传统课堂教学结构和建构新型课堂教学结构”这个中心，是不会有成效的，是要付出代价的。——这是一条铁的定律，也是中国人在教育信息化领域发现的一条重要规律。不管是个人、社会，还是国家，谁要是忽视或违背这一规律，都要付出代价，而且是非常沉重、高昂的代价。

三、实施“教育系统结构性变革”的基本思路

既然“课堂教学结构的变革”就是“学校教育系统结构性变革”的核心内涵，而如上所述“学校教育系统结构性变革”又是“教育系统结构性变革”的最重要内容，那么，实施“教育系统结构性变革”的基本思路，当然就是要根本变革课堂教学结构。

对于中国的国情来说，这种结构性变革的确切内涵，就是要将教师主宰课堂的“以教师为中心”的传统教学结构，改变为既充分发挥教师主导作用，又突出体现学生主体地位的“主导—主体相结合”的教学结构。

对于美国的国情来说，这种结构性变革的确切

内涵略有不同，是要将片面强调“以学生为中心”而忽视教师主导作用的传统教学结构，改变为既充分发挥教师主导作用，又突出体现学生主体地位的“主导—主体相结合”教学结构。这才是问题的本质与关键所在，也正是NETP2010最为关注且强烈希望实施“教育系统结构性变革”却又尚未找到如何去实施这种“结构性变革”的答案所在。

四、“教育系统结构性变革”的应对举措

在对“教育系统结构性变革”的确切内涵有了正确的认识与理解，并且厘清实施的基本思路以后，就能顺理成章地找到实施“教育系统结构性变革”的应对举措。这个应对举措就是要“根本改变课堂教学结构，并在此基础上实现教育质量的显著提升”。事实上，贯彻实施这个应对举措的过程，正是信息技术与教育实现深度融合的过程。这一融合过程包含三个环节。

（一）深刻认识课堂教学结构变革的具体内容

教学结构的变革不是抽象的、空洞的，它具体体现在课堂教学系统四个要素（教师、学生、教学内容和教学媒体[3]）的地位和作用的改变上，也就是——

教师要由课堂教学的主宰者和知识的灌输者，转变为课堂教学的组织者、指导者，学生建构意义的帮助者、促进者，学生良好情操的培育者。

学生要由知识灌输的对象和外部刺激的被动接受者，转变为信息加工的主体、知识意义的主动建构者和情感体验与培育的主体。

教学内容涉及“课程、教材和教学资源”三个方面，前两个方面的变革有赖有关行政领导部门，第三方面则要依靠行政领导、学校教师和企业部门的共同努力。总之，课程和教材必须适应社会发展和青少年身心健康成长的需求，为此必须不断进行改革。教学内容要由只是依赖一本教材，转变为以教材为主，并有丰富的信息化教学资源（例如学科专题网站、资源库、案例、光盘等）相配合。

教学媒体要由只是辅助教师突破重点、难点的形象化教学工具，转变为既是辅助教师“教”的工具，又是促进学生自主“学”的认知工具、协作交流工具与情感体验及内化的工具。

（二）实施能有效变革课堂教学结构的“教学模式”

要想将上述课堂教学结构的变革，即课堂教学系统四个要素地位、作用的改变，真正落到实处，只有通过任课教师在课堂教学中设计并实施相关的教学模式才有可能。为此，应在不同学科中采用能实现课堂教学结构变革要求的创新“教学模式”。下面以“语文、数学、英语”三科为例。

1. 小学语文学科低年段的“教学模式”

能实现小学语文低年段（1—3年级）课堂教学结构变革要求的较理想“教学模式”，若是从教学过程的时间安排看，可称为由两个阶段组成的“2—1—1模式”，若是从所包含的教学环节来划分，则可称为“识字、阅读、写话三位一体”教学模式。其实施要领如下。

（1）前20分钟左右主要通过发挥教师主导作用，来达到课文教学目标的基本要求。

（2）后20分钟左右主要通过促进学生自主学习、自主探究，来巩固、深化、拓展对课文教学目标的要求。其中，前一半主要是“扩展阅读”，后一半则主要是“写话练习”。对于认知类教学目标，这后20分钟左右可以巩固、深化对当前所学知识技能的理解与掌握；对于情感类教学目标，则可以促进学生完成对情感态度与价值观的感悟、体验与内化，特别有利于良好思想品德及综合素质的培养。

2. 小学与初中阶段英语学科的“教学模式”

能实现小学与初中阶段英语课堂教学结构变革要求的较理想“教学模式”，若是从教学过程的时间安排看，可称为由三阶段组成的“1—1—1模式”，若是从所包含教学环节来划分，则可称为“言语交际为中心”教学模式。其实施要领如下。

（1）重视“教师引导的师生对话”。在低年段的英语教学模式下，教师引导的师生对话要同时完成“授新课”（不论教新单词还是新句型均要运用这种方式）和为学生两两对话“做示范”这两项任

务，而不是只完成“授新课”这一项任务。

（2）重视“邻座两两对话”。“邻座两两对话”有最大的参与度，能最有效地提高学生的听、说能力，从而把提高学生口语交际能力的要求落到实处。但是对于小学低年段英语水平零起点的学生来说，在课堂上“说什么”以及“怎么说”是个大难题，这就要靠“教师引导的师生对话”来做示范，并且“邻座两两对话”与“教师引导的师生对话”密切配合才有可能解决这个难题。

（3）重视“扩展听读”。应从两个方面落实这一环节：一是要提供生动有趣并与课文内容密切配合的听读材料，而且每篇课文都要配合4—5篇扩展听读材料；二是要通过教学设计保证课上有较充裕的时间（10分钟以上），让学生听完这些材料。

3. 小学高年段及初中数学学科“教学模式”

能实现小学高年段及初中数学课堂教学结构变革要求的较理想“教学模式”，若是从教学过程所包含的教学环节来划分，可称为由五个环节组成的“教师主导下的探究模式”。其实施要领如下。

（1）创设情境。教师创设与当前学习主题密切相关的真实情境，以激发学生的学习兴趣，并把全班学生的注意力吸引到当前学习主题上来。

（2）启发思考。教师提出与当前学习主题密切相关，并能引起学生深入思考的问题（这些问题可以用于引入新授的知识，也可以用于拓展、迁移当前所学的新知识）。

（3）自主（或小组）探究。由学生运用认知工具对教师提出的问题进行自主（或小组）探究。因不同学科所用的认知工具类型不相同，探究内容可以围绕新授知识，也可以用于拓展、迁移原有知识。

（4）协作交流。在小组之间或在全班范围进行协作交流。协作交流内容可以围绕新授知识，也可以用于拓展、迁移原有知识。

（5）总结提高。在个人总结和小组总结基础上，教师加以补充与升华，使学生的认识由感性上升到理性，由浅层认知达到深层认知。

仔细分析上述各种教学模式，不难看出，尽管实施的具体环节、操作方式有所不同，但都非常关注并力图实现课堂教学系统四个要素地位与作用的改变，也就是要努力实现课堂教学结构的根本变革。

（三）在根本变革课堂教学结构的基础上实现学科教学质量与学生综合素质的显著提升

要根本改变传统的课堂教学结构，除了要有一整套有效的教学模式与教学方法以外，还要开发出相关的学习资源（以便作为“认知工具、情感体验与内化工具”来支持学生的自主学习与自主探究），并在信息化教学创新理论指导下将这套教学模式、方法与学习资源，通过系统的教师培训，切实运用于课堂教学过程。只有这几个方面都做到了，才有可能真正改变传统的课堂教学结构，从而实现各级各类教育在质量方面的大幅提升。

自进入21世纪以来，我们在全国范围的二十多个试验区（其中多半是在中西部偏远、贫困的农村地区）近四百所中小学开展了旨在大幅提高各学科教学质量与学生综合素质的“基础教育跨越式发展创新试验研究”。经过整整13年的实践、探索，现已取得显著成效，从而在国内外产生了越来越大的影响。事实上，这种能达到基础教育质量大幅提升目标（也就是能够让信息技术对教育发展真正产生“革命性影响”）的“跨越式发展”创新试验，就是在信息化教学创新理论的指引下，通过根本变革传统课堂教学结构来实现的。

可见，能否实现“信息技术与教育的深度融合”，也就是能否让信息技术对教育发展真正产生“革命性影响”，唯一的衡量标准就是：传统的课堂教学结构改变了没有（教学系统四个要素的地位、作用改变了没有）？如果是，改变的程度有多大？

参考文献：

［1］桑新民，李曙华，谢阳斌．“乔布斯之问”的文化战略解读——在线课程新潮流的深层思考［J］．开发教育研究，2013（3）：30—41．

［2］http://www.ed.gov/technology/netp-2010.

［3］顾明远．教育技术学与二十一世纪的教育［J］．中国电化教育，1995（8）：38—41．

信息技术推动教育创新发展*

□ 杨宗凯（华中师范大学教授）
□ 吴　砥（华中师范大学教授）

信息化不仅改变了人们的生产生活方式，而且改变了学习方式，促进了教育的全面变革。灵活、个性化的信息化学习环境，开放的教育资源服务平台，以及自主网络学习模式，对促进教育改革和发展、构建学习型社会文化有重大意义。十八届三中全会公报明确要求："构建利用信息化手段扩大优质教育资源覆盖面的有效机制，逐步缩小区域、城乡、校际差距。"刘延东同志在2012年9月全国教育信息化工作电视电话会议的讲话中明确指出："在教育大国向教育强国迈进的进程中，加快教育信息化既是事关教育全局的战略选择，也是破解教育热点难点问题的紧迫任务。"教育信息化已成为我国国民经济和社会信息化的重要组成部分，是构建现代国民教育体系、形成学习型社会的必由之路。

一、教育信息化的发展背景

（一）引言

信息技术深度渗透到社会各行业，对经济社会发展产生了深刻影响。信息技术融入传统制造业，形成高效、智能、环保的新型制造工艺，以信息技术为基础的3D打印技术给制造业发展带来了革命性影响。依托信息技术开发的综合交通运输信息平台和基于物联网的现代物流信息系统，促进了物流行业的整体创新。信息技术还促进了医疗、交通、农业、金融等各行业的蓬勃发展。

信息化是充分利用信息技术，开发利用信息资源，促进信息交流和知识共享，提高经济增长质量，推动经济社会发展转型的历史进程（《2006—2020年国家信息化发展战略》）。党的十八大报告首次将信息化与新型工业化、城镇化、农业现代化一道列为我国"新四化"建设的重要内容，可以看出，信息化建设已提升到国家战略层面，成为我国经济社会建设的一项重要战略任务。

（二）国际教育信息化发展状况

世界主要发达国家和部分发展中国家都将教育信息化作为提高全民素质、增强创新能力和国家竞争力的重要战略，各国纷纷从国家战略层面制定本国的教育信息化发展规划，并实施一系列重大项目，统筹教育信息化的各方面发展（如表1所示）。

表1　部分国家教育信息化重大政策

国家	教育信息化重大政策
美国	1996年，美国教育部，《使美国学生做好进入21世纪的准备：迎接技术教育的挑战》

* 原载《中国教育科学》2014年第2辑。

续表

国家	教育信息化重大政策
美国	2000年，美国教育部，《数字化学习：让所有的孩子随时随地都能得到世界一流的教育》 2005年，美国教育部，《迈向美国教育的黄金时代：因特网、法律和当代学生变革展望》 2010年，美国教育部，《变革美国教育：技术助力学习》
英国	2005年，英国教育和技能部，《e-Strategy战略》 2005年，英国教育和技能部，《利用信息技术促进教学方式和儿童服务的转变》 2008年，英国教育传播和技术署，《利用技术：下一代学习运动》 2009年，英国高校联合信息系统委员会，《JISC 2010—2012战略》
韩国	1996年，韩国教育部，《第一阶段教育信息化综合计划》 2001年，韩国教育部，《第二阶段教育信息化综合计划》 2006年，韩国教育部，《第三阶段教育信息化综合计划》 2010年，韩国教育部，《第四阶段教育信息化综合计划》 2011年，韩国教育科学技术部和国家信息化战略委员，《智能教育推进战略》
日本	2002年，日本IT战略总署，《e-Japan重点计划》 2004年，日本总务省，《u-Japan战略》 2009年，日本IT战略总署，《i-Japan战略2015》 2010年，日本文部省，《教育信息化指南》
新加坡	1997年，新加坡教育部，《教育信息化一期规划（1997—2002）》 2003年，新加坡教育部，《教育信息化二期规划（2003—2008）》 2009年，新加坡教育部，《教育信息化三期规划（2009—2014）》
印度	1998年，印度"国家信息技术特别工作组"，《印度信息技术行动计划》 2010年，印度人力资源发展部，《国家教育信息化战略规划》

美国历来重视现代信息技术在教育教学领域中的应用，强调要运用信息技术来促进教育的改革与发展。自1996年到2010年，根据不同时期的发展任务和所处的局势，美国教育部先后制定了四个利用信息技术推动教育发展的纲领性文件——《国家教育技术计划》(NETP)，其中，2010年11月发布的最新一部《国家教育技术计划2010》(NETP2010)①题为"变革美国教育：技术助力学习"。NETP2010明确提出了"技术支持下的21世纪学习模型"，内容涉及学习、评价、教学、基础设施和教育生产力五个方面。

21世纪以来，英国政府先后出台多项政策支持教育信息化发展。2005年3月，发布了《利用信息技术促进教学方式和儿童服务的转变》②，提出利用信息技术和数字化学习促进教学的转变，建立协调合作系统，提高教育效率和效益。2008年7月，英国教育传播和技术署（BECTA）启动了"利用技术：下一代学习运动"战略。③ 英国高校联合信息系统委员会（JISC）于2009年发布了

① National Education Technology Plan 2010: Transforming American Education-Learning Powered by Technology [EB/OL]. http://www.ed.gov/sites/default/files/NETP-2010-exec-summary.pdf.

② UK. Department for Education and Skills. Harnessing Technology: Transforming Learning and Children's Services.

③ BECTA. Harnessing Technology: Next Generation Learning 2008—2014 [EB/OL]. http://dera.ioe.ac.uk/8287/.

《JISC 2010—2012 战略》（以下简称《JISC 战略》）这一具有代表性意义的教育信息化战略规划文件①，明确了英国后义务教育阶段教育信息化未来投资的四个关键领域，即教学与学习、创新型研究、高效组织机构和资源共享。

韩国教育信息化建设在国际上处于较高水平。自 1996 年起，韩国共发布了四期教育信息化行动计划。第一期教育信息化行动计划的实施时间从 1996 年到 2000 年，主要目标是构建基础设施；第二期从 2001 年到 2005 年，主要目标是推进信息技术的教育应用；第三期从 2006 年到 2010 年，主要着眼于推动教育改革和推进教育科研信息服务；第四期从 2011 年到 2015 年，主要强调实现创造性教育学习。韩国教育信息化的发展重点也逐步从骨干网络的建立、基础设施和互联网的建设和使用发展到数字化学习环境、智能学习环境的建设。韩国教育科学技术部和国家信息化战略委员会于 2011 年 6 月 29 日颁布了《智能教育推进战略》。其具体举措包括：开发和应用电子课本，增强教师智能教育实践能力，发展教学和学习新模式，构建在线学习和评价体系，推广基于云计算的教育服务等。②

可以看出，信息化对教育发展的重要作用已经得到广泛认同，世界各国对教育信息化发展十分重视，将其视为推动教育事业发展的重要抓手。

（三）信息技术发展及其对教育的影响

信息技术的快速发展与创新，以及对教育行业的不断渗透，使信息技术对教育发展的革命性影响日益显现出来，逐步引发由量变到质变的过程，成为推动教育变革的重要引擎。

美国新媒体联盟（NMC）从 2004 年开始每年发布《地平线报告》（*Horizon Report*）③，对各项信息技术在教育中的应用趋势和前景进行分析，是国际教育信息技术发展趋势预测的权威信息来源之一。其历年趋势预测情况如表 2 所示。

表 2 《地平线报告》对信息技术应用于教育领域的趋势预测（2004—2013 年）

年份	1 年内采用		2—3 年采用		4—5 年采用	
2004	学习对象	矢量图	快速原型	多模态界面	境觉计算	知识 Web
2005	拓展学习	泛在无线	智能搜索	教育游戏	社交网/知识 Web	境觉计算/增强现实
2006	社会计算	个人广播	便携电话	教育游戏	增强现实/可视化	境觉环境与设备
2007	用户自创内容	社交网	移动电话	虚拟世界	数字学术发表	众量玩家游戏
2008	草根视频	协同 Web	移动宽带	数据混搭	集体智能	社会操作系统
2009	移动个人终端	云计算	数字地理	个人 Web	语义觉知应用	物联网
2010（高教）	移动计算	开放内容	电子书	简单增强现实	基于动作的计算	可视化数据
2010（基教）	云计算	协作环境	基于游戏的学习	移动学习	增强现实	柔性显示

① Joint Information Systems Committee. JISC Strategy 2010-2012［EB/OL］. http://www.jisc.ac.uk/aboutus/strategy.aspx.

② 韩国教育学术情报院：《2012 韩国教育信息化白皮书》，http://english.keris.or.kr/es_ac/es_ac_210.jsp。

③ New Media Consortium. Horizon Report［EB/OL］. http://www.nmc.org/horizon-project/.

续表

年份	1年内采用		2—3年采用		4—5年采用	
2011	电子书	移动学习	增强现实	基于游戏的学习	基于动作的计算	学习分析
2012（高教）	移动应用	平板电脑	基于游戏的学习	学习分析	基于动作的计算	物联网
2012（基教）	移动设备与应用	平板电脑	基于游戏的学习	个人学习环境	增强现实	自然用户界面
2013（高教）	大规模在线开放课程	平板电脑	游戏与游戏化	学习分析	3D打印	可佩戴技术
2013（基教）	云计算	移动学习	学习分析	开放内容	3D打印	虚拟远程实验室

从《地平线报告》的预测可以看出，信息技术虽然种类繁多，但其在教育领域的应用趋势和普及过程有规律可循。结合当前信息技术的发展状况，以及教育信息化的自身发展需求可以看出，在今后一段时间内有六大关键技术领域的创新是最值得关注的，这六大领域是云计算技术的应用、移动互联网的普及、社交网络服务的兴起、物联网的构建、数字化制造的进步、大数据技术的成熟。此外，还有两个信息技术与教育结合的典型产物，即电子课本和大规模在线开放课程值得关注。

1. 云计算

云计算（Cloud Computing）通过一种基于互联网的计算方式共享软硬件资源和信息，通过使用大规模的数据中心以及功能强劲的服务器来运行网络应用程序与网络服务，任何用户都可以通过合适的互联网接入设备以及一个标准的浏览器访问一个云计算应用程序。① 美国国家标准与技术研究所（NIST）指出：云计算有五个关键特征，即按需自助服务、广阔的互联网访问、资源池、快速伸缩和可度量的服务；有三个服务模型，即软件即服务（Software as a Service，SaaS）、平台即服务（Platform as a Service，PaaS）和基础设施即服务（Infrastructure as a Service，IaaS）；有四种部署模型，即私有云、社区云、公有云和混合云。②

教育云是未来教育信息化的基础架构，建设国家教育云是我国教育信息化发展的必然要求。③ 基于云计算技术建设教育资源公共服务平台和教育管理公共服务平台，已成为我国教育信息化发展的既定选择。

2. 移动计算

移动计算（Mobile Computing）随移动通信、互联网、数据库、分布式计算等技术的发展而兴起，能为用户提供及时优质的资源及共享服务。随着个人智能终端的进一步普及和3G特别是4G技术的应用，移动互联网将在未来网络世界中居于核心地位。

基于移动计算的教育应用创新将会成为教育信息化创新发展的重要阵地。个人智能化移动学习终端将逐步取代个人计算机成为信息化学习终端的主要形态，以移动计算技术为基础的泛在学习环境也将广泛普及，成为信息技术变革学习方式的重要途径。

---

① Boss G，Malladi P，Quan D，Legregni L，Hall H. Cloud Computing. IBM White Paper，2007［EB/OL］. http://download.boulder.ibm.com/ibmdl/pub/software/dw/wes/hipods/Cloud_computing_wp_final_8Oct.pdf.

② NIST（National Institute of Standards and Technology）. The NIST Definition of Cloud Computing［EB/OL］. http://csrc.nist.gov/publications/nistpubs/800-145/SP800-145.pdf.

③ 张纲、王珠珠：《国家基础教育云建设与应用》，《中国教育信息化》2013年第3期。

3. 社交网络服务

社交网络服务（Social Networking Service）主要是基于互联网提供多种用户交互方式，如聊天、寄信、影音、文件分享、博客、讨论组群等，并在此基础上构建在线社区，为人类的信息交流与分享提供了新的途径。社交网络服务的兴起，正在并持续改变人类交流、沟通、协作乃至交往的方法和方式，对人类的学习、生活、生产必将产生深远的影响。

在教育领域，社交网络服务技术可以为个人学习空间的建设和应用提供良好支持，为推广连接式教学模式提供基础环境，使物理学习空间和虚拟学习空间无缝衔接，真正实现以学习者为中心的学习。

4. 物联网

物联网（The Internet of Things），通俗地说就是物物相连的网络，是利用传感器、射频识别、二维码等作为感知元件，需要通过基础网络来实现物与物、人与物的互联。① 物联网将物体与物体联系起来，实现物体与物体之间的沟通与对话，进而实现世界的数字化。物联网技术的成熟，将为物理世界和网络世界的无缝衔接奠定基础。

物联网在教育领域有广泛应用前景，在家校通、一卡通、智慧校园、智慧教室等领域都大有用武之地，是构建智慧课堂、智慧学校、智慧学习环境的重要基础。

5. 数字化制造

以新材料、新能源、智能软件、3D 打印为核心的一系列新兴技术和产业，正在引发新一轮的工业革命，这就是制造业的数字化，也称为数字化制造。数字化制造是指在数字化技术和制造技术融合的背景下，并在虚拟现实、计算机网络、快速原型、数据库和多媒体等技术的支持下，根据用户需求，迅速对产品信息、工艺信息和资源信息进行分析、规划和重组，实现对产品设计和功能的仿真以及原型制造，进而快速生产出满足用户需求的产品。数字化制造的兴起，将像历次工业革命一样，极大改变人类对生产资料的占有和使用方式，对创新型人才的培养以及个人对个性化学习的需求与服务的获取都提出了新的要求，从而给教育带来了新的机遇和挑战。

6. 大数据

大数据（Big Data）是指无法在可容忍的时间内用传统 IT 技术和软硬件工具对其进行感知、获取、管理、处理和服务的数据集合。② 大数据一般具有四大特点（4V 特性）：规模性（volume）、多样性（variety）、高速性（velocity）和真实性（veracity）。围绕处理大数据的数据收集、存储、处理、分析以及服务提供的一系列技术就统称为大数据技术。

大数据技术的成熟和应用，将为数字教育服务业向智能化、个性化方向发展提供重要技术支持。云计算、移动计算等技术的发展催生了大数据时代的到来，逐渐改变了传统的信息系统架构与数据存储、管理方式，在知识服务、知识创造、知识组织及知识存储等方面有广阔的应用空间，以大数据技术为基础开展知识挖掘、数据分析、学习效果评价等服务具有前所未有的巨大优势。

7. 电子课本

电子课本包括现有教材、参考书、练习册、词汇术语等内容，充分整合了视频、动画、虚拟现实等多种表现形式，并可实现多种互动功能，以满足不同特点和学习水平学生的需求。电子课本依托多种 ICT 设备，可以实现与课堂智能教育平台的实时互动，从而有助于学生学习。当前，世界正进入

① 邬贺铨：《物联网的应用与挑战综述》，《重庆邮电大学学报（自然科学版）》2010 年第 5 期。

② 李国杰、程学旗：《大数据研究：未来科技及经济社会发展的重大战略领域——大数据的研究现状与科学思考》，《中国科学院院刊》2012 年第 6 期。

"无纸书籍"学习的新时代，电子书已是未来教育应用的必然趋势。① 据克里夫兰市场咨询公司的调查报告，迄今世界上已有至少50个国家计划推广电子课本。在亚洲，韩国是推广电子课本力度最大的国家，计划2015年所有中小学普及电子课本，淘汰纸质课本。在美国，加利福尼亚、弗吉尼亚、佛罗里达等州的学区正在推行数字教科书。此外，日本、新加坡、马来西亚、土耳其、葡萄牙等国也正在开展电子课本实验教学。在我国上海、北京、成都、广州、大连等城市的中小学，均已经开始了电子课本和电子书包教学模式的实验和研究，我国香港教育局也支持并推动开展了"电子教科书市场开拓计划"②。

电子课本可以展现丰富的多媒体内容，能支持线性和非线性的组织结构，还具备良好的交互能力，内容更新也非常方便，相对于传统纸质课本拥有独特优势，因而具有良好发展前景。

8. 大规模在线开放课程

大规模在线开放课程（MOOC）是开放教育资源运动的新发展和突破，最初由加拿大学者戴夫·科米尔（Dave Cormier）与布赖恩·亚历山大（Bryan Alexander）提出。2012年，斯坦福大学、麻省理工学院、哈佛大学等名校发起的Edx、Coursera等大规模在线开放课程在全世界范围内引起巨大反响。以Edx为例，目前有超过20所名校加盟，包括北京大学、清华大学、香港科技大学等，仅电路与电子一门课程就有超过160个国家的15万名学生报告，学生年龄从14岁到74岁不等。

MOOC的快速崛起给我国教育带来了新的机遇与挑战。MOOC集中了世界名校的优质课程资源，拥有广泛影响力，吸引了数量庞大的国内用户。国内多所知名高校也纷纷采取措施积极应对，或者加入国际MOOC品牌，或者发展自己的MOOC平台。MOOC对基础教育的影响也正在逐步显现，并持续受到关注。

二、我国教育信息化的发展需求

（一）我国教育信息化的发展历程

20世纪90年代美国信息高速公路兴起，教育信息化的概念随之被提出。在美国的"信息高速公路"计划中，特别把信息技术的应用作为实施面向21世纪教育改革的重要途径。美国的这一战略计划引起了世界各国的积极反应，许多国家相继制订推进本国的教育信息化的发展计划。我国自20世纪90年代开始关注信息技术对社会发展的影响，政府的各种文件正式使用"教育信息化"这一概念，并高度重视教育信息化工作。③

教育信息化是一个不断演进的过程。它主要体现为在教育系统的各个领域充分利用信息技术，开发利用信息资源，促进信息交流与知识共享，改变传统模式，推动理念变革。20世纪70年代后期到90年代初期，我国电化教育的兴起和发展把投影、广播、电视等媒体手段引入教育领域，完成了由纸质媒体向视听教育阶段的转变。90年代中期，随着计算机网络的兴起，我国的电化教育正式进入了信息化教育阶段。④

根据我国教育信息化各阶段的发展特点，其发展历程可以分为以下四个阶段。

1. 以计算机辅助教学为起点的萌芽期

早在20世纪80年代，我国就开始在教育领域使用计算机辅助教学（CAI）。1986年，国家教委基础教育司成立"全国中小学计算机教育研究中心"，专门负责中小学CAI的应用与研究。同年，

① 祝智庭、郁晓华：《电子书包系统及其功能建模》，《电化教育研究》2011年第4期。

② 拓电子教材计划接86申请书［N/OL］. 香港《文汇报》，2012-09-26. http://paper.wenweipo.com/2012/09/26/ED1209260004.htm.

③ 规划编制专家组编：《〈教育信息化十年发展规划（2011—2020年）〉解读》，人民教育出版社2012年版，第6页。

④ 南国农：《从视听教育到信息化教育——我国电化教育50年》，《中国电化教育》2003年第9期。

在华东师范大学成立了“全国计算机辅助教育学会”，团结全国教育界推动学校CAI的理论研究和成果推广。90年代后，整个社会开始重视计算机辅助教育，教育界、学术界、出版界和计算机公司等纷纷参与到CAI软件的开发中。①

1994—1995年，我国开始建设中国教育和科研计算机网（CERNET），初步建成了连接分布在8个城市的10个主干网节点的CERNET主干网，接入108所高校。1998年，教育部颁布《面向21世纪教育振兴行动计划》，明确提出“实施‘现代远程教育工程’，形成开放式教育网络，构建终身学习体系”。同年9月，教育部正式批准4所高校作为现代远程教育首批试点高校，拉开了我国网络教育发展的序幕。

2. 以多媒体教学为主的建设发展期

“十五”期间教育部颁布《教育信息化“十五”发展纲要》和《2003—2007年教育振兴行动计划》，提出了实施“教育信息化建设工程”等举措。在此期间，教育信息化建设主要围绕加快教育信息基础设施、教育资源建设和信息技术在教育系统中的应用展开。

2000年，CERNET高速主干网建成覆盖全国20 000多公里的高速光纤传输网，传输速率达到2.5 Gbps。同时，国家继续支持“中国高等教育文献保障系统”公共服务体系二期建设。2003年，在国家发展改革委的主持下，由中国工程院牵头的“中国下一代互联网示范工程CNGI”启动，“211工程”重点专项“中国教育科研网格”也正式展开。同年4月，教育部高等教育司发布《教育部关于启动高等学校教学质量和教学改革工程精品课程建设工作的通知》，启动我国高等教育精品课程建设项目。该项目带动了我国数字化教学资源建设的第一个浪潮，在此期间开发了各门类、各专业的校、省、国家三级精品课程。

3. 以基础设施建设为中心的应用推进期

“十一五”规划提出了“实施科教兴国和人才强国”战略，并明确重点发展农村中小学现代远程教育等重点工程。本阶段教育信息化建设主要集中在完善国家教育信息基础设施，各级各类教育管理机构和学校教育电子政务建设，主干网络、省域和城域教育网络以及高校校园网建设。

2003—2007年实施的农村中小学现代远程教育工程，为中西部地区的23个省、自治区、直辖市以及新疆生产建设兵团配备了40.2万套教学光盘播放设备，覆盖中西部地区36万所农村中小学。② 2008年，CERNET组织实施上百所高校参加的CNGI试商用项目“教育科研基础设施IPv6技术升级和示范应用”。截止到2008年7月，CERNET的国内互联总带宽达到26.74 Gbps，全国高校已经全部建成校园网络，多媒体教室覆盖率达44.4%，48%的中小学建有多媒体教室，中小学平均师机比为19∶1。③

4. 以融合创新为目标的全新战略机遇期

我国教育信息化的发展已经上升到国家战略的高度。2010年3月，教育部发文成立了“教育部教育信息化（金教工程）领导小组”，主要任务是“积极推进教育电子政务快速发展……面向社会提供良好信息服务，进一步加强公共管理”。2012年3月，教育部正式发布《教育信息化十年发展规划（2011—2020年）》（以下简称《教育信息化规划》）。该文件提出了“三个基本、两个显著”的具体发展目标。在今后十年，教育信息化将进入一个深度应用、全面覆盖、融合创新的时代。

“三通两平台”是教育信息化“十二五”的核心目标和标志工程。教育部副部长杜占元同志在教育信息化试点工作座谈会上的讲话中有明确阐述：第一是要基本解决各级各类学校宽带网接入与基本

① 黎加厚：《从课件到积件：我国学校课堂计算机辅助教学的新发展》，《电化教育研究》1997年第3、4期。

② 规划编制专家组编：《〈教育信息化十年发展规划（2011—2020年）〉解读》，人民教育出版社2012年版，第17页。

③ 数据来源于2008年教育部教育改革和发展战略与政策研究重大课题“教育信息化建设与应用研究”的调研结果。

信息化学习环境建设的问题；第二是加强优质资源的建设与共享；第三是建设实名制的网络学习空间。

“三通两平台”建设旨在实现优质教育资源共享，创新教学模式，提高教育质量，促进信息技术与教育的深度融合。

总体而言，通过实施一系列重大工程和建设项目（如表3所示），我国教育信息化建设已经取得显著进展，为后续发展奠定了较好的基础。

表3 20世纪90年代中期以来我国教育信息化部分重大项目

开始时间	项目名称
1994年	中国教育和科研计算机网（CERNET）一期
1998年	中国高等教育文献保障系统（CALIS）
1999年	高校现代远程教育工程
1999年	教育信息化技术标准
2000年	中国教育卫星宽带传输网（CEBSat）一期
2001年	大学数字博物馆
2001年	国家基础教育资源库建设项目
2003年	中国下一代互联网示范工程（CNGI）
2003年	中国教育科研网格（ChinaGrid）
2003年	农村中小学现代远程教育工程（农远工程）
2005年	中小学教师教育技术能力建设项目
2007年	中国大学数字博物馆二期
2010年	金教工程
2012年	国家教育资源公共服务平台
2012年	三通工程

（二）我国教育信息化发展现状

1. 信息技术与教学融合水平不断提升

教育信息化应用是一项复杂的系统工程，其中最核心的因素是教学实践。目前，我国各级各类教育信息化应用水平不断提升，高校多媒体教室使用率超过80%，中小学也将近50%，高校多媒体辅助教学的课程比例超过70%。教学信息系统在中小学、职业学校和高校都有良好的普及和应用。

另外，信息技术与学科教学的融合应用也逐步普及。以基础教育为例，经常使用信息技术辅助教学的学科以语文、数学、英语三大主科为主，信息技术辅助教学比例都超过60%。①

2. 数字教育资源建设和应用逐渐普及

我国数字教育教学资源的建设已基本满足日常教学需求。大部分学校已拥有数量较多且形式多样的数字教学资源，广大教师在资源应用上具有一定的选择空间，资源的应用水平也得到了较大提升，各省或各地区建立了区域性的数字资源库和系统，可供教师选择使用。

由于我国教育发展水平存在区域、城乡、校际差距明显的问题，我国教育信息化建设从一开始就将优质数字资源的开发和共享应用作为重要任务，力求应用信息化促进教育均衡，缓解教育资源分布不均的“数字鸿沟”问题。目前，我国数字教育资源建设已经实现从无到有、从少到多的转变，正逐步实现从自建自享、自建共享到共建共享的转变。

3. 教育信息基础设施已有较好的基础

我国各级各类学校的信息化基础设施建设和应用已经基本普及，尤其是高等教育信息化总体上处于发展提升阶段。高校、中小学和职业学校在基础设施建设，特别是在个人计算机的普及、多媒体教室配备、互联网接入等方面已经达到一定水平，如表4②所示。

表4 各级各类学校典型指标对比

教育信息基础设施典型指标	高校	职业学校	中小学
师机比	1.37∶1	1.40∶1	1.86∶1
生机比	5.04∶1	5.15∶1	11.64∶1
多媒体教室占比	56%	43.16%	44.71%

可以看到，经过前期发展，各级各类学校教育信息基础设施配备情况已得到较大幅度提升，为构建人人皆学、时时能学、处处可学的学习型社会提

①② 数据来源于2013年教育部教育信息化战略研究基地（华中）的全国教育信息化发展状况调研结果。

供了基础。

4. 教育管理信息化水平明显提升

教育政务信息化水平全面提升。随着“金教工程”的实施，一批教育政务信息服务平台和业务系统投入使用，网络视频会议、网上招生录取、网上学历认证、网上就业服务等重大应用已全面普及，教育行政部门的政务信息化水平和各级各类学校的校务信息化水平均有明显提升。超过80%的单位建有政务公开专栏；超过60%的地方教育行政单位建设有邮件系统、信息发布与管理系统、财务管理系统、电子公文交换系统；超过40%的单位建设有单位内部公文流转系统、人事管理系统、设备资产管理系统、招生系统，业务实现信息化平均比例为41.8%。①

（三）我国教育信息化发展面临的问题

尽管前期发展取得了较大成果，但我国教育信息化依然面临很多有待克服的问题，甚至是艰难险阻。这需要从多个方面进行分析。②

从各级各类教育信息化的具体发展情况来看，由于各类教育现状不同、目标不同，基础教育、职业教育、高等教育和继续教育的信息化面临的问题和需求也不一样，如表5所示。在基础教育方面，实现公平、均衡是主要目标；而对于高等教育，实现优质教育、促进技术与教育深度融合是重点。

表5 我国各类教育信息化发展现状

教育类型	信息化发展现状
基础教育	基础设施薄弱，资源共建共享水平低，区域发展不均衡
职业教育	实践教学资源缺乏，产业对接水平较低，校校通尚未实现
高等教育	基础设施、资源建设初具规模，但质量有限，应用水平不高
继续教育	网络办学初步实践，资源积累基础薄弱，开放大学已经起步，但尚未壮大

从教育信息化共性要素角度分析，基础设施、资源与应用、管理信息化可分别类比于教育信息高速公路的“道路”、“车辆和货物”、“监管”和“养护”等环节，都存在不同程度的问题，如表6所示。

表6 我国教育信息化共性要素发展现状

信息化要素	发展现状
基础设施	天地网络初步成形，互联互通程度有限，宽带尚未普及
资源与应用	资源初具规模，数量、质量均显不足，共建共享机制尚未形成
管理信息化	单个业务系统较多，业务环节尚未全部覆盖，信息孤岛问题突出
保障体系	组织体系未理顺，资金投入机制未形成，标准规范执行不到位

按照信息化工作实施推进来分析，可以获得表7的结果。从中可以看出，教育信息化的工作推进中的意识、机制、经费和队伍问题都需加以综合考虑。

表7 我国教育信息化工作推进中存在的问题

问题	描述
意识问题	虽然《教育规划纲要》确定了信息技术对教育发展具有“革命性影响”，但尚未得到全面、清晰认识和重视
机制问题	教育信息化的政策执行和管理机制尚不十分健全，权责划分尚不够明晰，多方参与机制尚未形成
经费问题	经费总体投入不足，缺乏持续性、长效性投入机制，且经费使用也不尽合理，“重硬轻软”问题普遍存在
队伍问题	专职人员队伍建设不足，岗位编制、评聘体系等方面尚存在一定问题，人员培训与服务体系尚未形成

① 数据来源于2013年教育部教育信息化战略研究基地（华中）的全国教育信息化发展状况调研结果。

② 规划编制专家组编：《〈教育信息化十年发展规划（2011—2020年）〉解读》，人民教育出版社2012年版，第33—34页。

（四）我国国家规划对教育信息化发展的要求

我国教育信息化总体发展水平尚不能满足教育改革和发展的实际需求，与国际先进水平相比也存在很大差距。为了应对国际竞争、满足国内实际需求，我国政府发布了一系列与教育信息化有关的规划和发展战略，对我国教育信息化的发展目标和思路提出了明确要求。

1.《教育规划纲要》的要求

2010年7月，中共中央、国务院正式印发《教育规划纲要》。这是指导我国中长期教育事业发展的一份极为重要的纲领性文件。在这份文件中，我国教育事业发展战略目标被明确界定为："到2020年，基本实现教育现代化，基本形成学习型社会，进入人力资源强国行列。"同时，还指出"信息技术对教育发展具有革命性影响，必须予以高度重视"，并将教育信息化列为单独一章（第十九章"加快教育信息化进程"）予以专门阐述，还在第二十一章"重大项目和改革试点"中将"教育信息化建设"列为亟待组织实施的十项重大项目之一。教育信息化在国家教育改革和发展过程中的重要性被提到了前所未有的高度。

《教育规划纲要》的第十九章主要从基础设施、资源开发与应用和管理信息化三个方面阐述了教育信息化的建设要求。

在"加快教育信息基础设施建设"部分，《教育规划纲要》明确要求到2020年，要"基本建成覆盖城乡各级各类学校的教育信息化体系"，并对基础网络环境建设、数字校园建设和信息化学习终端的普及提出了一系列要求。虽然经过前期的建设，我国教育信息基础设施已经具备了一定基础，但还不足以支撑《教育规划纲要》提出的"实现教育现代化"和"形成学习型社会"的需求。因此，进一步提升教育信息基础设施建设水平，实现全面普及并深化应用，仍然是教育信息化的重点发展方向之一。

在"加强优质教育资源开发与应用"部分，《教育规划纲要》提出了对网络教学资源、数字图书馆、虚拟实验室等各类数字化学习资源的全面开发要求，并强调促进共享、强化应用。可以看出，经过前期的发展，数字教育资源的重要性已经得到广泛认同，同时，数字教育资源的建设已经不是唯一的重点，在加大资源开发力度的同时，注重资源的实际应用，充分发挥资源建设和使用效益，与资源开发本身同等重要。

在"构建国家教育管理信息系统"部分，《教育规划纲要》明确要求促进学校管理标准化、规范化，推进政府教育管理信息化，并明确提出"搭建国家教育管理公共服务平台，为宏观决策提供科学依据，为公众提供公共教育信息"。可以看出，经过前期发展，教育管理信息化的建设重点已不再停留于推进办公自动化、提高行政部门办事效率的层面，而是提升到提供教育公共服务、促进学校规范管理、提升政府决策水平和推动政府角色转变的高度。

以《教育规划纲要》的发布为标志，我国教育信息化的重要地位得到进一步确立，教育信息化的建设内容得到显著拓展，教育信息化的核心内涵得到全面丰富。

2. 教育信息化规划的内容

为落实《教育规划纲要》对教育信息化建设的一系列要求，规划和指导我国教育信息化建设，教育部于2012年3月正式发布《教育信息化规划》。该文件是对《教育规划纲要》中教育信息化内容的落实和细化，为教育信息化的中长期发展设定了目标、思路、任务和措施，是我国今后十年教育信息化建设的行动指南。

《教育信息化规划》明确了我国教育信息化到2020年的总体发展目标。它可以概括为"三个基本、两个显著"，如图1所示。

（1）在优质教育资源共建共享方面，"基本建成人人可享有优质教育资源的信息化学习环境"。优质数字化学习资源不仅是数量上的增长和质量上的提升，同时还需要大力推广到边远贫困地区，建立优质教育资源公共服务平台，逐步缩小数字教育鸿沟，形成人人可享有优质教育资源的信息化学习环境。

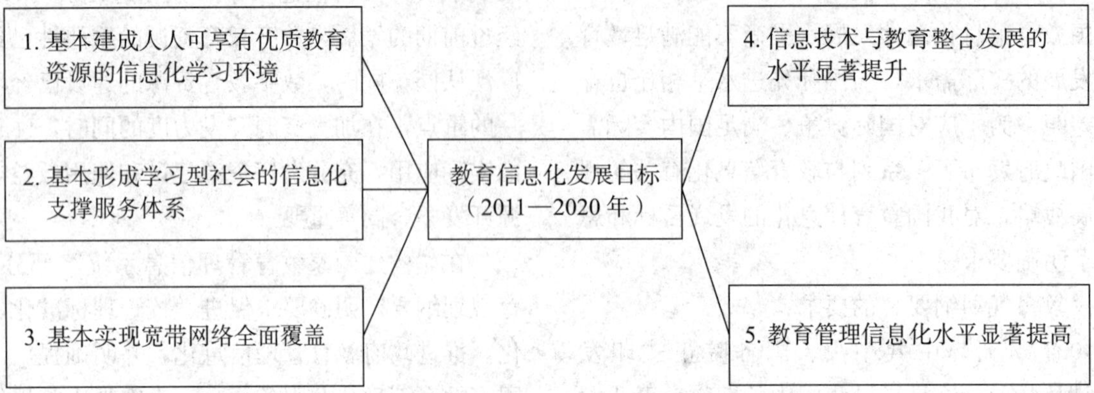

图 1　《教育信息化规划》确定的 2020 年我国教育信息化发展目标

（2）在学习支持服务方面，“基本形成学习型社会的信息化支撑服务体系”。形成学习型社会的信息化支撑服务体系，需要面向不同群体的学习需要，通过信息技术的深入应用，推广以电视、计算机和移动设备为主的学习终端，建构“时时能学、处处可学、人人皆学”的泛在学习环境。

（3）在基础设施建设方面，“基本实现宽带网络的全面覆盖”。宽带网络的全面覆盖是为信息化建设铺设一条信息化道路，是实现优质资源共建共享以及“优质资源班班通”、“网络学习空间人人通”的前提，更是实现基本建成人人可享有优质教育资源的信息化学习环境的先决条件。

（4）在管理信息化建设方面，促进“教育管理信息化水平显著提高”。进一步整合和集成教育管理信息系统，建设覆盖全国所有地区和各级各类学校的教育管理信息体系，教育决策与社会服务水平显著提高，学校管理信息化应用广泛普及。

（5）在信息化教学方面，促进“信息技术与教育融合发展的水平显著提升”。重点在于充分发挥现代信息技术的独特优势，推动教学方式与教学模式创新不断深入，并创建有利于学生自主学习的环境，使学生自主学习能力明显增强，信息化对教育变革的促进作用充分显示。

为了实现规划目标，《教育信息化规划》提出了未来十年我国教育信息化的发展任务。从教育的视角出发，《教育信息化规划》分别对基础教育、职业教育、高等教育、继续教育、教育管理中可以用信息化手段助力解决的难点问题进行了深入的分析，提出了相应的发展目标和任务，如表 8 所示。

从信息化的视角出发，教育信息化必须具备科学的可持续发展的能力。只有从信息化公共支撑环境、人员队伍和体制机制的建设等方面提供全面保障，才能支撑教育信息化的可持续发展。所以，《教育信息化规划》分别对这几项内容提出了相应的发展目标和任务要求，如表 8 所示。

表 8　教育信息化十年发展的主要任务

领域关键任务	基础教育	缩小基础教育数字鸿沟，促进优质教育资源共享
	职业教育	加快职业教育信息化建设，支撑高素质技能型人才培养
	高等教育	推动信息技术与高等教育深度融合，创新人才培养模式
	继续教育	构建继续教育公共服务平台，完善终身教育体系
	教育管理	整合信息资源，提高教育管理现代化水平
基本支撑任务	基础支撑环境	建设教育信息化公共支撑环境，提升公共服务能力和水平
	人才队伍建设	加强队伍建设，增强信息化应用与服务能力
	体制机制创新	创新体制机制，实现教育信息化可持续发展

在领域关键问题方面，由于各教育发展领域的基础、需求和问题有很大差异，所以，针对不同领域确定的任务重点也各不相同。

（1）对于基础教育，由于我国基础教育的区域发展水平差异较大，缩小数字鸿沟依然是基础教育信息化发展中需要解决的首要问题。信息技术在促进跨区、校资源共享和远程协同交互等方面有独特优势，因而在促进基础教育资源均衡分布方面具有广泛应用空间，是值得关注的教育信息化重点发展方向。

（2）对于职业教育，由于我国职业教育信息化整体发展水平较弱，一方面要全面提升职业教育信息化整体水平，另一方面要重点以信息技术作为支撑手段，服务于职业教育仿真实训软件的开发和实训基地的建设，助力职业教育培养高素质技能型劳动者。

（3）对于高等教育，由于我国高校基础设施基本普及，信息技术在教学、管理各个方面已经得到广泛应用，所以，高等教育信息化发展重点逐步上升到推动信息技术与高等教育深度融合、创新人才培养模式、协同科研等方面。

（4）对于继续教育，信息技术能够为继续教育做出的贡献主要体现在提供良好的继续教育信息化公共服务平台，通过学分银行和终身电子学档等手段，为学习者创造随时、随地、随需的信息化学习环境，助力完善终身教育体系，为学习型社会建设提供支撑。

（5）对于教育管理，今后十年的发展重点将着力于系统整合，消除信息孤岛，实现各级各类教育管理系统的互联互通和流程优化整合，进而上升到管理体系的重构，并助力管理机构的服务型角色转变，提升教育管理现代化水平。

除了上述面向各个教育领域需要信息技术助力解决的重点问题之外，教育信息化自身发展过程中也面临一些亟待解决的基本支撑问题，主要包括：

（1）基础支撑环境在教育信息化体系中处于基础性地位，然而目前我国的教育信息网络基础设施、标准体系、资源共建共享环境等基础能力依然不高，需要持续提升和完善。

（2）人才队伍建设是教育信息化持续发展的根本保障，但目前我国教师队伍和教育管理者队伍信息技术应用水平总体较低，专业支撑队伍匮乏，尚未形成良好的人才培养体系，教育信息化领导力亟待提升。

（3）体制机制创新是教育信息化发展过程中亟待突破的瓶颈性问题，多头管理、责任主体不明等问题普遍存在，经费投入机制尚未明确，资源共建共享机制还需完善，企业参与机制和产业发展机制有待建立。①

为顺利落实各项发展任务，《教育信息化规划》从可操作性角度考虑，定义了五项具体建设行动，统称为“数字教育 2020 行动计划”，如图 2② 所示。

（1）在教育资源方面，一方面坚持继续开发优质数字化资源，另一方面强调资源的共建共享和有效利用，着重建设资源共建共享机制，鼓励多方参与，全面提升资源数量、质量和应用效果。

（2）在学校试点示范方面，注重提升应用水平，强调分类指导，分类分批开展试点示范，着重强调示范校、示范区的典型性而非先进性。

（3）在教育管理信息系统方面，发展重点应是数据互通和系统互联，消除孤岛，逐步优化管理流程，着重加强基层学校管理信息化建设和应用，促进机构整合，建成国家教育管理信息系统。

（4）在可持续发展能力方面，重点内容是强化在职队伍的信息技术能力和培养具备扎实专业能力的后备人才，制定和推广教育信息化标准，建立服务于教育信息化的战略研究、技术研发、成果转化基地。

（5）在基础能力方面，未来十年的实施重点为：巩固天网，促进教育卫星宽带传输网的建设；

① 杨宗凯、吴砥：《信息技术推动教育创新——教育信息化十年发展规划解析》，《中国教育信息化》2012 年第 5 期。

② 规划编制专家组编：《〈教育信息化十年发展规划（2011—2020 年）〉解读》，人民教育出版社 2012 年版，第 37 页。

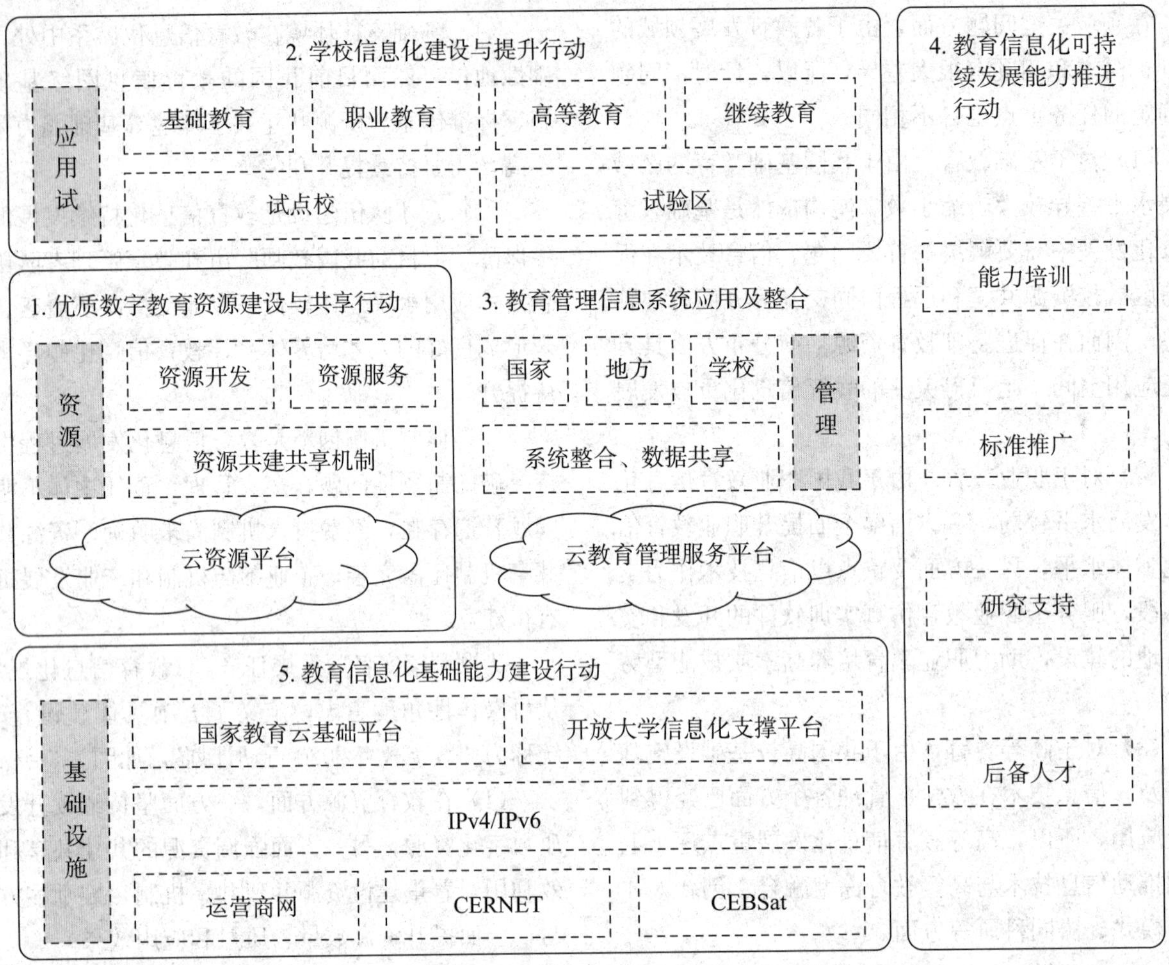

图 2　《教育信息化规划》“行动计划”组织结构

加强地网，超前部署教育信息网络，提升学校接入带宽；推进云服务，促进公共应用服务平台建设和推广。

综上可以看出，《教育信息化规划》的发布是我国教育信息化建设的重要里程碑，对我国教育信息化发展的目标、任务、措施都提出了明确的要求。

三、技术与教育的融合发展趋势

（一）教育信息化的四个发展阶段

教育信息化不是一种静止的状态，而是信息技术与教育教学不断融合发展的动态历史进程。2005年，联合国教科文组织亚太教育局发布“技术与教学整合的教师发展区域性指导方针”，调研了不同发达国家和发展中国家教育机构接纳和采用信息技术的过程，将教育信息化的发展阶段划分为四个阶段，分别为起步、应用、融合、创新，如图 3① 所示。

（1）在“起步”阶段，教师和管理人员刚开始对信息技术在教育教学和管理中的作用有所认识，如办公软件、电子邮件的使用被加入教学中。在这一阶段，信息技术与教育教学的融合发展主要体现为一种以教师为中心的实践活动。主要发达国家和部分发展中国家都已经度过这一阶段。在我国，大部分地区和学校已基本度过这一阶段，信息技术的引入已经成为一种较为普遍的、主动的行为。

① Regional Guidelines on Teacher Development for Pedagogy-Technology Integration [EB/OL]. http://unesdoc.unesco.org/images/0014/001405/140577e.pdf.

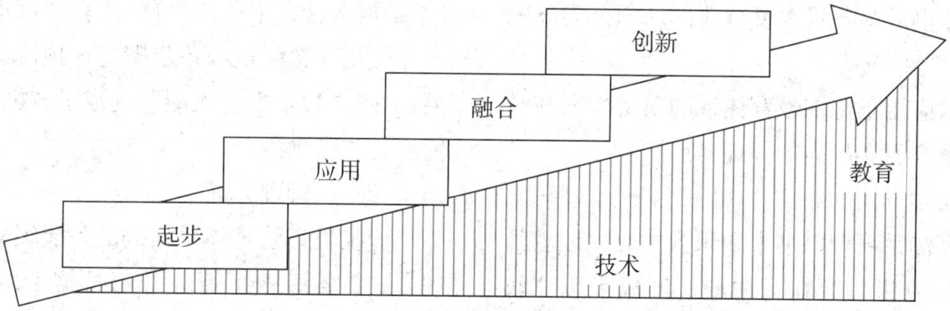

图 3　信息技术与教育融合发展的四个阶段（UNESCO，2004）

（2）在“应用”阶段，信息技术在教育教学和教学管理中已经得到普遍应用，教师开始注重在引入信息技术的过程中改变教学方法，并开始采用信息技术支持教师自身的培训和专业发展。在这一阶段，教师更加积极主动地将信息技术引入教学。世界主要发达国家都已经度过了这一阶段。在我国，很多地区和学校依然处于这一阶段，虽然信息技术已被广泛引入，但有限的基础设施和资源条件对进一步的发展造成了掣肘，使得信息技术的引入面临“有路无车、有车无货”的尴尬境地。

（3）在“融合”阶段，信息技术全面深入应用到学校的教室、实验室和办公室。在这一阶段，教师可以采用信息技术方便地将不同知识内容集成起来，组织和开展基于项目的学习活动，管理学生的学习过程，提升学生的学习效果；同时，也能采用信息技术来管理自身的学习过程，提升自身的专业能力。主要发达国家正处于这一阶段。在我国，部分经济发达地区和学校已经开始进入这一阶段，利用信息技术改变传统教学方法，开展基于项目的学习和网络协同教研，已经成为越来越多学校的选择。

（4）在“创新”阶段，学校和其他教育机构开始采用信息技术重构学校的组织结构，教师开始应用信息技术重组教学形态，教师和学生都积极主动地持续开展面向个体的差异化教学和个性化学习，课程和教学内容的组织由以教师为中心逐步转移到以学习者为中心。少数教育信息化领先国家已经开始进入这一阶段，以信息技术为支撑的教育变革已成为一种真切的现实。在我国，虽然信息技术对教育的影响已受到普遍关注，但绝大部分地区和学校离这一阶段还有很大距离，信息技术与教育教学的融合发展依然任重道远。

综上所述，部分发达国家已经逐步进入融合创新阶段，相对而言，我国信息技术与教育教学的融合发展还处于初步应用整合阶段，与国际先进水平相比还有很大差距。正因如此，《教育信息化规划》将 2020 年我国教育信息化的总体发展目标定位为“接近国际先进水平”，并将“信息技术与教育融合发展的水平显著提升”列为 2020 年我国教育信息化五项具体发展目标之一。

（二）教育信息化的两个发展层面

从教育信息化的发展规律可以看出，教育信息化在不同发展阶段具备不同的典型特征。以从量变到质变为标志，可以将教育信息化的发展归纳为两个典型的发展层面，即以“应用、整合”为标志的量变层面和以“融合、创新”为标志的质变层面。

1. 量变层面：信息技术在教育领域的广泛应用

各国教育信息化的发展均是以信息技术在教育领域的初步应用开始的。随着信息技术在各领域的不断渗透，人们发现信息技术不仅可以在金融、医疗、交通等领域发挥重要作用，在教育领域也大有用武之地。于是，教师开始尝试采用电子演示文稿（PPT）来呈现教学内容，用电子邮件来布置作业，用电子考试系统来完成标准化考试；管理者开始采用办公自动化系统来提高管理效率，用网站来发布公共信息，并开展一系列其他的应用。在这一阶段，计算机辅助教学逐渐被各级各类学校所接受，教育电子政务也成为各级教育行政部门积极尝试的发展方向。

信息技术应用于传统教育体系的典型特征在教学和管理两个方面有不同的体现。

（1）在教学方面

传统教育体系强调以书本知识为中心、以教师为中心、以课堂讲授灌输为中心，形成了以“教师、教材、教室”为核心的“三中心”结构。这一结构的产生与工业革命带来的流水线、大规模的工业化生产方式密不可分。在工业革命的初期阶段和发展成熟阶段，“三中心”结构打破了以“传、帮、带”为特点的小作坊“师徒制”教学模式，大大解放了教育生产力，使教育系统可以在一定的时间内，以比较高的效率批量化、规模化“生产”出一系列服务于大规模工业化生产的传统工业时代的人才。

可以看出，在这一体系中，教师的角色是知识的传授者，是主动的“施教者”，知识的传递过程是单向的、批量的。这种单向的灌输式教学方法，使学生在学习过程中处于一种被动接受的状态，而不是一种主动的探究创新过程，其主观能动性受到很大程度的忽视甚至抑制，学生在教学活动中完全处于被动的地位，学生作为认知主体的作用无法充分发挥。饱受诟病的“满堂灌”式教学便是这一传统教学模式的典型特征。

信息技术在教育教学中的广泛应用，为教师教学提供了更方便的工具，为师生沟通提供了更快捷的渠道，但是，传统的教学模式和学习方式并没有被打破。对课堂教学而言，教师用 PPT 教学和用黑板、粉笔教学实际上并没有多大不同，教师用电子邮件布置作业和用纸质作业本布置作业实质上也并没有太大差异，教师依然是教学活动的中心，学生依然是被动的知识接受者。虽然电子白板、投影机、PPT 等一系列新装备、新技术、新内容的引入使教学过程看似更加精彩炫目，但“一刀切、齐步走、批量生产、标准化制造”的教学模式实际上并没有丝毫变化，从某种程度上来说甚至被强化了。信息化的引入可能给教师提供了偷懒的机会（不必再辛苦板书了），可能使教学过程进一步固化甚至僵化（教学过程各步骤完全预设，很少灵活变更），课堂教学由“人灌”变成了“电灌”，其实质依然是“满堂灌”。

（2）在管理方面

传统教育管理体系强调的是层级式、指令式管理方式。各级教育行政部门根据上级指令开展工作，并将工作细分为若干指令传递给下级部门，直至学校。这一体系的产生也具有鲜明的工业化时代特征，在很大程度上是对传统工业系统的层级式、指令式运行体系的照搬和套用。比较典型的体现是，当教育行政部门感知到工业体系和社会系统对知识更新的需求，便发出修改教学内容的指令，然后逐级传递给教育行政系统的各个层次，直至所有学校统一更换某一本教材。

可以看出，在这一体系中，各级教育行政部门和学校管理机构作为教育“管理者”的角色异常突出，而作为“服务者”的角色十分弱化。教育系统层次分明，各级教育行政部门和学校管理机构均是教育管理体系中的一个环节，各层次机构的主观能动性均受到很大制约。在工业时代，这样的教育管理体系的确能够在很大程度上提升教育管理效率，使教育系统的生产力跟上工业时代的社会发展需求。

信息技术在教育管理中的应用，有助于提升学校的管理效率和教育行政部门的运行效率，但是，传统的教育管理体系、组织方式和一般业务流程并没有被改变。教育管理系统内部的组织结构和工作方式并没有发生变化，教育管理系统内部的信息流依然是层级式的，信息技术的采用只是加速了这一信息流在各层级之间的流动速度，使教育管理指令的传递更加快捷，使公共信息的发布更加方便，但教育管理系统内部的组织结构和业务流程并没有发生变化，更没有带来教育管理系统的结构性变革。

由此可见，在量变层面，虽然信息技术在教育领域的应用十分“热闹”，但是，传统的教学模式和管理机制并没有发生变化，传统教育体系的条条框框并没有被打破。因此，在这一发展层面，无论信息技术在教育领域的应用如何广泛，也仅仅只是一种器物层面的外化应用而已，教育系统本身的组织架构、运行方式依然十分传统，并没有发生大的变革。

随着时间的推移，这一发展模式的弊端逐步显现出来。引入信息技术对教育教学本身的质量提升到底有多大作用，其有效性究竟如何，引起了各方面的关注和疑虑。2007 年，美国教育部和美国国家教育评估中心发布了一项关于阅读及数学教学软件产品的有效性研究报告，针对一年级阅读、四年级阅读、六年级数学、六年级代数等课程选择了 16 种软件产品，面向 33 个学区、132 所学校和 439 名教师、20 451 名学生开展研究，每所学校的教师都被随机分成两组，其中一组教师使用选定的阅读和数学软件产品，另一组教师不使用这些软件产品。① 研究人员在学期开始前和学期结束后对两组学生的学习成绩进行测量，并分析成绩的差异。通过精密的测量分析，该项研究最终得出结论：技术的应用并未带来学生成绩的显著差异。类似的研究在其他多个机构也有进行，如世界银行资助的国际发展组织于 2005 年发布的教育信息化知识地图研究报告（Knowledge Maps：ICT in Education）针对信息技术对学生学习及成绩的影响进行了专题研究，明确指出信息技术的使用对学生学习成绩的影响还不清楚，目前对此问题还有争论。

与此类似，国内教育信息化发展到一定阶段后，也出现了机械化、目的化、依赖症的问题，以至于引发了对信息化作用的一些质疑，认为“信息技术驱动下的教学模式很大程度都是预设的程序和内容，有时只是将纸质内容电子化，使得教学过程中本应具备的灵活性、生成性因素很难体现出来”，必须“警惕过度信息化”。② 其实，只要运用得当，信息化不仅不会使教学过程僵化，反而有利于增加其灵活性，为教师、学生提供更大的空间。之所以目前遇到一些问题，主要是由于尚未发展到深度融合的层面，理念和方法还存在偏差，信息化的效率、效果和效益难以得到充分发挥。应该看到，这是量变层面必然会面临的问题，也是教育信息化发展的必经阶段，国际国内概莫能外。

综上所述，如果教育信息化的发展仅停留在信息技术应用于教育领域的量变层面，就无法显著提升教学质量，也无法带动教育管理体系的深层变革，其实质是“新瓶装旧酒”。如果长期停留在这一阶段，信息化的优势将无法充分体现，信息技术的有效性将存在很大争议。当然，我们不可能因为有效性尚存争议，就倒退到杜绝信息化的状态，那样做无疑是开倒车、矫枉过正的。信息技术融入教育是大势所趋，其总体形势是不可阻挡的，但其过程也将是漫长而曲折的，不可能一蹴而就。教育信息化的发展必然是一个不断深入、持续融合、由量变最终导致质变的进程。

2. 质变层面：信息技术与教育教学的深度融合

事物融合发展的过程都是由外到内、由表及里的，当信息技术在教育领域的应用不断广泛和深入，一般意义上的“应用”、“整合”已经不能满足信息化环境下的教育发展需求，技术与教育的结合逐步从“物理反应”升级为“化学反应”，信息技术与教育的融合创新成为必然的发展趋势。

信息技术与教育教学的融合在教学、管理两方面也有不同的体现。

（1）在教学方面

信息技术引入教育教学的过程是由量变到质变的过程，首先是技术在教学各环节中的应用范围逐步扩大，然后是在某些教学环节的应用程度逐渐加深，直至深入影响到教育教学过程的每一个环节，

① Dynarski M，Agodini R，Heaviside S，et al. *Effectiveness of Reading and Mathematics Software Products：Findings from the First Student Cohort* [M]. US. Department of Education，Institute of Education Sciences，2007.

② 任飏：《基础教育要警惕过度信息化》，《人民日报》2013 年 11 月 25 日。

最终引发全面变革，由量变走向质变。整个过程可以概括为三个层次，即应用、整合、融合。

当信息技术初步引入到教学过程，信息技术的教育应用是教育信息化建设重点关注的内容。信息技术的初步应用带来了丰富多彩的教学内容呈现形式和灵活的教学过程组织方式，成为广大教师在教学过程中积极引入信息技术的原始动力。计算机辅助教学和计算机辅助学习（CAL）是这一发展层次的典型代表。此时，信息化教学的发展重点往往着眼于发展基础设施，关注于装备多少计算机、配置多少网络带宽和多媒体教室等。在这一层次，技术引入教学的过程很大程度上是一种自发行为。信息技术的引入似乎带来了教育教学过程的重大转变，但其实际效用并不明显，教师在经过了一段时间的热切关注之后，回过头却发现应用一系列新技术后并没有带来教学质量的明显提升。更有甚者，对技术的过度关注甚至超越了对教育教学本身的关注，教育信息化的建设重点发生了错位。

随着信息技术逐渐深度引入教学过程中，简单的技术应用已经不能满足课程教学的需求，技术与教学的全面整合成为新的发展重点。这主要包括信息技术与教学内容的整合、信息技术与教学方法的整合等多个方面。信息技术不仅在浅层次支持教学过程，而且逐渐渗透到各学科的教学内容，以信息技术为支撑的专门学科工具、专有教学方法开始广为接受。通过信息技术、教学内容和教学方法之间的良性互动，实现了信息技术与教学过程的全面整合，信息化教学的发展重点逐渐回归教学本身，技术虽然依旧没有脱离“工具”属性，但已经不再是可有可无的，而且成为支撑教学活动必不可少的工具和手段。在这一层次，技术引入教学的过程已经逐渐成为一种自觉行为。虽然信息技术引入教学的步伐看似放缓，但却十分扎实，广大师生开始切身体会到技术与教学整合带来的效果，信息技术对教育的“革命性影响”开始初步显现出来。以美国的TPACK① 为代表的信息技术与课程整合框架就是这一发展层次的典型例子，其强调的技术、教学法、学科内容知识充分整合的思想，在指导当前信息化教学应用方面具有突出意义，受到美国中小学教师的普遍欢迎。② 由于技术与教学的全面整合，教育生产力得以初步解放出来，形成了不同于以往的信息化教学模式，教育信息化的建设重点逐渐回归服务教育教学本身。

当信息技术深度渗入教学过程的各个环节，教学活动的基本形态和基础环境均发生改变，信息技术与教育教学的深度融合就成为大势所趋。美国NETP2010 提出的“连接式教学”理念就是这一发展层面的典型体现，NETP2010 明确提出“教育系统可以从企业界学习的经验是，如果想看到教育生产力的显著提高，就必须进行由技术支持的重大结构性变革，而不是渐进式的修修补补”③。在这一发展阶段，信息技术与教育教学的融合在四个方面得到充分体现：首先，学校的组织形态、教室的教学环境、课堂教学的组织方式、师生沟通的典型渠道等都发生了显著变化，区别于传统教学环境的全新信息化教学环境在各级各类学校广泛普及；其次，以信息化为支撑的新型教学方法、教学内容、教学工具、评价手段等得到深入应用，信息技术全面融入了备课、授课、作业、考试等教学活动的各个环节；再次，不同学科独有的优质数字化教学资源极大丰富，学科教学的内容、形态呈现出明显的差异化特征，不同学科的专有教学资源和教学环境全面形成，信息技术深度融入了各学科的教学内容和知识领域；最后，教师信息化教学能力和学生信息化学习能力均明显提升，以信息技术为支撑开展教学和学习，成为广大教师、学生的普遍习

① http://www.tpck.org/.

② 何克抗：《TPACK——美国“信息技术与课程整合”途径与方法研究的新发展（下）》，《电化教育研究》2012 年第 6 期。

③ National Education Technology Plan 2010: Transforming American Education-Learning Powered by Technology [EB/OL]. http://www.ed.gov/sites/default/files/NETP-2010-exec-summary.pdf.

惯。以上述变革为基础，教育教学质量得到显著提高，人才培养模式全面创新，教师的角色和能力要求发生深刻转变，学生的主观能动性得以充分发挥，信息化的效率、效果和效益得以充分彰显。

(2) 在管理方面

信息技术在教育管理方面的应用，不仅仅在于提升了教育行政部门的办公效率，或促进了学校的规范化管理，更在于催生了新的发展需求和改革动力。

优化业务流程是信息化引发教育管理体系质变的开端。在传统教育管理体系中，信息传递与信息处理能力的低下是制约教育管理系统高效运行的主要瓶颈，管理者需要耗费很大的精力和时间成本，才能做到上下沟通、公文流转、决策落实。随着信息技术在教育管理各业务环节的深入应用，信息的传递和处理能力大大提高，教育管理系统运行的瓶颈渐渐不再是信息传递和处理能力，而是教育管理系统传统的业务流程和低效的运行模式。用户对教育公共服务需求越来越大，质量要求越来越高，然而教育管理系统传统的业务运行方式已经不能跟上信息技术融入所带来的节奏变化，信息化环境下传统业务流程的改进、优化和提升就成为必然趋势。于是，以信息技术为支撑，优化传统教育管理业务流程，就成为教育管理系统质变的开始。原有的核心业务流程逐一被改变，大量业务流程因为信息技术的引入而得以大大缩短和简化，甚至重组。

变革组织结构是信息技术深度融入教育管理体系的必然发展趋势。一方面，以信息技术优化教育管理业务流程为开端，当教育管理系统的大部分业务流程得以优化和改变时，教育管理系统的结构性矛盾就凸显出来，主要体现在传统的条块分割的教育管理体系已经不能适应信息化环境下的教育发展需求，纵向层次精简、横向交汇贯通的扁平化组织结构逐渐成为发展趋势。另一方面，教育系统自身的不断发展和改革，对教育管理体系也提出了新的要求。随着终身教育体系的建设和知识经济的发展，学校、教师、家长、学生等各类用户对教育公共服务的需求大大提升，教育管理体系的职能也因此而发生了很大变化，逐步由管理型机构向服务型机构转变，最终推进教育治理的现代化。

综上所述，信息技术与教育的深度融合是大势所趋。信息技术不仅是传统工业体系的掘墓人，也将是传统教育体系的掘墓人。教育信息化已经不仅是简单的技术应用，而且成为教育体系重构的重要推手，因此，与其称之为 informatization，不如称之为 reshaping 更加合适。信息技术与教育的融合，终将引发从量变到质变的深层变革，最终颠覆传统教育体系的框架结构和运行方式，引发广泛、深刻的体系重构，这也正是《教育规划纲要》提出"信息技术对教育发展具有革命性影响"的核心所在。

(三) 信息技术与教育的融合创新

由上可知，教育信息化的核心理念是信息技术与教育的深度融合。只有当信息技术从一种器物层面的简单应用转化为个体认知和学习方式的深层变革，信息技术与教育教学的融合发展才达到了较高的水平，信息技术才真正对教育发展发挥了"革命性影响"。总体来看，信息技术与教育教学的融合发展具有典型的阶段性、长期性特征，不可能一蹴而就。

信息技术对教育的影响有双重内涵，一方面具有提高效率、支撑发展的内涵，另一方面具有改变教育生态环境、引领变革的内涵。① 创新和变革是信息技术与教育融合的最终目的，也是融合的必然结果，必将推动工具、内容、方式、模式和评价等各环节的全面变革。

1. 信息化环境下教学装备创新

课堂是教学活动的主战场，信息技术的全面融合改变了传统教室的构成要素，信息化互动教学装备、学科教学工具、内容展示系统、资源服务平

---

① 余胜泉：《推进技术与教育的双向融合——〈教育信息化十年发展规划（2011—2020年）〉解读》，《中国电化教育》2012年第5期。

台、测试评估系统等各类信息系统的深入应用彻底改变了教室的形态。信息技术催生了多种多样的新型教学工具，大大丰富了教学装备的内容。

以 Clicker 为代表的低成本课堂实时交互教学工具是新型教学工具的典型代表。2010 年，《科学》杂志刊登了哈佛大学物理系埃里克·梅热（Eric Mazur）和戈登·麦凯（Gordon McKay）教授采用 Clicker 实时互动课堂教学工具开展教学应用的研究成果。教师通过 Clicker 系统在课堂上根据教学内容设计和提出一系列问题，学生通过手持式 Clicker 终端应答设备进行回答，学生的应答情况以图表的形式实时反馈给教师，使教师及时了解学生对课堂教学内容的掌握情况。该教学工具对于大规模课堂教学非常有效。基于 Clicker，构建以问题为中心的探究性学习模式，可以明显提升学习效果，而且在诊断评估性教学中也可以得到有效应用。

2. 信息化环境下学习内容创新

传统教学中的学习内容以教材、教辅资料为主，信息化环境下的学习内容产生了很大变化，主要体现在内容本身的创新和内容载体的变革两个方面。

学习内容的变化主要体现在技术深入支持学科内部的每个知识点，显著提升了资源质量。典型的代表是美国公司（Key Curriculum Press）推出的《几何画板》，它是一种面向数学、物理学科教学的动态几何数字化工具，能够动态直观地展现几何对象的位置关系、运行变化规律，为数学和物理教师的教学提供有力的支持，在各国中小学得到广泛应用。国内由张景中院士主持研发的《超级画板》①，也是一款具有类似功能而且还能提供动态测量、动态作图、自动推理、符号计算、机器证明等更强大教学支持的软件，受到国内众多中小学用户的欢迎。

内容载体的变革主要体现在以电子课本为代表的新型载体，它融合了信息技术发展的最新成果和教育教学的实践需求，提供更好的交互性、更丰富的教学内容和更智能的资源组织能力，受到各国的普遍重视。2009 年秋，美国加利福尼亚州开始在高中使用电子课本，成为美国第一个使用电子课本的州。2011 年，韩国教育部宣布投入 20 多亿美元推动电子课本在全国普及，建设一个专门服务于教育的云计算网络，为学生手上的电子课本推送多媒体学习内容，并计划到 2015 年在中小学全面淘汰纸质课本。在我国，上海、宁波、深圳等地已开展电子课本的试点应用工作。

3. 信息技术促进学习方式变革

信息技术促进了教与学方式的变革。信息时代人类获取知识的渠道变得更加多元化、智能化、社会化，信息技术能够提供泛在的学习环境和丰富的学习资源，形成网络条件下新的教师教学方式、学生学习方式和师生互动方式，实现从知识传授为主向能力培养为主转变，从课堂学习为主向多种学习方式转变，提高学生的学习能力、实践能力和创新能力。

颠倒式课堂教学是以教师为主导、学生为主体的教学方式的典型体现，该理念于 2007 年由美国两位中学化学教师乔纳森·伯格曼（Jonathan Bergman）和阿伦·萨姆斯（Aaron Sams）提出②，主要实现途径是将教师的讲课录制下来放到网上，学生在课前完成授课内容的学习，而在课堂上则积极提出问题，讨论问题，解决问题。在这种颠倒式教学方式中，教师不再是将知识“灌输”给学生，而是成为学习活动的组织者和参与者，课堂教学从“今天讲什么内容”变成了“今天做什么活动”，学生的学习兴趣明显提升。此外，以信息技术为支撑，兼具多种学习方式优点的混合学习也是

---

① 张景中著：《超级画板自由行》，科学出版社 2006 年版。

② Bergman J，Sams A. *Flip Your Classroom*：*Reach Every Student in Every Class Every Day* ［M］. ISTE & ASCD, pp. 3-5.

典型体现。混合学习不仅包括在线学习与面对面学习的混合，更深层次是包括基于不同教学理论的教学模式混合、教师主导活动和学生主体参与的混合、课堂教学与在线学习不同学习环境的混合、不同教学媒体的混合、课堂讲授与虚拟教室或虚拟社区的混合等。①

4. 信息技术支撑教学评价创新

美国著名教育家泰勒（R. W. Tyler）指出，教育评价不仅仅是反映学生的成绩，更要描述教育结果和教育目标的一致程度，从而发现问题并不断改进课程教材和教学方案。② 由此可见，教育评价是对教学结果的反馈过程，具有诊断功能、导向功能、激励功能和调节功能。以信息化促进教育评价创新，重在改革教育评价的目的，丰富评价的内容，创新评价的方法，形成多种评价方式有机结合的综合评价方式。

信息技术可以从多个方面支撑评价创新，比如：自适应评价，通过生成为每个学生量身定制的学习活动列表，促进差异化学习；技术提升反馈的深度与广度，如专家或者网络社区中专业人员的在线交流，回答或者评价学生的问题；技术还可以促进评价方式的发展，如大规模在线开放课程 Coursera 云评测、可汗学院知识点练习题星空图都是教学评价创新的典型代表。

5. 信息化环境下教师能力变迁和角色转变

21 世纪的教师面对的学习者主要成长于信息化环境的"数字原生代"（Digital Generation），他们从小生活、成长于信息化环境中，对个人数字终端的掌控能力和从互联网上获取知识的能力可能明显超过教师。面对全新的学习者，教师的角色也面临巨大挑战，教师逐步从知识的传授者变为学习活动的组织者，从知识的拥有者变为学习的引导者和参与者。

角色的变迁意味着对教师能力的新要求。美国国际教育技术协会（ISTE）先后四次修订教师教育技术能力标准（NETS・T），2008 年发布的最新版对信息化环境下的教师教育技术能力提出了五大要求，包括引发学生学习与创意、设计开发信息时代的学习经验和评估准则、塑造信息时代的工作与学习模式、提升和塑造数字化公民责任感、从事专业发展和领导力培养等方面。③

四、技术与教育融合发展的实践途径

（一）贯彻应用驱动

应用是教育信息化建设和发展的根本目的所在。"应用驱动"就是要坚持以应用引领教育信息化发展的原则，摒弃以架网络、买硬件、配买软件为主的建设模式，强调一切以应用为中心，从实际需求出发开展教育信息化建设，不片面追求技术的先进性，而强调实际应用的深度和广度。④ 应用要切实为教育教学、管理工作的各个环节服务。国内外一系列实践经验和教训都证明，只有坚持"应用驱动"这一基本原则，教育信息化才能回归以"教育"为核心的本源，才能避免出现唯技术论和过度信息化的问题。

总体而言，贯彻应用驱动的过程可以分为两个阶段，一个是信息技术教育应用的普及和深化，另一个是信息化教育生态系统的建立和完善。

1. 深化信息技术教育应用

信息技术深度应用于教育教学，应以师生在现实教育教学活动中的需要为导向，构建信息化教育的公共支撑环境，包括基础的教育信息网络、教育云服务平台、优质数字教育资源共建共享环境、教育信息化标准体系、教育信息化公共安全保障体系等。

① 李克东、赵建华：《混合学习的原理与应用模式》，《电化教育研究》2004 年第 7 期。

② ［美］拉尔夫・泰勒著，施良方译：《课程与教学的基本原理》，人民教育出版社 1994 年版，第 85 页。

③ ISTE. National Educational Technology Standards・T［EB/OL］. http://www.iste.org/standards/standards-for-teachers.

④ 规划编制专家组编：《〈教育信息化十年发展规划（2011—2020 年）〉解读》，人民教育出版社 2012 年版，第 79 页。

信息化对教学活动的支撑主要体现在以下方面：

——信息技术为教师提供丰富的教学应用工具。在信息化环境中，教师要作为一个指导者，通过有效的教学设计，给学生搭建理解知识的脚手架，帮助学生自主完成意义的建构。信息技术为教学活动的各环节提供广泛支持，使备课、授课、答疑、考试等各项活动都可以依托信息技术得到显著提升。

——信息技术为学习者提供数字化学习环境。从信息技术单纯为学习者提供辅助知识学习和练习测试的图、文、动画、视频等数字化学习资源和工具，到给学习者创建数字化学习环境，使学习者成为学习的主体，成为知识的生产者、分享者和消费者。

——信息技术为各学科教学内容提供紧密结合知识点的高质量学习资源，使技术不仅提供通用工具，而且提供高质量的专用资源和学科工具，技术与每个学科的教学内容深度融合，技术的有效性得以充分彰显。

信息技术深度应用于教育管理，体现在利用信息技术提高教育管理水平和公共服务能力。教育管理信息化应用要以教育行政部门和学校信息化管理工作需求为导向，开展教育管理信息系统建设，优化工作流程，提升服务能力，重构管理体系。

教育管理信息化应用主要体现在以下方面：

——对各级各类教育管理部门和学校领导而言，通过建立事务处理、业务监管、动态监测、评估评价、决策分析等教育管理系统，以及教育管理基础数据库，在提高管理效率的同时，为领导层的决策过程提供科学依据。

——对一线教育管理行政人员而言，通过转变传统的人工管理方式为信息化管理方式，建设教务管理、人事管理、资产管理、科研管理、招生就业等各类业务系统，使烦琐的管理流程变得简单易行，提高教育管理人员的服务效率和质量。

——对社会公众而言，建立统一的教育公共信息服务门户，面向社会公众提供信息服务。建设以各级教育行政机构网站为代表的教育信息服务网站群，实现中央和地方各级教育行政部门、学校、公众之间的信息互动，逐步促进管理机构的角色转变。

2. 完善信息化教育生态系统

技术应用不断深化的结果，将推动信息化教育生态系统的建立和完善。技术影响教育的过程，必然是由外到内、由浅入深的，从最初改变教学资源、教学工具，到逐步改变教学方法、评价方法，再到引发深层的体系变革，直至改变我们的意识和观念，形成信息化教育生态系统。信息化应用不仅仅是教与学过程的一般性技术应用，而是直接服务于教与学主战场的常规性活动。将信息技术融入我们学习和生活的各种空间中，使之成为教育教学不可或缺的一部分，成为教师教学、学生学习的日常需要。要实现这一目标，就需要变革传统教育生态，逐步形成一个新的生态系统。

（二）加强机制创新

教育信息化是一个复杂的系统工程，涉及多个环节，必须充分整合各方资源，理顺机制，形成一定的责任体系和利益体系，才能保障教育信息化的持续、快速发展。因此，《教育信息化规划》指出“科学、规范的体制机制是实现教育信息化可持续发展的根本保障”。

1. 创新优质数字教育资源共建共享机制

资源开发不能靠政府一手包办，必须调动企业、学校等多方力量，建立有效的任务分担和利益分享机制，才能保障资源高质量开发、有效利用和持续更新。优质资源的共建共享需要坚持政府引导、多方参与、共建共享的原则。逐步发挥市场的决定性作用，形成“基础性公益资源靠政策，优质资源靠市场”和“政府评估准入、企业竞争提供、学校自主购买”的有效机制①。从资源的标准化建设、开发和推广应用，教育系统内部共享机制，社

① 王延觉：《深入推进教育信息化 为教育现代化提供有力支撑》，《中国教育报》2014年1月15日。

会力量参与资源建设机制，资源的市场化交易机制等方面进行改革和创新。

2. 建立教育信息化技术创新和战略研究机制

为紧跟信息技术发展趋势，确保我国教育信息化的可持续发展，在教育信息化技术创新和战略研究机制方面需要确立教育信息技术在国家科技创新体系中的地位，加大教育信息化发展战略和关键技术的研究和投入，以保证我国教育信息化工作在技术上的先进性和决策上的科学性。目前，我国已经建成国家数字化学习工程技术研究中心等一批教育信息化技术研究机构和教育部教育信息化战略研究基地（华中）等一批教育信息化战略研究机构，但总体而言数量依然偏少，领域研究实力亟待加强。

3. 建立教育信息化产业发展机制

教育信息化的发展对相关产业有带动作用，促进教育信息化产业发展需要建立产学研用结合的机制，吸引优秀企业参与，还需要营造开放灵活的合作环境，推动校企合作、区域合作和企业之间的合作。与发达国家相比，我国教育信息化建设的一个典型特点是政府投入占比较大，企业力量对教育信息化发展的支持作用一直未能得到充分显现，尚未出现具有行业领导力和强大研发、服务能力的代表性企业。

4. 推动教育信息化国际交流与合作

加强与先进国家的交流与合作是促进我国教育信息化发展、学习和借鉴先进国家经验的重要途径。在学习和引进国外先进技术、理念的同时，要根据我国的实际情况进行应用、集成、创新。

5. 形成多方合作协同创新机制

教育信息化的实施过程涉及政府、学校、企业、高校/研究机构等多方主体，必须明确各自角色和定位，充分发挥各方优势、特长，开展协同创新。如图4所示，政府主要以顶层设计、规划、引导、监督、评价为主，应逐步由投入主体转变为策划、指导、监管主体；企业以开发者和运营服务者等角色直接深度参与教育信息化发展过程，逐步成为投入主体和主要服务提供方；学校充分发挥用户主体地位，自主按需遴选、购买和应用各类教育信息化产品和服务，并在应用过程中不断探索尝试新方法、新模式，提升教学效果；高校/研究机构利用自身智力资源优势，为教育信息化发展提供战略规划、决策支持、理论研究、技术攻关等一系列支撑。各方密切合作，形成服务教育信息化的协同创新体系，才能有效实现资源整合与优势互补。

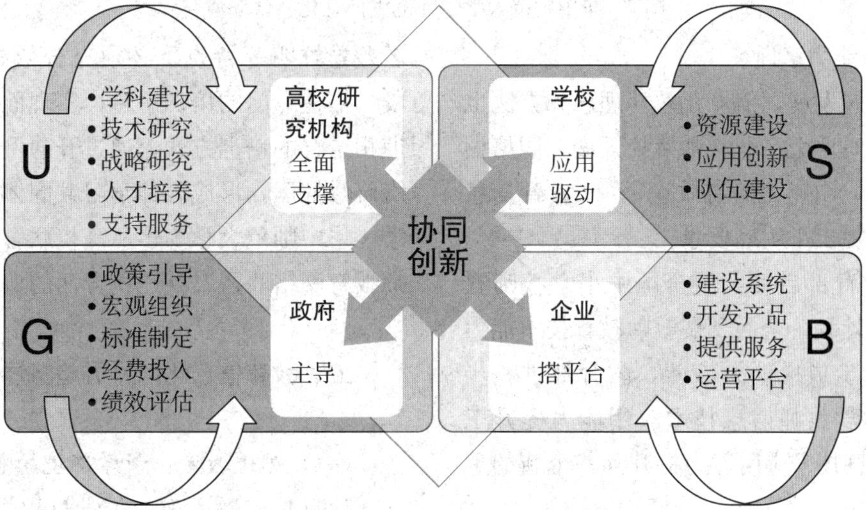

图4　多方协同的教育信息化发展机制

总而言之，机制创新和改革是一个不断推进的过程，必须从实际情况和需求出发，不断研究和探索，才能保障教育信息化事业可持续发展。

（三）注重教师能力提升

教师信息技术应用能力是支撑教育信息化持续发展的基础动力。英特尔公司首席执行官克瑞格·

贝瑞特（Craig R. Barrett）博士在推广“英特尔未来教育”（Intel Teach to the Future）项目时曾有一个广为流传的观点：“如果教师不了解如何更加有效地运用技术，所有与教育有关的技术都将没有任何实际意义。计算机并不是什么神奇的魔法，而教师才是真正的魔术师。”这一观点可以被认为是对教育信息化体系中人的作用的形象化阐述。教育信息化的实施效果并不主要取决于信息化装备或者教育软件的先进程度，而是在很大程度上取决于人的能力，尤其是教师、学生和管理人员的信息技术素养。①

1. 教师职前能力培养

在校师范生是教师队伍的后备军，应将培养师范生的信息技术素养和信息技术教学应用能力作为师范生培养目标之一。华中师范大学在这方面做了一系列工作，通过建设信息化教学环境（如图 5 所示）、创新教学方法和实践训练模式，为培养信息化环境下的合格教师进行了较有成效的尝试：首先，通过大力推行培养方式改革，全面压缩课堂教学课时数，32 课时以上课程不超过总课程数的三分之一，课下在线学习比重大大增加；其次，通过全面改造教学环境，建成以资源云为后台支撑、以电子双板和数字化学习终端为核心的数字化教室 50 余间；最后，通过广泛开展教师培训，将信息化深度引入师范生培养过程，积极开展信息化环境下的启发式教学、项目驱动教学和探究式、协作式学习等教学模式创新。

图 5　华中师范大学的师范生信息化教学环境

2. 在职教师能力培训

信息技术快速发展，信息化教学理念和方法也不断更新，因此对广大在职教师持续开展在职培训是提升信息技术应用能力的有效途径。《教育信息化规划》对此也提出了明确要求。

2005 年，教育部启动实施全国中小学教师教育技术能力建设计划，全面开展教师教育技术能力培训并取得了初步成果。2013 年，教育部进一步启动了全国中小学教师信息技术应用能力提升工程②，把教师信息技术应用能力提升到一个新的重要高度。

针对我国中小学教师、管理人员群体庞大，地区差异鲜明等特点，必须充分依托信息化培训手段，搭建专门的培训平台，实现面授培训与网上培训相结合的培训方式，通过开通网络学习空间、网络研修社区，形成教师学习共同体。由北京师范大学、华中师范大学等多所高校联合建设的“全国教师教育网络联盟”就是这方面的典型代表。

五、教育信息化的发展趋势展望

（一）先进教室：教学环境的整体变革

信息技术融入教育教学过程最为显著的体现，就是教学环境的全面变革。课堂教学一直是教育教

① 杨宗凯、吴砥：《教育信息化的可持续发展能力建设问题》，《现代远程教育研究》2013 年第 2 期。

② 《教育部关于实施全国中小学教师信息技术应用能力提升工程的意见》，教师〔2013〕13 号。

学活动的主阵地，传统课堂教学以“三中心”为基本特征，信息化的课堂教学环境将融入更多的创新要素，呈现出截然不同的新型教室形态。

先进教室经历了“网络化、虚拟化、智能化”三个不同的阶段：“网络化”就是实现“宽带网络校校通，优质资源班班通”，形成基本的信息化教学环境，具有良好可获得性的优质教学资源，教师具备一定的信息化教学能力，信息技术教学应用成为教师教学活动的常态；“虚拟化”要靠互联网、云计算技术、物联网技术来建立虚拟空间和虚拟现实，实现物理空间、虚拟空间的无缝衔接，拓展教室边界，使正式学习、非正式学习之间的界限变得模糊；“智能化”是指云端学习环境和虚拟的个人空间，通过“云”将教室中的电子白板、电子课本、电子课桌等终端设备进行连接，与学习资源、智力资源（教师和学生）等结合形成一个开放的“云端一体化”学习环境，智能学科工具、智能互动方式、智能教学评测等成为教学活动的新型要素。① 经过这一过程，教室教学环境实现了内容呈现、环境管理、资源获取、及时互动和情境感知等多个方面的创新②，课堂教学不仅实现了物理环境的创新，而且实现了教学理念的变革。

先进教室除了体现在技术上的先进外，最重要的是教育理念的先进。组成先进教室的资源并非传统资源的简单累积，而是与学科工具、学科教学相结合，从而形成高效的教学活动。先进教室最重要的特征体现在以学生为中心，具备强烈的交互性，支持多元教学方法。教师不再是传统的课程讲授者，而必须有效利用各种内外部资源，根据学生的基本素质和学习特性进行有效的教学设计，为学生创建有利于自身知识学习和意义建构的教学环境，充分发挥学生的主动性和创造性。

（二）数字教师：教师角色的重大转变

不管是资源还是环境，其应用效能均取决于教师。因此，必须重视和加强对教师信息化教学能力的培养，培育能够适应信息化环境、引领和推动教育教学变革的新一代教师——数字教师。与传统教师相比较，数字教师除了具备丰富的学科专业知识外，还应具有先进的现代教育理念、较强的教育教学实践和研究能力，以及自我反思能力和发展能力。这就要求育人者不仅能对积累的教育实战经验进行反思，并在此基础上独具匠心地开展教学专业研究，同时还应具备一名“灵魂工程师”应有的职业道德和个人修养。③

数字教师具备应用信息技术教育教学的能力，有较高的信息素养，更重要的是从一个知识的占有者变成学习活动的组织者，从知识的传授者变成学习的引导者，从课程的执行者变为课程的贡献者，从单纯地“教教材”转变为合理地“用教材教”，从一个传统“教书匠”变成一个新型的“教育研究者”，从一个“知识固守者”变成与时俱进的“终身学习者”。

信息技术的有效使用不仅不会动摇教师的地位甚至“饭碗”，反而解放了教育生产力，使教师能够有效利用优质资源，同时有更多精力钻研业务，开展教学研究，做好教学设计，加强互动辅导，因材施教，提高教学质量。因此，信息技术不仅不能替代教师或降低对教师能力的要求，反而对教师提出了新的挑战，促进了教师的角色转变。要熟练驾驭信息化教学环境，充分发挥教育信息化的效果、效率和效益，需要一大批同时具备扎实专业功底和高水平信息化教学能力的教师。

（三）未来教育：教育体系的全面创新

信息化的教育生态系统是教育从传统生态系统向数字生态系统转变的必然结果，教育生态包括媒

---

① 杨宗凯：《科技支撑教育创新——先进教室、数字教师、未来教育》，《中国教育信息化》2013 年第 1 期。

② 黄荣怀、胡永斌、杨俊锋、肖广德：《智慧教室的概念及特征》，《开放教育研究》2012 年第 4 期。

③ 杨宗凯：《先进教室·数字教师·未来教育——华中师范大学教育教学信息化建设之经验探索》，《中国社会科学报》2013 年 4 月 17 日。

体生态、资源生态、学习生态和服务生态。① 未来教育是“以学习者为中心”的开放的教育生态系统，通过云资源平台、云管理平台的联通，以智能信息化教学终端和学习终端为接入设备，由学生、教师、管理者、家长等各方的共同活动构成的学习生态、教学生态和服务生态的信息化教育生态系统。这一生态系统的形成对于我国创建学习型社会和终身教育体系具有重要意义。②

教育云平台是教育生态系统得以运行的基本环境，为各类角色的活动提供空间和资源。生态系统中的各类角色通过学习活动、教学活动、科研活动和管理活动相互影响和相互作用，促进资源的流动和人际网络的形成。未来学生、未来教师、未来教育管理者是教育生态的活动主体，通过学生的自主学习和探究、教师的指导教学和协同教研，以及管理者的服务等活动，推动数据流和信息流在教育生态系统中的运行，形成灵活、多元、优化，符合教育发展需要和人的发展需求的新型教育生态系统。

六、总结

信息技术的发展给教育带来了一股变革创新的风暴，它改变了人类几千年来一直延续的知识获取方式，其影响必将随着教育信息化的不断深入发展而日益彰显。各国对信息技术发展给教育带来的冲击和变革都予以高度重视，我国教育信息化经过多年的建设已经逐步度过最初的起步阶段，开始朝着应用、融合、创新的更高发展阶段迈进。

随着《教育规划纲要》和《教育信息化规划》的发布以及十八届三中全会的召开，教育信息化已经上升到国家战略层面，成为我国教育现代化建设的必由之路。未来，我国教育信息化建设必将进入新一轮的快速发展时期，信息技术与教育的深度融合将成为这一阶段的发展主题，并将引领教育理念、教育模式、教学方法、学习方式、教学评价、教育管理等各环节的全面创新。

① 祝智庭：《教育信息化建设的生态观》，第八届教育技术国际论坛专家报告，2009 年 8 月。

② 杨宗凯：《先进教室·数字教师·未来教育——华中师范大学教育教学信息化建设之经验探索》，《中国社会科学报》2013 年 4 月 17 日。